滿鮮史 研究

만선사 연구

3

일러두기

1) 이 책은 池內宏, 『滿鮮史研究』 中世 第1~3冊, 吉川弘文館(각 1933, 1937, 1963년 초판)을 옮긴 것이다. 그 가운데 한국사와 직접 관련이 적다고 판단된 논문은 제외했다. 원서의 목차는 이 책 맨 뒤에 실었다.

2) 원서의 거리 단위에서 里는 한국·일본·중국 단위로 나뉘어 표기돼 있다(그렇지 않은 것은 문맥에 따라 판단했다). 일본의 1리는 한국의 10리(3.9킬로미터)와 거의 같고 1정은 109미터로 볼 수 있어 한국의 리 단위로 바꾸고 킬로미터로 환산해 괄호 안에 표기했다. 중국의 1리는 500미터와 거의 같아 역시 그렇게 환산해 괄호 안에 표기했다.

3) 본문에서 사료가 인용될 경우 번역문과 한자를 함께 넣었으나, 같은 내용이 다시 나올 때는 번역문만 제시하고 한자는 생략했다(인용에서 일부만 중복될 경우 한자 원문도 일부만 생략했다. 이런 경우는 번역문과 원문이 일치하지 않는다).

4) 각주는 옮긴이가 붙인 것이다.

3
발해·고려

이케우치 히로시 지음
김범 옮김

글항아리

滿鮮史研究
만 선 사 연 구

차례

3 발해·고려

1 고조선~삼국초기

머리말

2 삼국시대

중세 제1책 머리말

오카쇼인岡書院 사장 오카 시게오岡茂雄 씨에게서 만주와 조선의 역사에 관련된 내 연구 논문을 모아 발간하자는 권유를 받은 것은 5~6년 전이었다. 그러나 그때는 아직 그런 생각을 하지 못했고 특별한 주제의 연구에 몰두했던 나는 곧바로 회답하지 않았다. 얼마 뒤 타이베이대학臺北大學 교수 후지타 도요하치藤田豊八 박사가 세상을 떠나고 그 가문의 뜻을 이어 『검봉유초劍峰遺草』를 편집한 뒤 다시 고인의 논문집을 낼 계획이 세워졌는데, 내 책 대신 그것을 먼저 내자고 오카 씨에게 상의하자 곧바로 승낙을 얻었다.

그 논문집을 출판하는 데는 논문의 정리와 인쇄의 교정 등 이런저런 어려움이 상당히 많았지만 고인 제자들의 노력과 오카 씨의 호의로 『동서교섭사의 연구東西交涉史の研究』(상·하) 두 권이 처음의 계획대로 완성됐다. 3년쯤 직·간접적으로 그 일에 관여한 나는 자연히 마음이 조금씩 변했고, 오카 씨는 예전과 마찬가지로 자주 출간을 권유했다. 아무튼 헛되지는 않을 것이라는 생각에서 옛 원고를 정리하기 시작한

것은 지난해 9월 초 여름의 피로를 풀려고 이즈伊豆*의 온천에서 쉴 때였다. 그리고 도쿄로 돌아온 뒤 적절한 여유를 이용해 작업을 진행한 결과 연말에는 세 권 정도 이뤄졌다. 시간은 늘 흘러간다. 올해 3월 후지타 박사의 논문집 하권이 인쇄되자 내 책도 오카 씨에게 보내『만선사 연구』라는 제목으로 중세부터 첫 책을 내게 됐다.

이 책에는 주로 만주에 관련된 논문 13편을 실었다. 시대는 일단 '중세'라는 이름 아래 대체로 요·금·원 세 왕조를 연구했지만 그 앞뒤도 다뤘다. 논문은 시대순으로 배열했다. 그것들은 모두 잡지와 보고서 등에 이미 발표했던 것이다. 하지만 원래 그대로는 아니다. 단어나 문장을 많이 수정하고 단락을 고친 것 외에도 주장을 보완하고 예전의 견해를 버리거나 다른 학설을 따른 경우는 그것을 밝히고 주석을 새로 보충했다. 그리고 책 끝에 색인을 붙이면서 어느 정도는 새로워졌다. 끝머리에 실은 발해의 석등에 관련된 논문과 첫머리의 도판은 이 책의 출판을 준비하는 과정에서 동경성東京城을 조사하게 된 기념으로 인쇄가 끝나기 전 특별히 추가한 것이다.

중세 제2~3책에 실린 논문은 제1책과 같은 시대의 고려에 관련된 것이다. 만주와 조선은 역사적으로 매우 밀접한 관계에 있기 때문에 앞으로 제2~3책이 출간되면 제1책과 연결될 것으로 생각된다.

1933년 9월 간토關東 대지진 10주년 날에

이케우치 히로시

---

* 일본 혼슈 중부인 도카이東海 지방 시즈오카현静岡県의 이즈 반도에 있는 도시.

중세 제2책 머리말

내 논문집의 일부로 얼마 전 자우호우간행회座右寶刊行會에서 발간된 이 책은 4년 전인 1933년 오카쇼인에서 출판된 『만선사 연구』 중세 제1책의 속편이다. 제1책을 펴낸 뒤 오카쇼인의 사정이 나빠져 거기서 책을 낼 수 없게 된 것은 매우 아쉽지만 우연히 자우호우간행회가 출간을 적극 희망함에 따라 처음의 계획대로 진행할 수 있게 돼 만족스럽다.

예정한 계획에 따라 이번에 발간한 책을 '중세 제2책'이라고 이름 붙여 고려시대에 관련된 논문 14편을 실었다. 모두 잡지와 보고서에 한 번 발표한 것이지만 「고려 성종대 여진·거란과의 관계高麗成宗朝に於ける女眞及び契丹との關係」와 「거란 성종의 고려 침략契丹聖宗の高麗征伐」 두 편은 옛 원고를 완전히 고치고 새로 구성했으며, 뒤의 것은 본래 「고려 현종대 거란의 침입高麗顯宗朝に於ける契丹の侵入」이라고 한 제목도 고쳤다. 옛 원고의 정리에 관련된 모든 과정은 이미 '중세 제1책' 머리말에서 밝혔으므로 여기서는 거듭하지 않겠다.

「대화궁과 이른바 왜성大華宮と所謂倭城」에 삽입된 도판과 조선 평양부 립박물관에 소장된 이징李澄의 「평양도平壤圖」 사진은 관장 고이즈미 아키오小泉顯夫 군이 내 부탁에 따라 제공한 것이다. 또 인쇄의 교정에는 미카미 쓰기오三上次男 군의 도움을 받았다. 두 사람에게 깊이 감사한다.

1937년 9월 4일 가루이자와輕井澤 센가타키千ヶ瀧의 임시 거처에서

이케우치 히로시

중세 제3책 머리말

『만선사 연구』는 오래전부터 연속물로 계속 발간하려고 생각한 내 논문집이다. 이미 펴낸 두 책은 모두 중세편의 일부로 1933년 처음 오카쇼인에서 나온 것이 첫 번째 책이고, 1937년 자우호우간행회에서 나온 것이 두 번째 책이다. 1943년 9월 오카쇼인을 계승한 오기하라 세이분칸荻原星文館에서 첫 번째 책의 재판을 냈는데, 다시 세이분칸의 바람에 따라 세 번째 책의 출판에 착수했다.

그러나 태평양전쟁이 이어지면서 출판계의 사정은 나날이 어려워졌다. 1943년 11월부터 시작된 교정은 더딜 뿐 아니라 식자공의 기술이 떨어져 몇 번 교정을 봤어도 붉은색의 수정 표시는 교정지에 많이 남아 교정에 들인 시간과 노력은 참으로 컸다. 그렇게 1년을 보내고 1944년 12월 초 마침내 색인 원고를 인쇄소에 보냈다. 그러나 11월부터 공습이 거듭됐고 1945년 1월 중순 색인의 초교가 도착했지만, 재교 원고를 받지 못한 채 3월 10일의 공습으로 간다神田의 인쇄소에 있던 본문 673쪽의 조판은 모두 사라졌다. 그러나 원고 자체와 교정을 마치기 전의 교정쇄는 고지마치麴町의 자택에 남아 있었고 그 뒤에도 다행히 전쟁의 피해를 피했기 때문에 교정쇄를 다시 수정해 나중에 출판하는 데 저본으로 삼았다.

이 책에는 '중세 제2책'에 이어 원대와 명대 초에 해당하는 고려 후기사에 관련된 논문 12편을 실었다. 다만 금대 말 만주에 관련된 문제를 다룬 맨 끝의 부록 한 편은 '중세 제1책'에 실어야 했지만 그러지 못했다. 전쟁이 끝난 뒤 이미 2년 넘게 흘러 읽을 만한 책이 많아진 것 같다. 그래도 최근 출판계와 인쇄계의 사정에서 보면 이 논문집이 언제 어떻게 출판될지는 예측하기 어려웠다.

1951년 10월 간나메노마쓰리神嘗祭* 날에

---

* 10월 17일 일본 천황이 추수를 감사하는 의미로 이세신궁伊勢神宮에 햅쌀로 빚은 술과 그 밖의 음식을 바치는 행사.

1편

발해의 건국자에 대해

발해의 건국자와 관련해 『신·구당서』의 기록이 서로 다르다는 것은 충분히 알 수 있다.

- 『구당서』(권1199) 「발해열전」: 발해말갈의 대조영은 본래 고구려의 다른 종족이다. 고구려가 멸망한 뒤 대조영은 가속을 이끌고 영주로 옮겨와 살았다. 만세통천(696~697) 연간 거란의 이진충이 반란을 일으키자 대조영은 말갈의 걸사비우와 함께 각자 무리를 거느리고 동쪽으로 망명해 요충지를 차지하고 지켰다. 이진충이 죽자 측천무후는 우옥검위대장군 이해고에게 군사를 이끌고 그 남은 무리를 토벌하게 하니 먼저 걸사비우를 무찔러 죽이고 천문령을 넘어 대조영을 압박했다. 대조영이 고구려·말갈의 무리를 합쳐 이해고에게 맞서니 당군은 크게 패하고 이해고는 간신히 탈출해 돌아갔다. 거란과 해가 모두 돌궐에 항복하니 도로가 막혀 측천무후는 토벌할 수 없었다. 마침내 대조영은 그 무리를 이끌고 동쪽으로 가서 계루부의 옛 땅을 차지하고

동모산에 성을 쌓고 근거지로 삼았다. 大祚榮者, 本高麗別種也. 高麗旣滅, 祚榮率家屬徙居營州. 萬歲通天年, 契丹李盡忠反叛, 祚榮與靺鞨乞四比羽各領亡命東奔, 保阻以自固. 盡忠旣死, 則天命右玉鈐衛大將軍李楷固率兵討其餘黨, 先破斬乞四比羽, 又度天門嶺以迫祚榮. 祚榮合高麗·靺鞨之衆, 以拒楷固, 王師大敗, 楷固脫身而還. 屬契丹及奚盡降突厥, 道路阻絶, 則天不能討. 祚榮遂率其衆東保桂婁之故地, 據東牟山, 築城以居之.

- 『신당서』(권219) 「발해열전」: 발해는 본래 속말말갈로 고구려에 소속됐으며 성은 대씨다. 고구려가 멸망하자 무리를 이끌고 읍루의 동모산을 차지했는데, 그곳은 영주 동쪽 2000리에 있다. (…) 만세통천 연간 거란의 이진충이 영주도독 조홰를 죽이고 반란을 일으켰다. 사리 걸걸중상이라는 인물은 말갈의 추장 걸사비우 및 고구려의 남은 무리와 함께 동쪽으로 도망쳐 요수를 건너 태백산 동북쪽에 자리잡은 뒤 오루하를 사이에 두고 성벽을 쌓아 지켰다. 측천무후는 걸사비우를 허국공에, 걸걸중상을 진국공에 책봉하고 그 죄를 용서했다. 걸사비우가 명령을 따르지 않자 측천무후는 옥검위대장군 이해고와 중랑장 색구에게 그를 공격해 죽이게 했다.

이때 걸걸중상은 이미 죽었고 그 아들 대조영이 남은 무리를 이끌고 도망쳤는데, 이해고는 끝까지 추격해 천문령을 넘었다. 대조영이 고구려군과 말갈군을 합쳐 맞서니 이해고는 패배해 돌아갔다. 이때 거란이 돌궐에 붙으니 당군은 길이 끊겨 토벌할 수 없었다. 대조영은 걸사비우의 무리를 모아 지역이 먼 것을 믿고 나라를 세워 스스로 진국왕이라고 했다. 渤海, 本粟末靺鞨, 附高麗者, 姓大氏. 高麗滅, 率衆保挹婁之東牟山, 地直營州東二千里. (…) 萬歲通天中, 契丹盡忠殺營州都督趙翽反. 有舍利乞乞仲象者, 與靺鞨酋乞四比羽及高麗餘種東走, 度遼水, 保太白山之東北,

阻奧婁河, 樹壁自固. 武后封乞四比羽爲許國公, 乞乞仲象爲震國公, 赦其罪.
比羽不受命, 后詔玉鈐衛大將軍李楷固·中郞將索仇擊斬之. 是時仲象已死,
其子祚榮引殘痍遁去, 楷固窮蹙, 度天門嶺. 祚榮因高麗·靺鞨兵, 拒楷固, 楷
固敗還. 於是契丹附突厥, 王師道絕, 不克討. 祚榮卽幷比羽之衆, 恃荒遠, 乃
建國, 自號震國王.

이처럼 『구당서』는 대조영을 발해의 시조라고 했고 『신당서』는 대조
영의 아버지인 걸걸중상이 나라를 개창했다고 했다. 또 이진충이 죽
은 뒤 측천무후는 이해고에게 이진충의 남은 무리를 토벌케 했다. 『구
당서』에서는 이해고가 먼저 걸사비우를 죽인 뒤 대조영을 압박했다고
했으며, 『신당서』에서는 이진충의 남은 무리는 특별히 언급하지 않고
그가 반란을 일으켰을 때 걸사비우와 걸걸중상은 동쪽으로 도망쳐
무후의 명령을 받들지 않자 이해고를 보내 그들을 정벌케 했다고 했
다. 두 책의 기록이 서로 달라 어느 쪽을 따라야 할지 판단하기 어렵
다. 그러나 사실의 진상은 반드시 하나다.

먼저 『구당서』의 기사를 비판해보면 거란의 이진충이 반란을 일으
켰을 때 대조영이 걸사비우와 함께 동쪽으로 도망치고 그 뒤 이해고
가 그들을 정벌한 것은 발해의 건국과 관련해 주요한 사건이기 때문에
특히 명확하게 이해해야 한다.

『구당서』(권119) 「거란열전」에 따르면 이진충은 거란인 손만영孫萬榮
의 누이의 남편妹壻으로 모두 당 초기부터 귀의한 영주營州(지금의 조
양) 부근에 살던 거란 추장의 자손이다. 두 사람은 측천무후 때 영주
도독 조홰趙翽의 침략을 받자 마침내 군사를 일으켜 그를 죽이고 영주
를 근거로 반란을 일으켰다. 반군은 만세통천(696) 5월[1] 영주를 함락

시켜 위세를 떨쳤고, 당군은 그들을 정벌했지만 거듭 패배했다. 하지만 이진충은 이 전란 중에 죽었다.

『구당서』「거란열전」: 얼마 뒤 이진멸(이진충이 반란을 일으키자 측천무후는 그의 이름을 이렇게 바꿨다)이 죽자 손만참(역시 측천무후가 손만영의 이름을 이렇게 바꿨다)이 [그를] 이어 무리를 이끌었다. 손만참은 별수 낙무정과 하아소를 유군전봉으로 삼아 기주를 공격해 함락시키고 자사 육보적을 죽였다. 俄而李盡滅死, 萬斬代領其衆. 萬斬又遣別帥駱務整·何阿小爲遊軍前鋒, 攻陷冀州, 殺刺史陸寶積.

손만영이 기주를 함락시키고 자사 육보적을 죽인 것은 만세통천 10월이므로[2] 이진충이 죽은 것은 9월에서 10월 사이로 보인다. 이진충이 죽은 뒤에도 반군은 당군에 강력히 저항했지만 이듬해인 신공神功 원년(697) 6월 손만영이 살해되면서 마침내 반란은 진압됐다.

그 뒤 이해고는 낙무정과 함께 반군의 별장이 됐다. 손만영이 살해되기 전 거란군이 대패했을 때 그들이 당군에 항복한 것은 『신당서』(권219)「거란열전」에 보인다. 그리고 같은 열전에서는 반란 평정 기사에 이어 다음과 같이 서술했다.

구시 원년(700) 조서를 내려 좌옥금위대장군 이해고와 우무위위장군 낙무정에게 거란을 토벌케 하니 격파했다. 이 두 사람은 모두 오랑캐(거란) 출신의 뛰어난 장수로 일찍이(이진충이 반란을 일으켰을 때) 변경을 침범해 자주 관군을 괴롭혔지만 이때 이르러 공을 세웠다. 久視元年, 詔左玉鈐衛大將軍李楷固·右武威衛將軍駱務整討契丹破之. 此兩人皆虜善將, 嘗

犯邊, 數窘官軍者也, 及是有功.

　이해고의 전공은 『구당서』(권89) 「적인걸열전」에 기록돼 있는데, 위의 기사와 부합된다. 성력 3년(700)은 구시 원년으로 이진충의 반란이 평정된 3년 뒤다.

　성력 3년(구시 원년) (…) 그해 6월 좌옥검위대장군 이해고와 우무위위장군 낙무정이 거란의 남은 무리를 토벌하고 포로를 잡아 함추전에 바쳤다. 측천무후는 크게 기뻐하며 이해고에게 무씨 성을 특별히 하사했다. 이해고와 곽무정은 모두 거란 이진충의 별장이었다. 聖曆三年 (…) 是歲六月, 左玉鈐衛大將軍李楷固·右武威衛將軍駱務整討契丹餘衆擒之, 獻俘於含樞殿. 則天大悅, 特賜楷固姓武氏. 楷固·務整, 並契丹李盡忠之別帥也.

　이런 사실들을 기억하고 앞서 든 『구당서』 「발해열전」의 기사를 보면 대조영이 걸사비우와 함께 동쪽으로 달아난 것은 이진충과 손만영이 영주에서 반란을 일으킨 무렵이었다. 그리고 "이진충이 죽자 측천무후는 우옥검위대장군 이해고에게 군사를 이끌고 그 남은 무리를 토벌하게 했다"고 한 사실은 "이진충이 죽은" 것만 알 수 있고(앞서 말한대로 이진충은 만세통천 9~10월에 죽었다) 나머지는 그 뒤 언제 일어난 것인지 이 기록에는 분명히 나와 있지 않지만 이해고 등이 당군에 항복한 것은 적장 손만영이 살해되기 조금 전이므로 그들의 출정은 이 반란을 진압한 뒤임을 충분히 알 수 있다. 그리고 이해고의 출정이 성력 3년(구시 원년, 700) 전에 있지 않았다는 것은 「적인걸열전」의 다른 기사에서 분명히 추측할 수 있다. 앞서 인용한 같은 열전의 앞뒤 기사다.

성력 3년 측천무후가 삼양궁에 행차했다. 종친과 신하들이 모두 수행했는데, 특별히 적인걸에게만 저택을 한 채 하사했다. 당시의 은총은 견줄 데가 없었다. 그해 6월 (…)(앞서 인용한 부분) 앞서 이진충이 반란을 일으키자 이해고 등은 여러 번 군사를 이끌고 관군을 이겼다. 그 뒤 패배해 항복하자 담당 관원은 극형으로 처벌하려고 했다. 적인걸은 "이해고 등은 모두 뛰어난 장수이므로 죽음을 용서하면 은혜에 감동해 목숨을 바칠 것"이라고 아뢰면서 그들에게 관작을 내려 정벌을 맡기라고 주청하니 그 말을 모두 따랐다. 이해고 등이 개선하자 측천무후는 적인걸을 불러 잔치를 베풀고 직접 잔을 들어 술을 권하면서 상을 내렸으며, 이해고를 좌옥검위대장군에 임명하고 연국공의 작위를 내렸다. 聖曆三年, 則天幸三陽宮. 王公百僚咸經侍從, 唯仁傑特賜宅一區. 當時恩寵無比. 是歲六月 (…) 初盡忠之作亂, 楷固等屢率兵以陷官軍. 後兵敗來降, 有司斷以極法. 仁傑議以爲楷固等並有驍將之才, 若恕其死, 必能感恩效節, 又奏請授其官爵, 委以專征. 制並從之. 及楷固等凱旋, 則天召仁傑預宴, 因擧觴親勸, 歸賞於仁傑, 授楷固左玉鈐衛大將軍, 賜爵燕國公.

처음 이해고 등이 항복했을 때 그들은 여러 번 당군을 패배시켰기 때문에 극형에 처해질 뻔했지만 그들을 용서해주자고 아뢴 것은 적인걸이었다. 이런 사정이 있은 뒤 구시 원년(700) 이해고 등이 전공을 세우자 측천무후는 적인걸을 불러 포상하고 이해고 등에게도 관작을 내렸다. 그러므로 이보다 앞서 이해고 등이 출정해 전공을 세웠다면 적인걸이 측천무후에게 포상된 것도 반드시 그 무렵이 돼야 한다. 그런데 이때 그런 일이 있던 것에서 보면 구시 원년 이해고 등의 출정은 그들이 투항한 뒤 첫 번째 일이었다고 추단할 수밖에 없다.

그리고 앞서 인용한 『신당서』「거란열전」에서 "이 두 사람은 모두 거란 출신의 뛰어난 장수로 일찍이 변경을 침범해 자주 관군을 괴롭혔지만 이때(구시 원년) 이르러 공을 세웠다"고 한 것도 이 추단이 틀리지 않음을 증명한다. 그렇다면 같은 열전에서 구시 원년 이해고 등이 "거란을 토벌해 격파했다"고 했고 「적인걸열전」에서 "거란의 남은 무리를 토벌하고 포로를 잡았다"고 했으며 「발해열전」에서 "군사를 이끌고 그(이진충)의 남은 무리를 토벌했다"는 것은 모두 같은 사실을 전한 것으로 이런 세 기사에서 얻을 수 있는 확실한 판단은 구시 원년 이해고 등이 거란의 남은 무리를 토벌했다는 것이다.

그러나 이런 판단은 『구당서』「발해열전」의 앞뒤 기사와 분명히 모순된다. 아무튼 그 열전에서는 이해고가 "군사를 이끌고 이진충의 남은 무리를 토벌했다"는 사실을 설명하면서 "먼저 걸사비우를 무찔러 죽이고 천문령을 넘어 대조영을 압박했다"고 말했다. 그렇더라도 걸사비우와 대조영은 이진충이 영주에서 반란을 일으켰을 때 동쪽으로 도망친 말갈이지 이진충의 남은 무리라고 볼 수는 없다. 그렇다면 「발해열전」의 이 기사는 앞의 추단과 모순될 뿐 아니라 열전 자체와도 모순된 사실을 전한 것이라고 하지 않을 수 없다.

그러나 다시 『신당서』「거란열전」과 「적인걸열전」을 보면 '거란'이나 '거란의 남은 무리'를 토벌했다고만 했고 그 거란이 어떤 집단인지 명확히 말하지 않은 것은 매우 이상하다. 대조영과 걸사비우는 본래 거란은 아니지만 이진충이 영주에서 반란을 일으켰을 때 그곳을 떠나 동쪽으로 도망쳤으므로 거란의 반란에 관계된 인물로서 그때나 그 뒤 역사에 반드시 기록됐을 것이다. 그리고 거란의 별장이던 이해고가 죽음을 용서받았기 때문에 자신의 반란과 관계된 대조영과 걸사비우 등을 토벌하라는 명령을 받은 것은 개연성 있는 일이므로 "거란의 남은 무리"는 사실 대조영과 걸사비우 등을 가리킬 수밖에 없다고 해석하는 것은 결코 억지가 아니다.

정말 그렇다면 『구당서』「발해열전」의 기사는 대조영과 걸사비우를 거란이나 그 남은 무리라고 한 어떤 기사 — 『신당서』「발해열전」과 「적인걸열전」이 근거한 것처럼 — 와 그들이 이해고 등에게 토벌된 실제의 사실을 전한 다른 기사를 결합해 만든 것으로 얼핏 보기에 모순된 사실을 담은 것처럼 생각되는 까닭은 바로 거기 있다. 이로써 우리는 이해고가 대조영과 걸사비우를 토벌한 것은 구시 원년이었다는 결론에 이르렀다.

『구당서』「발해열전」을 이렇게 비판한 뒤 『신당서』「발해열전」을 살펴보면 발해의 건국자에 관련된 이 두 열전의 차이를 하나로 귀결시키는 것은 결코 불가능하지 않다. 그 까닭은 다음과 같다.

이진충이 반란을 일으켰을 때 걸사비우와 함께 동쪽으로 도망친 사람은 걸걸중상이었는가, 아니면 대조영이었는가? 또는 걸사비우·걸걸중상·대조영 세 사람이었는가? 이것은 일단 제쳐두고 영주 부근에 있던 이들이 도독의 피살을 틈타 멀리 요동으로 도망쳤을 때 당은 반란을 진압하는데 시급해 이런 망명자들을 추격할 겨를이 없었을 것이다. 측천무후가 걸사비우를 허국공에, 걸걸중상을 진국공에 책봉하고 그 죄를 용서한 것은 바로 이 때문이었을 것이다. 다만 이 일은 『신당서』에만 보이고 『구당서』에는 빠져 있는 것도 기억해야 할 사실이다. 『신당서』가 다른 자료에 의거해 그 사실을 기록했음을 알 수 있다.

또 2년에 걸쳐 당군에 저항한 이진충·손만영의 반란을 평정한 뒤 측천무후는 그 반란 무렵 당의 통제를 벗어난 대조영과 걸사비우 등을 토벌하기로 하고 구시 원년 이해고에게 출정을 명령했다. 『신당서』
는 『구당서』와 마찬가지로 이 사건과 관련해 이해고가 걸사비우를 죽
인 뒤 천문령을 넘어 대조영을 추격했다고 했지만 그 중간에 삽입된
구절 ― "이때 걸걸중상은 이미 죽었고 그 아들 대조영이 남은 무리를
이끌고 도망쳤다" ― 이 있기 때문에 발해의 건국자에 대한 『구당서』
의 기록과 뚜렷한 차이가 있다. 그렇다면 대조영은 정말 걸걸중상의
아들이었을까?

　『신당서』에서 말한 "대조영이 이끌고 도망친 남은 무리"는 걸사비우
의 남은 세력인데, 이해고가 천문령을 넘어 공격해오자 대조영은 그
런 군사를 이끌고 그를 물리쳤으며, 그 뒤 당의 토벌을 받지 않게 되
자 스스로 진국왕에 올랐다가 마침내 예종 선천 2년(713) 발해군왕에
책봉됐다.3 그렇다면 당에게서 발해국왕으로 책봉된 인물은 대조영이
지만 만약 『신당서』에 기록된 대로 그 아버지로 걸걸중상이라는 인물
이 있고 이진충이 반란을 일으켰을 때 요동으로 도망가 이해고의 토
벌 이전 몇 년 동안 진국공으로서 걸사비우와 함께 한 나라를 이끌었
다면 걸걸중상이 발해의 시조라고 해야 한다.

　그런데 걸걸중상은 분명히 이민족의 이름을 한자로 표기한 것이고
대조영은 중국식 이름이다. 곧 걸걸중상은 한자로는 아무 의미가 없지
만 대조영은 나라의 수명이 길기를 바란다는 뜻이므로 나라를 창시한
인물의 이름으로 적절하다. 또 대조영의 뒤를 이은 발해의 국왕들은
모두 무예武藝·흠무欽茂·화여華璵처럼 중국식 이름을 썼고 대조영은
고왕高王, 대무예는 무왕, 대흠무는 문왕, 대화여는 성왕成王 등의 시호
를 붙였지만4 발해의 시조인 걸걸중상에게만은 어째서 중국식의 이름
도 없고 적당한 시호도 붙이지 않았을까?

『신당서』의 기록에 따르면 걸걸중상은 발해의 시조 같지만 앞뒤 기사를 두루 읽고 생각해보면 발해의 국왕들은 걸걸중상을 자신들의 시조로 생각하지 않았다고 추단하지 않을 수 없다. 만약 걸걸중상과 대조영이 부자 관계고, 이진충이 반란을 일으켰을 때 영주에서 도주한 인물이 걸걸중상이었다면 그의 자손이 그를 자국의 시조로 생각하지 않을 수 없었을 것이다. 여기서 나는 걸걸중상이 그가 영주에 있을 때의 본명이고 대조영은 그가 발해를 개창한 뒤 사용한 중국식 이름으로 보면서 걸걸중상과 대조영이 사실 같은 인물이라는 주장을 제기한다. 그리고 이렇게 이해하면 발해 건국에 관련된 『신당서』의 기록은 『구당서』와 부합된다.

그러나 『신당서』가 까닭 없이 걸걸중상과 대조영을 부자 관계로 본 것은 아니다. 그 까닭을 생각해보면 그 책에서는 걸걸중상이 걸사비우와 함께 동쪽으로 달아나 태백산 동북쪽인 오루하에 자리 잡았고 그들이 각각 진국공과 허국공에 책봉됐다고 했다. 이런 사실들은 『구당서』에 나오지 않으므로 『신당서』의 편자는 『구당서』 외의 자료를 이용한 것이 분명하다. 그리고 만세통천 이전 영주에 있었을 때 대조영은 아직 걸걸중상으로 사람들에게 알려졌으므로 그가 동쪽으로 도주한 일을 기록한 것은 그 이름을 사용해 그 사건을 서술했을 것이고, 이것이 그 뒤 『신당서』의 편자가 이용한 자료로 생각된다. 그런데 그 책의 편자는 걸걸중상이 사실 대조영이라는 것을 통찰할 수 없었으므로 『구당서』의 기사를 참고해 새로 「발해열전」을 구성하면서 걸걸중상과 대조영을 구별했지만 그 관계를 보여줘야 하게 되면서 곤란한 처지에 빠졌을 것이 분명하다.

"이때 걸걸중상은 이미 죽었고 그 아들 대조영이 남은 무리를 이끌고 도망쳤다"는 구절은 이 어려움을 벗어나기 위해 『신당서』 편자가 짜낸 방책으로 "이미 죽었다"고 해서 걸걸중상을 이해고가 추격하던 무대에서 벗어나게 하고, "그 아들"이라는 표현으로 걸걸중상과 대조영의 관계를 제시했으며, "남은 무리를 이끌고 도망쳤다"고 함으로써 대조영을 새로운 등장인물로 만든 것이다. 요컨대 대조영은 걸걸중상이 모습을 바꿔 같은 무대에 나타난 것이고 거기에 부자 관계를 덧붙인 것은 모두 『신당서』 편자의 두찬에서 나온 것이다.[5]

발해의 건국과 관련해 『신·구당서』의 기록이 다른 것은 시조만이 아니다. 『신당서』는 발해를 "본래 속말말갈"이라고 했지만 『구당서』는 "본래 고구려의 다른 종족"이라고 하고 대씨가 계루부의 옛 땅인 읍루의 동모산에 자리 잡았다고 한 것처럼 좀더 연구할 것이 매우 많다. 발해 건국의 사정을 분명히 알려면 이런 문제들을 모두 살펴보지 않으면 안 된다. 내 주장이 다행히 돌아볼 가치가 있다면 걸걸중상과 대조영이 같은 인물이라는 주장은 그저 그 하나의 실마리를 연구한 것일 뿐이다. 나머지 문제는 따로 논의할 기회가 있을 것이다.

1914년 9월 탈고(『동양학보』 5권 1호)

<h1 style="text-align:center">2편</h1>

<h1 style="text-align:center">고려 태조의 경략</h1>

〈그림 1〉고려 태조 경략 참조도 참고

1. 신라 말 난적亂賊의 봉기와 궁예·견훤

고려 태조 왕건이 송악산 아래서 태어나기 2년 전 당에서 왕선지王仙芝·황소黃巢 등의 난이 일어난 희종僖宗 건부乾符 2년(875) 신라에서는 경문왕景文王이 훙거하고 헌강왕憲康王이 뒤를 이었다. 재위 6년(당 희종 광명廣明 원년, 880) 9월 9일 헌강왕은 신하들과 함께 월상루月上樓에 올라 도성을 두루 바라보고 시중 민공敏恭에게 물었다. "지금 백성은 지붕을 풀로 이지 않고 기와로 덮으며 땔나무로 밥을 짓지 않고 숯을 쓴다고 들었는데 정말이오?" 민공은 "신도 그렇게 들었습니다"라고 말하고 이어서 아뢰었다. "주상께서 즉위하신 뒤 음양이 조화롭고 날씨가 순조로워 해마다 풍년이 들어 백성은 먹을거리가 넉넉하고 변경은 조용해 민간에서 기뻐하니, 전하의 성스러운 덕이 가져온 결과입니다." 왕은 기뻐하며 말했다. "경들이 보좌한 덕분이지 내게 무슨 덕이 있겠소?" 이처럼 신라는 금성 밖에 기와집이 늘어서고 노래 소리가 이어지며 임금과 신하가 서로 상찬하면서 태평을 즐겼다. 그러나 그해 12월 황소는 장강·회수淮水·하남*의 주·현을 약탈하고 장안으로 들어와 스스로 대제황제大齊皇帝에 올랐는데, 한반도는 오랫동안 조용할 수 있었을까?

헌강왕이 세상을 떠나자 정강왕定康王(경문왕의 둘째 아들)이 즉위했고 그 뒤를 진성여왕眞聖女王(정강왕의 여동생)이 이었다. 당에서 이극용李克用이 황소를 무찌르고 희종을 촉蜀에서 맞이한 2년 뒤(광계 3년, 887)의 일이었다. 여왕이 계승한 사례는 신라가 삼국을 통일하기 전 선덕여왕과 진덕여왕의 두 번이 있었다. 진성여왕의 즉위는 왕위를 이을 아들이 없던 정강왕이 유언한 것으로 두 여왕의 전례에 따라 여동생을 세운 것이었다. 그러나 진성여왕의 정치는 폐해가 많았다.

『삼국사기』: 여왕이 평소 각간 위홍과 간통했는데 이때 이르러 늘 대궐로 들어와 일을 처리했다. (…) 위홍이 죽자 혜성대왕이라는 시호를 올렸다. 이때부터 여왕은 젊고 아름다운 남자 두세 사람을 몰래 끌어들여 음행하고 그들에게 요직을 줘 국정을 맡겼다. 이 때문에 임금의 총애를 받는 무리가 마음대로 뜻을 펼쳐 뇌물이 널리 오가고 상벌이 공정하지 않았으며 기강이 무너지고 해이해졌다. 王素與角干魏弘通, 至是常入內用事. (…) 及魏弘卒, 追諡爲惠成大王. 此後潛引少年美丈夫兩三人淫亂, 仍授其人以要職, 委以國政. 由是俊倖肆志, 貨略公行, 賞罰不公, 紀綱壞弛.

그리고 여왕은 재위 11년(897) "요즘 백성이 곤궁하고 도적이 벌떼처

---

* 각각 지금의 장쑤성江蘇省·안후이성安徽省·허난성 일대.

럼 일어나니, 이것은 내가 부덕한 탓이다. 어진 이에게 양위할 것이니 내 뜻은 결정됐다近年以來, 百姓困窮, 盜賊蜂起, 此孤之不德也. 避賢讓位, 吾意決矣"고 말하고 헌강왕의 얼자孽子 요嶢(효공왕)에게 선위한 뒤 당에 사신을 보내 그 사실을 알렸는데, 양위를 결행하게 만든 도적들의 봉기는 당을 무너뜨린 왕선지·황소의 난에 견줄 만한 것이었다.

난적의 봉기는 진성여왕 3년(당 소종昭宗 용기龍紀 원년, 889)부터 시작됐다.

『삼국사기』: 나라 안의 주·군들이 공물과 부세를 보내지 않아 창고가 비고 재정이 궁핍해졌다. 왕이 사신을 보내 독촉하니 곳곳에서 도적이 벌떼처럼 일어났다. 이때 원종과 애노 등이 사벌주(경상북도 상주)를 근거로 반란을 일으켰다. 왕은 나마 영기에게 그들을 체포하게 했는데, 영기는 적의 보루를 바라보고 두려워 나아가지 못했다. 촌주 우련은 힘껏 싸우다가 죽었다. 國內諸州郡不輸貢賦, 府庫虛竭, 國用窮乏. 王發使督促, 由是所在盜賊蜂起. 於是元宗·哀奴等據沙伐州叛. 王命奈麻令奇捕捉, 令奇望賊壘, 畏不能進. 村主祐連力戰死之.

효공왕은 당에 「왕위 계승에 감사하는 표謝嗣位表」를 올렸다.[1]

우리나라에 큰 가뭄이 자주 들어 좀도둑들이 이어졌는데 본디 승냥이와 늑대의 탐욕을 부리던 자들이 점차 큰 기러기와 고니의 뜻을 자랑하기에 이르렀습니다. 當國大饑頻, 致小盜相尋, 本恣豺狼之貪, 漸矜鴻鵠之志.

이것을 보면 진성여왕 즉위 초 흉년으로 백성이 궁핍해졌지만 국왕과 신하들은 사치를 일삼고 구휼하지 않았을 뿐 아니라 세금을 착취해 그 비용을 댄 것이 주·군의 백성을 봉기하게 만든 원인으로, 오랫동안 즉위한 사례가 없던 여왕이 다스리면서 측근이 정권을 농단했으며 당에서 황소의 난이 일어난 것도 이 무렵 민심을 동요시켰다.

이 무렵 세달사世達寺의 승려 선종善宗은(세달사는 고려 때의 흥교사다. 흥교사는 『동국여지승람』에서 경기도 풍덕군豊德郡 백련산白蓮山에 있다고 했다) 헌강왕의 얼자로(경문왕의 아들이라고도 한다) 속명을 궁예라고 했다. 그는 난리를 틈타 뜻을 얻어 죽주(경기도 죽산)를 차지한 도적의 우두머리 기훤箕萱에게 의탁했다. 그러나 기훤이 오만해 예우하지 않자 궁예는 그곳을 떠나 북원(강원도 원주)의 호족 양길에게 갔다. 그는 거기서 양길의 신임을 얻어 몇 년 동안 군사를 이끌고 내성奈城(강원도 영월)·울오鬱烏(평창)·어진御珍(울진)·명주(강릉) 방면에서 부약夫若(김화金化)·금성金城(지금의 이름도 같다)·철원 등 지금의 강원도 일대를 공략해 위세를 떨쳤다.

그러자 서북부의 도적들이 많이 투항했고 그 뒤 고려의 태조가 된 왕건도 송악군(경기도 개성)에서 귀의했다. 궁예는 다시 임진강 유역 일대를 공격해 점령하고 효공왕 2년(당 소종 광화 원년, 898) 송악군으로 옮겨 거처했다. 이때 양길은 아직 북원에 있으면서 국원(충청북도 충주) 등 30여 성을 공격해 차지했는데, 궁예가 자기보다 훨씬 융성하자 그를 억누르기 위해 대군으로 습격했지만 도리어 패배했다.

효공왕 4년(광화 3년, 900) 궁예는 왕건에게 광주(경기도 광주)·충주(국원)·당성(경기도 남양)·청주靑州(충청북도 청주)·괴양槐壤(충청북도 괴산槐山) 등을 토벌해 평정케 했다. 양길의 이름은 앞의 패전 뒤 역사에서 사라졌음을 보면 이 경략으로 그의 영토는 궁예의 소유가 된 것으로 생각된다. 이듬해(당 천복天復 원년, 901) 스스로 왕위에 오른 궁예는 효공왕 8년(당 천우 원년, 904) 신라의 제도를 참고해 관직을 설치하고 국호를 마진摩震이라고 했다. 이듬해 그는 송악에서 철원으로 천도하고[2] 죽령·조령 방면에서 신라의 영토를 침탈해 위세를 보였다. 그리고 자신의 강성함을 믿고 나라 사람들에게 신라를 멸도滅都라고 부르게 했으며 신라에서 온 사람을 모두 죽였다.

다시 한반도 서남쪽을 살펴보면 그곳을 지배한 인물은 견훤이었다. 견훤은 상주 가은현加恩縣(문경 서남쪽) 사람으로 아자개阿慈介라는 농부의 아들이었다. 일찍이 서남 해안을 지키는데 공을 세워 비장裨將이 됐고 진성여왕 6년(892) 난을 틈타 무리를 모아 마침내 무진주武珍州(전라남도 광주) 동남쪽의 주·군을 함락시키고 주성州城을 습격해 점령했다. 궁예가 양길에게 투항했다는 소식을 들은 견훤은 자신도 멀리서 양길의 관직을 받아 그의 비장이 됐고 완산주(전라북도 전주)에 이르러 백성의 환영을 받았으며, 효공왕 4년(900) 스스로 후백제왕에 오름으로써 궁예·신라와 맞서 정립鼎立의 형세를 이뤘다.

이듬해인 효공왕 5년(당 천복 원년) 신라군이 지키던 대야성大耶城(경상북도 합천)을 공격했지만 이기지 못하자 군사를 금성錦城(전라남도 나주) 남쪽으로 옮겨 변방의 부락을 약탈하고 돌아왔다. 효공왕 11년(후량 개평 원년, 907)에는 동북쪽으로 신라를 침략해 일선군(경상북도 선산) 이남 10여 성을 빼앗았다. 양왕梁王 주전충朱全忠이 당 애제를 폐위하고 스스로 제위에 오른 해였다.

신라의 왕위는 효공왕-신덕왕-경명왕으로 이어졌다. 효공왕은 아들이 없었으므로 신덕왕은 아달라왕阿達羅王의 먼 후손으로 나라 사람들의 추대를 받아 즉위했으며, 경명왕은 그 태자였다. 궁예는 철원의 새 도읍으로 이주한 뒤 매우 호화로운 궁궐을 짓고 효공왕 15년(후량 건화 乾化 원년, 911) 국호를 태봉으로 고쳤다. 그리고 스스로 미륵불이라고 부르면서 금색 두건을 쓰고 가사를 입었으며, 나갈 때는 늘 백마를 타고 어린 남녀 아이들에게 깃발·일산·향香·꽃을 들고 앞에서 인도하게 했으며 비구 200여 명에게 범패梵唄를 부르면서 뒤를 따르게 했다.

또 요망하고 도리에 맞지 않는 말을 담은 20여 권의 경전을 지었으며, 때로 강설하기도 했다. 한 승려가 사악하고 괴이한 말이라고 비판하자 궁예는 크게 분노해 그를 철퇴로 때려죽였다. 부인 강씨도 패행을 간언하자 아들과 함께 죽였으며 신하·장수·아전부터 평민까지 수많은 사람이 죄 없이 죽음을 당했다.

궁예가 이처럼 포악해 부양斧壤(강원도 평강)·철원 사람들이 견디지 못하자 경명왕 2년(후량 정명 4년, 918) 6월 궁예의 휘하 홍유洪儒·배현경裵玄慶·신숭겸申崇謙·복지겸卜知謙 등은 몰래 의논해 왕건을 국왕으로 추대하기로 했다. 거사가 일어났다는 소실을 듣자 수많은 사람이 따라나서 먼저 궁궐 문에 이르러 북을 울리며 기다렸다. 궁예는 어쩔 줄 몰라 하다가 남루한 복장으로 산골짜기로 도망쳤지만 곧 부양 백성에게 살해됐다. 왕건이 즉위하니 바로 고려 태조다.[3]

2. 태조의 선대와 즉위 이전의 업적

고려 태조의 선대에 관련된 사항은 역사에 기록된 것이 없다.

『고려사』 「태조세가」 2년(919) 3월: 3대의 시호를 추존해 증조부를 시조 원덕대왕, 비를 정화왕후, 조부를 의조 경강대왕, 비를 원창왕후, 부친을 세조 위무대왕, 비를 위숙왕후라고 했다. 追諡三代, 以曾祖考爲始祖元德大王, 妃爲貞和王后, 祖考爲懿祖景康大王, 妃爲元昌王后, 考爲世祖威武大王, 妃爲威肅王后.

같은 책 첫머리의 「고려세계」에서도 "고려의 선대는 기록이 없어 자세히 알 수 없다高麗之先, 史闕未詳"면서 같은 내용의 기사를 들었다. 이런 기사는 고려 덕종 때 수국사修國史 황주량黃周亮이 편찬한 『태조실록』을 근거로 한 것이지만, 그는 태조가 추존한 3대의 사적과 관련해 아무것도 말하지 않았다. 그 뒤 의종 때 이르러 김관의金寬毅는 여러 집에서 소장한 문서를 모아 『편년통록編年通錄』을 지어 고려의 세계를 성골장군 호경虎景이 사찬沙粲 강충康忠을 낳고 강충이 거사居士 보육寶育(시조 원덕대왕)을 낳았으며, 보육의 막내딸 진의辰義(정화왕후)가 작제건作帝建(의조 경강대왕)을 낳고 작제건이 용건龍建(세조 위무대왕)을 낳고 용건이 태조를 낳았다고 했다.

그러나 호경은 백두산에서 와서 구룡산九龍山(개성 동남쪽 성거산聖居山)의 산신이 된 뒤 옛 처를 잊지 않고 만나 강충을 낳았고, 진의는 당 숙종이 잠저潛邸에 있을 때 동쪽으로 유람하다가 송악군에 이르러 보육의 집에 묵었을 때 만나 작제건을 잉태했으며, 용건은 꿈에서 미인을 만나 혼인하기로 언약했는데 길에서 그와 닮은 여인(위숙왕후)을 만나 혼인했다는 것처럼 모두 허탄한 내용이어서 기록이 후대에 꾸며진 것임은 본래 말할 것도 없다.

충숙왕 때 민지閔漬는 『본조편년통록』을 편찬해 역시 김관의의 설명을 따랐지만, 그 뒤 이제현은 정화왕후의 배필이 된 당의 귀성貴姓(숙종)이 국왕으로 추존한 3대에 없고 그의 장인 보육이 국조로 비정된 것을 의심하면서 『왕대종족기王代宗族記』 『성원록聖源錄』 등을 근거로 이 세계가 잘못됐다고 지적했다.[4]

> **『고려사』 「고려세계」**: 예부터 임금의 세계를 말한 것에는 괴이한 것이 많고 거기에는 억지로 끌어다 붙인 이야기도 있어 뒷사람들이 의심하지 않을 수 없다. 自古論人君世系者, 類多怪異, 而其間或有附會之說, 則後之人 不能不致疑焉.

그 때문에 『고려사』 편자는 이처럼 김관의의 『편년통록』 등 후대에 나온 사서의 기록을 인정하지 않고 「고려세계」 첫머리에서 "고려의 선대는 기록이 없어 자세히 알 수 없다"고 말한 뒤 『태조실록』에 실린 3대 추증 기사만을 든 것이다.

살펴보면 황주량의 『태조실록』은 덕종 때(송 천성天聖 9년~경우景祐 원년, 1031~1034)에 이뤄졌는데, 태조가 고려를 개창한 110여 년 뒤다. 이보다 앞서 현종 2년(요 통화 29년, 송 대중상부大中祥符 4년, 1011) 요 성종은 개경을 침략해 대묘大廟와 궁궐을 불태우고 책을 모두 불태웠다. 황주량은 곧 현종의 명령으로 자료를 두루 수집해 태조부터 목종까지 7대 90여 년 동안의 일을 편찬했다.[5] 그러므로 태조의 조상들도 남긴 사적이 있다면 옛 기록에서 찾을 수 있었을 것이다.

> **『고려사』 「고려세계」**: 황주량은 태조의 손자인 현종 때 벼슬해 태조 때의 일을 직접 듣고 봤기 때문에 [3대] 추증과 관련해서는 사실에 근거해 썼을 것이다. 그는 정화왕후가 국조(원덕대왕)의 배필이므로 3대로 봤

지만 세상에 전해지는 말은 거의 하나도 언급하지 않았다. 周亮仕太祖孫 顯宗之朝, 太祖時事, 耳目所及, 其於追贈, 據實書之. 以貞和爲國祖之配, 以爲 三代, 而略無一語及於世傳之說.

그러나 이처럼 황주량이 3대의 사적을 전혀 언급하지 않은 것은 그들이 그것을 남겨놓지 않았음을 암시하는 것 같다. 그리고 김관의의 『편년통록』은 내용이 허망해 역사적 사실로는 아무 가치가 없다는 것도 다른 측면에서 이 추측을 뒷받침한다. 왕호와 작위는 제대로 갖춰져 있었지만 세상 사람들이 보고 들은 사실이 존재하지 않았기 때문에 기이한 이야기로 그 빈 곳을 메울 수밖에 없던 것이 틀림없다. 그렇다면 호경과 강충은 말할 것도 없고 보육과 진의도 실재한 인물이 아니므로 이제현이 그 혈연관계를 말한 것 같은 사항은 본래 필요 없는 것이다. 그리고 태조의 아버지인 세조 왕륭(용건)도 사실로 생각되지 않는 이야기가 전해지는 것으로 보면 태조가 한미한 출신인 것은 거의 분명하다고 생각된다. 태조 스스로 "짐은 출신이 한미하다朕出自側微"고 말한 것도[6] 그 증거로 봐야 한다.

또 『고려사』 「태조세가」를 보면 왕륭은 송악군의 사찬沙粲이었는데, 건녕 3년(진성왕 3년, 896) 군을 들어 궁예에게 귀의하자(그때 궁예는 철원에 웅거했다) 궁예는 크게 기뻐하면서 그를 금성태수金城太守로 삼았다. 왕륭은 궁예에게 말했다. "공이 조선·숙신·변한의 왕이 되고자 하면 먼저 송악에 성을 쌓고 제 맏아들을 성주로 삼는 것이 가장 좋습니다." 궁예는 그 말에 따라 태조에게 발어참성拔禦塹城을 쌓게 하고 그 성주로 삼았다. 그리고 광화 원년(효공왕 2년, 898) 궁예가 송악으로 이거할 때 태조는 알현하고 정기대감精騎大監에 임명됐다.

『삼국사기』 「궁예열전」: 우리 태조가 송악군에서 와서 귀의하자 곧 철원군 태수에 임명했다. 我太祖自松岳郡來投, 便授鐵圓郡太守.

그 다음에 건녕 3년(896) 기사가 이어지지만 왕륭에 관련된 언급은 하나도 없다. 『고려사』의 기록은 태조가 송악군으로 옮겨온 궁예를 영접해 그 휘하가 된 것이지 스스로 철원에 가서 귀의한 것은 아님을 꾸미려고 나온 것이며 『삼국사기』의 기록이 사실로 생각된다. 왕륭이 송악군의 사찬이었다는 것도 사실이 아니라고 여겨진다.

그렇다면 태조는 궁예의 비장이 되고 마침내 그를 대신해 왕위에 오르기까지 20여 년 동안 지역적 기반을 어떻게 구축했을까? 이제 그것을 알아보려고 한다. 앞 장에서 서술한 대로 태조가 궁예의 명령으로 광주·충주 등 지금의 경기도와 충청도의 일부를 평정한 것은 효공왕 4년(900)으로 궁예가 송악에 웅거한 동안 태조가 이룬 업적 가운데 가장 주요한 것으로 보인다. 효공왕 9년(905) 철원의 새 도읍으로 옮겼을 무렵 궁예의 영토는 지금의 충청남·북도에서 견훤의 후백제와 경계를 맞댔지만, 후백제의 영토를 연구한 쓰다 씨의 지적처럼 두 나라의 충돌은 그 방면이 아니라 한반도 서남쪽에서 일어났다.

- 『삼국사기』 「효공왕본기」 13년(909): 궁예가 장수에게 명령하니 병선을 이끌고 진도군(전라남도 진도)을 항복시켰으며 고이도성(미상)도 격파했다. 弓裔命將領兵船, 降珍島郡, 又破皐夷島城.
- 효공왕 14년(910): 견훤이 직접 보병과 기병 3000명을 거느리고 나주성(전라남도 나주)을 포위했는데, 10일이 지나도록 풀지 않았다. 궁예가 수군으로 습격하니 견훤은 군사를 이끌고 퇴각했다. 甄萱躬率步騎三千,

圍羅州城, 經旬不解. 弓裔發水軍襲擊之, 萱引軍而退.

- **「견훤열전」 효공왕 14년**: 견훤은 금성(나주)이 궁예에게 투항한 것에 분노해 보병과 기병 3000명으로 포위·공격해 10일이 지나도록 풀지 않았다. 萱怒錦城投于弓裔, 以步騎三千圍攻之, 經旬不解.
- **「궁예열전」 효공왕 15년(요 건화 원년)**: 태조를 보내 군사를 이끌고 금성 등을 정벌케 하고 금성을 나주로 삼았다. 遣太祖, 率兵伐錦城等, 以錦城爲羅州.

이런 기사들을 더해 생각하면 궁예의 수군이 전라도 바다에 이르러 진도 등을 함락시키자 금성의 수장은 견훤을 배신하고 궁예에게 투항했으며, 그 때문에 견훤의 공격을 받자 태조가 수군을 거느리고 구원해 물리치고 마침내 금성을 점령한 것이다. 그런데 『고려사』 「태조세가」에서는 태조가 금성군을 공격해 함락시키고 나주로 이름을 바꾼 것은 그 전인 효공왕 7년(당 천복 3년, 903)의 일로 기록했으며, 효공왕 13년(양 개평 3년, 909)에 다음과 같이 서술했다.

태조는 궁예는 날로 교만하고 포악해지는 것을 보고 다시 변방으로 나가려고 생각했다. 마침 궁예가 나주의 상황을 근심해 마침내 태조에게 가서 지키게 하고 품계를 한찬 해군대장군으로 올렸다. 태조가 진심으로 군사를 위무하고 위엄과 은혜를 아울러 시행하니 군사들은 경외해 모두 힘껏 싸우려고 생각했으며 국경의 적들도 두려워하며 복종했다. [태조가] 수군을 이끌고 광주 염해현에 주둔해(고려의 임치현臨淄縣. 영광 서쪽의 폐현) 견훤이 오월吳越로 보내는 배를 사로잡아 돌아오니 궁예는 매우 기뻐하며 크게 포상했다. 또 태조에게 정주(개성 남쪽 풍덕 부근)

에서 전함을 수리하고 알찬 종희와 김언 등을 부장副將으로 삼아 군사 2500명을 지휘해 광주 진도군을 공격케 했다. [태조가 진도군을] 함락시키고 나아가 고이도에 주둔하니 성안 사람들은 군대의 위용이 엄정한 것을 보고 싸우지 않고 항복했다. 太祖見裔日以驕虐, 復有志於閫外. 適裔以羅州爲憂, 遂令太祖往鎭之, 進階爲韓粲海軍大將軍. 太祖推誠撫士, 威惠並行, 士卒畏愛, 咸思奮勇, 敵境讋服. 以舟師, 次于光州鹽海縣, 獲萱遣入吳越船而還, 裔喜甚, 優加褒獎. 又使太祖修戰艦于貞州, 以閼粲宗希·金言等副之, 領兵二千五百, 往擊光州珍島郡. 拔之, 進次皐夷島, 城中人望見軍容嚴整, 不戰而降.

그러나 이것은 나주를 점령한 기사가 아니고 「견훤열전」에서는 효공왕 16년(건화 2년, 912) 일어났다고 했으며, "견훤이 궁예와 덕진포(영암 북쪽을 흘러 바다로 들어가는 작은 하천)에서 전투를 벌였다萱與弓裔戰于德津浦"고 한 사건도 이 기사에 이어 다음과 같이 서술했다.

나주 포구에 이르니 견훤이 직접 군사를 거느리고 전함을 늘어놓았는데 목포부터 덕진포까지 바다와 육지 모두 정연하고 긴밀히 연결돼 군세가 대단했다. 장수들이 걱정하자 태조는 "걱정하지 말라. 승리는 화합에 있지 병력이 많은 데 있지 않다"고 말하고 진군해 급습하니 적선이 조금 물러갔다. 바람을 타고 불을 놓으니 불에 타거나 물에 빠져 죽은 사람이 절반을 넘었으며 500여 명을 죽였다. 견훤은 작은 배를 타고 도망쳐 돌아왔다. 及至羅州浦口, 萱親率兵列戰艦, 自木浦至德眞浦, 首尾相銜, 水陸縱橫, 兵勢甚盛. 諸將患之, 太祖曰, 勿憂也. 師克在和, 不在衆, 乃進軍急擊, 敵船稍却. 乘風縱火, 燒溺者大半, 斬獲五百餘級, 萱以小舸遁歸.

또 『고려사』에서는 태조의 금성 점령을 효공왕 7년(903)이라고 했을 뿐 아니라 그 기사 아래 "이해에 양주(경상남도 양산梁山)의 장수 김인훈이 위급함을 알려오자 궁예는 태조에게 가서 구원하게 했다是歲良州帥金忍訓告急, 裔令太祖往救"고 했는데, 쓰다 씨가 지적한 대로 이런 기사는 오류며 『삼국사기』의 기록처럼 궁예의 남부 경략은 효공왕 13년(909) 진도 등을 정복한 것에서 시작됐다고 봐야 한다.[7] 『태조실록』의 편자는 그 이전 태조의 사업으로 역사에 기록된 것이 매우 적기 때문에 앞뒤의 균형을 맞추기 위해 자의적으로 후대의 사실을 앞으로 옮겨 두찬한 것이며, 『고려사』는 그 기사를 옮겨 실었을 뿐이다(『고려사』 「태조세가」에는 이런 오류가 많은데, 뒤에서도 여러 번 언급하겠다).

아무튼 궁예가 견훤과 대결하면서 육로를 따라 공주에서 완산주(전주)로 진군하지 않고 도리어 바다에서 나주 방면을 공격한 것은 조금 이상하다. 이런 측면에서 『고려사』가 『삼국사기』에서 "궁예가 장수에게 명령하니 병선을 이끌고 진도군을 항복시켰으며 고이도성도 격파했다"고 한 것을 태조의 업적으로 했으며, 궁예가 날로 교만하고 포악해지는 것을 보고 태조가 변방으로 나가려고 생각해 그 임무를 맡은 것은 특히 주목해야 하지 않을까? 『고려사』에 따르면 덕진포 전투 뒤 태조는 다시 전함을 수리하고 양식을 비축했으며, 나주에 수비군을 두려고 반남현潘南縣(나주 서남쪽 10리[3.9킬로미터]에 있는 반남장場으로 무안에서 양암으로 가는 경로에 있다) 포구에 이르렀다가 압해현壓海縣(나주에 소속된 압해도押海島)에 주둔한 적장 능창能昌이 갈초도葛草島(미상)의 소규모 도적과 합세해 자신을 공격하려고 한다는 첩보를 받고 갈초도 나루 근처에서 그를 잡아 궁예에게 보냈다. 그리고 앞서 부장 김언 등이 큰 공로를 세웠지만 포상을 받지 못해 매우 실망하자 태조는 그에게 충고했다.

지금 주상은 방자하고 포악해 죄 없는 사람을 많이 죽이며, 거짓말하고 아첨하는 부류가 뜻을 얻어 조정을 장악하고 있다. 이 때문에 내직에 있으면 목숨을 지키기 어려우니 밖에서 정벌에 참여해 힘을 다해 임금을 섬기고 몸을 보전하는 것이 낫다.

신덕왕 2년(건화 3년, 913) 궁예는 태조가 여러 번 변방에서 공로를 세우자 파진찬 겸 시중으로 삼고 수군에 관련된 일은 모두 김언에게 맡겼으며, 정벌에 관련된 일은 반드시 태조에게 물어 시행했다. 이때 태조는 신하들 가운데 가장 높은 지위였지만 감정을 누르고 조심하면서 사람들의 마음을 얻기에 힘썼으며, 무고한 사람이 참소 입는 것을 볼 때마다 구해줬다. 그리고 이듬해인 신덕왕 3년(건화 4년, 914) 다시 전함 70여 척과 군사 2000명을 이끌고 ―「궁예열전」에서는 "태조를 백강장군으로 삼았다以太祖爲百舡將軍"고 했다― 정주 포구를 떠나 나주로 가서 후백제군과 바다의 초적을 진압하고 돌아왔으며, 마침내 4년 뒤 궁예를 대신해 왕위에 올랐다.

이것에 따라 생각하면 태조는 궁예의 휘하에 있으면서 그 장수로서 후백제의 영토를 북쪽에서 압박하는 동안 궁예를 위해 공로를 세우는 데만 만족하지 않고 자신이 도약하고자 하는 야심을 품었던 것 같다. 그러나 강성한 궁예가 장악한 지역에서 새로 세력을 세우고 넓히기는 어려웠을 것이 분명하며, 그것을 감행하려면 궁예의 분노를 사지 않을 수 없었을 것이다. 궁예가 철원으로 천도한 뒤 자신은 송악군에 자리 잡으려고 생각한 태조가 여러 번 수군을 이끌고 바다로 나주에 가서 그 방면에서 후백제의 영토를 침략하려고 힘쓴 것은 이 때문이며, "변방으로 나가려고 생각"했는데 궁예가 나주의 상황을 근심해 태조를 보내 진압하게 했다는 등의 서술은 믿기 어렵다. 이렇게 함으로써 태조는 세력을 키우고 많은 사람의 신망을 얻었으며, 마침내 궁예가 인심을 잃자 그를 대신해 왕위에 올랐다.

3. 고려·신라·후백제의 관계

태조가 즉위해 궁예의 영토를 소유했을 때 지금의 충청남·북도에서 운주運州(홍주)·웅주(공주)·청주靑州(淸州)·괴양(괴산)·국원(충주) 등이 고려 세력의 한계를 이뤘고 그 남쪽은 후백제에 소속됐는데, 이처럼 새로운 변화가 시작됐을 무렵 청주는 여러 번 이반했고 운주·웅주 등은 후백제에 붙었다. 청주는 오랫동안 궁예의 영토였지만 그 관계가 밀접하지 않았다는 것은 태조가 한찬韓粲 총일聰逸에게 한 말에서 알 수 있다.

전주前主는 참소를 믿어 사람을 마구 죽였는데, 경의 관향 청주는 땅이 기름지고 호걸이 많아 변란을 일으킬까 두려워해 모두 죽이려고 했다. 그래서 군인 윤전·애견 등 80여 명을 불렀는데, 모두 죄가 없는데도 포박돼 오고 있으니 경은 빨리 가서 그들을 고향으로 돌려보내라. 前主信讒好殺, 以卿貫鄕靑州, 土地沃饒, 人多豪傑, 恐其爲變, 將欲殲之. 乃召軍人尹全·愛堅等八十餘人, 俱以非辜, 械繫在途, 卿其亟往, 放還田里.

태조는 즉위 이틀 뒤 이 명령을 내려 청주의 인심을 위무하려고 한 것이다. 그러나 그곳 사람들이 다른 마음을 품은 움직임이 있자 태조는 매우 근심했으며, 임춘길林春吉 등 몇 사람이 반란을 모의한 것이 누설되기도 했다. 임춘길은 청주 사람이며 순군리徇軍吏로 병권을 관할했는데, 도성에 거주했지만 청주의 세력을 믿었기 때문에 반란을 도모했다. 그 때문에 태조는 스스로 와서 충성을 맹세한 청주 영군장군領軍將軍 견금堅金의 말에 따라 만일의 사태에 대비하기 위해 마군馬軍장군 홍유·유금필 등에게 군사 1500명을 이끌고 진주鎭州(진천鎭川)로 가서 지키게 했다.[8]

- **「견금열전」**: 홍유 등이 나가 지킨 뒤 얼마 되지 않았는데 도안군道安郡(청주 서쪽 증평曾坪 부근)에서 "청주가 몰래 후백제와 우호를 맺고 반란을 일으키려고 한다"고 보고했다. 태조는 다시 마군장군 능식能植을 보내 군사를 이끌고 진압하게 했다.
- **「태조세가」 원년(918) 10월**: 청주수 파진찬 진선이 동생 선장과 반역을 꾀하다가 처형됐다. 靑州帥波珍粲陳瑄, 與其弟宣長謀叛, 伏誅.

두 번째 기사에서 진선이 처형된 까닭은 첫 번째 기사에 나오는 도안군의 보고에 따른 것으로 진선은 능식이 청주를 진무하라는 명령을 받자 반란을 모의한 것으로 생각된다. 그리고 이듬해(경명왕 3년, 고려 천수天授 2년, 후량 정명 5년, 919) 8월 태조는 직접 청주로 행차해 그곳 사람들을 위무하고 마침내 성을 쌓도록 명령했다. 진선이 처형된 뒤 반란을 기도한 뚜렷한 움직임은 없었지만 청주는 거취를 결정하지 못하고 거짓된 소문을 여러 번 일으켰다.

웅주가 후백제에 귀의한 것은 태조가 왕위에 오른 직후였다. 궁예 말년 그의 장수 이흔암伊昕巖은 웅주를 습격해 점령했지만 태조가 즉위했다는 소식을 듣고 몰래 반심을 품어 진鎭을 버리고 도성으로 갔다. 그러면서 군사들이 많이 도망쳐 웅주는 곧 후백제의 소유가 됐고, 이흔암은 음모가 발각돼 곧바로 처형됐다.[9] 그 뒤 8월 동남도 초토사 지아주제군사東南道招討使 知牙州諸軍事가 임명됐다.「태조세가」에서는 웅주·운주 등 10여 주·현이 배반하고 후백제에 붙었다고 기록했다. 이처럼 변방을 상실한 결과 그 방면의 수비를 특별히 강화한 것은 아주가 지금의 아산이라는 사실로도 분명히 알 수 있고, 운주가 후백제에 붙은 것은 웅주에 가깝기 때문에 함께 행동한 것으로 생각된다. 그리고 이듬해(천수 2년, 919) 태조는 오산성烏山城을 예산현禮山縣으로 고치고 홍유 등에게 유민 500여 호를 안정시키게 했다.[10] 예산현은 지금도 그 이름이 남아 있는 아산의 남쪽 지역이므로 그것 또한 운주·웅주를 소유하게 된 후백제에 맞서 변방 방어를 강화한 조처였다.

그러나 그동안 고려와 후백제의 직접적 충돌은 어디서도 일어나지 않았다. 태조가 왕위에 오르자 견훤은 축하 사신을 보냈고 태조는 후히 예우해 돌려보냈으며, 태조 3년(경명왕 4년, 후량 정명 6년, 920) 9월에도 견훤의 사신이 고려에 와서 공작선孔雀扇과 지리산에서 나는 대나무로 만든 화살을 바치는 등 서로 화친 관계를 유지했다. 아직 후백제의 영토가 되지는 않았지만 이름만 신라에 소속됐던 경상남·북도에서는 군소 세력이 할거했기 때문에 견훤은 북쪽을 신경쓰지 않고 동쪽으로 더욱 영토를 개척하면서 특히 고려와 화친하는 정책을 추진했다.

고려에서도 개국 초 후백제와 충돌하지 않으려는 사정이 있던 것 같다. 태조는 홍유·배현경 등 네 장수의 추대로 왕위에 올랐지만 자

신을 몰아내려는 세력도 있어 지위가 반드시 확고하지는 않았다. 마
군장군으로 숙위하던 환선길桓宣吉은 몰래 군사를 모아 틈을 엿봐 변
란을 일으키려고 했는데, 하루는 태조가 궁궐에서 학사 몇 사람과 국
정을 논의하고 있을 때 그 무리 50여 명과 함께 무기를 들고 동쪽 곁
채에서 안뜰로 진입해 곧바로 태조를 해치려고 했다.[11] 이흔암이 몰래
반심을 품고 웅주에서 온 것도 이 무렵이고(6월) 그 뒤 임춘길도 반란
을 모의했는데(9월) 앞서 말한 대로 그것은 청주의 거취에 관계됐다.
청주는 후백제의 국경 지역으로 오랫동안 양쪽 모두와 관계를 맺었기
때문에 태조는 후백제를 공격하면 내부가 동요할 것을 염려해 실행하
지는 않은 것으로 생각된다.

그러나 태조 3년(920) 10월 견훤은 대군을 이끌고 대야성(경상북도
합천)을 함락시킨 뒤 진례성(청도 동남쪽)으로 나아갔고[12] 태조는 신라
의 요청에 따라 구원병을 보냄으로써 화친 관계는 깨졌다.

『고려사』: 주상이 군사를 보내 구원하니 견훤이 그 소식을 듣고 후퇴했
다. 비로소 우리와 틈이 생겼다. 王遺兵救之, 萱聞之引退. 始與我有隙.

또 견훤이 신라를 침략한 것은 그가 공작선 등의 선물을 고려에 보
낸 다음 달이므로 그 통교는 신라를 침범하기 위한 정략적인 것이었
음을 알 수 있다.

「견훤열전」: 태조가 군대를 출동시키니 견훤이 그 소식을 듣고 물러났
다. 견훤은 우리 태조와 겉으로는 화친했지만 속으로는 증오했다. 太祖
出師, 萱聞之引退. 萱與我太祖, 陽和而陰剋.

신라는 국력이 매우 미약해 후백제의 압박을 견디기 어려웠기 때문에 지난 정월 처음 사신을 고려에 보냈고, 이제 도움을 요청해 얻음으로써 겨우 안정될 수 있었다. 그리고 이듬해(경명왕 5년, 고려 천수 4년, 921) 2월 경명왕은 달고적 170여 명이 북쪽 변경을 침략했지만 삭주에서 고려의 진장鎭將에게 격퇴됐다는 소식을 듣고 고려에 사신을 보내 감사했다. 달고는 함경도 남쪽 경계에 살던 말갈의 한 부족이고[13] 삭주는 강원도 춘천으로 당시 신라의 힘은 경상도 북부에도 미치지 못한 것으로 생각되므로 신라는 달고의 침입에도 아무 피해를 느끼지 못했을 것이다. 또 그들은 어렵지 않게 삭주를 통과할 수 있었지만 그것을 넘어 신라의 영토에 들어가는 것은 결코 쉽지 않았다. 따라서 위와 같은 경명왕의 태도는 고려와 친선을 유지하기 위해 그 환심을 사려던 것으로 여겨진다.

눈을 돌려 경상도 북부를 살펴보면 「태조세가」에서는 태조가 즉위한 뒤 얼마 되지 않아 상주의 도적 우두머리 아자개阿字蓋라는 인물이 사신을 보내 귀의했다고 했는데, 같은 사실을 기록한 「경명왕본기」에는 阿慈蓋라고 표기돼 있다. 『삼국사기』 「지리지」에 따르면 경덕왕이 이름을 고친 상주는 옛 사벌국沙伐國이었다.

『삼국유사』: 견훤은 상주 가은현 사람이다. (…) 아버지 아자개는 농사를 지어 생활했는데, 광계 연간(885~888) 사불성(지금의 상주)을 거점으로 삼아 스스로 장군이라고 일컬었다. 甄萱, 尙州加恩縣人也. (…) 父阿慈介以農自活, 光啓中據沙弗城(今尙州), 自稱將軍.

사불沙弗은 사벌沙伐이고 阿慈介는 阿字蓋(阿慈蓋)이므로 지금의 상주 부근에 웅거한 견훤의 아버지는 어떤 이유가 있어 고려에 귀의했음을 알 수 있다.[14] 몇 년 뒤인 태조 5년(경명왕 6년, 후량 용덕龍德 2년, 922)에는 하지현下枝縣 장군 원봉元逢(元奉으로도 쓴다)이 고려에 귀의했다. 이듬해 원봉은 원윤元尹에 임명됐고 그 귀의 때문에 하지현은 순주로 이름이 고쳐졌다. 안동 서쪽인 지금의 풍산역이 그곳이다. 원봉에 이어 진보성眞寶城 장군 홍술洪述도 항복을 요청했고 태조는 사람을 보내 위로했다. 진보성은 고려 초 보성부甫城府를 설치해 재암성載巖城으로도 불린 지금의 진보(안동 동쪽)인데, 홍술이 진보성주였다는 것은 의심스럽다.

> 『고려사』(권92) 「선필열전」: 선필은 신라 재암성의 장군이었다. 당시 도적떼가 다투어 일어나 가는 곳마다 약탈했다. 태조가 신라와 화친하고자 했지만 길이 막혀 근심했다. 선필은 태조의 위엄과 덕망을 보고 마침내 귀의하겠다는 의사를 밝혔으며, 계책을 내 신라와 화친케 하고 도적을 막아 여러 번 공로를 세웠다. 그 뒤 재암성을 갖고 귀의하니 태조는 더욱 후히 대우하고 나이가 많았기 때문에 상보라고 불렀다. 善弼爲新羅載巖城將軍. 時群盜競起, 所至奪掠. 太祖欲通好新羅, 以路梗患之. 弼觀太祖威德, 遂歸款, 以計使通好新羅, 因捍賊, 屢有功. 後以其城內附, 太祖厚加待遇, 以年老稱爲尙父.

신라 말의 혼란이 시작됐을 때부터 선필이 진보성에 웅거했다는 것은 이 기록에서 알 수 있으며, 그가 마침내 고려에 항복한 것은 태조 13년(930)이었다(뒤에서 서술). 그리고 다음 절에서 말하듯 태조 12년 7월 견훤은 대군을 이끌고 의성부義城府(안동 남쪽인 지금의 의성)를 침략했는데, 그때 전사한 장군 홍술은 의성부의 성주였다고 분명히 기록돼 있으므로 홍술은 진보성주가 아니라 처음부터 의성에 웅거한 것으로 생각된다.[15]

또 태조 6년(경명왕 7년, 후당 동광 원년, 923)에는 명지성命旨城 장군 성달城達이 동생과 함께 귀의했고 벽진군 장군 양문良文도 항복해왔다. 명지성의 위치는 명확한 기록이 없지만 하지·의성에 이어 항복했고 벽진군이 지금의 성주라는 것에서 미뤄보면 인동仁同 방면의 한 성으로 생각된다. 인동 동쪽 8리(3.1킬로미터)에 천생산성天生山城(4면에 가파른 절벽이 있어 자연적으로 성을 이뤘기 때문에 이런 이름을 갖게 됐고 그 안에는 연못이 네 개 있다)이 있는데, 이 성에 비정할 수 있을까?

또 태조 8년(경애왕 2년, 후당 동광 3년, 925)에는 매조성買曹城 장군 능현能玄이 사신을 보내 항복을 요청했고 고울부高鬱府 장군 능문能文도 군사를 이끌고 귀의했는데, 태조는 고울부가 지금의 영천으로 신라의 수도에 가까우므로 능문을 위로해 돌려보내고 그 휘하의 장수만 남겨뒀다. 능현은 능문의 친족으로 보이므로 매조성도 영천 부근으로 생각된다. 이런 성주들은 신라의 쇠퇴와 혼란을 틈타 스스로 장군으로 부른 인물이며, 아직 후백제에 소속되지는 않았지만 대야성(합천)을 함락시키고 신라의 수도를 위협한 견훤의 세력이 점차 경상북도로도 밀려오자 두려워 고려의 회유에 호응해 잇따라 귀의하게 된 것으로 생각된다. 또 견훤의 아버지인 아자개가 고려에 항복한 사실은 그 이유가 어떻든지 이런 성주들이 고려로 마음을 기울게 만든 또 하나의 원인이 됐을 것이다. 이처럼 후백제의 동북면인 경상북도가 점차 고려에 귀속되자 견훤은 그대로 둘 수 없었고 마침내 두 나라는 충돌하게 됐다.

고울부가 고려에 항복하기 전 해(경애왕 원년, 고려 태조 7년, 후당 동

광 2년, 924) 견훤은 아들 수미강須彌康과 양검良劍 등을 보내 조물성을
공격했다. 구원하러 간 고려의 한 장수는 전사했지만 성 사람들이 굳
게 지키며 싸웠기 때문에 수미강 등은 승리하지 못하고 돌아왔다. 「태
조세가」에서는 조물성을 군郡이라고 했지만 그런 군 이름은 『삼국사
기』「지리지」에 보이지 않으므로 「견훤열전」에서 조물성이라고 한 것
이 맞다고 생각된다. 그러나 그 위치는 기록이 없기 때문에 어딘지 알
수 없다.

먼저 견훤이 조물성을 공격한 것은 「견훤열전」에 보인다.

아들 수미강(「태조세가」의 須彌康)을 보내 대야성과 문소성의 군사를 일
으켜 조물성을 공격케 했다. 遣子須彌強, 發大耶·聞韶二城卒, 攻曹物城.

그러나 문소성은 고려 초 의성부로 개편된 신라의 군郡으로 앞서
서술한 대로 지난 태조 5년(922) 고려에 항복한 홍술이 그 성주였으므
로 그곳의 군사는 견훤의 명령에 따라 움직이지 않았을 것이다. 오류
가 분명하다. 다만 대야성(합천)은 앞서 견훤에게 함락된 곳이다. 그때
그 군사를 조물성 공격에 투입했다는 것은 사실로 보인다. 그렇다면
조물성은 합천에서 멀지 않은 성이 돼야 한다.

다음으로 「태조세가」에 따르면 수미강 등이 조물성을 공격했을 때
그곳을 구원한 고려의 장군은 애선哀宣과 왕충王忠으로 앞의 기사에서
는 애선이 전사했다고 했지만 왕충은 「태조세가」 11년(928) 8월 "명지
성 원보元甫 왕충"이라고 나오므로(「경순왕본기」에도 "명지성 장군 왕충"
이라고 돼 있다) 그 무렵 명지성을 지킨 장수였음을 알 수 있다. 그리고
같은 조에서 "왕충 등에게 조물성으로 가서 정찰케 했다命王忠等, 往謀

于曹物城"라고 한 것은 조물성이 명지성과 그리 멀지 않음을 보여주는 것이 아닐까? 왕충은 5년 전 조물성이 공격 받았을 때 명지성을 지킨 장수였고 그런 지리적 관계에 따라 원군을 보낸 것으로 생각된다.

그렇다면 조물성은 어디였을까? 이미 서술한 대로 명지성은 인동 부근이므로 그 성에서 가까운 합천에서 온 후백제의 공격을 받은 곳은 성주·개령·선산 방면이 될 수밖에 없다.

• 『동국여지승람』 선산부 산천 조: 금오산은 (…) 부 남쪽 43리(16.8킬로미터)에 있는데 서쪽은 개령, 동쪽은 인동, 북쪽은 선산부와 경계를 맞대고 있다. 金烏山 (…) 在府南四十三里, 西開寧, 東仁同, 北府境.

• 고적 조: 금오산성은 돌로 쌓았는데 둘레 7644척(2316미터), 높이 7척(2.1미터)으로 천연의 절벽을 성으로 삼은 것이 절반이어서 높고 매우 험준하다. 안에는 연못 셋과 시내가 하나 있다. 고려 말 선산부·인동·개령·성주 백성 가운데 왜구를 피해 들어온 사람이 매우 많았기 때문에 군사를 모집해 지켰다. 金烏山城, 石築周七千六百四十四尺, 高七尺, 因壁爲城者居其半, 高峻奇險. 內有三池·一溪. 高麗末本府及仁同·開寧·星州之民, 避倭入居者甚多, 簽兵戍之.

개령현과 인동현의 산천 조에서 이 산을 든 것도 두 읍과 가깝기 때문이다. 산성의 현재 상태는 조선총독부의 5만분의 1 실측도에도 명시돼 있다. 석벽은 동서 9정(약 970미터), 남·북 8정(약 860미터)쯤의 구역을 둘러싼 불규칙한 네모 형태로 그 서쪽에 치우쳐 연못 4개와 우물 2개가 있다. 서남쪽 모퉁이의 석벽이 가늘고 길게 튀어나온 뿔 형태인 것은 시내를 감싸기 위해서로 생각되고 성안에 시내가 하나 있다는 『동국여지승람』의 기사와 부합한다. 인동·선산·개령에 가까운 금오산성은 이처럼 하나의 큰 산성으로 『동국여지승람』에 나오듯 변란이 일어나자 여러 읍의 백성이 모여 지킬 만한 곳이다. 그리고 이 방면에는 다른 산성이 없어 금오산성은 조물성의 소재와 관련된 앞의 추측과 일치하므로 두 성을 그렇게 비정하려고 한다.

조물성이 이런 곳에 있었다면 견훤이 침략한 목적은 하지(풍산)·의성·명지·벽진(성주) 등이 서로 뒤이어 고려에 항복하는 것을 그대로 볼 수 없어 무력으로 그들을 복속시키려는 데 있었다고 생각된다(조물성 남쪽인 벽진이 후백제군의 습격을 받은 흔적이 없는 것은 후백제군이 오기 전 그곳 백성이 조물성을 지켰음을 암시하는 것 같다). 그러나 견훤은 고려와 충돌하려고 하지 않았다. 수미강 등이 패배해 돌아오자 고려에 사신을 보내 절영도의 총마驄馬* 한 필을 선물한 것은 그것을 증명한다.

그러나 이듬해인 재위 8년(925) 태조는 유금필을 정서征西대장군으로 임명해 후백제의 북쪽 경계를 공격했다. 유금필은 연산진燕山鎭을 함락시키고 그곳을 지키던 장수를 죽였으며 임존군任存郡을 격파해 3000여 명을 죽이거나 사로잡았다.[17] 태조가 즉위한 초기 여러 번 이반한 청주靑州(淸州)와 인접한 임존군은 웅주(공주)·운주(홍주)와 함께 후백제에 귀의했던 지금의 대흥인데, 이제 태조는 이 방면까지 세력을 미친 것이다.

이때 견훤은 3000기를 이끌고 조물성으로 왔다. 태조도 직접 군사를 거느리고 와서 싸웠지만 견훤 군이 정예해 승패가 쉽게 나지 않았다. 유금필이 군사를 이끌고 합류하자 태조 군은 크게 사기가 올랐고

---

* 흰 몸에 회색 털이 섞여 있는 좋은 말.

견훤은 두려워 화친을 요청했다. 그 결과 견훤은 처남 진호眞虎를, 태조는 사촌동생 왕신을 인질로 교환했다. 신라 경애왕은 그 소식을 듣고 사신을 고려로 보내 "견훤은 변덕이 심하고 속임수가 많으니 화친해서는 안 된다"고 말했다.

그런데 태조 9년(경애왕 3년, 후주 동광 4년, 926) 진호가 죽자 그 시신을 후백제로 보냈지만 견훤은 고려에서 그를 죽였다고 생각해 왕신을 하옥하고(그 뒤 죽여 시신을 고려로 보냈다) 웅진(공주)로 군사를 보냈다. 태조는 여러 성에 굳게 지키고 나오지 말라고 명령했다. 경애왕이 "한번 북을 울려 위세를 떨치면 견훤은 스스로 무너질 것"이라고 말하자 태조는 "저는 견훤을 두려워하는 것이 아니라 악이 가득 차 스스로 멸망하기를 기다릴 뿐吾非畏萱, 俟惡盈而自僵耳"이라고 대답한 것도 고려와 후백제의 격렬한 충돌이 이때부터 시작됐음을 보여준다.

그러나 두 나라의 충돌은 아직 본격적으로 전개되지 않았다. 「견훤열전」과 「태조세가」의 소략한 기사를 비판적으로 살펴보면 거기에는 매우 중대한 사정이 있었음을 알 수 있다. 「견훤열전」에 따르면 동광 3년(925) 12월 견훤은 거창 등 12성을 점령했다. 동광 3년은 태조 8년으로 같은 해 10월 견훤은 태조와 조물성에서 전투를 벌이고 화친해 인질을 교환했으니 그는 얼마 되지 않아 이렇게 행동한 것이다. 거창은 지금도 그 이름이 남아 있는 대야(합천) 서북쪽의 군인데, 이미 5년 전 함락돼 그 뒤 그 군사를 조물성 공격에 투입했던 대야의 그 방면에 있던 거창이 그 밖의 성들과 함께 이때 함락됐다고 한 것은 매우 이상하다.

「태조세가」: 태조 10년(927) 정월 을묘일 친히 후백제 용주를 정벌해 항복시켰다. 十年春正月乙卯, 親伐百濟龍州降之.

용주는 경상북도 안동 서쪽인 지금의 용궁龍宮으로 태조의 이 출정은 견훤이 진호의 죽음 때문에 웅진으로 진군한 이듬해(경애왕 4년, 후당 천성 3년, 927)에 일어났다. 「태조세가」에서는 출정의 이유를 다음과 같이 설명했다.

이때 견훤이 맹약을 어기고 여러 번 군사를 일으켜 변경을 침략했지만 왕은 오랫동안 참아왔다. 견훤이 더욱 악해져 강제로 차지하려고 했기 때문에 왕은 그를 정벌했으며 신라왕도 군사를 보내 도왔다. 時甄萱違盟, 屢擧兵侵邊, 王含忍久之. 萱益稔惡, 頗欲強呑, 故王伐之, 新羅王出兵助之.

"맹약을 어기고 여러 번 군사를 일으켜 변경을 침략했다"는 것은 무엇을 가리키는지 분명치 않다. 맹약은 인질을 교환해 화친한 것을 뜻하는 것이 분명하고, 그 맹약 뒤 견훤이 고려를 침략한 사실로 역사에 기록된 것은 앞서 말한 웅진에 관련된 일밖에 없다. 또 상주·하지(풍산)·의성 등은 일찍이 고려에 귀의했는데, 그 중간에 위치한 용주만 후백제에 소속됐다면 그것도 이상하지 않은가?

여기서 하나의 추측이 우리의 머리에 떠오른다. 그 용주는 인질을 교환한 뒤 견훤의 침략을 받았고 태조는 그것을 회복하기 위해 직접 공격한 것은 아닐까? 그리고 그런 추측 아래 견훤이 점령했다고 한 위의 거창을 지금 안동의 신라 때 이름인 고창古昌의 오기라고 하면 의문 덩어리는 갑자기 사라진다. 곧 고창과 함께 하지·예천·용주, 그리고 다음에 말할 근품近品(용궁 서쪽 20정[2.2킬로미터]쯤 되는 지금의 산양山陽)·고사갈이성高思葛伊城(문경) 등은 인질을 교환한 뒤 견훤에게 점령된 것으로 보면 그 때문에 「견훤열전」에서는 "거창(고창?) 등 20여 성을 점령했다"고 했다고 생각된다.

견훤은 하지 남쪽의 성들이 고려의 소유가 되자 경쟁심을 참지 못해 무력으로 그들을 복속시키려고 그 방면으로 군사를 두 차례 보냈지만 모두 조물성에서 패배했다. 그리고 두 번째 출정에서 인질을 고려에 보내 화친을 맺은 것은 그들의 군사력을 두려워해 임시로 조처한 것이지만, 갑자기 맹약을 깨고 조물성은 다시 공격하지 않은 채 북쪽에서 군사를 동쪽으로 보내 하지를 빼앗고 고창을 점령함으로써 죽령 도로의 요충을 장악해 경상북도에서 고려의 세력을 한번에 쓸어버리려고 했던 것으로 보인다.

「태조세가」에서는 인질 진호가 병으로 죽었다고 했고 「견훤열전」에서는 갑자기 죽었다고 했지만(「경애왕세가」도 같다) 견훤이 화친을 깨고 그런 태도를 보였다면 병으로 죽은 것이 아니라 견훤이 판단한 대로 실제로 고려에서 일부러 죽인 것으로 여겨진다. 이렇게 된 것이 웅진의 사건이다. "이때 견훤이 맹약을 어기고 여러 번 군사를 일으켜 변경을 침략했다. (…) 견훤은 더욱 악해져 강제로 차지하려고 했다"는 것은 인질 교환 뒤의 이런 관계를 가리키는 것이다. 고려와 후백제의 충돌은 이때부터 격렬해질 수밖에 없었다.

4. 고려와 후백제의 충돌

앞서 서술한 것 같은 관계 아래 고려와 후백제의 충돌은 충청남도에 형성된 두 나라의 경계와 경상남·북도 여러 방면에서 일어났다.

「태조세가」에 따르면 태조는 재위 10년(경애왕 4년, 후당 천성 2년, 927) 정월 을묘일(3일) 후백제의 용주龍州(용궁)를 직접 정벌해 항복시켰고, 같은 달 을축일(13일) 견훤이 왕신의 시신을 보내자 왕신의 동생 왕육王育에게 맞이하게 했다. 태조는 다시 3월 신유일(10일) 운주(홍주)를, 이틀 뒤인 갑자일(12일) 근품성을 함락시켰다. 이처럼 태조는 즉위 초 후백제에게 빼앗겼던 운주를 되찾고 근품성도 점령했는데, 근품성은 이때 처음 역사에 나타나는 지명으로 걸린 날짜로만 미뤄보면 운주 부근으로 생각된다. 그러나 이 방면에는 그런 지명이 있었다는 증거가 없고 『삼국사기』「지리지」에서는 근품성을 예천군에 소속된 현領縣이라고 했다.

『고려사』「지리지」: 산양현은 본래 신라 근품현('품'은 '암'으로도 돼 있다)이다. (…) 고려 초 지금의 이름으로 고쳤다. 山陽縣, 本新羅近品縣(品一作巖). (…) 高麗初, 更今名.

그리고 『동국여지승람』에서 산양현은 상주 북쪽 63리(24.7킬로미터)에 있다고 했으므로 근품현은 지금의 용궁 서쪽 20정(2.2킬로미터)쯤의 산양 부근으로 이것이 곧 태조가 함락시킨 근품성으로 생각된다. 그렇다면 태조가 운주에서 2~3일 만에 이 성에 이르기는 어려우므로 그것이 함락된 것은 운주 수복 무렵이 아니라 용주 점령 앞뒤로 봐야 할 것 같다. 근품성 점령 기사가 3월 조에 있는 것은 잘못이고, 사실은 용주 함락 9일 뒤인 정월 갑자일(12일)에 연결돼야 한다고 생각한다.

태조가 함락시킨 「태조세가」의 근품성은 「경애왕본기」에는 근암성으로 돼 있다. 『고려사』「지리지」에서 "'품'은 '암'으로도 돼 있다"고 한 것은 이 때문으로 생각된다. 다만 巖은 嵓·嵒과 통용되기 때문에 品은 嵓(嵒)의 오기가 아닐까 생각되기도 한다.

- 『삼국사기』「지리지」: 가유현은 본래 근('건'이라고도 돼 있다)품현으로 경덕왕이 이름을 고쳤다. 지금의 산양현이다. 嘉猷縣, 本近(一作巾)品縣, 景德王改名. 今山陽縣.
- 「태조세가」: 견훤이 근품성을 공격해 불태웠다. 甄萱攻燒近品城.
- 「견훤열전」: 견훤이 근품성을 함락시키고 불태웠다. 萱攻取近品城, 燒之.

그러나 『삼국사기』와 『고려사』의 몇 기사에서 모두 '품'으로 쓴 것을 보면 그런 추측은 옳지 않다. '품'과 '암'은 글자가 비슷해 근품성은 근암성으로도 불린 것으로 여겨진다. 또 「경애왕본기」에서 3월에 근암성 함락을 기록한 것은 「태조세가」와 같지만 『삼국사기』와 「태조세가」를 비교해보면 대부분 동일한 자료에 근거했음이 분명하므로 그것으로 근품성 함락이 정월이 아니라는 증거로 삼기는 어렵다.

또 「태조세가」에 따르면 태조는 4월 임술일 해군장군 영창英昌과 능식能式 등을 보내 수군을 이끌고 남해의 섬들을 정벌케 했으며 같은 달 을축일에는 직접 웅주(공주)를 공격했지만 실패했다고 했는데, 4월에는 임술일과 을축일이 모두 없으므로 이것도 날짜가 잘못됐음이 분명하다. 운주와 웅주의 지리적 관계에서 미뤄보면 웅주를 공격했다가 실패한 것은 운주를 수복한 3월 신유일(10일)의 나흘 뒤인 을축일(14일)이라고 판단된다. 따라서 해군장군 영창 등이 출정 명령을 받은 것은 3월 임술일(11일)로 보인다. 그들은 강주康州에 소속된 전이산轉伊山·노포老浦·평서산平西山·돌산突山 등 네 곳을 함락시키고 사람과 물자를 노획해 돌아왔다고 했다.

강주는 지금의 경상남도 진주로 전이산(전야산轉也山)은 지금의 해남도海南島를 관할한 군(지금의 해남 부근)이고, 평서산은 거기에 소속된 현(지금의 평산포平山浦 부근)이며, 돌산은 지금의 돌산도 안에 같은 이름의 지역이 있다. 노포는 명확치 않지만 같은 방면이 분명하다.

「태조세가」 10년(927) 7월: 원보 재충과 김락 등을 보내 대량성을 공격해 함락하고 장군 추허조 등 30여 명을 사로잡았다. 遣元甫在忠·金樂等, 攻破大良城, 虜將軍鄒許祖等三十餘人.

대량, 곧 대야大耶는 고려에 소속된 명지성과 벽진군(성주) 남쪽 지역이므로 그곳을 공격하라는 명령을 받은 재충은 조물성을 구원한 명지성의 수장守將 원보 왕충으로 생각된다(재在는 왕王의 오기로 여겨진다).

여기서 생각할 것은 이런 사실이 전체적으로 어떤 일을 뜻하는가 하는 것이다. 이미 서술한 대로 고려에 복속된 경상북도의 성들은 견훤이 고창(안동)을 점령하면서 고려와 연락이 끊겼다. 고창 외에 20여 개의 많은 성이 후백제에 점령됐다는 것은 믿기 어렵지만, 적어도 고창 서쪽의 하지·예천·용주·근품 등은 후백제군의 진로에 있었기 때문에 당연히 점령됐을 것으로 여겨진다. 태조가 용주와 함께 근품성을 공격해 점령한 것은 이런 관계 때문이었고, 이때 고창도 수복된 것은 뒤에서 말하듯 2년 뒤인 태조 12년(929) 견훤이 와서 포위한 데서 추측할 수 있다. 이렇게 해서 남쪽 벽진 방면과의 연락은 회복된 것이었다.

또 태조는 궁예를 섬길 때 바다로 가서 나주 지방을 경략했는데, 즉위 초 전前시중 구진具鎭을 나주도羅州道 대행대시중大行臺侍中으로 삼아 가서 지키게 했다고 한 것을 볼 때 나주는 계속 고려의 소유였던 것으로 생각된다. 그리고 태조 3년(920) 강주(진주)의 장군 윤웅閏雄이 자신의 아들을 인질로 삼아 귀의하자 고려는 사람을 보내 그를 위무했다. 그렇다면 한번 끊어졌던 북쪽 지방의 연락이 회복되자 따로 수군 장수를 보내 강주 앞바다의 섬들을 정벌한 목적 또한 그 방면에서 나주와 강주를 바다로 연결시키려던 것이 분명하다. 그런데 후백제의 대야성은 이 강주와 고려에 소속된 벽진군의 중간에 있다. 그곳이 다시 공격받아 함락된 것은 그 때문이었다. 요약하면 태조는 후백제에 대해 북쪽은 운주를 점령하고 웅주를 위협했으며, 남쪽은 바다에서 압박했고 동쪽은 죽령 이남, 강주 이북의 성들을 연결해 하나의 울타리를 구축한 것이다.

이해(태조 10년, 927) 8월 고사갈이성 성주가 새로 고려에 귀의했다.

- 「태조세가」: 왕이 강주 고사갈이성을 순행하자 성주 흥달이 귀의했다. 그러자 후백제의 성주들이 모두 항복해 귀의했다. 王徇康州高思葛伊城, 城主興達歸欵. 於是百濟諸城守, 皆降附.

- 『고려사』(권92) 「흥달열전」: 태조가 강주를 순행하면서 그 성을 지나갔는데 흥달이 자신의 아들을 보내 귀의했다. 그러자 후백제가 임명한 군관과 서리가 모두 항복해 귀의했다. 太祖徇康州, 行過其城, 興達遣其子歸款. 於是百濟所置軍吏, 皆降附.

그러나 이 성이 강주의 한 지역이라고 한 것은 큰 오류로 그것은 전혀 방면이 다른 고령군古寧郡(함창咸昌)에 소속된 관문현冠文縣의 다른 이름, 곧 계립령 아래 지금의 문경임은 『고려사』 「지리지」에 따라 분명하다.[18] 「태조세가」의 오류는 「홍달열전」에서 나왔고 「홍달열전」의 기사는 강주 바다의 섬들이 정복된 사실을 전제로 한 저자의 두찬으로 생각된다.

충주 방면에서 경상북도로 들어가려면 반드시 넘어야 하는 고갯길이 둘 있다. 하나는 죽령으로 신라 때와 지금 모두 동일하다. 다른 하나는 조령인데, 그것은 고려에 들어와 뚫렸으며 신라 때는 그 동쪽인 계립령을 이용했다. 계립령 길과 조령 길이 만나는 지점은 문경으로 고사갈이성은 그 요충에 위치했다. 그 성은 2년 전 견훤이 그 방면에 와서 고창 등 20여 성을 점령했을 때 그 지배 아래 들어갔다가 이때 고려의 회유에 따라 항복했는데 용주·근품 등이 함락된 결과 고립됐기 때문이었다. 아울러 이 사실은 그동안 고려의 경략이 죽령 길을 따라서만 이뤄지다가 새로 계립령 길이 열렸음을 뜻하는 것이 틀림없다.

『고려사』 세가와 「견훤열전」에 따르면 고사갈이성이 고려에 항복한 다음 달(9월) 견훤은 근품성을 공격해 불태웠다. 앞서 말한 대로 근품성은 지금의 산양 부근으로 고사갈이성과 가까우므로 「홍달열전」의 앞 기사에 이어지는 다음 내용은 이 무렵의 일로 생각된다.

견훤이 그 성을 공격하려고 하자 홍달은 그 소식을 듣고 출전하려고 목욕했는데 갑자기 오른쪽 어깨에 '멸滅'자가 있는 것을 봤다. 그는 괴이하게 여겨 재앙을 물리치는 제사를 드렸는데 열흘 만에 병으로 죽었다. 甄萱將攻其城, 興達聞之, 欲出戰而浴, 忽見右臂上有滅字. 怪而禳之, 至十日病死.

견훤은 근품성에서 곧장 동남쪽으로 나아가 고울부(영천)를 습격해 신라의 도성 외곽까지 다가갔다. 신라 경애왕이 급히 고려에 알리자 태조는 군사를 이끌고 그를 구원하려고 했다. 구원병이 아직 도착하기 전 견훤은 갑자기 도성으로 들이닥쳤다. 그때 경애왕은 비빈·종친들과 포석정(경주 남쪽 7리[2.7킬로미터] 금오산 서쪽 기슭)에서 잔치를 벌이고 있었다. 그는 후백제군이 급습했다는 소식을 듣고 당황해 어쩔 줄 몰라 하다가 왕비와 함께 도성 남쪽 이궁으로 돌아왔는데, 따르던 신하·궁관·궁녀들은 난병亂兵에게 많이 죽었다. 견훤은 궁궐로 들어가 부하들에게 왕을 찾아오게 해 자결케 한 뒤 왕의 이종사촌 동생 김부(경순왕)를 국왕으로 삼았다.

견훤은 어째서 신라를 침략하는 것처럼 폭압적인 위력을 행사했을까? 앞서 서술한 대로 경애왕은 고려를 끌어들여 후백제를 억제하려고 했는데, 특히 태조가 용주를 정벌했을 때 군사를 보내 도운 것이 견훤에게 이런 행동을 하게 만든 원인으로 생각된다. 견훤의 목적은 신라를 응징해 다시는 고려와 교통하지 못하게 하려는 데 있던 것이다.

이렇게 해서 견훤은 새 국왕의 동생 효렴孝廉과 재상 영경英景 등을 포로로 잡고 보물과 무기, 자녀와 뛰어난 공인工人들을 데리고 돌아갔는데, 직접 군사를 이끌고 온 태조는 그를 공산公山 아래서 기다렸다가 공격했다. 공산은 팔공산八公山이라고도 하는데, 대구 동북쪽의 산이다. 전투는 해안현解顔縣에 있는 미리사美利寺 부근에서 일어났는데(해안현은 대구 동북쪽 17리[6.7킬로미터]에 있는데 미리美里(利)라고도 한다) 고려군이 불리했다. 견훤 군이 태조를 포위해 매우 위급해지자 대장 신숭겸과 김락은 힘써 싸워 전사하고 태조는 겨우 몸만 빠져나왔다(미리사 전투는 공산 동수桐藪 전투라고도 한다. 동수도 미리 부근의 지명으로 생각된다). 견훤은 승세를 타고 대목현大木縣(인동 서남쪽 30리[11.8킬로미터]의 약목정若木亭)을 점령하고 들판에 쌓아놓은 볏단을 모두 불태웠으며, 10월 다시 장수를 보내 벽진군(성주)의 곡식을 불태웠다. 고려 장수 색상索湘이 전사했다.

「태조세가」에서는 미리사 전투에 이어 다음과 같이 서술했다.

> 견훤은 승세를 타고 대목군을 점령한 뒤 들판에 쌓아놓은 노적가리를 모두 불태웠다. (…) 겨울 10월 견훤은 장수를 보내 벽진군을 침략하고 대목군과 소목군의 곡식을 베어갔다. 11월 벽진군의 곡식을 불살랐다. 정조 색상이 전사했다. 萱乘勝取大木郡, 燒盡田野積聚. (…) 冬十月, 甄萱遣將侵碧珍郡, 芟大·小木二郡禾稼. 十一月燒碧珍郡稻穀. 正朝索湘戰死之.

이 기사에 따르면 대목군과 벽진군은 후백제군의 침략을 두 번 받았으며, 대목군 외에 소목군이라는 군도 침략한 것 같다. 그러나 12월 견훤이 태조에 보낸 서신에서 "초겨울 도두 색상이 성산의 진陣 아래서 손이 묶였다冬初, 都頭索湘束手於星山陣下"고 한 것은 분명히 위의 '11월'이라고 말한 기사와 호응하므로 11월은 10월의 오기가 분명하다(벽진군은 본래 신안현新安縣으로 성산군에 소속됐다. 그 때문에 벽진군과 관련해 "성산의 진 아래"라고 했다).

그렇다면 9월 미리사 전투를 마치고 돌아오면서 견훤은 들판의 노적가리를 직접 불태운 대목군에 다음 달 다시 장수를 보내 그 곡식을 베어갔고, 벽진군에도 같은 달 두 번 군사를 보낸 것일까? 이것은 매우 이상하다. 아울러 『삼국사기』 「지리지」에 따르면 대목현은 성산군에 소속된 현이므로 소목도 그것과 마찬가지로 군·현 이름이 된다. 따라서 「태조세가」에서 10월에 기록한 기사 하나를 삭제하고 그 다음 11월의 기사 하나를 10월에 연결하면 의문은 해결된다.

『태조실록』의 편자는 견훤이 미리사 전투에서 돌아오면서 대목현을 약탈한 뒤 장수를 보내 벽진군을 침략한 사실을 각각 따로 서술한 것과 한데 합쳐 기록한 것이 있기 때문에 둘을 모두 싣고 그 가운데 한데 합쳐 기록한 것을 10월에 연결시켰으며, 당연히 10월에 연결시켜야 하는 기사를 다음 달로 보낸 것으로 생각된다. 또 「경애왕본기」에서 견훤이 대목군을 침략해 들판에 쌓아놓은 노적가리를 불태운 일을 12월로 한 것이 오류임은 말할 필요도 없다.

이 무렵 오월왕 전류錢鏐의 사신이 후백제에 와서 서신을 전달했다.

경(견훤)과 고려는 오랫동안 우호적으로 교류하면서 맹약을 맺은 것으로 압니다. 근래 양쪽의 인질이 다 죽어 화친했던 옛 관계가 마침내 깨져 서로 국경을 침범해 전쟁이 그치지 않고 있습니다. 이제 경의 나라에 사신을 보내고 고려에도 글을 보내니 마땅히 서로 화친해 길이 평화를 누리십시오. 知卿與高麗, 久通歡好, 共契隣盟. 比因質子之兩亡, 遂失和親之舊好, 互侵彊境, 不戢干戈. 今專發使臣, 赴卿本道, 又移文高麗, 宜相親比, 永孚于休.

12월 견훤은 태조에게 서신을 보내 이런 내용을 알리면서 자신은 평양의 누각에 활을 걸고 패강의 물을 말에게 먹이려고 하지만 이 서신에 따라 전쟁을 중단하려고 한다고 밝혔다. 그러나 견훤은 전쟁을 그만둘 뜻이 없었고 도리어 태조가 설정한 국경의 일부를 침범했는데, 이듬해인 태조 11년(경순왕 2년, 후당 천성 3년, 928) 정월 강주(진주)를 구원하려고 초팔성草八城(초계草溪)을 지나던 고려 장수 김상金相이 그 곳 성주 흥종興宗의 공격으로 전사했다고 한 데서 알 수 있다. 그리고 그해 5월 견훤은 빈틈을 노려 강주를 습격해 마침내 함락시켰다. 또 「유금필열전」에는 다음과 같은 기사가 있다.

태조 11년(928) 왕명으로 탕정군(충청남도 탕정)에 성을 쌓았다. 이때 후 백제 장군 김훤·애식·한장 등이 3000여 명을 거느리고 청주를 침략했 다. 하루는 유금필이 탕정군의 남산에 올라 앉아 졸고 있었는데, 꿈에 한 대인이 말했다. "내일 서원(청주)에 반드시 변고가 있을 것이니 빨리 가라." 유금필은 놀라 깨어나 곧장 청주로 가서 싸워 무찌르고 독(연?) 기진까지 추격해 300여 명을 죽이거나 사로잡았다. 그는 말을 달려 중 원부(충주)에 이르러 태조를 만나 전투 상황을 자세히 아뢰었다. 十一年, 以王命城湯井郡. 時百濟將金萱·哀式·漢丈等領三千餘衆, 來侵靑州. 一日黔 弼登郡南山坐睡, 夢一大人言, 明日西原必有變, 宜速往. 黔弼驚覺, 徑趣靑州, 與戰敗之, 追至禿(燕?)歧鎭, 殺獲三百餘人. 馳詣中原府, 見太祖, 具奏戰狀.

「태조세가」를 보면 태조는 4월 탕정군에 행차하고 7월 삼년산성(보 은 동쪽 5리[2킬로미터]의 오정烏頂산성)을 공격했지만 함락시키지 못해 청주로 행차했으며 8월 충주를 방문했다고 했으니 후백제군이 청주 를 공격한 것은 태조가 그곳을 떠난 뒤의 일로 생각되므로 그것은 삼 년산성이 공격받은 데 보복한 것으로 보인다. 견훤은 다시 장군 관흔官 昕을 보내 양산陽山에 성을 쌓았다(8월). 태조는 그때 충주에 있었는데, 명지성의 장군 왕충에게 명령해 그를 격퇴시켰다. 그 뒤의 경과는 「태 조세가」에 다음과 같이 기록돼 있다.

관흔이 물러나 대량성(합천)을 지키면서 군사를 풀어 대목군(약목若木)의 벼이삭을 베어갔으며 마침내 오어곡에 군대를 나눠 주둔하니 죽령 길이 막혔다. 왕은 왕충 등에게 조물성(금오산성)으로 들어가 정탐케 했다. (…) 겨울 11월 견훤이 정예군을 뽑아 오어곡성을 공격해 함락하고 그곳을 지키던 군사 1000명을 죽였다. 장군 양지와 명식 등 6명이 나와서 항복했다. 官昕退保大良城, 縱軍芟取大木郡禾稼, 遂分屯烏於谷, 竹嶺路塞. 命王忠等往諜于曹物城. (…) 冬十一月, 甄萱選勁卒, 攻拔烏於谷城, 殺戍卒一千. 將軍楊志·明式等六人出降.

『동국여지승람』에서 옥천 남쪽 59리(23킬로미터)에 있다고 한 양산현은 신라 영동군에 소속된 현으로 둘 모두 지금도 그 이름이 같다. 위의 양산이 이것이라고 생각되기도 하지만 추풍령 이남 지역은 일찍부터 후백제에 소속됐고 그 방면에서 고려와 충돌한 적은 없다. 그리고 이 양산은 왕충이 원군을 보냈던 인동 부근의 명지성, 그리고 왕충의 공격을 받은 관흔이 물러나 지킨 대량성(대야성)과 거리가 조금 멀기 때문에 관흔이 성을 쌓은 양산은 이곳이 아니라고 생각된다.

또 오어곡과 관련된 부분은 문장으로 볼 때 "마침내 오어곡과 죽령에 나눠 주둔하니 길이 막혔다遂分屯烏於谷·竹嶺, 路塞"고 읽어야 할 것 같지만, 대야성에서 군사를 보내 인동 서남쪽인 대목의 곡식을 베어간 관흔이 한번에 멀리 죽령 지역까지 군사를 주둔시킬 수는 없다. 『동사강목』을 쓴 안정복은 이 부분을 그대로 옮겨 싣지 않고 '於是'라는 글자를 넣어 "마침내 오어곡(부곡성이라고도 한다)에 나눠 주둔하니 죽령 길이 막혔다遂分屯烏於谷(一名缶谷城), 於是竹嶺路塞"고 뜻을 분명히 했는데 타당하다.

그렇다면 오어곡은 죽령 길에 있는 곳으로 생각되고 「경순왕본기」
의 무곡성武谷城과 「견훤열전」의 부곡성도 같은 지명이므로 『동국여지
승람』에서 의흥 남쪽 31리(12.2킬로미터)에 있다고 했고 지금도 당시의
이름을 갖고 있는 부계缶溪가 오어곡에 비정된다. 그런데 태조는 백제
군이 이곳에 왔을 때 먼저 양산에서 관흔을 물리치고 왕충에게 조물
성으로 가서 정탐케 했다. 이것을 바탕으로 생각하면 양산에서 물러
난 관흔이 곡식을 베어간 대목은 조물성과 인접한 곳이 되므로 성을
쌓으려고 한 양산도 그 방면으로 봐야 한다. 관흔은 이렇게 해서 조물
성을 견제하고 마침내 오어곡으로 진군해 죽령 길을 차단한 것으로 생
각된다.

「경순왕본기」: 견훤은 대야성 아래로 나아가 주둔하고 군사를 나눠 보
내 대목군의 벼 이삭을 베어 갔다. 甄萱進屯於大耶城下, 分遣軍士, 芟取大
木郡禾稼.

이 기록을 보면 대야성 자체는 어쩌면 후백제에게 함락되지 않았을
수도 있지만, 요컨대 태조가 쌓은 울타리는 그것을 격파하고 출동한
후백제군을 저지할 만큼 튼튼하지 못했고 미리사 전투 뒤 무너진 부
분은 더욱 커져 오어곡성까지 견훤에게 함락됐다.

이렇게 해서 경상북도는 두 나라가 쟁탈전을 벌이는 지역이 됐다.
그것에 관련된 「태조세가」의 기록은 다음과 같다.

• 태조 12년(경순왕 3년, 후당 천성 4년, 929) 7월 신사일: 견훤이 정예병
5000명으로 의성부를 침략하니 성주인 장군 홍술이 전사했다. 왕은

"내가 두 손을 잃었다"고 통곡했다. 또 견훤이 순주로 쳐들어오자 장군 원봉이 도망쳤다. 甄萱以甲卒五千, 侵義城府, 城主將軍洪術戰死. 王哭之慟曰, 吾失左右手矣. 又侵順州, 將軍元奉(逢)遁.

- **10월 병신일**: 견훤이 가은현을 포위했지만 이기지 못했다. 甄萱圍加恩縣, 不克.
- **12월**: 견훤이 고창군을 포위하자 왕은 직접 군사를 이끌고 구원했다. 甄萱圍古昌郡, 王自將救之.

그대로 읽어 가면 오어곡성을 무너뜨린 견훤은 의성을 침략하고 순주(원봉이 귀순하기 전의 하지, 지금의 풍산)를 함락시킨 뒤 예천·용궁을 지나 가은에 이른 것 같다. 가은은 견훤의 고향으로 문경 서남쪽 41리(16킬로미터)에 있는데(가은천 좌안, 지금의 성저리城底里 부근) 후백제가 차지한 삼년산성(보은 동쪽 5리[2킬로미터])으로 가는 도로에 있다. 가은 다음에 포위한 고창(안동)은 의성에서 순주로 가려면 반드시 통과해야 하는 곳인데, 순주보다 먼저 공격받지 않았다는 것은 매우 이상하지 않은가?

다시 「태조세가」를 보면 이듬해인 태조 13년(경순왕 4년, 후당 장흥 원년, 930) 정월 병술일(21일) 고창군의 병산甁山 전투가 서술돼 있다.

왕은 직접 군사를 거느리고 고창군 병산(안동 북쪽 10리[3.9킬로미터])에 진을 쳤고 견훤은 석산에 진을 쳤는데, 서로의 거리가 500보 정도였다. 마침내 싸웠는데 저녁이 되자 견훤이 패주하니 시랑 김악을 사로잡았으며 8000여 명이 죽었다. 이날 고창군에서 "견훤이 장수를 보내 순주를 공격해 함락시키고 민가를 약탈한 뒤 물러갔다"고 보고했다. 왕은 바

로 순주에 행차해 그 성을 수리하고 장군 원봉을 처벌했다. 王自將, 軍古
昌郡甁山, 甄萱軍石山, 相去五百步許. 遂與戰, 至暮萱敗走, 獲侍郎金渥, 死者
八千餘人. 是日古昌郡奏, 萱遣將, 攻陷順州, 掠人戶而去. 王卽幸順州, 修其城,
罪將軍元奉(逢).

그리고 「유금필열전」에 따르면 태조는 고창 북쪽의 예안진禮安鎭(지
금도 이름이 같다)에서 나아가 병산과 고창의 중간인 저수봉猪首峯 부근
에서 견훤군을 격파했는데, 그 전투는 견훤이 포위한 고창군을 구원하
기 위해 일으킨 것이라고 같은 열전에 명기돼 있다. 그렇다면 지난해
12월 고창이 포위됐다고 서술하고 이해 정월 병산 전투를 기록한 「태
조세가」는 서로의 관계에서 시기가 잘못됐다고 느끼지 않을 수 없다.
　또 이 전투에 이어진 순주의 함락은 어땠는가? "이날 고창군에서
(…) 부고했다"는 한 구절이 있는 것에서 미뤄 봐도, 아래의 『고려사』
「지리지」에서 그것을 13년의 사건으로 기록한 것을 봐도 그 시기에 오
류가 있다고 말하기는 어렵다.

태조 6년(923) 하지현 사람 원봉이 귀순한 공로가 있어 순주로 승격시
켰다. 13년(930) 견훤에게 함락됐기 때문에 다시 하지현으로 강등됐다.
太祖六年, 縣人元逢(奉)有歸順之功, 陞爲順州. 十三年, 陷於甄萱, 復降爲下枝
縣.

그런데 이미 서술한 대로 「태조세가」에서는 지난해 7월 의성부가 침
략됐을 때 순주도 침략을 받아 장군 원봉이 도망쳤다고 했다. 그리고
그 사이에 고려군이 순주를 회복한 흔적은 없으므로 이 7월 기사는

잘못된 것이며 의심의 근원이라고 하지 않을 수 없다. 여기서 『삼국사기』 「경순왕본기」와 「견훤열전」의 기사를 살펴보자.

- 「경순왕본기」: [천성] 3년(태조 12년, 929) 가을 7월 견훤이 의성부성을 공격했다. 고려 장수 홍술이 나가 싸웠지만 이기지 못하고 전사했다. 순주 장군 원봉이 견훤에게 항복했다. 태조는 그 소식을 듣고 분노했지만 원봉의 지난 공로를 생각해 용서하고 다만 순주를 현으로 강등시켰다. 10월 견훤이 가은현을 포위했지만 이기지 못하고 돌아갔다. 七月, 甄萱攻義成(城)府城, 高麗將洪述出戰, 不克死之. 順州將軍元逢降於甄萱. 太祖聞之怒, 然以元逢前功宥之, 但改順州爲縣. 十月, 甄萱圍加恩縣, 不克而歸.

- 「견훤열전」: 천성 4년(태조 12년, 929) 가을 7월 정예병 5000명으로 의성부를 공격했는데, 성주인 장군 홍술이 전사했다. 태조는 "내가 두 손을 잃었다"고 통곡했다. 견훤이 크게 군사를 일으켜 고창군 병산 아래서 태조와 싸웠지만 이기지 못했으며 8000여 명이 죽었다. 다음 날 견훤이 남은 군사를 모아 순주성을 습격하니 장군 원봉은 방어하지 못해 성을 버리고 밤에 달아났다. 견훤은 백성을 잡아 전주로 옮겼다. 태조는 원봉이 전에 공로를 세웠기 때문에 용서하고 순주를 하지현으로 고쳤다. 天成四年秋七月, 萱以甲兵五千人攻義城府, 城主將軍洪術戰死. 太祖哭之慟曰, 吾失左右手矣. 萱大擧兵次古昌郡瓶山之下, 與太祖戰不克, 死者八千餘人. 翌日萱聚殘兵, 襲破順州城, 將軍元逢不能禦, 棄城夜遁. 萱虜百姓, 移入全州. 太祖以元逢前有功宥之, 改順州號下枝縣.

앞의 기사는 순주 함락을, 뒤의 기사는 병산 전투와 순주 함락을

7월 의성부 함락 기사와 합쳐 서술했다. 이것은 분명히 타당하지 않은데, 이런 기사를 참고한 『태조실록』이나 『고려사』의 편자는 거기에 유의하지 않고 순주 함락 사실을 태조 13년(930) 정월 조에 들고 전 해 7월 조에도 그것을 실었다. 정말 그렇다면 지난해 이미 오어곡을 공격하고 이해 7월 의성을 함락시킨 견훤은 순주에서 서진해 가은을 침략한 것이 아니다. 그는 먼저 의성을 점령해 죽령 길에서 오어곡 방면의 경략을 좀더 진전시킨 뒤 삼년산성에서 동쪽으로 나아가 가은을 침략한 것으로 생각되고(10월), 그렇게 가은을 함락시킴으로써 지난해 한 번 차지한 고사갈이·근품·용주·고창 등에 이르렀으며 그에 따라 조령·죽령 이남 지역을 장악하게 된 것으로 여겨진다. 그런데 가은을 포위했지만 이기지 못했으므로 12월 다시 오어곡과 의성에서 군사를 전진시켜 고창을 점령하려고 시도했지만, 이듬해 정월에도 아직 함락시키지 못했고 병산 전투에서 패배함으로써 그의 계획은 실패로 돌아갔다. 그리고 이 전투에 이어 순주가 함락된 것을 보면 그는 그 방면에서 퇴로를 찾아 전주로 돌아간 것으로 생각된다.[19]

병산 전투 20일 전 재암성(안동 북쪽 진보)의 장군 선필이 고려에 항복했다. 그는 일찍부터 고려에 마음이 기울었고 태조가 처음 신라와 화친을 맺었을 때 그 중개자였는데, 이때 이르러 그 성을 들어 귀의했다. 이곳은 죽령 길에 있지는 않고 조금 동쪽에 치우쳤기 때문에 선필은 고려에 귀의하겠다는 뜻을 밝혔을 뿐 오랫동안 독립 상태를 유지했고 태조도 복속을 강요하지 않았지만 견훤이 고창을 포위하자 그에게 점령되지 않으려고 고려에 투항한 것으로 생각된다.

또 「태조세가」에는 병산 전투 나흘 뒤인 경인일(정월 25일) 다음과 같은 기록이 있다.

고창군 성주 김선평을 대광으로, 권행과 장길을 대상으로 삼았다. 그러자 영안·하곡·직명·송생 등 30여 군·현이 차례로 투항해왔다. 以古昌郡城主金宣平爲大匡, 權行·張吉爲大相. 於是永安·河曲·直明·松生等三十餘郡縣相次來降.

그리고 이때 고창군을 안동부로 승격시킨 것은 『고려사』 「지리지」에 보인다.

안동부는 본래 신라의 고타야군으로 경덕왕 때 고창군으로 고쳤다. 태조 13년(930) 후백제왕 견훤과 이 군에서 싸워 무찔렀다. 그곳 사람 김선평·권행·장길이 태조를 도와 전공을 세웠으므로 김선평을 대광으로, 권행과 장길을 대상으로 임명하고 군郡을 안동부로 승격시켰다. 安東府本新羅古陁耶郡, 景德王改爲古昌郡. 太祖十三年, 與後百濟王甄萱戰於郡地敗之. 郡人金宣平·權幸(行)·張吉佐太祖有功, 拜宣平爲大匡, 幸(行)·吉各爲大相, 陞郡爲安東府.

김선평을 대광에, 권행 등을 대상에 임명한 것은 성을 지킨 공로를 포상한 것으로 고창군의 개명과 승격이 그것과 함께 이뤄진 것은 이런 기사에 따라 분명하다. 다만 그 때나 그 결과로 영안 등의 군·현이 항복해왔다고 한 것은 어떻게 된 것일까?

영안은 순주의 옛 이름인데 견훤이 그곳을 지키던 장수 원봉을 쫓아내고 백성을 포로로 잡아 간 뒤 태조는 직접 행차해 그 성을 수리했으므로 그것을 항복해왔다고 한 것은 맞지 않는다. 다음으로 하곡은 『삼국사기』 「지리지」에 임관군臨關郡(경주와 울산 중간인 지금의 구어리九於里 부근)에 소속된 현 가운데 하나로 나온다.

하곡현(하서현이라고도 한다)은 파사왕 때 굴아화촌을 차지해 현을 설치한 것인데, 경덕왕 때 이름을 고쳤다. 지금의 울주다. 河曲(一作西)縣, 婆娑王時取屈阿火村置縣, 景德王改名. 今蔚州.

그곳은 울산 서쪽 15리(5.9킬로미터)인 지금의 굴화동屈火洞으로 고창과 매우 멀리 떨어져 있다. 그런데 『동국여지승람』과 「대동여지도」에 따르면 안동(고창)과 청송의 중간에 있는 금소천琴김川 가(안동 동남쪽 33리[13킬로미터])에 안동부의 속현 임하가 있는데, 신라 때의 곡성군이다.

『고려사』「지리지」: 임하군은 본래 고구려의 굴화군으로 신라 경덕왕 때 곡성군으로 고쳤다. 고려 초에 지금의 이름으로 바꿨다. 臨河郡, 本高句麗屈火郡, 新羅景德王改爲曲城郡. 高麗初, 更今名.

그리고 그 옛 이름인 굴화는 임관군의 하곡의 옛 이름인 굴아화屈阿火와 상통하고 곡성이라는 이름도 하곡과 비슷하다. 그렇다면 곡성은 하곡이라고도 불렸고 이것이 위의 하곡으로 생각된다. 그렇다면 그곳은 고창이 포위되기 전 그것과 함께 일찍 고려의 소유가 됐다고 봐야 하는 곳으로 병산 전투 뒤 처음 항복했다고 한 것은 매우 의아하다.

다음으로 직명은 『삼국사기』「지리지」에 보이지 않는 지명이지만, 그 책과 『고려사』「지리지」에 따르면 고려 초 일직一直으로 이름이 바뀐 고창군에 소속된 직녕현直寧縣이 있다. 그리고 일직은 그 직녕의 본래 이름이었다.[20] 위치는『동국여지승람』과「대동여지도」에 따르면 안동 남쪽 31리(12.2킬로미터), 의성으로 가는 도로에 해당하는 곳임을 알 수 있다.『동사강목』을 보면 직명의 주석에서 "직명은 직녕으로도 돼 있는데, 지금의 일직현으로 안동에 소속됐다明一作寧, 今一直縣, 屬安東" 고 했지만 직명이 직녕으로 씌어진 증거를 찾을 수 없으므로 안정복의 억단으로 여겨진다. 그러나 다른 지명의 배치에서 살펴보면 직명을 직녕이라고 한 이 단정에 대해서는 이의를 제기할 수 없다. 따라서 나는 직명과 고창의 관계를 하곡과 같은 것으로 보고 그것이 새로 항복해왔다는 것을 의심한다. 맨 끝의 송생은『동국여지승람』에서 청송 동쪽 15리(5.9킬로미터)에 있다고 했다. 지형으로 보면 원래 재암성에 소속됐다가 선필의 귀순에 따라 자연히 고려의 소유가 된 것이 아닐까 싶다.

이렇게 생각하면 고창군 성주가 성을 지킨 공로를 포상 받은 것과 영안 등의 군·현이 항복한 것은 아무 관계가 없을 뿐 아니라 그것을 병산 전투의 직접적인 결과로 설명한「경순왕본기」의 아래 기사도 사실의 진상을 전한 것으로 보기는 어렵다.

태조가 견훤과 고창군 병산 아래서 싸워 크게 이겨 매우 많은 사람을 죽이고 사로잡았다. 그 영안·하곡·직명·송생 등 30여 군·현이 차례대로 태조에게 항복했다. 太祖與甄萱戰古昌郡甁山之下, 大捷, 殺虜甚衆. 其永安·河曲·直明·松生等三十餘郡縣, 相次降於太祖.

다만 그 기사에서 '그其'라는 표현이 있는 것을 근거로 영안 등 30여 현이 고창에 가까웠던 것은 분명하다고 생각할 뿐이다. 그러므로 앞서 서술한 대로 태조가 병산 전투 뒤 고창군을 안동부로 승격시키고 순주를 하지현으로 고쳤으므로 곡성이 하곡(뒤의 임하)으로, 일직이 직명(뒤에 다시 일직이라고 불렸다)으로 이름이 고쳐진 것도 이 무렵인 것 같다. 그리고 순주를 하지현으로 고쳤다고 한 것도 잘못이며, 사실은 영안현이 된 것이 아닐까? 또 진보현, 곧 재암성에 대해서는 『고려사』「지리지」에서 다음과 같이 서술했다.

> 보성부(재암성이라고도 한다)는 신라 경덕왕 때 칠파화현을 진보현으로, 고구려의 조람현을 진안현으로 고쳤다. 고려 초 두 현을 합치고 부를 뒀다. 甫城府(一云載岩城), 新羅景德王改柒巴火縣爲眞寶縣, 又改高句麗助攬縣爲眞安縣. 高麗初, 合二縣置府.

일찍이 워봉이 귀순함에 따라 하지현을 순주로 고친 사례에서 미뤄 보면 보성부도 선필이 투항하면서 같은 때 개명된 것으로 생각된다(다음에서 말하듯 개지변皆知邊이 항복하자 그것을 흥례부興禮府로 삼은 것도 생각하라. 문소군聞韶郡을 의성부로 고친 것도 앞서 홍술이 귀의했을 때였다. 홍술은 앞 절에서 서술). 정말 그렇다면 병산 전투 뒤 영안 등 30여 군·현이 차례로 항복해왔다고 한 것은 마침 태조가 이런 고창 부근의 지명을 다시 고치고 그 행정구역의 지위를 높이거나 낮춘 사실을 전투 뒤 군·현의 동향에 부회한 것이 틀림없다.

또 「태조세가」에서는 영안 등이 항복한 위의 기사를 이어 다음과 같이 서술했다.

2월 을미일 신라에 사신을 보내 고창의 승리를 알리자 신라왕이 사신을 보내 서신을 전달하면서 만나자고 요청했다. 이때 신라 동쪽 해안의 주·군과 부락이 모두 투항해왔는데, 명주부터 흥례부까지 모두 110여 성이었다. 경자일 일어진에 행차했다. 북미질부성주 훤달이 남미질부성주와 함께 투항해왔다. 二月乙未, 遣使新羅, 告古昌之捷, 羅王遣使報聘, 致書請相見. 是時新羅以東沿海州郡部落皆來降, 自溟州至興禮府, 總百十餘城. 庚子, 幸昵於鎭. 北彌秩夫城主萱達與南彌秩夫城主來降.

이것도 병산 전투의 결과로 나타난 사실을 열거한 것으로 보이지만 정말 그럴까? 명주는 신라의 수도에서 매우 먼 강원도 강릉으로 동해안에 있어 "신라의 동쪽 해안"이라는 말에 적합하지 않을 뿐 아니라 명주 장군 왕순식王順式이 귀의한 것은 8년 전인 태조 5년(922) 7월(하지현 장군 원봉이 항복한 다음 달)이라고 「태조세가」에 명기돼 있다. 그리고 귀의한 사정도 「왕순식열전」(『고려사』 권92)에 상세히 나와 있으므로 지금 다시 항복해왔다고 말한 것은 이상하다.

다음으로 흥례부는 『고려사』 「지리지」 울주 조의 주석에 다음과 같이 서술돼 있다.

태조 때 군 사람 박윤웅이 큰 공로를 세우자 하곡(울산 서쪽 지금의 굴화동)·동진(『동국여지승람』에서는 어딘지 알 수 없다고 했고 「대동여지도」에서는 울산 동북쪽 해안에 그 위치를 표시했다)·우풍(울산 서남쪽 51리[20킬로미터] 울불㝵弗[우화于火]산 아래로 지금의 서창西倉 부근) 등의 현을 병합해 흥례부를 됐다. 그 뒤 공화현으로 강등했다가 다시 지울주사로 고쳤다. 신라 말 학이 날아와 울었다고 해서 신학성이라고도 불렀다. 계변성·개지변·화성군이라고도 한다. 太祖時, 郡人朴允雄有大功, 乃倂河曲·東津·虞風

等縣, 置興禮府. 後降爲恭化縣, 又改知蔚州事. 一云, 羅季有鶴來鳴, 故稱神鶴城. 一云戒邊城, 一云皆知邊, 一云火城郡.

이처럼 신학성·개지변 등의 다른 이름이 있고 울산에 가까운 지금의 학성산鶴城山이 그 터라는 것은 『동국여지승람』(울산군 고적)에서 "신학성은 계변성으로 군 동쪽 5리(2킬로미터)에 있다神鶴城, 卽戒邊城, 在郡東五里"고 한 데서 알 수 있다. 그렇다면 명주는 생각하지 않더라도 이런 지점에 위치한 흥례부는 "신라 동쪽 해안의 주·군"의 하나로 볼 수도 있지만 거기에 개지변이라는 다른 이름이 있었다면 동일한 「태조세가」에서 "9월 정묘일 개지변에서 최환을 보내 항복을 요청했다九月丁卯, 皆知邊遣崔奐請降"고 한 것은 중복된 기사라고 할 수밖에 없다.

『삼국사기』「경순왕본기」: 2월 태조가 사신을 보내 승리를 알리자 왕은 답례로 사신을 보내고 아울러 만나기를 요청했다. 가을 9월 나라 동쪽 바닷가의 주군과 부락이 모두 태조에게 항복했다. 二月, 太祖遣使告捷, 王報聘兼請相會. 秋九月, 國東沿海州郡·部落, 盡降於太祖.

이 '9월'이라고 한 기사는 바로 「태조세가」의 "이때 신라 동쪽 해안의 주·군과 부락이 모두 투항해왔다"고 한 기사에 해당하는데, 설정된 날짜에서 보면 주로 개지변 등의 귀의를 가리킨 것으로 해석해야 할 것 같다. 또 2월 태조가 행차한 일어진은 『동국여지승람』(경주부, 건치연혁)에 다음과 같이 나온다.

신광현은 부 북쪽 50리(20킬로미터)에 있다. 본래 신라의 동잉음현이며 신을현이라고도 한다. 경덕왕 때 지금의 이름으로 고치고 의창군(지금의 흥해)의 영현으로 삼았다. 그 뒤 일어진이라고 불렀다. 고려 태조 13년(930) 친히 거둥해 성을 쌓고 이름을 신광진으로 고쳤다. 神光縣, 在府北五十里. 本新羅東仍音縣, 一云神乙. 景德王改今名, 爲義昌郡領縣. 後稱昵於鎭. 高麗太祖十三年親幸城之, 改名神光鎭.

「대동여지도」에 따르면 흥해 서쪽인 지금의 신광면 토성동土城洞 부근에 해당하고 그때 귀의한 남·북미질부성도 흥해 부근임은 고려 말의 학자 김구용金九容의 『주관육익周官六翼』에서 증명할 수 있다.[21]

고려 태조 13년(930) 북미질부성주 훤달이 남미질부성주와 함께 와서 항복하자 두 미질부를 합쳐 흥해군으로 만들었다. 高麗太祖十三年, 北彌秩夫城主萱達與南彌秩夫城主來降, 二彌秩夫合爲興海郡.

그렇다면 이 두 성도 "신라 동쪽 해안의 주·군"에 포함되는 것으로 봐야 하며, 개지변과 마찬가지로 그 두 성주의 항복을 따로 기록한 것은 중복이라는 지적을 피할 수 없다.

이렇게 논의하고 『고려사』(권93) 「최승로崔承老열전」을 보면 태조가 승하하고 39년 뒤인 성종 원년(982) 그가 왕에게 올린 상소가 실려 있다. 이것은 성종 앞의 다섯 국왕(태조·혜종·정종·광종·경종)의 정치의 잘잘못을 논의한 것으로 태조의 창업에 대해서는 공덕이 크고 높다고 칭송했다. 그리고 그 한 부분에서 명주 등의 귀의에 대해 말한 것은 「태조세가」와 똑같다.

동쪽으로는 명주부터 흥례부 사이의 110여 성이 모두 [태조의] 인자함
에 감동해 때에 따라 귀의했습니다. 예의와 겸손으로 모든 사람을 감복
시킨 것이 이와 같았습니다. 다만 남쪽으로 후백제를 평정하면서 어쩔
수 없이 무력을 사용했습니다. 東自溟州至興禮府, 其間百十餘城, 莫不懷于
有仁, 應時來服. 其能以禮讓而人無不服者, 又如此也. 唯南平百濟, 不得已而
用兵.

그러나 명주의 귀의는 태조 5년(922)의 일이므로 "때에 따라 귀의
했다"는 부분은 특히 주의할 필요가 있는데, 곧 세가처럼 흥례부까지
110여 성이 대부분 한꺼번에 귀의하지 않았다는 점에서 최승로의 말
은 사실로 생각된다. 그렇다면 세가의 기사는 본래 최승로의 상소에
의거한 것은 아니었을까? 여기에 이르러 앞서 제기한 세가의 기사에
관련된 의문은 마침내 풀린다.

「경순왕본기」에서 "가을 9월 나라 동쪽 바닷가의 주군과 부락이 모
두 태조에게 항복했다"는 기사는 2월 남·북미질부성주가 항복하고
9월 개지변이 최환을 보내 항복을 요청한 사실을 포괄해 서술한 것으
로 그 때문에 "나라 동쪽"이라는 표현을 사용한 것으로 생각된다. 그
리고 개지변은 흥례부의 다른 이름으로 최환을 보내 항복을 요청한
그 성주는 앞의 『고려사』「지리지」에서 "태조 때 군 사람 박윤웅이 큰
공로를 세웠다"고 한 박윤웅 밖에 될 수 없다.

최승로가 태조의 공덕을 칭송한 것은 사실을 과장했을 수 있지만,
거기서 말한 110여 성에는 태조 5년(922) 이후 개지변(흥덕부)의 귀의
까지 투항한 죽령 이남의 주·군이 포함된다. 시간으로는 8년, 지역으
로는 강원도·경상도 두 도에 걸친다. 그런데 『태조실록』(또는 『고려사』)

의 찬자는 「경순왕본기」의 기사에 이어 최승로의 말을 인용하고 그것을 2월에 연결해 "이때 신라 동쪽 해안의 주·군과 부락이 모두 투항해왔는데, 명주부터 흥례부까지 모두 110여 성이었다"고 했다. "신라 동쪽"이라는 표현이 명주의 위치와 어긋나고 남·북미질부성과 개지변의 귀의에 대한 기사가 중복되는 까닭은 바로 여기 있는 것이 분명하다.

의문은 이미 풀렸다. 요약하면 태조는 재위 13년(930) 정월 견훤을 병산 부근에서 격파하고 다음 달 그것을 신라에 알렸다. 신라의 경순왕은 사신을 보내 답례하고 서신을 보내 회동을 요청했다. 그런 뒤 태조는 흥해에서 가까운 일어진에 행차했지만 신라의 수도에는 가지 않았다. 그때 남·북미질부성이 항복한 것은 직접 그들을 회유했기 때문이었다. 그리고 태조는 5월 마지막 날 서경(평양)에 거둥해 다음 달 8일 도성으로 돌아왔고 8월 기해일(8일) 대목군에 행차해 대승大丞 제궁弟弓을 천안도독부사로 삼았으며, 계묘일(12일)에는 청주로 행차했고 다음 달 개지변이 귀의했다. 이렇게 말하면 태조는 지금의 인동에 가까운 대목(지금의 약목정)에 행차했을 때 천안부의 도독을 임명한 것 같지만 사실은 결코 그렇지 않다. 천안부는 지금도 그때와 이름이 같고 후백제의 웅주(공주)와 상대되는 청주의 서북 지역으로서 이때 부가 설치됐다.

『고려사』「지리지」: 태조 13년(930) 동·서도솔을 합쳐 천안부로 만들고 도독을 뒀다. 太祖十三年, 合東·西兜率爲天安府, 置都督.

그리고 『삼국사기』「지리지」에서 다음과 같이 말했는데, 목주는 천안에 가까운 지금의 목천木川이므로 위의 대목군은 대목악군의 오기가 분명하다.

대록군은 본래 백제의 대목악군인데 경덕왕 때 이름을 고쳤다. 지금의 목주다. 大麓郡, 本百濟大木岳郡, 景德王改名. 今木州.

그렇다면 병산 전투의 결과는 어땠는가? 태조는 그 전투 뒤 일어진 에 행차해 새로 남·북미질부성을 항복시켰으므로 고창을 압박하기에 앞서 견훤이 점령했던 의성부·오어곡 등을 회복한 데서 충분히 알 수 있다. 천안부를 설치한 것은 후백제의 북쪽 경계에 대해 변경 방어를 충실히 한 것으로 병산 전투와는 무관하지만, 개지변과 남·북미질부성은 「경순왕본기」에서 말한 "신라 동쪽 해안의 주·군과 부락"이므로 그들이 귀의한 것은 그 전투의 직·간접적 결과로 여겨진다.

5. 신라와 후백제의 멸망

병산 전투 뒤에도 고려와 후백제의 대결은 몇 년 동안 이어졌다. 「유금필열전」을 보면 재위 18년(935) 태조가 장수들에게 말한 내용이 실려 있다.

나주 경계의 40여 군은 우리의 울타리가 돼 오랫동안 교화를 받았다. 일찍이 대상 견서·권직·인일 등을 보내 위무했는데, 요즘 후백제의 침략을 받아 6년 동안 바닷길이 통하지 않으니 누가 나를 위해 그곳을 위무하겠는가? 羅州界四十餘郡, 爲我藩籬, 久服風化. 嘗遣大相堅書·權直·仁

壹等往撫之, 近爲百濟劫掠, 六年之間, 海路不通, 誰爲我撫之.

　견훤은 병산 전투에서 패배한 뒤 고려에 복속된 나주 지방을 침략한 것으로 보인다. 태조 15년(경순왕 6년, 후당 장흥 3년, 932) 9월 견훤이 보낸 수군은 예성강으로 와서 염주鹽州(황해도 연안)·백주白州(황해도 배천白川)·정주貞州(경기도 풍덕 부근)의 배 100척을 불태우고 저산도猪山島에서 기르던 말 300필을 잡아갔고 그 결과 후백제는 군사를 바다로 자유롭게 보낼 수 있게 됐다. 그리고 다음 달 다시 별장이 이끈 후백제의 수군이 대우도大牛島를 약탈했는데, 태조는 장수를 보내 구원했지만 성공하지 못했다. 저산도는 교동喬桐·강화 부근의 섬으로 생각되지만 자세히 알 수는 없다. 대우도는 남양 해안의 대부도大部(阜)島와 그 서쪽의 소우도小牛島가 있는데, 대부도로 생각된다.

　앞서 서술한 대로 병산 전투에서 승리했다는 소식을 들은 신라왕은 태조가 와서 만나기를 바랐지만 고립되고 약해 어떻게 할 수 없었으며, 특히 견훤의 공격을 받을까 두려워 그럴 수밖에 없었다. 그러나 태조는 이듬해인 재위 14년(931) 봄 신라에서 다시 사신을 보내 요청하자 받아들여 50여 기를 이끌고 신라의 수도 근처로 갔고 경순왕과 신하들이 맞이했다. 태조가 수십 일을 머문 뒤 돌아갈 때 경순왕은 사촌동생 상국 김유렴金裕廉을 인질로 보냈고 도성의 백성은 감격해 울면서 기뻐했다.

　예전 견훤이 왔을 때는 승냥이와 호랑이를 만난 것 같았는데 지금 왕공이 온 것은 부모를 만난 것 같다. 昔甄氏之來, 如逢豺虎, 今王公之來, 如見父母.

신라의 힘은 스스로를 지키기 어려웠지만 무력으로 공격하는 것은 가장 졸렬한 방법이었다. 그러나 견훤은 신라가 고려에 의지하는 것 같자 그런 졸렬한 방법을 거듭 사용했다. 아래 기사는 그것을 보여준다.

「유금필열전」: 또 이듬해(태조 15년, 932) 정남征南대장군이 돼 의성부를 지켰다. 태조가 사람을 보내 말했다. "나는 신라가 후백제에게 침략될까 걱정돼 일찍이 대광 능장·영주·열궁·은희 등을 보내 지키게 했다. 지금 후백제군이 이미 혜산성·아불진 등에 이르러 사람들을 겁박하고 물품을 약탈하고 있다고 한다. 침략이 신라의 수도에 미칠까 염려되니 경이 가서 구원하라." 유금필은 정예병 80명을 뽑아 사탄에 이르렀다. (…) 사탄을 건너자 후백제의 총군 신검(견훤의 아들) 등과 마주쳤다. 유금필이 싸우려고 하니 후백제군은 유금필의 부대가 정예한 것을 보고 싸우기도 전에 스스로 무너져 달아났다. 유금필이 신라에 오자 노인과 아이 모두 성을 나와 절하고 맞이하며 눈물을 흘렸다. "오늘 대광을 뵐 수 있을 것이라고 생각지 못했습니다. 대광이 아니었다면 우리는 모두 죽었을 것입니다." 유금필은 7일 동안 머무르다가 돌아왔는데, 자도에서 신검 등을 만나 싸워 크게 이겨 금달·환궁 등 장수 7명을 포로로 잡았으며 매우 많이 죽이고 사로잡았다. 又明年, 爲征南大將軍, 守義城府. 太祖使人謂曰, 予慮新羅爲百濟所侵, 嘗遣大匡能丈·英周·烈弓·恩希等鎭之. 今聞百濟兵已至槽山城·阿弗鎭等處, 劫掠人物. 恐侵及新羅國都, 卿宜往救. 黔弼選壯士八十人, 赴之, 至槎灘. (…) 旣涉灘, 遇百濟統軍神劍等, 黔弼欲與戰, 百濟軍見黔弼部伍精銳, 不戰自潰而走. 黔弼至新羅, 老幼出城, 迎拜垂泣言曰, 不圖今日得見大匡. 微大匡, 吾其爲魚肉乎. 黔弼留七日而還, 遇神劍等於子道, 與戰大克, 擒其將今達·奐弓等七人, 殺獲甚多.

혜산성은 『삼국사기』 「지리지」에 혜성군槥城郡이 나오는데 운주運州 (충청북도 홍주)에 가까운 지금의 면천沔川으로 당시 고려에 복속된 것 이 분명하다. 신검이 진군한 산성은 그쪽 방면이 아니라 신라의 수도 로 나아가는 도로에 인접한 지역이어야 한다. 청도 동쪽 7리(2.7킬로미 터)에 폐성吠城이라는 산성이 있는데, 10여 년 전 신라로 나아가면서 견훤이 공격한 오례烏禮산성(이른바 진례성) 서북쪽이다. 그리고 『삼국사 기』 「지리지」 밀성군 조의 형산荊山, 대성군大城郡 조의 가산茄山·경산驚 山을 그곳에 비정할 수 있다는 것은 진례성에 관련된 내 논문에서 서 술했다.[22] 지금 혜성산성도 그것과 나란히 있어 신검이 진군한 것은 곧 폐산성吠山城으로 생각된다. 따라서 아불진은 경주와 영천의 중간 인 지금의 아화리阿火里(경주 서남쪽 45리[18킬로미터])에 비정할 수 있다 (弗=火=불). 유금필이 건넌 사탄은 어딘지 정확치 않지만 그는 의성부 에서 왔으므로 영천의 남쪽을 흐르는 금호강琴湖江의 개울로 생각된다.

이보다 앞서 태조 15년(932) 6월 매곡성주 공직龔直이 고려에 항복 했다. 매곡은 고려의 청주靑州와 경계를 맞댄 지금의 회인으로[23] 공직 은 난리가 시작된 처음부터 이곳에 웅거해 후백제를 섬긴 장군이었지 만 견훤이 세력을 믿고 무도해지는 것을 보고 마침내 뜻을 결정해 고 려에 귀의했다.[24] 매곡 서쪽인 지금의 문의는 후백제의 연산군燕山郡으 로 그 산성을 일모산성이라고 한다.[25]

매곡이 고려에 항복하자 연산군에서 공격해왔으므로 7월 태조는 일모산성을 정벌하고 겨울 다시 공격해 격파했다. 이미 서술한 대로 후백제의 수군이 고려를 침략한 것은 이 앞뒤의 정벌 사이의 일이었 다. 그 뒤 재위 17년(경순왕 8년, 후당 청태淸泰 원년, 934) 태조는 직접 군사를 이끌고 운주(홍주)를 공격했다. 운주는 태조가 즉위하자 고려를 배반하고 후백제에 붙은 곳이었다. 견훤은 그 소식을 듣고 군대를 이끌고 와서 화친을 맺어 서로의 영토를 지키자고 제의했다. 태조는 받아들이지 않고 견훤이 아직 진을 치지 않은 것을 틈타 돌격해 무찌르고 3000여 명을 죽이거나 포로로 잡았다. 웅진(공주) 이북의 30여 성은 그 소식을 듣고 스스로 항복했다.[27]

이때에 이르러 후백제의 파탄은 그 내부에서 일어났다. 처음 견훤은 많은 처를 둬 아들이 10여 명이었다. 넷째 아들 금강金剛은 자라면서 지혜로웠다. 견훤은 그를 특별히 사랑해 왕위를 물려주려고 생각했다. 그 형 신검·양검·용검龍劍 등은 그것을 알고 불만을 품었다. 이때 양검은 강주도독康州都督, 용검은 무주武州도독으로 외방을 지켰고(강주는 경상남도 진주, 무주는 전라남도 광주) 신검만 견훤 곁에 있었는데, 이찬 능환은 사람을 보내 양검·용검과 몰래 모의하고 신검에게 권유해 견훤을 금산사金山寺에 유폐시켰다. 금산사는 견훤이 창건한 절로 금구金溝(전주 서남쪽)의 모악산母岳山에 있다. 곧 신검은 사람을 보내 금강을 죽이고 스스로 대왕이라고 불렀다. 태조 18년(경순왕 9년, 후당 청태 2년, 935) 3월의 일이었다.

견훤은 금산사에서 3개월 있은 뒤 마침내 막내아들과 딸, 총애하는 첩과 함께 나주로 도망쳐 고려를 섬기겠다고 요청했다. 태조는 장군 유금필 등을 보내 군선 40여 척을 이끌고 바닷길로 그를 모셔오게 했다. 견훤이 도착하자 태조는 융숭하게 대우했으며 그가 10세 위라는 이유로 상보尙父라고 부르고 남궁南宮에 거처하게 하면서 지위를 모든 신하 위에 뒀다. 아울러 양주(지금의 경성[서울])를 식읍으로 하사하고 금·비단·노비를 내려줬다.

신라는 영토를 거의 모두 잃고 겨우 도성 부근만 유지하고 있었다.

세력이 고립돼 스스로 지키기도 어려웠다. 마침내 경순왕은 신하들과 의논해 나라를 들어 고려에 항복하기로 결정하고 그해 10월 사신을 보내 알렸다. 태조는 대상大相 왕철王鐵을 보내 경순왕을 맞이하게 했다. 다음 달 경순왕은 모든 신하를 이끌고 도성을 출발했다. 화려하게 장식한 수레와 말이 30여 리에 이어져 도로를 메웠으며 보는 이들이 담을 두른 듯했다. 개경에 도착하자 태조는 의장을 갖춰 교외에서 맞이한 뒤 궁궐 동쪽의 좋은 집을 하사하고 맏딸 낙랑공주樂浪公主를 경순왕과 혼인시켰다. 12월 태조는 경순왕에게 천덕전天德殿 뜰에서 알현하는 예를 받고 정승공正承公에 책봉했으며 지위를 태자 위에 뒀다. 해마다 녹봉 1천 석을 주고 신라국을 없애고 경주로 만들어 그의 식읍으로 줬다.

이듬해인 태조 19년(진 천복 원년, 936) 후백제의 장군 박영규朴英規가 고려에 귀의했다. 박영규는 견훤의 사위인데, 장인이 나라를 잃고 고려에 투항하자 몰래 아내와 의논해 자신은 임금을 버리고 패악한 아들을 섬길 수는 없다면서 사람을 보내 견훤을 안심시키고 위로하는 한편 태조에게 귀순을 요청해 의병을 일으키면 내응해 맞이하겠다고 요청했다. 이미 견훤도 태조의 위엄에 기대 반역한 아들을 죽이려고 했으므로 태조는 그것을 따라 6월 먼저 태자 왕무王武(태조의 맏아들 혜종)와 장군 박술희朴述希에게 보병과 기병 1만을 이끌고 천안부(충청남도 천안)로 가게 하고 9월 마침내 직접 정벌군을 일으켰다.

『고려사』「태조세가」: 태조가 삼군을 거느리고 천안부에 이르러 군사를 합쳐 일선군으로 나아가자 신검이 군사를 이끌고 기다렸다. 갑오일 일리천을 사이에 두고 진을 친 뒤 태조는 견훤과 함께 군대를 사열했다. 王率

三軍, 至天安府合兵, 進次一善郡, 神劍以兵逆之. 甲午, 隔一利川而陣, 王與甄
萱觀兵.

일선군은 지금의 선산 동쪽을 흐르는 낙동강 동안으로 일리천은
그 낙동강의 이름이므로① 천안부에서 군사를 합친 태조는 동쪽으로
방향을 돌려 계립령을 넘어 일선군 치소 부근으로 나아가 진을 쳤고
신검은 추풍령을 넘어와 지금의 선산 부근에서 태조와 맞선 것으로
생각된다. 다만 태조가 천안부에서 남하해 곧바로 후백제의 북쪽 경
계로 다가가지 않고 우회해 다른 방면으로 진출한 것은 이상해 보일
수도 있지만 전략에 따른 행동으로 여겨진다. 미리 왕무 등이 이끈 군
사를 천안부로 보낸 것과 마침내 태조가 친정하면서 그곳에 간 것 모
두 그 방면으로 진격하려는 것처럼 꾸민 행동일 뿐이고 갑자기 군사
를 합쳐 동쪽으로 방향을 돌려 신검의 의표를 찌른 것으로 추측된다.

군사는 모두 수만 명으로 흑수·달고·철리라고 부른 철령관 바깥의
이민족 군사가 더해져 큰 세력을 이뤘다. 후백제 장군들은 그 모습을
보고 견훤의 말 앞에 와서 항복했다. 그들의 제보로 신검이 중군에 있
다는 것을 알게 되자 전군은 모두 맹렬히 공격했다. 후백제군은 크게
무너져 3200명이 사로잡히고 5700여 명이 죽었다(『고려사』에는 고려군
이 강을 건넜다는 기사가 없지만 양군이 강을 사이에 두고 진을 쳤으므로 그
전장이 강 서쪽이라는 것은 분명하다).

고려군이 추격해 황산군黃山郡에 이르러 탄령炭嶺을 넘어 마성馬城에
주둔하자 신검은 두 동생 양검·용검 및 문무 관원들과 함께 와서 항
복했다. 태조는 그들을 위로하고 앞서 포로로 잡았던 장수와 군사들
은 모두 살던 곳으로 돌려보냈다. 일선군 전투에서 진 신검은 추풍령

을 넘어 서쪽으로 도망쳐 지금의 연산連山인 황산군에서 남쪽으로 가 도성(전주)으로 들어간 것으로 생각되고, 그가 와서 항복한 마성은 두 곳의 중간인 익산에 있는 미륵산 석성(기준성箕準城)으로 여겨진다.②

또 태조는 반역한 신하 능환의 죄를 물어 죽이고 양검과 용검을 진주眞州(정주貞州의 오기로 지금의 풍덕 부근으로 생각된다)로 유배 보냈다가 처형했으며, 신검은 특별히 죽음을 용서하고 관직을 내려줬다. 견훤은 울분으로 등창이 나서 며칠 만에 황산의 절에서 사망했다. 그러나 『삼국사기』「견훤열전」에서는 "세 형제가 모두 처형됐다고도 한다—云三兄弟皆伏誅"고 했으므로 신검의 죽음을 용서한 것도 일시적인 일로 생각되고 견훤이 병사했다고 한 것도 사실은 사냥이 끝난 뒤 사냥개를 잡은 것은 아닐까 생각된다. 이렇게 해서 태조는 완산성으로 들어가 능력에 따라 후백제의 장수와 군사를 등용하고 완산주를 안남安南도호부로 고치고 주·현을 안정시킨 뒤 돌아왔다. 고려는 후백제와 19년 동안 대결한 뒤 마침내 한반도를 통일한 것이다. 진성왕 6년(당 경복 원년, 892) 견훤이 군사를 일으킨 지 45년 뒤였다.

① 일선은 신라 때의 군 이름이다. 고려 때 선주善州가 됐고 조선에 들어와 선산으로 바뀌었지만 예전의 군 치소는 지금의 선산은 아니었다.

『동국여지승람』 선산부 고적 조: 옛 일선은 냉산 서쪽, 여차니진 동쪽 1리에 있다. 古一善, 在冷山西·餘次尼津東一里.

냉산은 선산부 동쪽 15리(5.9킬로미터), 여차니진은 부 동쪽 11리(4.3킬로미터)에 있으며 같은 책 산천 조를 보면 여차니진은 냉산과 선산 사이를 남쪽으로 흐르는 낙동강의 그 부분의 이름으로 일선군 치소는 강 동안 가까이에 있었다. 그렇다면 일선군에 설치한 태조의 진영은 강 동안에 있던 것으로 생각된다.

『동국여지승람』 선산부 산천 및 고적 조: 태조산은 선산부 동쪽 13리 (5.1킬로미터)에 있는데, 고려 태조가 후백제를 정벌할 때 머물렀기 때문에 이름 붙여졌다. (…) 어성정은 태조산 북쪽 5리(2킬로미터)쯤 되는 작은 산 위에 있는데, 고려 태조가 머물렀던 곳으로 보루 터가 아직 남아있다. 한 그루 남은 나무의 그늘이 수레의 덮개 같아 사람들이 어성정이라고 부른다. 太祖山在府東十三里, 高麗太祖征百濟時駐蹕, 因名焉. (…) 御城亭在太祖山北五里許小山上, 乃高麗太祖駐蹕之地. 壘址猶在. 獨樹童童, 望之如車蓋, 俗號御城亭.

이처럼 당시의 유적으로 전해지는 곳이 선산에서 거리로 볼 때 분명히 강 동안이라는 것도 이 추측을 뒷받침한다. 완산주를 수도로 삼은 신검은 태조를 맞아 싸우려고 일리천을 사이에 두고 진을 쳤으므로 그 진지는 지금의 선산 부근으로 일리천은 분명하다. 안정복이 일리천에 "지금 여차니진은 선산부 동쪽 11리에 있다今餘次尼津在善山府東十一里"고 주석한 것은 타당하다.**28**

② 지금의 익산은 백제의 금마저로 신라의 신문왕이 금마군金馬郡을 설치한 곳으로 고려 초에는 마주馬州로 불렸다.

『고려사』 「지리지」: 성종 14년(995) 전주·영주(고부古阜)·순주·마주 등의 주·현을 강남도로 삼았다. 成宗十四年, 以全州·瀛州·淳州·馬州等州縣, 爲江南道.

익산 북쪽 8리(3.1킬로미터)에 용화산龍華山(일명 미륵산)이 있는데 산 위의 석성(둘레 3900척[1182미터], 높이 8척[2.4미터]이고 시내와 우물이 있다)은 기준箕準이 처음 쌓은 것이라는 이야기가 있어 기준성이라고도 한다.**29**

「견훤열전」: [견훤이 말했다] 내가 삼국의 시초를 찾아보니, 마한이 먼저 일어나고 그 뒤 혁[거]세가 흥기했다. 그 때문에 진한과 변한은 그를 뒤따라 일어난 것이다. 이제 백제는 금마산에서 개국한 지 600여 년이 됐다. 吾原三國之始, 馬韓先起, 後赫世敎興. 故辰·卞從之而興. 於是百濟開國金馬山六百餘季.

이 기사의 금마산은 그 산성을 가리키는 것으로 생각된다. 그렇다면 익산의 미륵산성에 일찍이 마성이라는 이름이 있었다는 추측도 부당하지 않고 여산礪山 남쪽 12리, 곧 미륵산에 가까이 군입산軍入山이 있는데 『동국여지승람』에서 "고려 태조가 후백제를 정벌할 때 이곳에 주둔했기 때문에 그런 이름이 붙여졌다高麗太祖征後百濟時, 駐軍于此, 故名"이라고 한 것을 보면 태조가 신검의 항복을 받은 마성이 미륵산성임은 거의 의심되지 않는다.

6. 북방 변경의 개척과 이주

태조는 궁예를 몰아내고 한반도 중부를 장악한 뒤 후삼국 통일의 위업을 완성하기 위해 남부 경략에 19년의 시간을 들였지만, 26년 동안 재위하면서 북부 영토를 넓히는 데도 힘을 기울였다. 태조는 그런 포부를 원년(918) 9월 하교에서 밝혔다.

평양은 옛 도읍으로 황폐한 지 오래됐지만 터는 아직 남아 있다. 그러나 가시덤불이 무성해 번인이 그곳에서 사냥하고 변경 고을을 침략하니 그 피해가 크다. 백성을 이주시켜 변경의 방어를 튼튼히 해 영원한 이익이 되게 해야 한다. 平壤古都, 荒廢雖久, 基址尙存. 而荊棘滋茂, 蕃人遊獵於其間, 因而侵掠邊邑, 爲害大矣. 宜徙民實之, 以固藩屛, 爲百世之利.

그 계획은 평양의 개척과 이주에서 시작돼 염주鹽州(연안)·백주白州·황주黃州·봉주鳳州(봉산鳳山) 등지의 백성을 그곳으로 이주시키고 대도호부를 설치해 왕식렴을 보내 지키게 했다.[30] 이렇게 말하면 대동강 바깥 지역은 궁예에게 완전히 소속되지 않은 것 같지만 그렇지 않다. 그 증거는 그가 송악에서 철원의 새 도읍으로 옮겼을 때(효공왕 9년, 당 천우天祐 2년, 903) 기록된 사실을 들 수 있다.

『삼국사기』「궁예열전」: 패서 30진을 분정했다. 평양 성주 검용이 항복했다. 증성(증산甑山?)의 적의·황의적 명귀 등이 귀의했다. 分定浿西十三鎭. 平壤城主將軍黔用降. 甑城赤衣·黃衣賊明貴等歸服(「효공왕본기」에서는 재위 8년[904] "패강도의 10여 주·현이 궁예에게 항복했다浿江道十餘州縣降於弓

裔"고 했다).

검용과 명귀는 신라 말의 혼란기에 패서의 번인 사이에서 세력을 가진 인물로 생각된다. 그러나 궁예는 변방 바깥과 마찬가지로 패서 지역에서 아무 조처도 하지 않고 몰락했기 때문에 태조는 즉위한 뒤 변경 안정과 영토 개척 계획을 세워 곧바로 실행에 옮겼다. 그 결과 평양을 서경으로 고치고 재위 5년(922) 다시 양가의 자제를 이주시켜 관서와 관원을 두고 처음으로 재성在城을 쌓았다. 재성은 뒤에서 말하듯(부설附說 1) 평양의 나성羅城으로 6년에 걸쳐 건설됐다. 재위 13년(930)에는 학교를 세워 뛰어난 인재를 서학박사書學博士로 임명했는데, 그들은 따로 학원을 세워 생도를 가르쳐 학문을 크게 일으켰다.[31]

또 태조는 즉위한 뒤 해마다 서경에 행차해 그 방면을 두루 순행했다. 한두 차례 성보도 쌓았다. 재위 2년(919) 용강龍岡에 황룡성을, 3년 함종에 아선성牙善城을 쌓았고[32] 11년(928) 숙천肅川에 통덕진을, 안주에 안북부를 설치했으며 12년 순안順安·개천价川·은산殷山 등지에 각각 안정진安定鎭·안수진安水鎭·흥덕진, 14년 성천에 강덕진剛德鎭을 건설했다.[33] 이것은 서경 이북 여진의 거주지까지 고려의 영토를 확대시킨 것으로 재위 14년 태조는 다음과 같이 하교했다.

북번 사람들은 사람의 얼굴에 짐승의 마음이라서 배고프면 왔다가 배부르면 가버리고 이익을 보면 부끄러움을 잊는다. 지금은 복종해 섬기지만 그 동향이 일정하지 않으니, 그들이 지나다니는 주·진에 객관客館을 지어 성 밖에서 응대하라. 北蕃之人, 人面獸心, 飢來飽去, 見利忘恥. 今雖服事, 向背無常, 宜令所過州鎭, 築館城外待之.

그러나 서경을 중심으로 한 태조의 경영은 변경 개척만 목적으로
한 것은 아니었고 국내를 통일한 뒤 서경으로 천도하려던 것이었다.

- 15년(932) 5월 신하들에게 하교했다. "요즘 서경의 보수를 마치고 백성
  을 이주시켰으니 땅의 기운을 빌려 삼한을 평정한 뒤 그곳에 도읍하
  려고 한다." 頃完葺西京, 徙民實之, 冀憑地力, 平定三韓, 將都於此.
- 광평시랑 최응에게 말했다. "옛날 신라는 9층탑을 만들어 마침내 통
  일의 위업을 이뤘소. 지금 개경에 7층탑을, 서경에 9층탑을 세워 오묘
  한 공력을 빌려 사악한 무리를 없애고 삼한을 합쳐 한 집안으로 만들
  고자 하니 경은 나를 위해 발원하는 글을 지으시오." 昔新羅造九層塔,
  遂成一統之業. 今欲開京建七層塔, 西京建九層塔, 冀借玄功除群醜, 合三韓
  爲一家, 卿爲我作發願疏.[34]

개경에는 나성을 쌓지 않았지만 서경에는 나성을 건설하고 학교도
설치한 것은 그 때문이 분명하다. 그러나 통일을 이룬 뒤 태조는 백성
이 이주를 좋아하지 않으리라고 생각해 끝내 천도하지 않았다. 변경을
개척해 성을 쌓은 것도 대체로 후백제가 멸망하기 전 상태를 유지해
안북부가 있던 청천강 하류를 넘지 않았다. 「병지」 성보 장을 보면 재
위 20년(937) 순주에 성을 쌓고 21년 서경에 '나성'을 쌓았으며 22년
숙주와 대안주大安州에, 23년 은주에 성을 건설했다. 숙주(숙천)과 은
주(은산)은 용강과 함종에 황룡성과 아선성을 쌓은 것처럼 태조 때는
통덕진과 흥덕진이었지만 그 뒤(성종 2년, 983) 이름이 바뀌었기 때문
에 그렇게 부른 것이다.[35] 이런 축성 기사들은 순주성과 대안성이 새
로 건설됐고 서경의 재성과 이미 설치된 두 진성은 증축됐음을 알려

준다.

그리고 순주는 「지리지」에서 "본래 고려 정융군으로 성종 2년 순주 방어사라고 불렀다本高麗靜戎郡, 成宗二年稱順州防禦使"고 했으므로 태조 때 이름은 정융진이고[36] 그 위치는 은산에서 맹산에 이르는 도로의 가창可倉 부근(지금의 순천 동쪽 105리[41킬로미터])이었다.[37] 대안주는 성종 2년 자주慈州로 이름이 고쳐진 지금의 자산慈山이다. 후백제가 멸망한 뒤 영토 개척이 진전되지 않는 동안 이미 경략한 사업을 완성하는 데 주력했음을 알 수 있다.

눈을 돌려 동북 방면을 살펴보면 신라 때는 철령관 밖 안변 지역(고려 때의 등주)에 삭정군이 있었고 서곡瑞谷·난산蘭山·상음霜陰·청산菁山·익계翊谿 등 5현이 거기에 소속됐다. 이런 지명들은 『삼국사기』「지리지」에 보이고 『고려사』「지리지」, 『동국여지승람』, 「대동여지도」를 참조하면 대략 그 위치를 알 수 있다(난산만은 확실치 않다). 그러나 삭정군 등의 이름은 특수한 사실과 관련돼 역사에 기록된 것이 전혀 없다.

『삼국사기』「헌강왕본기」 12년(당 광계 2년, 886): 북진에서 "적국狄國 사람들이 진에 들어와 판자 조각을 나무에 걸고 돌아갔다"고 보고하고 그 조각을 바쳤다. 나무 조각에는 15글자가 씌어있었는데 "보로국과 흑수국 사람이 모두 신라와 화친하고 있다"고 했다. 北鎭奏, 狄國人入鎭, 以片木掛樹而歸, 遂取以獻. 其木書十五字云, 寶露國與黑水國人共向新羅國和通.

이것을 보면 적어도 신라 말 삭정군은 이적이 마음대로 횡행해 서쪽의 평양과 거의 비슷해진 것 같다. 『고려사』「병지」 역참 조에서 서곡에 있다고 한 보룡寶龍은 보로국에 비정되는데(『동국여지승람』에 따르면 안변 서쪽 30리[11.8킬로미터]에 봉룡역이, 같은 방향 35리[13.7킬로미터]에 폐지된 서곡현이 있다. 봉룡역은 「병지」에서 말한 보룡역이다) 흑수국과 함께 안변 부근의 여진 부족을 가리키는 것으로 생각된다.

또 『고려사』(권92) 「윤선열전」에 따르면 윤선은 염주(황해도 연안) 사람으로 궁예가 살인을 멈추지 않는 것을 보고 자신도 화를 입을까 걱정해 마침내 그 무리를 이끌고 북쪽 변경으로 도망쳐 무리 2000명을 모아 골암성에 웅거하면서 흑수번 무리를 모아 오랫동안 변방 군현에 피해를 줬다. 골암성의 정확한 위치는 알 수 없지만 안변 부근[38] 변방 군현이라고 한 흡곡·통천·회양 방면으로 생각된다. 태조가 즉위하자 그해 8월 윤선은 무리를 이끌고 귀의했다. 북쪽 변경은 그것에 힘입어 안정됐다.

그러나 흑수 등의 부족과 경계를 맞댄 골암성은 자주 그들의 침략을 받았으므로 재위 3년(920) 3월 태조는 유금필에게 진압하도록 명령했다. 유금필은 개정군 3000명을 이끌고 골암성에 이르러 그 동쪽에 있는 산에 큰 성을 쌓고 웅거한 뒤[39] 북번北蕃의 추장을 불러 위엄으로 복종시키니 여러 부족이 서로 이끌고 귀의했으며 3000여 명을 포로로 잡아 돌아왔다. 그 결과 태조 4년(921) 2월 흑수의 추장 고자라 등 170명, 4월 아어간 등 200명이 귀의했으며 같은 때 달고적 170여 명이 삭주(강원도 춘천)를 침략했다가 고려 장수 견권에게 격파됐다.

달고는 등주(안변)를 거쳐 침입했고 흑수가 귀의할 무렵 그런 침략이 일어난 것으로 보면 흑수는 안변 부근의 부족으로 먼저 귀의했지만 달고는 조금 떨어진 곳에 있어 아직 그러지 않은 것 같다. 그 뒤의 경략은 역사에 아무 기록이 없지만 태조 19년(936) 일리천 전투에서는 흑수·말갈·철리(철륵) 등의 무리도 유금필의 지휘 아래 그 부대에 있었다고 했다. 그렇다면 그보다 앞서 흑수의 뒤를 이어 달고 외에도 철리라는 부족도 고려에 귀의한 것으로 생각되며, 그 사실은 태조 때 동북 경계의 경략이 안변 부근에서 멈추지 않았음을 암시한다.[40]

『고려사』「지리지」에서는 안변도호부의 등주를 다음과 같이 설명했다.

고려 초에 등주라고 불렀다. 성종 14년(995) 단련사를 뒀다. 현종 9년(1018) 지금의 이름으로 고쳤다. 高麗初稱登州. 成宗十四年, 置團練使. 顯宗九年, 更今名.

지금의 덕원인 의주宜州는 다음과 같이 서술했다.

고려 초에 용주라고 불렀다. 성종 14년 방어사를 뒀으며 그 뒤 지금의 이름으로 고쳤다. 高麗初稱湧州. 成宗十四年, 置防禦使, 後更今名.

등주와 용주가 고려 초에 설치됐음을 알 수 있다. 그리고 「병지」 성보 부분을 보면 태조 21년(938) "양암진陽嵒鎭에 성을 쌓았다"고 했다. 양암은 양덕陽德 서남쪽 4리(지금의 덕암德巖 부근)인데 성천에서 덕원에 이르는 도로에 있다. 그렇다면 이 진성의 설치는 태조 14년(931) 강덕진을 설치한 성천과 앞서 동북 경계에서 경략한 지역을 연결하는 것으로 이것에 따라 용주가 태조 21년 이전에 설치됐다고 추측할 수 있다.

다음으로 문천·고원·영흥은 어땠는가? 문천과 고원은 일단 제쳐두고 화주, 곧 지금의 영흥을 살펴보면 등주·용주와 마찬가지로 태조 때 설치된 것 같다.

「지리지」: 본래 고구려 땅으로 창령진·당문·박평군으로도 불렸는데, 고려 초에 화주가 됐다. 성종 14년(995) 화주 안변도호부로 고쳤다. 和州本高句麗之地, 或稱長嶺鎭, 或稱唐文, 或稱博平郡, 高麗初爲和州. 成宗十四年, 改和州安邊都護府.

그러나 박평군은 「지리지」의 다른 사례에 비춰보면 화주로 개칭되기 전의 진鎭 이름으로 볼 수 있고 「병지」 성보 부분에 따르면 '박평진'은 광종 24년(973)에 축성됐기 때문에 태조 때는 아직 진성이 설치되지 않았다고 생각된다.

그 결과 동·서의 연락이 어땠는지 살펴보자. 먼저 맹주는 다음과 같이 기록돼 있다.

「지리지」: 맹주孟州(猛州라고도 쓴다)는 본래 고려의 철분현(현은 앞의 사례에 따라 진鎭의 오기로 생각된다)이다. 현종 10년(1019) 맹주 방어사라고 불렀다. 孟州, 本高麗鐵瓮縣. 顯宗十年, 稱孟州防禦使.

맹주는 본래 철분현으로 「병지」에서 정종 2년(947) "철옹성을 쌓았다"고 한 곳이며 성의 소재는 지금의 맹산 동쪽 30리(11.8킬로미터), 영흥 서쪽 210리(82.5킬로미터)로(이곳에 해당하는 지금의 산성창동山城蒼洞에는 옛 성이 있다. 철분진 터로 생각된다)[41] 정종 2년은 태조가 붕어하고 4년 뒤로 이것은 태조 20년(937) 축조된 정융진(순주)·안주(안북부)·개천(안수진)·은산(흥덕진) 등과 영흥 방면을 연결한 것이 분명하다고 생각된다. 따라서 영흥 지방의 경략은 늦어도 태조 말년이나 혜종 때 완료됐고, 당시 이미 어떤 진성이 그곳에 있었다고 생각하지 않을 수 없다.

그런데 앞서 말한 대로 박평진에는 장령진과 당문의 이름도 있었으므로 장령진은 창설한 때의 진 이름이고 당문은 그 토착 이름이 아닐까? 그리고 「병지」에서는 광종 24년(973) 화주와 박평진이 축성됐다고 서술했지만 두 종류의 사료를 합쳐 채록한 것임은 쓰다 씨가 지적한 바 있다.[42] 그 박평진의 축성은 장령진의 이름을 고쳤을 때 다시 건설한 것이며 화주는 성종 14년(995) 이후의 이름으로 생각된다.

용주는 태조 21년(938) 이전에 설치됐는데, 영흥 지방은 늦어도 혜종 때 경략이 이뤄져 장령진이 있었으므로 서로의 연락 관계에서 보면 그 중간인 고원·문천에 방어 시설이 없었다고는 생각되지 않는다.

- 「지리지」: 고주는 옛 덕녕진(홍원군이라고도 한다)이다. 성종 14년(995) 고주 방어사가 됐다. 高州古德寧鎭(一云洪源郡). 成宗十四年, 爲高州防禦使.
- 문주는 예전에 매성이라고 불렸다. 성종 8년(989) 문주 방어사가 됐다. 文州古稱妹城. 成宗八年, 爲文州防禦使.

고주와 문주는 각각 지금의 고원과 문천이나 그 부근이 분명하므로 덕녕진과 매성은 태조 때 설치된 진성이라고 여겨진다. 그런데 「병지」 성보 부분에는 이 추측을 입증할 수 있는 축성 기사가 없고 장평진의 축성을 광종 20년(969), 고주의 축성을 광종 24년(973)이라고 했으며 24년 조에서 "장평진·박평진·고주에 성을 쌓았다城長平·博平二鎭及高州"고 했다. 그리고 문주는 성종 2년(983)에 축성됐다. 그러나 고주·문주에 성보가 건설되기 전 장평진에 먼저 성을 쌓은 일은 있을 수 없다.

장평진은 『동국여지승람』에서 영흥 동쪽 45리(18킬로미터)에 있다고 했고 영흥 조에서 "진수산은 부 동쪽 45리에 있는데 옛 석성 터가 있다"고 했다. 「대동여지도」에 따르면 이 옛 석성 터가 바로 장평진으로 용흥강 입구에 가깝다(지금의 진흥장鎭興場 부근). 『동국여지승람』에서 영흥 동쪽이라고 한 것은 실제로는 동남쪽이다. 곧 장평진은 문천·고원을 경유하는 덕원-영흥 사이의 도로 동쪽에 치우쳐 있기 때문에 그 두 곳을 연결하는 최초의 경략은 이 진성의 설치에 따라 진행됐다고 생각할 수 없다. 달리 말하면 광종 20년이나 24년 장평진의 축성은 그보다 앞서 이미 영흥 지방이 경략됐고 그 남쪽과의 연락을 보장하기 위해 고원과 문천에 어떤 성보를 설치했음을 암시한다.

그렇다면 광종 이전 이런 성보들을 설치한 사실이 「병지」에 보이지 않는 것은 기록의 탈루로 이미 서술한 것처럼 광종 24년(973) 박평진과 고주에 성을 쌓았다고 한 것은 이 방면의 경략을 완성하고 새로 장평진을 설치할 때 태조 때부터 있던 장령진과 덕녕진을 다시 축조했다는 의미가 될 수밖에 없다. 성종 2년(983) 문주의 축성도 당시 아직 매성이라고 한 그 옛 성을 개축한 것으로 생각된다. 요컨대 매성과 덕녕진의 설치는 장령진과 함께 태조 때의 일로 여겨진다.

이처럼 태조 때는 동북면을 경략해 안변에서 나아가 영흥까지 2주 3진을 설치했다. 그리고 안변과 덕원에 특히 일찍 주의 이름을 붙인 것은 경략의 순서와 정도 등처럼 실제적 이유만이 아니라 일찍이 신라의 세력이 철령관 바깥에 미쳤을 때 안변에는 삭정군, 덕원에는 정천군이라는 이름이 있던[43] 역사적 사실에도 연유한 것 같다. 또 앞서 서술한 대로 이 경략이 진행되는 동안 귀의한 여진에는 흑수·달고·철리

로 불린 부족이 있었다. 그들의 거주지는 정확히 알기 어렵지만 그 가
운데 흑수번이 가장 먼저 귀의한 것은 그들이 안변 부근에 거주했기
때문으로 생각되므로 그 뒤 귀의한 다른 두 부족은 덕원 이북에 있던
것으로 추측된다.

[부설附說]

1. 평양의 재성

대동강 가에 있는 평양성은 모란대牡丹臺가 그 북쪽 모퉁이다. 성벽은 모란대에서 서남쪽으로 이어져 보통문普通門 밖에서 보통강과 만나는 부분에 경사면이 형성되고, 모란대 아래를 남쪽에서 흘러 대동강 서안을 따라 내려가는 부분과 서기산瑞氣山·창광산蒼光山의 남쪽을 동·서로 관통하는 부분을 다른 두 변으로 해 하나의 직각 삼각형을 이룬다. 네 방위에는 문을 설치했다. 지금의 모습에서 말하면 동벽에는 장경문 터와 대동문이 있다. 서벽에는 칠성문과 보통문이 지금도 있고 그 중간에 경창문景昌門 터가 있다. 남벽에 있던 함구문과 정양문은 모두 흔적도 없지만 평양부청平壤府廳에 소장된 이징李澄(조선 인조 때 인물)이 그린 「병풍 평양도」에 비춰 분명히 그 위치를 알 수 있다. 아래 기록의 내성은 이 삼각형 부분을 말한다.

『동국여지승람』 평양부 성곽 조: 내성은 돌로 쌓았는데, 둘레가 2만 4539척(7436미터)이고 높이가 13척(3.9미터)이다. 문은 6개인데, 동쪽은 장경문, 서쪽은 보통문, 남쪽은 함구문, 북쪽은 칠성문, 정동쪽은 대동문, 정남쪽은 정양문이다. 우리 태종 6년(1406)에 고쳐 쌓았다. 內城, 石築周二萬四千五百三十九尺, 高十三尺. 門六, 東曰長慶, 西曰普通, 南曰含毬, 北曰七星, 正東曰大東(大同), 正南曰正陽. 我太宗六年改築.

내성의 남쪽은 대동강의 흐름이 서쪽으로 굽어지는 부분과 거기로 흘러드는 보통강의 하류를 한계로 하는 평탄한 곳으로 우물 정井자 모습으로 구획된 유적이 남아 있는데 — 이른바 기자의 정전井田 유적 — 역시 성벽으로 둘려있다. 그 절반은 대동강을 따라 이어지고 다른 절반은 강에서 벗어나 보통강 하류의 일부와 만나는데 북쪽은 넓고 남쪽은 좁으며 위의 삼각형을 이어 그 대좌臺座 같은 모습을 이룬다. 남쪽 끝에 차문車門이라고 불리는 문터가 있고 그 서북쪽에는 다경문多景(慶)門 터가 있다. 유적의 현재 상태를 이징의 병풍 지도에 비춰 알 수 있다.[44] 『동국여지승람』에서는 위의 기사를 이어 다음과 같이 서술했다.

외성은 당포(차문 터 부근의 대동강 기슭) 가에 있다. 돌로 쌓은 것은 둘레가 8200척(2485미터)이고 흙으로 쌓은 것은 1만205척(3092미터)이며 모두 높이가 32척(9.7미터)이다. 문이 둘 있는데, 남쪽에 있는 것을 차피문(차문), 서쪽에 있는 것을 다경문이라고 한다. 지금은 모두 무너졌다. 세상에서 "이 성은 기자 때 쌓은 것"이라고 하는데, 시대가 너무 멀어 옳은지 알 수 없다. 外城在唐浦上. 石築周八千二百尺, 土築一萬二百五尺, 竝高三十二尺. 有二門, 南曰車避, 西曰多景. 今皆頹壞. 世傳此城乃箕子時所築, 然年代絶遠, 未知是否.

『동국여지승람』에서는 다시 여기에 덧붙였는데, 바로 문제의 재성이다.

고려 태조 5년(922) 비로소 서도(평양)의 재성을 쌓아 6년 만에 끝냈다고 한 것이 이 성을 말한 것 같다. 『주관육익』에서 "재在는 우리말로 이랑畎"이라고 했다. 高麗太祖五年, 始築西都在城, 凡六年而畢, 疑卽此城. 周官

六翼, 在者方言畎也.

평양의 내성은 앞서 서술한 대로 조선 태종 6년(명 영락 4년, 1406) 개축됐으며, 태조 3년(명 홍무 27년, 1394) 9월 권근權近이 지은 「평양성 대동문루기大同門樓記」에서는 다음과 같이 서술했다.⁴⁵

평양은 나라의 거진巨鎭으로 사신이 다니는 길이고 군사가 모이는 곳인데, 그 성이 무너졌지만 오랫동안 수리하지 못했다. 동쪽 문은 대동문, 남쪽 문은 함구문이라고 하는데 역시 모두 신축년 난리(고려 공민왕 10년[원 지정 21년, 1361] 홍건적의 침입)에 불타 방어가 튼튼하지 못하니 참으로 걱정스러웠다. 홍무 임신년(25년, 1392) 가을 전하(태조 이성계)께서 즉위하시어 중추부의 신하 조온을 평양부윤으로 삼으니, 이듬해부터 정치가 안정되고 송사가 공평해져 백성이 편안히 생업에 종사했다. 그해 가을 왕명을 받들어 비로소 옛 성을 수리하고 이듬해(태조 3년, 1394) 봄 문을 두 개 새로 만들어 가을에 공사를 마쳤다. 平壤, 國家之巨鎭也, 使命之所塗, 師衆之所會, 而其城堙缺, 歲久未修. 其門, 東曰大同, 南曰含毬, 亦皆燬于辛丑兵燹, 强圉不固, 誠爲可慮. 洪武壬申秋, 殿下初卽位, 迺命中樞臣趙溫, 以尹平壤, 越明年, 政修訟平, 民以安業. 其秋承王命, 始修舊城, 又明年春, 新作二門, 迨秋訖功.

그러므로 조선시대의 내성이 고려시대부터 있었다는 것은 분명하다. 그리고 고려시대에는 470여 년에 걸쳐 평양에 성을 쌓은 증거가 없고 『고려사』 「태조세가」와 「병지」 성보 부분에 다음과 같은 기사가 있을 뿐이다.

- 태조 5년(922) 이해에 서경에 행차해 새로 관서와 관원을 뒀으며 비로소 재성을 쌓았다. 五年, 是歲幸西京, 新置官府員吏, 始築在城(「태조세가」).

- 태조 5년 비로소 서경에 재성(재는 우리말로 이랑畎이다)을 쌓았는데 6년 만에 끝냈다. 太祖五年, 始築西京在城(在者, 方言畎也), 凡六年而畢(「병지」).

- 태조 21년(938) 서경에 나성을 쌓았다. 太祖二十一年, 築西京羅城(「태조세가」와 「병지」).

그렇다면 고려 태조가 비로소 쌓았다는 재성은 어떤 성을 말하는가? 재성의 '재'가 한국어로 '이랑'이라는 뜻이라는 설명은 위의 『동국여지승람』에서 알 수 있듯 『주관육익』에도 보인다. 『주관육익』은 지금 전해지지 않는 책이지만 고려 말의 학자 김구용이 동국東國의 제도를 6분야로 나눠 총괄한 것이라고 했으므로[46] 재성에 관련된 「병지」의 기사와 함께 그 주석은 『주관육익』을 근거로 했거나 아니면 김구용과 「병지」의 편자 모두 어떤 옛 기록에서 가져온 것으로 생각된다.

그러나 자전을 살펴보면 견은 "작은 흐름으로 깊이와 넓이가 1척 정도 되는 것을 말한다. 예전에는 甽견으로 썼다小流也. 深尺廣尺曰畎. 古作甽"고 해서 계곡이나 밭이랑 등을 뜻하는 말이며 '성'이라는 뜻으로 사용된 사례는 보이지 않는다. 그렇다면 "재성을 쌓았다築在城"고 한 것에 대해 '재'와 '견'이 같은 뜻이라고 한 해석은 매우 이상하며, 만약 6년이라는 긴 시간을 들여 도랑渠溝을 팠다면 그 유적으로 생각되는 것이 반드시 남아 있어야 하지만 그런 것도 들어보지 못했다.

어쩌면 재성은 평양 부근 어떤 축조물의 특별한 이름은 아닐까?

- 『삼국사기』「신라본기」 문무왕 13년(673): 큰 별이 황룡사와 재성 사이에 떨어졌다. 大星隕皇龍寺·在城中間.

- 성덕왕 35년(736): 개가 재성의 고루에 올라 사흘 동안 짖었다. 狗登在城鼓樓, 吠三日.

- 같은 책, 「지리지」: 파사왕 22년(101) 금성 동남쪽에 성을 쌓아 월성 또는 재성이라고 불렀는데 둘레가 1023보였다. 婆娑王二十二年, 於金城東南築城, 號月城, 或號在城, 周一千二十三步.

신라시대에 재성은 월성의 다른 이름이었다. 월성은 신라의 왕성 가까이 있어 신라 국왕들이 자주 이거한 성으로 지금도 옛 흔적이 남아 있다. 남쪽에는 남천南川(문천蚊川)이 둘려 있고 천연의 구릉을 이용한 반달 모양의 성으로 동서 길이는 8정(872미터), 남북 폭은 2정(218미터)쯤이고 윗면에는 석벽의 흔적이 남아 있다. 요즘 이 성에서 진귀한 기와 조각이 셋 발견됐다. 『조선고적도보』 5권에 그 사진이 실려 있다. 첫 번째와 두 번째는 똑같은 연꽃무늬 기와巴瓦로 연꽃무늬 중앙에 '在城'이라는 글자가 양각돼 있고[47] 세 번째는 암키와平瓦로 직사각형의 윤곽 안에 역시 같은 글자가 양각돼 있다.[48] 곧 이런 기와 조각들의 명문은 신라의 월성이 재성으로도 불렸다는 『삼국사기』의 기록에 가장 확실한 증거로 생각되므로 이 사실은 다시 '재성'이라는 명사의 해석을 요구한다.

한국어에서는 시·읍의 성벽, 성벽으로 둘려진 시·읍 등을 모두 '성' 또는 '재'라고 한다.[49] 그 사례는 지금의 지명에도 있어 가성동柯城洞(경상북도 금산군金山郡 황남면黃南面)을 '가재동', 거성동巨城洞(경상북도 청송군 현동면縣東面)도 '가재동'이라고 하는 것과 같다.[50] 그런데 '在'의 한

국어 발음은 '재'로 '성'이라고 발음되는 '城'의 뜻과 상통하는 것을 보면 '在城'은 같은 뜻의 두 단어를 거듭한 것으로 월성을 부른 속칭이 아니었을까? 다만 '재'를 '성'의 방언으로 보면 명활성·남산성·부산성 같은 성과 그 밖의 성들 모두 '재'로 부를 수 있으며 월성 하나만 그 속칭으로 그것을 독점한 것은 아님은 말할 것도 없지만 '城'자를 덧붙인 '在城'이 반드시 보통명사라고는 볼 수 없다. 그리고 월성은 신라의 왕성에 가장 가깝고 궁궐도 있었다.[51] 자연히 다른 성들보다 특수한 위치를 차지했기 때문에 이런 측면도 고려해 월성의 다른 이름인 재성을 위와 같이 해석한다.

또 한국어에서는 '城'을 '잣'이라고도 한다.

• 『신증유합新增類合』(권상): 城. 셩 잣.
• 『훈몽자회訓蒙字會』(권중): 城. 잣. 셩. 성의 속칭이다. 俗稱城子.

지명에도 성북리城北里(잣뒤리[강원도 이천군伊川郡 하남면河南面])가 있다. 『일본서기』에서 한국의 성을 모두 'サシ사시'라고 훈독한 것도 이 때문이다. 그렇다면 '잣'도 신라 때 사용된 말이지만 '殺'에 'サイ사이' 'サツ사쓰' 두 발음이 있고 '察' '撮촬'의 발음 부호가 '祭' '最'인 것 같은 사례에서 미뤄보면 '재'와 '잣'은 본래 같은 말로 생각된다.

신라의 재성은 월성이고 '재'는 성을 뜻하는 한국어이므로 고려 태조가 쌓은 재성도 그랬을 것이라고 생각하지 않을 수 없다. 앞서 인용한 『삼국사기』「지리지」의 월성 기사에 이어지는 내용이다.

신월성 북쪽에 만월성이 있는데 둘레가 1838보다. 또 신월성 동쪽에 명활성이 있는데 둘레가 1906보다. 또 신월성 남쪽에 남산성이 있는데 둘레가 2804보다. 시조 이래로 금성에 거처하다가 후세에는 두 월성에 많이 거처했다. 新月城北有滿月城, 周一千八百三十八步. 又新月城東有明活城, 周一千九百六步. 又新月城南有南山城, 周二千八百四步. 始祖已來處金城, 至後世多處兩月城.

신월성은 곧 월성이지만 고구려의 평양성도 초승달新月에 견줘진 것 같다.

『삼국유사』(권3) 「보장봉로 보덕이암寶藏奉老 普德移庵」: 도사들은 나라 안의 유명한 산천을 다니면서 그 기운을 눌렀다. 옛 평양성의 지세는 초승달 모양의 성이었는데, 도사들은 주문으로 남하南河의 용에게 [성을] 더 쌓게 해 보름달 모양의 성으로 만들었다. 이 때문에 용언성이라고 이름 붙였다. 道士等行鎭國內有名山川. 古平壤城勢新月城也, 道士等呪勅南河龍加築爲滿月城. 因名龍堰城.

고구려 때 평양성의 범위를 밝힌 문헌은 전혀 없지만 내가 조사한 바에 따르면 북쪽은 모란대 부근에서 남쪽은 옛 정양문 안의 창광산과 서기산의 평탄한 부분(지금 육군에 소속된 지역과 공원), 다시 남쪽으로 이른바 기자 정전 터인 조선병기제작소 부지와 평양역 구내에 이르기까지 모든 곳에서 고구려 시대의 특색을 보여주는 기와 조각이 발견되며, 그 시대의 평양성이 내성과 외성을 포함한 것은 분명하다. 그리고 그 윤곽은 초승달 모양이다. 평양성은 신라의 월성보다 훨씬 규모가 크지만 북쪽에 산지를 이고 있고 동쪽과 남쪽에 대동강을 두른 형세는 남천의 북안에 건설된 작은 규모의 월성과 어느 정도 비슷하다고 볼 수 있다.

고구려시대의 평양성은 조선시대의 내성과 외성을 합친 것으로 조선시대의 내성은 이미 서술한 대로 고려시대부터 있던 것을 계승한 것일 뿐이므로 적어도 두 성 사이의 격벽(함구문과 정양문 사이에 있다)은 고려시대에 축조된 것이 분명하지만, 고려시대에는 이른바 재성이 축조된 뒤 평양에 성을 쌓은 흔적이 없고 그 재성을 조성할 당시 고구려 때의 평양성은 매우 퇴락한 상태로 남아 있던 것은 고려 태조 원년의 하교에서 알 수 있다. "평양은 옛 도읍으로 황폐해진지 오래됐지만 터는 아직 남아 있다. 그러나 가시덤불이 무성해 번인이 그곳에서 사냥한다." 이것에 따라 생각하면 이 황폐한 옛 성의 중간에 격벽을 설치해 그 남쪽 절반(외성)을 버리고 북쪽 절반의 성벽을 개축해 새로 보수한 평양성, 곧 서경성으로 만든 인물은 고려 태조로 이것이 즉위 5년부터 6년에 걸쳐 축조한 이른바 재성이며, 재위 15년(932) 5월 하교에서 "요즘 서경의 보수를 마치고 백성을 이주시켰으니 땅의 기운을 빌려 삼한을 평정한 뒤 그곳에 도읍하려고 한다"고 한 까닭으로 여겨진다.

그리고 그 특별한 이름이 생겨난 까닭은 지형이 비슷하다고 볼 수 있는 신라의 월성이라고 생각된다. 그 뒤 태조 21년(938) 서경에 나성을 축조한 것은 이미 있던 재성을 약간 보수했다는 뜻이다. 『동국여지승람』의 편자가 재성을 외성으로 파악한 것은 『주관육익』의 설명을 인용하면서 그것을 거의 무시한 것으로 '在'와 '畎'을 같은 뜻으로 잘못 본 까닭은 도랑을 뜻하는 한국어 '개천'과 '재성'의 글자와 발음이 어느 정도 비슷하기 때문은 아닐까?[52]

2. 거란과 고려·후백제의 교섭

고려 초 거란과 고려 사이에는 여진 부락들이 있어 서로 경계를 맞대지는 않았지만 교류가 전혀 없지는 않았다. 「태조세가」 5년(922) 2월 거란이 낙타·말·모직물을 보내왔다고 했는데, 그해는 거란 천찬 원년으로 야율아보기耶律阿保機가 발해를 멸망시키기 전이다. 발해의 서쪽 변경에는 동평부東平府·부여부·회원부懷遠府 등이 있었다. 그 가운데 부여부(농안 부근)는 거란을 방어하는 중요한 진이었는데, 야율아보기는 발해를 정벌한 천찬 3년(924) 5월 이전 어느 때 동평부(북류 송화강과 납림하의 중간인 대유수大楡樹 부근)를 먼저 함락시키고 그해 7~8월 다시 회원부(장춘 서쪽 회덕 부근)를 공격했으며 마침내 천찬 4년 말부터 이듬해 천현 원년(926) 초까지 부여부를 격파하고 곧바로 홀한성을 함락시켰다.**53** 그렇다면 천찬 원년 야율아보기가 고려에 사신을 보낸 것은 어느 정도 정치적 의미가 있는 것으로 발해를 멸망시키기에 앞서 그것과 경계를 맞댄 고려와 우호를 맺는 것이 좋겠다는 판단에서 나온 것으로 여겨진다. 그 뒤 태조 25년(태조가 별세하기 전 해로 거란 회동會同 5년, 942) 거란은 다시 사신을 파견해 낙타 50마리를 보냈다. 「태조세가」에서는 태조가 단호히 교류를 끊었다고 서술했다.

태조는 거란이 일찍이 발해와 계속 잘 지내다가 갑자기 의심을 품어 맹약을 어기고 멸망시켰으니 매우 무도해 멀리 우호 관계를 맺을 수 없다고 생각했다. 마침내 교류를 끊어 사신 30명을 섬으로 유배 보냈으며, 낙타는 만부교 아래 매어두니 모두 굶어죽었다. 王以契丹嘗與渤海連和, 忽生疑貳, 背盟殄滅, 此甚無道, 不足遠結爲隣. 遂絕交聘, 流其使三十人于海

島, 繫橐駝萬夫橋下, 皆餓死.

고려에는 국토를 잃은 발해인이 매우 많이 귀의했고, 대광현大光顯에게 대씨의 제사를 올리게 했다. 그들에게 거란은 한 하늘 아래 살 수 없는 원수였기 때문에 거란과 우호를 맺는 것은 그들을 위무하는 방법이 아니었다. 태조가 거란을 무도하다고 하고 사신을 섬으로 유배 보낸 주된 까닭은 여기 있었다고 생각된다. 그리고 태조 스스로는 자국의 영토가 거란과 맞닿지 않았기 때문에 이때와 그 이전 그들과 사신을 교류할 특별한 필요를 느끼지 못했다고 여겨진다.

그런데 『요사』 「태조본기」를 보면 야율아보기 즉위 9년(915) "신라에서 사신을 보내 특산물을 바쳤으며 고려에서 사신을 보내 보검을 보냈다新羅遣使貢方物, 高麗遣使進寶劍"고 했고 신책 3년(918) 2월에도 고려에서 조공한 기사가 있다. 또 「태조본기」에서는 천찬 4년(고려 태조 8년, 925) 일본·고려·신라, 이듬해인 천현 원년(926) 고려가 조공했다고 했다. 「고려열전」의 기사는 본기와 시기가 서로 다르다.

「고려열전」: 태조황제 신책 연간(916~922)부터 고려에서 사신을 보내 보검을 바쳤다. 천찬 3년(924) 조공했다. 태종 천현 2년(927) 조공했다. 自太祖皇帝神册間, 高麗遣使進寶劍. 天贊三年來貢. 太宗天顯二年來貢.

『요사』에는 이렇게 기록돼 있지만 신책 3년(918)은 고려 태조 원년으로 태조는 그해 6월 즉위했으므로 고려가 거란에 사신을 보낸 것은 그 전일 수는 없고 일본과 신라가 사신을 보냈다는 것도 의심스럽다.

그렇다면 이런 조공 기사들은 완전히 허탄한 것일까? 그렇게 단정하기는 어렵다. 『삼국사기』 「견훤열전」을 살펴보면 거란과 후백제의 교류에 관련된 기사가 미리사 전투를 서술한 천성 2년(고려 태조 10년, 927) 10월 조에 있다.

거란의 사신 사고·마돌 등 35명이 왔다. 견훤은 장군 최견에게 배웅하게 했다. 마돌 등은 배를 타고 북쪽으로 가다가 태풍을 만나 당(후당)의 등주에 도착했는데, 모두 처형됐다. 契丹使裟姑·麻咄等三十五人來聘. 萱差將軍崔堅伴送. 麻咄等航海北行, 遇風至唐登州, 悉被戮死.

『오대회요』(권30)의 다음 기사도 상응하는 내용으로 생각되는데 '신라 배'라는 표현이 주목된다.[54]

[후당 천성] 4년(929) 2월 등주 해안에서 신라 배 한 척을 노획했다고 청주에서 보고하고 그 보화를 바쳤다. 四年二月, 靑州奏於登州岸獲新羅船一隻, 進其寶貨.

견훤은 다이고醍醐천황 엔기延喜(901~922)·엔초延長(923~930) 연간 일본에도 사신을 보냈다.

신라 견훤의 사신 장언징 등 20명이 대마도에 도착했다. 新羅甄萱使張彦澄等二十人, 來着對馬島.

서신과 신물信物을 가져온 그 일행은 다자이후 방문을 요청했지만 일본 정부의 명령으로 쓰시마에서 돌아갔다. 그리고 장언징의 당시 발언과 다자이후·쓰시마 관원이 그에게 보낸 답신 등에 따르면 지난해 휘암輝嵒이라는 사신이 왔다가 돌아간 것을 알 수 있는데, 『부상략기扶桑略記』의 본문에는 관련된 기사가 없지만 같은 책의 「이서裡書」에는 엔기 22년(고려 태조 5년, 922) 조에 다음과 같이 기록돼 있어 휘암에 관련된 일임을 알 수 있다.

> 쓰시마에 신라인이 오자 바로 돌려보내고 다자이후에 보고했다. 對馬島新羅人到來, 早可從却歸之由, 官符給宰府了.

이처럼 견훤은 일본에 사신을 한두 차례 보냈지만 「견훤열전」에는 그것에 해당하는 기사가 없다. 그리고 일본 사서에서 그 사실을 신라의 견훤이 사신을 보냈다고 기록한 것은 신라가 오랫동안 한반도를 지배한 것에 견줘 거기서 분립한 후백제는 독립된 나라로 외부의 인정을 받지 못했음을 보여주는 것으로 후당 관원이 '신라 배'라고 보고한 것도 비슷한 사례로 생각된다. 그렇다면 후백제가 거란과 교류한 것은 우연히 태풍을 만나 목적을 이루지 못한 일 외에 「견훤열전」에서 누락된 것이 있다고 생각되고(「견훤열전」은 전체적으로 그 기사가 매우 소략하다) 신라의 내빙에 관련된 『요사』의 기록도 표면만 보고 곧바로 배척해서는 안 된다. 다만 『요사』는 신라와 고려의 조공을 함께 수록한 것을 볼 때 두찬이 분명하고 본기와 열전의 시기가 서로 다른 것을 봐도 믿을 수 없지만, 거기 실린 신라와 고려의 조공은 고려 태조가 즉위하기 전부터 후백제왕이 여러 번 거란과 통교한 사실을 담은 것으로 보기에는 문제가 없다고 생각된다.

1919년 7월 탈고(『만선지리역사연구보고』 7책)

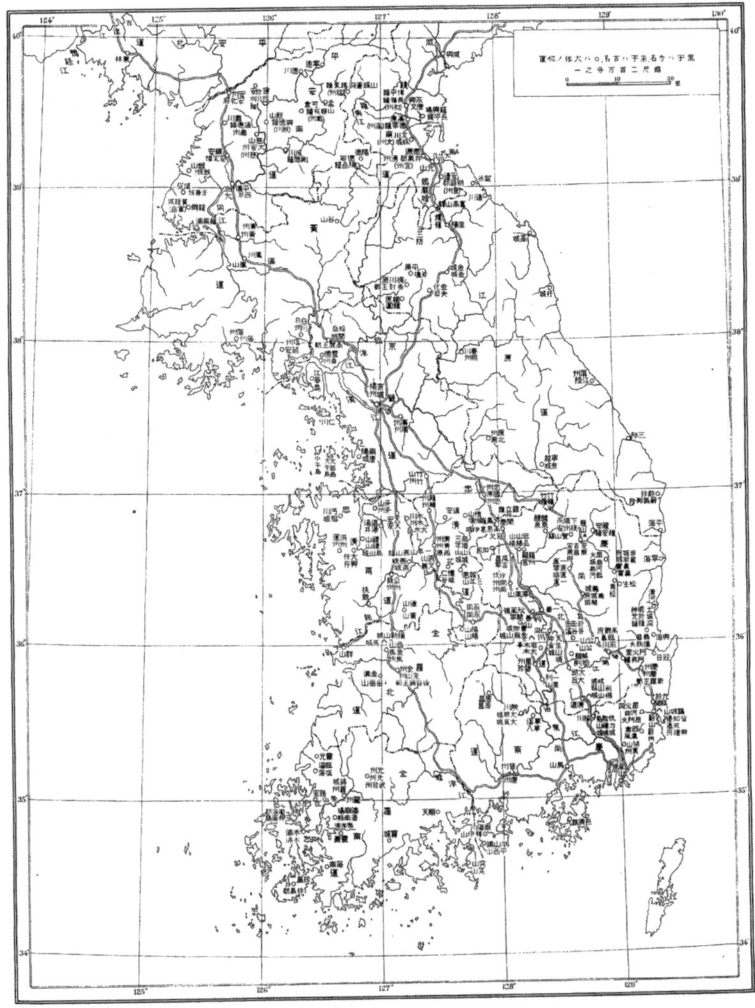

〈그림 1〉 고려 태조 경략 참고도

3편

골암성의 위치에 대해

올해(1919년) 초가을 나는 「고려 태조의 경략」을 인쇄소에 보낸 뒤 조선총독부의 위촉에 따라 함경남도로 출장 가서 그 도의 마천령 이남, 정평 이북에 있는 고적을 답사했는데, 원산에서 북쪽으로 가는 배가 오기를 기다리면서 생긴 하루의 여유를 이용해 경원선 고산역高山驛 서쪽 15~16정(1.6~1.7킬로미터)에 있는 안변군 위익면衛益面 신대리新垈里산성을 조사할 수 있었다. 『조선고적도보』(3권)에서 고산역 부근의 동 이름을 붙여 세포동細浦洞산성이라고 부른 것이 바로 이 산성으로 실제의 멀고 가까운 경치, 석벽의 현재 상태, 붕괴가 심각했지만 대략 원형을 알아볼 수 있는 부분의 구조, 그리고 성안에서 발견된 기와 등은 『조선고적도보』에 실린 도판 901과 912를 보면 알 수 있다(기와 조각은 이 성의 가장 높은 부분인 북쪽 모퉁이의 평지에 많이 흩어져 있다).

안변에서 남대천 유역을 거슬러 오는 도로는 용지원리龍池院里를 거친 뒤 좌우로 나뉘어 각각 함경도와 강원도의 경계를 이루는 산맥을 넘는다. 하나는 중심 도로인 철령로인데 회양·금성金城에 이르고, 다른 하나는 『관북지關北誌』(안변부, 관애關阸)에서 다음과 같이 설명한 삼방로다.

삼방로는 예전 세 곳에 방어 시설을 둔 곳으로 계곡의 지세는 칼로 깎은 손가락처럼 늘어서 있어 절벽을 타고서야 겨우 오갈 수 있지만 도성에 이르는 지름길이니 참으로 방어의 요충지다. 三防路, 古者三處設防之地, 谷勢劍削指列, 緣崖僅通, 而抵京捷路, 眞備禦要喉.

삼방로는 고산역 남쪽에서 남대천 상류에 이르고 그 계곡을 거슬러 올라가 험한 삼방관三防關을 넘어 평강·철원으로 간다. 고산역은 용지원천龍池院川과 남대천이 관통해 흐르고 넓은 평지가 이 삼방 계곡을 이루면서 점차 좁아지는 곳에 있다. 그러므로 그 근방은 매우 요충지인데, 삼방로에 맞닿은 역의 서쪽 산에 있는 옛 성이 바로 신대리산성이다. 또 함흥 헌병대 본부에서 편찬한 『함남지 자료』에 따르면 위익면 고산동, 곧 옛 고산역에도 산성이 하나 있는데(노파가 산다는 민간의 이야기가 있다) 철령로를 끼고 있다고 했다. 옛 고산역의 동쪽 1리 20정(6킬로미터)쯤에 새 고산역이 있다.

신대리산성은 『동국여지승람』 등에 예전부터 안변 지방에 있었다고 기록된 성들 가운데 어느 곳에도 비정하기 어렵다. 따라서 그것이 어느 성이고 어느 시대에 축조됐는지는 기록에서 알 수 없다. 그러나 원형이 대체로 남아 있는 부분의 석벽 구조를 살펴보면 기술적 측면에서 일찍이 이 지방에 거주한 어느 만족蠻族이 건축한 것으로는 생각되지 않는다. 통일신라시대의 것일까, 고려시대의 것일까? 그 뒤 조선시대에 들어와서는 철령관과 삼방관 부근에 방어 설비를 둬야 하는 아무 역사적 사정이 없다는 데서 신라나 고려 때의 것이 분명하다.

그렇다면 이 성에서 발견된 기와는 어떤 일을 알려주는가? 나는 지난해 가을 철원군 월정리 서쪽 풍천원楓川院이라는 곳에 있는 궁예의 도성 터를 조사해[1] 그 동남쪽 모퉁에서 많이 흩어져 있는 기와 조각 두세 개를 습득했는데, 지금은 도쿄제국대학 문학부에 소장돼 있다.[2] 이것과 신대리산성 것을 비교하면 그 무늬가 매우 비슷함을 알 수 있다(사진 참조). 이것은 매우 주목되는 사실로 두 성이 축조된 시대가 많이 떨어져 있지 않다고 추측할 수 있는 자료다.

궁예가 철원 지방에 도읍한 신라 말 북방에는 골암성이 있어 염주에서 무리를 이끌고 도망친 윤선이 그곳에 웅거했다.[3] 그는 그런 뒤 흑수번을 불러 오랫동안 변방을 침략했다고 했는데, 그 흑수번은 흑수국이나 보로국으로 역사에 나타난다. 그런데 이른바 삭방에서 궁예가 차지한 영토의 변경은 철령관과 삼방관 안쪽 지역으로 생각되고 번인의 한 부족을 가리키는 보로국은 안변 서쪽인 봉룡역 지역에 비정되므로 골암성의 위치는 두 관 바깥인 안변 지방에서 찾아야 한다. 그런데 다시 여기서 주의해야 할 사실이 있다. 왕건이 궁예를 대신해 즉위하고 마침내 윤선이 귀의한 뒤 골암성은 자주 북적의 침입을 받았기 때문에 유금필은 그것을 진압하는 임무를 띠고 그 성에 와서 그 동쪽에 있는 산에 큰 성을 쌓고 웅거하면서 흑수 등 여러 부를 귀의시키고 그 뒤 북방을 편안하게 만들었다는 것이다.

여러 작은 세력이 곳곳에 할거한 신라 말의 혼란기에 윤선이 무리를 모아 삭방의 관외에 거주해 흑수라고 불린 오랑캐 부족을 불러 오랫동안 관내 지방의 골칫거리가 됐으므로 그가 거주한 골암성이 요충지에 있었다는 것은 어렵지 않게 알 수 있다. 그리고 골암성이 고려의 소유로 돌아온 뒤 그 진장으로 간 유금필이 오랑캐 부족을 진무해 따로 설치한 동쪽 산의 큰 성도 중요한 위치에 있던 것이 틀림없다. 그런데 앞서 서술한 대로 삼방관 밖의 신대리 고성은 남쪽으로 이 험지를 이고 있는 요지의 서쪽 끝부분의 산에 있고 그 동쪽인 옛 고산역에도 산성이 있어 철령과 통하는 도로를 막고 있으며, 또한 이것은 신대리 고성이 궁예가 건설한 도성과 같은 시대의 것이라고 추측되는 작은 증거로 생각된다. 그래서 나는 신대리산성을 골암성에 비정하고 옛 고산역 산성을 유금필이 쌓았다는 큰 성으로 보며, 신대리산성은 염주에서 도망친 윤선이 쌓아 웅거한 것으로 보려고 한다.

덧붙인다. 나는 「고려 태조의 경략」 6장에서 흑수번의 거주지를 대체로 안변 부근으로 봤는데, 그들과 경계를 맞댄 골암성과 유금필 성의 위치를 앞서 서술한 것처럼 파악하게 되면서 더욱 자신감을 갖게 됐다. 그것에 따라 생각하면 『고려사』 「태조세가」 4년(921) 2월 "달고적 171명이 신라를 침략하면서 등주를 거쳐 갔다"는 기사에 보이는 등주(지금의 안변)는 전해 3월 북계의 진장에 임명된 유금필이 흑수번을 복속시키고 그곳에 설치한 것으로 봐야 하고, 흑수라는 부족 이름은 당대唐代의 말갈에서 빌려온 것이라고 해도 그 부족이 큰 하천 근처, 곧 남대천 유역을 거주지로 삼았다는 사실에도 바탕한 것으로 판단된다.

1919년 12월 13일 탈고(『만선지리역사연구보고』 7책)

세포동 산성에서 발견된 기와 파편(위 두 개.『조선고적도보』수록)과
궁예 도성 유지에서 발견된 기와 파편(아래 세 개. 도쿄대 문학부 소장)

4편
신라 말의 진례성에 대해

고려 태조가 즉위한 초기 후백제왕 견훤은 영토를 동쪽으로 넓히기 위해 고려와 화친 관계를 맺었으며, 신라는 후백제의 압박을 견디기 어려워 사신을 고려에 보내 자신을 보호해달라고 요청했다. 신라 경명왕은 재위 4년(고려 태조 3년, 920) 10월 견훤이 대야성(경상남도 합천)을 함락시키고 진례성으로 진군하자 고려에 도움을 요청해 물리쳤다. 이 사건은 이런 상황에서 일어났지만 진례성의 정확한 위치는 알 수 없을 뿐 아니라 그 이름도 의문이기 때문에 개인적 견해를 조금 밝혀 학자들의 가르침을 받으려고 한다.

견훤이 동부 지방을 정벌한 것은 『삼국사기』(권12) 「경명왕본기」에 나온다.

후백제왕 견훤이 보병과 기병 1만 명을 이끌고 대야성을 공격해 함락시키고 진례로 진군하자 왕은 아찬 김율을 보내 태조에게 도움을 요청했다. 태조가 장수에게 명령해 군사를 내 구원하게 하니 견훤은 그 소식을

들고 물러갔다. 後百濟主甄萱率步騎一萬, 攻陷大耶城, 進軍於進禮, 王遣阿
湌金律, 求援於太祖. 太祖命將出師救之, 萱聞乃去.

같은 책(권50)의 「견훤열전」 기사도 거의 같은데, 조금 주의할 표현
의 차이는 본기에서 "진례로 진군했다"고 한 것을 "진례성으로 군사를
옮겼다移軍於進禮城"고 한 것뿐이므로 진례는 합천(대야성)에서 신라의
수도(경주)로 가는 중간에 있었다고 여겨진다.

『고려사』(권1) 「태조세가」: 견훤이 신라를 침략해 대량군과 구사군을 빼
앗고 진례군에 이르렀다. 甄萱侵新羅, 取大良·仇史二郡, 至于進禮郡.

그런데 『고려사』에는 대량군, 곧 대야군(良과 耶는 발음이 상통한다)
외에 구사라는 군 이름이 나온다. 구사는 『삼국사기』 「지리지」에서 장
산군獐山郡(지금의 경산慶山)의 속현 가운데 하나로 여량현餘粮縣을 들고
다음과 같이 말한 곳이다.

본래 마진량현(마미량현이라고도 한다)인데 경덕왕 때 이름을 고쳤다. 지
금의 구사부곡이다. 本麻珍(一作彌)良縣, 景德王改名. 今仇史部曲.

『동국여지승람』(경주부, 건치연혁)에서는 그 구사부곡을 경주 서쪽
60리(23.6킬로미터)에 있다고 했고 「대동여지도」에서는 경산 동북쪽, 자
인慈仁과 하양河陽의 도로 중간에 여량의 위치를 표시했다. 그렇다면 구
사는 합천과 경주 사이에 있는 곳이지만 그것은 「지리지」가 편찬된 고
려 때의 이름이고 여량현은 신라 때의 지명이므로 이 점에서 『고려사』

가 견훤이 함락시킨 곳으로 대량군과 함께 구사군을 든 것은 조금 이상하다. 또 신라 때는 전라북도 금산錦山을 진례군이라고 했지만 방향이 완전히 다르기 때문에 같은 지명이 합천·경주 사이에도 있었다고 봐야 할 것 같으며, 특히 위의『고려사』기록을 비판 없이 믿으면 구사의 동쪽인 경주와 맞닿은 곳에서 그 위치를 찾아야 할 것 같다.

『삼국사기』「지리지」,『고려사』「지리지」,『동국여지승람』등에 따라 합천·경주 사이의 도로에 있는 지방의 신라 때 군·현의 배치를 살펴보면 지금의 창녕에는 화왕군火王郡이 있고 현풍에 있던 현효군玄驍郡이 거기에 소속됐으며, 대구大邱는 대구현大丘縣이 있던 곳으로 그 남쪽 12리(4.7킬로미터)에는 그곳을 다스린 수창군壽昌郡이 있었다. 해안현解顏縣·여량현·자인현 등 세 현을 관할한 장산군은 지금의 경산을 치소로 했고 해안현은 대구 북쪽 17리(6.7킬로미터)에 있었으며, 여량현은 앞서 말한 구사부곡이고 자인현은 지금도 이름이 같다. 해안현은 미리美里(美利)라고도 하는데 경애왕 4년(고려 태조 10년, 927) 신라의 수도에 침입한 견훤이 신라의 요청에 따라 구원하러 온 태조와 싸워 대승을 거둔 곳이다.

지금의 영천은 임고군臨皐郡으로 장진현長鎭縣(고려 때의 죽장부곡竹長部曲)·임천현臨川縣·도동현道同縣·신녕현新寧縣·민백현䓊白縣 등 5현이 소속됐다. 임천현과 도동현은 모두 영천에 가까운데 앞의 것은 동남쪽 5리(2킬로미디), 뒤의 것은 남쪽 7리(2.7킬로미터)에 있다. 신녕현은『동국여지승람』에서 신녕현(지금의) 동쪽 25리(9.8킬로미터)에 있다고 한 '옛 신녕'으로 지금의 고현古縣에 해당한다. 민백현은 고려 때는 신녕현에 소속됐지만「대동여지도」에서는 위의 고현에 해당하는 곳에 그 위치를 표시했다. 그런데 신라·고려시대의 신녕현(옛 신녕)이 이곳에 있었으므로 신라 때의 민백현은 조선에 와서 신녕현(옛 신녕)이 옮겨진 지금의 신녕 부근일까?

장진현은 『동국여지승람』에서 경주 북쪽 60리(23.6킬로미터)인 청송부靑松府의 경계에 있다고 했는데, 「대동여지도」를 보면 영천 근처에서 금호강琴湖江에 합류하는 자호천紫湖川의 상류에 있었음을 알 수 있다(그렇다면 『동국여지승람』에서 청송부의 경계에 있다고 한 것은 옳지만 60리라는 거리는 조금 지나치다). 또 청도는 합천에서 창녕을 지나 경주로 가는 도로에 있는 곳인데, 그것이 관할한 5현은 다음과 같다.

『삼국사기』「지리지」밀성군 조: 상약현은 본래 서화현인데 경덕왕 때 이름을 고쳤다. 지금의 영산현이다. 밀진현은 본래 추포현(죽산이라고도 한다)인데 경덕왕 때 이름을 고쳤다. 지금은 알 수 없다. 오구산현은 본래 오야산현(구도·오례산이라고도 한다)인데 경덕왕 때 이름을 고쳤다. 지금은 청도군에 병합돼 소속됐다. 형산현은 본래 경산현인데 경덕왕 때 이름을 고쳤다. 지금은 청도군에 병합돼 소속됐다. 소산현은 본래 솔이산현인데 경덕왕 때 이름을 고쳤다. 지금은 청도군에 병합돼 소속됐다. 尙藥縣, 本西火縣, 景德王改名. 今靈山縣. 密津縣, 本推浦縣(一云竹山), 景德王改名. 今未詳. 烏丘山縣, 本烏也山縣(一云仇道, 一云烏禮山), 景德王改名. 今合屬淸道郡. 荊山縣, 本驚山縣, 景德王改名. 今合屬淸道郡. 蘇山縣, 本率已山縣, 景德王改名. 今合屬淸道郡.

밀성군 치소는 지금의 밀양이고 상약현은 지금의 영산이며, 오구산현(구도·오야산·오례산)은 다음에 말하듯 청도 동남쪽 31리(12.2킬로미터)에 있는 오혜산烏惠山, 곧 지금의 부산성鳬山城 부근이다. 형산현(경산)은 「대동여지도」에서 청도 근처에 형산성의 위치를 표시했으며 그 것은 『동국여지승람』에서 "청도군 동쪽 7리(2.7킬로미터)에 있는데 동· 서쪽 모두 석벽이다在郡東七里, 東西皆石壁"이라고 한 폐성吠城에 비정되므 로 이 산성 부근에 있었음을 알 수 있다. 소산현(솔이산)은 「대동여지 도」에 따르면 청도 동쪽 50리(19.6킬로미터)의 매전역買田驛 근처(동창천 東倉川 북안 동당동東堂洞 부근으로 생각된다)에 있던 것 같다.

또 『삼국사기』 「지리지」에는 대성군이 있다.

대성군은 본래 구도성 경내의 솔이산성·가산현(경산성이라고도 한다)·오 도산성 등 세 성인데 지금은 청도군에 병합돼 소속됐다. 大城郡, 本仇刀 城境內率伊山城·茄山縣(一云驚山城)·烏刀山城等三城, 今合屬淸道郡.

세 성의 이름은 위의 밀성군 안의 세 현인 솔이산현(소산현)·형산 현·오구산현과 표기가 조금 다를 뿐이다. 그렇다면 밀성군과 대성군 은 동시에 병존한 것이 아니고 밀성군을 설치했을 때 대성군을 폐지 해 그 세 현을 거기에 합친 것으로 생각된다(밀성군이 처음부터 존재한 것이 아님은 나머지 속현이 상약현과 밀진군만 있었다는 것에서 자연히 알 수 있다). 대성군의 옛 이름인 구도성은 경내의 세 성 가운데 하나로 언 급된 오도산성으로 앞서 서술한 것처럼 구도·오구·오야·오례 등으로 불린 것이다. 그리고 『동국여지승람』에서 청도군의 고적 가운데 하나 로 서술된 오혜산성이 있다.

돌로 쌓았으며 둘레가 9980척(3024미터), 높이가 7척(2.1미터)이었는 데, 지금은 없어졌다. 안에 시내가 셋, 못이 다섯, 샘이 셋 있다. 石築, 周

九千九百八十尺, 高七尺, 今廢. 中有三溪·五池·三泉.

같은 부분 산천 조에서 오혜산은 청도군 동남쪽 31리(12.2킬로미터)에 있다고 했으므로 이 산성은 지금의 부산성鳧山城(오리산성. 鳧는 한국어로 오리다)으로 유천榆川 동북쪽의 옛 산성에 비정된다. 『동국여지승람』의 편자가 오혜산성과 관련해 다음과 같이 서술한 것은 매우 타당하다.

지금 살펴보니 구도는 오례산이라고도 하는데, '례禮'는 '혜惠'와 발음이 비슷하니 바로 이 성인 것 같다. 今按, 仇刀一云烏禮山, 禮與惠聲相近, 疑卽此城.

그렇다면 청도군에 대성군大城郡의 이름이 있던 까닭도 자연히 밝혀지며, 군 치소는 이 산성 부근의 평지에 있던 것으로 생각된다.

문제의 지방에서 신라 때의 군현의 배치는 앞서 서술한 것과 같고 오늘날 중요한 위치를 차지하고 있는 곳은 대체로 그 안에 포함돼 있으므로 이것들 외에 『삼국사기』 「지리지」에 누락된 군이 있다고는 생각되지 않는다. 따라서 구사와 함께 진례를 군郡이라고 한 『고려사』의 기록은 도저히 믿기 어렵다. 그렇다면 진례는 「견훤열전」에 성 이름으로 기록된 것이 옳다고 생각되는데, 그것은 산성이어서 『고려사』의 기록에서 추측되는 것에 따라 자인 지방인 구사의 동쪽에서 찾아야 하므로 그 지방에 그런 옛 성이 존재하지 않는 것은 어떻게 해야 할까?

『세종실록』 「지리지」에서 경주 서쪽 32리(12.6킬로미터)에 있다고 한 부산석성夫山石城, 곧 『동국여지승람』의 부산성富山城(돌로 쌓았으며 둘레가 3600척[1091미터], 높이가 7척[2.1미터]이었는데, 지금은 절반 정도 무너졌다. 성안에 시내가 넷, 못이 하나, 샘이 아홉 개 있다石築, 周三千六百尺, 高七尺, 今半頹圯. 內有四川·一池·九泉)은 『삼국사기』에서 신라 문무왕 3년(663) 축조됐다고 한 부산성으로 생각되므로 진례성에 비정할 수 없다.

아울러 견훤은 대야성을 함락시키고 진례성으로 진군했지만 고려가 신라에 원군을 보냈다는 소식을 듣고 군사를 물렸다고 한 것은 진례성이 경주에 가깝지 않음을 보여주는 것이 아닐까? 그 뒤 견훤이 고울부(영천)에서 신라의 도성 부근을 압박하자 신라왕은 다시 고려에 구원을 요청했지만, 태조가 구원하러 와 미리사 전투가 일어나기도 전에 도성은 견훤에게 침범됐다. 진례가 왕성과 가까운 곳이라면 견훤이 군사를 그곳으로 보낸 것은 대략 이 사례에 해당하므로 고려군이 왔다는 것을 듣고 군사를 물릴 때까지 도성을 공격하지 않은 것은 매우 이상한 일이라고 하지 않을 수 없다.

이처럼 『고려사』가 대량군과 함께 구사군을 들고 진례를 군 이름이라고 한 것은 잘못된 기사임이 거의 분명하므로 진례는 『삼국사기』의 기사만 근거로 삼으면 합천 동쪽에서 경주 서쪽으로 조금 먼 성 이름이 틀림없다. 그러므로 이 방면에서 옛 성을 찾아보면 경산 부근에 셋이 있다. 서쪽 9리(3.5킬로미터)에 고포성古浦城(돌로 쌓았으며 둘레는 3170척[961미터]), 남쪽 7리(2.7킬로미터)에 금성金城(돌로 쌓았으며 둘레는 2155척[653미터]), 서쪽 6리(2.4킬로미터)에 울곡성亐谷城이 있다.

대구 지역에도 성이 셋 있다. 치소 서쪽 4리(1.6킬로미터)의 달성達城(돌로 쌓았으며 둘레는 944척[286미터], 높이는 4척[1.2미터]이며 안에 우물 셋, 연못 둘이 있다), 신라 때의 해안현 북쪽 17리(6.7킬로미터)에 있는 공산성公山城(돌로 쌓았으며 둘레는 1560척[473미터], 높이는 4척[1.2미터]이며 안에 샘 둘, 도랑 셋이 있다), 역시 신라 때의 수창군 서쪽 10리(3.9킬로미터)의 성불成佛산성(돌로 쌓았으며 둘레는 3051척[925미터])이다(『동국여지승람』). 청도 지역에도 성이 둘 있는데, 앞서 말한 대로 동쪽 7리(2.7킬로미터)의 형산(폐성)과 동남쪽 31리(12.2킬로미터)의 오혜산이다.

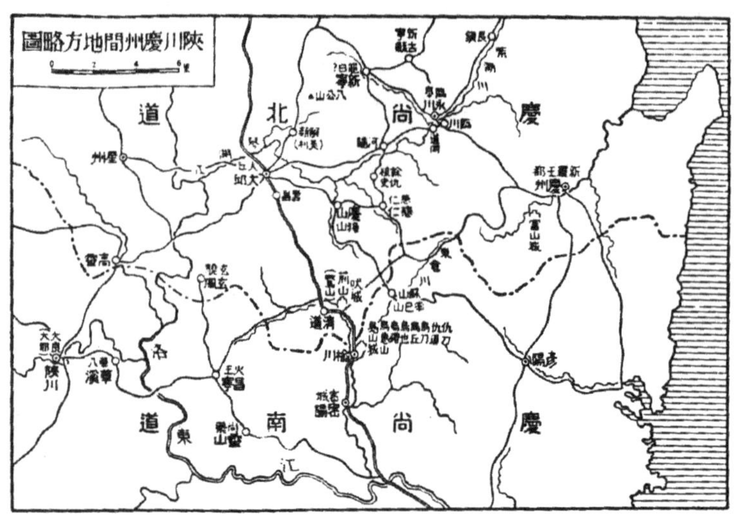

합천-경주 지방 약도

그리고 이런 성들은 모두 위의 조건에 적합해 앞의 다섯 성은 대구·경산을 거쳐 합천·경주 사이의 도로에 가깝고 뒤의 두 성은 청도를 거치는 다른 도로에 가깝다. 그러나 성불산은 수창군과 겨우 10리(3.9킬로미터) 떨어져 있기 때문에 대야성을 함락시킨 견훤이 이곳으로 진군했다면 군 이름을 드는 것이 당연하고 경산, 곧 장산군에 가까운 세 성도 마찬가지다. 공산성은 아래 기록을 볼 때 신라 때부터 사용된 이름이 분명하므로 진례성에 비정할 수 없다.

「견훤열전」: [미리美里(해안解顔) 부근의 전투를 서술하면서] 태조는 정예 기병 5000명으로 공산 아래서 견훤을 기다려 크게 싸웠다. 太祖以精騎五千, 要萱於公山下大戰.

형산은 처음에는 대성군에, 뒤에는 밀성군에 소속된 현의 이름이고, 오혜산은 대성군 치소였던 구도성·오도산, 밀성군의 속현이던 오구산·오야산이라는 것은 앞서 말했다. 그 결과 진례라고 불린 성은 끝내 명확하지 않게 됐지만 나는 오혜산을 그곳에 비정하려고 한다. 둘레 9980척(3024미터)의 석축으로 그 안에 시내 셋, 연못 다섯, 샘 셋이 있다고 한 그 성은 합천과 경주 사이에 있는 옛 성 가운데 가장 규모가 커 신라 때 이 방면의 중요한 진이었음이 분명하고 오야산과 발음이 서로 통하는 오례산이라는 이름도 있어 진례는 그 글자가 달라진 것으로 생각된다. 그렇다면 『고려사』의 구사仇史는 견훤이 진군한 곳을 구도仇刀라고도 표기한 것을 고려 『태조실록』의 편자(덕종 때의 수국사 황주량 등)가 함부로 그렇게 고쳐 진례라고 돼 있는 다른 옛 기록(『삼국사기』 기사의 재료가 된 것)에 결합시킨 것이라고도 여겨진다.

따라서 구도·오례 등의 발음이 바뀐 순서는 다음과 같다고 판단된다.

구도仇刀=구도仇道=오도烏刀=오례烏禮=오야烏也=오혜烏惠

다만 오구烏丘는 이런 발음에서 변형된 것으로 생각되지 않는다. '구丘'는 '토土'의 오기가 아닐까?

1917년 8월 5일 탈고(『동양학보』 7권 3호)

5편

고려 태조 붕어 이후 왕위 계승의 한 비극

1.

후진 천복 8년(943) 고려 태조 왕건이 세상을 떠나고 맏아들 왕무王武가 왕위를 이었다. 왕무는 태조가 궁예의 수군장군으로 한반도 서남쪽인 나주로 나가 활동했을 때 목포 사람 오씨의 딸을 만나 얻은 아들이다. 태조는 궁예를 대신해 새 왕조를 열었을 때 그를 태자로 삼으려고 했다. 그러나 어머니가 미천해 왕위를 잇지 못할까 걱정해 옷상자에 자황포柘黃袍를 넣어 오씨에게 줬다. 오씨가 그것을 대광 박술희에게 보여주자 박술희는 태조의 뜻을 알아채고 왕무를 태자로 삼자고 주청했다. 그 결과 태조는 재위 4년(921) 그를 태자로 책봉하도록 명령했다. 재위 26년(943) 5월 태조는 세상을 떠나기 전 박술희에게 군사와 국무를 맡기면서 왕무를 옹립하고 보좌하는 임무를 다하며 안팎의 신하들에게도 동궁의 처분을 따르게 했다. 왕무가 즉위하니 혜종이다.[1]

　　　　　　　　　　　　　　　　　　

그런데 새 국왕의 궁정은 갑자기 의문으로 가득 찬 음모의 요망한 구름으로 뒤덮였다. 태조에게는 아들이 15명 있었는데, 오씨(장화왕후 莊和王后)가 낳은 혜종이 맏이였고 유씨劉氏(충주 사람 유긍달劉兢達의 딸. 신명태후神明太后)가 낳은 왕요王堯(뒤의 정종)와 왕소王昭(뒤의 광종) 등이 그 다음이었다. 태조부터 6대에 걸쳐 벼슬한 최승로는 혜종 때의 정치를 다음과 같이 평가했다.[2]

혜종께서는 오랫동안 동궁에 계시면서 여러 번 정사를 감독하고 군사를 위무하셨으며 예를 갖춰 스승을 높이고 신하들을 잘 대우하셨습니다. 그 때문에 아름다운 이름이 온 나라에 들렸습니다. 처음 즉위하셨을 때는 사람들이 모두 기뻐했습니다. 그때 어떤 사람이 정종 형제(왕요와 왕소)가 반역을 도모하고 있다고 모함했습니다. 혜종께서는 그 말을 듣고도 대답하지 않았고 물어보지도 않았으며, 더욱 두터운 은혜로 대우하니 사람들이 모두 그 큰 도량에 감복했습니다. 그러나 그 뒤 어진 정치를 베풀지 않고 안전을 지나치게 염려해 무장한 군사들이 늘 경호케 했으니 다른 사람을 너무 의심해 군주의 체통을 크게 잃어버렸습니다. 게다가 장수와 군사들에게만 치우치게 상을 내려 은택이 고르지 못했기 때문에 안팎에서 원망해 사람들의 마음이 갈라졌습니다. 또한 즉위한 이듬해 병이 들어 침상에서 세월을 보내셨습니다. 그 결과 현명한 신하들은 가까이 갈 수 없었고 향리의 소인이 늘 침상 옆에 있었습니다. 병이 더욱 위독해지면서 성내는 일이 날로 늘었습니다. 3년 동안 백성은 은덕을 입지 못하다가 승하한 날이 돼서야 뜻하지 않은 재난을 겨우 모면할 수 있었으니 애통하지 않을 수 있겠습니까? 惠宗久在東宮, 累經監撫, 尊禮師傅, 善接賓僚. 由是令名聞於朝野. 及初嗣位, 衆擧欣然. 時有人譖定

宗兄弟, 謂有異圖. 惠宗聞而不答, 亦無所問, 恩遇愈隆, 待之如初. 故人皆服其
大度. 旣而不修德政, 過惜身命, 左右前後常以甲士相隨, 蓋爲疑人太甚, 大失
爲君之體. 加以偏賞將士, 恩澤不均, 故內外怨嗟, 人心携貳. 又卽位踰年, 便致
沈痾, 牀枕之間, 淹延歲月. 於是朝臣賢士不獲近前, 鄕里小人常居臥內. 厥疾彌
篤, 嗔恚日增. 三年之間, 民不見德, 至于晏駕之日, 粗得免其橫禍, 可不痛哉.

"어떤 사람이 왕요와 왕소가 반역을 도모하고 있다고 거짓으로 고
발했다"는 것은 왕규가 시도한 역모를 가리키는 것으로 『고려사』(권
127) 「왕규열전」에 자세한 내용이 있다. 「왕규열전」에 따르면 그는 광
주廣州 사람으로 태조를 섬겨 대광大匡이 됐으며 두 딸이 태조의 15비
와 16비가 됐다. 16비는 아들을 낳았고 광주원군廣州院君에 책봉됐다.

혜종 2년(945) 왕규는 혜종의 동생 왕요와 왕소가 역모를 꾸미고
있다고 참소했다. 혜종은 그것이 근거 없다는 것을 알고 두 동생을 더
욱 은혜롭게 대우했지만 사천관司天官 최지몽崔知夢은 "유성流星이 자미
紫薇*를 침범했으니 나라에 반드시 도적이 있을 것"이라고 아뢰었다. 혜
종은 왕규가 두 동생을 해치려고 한다는 징조로 판단해 맏공주를 왕
소에게 시집보내 친족 관계를 강화하니 왕규는 음모를 실행하지 못했
다. 다시 왕규는 광주원군을 옹립하려고 어느 날 밤 왕이 깊이 잠든
틈을 타 자신의 무리를 몰래 침입시켜 시해하려고 했다. 혜종은 그것
을 알고 한 주먹으로 자객을 때려죽이고 시종들에게 그를 끌고 나가
게 했다. 그리고는 다시 그 일을 묻지 않았다.

또 하루는 혜종이 몸이 불편해 신덕전에 있었는데 최지몽이 다시

---

* 북두성 동북쪽에 있는 15개 별 가운데 하나. 점성술에서는 천자의 주성主星으로 그의 운명
과 관련된다고 한다.

아뢰었다. "곧 변란이 있을 것이니 때맞춰 거처를 옮기셔야 합니다." 혜종은 몰래 별전으로 옮겼다. 왕규는 밤에 그 무리를 이끌고 벽을 뚫고 들어갔다. 왕은 이미 그곳에 없었다. 왕규는 최지몽을 보더니 칼을 빼들고 "주상이 침소를 옮긴 것은 반드시 네가 도모한 것"이라고 비난했다. 최지몽이 끝까지 말하지 않자 왕규는 물러갔다. 혜종은 왕규의 행동을 알고 있었지만 그래도 처벌하지 않았다.

「왕규열전」에서는 그의 역모와 관련해 이런 사실을 알려준다. 요컨대 왕규는 혜종을 시해하고 그의 이복동생 두 사람을 제거한 뒤 자신의 딸이 낳은 광주원군을 옹립하려고 했다는 것이다. 다만 여기서 의문이 드는 것은 혜종이 그것을 알고도 왕규를 처벌하지 않은 까닭이다. 최승로는 혜종의 실덕을 비판해 "어진 정치를 베풀지 않고 안전을 지나치게 염려해 무장한 군사들이 늘 경호케 했다"고 한 것은 까닭이 있을 것이고, 왕규를 죽인 정종(왕요)에 대해 "정종부터 지금까지 38년 동안 왕통이 끊어지지 않은 것 또한 정종의 힘自定宗至今, 三十有八年, 其間洪祚之不絕, 亦定宗之力也"3이라고 상찬한 것도 특히 주목해야 한다.

2.

그렇다면 혜종은 자신의 목숨을 위협한 역신을 왜 처형하지 않았을까? 『고려사』 「혜종세가」 2년(945) 조에는 날짜를 밝히지 않은 다음 기사가 있다.

대광 왕규가 왕의 동생 왕요와 왕소를 참소했지만 왕은 그것이 무고라는 것을 알고 더욱 은혜롭게 대우했다. 다시 왕규는 그 무리를 시켜 벽에 구멍을 뚫고 왕의 침전으로 들어가 난을 일으키려고 모의했지만 왕은 거처를 옮겨 피했을 뿐 그 죄를 묻지 않았다. 大匡王規讒王弟堯及昭, 王知其誣, 恩遇愈篤. 規又使其黨, 穴壁入王寢內, 謀作亂, 王徙避之, 不問.

다음으로 9월 기사다.

왕이 위독했지만 신하들이 들어가 뵐 수 없었으며 간사한 소인들이 늘 곁을 모셨다. 무신일(15일) 왕이 중광전에서 훙거했는데, 재위 2년만이고 34세였다. 왕은 도량이 넓고 지혜와 용기가 뛰어났지만 왕규가 반역을 꾀한 뒤부터 의심하고 꺼리는 것이 많아져 늘 갑사들에게 자신을 지키게 했다. 기쁨과 노여움이 일정하지 않았고 소인 무리가 출세했으며 장수와 군사들에게 절제 없이 상을 내려 안팎에서 탄식하고 원망했다. 王疾篤, 群臣不得入見, 憸小常侍側. 戊申, 薨于重光殿, 在位二年, 壽三十四. 王氣度恢弘, 智勇絶倫, 自王規謀逆之後, 多所疑忌, 常以甲士自衛. 喜怒無常, 群小並進, 賞賜將士無節, 內外嗟怨.

이것을 위의 최승로의 언급과 「왕규열전」에 비춰보면 혜종은 왕규의 역모에 대해 자신을 지키는 데만 힘을 썼고 그렇게 불안한 사이에 병을 얻어 9월 무신일(15일) 훙거한 것으로 보인다. 그리고 다음 동생 왕요(정종)는 그날로 즉위해 다음 날 왕규를 처형했다.

「정종세가」: 혜종 2년(945) 9월 무신일(15일) 신하들의 추대로 즉위했다. 기유일(16일) 왕규가 역모로 처형됐다. 惠宗二年九月戊申, 群臣奉王卽位.

혜종과 박술희의 관계는 앞서 서술했다. 박술희는 "태자를 옹립하고 잘 보좌하라"는 태조의 부탁을 그대로 따랐다고 했으므로 왕규가 역모를 드러냈을 때 그가 혜종을 보호한 가장 중요한 사람이었음은 충분히 짐작할 수 있다. 그는 성격이 용감하고, 고기 먹는 것을 좋아해 두꺼비·청개구리·거미도 모두 먹었다. 18세에 궁예의 호위군이 됐고 그 뒤 태조를 섬겨 여러 번 군공을 세웠다.[4] 혜종은 늘 갑사를 곁에서 호위케 했다고 한 것은 분명히 박술희 등이 거느린 군사였을 것으로 생각된다. 「박술희열전」에는 특히 주목할 만한 기사가 있다.

혜종이 병으로 누웠을 때 박술희는 왕규와 서로 증오해 군사 100여 명에게 자신을 따르게 했다. 정종(왕요)은 그가 다른 뜻이 있다고 의심해 갑곳으로 유배 보냈다. 왕규는 그 틈을 타 왕의 명령이라고 속여 그를 죽였다. 惠宗寢疾, 述熙與王規相惡, 以兵百餘自隨. 定宗疑有異志, 流于甲串. 規因矯命殺之.

박술희가 왕규와 서로 증오한 것은 본래 개인적 관계는 아닌 것으로 생각되고 100여 명의 군사도 자신을 호위하기 위해 데리고 다닌 것은 아니라고 생각된다. 그런데 왜 정종은 그것을 다른 뜻이 있는 것으로 의심해 박술희를 갑곳(강화도 동쪽 해안)으로 유배시켰을까? 나는 이 한 사건을 포착해 혜종 형제가 서로 시기한 관계를 추측하지 않을 수 없다. 왕규는 그들 형제에게 공통된 역신이었지만, 왕규를 증오한 박술희 또한 공통의 충신이 될 수 없던 것은 이런 관계가 있었기 때

문이 분명하다. 생각건대 혜종은 일찍 태조의 태자가 됐지만 어머니가
미천해 왕위를 잇기 어려웠던 것은 처음부터 고려됐다. 그리고 태조는
특히 안팎의 신하들에게 동궁의 처분을 따르라고 유언했으므로5 그
가 왕위를 이은 뒤 이복동생 왕요(정종)와 협력하지 않는 모습을 보였
다면 그것은 왕위를 경쟁하려는 뜻이 왕요에게 있었음을 뜻하는 것으
로 봐야 한다.

　논의가 여기에 이르러 혜종이 왕규의 죄를 묻지 않고 자신을 호위
하는 데만 힘을 쓴 그 이해하기 어려운 사실을 생각하면 사정은 자연
히 판명된다. 왕은 왕위를 노리는 이복동생이 오래지 않아 역신에게
죽기를 기대했으며, 그런 상황에 이르면 역신을 죽여 자신을 보호하고
왕위를 견고하게 안정시키려고 한 것으로 생각된다. 최승로가 왕의 훙
거와 관련해 "3년 동안 백성은 은덕을 입지 못하다가 승하한 날이 돼
서야 뜻하지 않은 재난을 겨우 모면할 수 있었으니 애통하지 않을 수
있겠습니까?"라고 한 것을 음미해도 그렇게 추측하는 것이 부당하지
않다고 생각된다.

　이미 말한 대로 「왕규열전」에 따르면 처음 왕은 두 동생을 모함한
왕규의 말에 귀 기울이지 않았고, 왕규가 그들을 해치려는 것을 알게
되자 만공주를 왕소(광종)에게 시집보내 친족관계를 견고하게 했다. 그
러나 이것은 진정한 뜻에서 나온 것은 아니고 평소 사이가 멀었던 두
동생에게 국왕 자신이 왕규를 사주했다는 혐의를 피하려는 임시 조처
로 보인다.

3.

다음으로 왕규가 어떤 기회에 제거됐는지 살펴보자. 앞서 든 「혜종세가」와 「정종세가」에서 그것은 혜종이 훙거한 다음 날이라고 분명히 기록돼 있지만 이런 사건들의 상호 관계에 대한 역사 기록은 매우 허술하다.

「왕규열전」: 앞서 혜종의 병이 위독해지자 정종은 왕규가 다른 뜻이 있음을 알아차리고 은밀히 서경의 대광 왕식렴과 의논해 변란에 대비했다. 왕규가 변란을 일으키려 하자 왕식렴이 군사를 이끌고 들어가 호위하니 왕규가 감히 움직이지 못했다. 곧 [왕규를] 갑곳으로 유배시키고 사람을 보내 참수했으며 그 무리 300여 명도 처형했다. 初惠宗疾篤, 定宗知規有異志, 密與西京大匡式廉謀應變. 及規將作亂, 式廉引兵入衛, 規不敢動. 乃竄于甲串, 遣人追斬之, 誅其黨三百餘人.

「왕식렴열전」의 기사도 거의 같다.[6] 왕식렴은 태조의 사촌 동생으로 당시 서경(평양)의 도호였는데, 정종은 몰래 그와 의논해 그가 군사를 이끌고 와서 호위하기를 기다려 순식간에 왕규를 처형한 것이다. 사건의 성격상 며칠의 간격이 있었을 것으로는 생각되지 않는다(그러나 왕규를 갑곳으로 유배 보낸 것과 그를 처형한 것은 다른 날일 것이다). 그렇다면 왕식렴이 개경에 들어온 것과 혜종의 훙거는 대략 같은 날짜였을 것이 거의 분명하지만 「왕규열전」에서는 그런 관계를 말하지 않았다. 그리고 왕식렴이 들어와 호위했을 때 왕규의 행동을 "왕규가 변란을 일으키려고 했다"고 한 것은 지나치게 추상적으로 느껴진다. 또 「왕규열전」의 위 기사 바로 앞에서는 다음과 같이 서술했다.

왕규는 일찍이 대광 박술희를 증오했는데, 혜종이 훙거하자 정종의 명령을 사칭해 그를 죽였다. 規嘗惡大匡朴述熙, 及惠宗薨, 矯定宗命殺之.

그러나 혜종의 훙거와 왕식렴의 입경, 왕규의 체포와 유배는 거의 같은 날 일어났으므로 왕규가 그 사이에 정종의 명령을 사칭해 박술희를 죽일 시간이 있었을까? 이 기사는 매우 의심스럽다. 또 왕규의 처형과 반드시 관계가 있을 혜종의 훙거가 그 부분에는 기록되지 않고 의심스러운 관련 기사에 연결된 것도 이상하다. 요컨대 혜종이 훙거한 9월 무신일, 신하들의 옹립을 받아 즉위한 그날 정종은 도성에 들어온 왕식렴을 영접하고 왕규를 체포해 유배 보냈다고 생각되지만 역사에서는 그 관계를 분명히 기록하지 않았다.
「최지몽열전」을 살펴보면 매우 기이한 기사가 있다.7

정종은 즉위해 왕규를 처형하고 최지몽이 일의 기미를 몰래 아뢴 것을 포상해 노비, 안장 갖춘 말, 은그릇을 하사했다. 定宗卽位, 誅規, 褒知夢密奏事機, 賜臧獲·鞍馬·銀器.

앞서 서술한 대로 최지몽은 혜종의 위기를 여러 번 구원한 인물이다. 그는 늘 왕의 옆에 있으면서 눈과 귀가 됐던 것이 틀림없다. 그런데 왕규를 죽인 정종이 몰래 일의 기미를 아뢰었다면서 최지몽의 공로를 포상한 것은 무슨 일일까? 정종과 혜종이 서로 질시했음을 생각하면 그것은 분명히 최지몽이 혜종을 배신했음을 보여주는 것은 아닐까?

비밀을 풀 수 있는 열쇠는 여기에 이르러 잡힌다.

역사 서술은 애매하다. 나는 그 애매한 서술의 장막을 사이에 두고 일어난 하나의 큰 비극을 추측해 정종의 즉위 앞뒤의 사실을 다음과 같이 설명한다. 정종은 혜종이 일부러 왕규를 죽이지 않아 그가 간계를 부리는 것을 참을 수 없어 9월 무신일(15일) 서경의 군사를 도성으로 들어오게 해 왕규뿐 아니라 혜종의 심복 박술희를 체포해 유배 보냈으며, 미리 최지몽을 이용해 혜종을 암살한 것으로 생각된다. 그리고 그날로 즉위했다. 「세가」에서 "신하들이 추대했다群臣奉王"고 말한 것은 음미해야 한다. 다른 뜻을 품었다고 의심해 박술희를 갑곶으로 유배 보낸 정종은 다시 왕규와 함께 그를 처형한 것이며 왕규가 박술희를 죽인 것은 아니었다. 세가와 여러 신하의 열전에 여러 번 보이는 혜종의 "와병寢疾·疾篤" 기사는 곡필이 분명하고 최승로가 "즉위한 이듬해 병이 들어 침상에서 세월을 보내셨다"고 한 것도 마찬가지다. 최승로는 또 다음과 같이 말했다.

정종께서는 왕위에 오르기 전부터 훌륭한 명성이 있었습니다. 혜종께서 오랫동안 병석에 누워계시니 재신 왕규 등이 몰래 모의해 왕실을 넘봤습니다. 정종께서 먼저 이를 알아차리고 은밀히 서경의 충의로운 장군과 함께 계책을 정해 대비하셨습니다. 내란이 일어나려고 하자 호위하는 군사가 많이 왔기 때문에 간사한 계획은 성공하지 못했고 흉악한 무리는 처형됐습니다. 이것은 천명으로 된 일이지만 사람의 계책도 있었으니 어찌 위대하지 않겠습니까? 定宗在藩邸時, 早有令聞. 及惠宗寢疾彌留, 宰臣王規等潛有所圖, 窺覦王室. 定宗先認之, 密與西都忠義之將, 定計而爲備. 及內難將作, 衛兵大至, 故姦計不成, 群兇受誅. 雖由天命, 亦在人謀, 豈

不偉歟.

앞서는 "어떤 사람이 정종 형제(왕요와 왕소)가 반역을 도모하고 있다고 모함했다"고 하고 여기서는 왕규의 이름을 들어 그가 다른 사람인 것처럼 꾸몄으며, 혜종의 훙거와 왕규의 처형을 따로 기록해 그것이 같은 때 일어났음을 보여주지 않았다. 곡필의 흔적은 숨길 수 없는 것이 있다. 정종은 왕규가 다른 뜻을 품었음을 먼저 알았다고 하고 변란이 일어나려고 했을 때 많은 호위군이 왔다는 것 등은 사실의 진상에 아무 가치도 없는 부분이다.

1918년(『사림史林』 3권 2호)

6편
고려 성종대 여진·거란과의 관계

〈그림 2〉 고려 성종대 서북 경계 경략도 참고

나는 앞서 철리말갈에 관련된 논문(『만선지리역사연구보고』 3책 수록)을 쓰면서 요대에 그 거주지를 연구해 발해가 멸망한 뒤 만주지방의 상황을 연구했다. 다만 남부, 특히 압록강 방면은 철리부족과 직접 관계가 없기 때문에 필요한 만큼만 언급했는데, 지금 이 논문의 주제를 연구하면서는 고려와 거란 사이에 놓인 압록강 유역을 주의 깊게 살펴봐야 한다. 따라서 이 논문은 어떤 의미에서 「철리고」의 일부와 자매 관계에 있기 때문에 자연히 이런저런 논지가 서로 관련돼 있다. 그러나 이미 설명한 사항은 많이 언급하지 않았다. 양해를 부탁드린다(옛 원고의 머리말).

『만선지리역사연구보고』 5책에 수록된 옛 원고(1918년 3월 탈고)는 부분적으로 만족스럽지 않은 부분들이 있었다. 이 책에 수록하면서 그것들을 바로잡고 문어체에서 구어체로 고쳤다(1934년 2월).

1. 정종 이후 북부 국경 경략과 성종 초기의 문제

통일신라시대에 걸쳐 2세기 넘는 동안 호이객하 상류 지방을 중심으로 한 대씨의 발해는 만주와 한반도 동북부의 말갈족을 다스렸지만 고려 태조 9년(926) 거란 태조 야율아보기에게 멸망됐다.

발해를 무너뜨린 야율아보기는 곧바로 나라 이름을 동란東丹으로 고치고 황태자 야율돌욕耶律突欲을 국왕으로 삼아 옛 영토를 다스리게 했지만, 발해의 유민遺民은 쉽게 그 주권을 인정하지 않고 곳곳에서 봉기해 반항의 기세를 보였다. 그리고 반란이 평정되지 않은 동안 야율아보기가 세상을 떠나고 통치의 곤란이 더욱 가중됐기 때문에 뒤를 이어 즉위한 태종 야율덕광耶律德光은 동란국의 재상 야율우지耶律羽之의 건의를 받아들여 고려 태조 11년(928) 동란국을 요양으로 옮겼다. 이로써 발해의 옛 땅은 대부분 거란의 통치 바깥에 있게 됐고 요양이나 거란의 내륙으로 이주하려고 하지 않은 많은 발해인은 고려에 귀의했으며, 그 유력한 지도자들은 예전의 부府·주州에 거주했고 옛 발해 치하에서 사회 하층에 있던 말갈은 해방돼 흩어짐으로써 전체적으로 정치적 통일이 이뤄지지 않았다. 말갈의 이름이 사라지고 거란인이 사용한 여진이라는 이름이 나타난 것은 이 무렵부터였다.

고려는 태조가 건국한 뒤 양梁·당唐·진晉·한漢·주周의 5대의 각 왕조, 그리고 송에 조공했고 성종 때 이르러 정삭正朔을 받았다.[1] 그러나 태조가 남긴 명령을 받들어 거란과는 교류하지 않았으며[2] 거란의 위력도 한반도에 미치지 않았기 때문에 성종 이전 고려와 대륙의 관계는 매우 평온했다. 한편 동란국이 요양으로 옮겨진 뒤 발해의 옛 땅에 있던 여진은 거란에 자주 조공했다. 고려의 북쪽 변경과 가까운 지방의 여진 부족 가운데 거란에게 '압록강 여진'으로 불린 집단이 있었는데 회동 3년(고려 태조 23년, 940)과 4년 거란에 조공했지만 그 뒤에도 계속 이뤄진 흔적은 없다.

그리고 송이 건국한 초기 — 고려 광종(949~975) 중반 — 부터 여러 번 중국과 교류한 '여진'은 해상 교통의 편의와 자유를 가진 같은 지방의 부족으로 생각된다. 또 압록강과 동가강 유역에는 발해의 남은 신하들이 세운 정안국定安國이라는 작은 나라가 있었고 그 국왕은 여진의 사신을 따라 두세 번 송을 방문했다.[3] 이런 사실은 당시 거란의 위력이 압록강 유역 일대 지방에 미치지 못했음을 보여준다. 고려 태조가 거란에서 온 사신을 섬에 유배 보냈고 그 뒤 수십 년 동안 두 나라 사이에 아무 정치적·외교적 관계가 생기지 않은 것은 주로 이런 정세 때문이었다.

여기서 고려의 서북면으로 주의를 돌리면 이런 정세 아래 이미 태조 때 대동강에서 청천강에 이르는 영토 개척 사업이 그 뒤 더욱 북쪽으로 전진했음을 알 수 있다. 『고려사』 「병지」 성보 부분의 기록을 같은 책 「지리지」에 비춰보면 다음에 든 몇 개의 진은 정종·광종대 20여 년 동안 새로 설치됐고 성종 때 주州가 됐다.

덕창진德昌鎭(박주博州) 덕성진德成鎭(위주渭州) 장청진長靑鎭(무주撫州) 위화진威化鎭(운주雲州) 안삭진安朔鎭(연주延州) 광화진光化鎭(태주泰州)

이것을 오늘날의 지리에 비춰보면 맨 앞의 덕창진은 대령강 가의 박천博川 남쪽 10리(3.9킬로미터), 맨 끝의 광화진은 그 상류 지역인 태천,

덕성진은 구룡강 하류 유역에 위치한 영변, 위화진은 그 상류의 운산, 안삭진은 다시 그 상류의 고장古場 부근, 세 번째의 장청진은 영변과 태천 중간인 무창 부근이다. 광종 때는 이곳들 외에도 가주嘉州·송성松城·안윤진 등의 성이 건설됐는데 가주는 박천 서쪽인 지금의 가산, 송성은 그 서쪽의 한 곳,4 안융진은 청천강 입구의 남쪽 근처인 지금의 안융영창安戎營倉이다. 그리고 경종 때는 청천강 상류인 희천에 청새진淸塞鎭도 설치됐다.5 이런 진성의 설치는 달리 아무 기록이 없지만 태조가 훙거한 뒤부터 성종이 즉위하기 전까지 고려의 경략이 구룡강·대령강 유역과 청천강 상류에 미쳤음을 보여준다.

덕성진은 좀더 설명할 필요가 있다. 그곳은 『고려사』 「병지」 성보 부분에 정종 2년(947) 축조된 진성의 하나로 돼 있지만 「지리지」에는 그 위치를 밝힌 기사가 없다. 그런데 먼저 살펴봐야 하는 다른 성이 있다. 「병지」에 광종 18년(967) 설치됐다고 한 낙릉군樂陵郡, 곧 위주다.

- **「지리지」**: 위주는 본래 낙릉군(옛 덕성이라고도 한다)이다. 고려 때 지금의 이름으로 고치고 방어사를 뒀다. 渭州本樂陵郡(一云古德城). 高麗改今名爲防禦使.
- **『동국여지승람』 영변부**: 옛 위주는 부 서북쪽 40리(15.7킬로미터)에 있다. 본래 낙릉군(옛 덕성이라고도 한다)인데 고려 때 지금의 이름으로 고치고 방어사를 뒀다. 古渭州在府西北四十里. 本樂陵郡(一云古德城), 高麗改今名爲防禦使.

이런 기록들에 보이는 영변부터의 거리와 방향에서 추측하면 그 위치는 무주(무창 부근)와 태주(태천)의 중간으로 판단된다(무주는 『동국

여지승람』의 같은 조에 영변 북쪽 — 정확히는 서북쪽 — 25리[9.8킬로미터]
에 있다고 했다). 하지만 그렇다면 이런 세 성은 다른 성들의 배치와 비
교해 너무 인접한 느낌이 있고 위주의 이름이 「대동여지도」에 보이지
않는 것도 의문이다. 여기서 그것을 다른 측면에서 생각해보면 『고려
사』(권101) 「문한경文漢卿열전」에 다음과 같은 기사가 있다.

> 적은 약산 남쪽 석우역·신풍역·옥아역 등의 들판에 주둔했다. 문한경
> 은 여러 성의 군사를 모아 위주성 밖에서 싸워 570여 명을 벴다. 賊屯藥
> 山南, 石牛·新豊·玉兒等驛之野, 漢卿會諸城兵, 戰于渭州城外, 斬五百七十餘
> 級.

이것은 고종 3년(1216) 거란의 침략 사실을 말한 기사인데 약산·
신풍·옥아는 모두 영변에 가까운 곳이다. 곧 약산은 영변 서쪽 8리
(3.1킬로미터)에 있는 산 이름이고, 신풍은 무주에 소속된 역으로 영변
북쪽 30리(11.8킬로미터), 옥아는 운주에 소속된 역으로 그 동쪽 20리
(7.9킬로미터)에 있다. 석우의 정확한 위치는 알 수 없지만 위주에 소속
된 역 이름이다3(약산 아래의 '남南'자는 석우의 위치를 보여주는 것으로
생각된다). 여기서 위주는 영변이나 그 부근이라고 자연스럽게 추측할
수 있다. 이 추측을 뒷받침하는 자료는 다음을 들 수 있다.

> 『고려사』(권94) 「강감찬열전」: 거란이 군사를 돌려 연주(개천)와 위주에
> 이르니 강감찬 등이 급습해 500여 명을 죽였다. 契丹回兵, 至漣·渭州, 邯
> 贊等掩擊, 斬五百餘級.

　이것은 현종 10년(1019) 정월 개경 가까이 침입한 거란군이 구주龜州 (구성龜城)로 퇴각할 때의 패전에 관련된 기사인데[7] 개천에서 구성으로 가려면 반드시 영변을 통과해야 하기 때문이다. 그러나 고종 3년(1216) 위요국偽遼國 거란인의 침입을 기록한 『고려사』(권103) 「김취려열전」의 기사에서는 다음과 같이 서술했다.

　다시 다음 날 장군 김공석이 적 100여 명과 박주 성문 밖에서 싸워 50여 명을 죽이거나 사로잡았다. (…) 관군은 성으로 들어가 군사들을 쉬게 했다. 적은 밤에 청천강을 건너 서경(평양)으로 향했다. 관군은 적 과 위주성 밖에서 싸웠지만 대패했다. (…) 서경에서 이 소식을 듣고 통 곡 소리가 성에 가득했다. 又明日, 將軍金公奭與賊百餘人, 戰于州城門外, 殺 獲五十餘人. (…) 官軍入城休卒. 賊夜涉靑川江, 指西京. 官軍與賊, 戰于渭州城 外敗績. (…) 京都聞之, 哭者滿城.

　이 기사에 따르면 위주는 청천강 남쪽 지역으로 보이지만, 쓰다 씨 가 지적한 것처럼 이것은 박주성 밖의 전투와 위주성 밖의 전투를 잘 못된 순서로 서술했다고 봐야 한다.[8] 위주의 위치를 이렇게 파악하고 문제의 덕성진으로 돌아가면 먼저 대령강과 구룡강 유역에서 다른 진 성의 배치는 영변에도 한 성이 설치된 것으로 여겨진다. 그리고 같은 지역의 진들은 대부분 성종 때 이르러 주의 이름을 받았기 때문에 덕 성진만 예외였다고는 생각되지 않는다. 그러므로 나는 정종 2년(947) 덕성진이 설치된 곳을 영변에 비정하고 성종 14년(995) 거기에 위주라 는 이름이 붙여졌다고 추정한다. 『고려사』 「병지」에는 동일한 진성의 축조가 해를 건너 이름을 달리해 앞뒤에 기록돼 있다. 장청진(무주)·위화진(운주)·안삭진(연주) 등 모두 그렇다. 이것은 처음 축조한 것과 다시 수리한 것을 뜻하는 것으로 덕성진과 낙릉군 사이에도 그런 관계가 있다고 생각된다. 연대와 이름이 다르다고 해서 곧바로 지점도 다르다고 볼 수는 없다.

그런데 여기서 주의를 끄는 것은 경략을 진행한 방향이다. 대령강 하류에서 멀지 않은 가주·송성 두 성과 강 중류 태천에 광화진을 설치한 것은 청천강 가의 안북부를 기점으로 해서 압록강 하류를 향해 남·북에서 서진하는 형세를 보여준다. 아울러 이것은 대령강 유역을 넘어 그 서쪽까지는 미치지 않는다. 그러므로 동북쪽 경략은 운산의 동북고장東北古場에 안삭진과 청천강 상류인 희천에 청새진을 설치했는데, 서쪽에 견줘 매우 깊이 들어간 것이다. 이것은 어떻게 된 것일까?

당시 거란의 세력은 압록강 하류 유역에 미치지 않았기 때문에 그 방면으로 특별히 경략을 추진할 필요가 있었다고는 생각되지 않는다. 한편 구룡강과 청천강을 거슬러 올라가 분수산맥을 북쪽으로 넘으면 압록강 중류에 이르는데, 그 맞은편에는 고구려의 옛 수도 환도성이 있던 통구평야가 있고 또 동가강 유역에는 회인懷仁평야가 있어 모두 이 방면의 요지다. 발해 때와 관련해 말하면 압록강 상류의 굴곡점에 가까운 모아산帽兒山은 5경의 하나인 서경 압록부였고 통구에는 환주桓州, 회인에는 정주正州의 치소가 있었다(풍주豊州라는 또 다른 주는 압록부 동북쪽 210리[82.5킬로미터]에 있다고 했으므로 지금의 돈화에 비정되는 중경 현덕부와 중간 지역에 있던 것으로 생각된다). 그리고 발해가 멸망한 뒤 그 남은 세력이 일으킨 정안국도 압록부 관하의 지방을 다스렸다.

지리적·역사적 관계에서 이랬으므로 신라와 발해가 대립할 당시

'신라도'라는 이름이 있던 동쪽의 남경 남해부(함경남도 함흥)를 거치지 않은 두 나라의 서쪽 방면의 교통은 모아산·통구와 문제의 지방을 경유하는 것이었다고 생각된다. 안북부를 중심으로 한 고려의 여진 경략은 이 도로를 따라 추진됐고, 신라 때의 역사적 관계 때문에 그렇게 된 것으로 판단된다.

앞서 서술한 대로 고려 태조가 훙거한 뒤 몇 대 동안 고려의 국제 관계에는 특별한 변화가 없었고 태조가 국시로 삼았던 변경 개척은 조금씩 진전돼갔다. 성종은 즉위해 16년 동안 재위하면서 고려의 국본을 정했다고 말해도 좋을 정도로 획기적인 새로운 정치를 시행했다. 그리고 성종이 그 위업을 이룰 수 있도록 보좌의 임무를 다한 노신은 국왕이 직접 발탁해 등용한 최승로였는데, 그는 취임하자마자 올린 시무책 28조의 첫 번째에서[9] 영토 개척의 희망을 밝혔다.

마헐탄을 경계로 삼은 것은 태조의 뜻이며 압록강 가의 석성을 경계로 삼은 것은 중국의 조처였습니다. 이 두 곳 가운데 요충지를 선택해 강역을 정하시고 활을 잘 쏘고 말을 잘 타는 토착인들을 뽑아 그곳을 방어하게 하십시오. 또 그 가운데서 편장偏將 두 세 사람을 뽑아 통솔케 하면 경군京軍은 교대로 경비하는 노고를 면하고 말먹이와 군량을 시급히 운송하는 비용을 줄일 수 있을 것입니다. 夫以馬歇灘爲界, 太祖之志也, 鴨江邊石城爲界, 大朝之所定也. 乞將此兩處, 斷於宸衷, 擇要害以定疆域, 選土人能射御者, 充其防戍. 又選其中二三偏將以統領之, 則京軍免更戍之勞, 芻粟省飛挽之費矣.

압록강 하류에는 의주 남쪽 25리(9.8킬로미터)에 고려의 위원진 터가 있다.

> 『고려사』(권94) 「유소열전」: 재위 20년(1029) 현종은 유소에게 명령해 흥화진 서북쪽 40리(15.7킬로미터)에 있는 옛 석성을 수리해 위원진을 설치하게 했다. 二十年, 王命韶, 於興化鎭西北四十里, 修古石城, 置威遠鎭.

이 기록을 보면 이 옛 석성은 고구려 때의 옛 성이 분명하다. 따라서 최승로가 말한 "압록강 가의 석성"도 동일한 옛 성을 가리킨 것으로 생각된다. 또 최승로는 다른 한 곳의 요해처로 마헐탄이라는 나루渡津를 들었는데, 이것은 일찍이 역사에 보이지 않은 지명이다. 그러나 압록강 가의 석성이 태조 때 고려의 국경에서 멀리 떨어진 곳이므로 이것도 마찬가지일 것은 거의 분명하다. 그런데 성종 이전의 영토 확장 사업은 앞서 서술한 것처럼 청천강 유역을 거슬러 동북 방면으로 나아간 흔적이 뚜렷하므로 마헐탄은 그 방면의 요지로 생각된다. 압록강 중류 벌등진伐登鎭이나 만포진滿浦鎭에서 그 맞은편의 통구평야를 넘어 들어가는 나루의 이름으로 추정된다. 곧 최승로의 말에 따르면 태조는 새 나라의 북쪽 경계를 자연지역의 한계까지 확장하려는 의지를 품었으며 그것은 실제로 태조가 남긴 뜻으로 생각된다. 태조 이후 몇 대에 걸쳐 앞서 서술한 대로 경략이 이뤄지자 최승로는 그것을 촉진시키려고 했다고 여겨진다.

최승로가 시무책을 올린 것은 성종 원년이지만 『고려사』 「성종세가」 3년(984) 말의 기사를 보면 영토 확장에 관련된 그의 의견은 2년 뒤 실현된 것으로 보인다.

이해(성종 3년) (…) 형관어사 이겸의에게 압록강 가에 성을 쌓아 관문으로 삼게 했다. 여진이 군사를 동원해 그것을 저지하고 이겸의를 사로잡아가니 군대가 무너져 성을 쌓지 못했으며 돌아온 사람은 셋에 하나였다. 是歲 (…) 命刑官御事李謙宜, 城鴨綠江岸, 以爲關城. 女眞以兵遏之, 虜謙宜而去, 軍潰不克城, 還者三之一.

그러나 최승로의 상소와 이 축성 계획이 직접 관련됐는지 판단하려면 다시 다른 사실을 생각해봐야 한다. 성종 3년은 송 태종 옹희雍熙 원년으로 『송사』의 본기에 따르면 그해 11월 고려에서 한수령韓遂齡이 사신으로 와서 조공했다.[10] 그리고 『송사』「고려열전」에는 그보다 앞서 거란의 여진 정벌부터 서술한 기사가 있다.[11]

앞서 거란이 여진국을 정벌할 때 고려 국경을 경유하게 됐다. 여진은 고려가 [거란을] 끌어들여 전쟁을 꾸민 것이라고 생각하고 말을 바치러 와서 조정(송)에 참소했다. "고려가 거란과 우호 관계를 맺고 서로 의지해 후원으로 삼아 여진 백성을 사로잡아간 뒤 돌려보내지 않습니다." 그 뒤 고려 사신 한수령이 와서 조공하자 태종은 여진이 급변을 알리려고 올린 목계木契를 꺼내 보여주면서 본국(고려)에 돌아가면 사로잡아간 [여진] 백성을 돌려보내라고 지시했다. 先是契丹伐女眞國, 路由高麗之界. 女眞意高麗誘導構禍, 因貢馬來愬于朝, 且言高麗與契丹結好, 倚爲勢援, 剽略其民, 不復放還. 洎高麗使韓遂齡入貢, 太宗因出女眞所上告急木契以示遂齡, 仍令歸白本國, 還其所俘之民.

곧 한수령이 입조하기에 앞서 여진이 조공해 일찍이 거란의 침략을 당한 것은 고려와 거란의 모의에 따른 것이라고 호소했기 때문에 송 태종은 한수령이 오자 여진이 올린 문서를 보여주면서 본국으로 돌아가면 그 사실을 보고하고 고려가 잡아간 여진인을 돌려보내라고 명령한 것이다. 한수령이 돌아가 보고하자 성종은 그것을 고민했지만 1년 뒤인 재위 5년(옹희 3년, 986) 송의 사신 한국화韓國華가 오자[12] 신하들에게 자세히 설명하게 했다. 이것도 『송사』「고려열전」에서 알 수 있는 사실이다.

지난해(성종 2년, 983) 겨울 끝에 여진이 급히 목계를 갖고 와 알렸습니다. "거란이 군대를 일으켜 여진의 강역을 침입했는데 고려에서 아직 알지 못할까 걱정되니 미리 준비하게 하십시오." 고려와 여진은 이웃 나라지만 길이 멀고 저들의 실체를 본래 잘 아는데 탐욕스럽고 거짓이 많아 믿을 수 없었습니다. 그 뒤 다시 사람을 보내 "거란군이 이미 매하를 건넜다"고 알려왔습니다. 고려에서는 그래도 거짓말로 의심해 구원하러 보내지 않았는데, 얼마 뒤 거란이 구름처럼 모여 여진을 크게 공격해 매우 많이 죽이거나 사로잡았으며 나머지 무리는 흩어져 도망쳤습니다. 거란은 그들을 추격해 고려의 서북쪽 덕창·덕성·위화·광화의 땅까지 이르러 포로로 잡아 돌아갔습니다. 그때 거란의 한 기병이 덕미하 북쪽에 와서 큰 소리로 관성關城의 수비군에게 말했습니다. "나는 거란의 기병이다. 여진은 우리 변방을 노략질하는 것을 일삼았는데, 지금 복수를 끝냈으니 군사를 정리해 돌아갈 것이다." 고려에서는 군대가 물러갔다고 들었지만 그래도 예측하지 못한 일이 있을까 염려해 [거란]군을 피해 도망쳐 온 여진인 2000여 명에게 식량을 줘 돌려보냈습니다. 前歲冬末, 女眞馳木契來告, 稱契丹興兵入其封境, 恐當道未知, 宜豫爲之備. 當道與女眞雖

爲隣國, 而路途邈遠, 彼之情僞, 素知之矣, 貪而多詐, 未之信也. 其後又遣人告曰, 契丹兵騎已濟梅河. 當道猶疑不實, 未暇營救. 俄而契丹雲集, 大擊女眞, 殺獲甚衆, 餘族敗散逃遁. 而契丹壓背追捕, 及于當道西北德昌·德成·威化·光化之境, 俘擒而去. 時有契丹一騎至德米河北, 大呼關城戍卒而告曰, 我契丹之騎也. 女眞寇我邊鄙, 率以爲常, 今則復仇已畢, 整兵回矣. 當道雖聞師退, 猶憂不測, 乃以女眞避兵來奔二千餘衆, 資給而歸之.

기사 첫머리의 '지난해'는 성종 2년으로 아래의 사실은 『요사』「성종본기」를 참조하면 통화 원년(983)의 2차 여진 정벌에 해당한다(2장 참조).[13]

『송사』「고려열전」에서는 다시 고려 신하의 말을 기록했다.

여진은 다시 고려에게 매하의 중요한 나루에 성을 쌓아 [거란을] 막을 대비를 하라고 권유하니 옳다고 생각했습니다. 바야흐로 상황을 살펴 공사를 시작하라고 지시했는데, 뜻하지 않게 여진이 군사를 숨겨 갑자기 들이닥쳐 관원과 백성을 죽이고 장정을 사로잡아 노비로 만들어 다른 곳으로 보냈습니다. 그러나 여진이 해마다 중국에 조공했기 때문에 감히 군사를 일으켜 원수를 갚지 않았는데, 어찌 도리어 무고해 성덕을 미혹하리라고 생각했겠습니까? 女眞又勸當道控梅河津要, 築治城壘, 以爲防遏之備, 亦以爲然. 方令行視興功, 不意女眞潛師奄至, 殺略吏民, 驅掠丁壯, 沒爲奴隸, 轉徙他方. 以其歲貢中朝, 不敢發兵報怨, 豈期反相誣構, 以惑聖聽.

앞서 인용한 「성종세가」의 기사를 돌아보면 성종 3년(984) 고려가 형관어사 이겸의를 보내 압록강 가에 관성關城을 축조하자 여진이 군

 만선사 연구 3권

사를 보내 저지하고 이겸의를 잡아가 성을 쌓지 못했으며 살아 돌아온 군사는 3분의 1밖에 되지 않았다고 한 것은 이 매하 축조 사실에 해당하는 것이 분명하다. 따라서 매하는 압록강이고 성종 2년 겨울 거란군이 고려의 덕창진(박주 부근)·덕성진(영변)·위화진(운산)·광화진(태천) 등 진성의 영역을 침범하기에 앞서 그 기병이 건넜다고 한 매하도 압록강으로 판단된다. 「성종세가」에 따르면 이겸의가 형관어사에 임명된 것은 성종 3년 5월이었으므로 축성을 계획한 것은 그 뒤의 일이다. 그리고 그 축성 지점은 압록강 하류의 의주 부근으로 생각된다는 것은 지리적 관계에서 쉽게 추측할 수 있다.

이것을 요약하면 고려는 거란 성종聖宗 때 1차 여진 정벌이 이뤄진 뒤 이미 덕창진 등의 진성을 설치한 지방, 곧 대령강과 구룡강 유역에서 벗어나 압록강 하류의 중요한 나루에 거란을 방어하는 성을 쌓으려고 했지만, 그런 시도는 여진의 반항에 따라 실패로 끝난 것이다. 생각해보면 고려는 성종 이전 몇 왕대 동안 서북면에서 영토 개척 사업을 조금씩 진전시켰지만 무력을 사용해 그 지방의 여진을 정복해 축출한 것은 아니고 그들이 귀의하고 복종함에 따라 점차 진성을 설치한 것으로 보인다. 따라서 아직 경략되지 않은 지방의 여진은 특별한 압박을 느끼지 않았고 자연히 반항의 태도를 보이지 않은 것으로 보인다. 이를테면 고려 신하의 진술을 다시 『송사』 「고려열전」에서 들어보면 다음과 같다.

고려는 대대로 정삭을 받고 조공해왔는데, 감히 두 마음을 품고 외국과 교통하겠습니까? 하물며 거란은 요해遼海 밖에 살고 다시 대매하와 소매하의 험한 지형이 있으며, 여진과 발해는 본래 일정한 거처가 없으니 어찌 지름길로 [거란과] 오가며 교통하겠습니까? 갑자기 비난을 받으니 가슴에 울분이 가득합니다. 해와 달처럼 지극히 밝게 살펴주시기 바랍니다. 요즘 어려움을 피해 도망친 여진을 구휼하지 않은 적이 없고, 관직과 품계를 수여해 지금도 고려에서 직위가 높은 사람으로는 물굴니우·나원·윤능달·나로정·위가야부 등 등 10여 명이 있습니다. 그들을 송 조정의 대궐로 불러 조공하러 들어가는 고려의 사신과 함께 그 일을 분별하고 싶습니다. 그렇게 하면 붉은 보석 같은 진심이 눈처럼 밝게 드러날 것입니다. 當道世稟正朔, 踐修職貢, 敢有二心, 交通外國. 況契丹介居遼海之外, 復有大梅·小梅二河之阻, 女眞·渤海本無定居, 從何徑路, 以通往復. 橫罹讒謗, 憤氣塡膺. 日月至明, 諒垂昭鑒. 間者女眞逃難之衆, 罔不存恤, 亦有授以官秩, 尙在當國. 其職位高者有勿屈尼于·郍元·尹能達·郍老正·衞迦耶夫等十數人, 欲望召赴京闕, 與當道入貢之使庭辯其事, 則丹石之誠, 庶幾昭雪.

이것은 성종 2년(983) 겨울 거란의 침략을 받은 압록강 안쪽의 여진이 고려에 대해 위와 같이 추측한 관계에 있음을 말한 것이다. 곧 앞서 인용한 기사에서 여진을 "탐욕스럽고 거짓이 많다"고 한 것은 그들이 고려에 사신을 보내 물질적 이익을 얻었기 때문이고, 이 기사에서 여진인이 지닌 고려의 관직과 품계를 언급한 것은 고려가 그들을 제어했음을 뜻한다.

송이 건국한 초기부터 여진은 자주 중국에 조공했는데, 앞서 말한 대로 그들은 거란에도 여러 번 조공한 '압록강 여진'으로 생각된다. 거란군의 침략을 받은 뒤 송에 조공해 고려를 무고한 여진도 『송사』「고려열전」에서 말한 "해마다 중국에 조공한" 여진으로 '압록강 여진'과 함께 압록강 하류인 동부 지방의 여진이 분명하다. 그렇다면 그들은 어째서 고려가 압록강 가에 성을 쌓는 데 저항한 것일까? 그것은 고려의 정치적 세력이 진전함에 따라 송에 조공할 자유를 방해받을까 우려했기 때문으로 생각된다.

다시 최승로의 상소를 생각해보면 그가 마헐탄과 압록강 가의 석성까지 국경을 넓혀 두 곳의 요지에 방어시설을 설치하고 싶다는 것은 먼 앞의 희망을 말한 것으로는 생각되지 않는다. 그것을 시무책의 첫 번째 조항에 들면서 그 방어와 관련해 경군京軍은 교대로 경비하는 노고를 면하고 말먹이와 군량을 시급히 운송하는 비용을 줄일 수 있을 것이라고 덧붙인 것은 앞서 서술한 것 같은 상황 아래 그 실행이 비교적 쉽다고 믿었기 때문으로 생각된다.

그러나 현재 덕창진·광화진 등이 있는 대령강 유역은 압록강 하류 지역과 멀리 떨어져 있기 때문에 두 지역을 연락하는 것은 쉬운 일이 아니었다. 따라서 최승로의 의견은 영토 확장에 대한 최종적 희망이며 아주 급속히 그것을 실현하려는 것도 아니었다. 그런데 우연히 이듬해 겨울 거란군이 압록강을 건너와 그 안쪽의 여진을 공격했다. 그리고 고려에는 적의를 보이지 않았지만 그 변경을 시끄럽게 했다. 이 무렵 앞서 말한 최승로의 상소가 나온 것 같다. 성종 3년(984) 이겸의에게 압록강 가에 관성을 설치하게 한 것은 최승로의 상소에 특별한 의미를 부여하고 곧바로 실행에 옮긴 것으로 이해된다. 곧 이미 설치한 진성과 새 관성의 연락은 일단 뒷날로 미루고 신속히 국경으로 나아가 자국과 특수한 관계에 있는 여진을 그 내부로 포용하는 동시에 거란에 대비하는 것이 관성을 설치한 본래 의도로 생각된다.

나는 이겸의의 축성 사실을 앞서 서술한 것처럼 해석했지만 반대하는 견해도 있다. 쓰다 소키치 씨의 주장이다. 쓰다 씨는 "당시 고려의 북쪽 경계와 압록강 하류는 거리가 매우 멀었는데 그 사이를 연락하는 몇 개의 성과 요새를 잃은 고려가 압록강(이를테면 지금의 의주 방면)에 성을 쌓을 수 있었다고는 생각할 수 없다"는 판단 아래 내가 「요성종의 여진 정벌」에서 『고려사』 「성종세가」 3년 조의 축성 기사를 그대로 인정한 것을 "당시의 상황에서 그런 일은 사실상 불가능했다고 생각된다"고 비판했다.[14]

그렇게 판단한 쓰다 씨는 이겸의가 성을 축조한 곳을 압록강으로 흘러들어오는 고진강古津江 상류로 추측했는데, 『송사』 「고려열전」에서 고려가 거란과 대·소매하를 사이에 뒀다고 한 대매하는 압록강을 가리키는 것으로 해석되지만 소매하에 비정할 수 있는 강은 당시 고려의 경계를 구획한 대령강의 서북쪽에서는 고진강밖에 없다는 것을 그 이유로 들었다. 그리고 성을 쌓은 곳은 매하로만 돼 있어 대·소매하 모두 될 수 있으므로 소매하로 생각된다고 했다.

그러나 나는 이 견해를 받아들일 수 없다. 덕창진·덕성진·위화진·광화진 지역에 나타난 거란군이 대령강의 상·하류를 통틀어 어느 부분으로 진군해왔다고 해도 그보다 먼저 처음 건너야 하는 큰 강은 말할 것도 없이 압록강이므로 여진이 고려의 관원에게 "거란군이 이미 매하를 건넜다"고 알린 그 강은 압록강으로 볼 수밖에 없다. 그렇다면 이것에 이어 "매하의 중요한 나루에 성을 쌓았다"고 서술한 매하도 동일한 생각을 말로 표현한 하천으로 압록강에 비정해야 한다. 또 요해 바깥에 있는 거란과 자국 고려 사이에는 대매하와 소매하 두 강으로 막혀 서로 오갈 수 없다고 한 말에서 살펴봐도 소매하는 고진강 같은 작은 하천이라고는 생각되지 않는다. 또 뒤에서 서술하듯 나는 대매하와 소매하를 가상의 하천 이름으로 보지만 일단 대매하를 압록강의 이름이라고 하면 '매하'라고만 부른 강은 대·소매하 둘 가운데 앞의 것으로 생각하는 것이 타당하지 않을까?

또 쓰다 씨의 주장은 지리적에서도 수긍되지 않는다. 조선 5만분의 1 실측도를 보면 구성 서북쪽, 의주 동쪽에 두 곳의 경계를 이루는 천마산天摩山이 있는데, 그 산에서 발원한 하천 가운데 하나는 서쪽으로 흘러 천마강이 되고 다른 하나는 남쪽으로 흘러 천창강天倉江이 된다. 천창강은 서북쪽으로 굽어져 고진강으로 불리고 의주 동남쪽 30~40리(12~16킬로미터) 지점에서 천마강과 합쳐져 서쪽으로 흘러 압록강 입구로 들어간다. 곧 고진강의 상류는 천창강이다. 대령강 가의 태천에서 구성을 거쳐 와 신성리新成里에서 오른쪽의 천창강을 가로지르는 도로는 천마강과 고진강 사이의 산지를 지나 의주 방면으로 가는데, 고진강 상류를 가로지르는 도로는 이것밖에 없으므로 쓰다 씨가 비정한 축성 지점은 신성리 부근으로 생각된다. 그가 축성 목적을 "고려는 이때 여진인이 귀의하려는 듯한 형세를 보고 태천 지방에서 다시 한걸음 나아가 여진 지역으로 그 힘을 뻗치려던 것으로 생각된다"고 한 것에 따라서도 그렇게 볼 수밖에 없다.

아울러 신성리 앞을 흐르는 천창강은 매우 작아 방어에는 도저히 사용할 수 없는데, 그런 곳을 축성 지점으로 보고 『송사』「고려열전」에서 "여진은 다시 고려에게 매하의 중요한 나루에 성을 쌓아 [거란을] 막을 대비를 하라고 권유했다"고 한 것을 설명할 수는 없다. 또 천창강은 천마산에서 발원해 압록강으로 들어가기까지 수십 리를 굽이굽이 흐르는데, 그 부분들에는 지금 고진강·은애강恩愛江·삼교천三橋川 등의 이름이 있다. 따라서 만약 고진강 하류 부분에 매하라는 이름이 있었다면 그 상류도 동일하게 매하라고 불렀을까? 이것도 매우 의심스럽다. 매하가 고진강을 가리키지 않고 축성 지점이 그 상류가 아님은 거의 분명하다고 생각한다.

또 쓰다 씨는 그 주장을 관철하기 위해 「현종세가」의 압록강 가에 성을 쌓았다는 기사의 내용을 의심하면서 다음과 같이 억측했다. "이것은 고려에 따로 사료가 있을 것이지만 그것을 압록강으로 한 것은 그 뒤의 역사가가 『송사』의 기사에 따라 매하를 압록강으로 이해했기 때문은 아니었을까? 이듬해 조에 『송사』에서 가져온 것이 있는 것을 참고해야 한다." 그러나 『송사』의 기사가 『고려사』에 실린 것은 이듬해 조뿐 아니라 그밖에도 많기 때문에 그 때문에 그 책의 편자가 자국의 사료를 조작했다는 증거로 삼을 수는 없다. 요컨대 매하는 압록강이 분명하고 축성 지점은 그 강가가 돼야 한다.

『고려사』의 기사를 의심한 쓰다 씨는 앞서 말한 것처럼 논지를 진전시키면서 축성의 목적도 언급해 거란을 방어하려는 것이 아니라 태천 지방의 여진에 대한 경략을 진전시킨 것이라고 판단했다. 그러나 이것은 앞서 축성 지점을 고진강 상류로 본 견해이기 때문에 역시 따르기 어렵다. 그의 주장처럼 그곳을 신성리 부근이라고 해도 신성리와 태천 사이는 서로 연락상 당연히 중시해야 하는 곳이다. 곧 그 뒤 태천 지방에서 경략을 진전시킬 때 새로 구주龜州가 설치된 구성龜城 지역이다. 그런데 이 요지를 뛰어넘어 곧장 신성리에 성을 쌓는 것은 매우 돌발적인 일이 아닐 수 없다.

또 신성리는 의주와 태천의 중간쯤에 있어 태천에서의 거리는 결코 가깝다고 할 수 없으므로 거리의 원근과 연락할 수 있는 정보의 유무有無 때문에 압록강 가의 축성을 의심하는 것은 서로 크게 다르지 않은 논의다. 쓰다 씨는 "고려는 이때 여진인이 귀의하는 듯한 형세를 봤다"면서 『송사』에서 "여진이 고려에 권유했다女眞又勸當道"는 것을 중시했지만 정말 여진이 축성을 권고했는지는 의문이다. 고려 신하의 말은 여진의 무고에 대해 자국의 입장을 상국에 해명한 것으로 그 점에서는 빈말일 가능성도 있기 때문이다. 그러므로 『송사』의 기사를 근거로 축성 사실을 인정한 이상 그 목적을 거란군의 침입과 결부시켜 설명하는 것이 타당하다고 믿는다.

그렇다면 고려의 신하들이 압록강을 그렇게 부르지 않았는데 매하라고 한 까닭은 무엇일까? 압록강에 그런 별명이 없었음은 말할 것도 없고 토착 이름에 바탕한 것으로도 생각되지 않으므로 매우 이상하지만, 오래전부터 널리 알려진 강에 잘 사용되지 않은 이름이 붙여지게 된 것은 그럴만한 이유가 있어야 한다. 압록강은 당시 고려의 영토 밖에 있었기 때문에 노골적으로 그 이름을 들어 축성 사실을 말하면 송인이 보기에 여진의 반항은 고려가 자초한 것으로 보일 수도 있어 여진의 간사함을 비판하는 주장을 내세우는 데 불리했을 것으로 생각된다.

그러나 매하라는 이름을 사용하면 송 사신의 힐문이 없을 경우 축성 지역은 애매하게 될 수 있다. 이것이 특별히 그 이름을 쓴 까닭이며, 가상의 이름에 지나지 않았을 것이 분명하다. 정말 그렇다면 이것은 아주 작은 계책이지만, 그런 계책을 사용해 한 때를 속이는 것은 예나 지금이나 한반도 사대 외교의 특징이다. 또 대매하와 소매하는 거란의 국토와 멀리 떨어져 있기 때문에 거론한 강의 이름이지만, 앞서 서술한 것 같은 사정으로 압록강을 매하라고 불렀다면 그 둘은 압록강과 청천강을 상정한 가상의 이름으로 생각된다.

2. 거란의 여진 정벌

고려 성종成宗이 즉위하고 1년 뒤 거란에서는 6대 성종聖宗이 왕위를 이었으며 이듬해 통화라고 연호를 고쳤다. 곧 고려 성종 2년이다 (983). 거란 성종은 그해 4월 동경(요양)에 행차해 추밀부사 야율말지耶律末只를 동경유수로 삼았으며, 10월 야율말지가 이끈 군사를 직접 사열하고 소포령蕭蒲領·소긍덕蕭肯德 등을 장수로 삼아 동방 원정을 시작했다. 이런 장수들은 이듬해인 통화 2년(고려 성종 3년, 984) 2월 "여진을 토벌해" 승리하고 4월 그 전공을 포상받았다. 이상은 『요사』 「성종본기」에 기록된 사실이며 좀더 상세한 것은 알 수 없다.

그런데 『요사』에서는 성종이 군사를 직접 사열한 까닭은 "장차 고려를 정벌"하려는 의도였다고 했지만 그렇게 "동방 원정"에 종사한 장수들은 "여진을 토벌한" 공로로 포상됐다고 해서 정벌의 목적과 결과가 엇갈리고 있다. 그러나 고려 침략이 목적이었다는 것은 뒤에서 서술하듯 『요사』 편자의 두찬이며, 통화 원년(성종 2년) 말부터 이듬해 초까지 이뤄진 이 "동방 원정"은 앞서 서술한 『송사』 「고려열전」의 기사에서 알 수 있던 거란의 여진 정벌, 곧 압록강 동쪽 지역을 침입한 거란군이 여진을 토벌해 고려의 덕창진·덕성진·위화진·광화진 등 네 진성 지역까지 공격한 전쟁일 뿐이다.

거란의 여진 정벌은 앞의 통화 원년(983) 처음 이뤄졌고 통화 3년(고려 성종 4년, 985) 다시 추진됐다. 그해 7월 거란의 성종은 각도에 조서를 내려 정예군을 조직해 "동쪽으로 고려를 정벌하도록" 준비하라고 지시한 뒤 사신을 보내 '동정東征'할 도로를 살펴보게 했지만 8월 1일 "요택이 질척여 고려 원정을 포기하고以遼澤沮洳, 罷征高麗" 야율사진耶律斜

軫을 도통都統으로, 소간덕蕭懇德(소긍덕)을 감군監軍으로 삼아 '여진'을 토벌했다. 같은 달 18일(경인일) '동정도통東征都統'은 아직도 길이 질척여 진군하지 못하고 있다고 보고했다. 그러자 요 성종은 늪이 마르기를 기다려 깊이 들어가 공격하라고 명령했으며 윤9월 다시 '동정장수東征將帥'에게 물이 마른 틈을 타서 진격하라고 지시했다. 11월 '동정여진도통'은 행군 경로와 물자·결과를 보고했고 이듬해(통화 4년, 고려 성종 5년, 986) 정월 개선해 '여진' 사람 10여만 명, 말 20여만 필을 바쳤다.『요사』「성종본기」에는 이 정도 사실만 기록돼 있다.

나는 「요 성종의 여진 정벌」이라는 짧은 논문을 쓸 때 통화 원년(983)의 정벌은 압록강 하류 서안의 여진에 대해, 3년(985)의 정벌은 압록강 동쪽의 여진에 대해 이뤄진 것으로 생각했지만 그 뒤 그런 판단을 수정했다.[15] 와다 세이和田淸 씨의 연구에 따르면 당시 압록강과 동가강 유역에는 발해의 명맥을 이은 정안국定安國이라는 작은 나라가 있었고 그것을 공격한 것이 통화 3년의 정벌이었다. 거란군은 태자하 유역에서 그 나라를 침입해 동가강 지방과 통구평야를 공략한 것으로 생각된다.

『요사』「성종본기」에 따르면 통화 원년(983)의 원정은 고려를 공격하려던 것이었지만 실제로는 여진 정벌로 끝났다. 그러나 고려에 침입하려면 압록강 동쪽의 여진을 먼저 정벌해야 하는 것은 처음부터 예상된 것이므로 이처럼 목적과 결과가 달랐던 것은 의문이다. 또 고려로 출병하려면 압록강 동쪽에 있는 여진 거주지를 지나야 하므로 이미 통화 원년 여진을 정벌한 뒤 다시 "동쪽으로 고려를 정벌할" 목적으로 2차 원정군을 보내기에 앞서 "동정할 도로"를 살펴보게 했다고 한 것도 이상하다.

먼저 뒤의 의문을 생각해보면 요택이 질척여 고려 침략 계획을 포기하고 출병 목적을 동쪽의 여진으로 바꿨다고 한 것은 매우 이치에 맞지 않는다. 요택은 요하 하류 일대의 습지를 가리키는데[16] 그것이 늪으로 변해 고려로 진군할 수 없게 됐다면 동쪽 어떤 지방의 여진으로도 출병할 수 없는 것이 분명하기 때문이다. 그러나 여진 정벌의 도통都統(원정 총사령관)이 임명될 무렵 마침 요택이 늪지가 됐다는 것은 길이 질척여 진군하지 못하고 있다고 그 도통이 아뢴 것이 분명하다. 따라서 그것을 계획의 변경과 결합시킨 것은 어떤 일에 갖다 붙인 것이 될 수밖에 없다.

또 생각해보면 통화 3년(985)의 원정에 관련된 「성종본기」의 기사는 모두 8개인데 그 가운데 '동정東征'이라는 표현이 보이지 않는 것은 개선한 장수들이 여진의 백성을 바쳤다고 한 마지막 한 기사밖에 없다. 그리고 첫 번째 기사에서는 "각도에 조서를 내려 정예군을 조직해 동쪽으로 고려를 정벌할 준비를 하게 했다詔諸道繕甲兵, 以備東征高麗"고 했는데, 마지막 구절은 어조가 자연스럽지 않고 그렇게 된 까닭은 '고려'라는 두 글자에 있다. 그렇다면 이 두 글자와 8월 1일 "요택이 질척여 고려 원정을 포기했다以遼澤沮洳, 罷征高麗"는 것은 『요사』 편자가 멋대로 덧붙인 부분으로 통화 3년의 원정은 중도에 계획이 변경된 것이 아니라 처음부터 동쪽의 여진, 곧 정안국을 정벌하는 것을 목표로 삼았다고 생각된다.

그렇다면 『요사』의 편자는 어째서 "요택이 질척여 고려 원정을 포기했다"는 구절을 만들어 낸 것일까? 그것은 동정도통의 보고와 그것에 대한 조서에서 "늪이 마르기를 기다려 깊이 들어가라"고 한 것을 가져와 "동쪽으로 고려를 정벌"하는 것에서 "군사로 여진을 토벌한다以兵討

女眞"고 전환한 것을 합리적으로 설명하려고 한 것 같다. 그리고 "동쪽으로 고려를 정벌했다"고 한 데는 따로 근거가 있던 것으로 보인다. 먼저 『요사』의 열전을 살펴보자.

- 「소항덕열전」: 통화 원년(983) (…) 선휘사 야율몰리(소포령)를 따라 고려를 정벌했다. 統和元年 (…) 從宣徽使耶律沒里, 征高麗.
- 「야율몰리열전」: 통화 초 황태후가 제서를 내려 [야율몰리에게] 야율사진과 함께 국정에 참여하게 하고 도통으로 삼았다. 고려를 정벌한 공훈으로 북원 선휘사로 옮기고 정사령을 더했다. 統和初, 皇太后稱制, 與耶律斜軫參預國論, 爲都統. 以征高麗功, 遷北院宣徽使, 加政事令.

이것들은 모두 통화 원년(983)의 원정을 고려를 정벌했다면서 잘못된 사실을 실었다. 다음으로 이 원정에 관련된 「성종본기」의 기록은 모두 셋인데, 첫 번째는 "주상이 장차 고려를 정벌하려고 했다上將征高麗"고 하고 두 번째는 "여진을 토벌해 승리했다討女眞捷"고 했으며 세 번째는 "여진을 정벌해 승리를 바쳤다獻征女眞捷"고 해서 정벌 대상이 서로 다르다. 이 모순은 실제의 정벌지를 몰랐던 『요사』의 편자가 위의 두 열전의 기록을 그대로 믿고, 첫 번째 기사의 원문은 "주상이 장차 동쪽을 정벌하려고 했다上將東征"였던 것을 "주상이 장차 고려를 정벌하려고 했다"고 멋대로 고친 데서 생긴 것으로 생각된다. 그리고 다시 그것을 통화 3년(985)의 전쟁 기사에도 반영한 것은 첫 번째 기사에서 "동쪽으로 고려를 정벌했다東征高麗"고 했기 때문이 틀림없다. 이렇게 봄으로써 첫 번째 의문은 풀렸다고 생각한다.

다시 『고려사』 「성종세가」를 보면 5년(986) 정월 "거란이 궐렬을 보내 화친을 요청했다契丹遣厥烈來請和"고 한 기사가 있다. 성종 5년은 통화 4년으로 그 정월은 2차 동정 — 정안국 정벌 — 을 마친 거란의 장수들이 본국으로 개선한 달이다. 최승로가 말한 마헐탄은 압록강 중류의 나루로 정안국은 그 북쪽에 자리 잡고 고려와 국경을 맞댄 나라이므로 그 나라를 침략한 거란이 화친을 요청하는 사신을 고려에 보냈다고 한 것은 이상하게 느껴진다. 그러나 『송사』 「고려열전」에 따르면 통화 원년(983)의 원정 무렵 대령강 하류를 가리킨 것으로 생각되는 덕미하德米河라는 강의 북쪽에 온 거란 기병이 변경의 성을 지키는 군사를 불러 고려를 침략할 뜻이 없음을 알리고 돌아갔다. 이것을 생각해보면 이때의 사신 궐렬도 같은 의도로 파견된 것으로 그것이 "화친을 요청"했다고 말한 것은 아닐까 생각된다.

또 『고려사』 「성종세가」에는 성종 10년(991) 조 끝부분에 "압록강 바깥에 거주하는 여진을 백두산 너머로 쫓아내 그곳에서 살게 했다逐鴨綠江外女眞於白頭山外, 居之"는 기사가 있다. 그러나 통화 9년에 해당하는 그해나 그 앞뒤로 고려가 그렇게 여진을 정벌하는 것은 당시의 정세에서 가능하지 않았으므로 잘못된 기록이 분명하다. 그렇다면 무엇을 잘못 기록한 것일까? 뒷장에서 서술하듯 고려는 성종 12년(993) 거란에게 압록강 동쪽을 소유하도록 승인받고 그것을 실제로 점령하기 위해 2~3년 동안 서희에게 경략케 했지만 그 사실을 과장했어도 그런 기사는 쓸 수 없다. 과장도 정도가 있는 것으로 압록강 밖의 여진을 백두산 너머로 쫓아냈다는 것은 실제의 사실과 너무 차이 나기 때문이다.

생각해보면 당시 압록강 바깥의 여진을 침략할 수 있는 나라는 말할 것도 없이 거란이다. 그리고 백두산 너머로 쫓아낸 일이 있었다면 그것은 통화 4년(986) 정안국 정벌 때가 분명하다. 「성종세가」의 문제의 기사는 이 정벌과 관련해 전해들은 것을 자국의 경략이라고 부회한 것이 아닐까? 고려는 현종 즉위 초 거란 성종의 개경 침략으로 궁궐이 불타고 소장한 서적은 모두 재가 됐다. 그 결과 새로 국사를 편찬해야 됐고 황주량 등은 그 일을 맡아 사료를 수집해 태조부터 목종까지 7대의 사적을 편찬했다. 그것은 중수重修 실록으로 현재『고려사』세가 현종 이전 부분의 전신前身이다.

그러나 기록이 소실되는 큰 피해를 입은 결과『고려사』의 그 부분은 내용이 매우 빈약해져 현종 이후는 하나하나 들기 어려울 정도로 많은 여진 관계 기사 같은 것도 그 시대에는 겨우 두 개만 남아 있다.17 두 번에 걸친 거란의 여진 정벌은 모두 고려의 변경 가까이서 일어난 사건이었고 특히 앞의 것은 고려에 직접 영향을 미쳤기 때문에 그것이 「성종세가」에(『송사』의 기사를 가져온 것을 제외하고) 나오지 않는 것은 누락이 분명하다. 뒤의 것, 곧 정안국 정벌과 관련해서도 화친 요청 사신이 거란에서 온 사정, 곧 정벌 사실을 다룬 어떤 기록이 있었다고 생각되지만 그것 또한 「성종세가」에 보이지 않는 까닭은 실록을 중수하기 전 자료들이 소실됐기 때문으로 여겨진다. 그런데 위의 문제의 한 기사가 있지만 고려의 여진 경략 기사로는 생각하기 어렵고, 그 내용은 오히려 거란의 정안국 정벌에 해당한다. 그렇다면 이것은 관련 사료가 부족해 실제의 사정을 알 수 없던 황주량 등이 그 사실을 수록한 어떤 기사를 자국의 여진 경략으로 부회한 것으로 봐도 틀리지 않을 것이다.

송이 건국한 뒤 압록강 지방의 여진은 여러 번 중국에 조공했다. 정안국도 마찬가지였는데, 그들의 조공은 늘 여진의 사신을 따라 이뤄졌다. 이 관계는 거란의 동정東征 뒤에도 지속됐다. 거란의 침입을 받은 여진은 목계木契를 올려 송에 호소했고 송 옹희 4년(987) — 정안국이 침략 받은 2년 뒤 — 에는 거란으로부터 초유招諭하는 문서를 받았다면서 사신에게 그 문서를 갖고 등주로 가 보고하게 했다.[18] 정안국도 침략을 받았지만 명맥을 유지하면서 계속 송에 의존했는데, 그 나라의 왕자가 단공端拱 2년(통화 7년, 989)과 순화 2년(통화 9년, 991) 여진 사신을 따라 조공한 데서 알 수 있다.[19]

그렇다면 여진과 정안국을 침략한 거란은 일시적 정벌에 만족해 이전과 마찬가지로 그들의 그런 태도를 묵인했던 것일까? 결코 그렇지는 않다.

『요사』「성종본기」 통화 6년(988) 8월: 빈해여진이 사신 속노리를 보내 입조했다. (…) 동로임아 소근덕(소항덕)과 통군 석로가 여진군을 격파해 포로를 바쳤다. (…) 빈해여진이 시노리를 보내 토산물을 바쳤다. 瀕海女眞遣使速魯里來朝. (…) 東路林牙蕭勤德及統軍石老以擊敗女眞兵獻俘. (…) 濱海女眞遣厮魯里來修土貢.

조공한 여진 추장의 이름은 앞뒤에 두 번 기록됐지만 앞의 빈해여진 속노리는 뒤의 빈해여진 시노리와 같은 인물이 틀림없고 조공 자체도 두 가지 자료에 바탕해 동일한 사실을 거듭 기록한 것으로 생각된다. 그리고 소근덕이 정벌한 여진이 빈해여진瀕(濱)海女眞이었기 때문에 그 결과가 속노리(시노리)의 조공으로 나타났다고 여겨진다. 또 이 여진은 앞서 '압록강 여진'으로 불린 여진과 같은 부족이며 압록강 하류 동쪽의 여진으로 생각된다. 그렇다면 통화 6년(988) 소근덕의 빈해여 진 정벌은 그들이 적국인 송과 교류하지 못하게 하려는 의도에서 이뤄 진 것이 분명하다.

그러나 앞서 말한 정안국이 송에 사신을 보낸 사실이 보여주듯 여 진은 송과 관계를 끊지 않았기 때문에 마침내 거란은 압록강 가의 요 지에 세 성을 설치하기에 이르렀다. 「성종본기」에서는 통화 9년(991) 2월 "위구성·진화성·내원성 등 세 성을 건설하고 지키는 군사를 주둔 시켰다建威寇·振化·來遠三城, 屯戍卒"고 했을 뿐이지만 『속자치통감 장편』 (권32)에서는 그해(순화 2년) 송에 입조한 야리계野里鷄[20]라는 여진 수령 의 말을 실어 거란이 성을 건설한 목적을 분명히 밝혔다.

> 거란은 우리가 중국에 조공한데 분노해 해안에서 400리 떨어진 곳에 목책 셋을 설치하고 군사 3000명을 배치해 그 조공로를 끊었습니다. 그 러자 우리는 배를 타고 입조해 군사를 내 수령 30명과 함께 세 목책을 평정할 것을 요청했습니다. 契丹怒其朝貢中國, 去海岸四百里, 置三柵, 置兵 三千, 絶其貢獻之路. 于是航海入朝, 求發兵與三十首領共平三柵.

이렇게 상언한 야리계는 같은 때 송의 출병을 요청했지만 태종은 조서를 내려 위로했을 뿐이다. 그리고 『장편』의 찬자는 그 뒤의 상황 에 대해 여진이 마침내 거란에 귀의했다고 덧붙였다. 곧 세 성을 축조 한 결과 거란의 위력은 압록강 여진에게 깊이 미친 것이다. 세 성 가운 데 내원성은 구련성과 의주의 중간, 압록강의 하중도河中島에 건설됐지 만[21] 다른 두 성의 정확한 위치는 알 수 없다.

동란국이 요양으로 옮겨진 뒤 발해의 옛 땅은 정치적 통일을 잃은 여진 부족들의 거주지가 됐고 그들은 자주 거란에 조공했지만, 압록강 방면의 여진만은 그곳이 발해 때의 이른바 '조공도'에 해당해 해상 교통의 요지였기 때문에 송에만 조공했다. 그리고 중국과 친밀한 관계를 맺고 새로 일어난 거란에 복속되려고 하지 않았다. 정안국을 살펴보면 거란의 1차 여진 정벌이 이뤄지기 2년 전인 송 태평흥국 6년(981) 거란을 토벌하려던 태종에게서 자신이 공격할 때 다른 쪽에서 함께 쳐들어오라는 조서를 받자 정안국왕 오현명烏玄明은 표문을 올렸다.

천조의 은밀한 계획을 받아 정예병을 이끌고 토벌을 도와 반드시 복수하고 싶으니 감히 명령을 어기지 않겠습니다. 宜受天朝之密畫, 率勝兵而助討, 必欲報敵, 不敢違命.

그러자 태종은 다시 선동적인 내용을 담은 조서를 보냈다.[22] 한편 거란은 여진과 정안국을 침략했지만 그곳을 점령해 특수한 시설을 두지는 않았다. 그리고 통화 6년(988) 빈해여진 정벌이나 9년 압록강 가의 축성 같은 조처는 송과의 관계를 단절시키려는 데 주된 목표가 있었다. 그전 두 번 침략의 목적도 그것이었지 영토를 넓히려는 의도는 아니었다.

3. 거란의 고려 침략과 압록강 동쪽 지역의 소속 확정

앞 장에서 서술한 대로 거란은 성종 통화 3년(985) 겨울 동쪽의 정안국을 정벌했지만 이듬해인 통화 4년 3월 송군이 세 방향에서 남쪽 경계를 침입해 잇따라 패전했다. 거란 성종은 잠시 전열을 정비한 뒤 황태후와 함께 출전했고 지난 정월 동쪽에서 개선한 군사를 남쪽 전투를 돕도록 배치했다. 5월 유명한 기구관岐溝關* 전투가 벌어져 연경燕京(남경南京)으로 진격한 송의 우군右軍은 대패했으며, 서남쪽 경계의 주들을 공격해 점령한 좌군도 초가을 모두 축출됐다. 그 결과 그해 11월 이후 몇 년 동안 거란은 송을 공격했고 통화 8~9년(990~991)에야 멈췄다. 그 뒤 거란의 침략은 다시 동쪽의 고려를 향한 것으로 보인다.

통화 11년(993)은 고려 성종 12년이다. 그해 여름 5월 고려 서북계의 여진은 거란이 고려를 침입하려는 계획을 알렸다. 고려는 그것을 믿지 않고 방어 태세를 게을리했지만 가을 8월 여진이 다시 거란군의 침입을 알리자 그때서야 상황이 시급함을 알고 급히 각도의 군사를 징집했다. 그 이전 압록강 지방의 여진은 송에 조공한 통로가 막힐까 우려해 압록강 가에 고려가 성을 쌓는 것에 반대해 저지했다. 아울러 송에 귀의하고 거란에 복속되려고 하지 않은 그들은 고려와도 대체로 비슷한 관계를 가지려고 했기 때문에 거란이 침략하자 그것을 고려에 알린 것으로 생각된다. 그리고 거란의 그 계획은 통화 9년(991) 압록강 가에 건설한 거란의 세 성 지역에 거란군이 와서 주둔하면서 적어도

---

* 중국 당말 허베이성河北省 북부 탁현涿縣 서남쪽 40리(15.7킬로미터)에 설치된 관. 986년 송의 장수 조빈曹彬과 미신米信 등이 거란의 장수 야율휴가耶律休哥와 싸워 패배한 기구관 전투가 벌어진 곳이다.

여름에는 그들에게 알려졌을 것으로 보인다.

그 결과 겨울 10월 고려는 시중 박양유朴良柔와 내사시랑內史侍郎 서희 등이 이끈 군대를 보내 거란군에 맞섰다. 성종도 직접 서경을 거쳐 청천강 가의 안북부(지금의 안주)까지 행차했지만 거란군은 봉산군蓬山郡을 격파한 뒤 고려의 선봉군 장수를 포로로 잡았다. 성종은 그 세력이 두려워 서경으로 돌아왔다. 봉산군의 정확한 위치는 알 수 없지만 대령강 하류의 가주嘉州(가산嘉山)·송성(정주定州 동남쪽 고읍古邑 부근?)으로 생각된다(뒤의 부설附說 1 참조).

거란군의 주장은 명장 소손녕이었다. 손녕은 소항덕(근덕)의 자字다. 성종이 서경으로 돌아온 뒤 고려의 장수 서희가 봉산군을 구원하러 가자 소항덕은 분명히 말했다.

우리가 이미 고구려의 옛 땅을 모두 차지했는데, 이제 너희 나라가 국경을 침탈하니 와서 토벌하는 것이다. 大朝旣已奄有高句麗舊地, 今爾國侵奪疆界, 是以來討.

따로 서신도 보냈다.

우리가 천하를 통일했는데 귀의하지 않으면 반드시 소탕할 것이니 지체하지 말고 어서 항복하라. 大朝統一四方, 其未歸附, 期於掃蕩, 速致降款, 毋涉淹留.

서희는 그 서신을 보고 서경으로 돌아와 화친할 수 있는 여지가 있다고 아뢨고, 성종은 예빈소경 이몽전李蒙戩을 거란 진영으로 보내 화친을 요청하게 했다. 이몽전이 침입한 이유를 묻자 소항덕은 대답했다.

너희 나라가 백성을 돌보지 않기 때문에 삼가며 천벌을 내리는 것이다. 화친하려면 어서 항복하라. 汝國不恤民事, 是用恭行天罰. 若欲求和, 宜速來降.

이처럼 소항덕이 거듭 고려의 항복만 재촉한 것은 깊이 남침하려는 생각이 없었기 때문으로 생각되며, 그것을 보고 서희는 화친할 수 있는 여지가 있음을 간취한 것이다.

고려와 거란의 관계는 그동안 우호도 적대도 없었기 때문에 고려는 갑자기 침략 받은 까닭을 쉽게 이해하지 못한 것으로 판단된다. 사신으로 가서 화친을 절충한 이몽전도 이렇다 할 성과를 얻지 못한 채 돌아온 것으로 보인다. 그때 열린 어전 회의에서 신하들은 "전하는 개경으로 돌아가고 중신을 보내 군사를 이끌고 항복을 요청하자"거나 "서경 이북의 땅을 떼어 거란에게 주고 황주黃州부터 절령岊嶺(자비령이라고도 하며 황주와 서흥瑞興의 경계를 이루는 험준한 요지)을 경계로 하자"고 주장했다. 성종은 땅을 떼주자는 의견을 따르려고 했다. 그래서 서경 창고의 쌀을 풀어 백성이 마음대로 가져가게 했는데, 그래도 많이 남자 적의 군량으로 사용될까 우려해 대동강에 던져버리게 했다. 그러자 서희는 만류하면서 간언했다.

거란의 동경(요양)부터 우리의 안북부까지 수백 리 땅은 모두 생여진이 살던 곳인데, 광종이 그것을 빼앗아 가주·송성 등의 성을 쌓았습니다. 지금 거란이 온 뜻은 이 두 성을 차지하려는 것일 뿐이며 고구려의 옛 땅을 차지하겠다고 떠벌리는 것은 사실 우리를 두려워하는 것입니다. 지금 그들의 군대의 기세가 대단한 것만 보고 서둘러 서경 이북 땅을 떼어 주는 것은 옳은 계책이 아닙니다. 또 삼각산(지금의 경성[서울], 곧 고구려 북한산성의 북산) 이북도 고구려의 옛 땅인데, 저들이 한없는 욕심을 부려 요구하는 것이 끝이 없다면 그것을 다 줄 수 있겠습니까? 하물며 땅을 떼어 적에게 주는 것은 만대의 치욕이니 주상께서는 도성으로 돌아가시고 신 등에게 한번 그들과 싸워보게 한 뒤 다시 의논해도 늦지 않습니다. 三角山以北, 亦高句麗舊地, 彼以谿壑之欲, 責之無厭, 可盡與乎. 況割地與敵, 萬世之恥也, 願駕還都城, 使臣等一與之戰然後議之, 未晚也. 自契丹東京, 至我安北府, 數百里之地, 皆爲生女眞所據, 光宗取之, 築嘉州·松城等城. 今契丹之來, 其志不過取此二城, 其聲言取高句麗舊地者, 實恐我也. 今見其兵勢大盛, 遽割西京以北與之, 非計也.

서희는 거란에게 많은 땅을 원한다는 뜻이 없음을 간파하고 서경 이북을 떼주면 그들은 더 큰 요구를 하는 구실로 삼을 것이라면서 영토를 할양하기보다는 일단 그들과 협상해보자고 주장했다. 전 민관어사民官御事 이지백李知白도 영토 할양이 잘못된 까닭을 강력히 주장하자 성종은 그 의견에 따랐다.

한편 소항덕은 이몽전이 돌아간 뒤 오랫동안 회답이 없자 청천강 남쪽의 안융진(안주 서남쪽 60리[23.6킬로미터]인 지금의 안융영창安戎營倉)을 공격했지만 이기지 못하자 다시 사람을 보내 항복을 재촉했다. 그리고 고려에서 합문사인閤門舍人 장영張瑩을 화통사和通使로 보내자 소항덕은 대신을 파견하라고 요구했다. 그러자 성종은 서희에게 일을 맡겼다.[23]

소항덕과 서희의 강화 담판의 내용은 『고려사』「서희열전」에 실려 있다.

소손녕이 서희에게 말했다. "너희 나라는 신라 땅에서 일어났고, 고구려 땅은 우리 소유인데 너희가 침범해 차지했다. 또 우리와 국경을 맞대고 있는데도 바다를 건너 송을 섬기기 때문에 오늘의 출병이 있게 된 것이다. 만약 땅을 분할해 바치고 조빙에 힘쓰면 아무 일 없을 것이다." 서희가 말했다. "그렇지 않다. 우리나라는 바로 고구려의 옛 땅이기 때문에 나라 이름을 고려라고 하고 평양에 도읍한 것이다. 만일 국경을 논의하면 상국의 동경(요양)도 모두 우리 땅에 있으니 어찌 우리가 침범해 차지했다고 말할 수 있는가? 또 압록강 안팎도 우리 땅인데, 지금 여진이 그 사이를 훔쳐 살면서 완악하고 교활하게 거짓말을 하면서 길을 막고 있으니 바다를 건너는 것보다 더 어렵다. 조빙할 수 없는 것은 여진 때문이니, 그들을 쫓아내고 우리의 옛 영토를 돌려줘 성보를 쌓고 도로를 통하게 해주면 감히 조빙하지 않겠는가? 장군이 내 말을 천자께 전달하면 어찌 안타깝게 여겨 받아들이지 않겠는가?" 遜寧語熙曰, 汝國興新羅地, 高句麗之地, 我所有也, 而汝侵蝕之. 又與我連壤, 而越海事宋, 故有今日之師. 若割地以獻, 而修朝聘, 可無事矣. 熙曰, 非也. 我國卽高句麗之舊也, 故號高麗, 都平壤. 若論地界, 上國之東京, 皆在我境, 何得謂之侵蝕乎. 且鴨綠江內外, 亦我境內, 今女眞盜據其間, 頑黠變詐, 道途梗澁, 甚於涉海. 朝聘之不通, 女眞之故也, 若令逐女眞, 還我舊地, 築城堡通道路, 則敢不修聘. 將軍如以臣言, 達之天聰, 豈不哀納.

서희는 일찍이 거란이 정벌한 여진의 거주지를 달라고 요구했고 그

것이 받아들여지면 조빙하지 않을 까닭이 없다고 말한 것이다. 이런 고려의 요구에 대해 소항덕은 본국 황제의 뜻을 따라 쉽게 승인했다. 그 결과 압록강 동쪽의 여진 거주지를 고려에게 줬다.

『고려사』 「성종세가」 13년(통화 12년, 994) 2월: 소손녕이 글을 보내 말했다. "얼마 전 황제께서 말씀하셨습니다. '고려와는 일찍부터 우호 관계를 맺었고 국경이 서로 맞닿았다. 작은 나라가 큰 나라를 섬기는 데는 진실로 합당한 규범과 의례가 있지만, 가장 중요한 것은 그 관계를 오래 유지하는 것이다. 미리 대비하지 않으면 사신이 중간에 막힐까 걱정되니 고려와 상의해 요충지에 성과 해자를 만들도록 하라.' 황제의 명령을 받고 생각해보니 압록강 서쪽 지역에 5성을 쌓는 것이 좋을 듯싶어 3월 초에 성을 쌓을 곳으로 가서 공사를 시작하려고 합니다. 대왕께서 미리 지휘해 안북부부터 압록강 동쪽까지 280리(110킬로미터) 사이에 적당한 지역을 직접 살펴보고 [성 사이] 거리의 멀고 가까움을 헤아려 성을 쌓게 하고 인부들을 보내 동시에 공사를 시작하고 쌓은 성이 모두 몇 개인지 조속히 알려주십시오. 수레와 말이 오가고 조공할 수 있는 길을 오래 열어 영원히 조정을 받들어 스스로 편안할 수 있는 계책을 마련하는 것이 가장 중요합니다." 蕭孫寧致書曰, 近奉宣命, 但以彼國信好早通, 境土相接. 雖以小事大, 固有規儀, 而原始要終, 須存悠久. 若不設於預備, 慮中阻於使人. 遂與彼國相議, 便於要衝路陌, 創築城池者. 尋准宣命, 自便斟酌, 擬於鴨江西里, 創築五城, 取三月初, 擬到築城處, 下手修築. 伏請大王預先指揮, 從安北府, 至鴨江東, 計二百八十里, 踏行穩便田地, 酌量地里遠近, 幷令築城, 發遣役夫, 同時下手, 其合築城數, 早與回報. 所貴交通車馬, 長開貢觀之途, 永奉朝廷, 自協安康之計.

  그러자 고려는 통화 연호를 사용하고 시중 박양유를 거란에 보내
그 정삭을 받들겠다고 알리면서 잡아간 포로를 돌려보내달라고 요청
했다(끝부분 부설 2 참조). 또 송에 원군을 요청하는 사신을 보내 거란
의 침략을 하소연했지만, 이것은 사대 관계를 거란으로 옮기면서 작은
외교적 기술을 부린 것이었다. 송은 "지금 북쪽 변방이 겨우 편안해졌
는데 가볍게 군사를 움직여 일을 만드는 것은 마땅치 않다"면서 그 사
신을 후히 예우해 돌려보냈고 고려는 송과 외교 관계를 끊었다.[24]

  성종 12년(993) 거란의 침입은 고려가 건국한 뒤 첫 외침이었다. 그
경과는 앞서 서술한 것과 같으며, 강화 결과 태조 때부터 거란과 통교
하지 않던 고려는 사대 관계를 송에서 거란으로 옮기고 그 대가로 압
록강 동쪽의 여진 땅을 얻었다. 여기서 생각해봐야 하는 것은 거란이
고려를 침략한 목적은 무엇이었고 이런 결과는 침략의 본래 취지와 부
합됐는가 하는 것이다.

  처음 소항덕은 봉산군을 공격해 격파한 뒤 "고려가 고구려의 옛 땅
을 침탈했기 때문에 이 행동이 있게 된 것"이라고 주장하면서 서신을
보내 "우리가 천하를 통일했는데 귀의하지 않으면 반드시 소탕할 것이
니 지체하지 말고 어서 항복하라"고 경고했다. 소항덕의 이런 말들은
그 뒤 서희와 강화 담판을 하면서 한 말에 해당한다. "고구려 땅은 우
리 소유인데 너희가 침범해 차지했다. 또 우리와 국경을 맞대고 있는
데도 바다를 건너 송을 섬기기 때문에 오늘의 출병이 있게 된 것이다.
만약 땅을 분할해 바치고 조빙에 힘쓰면 아무 일 없을 것이다." 이것에
따르면 거란이 출병한 목적은 고려에게 영토를 바치게 하고 복종을 강
요하려는 것이었다고 생각된다. 고려의 청화사 이몽전이 거란군에 갔

다가 서경으로 돌아왔을 때 어전 회의에서 일부 신하는 자비령 이북을 할양하자고 주장했지만 고려 쪽에서 자진해 영토를 할양하려던 것은 아니고 소항덕의 요구에서 나온 것이 틀림없다.

그렇다면 거란은 이번의 거병에 따라 고려의 영토를 침탈하려고 했던 것일까? 서희와 강화 담판을 하기 전 소항덕의 행동을 보면 처음 그는 고려의 변경에 와서 갑자기 봉산군을 함락시켰다. 그것에 대한 고려의 저항이 그리 대단치 않은 것으로 판단되자 그는 그 선봉군을 무찌른 뒤 깊이 고려 영토 안으로 침입하지 않은 채 어서 항복하라고 요구했고 다시 서신을 보내 80만 대군이 왔다고 통보하면서 군대 앞에 나아와 항복하라고 압박했다. 이몽전은 진영에 와 침략한 뜻을 묻자 그는 세 번째로 항복을 강요했으며, 오랫동안 회신이 오지 않자 조금 더 안융진까지 진군해 네 번째로 항복을 재촉했다.

소항덕의 이런 태도에서 살펴보면 영토 획득을 목적으로 침략했다고는 생각되지 않는다. 거란이 영유한 고구려의 옛 땅을 고려가 침략해 점령했다는 것 등은 명분 없는 침략에 부여한 하나의 구실로 생각된다. 따라서 거란이 거병한 진짜 목적은 강화 담판에서 소항덕이 한 말, 곧 "바다를 건너 송을 섬기기 때문에 오늘의 출병이 있게 된 것이니 조빙에 힘쓰면 아무 일 없을 것"이라는 데 나타났으며 그 때문에 그는 봉산군을 침략한 뒤 거듭 항복을 재촉한 것이 분명하다.

이렇게 생각하면 영토를 할양하자는 조정의 논의에 반대하고 스스로 강화의 임무를 맡은 서희가 "조빙할 수 없는 것은 여진 때문이니, 그들을 쫓아내고 성보를 쌓게 해주면 감히 조빙하지 않겠는가?"라고 한 것은 거란이 침략한 진의를 정확히 파악한 것이다. 그리고 고려의 요구를 쉽게 받아들이게 한 그의 외교적 수완은 분명히 높이 평가할

만하다. 그러나 거란이 지난해 한번 공략한 여진의 거주지를 고려에
준 것을 정치적 실패나 외교적 양보라고 할 수는 없다.

통화 초 두 번의 동쪽 정벌은 여진과 정안국이 송과 교통한 것을
응징하려는 것이었다. 그러나 부족을 통제하는 데 목표를 두지 않았기
때문에 그들을 복속시키지는 못했다. 그리고 통화 9년(991) 송과 교통
을 차단하기 위해 압록강 하류에 세 성을 쌓은 것은 그 본래의 목적
을 보여주는 것이다. 그런데 송·고려의 관계를 보면 송·정안국과 거
의 같았다. 태평흥국 6년(981) 송 태종은 지난해 고려에서 성종이 왕
위를 이은 것을 보고하러 오자 특별히 사신을 보내 책명을 줬으며, 몇
년 뒤 옹희 4년(성종 5년, 987) 고려에게도 거란 정벌을 도우라고 명령
했다. 감찰어사 한국화가 고려에 온 것은 이때였다.[25] 그 때문에 송을
적국으로 한 거란은 여진과 정안국에 대한 정책을 다시 고려에도 연
장할 수밖에 없었다. 소항덕의 고려 침략은 그 때문에 이뤄진 것이었
다. 곧 서희가 요구한 것을 받아들여 고려의 내속內屬을 조건으로 강동
의 여진 지역을 고려에 준 것은 본래의 목적에 따른 것이지 결코 외교
적 실패는 아니었다.

[부설 1] 봉산군의 위치

「대동여지도」를 보면 태천과 구성의 중간인 구성강 우안에 니성泥城이라는 옛 산성을 표시하고 그 옆에 봉산의 위치를 표시했다. 『동국여지승람』에서는 구성부의 산천 조에 "옛 성지는 부 남쪽 30리(11.8킬로미터)에 있다古城池在府南三十里"라고 했는데, 이것은 「대동여지도」의 니성에 해당하는 것으로 보이고 봉산에 대해서는 아무 기록이 없다. 그 때문에 쓰다 씨는 "『동국여지승람』에는 그 이름이 없지만 그 뒤에 편찬된 「대동여지도」에 명기된 것은 조금 의심스럽다"고 했다.[1] 나도 같은 생각이다.

그렇다면 봉산은 어디였을까? 서희는 봉산군을 격파한 거란군의 침입 목적이 가주·송성의 두 성을 차지하려는 것일 뿐이라고 추측했다. 그리고 그 북쪽의 광화진(태천)이 거란군의 공격을 받은 흔적은 없다. 따라서 그들은 대령강 하류를 목표로 삼아 해안 도로로 온 것으로 생각된다. 고려의 항복을 요구한 소항덕이 회답이 오기 전 나아가 공격한 성이 안융진이던 것도 이 추측을 뒷받침한다. 그러므로 봉산군의 위치는 태천 방면에서 찾을 수 없다. 정확한 지점은 말할 수 없지만 대령강 하류의 우안의 한 지점으로 추정된다.

[부설 2] 『요사』 기록의 오류 등

소항덕의 고려 침략에 관련된 『고려사』 「성종세가」의 기사는 12년 (993) 5월 여진의 보고를 받은 것을 시작으로 이듬해 13년 4월 박양유의 파견 — 정삭을 사용하겠다고 하고 포로 송환을 요청한 — 으로 끝났다. 이 장에서 서술한 전쟁 관련 사항은 이런 기사와 「서희열전」에 근거한 것이다. 그런데 『요사』 「성종본기」를 보면 다음과 같다.

- **통화 10년**(성종 11년, 992) **12월** (A) 이달 동경유수 소항덕 등에게 고려를 정벌케 했다. 是月以東京留守蕭恒德等伐高麗.
- **통화 11년**(성종 12년, 993) **정월** (B) 고려국왕 치(성종)가 박양유를 보내 표문을 받들어 죄를 청했다. 高麗王治遣朴良柔奉表請罪. (C) 조서를 내려 여진이 차지한 압록강 동쪽 수백 리 땅을 빼앗아 줬다. 詔取女眞鴨淥江東數百里地賜之.
- **통화 12년**(성종 13년, 994) (D) 2월 기축일 고려가 조공했다. 高麗來貢. (E) 3월 정사일 고려가 사신을 보내 잡아간 사람과 가축을 돌려달라고 하니 속전을 받고 돌려주게 했다. 高麗遣使請所俘人畜, 詔贖還. (F) 병인일 사신을 보내 고려를 위무했다. 遣使撫諭高麗.

이것은 고려 쪽 자료와 시기가 크게 다르다. 이것은 『요사』에 많이 보이는 오류로 B·C는 통화 12년으로 옮겨 각각 E·F와 합쳐야 하고 A는 이듬해인 통화 11년(993)에 연결해 '이달'을 '이해'라고 고쳐야 한다. 한편 「성종세가」에서는 박양유가 거란에 가서 포로 송환을 요청한 것을 성종 13년(통화 12년, 994) 4월이라고 했는데, 이 시기는 믿을 만할까? 박양유의 파견에 대해서는 「서희열전」에 강화 담판 기사를 이어 다음과 같이 나온다.

성종은 크게 기뻐하며 강가에 나가 맞이하고 곧 박양유를 예폐사로 삼아 입조하게 했다. 서희가 다시 아뢰었다. "저는 여진을 깨끗이 평정하고 옛 땅을 수복한 뒤에야 입조할 수 있다고 소손녕과 약속했습니다. 지금 겨우 강 안쪽을 수복했으니 강 바깥까지 획득하기를 기다린 뒤 사신을 보내도 늦지 않을 것입니다." 성종은 "오래 사신을 보내지 않으면 후환이 있을까 걱정된다"고 하고 마침내 박양유를 보냈다. 成宗大喜, 出迎江頭, 卽遣良柔爲禮幣使入覲. 熙復奏曰, 臣與遜寧約, 盪平女眞, 收復舊地, 然後朝覲可通. 今纔收江內, 請俟得江外, 修聘未晩. 成宗曰, 久不修聘, 恐有後患, 遂遣之.

성종 13년(94) 2월 소항덕의 서신을 받은 고려는 곧바로 박양유를 보냈다고 했으므로 4월은 늦다. 그런데 『요사』 「성종본기」의 B를 E와 합친 기사에서 알 수 있는 사실은 3월 정사일(5일) 박양유가 거란에 도착했다는 것이다. 그러므로 고려에서 출발한 것은 2월 안으로 생각된다. 그리고 거란에 간 박양유를 고려의 첫 사신이라고 했으므로 「성종본기」의 2월 기축일(7일) 조공 기사는 의심스럽고 그것도 E와 병합해야 한다고 생각된다.

또 「성종세가」에서는 13년 말 "이해 거란에서 숭록경 소술관과 어사대부 이완 등을 보내 조서를 갖고 와 위무했다是歲, 契丹遣崇祿卿蕭述管·御史大夫李浣等, 齎詔來撫諭"고 했다. 이것은 의심할 바 없이 「성종본기」의 F에 해당하는 기사로 F와 동일한 사실로 봐야 하는 C, 곧 압록강 동쪽의 수백 리 땅을 사여한 조서는 소술관 등이 가져온 것으로 생각된다. 박양유가 거란에 가서 정삭을 시행하겠다고 알린 것은 고려가 정식으로 신하의 예절을 표시한 것으로 이때 거란 성종이 내린 조서는 앞서 고려에 통보한 것에 대해 황제가 비준했음을 뜻한다.

4. 고려의 영토 개척

『고려사』「서희열전」에는 서희와 함께 영토 할양에 반대한 이지백의 발언이 실려 있다.

태조께서 나라를 개창하고 자손에게 물려주시어 오늘에 이르렀는데, 충신이 한 사람도 없어 갑자기 국토를 경솔하게 적국에 주고자 하니 통탄하지 않을 수 없습니다. (…) 금은과 보물을 소손녕에게 뇌물로 줘 그의 뜻을 살펴보시기 바랍니다. 또 경솔히 국토를 분할해 적국에 버리지 말고 선왕께서 설치하신 연등회·팔관회·선랑仙郞 등의 행사를 다시 거행하고 다른 나라의 괴이한 법을 본받지 말아 국가를 보전하고 태평을 이룩하는 것이 낫지 않겠습니까? 그렇다고 여기신다면 먼저 천지신명께 아뢴 뒤 싸우거나 강화하는 것은 오직 주상께서 결정하십시오. 聖祖創業垂統, 泊于今日, 無一忠臣, 遽欲以土地, 輕與敵國, 可不痛哉, (…) 請以金銀寶器賂遜寧, 以觀其意. 且與其輕割土地, 棄之敵國, 曷若復行先王燃燈·八關·仙郞等事, 不爲他方異法, 以保國家致大平乎. 若以爲然, 則當先告神明, 然後戰之與和, 惟上裁之.

『고려사』 편자는 "이때 성종이 중화의 풍습을 숭상하는 것을 백성이 좋아하지 않았기 때문에 이지백이 이렇게 말한 것時成宗樂慕華風, 國人不喜, 故知白及之"이라고 덧붙였다. 즉위 초부터 성종은 불교를 깊이 믿는 풍조를 고치고 유교 경전에 바탕한 정치 이념에 따라 나라를 다스리려고 노력해 태조 이후 국가 전례인 연등회와 팔관회 등도 그 의례가 비속하다면서 중단했다. 그리고 문치를 숭상한 나머지 국방을 경시하는 폐단이 있게 된 것은 무기를 걷어 농기구를 만든 것에서도 알 수 있다. 영토 할양 논의에 반대한 이지백의 비판은 이같은 극단적인 모화慕華와 숭유의 정치를 겨냥한 것이었다. 가볍게 땅을 할양하려고 했던 것도 국왕이 영토에 대해 비교적 냉담한 생각을 가졌기 때문이며, 압록강 가의 축성에 실패한 뒤 10년 정도 만에 변경 개척은 완전히 중단된 것으로 보인다.

서희의 강화 담판 결과 고려는 거란에 복속됐지만 아울러 압록강 동쪽의 여진 거주지를 영토로 삼도록 승인받았기 때문에 그 점유를 확실히 하는 여진 경략이 시행됐다. 그 일도 서희가 추진했다.

「서희열전」: [성종] 13년(994) 군사를 이끌고 여진을 쫓아낸 뒤 창흥진·귀화진과 곽주·구주에 성을 쌓았다. 이듬해 다시 군사를 이끌고 안의진·흥화진에 성을 쌓았다. 또 그 이듬해 선주·맹주에 성을 쌓았다. 十三年, 率兵逐女眞, 城長興·歸化二鎭, 郭·龜二州. 明年又率兵, 城安義·興化二鎭. 又明年城宣·孟二州.

다만 「성종세가」 13년(994) 조에는 "이승건을 압록강도 구당사로 삼았다가 얼마 뒤 하공진을 보내 대신케 했다以李承乾爲鴨綠江渡句當使, 尋遣

河拱辰代之"는 기사가 있다. 몇 월인지 밝히지 않았지만 거란 성종의 조서에 따라 강동을 영유하도록 승인받아 서희의 경략이 시작되기 전의 조처로 생각된다. 이 구당사는 거란의 내원성과 마주한 지금의 의주 부근에 주재한 것으로 여겨진다.

성종 13년에 설치된 것은 장흥진·귀화진과 곽주·구주다. 두 진의 설명은 편의상 뒤로 미룬다. 곽주는 지금의 곽산이고 구주는 지금의 구성인데 곽산은 가산 서쪽, 구성은 태천 서쪽에 있으므로 이런 두 성은 이미 존재한 가산의 가주와 태천의 광화진에서 각각 서쪽으로 전진해 설치한 것이다.

다음으로 성종 14년(995)에는 안의진과 흥화진이 건설됐다. 안의진은 「대동여지도」에 보이는 위치를 현재의 실측도에 맞춰보면 구성 서쪽 천창강天倉江 가의 신성리新成里 부근에 해당한다.[1] 흥화진은 『고려사』「지리지」에서 "영주는 현종 21년(1030) 흥화진을 주로 승격시키고 방어사를 설치했다靈州, 顯宗二十一年陞興化鎭爲州, 置防禦使"라고 보이는 그 뒤의 영주다. 그리고 「대동여지도」에 보이는 영주의 위치는 고진강과 압록강이 만나는 곳에 가까이 있고, 그것은 『동국여지승람』에서 "옛 영주는 주(의주) 남쪽 55리(21.6킬로미터)에 있는데 본래 고려의 흥화진古靈州在州南五十五里, 本高麗興化鎭"이라고 한 것과 부합된다. 흥화진은 따로 『고려사』「유소열전」에 보인다.

재위 20년(1029) 현종은 유소에게 명령해 흥화진 서북쪽 40리(15.7킬로미터)에 있는 옛 석성을 수리해 위원진을 설치하게 했다. 二十年, 王命韶, 於興化鎭西北四十里, 修古石城, 置威遠鎭.

위원진은 의주 남쪽 25리(9.8킬로미터)에 있으므로 그곳에서 동남쪽 40리(15.7킬로미터)에 있어야 하는 흥화진, 곧 영주는 압록강 가에 있지 않다. 『동국여지승람』에서 영주가 의주 남쪽 55리(21.6킬로미터)에 있다고 한 것은 동남쪽 55리로 그것을 글자 그대로 해석해 옛 성의 유무에 얽매이지 않고 대강의 위치를 지도에 표시한 것이 「대동여지도」의 영주로 생각된다. 그렇다면 흥화진의 위치는 의주 동남쪽에 있는 고진강 가, 곧 구주에서 안의진을 거쳐오는 도로가 곽주와 선주(뒤에서 서술)에서 온 다른 도로와 만나는 곳이어야 한다.[2]

다음으로 성종 15년(996)에는 선주와 맹주 두 성이 축조됐다고 했다. 선주는 지금의 선천에서 서북쪽으로 멀지 않은 동림東林이므로[3]이 성을 건설한 것은 구주와 안의진 남쪽에서 곽주와 흥화진을 연결하려는 뜻이었다. 맹주에 성을 쌓은 것은 『고려사』「병지」 성보 부분에서 전 해에 기록했는데 그 규모도 나와 있다. 그러나 정종 2년(947) 평안남도 맹산 동쪽 30리(11.8킬로미터)에 설치된 철옹진은 맹주의 전신이므로[4] 이번의 맹주 축성은 중축이며 서희의 경략과는 무관한 것이 틀림없다. 곧 「서희열전」의 맹주는 그 기사에서 제외해야 한다.

다시 거슬러 올라가 성종 13년(994) 곽주·구주와 함께 건설됐다고 한 장흥진과 귀화진을 검토해보자. 이 두 진의 건설을 담은 기사는 「서희열전」밖에 없고 『고려사』「지리지」에는 진 이름으로 나오지 않기 때문에 그 위치를 추정할 방법이 없다. 그리고 대령강 유역에 있는 가산의 가주와 태천의 광화진에서 서쪽으로 나아가 설치했으므로 곽산의 곽주와 구성의 구주가 그 방면의 요지를 차지하고 있기 때문에 적절한 후보지를 찾기 어렵다. 그런데 곽주와 구주는 『고려사』「지리지」에서 「서희열전」과 같은 기사를 싣고 각각 "현종 9년(1018) 방어사가 됐다"고 덧붙였는데, 진에서 주로 승격됐다는 뜻이다.

그런데 두 주의 이름은 현종 원년(1010)부터 거란 성종의 고려 원정과 관련해 여러 번 역사에 나오기 때문에 9년이라는 연도는 오기가 분명하다. 또 서희가 창설한 때부터 주 이름을 가졌다고 한 것도 의심스럽다. 그렇다면 현종 원년 이전 장흥진과 귀화진을 주로 승격시키고 방어사를 둔 곳은 곽주와 구주가 아니었을까? 나는 반드시 그렇다고 생각한다. 「지리지」에 따르면 대령강과 구룡강 유역의 진성을 주로 부르고 방어사를 설치한 것은 성종 14년(995)으로 덕창진은 박주, 장청진은 무주, 위화진은 운주, 안삭진은 연주가 됐기 때문에 한 해 전 서희가 쌓은 장흥진과 귀화진이 주가 된 것도 같은 때로 생각된다. 이런 두 진은 각각 가주와 광화진에서 서진해 설치돼 그동안 국경 밖에 있었지만 본토와 그렇게 떨어지지 않았기 때문에 일반적인 행정계통에 편입되기 쉬웠고, 그런 관계에서 이듬해 다른 진성들과 함께 주의 이름을 받은 것으로 생각된다. 요컨대 장흥진과 귀화진은 곽주와 구주의 옛 이름이었고 「서희열전」의 기록처럼 진과 주가 동시에 설치된 것은 아니었다.

여기서 다시 선주宣州로 주의를 돌리면 그것도 처음에는 진성이던 것이 분명하다.

「지리지」: 선주는 본래 안화군이다. 고려 초 통주로 고쳤고 현종 21년(1030) 선주 방어사로 불렀다. 宣州本安化郡. 高麗初改爲通州, 顯宗二十一年, 稱宣州防禦使.

그러므로 통주로 됐다가 선주로 되기 전 최초의 이름은 안화진이었다고 봐야 한다. 그러나 여기서는 안화군이라고 하고 안화진이라고 하지 않았는데, 진을 군으로 잘못 적은 사례는 「지리지」에 많다.

　지금까지 고찰한 것을 종합하면 「서희열전」에서 서희가 쌓았다고 기록된 8성 가운데 곽주와 구주는 각각 장흥진과 귀화진으로 주 이름을 받았고 맹주는 이 여진 경략과 무관했다. 곧 이것들을 제외하면 실제로 설치된 것은 장흥진(곽주)·귀화진(구주)·안화진(통주)·안의진·흥화진(영주)의 다섯이다. 그리고 이런 5성을 포함한 압록강 동쪽 지역이 새로 고려의 영토가 된 것이다.

[부설 3] 용주와 철주에 대해

성종의 다음 국왕인 목종이 시해되고 현종이 즉위한 뒤 그 원년 (1010) 11월부터 2년 정월까지 거란의 성종은 직접 군사를 이끌고 고려를 침입했는데, 서희가 쌓은 성들은 그 전쟁과 관련해 역사에 보인다. 곧 흥화진이 굳게 지키고 항복하지 않은 것, 통주 부근에서 고려군이 대패한 것, 거란군이 곽주를 함락시킨 것 등의 간단한 기사가 「현종세가」에 보이고 「양규楊規열전」에는 좀더 상세한 기록이 있다.

『요사』 「성종본기」: 동주·곽주·귀주·영주 등이 모두 항복했다. 銅·霍·貴·寧州等皆降.

銅은 通, 霍은 郭, 貴는 龜와 발음이 통한다. 영주는 안북도호부 영주다. 그러나 안의진의 이름은 보이지 않는다. 이 전쟁은 거란 성종이 고려 국왕을 직접 입조시키려고 일으킨 것인데, 강화한 뒤 현종이 입조 약속을 이행하지 않자 현종 3년(1012) 거란 성종은 "6주를 다시 점령復取六州"하라고 명령했다. 곧 지난해 고려의 소유가 된 압록강 동쪽 지역의 반환을 명령한 것이다.

「현종세가」: 거란 임금이 분노해 흥화·통주·용주·철주·곽주·구주 등 6성을 점령하라고 명령했다. 丹主怒, 詔取興化·通州·龍州·鐵州·郭州·龜州等六城.

이 6성 가운데 용주는 지금의 용천龍川 서쪽 20리(7.9킬로미터), 철주는 그 동남쪽 서림西林 부근인데[1] 두 주의 이름이 역사에 보이는 것은 이것이 처음이다. 6성과 관련해서는 다음 기록이 있다.[2]

『속자치통감 장편』: 앞서 고려왕 송(목종)이 별세하자 그 동생 순(현종)이 임시로 나라를 다스렸다. 일찍이 국경에 6성을 쌓았는데, 흥화·철주·통주·용주·구주·곽주였다. 거란은 고려가 자신들을 배신했다고 생각해 사신을 보내 6성을 요구했지만 왕순은 받아들이지 않았다. 거란은 마침내 군사를 일으켜 성(개경)까지 갑자기 이르러 궁궐을 불태우고 주민을 약탈했다. 初高麗王誦卒, 其弟詢權領國事. 嘗築六城於境上, 曰興化, 曰鐵州, 曰通州, 曰龍州, 曰龜州, 曰郭州. 契丹以爲貳於己, 遣使求六城, 詢不許. 契丹遂擧兵奄至城下, 焚蕩宮室, 剽劫居人.

이것은 말할 것도 없이 송의 기록을 실은 것으로 거란 성종이 처음부터 6성을 빼앗으려고 친정했다고 서술한 것은 오류지만 6성의 이름은 모두 일치하므로 용주와 철주는 그 이름을 볼 때 현종 이전부터 존재했다는 것은 분명하다.

- 『고려사』「지리지」 용주: 본래 고려 안흥군이다. 현종 5년(1014) 용주라고 불렀다. 本高麗安興郡. 顯宗五年稱龍州.
- 철주: 본래 고려 장녕현(동산이라고도 한다)이다. 현종 9년(1018) 철주라고 불렀다. 本高麗長寧縣(一云銅山). 顯宗九年稱鐵州.

그렇다면 이런 기사들의 연대는 모두 잘못된 것으로 여기서 알 수 있는 사실은 두 주의 본래 이름이 안흥진과 장녕진이었다는 것이다

(「병지」 성보 부분에서 용주의 축성을 현종 5년[1014], 철주의 그것을 7년이라고 하고 그 규모도 든 것은 중축重築을 뜻하는 것으로 해석된다).

그렇다면 현종 1~2년(1010~1011) 고려가 침략 받았을 때 용주·철주의 이름이 역사에 보이지 않는 것은 거란군이 물러간 뒤 갑자기 설치됐기 때문이 아닐까? 만약 그렇다면 현종 3년 거란 성종은 지난해 서희가 쌓은 성들과 함께 새로 쌓은 성들도 포함해 영토의 반환을 명령한 것으로 봐야 한다. 그러나 그런 경우에는 옛 성의 이름을 드는 것이 상식적이고 또 두 주는 앞서 진의 이름이 있었으므로 그 명칭의 변경이 1년 정도의 짧은 시간 안에 이뤄졌다고도 생각되지 않는다. 또 「양규열전」 등에는 두 주뿐 아니라 안의진의 이름도 보이지 않으므로 그 때문에 현종 1~2년의 전쟁 때는 두 주가 존재하지 않았다는 증거가 될 수는 없다. 안흥진과 장녕진을 설치한 뒤 다시 그것을 용주·철주로 고친 것은 목종 때로 생각된다.

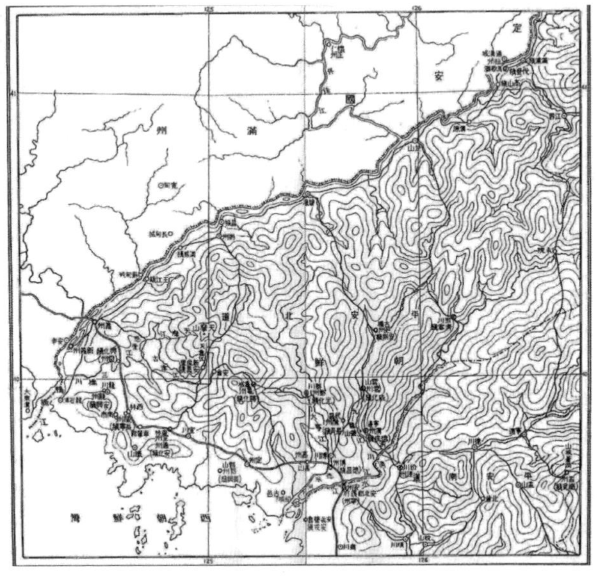

〈그림 2〉 고려 성종대 서북 경계 경략도

7편
고려 목종대의 화란禍亂

1.

고려 6대 국왕 성종은 17년 동안 재위했다(송 태평흥국 7년~지도 3년, 981~997). 성종에게는 왕송王誦이라는 조카가 있었는데, 전왕 경종(5대)의 아들이다. 성종이 계승한 것은 경종의 뜻이었는데 당시 왕송은 두 살의 아기였기 때문이다. 왕송이 자랐을 때 성종에게는 아들이 없었기 때문에 후계자로 개령군開寧君에 책봉됐다(성종 9년, 990). 마침내 성종이 붕어하게 되자 선위를 받아 즉위하니 7대 목종이다.

경종에게는 네 왕비가 있었는데, 신라의 마지막 국왕 경순왕의 딸 김씨를 제외한 세 왕비는 모두 태조의 손녀로 경종에게는 사촌 누이 동생이다. 그 가운데 헌애왕후獻哀王后와 헌정獻貞왕후는 태조의 일곱째 아들 왕욱王旭의 딸로 외가의 성을 따라 황보씨皇甫氏라고 했다. 목종은 헌애왕후의 소생이다. 같은 성姓끼리 혼인해서는 안 된다는 유교 윤리가 중시됐지만 오랫동안 내려온 한반도의 습속인 근친혼은 유교의 영향에도 쉽게 바뀌지 않았다. 고려 초의 한두 사례를 들면 태조의 한 딸은 이복異腹의 아들인 왕소(광종)에게 시집갔고, 혜종은 딸을 이복동생 왕소(광종)와 혼인시켰으며,[1] 성종은 광종의 딸로 사촌누이 관계인 유씨劉氏(문덕文德왕후)를 맞아들였고 광종은 친동생 왕정王貞(문원대왕文元大王)의 한 아들(천추전군千秋殿君)에게 딸을 시집보냈다. 그렇다면 경종이 숙부 왕욱의 두 딸을 왕비로 맞이한 것은 당시의 습속으로 이상한 것이 아니었지만, 이처럼 윤리에 대한 관념이 낮은 일반적 경향에서 두 왕비는 그 뒤 사통의 죄를 저질러 각각 아들을 한 명씩 낳았고 그것은 목종의 치세를 어지럽힌 화란의 원인이 됐다.

화란은 권신 김치양金致陽의 음모와 서경 도순검사西京都巡檢使 강조康兆의 폐립廢立을 말한다. 사변의 전말을 살펴볼 수 있는 관련 자료는 아래의 『고려사』 세가와 열전이다.

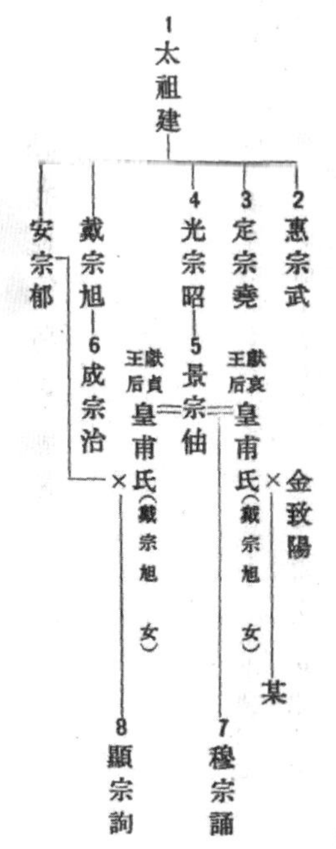

고려 태조~현종 왕계도

• 「후비열전」: 헌정왕후 황보씨.
• 「종실열전」: 안종安宗 왕욱.
• 「후비열전」: 헌애왕후 황보씨.
• 「현종세가」
• 「김치양열전」
• 「목종세가」
• 「최항崔沆열전」
• 「채충순蔡忠順열전」

- 「황보유의皇甫俞義열전」
- 「유행간庾行簡열전」
- 「강조열전」

2.

경종이 훙거하고 성종이 즉위하자 헌정왕후는 왕륜사王輪寺(태조가 창건한 사찰로 송악산 기슭에 있다) 남쪽의 사가로 나가 거처했다. 태조의 여덟째 아들 왕욱은 헌정왕후의 숙부로 집이 가까웠다. 그 때문에 서로 왕래했고 왕후는 마침내 아이를 가졌다. 성종 11년(992) 10월 그 일이 발각됐다. 왕욱이 숙부였지만 성종은 그를 용서하지 않고 대의를 어지럽혔다면서 사수현泗水縣(경상남도 사천)으로 유배를 보냈다. 왕후는 참회하고 한스러워한 나머지 아이를 낳다가 죽었고, 그 아이는 유모에게서 길러졌다. 그 아이가 바로 왕순(뒤의 현종)이다. 아이가 두 살이 됐을 때 성종은 유모에게 아이를 데려오게 해 만났는데 그를 깊이 가엾게 여겨 사수로 보내 아버지와 함께 살게 했지만 재위 15년(996) 7월 왕욱이 유배지에서 죽자 이듬해 2월 개경으로 돌아오게 했다.[2]

성종은 재위 16년 10월 훙거했으며 목종이 뒤를 이었다. 목종의 생모는 앞서 말한 헌애태후다. 목종은 벌써 18세였지만 태후는 천추전에 거처하면서 섭정했다. 이보다 먼저 태후의 외족으로 김치양이라는 인물이 있었는데, 성격이 간교하고 거짓으로 승려가 돼 천추궁에 드나들면서 추문이 많았기 때문에 성종은 그를 멀리 유배 보냈다. 그런데 목종이 즉위하면서 그를 불러 합문통사사인閤門通事舍人으로 삼고 몇 년 뒤 우복야 겸 삼사사로 옮겼는데, 관원의 인사가 모두 그의 손에서 나와 권력과 위세가 온 나라에 떨쳤다. 이것은 태후가 그렇게 한 것으로 김치양은 극도로 사치하고 밤낮으로 태후와 거리낌 없이 유희를 즐겼지만 목종은 결단력이 없어 늘 그를 쫓아내려고 했어도 어머니의 뜻을 거스를까 두려워 그러지 못했다.

목종 6년(1003) 태후는 마침내 아들을 낳았고, 그를 국왕의 후계자로 삼고자 했다. 그때 목종은 아직 아들이 없었다. 태조의 손자들은 대부분 이미 죽고 남은 인물은 왕순뿐이었으므로 그때부터 태후는 그를 싫어하게 됐다. 왕순은 태어났을 때 어머니를 보지도 못했고 지금은 아버지도 세상을 떠났다. 그 어머니의 언니인 태후는 자비의 눈물을 머금어야 했지만 도리어 그를 미워한 것이었다. 태후는 왕순의 머리를 강제로 깎이고 도성 안의 숭교사崇教寺(목종 3년[1000] 건립)에서 살게 했다. 몇 년 뒤(목종 9년, 1006) 다시 삼각산(지금 경성[서울] 북쪽의 북한산) 신혈사神穴寺로 옮기게 하고 여러 번 사람을 보내 해치려고 했지만 왕순은 승려들의 도움으로 죽음을 모면할 수 있었다.[3]

목종 12년(송 대중상부 3년, 거란 통화 28년, 1010) 정월 갑자기 기괴한 사건이 일어났다. 그달 16일 목종은 상정전詳政殿에 거둥해 연등을 관람했는데[4] 갑자기 대부大府의 기름 창고에서 불이 나 천추전을 태운 것이다. 천추전은 태후가 거처하는 곳이었다. 목종은 궁궐과 창고가 잿더미가 된 것을 보고 비통해하다가 병이 나 정무를 보지 못했다. 가까이 모시는 신하들과 두세 재추, 시위하는 무신들이 모두 궁궐 안에서 직숙直宿했다. 그들 가운데는 유충정劉忠正·유행간庾行簡 같은 폐행, 신임이 두터운 최항·채충순 등도 있었다. 모든 궁문을 닫고 엄중히 경계하면서 두 문만 열어 놨다. 구명도량救命道場을 궁궐 전각에 설치했으며(도량은 기도하는 곳을 말한다) 국왕은 여러 날 동안 내전에만 있으면서 신하들을 만나기 싫어했다. 재신들은 매우 걱정하면서 침전에 들어가 문병하기를 요청했지만 허락받지 못했다. 그리고 국왕은 채충순·최항과 후계자 문제를 몰래 논의한 뒤 황보유의를 보내 신혈사에서 왕순을 맞이해 오게 했다.

이상은 「목종세가」에 기록된 사실로 연등을 관람한 날 화재가 난 뒤 국왕은 병이 났으며, 사건 또한 갑자기 일어났음을 알 수 있다.

「최항열전」: 왕이 병석에 눕자 김치양이 반역을 꾀하니 최항은 채충순 등과 함께 대책을 세워 현종(왕순)을 맞아 즉위시켰다. 王寢疾, 金致陽謀不軌, 沆與蔡忠順等, 定策迎立顯宗.

이 기록을 보면 신임한 신하들이 왕궁 안팎을 엄중히 지키고 얼마 뒤 왕위를 이을 왕순을 모셔온 것은 김치양의 음모를 막으려던 것이었다. 그렇다면 그 음모는 무엇이었을까?

왕순을 모셔오게 된 사정은 「채충순열전」에 자세히 나와 있다. 왕이 병석에 눕자 채충순은 최항 등과 함께 궁궐에서 직숙했다. 어느 날 왕은 채충순을 침실 안으로 불러 좌우를 물리치고 말했다. "과인의 병이 점차 나아지고 있소. 바깥에서 왕위를 엿보는 사람이 있다고 하는데 경은 알고 있소?" 채충순이 대답했다. "신도 듣기는 했지만 실상을 파악하지 못했습니다." 왕은 베개 옆에 있던 밀봉한 서신을 그에게 건네줬는데, 총애하는 인물嬖人인 유충정이 올린 것이었다.

우복야 김치양은 바라서는 안 되는 의도를 이룰 기회를 엿보면서 사람을 보내 물건을 보내고 심복들을 깊이 포진시키면서 체계도 안에서 도우라고 요청했습니다. 신은 타일러 깨우치고 거절했지만 감히 아뢰지 않을 수 없습니다. 右僕射金致陽覬覦非望, 遣人致遺, 深布腹心, 仍求內援. 臣曉譬拒之, 不敢不奏.

왕은 다시 밀봉한 다른 서신 하나를 건네줬는데 대량원군 왕순이 올린 것이었다.

간악한 무리들이 사람을 보내 포위해 신을 협박하고 있습니다. 술과 음식을 보냈지만 신은 독약일까 의심해 먹지 않고, 까마귀와 참새들에게 주니 까마귀와 참새가 쓰러져 죽었습니다. 술책이 이렇게 위험하니, 성상께서 불쌍히 여겨 구원해주시기 바랍니다. 姦黨遣人圍逼. 遺酒食, 臣疑毒不食, 與烏雀, 烏雀斃. 謀危若此, 願聖上憐救.

채충순은 편지를 다 읽은 뒤 아뢰었다. "형세가 급박하니 빨리 조처해야 합니다." 왕이 말했다. "내 병이 점차 위독해져 곧 세상을 뜰 것 같소(위에서 "과인의 병이 점차 나아지고 있다"고 한 것과 모순된다. 기록의 오류 같다). 지금 태조의 후손은 대량원군만 남았소. 경과 최항은 본래 충의를 품었으니 마음을 다해 도와 사직이 다른 성씨에게 돌아가지 않게 하시오." 채충순은 최항과 의논한 뒤 황보유의를 보내 왕순을 맞이하게 했다. 왕은 채충순에게 명령해 왕순에게 주는 서신을 쓰게 하고 황보유의에게 줘 신혈사로 가게 했다.

이런 「채충순열전」의 내용에 따라 김치양이 몰래 뇌물로 유충정을 꾀어 왕을 시해해 바라서는 안 되는 의도를 이루려고 했음을 알 수 있다. 그것은 다름 아니라 태후와 사통해 낳아 지금 7세가 된 아들을 옹립하려는 것이 틀림없다. 그런데 유충정은 거기 가담하지 않았을 뿐 아니라 왕이 병석에 있을 때 글을 올려 변란을 알렸으므로 앞서 서술한 대로 왕은 곧 경비를 삼엄히 하고 신하들의 문안을 허락하지 않은 뒤 후사 문제를 은밀히 의논했다.

그렇다면 연등을 관람한 날 대부의 기름 창고에 불이 나 천추전까지 태우자 왕은 그것을 보고 비통해하다가 병을 얻었다는 것은 무엇일까? 그것은 김치양의 음모와 관계된 것일까? 왕의 성품은 "침착하고 굳세 어려서부터 임금의 도량이 있었다沈毅, 少有人君之度"고 기록돼 있지만 위기에 대처한 태도를 보면 오히려 상당히 결단력이 없고 기력이 부족한 것 같으므로 궁궐 건물과 창고가 불탄 것을 보고 병을 얻은 것은 비탄이나 공포의 결과로 생각된다. 아울러 그 뒤 국왕은 최항에게 다음과 같이 말했다.

요즘 창고에 화재가 나고 경계를 게을리해 변란이 일어난 것은 모두 내가 덕이 없기 때문이니 다시 무엇을 원망하겠는가? 頃府庫災而變起所忽, 皆由予不德, 夫復何怨.

여기서 '변란'은 김치양의 음모를 가리키는 것으로 생각되므로 연등을 관람한 날 대부의 기름 창고에서 불이 난 것은 결코 우연한 일이 아니라고 생각된다. 아마 김치양은 특별히 이날을 선택해 창고에 불을 놓아 궁중을 소란스럽게 하고 미리 심복을 포진시켜 유충정을 믿고 거사를 결행했는데, 유충정이 내응했다면 일은 반드시 성공했겠지만 그는 찬동하지 않고 그 계획을 틀어 그것을 왕에게 알렸다.[5]

여기서 다시 살펴봐야 할 문제는 김치양의 음모와 태후의 관계다. 앞서 인용한 태후의 열전에 따르면 태후는 왕순을 신혈사로 옮기고 여러 번 사람을 보내 해치려고 했다.

하루는 내인을 시켜 술과 떡을 보냈는데, 모두 독약을 섞은 것이었다. 내인이 절에 이르러 소군(왕순)을 만나 뵙고 직접 먹도록 권하려고 했는데, 절의 한 승려가 그때 소군을 땅굴 안에 숨겨놓고 그를 속였다. "소군께서 산으로 놀러 나가셨으니 가신 곳을 어찌 알 수 있겠소?" 내인이 돌아간 뒤 [떡과 술을] 뜰에 흩어버렸더니 까마귀와 참새가 먹고 바로 죽었다. 一日使內人遺以酒餅, 皆和毒藥. 內人到寺, 求見小君, 欲親勸食, 寺有僧輒匿小君於地穴中, 紿之曰, 小君出遊山中, 安知去處耶. 及內人還, 散之庭中, 烏雀食而卽斃.

앞서 목종과 유충순의 대화에 보이는 왕순의 상서는 바로 이 일에 해당하는 것이므로 김치양이 역모를 꾸몄을 때 태후도 사람을 신혈사로 보내 왕순을 독살하려고 한 것이 분명하다. 또 태후의 열전에서는 "[목종] 12년(1009) 정월 천추전에 불이 나 태후는 장생전으로 옮겼다 十二年正月, 千秋殿災, 太后入長生殿"고 했다. 이것은 부고의 화재가 태후가 거처하는 천추전으로 옮겨붙었을 때 스스로 피난한 것을 말하는 것이므로 태후는 방화 계획에는 관련되지 않은 것 같다. 미리 김치양과 공모했다면 일부러 그 천추전에 있지 않았을 것이다.

생각건대 태후는 김치양과 사통해 아들을 낳은 뒤 그를 목종의 후계자로 삼으려고 왕순을 미워했지만 목종도 태후의 친아들이다. 그리고 그 친아들의 정이 두터웠던 것은 그 뒤 강조의 반란이 일어나 함께 남쪽으로 쫓겨갔을 때 태후가 식사를 하려고 하면 목종이 친히 상과 그릇을 받들었고 태후가 말을 타려고 하면 직접 말고삐를 잡았다고 한 것을 볼 때 분명하므로 태후는 목종의 후사가 없기 때문에 자신의 또 다른 아들을 다음 국왕으로 만들려고 한 것이다. 그 아들 때문에 목종의 자리를 빼앗으려던 것은 아니었을 것이다. 하물며 목종을 해치려는 행동은 결코 하지 않았을 것이다. 태후는 부고의 화재에 관련되지 않았으며 거의 같은 때 왕순을 독살하려고 했을 뿐이므로 그것 또한 김치양의 간계에서 나왔다고 볼 수밖에 없다. 김치양은 태후가 낳은 자신의 아들을 옹립하기 위해 역모를 계획하는 동시에 태후에게 왕순을 죽이게 한 것으로 생각되며, 이것이 그의 음모의 전체라고 여겨진다.

음모가 발각됐을 때 황보유의에게 왕순을 맞이하게 한 목종의 뜻은 채충순에게 한 말과 왕순에게 준 서신에 나타나 있다.

- **[채충순에게 한 말]** 내가 친히 선위하고 싶으니 빨리 보내 늦지 않게 하라. 만약 내 병이 나아도 앞서 성종께서 짐을 책봉했던 일과 같이(재위 9년[990] 성종은 목종을 개령군에 책봉하고 후계자로 삼았다) 일찍 명분을 정하면 왕위를 넘겨보는 사람이 없을 것이다. 짐에게 아들이 없어 후계자가 결정되지 않아 사람들의 마음이 동요하니 이것은 내 허물이다. 종사의 큰 계획으로 이것보다 중요한 일이 없으니 경 등은 각자 마음을 다하라. 予欲親禪, 可亟遣不可緩也. 若疾瘳, 如成宗封朕故事, 早定名分, 則無窺伺之人矣. 朕無子而繼嗣未定, 衆心搖動, 是吾過也. 宗社大計, 無過於此, 卿等其各盡心.

- **[왕순에게 준 서신]** 예부터 국가의 큰일은 미리 결정해야 인심이 안

정된다. 지금 내가 병석에 눕자 간사한 무리가 [왕위를] 엿보고 있는데, 과인이 미리 대비하지 못해 명분이 정해지지 않았기 때문이다. 경은 태조의 적손이니 신속히 출발해 과인이 죽기 전에 얼굴을 보고 종사를 부탁하면 죽어도 한이 없을 것이다. 만약 내가 더 살게 되면 경을 동궁에 거처하게 해 사람들의 마음을 안정시킬 것이다. 自古國家大事, 素定於前, 則人心乃安. 今予寢疾, 姦邪窺覦, 以寡人不豫, 爲之所名分未定故爾. 卿太祖嫡孫, 宜速上道. 寡人未至大期, 得面付宗社, 沒無遺恨. 若有餘齡, 則使處東宮, 以定群心.[6]

오랫동안 태후가 왕순을 미워했지만 목종은 이제 겨우 깨닫고 그를 후계자로 삼은 것이다. 그러나 목종은 아직 역신 김치양의 죄를 묻지 않고 자신이 한 일을 그가 모르게 했을 뿐이다.

「김치양열전」: 왕이 채충순을 불러 은밀히 의논하고 신속히 대량원군을 맞이하라고 명령했다. 김치양은 그 사실을 알았지만 어쩔 방법이 없어 며칠 동안 눈치만 봤다. 王召蔡忠順密議, 令亟迎大良君. 致陽知之, 無如之何, 首鼠數日.

결단력이 부족한 목종으로서는 태후와의 관계를 고려해 어떻게 할 방법이 없었지만, 이렇게 해서 간사한 세력의 음모를 막고 사람들의 마음을 안정시켰다고 한 것은 사안의 본질을 파악하지 못한 것이라고 하지 않을 수 없다. 반역한 신하 강조가 갑자기 일어남으로써 이런 불안한 상태가 어지러운 화란 속에서 마무리된 것은 당연한 일이었다.

3.

김치양의 음모가 부고府庫의 화재로 끝난 16일 뒤인 2월 3일 서북면 도순검사 강조는 왕순을 옹립하고 목종을 폐위한 뒤 김치양 부자를 죽이고 그 무리와 태후의 친족을 유배 보냈다. 그리고 얼마 뒤 그는 목종을 시해했다. 목종이 스스로 결단하지 못한 문제는 여기에 이르러 종결됐지만, 특히 알고 싶은 것은 그동안의 사정으로 관련 기사는 「강조열전」에 있다. 그러나 그것을 읽어보면 사건의 겉만 서술한 내용이기 때문에 강조가 서경에서 와서 마침내 폐위와 옹립을 단행한 사정을 충분히 이해하는데 매우 부족한 것이 아쉽다. 그러므로 「강조열전」에 기록된 사실을 설명하려면 논리적인 해석이 필요하다.

처음 목종이 왕순을 맞아들이려고 한 일은 매우 비밀스럽게 논의됐고, 그 논의에 참여한 사람은 신임하는 재신 채충순·최항과 총애하던 유충정 등뿐이다. 유행간도 폐행의 한 사람이었지만 왕순을 맞이하지 않으려고 했기 때문에 목종은 일이 누설될 것을 우려해 그에게는 알리지 말라고 채충순에게 지시했다.[7] 그리고 황보유의를 신혈사로 보낸 것과 함께 강조를 서경에서 불렀다.

「강조열전」: 목종은 병석에 있으면서 김치양이 변란을 도모하는 것을 알고 황보유의를 보내 현종을 맞이하게 했다. 또 전중감 이주정이 김치양에게 붙은 것을 알고 임시로 서북면 도순검부사에 제수해 그날로 출발하게 한 뒤 강조를 궁궐로 불러 자신을 호위하게 했다. 강조는 명령을 듣고 출발해 동주(황해도 서흥) 용천역(서흥 서남쪽 20리[7.9킬로미터])에 이르렀다. 穆宗寢疾, 知金致陽謀變, 遣皇甫兪義, 往迎顯宗. 又知殿中監李

周楨附致陽, 權授西北面都巡檢副使, 卽日發遣, 仍徵兆入衛. 兆聞命, 行至洞州
龍川驛.

이주정은 목종이 유충정의 상서를 채충순 등에게 보이기에 앞서 궁궐에서 직숙한 사람의 하나로[8] 태후의 친족이다.[9] 그가 김치양에게 붙었다는 것은 어떻게 된 일인지 자세하지 않지만 적어도 그렇게 의심받는다면 왕순을 맞이하는 것은 본래 그에게도 비밀로 해야 했다. 그리고 강조를 부를 때 그를 사신으로 삼지 않고 특별히 도순검부사에 임명한 것도 주의해야 하는데, 그것도 비밀의 누설을 막으려는 조처로 왕순을 영접하는데 많은 군사와 장교가 가면 시간이 지체돼 간사한 무리(김치양)가 먼저 도모할지도 모르기 때문에 황보유의 등 10여 명만 보낸 것과 동일한 뜻으로 생각된다.[10]

또 강조에게 궁궐로 들어와 호위하게 한 까닭은 왕순이 개경으로 들어올 때 간사한 무리에 대비하려던 것 같다. 황보유의를 보낼 때 다시 개성부 참군에게 군사 100명을 이끌고 교외에서 맞이하게 한 것으로 봐도 그렇게 추측된다.[11] 일이 이처럼 비밀스럽게 진행됐기 때문에 강조는 자신을 부른 이유를 분명히 알지 못한 채 그저 명령에 따라 용천역까지 왔다. 그런데 「강조열전」에 따르면 그는 개경으로 가지 않고 발길을 돌려 본영으로 돌아갔다.

내사주서 위종정과 안북도호의 장서기 최창은 일찍이 어떤 일에 연루돼 쫓겨나 조정을 깊이 원망해 늘 반란을 일으키려고 했다. 두 사람은 함께 강조를 만나 거짓으로 말했다. "주상의 병이 위독해 목숨이 경각에 달려 있고, 태후와 김치양은 왕위를 찬탈할 모의를 하고 있습니다.

공이 지방에 있으면서 많은 병력을 장악하고 있으니 따르지 않을까 염려해 [목종의] 왕명을 사칭해 공을 부른 것입니다. 마땅히 빨리 본도(서북면)로 돌아가 의병을 크게 일으켜 나라를 보호하고 목숨을 보전해야 하니 때를 놓쳐서는 안됩니다." 강조는 그 말을 매우 그럴듯하게 여겨 왕은 이미 훙거했고 조정은 김치양이 완전히 장악했다고 판단해 곧장 본영으로 돌아갔다. 內史主書魏從正·安北都護掌書記崔昌曾坐事被黜, 深怨朝廷, 常欲構亂. 二人俱謁兆紿言, 主上疾篤, 命在頃刻, 太后與致陽謀奪社稷. 以公在外, 手握重兵, 恐或不從, 矯命徵召. 足下當速還本道, 大擧義兵, 保國全身, 時不可失. 兆深然之, 以爲王已薨, 朝廷悉被致陽註誤, 便歸本營.

태후의 열전에 따르면 여러 번 왕순을 해치려고 한 태후는 더욱 충신과 의사를 꺼리게 돼 그들을 많이 처벌했지만 목종은 그것을 막을 수 없었다고 했다. 위종정과 최창도 어떤 일에 연루돼 태후나 김치양에게 쫓겨난 것으로 생각되며 지금 그들은 바깥에 누설된 사실을 바탕으로 강조를 부른 사정을 헤아린 결과 그것을 간사한 무리의 소행으로 보고 강조의 거병을 촉구한 것이다. 그러나 아직 강조는 간사한 무리를 토벌하라는 명령을 받지 못했기 때문에 서경의 본영으로 돌아가 잠시 형세를 관망한 것으로 생각된다.

그러는 동안 반란 세력은 목종이 강조를 부른 것을 알게 됐다.

태후는 강조가 오는 것을 꺼려 내신을 보내 절령(황주와 서흥의 경계를 이루는 험준한 요지로 자비령이라고도 한다)을 지키면서 사람의 통행을 막게 했다. 太后忌兆來, 遣內臣守岊嶺, 使遏行人.

태후의 이 조처는 김치양의 계획에서 나온 것으로 생각된다. 「강조열전」은 다음과 같이 이어진다.

강조의 아버지는 [강조가 본영으로 돌아간 것을] 근심해 글을 써서 대나무 지팡이 안에 넣고 종에게 머리카락을 잘라 승려로 위장하고 묘향산의 승려라고 속여 강조에게 알리게 했다. "왕은 이미 죽고 간흉이 권세를 휘두르니 군사를 개경으로 이끌고 와 국난을 바로잡아라." 종은 밤낮으로 급히 달려 강조가 있는 곳에 이르러 힘이 다해 죽었다. 강조는 지팡이 안의 편지를 찾아내 왕의 훙거를 더욱 확신하고, 마침내 부사副使인 이부시랑 이현운 등과 함께 정예병 5000명을 거느리고 평주(평산)에 이르렀다. 兆父患之, 爲書納竹杖中, 令奴剃髮爲僧, 詭言妙香山僧, 報兆云, 王已賓天, 姦兇用事, 可擧兵來, 以靖國難. 奴晝夜急走, 至兆處, 氣竭而斃. 兆探得杖書, 愈信王薨, 遂與副使吏部侍郎李鉉雲等, 領甲卒五千, 至平州.

김치양의 음모가 발각된 뒤 목종은 오직 경계를 엄중히 해 재신을 접견하지 않고 병문안을 허용하지 않았기 때문에 의혹이 생겨 바깥에서는 국왕이 훙거했다는 소문이 돌았고, 그것은 의심 없이 사실로 받아들여져 강조의 아버지는 강조에게 그 소식을 전했으며 강조는 마침내 스스로 간흉을 토벌하려고 거병했다. 그런데 강조는 개경 북쪽인 평주에 왔을 때 목종이 훙거하지 않았다는 것을 알게 됐다. 강조는 당황했지만 일이 이미 이렇게 됐기 때문에 마침내 목종을 폐위시키고 왕순을 옹립하기로 결심했다. 다만 이미 목종이 왕순을 불렀다는 것을 알지 못했기 때문에 분사감찰分司監察(서경의 관원) 김응인金應仁을 보내 군사를 이끌고 가서 맞이하게 했다.

강조가 폐립을 결심한 사정은 이랬다. 요컨대 목종은 김치양의 역모를 알고도 그를 죽일 뜻은 없었으며, 강조를 부른 것도 왕순의 입경을 맞이하기 위해서였다. 부름을 받은 강조는 개경으로 오다가 그 부름이 반란 세력에게서 나온 것이 아닐까 의심해 일단 회군했지만 마침내 목종이 훙거했다는 잘못된 소문을 믿어 갑자기 군사를 이끌고 개경으로 왔다. 이것은 스스로 반란 세력을 제거하고 그들 대신 정권을 장악하려던 것이 틀림없다. 아무튼 목종의 훙거가 사실이라면 강조는 하늘을 대신해 간흉을 제거하고 새 국왕을 옹립함으로써 충성을 다하고 역모를 진압했다는 아름다운 이름을 얻을 수 있었다.

그런데 소문과 달리 목종이 아직 살아 있다는 것을 알았기 때문에 왕명 없이 멋대로 군사를 일으킨 죄는 도저히 씻을 수 없게 됐다. 앉아서 죄를 받을 것인가, 진군해 폐립을 감행할 것인가? 그 때문에 그는 오랫동안 머리를 떨구고 있던 것이며, 이를테면 평주는 그의 루비콘강이던 것이다. 그렇다면 마침내 주사위를 던진 그는 어떻게 해서 폐립을 감행한 것일까?

「목종세가」: 왕은 (…) 활쏘기와 말타기를 잘했다. 술과 사냥을 좋아하고 국정에 뜻을 두지 않았으며, 총애하는 자들만 믿고 가까이하다가 변란을 당했다. 王 (…) 善射御. 嗜酒好獵, 不留意政事, 信狎嬖倖, 以及於禍.

그리고 「유행간열전」에 따르면 유행간은 모습이 아름다워 목종은 그와 동성애 관계를 맺었으며 왕명을 내릴 때마다 반드시 먼저 그에게 물어본 뒤 시행했다. 유행간은 총애를 믿고 교만해져 신하들을 경멸하고 마음대로 부리니 근시들은 그를 왕처럼 받들었다. 목종을 폐위한 강조는 김응인을 신혈사로 보낸 것과 함께 먼저 목종에게 아뢰었다.

주상의 병환이 위중한데도 국가의 근본이 아직 정해지지 않으니 간악한 무리들이 왕위를 엿보고 있습니다. 또 유행간 등의 참소와 아첨만 그릇되게 믿고 상벌을 명확하게 하지 않았기 때문에 이런 위란에 이른 것입니다. 이제 명분을 바로잡아 민심을 수습하고 악인을 제거해 백성의 울분을 풀어 주고자 대량원군을 궁궐로 맞이하려고 합니다. 주상께서 놀라실까 걱정되니 용흥사와 귀법사(두 절 모두 도성 안에 있었으며 서로 가까웠다)에 나가 계시면 곧 간사한 무리를 소탕한 뒤 다시 맞아들이겠습니다. 上疾彌留, 國本未定, 姦黨窺覦. 又偏信庾行簡等讒諛, 賞罰不明, 致此危亂. 今欲定分以係人心, 除惡以快衆憤, 已迎大良君詣闕. 恐聖情驚動, 請出御龍興·歸法寺, 卽掃盪姦黨, 然後迎入.

목종에게 나가 있기를 요청한 것은 왕순이 오기를 기다려 폐위하려는 것으로 본래 다시 맞아들일 뜻은 없었다.

「강조열전」에서는 강조가 목종에게 궁궐을 나와 있기를 주청한 기사에 이어 "그날 김응인과 황보유의가 신혈사로 가서 현종(왕순)을 모시고 돌아왔다是日, 應仁與兪義到神穴寺, 奉顯宗還"고 한 뒤 이튿날 사건으로 강조의 군사가 궁중에 난입한 것, 목종이 태후·채충순·유충정 등과 함께 궁궐을 나와 법왕사法王寺로 간 것, 얼마 뒤 황보유의 등이 왕순을 모시고 오자 마침내 폐립한 것 등을 기록했다. '그날'이라고 서술한 부분은 이튿날 황보유의 등이 왕순을 모시고 온 것과 중복된 것 같지만 신혈사가 있던 삼각산(지금의 경성[서울] 북쪽에 위치)과 개경은 160리(63킬로미터) 정도 떨어져 있어 하루 일정으로는 너무 먼 것에서 미뤄보면 "현종을 모시고 돌아왔다奉顯宗還"고 한 것은 강조가 보낸 김응인과 목종의 사신인 황보유의가 폐립을 결행하기 전날 신혈사에서 도성으로 출발했음을 말한 것으로 생각된다.

> 「목종세가」: 2월 무자일(2일) 왕에게 용흥사와 귀법사에 나가 있기를 주청했다. 기축일(3일) (…) 강조의 군사들이 궁문으로 마구 들어오자 왕은 모면할 수 없음을 깨닫고 태후와 함께 목 놓아 울며 법왕사로 나가 거처했다. 잠시 뒤 황보유의 등이 대량원군(왕순)을 모시고 도착하니 마침내 즉위했다. 강조는 왕을 폐위해 양국공으로 삼았다. 二月戊子, 請王出御龍興·歸法寺. 己丑, (…) 兆兵闌入宮門, 王知不免, 與太后號泣, 出御法王寺. 俄而兪義等奉院君而至, 遂卽位. 兆廢王爲讓國公.

왕순이 신혈사를 떠난 것은 2월 2일이 틀림없다. 또 「목종세가」에서는 날짜를 적지 않고 "서경도순검사 강조가 정예병을 거느리고 와서 마침내 폐립을 모의했다西京都巡檢使康兆領甲卒而至, 遂謀廢立"고 한 기사를 2월 말에 든 것도 오류로 판단된다. 강조의 입경과 그가 목종에게 궁궐 밖으로 나가도록 강요한 것은 같은 날(2월 2일)로 생각되고 평주와 개경은 거리가 멀지 않으므로 평주에서 폐립을 결심한 강조가 김응인을 신혈사로 보낸 것은 그 전날로 추측되기 때문이다.

그렇다면 황보유의가 같은 절로 간 날짜는 언제일까? 「목종세가」에서는 부고의 화재가 있은 뒤 왕이 병환에 걸렸을 때 김치양의 음모가 탄로나 비밀히 의논한 결과 황보유의를 보내기까지의 경과를 정월 임신일(16일)에 서술했지만 그렇게 다양한 사건이 하루에 일어나지 않았을 것은 거의 의심할 필요가 없고, 황보유의는 정월 16일 뒤 약간의 날짜를 둔 어느 날 신혈사로 간 것으로 여겨진다. 그리고 같은 때 부름을 받은 강조는 절반쯤 와서 입경을 중단했다가 아버지의 밀서를 보고 마침내 뜻을 결정해 평주에 이르렀다. 그 사이에도 약간의 날짜가 걸렸을 것은 분명하고, 황보유의와 김응인은 같은 때 신혈사에 도착한 것이 아니었다. 그런데 앞서 서술한 대로 2월 3일 그들이 함께 왕순을 맞이해 돌아온 것은 어째서일까?

「황보유의열전」: 황보유의 등이 도착하자 신혈사의 승려는 간당이 보낸 것으로 의심해 [현종을] 숨기고 내놓지 않았다. 황보유의 등은 그를 맞이해 국왕으로 세우려고 한다는 뜻을 자세히 설명하고 마침내 모시고 돌아왔다. 兪義等至, 寺僧疑爲姦黨所遣, 匿不出. 兪義等具道所以迎立之意, 遂奉以還.

그러나 승려가 쉽게 왕순을 내놓지 않은 것은 황보유의를 간당이 보낸 것으로 의심했기 때문만은 아닌 것으로 생각된다. 황보유의는 목종의 서신을 갖고 왔지만 목종은 태후와 함께 왕순을 독살하려고 했고 역모를 꾸민 김치양을 죽이지 않았기 때문에 왕순과 신혈사 승려는 목종의 명령에 따르는 것을 더욱 위험하게 본 것이 틀림없다. 그런데 며칠 뒤 김치양을 죽이고 폐립을 감행한 강조의 사신 김응인이 왔다. 왕순은 그제서야 김응인·황보유의와 함께 신혈사를 출발한 것으로 생각된다.

도성에서 나가라고 핍박받은 목종이 이튿날 궁궐에 있을 때 강조의 군사가 난입했다. 김치양의 음모가 발각된 뒤 늘 궁궐 문을 지키던 탁사정卓思政·하공진 등은 갑자기 강조 편에 섰고 목종은 태후와 함께 도성을 나갔으므로 강조는 쉽게 폐립할 수 있었다. 강조는 다시 군사를 보내 김치양 부자와 유행간 등 7명을 죽이고 그 당여와 태후의 친족 이주정 등 30여 명을 섬으로 유배 보냈다. 요컨대 목종은 중대한 문제를 안이하게 처리한 결과 야심가 강조가 반란을 일으키게 됐고 자신은 왕위를 잃었다. 그러나 목종은 하늘과 사람 모두 원망하지 않고 태후와 함께 도성을 나와 충주로 갔다. 이때 강조는 근신 최항을 불러 관직을 줬는데, 목종은 최항에게 말했다.

요즘 창고에 화재가 나고 경계를 게을리해 변란이 일어난 것은 모두 내가 덕이 없기 때문이니 다시 무엇을 원망하겠는가? 다만 시골로 돌아가 늙기만 바랄 뿐이니 그대는 새 임금에게 이 뜻을 아뢰고 잘 보좌하도록 하라. 頃府庫災而變起所忽, 皆由予不德, 夫復何怨. 但願歸老于鄕, 卿可奏新君, 且善輔佐.

이것으로도 목종이 좋은 사람이었음을 알 수 있다. 그러나 자신을 따르던 세력에게는 좋은 사람이었지만 그들의 마음을 단결시키기에는 부족했다. 목종이 폐위되자 새 임금에게 돌아간 사람은 최항만이 아니었고 채충순과 황보유의도 그랬다. 이처럼 충주로 가던 목종은 남은 목숨만이라도 부지하려고 했지만, 강조는 그래도 두려워하지 않을 수 없어 목종이 적성현(개경 동쪽으로 지금도 이름이 같다)에 이르렀을 때 사람을 보내 시해하고 그가 자결했다고 보고했다. 태후는 황주로 옮겨가 그 뒤에도 오래 살았다.

1919년 9월(『동양학보』 9권 3호)

8편
거란 성종의 고려 침략

〈그림 2〉 고려 성종대 서북 경계 경략도

앞서 『만선지리역사연구보고』 7책에 실린 「고려 현종대 거란의 침입」(1919년 6월)은 짧은 시간 안에 집필했기 때문에 읽어보니 만족스럽지 않은 부분이 매우 많았다. 그 때문에 이 책에 실으면서 모두 새로 쓰고 제목도 고쳤다. 그러나 전체의 구조에 큰 차이는 없다(1934년 2월).

1. 거란 성종의 침략 선언

고려 목종 12년(거란 통화 27년, 1009) 2월 서경 도순검사 강조는 폐립을 계획해 현종(왕순)을 맞이하고 목종(왕송)을 시해했다.[1] 그리고 그는 중대성中臺省의 장관(중대사中臺使)이 돼 왕명 출납과 숙위, 국방과 정치의 모든 권력을 장악했다.

이 사변 뒤 고려는 곧 거란으로 사신을 보내 전왕의 훙거와 새 왕의 즉위를 알렸다. 그리고 4월에는 거란 황태후의 생일을 축하하는 통상적 사신을 보냈다. 거란의 황태후 소씨蕭氏는 그해 12월 남쪽으로 행차했다가 행궁에서 세상을 떠나 이듬해 통화 28년(현종 원년, 1010) 4월 건주乾州(지금 북진北鎭의 동남쪽)에 장사 지냈는데, 이때도 고려에서 는 조문하고 장례에 참석하는 사신을 앞뒤로 보냈다. 그런데 5월 거란 성종은 모후를 모신 능묘의 흙이 마르지도 않았는데 갑자기 고려 침 략의 조서를 내렸다.

> 『요사』(권15) 「성종본기」 통화 28년 5월: 고려의 서경유수 강조가 그 임 금 왕송(목종)을 시해하고 마음대로 왕송의 사촌형 왕순(현종. 사촌형은 사촌동생의 오류)을 왕으로 세웠다. 각도에 조서를 내려 무기와 군사를 정비해 동정을 준비케 했다. 高麗西京留守康肇(兆)弑其主誦, 擅立誦從兄 詢. 詔諸道, 繕甲兵, 以備東征.

이처럼 거란 성종은 고려에 죄를 묻는 군사를 보내려고 한 것이다. 이 일은 『요사』(권88) 「소적렬열전」에도 보인다.

통화 28년 황제가 신하들에게 말했다. "고려의 강조가 그 임금 왕송을 시해하고 그의 사촌형 왕순을 세웠으며 자신은 재상이 됐으니 대역이 다. 군사를 일으켜 그 죄를 물어야 한다." 신하들은 모두 옳다고 했지만 소적렬은 간언했다. "우리나라가 여러 해를 연이어 정벌해 군사들이 지 쳐있습니다. 게다가 폐하께서는 부모의 상중에 계시고 흉년이 들어 손 상이 아직 회복되지 않았습니다. 섬의 오랑캐는 작은 나라지만 성벽이 튼튼해 무력으로는 이길 수 없으므로 불리하면 후회를 남길까 걱정되 니 사신을 보내 그 까닭을 묻는 것이 낫습니다. 저들이 죄를 자복하면 출병을 그만두지만 그렇지 않으면 상을 마치고 풍년이 들기를 기다려 군사를 일으켜도 늦지 않을 것입니다." 이때 명령이 이미 내려져 그의 말은 시행되지 않았지만 식견 있는 사람들은 그것을 옳게 여겼다. 統和 二十八年, 帝謂群臣曰, 高麗康肇(兆)弒其君誦, 立誦族兄詢而相之, 大逆也. 宜 發兵問其罪. 群臣皆曰可, 敵烈諫曰, 國家連年征討, 士卒抗敝. 況陛下在諒陰, 年穀不登, 創痍未復. 島夷小國, 城壘完固, 勝不爲武, 萬一失利, 恐貽後悔, 不 如遣一介之使, 往問其故, 彼若伏罪則已, 不然, 俟服除歲豊, 擧兵未晚. 時令已 下, 言雖不行, 識者韙之.

2. 통화 28~29년의 전쟁

(1) 전쟁의 경과

고려에서는 그해(현종 원년, 1010) 7월 초하루 거란 성종의 조서를 가져온 사신이 도착해 전왕 목종이 폐위된 이유를 물었기 때문에 8월 사신을 거란으로 보냈다. 이것은 물론 변명을 위한 것이었다. 그리고 9월에는 다시 늦가을 통상적으로 문후하는 사신을 보낸 것과 함께 특사를 동경으로 보내 우호를 다졌다. 아래는 8월의 사신 파견에 해당하는 기사로 생각된다.

『요사』「성종본기」 통화 28년(1010) 10월: 왕순이 사신을 보내 표문을 올리고 출정을 중단해달라고 요청했지만 허락하지 않았다. 王詢遣使奉 表, 乞罷使, 不許.

그 결과 고려는 10월 강조를 행영도통사로 삼아 30만 명이라고 부른 대군을 이끌고 통주(선천 서북쪽 동림)에 주둔시켜 거란의 출병을 멈추려고 가느다란 희망을 걸었으며, 다시 성종의 사신이 와서 군사를 일으킨 것을 알리자 화친을 요청하는 사신을 보냈고 11월 초하루에도 항례적인 하동지사賀冬至使를 파견했다.

그러나 얼마 지나지 않아 거란 성종은 장수를 보내 친정을 알렸다. 그리고 같은 달 중순 성종은 직접 대군을 이끌고 압록강을 건너 먼저 지금의 의주 가도에 있는 삼교천三橋川 가의 흥화진을 포위했다. 흥화진의 장수는 양규와 이수화李守和 등이었는데 굳게 지키고 항복하지 않자 성종은 통주로 군사를 옮겼으며, 그 부근에 진을 치고 항전한 강조군을 크게 무찌른 뒤 강조를 사로잡아 처형했다. 12월이 되자 곽주(곽산), 청천강 안쪽의 안북도호부(안주), 숙주(숙천) 등이 차례로 함락되고 서경만 남았다. 그 결과 한 해가 저물던 그달 28일 현종은 후비와 함께 남쪽으로 피란했고, 거란 성종은 고려 국왕이 떠난 개경에 들어와 약탈을 자행했다. 현종 2년(통화 29년, 1011) 정월 초하루로 국왕 일행이 한강 남안에 가까운 광주廣州에 도착한 날이었다.[2]

거란 성종이 개경에 들어오기 전날은 섣달 그믐날이었는데, 그날 양주楊州(지금의 경성[서울])에 도착한 현종은 하공진 등을 거란군 진영으로 보내 화친을 요청했다. 하공진 등을 사신으로 한 이른바 '화친 요청'은 특별히 연구해야 하는 중요한 문제다. 그러나 여기서는 이렇게만 말하고 미뤄둔다. 이렇게 도성으로 들어온 거란 성종은 개경 남쪽으로 진군하지 않았다. 그리고 성안에서 열흘 동안 머문 뒤 정월 11일 군사를 돌렸다.

처음 거란군이 압록강 안쪽으로 침입했을 때 삼교천 가의 흥화진을 굳게 지킨 고려의 장수는 서북면 도순검사 양규였는데, 그는 성종의 거듭된 회유에도 따르지 않았다. 통주 부근에서 강조 군을 격파한 거란군은 통주성을 함락시켰지만, 흥화진에서 와서 통주성 군사와 합쳐 거란군에게 빼앗긴 곽주성을 하루 만에 회복한 것도 양규였다. 그 뒤 개경에서 군사를 돌린 성종이 청천강을 건너 서쪽으로 오자 양규는 그를 기다렸다가 공격했다.

『고려사』「양규열전」: 거란 임금이 도성을 침입해 궁궐을 불태우고 퇴각했다. 구주 별장 김숙흥은 중랑장 보량과 함께 거란군을 습격해 1만여 명을 죽였다. 양규는 거란군을 무로대에서 습격해 2000여 명을 죽였으며 포로가 됐던 남녀 3000여 명을 되찾았다. 契丹主入京, 焚宮闕而退. 龜州別將金叔興與中郞將保良擊契丹兵, 斬萬餘級. 規掩擊契丹兵於無老代, 斬二千餘級, 奪被虜男女三千餘人.

구주는 지금의 구성이고 무로대는 인주麟州(압록강 가 정주동正州洞 동남쪽의 서린동西麟洞) 남쪽의 한 곳이다. 「양규열전」에서는 그 뒤의 교전을 서술했다.

다시 이수에서 싸우고 석령까지 추격해 2500여 명을 죽이고 포로가 됐던 1000여 명을 되찾았다. 사흘 뒤 다시 여리참에서 싸워 1000여 명을 죽이고 포로가 됐던 1000여 명을 되찾았다. 이날 세 번 싸워 모두 이기고 다시 그들의 선봉을 애전에서 공격해 1000여 명을 죽였다. 얼마 뒤 거란 임금의 대군이 갑자기 오자 양규와 김숙흥은 하루 종일 힘써 싸웠지만 군사들이 모두 죽고 화살도 다 떨어져 모두 진중에서 전사했다.

거란군은 여러 장수들의 공격을 받았고 비가 많이 와 말과 낙타가 지쳤으며 갑옷과 무기를 모두 잃고 압록강을 건너 퇴각했다. 정성(흥화진사興化鎭使)이 추격해 그들이 강을 반쯤 건넜을 때 뒤쪽에서 공격하니 물에 빠져 죽은 거란군이 매우 많았다. 항복했던 성들을 모두 수복했다. 又戰於梨樹, 追至石嶺, 斬二千五百餘級, 奪俘虜千餘人. 後三日, 又戰於余里站, 斬千餘級, 奪俘虜千餘人. 是日三戰皆捷, 復邀其前鋒於艾田擊之, 斬千餘級. 俄而契丹主大軍奄至, 規與叔興終日力戰, 兵盡矢窮, 俱死於陣. 契丹兵爲諸將鈔擊, 又因大雨, 馬駝疲乏, 甲仗皆失, 渡鴨綠江引去. 鄭成追之, 及其半渡, 尾擊之, 契丹兵溺死者甚衆. 諸降城皆復之.

이수·석령·여리참·애전 같은 지명의 정확한 위치는 알 수 없지만 의주 방면이었다는 것은 분명하다. 그 뒤 「양규열전」에서는 무로대 이하의 지역에서 자주 거란군을 격파한 사실을 뭉뚱그려 서술했다.

양규는 얼마 안 되는 군사들을 이끌고 열흘 동안 모두 일곱 번 싸워 매우 많은 적군을 죽이고 포로가 됐던 3만여 명을 되찾았으며, 노획한 낙타·말·병장기는 이루 다 헤아릴 수 없었다. 規以孤軍, 旬月(日?)間, 凡七戰, 斬級甚衆, 奪被虜人三萬餘口, 獲駝·馬·器械, 不可勝數.

『요사』「성종본기」에서 성종의 회군을 다음과 같이 서술한 것을 참조하면 「양규열전」의 이 기사는 큰 과장이 아니다.

군사를 돌리니 항복했던 성들이 다시 배반했다. 귀주貴州(龜州) 남준령곡南峻嶺谷에 이르렀을 때 큰비가 며칠 동안 계속 내려 말과 낙타가 모두 지쳤고 갑옷과 무기를 많이 버렸다. 비가 갠 뒤에야 건널 수 있었다. 班師, 所降諸城復叛. 至貴州南峻嶺谷, 大雨連日, 馬駝皆疲, 甲仗多遺棄. 霽乃得渡,

그 결과 거란 성종은 고려군의 추격을 받으면서 정월 29일 압록강을 건너 하중도河中島의 내원성에서 황후와 동생皇弟(융우隆祐)의 영접을 받고 서둘러 돌아왔다.

『속자치통감 장편』(권74)을 보면 대중상부 3년(거란 통화 28년, 1010) 11월에 다음과 같은 기사가 있다. 송의 진장鎭將 이윤칙李允則은 거란 성종이 친정에 나서자 그것이 실패로 끝날 것이라고 예측했다.

이윤칙이 말했다. "얼마 전 거란이 여진을 공격했습니다. 여진 부족은 1만 명밖에 되지 않지만 회성이라는 곳에 물을 대 굳게 얼려 올라갈 수 없게 만들었습니다. 성에서 300리 떨어진 지역의 모든 물자를 불태우고 산림 속에서 매복해 거란을 기다렸습니다. 거란은 성을 공격할 수 없었고 들에서 물자를 얻을 수 없자 마침내 퇴각했는데 산림에 매복한 군사에게 습격받아 대패했습니다. 지금 거란은 요양을 떠나 고려를 정벌하려고 하는데 곧 여진의 경계를 지나가야 합니다. 여진은 작은 부족이지만 거란은 반드시 이기지 못할 것입니다." 그리고는 그림을 그려 바쳤다.
李允則言, 頃年契丹加兵女眞. 女眞衆才萬人, 所居有灰城, 以水沃之, 凝爲堅冰, 不可上. 距城三百里, 焚其積聚, 設伏於山林間以待之. 契丹旣不能攻城, 野無所取, 遂引騎去, 大爲山林之兵掩襲殺戮. 今契丹趣遼陽伐高麗, 且涉女眞之境. 女眞雖小, 契丹必不能勝也. 仍畫圖以獻.

'얼마 전'이라고 한 것은 28년 전인 통화 원년(983) 여진 정벌 때의

사실로 생각되는데, 이윤칙은 그 사실을 근거로 이번 성종의 고려 친
정군이 여진인에게 격파될 것이라고 추측한 것이다. 또 『통감 장편』의
이 기사에서는 친정의 결과를 다음과 같이 서술하면서 거란군의 패배
를 고려와 여진의 공동작전으로 돌렸다.

왕순(현종)이 여진과 군사를 합쳐 맞서니 거란은 대패해 살아 돌아간
장수와 군사가 드물었으며 관원도 대부분 전사했다. 그 때문에 유주와
계주에서 일찍이 벼슬했거나 글을 조금 아는 사람을 뽑아 부족한 인원
을 보충했다. 詢與女眞合兵拒之, 契丹大敗, 帳族卒乘罕有還者, 官屬戰沒大
半. 乃令幽·薊選嘗干仕進及稍知書者以補其乏.

다음 기록도 같은 내용을 실었다.

• 『송사』(권487) 「고려열전」: 왕순이 여진과 군사를 매복시켜 기다렸다
  가 공격해 거란군을 거의 모두 죽였다. 詢與女眞設奇邀擊, 殺契丹殆盡.
• 『문헌통고』(권327): 거란이 고려를 정벌하면서 여진을 거쳐 갔다. 여진
  은 다시 고려와 군사를 합쳐 맞서 싸우니 거란은 군사를 많이 잃고
  돌아왔다. 契丹征高麗, 道由女眞. 女眞復與高麗合兵拒之, 契丹大喪師而
  還.

양규가 거란군을 격파한 지방은 본래 여진의 거주지였고 성종 13년
(통화 12년, 994) 이후 고려의 소유가 된 곳이다. 따라서 양규 군에는
적지 않은 여진인이 포함됐을 것으로 생각되지만 그들은 이미 독립된
세력을 이뤘으므로 그들과 고려가 연합해 거란군에 맞섰다는 것은 사

실의 진상을 적은 것이 아니다. 압록강 동쪽 지방의 여진은 송이 건국한 뒤 친밀한 관계를 맺고 북쪽 거란에 제어되지 않으려고 했기 때문에 거란은 그 관계를 끊기 위해 통화 초부터 간헐적으로 그들을 공격하거나 압록강 가에 성보를 쌓았다.3 그러므로 여진이 거란에 반항한 것은 거란의 적국인 송이 특히 기뻐했을 것이다. 거란 성종의 친정이 여진의 반항에 따라 실패로 끝날 것이라고 한 이윤칙의 말의 뒷면에는 이런 감정이 숨겨진 것으로 생각된다. 거란군의 패배에 관련된 송의 기록은 고려와 여진을 대등한 것처럼 인식했다는 측면에서 잘못됐지만 그것 또한 이런 송과 여진의 역사적 관계와 거란에 대한 반감이 나타난 것으로 볼 수 있다.

(2) 고려의 화친 요청과 현종 친조의 문제

현종이 즉위하고 1년쯤 뒤 일어난 거란의 침략, 곧 강조의 폐립을 문죄하겠다는 구실로 이뤄진 성종 친정의 경과는 대체로 이랬지만, 다음으로 고찰해야 하는 것은 파죽의 기세로 개경까지 침입한 성종이 열흘 뒤 그대로 군사를 돌린 사정이다.

12월 28일 개경을 버리고 떠난 현종은 양주(경성[서울])·광주·양성陽城·사산蛇山(직산稷山)·여양礪陽(여산礪山) 등을 거쳐 곧바로 남하해 정월 13일 멀리 전라도 나주에 도착했는데, 거란군이 개경에서 돌아갔다는 것을 안 것은 그날 밤이었다.

『고려사』(권94)「지채문열전」: 왕이 나주로 들어갔는데, 밤에 척후병이 "거란군이 왔다"고 잘못 보고했다. 왕이 크게 놀라 밖으로 달려 나오자 지채문이 아뢰었다. "주상께서 밤에 행차하면 백성이 놀라 동요하니 행궁으로 돌아가시고, 제가 알아본 뒤 움직이셔도 됩니다." 지채문이 밖으로 나가 살피는데, 통사사인 송균언과 별장 정열이 거란 전봉원수前鋒元帥 부마駙馬의 서신과 하공진이 올린 보고서를 갖고 왔다. 지채문은 그들을 데리고 행궁으로 갔다. 왕은 하공진의 보고서를 보고 거란군이 이미 물러갔음을 알게 돼 기뻐하며 송균언을 도병마녹사에, 정열을 친종낭장에 임명했다. 부마의 서신은 거란 글자를 해독하는 사람이 없어 그 내용을 알 수 없었다. 王入羅州, 夜候人誤報契丹兵至. 王大驚, 走出外, 蔡文奏曰, 大駕夜行, 百姓驚擾, 願還御行宮, 臣詗知然後動, 猶可及也. 蔡文出候之, 通事舍人宋均彦·別將丁悅齎契丹前鋒元帥駙馬書及拱辰奏狀來. 蔡文率詣行宮, 王見拱辰狀, 知兵已退喜, 以均彦爲都兵馬錄事, 丁悅爲親從郎將. 駙馬書無解契丹字者, 莫曉其意.

고려의 통사사인 송균언과 별장 정열 두 사람이 거란의 전봉원수이자 부마인 인물의 서신과 고려 신하 하공진이 국왕에게 올린 보고서를 갖고 왔는데, 거란군이 퇴각했다는 내용이었다.

「**현종세가**」: 하공진과 호부원외랑 고영기를 보내 표문을 받들고 거란 진영으로 가서 화친을 요청했다. 遣河拱辰及戶部員外郎高英起奉表, 往丹營請和.

이 기사를 보면 앞서 말한 대로 하공진은 지난해 12월 30일 양주의 행궁에서 거란 진영으로 보낸 '화친 요청' 사신이 분명하다. 『고려사』(권94) 「하공진열전」에는 화친 요청 사신으로 파견된 그와 호부원외랑 고영기의 행동이 다음과 같이 서술돼 있다.

왕이 거란을 피해 남쪽으로 가자 하공진은 뒤따라가다가 도중에 알현해 말했다. "거란은 본래 역적(강조)의 토벌을 명분으로 삼았고 지금 이미 강조를 체포했으니, 사신을 보내 화친을 요청하면 반드시 군대를 돌릴 것입니다." 왕은 점을 쳐 길한 괘를 얻자 마침내 하공진과 고영기에게 표문을 갖고 거란 진영으로 가게 했다. 하공진은 창화현(지금의 양주)에 가서 표문을 낭장 장민과 별장 정열에게 주면서 그들에게 먼저 거란 진영으로 가서 말하게 했다. "국왕은 정말 와서 뵙고 싶어 하지만 군사의 위세를 두려워하고 국내의 어려운 사정 때문에 강남으로 피란했기 때문에 근신 하공진 등을 보내 사유를 알렸습니다. 하공진 등도 두려워해 감히 앞에 나오지 못하니 조속히 군사를 거둬주십시오." 장민 등이 아직 군영에 도착하지 않았는데 거란 선봉군은 이미 창화현에 이르렀다. 하공진 등이 앞의 뜻을 자세히 설명하자 거란은 "국왕이 어디 계시느냐"고 물었다. 하공진은 "지금 강남으로 가셨는데, 어디 계신지 모른다"고 대답했다. 또 [강남이] 먼지 가까운지 묻자 "강남은 너무 멀어 몇만 리인지 알 수 없다"고 대답하니 추격하던 거란 군대가 돌아갔다. 이듬해(현종 2년, 1011) 하공진이 고영기와 함께 거란 진영(개경)으로 가서 철수할 것을 간청하니 거란 임금이 허락했다. 王避契丹南幸, 拱辰追謁于道, 奏曰契丹本以討賊爲名, 今已得康兆, 若遣使請和, 彼必班師. 王筮得吉卦, 遂遣拱辰及高英起, 奉表狀往契丹營. 拱辰行至昌化縣, 以表狀授郎將張旻·別將丁悅, 先往契丹軍言曰, 國王固願來覲, 第懼兵威, 又因內難, 出避江南, 遣陪臣拱辰等, 陳告事由. 拱辰等亦惶懼, 不敢前來, 請速收兵. 旻等未至, 契丹先鋒, 已至昌化. 拱辰等具陳前意, 契丹問國王安在. 答曰, 今向江南, 不知所在. 又問遠近, 答曰江南太遠, 不知幾萬里. 追兵乃還. 明年, 拱辰與英起, 至契丹營, 乞班師, 契丹主許之.

「하공진열전」의 이 기사에 따르면 정월 초하루 개경을 침입한 거란 성종이 같은 달 11일 군사를 돌린 것은 현종이 양주에서 하공진 등을 화친 요청 사신으로 보낸 결과였던 것 같다. 여기서 다시 문제가 되는 것은 화친 요청의 내용이다.

화친 요청의 내용을 생각할 때 먼저 주의해야 할 사실은 창화현에서 장민과 정열이 거란 진영에 표문을 갖고 가기에 앞서 하공진이 두 사람에게 "국왕은 정말 와서 뵙고 싶어 한다"고 말했다는 것이다. 「하공진열전」에서는 거란 진영에 사신으로 간 하공진과 고영기의 그 뒤 소식을 다음과 같이 서술했다.

마침내 하공진 등을 억류했다. 하공진은 억류된 뒤 마음으로는 고려로 돌아가려고 도모하면서 겉으로는 충성을 보이니 거란 임금은 은총과 대우를 크게 더했다. 하공진은 고영기와 몰래 모의하고 아뢰었다. "제 나라는 지금 이미 망했으니 신 등은 군사를 거느리고 점검한 뒤 돌아오고 싶습니다." 거란 임금은 허락했다. 얼마 뒤 고려 국왕이 개경으로 돌아왔다는 소식을 듣자(현종은 정월 21일 행재소를 출발해 다음 달 개경으로 돌아왔다) [거란 임금은] 고영기를 중경中京(노합하 상류, 흑수와 평천平泉 사이에 있는 지금의 대명성大名城)에, 하공진을 연경(지금의 북평北平)에 살게 한 뒤 모두 좋은 가문의 딸을 배필로 삼아 줬다. 하공진은 좋은 말을 많이 사서 고려로 가는 길[東路]에 차례대로 배치해 돌아갈 계획으로 삼았다. 어떤 사람이 그 계획을 알리자 거란 임금은 그를 국문했다. 하공진은 모두 사실대로 대답하고 또 말했다. "저는 제 나라에 감히 두 마음을 가질 수 없습니다. 죄는 만 번 죽어 마땅하지만 살아서 대국(거란)을 섬기기를 원하지 않습니다." 거란 임금은 의롭게 여기고 그를 풀어주면서 절개를 바꿔 충성을 바치라고 설득했지만 하공진의 말이 더욱 강경하고 불손해지자 마침내 그를 죽이니 사람들이 앞다퉈 심장과 간을 꺼내 먹었다. 遂留拱辰等. 拱辰旣被留, 內圖還國, 外示忠勤, 契丹主甚加寵遇. 拱辰與英起密謀奏曰, 本國今已喪亡, 臣等願領兵, 點檢而來. 契丹主許之. 尋聞王返國, 使英起居中京, 拱辰居燕京, 皆妻以良家女. 拱辰多市駿馬, 列置東路, 以爲歸計. 人告其謀. 契丹主鞫之, 拱辰具以實對, 且曰, 臣於本國, 不敢有二心. 罪當萬死, 不願生事大朝. 契丹主義而原之, 諭令改節效忠, 拱辰辭益厲不遜, 遂殺之, 爭取心肝食之.

앞서 "하공진이 고영기와 함께 거란 진영(개경)으로 가서 철수할 것을 간청하니 거란 임금이 허락했다"고 한 뒤 그것을 이어 "마침내 하공진 등을 억류했다"고 한 것에 따르면 하공진 등은 거란 성종이 개경에 주둔한 동안 그 진영에 머문 것으로 보이지만 실제로는 그렇지 않다. 이 기사는 서술이 완전하지 않지만 전체를 읽으면 하공진과 고영기는 거란 본국에 억류된 것이 분명하다. 또 개경에서 거란의 선봉 원수의 서신과 하공진의 상소를 갖고 나주 현종의 행재소에 온 통사사인 송균언과 별장 정열은 본래 화친 요청 사신으로 하공진과 고영기를 수행한 인물이 틀림없다. 이것은 창화현에서 정열의 행적을 살펴보면 알 수 있다. 아울러 하공진과 고영기가 스스로 돌아와 보고하지 않은 것을 보면 두 사람은 성종이 군사를 돌릴 때 거란 본국으로 데려간 것이 틀림없다. 그렇다면 이것은 현종의 화친 요청 및 거란 성종의 회군과 관련해 어떤 일을 뜻하는 것일까? 이것 또한 화친 요청의 내용을 생각할 때 미리 주의해야 할 사실로 생각된다.

여기서 놓치지 말아야 하는 것은 『요사』「성종본기」의 기사다.

- **통화 28년(현종 원년, 1010) 11월**: 을유일(10일) 대군이 압록강을 건넜다. 강조는 맞서 싸웠지만 패배해 동주(통주)로 물러났다. 병술일(11일) 강조가 다시 나오자 우피실 상온 야율적로가 강조와 부장 이립을 사로잡고 [도망치는 군사들을] 수십 리를 추격해 죽였으며 버리고 간 양식과 무기를 노획했다. 무자일(13일) 동주·곽주·귀주·영주(안북도호부 영주) 등이 모두 항복했다. 소배압은 노고달령에 이르러 적군을 만나 싸워 이겼다. 乙酉, 大軍渡鴨淥江. 康肇(兆)拒戰, 敗之, 退保銅(通)州. 丙戌, 肇復出, 右皮室詳穩耶律敵魯擒肇及副將李立, 追殺數十里, 獲所棄糧餉·鎧仗. 戊子, 銅(通)·霍(郭)·貴(龜)·寧等州皆降. 排押至奴古達嶺, 遇敵兵, 戰敗之.

- 신묘일(16일) 왕순(현종)이 사신을 보내 표문을 올리고 입조를 요청하자 허락했다. 군사들의 노략질을 금지했다. 정사사인 마보우를 개경유수로, 안주단련사 왕팔을 부유수로 삼았다. 태자태사 을름에게 기병 1000명을 이끌고 마보우 등을 호위해 도성으로 가게 했다. 임진일(17일) 수장守將 탁사정이 요의 사신 한희손 등 10명을 죽인 뒤 군사를 이끌고 나와 맞서니 마보우 등이 돌아왔다. 을름을 보내 군사를 거느리고 공격케 하니 탁사정은 마침내 서경으로 도망쳤다. 5일 동안 포위했지만 이기지 못하고 성 서쪽에 머물렀다. 고려의 예부낭중 발해타실이 와서 항복했다. 경자일(25일) 소배압과 야율분노 등을 보내 개경을 공격케 했는데 고려군을 만나 무찔렀다. 왕순이 성을 버리고 도망치니 마침내 개경을 불태우고 청강에 이르러 돌아왔다. 辛卯, 王詢遣使上表請朝, 許之. 禁軍士俘掠. 以政事舍人馬保佑爲開京留守, 安州團練使王八爲副留守. 遣太子太師乙凜將騎兵一千, 送保佑等赴京. 壬辰, 守將卓思正殺遼使者韓喜孫等十人, 領兵出拒, 保佑等還. 遣乙凜領兵擊之, 思正遂奔西

京. 圍之五日不克, 駐蹕城西. 高麗禮部郎中渤海陀失來降. 庚子, 遣排押·盆
奴等攻開京, 遇高麗兵, 敗之. 王詢棄城遁去, 遂焚開京, 至清江還.

뒤의 기사에서 "왕순(현종)이 사신을 보내 표문을 올리고 입조를 요청하자 허락했다"는 것은 살펴보고 있는 문제와 관련해 주목된다. 그리고 이듬해인 통화 29년(현종 2년, 1011) 정월 초하루에는 성종의 회군을 서술한 기사가 있다.

그러나 『요사』「성종본기」의 이런 기사들을 모두 읽어보면 아무래도 이해되지 않는 점이 매우 많다. 첫 번째 기사는 거란군이 개경을 점령하기 전의 경과, 곧 고려 강조의 패전, 통주·곽주·구주와 안북도호부 영주의 함락 등의 사실을 서술한 것인데 그 날짜의 간지는 모두 『고려사』의 기록과 맞지 않는다. 『고려사』에 따르면 강조가 통주 부근에서 패배한 것은 11월 24일(기해)이고 곽주의 함락은 12월 6일(경술)이며, 안북부의 함락은 같은 달 8일(임자)이다. 통주성은 앞서 서술한 대로 함락되지 않았다. 또 두 번째 기사에서는 11월 25일(경자)에 개경을 불태웠다고 기록돼 있다. 이것도 『고려사』와 부합되지 않는다. 이듬해에 들어와서는 회군 날짜도 서로 다르다.

다시 두 번째 기사의 내용으로 주의를 돌리면 정사사인 마보우를 개경유수로, 안주단련사 왕팔을 부유수로 삼았다는 개경 관원의 임명이 개경이 점령되기에 앞서 이뤄졌고, 거란 사신 한희손 등을 죽였다고 한 고려 장수 탁사정은 『고려사』(권94) 「지채문열전」에 따르면 거란군이 서경을 침입하자 동북계에서 구원하러 와서 서경성을 지켰는데 그가 서경으로 도망쳤다고 서술돼 모순이나 의문이 있다. 고려 쪽의 「지채문열전」에 실린 이 전쟁에 관련된 기록은 이처럼 의문투성이의

『요사』 기사에다 고려 쪽 자료에 바탕한 다른 사실을 곁들이고 그것을 『요사』와 동일하게 현종이 남쪽으로 피란하기 전에 뒀기 때문에 서술이 복잡해졌을 뿐이며 더욱 이해할 수 없는 것이 됐다.

그러나 『고려사』의 기록에 무게를 두는 동시에 『요사』에는 오류나 착간이 있을 것을 예상하고 두 번째 기사의 첫머리에서 "왕순이 사신을 보내 표문을 올리고 입조를 요청했다"는 것을 12월 30일 화친 요청 사신 하공진의 파견과 동일한 사실로 보면 어떨까? 거란 성종이 개경을 침입한 것은 그 이튿날인 정월 초하루였으므로 현종이 올린 표문을 본 성종이 곧 마보우와 왕팔을 개경의 정·부 유수留守에 임명했다는 것은 수긍할 수 있다. 성종은 군사의 약탈을 금지하고 이런 관원을 임명해 새로 점령한 개경의 군정軍政을 맡아보게 한 것으로 생각된다.

다음으로 성종이 태자태사 을름에게 기병 1000명을 이끌고 마보우를 호위해 '도성京'으로 가게 했다는 사실은 어떤가? 마보우가 '개경 유수'였다고 한 것에 따라 '도성'을 '개경'으로 보면 이것은 어떤 의미를 지닌 조처였는지 잘 알기 어렵다. 그러나 '京'을 서경의 오기로 보고 마보우를 성종이 회군할 때 먼저 개경에서 서경으로 파견된 사신으로 보면 의미가 닿는다. 앞서 서술한 대로 「지채문열전」에 따르면 탁사정은 거란군이 처음 서경을 압박했을 때 동북계에서 구원하러 와 서경성에 들어갔다고 했고 「현종세가」에서는 "거란 임금이 서경을 공격했지만 함락시키지 못하자 포위를 풀고 동쪽으로 갔다契丹主攻西京, 不拔, 解圍而東"고 했으므로 탁사정은 그 뒤 거란 성종이 회군할 때까지도 서경의 수비를 유지한 것으로 생각된다. 따라서 서경으로 마보우 등을 파견한 것은 이것과 관련된 것으로 생각되기 때문이다.

다음으로 탁사정이 요의 사신 한희손 등 10명을 죽였다는 기록을 검토해보자. 『고려사』「지채문열전」에서는 강조를 통주 부근에서 격파한 거란군이 서경을 압박해 항복을 회유했는데 탁사정이 동북계에서 구원하러 와서 서경성으로 들어왔다고 서술한 뒤 『요사』를 전재해 다음과 같이 서술했다.

현종은 삼군이 패전하고 주·군이 함락되자 표문을 올려 입조를 요청했다. 거란 임금은 허락하고 마침내 노략질을 금지시켰으며 마보우를 개성 유수로, 왕팔을 부副유수로 삼았다. 을름에게 기병 1000명을 거느리고 마보우 등을 호송하게 했다. 王以三軍敗衂, 州郡陷沒, 上表請朝. 契丹主許之, 遂禁俘掠, 以馬保佑爲開城留守, 王八副之. 遣乙凜, 將騎兵一千, 送保佑等.

그 다음에는 서경에서 일어난 한 사건을 서술했다. 원문을 인용하기는 번거롭기 때문에 대체적인 내용을 보이면 다음과 같다.

거란 임금은 다시 합문인진사閤門引進使 한기韓杞를 보내 돌격 기병 200기를 이끌고 서경 북문으로 가게 했다. 한기가 외쳤다. "황제께서 이미 강조의 부하 가운데 항복한 장수들을 보내 타이르셨는데, 어찌 지금까지 회답이 없는가? 만약 명령을 거역하지 않을 것이면 우리의 지시를 들어라." 탁사정 등은 그 말을 듣고 군사를 이끌고 돌격해 한기 등 100여 명을 베고 나머지는 모두 사로잡았다. 탁사정 등은 다시 나가 을름과 싸웠다. 을름과 마보우가 패주하니 탁사정은 성으로 돌아왔다.

다시 『요사』를 보면 을름·마보우·탁사정 등에 관련된 사실은 모두 성종이 회군한 무렵 일어난 것이 분명하다. 자세히 말하면 거란군이 개경에서 서경으로 돌아갈 때 회유에 따르지 않은 서경의 고려군은 그대로 성을 지켰기 때문에 거란 성종은 회군의 안전을 보장하기 위해 다시 항복을 촉구하고 을름에게 군사를 줘 마보우를 부장으로 삼아 서경으로 먼저 보낸 것으로 생각된다. 또 탁사정에게 살해된 거란의 사신 한희손은 서경 가까이 온 을름과 마보우 일행이 항복을 권유하려고 서경의 장수에게 보낸 사신으로 「지채문열전」의 한기와 동일한 인물로 생각된다. 그러나 「지채문열전」에서는 "합문인진사 한기를 보내 돌격 기병 200기를 이끌고 서경 북문으로 가게 했다遣其閤門引進使韓杞, 以突騎二百, 至西京北門"고 했고 『요사』에서는 "한희손 등 10명"이라고 해서 인원수가 크게 다르지만 많은 쪽을 따르는 것이 타당하다고 여겨진다.

또 『요사』에서 "마보우 등이 돌아오자 을름을 보내 군사를 거느리고 공격하게 했다"고 한 것은 얼핏 보기에 이해하기 어렵지만, 이것은 개경유수였던 마보우가 을름과 함께 서경으로 가기 전의 사실을 거듭 기록한 것으로 "돌아왔다"는 것은 개경에서 군사를 돌렸다는 뜻으로 생각된다. 『요사』에 이런 오류가 있는 것을 모른 「지채문열전」의 찬자는 앞서 말한 대로 을름과 마보우가 탁사정의 공격으로 패주했다고 하고 다시 『요사』에 따라 "거란 임금이 다시 을름을 보내 공격했다"는 사족을 덧붙였다.

그렇다면 『요사』의 다음 기사는 어떤가?

탁사정은 마침내 서경으로 도망쳤다. 5일 동안 포위했지만 이기지 못하고 성 서쪽에 주둔했다. 고려의 예부낭중 발해타실이 와서 항복했다.

이 기사는 위의 기사와 아무 관계없는 사실, 곧 거란군이 처음 서경을 압박하자 탁사정이 동북계에서 와서 구원했을 때의 사실이 분명하다. 앞서 인용한 「지채문열전」의 기사에 이어진 것을 보면 그 대체적인 뜻은 다음과 같다.

거란군이 안정역安定驛으로 와서 주둔하고 있다고 척후병이 보고하자 탁사정 등은 성을 나가 임원역林原驛 남쪽에서 맞아 싸워 크게 무찔렀다. 이튿날 다시 나가 싸워 마탄馬灘까지 추격했는데 거란군의 반격으로 패배했다. 성은 마침내 포위되고 거란 임금은 성 서쪽의 사찰에 머물렀다. 탁사정은 두려워 장군 대도수大道秀에게 "각각 동·서문에서 나가 거란을 협공하면 반드시 이길 것"이라고 속인 뒤 마침내 휘하의 군사를 이끌고 밤을 틈타 도망쳤다. 대도수는 동문으로 나왔다가 속은 것을 알고 어쩔 수 없이 거란에 항복했다. 성안 사람들은 두려워했지만 한 장수를 병마사로 추대한 뒤 성문을 닫고 굳게 지켰다.

안정역은 평양 북쪽인 지금의 순안이고, 임원역은 순안 동남쪽이자 평양 북쪽인 지금의 신궁동新宮洞[4]이며, 마탄은 지금의 미림진美林津에 해당하는 평양 동북쪽 대동강의 나루다.[5] 거란 임금이 성 서쪽의 사찰에 행차했다는 것은 『요사』에서 "성 서쪽에 머물렀다駐蹕城西"고 한 것에 부합되고 대도수는 '대'가 옛 발해의 왕족 성이라는 점에서 발해 타실에 비정된다(대도수는 고려 태조 때 귀의한 발해 왕족의 자손으로 여겨진다). 그리고 안정역 이하 세 지명의 순서는 거란군이 북쪽에서 왔음을 잘 보여주는 것이다. 곧 『요사』의 문제의 한 기사는 「지채문열전」의 이 기사와 함께 거란군이 개경으로 진격한 때의 사실을 전한 것이 틀림없다. 그러나 『요사』에서 탁사정의 도주를 첫머리에서 기록하고 "서경으로 도망쳤다"고 한 것은 오류로 실제로는 발해타실이 항복했을 때 서경에서 도망친 것이다. 아울러 거란군은 서경을 함락시키지 않고 개경으로 진군했기 때문에 탁사정은 곧 성으로 돌아왔다. 그리고 거란 성종이 회군하자 그 한 부대를 기다렸다가 공격한 것이다.

지금까지 자세히 서술한 대로 통화 28~29년(1010~1011) 거란 성종의 고려 친정을 서술한 『요사』의 기사에는 참으로 심각한 착간이 있다. 이것은 고려의 기록과 비교해 분명해진 것으로 개별적 사실은 어느 정도 믿을 수 있지만 날짜의 간지 등은 완전히 엉망이라고 볼 수밖에 없다. 그 착간을 바로잡을 때 가장 먼저 주의해야 할 요점으로 지적되는 것은 『요사』에서 "왕순(현종)이 사신을 보내 표문을 올리고 입조를 요청하자 허락했다"고 한 것을 『고려사』의 아래 사실과 동일한 것으로 간주한 것이다.

- 「현종세가」: 갑술일(12월 30일) 양주에 행차해 하공진과 호부원외랑 고영기에게 표문을 받들고 거란 진영으로 보내 화친을 요청했다. 甲戌, 次楊州, 遣河拱辰及戶部員外郎高英起, 奉表往丹營請和.
- 「하공진열전」: 하공진이 고영기와 함께 거란 진영으로 가서 철수할 것을 간청하니 거란 임금이 허락했다.

이것을 우리가 문제로 삼은 현종의 '화친 요청'의 내용과 연결해 생각해보면 『요사』에서 "표문을 올리고 입조를 요청했다"고 한 것은 고려 쪽에서 말한 '화친 요청'으로 그 내용은 현종이 직접 거란에 입조하겠다는 것을 조건으로 성종에게 회군을 요구한 것이 분명하다. 양주에서 거란 진영에 간 하공진은 창화현에서 먼저 정열을 보내 "국왕은 정말 와서 뵙고 싶어 했지만 군사의 위세를 두려워하고 국내의 어려운 사정 때문에 강남으로 피란했다"고 말한 것도 그런 뜻의 화친 요청이다.

이 화친 요청 뒤 하공진은 직접 나주의 행재소에 와서 보고하지 않았고 어느 때인가 거란 본국으로 끌려간 사실이 있으므로 여기에도 그럴 만한 이유가 있다고 생각된다. 거란 성종은 하공진이 가져온 현종의 표문과 하공진의 말에 따라 현종에게 입조할 뜻이 있음을 믿고 일단 군대를 물린 것이다. 아울러 현종은 이른바 강남(이것은 막연히 한강 남쪽 지방을 가리킨 것으로 가상의 지명이다)으로 피란해 입조할 수 없는데, 그런 이유 가운데 하나는 거란의 군대를 두려워하기 때문이라고 말했기 때문에 성종은 현종의 표문과 하공진의 말을 모두 믿지는 않고 회군할 때 주요한 책임자인 하공진과 고영기를 인질로 데려간 것으로 생각된다.

현종은 정월 21일 나주의 행재소를 떠나 2월 23일 도성으로 돌아왔고 4월 사신을 거란으로 보내 성종의 회군에 감사했다. 또 가을 8월 강조 일당의 죄를 물어 섬으로 유배 보내고 다시 사신을 거란으로 보냈다. 이것은 그 시말을 보고한 것으로 생각된다. 그리고 다시 평소대로 10월에는 하동지사, 11월에는 하생신사賀生辰使를 보냈다. 그러나 국왕 자신은 입조하지 않았다. 「현종세가」에 따르면 연경에서 하공진이 처형된 것은 이해 12월로 국왕이 아직 입조하지 않았을 뿐 아니라 그가 도망칠 것을 계획했기 때문이다. 그래서 성종이 친정했을 때 고려의 화친 요청이 진실하지 않았던 것을 너그러이 용서하지 않는 한 국왕의 입조라는 큰 문제는 그대로 남아 있었다.

이듬해(현종 3년, 거란 개태 원년, 1012)로 옮겨가 살펴보자.

「현종세가」 3년 4월: 이달 거란에서 국왕에게 친조하라는 조서를 내렸다. 是月契丹詔王親朝.

『고려사』의 이 기사는 자국의 자료에 의거한 것이 아니라 아래『요사』의 맨 끝 구절만 가져온 것이다.

『요사』「성종본기」 개태 원년 4월: 고려에서 채충순을 보내 예전처럼 신하로 섬기겠다고 요청하니 왕순에게 친조하라는 조서를 내렸다. 高麗遣蔡忠順來, 乞稱臣如舊, 詔王詢親朝.

거란 성종이 다시 현종의 친조를 명령하기 전 고려는 채충순을 보내 예전처럼 신하로 섬기겠다고 했는데, 이것은 현종이 입조할 의사가 없음을 에둘러 표명한 것이다. 생각해보면 거란 성종이 개경을 침입했을 때 현종이 표문을 올려 입조하겠다고 한 것은 어떻게든 군사를 돌리려고 한 것일 뿐 그의 본의가 아니었음이 틀림없다. 그리고 마침내 하공진이 처형되자 입조하지 않겠다는 뜻을 소극적으로 표명한 것으로 생각된다.

거란 성종이 고려를 친정함에 따라 발생한 현종 입조 문제는 그 뒤 이렇게 전개되다가 이 시점에서 다시 6성 반환 요구로 발전했다.

- 『고려사』 「현종세가」 3년(1012) 6월 갑자일(28일): 형부시랑 전공지를 거란에 보내 여름철 안부를 묻고 국왕이 질병으로 친조하지 못함을 알렸다. 거란 임금은 분노해 조서를 내려 흥화·통주·용주·철주·곽주·구주 등 6성을 빼앗게 했다. 遣刑部侍郎田拱之如契丹, 夏季問候, 且告王病不能親朝. 丹主怒, 詔取興化·通州·龍州·鐵州·郭州·龜州等六城.

- 『요사』 「성종본기」 개태 원년(1012) 8월 기미(24일): 고려 국왕 왕순이 전공지를 보내 표문을 올려 병 때문에 입조할 수 없다고 하자 조서를 내려 6주를 다시 빼앗게 했다. 高麗王詢遣田拱之奉表稱病不能朝, 詔復取六州地.

앞서 서술한 대로 지난 4월 성종은 친조하라는 조서를 고려에 보냈지만 고려는 6월 문후사를 파견해 현종의 병을 핑계로 그것을 거부했다. 그러자 성종은 8월에 이르러 6주를 수복하라는 명령을 내렸다. 따라서 그 조서가 고려에 도착한 것은 8월 이후가 분명하고 「현종세가」의 "거란 임금이 분노해丹主怒" 이하 부분은 6월 문후사 파견 조에 병기한 것이다. 여기서 말한 '6주'는 고려 성종 12년(통화 11년, 993) 거란군이 침략해 복속을 강요하자 고려가 조공로를 열어야 한다는 명목으로 거란으로부터 영유를 승인받은 압록강 동쪽의 여진 거주지로 흥화 등 여러 성은 고려 스스로 여진을 경략해 설치한 것이다.[6] 그런데 거란 성종은 이번의 친정 뒤 현종이 직접 입조하지 않았다는 것을 구실로 삼아 그것을 반환하라고 요구한 것이다.

(3) 거란 성종의 거병 목적

고려를 침입한 성종이 개경에서 군사를 돌린 것은 현종이 직접 입조하는 것을 조건으로 한 그의 화친 요청을 받아들였기 때문이었다. 그런데 그 뒤 1년이 넘도록 현종은 입조하지 않았을 뿐 아니라 그럴 의지를 표명하지도 않았기 때문에 마침내 2년 전에 줬던 압록강 동쪽 의 6성 지역을 반환하라고 요구하기에 이르렀다. 그렇다면 이렇게 전개 된 거란 성종의 친정은 본래 어떤 목적에서 일으킨 것일까? 또 그 동 기는 무엇이었을까?

『속자치통감 장편』에는 성종의 친정과 6성에 대해 다음과 같이 서 술했다.7

앞서 고려왕 송(목종)이 별세하자 그 동생 순(현종)이 임시로 나라를 다 스렸다. 일찍이 국경에 6성을 쌓았는데, 흥화·철주·통주·용주·구주· 곽주였다. 거란은 고려가 자신들을 배신했다고 생각해 사신을 보내 6성 을 요구했지만 왕순은 받아들이지 않았다. 거란은 마침내 군사를 일으 켜 성(개경)까지 갑자기 이르러 궁궐을 불태우고 주민을 약탈했다. 왕순 은 승주(지금의 전라남도 순천)·나주로 피란했으며 거란군이 물러가자 사신을 보내 화친을 요청했다. 거란이 6성을 반환하라고 강력해 요구하 자 왕순은 군사를 둬 6성을 지켰다. 詢徙居昇·羅州以避之, 兵退, 乃遣使 請和. 契丹堅以六城爲辭, 詢卽調兵守六城.

그러나 성종이 친정에 앞서 6성의 반환을 요구한 흔적은 전혀 없으 므로 이런 송의 기록은 친정의 결과로 일어난 6성 문제에 무게를 두고 친정의 유래를 설명한 것으로 하나의 억측이 분명하다. 특히 고려 서 북 경계의 6성은 거란에 대해 두 마음이 있어 쌓은 것은 아니었다.『고 려사』「문종세가」 재위 12년(거란 청녕淸寧 4년, 송 가우嘉祐 3년, 1058) 문종이 큰 배를 만들어 송과 교통하려고 할 때 내사문하성의 상언이 실려 있는데, 그 첫 부분은 다음과 같다.

우리나라는 북조(거란)와 우호를 맺어 변방에 급변이 없고 백성은 삶을 즐기니, 이것이 나라를 보전하는 상책입니다. 지난 경술년 거란은 문죄서問罪書를 보내 "동쪽으로는 여진과 결탁하고 서쪽으로는 송과 왕래하니, 이것은 무엇을 도모하려는 것인가?"라고 했습니다. 國家結好北朝, 邊無警急, 民樂其生, 以此保邦上策也. 昔庚戌之歲, 契丹問罪書云, 東結構於女眞, 西往來於宋國, 是欲何謀.

경술년은 현종 원년(통화 28년, 1010)이다. 곧 그해 겨울에 친정한 성종은 그때 이런 내용을 담은 문죄서를 고려에 보낸 것이다(『고려사』 「현종세가」에는 그 서신이 실려 있지 않다). 그렇다면 당시 고려는 여진과 결탁해 거란에 맞선 것일까? 이것에는 충분한 반증이 있다. 그해 5월 고려는 하공진과 화주 방어낭중 유종柳宗을 먼 섬으로 유배 보냈다. 화주는 동여진과 경계를 맞댄 고려 동북면의 요지로 지금의 함경남도 영흥이다. 유배 보낸 까닭은 다음과 같다. 일찍이 하공진이 동여진을 쳤다가 패배했는데 그것을 한스럽게 여긴 유종은 여진인 95명이 화주 관사에 와서 조공하자 그들을 모두 죽였고, 동여진은 그 사건을 거란에 호소한 것이다.[8] 이것은 거란 성종의 문죄서에서 말한 고려와 여진의 관계를 분명히 부인하는 것이다.

그렇다면 고려는 송과 교통했는가? 그것도 사실이 아니다. 『속자치통감 장편』에 따르면 성종이 고려를 친정했을 때 송은 고려에서 원군을 요청하는 사신이 올 수도 있다고 예상해 그럴 경우는 "고려가 여러 해 동안 한 번도 조공하지 않았다高麗貢奉, 累歲不一至"는 것을 이유로 삼아 거절하기로 의견을 모았다.9 또 성종은 친정을 준비하면서 고려의 역신 강조의 죄를 묻겠다고 선언했는데, 그것은 이 논문의 첫머리에 서술한 대로 『요사』 「성종본기」에 분명히 기록돼 있다. 그리고 『고려사』 「양규열전」에 따르면 고려로 쳐들어온 성종은 흥화진을 지키던 장수에게 칙유했다.

전왕 송(목종)은 오랫동안 우리 조정을 섬겼는데, 지금 역신 강조가 임금을 시해하고 어린 아이를 세웠기 때문에 친히 정예군을 이끌고 이미 국경에 도착했다. 너희가 강조를 체포해 내 앞으로 보내면 즉시 군사를 돌리겠지만, 그렇지 않으면 곧장 개경으로 쳐들어가 너희 처자들을 죽일 것이다. 前王誦服事朝廷, 其來久矣, 今逆臣康兆弑君立幼, 故親率精兵, 已臨國境. 汝等擒康兆, 送駕前, 便卽回兵, 不然直入開京, 殺汝妻孥.

이것도 처음 군사를 일으킬 때 선언한 것과 마찬가지로 하나의 구실에 지나지 않았음은 통주성 부근에서 강조를 잡은 뒤에도 계속 나아가 개경을 압박한 데서 명확하다. 그렇다면 성종이 고려를 친정한 목적이나 동기는 쉽게 파악하기 어려워 보인다.

다시 좀더 나아가 생각해보면 「현종세가」에서 "거란 임금이 도성에 들어와 대묘·궁궐·민가를 모두 불태워버렸다契丹主入京城, 焚燒大廟宮闕民屋皆盡"고 했지만, 성종이 친정한 목적이 여기 있었다고는 생각되지 않는다. 방화와 약탈이 침략의 목적이었다면 거병을 고려에 미리 알리거나 오는 길에 있는 고려 성들에 하나하나 항복을 권유할 필요는 없었을 것이다. 또 고려 서북 경계의 6성 지역이나 그 이남 영토를 탈취하려고 하지 않았다는 것도 개경 이북 지역을 짓밟힌 현종이 친조를 조건으로 강화를 요청하자 곧바로 수락하고 군사를 돌린 데서 분명히 알 수 있다.

그러나 현종의 화친 요청 조건인 국왕의 친조는 고려에 일찍이 선례가 없던 것으로 거란의 정삭을 받든다고 해도 국가의 체면상 매우 중대한 문제였다. 큰 피해를 입었기 때문에 어떤 방법으로든 화친을 요청할 수밖에 없던 것이 분명하지만, 그래도 친조하겠다는 문제를 조건으로 삼을 리는 없다. 이것은 개경을 압박한 성종 쪽에서 먼저 고려에 요구한 것이 틀림없다고 추측된다. 곧 현종이 화친을 요청하는 사신 하공진을 거란군에 보내 "국왕이 정말 와서 뵙고 싶어 한다"고 한 것은 전란을 모면하는데 다급했기 때문에 일시적 수단으로 성종의 뜻에 영합한 것으로 생각된다. 요컨대 성종은 죄를 묻는다는 명목으로 고려를 침공했지만 진정한 목적은 고려 국왕을 입조시키는 데 있었다고 생각된다.

거란 성종은 즉위 27년째가 된 통화 27년(1009) 12월 국모 소태후가 세상을 떠난 뒤 이듬해 5월, 곧 태후를 건주乾州에 장사지낸 다음 달 고려 침략의 명령을 내렸다. 태후는 지략이 뛰어난 여걸로 성종이 12세로 즉위한 뒤 승상 한덕양韓德讓(야율융운耶律隆運)을 신임하면서 27년 동안 나라를 다스린 뒤 세상을 떠나기 한 달 전에야 성종에게 권력을 돌려줬다.[10] 『거란국지』에서는[11] 그동안 성종의 처지를 다음과 같이 서술했다.

이보다 앞서 태후가 권력을 돌려주기 전 황제는 이미 장성했지만 모든 일에 손을 모으고 따랐다. 태후는 창고에서 한 가지 물건이라도 사용하면 반드시 어디에 쓰는지 캐물었고 문무 관원에게 주는 것이면 허락했으며 그렇지 않으면 허락하지 않았다. 황제는 정치에 참여하지 않고 사냥에 빠졌으며, 좌우에서 아첨하는 사람들이 황제와 유흥을 즐겼다. 태후는 그것을 알고 처벌하면서 문책했으며 황제도 질책을 피하지 못했다. 황제의 옷과 말馬도 모두 태후가 검사했다. 궁궐의 빈들이 황제를 헐뜯기도 했는데, 태후는 그것을 믿고 반드시 궁정에서 황제를 욕보였다. 황제는 늘 순종하며 원망하는 말을 거의 하지 않았다. 先是, 后未歸政前, 帝已長立, 每事拱手. 或府庫中需一物, 必詰其所用, 賜及文武僚庶者允之, 不然不與. 帝旣不預朝政, 縱心弋獵, 左右狎邪與帝爲笑謔者. 太后知之, 重行杖責, 帝亦不免詰問. 御服·御馬, 皆太后檢校焉. 或宮嬪讒帝, 太后信之, 必庭辱帝. 帝每承順, 略無怨辭.

이것은 송인宋人들 사이에 전해진 이야기를 채록한 것이기 때문에 그대로 믿을 수는 없을지도 모른다. 그러나 태후는 송과 전쟁이 벌어지면 그때마다 직접 융거戎車를 타고 삼군을 지휘할 정도였기 때문에 그녀가 살아있는 동안 성종은 국무를 마음대로 처리할 자유가 없었다는 것은 분명하다. 또 성종의 사람됨에 대해서는 『속자치통감 장편』의 다음 기록이 주목된다.

한덕양의 죽음이 송에 알려지자 진종이 말했다. "한덕양은 지모가 뛰어나 국무를 전담했다. 지금 국모가 세상을 떠났고 한덕양도 죽었으니 신하 가운데 그와 견줄 만한 사람이 없다." 德讓頗有智謀, 專任國事. 今旣喪國母, 德讓又死, 臣佐中未聞有其比者. 왕약흠王欽若이 대답했다. "군주가

나약해 앞으로는 우호를 굳게 지킬 수 없을까 걱정됩니다."[12] 國主懦弱,
自今恐不能堅守和好.[13]

같은 책의 다른 부분도 눈여겨볼 만하다.

거란 임금은 어리석고 나약했다. 그 모후와 한덕양이 잇따라 죽은 뒤부
터 그 동생 야율융경은 더욱 사납고 영리해 많은 사람이 그에게 붙었다.
契丹主闇弱, 自其母及韓德讓相繼死, 其弟隆慶尤桀黠, 衆心附之.

이것들은 거란과 적대한 송의 평가여서 타당성을 잃었을지도 모르
지만 아무튼 성종은 현명한 군주는 아니었던 것으로 생각된다. 그런
성종이 정치를 직접 처리한 지 한 달 만에 태후가 붕어했다. 그는 태
후의 능을 덮은 흙이 마르기도 전에 갑자기 고려 침략을 계획했다. 명
목은 강조의 폐립을 문죄한다는 것으로 "사신을 보내 그 까닭을 묻는
것이 낫다"는 소적렬의 간언에도 귀를 기울이지 않았다. 그리고는 친정
에 나선 것이다. 아울러 고려의 폐립 사건은 태후가 불문에 부친 것이
고, 성종의 친정 목적은 고려 국왕을 입조시키려는 것이었다면 그 동
기는 파악하기 어렵지 않다. 모후의 억제에서 벗어나 국정을 직접 처
리하게 되자 허영심이 솟아난 것으로 생각된다.

이렇게 해서 시도한 거란 성종의 친정은 실패로 끝났다. 송 진종은
그것을 차갑게 비판했다. "전쟁은 위험한 일이니 어쩔 수 없으면 해야
하지만 좋아할 만한 일은 아니다戰危事, 蓋不得已, 非可好也."[15] 청천강 서쪽
에서 퇴각하면서 겪은 몇 번의 패전은 참으로 비참했다. 성종의 요구

는 고려의 화친 요청에 이용됐을 뿐 현종은 끝내 입조하지 않았다. 그러자 성종은 6성을 반환하라는 난제를 꺼냈다. 곧 20년 전 고려의 내속을 조건으로 하루 아침에 준 땅을 반환하라고 한 것이다. 그러나 고려는 6성을 차지한 뒤 거란에 사대의 의례를 빠뜨리지 않았다. 그리고 현종은 입조하지 않았지만 "예전처럼 신하로 섬기겠다"고 했기 때문에 이 요구는 분명히 불합리했다.

3. 개태 3~8년의 전쟁

고려 국왕을 입조시키려다가 실패한 성종은 앞서 줬던 6성을 반환하라는 매우 불합리한 요구를 꺼냈다. 앞 장 2절에서 서술한 대로 개태 원년(현종 3년, 1012) 8월 고려에서 여름 문후사로 전공지가 거란에 입조했을 때의 일이다.

『고려사』「현종세가」를 보면 그 뒤 거란으로 사신을 파견한 것은 한두 번에 그치지 않았다. 그해인 현종 3년에는 9월과 윤10월 두 번, 이듬해 현종 4년(개태 2년, 1013)에 들어와서는 정월과 2월 두 번 사신을 파견했다는 기사가 있다. 그리고 거란에서도 두 번쯤 사신이 왔다. 이런 기사들은 모두 간단해 무엇 때문에 사신이 오간 것인지 나와 있지 않지만 새로 제기된 6주 문제에 관련된 교섭이었다고 생각되는데, 같은 해 3월 "홍화진 등 6성을 요구한責取興化等六城" 사신으로 거란에서 좌감문위 대장군 야율행평耶律行平이 왔고 7월에도 "6성을 요구한索六城" 사신으로 다시 야율행평이 왔다고 한 데서 그렇게 추측된다.

곧 현종 4년 3월 이전 고려에서 사신을 파견한 것은 거란 성종에게

6성 반환 요구를 철회하게 하려는 이런저런 노력이 분명하다고 생각된다. 그리고 그 뒤 거란에서 야율행평이 두 번 온 것은 성종이 단호히 그 주장을 굽히지 않았음을 보여주는 것으로 여겨진다. 그동안 성종은 군사로 고려를 위협한 것 같다.

『고려사』 현종 4년 5월: 여진이 거란군을 인도해 압록강을 건너려고 하자 대장군 김승위 등이 공격해 물리쳤다. 女眞引契丹兵, 將渡鴨綠江, 大將軍金承渭等擊却之.

한편 『요사』 「성종본기」에서는 그해(개태 2년, 1013) 여름 6월 "중승 야율자충을 고려에 사신으로 보내 6주의 옛 땅을 차지하게 했다遣中丞耶律資忠使高麗, 取六州舊地"고 했고 8월 조에서 그의 귀국을 전했다. 이것은 「현종세가」에서 7월 야율행평이 다시 왔다고 한 것에 해당하는 기사로 야율자충은 야율행평이 분명하다. 봄 3월 야율행평이 처음 왔을 때 해당하는 기사는 『요사』에 보이지 않지만 그것은 아래의 이듬해 기사가 틀림없다.

개태 3년(1014) 2월: 상경 부유수 야율자충을 다시 고려에 사신으로 보내 6주 옛 땅을 차지하게 했다. 遣上京副留守耶律資忠, 復使高麗, 取六州舊地.

곧 『요사』의 이 기사는 달은 올바르지만 해가 1년 잘못된 것이다. 미리 말해두지만 이런 오류는 『요사』에 매우 많이 보이므로 연구에 특히 주의해야 한다.

(1) 1차 침략(개태 3~4년)

고려는 현종 4년(1013) 3월 야율행평(자충)이 가져온 6주 반환의 요구에 따르지 않았고 7월 야율행평이 다시 온 뒤 거란과 모든 교류를 끊었으며, 꼭 1년 뒤인 현종 5년(개태 3년) 가을 8월 내사사인 윤징고 尹徵古를 송에 보내 특산물을 바치고 예전처럼 내속하겠다고 요청했다. 이것은 말할 것도 없이 흉포한 거란에 맞서 자주적 태도를 보이겠다는 각오를 결심한 것이 틀림없고, 당연히 그동안 변경 방어도 정비했을 것으로 생각된다. 거란도 고려에 다시 사신으로 간 야율자충(행평)이 귀국한 무렵부터 이미 출병을 계획해[16] 그해 여름 동안 토벌 의사를 결정하고 9월에서 10월로 넘어갈 무렵 마침내 군사를 일으켰다.

- 『요사』 「성종본기」: 개태 3년(1014) 봄 국구 상온 소적렬과 동경유수 야율단석 등에게 조서를 내려 고려를 토벌케 했다. 開泰三年, 此夏, 詔 國舅詳穩蕭敵烈·東京留守耶律團石等討高麗.
- 『고려사』 「현종세가」 5년(1014) 9월 병신일(13일): 거란에서 장군 이송무를 보내 6성의 반환을 다시 요구했다. 契丹遣將軍李松茂, 又索六城.
- 같은 해 10월 기미일(6일): 거란이 국구 상온 소적렬을 보내 통주를 침략했다. 흥화진의 장군 정신용과 별장 주연이 공격해 무찌르고 700여 명을 죽였으며 강에 빠져 죽은 사람도 매우 많았다. 契丹遣國舅詳穩蕭 敵烈來侵通州. 興化鎭將軍鄭神勇, 別將周演擊敗之, 斬七百餘級, 溺江死者 甚衆.

이때 "6성의 반환을 요구한" 사신인 이송무는 침략하기에 앞서 그 이유를 전달하기 위해 파견된 것이고, 소적렬의 군사에서 많은 익사자

가 나온 곳은 통주와 흥화진 전투 가운데 삼교천三橋川 가에 있던 흥
화진이던 것으로 여겨진다.

다시 「현종세가」를 보면 이듬해인 현종 6년(개태 4년, 1015) 정월 첫
머리에 다음과 같은 기사가 있다.

거란이 그 동·서쪽에 성을 쌓았는데 [고려에서] 장수를 보내 공격해 파
괴하려고 했지만 이기지 못했다. 契丹作橋於鴨綠江, 夾橋築東西城, 遣將
攻破, 不克.

그 뒤에는 같은 달 계묘일(22일) 거란군이 흥화진을 포위하자 물리
쳤고, 다음 날 다시 거란군이 남쪽의 통주를 침략했으며 3월 기해일
(19일) 다시 용주龍州를 침략했다고 적었다. 같은 해 4월에는 "거란의
사신 장군 야율행평이 와서 또 6성을 반환하라고 하자 억류하고 보내
지 않았다契丹使將軍耶律行平來, 又索六城, 拘留不遣"고 했으며 「성종본기」에서
는 같은 달 "소적렬 등이 고려를 정벌하고 돌아왔다蕭敵烈等伐高麗還"고
했다. 곧 6주의 탈환을 목적으로 한 이번의 고려 침략은 개태 3년(현
종 5년, 1014) 여름에 착수돼 1년 반쯤 뒤 주장 소적렬이 귀국하면서
종결된 것이다.

그러나 소적렬이 고려를 침략한 것은 한번만이 아니라 개태 3년 겨
울 흥화진과 통주를 침략했다가 실패해 일단 압록강 서쪽으로 물러난
뒤 마침내 강에 부교浮橋를 만들어 4년 정월부터 석 달 동안 여러 번
같은 지방을 침략한 것으로 보인다. 2년에 걸친 「현종세가」의 기록은
이렇게 추단하는 데 충분하다. 앞서 서술한 대로 「성종본기」에는 다음
과 같이 씌어 있다.

개태 3년 봄 국구 상온 소적렬과 동경유수 야율단석 등에게 조서를 내려 고려를 토벌케 했다. 압록강에 부교를 만들고 보주·선의주·정원주 등에 성을 쌓았다. 造浮梁於鴨淥江, 城保·宣義·定遠等州.

이것은 앞뒤로 떨어진 정벌을 한데 묶어 3년 여름에 연결시킨 조잡한 기사로 생각된다.

이처럼 고려는 다시 거란의 공격을 받자 더욱 강경한 태도를 보였다. 앞서 말한 대로 마침내 거란의 "6성 반환을 요구한" 사신 야율행평을 억류한 것이다. 그 뒤 6주 반환을 문제로 삼은 거란의 고려 침략은 아래서 서술하듯 여러 번 일어났다. 실제로 앞서 서술한 개태 3~4년 소적렬이 이끈 침략은 첫 번째 사건이었다.

이 1차 침략과 관련해서는 다시 거란의 축성 사실을 언급하지 않을 수 없다. 앞서 서술한 대로 다음 두 기사는 같은 때의 사실을 전한 것으로 여겨진다.

- 『요사』「성종본기」: 압록강에 부교를 만들고 보주·선의주·청원주 등에 성을 쌓았다.
- 『고려사』「현종세가」 6년(1015) 정월: 거란이 압록강에 다리를 만들고 그 동·서쪽에 성을 쌓았다.

「현종세가」에는 따로 연말에 "이해에 거란이 선화진과 청원진을 점령해 성을 쌓았다"는 기사가 있는데, 이것과 같은 때의 사실을 전한 것으로 여겨진다. 「성종본기」에 나오는 세 성 가운데 하나인 보주는 압록강 동안東岸에 있는 지금의 의주다. 이것은 『고려사』(권58) 「지리지」에 분명히 기록돼 있어 논증할 필요가 없지만 같은 때 거란이 성을 쌓았다고 한 선의주와 정원주, 그리고 고려 쪽에서 거란의 침입을 받았다고 한 선화진과 정원진은 어디일까?

먼저 「성종본기」에서 "보주·선의주·정원주 등에 성을 쌓았다城保·宣義·定遠等州"고 했지만 이것은 "보주·선주 등에 성을 쌓았다城保·宣等州"는 것의 오류가 분명하다. 아래 기사를 보면 선의와 정원은 각각 보주와 선주의 군軍 이름이기 때문이다.

- 『요사』(권38) 「지리지」 보주 조: 보주는 선의군이 설치되고 절도사 아래 소속됐다. 고려가 주를 설치했다. (⋯) 개태 3년(1014) 고려의 보주와 정주를 빼앗았다. 保州, 宣義軍, 下節度. 高麗置州. (⋯) 開泰三年, 取其保·定二州.
- 선주 조(보주 관하의 세 성 가운데 하나): 선주는 정원군이 설치되고 자사를 뒀다. 개태 3년 중국인 가호를 이주시켜 설치하고 보주에 소속시켰다. 宣州, 定遠軍, 刺史. 開泰三年徙漢戶置, 隸保州.

요의 보주에는 선주(정원군) 외에 내원현來遠縣과 회화군懷化軍의 두 성이 소속됐지만 회화군은 앞의 보주·선주와 함께 개태 3년(현종 5년) 1차 전쟁 동안 설치됐다는 것은 『요사』「지리지」의 기록에 따라 알 수 있다.

회화군은 자사 아래 뒀는데, 개태 3년 설치하고 보주에 소속시켰다. 懷化軍下刺史, 開泰三年置, 隸保州.

요의 제도에서는 절도사·관찰사·방어사·단련사·자사 등을 장관으로 하는 지방 행정구역을 아무 주 아무 군某州某軍이라고 했다. 보주 선의군 같은 것이 그것으로 이 경우의 군은 주와 같은 뜻이다. 그런데 또 주 아래, 현 위에 위치한 다른 군軍이 있었다.

『요사』(권48)「백관지」: 주가 될 수 없는 것은 군이라고 하고 성이 될 수 없는 것은 보라고 한다. 不能州者, 謂之軍, 不能城者, 謂之堡.

보주에 예속된 회화군은 이런 종류의 군이었다. 회화군의 이름이 역사에 보이는 것은 『요사』「지리지」를 제외하면 다음 기록뿐이다.

『고려사』「덕종세가」(원년 3월): 보주 회화군사판관 최운부 (…) 등이 도망쳐 왔다. 保州懷化軍事判官崔運符 (…) 等來奔.

그리고 선주(정원군)는 한 번도 문제가 된 적이 없다. 함께 보주에 예속돼 독립적 권한을 갖지 못했기 때문으로 생각된다. 두 성의 위치는 정확히 파악할 수 없지만 의주 부근에 있던 것은 분명하다. 내원현은 통화 9년(991) 압록강 여진이 송에 조공하는 통로를 막았기 때문에 설치된 거란의 세 성 가운데 하나로[17] 성종이 고려를 친정하고 돌아오면서 압록강에 도착했을 때 황후와 동생皇弟의 영접을 받은 곳이기도 했다. 위치는 『고려사』(권71)「악지」에서 고구려 악곡 이름을 설명하면서 "물로 둘려 있는 곳水中之地"이라고 했는데, 쓰다 박사의 추정처럼 지금의 구련성과 의주 중간에 있는 하중도로 생각된다.[18] 지금의 지리로 말하면 검동도黔同島 북부의 한 지점으로 추정된다(섬의 형태는 예전과 지금이 달라졌을 것이다).

다음으로 고려 쪽에서 거란에서 빼앗았다고 한 「현종세가」의 선화진과 정원진을 고찰해보자.

『요사』「지리지」: 보주는 선의군이 설치되고 절도사 아래 소속됐다. 고려가 주를 설치했다. (…) 개태 3년(1014) 고려의 보주와 정주를 빼앗았다.

그러나 앞서 서술한 대로 보주는 고려가 설치한 주가 아니다. 다음 기록을 볼 때 그것은 소적렬이 압록강에 부교浮橋를 만들어 다시 강동으로 침입했을 때 설치한 주가 틀림없다.

- 『고려사』(권58) 「지리지」 의주의 연혁을 설명한 부분: 앞서 거란은 압록강 동안에 성을 설치하고 보주라고 불렀다. 初契丹置城于鴨綠江東岸, 稱保州.
- 같은 책(권95) 「박인량열전」: 요는 일찍이 압록강 건너편을 경계로 삼으려고 해서 배다리를 설치하고 동안東岸을 넘어와 보주성을 쌓았다. 遼嘗欲過鴨綠江爲界, 設船橋, 越東岸, 置保州城.

『요사』「지리지」의 기록은 그곳이 통화 12년(고려 성종 13년, 994) 이후 고려에 소속된 사실 때문에 잘못 파악한 것으로 생각된다. 그런데 문제의 선화진과 정원진은 거란이 보주를 건설하기에 앞서 그 전신前身으로 의주 부근에 설치됐던 고려의 진성이 아니었을까?

「현종세가」 6년(1015) 11월: 거란이 선화진과 정원진을 빼앗아 성을 쌓았다. 契丹取宣化·定遠二鎭, 城之.

여기서 "성을 쌓았다"는 것은 보주의 축설築設을 뜻하는 것으로 생각되므로 그렇게 추측할 수 있을 것 같다. 고려 정종 원년(1035) 고려의 영덕진에서 거란의 내원성으로 보낸 문서에는 다음과 같은 구절이 있다.

지난번 사신으로 간 6명이 상국에 억류돼 있으며 우리 강역 안에 들어와 쌓은 선·정 두 성을 아직 돌려받지 못했습니다. 昨緣梯航, 六使被勒留於上國之中, 宣·定兩城, 致入築於我彊之內, 未蒙還復.

이것은 현종 때 거란이 고려의 사신을 억류하고[19] 압록강 동쪽 지역을 차지한 것을 말한 것으로 두 성의 이름인 '선·정'은 진鎭의 이름으로 선화진·정원진과 상통하는 동시에 군軍의 이름으로 보주의 선의군과 선주의 정원군과도 연결된다. 그러나 특히 군 이름으로 보주와 선주를 부를 경우 '두 성'이라고는 하지 않을 것으로 생각되므로 "선·정 두 성"은 선화진과 정원진의 약칭으로 봐야 한다. 곧 이 문서의 뜻은 "거란이 우리 영토를 침입해 보주 등의 성을 쌓고 그때 빼앗은 선·정 두 성은 지금까지 돌려주지 않았다"는 것으로 보주가 설치되기 전 그곳에 선화진과 정원진이 존재했다는 또 하나의 증거다.

본래 고려는 성종 13년(통화 12년, 994) 새로 거란에 내속한 대가로 압록강 동쪽의 여진 거주지의 영유를 승인받은 뒤 3년 동안 새 영토의 요지에 장흥·귀화·통주·안의·흥화 등 5성을 쌓았지만 그보다 먼저 '압강도 구당사鴨江渡句當使'라는 관원을 임명했다. 이것은 새 영토의 북쪽 경계를 한정하기 위해 급히 시행한 조처로 그 구당사는 거란의 내원성과 마주보는 압록강의 도두渡頭, 곧 지금의 의주에 주재했고 거기에는 어떤 설비가 있었을 것으로 생각된다.

『고려사』「성종세가」에 따르면 그 관원은 이승건李承乾이 처음 임명됐고 곧 하공진이 대신 파견됐지만[20] 사료가 부족해 그 뒤의 존폐는 자세히 알 수 없다. 그러나 옛 영토의 서쪽 경계인 대령강 유역과 삼교천 사이에 위의 5성이 축조됐다고 해서 그 뒤 압록강 동안에서 새 영토의 북쪽 경계를 구획한 특수한 시설이 완전히 철폐됐다고는 생각되지 않는다. 고려 선종宣宗은 재위 5년(1088) 거란에 표문을 올렸는데[21] 거기에는 통화 12년(994) 거란 성종이 보낸 조서가 인용돼 있다.

고려 국왕 왕치(성종)에게 칙서를 보낸다. 동경유수 소손녕(소항덕)의 상주上奏를 보고 경이 9월 초에 인부들을 동원해 성채를 수축하고 10월 상순에 이미 마쳤다는 것을 알았다. 경의 재능은 하늘에서 내려준 것으로 지혜는 적절한 시기를 아는데 통달해 사대하는 정성을 즐겁게 바치고 멀리서 내조하는 의례를 받들었다. 마침 농한기를 이용해 멀리서 인부들을 모아 넓은 평야의 도적을 방어하기 위해 먼저 중요한 나루의 성을 쌓았으니 우리 조정의 뜻에 바르게 부합되고 지금의 정세와 잘 맞는다. 勅高麗國王王治. 省東京留守遜寧奏, 卿欲取九月初, 發丁夫修築城砦, 至十月上旬已畢. 卿才惟天縱, 智達時機, 樂輸事大之誠, 遠奉來庭之禮. 適因農隙, 遠集丁夫, 用防曠野之寇攘, 先築要津之城壘, 雅符朝旨, 深叶時情.

그리고 이 표문의 주요 내용, 곧 선종의 말에서는 거란 성종의 이 조서에 대한 당시의 조처를 서술했다.

이 때문에 하공진을 안문에 보내 압록에서 구당사가 되게 해 낮에는 나가서 동쪽 강변을 감시하고 밤에는 내성內城으로 들어와 머물게 했습니다. 마침내 하늘의 위엄에 의지해 점차 초적을 없애니 그 뒤로는 별다른 대비가 없어도 변방의 정세가 더욱 안정됐습니다. 是故遣河拱辰於鴈門, 爲句當使於鴨綠, 晝則出監於東浹, 夜則入宿於內城. 遂仗天威, 漸袪草竊, 後來無備, 邊候益閑.

고려가 거란에게 강동 지방의 영유를 승인받고 그해 9~10월 급히 쌓은 성채는 연도沿道의 다른 성들보다 먼저 설치한 "중요한 나루의 성"으로 변경 방어의 요지였으며 이른바 안문의 압강도 구당사가 주재한 성이었다. 그리고 중요한 나루나 안문이라는 곳이 지금의 의주 부근임은 거의 분명하다. 그렇다면 5성이 설치된 뒤 일시적 조처였던 압강도 구당사의 파견은 어느 땐가 이뤄졌지만 거란과의 국제관계가 아무 일 없이 평온하게 흘러갔기 때문에 군사적 대비는 소홀했어도 국경의 요지에 세운 그 성이 폐허처럼 됐다고는 생각되지 않는다.

또 의주는 요충지일 뿐 아니라 압록강에 맞닿은 높은 누각은 상당히 넓은 구역을 차지했기 때문에 자연히 간격을 두고 두 성을 건설할 수 있다. 이렇게 생각하면 개태 3~4년의 전쟁 때 거란에게 빼앗겼다고 한 선화진과 정원진을 고려가 강동 지방을 영유했을 때부터 의주 부근에 설치했던 압강도 구당사가 주재한 성과 그 외성으로 추정하는 것은 결코 부당하지 않다. 『고려사』「지리지」 의주 조에서 "앞서 거란은 압록강 동안에 성을 설치하고 보주라고 불렀다"고 해서 의주가 고

려의 소유였던 때의 성 이름을 들지 않은 것은 사료가 부족해 소략하
게 기록한 결과로 생각된다.

이처럼 개태 3~4년의 전쟁에서 거란은 고려의 두 진성을 빼앗고 지
금의 의주에 보주성을 쌓은 것과 동시에 그 아래 선주와 회화군을 설
치했는데, 선주의 군軍 이름인 정원군은 고려의 두 진성 가운데 하나
인 정원진의 이름을 그대로 가져온 것 같고 주 치소도 같은 곳에 둔
것으로 생각된다. 그리고 보주성은 선화진의 이름을 고치고 개축한 것
이 분명하다고 여겨진다. 또 그보다 먼저 소적렬이 만들었다고 한 압
록강의 부교는 강 안에 있는 검동도에 건설된 내원성과 의주 북안을
연결한 것으로 생각된다. 이것은 군사와 군수품을 수송하기 위한 일시
적인 설비로 다리를 사이에 두고 축조됐다고 한 동·서성도 다리를 지
키는 것을 주요 목적으로 한 성책으로 추정된다.

다시 살펴봐야 하는 한 주가 있다. 『요사』「지리지」에서 보주와 함
께 고려로부터 빼앗았다고 한 정주定州 ― 보주를 고려가 설치한 것처
럼 서술한 앞의 기사에서 "개태 3년(1014) 고려의 보주와 청추를 빼앗
았다"고 한 ― 가 그것이다. 이 주와 관련해서는 「지리지」의 보주 앞에
특별한 기사가 하나 있다.

정주 보령군은 고려가 주를 설치했다. 옛 현은 하나인데, 정동현이다. 성
종 통화 13년(995) 군으로 승격하고 요서의 백성을 옮겨 살게 했으며 동
경 유수사에 예속시켰다. 관할하는 현은 하나인데, 고려가 설치한 정동
현이다. 요에서는 요서 백성을 옮겨 살게 했다. 定州保寧軍, 高麗置州. 故
縣一, 曰定東. 聖宗統和十三年升軍, 遷遼西民實之, 隸東京留守司. 統縣一, 定

東縣, 高麗所置. 遼徙遼西民居之.

이것으로 보면 정주와 거기 소속된 정동현은 본래 강동에 있던 고려의 주·현이었지만 개태 3년 거란이 지금의 의주에 보주와 선주 등을 설치하면서 점령한 것으로 생각된다. 그러나 통화 13년은 고려 성종 14년으로 거란이 강동의 여진 지역을 고려에 양도한 이듬해이므로 그해에 고려가 한 주를 군軍으로 승격시켜 정주 보령군으로 삼았다는 것은 이치에 맞지 않는다. 뿐만 아니라 고려가 일찍이 압록강 방면에 정주를 설치한 것도, 그것을 거란으로부터 빼앗은 것도, 거란이 강동 지방에 보주와 대등한 위치에 있는 독립된 한 주를 소유했다는 것도 아무 증거가 없다. 그러므로 정주에 관련된 『요사』 「지리지」의 기록은 그대로 받아들이기 어렵다. 그렇다면 이것은 어떤 주로 생각해야 할까?

다시 「지리지」를 보면 동경도(치소는 지금의 요양)에는 개주가 첫머리에 있고 그 다음은 문제의 정주, 그리고 보주의 순서인데 요의 개주는 강서의 요지 가운데 하나인 지금의 봉황성이다.[22] 그리고 그 개주 조에는 거란의 고려 침략과 관련해 특히 주목해야 하는 사실이 기록돼 있다.

개주 진국군에는 절도사를 뒀다. (…) 돌을 쌓아 성을 만들었는데 둘레는 20리(7.9킬로미터)다. (…) 태조가 발해를 평정해 그 백성을 큰 부락으로 옮기고 그 성은 마침내 철폐했다. 성종聖宗이 신라(고려)를 정벌하고 돌아와 그 성터를 두루 살펴보고 다시 완전하게 수축했다. 개태 3년(1014) 쌍주(지금의 철령 서쪽)와 한주(창도昌圖 북쪽의 팔면성八面城 부근)의

1000여 호를 옮겨 이곳을 채운 뒤 개봉부 개원군으로 부르고 절도사를 됐다. 다시 진국군으로 이름을 고쳤다. 동경유수가 다스리며 군사 업무는 동경 통군사가 맡는다. 開州鎭國軍節度. (…) 壘石爲城, 周圍二十里. (…) 太祖平渤海, 徙其民于大部落, 城遂廢. 聖宗伐高麗還, 周覽城基, 復加完葺. 開泰三年, 遷雙·韓二州千餘戶實之, 號開封府開遠軍節度. 更名鎭國軍. 隷東京留守, 兵事屬東京統軍司.

곧 거란은 지금의 봉황성을 중시해 통화 29년(1011) 성종이 고려를 침략하고 돌아오는 길에 태조 야율아보기 때부터 폐성이 됐던 발해의 옛 성을 수축하기 시작했고, 마침내 개태 3년 고려를 침략할 때 요하 유역의 쌍주와 한주의 1000호를 이주시켰으며 그 뒤 개주로 이름을 고쳐 개봉부를 설치했다고 했다. 이것은 말할 것도 없이 소적렬의 고려 침입에 앞선 군사적 조처로 그는 새로 설치된 개봉부를 본거지로 삼아 압록강 동쪽을 침입했다고 여겨진다. 그가 첫 정벌에 실패하자 일단 물러난 것도 그곳이 분명하다. 그리고 이미 설명한 대로 2차 침략의 결과 고려는 의주 부군의 선화진과 정원진을 잃었고 요가 그곳에 보주와 선주 등을 설치했다.

그런데 봉황성과 의주 중간, 압록강 서안에 가까운 구련성도 이 방면의 요지다. 곧 금·원대에 걸쳐 역사에 유명한 파사부婆娑府가 있던 곳으로[23] 금 초기부터 군사·정치적으로 매우 중요한 위치를 차지했다. 그렇다면 요대는 어땠는가? 파사부의 전신으로 생각할 수 있는 지명은 역사에 전혀 보이지 않지만 봉황성에 개봉부 또는 개주가 있고 압록강의 하중도河中島에 내원성이 있으며 의주에 보주 등이 있다고 했으므로 구련성에 주·현이 없었을 리는 없다. 그런데 『요사』 「지리지」에서는 동경도의 수부首府를 요양부라고 한 뒤 관하의 주들을 개주·정주·보주의 순서로 들었으므로 문제의 정주로 앞의 공백을 채우면 의문은 깨끗이 풀린다. 곧 요의 정주는 금 파사부의 전신이 분명하다고 생각된다. 따라서 이 주와 거기 소속된 정동현을 고려의 주·현이라고 하고 개태 3년 그곳들을 고려로부터 빼앗았다고 한 『요사』「지리지」의 기록은 오류가 아닐 수 없다.

통화 12년(994) 거란은 강동의 여진 지역을 고려에 주면서 동경유수 소항덕(소손녕)에게 고려에 서신을 보내게 하고 압록강부터 청천강가의 안북도호부(지금의 안주)까지 280리(110킬로미터)에 조공로를 열기 위해 성보를 건설하라고 명령하는 동시에 강 서쪽에는 거란 스스로 5성을 설치한다고 선언했다.[24] 강동 지역을 영유한 고려는 장흥·귀화 등 5성을 쌓았지만 거란은 어땠는가? 내원성은 이미 통화 9년(991)부터 있었고 개봉부는 개태 3년(1014)에 설치됐으므로 강 서쪽에 5성을 쌓는다는 선언은 그저 선언일 뿐이었던 것 같다.

그러나 『요사』「지리지」에서 정주 보령군을 고려가 설치했다고 한 것은 오류지만 통화 13년(995) 군軍으로 승격시키고 요서의 백성을 이주시켰다는 것은 허구가 아니며 "군으로 승격시켰다"는 것은 정주 보령군을 창설했다는 뜻으로 생각된다. 따라서 적어도 정주와 정동현은 그 선언에 바탕해 설치된 것으로 볼 수 있다. 이처럼 정주는 통화 13년부터 존재했으므로 개태 3년(1014) 고려 원정의 근거지로 새로 개봉부를 설치하면서 군사적으로 더욱 중요한 위치를 차지하게 된 것이 틀림없다. 보주와 함께 그것을 고려로부터 빼앗았다는 잘못된 기록은 이런 관계에서 생겨난 것으로 생각된다.

(2) 2차 침략(개태 4년 가을)

앞 절에서 서술한 원정을 마친 소적렬이 개태 4년(현종 6년, 1015) 4월 거란으로 돌아오자마자 이전처럼 야율행평은 "6성의 반환을 요구하는" 사신으로 고려에 세 번째 파견됐다. 거란은 어느 정도 침략의 효과를 기대하면서도 고려가 따를지 아닐지 확신하지 못한 것 같지만 고려는 단호한 결의로 야율행평을 억류하고 보내지 않았다. 몇 달 뒤인 9월 7일(갑신) 다시 거란에서 "6성의 반환을 요구하는" 사신으로 앞서도 한번 왔던 장군 이송무가 도착했다. 그리고 5일 뒤인 같은 달 12일(기미) 거란군은 통주를 공격해왔다.

야율행평이 고려에 온 것은 4월 11일(경신)이었는데 『요사』 「성종본기」 5월 2일(신사)에는 다음 기사가 있다.

북부재상 유성을 도통으로, 추밀사 야율세량을 부도통으로, 전전도점검 소굴렬을 도감으로 삼아 고려를 정벌하라고 명령했다. 유성은 먼저 가족을 변방의 군郡에 이주시키느라 군대가 약속한 기일에 늦게 도착했기 때문에 쫓아 돌려보내고 야율세량과 소굴렬이 군사를 총괄해 출정케 했다. 命北府宰相劉晟爲都統, 樞密使耶律世良爲副, 殿前都點檢蕭屈烈爲都監以伐高麗. 晟先攜家置邊郡, 致緩師期, 追還之, 以世良·屈烈總兵進討.

처음 도통에 임명된 유성은 군대의 약속 기일을 어겨 소환됐기 때문에 부도통이던 야율세량이 주장主將으로 출정한 것인데, 그 일은 『요사』(권94) 「야율세량열전」에도 보인다.

개태 4년(1015) 고려를 정벌했는데 참여하는 부서를 편성했다. 도통 유신행(유성)이 지체하다가 기한을 어겼기 때문에 체포해 도성으로 돌려보내고 야율세량이 홀로 진군했다. 開泰四年, 伐高麗, 爲副部署. 都統劉愼行逗留失期, 執還京師, 世良獨進兵.

이 야율세량 군은 이송무가 고려에 파견된 뒤 9월 12일 통주를 공격한 거란군이 분명하다. 이것으로 보면 거란이 유성을 도통으로 삼아 다시 고려를 정벌하려던 것은 「성종본기」의 날짜가 보여주듯 고려가 야율행평을 억류한 지 20일쯤 뒤인 5월 2일이었는데, 유성이 지체한 결과 다시 출정을 명령받은 부장 야율세량 등이 이송무의 파견과 앞뒤로 고려의 서북면을 공격하기까지는 그 사이에 몇 달의 간격이 있어 위의 「성종본기」 기사는 다른 많은 사례들처럼 거기 실린 개별적 사실의 시간적 관계가 무시된 것이다. 그리고 이송무가 사신으로 온 임무인 '6성 반환'에는 출병 통보도 들어 있었을 것으로 생각된다.

다음으로 야율세량 등이 고려에 침입한 뒤의 행동은 『요사』 「성종본기」에 다음과 같이 기록돼 있다.

개태 5년(현종 7년, 1016) 정월: 경술일(5일) 야율세량과 소굴렬이 고려와 곽주 서쪽에서 싸워 무찌르고 수만 명을 죽였으며 그 물품을 모두 노획했다. 을묘일(10일) 군대가 남해군에 주둔했다. 야율세량이 군중에서 별세했다. 庚戌, 耶律世良·蕭屈烈與高麗戰于郭州西, 破之, 斬首數萬級, 盡獲其輜重. 乙卯, 師次南海軍. 耶律世良薨于軍.

정벌을 마친 뒤 야율세량이 주둔한 남해군은 해주 남해군 절도南海軍節度의 군軍 이름으로 요양 서남쪽인 지금의 해성海城이다. 곧 고려 영토에서 교전한 사실로 곽주 서쪽의 전투를 들고 그것을 야율세량 등이 출전한 해의 첫머리에 둔 것이다. 「야율세량열전」에서는 위의 기사를 이어 다음과 같이 서술했다.

이듬해 북도호부에 이르러 곽주까지 군사를 추격해 무찔렀는데 병으로 갑자기 죽었다. 明年, 至北都護府, 破追兵於郭州, 以暴疾卒.

여기서 알 수 있는 사실은 야율세량 등이 청천강 가의 안북도호부를 압박했다는 것과 곽주 서쪽의 승전은 패배해 남해군으로 돌아갈 때 고려군이 추격해오면서 이뤄졌다는 것이다. 한편 고려 쪽의 기록을 보면 다음과 같다.

「현종세가」 7년(1016) 정월 5일(경오): 거란의 야율세량과 소굴렬이 곽주를 침략했다. 우리 군은 맞서 싸우다가 수만 명이 죽었다. 그들은 군수품을 탈취해 돌아갔다. 契丹耶律世良·蕭屈烈侵郭州. 我軍與戰, 死者數萬人. 獲輜重而歸.

이것은 『요사』 「성종본기」의 기사를 옮겨 실은 것으로 독자적인 가치는 없다. 거슬러 올라가 현종 6년(1015), 곧 야율세량이 출정한 해의 9월에는 독특한 가치를 지닌 기사가 몇 개 있다.

12일(기미): 거란이 통주를 공격했다 契丹來攻通州.

앞서 서술한 대로 이것은 이송무가 온 닷새 뒤의 일이다.

• **16일(계해)**: 흥화진의 대장군 정신용과 별장 주연 (…) 등이 군사를 이끌고 거란군의 뒤쪽을 공격해 700여 명을 죽였다. 정신용과 6명이 전사했다. 興化鎭大將軍鄭神勇·別將周演 (…) 等引兵, 出契丹軍後, 擊殺七百餘級. 神勇及六人死之.

• **20일(정묘)**: 거란이 영주성(안북도호부)을 공격했지만 이기지 못하고 돌아갔다. 契丹攻寧州城, 不克而退.

• **23일(경오)**: 대장군 고적여 (…) 등이 추격하다가 전사했다. 거란군이 병마판관 왕좌와 녹사 노현좌를 포로로 잡아갔다. 大將軍高積餘 (…) 等追擊死之. 丹兵虜兵馬判官王佐·錄事盧玄佐而去.

맨 끝 기사에서 고적여 등의 추격전은 거란군의 퇴각과 관련된 것이다. 여기서 이런 거란 쪽과 고려 쪽의 기록을 어떻게 조화시킬 것인가 하는 문제가 생겨난다.

고려의 장군 고적여 등이 전사한 것은 안북도호부(영주성)을 공격했다가 이기지 못한 거란군을 추격한 때인데, 그 전투가 '통주 전투通州之役'라고 불렸다는 것은 다음 기사에서 알 수 있다.

「현종세가」 7년(1016) 7월: 도병마사에서 아뢰었다. "장군 고적여·중랑장 서긍·낭장 수암 등 3108명은 일찍이 통주 전투에서 매우 많이 죽이고 포로로 잡았으니 생존했든 전사했든 관직을 1급씩 더해주십시오." 그 말을 따랐다. 都兵馬使奏, 將軍高積餘·中郎將徐肯·郎將守嵒等 三千一百八人, 曾於通州之役, 殺獲甚多, 請不拘存沒, 增職一級. 從之.

그런데 『요사』 「성종본기」의 '곽주 서쪽' 전투는 「야율세량열전」의 기사에 비춰 분명해진 것처럼 안북부를 침략하고 돌아가던 야율세량이 고려의 추격군을 격파한 전투였으므로 이른바 '통주 전투'는 '곽주 서쪽' 전투가 틀림없다. 그리고 통주(선천 서북쪽의 동림東林)는 실제로 곽주(곽산) 서쪽에 있다. 곧 이 전투는 통주와 곽주 사이의 지역에서 일어난 것으로 생각된다. 또는 확실치 않은 지점에서 전투가 벌어진 경우는 편의상 그것을 근처의 지명에 연결시켜 부를 수밖에 없다. 동일한 전투가 「야율세량열전」에서는 "추격군을 곽추에서 격파했다破追兵于郭州"고 기록된 것도 그 때문으로 곽주가 전장이던 것은 아니다.

그런데 버리기 어려운 것은 교전 날짜다. 「현종세가」에 따르면 9월 23일, 「성종본기」에 따르면 이듬해 정월 5일로 큰 차이가 있는데 이것을 어떻게 해석해야 할까? 『고려사』의 날짜는 대체로 정확하지만 『요사』에 이런 오류가 많다는 것은 두 사서의 기사를 채택할 때 반드시 인정해야 한다. 따라서 고적여가 전사한 것은 '통주 전투'고 그것은 「성종본기」의 '곽주 서쪽 전투'이므로 「성종본기」의 날짜에 무게를 둘 수는 없다. 「성종본기」의 이 날짜는 「야율세량열전」의 기사와 관계가 있는 것 같고, 본기의 기사는 본래 날짜가 명확하지 않은 것을 『요사』의 편자가 본기에 수록하면서 열전에 '이듬해明年'라고 돼 있는 것에 따라 해는 개태 5년(1016)으로, 달은 마음대로 정월에 연결한 것으로 생각된다.

이처럼 야율세량은 개태 4년(현종 6년) 9월 통주와 안북부를 침략하고 돌아오다가 고려의 추격군을 곽주 서쪽에서 격파한 뒤 귀환했고, 그 정벌은 이렇게 끝났다. 대체로 특별히 뚜렷한 성과는 없었다.

(3) 3차 침략(개태 6년)

해를 넘겨 개태 5년(현종 7년, 1016)이 되자 새해부터 거란 사신 10명이 압록강까지 왔지만 고려는 받아들이지 않았다. 사신은 예전처럼 6주의 반환을 요구하러 온 것으로 생각된다. 그러나 압록강 가에는 거란의 보주가 있는데, 어떻게 고려가 압록강에서 거란의 사신을 물리칠 수 있었는지는 의문이다. 또 2월부터는 이상하게도 거란인이 3~5명, 8~9명, 또는 10여 명, 많게는 30호씩 계속 고려에 귀의해 1년 내내 거의 빈 달이 없었다. 그 뒤 요양의 발해인 대연림大延琳이 거란을 배반하자 그것 때문에 많은 거란인과 발해인이 고려에 투항했는데, 개태 5년(1016)에는 거란 본국에 동란이 일어난 흔적이 없기 때문에 이것도 의문으로 생각된다.

야율세량이 고려 침략을 마치고 요동의 해주 남해군으로 돌아온 것은 곽주 서쪽의 전투가 개태 4년(1015) 9월 23일인 것에서 미뤄보면 9월 말이나 10월 초로 생각되며, 뒤이어 3차 침략 계획이 있던 것은 다음 기사에서 알 수 있다.

「성종본기」 개태 4년 11월: 상경과 중경의 여러 궁(궁위宮衛, 곧 알로타斡魯朶)에 명령해 정예병 5만5000명을 뽑아 동정을 준비케 했다. 命上京·中京泊諸宮, 選精兵五萬五千人, 以備東征.

그 뒤의 경과는 앞서 서술한 것과 같다. 그렇다면 거란인이 자주 고려에 귀의한 것은 어떤 사정이 있어 3차 원정에 종군하지 않으려고 압록강 서쪽의 개봉부나 강 동쪽의 보주 진영에서 탈출한 것이 아니었을까? 고려가 압록강 가에서 거란의 사신을 거부할 수 있던 것도 이런 상황과 관계된 것으로 생각된다.

이렇게 해서 개태 6년(현종 8년, 1017) 봄 2월 성종은 국구國舅 장상 온帳詳隱 소외와蕭隗洼에게 조서를 내려 그 부部의 군사를 이끌고 고려를 정벌케 했다. 그러나 「성종본기」에 이렇게 나올 뿐 실현된 흔적은 없고, 어떻게 해서 무산됐는지 그 이유도 알 수 없다. 소외와가 명령에 따르지 않은 내부의 사정이 있던 것으로 생각된다.

그 뒤 5월 초하루 성종은 다시 추밀사 소합탁蕭合卓을 도통으로, 소굴렬을 도감으로 삼아 고려를 정벌케 하고 이튿날 소합탁에게 칼을 하사하며 전권을 위임했다. 소합탁은 가을 8월 고려를 침공해 9일 동안 흥화진을 포위했지만 성을 나와 싸운 고려의 장수에게 패배해 군사를 돌렸다.

「성종본기」 개태 6년 9월: 소합탁 등이 고려의 흥화군을 공격했지만 이기지 못하고 군사를 돌렸다. 蕭合卓等攻高麗興化軍, 不克還師.

이것은 고려 쪽 기록과 어긋나지 않는다. 흥화진은 고려가 거란을 방어하는 첫 관문인데, 이 전투 앞뒤에도 거란인이 고려에 귀의한 것을 보면 소합탁이 고려 내륙 깊이 침입하지 않은 까닭은 본국의 불안한 상황과 관련된 것으로 추정된다.

(4) 4차 침략(개태 7~8년)

위의 전쟁 뒤 1년 동안은 아무 일 없이 지나갔고, 이미 여러 번 침략을 받은 고려는 개태 7년(현종 9년, 1018) 10월 예빈소경 원영元永을 거란으로 보내 화친을 요청했다. 그러나 거란은 같은 달 다시 고려 침략의 조서를 내렸다. 조서의 주요 내용은 동평군왕東平郡王 소배압을 도통으로, 전전도점검殿前都點檢 소허렬蕭虛烈(소굴렬)을 부도통으로, 동경유수 야율팔가耶律八哥를 도감으로 삼아 원정케 하고, 방어하는 고려의 장수들에게는 "무리를 이끌고 스스로 귀의하면 후하게 상을 내릴 것이지만 성을 굳게 지키면서 저항하면 후회해도 소용없을 것"이라고 한 것이었다. 이런 조서를 볼 때 이번 출병은 큰 기대를 갖고 이뤄진 것 같은데, 「현종세가」에 기록된 것처럼 병력의 규모가 큰 데서도 그것을 알 수 있다.

거란 소손녕이 군사 10만 명을 이끌고 침략해왔다. 契丹蕭遜寧以兵十萬來侵.

미리 말해 두지만 이번 전쟁에서 거란의 주장은 소손녕이 아니라 소배압이었다. 그에 관련된 『고려사』 세가와 열전의 기사는 모두 잘못됐다. 손녕은 소배압의 동생 소항덕의 자字로 통화 11년(993) 고려 원정의 주장이던 소항덕은 몇 년 뒤 거란의 태후의 분노를 사서 처형돼 25 이번 정벌 10여 년 전 세상을 떠났다.

소배압이 고려를 침입한 것은 12월이었다. 고려는 미리 방어 준비를 마친 것으로 보이는데 곧바로 서북면 행영도통사行營都統使 강감찬을 상원수로, 대장군 강민첨姜民瞻을 부원수로 삼아 20만8000여 명의 군사를 이끌고 영주(안북부)에 주둔케 했다. 두 장수는 흥화진으로 나아가 기병 1만2000명을 골짜기에 매복시키고 소가죽을 굵은 줄로 꿰어 성 동쪽의 큰 하천을 막고 기다렸다. 그리고 거란군이 오자 막았던 것을 풀고 복병을 출동시켜 대파했다. "성 동쪽의 큰 하천"은 흥화진성 앞을 북쪽에서 남쪽으로 흐르는 삼교천이다.

홍화진에서 패배한 소배압은 곧바로 군사를 이끌고 개경으로 향했다. 자주慈州(평안남도 자산) 남쪽 내구산來口山에서는 흥화진에서 추격해온 강민첨에게 후미를 공격당했고, 평양 동북쪽의 마탄(지금의 미림진)에서 대동강을 건널 때도 고려군의 공격으로 상당한 피해를 입었지만 이듬해(개태 8년, 현종 10년, 1019) 초에는 개경과 100리(39.3킬로미터) 떨어진 신은현新恩縣까지 침입했다. 신은현은 황해도 신계 동남쪽 25리(9.8킬로미터)에 있는 지금의 고신은古新恩이다.

강감찬은 수도 개경으로 서둘러 돌아와 방어했는데, 병마판관 김종현金宗鉉의 군사 1만 명과 동북면에서 온 원군 3300명이 보강됐다. 그는 성 밖의 백성을 성안으로 들어오게 하고 들을 비워 기다렸는데, 소배압의 서신을 가진 사신이 와서 뜻밖에도 군사를 돌리겠다고 알렸다. 소배압이 몰래 보낸 척후 기병 300명은 금천金川 남쪽 금교역金郊驛에서 고려군의 습격을 받아 죽었다.[26]

신은현에서 군사를 돌린 소배압은 연주(평안남도 개천)와 위주(평안북도 영변) 사이의 청천강을 건널 때 강감찬 군의 습격을 받았고 2월 초하루 구주(구성)을 지났는데, 구주 전투는 『고려사』 「강감찬열전」에 기록돼 있다.

거란군이 구주를 통과하자 강감찬 등은 동쪽 교외에서 맞아 싸웠다. 양군은 서로 대치하며 승패를 가리지 못했다. 김종현(병마판관)이 군사를 인솔해 그곳에 이르렀을 때 갑자기 비바람이 남쪽에서 불어와 깃발이 북쪽을 가리켰다. 우리 군이 그 기세를 타고 용기를 두 배로 내 격렬히 공격하니 거란군은 북쪽으로 도망쳤다. 우리 군은 그들을 추격해 석천을 건너 반령에 이르렀는데, 시체가 들을 덮었고 노획한 포로·말·낙타·갑옷·무기를 이루 셀 수 없었다. 살아서 돌아간 자는 겨우 수천 명뿐이었다. 거란의 패배가 이렇게 심한 적은 없었다. 契丹兵過龜州, 邯贊等邀戰於東郊, 兩軍相持, 勝敗未決. 宗鉉引兵赴之, 忽風雨南來, 旌旗北指. 我軍乘勢奮擊, 勇氣自倍, 契丹兵奔北. 我軍追擊之, 涉石川, 至于盤嶺, 僵尸蔽野, 俘獲人口·馬駝·甲冑·兵仗, 不可勝數. 生還者僅數千人. 契丹之敗, 未有如此之甚.

석천은 구성 앞을 흐르는 황화천皇華川이고 반령은 구성 북쪽 29리(11.4킬로미터)에 있는 팔영령八營嶺으로 생각된다. 거란 쪽 기록은 다음과 같다.

「성종본기」: 이달 소배압 등이 다타이하에서 고려와 싸웠는데, 요군이 패배해 천운天雲과 우피실右皮室의 2군軍에서 물에 빠져 죽은 사람이 많았다. 요련장 상온 아과달·객성사 작고·발해 상온 고청명·천운군 상온 해리 등이 모두 죽었다. 是月蕭排押等與高麗戰于茶陀二河, 遼軍失利, 天雲·右皮室二軍沒溺者衆. 遙輦帳詳穩阿果達·客省使酌古·渤海詳穩高清明·天雲軍詳穩海里等皆死之.

이 구주의 석천 전투를 다타이하 전투라고 부르고 개태 7년(1018) 12월의 일이라고 기록했다. 날짜는 『고려사』를 볼 때 개태 8년 2월의 오류로 생각되는데, 「성종본기」 개태 8년 3월 18일(을해) 소배압 등이 고려를 침략하고 돌아왔다고 한 것을 봐도 분명하다. 같은 전투는 『요사』(권88) 「소배압열전」에서도 보인다.

개태 7년 다시 고려를 침략해 개경에 이르렀다. 적이 무너져 도망치니 군사를 풀어 포로를 잡아 돌아왔다. 다타이하를 건널 때 적이 협공하니 소배압은 갑옷과 무기를 버리고 도망쳤는데, 그 죄로 파직됐다. 開泰七年, 再伐高麗, 至開京. 敵奔潰, 縱兵俘掠而還. 渡茶陀二河, 敵夾射, 排押委甲仗走, 坐是免官.

모두 교전지로 다타이하를 들었는데, 「강감찬열전」의 석천과 같은 하천을 가리키는 것으로 봐 황화천에 비정할 수 있다고 생각된다.

『요사』(권80) 「야율팔가열전」: 개경에 이르러 크게 약탈하고 돌아왔다. 다타이하를 건너는데 고려의 추격군이 도착했다. 장수들은 모두 적이 두 하천을 건너게 한 뒤 공격하려고 했지만 야율팔가만이 반대했다. "적이 두 하천을 건너면 반드시 죽기로 싸울 것이니 위험한 방법입니다. 두 하천 사이에서 공격하는 것이 낫습니다." 소배압은 그 말에 따라 싸웠지만 대패했다. 至開京, 大掠而還. 濟茶陀二河, 高麗追兵至. 諸將皆欲使敵渡兩河擊之, 獨八哥以爲不可曰, 敵若渡兩河, 必殊死戰, 乃危道也. 不若擊於兩河之間. 排押爾從之, 戰敗績.

그런데 이 기사에 따르면 다타이하는 하나의 하천을 말하는 것이 아니라 다하와 타하를 합쳐 부른 것이 분명하다. 그러나 실제의 지리상 황화천은 영변 방면에서 구성 부근으로 올 때 건너야 하는 유일한 하천이기 때문에 「야율팔가열전」의 기록은 다타이하를 글자에 따라 두 개의 하천으로 잘못 해석한 것으로 생각된다.

소배압의 원정은 이처럼 실패로 끝났다. 처음의 기대를 이루지 못한 거란 성종은 크게 분노하면서 사신을 보내 소배압을 책망했다.

> 너는 적을 얕잡아보고 깊이 들어갔다가 이런 지경에 이르렀으니 무슨 낯으로 나를 보려는가? 짐은 네 얼굴 가죽을 벗긴 뒤 죽일 것이다. *汝輕敵深入, 以至於此, 何面目見我乎. 朕當皮面, 然後戮之.*[27]

6주의 반환을 요구한 거란의 침략은 이것이 네 번째였는데, 원정의 경과는 깊이 개경까지 들어갔다가 회군하면서 참패한 것으로 통화 말 성종의 친정과 비슷했다.

4. 강화

앞서 서술한 대로 소배압이 거란 본국으로 돌아간 것은 개태 8년(1019) 3월 18일(을해)이었는데 5월 12일(무진) 앞서 거란에서 파견된 사신이 고려에 도착했다.

> 「현종세가」 같은 날: 거란의 동경 문적원 소감 오장공이 와서 알현했다. *契丹東京文籍院少監烏長公來見.*

그러나 그의 임무가 무엇이었는지는 알 수 없다. 몇 달 뒤 다시 거란의 동경에서 사신이 왔는데 고려도 바로 회답하는 사신을 보냈다.

> •「현종세가」 8월 7일(신묘): 거란의 동경에서 사신 공부소경 고응수가

왔다. 契丹東京使工部少卿高應壽來.

- **같은 달 11일**(을미): 고공원외랑 이인택을 거란 동경으로 보냈다. 遣考功員外郞李仁澤如契丹東京.

한편 거의 같은 때 거란에서는 5차 출병이 기획됐음을 알 수 있다.

『요사』 「성종본기」 개태 8년(1019) 8월 6일(경인): 낭군 갈불식 등을 보내 각부의 군사를 이끌고 대군을 모아 고려를 토벌케 했다. 遣郞君曷不式等率諸部兵, 會大軍討高麗.

그러나 이 출병 계획은 실현되지 않았으며, 도리어 오랫동안 적대관계는 화해로 진전돼 마무리됐다.

「성종본기」 같은 해 12월 29일(신해): 고려 국왕 왕순(현종)이 사신을 보내 특산물을 바치겠다고 하니 조서를 내려 받았다. 高麗王詢遣使乞貢方物, 詔納之.

생각해보면 고려는 이미 지난해 10월 예빈소경 원영을 거란에 보내 화친을 요청했다. 소배압을 주장으로 한 거란의 4차 고려 침략은 그것과 동시에 결행됐지만 결과는 매우 참담했기 때문에 거란 스스로도 점차 평화를 희망하게 됐고 그 실마리를 열기 위해 정식 사신이 아닌 동경의 관원을 고려에 보냈으며, 한편으로는 고려의 태도가 어떤지에 따라 침략을 계속할 의지도 있었기 때문에 갈불식 등에게 출정 명령을 내린 것으로 생각된다. 고려는 곧바로 회답사를 동경으로 보냈는데, 화친을 요청하려는 것이 분명했다. 여기서 거란을 그것을 받아들이는 동시에 출병을 중단한 것으로 생각된다.

고려는 거란의 1차 침입 이후 여러 번 6주의 반환을 요구하러 사신으로 온 야율행평(자충)을 억류했는데, 그 뒤 벌써 5년이 흘렀다. 이제 거란에게 화친을 요청했으므로 당연히 그를 돌려보냈다. 사대의 예절을 복구한 것은 다시 말할 것도 없다. 앞서 서술한 대로 화평의 기회가 오자 고려는 머뭇거리지 않고 이렇게 조처했다.

- •「현종세가」 현종 11년(1020) 2월: 이달 이작인을 거란에 보내 표문을 받들고 번국藩國이 돼 예전처럼 조공하기를 요청했으며 억류됐던 지라리를 돌려보냈는데, 그는 6년 동안 억류돼 있었다. 是月遣李作仁奉表如契丹, 請稱藩納貢如故, 且歸所拘人只剌里, 被留凡六年.
- •같은 해 3월 2일(계축): 거란 사신 야율행평을 돌려보냈다. 歸契丹使耶律行平.

이듬해의 이런 기사에서 지라리는 야율행평을 따라 왔던 인물로 생각된다. 『요사』「성종본기」의 기록도 거의 같다.

개태 9년(1020) 5월: 야율자충이 고려에 사신으로 갔다가 돌아왔다. 왕순(현종)은 표문을 올려 번국을 칭하고 조공하기를 요청했으며 억류했던 거란의 신하 지라리를 돌려보냈다. 지라리는 고려에 6년 동안 억류됐지만 충정을 굽히지 않았기 때문에 임아로 삼았다. 신미일(21일) 사신을 보내 왕순의 죄를 용서하고 그 요청을 윤허했다. 耶律資忠使高麗還. 王詢表請稱藩納貢, 歸所留王人只剌裏. 只剌裏在高麗六年, 忠節不屈, 以爲林牙.

辛未, 遣使釋王詢罪, 並允其請.

곧 오랫동안 소원했던 관계를 한 번에 청산하고 평화를 회복하는 것을 요지로 한 조건은 고려가 예전처럼 번국의 예를 갖추고 지라리와 야율행평 등을 돌려보낸 것이었다.

그럼 6주 반환 문제는 어떻게 됐을까? 화평의 분위기가 나타나면서 그것은 즉시 사라진 것이 거의 분명하다. 거란은 몇 번의 침략을 거듭했지만 끝내 무력으로 고려를 굴복시킬 수 없었고 스스로 처음의 요구를 포기할 수밖에 없던 것으로 생각된다.

근본적 요구를 포기한 거란은 달리 무엇을 얻었을까? 몇 차례의 원정은 완전히 헛수고로 돌아갔고 1차 원정 때 압록강 동쪽의 고려 영토에 설치된 보주와 선주를 차지했을 뿐이다. 거란 성종은 현종을 입조시키려는 야심으로 친정의 군사를 일으켰지만 목적을 이루지 못했다. 그러자 다시 영토에 관련된 불합리한 요구를 내놓으면서 작은 나라에 폭압적 위력을 휘둘렀지만 그 결과는 앞서 말한 대로였다. 거란 성종은 친정 뒤 고려에 대한 계획을 실행에 옮겼지만 철저히 실패했다고 말하지 않을 수 없다.

9편
고려시대 동여진의 해상 침략

1. 현종 초 해적에 관련된 기사들

『고려사』(권82) 「병지」 진수鎭戍 부분에는 현종 초 동북면 해적의 방어와 관련된 기사가 있다.

현종은 즉위한 뒤 과선 75척을 만들어 진명 입구에 정박시켜 동북면의 해적을 막았다. 顯宗卽位, 造戈船七十五艘, 泊鎭溟口, 以禦東北海賊.

진명은 한반도 동해안에서 유일하게 좋은 항구인 지금의 원산에 가까운 곳이다.[1] 또 같은 현종 초 동해안 각지에 성을 쌓은 것은『고려사』「병지」 성보 부분의 다음 기사에서 알 수 있다.

- [현종] 2년(1011) 청하·흥해·영일·울주(울산)·장기에 성을 쌓았다. 二年, 城淸河·興海·迎日·蔚州·長鬐.

• 3년 경주·장주·금양(통천)에 성을 쌓았다. 三年, 城慶州·長州·金壤.

『고려사』「현종세가」의 다음 기록들도 앞서 말한 대로 해안 방어의 필요성을 설명하는 것이다.

• 2년 8월 동여진의 배 100여 척이 경주를 침략했다. 東女眞百餘艘寇慶州.
• 3년 5월 동여진이 청하현·영일현·장기현을 침략했다. 도부서 문연·강민첨·이인택·조자기를 보내 주·군의 군사를 독려해 격퇴시켰다. 東女眞寇淸河·迎日·長鬐縣. 遣都部署文演·姜民瞻·李仁澤·曹子奇, 督州郡兵, 擊走之.
• 6년(1015) 3월 여진이 배 20척으로 구두포(위치는 미상)를 노략하자 진명도 도부서가 격퇴시켰다. 女眞以船二十艘, 寇狗頭浦, 鎭溟道都部署擊敗之.

2. 우산국의 몰락

또 「현종세가」를 보면 우산국이 여진의 침략을 받은 사실이 여러 번 기록돼 있다.

• 9년(1018) 11월 우산국이 동북 여진의 침략을 받아 농사를 짓지 못하게 되자 이원구를 보내 농기구를 하사했다. 以于山國被東北女眞所寇, 廢農業, 遣李元龜, 賜農器.

• 10년(1019) 7월 우산국 백성 가운데 여진에게 노략질당해 도망쳐 온 사람은 모두 돌아가게 했다. 于山國民戶曾被女眞虜掠來奔者, 悉令歸之.

• 13년(1022) 7월 도병마사에서 아뢰었다. "우산국 백성 가운데 여진에게 노략질당해 도망쳐 온 사람은 예주(지금의 영해)에 거주케 하고 관청에서 돈과 양식을 줘 영원히 호적에 편입하십시오." 그 말에 따랐다. 都兵馬使奏, 于山國民被女眞虜掠逃來者, 處之禮州, 官給資糧, 永爲編戶. 從之.

우산국은 울릉도亐陵島·우릉도羽陵島라고도 하며 강원도 울진 동쪽 약 90해리(167킬로미터)에 있는 지금의 울릉도鬱陵島로 그것이 처음 한반도에 귀속된 것은 신라 지증왕 때 — 중국 남북조 중엽 — 였다.

『삼국사기』(권4) 「신라본기」 지증왕 13년(512): 우산국이 항복하고 해마다 토산물을 바쳤다. 우산국은 명주(지금의 강릉) 정동쪽에 있는 섬으로 울릉도라고도 부른다. 땅은 사방 100리(39.3킬로미터)인데, 지세가 험한 것을 믿고 복종하지 않았다. 이찬 이사부는 하슬라주 군주가 돼 말했다. "우산국 사람들은 어리석고 사나워 위력으로는 복종시키기 어렵지만 꾀를 쓰면 굴복시킬 수 있다." 그런 뒤 나무로 사자 모형을 많이 만들어 전선에 나눠 싣고 그 나라의 해안에 이르러 거짓으로 알렸다. "너희가 항복하지 않으면 이 맹수를 풀어 밟아 죽이겠다." 나라 사람들이 두려워하며 곧 항복했다. 于山國歸服, 歲以土宜爲貢. 于山國在溟州正東海島, 或名鬱陵島. 地方一百里, 恃嶮不服. 伊飡異斯夫爲何瑟羅州軍主謂, 于山人愚悍, 難以威來, 可以計服. 乃多造木偶師子, 分載戰船, 抵其國海岸, 誑告曰, 汝若不服, 則放此猛獸踏殺之. 國人恐懼則降.

같은 사실은 『삼국유사』(권1 「지철로왕」)에도 기록돼 있다.

아슬라주(지금의 명주)의 동쪽 바다에 순풍으로 이틀거리에 울릉도(지금은 우릉羽陵이라고 한다)가 있다. 둘레가 2만6730보였는데 섬 오랑캐들은 그 바다가 깊은 것을 믿고 교만해 신하가 되지 않았다. 阿瑟羅州東海中便風二日程有亏陵島(今作羽陵), 周迴二萬六千七百三十步, 島夷恃其水深, 憍慠不臣.

그리고 지증왕 뒤 400년 동안 신라에 복속된 것으로 생각되는 이 작은 섬나라는 앞서 서술한 대로 동여진의 침략을 받은 앞뒤에도 자주 고려에도 조공했다.

- 『고려사』 「태조세가」 13년(930) 8월: 우릉도에서 백길과 토두를 보내 토산물을 바치자 백길을 정위에, 토두를 정조에 임명했다. 芋陵島遣白吉·土豆, 貢方物, 拜白吉爲正位, 土豆爲正朝.
- 「덕종세가」 원년(1032) 11월: 우릉성주가 아들 부어잉다랑을 보내 토산물을 바쳤다. 羽陵城主遣子夫於仍多郎來, 獻土物.

일본의 『본조여조本朝麗藻』(권하)에도 미나모토 다메노리源爲憲와 후지와라 아리쿠니藤原有國(감해상공勘解相公)의 시가 실려 있다. 하나는 「울릉도 사람을 대신해 천황의 은혜에 감사하는 시代迂陵島人感皇恩詩」라는 제목이고 다른 하나는 "고려의 번도 가운데 신라 울릉도 사람 절긍열지라는 사람이 있는데 문장은 뛰어나지 않지만 시를 많이 알아 헤어지는 날 내가 한 편을 써줬다高麗蕃徒之中, 有新羅迂陵島人折兢悅之者, 其文不

優, 頗知詩篇, 臨別之日, 予與一篇"는 내용이다.

후지와라 유키나리藤原行成의 『곤키權記』* 조호長保 6년(간코寬弘 원년, 1004) 3월 조에서 "우릉도 사람 11명의 일을 보고했다被定 (…) 因幡國言 上于陵島人十一人事等"고 했으므로 울릉도 사람에 관련된 두 사람의 시는 이 무렵 지어진 것으로 생각된다. 그리고 아리쿠니에게서 시를 한 편 받은 그 섬 사람 절궁열지는 문장은 뛰어나지 않지만 시를 많이 안다고 했으므로 고려의 번도 가운데 시문을 주고받을 수 있을 정도의 학식이 있던 인물로 보인다. 그렇다면 그 일행 11명은 고려로 가던 조공 사신이고 우연히 바람을 만났기 때문에 일본에 표착한 것으로 생각된다.[2] 조호 6년은 고려 목종 7년이다.

우산국은 신라인이나 고려인에게서 섬 오랑캐(도이島夷)라고 불렸고 한반도에 오랫동안 복속된 나라附庸國였던 것은 그 주민이 한족韓族과는 다른 종족이기 때문이 분명하며, 나무 사자를 두려워해 신라에 귀의했다고 한 설화에서 당시의 섬 주민의 생활상태가 원시적이었음을 상상할 수 있다. 그들이 어떤 종족이었는지 고찰해보면, 한대 초 연燕 출신 위만衛滿이 기씨箕氏를 대신해 두 번째 고조선 왕조를 개창하기 전부터 대체로 지금의 함경남·북도와 포이합도하·해란하 유역은 옥저족의 거주지였고 강원도 지방은 예족의 거주지였다.[3]

그리고 이런 이맥夷貊은 기자 조선 때는 알 수 없지만 위만 조선이 번영하는 동안 그들에게 복속됐으며, 위만 조선이 멸망하고 한사군이 설치됐을 때는 현도군과 임둔군의 치하에 들어갔다. 얼마 되지 않아 두 군은 폐지되고 옥저 등 7현의 관할은 낙랑의 동부도위가 대신했다.

---

* 헤이안平安 시대(794~1185) 중기에 활동한 후지와라 유키나리의 일기.

후한 초 다시 그 동부도위를 없앤 뒤 옛 현의 이름을 사용해 이맥(옥저족의 일부와 예족)의 우두머리渠帥를 각각 현후에 책봉하고 그들에게 그곳을 통제하게 했다. 후한 말에는 4군의 하나인 진번 지역에서 일어난 고구려의 세력이 매우 강해져 옥저는 그 영역 안에 들어갔고 예도 자연히 복속됐다.

조위曹魏 때 관구검이 고구려를 정벌해 환도성을 함락시키자 고구려왕 궁은 옥저로 도망쳤는데, 그 때문에 이때 옥저와 예 모두 위군의 공격을 받았다. 그 뒤 옥저는 원래대로 고구려에 복속됐고 예는 낙랑군과 대방군의 통제를 받았지만, 서진 말 두 군이 잇따라 몰락하고 고구려와 백제가 그 방면을 모두 장악해 서로 대립하자 예는 고구려·신라·백제 사이에서 하나의 독립국을 형성하게 됐다. 그리고 예가 마침내 고구려의 영역으로 편입된 것은 동진 말 광개토왕이 그것을 정복한 결과였던 것 같다.[4]

함경도와 강원도는 남북조 이전에 관련된 역사를 지닌 지방이었기 때문에 그동안 울릉도에 거주한 주민이 있었다면 지리적 관계에서 그들이 예였을 것이라고 추정하는 것은 부당하지 않다. 『위지』 「동옥저 열전」에는 관구검이 보낸 현도태수 왕기가 고구려왕 궁을 추격해 옥저에 이르렀을 때의 사실이 기록돼 있다.

왕기가 따로 군사를 보내 그 동쪽 경계 끝까지 궁을 추격했다. 그곳의 노인에게 "바다 동쪽에도 사람이 사는가?"고 묻자 노인은 대답했다. "우리나라 사람이 배를 타고 고기를 잡다가 풍랑을 만나 동쪽으로 수십 일을 흘러가 한 섬에 도착했다. 거기에는 사람이 있었지만 서로 말을 알아들을 수 없었다. 그 풍속에는 7월마다 여자아이를 바다에 집어넣는다.” 王頎別遣追討宮, 盡其東界. 問其耆老海東復有人不, 耆老言國人嘗乘船捕魚, 遭風見吹數十日, 東得一島. 上有人, 言語不相曉. 其俗常以七月取童女沈海.

이 섬은 울릉도밖에 될 수 없고 섬에 거주한 백성은 예였을 것으로 생각된다. 표착한 옥저인과 말이 통하지 않았다는 것도 그들이 예라는 것을 추측하기에 충분하다. 정말 그렇다면 남북조 중엽 신라의 우산국 정벌은 삼국시대 이전부터 울릉도를 점유한 예족을 복속시킨 것으로 그 뒤 이 섬이 오랑캐의 나라로서 신라와 고려의 국경 밖의 번방이 된 것은 참으로 까닭이 있다.

『삼국사기』「지증왕본기」 6년(505): 왕이 직접 나라 안의 주·군·현을 획정했다. 실직주를 설치하고 이사부를 군주로 삼았다. 군주라는 명칭은 이때부터 시작됐다. 王親定國內州郡縣. 置悉直州, 以異斯夫爲軍主. 軍主之名始於此.

이것은 하슬라주 군주로 임명된 이사부가 우산국을 정벌하기 7년 전의 일이다. 실직주는 지금의 삼척으로 당시 신라의 동북 경계를 이룬 곳으로 생각되므로 이사부가 지금의 강릉인 하슬라주의 군주가 됐다는 것은 그곳을 고구려에서 탈취했음을 뜻하며, 곧 그는 세력을 타고 그때 우산국도 공격한 것이다.

아무튼 작은 울릉도가 신라와 고려에 복속되면서도 완전히 한반도의 영역 안에 들어가지 않고 그 사이에서 한 나라의 위상을 지킨 것은 인종적 요인으로만 볼 수는 없다. 섬은 동서와 남북의 길이가 거의 같고 가장 넓은 부분이 2리 30정(10킬로미터)쯤이다. 둘레는 10리 26정(42킬로미터)이다. 983미터의 높은 봉우리가 중앙에 솟아 있고 크고 작은 수십 개의 봉우리가 그 주위를 둘러싸고 해안으로 내려간다. 토질은 비옥하고 천연의 물산도 적지 않지만 평지가 매우 적어 많은 인구가 살 수는 없다. 해안은 곳곳에서 절벽을 이루고 굴곡이 많아 배를 대기에 적합한 항만이 없다. 그리고 한반도와의 교통이 불편한 것은 말할 필요도 없다. 요컨대 이 섬은 약간의 주민이 독립적 생활을 영위하는 데는 충분하지만 객관적으로는 큰 가치가 없고, 해상교통이 발달하지 않은 고대에는 특히 그랬을 것으로 생각된다. 예의 본국이 무너진 뒤 신라가 섬 오랑캐를 정복했지만 그들을 예전처럼 살게 한 것은 주로 이런 까닭 때문이었다.

이렇게 해서 우산국, 곧 울릉도는[5] 앞서 서술한 대로 고려 덕종(1031~1034) 때까지 한반도에 조공했지만 그 뒤 오랫동안 소식이 끊어졌다가 100여 년을 지난 인종(1122~1146) 때 다시 역사에 나타난다.

『고려사』「인종세가」19년(1141) 7월: 명주도 감창사 이양실이 사람을 울릉도에 보내 기이한 과일과 나뭇잎을 가져와 바쳤다. 溟州道監倉使李陽實遣人入蔚陵島, 取菓核·木葉異常者以獻.

그러나 이 섬의 조공을 감독하고 처리했다는 말은 아닌 것 같다. 22년 뒤인 다음 국왕 의종 때 다시 사람을 보내 시찰한 일이 있다.

•「의종세가」11년(1157) 5월: 왕은 동해 가운데 우릉도라는 섬이 있는데, 땅이 넓고 토지가 비옥해 예전에는 주·현이 설치됐고 사람이 거

주할 수 있다는 말을 듣고 명주도 감창 전중내급사 김유립을 보내 살펴보게 했다. 김유립이 돌아와 "섬에는 바위가 많아 백성이 거주할 수 없습니다"라고 아뢰자 마침내 그 의논을 멈췄다. 王聞東海中有羽陵島, 地廣土肥, 舊有州縣, 可以居民, 遣溟州道監倉·殿中內給事金柔立往視. 柔立回奏, 土多巖石, 民不可居, 遂寢其議.

• 「지리지」(권58) 명주 울진현: 김유립이 돌아와 아뢰었다. "섬 안에 큰 산이 있고 산 정상에서 바다까지 동쪽으로 1만여 보, 서쪽으로 1만 3000여 보, 남쪽으로 1만5000여 보, 북쪽으로 8000여 보입니다. 촌락이 있던 터는 7곳이고 석불·철종·석탑이 있습니다. 시호·호본·석남초가 많이 자라지만 바위가 많아 백성이 살 수 없습니다." 마침내 이주시키려던 논의를 중단했다. 柔立回奏云, 島中有大山, 從山頂, 向東行至海一萬余步, 向西行一萬三千余步, 向南行一萬五千余步, 向北行八千余步. 有村落基址七所, 有石佛·鐵鍾·石塔. 多生柴胡·蒿本·石南草, 然多岩石, 民不可居. 遂寢其議.

당시 울릉도에는 사람이 살지 않았고 그런 상태가 이미 오래된 것은 이 이주 계획과 김유립의 보고에서 분명히 알 수 있다. 따라서 앞서 인종 때 사람을 보낸 것도 비슷한 시찰을 목적으로 한 것이 틀림없다. 이것에 따라 생각하면 덕종 원년(1032)을 마지막으로 그 뒤 울릉도가 고려에 조공하지 않은 것은 그 주민 자체가 완전히 사라졌기 때문으로 생각된다. 그리고 이것이 동여진의 해적 행위의 결과임은 거의 의심할 바 없다. 이 장의 첫머리에서 서술한 대로 현종 때 고려의 동해안을 약탈한 그들은 이 섬도 여러 번 침략했다.

3. 도이刀伊의 일본 약탈

일본 고이치조後—條 천황 간닌寬仁 3년(고려 현종 10년, 1019) 3월 이적異賊의 병선 50여 척이 쓰시마對馬와 잇키壹岐 두 섬을 약탈하고 다음 달 지쿠젠筑前과 히젠肥前의 연해를 노략했다. 도적들이 히젠의 마츠우라군松浦郡을 습격했을 때 일본군이 잡은 포로 가운데 고려인이 있었다. 일본 관원의 심문에 그는 이렇게 대답했다.

고려는 도이적을 막기 위해 우리를 변경에 보냈지만 도리어 도이에게 포로로 잡혔다. 高麗國爲禦刀伊賊, 遣彼邊州, 而還爲刀伊被獲也.

다자이후는 사태의 전말을 정부에 보고하면서 침략한 적도를 도이刀伊라고 불렀다.6 그러나 일본에서는 도이가 어떤 집단인지 알 수 없었고 그저 침략자를 그렇게 지칭했을 뿐이며, 고려인이 거짓으로 그렇게 부른 것은 아닐까 의심하기도 했는데 몇 달 뒤 고려에서 사신 정자량鄭子良이 국서를 갖고 오면서 도이가 여진임을 알게 됐다. 고려의 서신은 지금 전해지지 않지만 『소우기小右記』에 다음과 같은 기록이 있다.7

앞서 다자이후의 보고서에 도이국이라고 주기한 것이 있었는데, 고려에서 보낸 첩문에서는 여진국이라고 주석했다. 先日太宰解文注刀伊國, 高麗國牒注女眞國.

시라토리 박사는 다음과 같이 설명했다.

한국어에서는 외이外夷를 오랑캐라고 하고 '되'라고도 하는데 고이치조 천황 간닌 3년(1019) 규슈九州를 약탈한 도이적刀伊賊이 바로 그것으로 일본인이 그때 고려인에게서 들은 이적夷狄의 이름이다. 한국어에서 後 와 北을 뒤라고 하는데 '되'는 '뒤'가 변형된 것으로 원래는 '북쪽 사람北人'의 의미지만 그 뒤 북적北狄을 가리키는 이름이 된 것일까?[8]

간닌 3년은 고려 현종 10년(1019)이므로 고려의 북적인 이 도이는 앞뒤로 여러 번 고려의 동해안과 울릉도를 침략한 동여진 밖에 될 수 없다.

앞서 말한 도이적의 침입은 다자이후의 보고서(해문解文)을 보면 도적들이 지쿠젠의 해안을 불태우고 약탈한 상황을 다음과 같이 서술했다.

그 적도들의 배는 길이가 12심(21.6미터)이나 8~9심(14.4~16.2미터)* 정도였고 배 하나에 노가 30~40개, 타는 사람은 50~60명이었다. 20~30명이 칼을 휘두르며 덤벼들고 그 뒤를 70~80명이 활과 방패를 들고 뒤따랐다. 이런 10~20개 부대가 산과 들을 다니면서 말·소·개를 잡아먹었다. 노인과 여자·어린이는 모두 죽였으며 건강한 남녀 400~500명을 잡아 배에 태웠다. 실어간 곡식은 얼마나 되는지 알 수 없다. 其賊徒之船, 或長十二箇尋, 或八九尋. 一船之楫三四十許, 所乘五六十人. 二三十人耀刀奔騰, 次帶弓矢·負楯者七八十人許相從. 如此一二十隊, 登山絶野, 斬食馬牛, 又屠犬肉. 曳媼兒童, 皆悉斬殺, 男女壯者, 追取載船四五百人. 又所所運取穀米之類, 不知其數.

---

* 1심은 1.8미터.

『소우기』에도 다음과 같은 기록이 있다.[9]

싸우러 나오는 사람은 모두 방패를 갖고 있다. 진영 맨 앞에 있는 사람은 창을, 그 다음에 있는 사람은 큰 칼을, 그 다음에 있는 사람은 활을 갖고 있다. 화살의 길이는 1척쯤 되는데 쏘는 힘이 아주 강해 방패와 사람을 꿰뚫는다. 合戰場, 每人持楯. 前陣者持鋒, 次陣持大刀, 次陣持弓箭者. 箭長一尺餘許, 射力太猛, 穿楯中人.

『고려사』에는 여진의 침략과 조공에 관련된 기사가 매우 많지만 내용은 아주 빈약하기 때문에 이런 기록들은 그 결함을 보충하는데 큰 도움을 주는데, 병선의 크기, 전투의 진법陣法, 그리고 폭력적인 약탈의 모습을 엿볼 수 있는 좋은 자료다. 또 『소우기』에서는 도적의 침략으로 지쿠젠의 세 군(시마志麻·사와라早良·이토怡土)과 한 섬(노코노能古), 그리고 잇키·쓰시마가 입은 손실을 수치로 나타냈다.[10] 그것을 모두 계산하면 성인 남녀와 아이를 합쳐 460여 명이 살해됐고 1280여 명이 포로로 잡혔다. 가옥 45채가 불타고 소·말 199마리가 약탈됐으며 쓰시마의 은광도 불탔다.

다시 『고려사』「현종세가」를 살펴보면 다음과 같은 기사가 있다.

10년(1019) 4월 병진(29일): 진명 선병도부서 장위남 등이 해적선 8척을 포획하니 일본인 남녀 259명이 포로로 잡혀 있었는데, 공역령 정자량을 보내 그들의 나라로 압송케 했다. 鎭溟船兵都部署張渭男等獲海賊八艘, 賊所掠日本生口男女二百五十九人, 遣供驛令鄭子良押送其國.

이것은 일본을 침입하고 돌아가던 해적선에 관련된 기사로 그 일부가 진명 부근 바다에서 고려의 병선에게 포획됐음을 보여준다. 그러나 우연히 그런 것은 아니다. 간닌 3년(1019) 7월 13일 다자이후의 보고서를 보면[11] 해적은 쓰시마를 습격해 판관대判官代 나가미네노 모로치카長峯諸近 일가를 모두 포로로 잡아갔다. 그들은 해적이 지쿠젠과 히젠의 연안을 약탈하는 동안 그 배 안에 잡혀있었는데, 쓰시마로 돌아가 정박했을 때 모로치카만 탈출할 수 있었다. 그 결과 모로치카는 늙은 어머니와 처자와 헤어졌기 때문에 그들의 행방을 찾기 위해 6월 15일 작은 배를 타고 고려의 김해부金海府로 갔다. 그때 고려의 통사通事가 다음과 같은 사실을 모로치카에게 말했다.

도이의 도적떼가 앞서 우리나라(고려)에 와서 사람을 죽이고 물건을 약탈하니 싸우고자 하는 사이에 금방 일본국으로 도망쳤습니다. 배를 대고 군사를 태워 출동을 기다리는 동안 그들이 돌아와 해변을 남김없이 약탈했습니다. 그래서 미리 다섯 곳에 배 1000여 척을 준비해 그들이 가는 곳마다 습격해 모두 죽였는데, 그 가운데는 일본의 포로가 많았습니다. 다섯 곳 가운데 세 곳에서 사로잡아 보낸 사람이 300여 명이고 나머지 두 곳에서 사로잡은 사람들이 오기를 기다려 모아 배에 태워 일본으로 보내자는 논의가 이미 정해졌습니다. 쓰시마로 돌아가서도 이런 내용을 알려주기 바랍니다. 刀伊賊徒, 先日到來當國, 殺人掠物, 欲相戰之間, 逐電赴日本國. 仍艤舟儲兵, 相待之間, 無幾還向, 重殘滅海邊. 仍豫於五箇所儲舟千餘艘, 所所襲擊, 悉以擊殺了, 其中多有日本國之虜者. 彼五箇所之內, 且三箇所所進三百餘人也. 待集遺二箇所之人, 乘船可被進日本國之由, 已有公定. 且還對馬島, 可申此由者.

고려 통사의 이 말은 앞의『고려사』「현종세가」의 간략한 기록에 대한 주석으로 볼 수 있는데, 일본의 포로를 태운 해적선 일부가 고려의 병선에 격파된 상황을 자세히 알 수 있다. 당시 진명은 고려의 동해안에서 병선의 근거지였으므로 5곳이라고 한 것은 그 부근의 주·현으로 여겨진다. 그리고 「현종세가」에서 든 날짜(4월 29일)는 4월 13일 히젠의 마츠우라군을 공격하고 그것을 마지막으로 돌아간 적선이 반달쯤 뒤 진명 가까운 바다에 왔음을 보여준다. "논의가 이미 정해졌다"는 고려 통사의 말은 사신 정자량을 일본으로 보내자는 조정의 의논으로 모로치카가 고려에 건너갔을 때는 그 실행이 준비되고 있었다.

또 위의 보고서에는 문서 하나가 덧붙여져 있는데 여성 포로 구라노 이와메內藏石女 등의 진술을 담은 것이다. 구라노 이와메는 어머니와 처가 죽었을 것이라고 확신한 모로치카가 정자량의 파견에 앞서 고려를 떠날 때 일본으로 돌아가 어떤 사실을 입증하도록 특별히 고려에서 부탁을 받고 함께 돌아온 여성 포로 10명 가운데 하나다. 그녀의 진술은 고려 통사의 말보다 훨씬 자세하기 때문에 전체적으로는『고려사』의 간단한 기사의 주석이 될 수 있다. 그리고 해적선이 일본을 떠난 뒤의 행동, 고려선이 해적선 습격한 상황, 고려선의 대체적 구조 등을 알 수 있다.

고려국 해안에 표착한 뒤 적도들은 매일 새벽 상륙해 해변과 섬의 인가를 파괴하고 물건과 사람을 약탈한 뒤 낮에는 섬에 숨어 있었습니다. 건장한 사람은 뽑아 살려두고 노쇠한 사람은 죽였으며, 일본인 포로 가운데 병약한 사람은 모두 바다에 빠뜨린 뒤 밤이 되면 노를 저어 사라졌습니다. 이렇게 20여 일이 흐른 5월 중순 고려의 전함 수백 척이 적을 습격하니 그곳 사람들은 힘을 다해 함께 싸웠습니다. 고려군의 맹렬한 기세에 감히 맞서는 자가 없었습니다. 고려의 전함은 높고 크며 무기를 많이 실어 적의 배를 전복시키고 사람을 죽이니 적들은 그 기세를 감당하지 못했습니다. 배 안에서는 포로를 살해하거나 바다에 던지기도 했습니다. 이와메 등도 함께 바다에 빠져 떠다니다가 고려 배에 구조돼 간신히 살았습니다.

구조돼 배에 오른 뒤 그 안을 보니 견줄 데 없이 넓고 컸습니다. 2중으로 만들어져 위에 노를 세워 좌우에 네 개씩 됐으며, 노 젓는 사람은 5~6명입니다. 배 앞에는 쇠로 뿔을 만들어 적선에 부딪쳐 부쉈습니다. 배안의 물건들은 쇠로 만든 갑옷, 크고 작은 창과 갈퀴 등인데 병사들이 저마다 갖고 있습니다. 또 돌에 구멍을 파고 불을 넣어 쏘아 적선을 부수기도 했습니다. 다른 배들도 앞서 말한 배들처럼 길고 컸습니다.

전투가 끝난 뒤 이와메 등 30여 명에게 역마를 줘 15일에 걸쳐 김해부로 가게 했는데 역마다 은그릇을 주면서 위로했고 관리들은 "당신들을 포상하는 것이 아니라 일본을 존중한다는 뜻일 뿐"이라고 알려줬습니다. 김해부에 도착한 뒤 먼저 흰 베로 만든 옷을 주고 맛있는 음식을 이와메 등에게 주면서 6월 한 달 동안 머물게 했습니다. 대마도 판관대 나가미네노 모로치카는 적도들이 잡아간 자신의 어머니와 처자 등을 찾아 고려에 왔는데, 어머니와 아들이 사망했다는 소식을 듣고 일본으로 돌아가고자 했습니다. 爰罷着高麗國岸之後, 賊徒等每日未明之間, 上陸地, 滅海邊·別嶋等之人宅, 運物取人也, 晝則隱島島. 撰取强壯之者, 打殺老衰之者, 又日本虜者之中病羸者, 皆以入海了, 夜則漕忩去也. 如此送二十餘箇日之程, 五月中旬之比, 高麗國兵船數百艘襲來擊賊, 爰族人等勵力雖合戰. 依高麗之勢猛, 無敢相敵之者. 卽其高麗國船之體高大, 兵仗多儲, 覆船殺人, 賊徒不堪彼

猛. 船中殺害所虜之人等, 或又入海, 石女等同又被入海浮浪, 仍合戰案內不能見給無幾有高麗舟扶了, 卽加勞所令蘇生也. 但見被救乘船之內, 廣大不似例, □□造二重, 上立櫓, 左右各四枝, 別所漕之水手五六人, 所□之士二十餘人許, 不懸撇, 又一方七八枝也. 船面以鐵造角, 令衝破賊船之料也. 舟中儲雜具, 鐵甲胄·大小鉾·熊手等也. 兵士面面各各執持也. 又入火石打破賊船. 又他船長大, 已以同前. 合戰事畢之後, 石女等一類三十余人, 各給驛馬, 進金海府之途中十五箇日, 每驛以銀器供給, 其勞尤豊. 官使仰云, 偏非勞汝等, 只奉尊重日本也者. 着金海府之後, 先以白布各充衣裝, 兼以美食給石女等, 六月三十箇日之間, 令安置彼府. 爰對馬嶋判官代長岑書近, 爲尋訪彼被追取賊徒之母·妻·子等, 到來高麗國, 聞母子之死亡, 欲歸本朝.

이 진술을 수록한 다자이후의 보고서를 보면 모로치카는 고려 통사의 말을 들은 뒤 다시 일본인 포로를 만나 아내와 어머니의 안부를 물었는데 포로는 다음과 같이 대답했다.

적도들은 고려국 해안에 표착한 뒤 건장한 고려인은 뽑아 살려두고 노쇠한 사람은 모두 바다에 빠뜨렸습니다. 당신의 어머니와 부인도 모두 죽었습니다. 賊徒等到着高麗地之間, 取載强壯高麗人, 以病羸尫弱者皆入海了. 汝母幷妻妹等, 皆以死了者.

이와메도 같은 사실을 진술해 적도들은 고려인을 포로로 끌고 가 건장한 사람은 살려두고 노쇠한 사람은 죽였으며 일본인 포로도 그렇게 했다고 했다. 이것은 매우 주목해야 한다. 여진의 해상 침략 목적은 고려와 일본의 재물·사람·가축을 약탈하는 데 있었다. 그들이 지쿠젠을 침입할 때의 상황은 당시의 보고서에 "노인과 여자·어린이들은 모두 죽였으며 건강한 남녀 400~500명을 잡아 배에 태웠다. 실어간 곡식은 얼마나 되는지 알 수 없다"고 기록됐고, 고려에서 그들의 행동을 목격한 이와메가 "매일 새벽 상륙해 해변과 섬의 인가를 파괴하고 물건과 사람을 약탈했다"고 한 것도 그것을 정확히 증명한다.

그리고 그들이 많은 남녀를 포로로 잡아간 것은 단지 폭행을 마구 저지른 것이 아니라 그들을 노예로 부리려는 것이어서 특히 건강한 사람을 뽑아갔다. 일본 규수 백성 가운데 산 채로 끌려간 사람이 살해된 사람보다 세 배 가까이 많은 것은 이것으로 설명할 수 있고, 작은 섬인 울릉도에 사람이 살지 않게 된 까닭도 여기에 이르러 분명해진다. 고려의 병선에 관련된 이와메의 진술은 원문에 오·탈자가 있어 명확하지 않은 부분도 있지만 당당한 규모를 보여주는 데는 충분하다. 현종 즉위 초 과선戈船 75척을 만들어 진명 입구에 정박시켜 해적에 대비했다는 과선은 이런 종류였을 것이다.

4. 현종·덕종대 여진의 해상 침략

이른바 도이적으로 일본을 노략질하거나 우산국을 공격해 몰락으로 이끈 동여진은 현종·덕종 연간에도 바다로부터 자주 고려 본토를 약탈했다. 앞서 서술한 진명 부근 전투(현종 10년[1019] 4월) 뒤 그런 사실로 세가에 보이는 것은 현종 19년(1028) 평해·고성·용진진龍津鎭(문천의 동쪽 해안) 침략, 20년 동쪽 변경의 한 지역과 명주(강릉)·동산현洞山縣(양양 동남쪽) 침략, 덕종 2년(1033) 간성현杆城縣 백석포白石浦와 삼척현 침략 등이 있지만 실제로는 현종 때만도 이런 몇 번에 그치지 않았다는 것은 다음 기록에서 알 수 있다.

『고려사』(권94) 「이주좌李周佐열전」: 현종 때 기거사인으로 옮겼고(현종 18년, 1027) [외직으로] 나가 동북면 병마사가 돼 아뢰었다. "삭방도의 등주(안변)·명주(강릉) 관내의 삼척현·상음현(안변의 동쪽 해안)·학포현(흡곡의 북쪽 해안)·파천현(같음)·연곡현(강릉 북쪽 30리[11.8킬로미터])·우계현(강릉 남쪽 60리[23.6킬로미터]) 등 19현은 모두 번적蕃賊의 침략 때문에 살기가 매우 어렵습니다. 더욱 구휼하시고 조세를 감면해주시기 바랍니다." 顯宗時, 遷起居舍人, 出爲東北面兵馬使奏, 朔方道登·溟州管內三陟·霜陰·鶴浦·派川·連谷·羽溪等十九縣, 並被蕃賊侵擾, 生業甚艱. 請加撫恤, 命蠲租賦.

이밖에도 기록에서 누락된 것이 매우 많다고 생각된다.[12] 현종 10년(1019) 적도가 일본을 침략해 살인과 약탈을 자행한 뒤 돌아갔으며 해안 지방을 침입했지만 모두 기록되지 않은 것도 생각해야 한다. 아울러 남아 있는 기사 자체도 매우 간략해 어떤 때는 적선의 숫자가 10척·15척·30척이라고 하고 어떤 때는 그것을 추격해 약간을 포획했다고 했으며, 어떤 때는 고려인 70여 명을 포로로 잡아갔다고 했고 어떤 때는 40~50명의 적도를 생포했다는 등 자잘한 사실을 엿볼 수 있을 뿐이다.

그러나 이미 서술한 대로 여진이 바다에서 침략한 목적은 오직 재화·사람·가축을 약탈하는 데 있었으므로 그들에게 약탈된 지방은 일본·우산국처럼 참혹한 피해를 입었으며, 조세를 감면해야 한다는 것은 참으로 타당한 건의였다. 다만 성보의 축조와 전함의 설비는 어느 정도까지 그 약탈을 방어할 수 있었고 삭방도 연안은 인구가 희소했기 때문에 자주 침략을 받았어도 전체적으로 피해는 비교적 크지 않았다. 현종 초 적도가 주로 청하·영일·장기 등 경상북도의 해변을 침략한 것은 진명 해안과 그 남쪽 연안의 방어가 아직 정비되지 않았을 때 약탈의 이익이 많은 풍요로운 지방을 먼저 목표로 삼았던 것일까? 또 여진 해적은 고려 말 왜구와 달리 내륙은 결코 침략하지 않았다.

5. 일본 조토쿠長德·조호長保 연간의 외구外寇와 여진 해상 침략의 기원

일본 이치조—條 천황 조토쿠 3년(997)은 도이의 적도가 침략해온 간닌 3년(1019)보다 22년 앞이다(고려 성종 16년). 『햐쿠렌쇼百鍊抄』(제4)에 따르면 이해 고려에서 서신을 보낸 일이 있고 그 나라의 적도가 진서鎭西*를 약탈했다고 했다.

•**조토쿠 3년 6월 13일**: 여러 경이 고려에서 문서를 보낸 일을 의논했다. 회신해서는 안되며 요해처의 방어를 좀더 견고히 해야 한다고 의견을 모았다. 또 문서가 고려에서 보낸 것 같지 않으니 송의 모략일까? 長德三年六月十三日, 諸卿定申高麗國牒狀事. 僉議不可遣返牒, 可警固要害. 又牒狀不似高麗國牒, 是大宋國之謀略歟.

•**같은 해 10월 1일**: 열흘 동안 남전에 행차한 동안 다자이후에서 고려

인들이 진서를 약탈했다고 급보했다. 궁중의 음악을 중지하고 신하들에게 대처 방안을 의논해 아뢰게 했다. 同年十月一日, 旬出御南殿之間, 太宰府飛驛到來, 申高麗國人擄掠鎭西之由. 仍止音樂庭立奏, 事了令諸卿定申之.

- **조토쿠 4년(998):** 2월 다자이후에서 고려인을 추격해 토벌했다. 長德四年二月, 太宰府追伐高麗國人.

『일본기략』(후편 10)에는 다음과 같은 기사가 있는데, 조토쿠 3년에 침략한 적도를 '남만'이라고 했다.

- **조토쿠 3년 10월 1일(임진):** 천황이 남전으로 나가 거처했다. 그때 궁궐에서 음악을 연주하는 동안 다자이후에서 "남만이 관내의 여러 국에 난입해 사람과 물건을 탈취했다"고 급보했다. 음악을 중단하고 신하들이 대처 방안을 의논해 아뢰었다. ○ 13일(갑진) 여러 사社에 폐백사를 보냈는데 쓰쿠시에 소요가 일어났기 때문이었다. 長德三年十月一日壬辰, 天皇出御南殿. 于時庭立奏之間, 太宰飛驛使參入云, 南蠻難入管內諸國, 奪取人物. 奏樂之後, 諸卿定申件事. ○ 十三日甲辰, 奉遣幣帛使於諸社, 依筑紫之騷動也.

- **같은 해 11월 2일(계해):** 다자이후에서 남만인 40여 명을 정벌해 잡았다고 급보했다. ○ 5월 병인일 다자이후에 관부官符를 하사했다. 同年十一月二日癸亥, 太宰府飛驛使來, 申伐獲南蠻四十餘人之由. ○ 五日丙寅, 賜官符於太宰府.

그리고 『하쿠렌쇼』의 4년 2월 기사에 대응하는 것은 아니지만 '남만'과 관련해서는 이것들 외에 다음 두 기사가 있다.

- **조토쿠 4년 9월 15일(경오)**: 기카이시마에서 남만인을 잡아 보냈다고 다자이후에서 보고했다. 長德四年九月十五日庚午, 太宰府言上下知貴駕島捕進南蠻由.
- **조호 원년(999) 8월 9일(기사)**: 다자이후에서 남만적을 추격해 토벌한 일을 아뢰었다. 長保元年八月十九日己巳, 太宰府言上追討南蠻賊由.

또 후세에 편찬된 『역대진서요략歷代鎭西要略』에서는 다음과 같이 서술했다.

조호 원년 8월 다자이후에 칙명을 내려 남만 해적을 토벌케 했다. 장군 오구라노 하루자네가 공격해 적선을 나포하니 쓰시마 방과 지쿠젠 이와몬현을 봉토로 주고 이와몬에 성을 쌓게 했다. 長保元年八月, 勅太宰府討南蠻海賊. 府將軍大藏春實擊得賊船, 賞封對馬邦及筑前岩門縣, 以相城於岩門.

이것은 『일본기략』 끝부분의 한 기사와 오쿠라大藏 가문의 자료에 의거한 것으로 생각된다. 이 조토쿠(995~998)·조호(999~1003) 연간 침략한 세력은 『햐쿠렌쇼』에서 말한 대로 고려인이었을까? 아니면 『일본기략』에서 기록한 대로 남방의 어느 야만족이었을까? 어느 한쪽이 오류라면 다른 쪽 견해를 채택하는 것이 일반적이다.

교토대학의 니무라 이즈루新村出 교수는 이 문제와 관련해 「무로마치시대 일본과 남국의 관계足利時代に於る日本と南國との關係」라는 논문의 머

리말에서 다음과 같이 썼다.[13]

도쿠가와 시대의 역사서인 『진서요략鎭西要略』은 기사가 조금 서로 어긋나기 때문에 남만 해적南蠻海賊이라고 기록한 『게이요우쇼螢蠅抄』[14]는 두 학설에 대해 어느 쪽이 옳은지 알 수 없다고 회피했으며, 『대일본사』 「일조제기一條帝紀」에서는 『햐쿠렌쇼』에 따르고 「외국열전」(류큐琉球)에서는 『일본기략』을 채택해 서로 모순되는 모습을 보였다. 『국사안國史眼』 이하는 대체로 고려설을 따랐다. 그해 고려에서 무례한 서신을 보낸 사건이 일어나기 오래 전부터 신라는 불온한 동태를 보였고 가까이는 도이 여진의 침략도 있었으므로 고려라고 하는 쪽이 이해하기 쉬운 것은 틀림없다. 그러나 어떻게 해서 고려를 남만으로 잘못 생각한 것일까? 남쪽으로 내려와 규슈 서남쪽 해안 지방을 습격했기 때문에 그런 소문이 생겨난 것일까? 또는 후대의 오기일까? 매우 의심스럽다. 둘의 혼동에 대해서는 나중에 자세히 서술하겠다.

계속해서 다음과 같이 서술했다.

그런데 다시 남만이 침략한 사건이 있었는데, 조토쿠·조호 20여 년 뒤인 고이치조 천황 간닌 4년(송 진종 천희 4년, 1020) 남만 적도가 사쓰마국薩摩國에 와서 백성을 약탈하고 포로로 잡아갔다고 다자이후에서 알려온(윤12월 29일) 것으로 『사케이키左經記』(사다이벤左大辨*을 역임한 미나

---

* 고대 일본 율령제의 관직으로 태정관太政官 좌변관국左弁官局의 장관. 종4위 상從四位上에 해당하며 정원은 1명.

모토 요리源經賴가 지음*)에 보인다. 이것에 대해서도 이듬해 일찍 추격해 토벌하라는 내용의 문서가 다자이후에 내려왔다. 이 두 번째 침략은 도이가 공격해온 이듬해의 일이고 그해에 고려 문서 사건도 있었으므로 조토쿠 때의 사건과 마찬가지로 정말 남만은 아니라고 해석하는 쪽이 좋다.

곧 니무라 교수 자신은 『햐쿠렌쇼』에 따라 고려설을 채택하고 주장한 것 같다. 그러나 그는 그것을 확고한 결론으로 제출하지는 않고 남만설의 성립에도 어느 정도 여지가 있음을 인정했다.

다만 일부러 남쪽에서 만이가 침략해오기는 불가능한 것이 틀림없다. 또 앞뒤로 그런 사례가 없는 류큐나 사츠구薩隅** 서남쪽 섬들에 사는 사람들이 습격했다고도 생각되지 않는다. 그렇다면 우연히 표착한 남만인이 강도로 돌변해 경비가 허술한 규슈 연해나 섬들을 약탈했고, 그 소문이 과장된 것은 아니었을까? 이를테면 『교쿠요玉葉』***의 조안承安 2년(1172) 7월 9일 조에 사람들에게서 들은 말로 이두伊豆의 한 섬에 남해의 만이로 보이는 귀신같은 모습의 5~6명이 붉은 자단목紫檀赤木 등으로 만든 진기한 배에 타고 도착해 섬사람들을 위협하자 국사國司에서 우소변右少辨 친종親宗에게 보고하도록 한 일이 실려 있다. 『고금저문집古今著聞集』에서는 같은 사건을 다음과 같이 서술했다. "귀신같은 모습의

---

* 985~1039. 일본 헤이안 시대 중기의 공경公卿.

** 가고시마의 남서부 현에 편입된 구오스미 지방과 사쓰마 지방

*** 헤이안 시대 말기인 1164년부터 가마쿠라 시대 초기인 1200년까지 공경公卿 쿠조우 카네자네九条兼實가 쓴 일기.

8명이었는데 키는 8~9척(2.4~2.7미터) 정도고 머리칼은 야차夜叉 같으며 몸의 색도 검고 눈은 원숭이 같았다. 모두 벌거벗고 부들을 허리에 감 았으며 몸에는 작은 물건들을 달았다." 이런 서술을 보면 남양南洋의 토 인이 떠오른다. 그렇다면 앞서 서술한 남만은 이런 표착민이 약탈한 것 일까? 그렇지 않으면 표착한 해상海商이 강탈한 것은 아니었을까? 일단 기록해 의문을 남겨둔다.

다음으로 후지타 도요하치藤田豊八 박사는 『교쿠요』와 『고금저문집』 에서 강도로 돌변했다고 서술한 데서 암시를 얻어 남만설을 제기했 다.15 그는 "송대 중국의 기록에 따르면 이것과 비슷한 한두 사건이 있 다"고 전제한 뒤 조여괄趙汝适의 『제번지諸蕃志』와 누약樓鑰의 『공괴집 攻媿集』에 실린 「왕대유 행장汪大猷行狀」에 따르면 남송 효종 건도乾道 (1165~1173)·순희淳熙(1174~1189) 연간 비사야Visaya(필리핀의 지명)의 이 인夷人이 팽호도彭湖島와 천주泉州의 해안을 약탈했으며, 섭적葉適의 『수 심집水心集』에 실린 「주정신 묘지명周鼎臣墓誌銘」에 따르면 순희 연간 바 부얀Babuyan 열도(필리핀 루손 섬Luzon 북쪽 해안에 위치)의 적도가 장푸 漳浦* 해안을 약탈한 사건들을 들었다. 그 다음 『도이지략島夷志略』과 데 모르가De Morga**의 필리핀 기사를 증거로 비사야인이 자주 약탈을 저질렀다고 지적한 뒤 다음과 같이 추측했다. "조안 2년(송 건도 8년, 1172) 일본을 침략한 귀신 모습의 사람들은 같은 시대 중국의 천주와

---

* 중국 푸젠성福建省 동남 해안의 현.

** 안토니오 데 모르가 산체스 가레이Antonio de Morga Sánchez Garay(1559~1636). 스페인 의 군인·변호사·식민지 고위 관리로 필리핀(1594~1604), 뉴 스페인, 페루에서 43년간 근무 했다. 역사학자이기도 해서 1609년 스페인 식민지 초기 필리핀 역사에서 가장 중요한 저작 가운데 하나로 평가되는 『필리핀 섬의 역사Sucesos de las islas Filipinas』를 출간했다.

장푸를 침략한 비사야와 같은 부류로 생각된다." 끝으로 문제의 외구
外寇에 대해서는 다음과 같이 말했다.

조안 2년 일본을 침략한 귀신 형상의 사람들은 이미 비사야 사람이라
고 했으므로 고이치조 천황 간닌 4년(1020) 남만 적도도, 다시 거슬러
올라가 이치조 천황 조토쿠 3년(997) 남만의 난입도 비사야인이 한 것
이 아니었을까? 우리가 알기에 북송 때 그 부족이 중국을 약탈했다는
기록은 없다. 또 실제로 그런 일은 없었다고 생각된다. 그렇게 된 데는
연해 방어가 철저했고 중국인과 이런 섬사람의 접촉이 힘들었다는 상
황 때문이지만 중국을 약탈하지 않았다고 해서 일본을 침략하지 않은
것은 아니다. 일본의 기록에는 남만으로 돼 있고 시대도 조금 뒤지만 대
만을 근거지로 삼아 중국과 일본을 노략한 비사야인이라고 했으므로
남만인도 비사야인이 아닐까 추측할 수 있다. 이것은 그저 추측일 뿐이
지만 남만을 고려나 아랍, 유구나 그 밖의 사츠구 서남쪽 섬들의 사람
으로 추정하는 것보다는 그래도 자연스럽고 온당하지 않을까?

이처럼 조토쿠·조호 연간 침략한 세력이 누구였는지에 대해서는
두 가지 견해가 있고 각각 상당한 논거를 갖고 있다. 그러나 후지타 박
사의 남만설은 『일본기략』의 기록에만 치우치고 비슷한 사건을 다른
자료에서 찾아 『햐쿠렌쇼』의 기록을 고려하지 않은 것은 아쉽다. 그
리고 조안 2년(1172) 이즈伊豆의 해변에 온 특이한 모습의 사람들을 비
사야인이라고 봤지만 그들은 우연히 표착한 것이 틀림없으므로 거기
서 곧바로 억측해 170여 년 전 조토쿠·조호 연간 침략한 세력을 비사
야인이나 그 비슷한 종족이라고 판단한 것은 어떻게 봐야 할까? 또한

이 침략은 적어도 3년에 걸쳐 있어 우연히 표착한 세력의 행동으로는 생각되지 않는다. 따라서 그것을 비사야인의 습격이라고 하면 그 무렵 동일한 사건이 중국 방면에서 일어나지 않은 것은 매우 이상하지 않은가? 간닌 4년(1020)의 침략은 『사케이키左經記』의 같은 해 윤12월 29일 조에서 "남만 적도가 사쓰마국薩摩國에 와서 백성을 약탈하고 포로로 잡아갔다고 다자이후에서 알려왔다"고 기록돼 있다. 이 '남만'을 비사야인으로 해석하는 것에 대해서도 앞서 말한 논의를 제시할 수 있다.

그런데 간닌 3년(1019) 도이(여진)의 침략은 일본에서는 뜻밖의 사태였지만 당시 고려의 동해안 주·현은 북쪽의 함경남도 등주부터 남쪽의 경상북도 장기長鬐까지 여러 번 그들의 침략을 받았으므로 나는 이런 사실과 함께 지리적 관계를 고려할 때 일본에 대한 침략도 한 번에 그치지는 않았을 것이라고 생각하며, 이듬해(고려 현종 11년, 1020) 사쓰마국을 침략했다고 한 '남만'을 동일한 도이라고 보는 동시에 이 추측을 조토쿠·조호(고려 성종 말년부터 그 다음 목종 초)의 외구에도 적용하려고 한다(연대상 매우 안전하다고 생각되는 범위에 있기 때문이다). 곧 『하쿠렌쇼』의 '고려국인'도, 『일본기략』과 『사케이키』의 '남만'도 정확히는 여진이라고 불러야 하는 이적異賊을 그렇게 부른 것으로 그들의 침략은 이른바 도이의 노략질 외에 그 앞뒤 모두에 있던 것이라고 나는 판단한다.

그렇다면 침략 세력에 관련된 세 책의 기록은 각각 어떻게 해서 생겨난 것일까? 『하쿠렌쇼』에 따르면 조토쿠 3년(997) 6월 고려의 문서에 회신할 것인지 하는 문제가 조정의 논의에 오른 것은 다자이후에서 외적의 습격을 급보하기 몇 달 전이다. 문서의 내용은 달리 사료가 없기 때문에 상세히 알 수 없지만 조정에서 논의한 결과 회신하지 않고 요해처의 경비를 강화하기로 했다. 곧 이 문제는 어떤 이유 때문에 고려에서 침략할 것을 염두에 둔 것이었다.

그렇다면 그 뒤 다자이후에서 이적異賊의 침략을 급보한 사신이 왔을 때 일부 공경은 그것을 고려인의 침략으로 속단했고, 『햐쿠렌쇼』의 기록은 거기에 바탕한 것으로 보인다. 그런데 같은 다자이후의 급보를 받은 다른 일부 공경은 침략한 무리가 고려인이 아니라 일찍이 일본에 온 적이 없는 일종의 야만족임을 알고 — 말이 통하지 않았기 때문에 다자이후 관내인 침략 지역에서도 그들이 어떤 야만족인지 알 수 없었다고 생각된다 — 그들을 '남만'이라고 부른 『일본기략』에 채록된 것 같은 기사를 편찬했다고 여겨진다.

다만 남만이라는 이름은 그 의미상 고려의 바다에서 온 외적 — 다자이후에서 수도에 그렇게 보고했다면 — 에 적용할 수 없을 뿐 아니라 그들이 어떤 집단인지 알지 못한 경우에도 그렇기 때문에 『일본기략』의 기사에 이런 내 해석은 억지라는 비판을 피할 수 없다. 그러나 헤이안平安(794~1185) 시대의 남만이라는 말은 남해의 섬들에 대한 지리·인종적 지식을 바탕으로 했다고는 생각되지 않는다. 그리고 서융西戎·북적北狄 등의 이름과 상대돼 사용된 것도 아니다. 막연한 관념을 이용해 송·고려 — 당시 분명히 알려진 외국 — 와 일본의 세력권밖에 있던 해상의 이민족을 그렇게 두루 지칭한 것일 뿐으로 만이蠻夷(해상의)라고 부른 것과 거의 다르지 않다. 시대는 내려오지만 후시미노미야 사다후사 친왕伏見宮貞成親王의 『간문일기看聞日記』 오에이應永 26년(1419) 5월 23일에 기록된 '남만'도 이런 막연한 관념을 보여주는 것이다.[16]

지금 들으니 대당국·남만·고려 등이 일본을 문책해올 수 있다고 한다. 그러나 고려에서는 "무로마치 가에서 하늘을 우러러 섬기고 있으니 신국에 무슨 일이 있겠는가?"라고 알려왔다. 抑只今聞, 大唐國·南蠻·高麗等 日本に可責來云云. 自高麗告申云, 室町殿御仰天, 但神國有何事乎.

그렇다면 조토쿠·조호 연간의 도적이 실제로 어떤 부류였든지 그들이 침략한 지역이 서쪽 변경이기 때문에 막연히 '남만'이라고 불렀다고 볼 수 있고 그 이름은 내가 제시한 도이설刀伊說과 어긋나지 않는다. 따라서 그 글자 뜻에 매여 도적의 거주지를 상정하는 것은 잘못이다. 그리고 이 견해는 『사케이키』의 '남만'에도 적용된다. 다만 그 책의 남만을 도이라고 하는 것은 그들이 침략한 곳이 사쓰마라는 점에서 의심스럽기도 하지만 세이와清和 천황 조간貞觀 15년(873) 발해인이 사쓰마구 증도군甑島郡에 표착한 사례도 있으므로[17] 반드시 이상하다고 볼 필요는 없다.

다시 『고려사』를 보면 여진의 해상 침략은 현종 이전에도 나타난다. 세가에서는 현종 2년(1011) 8월 "동여진의 배 100여 척이 경주를 약탈했다"고 한 것을 처음으로 「병지」(진수와 성보 부분)의 해안 방비 기사도 연대로 볼 때 서로 호응한다.[18] 그런데 일본 조토쿠 3년(997)은 고려 성종 마지막 해(16년)에, 조토쿠 4년은 다음 국왕인 목종 원년에 해당하고 현종은 12년 동안 재위한 목종의 뒤를 이었으므로 이런 관계에서 보면 조토쿠·조호 연간의 침략은 여진의 소행이 아니라고 봐야 할 것 같다.

그러나 여기서 한번 생각해볼 문제가 있다. 현종 원년(1010) 이전의 기록이 없다는 것이다. 고려는 태조 때 지금의 함경도 남부에 등주(안변)·용주湧州(그 뒤 의주宜州로 고쳤다. 지금의 덕원)·매성妹城(그 뒤 문주로 고쳤다. 지금의 문천)·덕령진(그 뒤 고주로 고쳤다. 지금의 고원)·장령진(그 뒤 화주로 고쳤다. 지금의 영흥) 등의 주·진을 설치했는데, 그 지방에 거주한 여진 부족 — 흑수·달고·철리 등으로 불린 — 을 정벌한 결과가 분명하다.[19] 그러나 여진에 관련된 사실은 목종의 치세가 끝날 때까지 거의 역사에 남아 있지 않고 다음 기사만 보일 뿐이다.

- 정종定宗 3년(948) 9월: 동여진의 대광 소무개 등이 와서 말 700필과 특산물을 바쳤다. 東女眞大匡蘇無蓋等來獻馬七百匹及方物.
- 목종 8년(1005) 정월: 동여진이 등주(안변)를 침략해 주·진의 30여 부락을 불태우니 장수를 보내 막았다. 東女眞寇登州, 燒州鎭部落三十餘所, 遣將禦之.

그런데 현종 때 들어오면 여진의 조공 등에 관련된 사실은 하나하나 들 수 없을 정도로 많이 기록돼 앞뒤로 조밀한 정도가 뚜렷이 다르다. 그리고 그런 차이는 다른 측면의 기사에서도 마찬가지로 나타난다.

『고려사』(권95)「황주량열전」: 거란군이 수도를 함락시키고 궁궐을 불태우니 서적이 모두 불탔다. 황주량은 왕명을 받들어 각지를 찾아다니며 자료를 모아 태조부터 목종까지 7대의 사적을 모아 36권으로 편찬해 바쳤다.

이 기록이 보여주듯 현종 2년(1011) 정월 거란 성종의 개경 공격으로 궁궐 서고에 소장된 기록이 소실됨으로써 현종 이전 7대의 역사가 빈약해진 것이 틀림없다. 이 때문에 현종 이전 여진의 해상 침략 사실을 『고려사』에서 명확히 증명할 수 없지만 그렇다고 해서 그것이 반드시 없었다고 단정하는 것은 성급하다. 또 목종 8년(1005) 등주를 침략한 여진도 바다에서 왔다고 생각되는데, 육지에서는 당연히 그 앞에서 도적들의 침입을 막아야 하는 화주(영흥) 이하의 주·진들이 존재했기 때문이다(다음 장에서 서술하듯 정종靖宗 9년[1043] 등주 서곡현瑞谷縣이 배 8척을 타고 온 해적의 침략을 받은 사례도 있다). 그렇다면 조토쿠·조호 연간의 외침과 관련해서는 갑자기 앞의 견해를 뒤집어 그 침입자를 여진이 아니라고 할 필요가 없다. 오히려 그 사건을 활용해 『고려사』의 탈루를 보충하고 여진이 해상을 횡행하기 시작한 시기를 적어도 그 무렵 — 성종 말부터 목종 초 — 까지 거슬러 올라가야 하는 하나의 증거로 삼을 수 있다.

수·당대에 말갈로 불린 여진은 지금의 만주와 한반도 북부(평안도·함경도) 일대에 거주하면서 발해가 그 지방을 영유하는 동안 그 치하에 있었다. 발해는 거란 태조 야율아보기에게 천현 원년(고려 태조 9년, 후당 천성 원년, 926) 멸망했다. 거란은 나라 이름을 동란으로 고치고 맏아들 야율돌욕(인황왕人皇王)을 국왕으로 삼아 옛 영토를 통치하게 했지만 발해의 유민은 그 주권을 인정하지 않아 통치하기 어려웠기 때문에 태조가 붕어한 뒤 태종 야율덕광은 동란국 재상 야율우지의 건의를 받아들여 천현 3년(928) 겨울 동란국을 요양으로 옮겼다.

그 뒤 발해의 옛 지역은 대부분 거란의 통제 밖에 있었고 많은 유민이 고려에 귀의한 것과 함께 유력한 지도자들이 예전의 부·주를 차지하면서 모든 영역에 걸쳐 군소 세력이 할거한 결과 정치적 통일이 이뤄지지 않았다.[20] 그렇다면 발해가 멸망한 뒤 60~70년 이내 — 곧 늦어도 고려 성종 말년부터 — 에 여진의 해상 침략이 시작된 것은 이런 상황 아래 그들이 자유롭게 행동할 수 있었기 때문이라고 생각된다.

아무튼 여진이 거주한 지역은 매우 넓었다. 해적으로 고려의 동해를 횡행하면서 일본 서해에 오기도 한 것은 어느 지방의 집단이었을까? 당연히 제기해야 하는 이 문제는 이른바 도이의 침략이 일본사에서 매우 유명하기 때문에도 특별히 고찰할 필요가 있다. 하물며 고려는 현종·덕종 뒤에도 정종·문종·선종·헌종·숙종을 거쳐 다음 예종 초 유명한 윤관의 여진 정벌 때까지 오랫동안 도적의 침략을 받았기 때문에 더욱 그렇다.

6. 고려와의 교섭과 해적으로 출몰한 여진의 거주지

앞서 서술한 대로 『고려사』의 여진 관계 기사는 현종 이전에는 매우 적고 그 뒤에는 풍부하다. 그러나 이런 기사들은 대체로 여진의 조공·침략 등의 사실을 간단히 서술했을 뿐 그들의 내부 상황까지 서술하지는 않았다. 그렇다면 여기서 문제로 삼은 여진의 거주지는 쉽게 알기 어렵지만 적절한 기사를 찾아 육지에서 여진과 고려의 관계를 함께 살펴보면 짐작할 수 있는 길을 찾을 수 있다. 이제 번잡할 정도로 자세히 서술하겠지만 이런 방법을 선택했기 때문에 어쩔 수 없다.

지금의 영흥인 고려 초의 장령진은 성종 14년(995) 화주 안변도호부로 이름이 바뀐 곳으로 이 방면의 중요한 진이다.

- 「현종세가」 원년(1010) 5월: 상서좌사낭중 하공진과 화주 방어낭중 유종을 먼 섬으로 유배 보냈다. 하공진은 일찍이 동여진을 공격했다가 패배했는데, 유종은 그것을 한스럽게 여겼다. 마침 여진인 95명이 내조해 화주의 관사에 오자 유종은 그들을 모두 죽였는데, 그 때문에 함께 연좌돼 유배됐다. 流尚書左司郎中河拱辰·和州防禦郎中柳宗于遠島. 拱辰嘗擊東女眞見敗, 宗恨之. 會女眞九十五人來朝至和州館, 宗盡殺之, 故並坐流.

- 현종 2년(1011) 5월: 동여진 추장 초을두가 자신의 족속 70명을 이끌고 와 특산물을 바치니 각각 의복과 은그릇을 하사했다. 東女眞酋長鉏乙豆率其屬七十人來, 獻方物, 各賜衣服·銀皿.

- 현종 3년(1012) 2월: 여진 추장 마시저가 30성 부락의 자제들을 이끌고 와서 토종말을 바쳤다(그리고 30성의 이름을 들었다). 女眞酋長麻尸底率三十姓部落子弟, 來獻土馬.

- 현종 3년 윤10월: 여진의 모일라와 초을두가 30성 부락을 이끌고 화주에 와서 맹약을 간청하니 허락했다. 女眞毛逸羅·鉏乙豆率部落三十姓, 詣和州乞盟, 許之.

곧 고려 초 여진을 경략해 진성을 설치한 화주는 현종 때도 그 부족들과 경계를 맞댔음을 알 수 있다. 다음 기사는 정종靖宗 때도 그랬음을 보여준다.

『고려사』(권78) 「식화지」 조세 조 정종 7년(1041) 4월 [문하성의 발언]: "동로의 고주(고원)·화주(영흥) 등은 오랑캐의 국경과 가까워 방어하는 일이 많기 때문에 세금을 걷지 않았습니다." 東路高·和等州, 隣於狄境,

防禦事殷, 未嘗徵稅.

또 30성 여진의 하나인 앞의 모일라는 현종 때부터 정종 초까지 여러 번 조공해 회화장군懷化將軍의 칭호까지 받았는데, 아래 기사를 보면 그들의 거주지가 화주와 인접했다는 것은 분명하다.

「현종세가」 16년(1025): 여진 추장 모일라가 내조하니 변방에서 공로가 있었기 때문에 대광을 더 내리고 의복을 많이 하사했다. 女眞酋長毛逸羅來朝, 以有功邊圉, 加授大匡, 優賜衣物.

또 세가 현종 12년(1021) "흑수말갈의 소물개와 고지문이 와서 특산물을 바쳤다黑水靺鞨蘇勿蓋·高之門來獻方物"고 한 소물개는 21년(1030) 5월 "동여진 봉국대장군奉國大將軍"이라는 칭호를 띠고 말 9필, 과선戈船 3척, 싸리나무 화살 5만8600개를 바쳤다. 그 앞뒤로 과선 4척, 싸리나무 화살 11만7600개를 바친 만투는 같은 해 11월 "서(동?)여진의 만투 등 27호가 귀의하니 동계에 살게 했다西女眞曼鬪等二十七戶來附, 處之東界." 두 추장이 과선을 바쳤다고 한 것은 눈여겨봐야 하는데, 이것은 그들의 거주지가 화주와 멀지 않은 해변임을 추측하게 하는 것과 함께 해적으로 출동한 여진의 거주지도 같은 방면임을 암시하는 것이 아닐까? 이런 추측은 부당하지 않다. 다음 기사들은 바로 그 증거로 생각된다.

•「정종세가」 9년(1043) 4월: 동북로 병마사가 아뢰었다. "여진의 유원장군 사이라가 바다와 육지에서 출몰하는 적의 두목 나불 등 494명을

설득해 화주 관사에 와서 입조를 요청하고 있습니다." 담당 관원들이
의논해 아뢰었다. "이들은 모습은 사람이지만 마음은 짐승과 같으니
병마사에게 명령해 인원을 적절히 줄이고 차례를 나눠 입조하게 하십
시오." 그 건의에 따랐다. 東北路兵馬使奏, 女眞柔遠將軍沙伊羅誘致水陸
賊首羅弗等四百九十四人, 詣和州館, 請朝. 有司議奏, 此類人面獸心, 宜令兵
馬使, 量減人數, 分次赴朝. 從之.

- **같은 해 9월**: 동여진의 영새장군 동불로와 유원장군 사이라 등이 국
경 밖의 여진인 80명을 이끌고 내조해 아뢰었다. "국경 밖의 주민들이
사나운 마음을 그릇되게 품고 일찍이 변방을 소란스럽게 했지만 큰
가르침을 받은 뒤 앞서의 잘못을 신속히 고쳤습니다. 지금 바다와 육
지의 번장番長들을 이끌고 궁궐에 와 성의를 표현해 변방의 백성이 되
고 싶습니다. 지금부터 늘 인근 적들의 동정을 살펴 보고하겠습니다."
국왕은 가상히 여겨 특별히 금과 비단을 하사하고 관등을 더해줬다.
東女眞寧塞將軍多弗老·柔遠將軍沙伊羅等率化外女眞八十人來朝, 奏云, 化
外人妄懷狼戾, 曾擾邊疆, 泊蒙洪育, 頓改前非. 今引水陸蕃長, 詣闕陳款, 願
爲邊民, 自今每侯隣寇動靜以報. 王嘉之, 特賜金帛加等.

사이라는 세가 현종 13년(1022) "흑수의 추장 사일라와 만투불 등
이 내조했다黑水酋長沙逸羅·曼投弗等來朝"는 기사에서 처음 보이고 그 뒤
문종 때까지 여러 번 조공한 사실이 기록된 추장이다. 아래 기사도 그
거주지가 고려의 변경이었음을 분명히 알려준다.

「정종세가」(3년 2월): 서북로 병마사가 거란과 내통한 동여진의 사이라
등 55명을 체포해 서경(평양)으로 보냈다. 西北路兵馬使捕東女眞交通契丹

者沙伊邏等五十五人, 送于西京.

그리고 정종 때의 해상 침략에 관련된 기사는 다음이 있다.

- 2년(1036) 동번東蕃의 적선이 삼척현 동진의 군영을 침략해 백성을 약탈하자 그곳을 지키던 장수가 풀숲에 복병을 배치했다가 적이 돌아가는 것을 틈타 북을 울리고 함성을 지르며 습격해 40명을 포로로 잡거나 죽였다. 東蕃賊船寇三陟縣桐津戍, 摽略人民, 守將設伏草莽, 伺賊還, 鼓譟掩擊, 俘斬四十餘級.

- 8년(1042) 도병마사에서 아뢰었다. "동로 열산현(간성 북쪽 35리[13.7킬로미터]) 영파수의 대정 간홍은 적과 싸울 때 병력이 적었지만 화살이 다 떨어지고 힘이 다해 죽었으니 관직과 상을 추증해주소서." 그 말을 따랐다. 都兵馬使奏, 東路烈山縣寧波戍隊正簡弘, 與賊鬪, 衆寡不敵, 矢盡力窮而死, 請追加職賞. 從之.

- 9년(1043) 6월 동북로 병마사가 아뢰었다. "연해분도판관 황보경이 홀로 전함을 이끌고 큰 바다로 깊이 들어가 해적을 용감히 공격해 매우 많이 사로잡고 죽였으니 상을 내려주소서." 그 건의에 따랐다. 東北路兵馬使奏, 沿海分道判官皇甫瓊獨領戰艦, 深入大洋, 奮擊水賊, 俘斬甚衆, 請行褒賞. 從之.

- 10월 동번의 도적들이 배 8척을 타고 서곡현(등주의 속현)을 침입해 40여 명을 포로로 잡아갔다. 방어에 소홀한 죄로 그곳의 장수와 군사들을 처벌했다. 東蕃賊以船八艘, 寇瑞谷縣, 虜四十餘人. 以不謹備防, 罪其將卒.

사이라가 이끌고 입조한 바다와 육지의 도적의 우두머리 가운데는
바다에서 약탈을 저지른 이런 부류도 포함됐다고 생각된다. 요컨대 고
려에 귀의한 여진 부족은 화주 근처에 거주했고, 해적으로 활동한 부
족의 거주지는 그들과 인접한 것 같다.

또 살펴보면 화주, 곧 영흥 옆을 흐르는 용흥강龍興江과 그 북쪽인
금진천 사이의 분수산맥에는 그것을 이용해 축조된 석성의 흔적이 있
다. 그것은 호도虎島 북쪽의 해변에서 시작돼 영흥군과 정평군의 경계
를 이루는 덕화령德化嶺·광성령光城嶺 등을 지난 뒤 서쪽으로 나아가
영흥군의 관내인 선흥면宣興面과 요덕면耀德面의 산간 지대를 가로지른
다.[21] 그리고 선흥면 자신리와 요덕면 입석리는 이 석성이 지나는 지역
으로 따로 각각 산성의 터가 있다.[22]

- 『동국여지승람』영흥부 고적 조: 정변진은 부 동(서?)쪽 60리(23.6킬로
  미터)에 있는데 석성 터가 있다. 靜邊鎭在府東六十里, 有石城舊基.
- 요덕진은 부 서쪽 120리(47.1킬로미터)에 있다. 耀德鎭在府西一百二十里.

이런 기록을 「대동여지도」에 표시된 두 진의 위치와 비춰보면 자산
리의 옛 성은 정변진에, 입석리의 옛 성은 요덕진에 비정된다. 정변진
은 다음과 같이 나오는데, 뒤의 기사는 중축重築을 뜻하는 것으로 생
각된다(처음 설치한 것이라면 상소에서 정변진의 이름을 들지 않았을 것이
다).

- 『고려사』「지리지」: 현종 22년(1031) 설치했는데 비류수가 있다. 顯宗

二十二年置, 有沸流水.

- **「병지」 성보 부분**: 정종 5년(1039) 도병마부사 박성걸이 "동로의 정변진은 변방의 오랑캐가 노리는 곳이니 성을 쌓아야 합니다"라고 아뢰니 따랐다. 都兵馬副使朴成傑奏, 東路靜邊鎭蕃賊窺覬之處, 請城之, 從之(이것은 「왕총지열전」[『고려사』 권95]의 다음 기사와 대응한다. [왕총지가] 정종 때 (…) 도병마부사 박성걸 등과 함께 아뢰었다. "동로의 정변진은 변방의 오랑캐가 노리는 곳이어서 백성이 편안히 살 수 없습니다. 농한기를 기다려 성과 해자를 건설하소서." 그 건의에 따랐다. 靖宗朝 (…) 與都兵馬副使朴成傑等奏, 東路靜邊鎭蕃賊窺覬之處, 百姓不得安居. 請俟農隙, 築設城池. 從之).

요덕진은 다음과 같이 기록돼 있다.

- **「지리지」**: 요덕진은 현덕진이라고도 하는데, 현종 3년(1012) 처음 성보를 쌓았다. 耀德鎭, 一名顯德鎭, 顯宗三年, 始築城堡.
- **「병지」**: 현종 14년(1023) 요덕진에 성을 쌓았는데 634칸이고 문은 6개다. 顯宗十四年, 城耀德鎭, 六百三十四間, 門六.
- 현종 18년(1027) 동북계의 현덕진에 성을 쌓았다. 顯宗十八年, 城東北界顯德鎭.

이런 두 진은 모두 현종 때 설치됐고 그것을 중심으로 한 석성, 곧 장성도 같은 시기에 축조된 것으로 생각된다. 고려 북변의 장성은 압록강 입구 부근에서 시작돼 평안도와 함경도를 횡단해 동해에 이른다.

「병지」(그리고 같은 자료에 의거한 「유소열전」): 덕종 2년(1033) 평장사 유소에게 북쪽 국경에 방어 시설을 만들게 했는데, 서해안의 옛 국내성 지역부터 시작해 압록강이 바다로 들어가는 곳에 세웠다. 동쪽으로 위원·흥화·정주·영해·영덕·영삭·운주·안수·청새·평로·영원·정융·맹주·삭주 등 13성을 넘어 요덕·정변·화주 등 3성에 이르러 동쪽으로 바다에 닿았는데 길이가 1000여 리였다. 돌로 성을 쌓았으며, 높이와 두께가 각각 25척이었다. 德宗二年, 命平章事柳韶創置北境關防, 起自西海濱古國內城界鴨綠江入海處. 東跨威遠·興化·靜州·寧海·寧德·寧朔·雲州·安水·淸塞·平虜·寧遠·定戎·孟州·朔州等十三城, 抵耀德·靜邊·和州等三城. 東傳于海, 延袤千餘里. 以石爲城, 高厚各二十五尺.

맨 끝의 세 성은 앞서 서술한 부분의 장성을 대표하는 것이다. 그러나 "길이가 1000여 리"에 이르는 장성은 점진적으로 이뤄진 것으로 보이며, 덕종 2년(1033)에 모든 부분이 축조되지도 않았고 유소 한 사람의 공로로 돌릴 수도 없다는 것은 내가 일찍이 자세히 서술했으므로[23] 「병지」와 「유소열전」의 장성 관련 기사는 정변진과 요덕진을 중심으로 한 부분의 장성이 현종 때 축조됐다는 내 추측을 부정하는 증거는 아니다. 아울러 고려 초부터 설치된 진성으로 성종 14년(995) 안변도호부가 된 화주에서 그 앞쪽을 방어한 장성은 현종 때가 되기 전 이미 건설된 것으로 생각한다.

정말 그렇다면 현종·덕종 때를 앞뒤로 고려에 귀의하거나 해상에서 동해안을 침략한 여진 부족은 이 화주 앞면의 장성에서 고려와 경계를 맞댔을 것이다.

또 살펴보면 정종 10년(1044)에는 동북로 병마사 김영기 등이 장주·정주와 원흥진에 성을 쌓았다. 이것은 『고려사』(권95) 「왕총지열전」
에 분명히 기록돼 있다.

『태종실록』(권26) 13년(1413) 7월: 동북면의 정주를 정평부로 고쳤는데,
서북면의 정주와 이름이 같은 것을 피하기 위해서였다. 改東北面定州爲
定平府, 嫌與西北面定州同也.

이 기록에 따르면 정주는 지금의 정평이다. 당시 주성州城 터는 정평
읍성과 인접해 그 동쪽에 남아 있다.[24]
장주는 다음 두 기사가 있다.

•『여지승람』 정평부定平府 고적 조: 옛 장주성은 부 서남쪽 55리(21.6킬
로미터)에 있다. 돌로 쌓았으며 둘레는 2203척(668미터)인데 지금은 무
너졌다. 古長州城在府西南五十五里. 石築, 周二千二百三尺, 今廢.
•폐지된 장곡현은 부 서남쪽 55리에 있다. 본래 고려 장추다. (…) 우리
조정 세종 4년(1422) 혁파돼 장곡사가 됐다. 長谷廢縣在府西南五十五里.
本高麗長州. (…) 本朝世宗四年, 革爲長谷社.

이것은 방향은 서로 다르지만 같은 지점을 가리킨 것이 틀림없다.
아울러 정평 서남쪽 또는 남쪽 55리(21.6킬로미터)에 해당하는 곳에는
현재 그럴 만한 성터가 남아 있지 않고 정서쪽으로 2리 반 떨어진 금
진천 가의 풍양리豐陽里에 폐성이 있으며 민간에서는 그것을 '고읍古邑'
이라고 부르는데[25] 「대동여지도」에 보이는 장곡의 위치에 적합하다. 정
평과 풍양리의 중간에는 도성산道成山을 주봉으로 하는 고개가 있는

데, 그것을 직접 가로지르는 도로는 없다. 거기서 여기로 오는 데는 서남쪽으로 내려가 선흥리宣興里를 지나 다시 서북쪽으로 가는 것이 편리하다. 거리는 35리(13.7킬로미터)쯤 된다.

또『관북지』정평현 고적 조에서 장주 고성을 "현 남쪽 55리(21.6킬로미터)에 있다"고 한 것은『동국여지승람』의 폐지된 장곡현 기사를 옮겨 실은 것이지만 방리坊里 조에는 장곡사를 "현 서남쪽 35리에 있다"고 했다. 이런 관계를 종합해 생각하면『동국여지승람』의 55리는 35리의 오기로 생각되고 지금의 풍양리와 장곡을 같은 지점으로 봐 그곳에 남아 있는 옛 성을 장주성에 비정해야 한다.

다음으로 원흥진은 아래와 같이 서술돼 있다.

『고려사』「지리지」: 정종 10년(1044) 생천에 성을 쌓고 진으로 삼았다. 靖宗十年, 城牲川爲鎭.

생천은 지금의 금진천이다.

『동국여지승람』정평부 산천 조: 생천은 정평부 남쪽 50리(19.6킬로미터)에 있다. 지금은 금이강진이라고 하는데, 바로 장계천의 하류다. 牲川在府南五十里. 今稱金伊江津, 卽長溪川下流.

원흥진의 위치는 고적 조에서 "부 남쪽 50리(19.6킬로미터)에 있는데 흙으로 쌓았으며 둘레는 4417척(1338미터)"이라고 했다. 그리고「대동여지도」에서는 정평 동남쪽의 생천牲川(생천牲川) 입구와 가까운 그 북안에 그곳을 표시했는데, 지금 그곳에 해당하는 춘류면春柳面 도흥리道

興里에 옛 성터가 남아 있어[26] 정확히 원흥진에 비정된다.

장주·정주와 원흥진의 위치는 이렇다. 그러나 김영기 등이 쌓은 것은 이런 세 성만이 아니라 거기 소속된 15곳의 수소成所도 설치했다.

『고려사』「병지」성보 부분: 정종 10년(1044) 김영기와 왕총지에게 장주·정주·원흥진에 성을 쌓게 했다. 장주성은 575간이고 수소가 6곳인데 정북·고령·소흥·소번·압천·정원이다. 정주성은 809간이고 수소가 5곳인데 방수·압호·홍화·대화·안륙이다. 원흥진성은 683간이고 수소가 4곳인데 내항·압로·해문·도안이다. 靖宗十年, 命金令器·王寵之, 城長州·定州及元興鎭. 長州城, 五百七十五間, 戍六所, 曰靜北·高嶺·掃兇·掃蕃·壓川·定遠. 定州城, 八百九間, 戍五所, 曰防戍·押胡·弘化·大化·安陸. 元興鎭城, 六百八十三間, 戍四所, 曰來降·壓虜·海門·道安.

정평에는 장성이 있었다. 『동국여지승람』에서는 정평 읍성 "북쪽에 옛 장성이 있다"고 하고 다음과 같이 서술했다.

고려 때 쌓은 것으로 서쪽으로는 큰 고개를 넘고 동쪽으로는 도련포와 맞닿았다. 세 겹으로 참호를 둘러 여진을 막았으니, 바로 삼관문 땅이다. 高麗時所築, 西踰大嶺, 東接都連浦. 三周其隍, 以禦女眞, 此乃三關門之地.

『관북지』정평현 고적 조에서도 다음과 같이 말했다.

옛 장성은 현 북쪽 비백산 위에 있는데 고려 때 쌓은 것이다. 서쪽으로 큰 고개를 넘고 동쪽으로 함흥 선덕 해안과 맞닿았다. 세 겹으로 참호를 둘러 여진을 막았으니, 예전에 삼관문이라고 불렀다. 古長城在縣北鼻白山上, 高麗時所築. 西踰大嶺, 東接咸興宣德海濱. 三周其隍, 以禦女眞, 古稱三關門.

이 장성 터는 지금도 뚜렷이 남아 있다.[27] 비백산은 정평의 진산鎭山으로 읍성과 그것에 인접한 옛 정주성의 북쪽 모서리에 있는데 좌우로 그 줄기가 뻗어있다. 그 바깥쪽의 경사면을 이용해 중간에 참호를 파고 세 단의 석성을 쌓은 것이 바로 장성이다. 서쪽으로 뻗은 것은 장주성 터(풍양리 고성) 동쪽 1리쯤에 솟아 있는 도성산 정상에 이른 뒤 북쪽으로 방향을 돌려 만년산萬年山·천덕산泉德山·백운산白雲山 등을 넘고, 동남쪽으로 가는 부분은 광포廣浦의 서안에 가까운 남흥리南興里의 논에서 멈춘다. 곧 비백산 아래 있는 옛 정주성에 대해 좌우의 날개가 되는 것이다. 앞서 『동국여지승람』에서 장성은 동쪽으로 도련포와 맞닿았다고 한 것은 남흥리에 있는 그 종점을 설명한 것으로 — 남흥리는 최근 이름이 바뀔 때까지 성말리城末里라는 마을이었다 — 함흥부 산천 조에서도 다음과 같이 서술했다.

도련포는 예전에 도린포라고 했는데, 부 남쪽 35리(13.7킬로미터)에 있다. 목장이 있고 옛 장성이 여기서 끝났다. 우리 태조(이성계)가 나하추를 토벌할 때 우군이 도련포를 경유했다. 都連浦, 古作都麟浦 在咸興府南三十五里. 有牧場, 古長城尾接于此. 我太祖討納哈出時, 右軍由都連浦, 卽是.

이것을 볼 때 도련포는 지금 광포의 옛 이름이 분명하다. 고려 예종

때 윤관이 여진을 정벌하면서 그 수군을 출항시킨 곳으로 기록된 도
린포도 마찬가지다.

『고려사』(권96) 「윤관열전」: 원흥도부서사 정숭용과 진명도부서부사 견
응도 등이 수군 2600명을 이끌고 도린포에서 출발했다. 元興都部署使鄭
崇用·鎭溟都部署副使甄應圖等以船兵二千六百, 出道鱗浦.

『세종실록』「지리지」(권155) 예원군預原郡 조에서도 다음과 같이 서
술했다.

옛 장성 터가 군 남쪽 덕화현과 광성현에 있다. 민간에서 "만리장성은
도린포에 닿아 물속에 목책을 세웠다"는 이야기가 있는데 그 흔적이 아
직 남아 있다. 도린포 동쪽으로 장성이 목책과 연결돼 산을 타고 10리
(3.9킬로미터)쯤 내려가 바닷가에 이른다. 성 남쪽에 옛 창고 터가 3곳
있는데, 민간에서 "옛날 원흥진·선덕진을 방어할 때 남도의 군량을 실
어오던 곳"이라고 한다. 古長城基在郡南德化峴及廣城峴. 諺傳萬里長城接
于道麟浦水中列木柵, 其遺根尙存. 浦東長城連木柵跨山十里許, 至于海涯. 城
南有古倉基三處, 諺傳古元興·宣德鎭守禦時, 南道糧餉漕轉處.

예원군은 고려 때의 예주豫州로 금진천 북안의 초원草原에 가까운
곳이므로 덕화현과 광성현에 있다고 한 장성은 앞서 서술한 영흥 앞
쪽의 장성을 가리키는 것이지만 여기에 민간의 이야기로 덧붙여 기록
된 것 같은데, 도린포(광포)까지 이어진 포浦 서쪽의 장성에 대해 포 동
쪽에 따로 있던 것일까? 덕화현 등을 지나는 장성을 설명하고 곧바

로 비백산에 연결된 장성에 관련된 민간 이야기를 든 것은 둘을 동일한 장성으로 본 『세종실록』「지리지」 편자의 오류를 드러내는 것이지만, 민간의 이야기는 올바른 것으로 "포 동쪽의 장성"이라는 이름에 적합한 성벽 터는 광포에 인접한 선덕면 북부의 산간에 남아 있다. 곧 이 성벽은 광포를 사이에 두고 남흥리와 마주한 포 입구의 한 지점에서 시작돼 선덕면에서 가장 높은 곳인 높이 131미터의 봉우리를 넘어 동쪽으로 가서 광포 반대편의 연안인 대덕리에 이르러 끝난다. 거기서 일본 단위로 1리 10여 정을 연장하면 앞의 기록처럼 실제로 "산을 타고 10리(3.9킬로미터)쯤 내려가 바닷가에 이른다."

그리고 참호를 주위에 두르고 3단(어떤 부분은 2단)으로 쌓은 것은 광포 서쪽의 장성 같지만 모두 흙으로 쌓았고 돌을 사용한 흔적은 없다. 민간 이야기에서 목책을 세웠다고 한 것은 이런 구조적 결점을 보완하기 위해 설치한 것으로 생각된다. 또 이 장성의 앞면에는 광포 연안에서 끝나는 산자락을 막는 작은 토성이 있어 첫 번째 방어선이 된다. 이처럼 남흥리에서 끝나는 석축의 장성과 선덕면에 조성된 토축의 장성은 광포를 사이에 두고 서로 마주 보고 있기 때문에 그것을 연결하는 데는 물속에 목책을 설치해야 했을 것이고, 그 흔적이 남아 있다고 한 민간 이야기도 믿을 만하다.

앞서 서술한 대로 정종 10년(1044) 김영기는 장주·정주·원흥진에 성을 쌓으면서 거기 소속된 수소 15곳을 설치했다. 그것을 「병지」의 다른 사례에 비춰보면 수소의 설치는 장성의 축조를 뜻한다. 이를테면 영원진과 평로진 기사는 다음과 같다.

「**병지**」: 정종 7년(1041) 최충이 영원진과 평로진에 성을 쌓았다. 靖宗七

年, 崔冲城寧遠·平虜二鎮.

그런 다음 먼저 영원성의 규모와 소속된 수소 8곳을 들고 "관성은 1만1700칸"이라고 덧붙였으며, 그런 뒤 평로성의 규모와 수소 6곳을 들고 "관성은 1만4495칸"이라고 덧붙였는데 이것은 두 진을 주축으로 삼아 장성을 축조한 기사다.[28] 그렇다면 정평읍의 정주성과 풍양리의 장주성을 주축으로 쌓은 장성은 비백산에서 시작돼 동남쪽은 남흥리에 이르고 서쪽은 도성산을 넘어 다시 북쪽으로 이어지는 석성이 분명하고, 실제로 이 석성은 정종 10년(1044) 김영기가 축조한 것으로 봐야 한다.

현재 당시의 수소로 보이는 터는 장성을 따라 드문드문 남아 있고 기와 조각이 많이 흩어져 있다. 특히 남흥리 석성 끝에 이어진 논에는 한 구역의 평지를 이루고 있는데, 거기 남겨진 거대한 석재에는 물결무늬가 새겨져 있어 뚜렷한 수소 터였다고 생각하게 한다. 정주성과 거기 소속된 수소 5곳 가운데 맨 끝에 위치한 안륙수安陸戍로 추정된다(이 수소 이름과 근처의 지형에 따라 미뤄보면 지금 논이 된 광포 서쪽 끝의 저지대는 고려 때는 광포의 일부였거나 광포의 물에 침식된 습지였을 것으로 생각된다). 윤관은 여진을 정벌할 때 5만3000명을 이끌고 정주의 대화문大和門으로 나갔고 중군의 장수 김한충金漢忠은 3만6700명을 이끌고 안륙수에서 출발했는데, 지금 그 지점을 상세하게 알게 돼 기쁘다.

다음으로 원흥진을 주축으로 한 장성을 살펴보자. 선덕면의 토축 장성은 금진천 입구에 가까운 이 진성과 매우 멀리 떨어져 있다. 먼저 장성은 적이 넘기 어려운 고개를 이용해 쌓아 그들의 침범하는 쪽에 군사를 배치하도록 했지만 평소에는 그런 방비를 생략했다. 그리고 그

것이 중심이 된 주진州鎭은 늘 군사를 주둔시킨 곳이므로 장성이 통과하는 고개의 한 부분을 이용하거나 근처의 적당한 지점을 선택해 주진을 설치한 것은 가장 적절한 것이었고 비백산 부근의 장성과 정주성의 관계 같은 것이 바로 거기에 해당한다. 그러나 그런 관계를 어디서나 조성할 수 있는 것은 아니다. 주진은 그 특징상 험준한 요지여야 하지만 적지 않은 인구를 수용해야 하며 장성이 지나가는 고개처럼 그저 높고 험해서는 안 된다. 장주성이 도성산 부근의 장성 서쪽에서 직선거리로 10리(3.9킬로미터)쯤에 있는 것은 이 때문이고, 그래서 그 성과 관련해 다음과 같은 논의가 있게 된 것이다.

문종 8년(1054) 8월: 동로 병마사가 아뢰었다. "장주는 지대가 높고 험하며 성안에는 우물이 없으니 남문 밖 평지에 목책을 설치해 백성을 이주시키고 위급할 때는 성으로 들어오게 하십시오." 그 건의에 따랐다. 東路兵馬使奏, 長州地高且險, 城中無井, 乞令設柵南門外平地, 徙民居之, 有急入城. 從之.

그런데 선덕면의 토축 장성과 원흥진의 터(도흥리 고성)는 30리(11.8킬로미터)쯤 떨어져 있는데, 서로 분리할 수 없는 관계를 생각하면 거리가 조금 멀다. 앞서 서술한 대로 원흥진에는 내항수·압로수·해문수·도안수 등 네 수소가 있었다. 『동국여지승람』 정평부 산천 조에서는 감상진甘祥津을 설명해 "생천이 남쪽으로 33리(13킬로미터)쯤 흘러 이 나루가 된 뒤 도안포로 들어간다柑川南流三十里許爲此津, 入道安浦"고 했는데, 도안포는 금진천(생천) 입구의 이름이다. 또 같은 책에서는 정평부 남쪽 50리(19.6킬로미터)에 도안천이 있고 같은 쪽 52리에 도안포영

道安浦營이 있다고 했는데, 「대동여지도」를 참조하면 모두 원흥진 터에 가깝다. 도안수의 대체적인 위치는 이것에 따라 알 수 있다. 해문수도 그 이름에서 미뤄보면 해변에 있었을 것으로 생각된다.

이것을 근거로 생각하면 원흥진을 주축으로 한 장성은 반드시 따로 축조됐을 것이고, 남흥리의 안륙수와 대응하는 광포 서남쪽 모서리의 한 지점에서 시작해 선덕면과 춘류면의 산지를 동남쪽으로 내려가 금진천 입구에 이르는 것으로 생각된다. 나는 선덕면의 장성을 조사했을 때 이렇게 추측된 다른 장성 터 — 그때는 아직 그것에 생각이 미치지 못했지만 — 에 대해 아무것도 듣지 못했지만 앞의 것은 사실 내가 발견함에 따라 그곳 주민의 주의를 끌게 됐으므로 뒤의 것도 그렇게 되기를 기대한다.

여기서 생겨나는 의문은 선덕면의 장성이 축조된 연대다. 『고려사』「지리지」에서는 선덕진을 다음과 같이 서술했다.

덕주는 문종 9년(1055) 처음 선덕성을 쌓아 진으로 삼았다. 그 뒤 덕주 방어사로 불렀다. 德州, 文宗九年始築宣德城爲鎭. 後稱德州防禦使.

「병지」에서는 장주·정주·원흥진과 함께 이 진성이 정종 10년(1044)에 축조됐다고 했지만 사실이 아니며, 세 성을 쌓은 11년 뒤인 문종 9년(1055)에 처음 건설한 것이 분명하다.

『고려사』(권63) 「예지」 잡사雜祀: 문종 9년 3월 임신일 선덕진의 새로 수축한 성에 성황사를 뒀다. 文宗九年三月壬申, 宣德鎭新城置城隍神祠.

그 위치는 『동국여지승람』 함흥부 고적 조에서 "선덕진은 부 남쪽 45리(18킬로미터)에 있다"고 했는데, 이 거리에 해당하는 곳은 선덕면의 장성이 지나가는 부근이지만 옛 성터로 생각되는 것이 없다. 그런데 장성 남쪽 1리쯤 선덕장리宣德場里 서남쪽 산간의 창리倉里라는 곳에 폐성이 있고 문터도 남아 있으며 성안에는 인가가 있다고 했으므로[29] 이것이 바로 선덕진 터로 생각된다. 정말 그렇다면 이 진성은 선덕면의 장성에 대해 그 주축이 된 것을 매우 쉽게 알 수 있다.

「윤관열전」: 우군병마사 병부상서 김덕진이 4만3800명을 이끌고 선덕진의 안해수와 거방수 사이로 나갔다. 右軍兵馬使·兵部尙書金德珍以四萬三千八百人, 出宣德鎭安海·拒防兩戍之間.

여기 보이는 두 수소도 그렇다고 생각되고 그것들은 본래 장성을 따라 설치된 것이 틀림없다 —『동국여지승람』에 거리를 든 다음 "성터가 있다在城基"고 한 것은 다른 데서는 볼 수 없는 서술 방식이다. 성터라고 한 것은 본래 자료에는 장성을 가리킨 것으로 『동국여지승람』의 편자가 자의적으로 선덕진에 연결시킨 것은 아닐까?

이처럼 고려는 정종 10년(1044) 화주 앞을 막은 금진천 남쪽의 장성에서 좀더 나아가 장주(풍양리 고성)·정주(정평 옛성)·원흥진(도흥리 고성)과 이런 세 성을 중축으로 한 새 장성을 쌓았다. 그때의 상황을 살펴보면 다음과 같다.

• 「정종세가」 10년(1044) 11월: 병마사 김영기가 아뢰었다. "지금 장주·정주와 원흥진에 성을 쌓는 일이 금방 끝났는데, 수고한 이들이 매우

많습니다. 이 역사를 감독한 주·진의 관원 가운데 1과의 7품 이상은 정직正職 1급씩 올리고 부모에게 작위를 책봉해주십시오. (…) 또 세 성이 있는 곳은 본래 적의 소굴이어서 그들이 침략할까 걱정됐는데, 병마사가 요지에 나눠 주둔해 수륙으로 방어하니 적이 나아오지 못하고 있습니다. 그 군사들 가운데 1과의 별장別將 이상은 정직 1급씩 올리고 부모에게 작위를 책봉하며 (…) 2과의 대정 이상과 선두船頭에게는 정직과 향직을 1급씩 올리고 군인·초공梢工(키잡이)·수수水手(선원)에게는 향직을 더하며 물품을 차등 있게 하사해주십시오. 성을 쌓을 때 출전해 공로를 세운 1과의 섭攝병부상서 고열 등 10명 (…) 도 포상해 뒷사람들을 분발케 해주십시오." 兵馬使金令器奏, 今築長·定二州及元興鎭城, 不日告畢, 勞效甚多. 其督役州鎭官吏, 一科七品以上, 超正職一級, 父母封爵. (…) 且三城之地, 元是賊巢, 侵擾加慮, 兵馬軍事, 分屯要害, 水陸捍禦, 賊不得近. 其軍士, 一科別將以上, 超正職一級, 父母封爵. (…) 二科隊正以上, 及船頭, 加正鄕職一級, 軍人及梢工·水手, 加鄕職, 且賜物有差. 當築城時, 出戰有功, 一科攝兵部尙書高烈等十人, (…) 亦加褒賞, 以勸後來.

- **같은 달**: 동여진 장군 오을달 등 남녀 144인이 와서 좋은 말을 바치며 아뢰었다. "우리는 귀국의 변경에 살면서 귀의해 신하로 복종한지 여러 해가 됐습니다. 늘 적이 쳐들어올까 걱정돼 편히 살 수 없었는데 이제 세 성을 쌓아 적의 침입로를 막아주셨기에 내조해 사은합니다." 국왕이 후하게 상을 내리고 돌려보냈다. 東女眞將軍烏乙達等男女一百四十四人來獻駿馬, 奏曰, 我等在貴國之境, 慕化臣服有年矣. 每慮醜虜來侵, 未獲奠居, 今築三城, 以防賊路, 故來朝謝恩. 王優賞遣還.

곧 충분히 고려에 복속된 여진 부족과 바다와 육지에서 고려와 이런 여진을 침략한 다른 여진 부족 사이의 대체적인 분계선은 새 장성을 축조하기 전부터 그 장성이 이어진 부근에 있던 것 같다.

「정종세가」 10년(1044) 4월: 동여진 1045명이 예물을 갖고 와서 맹약을 요청하니 각각 의복과 은그릇을 하사했다. 東女眞一千四十五人執贄請盟, 各賜衣著銀器.

이것은 고려가 축성 공사를 시작했을 때 여진의 동요를 고려해 적절히 조처한 결과로 맹약을 요청한 여진은 이른바 "교화를 사모해 신하로 복종한慕化臣服" 옛 장성 밖(새 장성 안)의 부족으로 생각되고 앞서 김영기의 주청에서 "성을 쌓을 때 출전"했다고 하고 아래 기사에 보이는 사실에 관련된 여진, 곧 고려의 축성에 반항한 여진은 새 장성 밖의 부족으로 생각된다.

「김원정열전」(『고려사』 권95): 동북로 병마사 김영기가 장주·정주·원흥진에 성을 쌓았다. 김원정 등은 군사를 거느리고 요로에 추둔하며 방비하다가 적을 만나 싸워 공을 세웠다. 東北路兵馬使金令器築長·定二州·元興鎭城. 元鼎等率兵出屯要路以備之, 遇賊戰有功.

전에 나는 현종·덕종·정종 때 여진과 고려의 관계를 두세 가지 사실에 바탕해 고찰한 뒤 "고려에 귀의한 여진 부족은 화주 근처에 거주했고 해적으로 활동한 부족의 거주지는 그들과 인접한 것 같다"고 비교적 막연한 의견을 제출했는데, 옛 장성과 새 장성을 쌓은 연대와 그것이 통과한 지점을 밝히고 그것을 바탕으로 고찰한 것은 앞서 서술한 것과 같아 그 결론은 대체로 일치한다.

비백산을 중심으로 좌우에 펼쳐진 이른바 새 장성의 앞쪽은 높낮이가 뚜렷한 일대의 구릉지로 광포로 흘러들어가는 주이천朱伊川이 그 경계를 이루며 곧장 함흥평야로 연결된다. 주이천 동쪽에는 두 하천이 있다. 하나는 원수천院水川인데 광포 끝에 있는 광포강廣浦江으로 들어간다. 멀리는 큰 성천강城川江과 그 다음으로 큰 호련천瑚璉川이 그 동쪽에 있어 나란히 바다로 들어가며, 그 하류 유역은 위의 세 하천의 유역과 함께 평탄하고 넓은 들판을 이룬다. 이것이 바로 비옥한 함흥평야로 어디서나 농사에 적합하다. 성천강 옆의 함흥읍은 이런 광대한 평야를 끼고 있기 때문에 조선 초기부터 지금까지 함경남도의 중심적 위치를 차지하고 있다.

그렇다면 한반도 북부의 여러 곳에 여진 부족이 웅거했을 때 지금의 함흥 지방에는 다른 지방보다 훨씬 많은 부락이 있던 것이 거의 틀림없고, 자연히 그 유력한 부족도 적지 않았을 것이다. 이것을 앞서의 서술에 비춰 생각하면 조공을 바쳐 물질적 이익을 추구하는 한편 육지와 해상에서 고려의 변경과 해안 지역을 약탈한 여진은 주로 이 지방의 부족으로 추측된다. 그 때문에 아래서는 다시 여진에 관련된 특별한 사실을 실은 『고려사』 기사를 검토해 이 추측이 타당한지 판단하려고 한다.

정종이 재위 12년(1046) 5월에 훙거하고 그해 7월 새 국왕 문종은 다음과 같은 제서를 내렸다.

지난 번 동쪽의 도적이 정변진을 포위했을 때 별장 정광순이 힘껏 싸워
적을 물리치고 전사했다. 그 공이 매우 크니 금오위 낭장을 추증하라.
往者東賊圍靜邊鎭, 別將鄭匡順力戰却敵, 沒於陣下. 其功甚大, 可贈金吾衛郎
將.

문종은 다시 이듬해(1047) 정월 제서를 내렸다.

지난 갑신년(정종 10년, 1044)에 외적이 동북로를 침략하자 군사 이섬한
등 40명이 선봉을 맡아 승리했으니 각각 상급과 관직을 차등 있게 내려
라. 頃於甲申歲, 寇賊侵掠東北路, 軍士李暹漢等四十人, 先鋒告捷, 其各賞職
有差.

이것은 같은 때의 전투에 관련된 포상 기사로 생각된다. 정종 10년
(갑신년)은 새 장성이 축조된 때인데, 앞서 말한 대로 정변진은 옛 장성
이 설치된 영흥군 선흥면 자산리 부근이다. 문종 4년(1050) 3월 동여
진 추장 염한 등은 조공하러 개경에 왔다가 억류된 일이 있는데, 앞서
변경을 침범했기 때문이었다.

동여진 영새장군 염한 등 12명과 유원장군 아가주 등 30명 (…) 이 와서
좋은 말을 바쳤다. (…) 염한 등 15명은 일찍이 변경을 침범했으므로 억
류했다. 東女眞寧塞將軍鹽漢等十二人·柔遠將軍阿加主等三十人, (…) 來獻良
馬. 鹽漢等十五人, 以曾犯邊留之.

다음 기사들도 이 사건에 관련된 것이다.

• 「최충열전」(『고려사』 권95) 같은 해(문종 4년): [최충이] 다시 아뢰었다. "동여진의 추장 염한 등 86명이 여러 번 변경을 침범했는데, 지금 개경의 관사에 억류된 지 오래됐습니다. 오랑캐는 얼굴은 사람이지만 마음은 짐승이어서 형법으로 징계할 수 없고 인의로 교화할 수도 없습니다. 강제로 억류된 지 이미 오래 됐으니 고향을 그리워하는 마음 때문에 반드시 깊이 분노하고 원망할 것이며 그들에게 드는 비용이 매우 많으니 모두 석방해 돌려보내소서." 그 건의에 따랐다. 又奏, 東女眞 酋長鹽漢等八十六人累犯邊境, 今勒留京館有日. 夷狄人面獸心, 不可以刑法 懲, 不可以仁義敎. 勒留旣久, 首丘之情, 必深忿怨. 且供費甚多, 請皆放還. 從之.

• 세가 같은 해 8월: 동여진의 아가주·염한·사이라 등이 번인에게 납치됐던 우리의 정변진 부사 황보충과 대정 송영을 돌려보냈다. 東女眞阿 加主·鹽漢·沙伊羅等歸我沒蕃靜邊鎭副將皇甫冲·隊正宋迎.

그렇다면 이 아가주·염한·사이라 등의 추장들은 정종 10년(1044) 정변진을 침범한 부류가 틀림없다. 사이라는 앞서 우리의 주의를 끈 추장으로 현종 중엽부터 자주 조공했고 문종 때 들어와서도 여러 번 말을 바쳤으며, 염한은 정종 11년(1045) 내조했고 아가주는 문종 원년 (1047) 토산물을 바쳤다. 곧 이런 추장들은 변경 침범의 죄를 저지른 뒤에도 아무 일 없는 듯 꾸미고 조공했지만, 문종 4년(1050) 염한과 아 가주가 개경의 관사에 억류된 것은 그때 처음 도적의 우두머리가 그 들이라고 예전의 악행을 폭로했기 때문이며 그들은 풀려나 돌아갈 때 예전에 포로로 잡아갔던 고려의 변방 장수를 돌려보낸 것으로 생각된 다. 그렇다면 이렇게 고려와 친밀해졌을 때 변방을 약탈한 여진은 어느 지방의 부족이었을까?

이미 서술한 대로 사이라는 정종 9년(1043) 4월 바다와 육지에서 출몰한 적의 우두머리 494명을 설득해 화주 관사에 데리고 와서 입조를 요청했다. 그때 고려 조정은 변방 장수들에게 명령해 인원을 줄여 차례를 나눠 조정으로 보내게 했고 몇 달 뒤 그들은 국경 밖의 여진 80명을 이끌고 입조해 아뢰었다.

국경 밖의 사람들이 사나운 마음을 그릇되게 품고 일찍이 변경을 어지럽혔지만 넓은 은혜를 입어 앞서의 죄를 뉘우쳤습니다. 지금 물과 뭍에 흩어져 사는 번장番長들을 데리고 대궐에 와서 정성을 바치면서 변방의 백성이 돼 앞으로는 가까운 곳에 있는 도적들의 동향을 늘 보고하겠습니다. 化外人妄懷狼戾, 曾擾邊疆, 洎蒙洪育, 頓改前非. 今引水陸蕃長, 詣闕陳款, 願爲邊民, 自今每侯隣寇動靜以報.

곧 사이라는 바다와 육지 두 방면에서 고려를 침입한 여진 부족들에서 세력을 지닌 추장으로 그 거주지가 해변에 가까웠던 것은 자연히 추측할 수 있다. 또 염한은 뒤에서 인용하는 문종 27년(1073) 동북면 병마사의 보고에서 "소을포촌 번장 염한所乙浦村蕃長鹽漢"이라고 했는데, 소을포촌이라는 이름에서 미뤄보면 해변 지역에 살았다고 생각된다. 다만 고려 변경 밖의 해안은 멀리 동북쪽으로 연장되기 때문에 해변이라고 하면 매우 막연하지만, 이런 추장들이 정변진을 침범한 사실에서 그 범위를 한정할 수 있다.

정변진이 있던 자산리에서 동해안으로 나가려면 먼저 용수피천龍水皮川(용흥강의 한 지류)의 동쪽에서 영흥군과 정평군의 경계를 이루는 높고 험준한 분수산맥을 넘어 곧장 금진천 유역으로 내려간 뒤 다시 도성산 남북쪽에 있는 두세 개의 고갯길 가운데 하나를 지나 광포 연안의 평지로 내려가야 한다. 도성산에서 북쪽은 백운산과 연결되고 동남쪽은 정평의 비백산을 거쳐 광포 동안에 이르는데, 장성은 이 사이의 여러 길을 가로질러 축조된 것이다. 또 그 완공 시기는 정종 10년 (1044) 11월 김영기의 보고를 볼 때 같은 해 겨울이 분명하다. 따라서 도적이 정변진을 침략한 것은 같은 해 봄부터 가을 사이가 돼야 한다. 아울러 관방關防의 유무와 상관없이 함흥평야의 해변에서 봉우리를 넘고 계곡을 건너 앞서 말한 도로를 오가기는 매우 어렵다. 그리고 함흥평야 동북쪽은 홍원의 서대천西大川 유역에 이르기까지 산간지대로 교통이 매우 불편하기 때문에 멀리 그 방면에서 도적이 왔다고는 거의 상상하기 어렵다.

그렇다면 사이라·염한·아가주 등의 거주지는 대체로 함흥평야의 해안에 가까운 지역으로 보이며 정종 9년(1043) 사이라가 육지와 해안에 흩어져 사는 많은 번장을 이끌고 화주에 온 사실은 동일한 지방이 육로와 바다 두 방면으로 고려에 침략한 여진의 소굴임을 말하는 것으로 생각된다.

또 「문종세가」 27년(1073) 5월에는 다음과 같은 기사가 있다.

서북면 병마사가 보고했다. (…) "[평로진 근처에 거주하는] 이민족의 우두머리가 또 말했습니다. (…) '삼산촌의 골짜기와 해변에 나눠 거주하고 있는 번적蕃賊은 오가는 사람들을 죽이고 물건을 약탈해 우리의 원수가 됐습니다. 지금 복수하고자 해 국경 안의 삼산촌 중윤 야서로 등

30도의 추장(동번의 흑수인은 30종족이기 때문에 30도라고 부른다)에게 협력하라고 회유하자 모두 찬성하면서 각자 번군을 이끌고 나아가 토벌하려고 합니다. 고려 사람들을 보내 전투를 관찰하십시오.' 그래서 정주 낭장 문선과 장교·통역관 등을 보내 오랑캐 옷을 입혀 나복기촌의 도령 상곤 휘하의 번군과 함께 출발했습니다. 문선 등은 이렇게 급보했습니다. '골면촌 등의 도령이 각각 군사를 이끌고 삼산 아방포에 이르러 적의 소굴을 정탐하니 유전촌·해변산두·나갈촌 등 모두 세 곳이고 적은 150호였습니다. 그들은 냇가에 석성을 쌓고 남녀노소와 재산을 성안에 뒀으며 보병과 기병 500여 명으로 항전했습니다. 우리 쪽 번군이 크게 소리 지르며 급히 공격하니 그들은 크게 무너져 220명을 죽였습니다. 남은 무리는 성으로 도망쳐 지켰습니다. 우리 쪽 번군은 승세를 타고 추격해 성을 공격하고 불을 질러 332명을 생포했습니다. 성에서 항전하던 자들은 모두 불타 죽었습니다. 다시 유전촌 지역으로 나아가 공격했는데, 마침 큰 비가 내리고 군량도 적었기 때문에 군사를 이끌고 돌아와 며칠 동안 머물렀습니다. 문선 등은 다시 번병 2030명과 함께 유전촌 석성 아래에 나아가 주둔했는데, 적이 성문을 닫고 굳게 지켰으며 성이 험해 끝내 공격하지 못했으며 군량이 떨어져 군사를 이끌고 돌아왔습니다. 나갈촌 전투에서 도령 대완(대완은 거란의 관명) 다어개·아반니 등 번군이 680여 명을 이끌고 힘써 싸워 적을 격파했습니다.' 문선 등 15명은 전투를 지휘한 공로가 있으니 상을 내려 격려하소서." 西北面兵馬使奏. (…) [平虜鎭近境]蕃帥又言 (…) 三山村谷海邊分居蕃賊殺掠往來人物, 爲我仇讎. 今欲報讎, 告諭化內三山村中尹夜西老等三十徒酋長(東蕃黑水人, 其種三十, 號曰三十徒), 亦皆響應, 各率蕃軍, 方將進討, 請遣鄕人觀戰. 於是遣定州郎將文選及將校譯語等著蕃服, 與那復其村都領霜昆下蕃軍同發. 文選等馳

報, 骨面等村都領各將兵, 到三山阿方浦, 探候賊穴凡三所, 一爲由戰村, 一爲海邊山頭, 一爲羅竭村. 賊一百五十戶, 築石城於川邊, 置老小男女財産于城中, 以步騎五百餘人逆戰. 我蕃軍大呼急擊, 彼衆大潰, 斬二百二十級. 餘衆走保其城. 我蕃軍乘勝追擊, 攻城縱火, 生擒三百三十二人, 在城拒戰者, 皆燒死. 又進攻由戰村場, 適有大雨粮少, 引還居數日. 文選等復與蕃兵二千三十人, 進屯由戰村石城下, 賊閉城固守, 以城險, 竟不得攻, 粮盡引還. 羅竭村之役, 都領大完多於皆·阿半尼等蕃軍將六百八十餘人力戰破賊, 文選等十五人監戰有功, 請行恩賞, 以示勸懲.

문종 27년(1073) 5월 서북면 병마사의 이 보고는 먼저 평로진 관외의 이민족 우두머리蕃帥의 말을 인용한 다음 병마사가 받은 이민족 우두머리의 요청에 따라 정주(정평)에서 낭장 문선 등을 파견했다고 기록했으며, 그들의 보고에 따라 삼산 지방의 전투 상황을 서술하고 마지막으로 전투를 지휘한 공로에 대해 특별히 포상하도록 요청했다.

원대에는 지금의 북청을 삼살三撒이라고 불렀는데[30] — 삼살은 삼산參散·산삼散三으로도 썼다.[31] 토착어의 음역으로 생각된다 — 쓰다 씨는 위의 삼산三山도 같은 지명이며 북청 지방의 이름으로 생각된다고 했다.[32] 정말 그렇다면 문선 등의 보고에 보이는 골면은 당연히 삼살과 함께 기록에 나타나는 지명인 홀면에 비정된다.

『용비어천가』(35장): 원의 승상 나하추(요동에 웅거)가 조소생(함경북도 길주 지방에 웅거)의 꾐을 듣고 삼살과 홀면(홍원) 지역을 약탈했다. 元丞相納哈出聽趙小生之誘, 入寇三撒·忽面之地.

그러므로 정주(정평)을 출발한 문선은 번군과 함께 홍원(홀면)을 거쳐 멀리 북청 지방까지 원정한 것으로 봐야 한다. 그리고 "삼산촌 중윤 야서로 등 30도의 추장"도 북청 지방에 거주지로 한 여진으로 생각된다. 또 "국경 안[의 부족들에게] 협력하라고 회유했다告諭化內"는 것은 이민족 우두머리의 말로 야서로 등 30도의 추장을 회유한 것은 그들이었다. 그렇지만 이른바 "국경 안"은 그들 자신의 세력이 미치는 지방을 말한 것이 아니라 고려의 영향력 안에 있는 지역이라는 뜻이므로 — "국경 밖의 사람들이 사나운 마음을 그릇되게 품었다"는 사이라의 말을 생각하라 — 야서로 등은 이보다 먼저 이미 고려에 귀의한 여진이 틀림없다. 그 때문에 이 여진이 중윤의 칭호를 지닌 것인데, 중윤은 고려에서 여진에게 준 대상大相·정조正朝·정위正位·원보元甫·정보正甫·원윤元尹·좌윤佐尹·보윤甫尹 등과 같은 관명의 하나다(이런 관명은 『고려사』에 여러 번 보인다). 이런 사실들을 볼 때 쓰다 씨의 견해는 확고하므로 "동번 흑수인"으로 불린 30도 추장은 북청 지방의 여진으로 문종 때 국경 안과 밖의 경계는 정주에서 멀리 떨어진 그쪽 방면에 있던 것이다.

「문종세가」에서는 삼산천 전투에 관련된 서북면 병마사의 보고를 27년(1073) 5월 조에 실은 뒤 다시 6월 조에 동북면 병마사의 보고를 실었다.

삼산·대란·지절 등 9촌과 소을포촌의 번장 염한, 소지즐전리의 번장 아반이, 대지즐과 나기나·오안·무이주·골아이의 번장 소은두 등 1238호가 호적에 편입되기를 요청했습니다. 대지즐부터 소지즐 요응포 해변의 장성까지 700리(275킬로미터)인데, 지금 여러 번이 계속 귀순하니 그들을 막기 위해 관방을 설치할 수는 없습니다. 담당 관원에게 주의 이름을 정하게 하고 주기朱記*를 하사하십시오. 東北面兵馬使奏, 三山·大蘭·支櫛等九村及所乙浦村蕃長鹽漢, 小支櫛前里蕃長阿反伊, 大支櫛與羅其那·烏安·撫夷州·骨阿伊蕃長所隱豆等一千二百三十八戶, 來請附籍. 自大支櫛, 至小支櫛裏應浦海邊長城, 凡七百里, 今諸蕃絡繹歸順, 不可遮設關防. 宜令有司奏定州號, 且賜朱記.

이 주청에 대한 조정의 처리는 9월 조에 실려 있다.

한림원에서 아뢰었다. "동여진의 대란 등 11촌에서 귀의한 사람들이 빈주·이주·복주·항주·서주·습주·민주·대주·경주·부주·완주 등 11주가 되기를 요청하니 각각 주기를 내리고 귀순주에 소속시키십시오." 그대로 따랐다. 翰林院奏, 東女眞大蘭等十一村內附者, 請爲濱·利·福·恒·舒·濕·閩·戴·敬·付·宛十一州, 各賜朱記, 仍隷歸順州. 從之.

먼저 삼산촌 전투에서 지휘관으로 낭장 문선 등을 파견한 것은 병마사의 생각에서 나왔고 중앙 조정은 관여하지 않았다. 그 때문에 병마사가 유공자를 포상하자고 주청했을 때 조정에서는 이렇게 의논했다.

문하시중 최유선 등 13명이 논의해 아뢰었다. "삼산촌의 적은 본래 변경을 침범한 도적이 아닌데, 지금 번군이 조정의 뜻에 따르지 않고 병력의

---

* 붉은 글씨로 중요한 곳이나 특별한 부분을 드러나게 기록하거나 표시하는 것, 또는 그런 문서.

위세에만 의지해 사사로이 원수를 갚은 것이니 상을 내리지 마십시오." 그 의견에 따랐다. 門下侍中崔惟善等十三人議奏, 三山村賊, 本非犯邊之寇 也, 今蕃軍等不因朝旨, 專仗闔威, 以報私讎, 請勿行賞. 從之.

그러나 이런 관계를 살피지 못했던 삼산촌의 여진은 지휘관이 동행한 번군의 공격을 받자 그 배후에 고려의 위력이 있음을 알고 두려워하게 됐고, 그 때문에 앞의 11촌 여진은 호적에 편입되기를 요청하게 된 것으로 생각된다. 그러나 이 여진을 북청 지방의 부족으로 보면 또 다른 의문이 생겨난다. 소을포촌의 번장 염한은 앞서 말한 대로 정종 10년(1044) 정변진을 침범한 도적의 추장 가운데 하나인데, 이 소을포촌을 북청 지방으로 보면 그가 앞서 한 행동은 매우 이상하다고 해야 한다. 첫 번째 의문은 이것이다.

다음으로 새로 귀의한 11촌을 소속시킨 귀순주는 고도화古刀化라는 여진을 도령都領으로 한 기미주羈縻州로 문종 27년(1073) 2월 고도화와 함께 익창주益昌州·전성주氈城州·공주恭州·은복주恩服州·온주溫州·성주誠州 등의 각 도령이 무리를 이끌고 귀의하고 군·현으로 되기를 요청했다.**33**

[같은 해 4월] 제서를 내렸다. "동북 변방 15주 밖의 번인이 잇따라 귀의해 군·현을 설치해달라는 요청이 지금까지 끊이지 않으니 이것은 참으로 종묘와 사직의 신령 덕분이다." 制曰, 東北邊十五州外蕃人相繼歸附, 願置郡縣, 于今不絕, 此實賴宗廟社稷之靈.

이것도 같은 사실에 관련된 기사다. 그리고 이런 기미주들이 고려의 군·현이 되기를 요청했다는 것은 완전한 영토의 일부로 편입되기를 희망했다는 뜻이다. 따라서 주州라고 한 것도 사실은 촌락에 지나지 않고 귀순주 이하의 15주는 모두 정주의 장성에 가까운 곳이 될 수밖에 없다.

『고려사』(권84) 「형법지」 살상殺傷 부분을 보면 정종 4년(1038) 위계주라는 동계의 기미주에서 일어난 사건이 서술돼 있다.

동계병마사가 보고했다. "위계주에 사는 여진인 구둔과 고도화가 도령都令인 장군 개로와 재산을 다투다가 개로가 취한 것을 틈타 때려죽였습니다." 시중 서눌 등이 의논했다. "여진은 다른 종족이지만 이미 귀화해 이름이 호적에 실려 편호編戶와 같으니 우리나라의 법에 따라야 합니다." 威雞州住女眞仇屯·高刀化二人, 與其都領·將軍開老爭財, 乘開老醉, 毆殺之. 侍中徐訥等議曰, 女眞雖是異類, 然旣歸化, 名載版籍, 與編氓同, 固當遵率邦憲.

6년 전인 「덕종세가」 원년(1032) 7월에는 개로 등이 조공한 일을 기록했다.

귀덕장군 개로·원보 고도화 등 91명이 와서 토산물을 바쳤다. 歸德將軍開老·元甫古刀化等九十一人來獻土物.

그렇다면 개로와 재산을 다툰 고도화高刀化는 바로 古刀化로 그 뒤 귀순주의 도령이 된 古刀化도 같은 인물로 생각된다. 그가 정주의 장성이 축조되기 전부터 호적에 편입된 여진이 돼 그 근처에서 살았던 것은 「형법지」 기사에 따라 분명하다. 삼산촌 전투 뒤 새로 귀의한 11촌을 특히 귀순주에 예속시킨 것도 고도화가 오랫동안 고려에 순종했기 때문으로 생각된다. 그런데 그 한쪽을 멀리 북청 지방의 부족으로 보면 서로 어떻게 연락했을까? 나는 이 점에서 다시 삼산과 삼살의 비정을 의심한다.

또 「문종세가」를 보면 같은 27년(1073) 6월 다른 여진 부족들이 귀의한 기사가 있다.

동로병마사가 아뢰었다. "동번의 대제자고하사 등 12개 촌락의 번장인 곤두·괴발 등 1970호가 상곤의 사례에 따라 귀의하기를 요청하고, 두룡골이·여파한 등 부락의 번장 아로한 등도 주·현이 되기를 바라고 있습니다. 이 무리는 사는 곳이 멀어 예전에는 입조한 적이 없었는데 이제 모두 귀의했습니다. 국경을 정하고 관방關防을 설치하면(새로 장성 등을 쌓아 경계를 구획한다는 뜻) 여파한령 바깥의 제차고·대사이·칭견·곤준·단준·무을비·화두 등은 땅이 끝없고 번호蕃戶도 연이어 살고 있어 변방 끝까지 요새를 설치할 수 없으니 영토 바깥의 번들을 모두 주·현으로 만든 뒤 점차 멀리 있는 번들도 그렇게 하십시오." 그 건의를 허락했다. 東路兵馬使奏, 東蕃大齊者·古河舍等十二村蕃長昆豆·魁拔等一千九百七十戶, 請依霜昆例內附, 又豆龍骨伊·餘波漢等部落蕃長阿老漢等亦願爲州縣. 此輩所處遼遠, 在古未嘗朝覲, 今皆歸服. 若定封疆, 設關防, 則餘波漢領外齊遮古大史伊稱見·昆俊·丹俊·無乙比化豆等, 壤地無際, 蕃戶連居, 不可窮塞設險, 請待領外諸蕃盡爲州縣, 然後漸至遠蕃. 許之.

상곤은 삼산촌 전투에 참여한 나복기촌 도령이며 그전에는 귀덕장군의 칭호를 지닌 추장으로 문종 12년(1058) 이후 역사에 자주 보이는데, 그가 도령으로 불린 것에서 미뤄보면 그의 촌락은 기미주의 하나였던 것으로 생각된다. 또 나복기촌은『고려사』「윤관열전」에 대내파지촌大乃巴只村·나복기촌那卜其村으로도 씌어 있는데, 쓰다 씨가 말한 대로「윤관열전」을 살펴보면 정주(정평)와 함주(함흥)의 중간에 있었음을 알 수 있고[34] 다시 윤관의 진군로를 자세히 고찰하면 분명히 지금의 지경리地境里에 비정된다.[35]

그렇다면 가까운 곳의 도령으로 보이는 상곤의 사례에 따라 귀의한 대제자·고하사 등의 12촌은 지경리와 인접한 함흥 지방의 부락이 되지 않으면 안 된다. 따라서 이 사실을 보고한 병마사가 "이 무리는 사는 곳이 멀어 예전에는 입조한 적이 없었는데 이제 모두 귀의했다"고 한 것은 두룡골이·여파한 등의 부락을 설명한 것으로 아래 부분의 "영토 바깥의 번들"은 이들과 함께 여파한령 바깥의 부락들, 곧 이른바 "멀리 있는 번遠蕃"에 대해 정주의 장성 바깥(곧 고려 영토 바깥)인 함흥 지방의 번족을 가리키는 것으로 생각된다.

그 뒤 윤관이 정벌한 것은 함관령咸關嶺의 산맥에 국한된 이 지방으로 그 경략에서 해안도로를 따라 나아간 우군은 광탄촌廣灘村 등 32촌을, 호련천 유역으로 나아간 중군은 고사한촌高史漢村 등 35촌을, 함흥 평야를 북진한 좌군은 심곤촌深昆村 등 31촌을, 좌군과 연합한 윤관 자신의 군대는 37촌을 격파함으로써 모두 135촌을 정벌했다.[36] 삼산촌 전투 앞뒤로 기미주가 된 수십 촌은 이들의 일부에 지나지 않았다. 병마사가 "영토 바깥의 번들을 모두 주·현으로 만든 뒤 점차 멀리 있는 번들도 그렇게 하자"고 건의한 까닭은 이 때문이며, 이쪽과 저쪽의 경계를 이룬 여파한령을 함관령에 비정하는 것은 타당하다.

그러나 두룡골이와 여파하는 글자와 발음에서 곧장 독로올禿魯兀과 이판伊板을 연상시킨다. 독로올은 원대에 지금 단천의 이름이고 이판은 같은 때 마천령의 이름이다. 그리고 독로올은 두을외豆乙싸라고도 씌어졌고 지금의 마운령은 두을외령이라고 불렀다.[37] 그런데 이미 서술한 대로 나복기촌(지경리)와 삼산촌의 중간에는 골면骨面이라는 촌이 있었는데, 『용비어천가』 주석에서 홍원의 이전 이름이라고 한 홀면忽面과 글자와 발음이 거의 같다. 그러므로 삼산촌을 삼살(북청)이라고 본 논자는 다시 나아가 두룡골이와 여파한을 독로올(단천)과 이판(마천령)에 비정하고 그것에 따라 그 주장을 더욱 확고히 했으며, 나도 그렇게 보는 것이 매우 타당하다고 생각한다. 삼산촌과 관련해 쓰다 씨와 같은 견해를 제시한 정약용은 한치윤의 『해동역사海東繹史』의 학설을 참고해 다음과 같이 말했다.

여파한령, 곧 이판령은 지금의 마천령이다. 천천히 읽으면 ‘여파한’이 되고 빠르게 읽으면 ‘이판’이 된다. 또 두룡골이, 곧 도롱고는 지금의 종성이다. 繹史云, 餘波漢嶺, 卽伊板嶺, 今之磨天嶺. 蓋緩讀爲餘波漢, 急讀爲伊板也. 又豆龍骨伊, 卽徒籠古也, 今之鍾城也.[38]

뒷부분의 견해는 매우 허황돼 아무 가치가 없지만 앞부분은 타당하다고 여겨진다. 그렇다면 이 새로운 견해에 대해 내가 앞서 서술한 것은 모두 억지에 지나지 않는 것일까? 문제의 핵심은 삼산촌이 북청인지 아닌지에 있기 때문에 되돌아가 그 전투의 경과를 서술한 서북면 병마사의 보고 — 앞의 인용문에서 생략한 부분 — 를 검토해 사실을 바탕으로 판단해야 한다.

문종 27년(1073) 5월 삼산촌으로 출병한 전말을 조정에 보고한 서북면 병마사는 먼저 그 주동자였던 이민족의 우두머리에 대해 설명했다.

평로진 근처의 이민족 우두머리인 유원장군 골어부와 멱해촌의 요결 등이 다음과 같이 보고했습니다. "우리는 일찍이 이제촌에 살면서 거란의 대완(관명)이 됐습니다. 요즘 거듭 부름을 받아 기유년(문종 23년, 1069) 11월 조정에 나아가 은혜로운 하사품을 많이 받고 관직도 받으니 감격을 이기지 못하겠습니다. 그러나 우리가 사는 곳은 여기서 400리(157킬로미터) 떨어져 오가기 어렵습니다. 적야호 등 5호戶와 함께 거란의 영향 아래 있는 번인을 이끌어 멱해촌으로 이주하고 호적에 편입돼 길이 번병이 되게 해주십시오." 그 결과 조사해 35호에 252명을 확인했으니 지도와 호적에 올려주십시오. 平虜鎭近境蕃帥柔遠將軍骨於夫及覔害村要結等告云, 我等曾居伊齊村, 爲契丹大完(職名). 邇者, 再蒙招諭, 於己酉年十一月赴朝, 厚承恩齎, 且受官職, 不勝感戴. 顧所居去此四百里, 往復爲難. 請與狄耶好等五戶, 引契丹化內蕃人, 內徙覔害村附籍, 永爲藩屛. 於是檢得戶三十五·口二百五十二, 請載版圖.

평로진은 영원진과 함께 정종 7년(1041) 최충이 쌓은 장성의 주축이 된 진성으로 그 장성은 요덕진과 정변진 등을 중심으로 삼아 이미 건설된 장성에 연결된 것이 틀림없다.[39] 영원진에 비정되는 옛 성은 지금의 영원읍 서쪽 15리(5.9킬로미터)쯤의 대동강 좌안인 성장리城壯里에 있는데 민간에서는 발해의 성터라고 하고[40] 「대동여지도」에는 옛 [영원]읍으로 표시돼 있다. 영원에서 대동강의 계곡을 130리(51킬로미터)쯤 거슬러 올라가 강 좌안에 가까운 성리城里(새 읍의 동북쪽 10리[3.9킬

로미터]쯤)에 옛 성터가 또 하나 있다(「대동여지도」에 보이는 영성寧城이라
는 옛 성이다).⁴¹ 남쪽은 마유령馬踰嶺을 거쳐 요덕진 터가 남아 있는 용
흥강 상류에 이어지고 동쪽은 분수산맥인 검산령劍山嶺을 넘어 금진천
상류 유역으로 내려가는 요충지에 있다. 이것이 바로 평로진 터로 생
각된다. 평로진 근처 이민족 우두머리의 옛 거주지는 이 진성에서 멀
리 떨어진 이제촌이고 "평로진 근처"라고 한 것은 그들이 국경 안으로
이주한 멱해촌 밖에 될 수 없다(멱해촌은 성리 근처 대동강 가의 한 곳으
로 생각된다).

그들은 병마사에게 나아가 귀의를 요청했고, 병마사는 그 호구를
조사한 뒤 지도와 호적에 올려달라고 주청했는데 이것은 말할 것도 없
이 그들이 이주한 결과다. 그렇다면 이 사실은 앞서 서술한 귀순주의
고도화 사례와 비슷하고 호적에 올려진 여진의 거주지는 고려의 변경
에 가까워야 한다는 내 추정을 뒷받침하는 가장 유력한 증거가 아닐
수 없다. 따라서 나는 정주에서 멀리 떨어진 북청 지방의 여진은 호적
에 편입되지 않은 것이 분명하다고 생각하며, 삼산과 삼살의 비정에
관련된 앞서의 의문을 더욱 강력히 제출하는 데 주저하지 않는다.

다시 병마사의 보고를 근거로 삼산촌이 북청 지방이 아니라는 증거
를 들면 그 촌의 여진이 오가는 사람들을 죽이거나 약탈했기 때문에
그 원수를 갚은 평로진 밖의 여진은 미리 고려의 영토 안에 있는 여진
에게 알려 그 촌의 야서로 등 30도의 추장을 내응케 했다고 했다. 삼
산촌이 북청이라면 함흥과 홍원 두 지방에는 내응을 촉구할 수 있는
여진 부락이 없었다고 판단해야 하지만 그렇게 보는 것은 정말 타당할
까?

번군과 함께 나복기촌(지경리)를 떠난 낭장 문선 등은 "골면촌 등의

도령이 각각 군사를 이끌고 삼산 아방포에 이르렀다"고 보고했다. 이것은 바로 홍원 지방의 여진도 내응했다는 증거다. 그러나 골면촌의 추장이 도령으로 불린 것은 그 촌이 상곤을 도령으로 한 나복기촌처럼 하나의 기미주였음을 말하는 것이므로 나는 그것을 『용비어천가』의 홀면과 같은 곳으로 보지 않고 두 촌이 서로 인접했음을 의심하지 않는다. 또 지경리에서 북청에 이르는 경로는 260~270리(81~106킬로미터)인데, 원정군이 통과한 곳으로 골면촌만 든 것은 낭장 문선 등의 보고가 소략했기 때문일까? 그렇지 않다고 생각한다. 험준한 함관령을 넘어 홍원의 서대천 유역으로 내려가 다시 대문령大門嶺의 좁은 입구를 지나 산길이나 해안도로로 나아가 북청 지방에 이르는 경로는 전혀 찾을 수 없다.

또 삼산촌은 언덕에 의지해 바다에 맞닿은 평탄한 지역으로 보인다. 적들은 "삼산촌의 골짜기와 해변"에 나눠 거주하고 있다고 했고 정벌군은 "삼산 아방포"에 이르렀다고 했으며, 적의 세 근거지 가운데 하나는 "해변산두"라고 했으므로 그것을 알 수 있다. 그런데 북청은 남대천이 흘러 들어가는 동남쪽 해변과 50리(20킬로미터) 떨어져 있고 그 중간에는 이리저리 어지럽게 흘러가는 이 하천가에 부락을 이룰 수 있는 작은 규모의 평지가 매우 많은데, 이 광대한 지방을 하나의 촌 이름으로 한꺼번에 부른 것으로 생각된다. 삼산촌은 결코 북청이 아니다. 그리고 반드시 지경리와 멀리 떨어지지 않은 곳이 돼야 한다.

지경리와 멀리 떨어지지 않고 언덕으로 바다에 맞닿은 곳은 많지 않다. 함흥 동남쪽 30리(11.8킬로미터) 서쪽에 성천강 입구를 끼고 동쪽은 바다를 사이에 두었으며 서호진西湖津과 마주 보고 있는 운전면雲田面의 남쪽 모서리는 참으로 이 조건에 적합하다.

『함산지 통기咸山誌通記』(권1 궁실): 격구정은 부 남쪽 30리(11.8킬로미터)에 있다. 깎아지른 산기슭 아래는 연못이 있고 서쪽에는 넓은 들, 동쪽에는 푸른 바다가 있다. 우리 태조(이성계)가 즉위하기 전 마당을 만들어 격구를 하셨기 때문에 뒷사람들이 격구장이라고 불렀다. 관찰사 남구만이 그 터에 정자를 세우니 그 뒤에는 격구정이라고 불렀다. 擊毬亭在府南三十里. 一斷麓入石潭, 西控廣野, 東臨滄海. 我太祖潛邸時, 築場擊毬, 後人之曰擊毬場. 觀察使南九萬建亭于舊址之場, 自是以後謂之亭.

같은 조에서는 「십경도서十景圖序」를 인용했다.

본궁(함흥 동남쪽 10리[3.9킬로미터]쯤)에서 남쪽으로 10여 리 가면 성천강의 삼택수가 휘돌아 연못을 이루고 산자락은 높은 목채로 이어지며, 그 정상은 깎은 듯한 평지다. 태조가 왕위에 오르기 전 격구하던 곳이라고 전해진다. 또 성을 쌓은 터가 있는데, 예전에 안양 외보만호를 둬 왜구를 막았다고 하지만 언제 폐지됐는지는 알 수 없다. 自本宮南行十餘里, 城川江三澤之水, 滙爲石潭, 而山脚陡入高寨, 其頂削成平地. 傳言太祖微時擊毬處云. 且有築城遺址, 古置安陽外堡萬戶, 以防守倭寇云, 而未知廢置在何時也.

운전면 남쪽 모서리 저지대에 솟은 언덕 위에 격구정이 있고 그 언덕은 무너진 옛 성이라는 설명으로 그 성은 윤관이 여진 정벌을 기념해 건설한 통태진(9성의 하나) 터가 분명하다.[42] 세미천洗米川이라는 작은 하천이 그 옆을 흐르고 부근의 평지는 비옥하기 때문에 운성雲城·운중雲中·운남雲南·구룡九龍 등의 촌락이 흩어져 있다. 문제의 삼산촌은 이곳으로 이른바 '해변산두'는 격구정이 세워진 언덕을 말하고, 옆에 석성을 쌓아 여진이 항전했다는 하천은 세미천으로 생각된다.

그렇다면 삼산촌 전투 결과 삼산·대란·지즐 등 11촌의 여진 추장이 호적에 편입되기를 요청했을 때 그 사실을 조정에 보고한 병마사가 "대지즐부터 소지즐 요응포 해변의 장성까지 700리인데, 지금 여러 번이 계속 귀순하니 그들을 막기 위해 관방을 설치할 수는 없다"고 한 것은 어떤 일을 뜻한 것일까? 의미가 매우 애매해 적절히 해석하기 어렵다. 그러나 그것을 현재 남아 있는 유적에 따라 보면 서호진 동북쪽 40리(16킬로미터)쯤 퇴조만退潮灣과 맞닿은 같은 이름의 지역에 윤관이 정벌을 기념한 웅주성 터(9성의 하나)가 있고 그 앞인 퇴조만의 평지가 여진의 큰 소굴이었음을 말하는 것이다.[43] 그리고 함관령에서 내려온 산맥에는 심하게 무너진 석축의 장성이 있고 성 동쪽 10리(3.9킬로미터)쯤 되는 곳을 지나 퇴조만의 한 모서리에 이르러 바다로 들어간다.[44] 이른바 "요응포 해변의 장성"은 이 장성을 가리키는 것으로 요응포는 퇴조만을 지칭한다고 여겨진다. 그렇다면 삼산·대란 등 11촌은 성천강 입구에서 퇴조만에 이르기까지 50~60리(19.6~23.6킬로미터) 사이에 산재한 부락들이며, 실제의 지리를 알지 못한 병마사는 그것을 과장해 700리라고 말한 것으로 판단된다.

지금까지 서술한 것에 잘못이 없다면 삼산촌은 결코 북청이 아니다. 따라서 그것을 원대의 삼살에 비정해서는 안 되며, 두룡골이와 여파한을 독로올(두을외)과 이판에 비정해서도 안 된다. 그렇다면 같은 이름의 지역이 몇 곳에 있던 것일까? 나는 그렇다고 대답한다.

「문종세가」 6년(1052) 5월: 북로 삼살촌의 도적 우두머리인 고연이 번병

蕃兵과 함께 치담역을 포위했다. 병마녹사 김충간과 자주 방어판관 장입신 등이 군사를 이끌고 출전해 크게 격파한 뒤 승세를 타고 추격해 50여 명을 죽이거나 사로잡았다. 北路三撒村賊魁高演與蕃兵圍淄潭驛. 兵馬錄事金忠簡·慈州防禦判官張立身等率兵出戰, 大破之, 乘勝追擊, 斬擄五十餘級.

삼살촌 앞에 씌어진 '북로'를 '동북로'라고 보고 이 삼살촌을 북청으로 생각할 수도 있지만 북로는 동북로의 줄임말이 아니다. 그리고 치담역은 「병지」 역참 부분에 보이는 영원진 소속의 세 역 가운데 하나라는 것도 주의해야 한다. 고려는 자주 조공하거나 침략한 여진에게 지리·방어적 목적에서 동·서의 이름을 붙였기 때문에 동북계의 부족을 '동여진'이나 '동번여진東蕃女眞', 서북계의 그것을 '서여진'이나 '서번여진'이라고 했으며 '북여진'·'북번'이라고 부른 사례도 자주 있다.

- 「현종세가」 19년(1028) 윤6월: 북번 추장 아홀 등 57명이 귀의했다. 北蕃酋長阿忽等五十七人來附.
- 「문종세가」 8년(1054) 4월: 북여진 영새장군 고차 등 39명이 와서 준마를 바쳤다. 北女眞寧塞將軍高遮等三十九人來獻駿馬.
- 「문종세가」 33년(1079) 5월: 북번의 도적이 평로관을 침략했다. 北蕃賊寇平虜關.

평로관은 앞서 서술한 것처럼 대동강 상류인 지금의 성리城里로 서북면 가운데 동북면에 가장 가까운 곳이므로 이 진성을 침략한 여진을 북번이라고 부른 것은 그들이 서북면과 동북면의 중간인 정북正

北 방면에 거주했기 때문으로 생각된다. 달리 말하면 성리 북쪽으로 170리(67킬로미터) 정도 연장된 대동강 상류가 지나가는 지역, 곧 동·서낭림산맥으로 둘러싸인 영원군의 북부는 평로진을 설치할 필요가 있던 북번, 곧 북여진의 거주지가 틀림없다. 그리고 북로라는 이름은 당연히 이 지방에 붙여야 한다. 그렇다면 치담역을 포위한 도적의 거주지인 삼살촌은 대동강 상류 유역의 한 곳이 돼야 하고, 치담역이 평로진의 서남쪽인 영원진의 관내 지역이라는 것도 그것을 충분히 증명한다.

다음으로 두룡골이·독로올과 비슷한 발음을 지닌 지명은 『세종실록』「지리지」에 부거富居의 경원부 서쪽 20리(7.9킬로미터), 경성군 북쪽 58리(22.8킬로미터)에 있다고 기록된 두룡이현豆籠耳峴 — '耳'의 뜻은 '귀'로 '골이'와 통한다 — 과 『금사』(권1 세기世紀)에 나오는 도롱고수가 있다.

도온수와 도롱고수에서 흘석열부의 아각판과 석로가 회동해 오국의 응로(매 조공로)를 막고 요의 포응사를 잡아 처형했다. 會陶溫水·徒籠古永紇石烈部阿閣版及石魯, 阻五國鷹路, 執殺遼捕鷹使者.

앞의 것은 지금의 이방령梨方嶺이고[45] 뒤의 것은 마쓰이 히토시 씨에 따르면 지금의 삼성三姓, 곧 금대의 오국성 동북쪽에서 송화강으로 흘러들어가는 다롱오하多隴烏河다.[46] 이처럼 여진어에서 그 이름이 같은 곳은 만주와 한반도의 여러 곳에 있는 것이 분명하기 때문에 여파한령 같은 것도 반드시 이판령에 비정할 수는 없고, 역사적 사실에서 나타나는 증거에 따라 그것을 지금의 함관령으로 봐도 안 될 것은 없다.

지금까지 「문종세가」의 27년(1073) 기사들을 검토한 결과 명확해진 주요 사항은 다음과 같다.

- 고도화를 도령으로 삼아 귀순주 이하를 서로 이끌고 고려의 군·현이 되기를 요청한 15주는 정주의 장성에 인접한 지방의 부족으로 판단된다.
- 삼산촌 전투의 결과 호적에 편입되기를 요청한 삼산·대란 등 11촌, 곧 귀순주에 예속된 빈주·이주 등 11주는 성천강 입구부터 퇴조만까지 해안 지방에 산재한 것으로 생각된다.
- 나복기촌의 도령 상곤의 사례에 따라 귀의를 요청한 대제자·고하사 등 12촌은 지금의 지경리와 맞닿은 함흥 지방으로 여겨진다.
- 함관령 부근의 부락으로 보이는 두룡골이·여파한 등과 함관령 바깥의 번들은 끝내 주·현이 되기 어려운 "멀리 있는 번遠蕃"으로 "예전에는 입조한 적이 없었다"는 것 등이다.

평로진 밖의 이민족 우두머리蕃帥에게서 협력하라는 회유를 받은 "삼산촌 중윤 야서로 등 30도 추장"이 함흥평야에 흩어져 살았다는 것도 이것에 따라 분명해졌다. 그리고 이민족 우두머리들이 삼산촌에 진격했을 때 나복기촌의 도령 상곤의 부락민들이 따라서 출전한 것으로 보면 상곤도 30도 추장의 한 사람으로 봐야 한다. 또 호적에 편입되기를 요청한 11촌의 우두머리들 가운데 하나로 소을포촌의 염한의 이름을 든 것은 그와 함께 정변진을 침범한 아가주·사이라 등의 거주지가 퇴조만 서쪽의 해안지대임을 추측케 한다.

요컨대 나는 먼저 정주의 장성 밖의 지리를 살펴본 결과 현종·덕종·정종 연간 조공의 이익을 바라는 한편 육지와 해상에서 변경을 침략한 여진은 주로 함흥 지방의 부족이라고 추측했으며, 이제 그것은 앞서의 논증에 따라 충분히 확실해졌다고 믿는다.

다시 문종 때 해적의 침략 사실을 살펴보면 3년(1049) 6~7월 지금의 통천군 관내인 임도현臨道縣(통천읍 남쪽 30리[11.8킬로미터])과 금양현金壤縣(통천) 등을 노략했다. 그리고 10월 다시 진명구(원산)를 침범한 것으로 보인다.

문종 4년(1050) 정월 동북면 도병마사 박성걸이 아뢰었다. "작년 10월 해적이 진명의 병선 2척을 탈취해 가자 병마녹사 문양렬이 즉시 병선을 이끌고 원흥 도부서판관 송제한과 함께 적의 소굴까지 추격해 집을 불태우고 20명을 죽인 뒤 돌아왔으니 그 공이 포상할 만합니다." 東北面都兵馬使朴成傑奏, 上年十月, 海賊奪鎭溟兵船二艘而去, 兵馬錄事文揚烈卽率兵船, 與元興都部署判官宋齊罕, 追至賊穴, 焚蕩廬舍, 斬馘二十級而還, 其功可賞.

고려의 병선이 수행한 이 정벌에서 해적으로 출동한 여진의 거주지가 원흥진(금진천 입구)에서 멀지 않음을 추측할 수 있다.

같은 해 9월 동북면 병마사가 아뢰었다. "해적이 열산현(간성 북쪽 35리[13.7킬로미터])을 침략하자 병마녹사 문양렬을 보내 전함 23척으로 초자도까지 추격한 뒤 맹렬히 공격해 크게 무찔렀습니다. 9명을 죽이고 부락의 집 30여 채를 불태웠으며 전함 8척을 부수고 무기 100여 개를 노획했습니다." 東北面兵馬使奏, 海賊寇掠烈山縣, 遣兵馬錄事文揚烈, 以戰

艦二十三艘, 追至椒子島, 奮擊大敗之. 斬九級, 焚其部落屋舍三十餘所, 毁戰
艦八艘, 獲兵器以百數.

적을 추격한 곳으로 초자도라는 지명이 나온다. 그리고 그곳은 해적
으로 행동한 여진의 한 부락이던 것 같다. 또 11월에는 진명 도부서부
사鎭溟都部署副使 김경응金敬應이 수군을 이끌고 적선 3척을 열도烈島에
서 무찔렀다고 했다. 그 뒤 문종 22년(1068) 6월에는 동계 병마사가 다
음과 같이 보고했다.

판관 임희열 (…) 등이 배를 타고 초도를 순시하다가 밤에 염라포에 이
르렀는데 적선 10척을 만나 싸워 무찌르고 7척을 노획하고 매우 많은
사람을 포로로 잡고 죽였습니다. 判官任希悅 (…) 等乘船艦, 巡行椒島, 遇
賊船十艘, 與戰敗之, 獲七艘, 俘斬甚多.

7월에도 동계 병마사가 보고했다.

판관 임희열과 (…) 원흥진 부사 석수규 등이 다시 초도를 순시하다가
밤에 염라포에 이르러 적의 배 8척과 마주쳐 3척을 격파했습니다. 나머
지 적이 해안에 상륙해 흩어져 달아나므로 추격해 30여 명을 죽였습니
다. 判官任希悅 (…) 元興鎭副使石秀珪等又巡椒島, 夜至閻羅浦, 遇賊船八艘,
擊破三艘. 餘賊登岸奔潰, 追斬三十餘級.

이 초도는 앞서 말한 초자椒子로 생각되며 문종 27년(1073) 6월의
보고에서도 보인다.

동번의 해적이 동경(경주) 관할의 파잠부곡波潛部曲을 침범해 백성을 약탈하자 원흥진 도부서의 장수들이 전함 수십 척을 이끌고 초도를 나와 싸워 12명을 죽이고 포로 16명을 되찾았습니다. 東蕃海賊寇東京轄下波潛部曲, 奪掠民口, 元興鎭都部署軍將率戰艦數十艘, 出椒島與戰, 斬十二級, 奪俘十六人.

이처럼 원흥진을 근거로 한 고려의 수군은 초도라는 섬(산초山椒가 나서 붙여진 이름일까?) 근처에서 해적과 자주 충돌했는데, 금진천 입구 저편에는 정평의 선덕면에 소속된 화도花島(둘레는 1리 6정[4.6킬로미터]이고 섬 안에 화도리花島里라는 마을이 있다)를 빼면 달리 뚜렷한 섬이 없다. 그렇다면 초도는 바로 화도이며, 원흥진의 수군이 이 섬까지 적선을 추격했거나 그 인근 바다를 순시해 포획에 종사한 사실은 서로의 거리가 멀지 않은 함흥 해안지방이 적도의 소굴이었음을 말하는 것으로 생각된다(진명의 수군이 적도를 정벌한 열도는 영흥만 입구의 호도虎島로 여겨진다). 그리고 문종 9년(1055) 선덕진을 주축으로 한 장성을 광포 남안을 따라 쌓은 목적은 이 해적에 대비하려는 것일 수밖에 없다.

다시 살펴보면 고려와 통교한 동여진에 대해서는 30성姓 부락이라는 이름을 자주 사용했다.

- 「현종세가」 3년(1012) 2월: 여진 추장 마시저가 30성 부락의 자제들을 이끌고 와서 토종말을 바쳤다(그 뒤 30성의 이름을 열거했다).
- 같은 해 윤10월: 여진의 모일라와 조을두가 부락 30성을 이끌고 화주에 와서 맹약을 간청하니 허락했다.

- **「문종세가」 원년(1047) 8월**: 몽라고촌·앙과지촌 등 30부락의 수장이 무리를 이끌고 귀의했다. 蒙羅古村·仰果只村等三十部落蕃長, 率衆內附.
- **문종 27년(1073)**: 삼산촌 중윤 야서로 등 30도의 추장(동번의 흑수인 은 30종족이기 때문에 30도라고 부른다).

모일라는 앞서 말한 대로 현종 16년(1025) 변경 방어에 공로를 세웠기 때문에 특별히 대광大匡의 관직을 더한 추장으로 그 거주지는 화주 앞을 둘러싼 옛 장성 부근으로 생각된다. 그가 이끌고 화주에 온 30성 부락의 추장들은 조금 떨어진 곳에 거주해 당시는 아직 고려 영토 밖에 있던 것으로 여겨지며, 그 때문에 문종 초 그들의 귀의에 관련된 기사가 역사에 보이는 것으로 판단된다. 그런데 30부락의 하나인 몽라고촌은 그 뒤 윤관이 영주성英州城(9성의 하나)을 쌓은 성천강 가의 동흥리東興里(오로리五老里 북쪽 20리[7.9킬로미터]쯤)다.[47] 그리고 평로진 밖의 이민족 우두머리가 회유에 따르고 영토 안의 야서로 등이 함흥평야의 한 곳에 거주한 것은 삼산촌의 위치에서 미뤄 거의 분명하므로 30성 또는 30도는 성천강 유역 일대에 흩어져 살던 여진 부락을 모두 가리키는 것이 돼야 한다.

- **『요사』「성종본기」 개태 원년(고려 현종 3년, 1012) 정월**: 장백산의 30부 여진의 추장들이 조공하고 작위와 녹봉을 내려달라고 주청했다. 長白山三十部女眞酋長來貢, 乞授爵秩.
- **태평 원년(고려 현종 12년, 1021) 4월**: 동경유수가 "여진의 30부 추장이 각각 그 아들을 궁궐에 보내 예를 올리겠다고 요청했다"고 아뢰자 아버지들과 함께 와 맹약을 맺으라고 명령했다. 東京留守奏, 女眞三十部酋

長請各以其子詣闕祗候, 詔與其父俱來受約.

이것들도 같은 부족으로 그 앞에 장백산이라는 지명을 붙인 것은 멀리 떨어진 거란 본국에서 대체적인 방위를 보인 것일 뿐이라고 생각된다. 이 부족과 관련해서는 『속자치통감 장편』(권32)에 보인다.

이해(송 순화 2년, 고려 성종 10년, 991) 여진의 수령 이륵금 등이 아뢰었다. "거란은 그들(압록강 가의 여진)이 중국(송)에 조공하는 것에 분노해 해안에서 400리 떨어진 곳에 목책을 세 개 세우고(압록강 하류 가의 위구성威寇城·진화성振化城·내원성來遠城) 군사 3000명을 배치해 그 조공로를 끊었습니다. 그러자 바닷길로 입조해 군사를 보내 30수령과 함께 세 목책을 평정하기를 요청했습니다. 군사를 일으킬 시기를 알려주시면 먼저 본국과 연합해 군사를 모아 기다리겠습니다." 황제(송 태종)는 조서를 내려 위무했을 뿐 출병하지는 않았다. 그들은 그 뒤 결국 거란에 귀의했다. 是歲女眞首領伊勒錦等上言, 契丹怒其朝貢中國, 去海岸四百里, 置三柵, 置兵三千, 絶其貢獻之路. 于是航海入朝, 求發兵與三十首領, 共平三柵. 若得師期, 卽先赴本國, 願聚兵以俟. 上但降詔撫諭, 而不爲出師. 其後遂歸契丹.

당시 거란에 귀의하려고 하지 않던 압록강 가의 여진 수령이 송에 이렇게 상언한 것은 본래 일종의 외교적 수사에 지나지 않았지만, 그래도 함흥평야의 30성 여진이 강대한 한 무리의 부족으로 널리 알려졌다는 것은 이것으로 분명히 알 수 있다.

다음으로 고려 태조가 건국했을 무렵 삼방관三防關 바깥의 골암성(윤선이 웅거한 곳)과 관련해 두세 번 역사에 보이는 흑수번黑水蕃이라는 부족이 있다. 그들은 안변의 남대천 유역에 자리 잡은 것으로 생각되지만 고려의 장수 유금필이 경략한 결과 오래지 않아 자취를 감췄다.[48] 그런데 현종 때 이르러 다시 '흑수말갈·동東흑수국·동여진흑수' 같은 이름을 지닌 부족이 있고 그 추장이 조공한 사실이 세가에 여러 번 실려 있다.『고려사』편자가 "30도의 추장"에 대해 "동번의 흑수인은 30종족이기 때문에 30도라고 부른다"고 주석을 단 것은 바로 이것임을 알 수 있다. 말할 것도 없이 이 흑수말갈이라는 이름은 수·당대 말갈의 부족 이름을 차용한 것으로 30성 여진의 본래 이름은 아니다. 따라서 둘을 구별해 때로는 '동·동여진·동번' 같은 글자를 앞에 붙인 것이다. 그러나 그런 가칭은 아무 근거 없이 사용된 것은 아니고 커다란 성천강이 관통하는 함흥평야가 30도의 거주지였기 때문이 틀림없다.

현종 때 조공해 세가에 이름이 보이는 '흑수말갈'의 추장 가운데 다른 경우보다 특히 주목되는 사실을 역사에 남긴 것은 소물개·사일라·고지문 등이다. 현종 21년(1030) 소물개(동여진 봉국대장군)가 말 9필, 과선戈船 3척, 싸리나무 화살 5만8600개를 바친 것, 정종 9년(1043) 사이라(동여진 유원장군)가 일찍이 변경을 어지럽힌 수륙의 번장들을 이끌고 입조하고 그 이듬해 소을포촌의 염한 등과 함께 정변진을 침범한 것은 이미 서술했다. 고지문은 문종 6년(1052)까지 여러 해 동안 자주 조공했지만 그해 6월 바다로 와서 삼척의 임원수臨遠戍를 공격했다.

또 사이라·고지문과 관련된 아래 기사들은 앞서 인용한 『요사』의 기사와 상응하고 30도 추장이 거란과 교통한 것을 증명한다.

• **사이라 관련. 정종 3년(1037) 세가:** 서북로 병마사가 거란과 내통한 동여진의 사이라 등 55명을 체포해 서경(평양)으로 보냈다

•고지문 관련. 문종 원년(1047) 세가: 도병마사에서 주청했다. "동번추
장 아도간이 귀의한 뒤 오랫동안 은혜를 입었는데 우리를 배신하고 거
란에 투항했으니 죄가 더없이 큽니다. 그 무리의 우두머리 고지문 등
이 지금 번경에 있으니 몰래 군사를 보내 체포해 관내로 데리고 와 연
유를 심문한 뒤 법에 따라 처벌해야 합니다." 그 말을 따랐다. 都兵馬使
奏, 東蕃酋長阿兜幹內附以來, 久承恩賞, 背我投丹, 罪莫大焉. 其黨首領高之
問等, 今在蕃境, 請密遣軍士, 拘執入關, 拷訊端由, 依律科罪. 從之.

여진의 해적은 이미 서술한 것처럼 문종 27년(1073) 멀리 남쪽으로
내려와 경주 관내를 침입했고 선종 원년(1084)에도 흥해군의 모산진
농장母山津農場을 약탈했으며 같은 왕 8년에도 관련된 기사가 있다.

「병지」 성보 부분: 선종 8년(1091) 병마사가 아뢰었다. "안변도호부(등주)
경내의 상음현(지금의 안변 동해안)은 변경에서 가장 중요한 곳이니 성벽
을 쌓아 외구를 방어하소서." 국왕이 허락했다. 宣宗八年, 兵馬使奏, 安邊
都護府境內霜陰縣, 最爲邊地要害, 乞築城壘, 以防外寇. 制可.

숙종 때 들어와서는 원년(1096)에는 진명 도부서사와 문주 방어판
관이 적도와 싸워 무찔렀고 2년에는 세동북면 병마판관 강증姜(康)拯
이 진명현을 침략한 적선을 포획한 사실이 세가에 실려 있다. 「강증열
전」(『고려사』 권97)에서는 이 숙종 2년(1097)의 침략을 서술하기에 앞서
다음과 같이 기록했는데, 적지와 멀지 않은 함경도 남부가 자주 침략
받았음이 분명하다.

[강증은] 영인진(영흥의 동해안) 판관·진명 도부서부사로 나가 여진과 싸워 여러 번 공을 세웠다. 出爲寧仁鎭判官·鎭溟都部署副使, 與女眞戰, 累有功.

그런데 이 무렵 북방의 형세는 크게 변했다. 아륵초객 지방의 여진 추장 완안영가(금 목종)는 주위의 부족들을 통일한 뒤 포이합도하·해란하 유역의 여진을 복속시켰을 뿐 아니라 남쪽으로 내려와 갈라전이라고 불린 지방의 여진을 세력권 안에 넣었다. 내가 연구한 결과에 따르면 갈라전은 남쪽으로 정평의 장성과 맞닿고 동쪽으로는 함관령 산맥에 이르는 넓은 의미의 함흥평야를 가리키며[49] 문종 때 잇따라 고려에 귀순한 여진 부족들을 포함하는 지방이다. 그리고 숙종 9년(1104) 완안씨 — 지난해 완안영가가 죽고 조카 오아속이 그 뒤를 이었다 — 의 군대는 정주 관외에서 고려와 충돌했는데, 고려군은 두 번 싸워 모두 졌다.

이 무렵 고려는 함관령 안쪽의 여진 거주지를 자국의 완전한 영토로 만들었고, 예종 초 유명한 윤관의 여진 정벌, 곧 이른바 9성 축조를 수행했다. 그러나 이 정벌은 큰 성과를 내면서 시작됐지만 그 뒤에는 흐지부지돼 완안씨와 교섭한 결과 새로 설치한 9성을 포기하고 함관령 서쪽 지역을 완안씨에게 넘겨줬다. 그렇다면 여진의 해상 침략은 어떻게 됐는가? 이때 이르러 완전히 소멸된 결과 그 뒤 금대 내내 고려의 동북 경계는 지극히 조용했다.

7. 맺음말

　지금까지 여러 주요한 문제를 살펴봤지만 한마디로 요약할 수 있다. 대체로 고려 초부터 윤관의 여진 정벌까지, 곧 요대 내내 발해의 옛 땅이 정치적으로 통일되지 않았던 기간 동안 해적으로 자주 고려의 동해안을 침범하고 울릉도의 우산국을 멸망시켰으며 이른바 도이적으로 일본 서쪽 변경을 약탈한 여진은 성천강 유역에 거주했기 때문에 고려에서 흑수말갈이라고 불렀던 함흥평야의 30성 부락이었다. 그러나 그들은 약탈만 일삼았을 뿐 평화적 수단에 따라 물질적 이익을 얻기 위해 고려에 조공하고 자주 거란과 통교했다.

1920년 2월 탈고(『만선지리역사연구보고』 8책)

10편

완안씨의 갈라전 경략과 윤관의 9성 축조

〈그림 3〉 완안씨의 갈라전 경략과 윤관의 9성 축조 참고도 참조

이 보고(『만선지리역사연구보고』 9책)를 인쇄하던 중 「함경남도 함흥군의 고려시대 옛 성터」라는 졸고가 『대정8년도 고적조사고보』 1책으로 조선총독부에서 간행됐다. 그것은 현지를 답사한 결과에 따라 윤관 9성의 위치를 연구한 것이다. 그리고 곧 간행될 이 보고에 실린 「완안씨의 갈라전 경략과 윤관의 9성 축조」의 일부는 그것에 바탕했기 때문에 서로 자매 관계에 있다. 또 앞의 논문에는 9성의 축조와 정벌 전체의 과정을 고찰하는 자료로 『고려사』 세가의 기사를 모두 실었기 때문에 참조하기에 편리하다. 이 논문의 독자가 참고했으면 좋겠다(1922년 3월 14일).

1. 머리말

나는 『만선지리역사연구보고』 8책에 실린 「고려시대 동여진의 해상 침략」에서 고려 초부터 고려에 귀의하면서도 다른 한편으로는 바다에

서 동해안을 약탈한 이른바 동여진을 주로 함흥 지방에 거주한 집단
으로 보고, 나아가 선종·숙종 때의 해적이 그 뒤 결국 사라진 사정을
논문 끝부분에서 서술했다.

그런데 이 무렵 북방의 형세는 크게 변했다. 아륵초객 지방의 여진 추장
완안영가(금 목종)는 주위의 부족들을 통일한 뒤 포이합도하·해란하 유
역의 여진을 복속시켰을 뿐 아니라 남쪽으로 내려와 갈라전이라고 불
린 지방의 여진을 세력권 안에 넣었다. 내가 연구한 결과에 따르면 갈라
전은 남쪽으로 정평의 장성과 맞닿고 동쪽으로는 함관령 산맥에 이르
는 넓은 의미의 함흥평야를 가리키며 문종 때 잇따라 고려에 귀순한 여
진 부족들을 포함하는 지방이다. 그리고 숙종 9년(1104) 완안씨 — 지
난해 완안영가가 죽고 조카 오아속이 그 뒤를 이었다 — 의 군대는 정
주 관외에서 고려와 충돌했는데, 고려군은 두 번 싸워 모두 졌다.
이 무렵 고려는 함관령 안쪽의 여진 거주지를 자국의 완전한 영토로 만
들었고, 예종 초 유명한 윤관의 여진 정벌, 곧 이른바 9성 축조를 수행
했다. 그러나 이 정벌은 큰 성과를 내면서 시작됐지만 그 뒤에는 흐지부
지돼 완안씨와 교섭한 결과 새로 설치한 9성을 포기하고 함관령 서쪽
지역을 완안씨에게 넘겨줬다. 그렇다면 여진의 해상 침략은 어떻게 됐는
가? 이때 이르러 완전히 소멸된 결과 그 뒤 금대 내내 고려의 동북 경계
는 지극히 조용했다.

이렇게 요약한 완안씨와 고려의 관계는 따로 논문을 써 좀더 자세
하게 연구할 필요가 있다. 그 때문에 다시 한 편을 작성하게 됐다.

2. 완안영가와 고려의 교섭

『고려사』「숙종세가」에 따르면 완안영가(목종)는 숙종 7~8년(요 건통 2~3년, 1102~3) 고려와 네 번 교류했다.

(1) 숙종 7년(임오년) 4월 갑진일: 동여진의 추장 영가가 사신을 보내 내조했다. 영가는 금 목종이다. 東女眞酋長盈歌遣使來朝. 盈歌卽金之穆宗也.

(2) 같은 해 11월 정미일: 동여진의 영가가 사신을 보내 은그릇 만드는 장인을 보내달라고 요청하니 허락했다. 東女眞盈歌遣使請銀器匠, 許之.

(3) 숙종 8년(계미년) 7월 갑진일: 동여진의 태사 영가가 사신을 보내 내조했다. 東女眞太師盈歌遣使來朝(아래서 차례대로 제시한 『금사』「고려열전」의 기사 (5)와 (7)을 합쳐 말한 것).

(4) 동여진의 태사 영가가 고쇄·솔부·아로 등을 보내 토산물을 바쳤다. 東女眞太師盈歌遣古洒·率夫·阿老等來, 獻土物.

그 뒤 숙종 9년(요 건통 4년, 1104) 정월 조에서는 뒤에서 말하듯 오아속(강종)에 관련된 기사를 실었다. 『금사』(권135)「고려열전」에도 완안영가와 고려의 교섭에 관련된 사실이 기록돼 있다.

(5) 앞서 어떤 의원이 병을 잘 치료했는데 고려 사람이었다. 처음에 어디서 왔는지, 그 이름도 알 수 없는데 여진 완안부에 살았다. 금 목종 때 인척 가운데 아픈 사람이 있었는데 이 의원이 진찰하게 됐다. 목종은 그에게 "이 사람을 낫게 하면 네 고국으로 돌려보내주겠다"고 했고 의원은 좋다고 했다. 그 사람의 병이 정말 낫자 목종은 처음 약속대로 그를

돌려보냈다. 을리골령 복산부의 호석래 발근*은 고려와 여진 사이에 거주했다. 목종은 친척 수아를 보내 그를 초청한 뒤 수아에게 의원을 고려 국경까지 호위해 돌려보내게 했다. 의원은 고려로 돌아간 뒤 고려 사람들에게 말했다. "흑수부에 살고 있는 여진 부족은 날로 강해져 군사는 더욱 정예하고 사나우며 한 해에도 곡식이 여러 번 여뭅니다." 고려 국왕은 그 말을 듣고 여진에 사신을 보냈다. 얼마 뒤 호석래는 귀의하고 마침내 을리골령 동쪽의 부족들을 모두 거느리고 내부했다. 初有醫者善治疾, 本高麗人. 不知其始自何而來, 亦不著其姓名, 居女眞之完顔部. 穆宗時戚屬有疾, 此醫者診視之. 穆宗謂醫者曰, 汝能使此人病愈, 則吾遣人送汝歸汝鄕國, 醫者曰諾. 其人疾果愈, 穆宗乃以初約歸之. 乙離骨嶺僕散部胡石來勃堇居高麗·女眞之兩間, 穆宗使族人叟阿招之, 因使叟阿送醫者, 歸之高麗境上. 醫者歸至高麗, 因謂高麗人, 女眞居黑水部者部族日強, 兵益精悍, 年穀屢稔. 高麗王聞之, 乃通使于女眞. 旣而胡石來來歸, 遂率乙離骨嶺東諸部皆內附.

(6) 금 목종 10년 계미년(요 건통 3년, 고려 숙종 8년, 1103) 아소가 요에서 자신의 무리 달기를 시켜 갈라전 사람들을 선동하니 갈라전 사람들이 그를 체포했다. 목종은 달기를 고려로 보내면서 고려 국왕에게 말했다. "앞서 고려의 변방에서 난리를 일으킨 자들은 모두 이런 무리입니다." 穆宗十年癸未, 阿疏自遼使其徒達紀來說曷懶甸人, 曷懶甸人執之. 穆宗以達紀送高麗, 謂高麗王曰, 前此爲亂於汝鄙者, 皆此輩也.

(7) 소해리를 격파하고 알로한에게 고려에 가서 승리를 알리게 했다. 고려도 사신을 보내 축하했다. 及破蕭海里, 使斡魯罕往高麗報捷. 高麗亦使使來賀.

---

(8) 얼마 뒤 다시 사갈과 알로한을 사신을 보내니 고려 국왕은 "사갈은 여진의 족제族弟니 더욱 융숭하게 대우해야 한다"면서 큰 은 접시 하나를 줘 사례했다. 未幾復使斜葛與斡魯罕往聘, 高麗王曰, 斜葛女眞之族弟也, 其禮有加矣, 乃以一大銀盤爲謝.

(9) 그 뒤 갈라전의 부족들이 모두 귀의하려고 했다. 그 소식을 들은 고려는 그들의 귀의를 바라지 않았는데, 자국과 가까워 이롭지 않을까 우려했기 때문이었다. 그래서 사람을 시켜 그들의 귀의를 중지시켰다. 사갈은 고려에 있다가 갈라[전]을 오가면서 그 사실을 자세히 알게 됐고 마침내 석적환에게 갈라전 사람들을 받아들이게 했다. 그러나 [석적환이] 떠나기 전 목종이 붕어했다. 厥後曷懶甸諸部盡欲來附. 高麗聞之不欲使來附, 恐近於己而不利也. 使人邀止之. 斜葛在高麗及往來曷懶道中, 具知其事, 遂使石適歡, 往納曷懶甸人. 未行而穆宗沒.

『금사』「고려열전」(7)의 소해리는 요의 반란 세력으로『요사』(권27)「천조제天祚帝본기」에 다음과 같이 보인다.

건통 2년(1102) 겨울 10월 을묘일 소해리가 반란을 일으켜 건주(요서 광녕廣寧 근처)의 무기고의 무기와 갑옷을 약탈하니 북면의 임아 학가노에게 명령해 체포하게 했다. 소해리는 배출수 아전부로 도망쳤다. 乾統二年冬十月乙卯, 蕭海里叛, 劫乾州武庫器甲, 命北面林牙郝家奴捕之. 蕭海里亡入陪尤水阿典部.[1]

11월 을미일 학가노가 소해리를 잡지 못했기 때문에 파직됐다. 十一月乙未, 郝家奴以不獲蕭海里, 免官.

건통 3년(1103) 봄 정월 신사일 초하루 혼동강으로 갔다.[2] 여진이 소해리의 수급을 상자에 담아 사신을 보내 바쳤다. 三年春正月辛巳朔, 如混同江. 女眞函蕭海里首, 遣使來獻.

『금사』(권1) 세기에도 건통 2년인 임오년(금 목종 9년, 1102) 겨울 목종이 소해리를 잡은 전말과 함께 사신을 요에 보내 그 수급을 바친 일을 기록한 뒤 다음과 같이 서술했다.

목종이 어소(혼동강)에서 요의 임금을 알현하니 요의 임금이 크게 포상하고 재상에 임명했으며 관등을 더해줬다. 10년 계미년(건통 3년, 1103) 2월 목종이 돌아왔다. 요는 사신을 보내 소해리를 격파한 사람에게 관직과 상을 내렸다. 고려에서 처음 사신을 보내 우호를 맺었다. 10월 29일 목종이 죽었다. 穆宗朝遼主于漁所, 大被嘉賞, 授以使相, 錫予加等. 十年癸未二月, 穆宗還. 遼使使授從破海里者官賞. 高麗始來通好. 十月二十九日, 穆宗卒.

곧 완안영가는 건통 2년(고려 숙종 7년, 1102) 말 요를 위해 소해리를 공격해 체포하고 이듬해 봄 그 공로로 상을 받았으며 10월 말에 이르러 세상을 떠난 것이다.

그렇다면 완안영가의 사신이 네 번 고려에 온 것 가운데 숙종 8년(1103) 7월에 온 것은 소해리를 이긴 소식을 가져온 알로한이고(7) 같은 해 11월 병신일(20일)에 온 것은 영가가 죽기 전 보낸 사갈과 알로한(8)으로 생각된다. 그렇다면 『고려사』의 편자가 숙종 8년 7월 조에 『금사』「고려열전」의 기사를 옮겨 싣고 다음과 같이 서술한 것은 결코 타당하지 않다.

우리나라(고려)의 의원이 완안부에 살았는데 병을 잘 고쳤다. 이때 완안 영가의 친척이 병이 들자 영가가 의사에게 말했다. "네가 이 사람의 병을 고치면 내가 즉시 사람을 보내 너를 고향으로 돌려보내겠다." 그 사람이 낫자 완안영가는 약속대로 사람을 시켜 국경까지 보내줬다. 의사는 고려에 와서 국왕에게 말했다. "여진 가운데 흑수에 살고 있는 부족은 날로 강해져 군사는 더욱 정예하고 사납습니다." 그러자 국왕은 비로소 사신을 보냈고 이때부터 왕래가 끊이지 않았다. 완안영가는 소해리를 격파하고 우리에게 승리를 알려줬으며 우리도 다시 사신을 보내 축하했다. 완안영가가 그의 족제 사갈을 보내 답방하니 국왕은 그를 매우 후히 대접했다. 有本國醫者, 居完顏部, 善治疾. 時盈歌戚屬有疾, 盈歌謂醫曰, 汝能治此人病, 則吾當遣人歸汝鄕國. 其人果愈, 盈歌如約, 遣人送至境上, 醫者至言于王曰, 女眞居黑水者, 部族日强, 兵益精悍. 王乃始通使, 自是來往不阻, 盈歌旣破蕭海里, 報捷于我, 我復使人賀之. 盈歌遣其族弟斜葛報聘, 王待之甚厚.

또 세기에서 "목종 말년 아소가 달기를 시켜 변방 백성을 선동하자 갈라전 사람들이 그를 체포해 보냈다穆宗末年, 阿疏使達紀誘扇邊民, 曷懶甸人執送之"는 기사는 「고려열전」에서 "금 목종 10년 계미년(1103) 아소가 요에서 자신의 무리 달기를 시켜 갈라전 사람들을 선동했다"고 한 것(6)과 상응한다. 곧 이것에 따르면 완안영가는 달기 ─ 아소가 누구인지는 4장에서 말하겠다 ─ 를 고려에 보낸 것도 숙종 8년(계미년, 1103)의 일로 봐야 할 것 같다. 그러나 의원을 송환할 때 처음 이뤄졌다고 「고려열전」에 기록된 완안영가와 고려의 교섭은 모두 네 번이었고 세 번째와 네 번째는 『고려사』 세가 숙종 8년의 두 기사에 해당함을 알 수 있으므로 거슬러 올라가 두 번째와 첫 번째 교섭은 세가 숙종 7년(1102) 11월과 4월 조에 연결해야 하지 않을까? 이렇게 보면 달기의 체포와 압송에 관련된 『금사』의 기사를 1년 전(금 목종 9년 임오년, 1102)으로 옮겨야 하는데, 『금사』의 이 시대 기년은 쉽게 믿기 어렵기 때문에 그렇게 할 수도 있다고 생각한다. 따라서 완안영가가 의원을 고려에 보내 교섭을 시작한 것은 그가 죽기 전 해(건통 2년, 고려 숙종 7년)로 생각된다.

3. 완안영가의 갈라전 경략

완안영가와 고려의 교섭이 시작된 것과 함께 을리골령 동쪽의 부족들이 생여진에 귀의하고 그 뒤 다시 갈라전의 부족들이 그들에게 귀순하려고 한 사실이 『금사』「고려열전」에 보이는 것은(5·9) 특히 주목된다. 이것은 무엇을 뜻할까? 먼저 을리골령과 갈라전이라는 지명을 고찰해야 한다.

고려는 정종 10년(요 중희 13년, 1044) 지금의 정평읍 안에 성을 하나 축조해 정주라고 부르고 같은 때 장성을 쌓았다.

- 『동국여지승람』 정평부 고적: 옛 장성은 고려 때 쌓은 것이다. 서쪽으로 큰 고개를 넘어 동쪽으로 도련포와 맞닿았다. 古長城, 高麗時所築. 西踰大嶺, 東接都連浦.
- 『관북지』 정평현 고적: 옛 장성은 현 북쪽 비백산 위에 있는데 고려 때 쌓은 것이다. 서쪽으로 큰 고개를 넘고 동쪽으로 함흥 선덕 해안과 맞닿았다.

이 장성은 정주성과 정평읍성 북쪽 모서리인 비백산에 걸쳐있다. 그리고 그 한쪽 부분은 정평읍 동남쪽 30정(3.2킬로미터)쯤인 광포(도련포) 서안에 이르러 끝나고 다른 한쪽 부분은 비백산 서쪽 15리(5.9킬로미터)쯤 되는 곳에 솟아 있는 도성산 정상에 이른 뒤 북쪽으로 돌아 만년산·천덕산·백운산 등을 넘는다. 갈라전은 이 장성을 따라 고려와 경계를 맞댄 곳임은 다음 기사에서 증명된다.

『금사』(권2) 「태조본기」: 천보 3년(요 천경 9년, 고려 예종 14년, 1119) 고려가 갈라전 장성을 3척(0.9미터) 증축했다. 天輔三年, 曷懶甸長城, 高麗增築三尺.

갈라전 동쪽이나 동북쪽에 을리골령이 있었다는 것도 다음 자료에서 알 수 있다.

「고려열전」: 강종(오아속)은 왕위를 이은 뒤 석적환을 보내 성현·통문의 군사를 거느리고 을리골령으로 가서 군사를 더 모아 활열수로 가서 갈라전 지역을 살펴보게 했다. 康宗嗣, 遣石適歡, 以星顯·統門之兵, 往至乙離骨嶺, 益募兵, 趨活涅水, 徇地曷懶甸.

또 『금사』의 기록에 따르면 갈라진은 고려군이 와서 9성을 쌓은 곳이다.

•「세기」: 고려는 약속을 배반하고 두 사신을 살해했으며 갈라전에 9성을 쌓고 수만 명의 군사로 공격해왔다. 완안알새는 그들을 무찔렀으

며, 완안알로도 9성을 지어 고려의 9성과 맞섰다. 고려가 다시 공격해
오자 알새는 다시 무찔렀다. 고려는 포로와 도망쳐 온 사람들을 돌려
보내고 9성의 군대를 퇴각시키며 침략한 옛 땅을 돌려주겠다고 약속
했다. 高麗背約殺二使, 築九城於曷懶甸, 以兵數萬來攻. 斡賽敗之, 斡魯亦
築九城, 與高麗九城相對. 高麗復來攻, 斡賽復敗之. 高麗約以還逋逃之人,
退九城之軍, 復所侵故地.

- 「고려열전」: 아괄과 승곤이 국경에 도착하자 고려는 사람을 보내 그들
을 죽이고 갈라전으로 출병해 9성을 쌓았다. (…) 고려는 다시 강화를
요청했다. (…) 고려는 도망쳐 온 백성이 돌아가도록 허락하고 9성의
방어를 철폐하며 침략한 옛 땅을 돌려주겠다고 하니 마침내 그들과
강화했다. 阿聒·勝昆至境上, 高麗遣人殺之, 而出兵曷懶甸, 築九城. (…) 高
麗復請和. (…) 高麗許歸亡入之民, 罷九城之戍, 復所侵故地, 遂與之和.

다른 열전에도 같은 사실을 실은 기사가 많다.[3] 9성은 무엇인가? 고
려 예종 2년(요 건통 7년, 금 강종 5년, 1107) 12월 윤관이 대군을 이끌
고 정주의 장성 바깥으로 출정해 여진의 135촌을 격파하고 함주·영
주·복주·웅주·길주의 5주와 공험진·통태진·진양진·숭녕진의 4진에
쌓은 성이다. 이 9성에 관련된 내 연구는 「함경남도 함흥군의 고려시
대 옛 성터」라는 제목으로 곧 조선총독부에서 『고적조사보고』로 간행
될 것이다.

지금 9성의 대체적 위치를 제시하기에 앞서 고려의 장성 밖 지형을
잠깐 살펴보면 정평읍 앞은 높낮이가 뚜렷한 구릉지로 주이천朱伊川이
그 경계를 이룬다. 주이천 동쪽에는 하천이 둘 있다. 하나는 원수천으
로 주이천과 함께 광포로 들어가고, 다른 하나는 원수천과 같은 상류

에서 흘러나온 여위천汝渭川으로 광포 끝에 있는 광포강으로 들어간
다. 또 그 동쪽에는 멀리 큰 성천강과 그것에 다음가는 크기인 호련천
이 있어 나란히 바다로 들어가며, 그 유역은 위의 세 하천 유역과 함
께 평탄하고 넓은 들을 이룬다. 이것이 바로 한반도의 3대 평야 가운
데 하나인 함흥평야로 비옥해 어디서나 농사에 적합하다.

평야 서남쪽은 험준한 황초령과 부전령이 분수산맥으로 막고 있고
동쪽에는 부전령에서 남쪽으로 이어져 퇴조만의 한 모서리에 이르러
끝나는 산맥이 있으며, 호련천이 발원하는 곳에서는 함경남도에서 손
꼽히는 험한 함관령이 좁은 입구를 이룬다. 윤관이 여진을 정벌하고
9성을 쌓은 곳은 산하의 형세가 자연히 한 구역을 이룬 이 지방 — 신
흥군을 분치하기 전의 함흥군 — 에 있고 현재 남아 있는 옛 성의 위
치는 그 사실을 분명히 말해준다. 곧 복주와 숭녕진 터는 함흥평야의
서쪽 끝 구릉지에, 영주·진양진·함주·통태진 터는 성천강 중류와 하
류 연안에, 길주와 공험진 터는 호련천 상류의 계곡에, 웅주성 터는
퇴조만 서북쪽에서 조금 떨어진 곳에 있다.

그렇다면 문제의 갈라전은 앞서 서술한 다섯 하천이 관통하는 함흥
평야(넓은 의미로 해석해)의 이름으로 생각되고, 따라서 을리골령은 함
관령에 비정할 수 있다고 생각된다. 이렇게 보면 다음 기사도 실제의
지리와 잘 부합됨을 깨닫는다.

『금사』「고려열전」: 마침내 사갈에게 국경을 정하게 해 을리골수와 갈라
전 활녜수에 이르렀다. 遂使斜葛經正疆界, 至乙離骨水·曷懶甸活禰水.

을리골수는 을리골령에서 발원한 하천으로 생각되므로 그것을 함

관령에서 흘러나온 호련천에 비정하면 이 갈라전도 함흥평야를 가리키는 것으로 이해된다.

그러나 함경도의 교통로를 끼고 있는 험준한 지형은 함관령만이 아니다. 홍원읍 동쪽에 한포漢浦와 동대천東大川의 유역을 가르는 대문령大門嶺이 있고 이원군利原郡과 단천군端川郡의 경계에 마운령이 있으며, 그 동북쪽에는 마천령이 있다. 모두 요해처다. 또 억지로 말하면 갈라전은 홍원·북청이나 이원·단천도 포함하는 광대한 지역이고, 윤관은 그 일부만 정벌한 것이라고 할 수 있다. 여기서 다시 금의 갈라로 치소가 어디였는지 살피고 그것에 따라 을리골령의 위치를 비정하려고 한다.

갈라전은 금이 나라를 세우기 전과 세워가던 시대의 한 지방 이름으로 본래 행정구역 이름은 아니다. 이것은 그 지방이 『금사』의 해당 부분에만 보이는 것에서 분명하지만, 마침내 행정구역의 이름이 됐다는 것은 다음 기록으로 알 수 있다.

- 『금사』(권3) 「태종본기」 천회 2년(1124) 5월: 갈라로 군수 완안홀랄고 등이 "이전에는 해마다 물개·해동청·숫새매를 고려 땅에서 잡았다"고 했다. 曷懶路軍帥完顔忽剌古等言, 往者歲捕海狗·海東靑·鴉鶻於高麗之境.
- 『금사』(권23) 「오행지」: 천회 10년(1132) 겨울 이라로·갈라로 등에 기근이 들었다. 天會十年冬, 移懶·曷懶等路飢.

갈라로의 범위는 광대해 마쓰이 씨와 쓰다 씨가 연구한 것처럼[4] 북쪽은 두만강 유역을 포함하고 남쪽은 정평의 장성에서 고려와 경계를 맞댔다. 그 치소와 관련해서는 다음과 같이 보인다.

『금사』(권24) 「지리지」 합라로合懶路[5] 조: 이록고수가 있는데 서북쪽으로 1800리를 흘러 상경(아륵초객)에 이르고 동남쪽으로 500리를 흘러 고려 국경에 이른다. 有移鹿古水, 西北至上京一千八百里, 東南至高麗界五百里.

이것을 근거로 마쓰이 씨는 다음과 같이 말했다.

'이록고'는 '을리골'과 같은 발음으로 을리골이라는 산도 앞의 치소 부근에 있다고 생각된다. 지금 경성鏡城의 옛 이름은 울라골亐羅骨이며 이록고·을리골 등과 발음이 비슷하다는 것에서 생각하면 지금의 경성이 합라로의 치소였다고 생각된다.

그리고 아륵초객에서 경성, 경성에서 고려의 국경에 이르는 거리를 추산해 대체로 「지리지」의 기록과 부합된다고 하고 뒤에서 말하듯 정약용의 함흥설에 반대했다.[6]

또 쓰다 씨는 먼저 갈라로의 치소 부근으로 생각되는 이록고수가 을리골수라고 지적한 다음 「지리지」의 거리를 계산해 치소의 위치를 지금의 길주에 비정한 뒤 다음과 같이 논의했다.

길주는 두만강 이남, 정평 이북의 중앙에 있고 남쪽에는 험준한 마천령이 있으며 좌우로 몇 개의 하천이 흐르는 등 지리적 이점이 많아 지금 함경도 일대의 중심이다. 그것이 합라로의 치소가 된 데는 까닭이 없지 않다. 그렇다면 이록고수, 곧 을리골수는 길주 부근의 사하동천斜下洞川으로 생각된다. 『금사』「오행지」에서 "천회 2년(1124) 갈라의 이록고수에 큰비가 내려 농사에 피해를 입었으며 메뚜기 떼도 곡식을 먹었다天會

二年, 曷懶移鹿古水, 霖雨害稼, 且爲蝗所食"고 한 것도 을리골수가 농사가 이뤄지는 평야에 물을 댈 수 있는 큰 강임을 보여주는 것 같다. 이처럼 을리골수가 사하동천이라면 을리골산은 길주 평야 남쪽 경계인 마천령산맥으로 생각된다.[7]

앞의 두 견해는 모두 「지리지」의 거리에 무게를 둔 것이지만 그것과 무관한 세 번째 주장이 있다. 그것은 『아방강역고』를 지은 정약용의 주장으로 「지리지」에서 "동남쪽으로 500리를 흘러 고려 국경에 이른다"고 한 것에 주석을 달아 "이 '국경界'이라는 글자는 오류가 분명하다"고 지적한 뒤 지금의 함흥을 갈라로의 치소에 비정하고 원대에 이곳의 이름이 합란부合蘭府였다는 것을 그 증거로 들었다.[8]

이런 주장들에 대한 내 견해를 말하면 마쓰이 씨는 앞의 견해를 제시하면서 "합라로는 고려의 정주관문 이북 지방으로 늘 갈라전으로만 불렸다"고 하고 지방 이름의 갈라전과 행정구역의 갈라로를 구별하지 않았다. 곧 그의 견해에 따르면 갈라전은 갈라로와 같은 것으로 정주의 장성에서 두만강 유역에 이르는 광대한 지역을 두루 가리키므로 그는 을리골령 및 그것과 같은 이름의 하천(이록고수)이 있는 갈라로의 치소를 고려의 경계에서 매우 멀리 떨어진 함경북도 경성에 비정하는 것을 당연하게 여겼다.

다음으로 쓰다 씨는 마쓰이 씨가 생각하지 못한 점에 유의해 "금의 행정구역인 갈라로는 금 제국이 성립하기 전의 지명인 갈라전과 같은 지역이 아닐 수도 있음을 주의해야 한다"고 하면서 앞의 견해를 제시한 뒤 마천령 이남의 지형과 갈라전의 범위를 언급했다.

마천령은 지금의 함경남·북도를 가르는 크고 험준한 고개다. 여기서 북쪽은 두만강 가에 이르기까지 군대의 전진을 막을 수 있는 관문이 없으므로 석적환이 통문 부근의 군사를 이끌고 을리골령에 이르렀다고 말한 것과 부합한다. 또 여기서 남쪽은 함흥평야까지 하나의 구역으로 이어져 을리골령 남쪽의 갈라전이 자연 지리상의 한 구획처럼 생각된 것과 합치된다. 마천령이 을리골산임은 더욱 분명해지는 것 같다. (…) 그렇다면 갈라전은 마천령 이남, 정주 이북을 모두 가리키는 이름임을 알 수 있다.

따로 윤관의 정복 지역을 고찰한 장에서도9 "지형에 따라 관찰하면 정평·함흥평야와 북청평야는 그 사이인 홍원 부근에 약간의 구릉이 있을 뿐 하나의 구역을 이룬다"고 했다. 그러나 마천령 이남의 지형은 결코 그처럼 단일하지 않다. 단천군에는 북대천과 남대천이 있어 서로 유역이 다르다. 험준한 마운령을 넘어 이원군에 들어가면 그곳은 동대천과 남대천 유역으로 나뉜다. 북청군은 이리저리 흐르는 다른 남대천 유역에 속하고, 이원군의 남대천 사이에는 두 군의 경계를 나누는 산맥이 있기 때문에 이원군과 북청군을 연결하는 도로는 남쪽으로 우회해 해변을 지난다. 북청군의 남대천과 홍원군의 동대천 사이에도 두 하천의 유역을 나누는 산맥이 있다. 그리고 동대천·한포와 서대천이라는 세 하천 유역에 형성된 홍원군은 — 동대천과 한포 사이에는 앞서 말한 험준한 대문령이 있다 — 함관령 산맥 때문에 함흥군과 지역을 달리한다.

그렇다면 금이 건국하기 전 이 방면의 여진 부락들이 정치적으로 통일되지 않았을 때 지금의 5군(단천·이원·북청·홍원·함흥)으로 나뉜 광대한 지역을 갈라전이라는 포괄적 지명으로 부를 수 있었을까? 나는 절대 그렇지 않았을 것이라고 믿는다. 『금사』에 보이는 금 건국 이전의 지명으로 '아무 전某甸'이라고 한 것에는 갈라전 외에 고리전姑里甸·북애전北隘甸·소소해전蘇素海甸 등이 있다. 그리고 이것들은 모두 작은 지방의 이름이 분명하다는 것도 생각해야 한다.[10]

정말 그렇다면 지리상 을리골령·을리골수와 나누기 어려운 갈라전은 정주의 장성 밖에 있는 하나의 자연 구역인 함흥평야의 이름으로 봐야 하므로 이록고수가 있는 갈라로 치소의 위치도 반드시 함흥 지방에 있어야 한다. 이 때문에 갈라로 치소와 관련해 나는 정약용의 학설이 정확하다고 생각하며, 만약 그래도 「지리지」의 거리에 얽매인다면 다시 다음 사실로 그것에 대답하고 싶다.

『금사』 「고려열전」: 천보 3년(1119) 고려가 장성을 3척(0.9미터) 증축했다. 변경의 관원이 군사를 보내 중지시켰지만 고려는 따르지 않고 "옛 성을 보수하는 것"이라고 알려왔다. 갈라전의 발근 호랄고와 습현이 그 일을 아뢰자 조서를 내렸다. "침략해 일을 만들지 말고 다만 군영과 성채를 튼튼히 하고 척후병을 널리 배치하라." 天輔三年, 高麗增築長城三尺. 邊吏發兵止之, 弗從, 報曰, 修補舊城. 曷懶甸孛堇胡剌古·習顯以聞, 詔曰毋得侵軼生事, 但愼固營壘, 廣布耳目而已.

여기 보이는 호랄고는 다음 기사의 완안홀랄고와 같은 인물로 생각되므로 갈라전의 발근이던 그는 갈라로가 행정구역이 되자 그곳의 군수軍帥가 돼 그 치소에 주재한 것으로 생각된다.

「태종본기」 천회 2년(1124) 5월: 갈라로 군수 완안홀랄고 등이 말했다. "전에는 해마다 물개·해동청·새매를 고려의 경계에서 잡았습니다. 얼마 전 배 두 척을 타고 갔는데 그들은 전함 14척으로 기다렸다가 공격해 두 척에 탄 사람을 모두 죽이고 무기를 탈취했습니다." 주상이 말했다. "작은 일로 전쟁을 일으키는 것은 아주 잘못된 일이다. 앞으로는 명령에 따른 것이 아니면 가지 마라." 曷懶路軍帥完顏忽剌古等言, 往者歲捕海狗·海東青·鴉鶻於高麗之境. 近以二舟往, 彼乃以戰艦十四要而擊之, 盡殺二舟之人, 奪其兵仗. 上曰, 以小故起戰爭, 甚非所宜. 今後非奉命, 毋輒往.

그리고 배 두 척에 타고 고려의 경계에 가서 사냥했다고 한 사실은 갈라로 치소가 고려에 인접했음을 알려준다. 다만 이것은 금 초기의 일이므로 그 뒤 갈라로 치소가 옮겨졌다고 생각할 수도 있지만 그렇지 않다. 원대에는 지금의 함흥을 합란부哈蘭府(合蘭府), 지금의 길주를 해양海陽(海洋)이라고 불렀는데,**11** 만약 금 말엽 갈라로 치소가 길주에 있었다면 그곳을 합란이라고 불러야 하고 함흥에 그 이름을 사용하지는 않았을 것이다. 요컨대 을리골령이 함관령, 을리골수(이록고수)가 호련천, 갈라전이 함흥평야라는 것은 참으로 분명하다.

처음의 문제로 돌아가 완안영가와 고려의 교섭에 따른 완안영가의 경략을 고찰해보자. 완안영가가 보낸 사신이 처음 고려에 온 것은 숙종 7년(임오년, 1102) 4월이지만, 앞서 서술한 대로 그가 친척 수아娑阿에게 고려의 의원을 본국으로 돌려보내게 했다고 한 『금사』「고려열전」의 기록을 이것에 해당하는 것으로 생각해도 안 될 것은 없다. 그런데 「고려열전」의 그 기사(5)를 보면 이때 완안영가는 수아에게 을리골령 부근의 여진 부락을 회유하게 했음을 알 수 있다.

을리골령 복산부의 호석래 발근은 고려와 여진 사이에 거주했다. 목종
은 친척 수아를 보내 그를 초청한 뒤 수아에게 의원을 고려 국경까지 호
위해 돌려보내게 했다. (…) 얼마 뒤 호석래는 귀의하고 마침내 을리골령
동쪽의 부족들을 모두 거느리고 내부했다.

또 세기(목종 때)를 보면 "승관과 추아 등에게 을리골령 주아문수
서쪽의 부락에 사는 백성을 위무해 안정시키게 했다命勝管·醜阿等撫定乙
離骨嶺注阿門水之西諸部居民"고 한 다음 경진년의 일을 서술했다. 경진년은
완안영가의 사신이 처음 고려에 가기 2년 전인 숙종 5년(요 수륭壽隆
6년, 1100)이므로 완안영가는 수아를 고려에 보내기 몇 년 전부터 이
방면에 손을 뻗친 것 같다. 그러나 "을리골령 주아문수 서쪽"은 '서쪽'
이라는 글자가 있는 것으로 볼 때 갈라전 지방(함흥평야)를 가리키는
것이 거의 분명하므로 먼저 을리골령 서쪽의 부락들을 안정시킨 뒤
'을리골령 동쪽의 부락들'을 장악하려고 했다면 사리에 맞는다.

세기와 「고려열전」의 이런 기사들은 같은 사실을 말하는 것으로 세
기의 추아는 「고려열전」의 수아로 생각되며 — 승관은 『금사』(권64)
「소덕황후昭德皇后열전」에 "증조부 승관은 강종(오아속) 때 여러 번 고
려에 사신으로 갔다曾祖勝管, 康宗時累使高麗"고 보이는 인물이다 — 곧 세
기는 임오년(숙종 7년, 1102) 초에 연결해야 할 기사를 경진년(숙종 5년)
앞에 잘못 둔 것이다(이 기사와 앞뒤 여러 기사의 관계는 다음 장에서 말
하겠다). 그리고 「고려열전」에서 호석래가 귀의함에 따라 내부한 집단
을 을리골령 동쪽의 부족들이라고 한 것도 잘못으로 이런 부족들과
함께 호석래 자신이 이끈 복산부僕散部는 모두 을리골령 서쪽, 곧 갈라
전 지방의 부족으로 생각된다(복산부의 호석래에 대해 "고려와 여진 사이

　만선사 연구 3권

에 거주했다"고 한 것은 을리골령 서쪽의 갈라전이 고려와의 교통로에 해당함을 설명한 것으로 '여진'은 생여진, 곧 완안부를 뜻한다).

「고려열전」의 기사(6)에서 "아소가 요에서 자신의 무리 달기를 시켜 갈라전 사람들을 선동하니 갈라전 사람들이 그를 체포했다"고 하고 세기에서 "아소가 달기를 시켜 변방 백성을 선동하자 갈라전 사람들이 그를 체포해 보냈다"고 한 것에 따라도 그렇게 보는 것은 부당하지 않다. 아소는 다음 장에서 설명하듯 완안영가에게 정벌된 두만강 하류 유역인 포이합도하 지방에서 요遼로 도망쳤지만, 갈라전 사람들이 아소가 보낸 달기를 체포했다고 한 것은 이보다 앞서 그들이 완안씨에게 귀의했음을 증명하는 것이다.

갈라전, 곧 함흥평야는 졸고 「고려시대 동여진의 해상 침략」에서 자세히 설명한 대로 30성 또는 30부라는 이름으로 알려졌으며 또 고려에서 흑수말갈이라는 가칭을 받은 유력한 여진 추장들의 거주지였다. 그들은 명목상으로는 요에 소속됐지만 거의 그 통제 밖에 있으면서 해적 행위를 생업으로 삼아 자주 고려의 동해안을 침범했지만 함께 조공하기도 했으며 특히 문종 27년(요 함옹 9년, 1073)에는 잇따라 귀순해 호적에 편입되기를 요청함으로써 그 촌락은 대부분 고려의 기미주가 됐다. 요컨대 정주의 장성을 경계로 한 갈라전은 고려의 영토 밖이었지만 그 세력이 미친 곳이었다.

그렇다면 앞서 서술한 대로 갈라전의 부족들이 완안씨에게 귀의했을 때 고려 조정이 그것을 그대로 두고 볼 수 없던 것은 당연하다. 「고려열전」에서 사갈과 알로한이 고려에 사신으로 간 것을 기록(8)한 뒤 다음과 같이 서술한 것은 그런 측면을 잘 보여준다.

(9) 그 뒤 갈라전의 부족들이 모두 귀의하려고 했다. 그 소식을 들은 고려는 그들의 귀의를 바라지 않았는데, 자국과 가까워 이롭지 않을까 우려했기 때문이었다. 그래서 사람을 시켜 그들의 귀의를 중지시켰다. 사갈은 고려에 있다가 갈라[전]을 오가면서 그 사실을 자세히 알게 됐고 마침내 석적환에게 갈라전 사람들을 받아들이게 했다. 그러나 [석적환이] 떠나기 전에 목종이 붕어했다.

다만 이 기사의 첫 부분에서 '그 뒤'라고 했지만 사갈과 알로한이 고려에 사신으로 간 것은 숙종 8년(1103) 11월 병신일(20일)이고**12** 목종이 붕어한 것은 21일 전인 10월 29일이므로 '그 뒤'는 '이보다 먼저 先是'라고 해야 옳다. 그리고 『고려사』 세가의 이듬해(숙종 9년, 1104) 정월 조에서 강종 오아속이 보낸 기병이 정주 관외에 와서 주둔한 것을 기록한 것을 보면 「고려열전」에서 "강종은 왕위를 이은 뒤 석적환을 보내 성현·통문의 군사를 거느리고 을리골령으로 가게 했다"는 출병은 사갈과 알로한이 돌아온 것을 맞이한 뒤 곧바로 시행한 것이 틀림없다.

완안영가는 소해리를 격파한 뒤 그것을 고려에 알렸지만, 고려가 갈라전의 부족들이 완안씨에게 귀의하는 것을 방해한 사실을 확인하고 돌아온 사람은 그 무렵 파견된 사신인 알로한이다. 그리고 알로한이 다시 사갈과 함께 고려에 사신으로 갔을 때 이미 영가는 무력을 사용해 갈라전을 정복할 뜻을 품고 있었다고 생각된다. 다만 두 사람은 단지 고려에 사신으로 간 것은 아니며, 무력을 사용하지 않고 갈라전 사람들을 복속시킬 수 있는지 아닌지 확인하는 것도 그들이 띠고 간 사신의 임무였다고 여겨진다. 그런데 완안영가는 두 사신이 돌아오기 전에 세상을 떠났다.

이렇게 해서 갈라전은 완안씨와 고려의 분쟁지가 됐고, 오아속이 그 곳에 출병하면서 고려와의 충돌은 피하기 어렵게 됐다. 좀더 연구해야 하는 것은 출병 뒤의 경과인데, 완안영가가 갈라전을 경략하기에 앞서 을리골령 북쪽의 광대한 지역이 어떻게 해서 그들의 소유가 됐는가 하는 것은 매우 중요한 문제다. 그 때문에 나는 돌이켜 이 방면의 정세를 서술한 뒤 고려와의 관계로 돌아가려고 한다.

4. 갈라전 경략에 앞선 두만강 지방의 평정

『금사』 세기에서는 소해리를 격파하기 전 완안영가의 경략에 대해 다음과 같은 사실을 실었다. 곧 아소 정벌에 관련된 것이다.

(A) 금 목종 3년 병자년(요 수륭 2년, 고려 숙종 원년, 1096) (…) 성현수 흘석렬부의 아소와 모도록이 군대를 저지하고 반란을 일으키자 목종(완안영가)은 직접 군사를 이끌고 아소를 정벌했다. 살개는 일부 병력으로 둔은(인명)이 웅거한 성을 공격해 함락시켰다. 앞서 아소는 목종이 쳐들어온다는 소식을 듣고 직접 요에 가서[13] 억울함을 하소연했다. 마침내 목종은 핵자를 남겨 아소성을 지키게 하고 돌아왔다. 三年丙子, (…) 星顯水紇石烈部阿疏·毛睹祿阻兵爲難, 穆宗自將伐阿疏. 撒改以偏師攻鈍恩城, 拔之. 阿疏初聞來伐, 乃自訴于遼. 遂留劾者守阿疏城, 穆宗乃還.

(B) 통문수(두만강)와 혼준수(혼춘하)가 만나는 곳에 있는 오고론부의 유가와 사도가 소빈수(수분하) 오고론부의 적고덕과 함께 미리미석한

성米里迷石罕城에서 군사를 일으키자 납근열의 아들 둔은도 그곳으로 도
망갔다. 그러자 두 무리가 반란을 일으켰다. 8월 살개를 도통으로, 사불
실·아리합만·알대를 부도통으로 삼아 유가·사도·오탑 등을 정벌했다.
만도가와 석토문은 적고덕을 정벌했다. 살개는 먼저 변방의 성보를 평
정하려고 했지만 유가를 먼저 점령해야 한다는 이들도 있어 결정하지
못했는데, 목종은 태조(아골타)에게 그곳으로 가라고 명령했다. 둔은은
유가를 돕기 위해 만도가 군이 아직 집결하지 않은 틈을 타 공격했다.
석토문 군은 이미 만도가와 합세해 둔은을 기다렸다가 공격해 크게 무
찌르고 미리미석한성을 함락시켰으며, 둔은·적고덕·석불을 사로잡았
지만 죽이지 않고 풀어줬다. 태조는 분익령을 넘어 살개와 만나 유가가
있는 성을 격파했다. 유가는 이미 먼저 요遼로 떠났기 때문에 그 성안의
우두머리를 모두 죽였다. 돌아오면서 오탑이 웅거한 성을 포위했다. 오
탑은 미리 도망쳐 성 밖에 있었다. 성은 항복했으며 사도 또한 포가노에
게 항복했다. 그 결과 여러 노諸路를 평정하고 예전처럼 안정시켰다. (…)
(승관과 추아 등에게 명령해 을리골령 주아문수 서쪽의 부족들을 평정시킨 일
을 서술). 또 알대와 부장副將들에게 이열낭호로와 이준출로 등에 출몰
하는 도적을 평정하고 돌아오게 했다. 統門·渾蠢水之交烏古論部留可·詐
都, 適與蘇濱水烏古論敵庫德起兵于米里迷石罕城, 納根涅之子鈍恩亦亡去.
於是兩黨作難. 八月撒改爲都統, 辭不失·阿里合懣·斡帶副之, 以伐留可·詐
都·塢塔等. 謾都訶·石土門伐敵庫德. 撒改欲先平邊地城堡, 或欲先取留可, 莫
能決, 乃命太祖往. 鈍恩將援留可, 乘謾都訶兵未集而攻之. 石土門軍旣與謾都
訶會, 迎擊鈍恩, 大敗之, 降米里迷石罕城, 獲鈍恩·敵庫德釋弗殺. 太祖度盆
搦嶺, 與撒改會, 攻破留可城, 留可已先往遼矣, 盡殺其城中渠長. 還圍塢塔城,
塢塔先已亡在外, 城降於軍. 詐都亦降於蒲家奴. 於是撫寧諸路如舊時. 又命斡

帶及偏裨悉平二涅囊虎·二蠹出等路寇盜而還.

(C) 금 목종 7년 경진년(요 수륭 6년, 고려 숙종 5년, 1100) 핵자는 계속 아소성을 지키고 있었는데 모도록이 투항해왔다. 아소는 아직 요에 있었는데, 요는 사신을 보내 군대를 물리게 했다. 요의 사신이 도착하기 전 목종은 오림답석로를 보내 핵자를 돕게 하면서 지시했다. "요의 사신이 와서 군대를 물리라고 할 것이다. 우리 군의 옷과 깃발을 바꿔 아소성 안에서 쓰는 것과 구분할 수 없게 하되 요의 사신은 모르게 실시하라." 핵자에게도 "요의 사신은 계교로 물리칠 수 있으니 그의 말을 듣고 갑자기 군대를 물리지 말라"고 지시했다.

과연 요의 사신이 와서 군대를 물리라고 요구했다. 목종은 포찰부의 호로 발근과 막손 발근을 사신과 함께 아소성으로 보냈다. 핵자는 요의 사신을 보고 호로와 막손에게 거짓으로 말했다. "우리 부족(아소의 흘석렬부)끼리 싸우는데 당신들이 무슨 상관인가? 당신들의 태사(완안영가)를 누가 알겠는가?" 그리고는 호로와 막손이 타고 온 말을 창으로 찔러 죽였다. 요의 사신은 깜짝 놀라 감히 돌아보지도 못하고 서둘러 달아났다. 며칠 뒤 그 성(아소성)을 함락시켰다. 적고보는 요에서 돌아와 성안에 있었는데 붙잡혀 죽었다(적고보는 아소의 동생이다. A에 대응하는 「아소열전」의 기사에서 "아소는 목종이 왔다는 소식을 듣고 동생 적고보와 요에 가서 하소연했다阿疏聞穆宗來, 與其弟狄故保往訴於遼"고 했다). 七年庚辰, 劾者尙守阿疏城, 毛睹祿來降. 阿疏猶在遼, 遼使使來罷兵. 未到, 穆宗使烏林荅石魯, 往佐劾者, 戒之曰, 遼使來罷兵, 但換我軍衣服旗幟與阿疏城中無辨. 勿令遼使知之. 因戒劾者曰, 遼使可以計却, 勿聽其言遽罷兵也. 遼使果來罷兵. 穆宗使蒲察部胡魯勃堇·邈遜孛堇與俱至阿疏城. 劾者見遼使, 詭謂胡魯·邈遜曰, 我部族自相攻擊, 于汝等何事. 誰識汝之太師. 乃援創刺殺胡魯·邈遜所乘

馬. 遼使驚駭遽走, 不敢回顧, 徑歸. 居數日, 破其城. 狄故保還自遼在城中, 執
而殺之.

(A)와 (C)는 서로 연결되는 사실을 담은 기사로 「배로輩魯열전」(『금
사』 권65)에서는 다음과 같이 서술했다.

목종 4년(요 수륭 3년. 고려 숙종 2년, 1097) 아소를 정벌하니 아소는 요
로 도망쳤다. 요는 사신을 보내 아소 군에 대한 공격을 멈추게 했다. 목
종은 겉으로 요 황제의 지시를 받아들이는 체하면서 먼저 귀국하고 핵
자를 남겨 3년 동안 아소성을 지키게 하다가 마침내 공격해 함락시켰다.
穆宗四年, 伐阿疏, 阿疏走遼. 遼使使來, 止伐阿疏軍. 穆宗陽受遼帝約束, 先歸
國, 留劾者守阿疏城, 凡三年, 卒攻破之.

다만 각 기록의 아소 정벌 연도는 서로 다르다. 세기에는 목종 3년
(병자년, 1096), 「배로열전」에는 4년으로 돼 있다. 또 세기에 따르면 핵
자가 아소성을 지킨 것은 목종 3년(병자년)부터 7년(경자년, 1100)까지
5년 동안이지만 「배로열전」에서는 "3년 동안"이라고 했다. 그러나 이
차이는 일단 제쳐두고 핵자가 얼마 동안 그 성을 지키다가 다시 그것
을 공격해 함락시켰다고 한 것은 이치에 맞지 않는다. 완안영가는 아
소를 공격해 요로 도망치게 만들었지만 요의 사신이 와서 군사를 물
리라고 한 것을 보면 그 성을 차지하지 못했다고 생각된다. 그리고 그
가 군사를 물려 돌아갈 때 핵자를 남겨 지키게 한 성은 아소성이 아
니라 살개가 함락시킨 둔은성으로 여겨진다. 또 C에서 모도록이 와서
항복한 것을 보면 아소를 대신해 그 성을 지킨 것은 모도록으로 생각

된다. 그렇다면 둔은성의 상황은 어땠는가? 「유가열전」(『금사』 권67)에 주목할 만한 기사가 있다.

유가는 통문수와 혼춘수가 합류하는 곳인 오고론부 사람으로 홀사혼 발근의 아들이다. 사도는 혼춘수 안춘의 아들인데, 오순부와 오탑부의 백성을 이간시키고 꾀어 난리를 일으켰다. 적고덕과 둔은은 모두 반란을 일으켜 유가·사도와 연합했다. 두 세력은 소리 높여 말했다. "도단부의 14부가 하나가 되고(「아소열전」에 따르면 사도는 도단부의 추장) 오고론부의 14부가 하나가 되며 포찰부의 7부가 하나가 되니 모두 35부다. 완안부는 12부일 뿐이니 35부가 12부와 싸우는 것은 3명이 1명과 싸우는 것과 같다. 반드시 이길 것이다." 留可, 統門·渾蠢水合流之地烏古論部人忽沙渾勃董之子. 詐都, 渾蠢水安春之子也, 間誘奧純·塢塔兩部之民作亂. 敵庫德·鈍恩皆叛而與留可·詐都合. 兩黨揚言曰, 徒單部之黨十四部爲一, 烏古論部之黨十四部爲一, 蒲察部之黨七部爲一, 凡三十五部. 完顏部十二而已, 以三十五部戰十二部, 三人戰一人也. 勝之必矣.

이것을 (B) "통문수(두만강)와 혼준수(혼춘하)가 만나는 곳에 있는 오고론부의 유가와 사도가 소빈수(수분하) 오고론부의 적고덕과 함께 미리미석한성米里迷石罕城에서 군사를 일으키자 납근열의 아들 둔은도 그곳으로 도망갔다. 그러자 두 무리가 반란을 일으켰다"고 한 것에 비춰보면 혼춘하 유역에 웅거한 유가·사도와 수분하 지방에 거주한 적고덕 등을 완안부에 반항하게 만든 것은 완안영가 군에게 정벌돼 그 성을 잃은 둔은이 분명하다. 곧 B에서 말한 미리미석한성 전투는 아소를 정벌하면서 일어난 것으로 생각된다(이 전투에 관련된 「유가열전」의 기록은 B와 거의 같다).

또 「아소열전」(『금사』권67)의 아소성 함락에 관련된 기사는 다음과
같다.

핵자는 2년 동안 군사를 거느리고 아소성(둔은성의 오기)을 지켰다. 아
소가 요에 머무르면서 감히 돌아가지 못하자 모도록은 항복했다. 요 사
신은 아소를 위해 다시 왔다. 목종은 그 소식을 듣고 오림답 석로에게
군사를 증원케 하고 핵자에게는 의복과 깃발을 아소성과 같은 색으로
바꿔 요 사신이 구분하지 못하게 했다. 요 사신은 도착한 뒤 포찰부의
호로 발근 및 막손 발근과 함께 핵자 군을 방문했다. 그러나 군대는 이
미 의복과 깃발을 아소성과 똑같이 바꿨기 때문에 요 사신은 정말 구분
하지 못했다. 핵자가 속여 말했다. "우리는 스스로 서로 공격하는데, 그
대는 어째서 간여하는가? 누가 그대의 태사를 알겠는가?" 그리고는 호
로와 막손이 탄 말을 찔러 죽였다. 요 사신이 놀라고 두려워하며 도망치
자 마침내 아소성을 함락시켰다. 적고보가 먼저 돌아오자 그를 죽였다.
劾者以兵守阿疏城者二年矣. 阿疏在遼不敢歸, 毛睹祿乃降. 遼使復爲阿疏來.
穆宗聞之, 使烏林答石魯濟師, 且戒劾者令易衣服·旗幟與阿疏城中同色, 使遼
使不可辨. 遼使至, 乃使蒲察部胡魯勃菫·邈遜勃菫與俱至劾者軍. 而軍中已易
衣服·旗幟, 與阿疏城中如一, 遼使果不能辨. 劾者詭曰, 吾等自相攻, 幹汝何事,
誰識汝之太師. 乃刺殺胡魯·邈遜所乘馬. 遼使驚怖走去, 遂破其城. 狄故保先
歸, 殺之.

C는 이것에 바탕한 기사가 분명하지만 아소성에 웅거했다고 생각되
는 모도록이 핵자에게 항복한 뒤 요 사신은 왜 그 성에 왔을까? 그리

고 핵자가 요 사신을 축출하고 성을 함락시켰을 때 요에서 돌아와 성 안에 있던 적고보(아소의 동생)는 왜 살해됐을까?

모도록은 스스로 항복한 것이 아니라 핵자의 공격을 받아 항복한 것으로 생각되고, 그 때문에 요 황제는 다시 사신을 보내 군사를 해산시킨 것이 틀림없다. 핵자가 요 사신과 함께 온 완안영가의 사신에게 "우리는 스스로 서로 공격한다吾等自相攻"고 한 것은 참으로 그동안의 사실을 누설한 것이다. 또 적고보가 요에서 온 것은 이때로 그는 요 황제의 위력에 기대 사신과 함께 아소성에 들어올 수 있었다고 생각된다. 그런데 핵자의 속임수는 효과를 거둬 사신이 도망쳐 돌아오자 성은 공격을 받아 함락된 것과 동시에 그는 붙잡혀 살해된 것으로 보인다. 이렇게 해서 아소성은 마침내 완안씨의 소유가 됐다.

「알대열전」(『금사』 권65)에는 유가 정벌에 관련된 기사가 있다.

알대(오아속과 아골타의 동생)가 20살쯤 때 살개가 유가를 정벌했다. 알대는 습불실·아리합만 등과 함께 비장裨將이 됐다. 장수들은 공격해 차지하는 방법을 논의했는데 알대는 성을 공격하는 것이 좋다고 주장했다. 태조(아골타)가 방문하자 알대는 그를 맞이해 말했다. "유가가 있는 성은 곧 함락될 것이니 다른 논의에 미혹되지 마십시오." 태조는 그 말에 따랐다. 태조가 군대에 도착하자 여러 사람의 의견이 결정됐다. 알대는 성을 공격하는 장비를 신속히 정비했다. 그날 밤 진군해 성을 공격해 날이 밝을 즈음 함락시켰다. 도적이 이열낭호로와 이준출로를 약탈하자 알대는 그들을 모두 평정했다. 斡帶, 年二十餘, 撒改伐留可. 斡帶與習不失·阿里合懣等俱爲裨將. 諸將議攻取, 斡帶主攻城便. 太祖將至軍, 斡帶迎之, 謂太祖曰, 留可城且下, 勿惑他議. 太祖從之. 至軍中, 衆議乃決. 斡帶急起治攻具.

其夜進兵攻城, 遲明破之. 及二涅囊虎路·二蠢出路寇盜, 斡帶盡平之.

알대 등은 유가가 웅거한 성을 공격해 함락시킨 뒤 곧바로 이열낭호로와 이준출로를 평정한 것으로 생각된다. 그런데 B에는 그 사이에 완안영가가 승관·추아 등에게 명령해 을리골령 서쪽의 부족들을 위무해 안정시키게 했다는 아무 관계없는 기사를 끼워 넣어 앞뒤 사실의 연결을 끊었다. 이것은 분명히 『금사』 편자의 두찬으로 갈라전 경략을 뜻하는 이 기사는 당연히 다른 곳으로 옮기지 않으면 안 된다. 그리고 그것을 어디로 옮겨야 하는지는 앞 장에서 서술한 것과 같다.

다음으로 아소성과 둔은성의 위치를 파악해야 한다. 아소는 성현수 흘석렬부의 추장인데, 완안영가가 그를 정벌할 때의 진군로는 다음과 같이 기록돼 있다.

- 「아소열전」: 목종은 마기령에서 출병해 아소를 공격했다. 살개는 호론령에서 출발해 잔춘로와 성현로를 평정하고 둔은성을 함락시켰다. 목종은 아다회수를 점령하고 군사를 늘려 아소성에 이르렀다. 穆宗自馬紀嶺出兵攻之. 撒改自胡論嶺往, 略定潺春·星顯兩路, 攻下鈍恩城. 穆宗略阿荼檜水, 益募軍至阿疏城.

- 「살개열전」(『금사』 권70): 살개에게 마기령도를 차지하고 아소를 공격케 했다. 목종은 직접 군사를 이끌고 아소성 아래서 만나기로 약속했다. 살개가 아불새수에 이르러 주둔하자 오연부의 사록 발근이 와서 뵙고 말했다. "국상(살개)께서 앞으로 태사(완안영가)와 아소성 아래서 군사를 합친다고 들었습니다. 이것은 적의 영토로 깊이 들어가 반드시 차지하는 계책이니 먼저 잔춘로와 성현로를 평정하고 그 무리를

무너뜨려 그 백성을 탈취한 뒤 [아소성 아래서] 군사를 합쳐도 늦지 않을 것입니다." 살개는 그 말을 따라 둔은성을 공격하면서 군사의 증원을 요청하니 목종이 원군을 보냈다. 살개는 마침내 둔은성을 함락시키고 아소성 아래서 목종과 만났다. 둔은은 남쪽에, 아소는 북쪽에 있다. 使撒改, 取馬紀嶺道, 攻阿疏. 穆宗自將, 期阿疏城下會軍. 撒改行次阿不塞水, 烏延部斜勒勃堇來謁, 謂撒改曰, 聞國相將與太師會軍阿疏城下, 此爲深入必取之策, 宜先撫定淶春·星顯之路, 落其黨附, 奪其民人, 然後合軍未晚也. 撒改從之, 攻鈍恩城, 請濟師, 穆宗與之. 撒改遂攻下鈍恩城, 而與穆宗來會阿疏城下. 鈍恩在南, 阿疏在北.

호론령로에 있는 잔춘로와 성현로는 각각 하천에 따라 붙여진 지명인데, 그 하천은 두만강으로 흘러드는 지금의 포이합도하와 해란하로 봐야 한다는 것은 다음 기록에서 알 수 있다.

- 『금사』「태종본기」(천회 9년[1131] 정월): 도문수(두만강) 서쪽에 있는 혼탄수·성현수·잔춘수 세 하천 북쪽의 한전을 갈라로의 모극들에게 나눠주게 했다. 命以徒門水以西, 渾疃·星顯·僗蠢三水以北閑田, 給曷懶路諸謀克.*
- 「식화지」: 함평부로의 1600여 호는 자신들이 모두 장백산 성현하·선춘하의 여진인이라고 말했다. 咸平府路一千六百餘戶自陳, 皆長白山星顯·禪春河女眞人.

---

* 모극은 금 태조가 기존의 부족적 군사제도를 바탕으로 1114년 실시한 행정·군사제도다. 기본 내용은 300호를 1모극부로 삼고 10모극부를 1맹안군으로 편성했으며, 1모극부에서 군사 100명을 징발해 1모극군으로 하고 10모극군을 1맹안군으로 편성하는 것이었다.

그런데 아소는 "성현수 흘석렬부 사람"이라고 했고 둔은성은 살개가 잔춘로와 성현로를 평정하고 공격해 함락시킨 성이라고 했으며 둔은성은 남쪽에, 아소성은 북쪽에 있다고 했으므로 성현수는 포이합도하로 보고 아소성은 그 유역에, 잔춘수는 해란하로 보고 둔은성은 그 유역에 있는 것으로 봐야 한다.

또 둔은성으로 간 살개군이 주둔한 아불새수는 다음 기록을 볼 때 세조 핵리발劾里鉢(완안영가의 형)의 오춘 정벌에 관련된 하천이다.

「오춘열전」(『금사』 권67): 세조는 직접 대군을 이끌고 환도와 만났다. 아불새수에 이르니 영동의 부족들이 모두 모였다. (…) 이때 오춘은 이미 세상을 떠난 뒤였다. 世祖自將大軍與歡都合. 至阿不塞水, 嶺東諸部皆會. (…) 是時烏春前死.

그리고 같은 열전에서 "오춘은 아발사수 온도부 사람烏春, 阿跋斯水溫都部人也"이라고 했고 오춘의 후손인 온돈포랄溫敦蒲剌 — 오춘 이후 '온돈'을 성씨로 삼았으므로 '온돈'은 곧 '온도溫都'가 된다 — 과 관련해 "처음 장백산 아불신하에 거주하다가 융주(지금의 농안) 이리민하로 이주했다始居長白山阿不辛河, 徙隆州移裏閔河"라고 한 것은 아불새수·아발사수·아불신하가 동일한 하천으로 그 유역이 오춘의 본거지임을 증명한다. 오춘의 거주지는 마쓰이 씨가 이미 연구한 바 있다.

「오춘열전」: 납배와 마산이 오춘에게 도움을 요청하자 오춘은 고리천의 군사 170명으로 그들을 도왔다. (…) 요 군주가 사람을 시켜 오춘에게 상황을 묻자 오춘은 두려워 터무니없는 말을 했다. "납배를 도와준 적이 없습니다. 덕린석 북쪽은 고리전 백성이니 제 관할은 그곳까지 미치지 않습니다." 臘醅·麻產求助於烏春, 烏春以姑裏甸兵百十七人助之. (…) 遼主使人至烏春問狀, 烏春懼, 乃爲讕言以告曰, 未嘗與臘醅爲助也. 德隣石之北, 姑裏甸之民, 所管不及此.

그는 이 기사를 근거로 다음과 같이 말했다.

덕린석은 지금의 영고탑 서쪽 90리(중국 단위. 45킬로미터)로 호이합하 가에 있는 큰 바위로 나중에는 '덕림석德林石'이라고도 불렸다. 고리전은 덕린석 북쪽이므로 대체로 지금의 영고탑 지방이며, 아마 오춘의 영토에 포함됐을 것이다. 또 오춘의 고향은 아발사수가 발원한 온도부라고 했는데, 아발사수가 어딘지는 정확하지 않지만 지금의 호이합하 상류 지방으로 추측된다. 그리고 온도부는 액다력額多力, 곧 돈화현일까?[14]

액다력을 온도부로 본 것은 어떨지 모르지만, 그것을 빼면 나는 이 추정이 타당하다고 생각한다. 오춘의 영토는 고리전까지 이르렀다고 했지만, 그가 요 사신에게 한 말은 그 본거지가 필이등호 가의 덕림석 남쪽 지역임을 증명하며 또 "장백산 아불신하"라는 말은 포이합도하와 해란하에 비정되는 「식화지」의 "장백산 성현·선춘"과 마찬가지로 아불새수가 장백산 방면에 있었음을 생각게 한다. 따라서 아불새수는 당연히 호이객하 상류인 늑복성에 비정되고 호이객하 가의 돈화는 오춘의 근거지로 봐도 안 될 것이 없다.

또 아소 정벌의 진군로와 관련해 「살개열전」에서는 살개에게 마기령도를 차지하고 아소를 공격케 했다고 했지만, 이것은 오류로 「아소열전」의 기록처럼 완안영가는 스스로 마기령도에서 진군해 아다회수를 점령하고 아소성에 이르렀으며 살개는 호론령에서 잔춘로와 성현로를 점령하고 둔은성을 함락한 것으로 생각된다. 지도를 살펴보면 아륵초객 방면에서 두만강 하류 유역에 이르는 길은 둘이다. 하나는 오상청에서 납림산을 넘어 액목색으로 나가 늑복성하를 남쪽에서 거슬러 올라가 돈화에 이른 뒤 합이파령哈爾巴嶺에서 노야老爺산맥을 넘어 포이합도하 상류를 따라 동남쪽으로 내려와 그 하천과 해란하 하류 유역으로 나오는 것이다. 다른 하나는 아륵초객하 상류에서 호이객하로 흘러들어가는 해란하를 따라 영고탑에 이른 뒤 정남쪽으로 나아가 노야령에서 같은 이름의 산맥을 넘고 갈합리하 유역을 내려가 위의 도로와 만나는 것이다.

완안영가와 살개가 아륵초객을 출발할 때부터 길을 나눠 나아갔는지는 분명치 않지만 살개는 지금의 늑복성하로 생각되는 아불새수에 주둔했으므로 첫 번째 길을 선택했고, 완안영가는 영고탑 방면에서 두 번째 길로 전진한 것으로 판단된다. 그렇다면 살개가 넘은 호론령은 합이파령이 분명하고, 완안영가가 지나간 마기령과 아다회수는 노야령과 갈합리하로 봐야 한다. 두 길이 만나는 곳은 포이합도하 북안인 국자가로 이 방면에서 가장 중요한 지점이다. 국자가에서 남쪽으로 해란하를 건너면 그 연안에 동성용촌東盛勇村·용정촌龍井村 등의 요지가 있다. 그런데 둔은성을 함락시킨 뒤 살개는 아소성 아래로 온 완안영가 군과 만났다고 했다. 그 때문에 나는 이 관계를 앞서 서술한 두 성의 대체적 위치에 비춰 둔은성을 해란하 연안, 아소성을 국자가 부근에 있던 것으로 추정한다.

이미 서술한 것에 따라 분명해진 것처럼 요의 반란 세력 소해리를 격파하기 전 완안영가의 경략은 간도 지방의 아소 정벌에서 시작해 방향을 돌려 혼춘·수분 지방에서 유가·사도 등을 정벌한 뒤 마침내 아소성을 점령하면서 당초의 목적을 이뤘다.

아소 형제가 요로 도망간 것은 세기에 따르면 금 목종 3년(병자년. 요 수룽 2년, 고려 숙종 원년, 1096)이고 「배로열전」에 따르면 그 이듬해 (정축년)지만 그 차이는 1년밖에 되지 않으므로 일단 어느 것에 따라도 괜찮다고 생각된다. 그러나 「배로열전」에서 "핵자를 남겨 아소성을 지키게 하다가 3년 뒤 마침내 공격해 함락시켰다"고 한 것은 아소성을 함락시킨 해가 금 목종 6년(기묘년, 1099)임을 뜻하는 것으로 세기에서 그것을 7년(경진년. 요 수룽 6년, 고려 숙종 5년, 1100)이라고 한 것과 맞지 않는다. 그리고 「아소열전」에서 "핵자는 2년 동안 군사를 거느리고 아소성을 지켰다"고 한 다음 그 성을 함락시킨 기록은 「배로열전」의 서술과 어느 쪽을 따라야 하는지 알 수 없다. 따라서 다시 아소 정벌의 연대를 고찰해야 한다.

- 「사묘아리열전」(『금사』 권80) [사묘아리의 첫 출전을 기록한 부분]: 사묘아리는 17세 때 큰아버지 호마곡을 따라 사도를 정벌해 그의 동생 사리지를 포로로 잡았다. 阿里年十七, 從其伯父胡麻谷討詐都, 獲其弟沙里只.

- 같은 열전[끝 부분]: 정릉 연간의 사례에 따라 한국공에 책봉하고 대궐로 불러 전선을 만들도록 명령했다. 병으로 세상을 떠나니 78세였다. 正隆例封韓國公, 召赴闕, 命造戰船. 以疾薨, 年七十八.

사묘아리의 죽음은 『금사』 「해륙왕海陸王본기」에 분명한 기록이 없어 그 시점을 정확히 알 수 없지만 배를 만들라는 명령을 받은 뒤 오래지 않아 병으로 죽었으므로 같은 본기의 다음 기사에 따라 추측해 그것을 동일한 해 안에 일어난 것으로 볼 수 있을 것 같다.

정륭 4년(1159) 2월: 통주에서 전함을 만들었다. 대신들에게 조서를 내려 송을 정벌하는 일을 알렸다. 각로의 맹안군과 모극군 가운데 20세 이상, 50세 이하의 사람을 조사해 모두 군적에 등록했다. 造戰船于通州. 詔諭宰臣以伐宋事. 調諸路猛安·謀克軍年二十以上·五十以下者, 皆籍之.

그렇다면 62년을 거슬러 올라가 금 목종 5년(무인년, 1098)은 사묘아리가 처음 출전한 해로 생각되고, 곧 살개가 이끈 완안씨의 군사는 이 해에 유가와 사도 등을 토벌한 것이다. 그리고 아소를 정벌할 무렵 둔은이 도주한 것과 거기서 유래한 유가 등의 거병에 대한 이 정벌은 서로 2년 떨어져 있는 것으로 봐도 안 될 것이 없기 때문에 아소를 정벌한 시기는 「배로열전」에 따라 목종 4년(1097)으로 생각된다.

다음으로 「배로열전」에서는 핵자가 아소성을 함락시킨 것을 아소 정벌 때부터 3년, 「아소열전」에서는 2년이라고 했다. 또 「아소열전」에서는 아소성 함락 기사에 이어 다음과 같이 서술했다.

아소는 요에 있으면서 돌아갈 곳이 없었다. 2년 뒤 그 무리 달기를 생어진 경계로 보냈는데, 갈라전 사람들은 목종을 두려워해 그를 체포해 보냈다. 阿疏在遼無所歸. 後二年, 使其徒達紀至生女眞界上, 曷懶甸人畏穆宗, 執而送之.

그런데 1장에서 서술한 대로 의원을 송환하면서 완안영가와 고려의 교류가 시작됐고 그것에 이어 달기를 체포해 보낸 것은 금 목종 9년(임오년, 1102)의 일로 해야 하므로 「아소열전」의 이 기록은 세기에서 아소성이 함락된 때를 목종 7년(경진년, 1100)으로 한 것과 부합된다. 그렇다면 세기의 시점은 믿을 만하고, 「배로열전」에서 핵자가 아소성을 지킨 기간을 3년이라고 한 것과 「아소열전」에서 2년이라고 한 것은 모두 오류로 생각된다. 핵자가 지켰다고 한 아소성은 둔은성의 오류가 분명한데 『금사』의 편자는 그것에 생각이 미치지 못했으며 '지켰다守'는 글자도 중시하지 않고 그것을 '포위圍'의 뜻으로 봤지만 그렇게 되면 그가 성을 포위한 것은 4~5년이라는 너무 오랜 기간이 되기 때문에 자의적으로 그것을 3년이나 2년으로 단축시킨 것으로 추측된다.

아소성 함락은 완안영가의 두만강 지방 경략이 끝났음을 뜻하는 것이지만 이미 서술한 대로 2년 뒤에는 의원을 고려로 돌려보냈고 사신으로도 파견했던 승관·추아(수아) 등에게 갈라전의 여진을 위무해 안정시켰다. 그러나 그 사이에 있는 지방에 대해서는 아무 조처도 시행한 흔적이 없으므로 두만강 지방을 평정한 완안씨의 세력은 그 사이의 지방을 한번에 뛰어넘어 갈라전으로 내려간 것으로 생각된다. 그리고 그것은 결국 그 북쪽의 광대한 지역에 특별히 정벌해야 할 유력한 여진 부락이 없음을 증명하는 것이 틀림없다.

포이합도하 가의 본거지를 잃은 아소가 멀리 떨어진 갈라전의 여진을 완안씨에 반항하게 하려고 한 것도 완안씨의 세력이 마침 그곳에 미쳤기 때문만이 아님을 알 수 있다. 내가 「고려시대 동여진의 해상 침략」에서 논증한 대로 고려와 교류한 여진이 함관령 서쪽에 국한된 것도 이런 상황과 관련된 것이다.[15] 또 고대로 거슬러 올라가면 문제의 지방은 남·북옥저의 거주지였는데, 남옥저의 중심은 함흥평야이므로 북옥저의 그것은 포이합도하와 해란하 유역이었음을 자연히 추측할 수 있다. 북옥저의 유명한 매구루買溝瘻는 지금의 국자가 부근으로 여겨진다.[16]

5. 완안오아속의 갈라전 정복과 고려와의 충돌

완안영가가 세상을 떠나기 전 고려에 사신으로 갔던 사갈 등이 돌아오자 오아속은 군사를 (함흥평야로) 출동시켰다. 출병한 뒤의 경과는 『금사』「세기」에 기록돼 있으며 「고려열전」에는 좀더 자세하다.

- 「세기」: 이보다 앞서 고려와 우호를 맺었지만 얼마 뒤 사이가 벌어졌다. 고려의 사신이 와서 어떤 사안을 논의하자고 요청해 [우리] 사신이 갔지만 고려는 거부하고 받아들이지 않았다. 고려에 붙은 오수의 백성이 단련사 14명을 포로로 잡았다. [금 강종] 2년(갑신년. 요 건통 4년, 고려 숙종 9년, 1104) 고려가 다시 공격해오자 석적환이 다시 격파했다. 先是高麗通好, 旣而頗有隙. 高麗使來請議事, 使者至高麗, 拒而不納. 五水之民附于高麗, 執團練使十四人. 二年甲申, 高麗再來伐, 石適歡再破之.
- 「고려열전」: 강종은 왕위를 이은 뒤 석적환에게 성현(포이합도하)·통문(두만강)의 군사를 거느리고 을리골령(함관령)으로 가서 군사를 더 모은 뒤 활열수로 가서 갈라전 지역을 살펴보고 배반한 7성을 수복하게 했다. 고려는 사람을 보내 "의논할 일이 있다"고 했다. 갈라전의 관원은 사륵 상온과 야랄보 상온을 보냈고 석적환도 배로를 보냈다. 고

려는 야랄보 등을 잡아두고 배로를 돌려보내면서 "너와는 상대할 일이 없다"고 했다. 그러자 오수의 백성이 모두 고려에 붙었으며 단련사 14명이 고려에 붙잡혔다. [금 강종] 2년(갑신년, 1104) 고려가 다시 공격해오자 석적환은 크게 격파해 매우 많이 죽이고 사로잡았으며 그 국경까지 추격해 방어 진지를 불태우고 돌아왔다. 4월 고려가 다시 공격해오자 석적환은 500명을 이끌고 벽등수에서 막아 다시 크게 격파했으며 벽등수로 추격해 들어가 그 남은 무리를 국경 밖으로 쫓아버렸다. 康宗嗣, 遣石適歡以星顯統門之兵往至乙離骨嶺, 益募兵趣活涅水, 徇地曷懶甸, 收叛亡七城. 高麗使人來告曰, 事有當議者. 曷懶甸官屬使斜勒詳穩·冶剌保詳穩往, 石適歡亦使盂魯往. 高麗執冶剌保等, 而遣盂魯曰, 無與爾事. 於是五水之民皆附於高麗, 團練使陷者十四人. 二年甲申, 高麗來攻, 石適歡大破之, 殺獲甚衆, 追入其境, 焚略其戍守而還. 四月, 高麗復來攻. 石適歡以五百人禦於闊登水, 復大破之, 追入闊登水, 逐其殘衆踰境.

고려 쪽의 기록을 보자.

『고려사』「숙종세가」: 9년(1104) 봄 정월 신사일(6일) 동여진의 남녀 1753명이 귀의했다. 동여진 추장 오아속은 별부의 부내로와 틈이 생기자 공형과 지조를 보내 군사를 일으켜 공격케 했다. [동여진] 기병이 정주 관문 밖에 와서 주둔했다. 계미일(8일) 숙종은 문하시랑 평장사 임간을 동북면 행영병마사로 임명하고 선정전에 나아가 부월을 주면서 가서 대비케 했다. 2월 임자일(8일) 임간은 정주성 밖에서 여진과 싸워 대패했다. 을축일 추밀원사 윤관을 동북면 행영병마도통에 임명하고 중광전에 나아가 부월을 주면서 출정케 했다. 3월 정축일(4일) 윤관은 여진과 싸워 30여 명을 죽였지만 우리 군의 사상자와 실종자는 절반을 넘었다.

九年春正月辛巳, 東女眞男女一千七百五十三人來投. 東女眞酋長烏雅束與別部夫乃老有隙, 遣公兄·之助, 發兵攻之. 騎兵來屯定州關外. 癸未, 王以門下侍郎平章事林幹判(爲?)東北面行營兵馬事, 御宣政殿, 授鈇鉞, 往備之. 壬子, 林幹與女眞, 戰于定州城外, 敗績. 乙丑, 以樞密院使尹瓘爲東北面行營兵馬都統, 御重光殿, 授鈇鉞, 遣之. 丁丑, 尹瓘與女眞戰, 斬三十餘級, 我軍死傷陷沒者過半.

교전 사실은 두 기록이 서로 부합한다. 곧 『금사』 「고려열전」에서 석적환이 고려군을 두 번 무찔렀다고 한 것은 『고려사』의 2월 임자일(8일) 임간의 패배와 3월 정축일(4일) 윤관의 패배와 대응한다(「고려열전」에서 뒤의 전투를 4월에 기록한 것은 오류로 생각된다). 그렇다면 『고려사』 「숙종세가」에서 오아속이 출병한 것은 별부의 부내로라는 인물과 갈등이 생겼기 때문이라고 서술한 것은 어떤가?

고려 예종 4년(1109) 여진의 화친 요청 사신 — 9성 전투에 관련된 — 요불窶弗과 사현 등이 개경에 와서 국왕을 알현하고 아뢰었다.

예전 우리 태사 영가는 "우리 조상이 대국(고려)에서 나와 자손에 이르렀으니 귀의하는 것이 의리에 맞다"고 했습니다. 지금 태사 오아속도 대국을 부모의 나라로 생각하고 있습니다. 갑신년(고려 숙종 9년, 금 강종 2년, 1104) 궁한촌 사람들이 태사의 지시에 따르지 않자 군사를 일으켜 응징했는데, 고려는 우리가 국경을 침범했다고 생각해 군사를 내 정벌했습니다. 昔我太師盈歌嘗言, 我祖宗出自大邦, 至于子孫, 義合歸附. 今太師烏雅束亦以大邦爲父母之國. 在甲申年間, 弓漢村人不順太師指諭者, 擧兵懲

之, 國朝以我爲犯境, 出兵征之.**17**

그러나 이것은 갑신년에 오아속이 출병한 까닭을 말해 고려와 충돌한 사정을 언급한 것이다. 그렇다면 오아속에게 복종하지 않아 그의 공격을 받았다고 한 궁한촌 사람들은 바로 이른바 별부 부내로가 아닐까? 다음 기록을 보면 궁한촌은 궁한이홀촌의 약칭이다.

『고려사』「숙종세가」 6년(1101) 2월: 동여진 내파지촌(주이천朱伊川 가에 있는 지금의 지경리地境里)의 귀덕장군 보마와 궁한이홀촌의 도령 마포, 광탄촌(성천강 입구)의 장군 골부 등 55인이 입조를 요청하자 허락했다. 東女眞乃巴只村歸德將軍甫馬·弓漢伊忽村都領麻浦·廣灘村將軍骨夫等五十五人請入朝, 許之.

「윤관열전」(『고려사』 권96)에서 "궁한이촌에 670칸을 쌓고 길주라고 불렀다弓漢伊村築六百七十間, 號吉州"고 한 대로 예종 3년(1108) 9성을 건설할 때 윤관이 여진을 정벌하고 길주성을 쌓은 곳이다. 그리고 이 길주는 지금의 길주가 아니다. 함관령 서쪽 20리(7.9킬로미터)쯤 호련천瑚璉川 상류인 상대리上垈里에 큰 폐성廢城이 있는데, 『동국여지승람』에 함흥부 동북쪽 48리(18.9킬로미터)에 있다고 기록된 덕산동德山洞 초원고성草原古城이 그것에 해당하며 그것이 9성의 하나인 길주성임은 졸고 「함경남도 함흥군의 고려시대 옛 성터」에서 자세히 서술했다. 또 궁한촌의 여진이 고려의 통제를 받은 것은 그 추장 마포가 호적에 등록된 여진에게 주는 도령이라는 관직을 가진 데서 알 수 있고 다음 기사도 참고된다.

『고려사』(권96) 「김인존열전」: 김인존이 말했다. "나라에서 처음 9성을 쌓으면서 거란에 사신을 보내 표문을 올려 말했습니다. '여진의 궁한리는 우리의 옛 땅이므로 그곳에 거주하는 백성도 우리의 백성입니다. 요즘 끊임없이 변방을 노략질하기 때문에 그 지역을 수복해 성을 쌓았습니다.'" 仁存曰, 國家初築九城, 使告契丹表稱, 女眞弓漢里乃我舊地, 其居民亦我編氓. 近來寇邊不已故, 收復而築其城.

그런데 『금사』 「고려열전」에서 성현과 통문의 군사를 이끌고 갈라전에 온 석적환은 반란을 일으킨 7성을 수복했다고 했는데, 그렇게 말한 7성은 고려에 복속돼 완안씨를 따르지 않은 부족을 가리키는 것이 분명하므로 부내로를 궁한촌 한 부락의 추장으로 생각하는 것도 큰 무리는 아니다.

- 『고려사』 「선종세가」 원년(1084) 3월: 동여진의 장군 분나로 등 20명이 와서 말을 바쳤다. 東女眞將軍分那老等二十人來獻馬.
- 「숙종세가」 7년(1102) 2월: 동여진의 안단과 분나로 등 18명이 내조했다. 東女眞安旦·分那老等十八人來朝.

이 기사들의 분나로는 부내로와 같은 인물로 생각된다. 요컨대 오아속은 갈라전의 동북 경계에 살던 궁한촌의 여진이 자신의 명령을 듣지 않자 그들을 공격한 것이다. 다만 고려에 예속된 여진 부락이 궁한촌만은 아니었기 때문에 완안씨에 따르지 않은 것도 그들만은 아니었을 것으로 생각된다.

다음으로 생각해봐야 하는 것은 완안씨의 군대가 고려와 충돌하기까지의 과정이다. 앞서 든 『금사』「고려열전」에 따르면 갈라전에 와서 복종하지 않은 여진을 정벌한 석적환은 출동한 고려군을 격파하기 전 고려에서 요청한 대로 일을 의논할 사신을 뽑아 보냈는데, 어떤 인물 (야랄보)은 억류되고 어떤 인물(배로)은 돌아왔다. 『고려사』에서 이 일은 「숙종세가」에는 보이지 않지만 「윤관열전」에서는 조금 언급됐다.

① 숙종 7년(1102) 여진이 와서 정주관(관은 장성을 말한다) 밖에 주둔했다. 우리를 공격하지 않을까 의심해 추장 허정과 나불 등을 꾀어 잡아 광주(경기도)에 가두고 고문했는데, 정말 우리를 공격하려는 것이어서 그들을 억류하고 보내지 않았다. 肅宗七年, 女眞來屯定州關外. 疑其圖我, 誘執酋長許貞及羅弗等, 囚廣州栲問, 果謀我也, 遂留不遣.

② 그때 변방의 장수 이일숙 등이 아뢰었다. "여진은 허약하니 두려워하지 않아도 됩니다. 지금의 기회를 놓쳐 차지하지 않으면 나중에 반드시 골칫거리가 될 것입니다." 會邊將李日肅等奏, 女眞虛弱, 不足畏. 失今不取, 後必爲患.

③ 또 오아속은 별부의 부내로와 사이가 벌어져 군사를 일으켜 그를 공격하려고 국경 근처에 와서 주둔했다. 烏雅束又與別部夫乃老有隙, 發兵攻之, 來屯近境.

④ 국왕은 임간에게 가서 대비하게 했다. 임간은 공로를 세우려고 군사를 이끌고 깊이 들어가 공격했지만 크게 패배해 절반이 죽었다. 여진은 승세를 타고 정주 선덕관의 성(선덕진의 장성은 광포廣浦 남쪽에 있다)에 난입해 셀 수 없이 죽이고 약탈했다. 임간 대신 윤관을 동북면 행영도통에 임명하고 부월을 수여해 보냈다. 윤관은 적과 싸워 30여 명을 죽였지만 우리 군은 계략에 빠져 절반 넘게 죽거나 다쳐 군대의 위세를 떨치

지 못했기 때문에 마침내 겸손한 말로 강화해 맹약을 맺고 돌아왔다. 王命林幹, 往備之. 幹邀功, 引兵深入, 擊之敗績, 死者大半. 女眞乘勝, 闌入定州宣德關城, 殺掠無算. 乃以瓘代幹, 爲東北面行營都統, 授鈇鉞遣之. 瓘與戰, 斬三十餘級, 我軍陷沒死傷者過半, 軍勢不振. 遂卑辭講和結盟而還.

앞서 든 「숙종세가」를 참조하면 ①의 숙종 7년(1102)은 9년의 오기가 분명하다. 또 ③은 ①의 "여진이 와서 정주관 밖에 주둔했다"에 병합해야 하고 ②는 곧바로 ④와 연결해야 한다. 그렇다면 고려 관원이 여진 추장 허정·나불 등을 체포한 것은 임간이 왕명을 받들어 정주에 오기 전의 사건일까? 다시 「숙종세가」를 보면 정월 신사일(6일) 동여진의 남녀 1753명이 귀의한 일이 있다. 그리고 공형과 지조가 이끈 완안씨의 군사가 정주 관문 밖에 와서 주둔하자 그것을 막기 위해 임간이 파견된 것은 같은 달 계미일(8일)이었다.

여진이 귀의한 사정은 얼핏 보기에 분명치 않고 다음에 기록된 사실과 무관한 것처럼 보이지만, 그렇게 많은 사람이 귀의한 사례가 일찍이 없던 것을 보면 그들은 갈라전에서 석적환에게 정벌된 이른바 배반한 7성, 곧 궁한촌 등의 여진이고 정주 관문 밖에 와서 주둔한 완안부의 기병은 그들을 추격해온 것이 분명하다(공형과 지조는 두 사람의 이름으로 생각되지만 그들에 비정할 수 있는 인명은 『금사』에 보이지 않는다. 석적환의 비장裨將으로 추정된다). 따라서 정월 8일 임간이 정주에 파견된 것은 이틀 전 사건의 급보가 그날 개경에 도착했기 때문으로 여겨진다. 그런데 임간이 석적환 군과 정주성 밖에서 싸워 패배한 것은 꼭 한 달 뒤인 2월 8일이므로 고려의 관원이 여진의 추장을 불러 억류한 사건은 이 사이에 일어난 것이 분명하고 그 당사자는 임간으로 생각된다.

『금사』「고려열전」은 이 사건과 관련해 갈라전의 관원이 보낸 사신과 석적환 자신이 보낸 관원을 구별해 앞에 소속된 야랄보 등은 억류하고 뒤에 소속된 배로는 "너와는 상대할 일이 없다"면서 돌려보냈다고 했다. 그런 다음 "그러자 오수의 백성이 모두 고려에 붙었으며 단련사 14명이 고려에 붙잡혔다"고 했다. 갈라전의 관원은 함흥 지방의 토착 지도자土酋가 갈라전에 귀의해 관직을 받은 것으로 생각되고, 그 가운데 고려에 사신으로 간 지도자들이 바로 14명의 단련사라는 것은 다음 자료에서 명확하다.

『금사』 세기: 고려가 (…) 단련사 14명을 억류했다. [금 강종] 2년 갑신년(1104) 고려가 다시 공격해오자 석적환이 다시 격파했다. 고려는 다시 화친을 요청하면서 앞서 억류한 단련사 14명을 모두 돌려보냈다. 高麗 (…) 執團練使十四人. 二年甲申, 高麗再來伐, 石適歡再破之. 高麗復請和, 前所執團練十四人皆遣歸.

'오수의 백성'은 함흥평야를 관통해 흐르는 호련천·성천강·여위천·원수천·주이천의 다섯 하천에 따라 그 지역을 가리키는 것으로 생각된다. 그러나 석적환 군은 갈라전 지방을 거쳐 고려 국경 가까이 왔으므로 오수의 백성은 완안씨에 귀속됐지 고려에 귀의했을 리는 없다. 반란을 일으켜 도망친 7성의 여진이 고려에 귀의한 것에 따라 그런 오류가 발생한 것으로 생각된다. 석적환은 갈라전의 복종하지 않은 여진을 토벌하고 도망친 부류를 추격해 정주 관문 밖까지 이르렀지만 고려의 국경을 침범하지는 않았다. 그러지 않았을 뿐 아니라 고려와 충돌하는 것은 그의 본뜻이 아니었다고 생각된다. 일을 논의하자는 임간의 요구에 따라 단련사와 배로를 보낸 것이 바로 그것을 증명한다.

그러나 이런 사신이 오자 임간은 어떤 일도 논의하지 않고 석적환의 사신으로 온 배로를 돌려보냈으며 단련사, 곧 갈라전의 토착 지도자로 완안씨에게 귀의한 부류를 억류했다. 석적환이 특별히 많은 단련사를 보낸 것은 임간의 요청에 따른 것으로 생각되지만 논의할 일이 있다고 한 것은 속임수에서 나온 제언으로 여겨진다. 이렇게 제언해 두 마음을 품은 갈라전의 추장들을 불러 완안씨에 맡기지 않으려고 한 것으로 판단된다. 이렇게 해서 임간은 마침내 정주성 북쪽으로 나가 석적환과 싸웠지만 그 결과는 실패로 끝났다. 그를 대신해 온 윤관도 벽등수 가에서 패전했다. 벽등수는 정주의 장성 앞을 흐르는 지금의 봉대천鳳垈川으로 여겨진다.

고려는 두 번의 전투에서 모두 졌으므로 강화할 수밖에 없었다.

- 「윤관열전」: 군대의 위세를 떨치지 못했기 때문에 마침내 겸손한 말로 강화해 맹약을 맺고 돌아왔다.
- 『금사』 「고려열전」: 고려 국왕은 "국경에서 일어난 분쟁의 발단이 된 사람들은 모두 [갈라전의] 관원인 상단·방도리·석필한의 무리"라고 하면서 고려에 잡혀있던 단련사 14명과 6로의 사신들을 모두 돌려보내고 사신을 보내 화친을 요청했다. 於是高麗王曰, 告邊釁者, 皆官屬祥丹·傍都里·昔畢罕輩也. 十四團練·六路使人在高麗者皆歸之, 遣使請和.

다음 기록은 이런 사실을 거짓으로 꾸민 것으로 생각된다.

「숙종세가」 9년(1104) 6월: 동북면 병마도통(윤관)이 아뢰었다. "여진이

 만선사 연구 3권

스스로 성책을 허물고 공형·지조 등 68명이 관문을 두들기며 화친을 애걸하고 있습니다." 東北面兵馬都統奏, 女眞自毀場寨, 公兄之助等六十八人 扣關乞和.

이로써 정주의 장성 밖의 여진 부락들은 완전히 완안씨의 치하로 들어가 고려의 세력은 그곳에 미치지 못하게 됐다. 아래 기사는 완안 씨가 갈라전을 정복한 뒤의 조처를 기록한 것이다.

『금사』 「고려열전」: 마침내 사갈에게 국경을 정하게 하니 그는 을리골수 와 갈라전 활녜수에 이르러 두 달을 머물렀다. 사갈은 송사訟事를 잘 판 결하지 못해 사건마다 지체시키니 백성이 매우 괴로워했다. 그래서 강종 은 사갈을 불러들이고 석적환을 파견했다. 석적환은 삼잔수에 임시 관 서를 설치한 뒤 일찍이 고려와 몰래 왕래하며 난리를 일으킨 사람들은 즉시 죄에 따라 처벌하고 나머지는 묻지 않았다. 강종은 그를 유능하다 고 여겼다. 遂使斜葛經正疆界, 至乙離骨水·曷懶甸活禰水, 留之兩月. 斜葛不 能聽訟, 每一事輒至枝蔓, 民頗苦之. 康宗召斜葛還, 而遣石適歡往. 石適歡立 幕府于三潺水, 其嘗陰與高麗往來爲亂階者, 卽正其罪, 餘無所問. 康宗以爲能.

6. 윤관의 9성 개척

(1) 출전의 결정

『고려사』 「윤관열전」에서는 윤관이 패전한 뒤 강화(숙종 9년[1104] 6월)한 사실에 이어 다음과 같이 서술했다.

국왕(숙종)은 분노해 천지신명께 아뢰었다. "은밀한 도움을 얻어 적의 영
토를 소탕케 해주시면 그 땅에 절을 지어 바치겠습니다." 王發憤告天地
神明, 願借陰扶, 掃蕩賊境. 仍許其地創佛宇.

그 다음 예종이 왕위를 이은 뒤의 일을 서술한 부분에 있는 "중광
전의 불감에 감춰둔 숙종의 서원문重光殿佛龕所藏肅宗誓疏"은 이때의 일로
생각된다.

윤관은 참지정사 판상서형부사 겸 태자빈객으로 옮긴 뒤(7월) 아뢰었다.
"신이 적의 세력을 보니 얼마나 강한지 헤아리기 어렵습니다. 군사를 쉬
게 하고 더 양성해 훗날을 기다리는 것이 좋겠습니다. 또 신이 패배한
까닭은 적은 기병인데 우리는 보병이어서 맞설 수 없었기 때문입니다."
그리고 건의해 별무반을 창설했다. 문무 산관과 이서부터 상인·복예와
주·부·군·현의 백성에 이르기까지 말馬이 있는 사람은 신기군으로 삼
고, 말이 없는 사람은 신보군·도탕군·경궁군·정노군·발화군 등으로
삼았다. (…) 승려를 뽑아 항마군으로 삼았다. 마침내 군사를 훈련시키
고 양식을 비축해 다시 군사를 일으키려고 계획했다. 瓘遷參知政事·判
尙書刑部事兼太子賓客奏曰, 臣觀賊勢, 倔强難測. 宜休徒養士, 以待後日. 且
臣之所以敗者, 賊騎我步, 不可敵也. 於是建議始立別武班. 自文武散官吏胥,
至于商賈·僕隸及州府郡縣, 凡有馬者爲神騎, 無馬者爲神步·跳蕩·梗弓·精
弩·發火等軍. (…) 又選僧徒爲降魔軍. 遂鍊兵畜穀, 以圖再擧.

겸손한 말로 강화한 윤관은 그 수치를 씻기 위해 이런 의견을 올려
다시 군사를 일으키려고 계획했다. 그러나 숙종은 망설이다가 일을 결

정하지 못하고 출병하기 못한 채 이듬해(재위 10년) 10월 붕어했다.

왕위를 이은 예종은 그해 11~12월 사신을 보내 동계東界를 순시하고 재추를 불러 동계의 변방 사무를 물었을 뿐 아니라 동계 가발加發 병마사·동계 행영병마사·장주분도長州分道·선덕宣德분도 같은 변경 관원을 임명했지만 출병의 결행을 뜻한 것은 아니었다.

『금사』「고려열전」: [강종] 4년(병술년, 1106) 고려가 흑환방석을 사신으로 보내 왕위 계승을 축하하자 강종은 배로에게 답방케 했다. 四年丙戌, 高麗使使黑歡方石來賀嗣位, 康宗使盃魯報聘,.

고려에서 완안씨의 왕위 계승을 축하했다는 것은 이해하기 어렵고 병술년은 예종이 즉위한 이듬해임을 생각하면서 아래 기사를 읽어보자.

「예종세가」 원년(1106) 정월 신해일(18일): 동번東蕃의 공아 등 10명이 내조했다. 국왕은 선정전에서 불러 보고 전례에 따라 술과 음식을 하사했다. 앞서 임간이 출정했을 때 추장 연개가 지훈 등에게 맞아 싸우게 하니 우리 군이 대패했는데, 이때 이르러 지훈이 공아를 보내 내조했다. 辛亥, 東蕃公牙等十人來朝. 王引見于宣政殿, 賜酒食例物. 初林幹之出師也, 酋長延蓋使之訓等逆擊之, 我師敗績, 至是之訓遣公牙來朝.

흑환방석은 완안씨에 대한 축하 사절이 아니라 실제로는 예종의 왕위 계승을 알린 사신이고, 공아는 거기에 답방한 사신으로 온 배로나 그 동행자의 이름임을 알 수 있다(연개는 오아속을 가리키는 것으로 생각되는데 발음은 그것과 부합되지 않고 오히려 영가[양할楊割로도 씌어 있다]에 가깝다. 이 이름을 잘못 기록한 것 같다. 지훈도 석적환의 오기 같다). 그렇다면 예종이 특별히 즉위를 알린 사신을 완안씨에 보낸 것은 동계에 대해 앞서 서술한 조처를 한 무렵으로 그 조처는 변방 방비를 강화하는 데 주된 목적이 있던 것이 틀림없다. 그리고 공아(배로?)의 방문과 그것에 이은 지훈(석적환?)의 내빙 결과, 그리고 변방 방어가 해이해 진 것은 다음 기사에 보인다.

예종 원년(1106) **3월**: 동북면병마사가 아뢰었다. "동여진의 지훈이 기병 2000명을 이끌고 와서 관 바깥에 진을 치고 복종하며 말했습니다. '지난해의 전쟁은 새로 즉위한 국왕(예종)이 알지 못하는 것이며, 공아가 내조했을 때 이런 뜻을 전달하고 후하게 포상해 돌려보냈으니 주상의 은혜가 지극히 두터운데 어찌 감히 잊고 배신하겠습니까? 자손에 이르도록 공손하고 열심히 조공하겠습니다.'" 정미일 동번이 복종하자 동계 가발加發병마사 김덕진과 부사副使 임신행을 불러들였다. 東北面兵馬使 奏, 東女眞之訓率騎二千, 來屯關外, 納款曰, 往年之戰, 非新王所知, 公牙之朝, 諭以此意, 厚賞遣歸, 上恩至渥, 豈敢忘背. 願至子孫, 恭勤朝貢. 丁未, 以東蕃 納款, 召還東界加發兵馬使金德珍·副使任申幸.

그러나 이렇게 우호적인 관계를 맺었다고 해서 출병 계획을 접은 것은 아니었다. 11월 윤관과 오연총은 신기·신보군을 숭인문 밖에서 사열했으며 이듬해인 예종 2년(요 건통 7년, 1107) 3월 임언林彦을 보내 동북도의 성들을 순시하게 한 데서 그 사이의 동향을 엿볼 수 있다. 그 결과 윤10월 출병 논의가 마침내 결정돼 윤관과 오연총이 정·부원수에 임명됐다.

출병 결정이 내려진 당시의 상황은 「윤관열전」에 보인다.

예종이 즉위한 뒤 [숙종의] 장례로 출병할 겨를이 없었다. 2년 변방의
장수가 보고했다. "여진이 매우 사나워 변방의 성을 공격하고 있습니다.
그 추장은 조롱박 하나를 꿩 꼬리에 매달아 여러 부락에 돌려 보이면서
의논하고 있으니 그 속셈을 헤아리기 어렵습니다." 국왕은 그 보고를 듣
고 중광전으로 나가 불감에 감춰둔 숙종의 서원문을 양부 대신들에게
보여줬다. 대신들은 받들어 읽고 눈물을 흘리며 말했다. "선왕이 남기신
뜻이 이처럼 깊고 절실하니 어찌 잊을 수 있겠습니까?" 그리고는 글을
올려 선왕의 뜻을 이어 여진을 정벌하자고 주청했다. 국왕은 망설이며
결정하지 못하고 평장사 최홍사에게 태묘에 가서 점을 치게 했는데, 감
坎의 기제旣濟 괘를 얻었다. 마침내 출병하기로 의논을 정하고 윤관을 원
수로, 지추밀원사 오연총을 부원수로 삼았다. 睿宗卽位, 以喪未遑出師. 二
年, 邊將報, 女眞强梁, 侵突邊城. 其酋長以一胡蘆縣雉尾, 轉示諸部落以議事,
其心回測. 王聞之, 出重光殿, 佛龕所藏肅宗誓疏, 以示兩府大臣. 大臣奉讀流
涕曰, 聖考遺旨, 深切若此, 其可忘諸. 乃上書, 請繼先志伐之. 王猶豫未決, 命
平章事崔弘嗣, 筮于太廟, 遇坎之旣濟, 遂定議出師, 以瓘爲元帥, 知樞密院事
吳延寵副之.

기사에서 "여진이 매우 사나워 변방의 성을 공격히고 있다"는 것
이 오랫동안 미뤄온 출병 결정을 재촉한 주된 요인이었지만 여진의 이
런 행동은 공아의 방문에 이어진 지훈의 내조를 배신한다는 뜻이었을
까?

『금사』「고려열전」: 강종(오아속)은 배로를 사신으로 보내 답방케 하고 망명한 백성을 이전의 약속에 따라 데려오겠다고 했다. 고려는 "사신을 국경으로 보내 데려가라"고 허락했다. 강종은 믿을 만하다고 생각해 완안부의 아괄과 오림답부의 승곤을 국경으로 보내 데려오게 하고 자신은 마기령(노야령) 을척촌에서 사냥하면서 기다렸다. 아괄과 승곤이 국경에 도착하자 고려에서는 사람을 보내 그들을 죽이고 갈라전으로 출병해 9성을 쌓았다. 康宗使盃魯報聘, 且尋前約, 取亡命之民. 高麗許之日, 使使至境上受之. 康宗以爲信然, 使完顔部阿聒·烏林答部勝昆往境上受之, 康宗畋于馬紀嶺乙隻村以待之. 阿聒·勝昆至境上, 高麗遣人殺之, 而出兵曷懶甸, 築九城.

오아속이 보낸 사신 배로(공아)가 망명한 여진인의 반환을 고려에 요구했다는 것은 『고려사』에 보이지 않는 사실로 특히 주목된다. 그러나 이 여진인의 인수에 관련된 한 번의 교섭이 공아가 고려에 온 예종 원년(1106) 정월부터 윤관이 갈라전으로 출정한 예종 2년(1107) 말까지 20여 개월에 걸쳐 이뤄졌다면 매우 오래 걸린 것이고 "강종은 마기령 을척촌에서 사냥하면서 기다렸다"고 한 것에 따라도 그렇게 보지 않을 수 없다.

또 윤10월 출정을 결정한 예종은 일관日官(음양사陰陽師)의 주청에 따라 11월 특별히 서경(평양)에 행차해 장수를 보냈는데, 그 상황은 다음과 같이 기록돼 있다.

• 『동문선』(권44) 윤관의 「헌공표獻功表」: 겨울 11월 24일 서경에 행차하시어 12월 1일 태조의 진전眞殿 앞에서 친히 신에게 부월을 주셨습니

다. 신은 명령을 받고 군사를 네 길로 나눠 출발해 13일 정주의 치소에 도착한 뒤 14일 새벽 관방關防을 철거하고 군사를 출동시켜 급히 공격해 크게 무찔러 평정했습니다. 冬十一月二十四日, 幸御西京, 十二月初一日, 於祖眞殿前, 親授臣鈇鉞. 臣受命分兵四道而行, 至十三日, 到定州界首, 十四日昧爽, 撤去關防, 出軍急擊, 大破平定.

• 「윤관열전」: 국왕은 서경에 행차해 위봉루에서 부월을 하사하고 그들을 보냈다. 윤관과 오연총은 동계에 이르러 장춘역(장주에 소속된 역참이다. 장주의 위치는 주석 참조)에 주둔했는데, 모두 17만 명이었지만 20만 명이라고 불렀다. 병마판관 최홍정과 황군상을 정주(정평)와 장주(정평 정서쪽, 직선거리로 25리[9.8킬로미터]쯤인 금진천 가의 풍양리에 있는 옛 성이 장주 터다)로 나눠 보낸 뒤 여진 추장을 속여 말했다. "우리나라에서 허정과 나불 등을 돌려보내려고 하니 와서 명령을 들으라." 그리고 매복해 기다렸다. 추장들은 그것을 믿어 고라 등 400여 명이 오자 술을 마셔 취하게 한 뒤 복병을 내보내 모두 죽였다. 그 가운데 건장하고 교활한 50~60명은 관문까지 왔다가 의심을 품고 들어오지 않았다. 병마판관 김부필과 녹사 척준경에게 길을 나눠 매복하게 하고 최홍정에게 정예 기병을 이끌고 호응케 했는데 거의 모두 포로로 잡거나 죽였다. 윤관은 직접 5만 3000명을 이끌고 정주 대화문을 나갔다. 王幸西京, 御威鳳樓, 賜鈇鉞遣之. 瓘·延寵至東界, 屯兵于長春驛, 凡十七萬, 號二十萬. 分遣兵馬判官崔弘正·黃君裳, 入定·長二州, 紿謂女眞酋長曰, 國家將放還許貞·羅弗等, 可來聽命. 設伏以待. 酋長信之, 古羅等四百餘人至, 飮以酒醉, 伏發殲之. 其中壯黠者五六十人, 至關門, 持疑不肯入. 使兵馬判官金富弼·錄事拓俊京, 分道設伏, 又使弘正, 帥精騎應之, 擒殺殆盡. 瓘自以五萬三千人, 出定州大和門.

「헌공표」에서 말한 것처럼 윤관은 12월 13일 정주의 치소에 도착해 다음 날 새벽 적지로 진격했으므로 「윤관열전」의 허정·나불 등을 돌려보낸 것과 관련된 기사는 당연히 "윤관과 오연총이 동계에 이르러 장춘역에 주둔했다"는 부분 앞에 두지 않으면 안 된다. 그리고 거기서 말한 "매복해 기다렸다設伏以待"고 한 사실이 위의 『금사』「고려열전」의 기록과 호응하는 것은 도저히 부정하기 어렵다(「윤관열전」의 '고라'라는 추장 이름은 「고려열전」의 아괄과 승곤 어느 쪽에도 부합하지 않는 것 같은 차이는 있지만). 그렇다면 허정과 나불 등은 곧 오아속이 보낸 사신인 배로가 데리고 돌아온 "망명한 백성"으로 봐야 할까?

지난 숙종 9년(1104) 임간이 불러들여 체포한 갈라전의 관원은 임간과 윤관이 패전한 결과 석방해 돌려보냈지만 앞 장에서 인용한 「윤관열전」의 ①에서 "추장 허정과 나불 등을 꾀어 잡아 광주(경기도)에 가두고 고문했는데, 정말 우리를 공격하려는 것이어서 그들을 억류하고 보내지 않았다"고 한 두 추장은 그 숫자에서 누락된 것으로 생각된다. 『금사』「고려열전」에서도 "고려 국왕은 '국경에서 일어난 분쟁의 발단이 된 사람들은 모두 [갈라전의] 관원인 상단·방도리·석필한의 무리'라고 하면서 고려에 잡혀있던 단련사 14명과 6로의 사신들을 모두 돌려보냈다"고 해서 특별한 죄상이 있는 두세 추장인 상단 등은 석방하지 않은 까닭을 볼 수 있다. 다만 다른 사례와 같이 구체적 인명을 비정할 수는 없다. 이렇게 고려에 억류된 추장이 있었지만 "망명한 백성"이라는 말은 타당하지 않다. 그들은 고려로 도망친 것이 아니고 숫자도 두세 명에 지나지 않았다.

• 『금사』「세기」: 고려가 도망간 사람들을 돌려보내고 9성의 군대를 물

리겠다고 약속했다. 高麗約以還逋逃之人, 退九城之軍.

- 「고려열전」: 고려가 도망간 백성을 돌려보내고 9성의 수비를 철수하겠
다고 했다. 高麗許歸亡入之民, 罷九城之戍.

이 기사들도 동일한 여진에 관련된 말로 그것에 두세 추장을 해당
시켜서도 안 된다. 그런데 숙종 9년(1104) 정월 고려에 귀의한 여진은
남녀 합쳐 1753명이라고 했다. 그들은 석적환에게 정벌돼 온 것이므로
갈라전을 점령한 완안씨는 그들을 옛 땅으로 돌려보내려고 했을 것이
다. 배로가 데리고 돌아간 "망명한 백성"은 분명히 이 여진이었을 것이
다. 그렇다면 앞서 든 「윤관열전」의 기사처럼 예종 2년(1107) 정주 관
외의 여진이 동요해 불온한 움직임을 보인 까닭은 배로가 방문하고 지
훈(석적환)이 내조한 뒤 오랫동안 문제의 여진이 돌려보내지지 않았던
데 있다고 생각된다. 또 고려 조정이 최홍정 등을 정주와 장주로 보내
여진의 추장(관외의)을 속여 "우리나라에서 허정과 나불 등을 돌려보
내려고 하니 와서 명령을 들으라"고 한 것은 그들의 동요에 자극돼 출
병의 논의를 결정한 무렵으로 여겨진다. 그리고 고려는 이때 허정·나
불 등만 돌려보낸다고 하지 않고 갈라전에서 도망쳐 온 여진을 귀환시
키겠다고 통보한 것으로 판단된다.

이렇게 해서 오아속은 아륵초객에서 이 교섭을 담당할 사신을 보
내고 자신은 마기령 부근에서 사냥하면서 그가 돌아오기를 기다렸다.
그런데 사신이 고려 국경에 이르렀을 때 윤관과 오연총 등은 서경에서
그곳으로 와서 그를 살해하고 피의 잔치를 벌인 뒤 곧바로 갈라전으
로 출병했다.

(2) 9성 건설

윤관이 이끈 군사는 모두 17만 명이었으며 5군으로 편성됐다. 윤관 자신은 5만3000명을 이끌고 정주 대화문에서 출발했고 중군을 이끈 김한충은 3만6700명을 이끌고 안륙수安陸戍를 나섰으며, 좌군을 이끈 문관은 3만3900명을 이끌고 정주 홍화문에서 출정했고 우군을 이끈 김덕진은 4만3800명을 이끌고 선덕진의 안해수와 거방수 사이를 나섰으며, 선병별감船兵別監 양유송梁惟竦은 수군 2600명을 이끌고 도린포를 출발했다. 정주는 정평읍성 옆에 남아 있는 옛 정주성이고 안륙수는 정주성 오른편을 이룬 옛 장성長城이 광포 서안의 남흥리南興里(옛 이름은 성말리城末里)에서 멈춘 곳이며, 안해수와 거방수는 광포 남쪽 산간에 있는 토축의 장성 부근이고 도린포(도련포)는 지금의 광포다. 앞서 인용한 윤관의 「헌공표」에서 "관방關防을 철거하고 군사를 출동시켜 급히 공격했다"는 것은 이처럼 정주와 그 동쪽의 장성을 넘어 그 북쪽으로 진격한 것을 말한 것이다.

「윤관열전」에서는 정벌군이 출발한 뒤의 행동을 다음과 같이 기록했다.

윤관은 대내파지촌을 지나 반일을 행군했다. 여진은 군세가 대단한 것을 보고 모두 도망쳤으며 가축만 들에 흩어져 있었다. 문내니촌에 이르니 적은 동음성으로 들어가 지켰다. 윤관은 병마영할兵馬鈐轄 임언과 최홍정(병마판관)을 보내 정예병을 이끌고 급습해 무찔렀다. 좌군(문관이 이끎)은 석성 아래 이르렀다. (…) 윤관은 좌군과 함께 공격해 죽을 각오로 싸워 크게 이겼다. (…) 또 최홍정·김부필(병마판관)·녹사 이준양을 보내 이위동을 공격했다. 적이 맞아 싸워 오랫동안 전투를 벌인 끝에 이겨 1200명을 죽였다. 중군은 고사한촌 등 35촌을 격파해 80명을 죽이고 230명을 사로잡았다. 우군은 광탄촌 등 32촌을 격파해 290명을 죽이고 300명을 사로잡았다. 좌군은 심곤촌 등 31촌을 격파해 950명을 죽였다. 윤관의 군대는 대내파지촌부터 37촌을 격파해 2120명을 죽이고 500명을 사로잡았다. 녹사 유영약을 보내 승리를 알리니 국왕은 기뻐하며 (…) 조서를 내려 치하하고 두 원수(윤관과 오연총)와 장수들에게 차등 있게 물건을 하사했다. 또 윤관은 장수들을 나눠보내 경계를 획정했는데 동쪽은 화곶령, 북쪽은 궁한이령, 서쪽은 몽라골령에 이르렀다. 또 일관 최자호를 보내 땅을 살피게 하고 몽라골령 아래에 성랑 950칸을 쌓아 영주라고 불렀다. 화곶령 아래는 992칸을 쌓고 웅주라고 불렀다. 오림금촌에는 774칸을 쌓고 복주라고 불렀다. 궁한이촌에는 670칸을 쌓고 길주라고 불렀다. 또 호국 인왕사와 진동 보제사를 영주성 안에 창건했다. 瓘過大乃巴只村, 行半日, 女眞見軍勢甚盛, 皆遁走, 唯畜産布野. 至文乃泥村, 賊入保多音城. 瓘遣兵馬鈴轄林彦與弘正, 率精銳急攻破走之. 左軍到石城下. (…) 瓘麾下與左軍合擊, 殊死戰, 大破之. (…) 又遣弘正·富弼·錄事李俊陽, 擊伊位洞. 賊逆戰, 久乃克之, 斬一千二百級. 中軍破高史漢等三十五村, 斬三百八十級, 虜二百三十人. 右軍破廣灘等三十二村, 斬二百九十級, 虜三百人. 左軍破深昆等三十一村, 斬九百五十級. 瓘軍自大乃巴只, 破三十七村, 斬二千一百二十級, 虜五百人, 遣錄事兪瑩若, 告捷. 王喜 (…) 賜詔奬諭, 兩元帥及諸將, 賜物有差. 瓘又分遣諸將, 畫定地界, 東至火串嶺, 北至弓漢伊嶺, 西至蒙羅骨嶺. 又遣日官崔資顥, 相地於蒙羅骨嶺下, 築城廊九百五十間, 號英州. 火串嶺下, 築九百九十二間, 號雄州. 吳林金村, 築七百七十四間, 號福州. 弓漢伊村, 築六百七十間, 號吉州. 又創護國仁王·鎭東普濟二寺於英州城中.

아래 「예종세가」의 기록은 「윤관열전」의 이런 기록을 윤관이 출정한 다음 날에 연결해 짧게 서술한 것이다.

예종 2년(1107) 12월 병신일(15일) 윤관이 여진을 공격해 크게 무찌르고 장수들을 보내 경계를 정했으며 웅주·영주·복주·길주에 성을 쌓았다.
尹瓘擊女眞, 大破之, 遣諸將定地界, 築雄·英·福·吉四州城.

그러나 정벌군이 점령한 곳에 쌓은 성은 영주·웅주·복주·길주만이 아니다.

『동문선』에 실린 윤관의 「헌공표」: 군사를 출동시켜 급히 공격해 크게 무찔러 평정한 뒤 여섯 곳에 성지城池를 쌓고 주상의 명령에 따라 이름을 정했습니다. 첫째는 진동군 함주대도독부(지금의 함흥)로 1948호를 살게 했고 둘째는 안령군 영주방어사(오로리 북쪽 25리[9.8킬로미터]쯤에 있는 성천강 좌안에 가까운 신흥군新興郡 가평면加平面 동흥리東興里산성)로 1228호를 살게 했습니다. 셋째는 영해군 웅주방어사(퇴조만 서북쪽 20정[2.2킬로미터]쯤에 있는 성동리城洞里산성)로 1436호를 살게 했고 넷째는 길주방어사(함흥읍 동북쪽 55리[21.6킬로미터]쯤에 있는 함관령 서쪽 20리[7.9킬로미터]의 호련산 좌안에 가까운 상대리上垈里산성)로 680호를 살게 했습니다. 다섯째는 복주방어사(함흥읍 서북쪽 30리[11.8킬로미터]에 있는 탑동리塔洞里산성)로 680호를 살게 했고 여섯째는 공험진방어사(길주성 터 서남쪽 20정[2.2킬로미터]쯤에 있는 대덕리大德里산성)로 532호를 살게 한 뒤 각각 방어케 했습니다. 성인의 덕이 참으로 하늘과 땅에 부합돼 인의의 군대가 저 이적을 이미 평정했으니 장수와 군사들이 환호했습니다. (…) 포로는 5000명을 넘었고 목을 벤 것도 5천에 가까웠으며, 비축한 곡식은 거리에 흩어졌고 도망치는 자들이 길에 가득했습니다. 산천이 험준해 높고 깊은 곳에 성지를 만들었고 들이 기름져 농사도 짓고 우물도 팠습니다. 옛사람들이 구해도 얻지 못했던 것을 지금은 하늘이 허락해 이미 갖게 됐으니 위로는 하늘에 계신 종묘의 신령께 감사드리고 아래로는 조정의 해묵은 부끄러움을 씻었습니다. 出軍急擊, 大破平定, 就築城池六所, 奏依聖旨定名訖. 一曰鎭東軍咸州大都督府, 充一千九百四十八丁戶. 二曰安嶺軍英州防禦使, 充一千二百三十八丁戶. 三曰寧海軍雄州防禦使, 充一千四百三十六丁戶. 四曰吉州防禦使, 充六百八十丁戶. 五曰福州防禦使, 充六百八十丁戶. 六曰公嶮鎭防禦使, 充五百三十二丁戶, 各令守禦者. 聖人之德, 允合於乾坤, 仁義之兵, 已平其夷狄, 惟將及卒, 旣懽且呼. (…) 俘虜踰於半萬, 斬馘近於五千, 委積散於閭閻, 奔走交於道路. 山川險阻, 城池因得以高深, 原野膏腴, 田井亦從而耕鑿. 在昔人求而未得者, 今玆天與而旣取之, 上足以謝宗廟在天之靈, 下足以雪朝廷積年之恥.

이 기록을 보면 함주와 공험진도 같은 때 건설된 것이 분명하다. 그리고 「윤관열전」에서 4주의 성이 설치된 것만 서술한 까닭은 점령지의 네 방위를 나타내려는 데 있던 것이 분명하다. 또 거기서는 "윤관이 장수들을 나눠보내 경계를 획정했다"고 해서 윤관은 좌·우·중 3군과 자신이 이끈 군이 수많은 여진 부락을 격파한 뒤 따로 군사를 보내 성보를 쌓은 것 같다. 그러나 처음부터 길을 나눠 진격한 각군도 각자의 방면에서 성보를 건설했을 것으로 생각되고, 경계를 확정한 것은 그 결과일 뿐 특별히 그것을 구획한 것은 아니라고 판단된다. 그렇다면 윤관이 녹사 유형약을 보내 승리를 보고한 것은 여진 부락을 격파하고 6성을 설치한 것을 함께 알린 것으로 봐도 괜찮다고 여겨진다.

또 6성이 완공된 시기는 언제였을까?

「예종세가」: 3년(1108) 2월 갑오일(13일). 상서 유택을 함주 대도독부사로 삼고 영주·복주·웅주·길주와 공험진에 방어사를 뒀다. 무신일(2월 27일) 윤관이 여진을 평정해 새로 6성을 쌓고 표문을 올려 하례했다. 以尙書柳澤爲咸州大都督府使, 置英·福·雄·吉四州及公嶮鎭防禦使.

무신일에 하례한 사실은 「윤관열전」에 보인다.

또 윤관은 영주·복주·웅주·길주·함주와 공험진에 성을 쌓고 (…) 자신의 아들 윤언순을 보내 표문을 올려 하례했다. "성인의 덕이 참으로 하늘과 땅에 부합돼 인의의 군대가 저 이적을 이미 평정했으니 장수와 군사들이 환호했습니다." 瓘又城英·福·雄·吉·咸州及公嶮鎭, (…) 遣其子彦純奉表稱賀曰, 聖人之德, 允合於乾坤, 仁義之兵, 已平其夷狄, 惟將及卒, 旣懽且呼.

"성인의 덕"이라고 한 하례 표문은 『동문선』에 전문이 실려 있는 「헌공표」, 곧 6성을 쌓고 백성을 살게 한 것을 아뢴 표전의 뒷부분이다. 그리고 6성의 이름은 「헌공표」에서 "주상의 뜻에 따라 이름을 정했다"고 보인다. 그렇다면 윤관이 새로 쌓은 6성의 이름을 아뢴 것은 함주 대도독부사와 4주 1진의 방어사가 임명된 2월 13일 이전이며, 유형약을 보내 승리를 알린 무렵으로 생각된다. 따라서 6성의 건설은 늦어도 예종 3년(1108) 정월 말, 곧 정벌군이 출발한 날부터 한 달 반 안에 이뤄진 것으로 여겨진다.

앞서 서술한 대로 좌군과 함께 정주성을 출발한 윤관은 대내파지촌이라는 곳을 거쳐 문내니촌 근처의 동음성의 적을 격파했고, 석성에 웅거해 항전한 적을 좌군이 공격할 때는 휘하의 장수인 척준경·이관진 등에게 돕도록 했으며, 최홍정·김부필 등을 보내 이위동의 적을 공격했다. 「윤관열전」에서는 이런 일들을 윤관이 출정한 해에 있던 것으로 서술한 다음 이듬해(예종 3년)와 연결해 다음과 같이 기록했다.

윤관과 오연총은 정예병 8000명을 이끌고 가한촌 병항의 작은 길로 나갔다. 적은 나무가 우거진 곳에서 매복하고 윤관 군이 오기를 기다려 급습하니 윤관 군은 모두 무너지고 10여 명만 남았다. 적은 윤관 등을 여러 겹으로 포위했고 오연총은 화살에 맞아 형세가 매우 위급했다. 척준경이 용사 10여 명을 이끌고 와 (…) 크게 소리 지르며 적진으로 뛰어들어 10여 명을 때려죽였다. 최홍정과 이관진 등이 골짜기에서 군사를 이끌고 와 구원하니 적은 포위를 풀고 도망쳤다. 추격해 36명을 죽였다. 윤관 등은 날이 처물었기 때문에 영주성으로 돌아왔다. 瓘·延寵率精兵八千, 出加漢村瓶項小路. 賊設伏叢薄間, 候瓘軍至, 急擊之, 軍皆潰, 僅十餘人在. 賊圍瓘等數重, 延寵中流矢, 勢甚危急, 俊京率勇士十餘人, (…) 大呼突陣, 擊殺十餘人. 弘正·冠珍等自山谷引兵來救, 賊乃解圍而走. 追斬三十六級. 瓘等以日晚, 還入英州城.

이 기사에 따라 생각하면 윤관은 석성과 이위동 전투 이후 점령지의 서쪽 경계인 몽라골령 아래에 영주성을 쌓고 그것을 본거지로 삼아 병항의 작은 길에 있던 적을 토벌한 것이다. 윤관이 웅거한 곳은 영주성이며 출전한 가한촌 병항 작은 길은 영주성에서 하루 안에 오갈 수 있는 지점이라는 것은 첫머리에서 "윤관과 오연총은 정예병 8000명을 이끌고 가한촌 병항의 작은 길로 나갔다"고 했고 끝부분에서 "윤관 등은 날이 저물었기 때문에 영주성으로 돌아왔다"고 한 것에 따라 알 수 있다. 그리고 또 석성 전투 이후 좌군을 이끈 문관은 복주성을 쌓았다.

「문관열전」(『고려사』 권97): 윤관이 여진을 정벌할 때 문관은 좌군병마사로 따라가 석성을 공격해 함락시키고 복주성을 쌓았다. 尹瓘征女眞, 冠以左軍兵馬使從, 攻石城克之, 築福州城.

또 「윤관열전」에서는 앞의 기사를 이어 병항 작은 길 전투의 결과 적들이 항복해온 것을 다음과 같이 서술했는데, 좌군이 이 전투에 참가했음을 암시한다.

추장 아로환 등 403명이 진 앞에 와 항복을 요청하고 남녀 1460여 명도 좌군에 항복을 요청했다. 酋長阿老喚等四百三人詣陣前請降, 男女一千四百六十餘人又降于左軍.

정평과 함흥의 중간인 지경리에서 함흥평야 서쪽 끝을 이루는 구릉지를 따라 정북쪽으로 나아가면 운흥리雲興里·고양리高陽里·상간리上間里 등의 촌락을 지나 성천강과 흑림천의 합류점에 있는 오로리에 이른다. 오로리 북쪽 25리(9.8킬로미터)쯤인 신흥군 가평면 동흥리에는 큰 폐성이 있어 지금도 성안의 평지를 영주동英州洞이라고 부른다.

『**함산지 통기**咸山誌統紀』(권2 고적, 신증): 가평 고성은 함흥부 북쪽 60리 (23.6킬로미터) 가평사 첩운산 아래 있는데 둘레가 10여 리다. 옛 관아 터에 무너진 벽과 남은 주춧돌이 지금도 남아 있는데 옛 영주현이라고 전해온다. 설치된 연혁은 지금 자세히 알 수 없다. 加平古城在府北六十里 加平社疊雲山下, 周十餘里. 衙館古基, 廢堞遺礎, 至今尚在, 世傳英州舊縣云. 建置沿革, 今不可詳.

윤관이 진격한 것은 이 방면으로 좌군도 함께 행동했다. 그리고 대내파지촌·문내니촌·석성·복주성·이위동 등의 비정은 줄고「함흥군의 고려시대 옛 성터」에서 연구한 바 있다. 이위동과 병항 작은 길은 같은 곳으로 봐야 한다는 것도 거기서 설명했다. 그러므로 그 결과를 위의 사실과 결합하면 두 군대의 행동은 다음과 같이 결론지을 수 있다.

윤관은 좌군을 이끈 문관과 함께 정주를 출발해 지금의 지경리인 대내파지촌을 지난 뒤 운흥리 부근의 문내니촌에 이르러 동음성의 적과 싸웠고, 좌군을 도와 고양리 석성의 적을 격파했다. 이렇게 해서 좌군은 상간리 서북쪽 탑동리塔洞里에 복주성을 쌓았으며, 윤관은 먼저 휘하의 장수 최홍정 등을 보내 오로리 부근의 이위동의 적을 소탕한 뒤 마침내 동흥리에 이르러 영주성을 쌓고 웅거했다. 그러나 오로리 지방의 적은 아직 그 근거지를 유지했으므로 윤관은 오연총과 함께 정예병 8000명을 이끌고 출격했다. 복주성을 본거지로 한 좌군도 거기에 호응한 것 같다. 이른바 가한촌 병항 작은 길의 전투가 그것이다.

이처럼 영주성과 복주성을 쌓은 양군의 행동은 서로 연관되면서 비교적 상세하게「윤관열전」에 기록돼 있지만, 나머지 각군에 관련된 그 열전의 기록은 매우 소략해 안륙수를 출발한 중군은 고사한촌 등 35촌을 격파했고 선덕진의 안해수와 거방수 사이를 나온 우군은 광탄촌 등 32촌을 공격해 각각 많은 적을 죽이고 포로로 잡았다고 한 것 밖에는 잘 알 수 없다. 그러나 좌군은 윤관 군과 함께 함흥평야의 서쪽 끝에서 북진했으므로 중군은 함흥에서 호련천을 따라 동북쪽으로 나아갔고 우군은 도린포를 출발한 수군과 호응해 해안 길로 전진했다는 것은 출발지와 지형에 따라 추측된다.

따라서 점령지의 북쪽 경계를 이룬 길주성은 중군이 건설했고, 그 동쪽 경계가 된 웅주성은 우군이 쌓은 것으로 생각된다. 그리고 앞의 것은 함관령 서쪽 20리(7.9킬로미터)에 있는 상대리산성에, 뒤의 것은 퇴조만에 가까이 있는 성동리산성에 비정된다. 점령지에서 가장 중요한 성인 함주(지금의 함흥)와 길주 이쪽의 작은 성인 공험진(대덕리산성)은 제3군이 쌓은 것으로 생각된다. 공험진과 관련해서는 세가의 윤관이 하례한 부분에 "공험진에 비를 세워 경계로 삼았다"고 했지만 모두 그 뒤 민간에서 전해진 이야기俗傳에 바탕한 것으로 가치 없는 기사다.

윤관의 여진 정벌을 '9성 건설九城之役'이라고 하는 것은 앞서 말한 6성에 더해 숭녕진·통태진·진양진의 세 진성이 축조된 데서 유래한 것이다. 세 성의 이름은 점령지의 성들을 철거한 예종 4년(1109) 7월 조에 보인다. 예종 3년(1108) 3월 조에서 "윤관이 다시 의주·통태·평융 세 성을 쌓고 남계의 백성을 옮겨 새로 쌓은 9성을 채웠다尹瓘又築宜州·通泰·平戎三城, 徙南界民, 以實新築九城"고 한 것은 얼핏 보기에 근거가 있는 것 같지만 그렇지 않다. 그것은 후대의 근거 없는 이야기를 실은 민지閔漬의『편년강목』에 바탕한 것이다(그 책은 지금 전해지지 않지만 9성에 관련된 기사는『고려사』「지리지」에 인용돼 있다).

통태진은 다음에 인용하는 「윤관열전」의 기사처럼 정주와 웅주 사이에 위치했기 때문에 호련천 입구에 가까운 운성리의 폐성 — 유명한 격구정이 세워진 승전지 — 에 비정되고 숭녕진은 정평과 복주성터 중간에 있는 운흥리의 중봉中峰산성, 진양진은 오로리의 금반金盤산성으로 생각된다(철폐된 성들 가운데 보이는 선화진宣化鎭은 9성 이외의 것이므로 정평에 가까운 봉대리鳳坮里 고성에 비정할 수 있다). 그리고 이런 세 성의 이름이 윤관의 「헌공표」에 보이지 않는 것은 다른 6성보다 늦게 건설됐기 때문으로 생각된다.

(3) 완안씨와의 교전

「윤관열전」에는 가한촌 병항 작은 길 전투에 이어 다음과 같이 서술돼 있다.

적의 보병과 기병 2만 명이 영주성 남쪽에 와서 진을 치고 크게 소리를 지르면서 싸움을 걸어오자 윤관과 임언이 말했다. "저들은 많고 우리는 적어 대적할 수 없으니 굳게 지킬 수밖에 없다." 척준경이 말했다. "만약 나가서 싸우지 않는다면 적병은 나날이 늘어날 것입니다. 성안의 식량이 떨어지고 밖에서 도움이 오지 않으면 장차 어떻게 하겠습니까? (…)" 그리고는 결사대를 이끌고 성을 나가 싸워 19명을 죽이니 적이 패배해 북쪽으로 달아났다. 賊步騎二萬來屯英州城南, 大呼挑戰, 瓘與林彦曰, 彼衆我寡, 勢不可敵, 但當固守而已. 俊京曰, 若不出戰, 敵兵日增. 城中粮盡, 外援不至, 將若之何. (…)" 乃率敢死士, 出城與戰, 斬十九級, 賊敗衄奔北.

곧 병항 작은 길 전투는 영주성 남쪽에서 일어난 것이다. 다음은 이것에 호응하는 기사로 생각된다.

세가 예종 3년(1108) **3월 기묘일**: 여진이 영주성 밖에 주둔하자 관군이 출전해 무찔러 20명을 죽이고 무기와 말 8필을 노획했다. 女眞來屯英州城外, 官軍出戰敗之, 斬馘二十級, 獲兵仗及馬八匹.

다만 3월 기묘일은 정월 기묘일(28일)의 오기로 여겨진다(다음에 말하는 웅주 전투는 2월에 일어났기 때문이다).

「윤관열전」: 윤관과 오연총은 장수들을 이끌고 중성 대도독부(함주)에 모였다. 권지승선 왕자지는 공험성에서 군사를 거느리고 도독부로 오다가 뜻밖에 오랑캐 추장 사현의 군대를 만나 싸웠지만 패배하고 탄 말을 잃어버렸다. 척준경은 즉시 정예병을 이끌고 가서 구원해 무찌르고 갑옷 두른 말을 노획해 돌아왔다. 瓘·延寵乃率諸將, 會于中城大都督府. 權知承宣王字之自公嶮城, 領兵詣都督府, 卒遇虜酋史現兵, 與戰失利, 喪所乘馬. 俊京卽引勁卒, 往救敗之, 取虜介馬以還.

윤관과 오연총 두 원수는 영주성 남쪽의 전투 뒤 휘하 장수 척준경 등을 이끌고 함주로 왔고, 공험진을 지키던 장수 왕자지도 와서 모였다.

여진군 수만 명이 와서 웅주를 포위했다. 최홍정이 군사들을 격려하니 모두 싸우기로 결심해 즉시 네 문을 열고 일제히 나가 힘껏 공격해 크게 무찔렀다. 80명을 포로로 잡거나 죽였고 병거 50여 량, 중거中車

200량, 말 40필을 노획했으며 나머지 무기는 이루 셀 수 없었다. 그때 척준경은 성안에 있었다. 女眞兵數萬來圍雄州. 弘正訓勵士卒, 衆皆思鬪, 卽開四門, 齊出奮擊, 大敗之. 俘斬八十級, 獲兵車五十餘兩·中車二百兩·馬四十匹, 其餘兵仗, 不可勝記. 時俊京在城中.

세가 예종 3년(1108) 2월 임진일(11일) "여진이 웅주를 포위하자 최홍정이 성문을 열고 출격해 크게 무찔렀다女眞圍雄州, 崔弘正開門出擊, 大敗之"는 기사는 이것과 상응하는 기사이므로 여진이 웅주를 포위한 것은 2월 상순으로 생각된다. 최홍정은 윤관의 휘하 장수로 병항 전투에 참가했는데, 이런 장수들이 영주에서 함주로 와서 다시 웅주로 들어간 것은 「윤관열전」의 이 기사에 따라 분명하다. 또 앞 기사에 이어지는 내용을 보면 웅주성은 최홍정이 출격한 뒤에도 계속 적의 공격과 포위에 시달린 것 같다.

그때 척준경은 성(웅주성) 안에 있었는데 주수州守가 말했다. "성을 지킨 지 오래 돼 군량이 떨어질 것 같은데 밖에서 도움이 오지 않습니다. 공이 성을 나가 군대를 거둬 돌아와 구원하지 않는다면 군사가 아무도 남지 않을까 걱정됩니다." 척준경은 군사의 해진 옷을 입고 밤에 줄을 타고 성에서 내려와 정주로 돌아가 군사를 정돈해 통태진(운성리 고성)을 거쳐 야등포(서호진西湖津)에서 길주(웅주의 오기)에 이르러 적과 싸워 크게 무찌르니 성안 사람들이 감격해 울었다. 時俊京在城中, 州守謂之曰, 城守日久, 軍饗將盡, 外援不至, 公若不出城收兵, 還救城中, 士卒恐無噍類. 俊京服士卒破衣, 夜縋城而下, 歸定州整兵, 道通泰鎭, 自也等浦至吉州, 遇賊與戰大敗之, 城中人感泣.

그리고 두 원수도 마침내 함주에서 웅주로 온 것으로 생각되고, 4월 2일 국왕이 출정 이후 공로에 대해 관직과 품계를 높여줬을 때 그 명령을 지닌 사신은 그 성으로 파견됐다. 그 결과 같은 달 9일 두 원수는 함께 개경으로 개선했다.

그러나 공교롭게도 그 전날 웅주성이 다시 여진에게 포위됐기 때문에 23일 오연총은 부월을 국왕에게서 직접 받고 다시 정벌 길에 올라 5월 4일 적을 격파하고 성을 구했다. 그 전말은 「오연총열전」(『고려사』 권96)에 보인다.

여진이 다시 와서 땅을 다투며 웅주를 포위하자 국왕은 오연총에게 부월을 주면서 가서 구원케 했다. 웅주는 포위된 지 27일 동안(4월 8일 이후) 도지병마영할사 임언과 도순검사 최홍정 등이 장수들을 거느리고 군사를 나눠 굳게 지켰지만, 전투가 오래돼 사람과 말이 모두 지쳐 무너지려고 했다. 오연총은 문관·김준·왕자지 등에게 정예병 1만을 이끌고 네 길로 나눠 육로와 수로로 함께 전진하게 했다. 오음지령(서호진 동쪽 2리쯤에 있는 작은 고개)과 사오령(오음지령과 웅주성 터 사이에 있는 주인비령朱仁非嶺) 아래 이르렀는데, 적이 먼저 고개 꼭대기를 차지하고 있으니 우리 군사들이 다투어 올라가 급습해 191명을 죽였다. 적은 북쪽으로 도망쳐 다시 진을 치고 항전하려고 했지만 관군이 승세를 힘껏 싸워 크게 물리쳐 291명을 죽이니 적은 마침내 목책을 불사르고 도망갔다. 오연총은 성으로 들어갔다. 女眞復來爭地, 圍雄州, 王授延寵鈇鉞, 往救之. 雄州被圍二十七日, 都知兵馬鈐轄使林彦·都巡檢使崔弘正等率諸將, 分兵固守, 與戰日久, 人馬困乏, 將潰. 延寵使文冠·金晙·王字之等, 率精銳一萬分爲四道, 水陸俱進. 至烏音志·沙烏二嶺下. 賊先據嶺頭, 我兵爭登急擊, 斬百九十一級.

賊奔北, 欲復結陣拒戰, 官軍乘勝, 力戰大敗之, 斬二百九十一級, 賊遂燒柵而

遁. 延寵入城.

웅주성이 건설된 퇴조 지역은 같은 이름의 만을 끼고 있는데, 그 만은 천연의 좋은 항구다. 정벌이 시작됐을 때 5군의 하나로 도린포를 출발한 수군은 이곳에 배를 대고 우군을 도와 퇴조의 평지에 거주하던 여진을 격파한 것으로 생각되고, 지금 웅주를 구원한 오연총이 군사를 나눠 수륙으로 진군했을 때도 그 수군은 이 만에서 상륙한 것으로 여겨진다.

다시 『금사』 「고려열전」을 보면 이 장 1절에서 설명한 기사가 있다.

강종(오아속)은 배로를 사신으로 보내 답방케 하고 망명한 백성을 이전의 약속에 따라 데려오겠다고 했다. 고려는 "사신을 국경으로 보내 데려가라"고 허락했다. 강종은 믿을 만하다고 생각해 완안부의 아괄과 오림답부의 승곤을 국경으로 보내 인수케 하고 자신은 마기령(노야령) 을척촌에서 사냥하면서 기다렸다.

그리고 다음과 같이 이어진다.

아괄과 승곤이 국경에 도착하자 고려에서는 사람을 보내 그들을 죽이고 갈라전으로 출병해 9성을 쌓았다. 강종이 돌아오자(마기령 부근에서 완안부의 본거지로) 사람들이 모두 말했다. "군사를 일으켜서는 안됩니다. 요가 우리를 정벌할까 걱정됩니다." 태조(아골타)만이 반대했다. "군사를 일으키지 않으면 어찌 갈라전만 잃는 데서 그치겠습니까? 여러 부가 모두 우리의 소유가 되지 않을 것입니다." 강종도 그렇다고 여기고 마침내 알새斡塞(「세기」에는 '斡賽알새'라고 씌어 있다. 오아속과 아골타의 이복동생)에게 군사를 거느리고 정벌케 하니 고려군을 크게 격파했다. 康宗歸, 衆咸曰, 不可擧兵也, 恐遼人將以罪我. 太祖獨曰, 若不擧兵, 豈止失曷懶甸, 諸部皆非吾有也. 康宗以爲然, 乃使斡塞將兵伐之, 大破高麗兵.

고려가 속여 부른 오아속의 사신을 죽이고 군사를 장성 밖으로 보내자 오아속도 알새가 이끄는 군사를 남하시킨 것이다. 다음과 같은 기사가 이어진다.

6월 고려군이 침략하자 알새가 무찌르고 나아가 그 성을 포위했다. 7월 고려가 다시 강화를 요청하자 강종은 "조건이 맞으면 강화하라"고 지시했다. 고려가 도망쳐 온 백성을 돌려보내고 9성의 수비를 철수하며 침략한 옛 땅을 반환하겠다고 하자 마침내 강화했다. 六月, 高麗率衆來戰, 斡塞敗之, 進圍其城. 七月, 高麗復請和, 康宗曰, 事若酌中, 則與之和. 高麗許歸亡入之民, 罷九城之戍, 復所侵故地, 遂與之和.

알새의 남하가 예종 4년(1109) 7월 강화와 같은 때 이뤄졌다고 한 것은 다른 사례들처럼 정확치 않은 서술에서 기인한 것이다.

갈라전에서 완안씨 군의 행동은 『금사』(권80) 「사묘아리열전」에 보인다.

사묘아리의 아버지는 혼탄인데, 목종 때 귀의했다. (…) 고려가 갈라전에 9성을 쌓자 혼탄이 공격했는데, 목리문전에서 적을 만나 오랫동안 힘

써 싸웠다. 사묘아리가 창을 뽑아 말을 달려 그 장수를 진 안에서 찌르
자 적이 마침내 무너졌다. 혼탄은 도문수에서 석적환과 군사를 합쳤다.
사묘아리는 앞장서 적군을 무찔러 두 성을 빼앗았다. 고려는 침략했지
만 우리 군이 요해처를 지키자 나아가지 못하고 돌아갔다. 사묘아리가
갈라수까지 추격하니 고려군은 앞다퉈 얼음 위로 도망쳤다. 사묘아리
는 그 틈을 타 대부분 죽이고 약탈했다. 마침내 석적환과 군사를 합쳐
진군하다가 적군 5만 명을 만나 격퇴시켰다. 또 석적환과 적군 7만 명을
만났는데, 사묘아리는 앞장서 분전해 크게 무찔렀다. 석적환은 "네가 하
루 동안 세 번 적을 무찔렀으니 공을 어찌 잊겠는가?"라고 말하고 크게
포상했다. 알새와 오도본이 타길성을 공격했는데, 사묘아리는 성벽을 뚫
고 들어가려고 했지만 날이 이미 저물어 들어갈 수가 없자 군사에게 지
키게 하고 이튿날 새벽 마침내 그 성을 함락시켰다. 오도본은 자신이 입
고 있던 갑옷과 타고 있던 말을 그에게 하사했다. 斜卯阿里父渾坦, 穆宗
時內附. (…) 高麗築九城於曷懶甸, 渾坦攻之, 遇敵於木里門甸, 力戰久之. 阿里
挺槍馳刺其將於陣中, 敵遂潰. 渾坦與石適歡合兵於徒門水. 阿里首敗敵兵, 取
其二城. 高麗入寇, 以我兵屯守要害, 不得進乃還. 阿里追及于曷懶水, 高麗人爭
走冰上. 阿里乘之, 殺略幾盡. 遂合兵于石適歡, 道遇敵兵五萬, 擊走之. 又與石
適歡遇敵七萬, 阿里先登, 奮擊大敗之. 石適歡曰, 汝一日之間, 三破重敵, 功豈
可忘, 乃厚賜之. 幹塞·烏睹本攻馳吉城, 阿里鑿墉爲門, 日已暮, 不可入, 以兵
守之, 旦日遂取其城. 烏睹本以被甲並乘馬賜之.

목리문전과 도문수는 어딘지 자세히 알 수 없지만 ― 이 도문수가
두만강이 아님은 분명하다 ― 갈라수는 갈라전이라는 지명에서 온 하
천으로 그 뒤 금의 갈라로(합라로) 치소가 된 함주성, 곧 지금의 함흥

읍 옆을 흐르는 성천강으로 생각된다.

- 「세기」: 을리골령으로 가서 군사를 더 모아 활열수로 가서 갈라전 지역을 살펴보게 했다. 往至乙離骨嶺, 益募兵, 趣活涅水, 徇地曷懶甸.
- 을리골수와 갈라전 활녜수에 이르렀다.

이 활열수와 활녜수도 같은 하천의 이름을 달리 표기한 것에 지나지 않는 것으로 생각된다. 알새가 공격한 타길성은 「아도한열전」(『금사』 권81)에 보이는 퇴조만 근처의 웅주성이 분명하다.

고려가 갈라전에 9성을 쌓자 알새가 막았는데 아도한이 선봉을 맡았다. 고려에는 섬에 주둔한 부대가 있었는데 아도한은 30명을 이끌고 밤에 바다를 건너 그 진영의 목책과 전함을 불태우고 크게 무찔렀으며 마침내 타길성을 함락시켰다. 얼마 뒤 나머지 8성을 모두 함락시켰다. 高麗築九城于曷懶甸, 斡塞禦之, 阿徒罕爲前鋒. 高麗有屯于海島者, 阿徒罕率衆三十人夜渡, 焚其營柵·戰艦, 大破之, 遂下馳吉城. 旣而八城皆下.

알새는 을리골령, 곧 함관령을 넘어 웅주성에 이르러 공격하기까지 여러 번 고려군과 교전한 것으로 여겨진다.

「사묘아리열전」의 갈라수는 지금의 성천강이므로 목리문전과 도문수는 호련천 상류 지역으로 추측되고 "사묘아리는 앞장서 적군을 무찔러 두 성을 빼앗았다"는 것은 길주와 공험진을 공격했다는 뜻이며, "사묘아리가 갈라수까지 추격하니 고려군은 앞다퉈 얼음 위로 도망쳤다. 사묘아리는 그 틈을 타 대부분 죽이고 약탈했다"는 것은 함주의 고려군과 싸운 사실을 기록한 것으로 생각된다. 다음으로 "진군하다가 적군 5만 명을 만나 격퇴시켰다. (…) 적군 7만 명을 만났는데, 사묘아리는 앞장서 분전해 크게 무찔렀다"는 것은 그 교전지를 상세히 알 수 없지만 "알새와 오도본이 타길성을 공격했다"는 것은 앞서 든 「윤관열전」에서 "여진군 수만 명이 와서 웅주를 포위했다"는 전투에 관련된 기사로 판단된다.

그렇다면 알새 군은 함주의 고려군과 싸운 뒤 곧바로 웅주로 향한 것일까? 나는 앞서 「윤관열전」에서 "적의 보병과 기병 2만 명이 영주성 남쪽에 와서 진을 치고 크게 소리를 지르면서 싸움을 걸어왔다"고 한 전투가 일어난 날을 정월 28일이라고 지적했는데, 그렇게 우세한 여진이 어느 곳에서 왔는지 알 수 없지만 그것은 함주를 거쳐 온 알새 군밖에 될 수 없다고 생각한다. 갈라전 수복을 목적으로 삼아 고려군에 타격을 준 그 군대는 웅주로 가기 전 영주도 압박한 것으로 여겨진다.

이처럼 토착의 여진이 아닌 완안씨 군이 영주성에 오자 그 성에 주둔한 윤관과 오연총 등은 "적병은 나날이 늘어날 것인데 성안의 식량이 떨어지고 밖에서 도움이 오지 않으면 장차 어떻게 하겠습니까?"라는 척준경의 말처럼 적의 후속군이 올 것을 예상했기 때문에 어떤 대책을 마련했을 것으로 생각된다. 함주는 호련천과 동성천강東城川江이 합류하는 지점에 가까이 있어 호련천 유역을 교통로로 삼은 완안씨 군의 행동을 저지하는 데 가장 중요한 지점이고, 갈라전의 한쪽에 치우친 영주는 그처럼 요충지는 아니다. 영주성 남쪽 전투 뒤 윤관과 오연총이 장수들을 이끌고 함주에서 만난 것은 사실 영주를 떠나 함주로 간 것이었다. 그리고 다시 장수들을 웅주성으로 보낸 것은 앞서의 서술에 따라 분명한데, 알새가 공격한 그 성을 구원하려던 것임을 알 수 있다.

요약하면 오아속이 보낸 알새 군은 예종 3년(1108) 정월 하순, 곧 윤
관이 출정한 날부터 40일쯤 뒤 함관령을 넘어 갈라전으로 들어와 길
주·공험진·함주 등의 고려군과 싸우고 나아가 영주를 압박했으며 다
시 동남쪽 해안으로 방향을 돌려 2월 상순 웅주성을 포위·공격했다.
그 뒤의 경과는 앞서 서술한 것과 같은데, 4월 상순 윤관과 오연총이
함께 개경으로 개선한 것은 이보다 먼저 적군이 웅주 부근을 떠나 상
황이 안정됐기 때문으로 생각된다. 그런데 성은 다시 온 적에게 포위
됐고 오연총은 다시 출정하게 됐다. 그러나 그가 오간 사정은 매우 명
확치 않다.

웅주를 구원한 오연총은 8월 다시 개경으로 돌아왔다. 이보다 앞서
윤관은 다시 출정하라는 명령을 받고 점령지로 들어갔지만(7월) 그 뒤
의 동정은 자세하지 않다. 그리고 여진군과 교전한 것은 다음 기사들
뿐이다.

- 세가 예종 3년(1108) 8월 무자일 병마판관 왕자지와 척준경이 함주와
  영주에서 여진과 싸워 33명을 죽였다. 계사일 병마판관 유익 (…) 등
  이 여진과 길주에서 싸우다가 전사했다. 戊子, 兵馬判官王字之·拓俊京與
  女眞, 戰于咸·英二州, 斬三十三級. 癸巳, 兵馬判官庾翼 (…) 等與女眞戰于吉
  州, 死之.
- 예종 3년 9월 왕자지와 척준경이 사지령(위치는 미상)에서 여진을 공격
  해 27명을 죽이고 3명을 포로로 잡았다. 王字之·拓俊京擊女眞于沙至
  嶺, 斬二十七級, 擒三人.
- 예종 4년(1109) 정월 동계 행영병마녹사 왕사근과 하경택 등이 여진과

함주에서 싸우다가 전사했다. 東界行營兵馬錄事王思謹·河景澤等與女眞戰于咸州, 死之.

- 예종 4년 3월 신해일 행영병마녹사 장문위 등이 여진과 숭녕진에서 싸워 38명을 죽였다. 을묘일 행영병마판관 허재와 김의원 등이 길주의 관문 밖에서 여진과 싸워 30명을 죽이고 그들의 철갑과 소·말을 노획했다. 辛亥, 行營兵馬錄事長文緯等與女眞戰于崇寧鎭, 斬三十八級. 乙卯, 行營兵馬判官許載·金義元等與女眞戰于吉州關外, 斬三十級, 獲其鐵甲·牛馬.

이 밖에 관련 사항을 자세히 서술한 기사는 없어 이런 단편적 사실 밖에 알 수 없지만 위치를 알 수 없는 사지령 외에는 모두 고려군이 쌓은 성보들인 것으로 미뤄 그동안 고려군은 주로 이런 성보를 굳게 지켰고 여진군은 이곳저곳에 주둔하면서 때때로 그것을 공격한 것으로 생각된다.

길주성이 오랫동안 여진에게 포위된 것은 다음 기사들에 보이는데, 같은 사실을 서술한 것이다.

- 『고려사』(권98) 「허재열전」: 9성 경략에서 중군녹사로 길주성을 지켰는데, 여진이 와서 공격했다. 허재는 병마부사 이관진 등과 함께 몇 달을 굳게 지켰다. 성이 함락되려고 하자 군사를 독려해 하룻밤 만에 겹성重城을 쌓아 막으니 적이 물러났다. 九城之役, 以中軍錄事, 守吉州城, 女眞來攻. 載與兵馬副使李冠珍等, 固守數月. 城幾陷, 勵士卒, 一夜更築重城, 以拒之, 虜乃退.

- 「오연총열전」: 여진이 다시 멀고 가까운 부족들을 모아 길주를 여러

달 동안 포위하고, 성에서 10리(3.9킬로미터) 떨어진 곳에 작은 성을 쌓아 목책 6개를 세우고 격렬하게 공격하니 성이 함락되려고 했다. 병마부사 이관진 등이 군사들을 독려해 하룻밤 사이에 다시 겹성을 쌓아 수비하기도 하고 공격하기도 했다. 女眞復聚遠近諸部, 圍吉州數月, 去城十里, 築小城, 立六柵, 攻城甚急, 城幾陷. 兵馬副使李冠珍等訓勵士卒, 一夜更築重城, 且守且戰.

허재 등이 승리한 이 전투는 예종 4년(1109) 3월에 있었는데, 여진군은 이 한 성을 포위·공격하는데 힘을 쏟은 것 같다. 그것은 다음 기사들에서 알 수 있다.

- 세가 예종 4년 4월 무인일(4일): 오연총이 3차 정벌에 오른 기사(앞서 인용).
- 같은 해 5월 경신일(16일): 여진이 길주를 포위하자 오연총이 군사를 이끌고 구원했지만 대패했다. 女眞圍吉州, 吳延寵引兵救之, 師大敗.

「오연총열전」의 다음 내용은 이것과 상응하는 기사로 "함락된 성들"은 길주와 공험진으로 생각된다.

그러나 전쟁이 오래되자 형세가 어렵게 되고 사상자가 많아졌다. 오연총이 그 소식을 듣고 분노해 출전하고자 하니 국왕은 다시 부월을 하사하고 보냈다. 공험진에 이르렀을 때 적이 길을 막고 습격하니 우리 군은 대패해 장수와 병사들은 갑옷을 버리고 여러 성으로 흩어져 들어갔다. 성들이 함락돼 죽거나 다친 사람을 이루 셀 수 없었다. 오연총은 상황을 자세히 보고하면서 자신을 비판했다. 然役久勢窮, 死傷者多. 延寵聞之, 憤然欲行, 王復授鈇鉞遣之. 行至公嶮鎭, 賊遮路掩擊, 我師大敗, 將卒投甲散入, 諸城陷沒, 死傷不可勝數. 延寵具狀自劾.

곧 오연총의 출전과 구원은 실패했고 점령지 북쪽 경계의 두 성은 적에게 넘어갔다. 그리고 5월 21일에는 윤관도 출정했지만 적과 싸우지는 않았으며 그들이 화친을 요청하면서 보내온 사신과 타협했다.

- 「세가」 예종 4년(1109) 6월 을유일: 윤관과 오연총은 군사를 이끌고 길주를 구원하려다가 여진이 화친을 요청했다는 소식을 듣고 정주로 돌아왔다. 尹瓘·吳延寵引兵救吉州, 聞女眞請和, 還定州.
- 「오연총열전」: 윤관과 함께 군사를 거느리고 다시 길주로 가려고 했는데, 그때 적이 사신을 보내 강화를 요청하니 결국 돌아왔다. 與瓘勒兵將再赴吉州, 會賊遣使請和, 遂還.

(4) 강화

세가 이해(예종 4년, 1109) 2월 조에는 우간의대부 이재李載의 상소가 실려 있다.

지금 동번東蕃과의 전투가 끝나지 않았고 주둔군도 물러가지 않았습니다. 최근 [여진이] 사현을 보내 거짓으로 화친을 요청해오자 우리나라는 그것을 믿고 요에 사신을 보내 9성을 반환하겠다고 알리려고 하는데 매우 옳지 않습니다. 주상께서는 잘 살펴 결정하십시오. 今東蕃攻戰未休, 屯兵不去. 近詐遣史顯, 來請和好, 國家信之, 欲遣使告遼, 還其九城, 甚不

可也. 請聖鑑裁之.

이재가 상소한 무렵 9성의 철폐를 요구한 사현이라는 여진 사신이 왔음을 알 수 있다. 또 4월에는 다음과 같은 기사가 있다.

동여진이 다시 사현을 국경으로 보내 화친을 요청했다. 東女眞復遣史顯, 款塞請和.

이것도 같은 요구를 시도했지만 고려가 받아들이지 않은 것으로 생각된다. 사현은 앞 절 첫머리에서 인용한 「윤관열전」의 "오랑캐 추장 사현"과 같은 인물로 알새와 함께 갈라전에 온 완안씨의 장수들 가운데 한 사람으로 생각된다.

오연총이 패전한 뒤 강화 논의에 관련해서는 「윤관열전」에 다음과 같이 서술돼 있다.

여진이 길주를 포위하자 오연총이 그들과 싸웠지만 크게 패배했다. 국왕은 다시 윤관을 보내 그들을 구원하게 했다. (…) 윤관과 오연총은 정주에서 군사를 이끌고 길주로 가다가 나복기촌(지경리)에 이르렀는데, 함주 사록 유원서가 급보했다. "여진의 공형 요불과 사현 등이 [함주] 성문을 두드리며 말했습니다. '우리는 어제 아지고촌(아륵초객)에 도착했는데, 태사 오아속은 강화를 요청하려고 해 우리를 시켜 병마사(동계병마원수 윤관)에게 알리게 했습니다. 그러나 교전 중이어서 감히 관문을 들어갈 수 없으니, 우리가 있는 장소에 사람을 보내면 태사의 요청을 자세하고 확실하게 전하겠습니다.'" 윤관 등이 그 말을 듣고 성(정주)으로 돌아왔다. 다음 날 병마기사 이관중을 적진에 보내 여진 장군 오사(알새)에게 말했다. "강화는 병마사가 마음대로 할 수 있는 것이 아니니 공형 등을 조정에 보내 아뢰시오." 오사는 크게 기뻐했다. 요불과 사현 등이 다시 함주에 와서 말했다. "우리는 입조하고 싶지만 지금 한창 교전 중이라 의심스럽고 두려워 감히 관문을 들어갈 수 없으니 관원을 인질로 교환할 것을 요청합니다." 윤관은 공옥·이관중·이현 등을 인질로 보냈다. 요불 등은 마침내 와서 9성 지역을 돌려달라고 요청했다. 女眞圍吉州, 延寵與戰大敗. 王又遣瓘救之. (…) 瓘·延寵自定州勒兵赴吉州, 行至那卜其村, 咸州司錄兪元胥馳報, 女眞公兄裹弗·史顯等叩城門曰, 我輩昨到阿之古村, 太師烏雅束欲請和, 使我傳告兵馬使. 然兵交不敢入關, 請遣人于我場, 庶以太師所諭, 詳實傳告. 瓘等聞之, 還入城. 翼日, 遣兵馬記事李管仲於賊場, 謂女眞將吳舍曰, "講和, 非兵馬使所得專, 宜遣公兄等, 入奏天庭. 舍大悅. 裹弗·史顯等復至咸州, 告曰, 我等願入朝, 時方交戰, 疑懼不敢入關, 請以官人交質. 瓘以孔沃·李管仲·異賢等爲質, 裹弗等遂來請還九城地.

알새는 오연총을 크게 무찌르고 길주와 공험진을 함락시킨 뒤 9성의 철폐를 조건으로 한 강화 논의를 제시했고 윤관도 거기에 호응해 여진의 사신을 입조시키는 적절한 조처를 했다.[18] 그래서 개경의 조정에서는 6월 23일 9성 반환을 논의했는데, 찬성한 사람은 28명이었고 반대한 사람은 2명밖에 되지 않았다.

「윤관열전」: 여진은 그 근거지를 잃은 뒤 보복을 맹세하고 땅을 돌려달라는 핑계로 추장들이 해마다 와서 싸우면서 갖은 속임수와 무기를 동원했다. 성이 견고해 갑자기 함락되지는 않았지만 전투와 수비를 맡은 우리 군사가 많은 손실을 입었다. 또 개척한 땅이 크고 넓으며 9성 사이의 거리가 아득히 멀고 시내와 골짜기가 험하고 깊어 적들은 자주 매복해 오가는 사람들을 약탈했다. 나라에서는 군사를 동원할 일이 많고 안팎이 소란스러운 데다가 기근과 전염병까지 더해져 마침내 원망과 한탄이 일어났고 여진도 매우 고통스러워했다. 이때에 이르러 국왕은 신하들을 모아 의논해 결국 9성을 여진에게 돌려줬다. 女眞旣失窟穴, 誓欲報復, 乃引還地, 群酋連歲來爭, 詭謀兵械, 無所不至. 以城險固, 不猝拔, 然當戰守, 我兵喪失者亦多. 且拓地大廣, 九城相去遼遠, 谿洞荒深, 賊屢設伏, 抄掠往來者. 國家調兵多端, 中外騷擾, 加以飢饉疾疫, 怨咨遂興, 女眞亦厭苦. 至是王集群臣議之, 竟以九城還女眞.

이런 과정을 거치면서 고려는 갈라전을 점유하려는 생각을 단념하게 됐다. 며칠 뒤 여진의 사신 요불과 사현 등이 내조했다. 그들은 예종을 알현하고 아뢰었다.

태사(오아속)가 우리를 보내 옛 땅을 요청합니다. 9성을 되돌려줘 편안히 살 수 있게 해주시면 하늘에 맹세코 자손 대대로 해마다 정성껏 공물을 바치고 기와 조각 하나라도 감히 국경에 던지지 않겠습니다. 太師使我來請舊地. 若還許九城, 使安生業, 則我等告天爲誓, 至于世世子孫, 恪修世貢, 亦不敢以瓦礫, 投於境上.

조정에서는 다시 회의를 열어 9성 반환을 결정하고 여진의 사신에게 그 소식을 알렸다. 그리고 그들은 국경으로 돌아갔다.

고려의 장수 최홍정 등은 조정의 뜻을 받들어 여진 추장에게 함주

성 문밖에서 맹세케 한 뒤 점령지의 수비를 철수하고 무기와 군량을
자국 안으로 옮겼다.

세가 예종 4년(1109) 7월 임술일(19일): 동계의 숭녕진과 통태진의 성을
철폐했다. 갑자일(21일) 영주·복주와 진양진의 성을 철폐했다. 을축일
(22일) 함주·웅주와 선화진의 성을 철폐했다. 壬戌, 撤東界崇寧·通泰二
鎭城. 甲子, 撤英福二州·眞陽鎭城. 乙丑, 撤咸雄二州·宣化鎭城.

길주와 공험진의 이름이 보이지 않는 것은 앞서 여진에 편입됐기 때
문으로 생각된다. 그리고 앞서 말한 대로 선화진(봉대리 고성)은 9성에
들어가지 않는다. 또『금사』「고려열전」에 따르면 고려는 9성의 수비를
철폐한 것과 함께 앞서 귀의한 여진인을 돌려보낸 것 같지만 그 일은
『고려사』에는 보이지 않는다.

　이렇게 해서 갈라전은 마침내 완안씨의 소유로 돌아갔다(예종 4년
[1109] 7월). 8월 하순 그 사신 사현이 고려에 와 토산물을 바쳤는데,
조공의 약속을 이행한 것으로 여겨진다. 11월에는 오로吳老라는 추장
도 내조했는데, 그는『금사』(권71)「알로열전」에 보이는 알로로 생각된
다.

　알로는 한국공 핵자(오아속의 큰아버지)의 셋째 아들이다. (…) 고려가 갈
라전에 9성을 쌓았다. 알새의 어머니가 병에 걸려 알로가 그 군대를 몇
달 동안 대신 거느렸다. 알로도 대응해 9성을 쌓아 고려를 막으면서 나
가면 싸우고 들어오면 방어했다. 알새는 그를 등용해 마침내 고려에 성
을 쌓았다. 斡魯, 韓國公劾者第三子. (…) 高麗築九城於曷懶甸. 斡賽母疾病,

斡魯代將其兵者數月. 斡魯亦對築九城, 與高麗抗, 出則戰, 入則守. 斡賽用之,
卒城高麗.

완안씨는 갈라전을 점령한 뒤 사현 등에게 그곳을 통치하게 했다.
그것은 다음 기사들에서 알 수 있다(오라골·고라골·호랄고, 실현·사현·
습현은 같은 인물로 생각된다).

- 세가 예종 8년(1113) 윤4월: 여진의 오라골과 실현 등이 와서 9성을
  돌려준 것에 감사하고 좋은 말과 금을 바쳤다. 女眞烏羅骨·實顯等來謝
  還九城, 獻名馬良金.
- 예종 9년 4월: 동여진의 고라골과 사현 등 12명이 와서 말을 바쳤다.
  東女眞古羅骨·史顯等十二人來獻馬.
- 『금사』「고려열전」: 천보 3년(고려 예종 14년, 1119) 고려가 장성을 3척
  (0.9미터) 증축했다. 변경의 관원이 군사를 보내 중지시켰지만 고려는
  따르지 않고 "옛 성을 보수하는 것"이라고 알려왔다. 갈라전의 발근
  호랄고와 습현이 그 일을 아뢰었다.

그 뒤 완안아골타는 금 제국을 건설하고 갈라로라는 행정구역도
설정했는데, 갈라전의 중심인 지금의 함흥이 그 치소였으므로 이때부
터 금대 말까지 고려의 동북 경계는 요대처럼 여진인의 침략을 받지
않고 매우 평온할 수 있었다.

[부설] 포로모타부에 대해

요대에 포로모타부라는 여진 부족이 있었다.

a. 태평 6년(고려 현종 17년, 1026): 포로모타부에 올야의 민호가 많자 조서를 내려 찾게 했다. 蒲盧毛朵部多兀惹戶, 詔索之.

b. 태평 7년(고려 현종 18년, 1027): 포로모타부에서 사신을 보내 조공했다. 蒲盧毛朵部遣使來貢.

c. 중희 10년(고려 정종 7년, 1041): 포로모타부에 조서를 내려 그들이 자신에게 편입시킨 갈소관의 가호를 돌려보내 다시 본업에 종사하게 했다. 詔蒲盧毛朵部, 歸曷蘇館戶之沒入者, 使復業.

d. 중희 12년(고려 정종 9년, 1043): 알로부와 포로모타부의 두 사신이 조공하는 시기를 놓쳤지만 용서하고 돌려보냈다. 斡魯·蒲盧毛朵部二使, 來貢失期, 有而遣還.

e. 중희 13년(고려 정종 10년, 1044): 동경유수 야율후서와 지황룡부사 야율구리사를 보내 군사를 이끌고 포로모타부를 공격하게 했다. 遣東京留守耶律侯哂·知黃龍府事耶律歐里斯, 將兵攻蒲盧毛朵部.

f. 중희 15년(고려 정종 12년, 1046): 포로모타 경계의 갈라하에 있는 부족이 귀의하니 조서를 내려 위무했다. 蒲盧毛朵界曷懶河來附, 詔撫之.
포로모타 갈라하의 180호가 귀의했다. 蒲盧毛朵曷懶河百八十戶來附.

g. 중희 17년(고려 문종 2년, 1048): 포로모타부 대왕 포련이 배 만드는 장인을 보냈다. 蒲盧毛朵部大王蒲輦以造舟人來獻.

나는 앞서 「철리고」(『만선지리역사연구보고』 3책)에서 올야와 철리의 거주지 문제를 연구해 그것을 포이합도하와 해란하 유역에 비정했다.[1] 그 까닭은 다른 것이 아니라 f의 두 기사의 갈라하를 발음상 해란하에 비정할 수 있다는 데 있었다. 그러나 지금 생각하면 그 견해는 틀렸다. 갈라하는 지금의 성천강에 비정되는 『금사』 「사묘아리열전」의 갈라수(그리고 같은 책 「세기」의 활열수·활녜수)와 같은 하천이 분명하므로 포로모타부의 거주지는 함흥평야가 돼야 한다. 따라서 발해의 옛 수도 홀한성(지금의 동경성) 부근을 차지한 올야부와 함께 요동반도에 웅거한 갈소관 여진이 귀의한 곳(a, c)과 요의 동경(요양) 및 황룡부(농안)의 장수가 원정한 곳(e)도 함흥평야가 된다. 그리고 그 지방은 요대 내내 자주 고려의 동해안을 침략한 여진 부족의 거주지였으므로 포로모타부의 추장이 배 만드는 장인을 요에 보낸 것은(g) 참으로 까닭이 있다고 생각된다.

또 요는 통화~중희 연간에 걸쳐 자주 포로모타부를 공격했다. 그것도 「철리고」에서 서술했다. 그 1차 원정으로 봐야 하는 것은 통화 13년(고려 성종 14년, 995) 화삭노·소항덕 등의 올야 정벌이다.

『요사』(권88) 「소항덕열전」: 도부서 화삭노를 따라 올야를 토벌했는데 싸우기도 전에 올야가 항복을 요청했다. 소항덕은 포로와 전리품을 얻으려는 목적에서 허락하지 않았다. 올야가 죽음을 각오하고 싸우니 성을 함락시킬 수 없었다. 화삭노가 퇴각하려고 하자 소항덕이 말했다. "저들이 너무 드세기 때문에 우리가 황제의 명령을 받들어 토벌하러 온 것입니다. 아무 공로 없이 돌아가면 여러 부족이 우리를 어떻게 말하겠습니까? 빈손으로 돌아가는 것보다는 깊이 쳐들어가 전리품과 포로를 많이 얻는 것이 낫습니다." 화삭노는 어쩔 수 없이 나아가 동남 지역의 부들을 공격하고 고려 북쪽 변경에 이르렀다. 돌아올 때 길이 멀고 양식이 떨어져 군사와 말이 매우 많이 죽고 다쳤다. 그 죄로 공신 칭호를 빼앗겼다. [통화] 14년(996) 행군도부서가 돼 포로모타부를 정벌하고 돌아왔다. 從都部署和朔奴討兀惹, 未戰, 兀惹請降. 恒德利其俘獲, 不許. 兀惹死戰, 城不能拔. 和朔奴議欲引退, 恒德曰, 以彼倔強, 吾奉詔來討, 無功而還, 諸部謂我何. 若深入多獲, 猶勝徒返. 和朔奴不得已, 進擊東南諸部, 至高麗北鄙, 比還. 道遠糧絕, 士馬死傷甚衆. 坐是削功臣號. 十四年, 爲行軍都部署, 伐蒲盧毛朶部還.

다만 이 기사에 따르면 화삭노 등은 한번 올야를 정벌하고 본국으로 돌아갔다가 다시 포로모타부로 출정한 것 같지만 사실은 그렇지 않다. 이것은 올야성에서 고려의 북쪽 변경을 따라 돌아오는 과정에서 이뤄진 정벌을 두 가지 자료에 따라 기록한 것으로 "나아가 동남 지역의 부들을 공격했다"는 것은 바로 포로모타부 정벌을 뜻하는 것이다. 앞뒤에 기록된 사실에 주의를 기울이고 소항덕의 사망 연도를 고찰하면 이 기사는 올야를 정벌하고 돌아오는 길에 수행된 소항덕의 정벌과 몇 년 뒤(통화 17년[999] 9월 이후~19년 3월 이전) 오불려烏不呂가 단독으로 전개한 다른 정벌을 합쳐 기록한 것으로 판단된다.

다음으로 아래 기사는 포로모타부를 정벌한 것은 아니지만 역시 그 거주지인 함흥 지방을 공격한 것이다.

『요사』(권88) 「대강예大康乂열전」: 대강예는 발해 사람이다. 개태 연간(고려 현종 3~11년, 1012~1029) 남부南府의 재상을 여러 번 지냈으며 나가서 황룡부를 잘 다스리니 동부東部가 귀의했다. 유리저내부의 수장 백음과 유열비가 귀의하자 조정으로 보냈다. 또 포로모타 근처에 발해인이 많이 살았는데 그들을 복속시키자고 주청하자 황제가 허락했다. 대강에는 군사를 이끌고 대석하의 타준성으로 가서 수백 호를 약탈하고 돌아왔다. 大康乂, 渤海人. 開泰間, 累官南府宰相, 出知黃龍府, 善綏撫, 東部懷服. 楡里底乃部長伯陰與楡烈比來附, 送于朝. 且言蒲盧毛朵界多渤海人, 乞取之, 詔從其請. 康乂領兵至大石河馳準城, 掠數百戶以歸.

그리고 발해의 유민이 그곳에 많이 거주한 것은 본래 그 나라의 남경 남해부의 소재지였기 때문으로 생각된다. 남해부의 소재지는 요시다 도고吉田東伍 씨의 『일한고사단日韓古史斷』, 마쓰이 로하치松井浪八 씨의 「발해 5경고渤海五京考」,[2] 나카 미치요 박사의 「옛 만주古の滿洲」,[3] 정약용의 『아방강역고』 등이 모두 함흥으로 봤지만 마쓰이 히토시 씨는 금의 갈라로 치소가 함경북도 경성鏡城이라는 판단에 따라 그곳을 남해부의 위치로 파악했으며 도리야마 기이치鳥山喜一 씨도 그 주장에 찬성했다.[4]

그러나 금의 갈라로 치소는 경성이 아니며, 그것을 함흥에 비정할 수 있는 충분한 이유가 있다는 것은 이 논문에서 자세히 서술했다. 그리고 두만강 밖인 포이합도하·해란하 유역과 함경남도의 중심인 함흥은 이 방면에서 역사지리적으로 가장 중요한 곳이므로 나는 발해의 5경 가운데 하나지만 아직 그 위치와 관련해 정설이 없는 동경 용원부(일명 책성부柵城府)를 위의 두 강 유역인 국자가 부근(북옥저의 옛 영토)에 비정하는 동시에 남해부를 함흥으로 본 옛 학설이 타당하다고 생각한다. 포로모타부의 경계에 발해 유민이 많았던 까닭을 앞서처럼 설명한 까닭은 여기 있다. 대석하와 타준성은 어딘지 알 수 없지만 앞의 것은 함흥평야를 관통하는 성천강 외의 네 하천 가운데 하나로, 뒤의 것은 그 부근에 있는 곳으로 여겨진다. 유리저내부도 그 지방의 한 부락으로 추측된다. 다음으로 이 대강예의 원정 뒤에는 중희 13년 (1044) 앞서 서술한 야율후서의 정벌이 있었다.

화삭노·소항덕 등의 원정 귀환로와 관련해서는 다음 기사가 있다.

- **「소항덕열전」**(앞서 인용): 나아가 동남 지역의 부들을 공격하고 고려 북쪽 변경에 이르렀다. 돌아올 때 길이 멀고 양식이 떨어져 군사와 말이 매우 많이 죽고 다쳤다.
- **「화삭노열전」**(『요사』 권85): 동남 지역을 약탈하고 고려의 북계를 따라 돌아왔다. 지역이 멀고 양식이 떨어져 군사와 말이 죽거나 다쳤다.
- **「야율알랍열전」**(『요사』 권94): 동남 지역을 약탈하고 고려의 북쪽 경계를 따라 돌아왔다. 길이 멀고 양식도 떨어져 군사와 말이 많이 죽었다.

곧 화삭노 등은 이른바 동남 지역인 포로모타부를 정벌한 뒤 고려 영토의 북쪽 변방을 따라 거란의 본토로 돌아온 것이다. 나는 앞서 「철리고」를 쓰면서 이 진군로가 지금의 어느 도로에 해당하는지 밝히려고 했지만 포로모타부의 거주지를 두만강 하류지방으로 비정했기 때문에 적절히 설명할 수 없어 일단 제쳐뒀는데, 이제 내 견해를 망설이지 않고 제시한다. 화삭노 등이 원정했을 당시 고려의 북쪽 경계는 그 뒤 설치해 연결한 장성에 따라 추측할 수 있는데, 그 장성은 압록강 입구에서 시작돼 동쪽으로 뻗어 청천강과 대동강 상류의 산악지대(희천군과 영원군)로 이어진 뒤 영흥 앞쪽의 옛 장성에 연결됐다. 그리고 압록강 중류 우안의 요지인 지금의 집안과 동가강 가의 회인에는 각각 환주桓州와 정주正州라는 요의 주 치소 — 발해 때의 옛 이름을 그대로 썼다 — 가 있었다. 그렇다면 화삭노 등이 고려의 북쪽 변경을 따라 돌아왔다고 한 것은 함흥에서 황초령을 따라 장진강 상류로 나가 덕유대령德楡坱嶺이나 그 북쪽인 아득령牙得嶺에서 장진군과 강계군을 나누는 분수산맥을 넘어 독로강 유역을 내려와 집안과 마주한 만포진에 이르러 압록강을 넘었다는 의미로 생각된다.

이어서 살펴보면 고려 공민왕 때 동녕부 정벌에서 이성계는 다음과 같이 행동했다.

『고려사』 세가 공민왕 19년(1370) 1월 갑오일: 우리 태조는 기병 5000명과 보병 1만을 거느리고 동북면(이성계의 근거지인 함흥)에서 황초령을 넘어 600여 리를 행군해 설한령(덕유대령)에 이른 뒤 다시 700여 리를 행군해 갑진일에 압록강을 건넜다. (…) 그때 동녕부의 동지였던 이오로테무르는 태조가 온다는 말을 듣고 우라산성(회인의 오녀산성)으로 이동해 주둔했다. 我太祖以騎兵五千·步兵一萬, 自東北面, 踰黃草嶺, 行六百餘里, 至雪寒嶺, 又行七百餘里, 甲辰, 渡鴨綠江. (…) 時東寧府同知李吾魯帖木兒, 聞太祖來. 移保亐羅山城.

이성계는 이런 도로를 따라 함흥에서 옛 정주正州 지역인 우라산성으로 진격한 것이 분명하다. 조위曹魏 때 유주자사 관구검은 고구려를 공격해 환도성(집안의 통구성)을 도륙했고 그 국왕 궁이 남옥저(함흥 지방)으로 도망치자 다시 장수를 보내 북옥저(포이합도하와 해란하 유역)까지 추격했는데, 이것은 바로 화삭노 등의 원정로를 거꾸로 나아간 것이다.

『고려사』 세가 현종 17년(요 태평 6년, 1026) 윤5월: 거란이 어원판관 야율골타를 보내 길을 빌려 동북여진으로 가겠다고 요청했지만 허락하지 않았다. 契丹遣御院判官耶律骨打來, 請假途將如東北女眞, 不許.

이것은 이때 요의 사신이 화삭노가 원정을 나갔다가 돌아온 경로를 모두 지나간 것으로 고려의 내륙을 통과해 함흥지방으로 갔음을 뜻한다.

포로모타부는 함흥지방 여진의 부락을 모두 가리키는 것으로 생각된다. 다른 부락 이름과 함께 역사에 보이지 않는 것은 그 때문으로 생각된다. 『요사』에 '30부 여진'이라고 표현된 한두 기사가 있고 『고려사』에도 '30성 부락'이나 '30도'라고 보이는데, 역시 모두 이 지방에 나뉘 거주한 여진 부락을 말한다는 것은 졸고 「고려 동여진의 해상 침략」에서 설명했으므로 같은 지방의 여진 부락을 한꺼번에 부르는 이름이 두 가지였음은 거의 부정하기 어렵다. 이른바 30부는 함흥지방의 여진이 자신들을 부른 이름이고 포로모타부는 본래 특별한 부락의 이름이던 것을 거란인이 편의상 다른 부락들에게도 사용한 이름으로 생각된다.

1921년 7월(『만선지리역사연구보고』 9책)

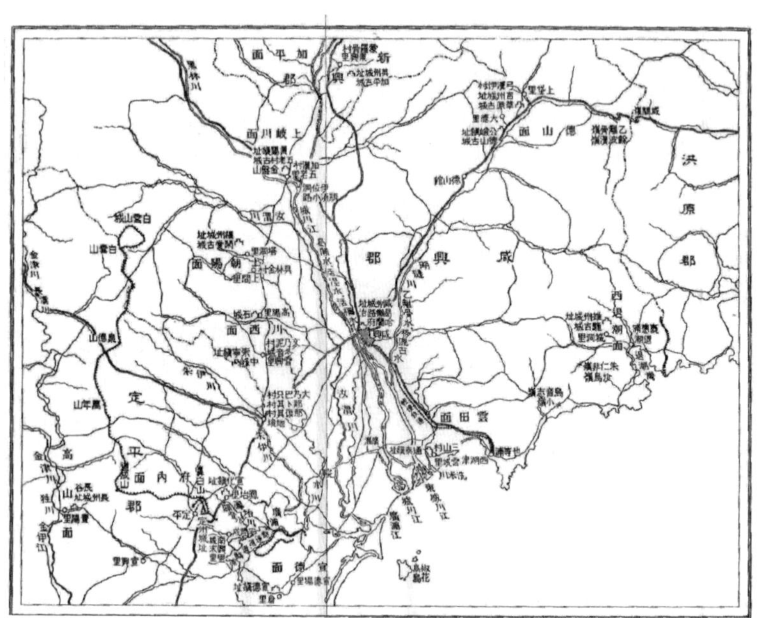

<그림 3> 완안씨의 갈라전 경략과 윤관의 9성 축조 참고도

11편
대화궁과 이른바 왜성

1. 머리말

나는 지난 가을 도쿄 제국대학의 명령에 따라 조선으로 출장을 가 평안북도 의주 지방에서 고려시대의 옛 성터의 조사를 마친 뒤 남쪽으로 내려와 평양으로 들어갔다. 평양에 도착하자마자 해지기 전 잠깐 틈을 이용해 평안남도 제1부장部長 시노다 지사쿠篠田治策 씨의 친절한 안내에 따라 평양의 대체적인 형세를 살펴볼 수 있었고 이튿날부터 평양부 안팎에 있는 유적과 유물의 조사를 시작했다.

평양부청에 소장된 이징李澄이 그린 「병풍 지도」는 『동국여지승람』 『평양정속지平壤正續志』와 함께 평양의 역사를 살펴보는 데 귀중한 사료이기 때문에 그 지명을 현재의 지형도에 기입했고, 나머지 반나절과 다음 날 하루를 '외성'과 그 내부를 답사하는 데 썼다. 외성은 평양부 남쪽 끝을 이루는 고구려 시대의 성벽이다. 외성 서북쪽 모퉁이에 작은 구역을 둘러싼 특별한 성벽이 있다. 그것을 '왜성倭城'이라고 하는

데 보통강(일명 평양강)을 사이에 두고 적두산성赤頭山城과 동·서로 마주 보고 있다. 모두 「병풍 지도」에도 보이는 뚜렷한 유적이기 때문에 나는 외성과 함께 그곳들을 직접 조사했다(그림 4 평양 부근 약도 참조). 3~5일째는 평양성의 옛 연혁에 관련된 내 의문을 해결할 목적에서 과거의 평양부성 — 외성 북쪽의 성벽 — 인 대성산성과 안학궁安鶴宮 터, 대동강 남쪽의 토성(낙랑군 터) 등을 살펴보고 대략 그 목적을 이룰 수 있었으므로 6일째는 평양 북쪽 4리(1.6킬로미터)쯤에 있는 부산면斧山面 남궁리南宮里에 가서 대화궁과 그것을 둘러싼 산성을 조사했다.

이제 이런 평양 부근의 유적 가운데 특히 대화궁과 왜성에 대해 서술하려고 한다. 그러나 이 논문의 목적은 둘을 개별적으로 설명하려는 것은 아니다. 오히려 뒤쪽의 왜성에 무게를 둬 그런 이름을 지닌 그 성벽이 어떤 것인지 구명하는 것이다. 그리고 내 결론에 따르면 왜성은 역사적 사실에서 대화궁과 연결된다. 「대화궁과 이른바 왜성」이라는 제목을 붙인 까닭은 거기 있다.[1]

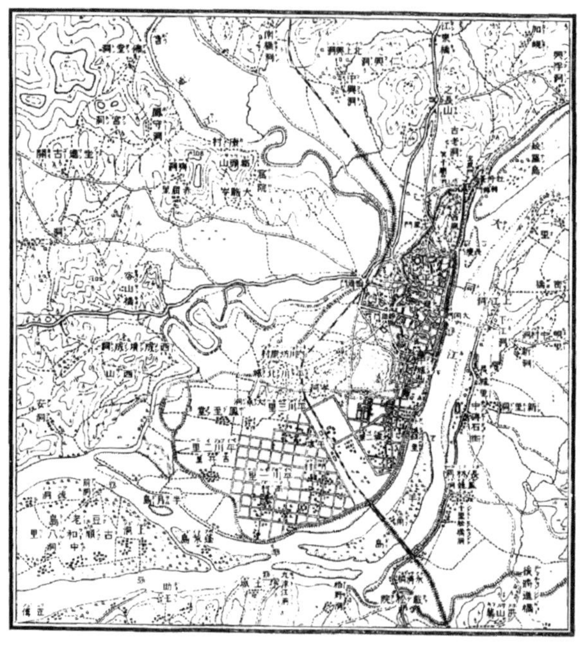

〈그림 4〉
평양 부근 약도
(5만분의 1)

2. 대화궁 터

평양에서 자산慈山으로 가는 큰 도로를 30리(11.8킬로미터)쯤 북쪽
으로 가서 미륵상이 있는 화성리和盛里에서 합장강合掌江을 건너 다시
5리(2킬로미터)를 정북쪽으로 나아가면 부산斧山보통학교와 면사무소
가 있는 남궁리에 이른다. 남궁리 북쪽 마을은 신궁동新宮洞이고 그
뒤쪽은 188미터의 봉우리에서 조금씩 남쪽으로 낮아지는 산지다. 그
동쪽 절벽 아래 합장강이 흐른다. 신궁동에서 지름길을 따라 이 산으
로 들어가면 돌로 쌓인 5겹의 네모난 단이 남아 있다(그림 5 부산면 남
궁리 부근도 참조). 북쪽은 높고 남쪽은 낮은 첫 번째 단은 가운데에서
좌·우 두 구역으로 나뉜다. 동·서 두 면은 지면에 연결돼 있기 때문
에 가장 높은 두 단을 세야 한다. 또 북북동쪽으로 조금 떨어진 곳에
같은 형태로 쌓인 세 겹의 네모난 단이 있다. 마을 사람들은 그곳을
내궁內宮 터, 앞의 것을 외궁 터라고 한다. 그리고 부산보통학교의 보고
서에 따르면 민간에서는 신돈辛旽(고려 공민왕 때의 요승)의 궁터라고 한
다. 그러나 그것은 대화궁 터가 분명하다.

『동국여지승람』: 평양부 고적 조. 대화궁 터는 부 북쪽 30리(11.8킬로미
터)에 있다. 고려 인종 6년(1128) 임원역을 옮겨 새 궁을 짓고 뒤에 대화
라고 불렀다. 大花宮, 遺基在府北三十里. 高麗仁宗六年, 移林原驛, 作新宮,
後稱大花.

『조선고적도보』의 편자도 이미 그렇다고 판단해 내·외궁과 토성의
도판을 '대화궁 터'라고 해서 그 책 6권에 실었다. 여기 옮겨 실은 것

은 그 하나다(그림 6-1 참조).

대화궁의 둘레는 흙으로 만들어진 산성이다. 외궁 앞 평지의 동쪽에 치우친 부분에 도로에 깐 돌의 흔적이 남아 있다. 토성은 여기서 시작돼 133미터의 산꼭대기까지 이어진 뒤 합장강을 내려다보면서 북쪽으로 4~5정(436~545미터) 나아가며 서쪽으로 꺾어지는 곳에 문 터가 있다. 주춧돌 2개가 남아 있다. 다만 이 문은 조선의 산성에 자주 보이는 것처럼 형식만 갖추기 위해 설치된 것으로 문밖 강가의 험한 절벽은 사람이나 말이 오를 수 없다. 토성은 여기서 중간 정도의 경사로 산 아래로 내려가 내궁 북북동쪽에 있는 북문 터에 이른 뒤 161미터의 산봉우리로 올라간다. 그리고 이 봉우리에서 시작된 산자락은 남쪽으로 내려가 외궁 앞의 평지에 이르러 끝나기 때문에 토성의 서쪽 끝이 그것을 따라 남아 있을 것은 거의 분명하지만 그 부분을 직접 조사할 겨를은 없었다(그림 6-2 참조).

3. 인종의 대화궁 창건과 그 사정

대화궁은 고려 17대 국왕 인종이 창건한 왕궁이다. 개경에서 멀리 떨어진 곳으로 고려 역대 국왕이 순행한 곳인 서경(평양)과는 가깝지만 수십 리 떨어져 있다. 평탄한 길이 하나 있어 자산으로 갈 수 있지만, 합장강은 작아 평양까지는 배로 갈 수 없다. 주위 경치도 그리 뛰어나지 않고 역사적 사연도 없다. 대화궁은 상식적으로 쉽게 이해하기 어려운 곳에 건설됐다.

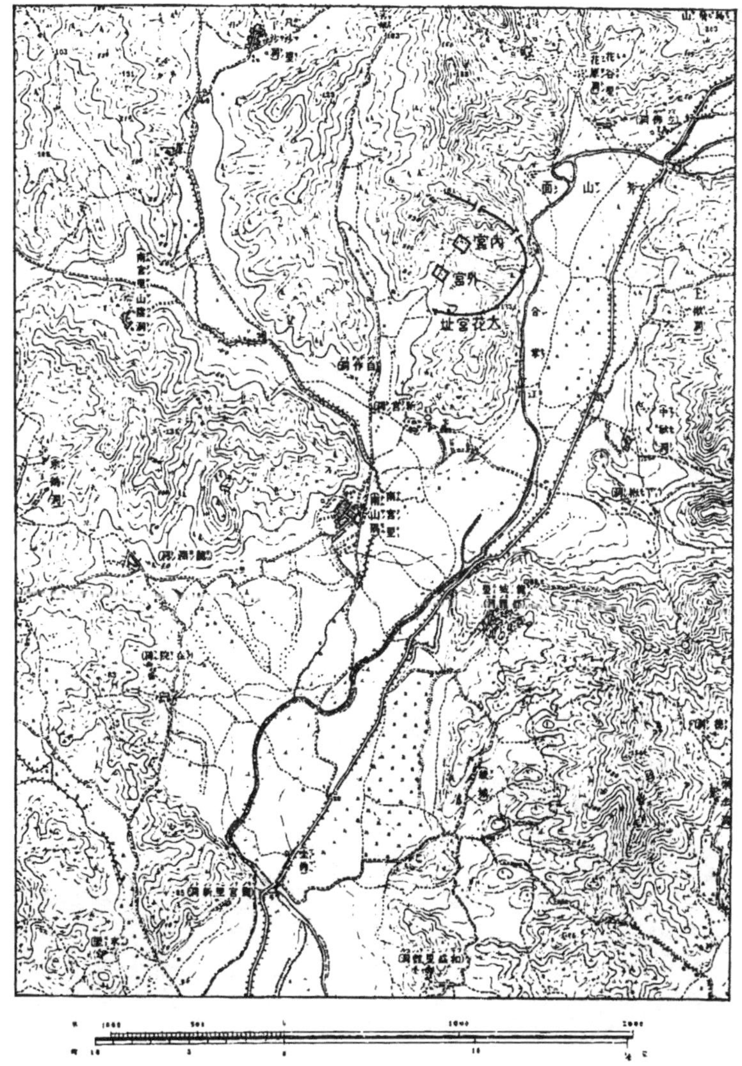

〈그림 5〉 부산면 남궁리 부근도

〈그림 6-1〉 대화궁 터 외궁

〈그림 6-2〉 대화궁 터 토성

인종 즉위 초 권신 이자겸李資謙은 옹립한 공로를 믿고 권력을 마음대로 휘둘렀다. 재위 4년(송 정강 원년, 1126) 2월 인종은 그를 제거하려고 했지만 성공하지 못했다. 이자겸이 군사를 일으켜 궁궐을 침범해 불태운 결과 산호정山呼亭·상춘정賞春亭·상화정賞花亭과 내제석원內帝釋院의 행랑 수십 칸만 남았다. 그래서 국왕은 이자겸의 사저로 옮겨 행동과 음식이 모두 자유롭지 못했지만 5월 이자겸을 유배 보냄으로써 비로소 권신의 억제에서 벗어날 수 있었다.

그 결과 이듬해인 재위 5년(1127) 2월 인종은 서경으로 행차해 3월 관정도량灌頂道場을 상안전常安殿에 설치하고 조서를 내렸다.

지난해 2월 난신적자가 틈을 타 일어났지만 음모가 발각돼 짐은 어쩔 수 없이 모두 법에 따라 다스렸다. 그때부터 내 잘못을 반성하니 부끄러운 점이 많았다. 이제 일관의 건의에 따라 서도西都에 행차해 지난날의 허물을 깊이 뉘우치고 새로운 정치를 바라며 중앙과 지방에 포고하니 모두 알게 하라. 去年二月, 亂臣賊子乘間而起, 陰謀發覺, 朕不得已咸致於法. 自是引咎責躬, 慼德多矣. 今以日官之議, 行幸西都, 深省旣往之愆, 冀有惟新之敎, 布告中外, 咸使聞知.

권신을 축출한 뒤 일부러 서경에 행차에 새로운 정치를 바란다고 한 것도 이상하지만 그것 또한 일관의 건의에서 나온 것이라고 한 것은 어떻게 된 것일까? 기록에서는 관정도량을 거행한 사정과 관련해 "서경의 요승 묘청과 일관 백수한이 국왕을 설득했다西京妖僧妙淸·日者白壽翰說王"고 설명해 이 일뿐 아니라 국왕을 서경으로 행차하게 만든 것은 백수한임을 알 수 있다. 일관은 바로 백수한이었다.[2]

「묘청열전」[3]: 묘청은 서경의 승려로 뒤에 정심이라고 이름을 고쳤다. 인종 6년(1128. 이 연도는 믿기 어렵다) 일자 백수한은 검교소감으로 서경의 분사分司에 있으면서[4] 묘청을 스승이라고 불렀다. 두 사람은 음양의 비술에 의탁해 사람들을 현혹시켰다. 정지상도 서경 출신이었는데 그 말을 깊이 믿고 말했다. "상경(개경)은 기업基業이 이미 쇠퇴했고 궁궐은 모두 불타버렸지만 서경은 왕기가 있으니 추상이 옮겨와 상경으로 삼아야 한다." 그리고는 근신 내시낭중 김안과 모의했다. "우리가 주상을 모시고 서도로 옮겨와 상경으로 삼으면 중흥공신이 될 것이니 이 한 몸이 부귀해질 뿐 아니라 자손도 무궁한 복을 누릴 것이다." 마침내 사람들에게 떠벌리며 설득했다. 근신 홍이서·이중부와 대신 문공인·임경청이 그들에게 동조해 마침내 국왕에게 아뢰었다. "묘청은 성인이며 백수한도 또한 그에 버금가는 사람입니다. 국가의 일을 모두 그들에게 자문한 뒤 시행하고 그들의 주청을 모두 받아들이면 정치가 이뤄지고 나라를 지킬 수 있을 것입니다." 그리고는 관원들에게 서명할 것을 두루 요청했다.

妙淸, 西京僧, 後改淨心. 仁宗六年, 日者白壽翰以檢校少監分司西京, 謂妙淸爲師. 二人托陰陽秘術, 以惑衆. 鄭知常亦西京人, 深信其說, 以爲上京基業已衰, 宮闕燒盡無餘, 西京有王氣, 宜移御爲上京. 乃與近臣內侍郞中金安謀曰, 吾等若奉主上, 移御西都爲上京, 當爲中興功臣, 非獨富貴一身, 亦爲子孫無窮之福. 遂騰口交譽. 近臣洪彝敍·李仲孚及大臣文公仁·林景淸從而和之, 遂奏妙淸聖人也, 白壽翰亦其次也. 國家之事, 一一咨問而後行, 其所陳請, 無不容受, 則政成事遂, 而國家可保也. 乃歷請諸官署名.

그 결과 인종은 서경으로 행차하면서 위의 조서를 내린 것이다. 지난해 2월의 변란으로 궁궐이 불탔지만 마침내 권신의 세력을 소탕했으며 아울러 요승과 음양사가 비술을 근거로 사람들을 현혹시킨 결과 국왕은 서경으로 행차하게 됐다. 국왕은 여러 달 머무르면서 여름을 지나 가을이 오자 개경으로 돌아왔는데, 마침내 묘청 등은 아뢰었다.

신 등이 보건대 서경 임원역은 음양가들이 말하는 대화세니 궁궐을 세워 임어하시면 천하를 아우르게 돼 금국이 예물을 갖고 스스로 항복하고 36국이 모두 신첩이 될 것입니다. 臣等觀西京林原驛地, 陰陽家所謂大華勢, 若立宮闕御之, 則可幷天下, 金國執贄自降, 三十六國, 皆爲臣妾.[5]

고려 말 공민왕의 총애를 받은 승려 보우普愚가 도참설로 "한양에 도읍하면 36국이 입조할 것都漢陽則三十六國朝"이라고 한 것은 이때의 말을 따라한 것이다.[6] 그래서 재위 6년(1128) 가을 인종은 다시 서경으로 행차했고 수행한 재추들에게 묘청·백수한과 함께 임원역의 지세를 살펴보게 한 뒤 10월 개경으로 돌아왔다. 그리고 11월 그 역을 옮기고 '새 궁궐'의 건설에 착수했다. 때는 바야흐로 겨울이어서 백성의 고통과 원망이 심했지만 근신인 내시낭중 김안이 공사를 감독해 인종 7년(송 건염 3년, 1129) 2월 완공됐다. 인종은 곧바로 서경으로 행차해 '새 궁궐'로 들어가 건룡전乾龍殿에서 신하들의 하례를 받았으며, 개경으로 돌아올 때 사면령을 내렸다.

때를 따르고 변화에 맞춰 거처를 옮기는 것은 예로부터 그랬다. 우리나라의 선현도 "대화세에 궁궐을 창건하면 왕업을 연장할 수 있다"고 했다. 지금 지세를 살펴 새 궁궐을 창건하고 때에 맞춰 순시했으니 은택이 온 나라에 두루 미칠 것으로 생각한다. 사형을 선고받은 사람은 유배

보내고 유배형 이하를 저지른 자는 용서한다. 因時乘變, 不常厥居, 自古
而然. 海東先賢有言, 創宮闕於大花勢, 以延基業. 今旣相地, 創造新宮, 順時巡
遊, 思有恩澤, 遍及中外. 其犯死罪者流配, 犯流以下原之.[7]

임원은 지금도 평양부 동북쪽에 면 이름으로 남아 있고 『동국여지
승람』 평양부 고적 조에서 "부 북쪽 20리(7.9킬로미터)에 있다"고 한 임
원역은 「대동여지도」를 참조하면 지금의 화성리 관동館洞 부근에 해당
한다.[8] 인종 때 임원역을 옮기고 그곳에 '새 궁궐'을 창건한 옛 임원역
은 바로 그 내궁과 외궁 터가 남아 있는 지금의 신궁동으로 생각된다.
그리고 동 이름이 된 신궁은 인종 때의 이름을 지금까지 이어받은 것
으로 생각된다. 묘청 등의 주청과 인종의 조서에서 말한 '대화세'는 당
시의 음양가들이 중시한 어떤 지리서에 보이는 말로 생각되며, 묘청·
백수한 세력이 새 궁궐을 창건한 곳으로 옛 임원역을 선택한 것은 모
두 음양지리설에 따른 것이기 때문에 교통·환경 같은 상식적 조건을
결여한 측면이 있어도 이상하게 여길 필요는 없다.

또 「묘청열전」을 보면 인종 9년(송 소흥 원년, 1131) "다시 묘청이 국
왕을 설득해 임원궁성을 쌓고 궁궐 안에 팔성당을 설치했다妙淸又說王,
築林原宮城, 置八聖堂于宮中"고 한 뒤 여덟 성인의 이름을 들었다.[9] 이 팔성
당은 앞서 말한 '새 궁궐' 안에 둔 것으로 생각되고 주위의 산에 의지
해 토성을 두른 것이 바로 '임원궁성'으로 생각된다(그림 6-2 참조). 또
「인종세가」에서는 10년(송 소흥 2년, 1132) 정월 "처음으로 궁궐을 수축
했다始修宮闕"고만 서술해 어떤 궁궐인지 밝히지 않았지만, 「묘청열전」
에는 관련된 기록이 있다.

인종 10년 처음으로 궁궐을 수축했는데 평장사 최홍재·문공인·임경청이 공사를 감독했다. 터를 닦자 묘청은 최홍재 등과 공사를 맡은 관원·서리에게 모두 공복을 입고 차례대로 서게 했으며, 장군 네 명에게 갑옷을 입고 칼을 차고 네 방향에 서게 했다. 군사 120명은 창을, 300명은 횃불을, 20명은 촛불을 들고 둘러서게 했다. 묘청은 그 가운데서 길이 360보의 흰 마麻끈 네 가닥을 네 번 당기며 술법을 하면서 스스로 말했다. "이것은 태일옥장보법太一玉帳步法인데 도선선사가 강정화에게 전수하고[10] 강정화가 내게 전수해줬다. 내가 늙을 즈음 백수한에게 전수했으니 사람들이 알 수 있는 것이 아니다." 十年, 始修宮闕, 平章事崔弘宰及公仁·景淸董其役. 及開基, 妙淸使弘宰等及句當役事員吏, 皆公服序立, 將軍四人, 甲而劍立四方. 卒百二十人槍, 三百人炬, 二十人燭而環立. 妙淸在中, 以白麻繩四條長三百六十步, 四引作法, 自言此太一玉帳步法, 禪師道詵傳之康靖和, 靖和傳之於我. 臨老得白壽翰傳之, 非衆人所知也.

앞의 '새 궁궐'에 더해 다시 궁궐을 조성했음을 알 수 있다. 그런데 지금 신궁동의 옛 산성 — 임원궁성 — 안에 이른바 외궁·내궁으로 두 개의 터가 남아 있는 것으로 보면 이것들은 각각 위의 두 궁터가 분명하다. 그리고 그것을 유적의 현재 상태에 비춰 생각해보면 외궁이 건설된 지형이 내궁보다 좋고 규모도 컸으므로 먼저 건설된 '새 궁궐'이 이것이고 뒤에 건축된 궁궐이 내궁이라고 판단된다. '새 궁궐'이 지어졌을 때 국왕이 신하들의 하례를 받은 건룡전은 내궁의 일부로 생각된다. 그 건물에 관련된 기록은 다음이 있다.

• 「인종세가」 10년(1132) 3월 갑오일: 국왕이 대화궁에 행차했다. 병신일

건룡전에서 신하들에게 잔치를 베풀었다. 甲午, 幸大華宮. 丙申, 宴群臣
于乾龍殿.

- **12년(1134) 6월**: 서경의 대화궐 건룡전에 벼락이 쳤다. 震西京大華闕乾
龍殿.

대화궁과 대화궐은 본래 두 궁궐을 함께 부른 이름이었다.[11]

4. 묘청·조광 등의 반란

묘청과 백수한 등의 말에 따라 대화궁을 창건하고 "때에 따라 순행
한" 인종은 그 뒤 해마다 서경과 이 궁궐에 행차했고 다음과 같이 명
령하기도 했다.

- 과인은 부족한 덕으로 조종의 왕업을 이어받았기 때문에 살얼음이
언 연못을 건너듯 어려워하고 조심해왔다. 일자와 음양가들이 옛사람
의 말에 의거해 서경으로 행차하라고 주청하기에 따랐다. 寡人以凉德,
承襲祖業, 克艱克愼, 若涉冰淵. 日者·陰陽家流, 據古人之言, 奏請西幸, 朕
從而行之[12].
- 짐은 부족한 덕으로 왕업을 계승했는데 쇠퇴하는 시기를 만나 여러
번 변고를 겪었다. 새벽부터 밤까지 나라를 중흥시키기 위해 힘써 노
력하고 있다. 가르침에서 "수만 년이 쌓이면 동지冬至가 갑자일이 돼
해와 달과 오성五星이 모두 자좌子坐에 모이게 되니 이것을 상원上元이
라 해서 역법의 시초로 삼았다. 천지가 개벽한 뒤 성인의 도는 이것을

따라 시행됐다"고 했다. 이제 11월 초6일이 동지인데, 그날 한밤에 갑자일이 돼 삼원三元의 시초가 되니 낡은 것을 없애고 새 것을 세울 수 있다. 그래서 담당 관원에게 명령해 옛 성현이 남긴 가르침을 받들어 서경 대화궐을 창건했다. 아, 삼공·육경과 모든 관원은 모든 일에 함께 유신의 정치를 도모해 무궁한 경사를 더하라. 朕以凉德, 獲承祖業, 適當衰季, 累更變故. 夙夜勉勵, 庶幾中興. 訓有之曰, 積數萬歲, 必得多至甲子, 日月五星, 皆會于子, 謂之上元, 以爲曆始. 開闢以來, 聖人之道, 從此而行. 今遇十一月初六日冬至, 夜半値甲子, 爲三元之始, 可以革舊鼎新. 爰命有司, 擧古賢遺訓, 創西京大華闕. 咨爾三事大夫百官庶事, 共圖惟新之政, 以增永世之休.[13]

그러나 묘청은 국왕을 끼고 권력을 휘두르려고 했다. 임원 땅에 대화의 기운이 있다면서 궁궐을 그곳에 지은 것은 그 방법일 뿐이었고 국왕은 서경에 행차해 이른바 유신의 정치를 시행하려고 했지만 묘청은 거기에 만족하지 않았다. 인종의 서경 행차는 일종의 기복 행사에 지나지 않았고 국왕과 서경을 뗄 수 없는 밀접한 관계로 잇지는 못했다. 그러자 묘청과 백수한은 국왕과 서경의 관계를 긴밀하게 만들려고 애썼다.

상경(개경)은 지세가 쇠퇴했기 때문에 하늘이 재앙을 내려 궁궐이 타버린 것입니다. 반드시 자주 서경으로 가셔서 재앙을 물리치고 복을 모아 무궁한 왕업을 누리십시오. 上京地勢衰, 故天降災孼, 宮闕焚蕩. 須數御西京, 禳災集禧, 以享無窮之業.

기거주 정지상도 거들었다.

대동강에 상서로운 기운이 있으니 이것은 신룡이 침을 토한 것으로 천
년에 한번 보기 어려운 일입니다. 위로는 하늘의 뜻에 부응하고 아래로
는 사람들의 소망을 따라 금국을 제압하십시오. 大同江有瑞氣, 此神龍吐
涎, 千載罕逢. 請上應天心, 下順人望, 以厭金國.

묘청은 다시 말했다.

주상께서는 오래 대화궐에 계셔야 합니다. 그렇지 않으면 근신을 보내
의례를 갖추고 어좌를 설치하며 어의를 갖다놓아 거기 계시는 것처럼
공경하면 복록과 경사가 친히 계신 것과 다르지 않을 것입니다. 主上宜
長御大華闕. 否則遣近臣, 備禮儀, 設御座, 置御衣, 致敬如在, 則福慶與親御無
異.

국왕은 이런 권유에 따라 대신 문공인과 근신 이중부에게 어의를
받들고 서경에 가게 했으며 불사를 거행하게 했다.[14]
이처럼 국왕이 묘청과 근신의 말에 현혹돼 끝내 함정으로 가는 미
로를 걸어가는 동안 그런 행동을 위험하게 보고 안전하게 보호하려는
사람들도 있었다. 평장사 김부식·참지정사 임원애任元敱·승선 이지저
李之氐 등은 처음부터 이런 입장에 섰다. 묘청·백수한과 결탁한 근신들
이 나랏일을 모두 그들에게 자문하고 그들의 의견을 받아들여야 한다
고 국왕에게 아뢰고 관원들에게 서명하도록 두루 요청하자 김부식 등
은 따르지 않았다. 정지상이 묘청과 백수한의 뜻에 따라 대동강에 상

서로운 기운이 있다면서 칭제하자고 주청하자 이지저는 국왕의 자문을 받고 그들의 의견에 반대했으며, 임원애도 묘청과 백수한의 허탄한 말을 들으면 가늠할 수 없는 환란이 생길 것이라면서 그들을 처형해 화의 싹을 자르라고 상서했다. 직문하성 이중李仲·시어사 문공유文公裕 등도 묘청·백수한이 요망하니 멀리 내쫓아야 한다고 강력히 직언했다.[15]

이렇게 해서 재위 12년(1134) 2월 인종은 서경으로 행차했는데 재변이 여러 번 일어났다. 행차가 마천정馬川亭에 이르렀을 때 친종장군親從將軍 김용이 탄 말이 놀라 급히 어가 앞으로 달려가는 바람에 김용은 땅에 떨어져 죽을 뻔했다. 대동강에 이르러 용선龍船을 타고 잔치를 베풀었는데, 중간에 갑자기 북풍이 불어 배 위에 설치한 장막과 그릇이 모두 흔들렸다. 그리고 날씨가 갑자기 추워지자 국왕은 급히 옷을 갈아입고 어가를 재촉해 궁궐로 들어갔다. 다음 달 대화궐로 옮기려고 어가가 떠나려고 할 때 폭풍이 일어나 먼지를 날려 사람과 말이 나아갈 수 없었으며 일산을 든 사람도 나아갈 수 없어 국왕은 직접 복두幞頭를 잡고 대궐로 들어갔다.[16] 게다가 그달 유성이 땅에 떨어졌고, 개경과 서경에서 같은 때 낮에 별이 떨어졌다.[17] 가뭄도 심각해 초여름에 이미 서리가 내렸다. 국왕은 크게 걱정하며 3품 이상 관원에게 대책을 적은 상소를 올리게 하자 유신 임완林完이 상소했다.

폐하께서 묘청을 총애하고 신임하자 좌우에서 가까이 모시는 신하와 대신들이 서로 추천하고 칭송해 성인으로 여기니 그 뿌리가 깊고 꼭지가 단단해 뽑을 수 없습니다. 대화궁을 짓는데 많은 사람을 동원해 힘들게 하니 백성이 원망하고 한탄했습니다. 지난해 순행하실 때 불탑에서 화재가 났고(재위 8년[1130] 인종이 서경에 행차하는 동안 중흥사 탑이 불탔다) 올해 순행에는 유성과 말의 재앙이 잇따라 일어났습니다. 또 이 궁궐은 본래 복을 구하려는 것이었는데, 지금 이미 7~8년이 지났지만 한번도 상서로운 징조가 나타나지 않고 재변이 거듭 닥치니 무슨 까닭이겠습니까? 하늘의 뜻을 말하면 "간사한 사람이 임금을 현혹했는데, 사람은 속일 수 있어도 하늘을 속일 수 있겠는가?"하는 것입니다. 지난날의 변고는 하늘이 폐하께 경계해 깨닫게 하려는 것일 뿐입니다. 폐하께서는 어찌 한 간신을 아껴 하늘의 뜻을 거스르려 하십니까? 바라건대 폐하께서는 하늘의 강건한 위세를 떨쳐 묘청의 머리를 베어 위로는 하늘의 경계에 대답하고 아래로는 민심을 위로하소서. 이것은 천하의 공의로운 말이지 어리석은 신하가 감히 사사롭게 하는 말이 아닙니다.

陛下寵信妙淸, 左右近習, 及諸大臣, 交相薦譽, 以爲聖人, 根深蔕固, 牢不可拔. 自太華宮之役, 勞民動衆, 百姓怨咨. 往歲巡幸, 災發佛塔, 今年巡幸, 流星馬禍, 相繼而作. 且此宮闕, 本爲求福, 今已七八年, 而無一休祥, 災變荐至, 其故何也. 天意若曰, 姦邪之人, 熒惑人主, 人雖可欺, 天可欺乎. 前日之變, 天其或者警悟陛下耳. 陛下豈可惜一姦臣, 而違天意乎. 願陛下奮乾剛之威, 斬妙淸之首, 上以答天戒, 下以慰民心. 此天下之公言, 非愚臣之敢私也.[18]

그러나 재변은 여기서 그치지 않고 6월에는 서경 대화궐의 건룡전에 벼락이 쳤다. 일이 여기에 이르자 국왕은 점차 미몽에서 깨어나 묘청 등을 축출하려고 했지만 그런 움직임이 갑자기 거세지자 묘청 등은 의심과 두려움이 커져 국왕의 서경 행차를 더욱 재촉했다.

• 「묘청열전」: 처음에 묘청이 여러 차례 요청해 국왕이 서경으로 순행했

는데 재앙과 이변이 거듭 일어났지만 묘청 일당은 해가 없다고 속였다. 이때 이르러 서경 행차를 간청해 역모를 행동으로 옮기려고 했지만 국왕은 대신과 간관들의 건의를 듣고 허락하지 않았다. 初妙淸屢請巡御西京, 而災異荐至, 其黨欺誣, 以爲無害. 至是固請西幸, 欲濟逆謀, 王以大臣·諫官言不聽.

•「김부식열전」: 국왕은 묘청의 말을 따라 서경으로 행차해 재앙을 피하려고 했다(사실은 묘청의 간청에 대해 서경으로 행차할 것인지를 김부식 등에게 자문한 것으로 생각된다). 김부식이 아뢰었다. "올해 여름에 서경 대화궁 30여 곳에 벼락이 쳤습니다. 그곳이 길지라면 하늘이 반드시 이렇게 하지 않았을 것이니 거기서 재앙을 피하려는 것은 잘못이 아니겠습니까? 하물며 지금 서경은 수확이 끝나지 않아 어가가 나가면 반드시 곡식을 밟게 될 것이니 백성을 어질게 대하고 만물을 사랑하는 뜻이 아닙니다." 또 간관과 함께 상소해 강력히 간언하자 국왕은 "말한 바가 지당하니 짐은 서경에 가지 않을 것"이라고 했다. 王以妙淸言, 欲幸西京避災. 富軾奏曰, 今夏雷震西京大華宮三十餘所. 若是吉地, 天必不如此, 避災於此, 不亦左乎. 況今西成未收, 車駕若出, 必踐禾稼, 非仁民愛物之意. 又與諫官, 上疏極言, 王曰, 所言至當, 朕不西行[19].

이것은 이 사이의 사정을 말한 것이 분명하다. 그리고 12월 우정언 황주첨黃周瞻은 묘청과 정지상의 뜻에 따라 칭제건원을 주청했지만 국왕은 대답하지 않았다[20].

이듬해인 인종 13년(송 소흥 5년, 1135) 정월 묘청과 분사시랑 조광 등은 서경을 근거로 반란을 일으켰다. 그들은 개경 출신으로 서경에 있던 사람은 모두 가두고 군사를 보내 절령도岊嶺道(서흥과 황주의 경계를 이루는 험준한 요지)를 끊었으며 국호를 대위大爲로, 연호를 천개天開라고 했다. 국왕은 재추를 소집해 토벌을 결의하고 김부식을 원수로 삼았으며 근신을 서경으로 보내 반란을 그만두도록 설득했다. 서경 세력은 그들에게 편지를 한 통 주면서 돌아가 아뢰라고 했다. "엎드려 바라건대 주상께서는 이곳으로 도읍을 옮기십시오. 그렇지 않으면 반드시 변고가 있을 것입니다伏望, 主上移御此都. 不然, 必有變." 그리고는 이어서 표문을 올렸다.

폐하께서는 음양의 지극한 말을 믿고 도참의 비설秘說을 헤아려 대화궁을 창건하고 천제의 도읍을 본뜨셨습니다. 신 등은 누경婁敬이나 반경盤庚이 모의해 실행한 것과 같은 천도의 위업을 희망했을 뿐 어찌 신하들이 임금의 마음을 본받지 않고 자신들의 터전만 생각해 천도를 주저할 뿐 아니라 공로를 막고 사업을 방해할 줄 생각했겠습니까? 사람들의 마음은 두렵고 많은 이의 분노는 막기 어렵지만 주상께서 오신다면 전란을 멈출 수 있을 것입니다. 陛下信陰陽之至言, 考圖讖之秘說, 創大華之宮闕, 象鈞天之帝都. 臣等同婁敬之矢謀, 望盤庚之遷邑, 豈期臣下不體宸衷, 非徒懷土以重遷, 抑亦防功而害事. 人心可畏, 衆怒難防, 車駕若臨, 兵戈可戢.

재변이 거듭 일어난 결과 국왕과 서경을 잇는 끈은 끊어졌고, 묘청 등은 간청했지만 예전의 관계는 회복되지 않았다. 마침내 묘청과 조광 등은 폭력으로 일을 성공시키려고 반란을 일으켰다. 국왕은 그래도 서경 세력에게 반란을 멈추게 하려고 표문을 가져온 사신에게 술과 음식과 폐백을 하사한 뒤 관직을 주고 위로하면서 돌려보냈다.[21]

김부식은 이날 출병하려고 명령을 기다렸는데 김안 등이 출병을 늦취 반란을 도모하려고 하자 재상들과 논의했다. "서경의 반란은 정지상·김안·백수한 등이 모의에 참여했으니 이 무리를 없애지 않으면 서경을 평정할 수 없을 것입니다." 그리고는 세 사람을 끌어내 궁궐 문 밖에서 참수한 뒤 그 일을 아뢰고 출정했다.

보산역寶山驛(평산 북쪽 20리[7.9킬로미터]에 있는 지금의 남천점南川店)에 이르러 사흘 동안 군사를 점검했는데, 적은 무기를 갖추고 견고한 성에 웅거해 추운 날씨에 갑자기 공격하는 것은 관군에게 불리했기 때문에 곧장 서경으로 진군하는 계획을 채택하지 않았다. 적이 왕명을 위조해 군사를 징발하자 여러 성이 의심스러워하며 진위를 분별하지 못하니 그들을 순종과 반역의 도리로 깨우치고 샛길을 따라 적의 배후로 나갔다. 평주(평산)에서 관산역管山驛(신계新溪 동쪽)·사암역射岩驛(수안 북쪽 15리[5.9킬로미터]) 등을 거쳐 성주成州(성천成川)에 이르러 여러 성에 격문을 보내 적을 토벌하려는 뜻을 알리는 한편 군리軍吏를 서경에 보내 그들을 설득하고 북쪽으로 연주漣州(개천)을 거쳐 안북대도호부(청천강 가의 안주)에 이르렀다.

김부식은 다시 휘하를 보내 서경을 몇 차례 설득했고 개경에서 왕명을 가져온 사신도 와서 회유했다. 이미 항복할 뜻이 있던 조광은 묘청 등의 목을 베 분사 대부경分司大府卿 윤첨 등에게 국왕의 사신과 함께 조정에 가서 사죄하게 했으며, 김부식 군에 서신을 보내 그런 의사를 알리면서 개경으로 출발할 날짜를 정해달라고 요청했다. 김부식은 특별히 서신을 보내 윤첨 등을 후대해야 한다고 했지만 조정의 재추들은 따르지 않았으며 국왕의 뜻과도 반대로 윤첨 등을 하옥했다. 이것은 정말 잘못된 조처였다. 조광 등은 그 소식을 듣고 반드시 죽음을 피하지 못할 것이라고 생각해 곧 다시 반란을 일으켜 굳게 성을 지켰

다. 국왕이 다시 설득하려고 보낸 사신도, 김부식이 보낸 녹사도 모두
살해됐다(인종 13년[1135] 2월).[22]

이제 김부식은 더 이상 설득하는 방법을 사용하지 않고 적이 웅거
한 성 아래로 군사를 이동시켜 압박했다. 1년이라는 오랜 기간 동안
포위한 끝에 인종 14년(1136) 2월 공격해 함락시켰다. 그 전투의 경과
는 「김부식열전」에 자세히 서술돼 있지만, 합리적으로 해석하지 않으
면 서경 세력은 어떻게 성을 지켰고 김부식은 어떻게 성을 함락시켰는
지 매우 명확하지 않다. 이제 나는 필요한 해석을 시도하려고 하는데,
먼저 평양부 한쪽에 남아 있는 두 곳의 터를 설명하려고 한다. 그곳은
어디인가? 앞서 말한 왜성과 적두산성이다.

5. 왜성과 적두산성 (〈그림 4〉 평양 부근 약도 참조)

모란봉을 북쪽 끝으로 한 평양은 남쪽으로 내려오면서 규모가 커져
그 성벽 서남쪽으로 이어져 보통문 밖에서 보통강과 만나는 경사면과
모란봉 아래를 남쪽에서 흐르는 대동강 서안을 따라 이어진 부분, 그
리고 창광산 남쪽을 동·서로 관통하는 부분을 다른 두 변으로 해서
하나의 직각 삼각형을 이룬다. 고려시대의 평양 본성, 곧 서경성은 이
랬다. 그 남쪽은 대동강 서쪽을 향해 굽은 부분과 그곳으로 흘러들어
가는 보통강 하류에서 끝나는 평탄한 지역인데, 우물 정자 모양으로
질서 있게 구획된 흔적 — 이른바 기자箕子 정전井田의 유적 — 이 남
아 있다. 이 지역의 절반은 대동강과 맞닿아 있고 절반은 거기서 벗어
나 보통강 하류의 일부와 접촉하는 성벽으로 둘러싸여 있는데, 남쪽

은 좁고 북쪽은 넓어 위의 삼각형을 이어받아 그 대좌臺座 같은 모습을 드러낸다.

평양의 본성인 내성 — 고려부터 조선 인조 2년(1624) 이전 — 은 다음과 같았다.

『동국여지승람』, 평양부 성곽: 내성은 돌로 쌓았는데, 둘레가 2만4539척(7436미터)이고 높이가 13척(3.9미터)이다. 문은 6개인데, 동쪽은 장경문, 서쪽은 보통문, 남쪽은 함구문, 북쪽은 칠성문, 정동쪽은 대동문, 정남쪽은 정양문이다. 우리 태종 6년(1406)에 고쳐 쌓았다. 內城, 石築, 周二萬四千五百三十九尺, 高十三尺. 門六, 東曰長慶, 西曰普通, 南曰含毬, 北曰七星, 正東曰大東, 正南曰正陽. 我太宗六年改築.

외성은 우물 정자로 구획된 지역을 둘러싼 성벽으로 고구려 때 축조됐다.

외성은 당포 가에 있는데, 돌로 쌓은 것은 둘레가 8200척(2485미터)이고 흙으로 쌓은 것은 1만205척(3092미터)이다. 높이는 둘 다 32척(9.7미터)이다. 문은 두 개인데 남쪽은 차피문, 서쪽은 다경문으로 지금은 모두 무너졌다. 세상에서 "이 성은 기자 때 쌓은 것"이라고 하지만 연대가 너무 멀어 사실인지 알 수 없다. 外城在唐浦上, 石築, 周八千二百尺, 土築, 一萬二百五尺. 並高三十二尺. 有二門, 南曰車避, 西曰多景, 今皆頹壞. 世傳此城乃箕子時所築, 然年代絕遠, 未知是否.

지금 평양부청에는 병풍 지도가 한 점 소장돼 있다. 서쪽을 하늘,

동쪽을 땅으로 해서 평양의 전체 모습을 조감도로 그리고 지명을 기입한 것이다. 왼쪽 끝에는 "정해년 중추 이징이 그리고 썼다丁亥仲秋, 李澄畵並書"는 낙관落款이 있다. 이징은 조선 인조 때 사람이므로 정해년은 인조 25년(청 순치 4년, 1647)이다. 그의 화풍에 대해서는 『연려실기술』별집(권14)에 인용된 『청죽화사聽竹畵史』에서 다음과 같이 말했다.

이징은 이학림의 서자로 호는 허주다. 화가의 집에 태어나 가업을 떨치고 문호를 넓혔으며 여러 그림체에 모두 뛰어났으니 참으로 대가라고 할 수 있다. 그러나 일정한 화법의 테두리를 벗어나지 못해 넓었지만 웅장하지 못했고 정밀했지만 신묘하지 못했으며, 공교했지만 변화를 이루지는 못했으니 그의 폐단은 평범함이었다. 李澄, 鶴林之庶子, 號虛舟. 生於畵家, 振箕裘拓門戶, 兼長各體, 固可謂大家數. 然雍容法度之內, 雖博而不能雄, 雖精而不能妙, 雖工而不能化, 其弊也凡常而已.

〈그림 7〉 이징이 그린 병풍 평양도(오른쪽 절반)

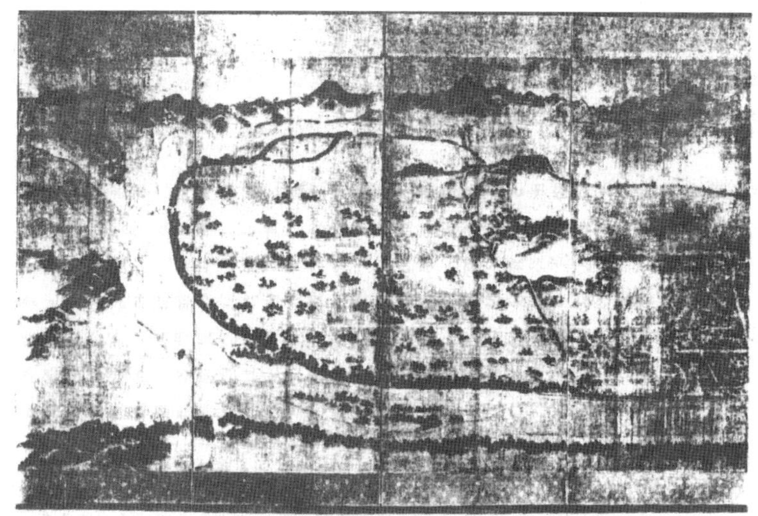

〈그림 8〉 이징이 그린 병풍 평양도(왼쪽 절반)

역사 연구에 참고할만한 옛 그림인 이 병풍화는 실제 경치를 치밀하게 묘사했다는 점에서 그 가치가 매우 크다. 정확한 실측도와 비교하면 지명은 예전과 지금이 달라졌지만 쉽게 위치를 비정할 수 있고, 외성안의 우물 정자 구획 같은 것도 동·서와 남·북에 특수한 기준점을 설정해 산출하면 실제와 지도가 완전히 일치한다.

이 옛 그림에서는 보통강과 맞닿은 외성 부분에 그것과 나란히 은행銀杏 모양으로 만들어진 내벽이 있다면서 그 영역 안에 '왜성'이라고 표기했다. 그리고 그 맞은편에도 좌우의 구릉에 이어진 성벽을 묘사한 뒤 '적두산성'이라고 주기했으며 뒷면(위쪽)에 솟은 산을 '서산西山'이라고 표기했다. 또 왜성의 좌·우 외성에 각각 두 곳의 빈틈을 만들어 왼쪽을 '수덕문水德門'과 '다경문多慶門', 오른쪽을 '서문'과 '족박문足朴門'이라고 했으며 왜성에도 외벽과 내벽에 한 곳씩의 틈을 표시했다. 다경문은 앞서 인용한 『동국여지승람』의 '多景門'이다(그림 9 참조).[23]

이징의 「병풍 지도」에 보이는 이런 유적의 상태는 270여 년 뒤인 지금도 크게 달라지지 않았다. 외성의 남쪽 끝에 남아 있는 차문車門 터 ─ 『동국여지승람』의 차피문 ─ 과 간사정間似亭 터부터 대동강 가를 벗어나 성벽이 없고 잔돌만 많이 놓여 있는 수덕문과 다경문 터를 지나면 그 북쪽에서 성벽은 두 갈래로 갈라져 동·서 지름 3~4정(327~436미터), 남·북 지름 6~7정(654~763미터) 되는 지역을 아우르고 합쳐진다. 이것이 바로 「병풍 지도」의 왜성이다(그림 10). 그리고 그렇게 하나로 합쳐진 성벽은 곧 동쪽으로 방향을 돌려 이어지는데 서문과 족박문 터가 남아 있으며 내성의 서남쪽 모서리와 만난다. 왜성의 동쪽에서 오는 길은 둘인데 모두 성 내벽을 지나 외벽의 중앙에 이르러 만나며, 곧바로 성벽을 통과해 보통강 동안(다음에 말하는 외성 나루外城渡)으로 내려간다. 외벽이 결손된 곳에는 돌덩이가 많이 흩어져 있어 문터의 흔적을 분명히 알 수 있다. 이것은 다음 장에서 왜성이 무엇이었는지 고찰할 때 특히 주목하려고 한다. 그 북쪽, 곧 성의 북쪽 끝으로 이어지는 성벽에도 돌덩이가 무너져 노출된 부분이 많이 있다.

이런 문터에서 시작된 도로를 따라와 보통강을 건너는 곳에 외성 나루(여성진餘城津)가 있다. 나룻배로 오갈 수는 있지만 헤엄쳐 건널 수는 없다. 강 서안에는 흙으로 만든 둑이 있는데, 특수한 필요에 따라 지어진 것이 분명하다. 앞에는 좁은 평지가 있으며 강 동쪽의 왜성과 마주보고 있다. 그것은 외성 나루의 진두津頭 왼쪽에서 시작돼 서남쪽으로 3정(327미터)쯤 이어진 뒤 곧바로 왼쪽의 산자락에 연결된다(연결된 지점은 지금 파헤쳐져 둑 뒤쪽에서 앞쪽의 좁은 평지로 나오는 도로를 뚫었다). 높이는 40~50척(12.1~15.1미터) 정도다(그림 11). 이 둑은 뒤쪽에 92미터쯤 되는 언덕이 있기 때문에 안쪽의 평지는 그리 넓지 않다. 그 언덕을 체봉體峰이라고 하는데, 바로 「병풍도」의 '서산'이다.

또 외성 나루의 진두 오른쪽에서 서북쪽으로 언덕을 올라가는 토성이 있다. 그것은 진두에서 시작된 도로 때문에 끊겨 둑과 직접 연결되지 않는다. 「병풍도」에 그려진 강 서안의 성벽 한 곳에 빈틈이 있는 것은 이런 상태를 관계를 보여주는 것이다(그림 9). 토성은 높이 10척(3미터) 안팎으로 체봉 꼭대기를 두른 뒤 남쪽으로 내려가 앞서 말한 둑의 왼쪽 산자락에 이른다. 지금은 끊어지고 이어지면서 남아 있는데, 산꼭대기를 두른 부분이 가장 잘 보존돼 있다. 그 전체의 모습은 대화궁의 산성과 같다. 이것이 바로 「병풍도」의 '적두산성'으로 『동국여지승람』 평양부 고적 조에서는 다음과 같이 서술했다.

적두산성은 흙으로 쌓았는데, 평양강(보통강) 서쪽에 있다. 둘레는 5100척(1545미터)이고 높이는 11척(3.3미터)이다. 김부식이 쌓았다. 묘청이 반란을 일으켰을 때 김부식은 이곳에 군사를 주둔시켰다. 赤頭山城, 土築, 在平壤江西. 周五千一百尺, 高十一尺. 金富軾所築. 妙清叛, 富軾駐兵于此.

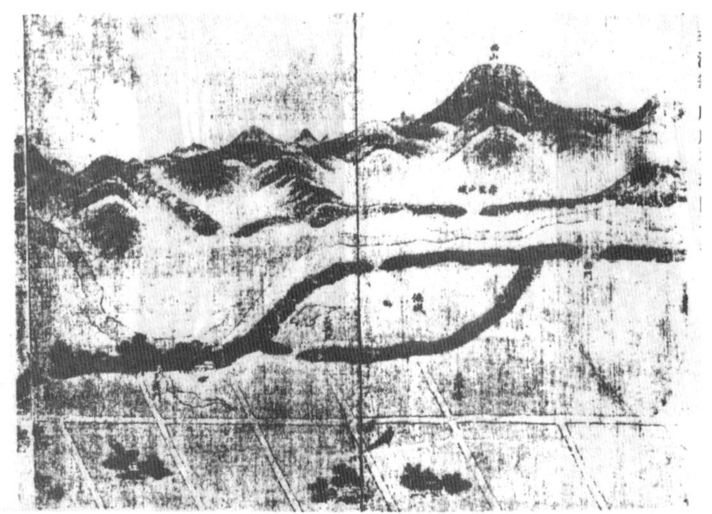

〈그림 9〉 이징의 병풍 평양도 일부

〈그림 10〉 왜성 성벽의 일부(동벽 남쪽 부분)

위와 같음(서벽 안쪽)

<그림 11> 적두산성 앞쪽 토성(시노다 지사쿠 박사 촬영)

6. 서경 포위 공격의 경과와 두 성

김부식은 서경 공격 계획을 다음과 같이 말했다.

서경은 북쪽으로 산과 언덕을 등지고 3면이 물로 막혔으며, 성은 높고 험해 금방 함락하기는 쉽지 않으므로 성을 둘러싸고 진영을 펼쳐 압박해야 한다. 西京北負山岡, 三面阻水, 城且高險, 未易猝拔, 宜環城列營以逼之.

그래서 5군을 편성해 다음과 같이 배치했다.

중군: 천덕부川德部 주둔

좌군: 중흥사 주둔

우군: 중흥사 서쪽 주둔

후군: 대동강 주둔

전군: 중흥사 동쪽 주둔

후군을 대동강 방면에 주둔시킨 까닭은 다음과 같았다.

또 대동강은 오가는 데 요충지여서 적이 먼저 점거하면 길이 막혀 오갈 수 없기 때문에 대장군 김양수 (…) 등에게 군사를 이끌고 주둔해 지키게 하고 후군이라고 불렀다. 又以大同江爲往來之衝, 賊若先據, 道梗不通, 使大將軍金良秀 (…) 等, 將兵屯守, 號後軍.

천덕부는 『평양지』(권1) 부방部坊 조에서 다른 부들과 함께 "부의 서쪽 경계"에 있다고 했으므로 평양성 서쪽의 부곡部曲이지만 정확한 위치는 알 수 없다. 흥복사는 『동국여지승람』 평양부 고적 조에서 "부 남쪽 100보에 있다"고 했는데, 그 책을 편찬할 때 그 터가 성안에 있었음을 보여준다. 그러나 문제의 흥복사, 곧 고려 인종 때의 그것은 반드시 성 밖에 있어야 한다. 다만 그 위치는 알기 어려워 아쉽다. 중흥사는 『동국여지승람』에서 "병현에 있는데, 김부식이 묘청을 토벌할 때 우군이 중흥사에 주둔했다在竝峴, 金富軾之討妙清也, 右軍屯重興寺"고 했다.

병현은 칠성문(평양의 북문) 정북쪽 10정(1090미터)쯤에 있는 소변현小弁峴과 대변현大弁峴이며(「병풍 지도」에서도 그 두 현을 그렸다)『평양지』(권3 사우寺宇)에서 『동국여지승람』의 기사에 "지금은 철폐됐고 돌기둥 두 개만 남아 있다今廢, 有石柱二個"고 덧붙였으므로 중흥사의 위치는 한층 또렷해진다. 칠성문 북북서쪽 5~6정(545~654미터)의 밭 안에 거대한 화강암으로 만든 당간지주 1기基와[25] 그 북북동쪽 2정(218미터)에 석조 미륵불상 1좌가 있고 기와 조각이 곳곳에 흩어져 있는데, 그곳이 바로 그 터라고 생각된다(대체적인 위치는 「병풍 지도」를 봐도 알 수 있다). 대동강 방면에 배치됐다고 한 후군은 그 뒤 적과 교전했다.

「김부식열전」: 김부식은 후군의 병력이 적고 약한 것을 우려해 밤에 몰래 보병과 기병 1000명을 보내 보강했다. 적은 그런 사실을 알지 못하고 새벽에 마탄과 자포를 건너 곧바로 후군을 공격해 진영을 불태우고 돌진해왔다. 승려 관선은 모집에 지원해 종군했는데, 갑옷을 두르고 큰 도끼를 메고 먼저 나가 적을 공격해 10여 명을 죽였다. 관군이 승세를 타고 적을 크게 격파해 300여 명을 죽이니 적은 모두 짓밟혀 강에 빠져죽었다. 전함과 갑옷·무기를 매우 많이 노획하니 적의 기세가 갑자기 꺾였다. 富軾慮後軍寡弱, 夜密送步騎一千以益之. 賊不知, 黎明渡馬灘·紫浦, 直衝後軍, 燒營突進. 僧冠宣應募從軍, 擐甲荷大斧, 先出擊賊, 殺十數人. 官軍乘勝大破之, 斬首三百餘級. 賊皆蹂躪, 赴江溺死, 獲兵船·甲仗甚多, 賊勢頓挫.

마탄은 『동국여지승람』(평양부 산천)에서 "부 동쪽 40리(15.7킬로미터)에 있다"고 했으며 대동강을 설명한 부분을 보면 백은탄의 상류 이름이다.

강동현 경계에 이르러 잡파탄과 합류해 서진강이 되고 부성府城 동북쪽에 이르러 마탄이 되며, 부성 동쪽에 이르러 백은탄이 됐다가 다시 대동강이 된다. 至江東縣界, 與雜派灘合流爲西津江, 至府城東北爲馬灘, 至府城東爲白銀灘, 又爲大同江.

백은탄은 능라도 남쪽 모서리에 가까운 얕은 여울이므로[26] 평양성 북쪽 모서리에서 주암산酒巖山(합장강이 대동강으로 흘러들어가는 곳) 근처까지 미치는 능라도보다 위에서 마탄의 위치를 찾아야 한다는 것은 분명하다. 그러나 『동국여지승람』에서 그것이 평양부 동쪽 40리(15.7킬로미터)에 있다고 했으므로 "부성 동북쪽에 이르러 마탄이 된다"고 한 부분은 매우 이상하게 여겨진다. 같은 표현을 사용해 "부성 동쪽에 이르러 백은탄이 된다"고 기록된 백은탄은 부성과 매우 가까워 40리라는 거리는 부 동쪽 47리에 있는 강동현의 경계에 거의 다가가는 것으로 부성과는 상당히 멀리 떨어져 있다.

아울러 평양성을 공격할 때 후군이 배치된 곳이 그처럼 멀리 떨어진 곳이라고는 생각되지 않는다. 주력을 성 서쪽에 배치했다고 생각되는 군대에서 밤에 몰래 1000명을 증원할 수 있었고 성안에 주둔한 적병이 후군의 진지를 습격했다고 한 것도 같은 추측을 내릴 수 있는 자료이므로 『동국여지승람』의 거리는 오류가 분명하다고 생각된다. 또 마탄은 남·북의 교통 요지에 해당하는 곳이다. 거란의 침입과 관련해 고려 현종 원년(1010) 거란군이 안정역(평양 북쪽 순안)에 주둔하자 서경의 고려군은 임원역(옛 임원역, 곧 인종이 대화궁을 건설한 곳) 남쪽에서 그들을 맞아 공격하고 이튿날 다시 성을 나가 싸워 마탄까지 추격했다고 했으며[27] 현종 9년(1018) 거란군은 청천강 서쪽에서 자주(평양 동북쪽의 자산)로 와 마탄에서 고려군과 싸운 뒤 곧바로 개경으로 진격한 것은[28] 그것을 증명한다.

다시 이 방면의 도로를 살펴보면 옛 임원역, 곧 대화궁 터 근처를 지나오는 도로는 그 남쪽에서 둘로 갈라진다. 하나는 좌불이 있는 곳에서 합장강을 건너 와산리臥山里·감북坎北을 지나 대·소병현을 거쳐 중흥사 터를 오른쪽으로 보고 칠성문 밖에 이르는 것이고, 다른 하나는 새 임원역에 비정되는 화성리 관동에서 합장강 동쪽의 평지를 남쪽으로 내려와 합장강과 대동강이 만나는 지점을 거쳐 다시 그 상류에 이르러 미림진美林津을 건너는 것이다. 그리고 뒤쪽 도로의 동쪽은 대성산을 중심으로 한 일대의 산지이기 때문에 미림진은 평양성 동북쪽의 중요한 나루다.

논의가 여기에 이르면 미림진이 마탄이라는 것은 거의 분명하다고 생각된다. 이 비정이 허용된다면 옛 임원역 남쪽에서 거란군을 맞아 격파한 고려군이 이튿날 그들을 추격해 전투를 벌인 지리, 그리고 옛 임원역과 평탄한 도로를 따라 연결되는 자산에서 온 거란군이 대동강을 건넌 지점을 합리적으로 설명할 수 있다. 그리고 합장강 입구에 가까운 주암酒巖이 『동국여지승람』에서는 부 동북쪽 10리(3.9킬로미터)에 있다고 했는데, 2배 정도 멀리 떨어진 미림진의 위치는 내가 너무 멀다고 지적한 『동국여지승람』에 기록된 마탄의 거리(40리. 15.7킬로미터)보다 절반 가까이 준 것이다.

앞서 서술한 대로 김부식이 특히 후군이라고 부른 부대를 편성해 대동강 방면에 주둔시킨 까닭을 "대동강은 왕래하는데 요충지여서 적이 먼저 점거하면 길이 막히기 때문"이었다. 그런데 그 주둔지인 마탄은 이처럼 대동강의 중요한 나루였으므로 "왕래하는데 요충지"는 바로 마탄을 가리키고 '대동강'이라고 한 것도 그 부분이 분명하다고 생각된다. 곧 후군을 마탄에 주둔시킨 주요 목적은 이 요진을 거쳐 강 건너 지방과 성 북부의 교통을 차단하는 데 있던 것이 틀림없다. 중흥사 동·서쪽에 전·우군을 주둔시킨 것도 그 방면의 도로를 차단하려는 것이고 천덕부의 중군, 흥복사의 좌군도 각각 그런 것으로 판단된다.

다만 중흥사와 천덕부는 모두 평양 서쪽에 있다. 어딘지 명확치 않은 홍복사도 평양의 지형을 볼 때 같은 방면으로 추정된다. 그리고 대동강이라고 한 것을 동북 방면의 마탄으로 보면 이렇게 넓은 의미에서 대동강 방면, 곧 동쪽과 서쪽은 어떻게 처리해야 할까? 백은탄 아래쪽의 대동강은 건너기 쉬운 얕은 여울이니 나룻배를 이용한 안팎의 교통은 매우 쉽지 않았을까? 그런데 군대의 배치에서 이 두 방면을 소홀히 한 것처럼 보이는 것은 어째서일까? 이것은 지금까지 고찰한 결과 당연히 생기는 의문이다.

「김부식열전」에서는 앞서 부대 배치를 설명한 다음 적군의 축성 사실을 서술했다.

서경 세력은 강을 따라 성을 쌓았는데 선요문부터 다경루까지 모두 1734칸이고 여섯 개의 문을 설치해 막았다. 西人沿江築城, 自宣耀門至多景樓, 凡一千七百三十四間, 置六門以拒之.

그러나 이 구절은 잠깐 미뤄두고 곧이어 나오는 전투 기사를 주목할 필요가 있다.

이보다 먼저 국왕은 내시지후 정습명을 (…) 서경 서남쪽 바다의 섬으로 보내 궁수와 수군 4600여 명을 모아 전함 140척을 타고 순화현의 남강으로 들어가 적의 배를 막게 했다. 이때 이르러 다시 상장군 이녹천·대장군 김태수·녹사 정준 (…) 등을 보내 서해에서 전함 50척을 이끌고 토벌을 돕게 했다. 이녹천은 철도에 이르러 지름길로 서경에 가려고 했는데, 마침 날이 저물고 썰물이 됐다. 정습명은 "물길이 좁고 얕으니 조수가 찼을 때 출발해야 한다"고 했지만 이녹천은 듣지 않고 가다가 반 정도 이르러 물이 얕은 곳에서 배가 좌초했다. 서경 세력은 작은 배 10여 척에 장작을 싣고 기름을 부어 불을 지른 뒤 조수를 따라 보냈다. 그보다 먼저 길옆 무성한 수풀 사이에 쇠뇌 쓰는 군사 수백 명을 매복시켰다가 불이 나면 한꺼번에 쏘라고 약속했다. 불붙은 배가 다가와 전함으로 불이 번지자 많은 쇠뇌가 모두 발사됐다. 이녹천은 낭패해 어쩔 줄 몰라 하다가 무기가 모두 타고 거의 모든 군사가 물에 빠져 죽었으며, 김태수와 정준도 죽었다. 이녹천은 쌓인 시체를 밟고 육지로 올라가 겨우 몸만 빠져나왔다. 이때부터 서경 세력은 관군을 업신여기기 시작했고 군사를 선발해 훈련을 시키면서 막아 치킬 계획을 세웠다. 先是, 王遣內侍祗候鄭襲明 (…) 往西京西南海島, 會弓手·水手四千六百餘人, 以戰艦百四十艘, 入順化縣南江, 禦賊船. 至是, 又遣上將軍李祿千·大將軍金台壽·錄事鄭俊 (…) 等, 自西海領舟師五十艘助討. 祿千至鐵島, 欲徑趣西京, 會日暮潮退. 襲明曰, 水道狹淺, 宜乘潮而發. 祿千不聽, 行至半塗, 水淺舟膠. 西人以小船十餘艘, 載薪灌油火之, 隨潮而放, 先於路旁叢薄間, 伏弩數百, 約以火發, 同時齊擧. 及火船相迫, 延燒戰艦, 衆弩俱發. 祿千狼狽, 不知所圖, 兵仗皆燒, 士卒溺沒殆盡, 台壽·俊死. 祿千蹈積屍登岸, 僅以身免. 由是西人始輕官軍, 選卒鍊兵, 爲拒守計.

"서경 서남쪽 바다의 섬"은 대동강 입구에 섬이 많기 때문에 강 입구를 그렇게 말한 것이다. "순화현의 남강"은 이 반란을 평정한 뒤 서경의 경기를 폐지하고 강동현·강서현·중화현中和縣·순화현順和縣 등 6현을 설치했기 때문에 그렇게 말한 것이다.[29] '順化縣'은 '順和縣'으로 치소의 위치는 『동국여지승람』 순안현 고적 조에서 "옛 순화현은 지금 평양부 서면이 됐는데, [순안]현 서남쪽 60리(23.6킬로미터)에 있다古順和縣, 今爲平壤府西面, 距縣西南六十里"고 했으며 평양의 서면을 그 관할 구역으로 삼았다. 『평양지』(권1)에서는 평양부 서쪽 경계의 부방部坊 가운데 하나로 "옛 순화古順和"를 들었는데, 보통강 입구의 앞쪽에 가로놓인 두로도豆老島와 그 북안 지방에 최근까지 옛 순화의 이름이 있던 것은 육지 측량부에서 발행한 5만분의 1약도(평양과 재송원載松院)를 보면 알 수 있다. 그렇다면 「김부식열전」의 순화현은 그것을 설치한 뒤의 이름에 따라 그 지방을 부른 것으로 '남강'은 순화현 남쪽의 대동강, 곧 두로도 부근의 그것을 가리키는 것이 될 수밖에 없다.

철도鐵島는 황주 서쪽에 있고 지금도 같은 이름이다. 평양에서 서남쪽으로 흐르는 대동강은 이 섬을 돌아 서쪽으로 굽어져 바다로 들어간다. 또 대동강 하류는 조수의 간만이 커 만조 때가 아니면 배로 물결을 거슬러 올라가기가 어렵다. 지금 겸이포兼二浦와 진남포鎭南浦 사이를 오가는 석유 발동기선石油發動機船처럼 날마다 출발과 도착 시간을 다르게 해야 하고, 출발한 뒤 사고가 나서 예정된 시간과 많이 달라질 때는 도중에 운행을 중지할 수밖에 없다. 대동강은 철도鐵島에서 굽어져 폭이 좁아져 물살이 급해진다. 그래서 급수문急水門이라는 이름이 붙었다.[30] 『동국여지승람』(황주 산천)에서 "급수문은 황주 서쪽 30리(11.8킬로미터) 바다 입구에 있는데, 황주와 용강·안악의 물이 서로 부딪치는 곳急水門, 在州西三十里海口, 州及龍岡·安岳之水相激處"이라고 한 것은 그 이름의 설명으로 타당하지 않다.

지금까지 제시한 설명에 비춰 본문을 읽으면 앞서 제기한 몇 가지 의문은 자연히 사라질 것이다. 김부식이 이끈 육군은 평양성을 포위하기 시작하면서 따로 대동강을 거슬러 올라가 적선을 막는 수군을 보냈는데, 그것은 평양의 지형상 적이 강에 의지해 세력을 유지할 것을 예상한 조처가 틀림없다. 곧 강으로 막혀 있는 평양의 두 방면에 대해 주둔군을 두지 않은 김부식의 작전 계획은 그것을 수군에게 맡기려고 한 것이 분명하다. 그런데 강을 거슬러 올라온 수군은 평양과 상당히 멀리 떨어진 철도 부근에서 적선의 공격을 받아 거의 전멸했다. 그 결과 적은 수로를 더욱 자유롭게 이용할 수 있게 돼 사기가 크게 올랐고 관군을 얕잡아보며 방어 계획을 세우기에 이르렀다. 그리고 관군의 계획에는 큰 차질이 생겼다.

「김부식열전」에서는 위의 기사를 이어 마탄 자포 전투를 서술한 다음 "이때 여러 군은 몇 달 동안 들판에 주둔했다時諸軍野屯數月"고 시작해 김부식이 지구전을 채택했음을 말하고 다음과 같이 서술했다.

북계의 주·진과 남서쪽 부근 지방의 군사를 5군에 나눠 소속시키고 각각 성을 하나씩 쌓게 했다. 또 순화현 왕성강에 각각 작은 성을 쌓게 해 며칠 만에 마치고 무기와 곡식을 비축한 뒤 성문을 닫고 군사를 쉬게 했다. 적과 교전해도 크게 승패가 나지 않았다. 길을 나눠 성을 공격하기도 했는데, 성이 높고 해자가 깊어 화살과 돌로 사상자를 많이 냈지만 관군도 피해를 입었다. 以北界州鎭, 南西近道軍, 分隷五軍, 各築一城. 又於順化縣王城江, 各築小城, 數日而畢, 峙兵積穀, 閉門休士. 雖或與賊交兵, 無大勝敗. 或分道攻城, 而城高塹深, 雖矢石所及, 多所殺傷而官軍亦傷.

「김부식열전」에서는 국왕이 서경 세력을 타이르는 조서를 내렸고 김부식도 설득했지만 조정 신하들 사이에 신속히 승리를 확정해야 한다는 의견이 있자 김부식이 상소를 올린 결과 국왕은 신하들의 의견

을 물리치고 김부식을 믿었다는 것 등이 기록한 뒤 다음과 같이 서술
했다.

3월 5군이 모여 공격했지만 이기지 못했고, 여름을 지나 가을이 되도록
적과 대치해 승부를 가리지 못했다. 三月, 五軍會攻不克, 涉夏至秋, 與賊相
持不決.

그러나 이런 다양한 사실이 모두 서경 세력이 다시 반란을 일으킨
2월 안에 일어난 것이라고는 생각되지 않는다. "3월"이라고 한 표현은
물러나 앞의 서술을 총괄해 말한 것으로 지구전 계획을 채택한 뒤 관
군의 행동과 그 밖의 여러 일도 여름부터 가을까지 "들판에 몇 달 동
안 주둔"하는 동안 일어난 것으로 여겨진다. 왕성강은 대동강의 별명
이므로 "순화현 왕성강"은 앞의 "남강"과 마찬가지로 두로도 부근의 대
동강을 가리키는 것이고, 그 강가에 작은 성을 쌓은 것은 적선의 운행
을 저지하려는 조치가 분명하다. 수군이 패배하면서 계획에 차질이 생
기자 성을 쌓고 성 동남쪽의 교통을 차단하는 것 외에도 여러 조처를
시행했을 것으로 판단되지만 앞서처럼 간단한 기록에서는 그런 사실
을 빠뜨린 것으로 여겨진다.

그 뒤 초겨울부터는 눈에 띄는 움직임이 시작됐다.

「김부식열전」: 10월 적은 식량이 다 떨어지자 노약자와 부녀자를 가려
서 쫓아냈는데, 모두 여위고 굶주려 사람 같지 않았다. 군사들도 자주
나와 항복했다. 김부식은 성을 점령할 만한 상황이라는 것을 알고 장수
들에게 흙산을 쌓게 했다. 먼저 양명포의 산 위에 목책을 세우고 군영

을 배치해 전군前軍을 이동시켜 주둔케 하고, 서남쪽 지역 주·현의 군사 2만3200명과 승려 550명을 징발해 흙과 돌을 나르고 목재를 모으게 했다. 장군 의보·방재·노충·적선에게 정예병 4200명과 북계 주진의 군졸 3900명으로 먼저 유격대를 만들어 약탈에 대비케 했다. 十月, 賊糧盡, 簡老弱及婦女驅出之, 皆羸餒無人色. 戰卒往往出降. 富軾知有可取之狀, 命諸將起土山. 先於楊命浦山上, 竪柵列營, 移前軍據之, 發西南界州縣卒二萬三千二百·僧徒五百五十, 負土石集材木. 分命將軍義甫·方宰·盧冲·積先, 將精卒四千二百及北界州鎭戰卒三千九百, 爲遊軍, 以備剽掠.

다음으로 '흙산'을 설명했다.

11월 각군은 전군前軍이 주둔한 곳에 가서 흙산을 쌓았는데, 양명포부터 적이 웅거한 성의 서남쪽 모퉁이까지 걸쳐 있었다. 밤낮으로 공사를 독려하니 적은 놀라고 두려워하면서 정예병을 내보내 싸우게 했으며 성머리에 쇠뇌와 돌을 날리는 포를 설치하고 힘을 다해 저항했다. 관군은 상황에 따라 막으면서 북을 치고 소리를 지르며 성을 공격해 적의 세력을 분산시켰다. 교인僑人* 조언의 계책에 따라 포를 만들어 흙산 위에 설치했는데 규모가 높고 컸다. 무게가 수백 근인 돌을 날려 성벽을 산산이 부수고 연달아 불덩어리를 날려 태우니 적이 감히 가까이 오지 못했다. 흙산은 높이 8장(약 24미터), 길이 70여 장(약 210미터), 넓이 18장(약 54미터)으로 적의 성과 거리가 몇 장 정도 떨어져 있었다. 十一月, 諸軍就前軍屯所, 起土山, 跨楊命浦, 抵賊城西南隅. 晝夜督役, 賊驚駭, 以銳士出戰,

---

* 중국 등 다른 나라에서 귀화했거나 일정 기간 머무는 사람.

又於城頭, 設弓弩砲石, 盡力拒之. 官軍隨宜捍禦, 鼓譟攻城, 以分賊勢. 有僑人
趙彦獻計, 制砲機, 置土山上, 其制高大. 飛石重數百斤, 撞城樓糜碎, 繼投火毬
焚之, 賊不敢近. 土山高八丈, 長七十餘丈, 廣十八丈, 去賊城數丈.

이처럼 김부식은 흙산을 쌓기에 앞서 양명포 산 위에 목책을 세우고 처음 중흥사 동쪽에 주둔한 전군前軍을 그곳으로 이동시킨 뒤 마침내 양명포부터 그곳까지 흙산을 쌓았다. 요약하면 양명포의 산 위에는 목책을 세워 전군을 주둔시키고 양명포까지는 흙산을 만든 것이다. 여기까지 서술하면 보통강 가의 적두산성과 함께 그 앞쪽에 솟은 큰 둑이 생각나지 않는가? 그리고 둑의 한쪽 끝은 보통강의 외성 나루에 닿았으며 특히 적두산성은 『동국여지승람』에서 “김부식이 쌓았다金富軾所築”고 명기했으므로 양명포의 흙산이 외성 나루의 둑이고 포 옆의 산채山寨가 적두산성이라고 단정할 수 있지 않을까?

양명포는 『동국여지승람』에서 “부 서쪽 5리(2킬로미터)에 있다”고 했지만 그것이 외성 나루라는 것은 분명하므로 이 거리는 내성 안의 창광산이 부 서남쪽 4리에 있다고 한 것과 비교하면 너무 가깝다. 또 영춘루迎春樓 등 세 누각과 관련해 “모두 부 서쪽 9리(3.5킬로미터) 양명포 가에 있다俱在府西九里楊命浦上”고 한 기사가 있는데, 이 거리는 양명포와 평양부의 거리로 타당한 것 같다. 그리고 서쪽은 정확히 말하면 서남쪽이다.

아무튼 관군이 쌓은 흙산은 양명포를 넘어 적이 웅거한 성의 서남쪽 모퉁이에 이르렀고, 적은 그 성 머리에 쇠뇌와 돌을 날리는 포를 설치해 관군의 성 쌓는 작업을 방해하려고 했다고 돼 있다. 이것을 실제의 지리에 비춰보면 외성 나루의 둑은 나루를 사이에 두고 외성 서쪽 모퉁이와 마주보며, 외성의 서쪽 모퉁이는 반란세력이 웅거한 평양 전체(내성과 외성)에서 보면 그 서남쪽 모퉁이에 해당하므로 "적이 웅거한 성의 서남쪽 모퉁이"는 외성 서쪽 모퉁이를 가리킨 것이 틀림없다. 그리고 앞 장에서 말한 대로 특별한 한 구역을 이룬 왜성이 외성의 이 부분에 있고 그 남쪽에 다경문 터가 있다.

다만 왜성 남쪽의 문터는 '多景門'으로 돼 있지만 「병풍 지도」에서 '多慶門'이라고 한 것을 참고해 '景'과 '慶'이 바뀌었다고 판단했는데, 『동국여지승람』에 그 위치를 자세히 기록한 기사가 있어 간단히 덧붙인다.

같은 책 역원 조: 차문원은 다경루 서쪽 2리에 있는데 역시 옛 성문이다. 車門院在多景樓西二里, 亦古城門.

차문이 외성 남쪽 모퉁이에 현존하는 문터라는 것은 「병풍 지도」에 비춰 분명하므로 다경루多慶樓에서 이름을 따온 성문인 다경문多慶門은 차문의 동쪽 2리에 있고, 그 서북쪽으로 돼 있는 「병풍 지도」의 다경문多景門과는 완전히 다른 것으로 보인다.

『동국여지승람』 고적 조: 영춘루·청원루·다경루多景樓는 모두 부 서쪽 9리(3.5킬로미터) 양명포 가에 있다. 맞은편 언덕에 돌을 쌓고 그 위에 누를 지었는데, 누 아래로 배가 오갈 수 있다. 지금 터가 남아 있다. 迎春樓·淸遠樓·多景樓, 俱在府西九里揚命浦上. 對岸築石, 架樓其上, 樓下可通舟楫. 今遺址存焉.

그 뒤에 편자의 견해를 붙였다.

『고려사』를 살펴보면 예종은 재위 11년(1116) 당포 옛 성문의 누각에 행차해 술자리를 베풀고 경치를 감사하면서 그 누각에 다경루多景樓라는 이름을 붙였다. 그 위치가 지금 가리키는 곳과 같지 않아 두 견해를 모두 적어둬 판단을 기다린다. 按麗史, 睿宗十一年, 幸唐浦古城門樓, 置酒歡賞, 名樓曰多景. 樓在處與今所指處不同, 兩存之, 以俟知者.

대동강은 강폭이 넓어 어떤 부분에도 그 맞은편에 누각을 지을 수 있으므로 세 누각 가운데 하나인 이 다경루는 차문원의 동쪽 2리에 있는 다경루와는 별개의 것으로 양명포, 곧 지금의 외성 나루 부근이나 그 상류의 보통강 가에 있다고 봐야 한다.

다음으로 예종이 행차한 다경루, 곧 "당포 옛 성문의 누각"은 어떤 것인가?

『동국여지승람』 산천 조: 남포는 옛 이름이 당포인데 부 남쪽 5리(2킬로미터)에 있다. (…) 외성은 당포 가에 있다. 南浦, 古名唐浦, 在府南五里. (…) 外城在唐浦上.

이 기사처럼 차문 부근의 대동강 가를 말하는 것이므로 이 다경루는 차문원 동쪽 2리에 있다고 한 옛 성문의 다경루와 동일한 것으로 보인다. 그러나 이것은 책상 위의 고찰일 뿐이다. 차문 터에서 외성의 성벽을 따라 동쪽(정확히는 동북쪽)으로 나아가도 성문 터로 볼 수 있는 것은 전혀 남아 있지 않으므로 차문원 동쪽에 다경루가 있다고 한 『동국여지승람』의 기록은 오류가 분명하다고 하지 않을 수 없다. 따라서 예종이 행차한 다경루는 다른 데서 찾아야 한다. 그리고 「병풍 지

도」의 '다경문多慶門'이 그것임은 『동국여지승람』 고적 조에서 "봉황대
는 부 서남쪽 10리(3.9킬로미터) 다경루 서쪽에 있다鳳凰臺在府西南十里多景
樓西"고 한 데서 알 수 있다.

「병풍 지도」를 보면 봉황대는 대동강에 맞닿은 보통강 입구의 산자
락(이 산자락 북쪽 꼭대기가 적두산성 터가 남아 있는 체봉體峰이다)에 있는
누각으로 '다경문多景門' 서남쪽에 있는데, '다경문多慶門'을 다경루多景
樓라고 보면 『동국여지승람』의 기사와 정확히 부합된다. '다경문多慶門'
곧 『동국여지승람』의 이 다경루多景樓에 해당하는 현존하는 문터는 차
문 터 서북쪽 16~17정(1744~1853미터)에 있어 대동강 가와는 5~6정
(545~654미터) 떨어져 있을 뿐이다. 예종이 행차한 당포의 문루는 이
곳에 있었다고 생각되며, 고려 고종 때 최자가 「삼도부三都賦」에서 말한
다경루도 그렇다고 여겨진다.[31]

> 유람할 곳은 푸른 바닷가에 세워진 다경루와 높은 곳에 건설된 청원루,
> 넓고 큰 강가에 자리잡은 부벽루네. 遊觀之所, 則多景跨蒼海, 清遠撑半空,
> 浮碧臨浩蕩.

그렇다면 『동국여지승람』에서 차문원의 방위를 "다경루 서쪽 2리에
있다"고 한 것은 정반대의 방향을 잘못 든 것이며 거리도 너무 가깝
다. 「병풍 지도」의 다경문多慶門은 고려시대의 다경루多景樓 터로 여겨지
므로 양명포 가에 또 같은 이름의 누각 터가 있을 수는 없다. 아울러
그것에 관련된 『동국여지승람』의 기록은 세 누각 모두 거의 같은 지
점에 있다고 한 것 같고 특별한 구조도 동일하다고 본 것 같지만 그것
또한 거의 있기 어려운 일이다. 『동국여지승람』의 그 기록은 조선 초

기 세 누각 모두 그 터가 있고 양명포 가에 특별한 구조를 가진 것은 영춘루와 청원루 가운데 어느 하나였지만 다른 두 누각을 그것에 부회한 기사인데,『동국여지승람』의 편자가 옮겨 실은 것으로 여겨진다. 그런데 편자는 따로 예종이 행차한 다경루, 곧 '다경문'에 해당하는 다경루 터가 있다는 것을 알게 되자 의문이 생겨 특별히 자신의 견해를 덧붙인 것이다.

이렇게 해서 다경루의 위치는 확정됐다. 여기서 앞서 미뤄뒀던 「김부식열전」의 기사를 보자.

서경 세력은 강을 따라 성을 쌓았는데 선요문부터 다경루까지 모두 1734칸이고 여섯 개의 문을 설치해 막았다.

읽으면서 곧바로 우리의 생각에 떠오르는 것은 왜성이다. 선요문의 위치는 정확히 알 수 없지만 왜성의 남쪽 끝은 다경루 터와 7~8정(763~872미터) 떨어져 있다. 아울러 왜성 성벽의 남쪽 끝을 설명하려면 다경루 터를 버려두고 달리 표준으로 삼을 만한 것이 없다. 그 때문에 조광이 다시 반란을 일으킨 뒤 처음 쌓은 성벽은 바로 왜성에 비정할 수밖에 없다. 그리고 관군이 흙산을 축조한 뒤의 전황을 살펴보면 이 비정은 더욱 확실해진다고 생각한다.

「김부식열전」에서는 앞서 든 흙산 축조 기사를 이어 다음과 같이 말했다.

김부식은 5군을 모아 성을 공격했지만 또 이기지 못했으며, 녹사 박광유가 죽었다. 적은 밤에 군사를 셋으로 나눠 성을 나와 전군前軍의 진영(적

    만선사 연구 3권

두산성)을 공격했다. 김부식이 승려 상승에게 도끼를 들고 반격하게 해 10여 명을 죽이니 적군은 무너져 달아났다. 장군 우방재 (…) 등이 군사를 이끌고 추격하자 적은 갑옷을 버리고 성으로 들어갔다.

이듬해(인종 14년, 1136) 2월 우리가 흙산을 쌓아 압박하자 적은 성안에 겹성重城을 쌓으려고 했다. 김부식은 그 소식을 듣고 말했다. "적이 성을 쌓아도 무슨 도움이 되겠는가?" 윤언이와 지석숭이 말했다. "대군이 출병한 지 이미 2년이 돼 날을 허비하며 지구전을 벌였습니다. 일의 변화를 예측하기 어려우니 몰래 군사를 보내 겹성을 무너뜨리면 성공할 수 있을 것입니다." 김부식은 듣지 않았지만 윤언이가 강력히 요청하자 정예병을 세 길로 나눠 진경보 (…) 등에게 3000명을 이끌고 중도中道가 되게 하고 지석숭 (…) 등에게 2000명을 이끌고 좌도가 되게 했으며 이유 (…) 등에게 2000명을 이끌고 우도가 되게 했다. 장군 공직은 자신의 부대를 이끌고 석포도石浦道로 들어갔고 장군 양맹은 당포도唐浦道로 들어갔다. 또 각 군에게 길을 나눠 성을 공격케 해 적이 서남쪽 모퉁이만 대비하지 못하게 했다. 부대를 나눈 뒤 군사들에게 후히 하사하고 김부식은 중군으로 돌아왔다. 밤 4경(2~4시)이 되자 날랜 기병이 말을 달려 전군前軍(적두산성)으로 들어가 장수들에게 모두 출동하게 했다.

정사일 새벽 진경보 군(중도)이 양명문으로 들어가 적의 목책을 뽑아버리고 나아가 연정문을 공격했다. 지석숭 군(좌도)은 성을 넘어 들어가 함원문을 공격했다. 이유 군(우도)도 성을 넘어 홍례문을 공격했다. 김부식은 금위병으로 광덕문을 공격했다. 적군은 우리의 흙산이 완성되지 않아 대비하지 않았다가 모든 군사가 갑자기 이르자 당황해 어쩔 줄 몰랐다. 김부식이 김정순(중군의 장수)과 함께 전투를 독려하자 장수와 군사들이 앞다퉈 분전했고 모든 군사가 북을 치고 함성을 지르면서 불을 질러 성과 집을 태우니 적병이 크게 무너졌다. 관군은 승세를 타고 마음대로 학살했다. (…)

마침 날이 저물고 비가 오니 휘하의 군사들을 물러나게 하고 사로잡히거나 항복한 사람은 순화현으로 보내 음식을 줬다. 그날 밤 성안이 혼란에 빠지니 조광은 어쩔 줄 몰라 하다가 온 가족이 스스로 불을 지르고 죽었다. (…) 무오일 서경 세력은 적의 우두머리 최영崔永 등을 체포해 성을 나와 항복했다. 富軾會五軍攻城, 又不克, 錄事朴光儒死. 賊夜分軍爲三, 出攻前軍營, 富軾令僧尙崇, 荷斧逆擊, 殺十餘人, 賊兵奔潰. 將軍于邦宰 (…) 等率兵追擊之, 賊棄甲入城. 明年二月, 賊以我起土山逼之, 欲於城內築重城. 富軾聞之曰, 賊雖築城何益. 尹彦頤·池錫崇曰, 大軍之出, 今已二年, 曠日持久. 事變難料, 不如潛師突擊, 破重城, 可以成功. 富軾不聽. 彦頤固請, 於是分銳兵爲三道, 陳景甫 (…) 等將三千人, 爲中道. 錫崇 (…) 等將二千人, 爲左道, 李愈 (…) 等將二千人, 爲右道. 將軍公直以所領兵, 入石浦道. 將軍良孟入唐浦道. 又使諸軍分道攻城, 無令賊專備西南隅. 部分訖, 厚賜軍士, 富軾還抵中軍. 至夜四鼓, 輕騎馳入前軍, 勒諸將大擧. 丁巳昧爽, 景甫軍入楊命門, 拔賊柵, 進攻延正門. 錫崇軍踰城入, 攻含元門. 李愈軍亦踰城, 攻興禮門. 富軾以衙兵, 攻廣德門. 賊徒以我土山未就, 不設備, 及諸軍突至, 惶遽無所措. 富軾與正純督戰, 將士爭奮, 諸軍亦鼓譟, 縱火燒城屋, 賊兵大潰. 官軍乘勝, 恣其斬馘. (…) 會日暮雨作, 麾兵而却, 生擒及降者, 送順化縣, 飮食之. 是夜, 城中潰亂, 罔不知所爲, 闔家自焚死. (…) 戊午, 西人執賊魁崔永等出降.

앞서 인용한 기사에서 "각군은 전군前軍이 주둔한 곳에 가서 흙산을 쌓았는데, 양명포부터 적이 웅거한 성의 서남쪽 모퉁이까지 걸쳐 있었다"고 했다. 이것을 글자 그대로 해석하면 관군이 쌓은 흙산은 양명포를 넘어 곧바로 적의 성에 맞닿은 것 같다. 그러나 적두산성 앞의 둑은 외성 나루 서안에서 곧바로 산에 쌓은 토성과 이어지고 물길의 폭이 30~40칸쯤 되는 이 나루의 동안東岸과 외성의 성벽 ― 왜성의 일부를 이룬다 ― 과는 다시 50~60칸 떨어져 있다. 그리고 그 사이에는 둑 같은 것을 쌓은 흔적이 전혀 없다.

나루 동쪽 것은 예전 그대로 남아 있고 서쪽 것만 완전히 인멸된 것으로 볼 수는 없으므로 김부식이 쌓은 흙산이 양명포부터 적의 성까지 걸쳐 있었다고 한 것은 「삼도부」에서 "푸른 바다(대동강)에 세워진 다경루"라고 한 것처럼 매우 정확하지 않은 기록으로 생각된다. 특히 끝부분에서 "흙산은 높이 8장(약 24미터), 길이 70여 장(약 210미터), 넓이 18장(약 54미터)으로 적의 성과 거리가 몇 장 정도 떨어져 있었다"고 한 구절은 숫자로 표시되기는 했지만 과장의 정도가 더 심하다.

또 앞서 말한 대로 적두산성 앞쪽은 평지인데, 거기 건설된 둑의 양 끝은 토성이 조성된 좌우의 산자락에 연결돼 함께 하나의 성곽을 이룬다. 달리 말하면 산자락이 만나지 않는 부분을 인공적으로 보완한 것이 이 둑이며, 그렇게 하지 않았다면 산성은 그 앞쪽에 넓이 3정 (327미터)쯤 되는 큰 구멍이 생겨 성곽으로서 거의 가치가 없게 된다. 그 때문에 그것을 연장해 외성의 성벽에 닿게 하면 그 부분은 산성에서 둑으로 이어져 하나의 제방이 됨으로써 완전히 성질이 달라진다. 그리고 그런 시설을 만들기가 거의 불가능하다는 것은 그것을 중단시키는 외성 나루가 있는 데서 분명하다. 흙산이 적의 성과 맞닿지 않았다는 것은 이것에 따라서도 의심되지 않는다.

교인 조언의 계책에 따라 포를 만들어 흙산 위에 설치했는데 규모가 높고 컸다. 무게가 수백 근인 돌을 날려 성벽을 산산이 부수고 연달아 불덩어리를 날려 태우니 적이 감히 가까이 오지 못했다.

그런데 앞서 인용한 기사에서 이렇게 서술한 것은 흙산이 적의 성 서남쪽 모퉁이에 이르렀다고 한 선입견에 따라 교전 사실을 서술한 것으로 생각되고, 사실의 진상은 적이 흙산 아래까지 다가오자 척석기擲石機를 사용해 물리치고 적의 성으로 돌격해 불덩어리를 던져 그 성벽과 누각을 태운 것으로 여겨진다. "적이 감히 가까이 오지 못했다"는 말도 서로의 근거지가 어느 정도 떨어져 있었음을 보여주는 것이 분명하다. 그리고 이렇게 교전할 때 적과 아군 모두 작전을 펼치는 데 강물 때문에 방해받은 흔적이 없는 것은 그때가 음력 11~12월로 보통강이 얼어 자유롭게 건널 수 있었기 때문으로 추측된다.[32]

적은 밤에 군사를 셋으로 나눠 성을 나와 전군前軍의 진영을 공격했다. 김부식이 승려 상승에게 도끼를 들고 반격하게 해 10여 명을 죽이니 적군은 무너져 달아났다. 장군 우방재 (…) 등이 군사를 이끌고 추격하자 적은 갑옷을 버리고 성으로 들어갔다.

앞서 인용한 「김부식열전」의 이 기록 또한 위의 전투와 이어진 것으로 그 교전 지역은 산성의 흙산과 외성의 서쪽 모퉁이(왜성의 외벽) 사이였음을 알 수 있다.

그 결과 해가 바뀌어 적이 성안에 '겹성重城'을 쌓을 무렵 김부식은 큰 결단을 내렸음을 보여주는 움직임을 전개했다. 앞 기사에서 말한 것처럼 정예병을 좌·중·우도의 세 길에서 진격하도록 편성하고 석포도와 당포도로 들어가는 군대도 따로 정했으며, 적이 '서남쪽 모퉁이'만 방어하지 못하도록 하기 위해 그 밖의 군대에게 길을 나눠 적의 성을 공격케 했다. 이 전략에 따르면 맨 앞의 3군이 주력이고 그 다음 2군과 그 밖의 군대는 지원과 견제를 맡았으며, 진격 목표는 적의 성 서남쪽 모퉁이였음을 자연히 추측할 수 있다.

앞서 말한 대로 적의 성 서남쪽 모퉁이는 외성의 서쪽 모퉁이며, 석포는 『동국여지승람』에서 "부 서쪽 11리(4.3킬로미터)에 있는데 그 서안에 바위가 있기 때문에 그런 이름이 붙여진 곳在府西十一里, 其西岸有巖故名"으로 양명포 상류에 해당하는 보통강 연안(왜성 북쪽)이며, 당포는 외성 밖의 대동강 연안(왜성 남쪽)이다. 그러므로 그런 방면의 두 길로 들어온 군대를 지원한 좌·우·중군은 앞서의 교전 경과에서 봐도 적 두산성을 본거지로 삼고 그것과 마주한 외성의 서쪽 모퉁이를 목표로 진격한 것이 틀림없다.

적을 견제할 필요가 있었지만 이런 이유 때문에 그 임무를 맡은 것은 처음부터 다른 방면의 요충지에 배치된 5군이었다고 여겨진다. 적이 성안에 쌓았다고 한 '겹성'은 흙산을 조성한 관군의 공격을 막을 필요에서 나왔으며, 김부식이 앞서 서술한 계획을 세우고 그의 결단을 촉구한 두 장수가 그것을 격파해 공훈을 세웠다는 것을 함께 생각해도 외성 서남쪽 모퉁이의 성벽을 두 겹으로 만든 작업으로 이해된다.

앞서 왜성에 비정한 서경 세력의 성에는 위치가 명확치 않은 선요문부터 다경루까지 6개의 문이 있었다. 그런데 앞서 설명한 것 같은 전략에 따라 관군이 진격하면서 중군은 양명문으로 들어가 적의 목책을 뽑아버리고 나아가 연정문을 공격했으며, 좌군은 성을 넘어 들어가 함원문을 공격했다. 우군도 성을 넘어 흥례문을 공격했고, 김부식 자신은 금위병을 이끌고 광덕문을 공격했다고 했다. 이런 다섯 문에 선요문을 더하면 바로 6문이 된다. 아울러 왜성의 외벽을 이룬 외성 서쪽 모퉁이의 성벽이 외성 나루와 마주보는 곳에 문터가 하나 있는데, 앞 장의 왜성을 설명한 부분에서 주목한 그 문터는 외성 나루 곧 양명포에 있다는 것에서 미뤄보면 5문의 하나인 양명문에 비정할 수 있기 때문에 서경 세력이 쌓은 성이 이른바 왜성임은 여기에 이르러 더욱 확실해졌다고 믿는다.

앞서 말한 대로 왜성의 외벽에는 양명문에 비정되는 터의 북방인 성의 북쪽 끝과의 사이에도 돌덩이가 노출된 빈틈이 있는데, 이것도 문터로 생각된다. 내벽의 중앙부는 요즘 점차 무너지고 있는데, 그것을 가로지르는 두 도로의 교차점이 각각 문터였다고 추정할 수 있을 것 같고, 「병풍 지도」를 보면 성벽 남쪽 끝 가까이에 문터로 생각되는 틈이 또 하나 있다(조사했을 때 여기에는 유의하지 못했다). 그렇다면 좌·우군이 각각 성을 넘어 공격한 함원전과 홍례문은 왜성 내벽의 문이 아니었을까? 특히 "성을 넘었다踰城"고 기록한 것은 외성의 성벽 ― 왜성의 일부가 아닌 ― 을 넘었음을 뜻하는 것이 틀림없다.

선요문은 왜성이 시작된 곳으로 다경루가 그것이 끝난 곳인 것에 대응해 성의 북쪽 끝에 존재한 것 같지만 이곳에는 그것에 해당하는 문터가 없다. 다만 외성 북쪽 성벽의 틈에 해당하는 「병풍 지도」의 '서문'은 이곳과 매우 가까워 남쪽 끝부터 다경루 터까지 거리의 3분의 1도 안 된다. 왜성의 6문 가운데 하나로 들고 왜성이 시작된 곳을 가리켜 목표로 삼은 것은 모두 까닭이 있다고 생각되므로 이곳은 선요문으로 볼 수 있을 것 같다. 왜성으로 진격한 각군이 이 문을 공격하지 않은 것도 성 자체에 속하지 않았기 때문으로 여겨진다.

왜성이 함락되면서 평양성 전체에 웅거한 반란세력은 치명적 타격을 입었고, 그날 밤 조광은 자신의 가족·당여와 함께 자살했다. 이튿날인 무오일 적의 우두머리 최영 등이 나와 항복하자 김부식은 그들은 아래와 같이 처분했고, 평양 본성(내성)은 쉽게 관군에게 돌아왔다.

「김부식열전」: 김부식은 그들을 받아들여 서리에게 보냈으며 노인과 어린이·부녀자 등을 포함한 백성과 군사를 위로하고 성으로 들어가 자기 집을 지키게 했다. 어사잡단 이인실·시어사 이식·어사 최자영에게 창고를 닫게 하고 군사를 나눠 각문을 지키게 했으며, 김정순·윤언이·김정황에게 군사 3000명을 이끌고 관풍전(을밀대 남쪽)에 들어가 질서를 잡게 한 뒤 성안에 명령해 노략질을 금지시켰다. 富軾受之下吏, 慰諭軍民老幼婦女, 令入城保家室. 使御史雜端李仁實·侍御史李軾·御史崔子英, 封府庫, 分兵守諸門, 使正純·彦頤·金鼎黃, 率兵三千人, 入頓觀風殿, 號令城中禁虜掠.

김부식은 이튿날 수습병장사收拾兵仗使·백성화유안거사百姓和諭安居使·감검창고사監檢倉庫使·객관수영사客館修營使·성내좌우순검사城內左右巡檢使 등을 임명했으며 이틀 뒤 군대의 의장을 갖추고 경창문(칠성문과 보통문 사이에 있는 평양 본성의 동문)으로 들어가 관풍전에서 5군의 장수와 장교의 하례를 받았다. 이로써 반란은 완전히 평정됐다.

살펴보면 평양성의 동쪽과 서쪽은 대동강과 맞닿았는데, 그 성벽은 내성의 경사면에서 높고 험준하지만 외성의 서쪽 성벽은 좀더 낮고 앞쪽의 보통강은 아주 크지는 않다. 평양성의 내·외성을 아울러 가장 방어가 취약한 부분은 이곳이다. 조광이 다시 반란을 일으킨 뒤 왜성을 쌓은 것은 이런 측면을 고려한 것으로 곧 외성의 서벽 일부를 이용해 성벽을 설치하고 수비군을 배치해 관군의 공격에 대비하려던 것으로 생각된다. 김부식은 장기 포위전을 선택한 뒤 신속한 승리를 바라는 조정의 의견에 이렇게 아뢰었다.

> 신이 서경을 보니 하늘이 내려준 험한 곳으로 공격해 함락시키기 쉽지 않습니다. 게다가 성안에 무장한 군사가 많고 수비가 엄중합니다. 장사들이 먼저 올라갈 때마다 겨우 성 아래까지 갈 뿐 성벽을 넘은 사람이 없습니다. 臣觀西都, 天設險固, 未易攻拔. 況城中甲兵多而守備嚴. 每壯士先登, 僅至城下, 未有踰城超堞者.

쉽게 공격을 시작할 수 없었지만 마침내 초겨울이 되자 왜성과 마주한 보통강 가의 요지에 적두산성을 건설하고 흙산을 쌓아 앞쪽을 견고하게 하고 강이 얼어 자유롭게 건너갈 수 있게 되자 여러 번 왜성을 공격했다. 그리고 이듬해 봄 그것을 함락시킴으로써 반란 세력을 단번에 무너뜨렸다. 김부식이 평양성을 함락시킬 때 특히 왜성 방면에서 진군한 것은 적이 성보를 갖추고 있었지만 그래도 그 부근이 평양성에서 가장 공격하기 쉬운 부분이었기 때문이 틀림없다.

지금까지 서술한 것에 비추면 왜성이라는 이름은 말할 것도 없이 후대에 붙여진 것이다. 그리고 임진왜란 때 일본군이 평양성에 웅거했기 때문에 그렇게 붙인 것임은 어렵잖게 알 수 있지만, 이징의 「병풍 지도」에 기재된 그 지명이 『동국여지승람』과 『평양지』에 보이지 않기 때문에도 그렇게 추측하지 않을 수 없다. 『평양지』는 선조 23년(명 만력 18년, 1590), 곧 임진왜란이 일어나기 2년 전 평안도관찰사 겸 평양부윤 윤두수가 편찬했고, 이징의 「병풍 지도」는 임진왜란 50여 년 뒤인 인조 25년(청 순치 4년, 1647)에 그려졌다. 또 「병풍 지도」를 보면 왜성 내벽에 '천강교天降橋'라고 적혀 있다. 왜성의 내벽을 하나의 다리에 비유한 것은 그것이 외성의 일부를 따로 안쪽에 연결시켰기 때문이며, 또 '천강'이라는 이름은 외성의 다른 부분에는 없는 이 특별한 성벽이 이해하기 어려운 유적이 된 데서 유래한 것이 분명하다. 임진왜란 뒤 어느 땐가 부회附會된 이름이 생긴 까닭도 바로 여기 있고, 천강교는 그 이전부터 있던 이름으로 생각된다.

글을 마치기 전 특별히 말할 것이 있다. 평양성과 그 부근의 유적을 조사하는 동안 평안남도 제1부장 시노다 지사쿠 씨에게서 늘 많은 도움과 후의를 받았다. 외성을 조사하는 날 반드시 왜성을 주목하라고 권유한 것도 그였다. 다만 조사 뒤 그것을 어떤 성으로 봐야 하는가 하는 질문에는 내가 「김부식열전」의 기사를 잘 알지 못해 많이 대답하지 못했고 겨우 "적두산성과 관계된 것으로 생각된다"고만 답변했는데, 그 뒤 경성에 머무는 동안 찬찬히 「김부식열전」을 정독하면서 조사 때의 억견이 틀리지 않았음을 확신하게 됐다. 이 때문에 이 논문을 쓰게 됐으므로 왜성에 관련된 내 고찰은 그의 지도에 힘입은 것이다. 아울러 이 논문에 수록한 「병풍 지도」와 왜성·흙산의 사진은 내 요청에 따라 추운 날씨에 큰 노고를 마다 않고 그가 직접 촬영해준 것으로 큰 도움이 됐다. 특별히 기록해 깊이 감사드린다. 또한 도 장관道長官 구도 에이이치工藤英一 씨, 경무부장 고가와 이치노조小河市之丞 씨, 평양부윤 혼다 쓰네키치本田常吉 씨 등의 호의와 안내해준 도청 촉탁 송국봉宋國鳳 씨, 부산斧山보통학교 훈도 우석구禹錫龜 씨, 평양경찰서 순사 사에키 주리佐伯衆理 씨, 이병연李秉淵 씨 등의 노고에 감사한다.

1919년 1월 31일 탈고(『동양학보』 9권 2호).

12편
몽골의 고려 침략

1. 머리말

몽골의 태조 칭기즈칸은 즉위 6년(신미년. 금 대안 3년, 1211) 금 정벌을 시작한 뒤 자주 군사를 남쪽으로 보내 중국 본토의 성들을 함락시켰지만, 요동 방면은 적극적으로 공략하지 않았으며 금을 배반하고 귀의한 거란인 수령 야율유가耶律留哥를 위해 가끔 군사를 보내 그를 지원하고 금군에 맞섰다. 그런데 야율유가는 부족 안에서 분란이 일어난 결과 몽골에 투항했고 그 부족은 그의 공격을 받자 고려로 도망쳤기 때문에 몽골의 세력은 요동에 미치지 못하게 됐다. 그리고 몽골군이 요서 지방을 경략한 뒤 요동반도에 침입했을 때 금을 배반하고 그에게 항복해 인질을 보냈던 장수 포선만노도 갑자기 태도를 바꿔 멀리 두만강 하류 유역으로 옮겨가 나라를 세웠다.

포선만노가 동쪽으로 이주한 이듬해(몽골 태조 13년, 금 흥정興定 2년, 고려 고종 5년, 1218) 칭기즈칸은 카치운哈眞·차라札剌 등이 이끈 원정군을 보냈다. 두 장수는 먼저 동해 지역에 이르러 포선만노를 몽골에 귀의시킨 뒤 다시 포선만노가 낸 군사와 함께 고려의 동북면을 거쳐 고려로 들어가 대동강 가의 강동성江東城을 거점으로 삼아 지난 3년 동안 한반도 곳곳을 침략한 거란인을 소탕했다. 고려가 몽골에게 해마다 조공하는 의무를 부담하고 형제 나라가 된 것은 이때로 몽골의 두 장수는 칭기즈칸의 명령에 따라 그것을 조건으로 고려를 위해 골칫거리를 없애준 것이다.

그 뒤 몽골의 사신은 해마다 포선만노의 나라를 거쳐 고려에 와 선물과 예물을 갖고 갔지만 포선만노는 몽골 태조 18년(계미년. 고려 고종 10년, 1223) 칭기즈칸이 서역 정벌에 오래 종사해 그 소식이 명확하지 않자 그것을 틈타 몽골에 대한 복속 관계를 끊었고, 고려도 몽골의 위력을 멸시해 몽골 태조 19년 겨울 수공사收貢使로 온 저고여著古與를 의주 근처에서 암살했다. 그때는 칭기즈칸이 서역에서 돌아온 뒤였다. 그러나 그는 동쪽을 신경 쓰지 못한 채 포선만노와 함께 고려에 대한 처리를 후계자에게 맡기고 재위 22년(1227) 7월 서하 정벌에 나섰다가 진중에서 세상을 떠났다. 그 뒤를 이은 태종 오고타이는 재위 2년(경인년. 금 정대正大 7년, 고려 고종 17년, 1230) 직접 금 정벌을 다시 시작하는 한편 살리타이撒里台에게 먼저 요동 남부에 주둔한 금군을 소탕하게 하고 이듬해 다시 고려 침략을 명령했다.

그 결과 몽골의 고려 침략은 태종 3년(1231)에 시작돼 정종定宗 귀위크貴由와 헌종憲宗 뭉케蒙哥의 치세를 거쳐 세조 쿠빌라이忽必烈가 즉위(1260)할 때까지 30년이라는 긴 기간 이어졌다. 이제 그 침략의 경과를 서술해 세조 이전 몽골과 고려의 관계를 밝히려고 한다.

2. 살리타이의 1차 침략

고려 고종 18년(몽골 태종 3년, 1231) 8월 하순 살리타이가 이끈 몽골군은 압록강을 넘어 고려를 급습했다.

『원사』「태종본기」 3년 8월: 고려가 사신을 살해한 것을 이유로 살리타이에게 군사를 거느리고 토벌케 했다. 是月以高麗殺使者, 命撒禮塔往討之.

몽골군의 구실은 지난해 수공사 저고여를 살해한 죄를 물으려는 것이었다. 그러나 태종이 출정 명령을 내린 것은 8월 이전이 분명하다고 생각되는데, 「태종본기」의 이 기사의 날짜(『원사』「고려열전」도 마찬가지다)는 믿을 수 없기 때문이다. 「원·고려기사元高麗紀事」(『경세대전經世大典』)에 9월로 돼 있는 것도 오류다.

몽골군은 먼저 함신진咸新鎭(의주)을 포위해 방수장군防守將軍으로 성을 지키던 조숙창趙叔昌(조충趙沖의 아들)의 항복을 받은 뒤 남쪽으로 내려와 철주鐵州(철산 북쪽인 서림西林)를 도륙하고 다시 동쪽으로 가서 구주龜州(구성龜城)를 압박했다. 구주에서는 정주靜州(의주 서남쪽 정주동正州洞)·삭주(의주 동쪽 천마강天摩江 가의 영산시永山市)·위주渭州(영원군寧遠郡 고성면古城面 고성동)·태주泰州(태천) 등의 장수와 수령들이 각자 군사를 이끌고 모여 20여 일 동안 방어하며 항복하지 않자 몽골군은 마침내 포위를 풀고[1] 서쪽으로 방향을 돌려 용주龍州(용천. 9월 20일)와 선주宣州(선천 서북쪽 동림東林)·곽주(곽산)를 함락시켰다(9월 29일).

그리고 이보다 앞서 따로 남하한 선봉군은 서경(평양)·황주(지금도 같은 이름)·봉주鳳州(봉산)를 침략하고(9월 중순) 살리타이의 서신을 지닌 사신 2명을 개경으로 보내 고려의 항복을 재촉하려고 했지만 그들은 평주(평산)에서 그곳 관원에게 붙잡혔다(10월 1일). 그리고 10월 21일에는 안북부(안주)에서 전투가 벌어졌다. 지난달 상순 고려는 각도의 군사를 북진시켜 청천강 가의 안북부에 주둔시켰는데, 이날 살리타이가 이끈 몽골의 본군은 그들을 공격해 크게 이겼다. 고려군은 북계 분대어사 민희閔曦를 보내 살리타이의 진영에 가서 음식을 바쳤다. 살리타이는 그에게 말했다.

너희 나라가 굳게 지킬 수 있으면 굳게 지키고 투항하려면 투항하며, 맞서 싸울 수 있으면 맞서 싸우되 어서 결정하라. 汝國能固守則固守, 能投拜則投拜, 能對戰則對戰, 速決了也.

그리고는 포도蒲桃·적거迪巨·탕고트唐古 등 세 장수를 남하시켰다. 명령을 받은 세 장수는 앞서 평주에서 권항사勸降使를 가뒀기 때문에 그 성을 불태우고 12월 초하루 개경의 네 문밖에 나눠 주둔했다.

고려는 항복하는 것밖에 길이 없어 세 장수와 그 논의를 진행했는데 마침 안북부에 주둔한 살리타이가 권항사(3명으로 그 한 사람은 뒤에 말하는 아토阿土)를 보내오자 고려 국왕은 직접 그들을 접견하고 왕족 회안공 정淮安公侹(현종의 7대손)을 살리타이 진영으로 보내 항복의 뜻을 밝혔다(12월 5일). 그러나 살리타이는 곧바로 군사를 돌리지 않고 세 원수에게 개경 이남을 침략케 한 뒤 그달 하순 이번 출병과 관련해 막대한 요구를 제기했다. 고려는 황금 70근, 백금 1300근, 유의襦衣*

---

* 솜을 넣어 만든 남자 저고리.

1000령, 말 170필을 사신에게 선물하고 따로 황금, 금·은 술잔, 은병銀
瓶 등을 살리타이에게 보냈으며 그의 처자와 휘하 장수·장교 14명에게
도 많은 선물을 줬다. 태종에게는 표를 올려 저고여를 죽인 것과 평주
에서 권항사를 포박한 일을 해명했다. 그 결과 이듬해(고려 고종 19년,
몽골 태종 4년, 1232) 정월 세 원수의 군대가 광주廣州·충주·청주 등을
약탈하고 올라오자[2] 살리타이는 회안공 정의 배웅을 받고 고려를 떠
났다.

지금까지 몽골 쪽 자료보다 확실하고 내용도 풍부한 『고려사』의 기
사에 따라 몽골 태종 3년(1231) 살리타이의 고려 침략을 서술했는데,
이 침략에 수반된 중요한 두 가지 사건이 있다. 고려인 홍복원洪福源 부
자가 몽골군에 투항한 것과 살리타이가 침략한 성城들에 다루가치를
둔 것이다. 이 두 사건을 설명하려면 먼저 「원·고려기사」의 다음 기록
— 편의상 나눠 기호를 붙였다 — 을 비판할 필요가 있다.

(A) 태종 3년 신묘년 9월 주상(태종)이 장수 살리타이 코르치火里赤(전통
사箭筒士*의 뜻)에게 군사를 이끌고 토벌케 하자 [고려]국 사람 홍복원이
군사를 맞이해 투항했고, 부근의 주·군에서도 귀의하는 사람이 있었
다. 三年辛卯九月, 上命將撒里塔火里赤領兵爭(來?)討, 國人洪福源迎軍投降,
附近州郡亦有來歸者.
(B) 살리타이 코르치는 귀의하지 않은 주·군을 홍복원과 함께 공격했
다. 살리타이 코르치가 다시 아르도阿兒禿를 보내 홍복원과 함께 고려의

---

* 궁사弓士(활 쏘는 군사).

도성에 가서 그 국왕 왕철(고종)을 설득하자 왕철은 동생 회안공을 보내 화친을 요청했다. 그에 따라 도성과 여러 주·군에 다루가치 72명을 둬 진무케 하고 곧 군사를 돌렸다. 撒里塔火里赤卽與福源攻未附州郡. 撒里塔火里赤又差阿兒禿與福源赴其王京, 招其主王皞, 皞遣弟懷安公請和. 隨置王京及諸州郡達魯花赤七十二人鎭撫, 卽班師.

(C) 11월 29일 원수 포도·적거·탕고트 등 세 명이 군사를 이끌고 도성에 이르자 고려 국왕 왕철은 감찰어사 민희와 낭중 송국첨 등을 보내 쇠고기와 술을 갖고 그들을 맞이하게 했다. 12월 1일 고려 국왕 왕철은 민희를 원수의 진영으로 보내 문안케 했다. 2일 민희는 원수 이하 44명과 함께 도성에 들어가 문서를 올렸다. 十一月二十九日, 元帥蒲桃·迪巨·唐古等三人領兵至其王京城, 高麗皞遣監察御史閔曦·郎中宋國瞻等奉牛酒迎之. 十二月一日, 高麗皞王遣曦詣元帥行營問勞. 二日, 曦與元帥下四十四人入王城付文牒.

(D) 5일 국왕 왕철이 회안공 왕정과 군기감 송국첨 등을 살리타이가 주둔한 곳으로 보내 군사들에게 음식을 주게 했다. 五日, 國王皞遣懷安公王侹·軍器監宋國瞻等, 詣撒里塔屯所犒師.

「원·고려기사」(『경세대전』의 한 편)는 『원사』 「고려열전」의 바탕이 됐기 때문에 살리타이의 정벌을 서술한 「고려열전」의 내용도 여기 인용한 「고려기사」의 기록에서 한두 가지 인명과 날짜 등을 생략한 것을 빼고는 대부분 같다. 살리타이가 고려군을 안북부에서 무찌르기 전 개경으로 보낸 권항사勸降使와 관련해 『고려사』에서는 다음과 같이 서술했다.

겨울 10월 계축일 초하루 몽골인 두 명이 문서를 갖고 평주(황해도 평산)에 도착하자 평주에서는 그들을 가두고 보고했다. 조정에서는 의견이 갈렸는데, 죽여야 한다고도 하고 그 까닭을 물어야 한다고도 했다. 전중시어사 김효인을 보내 물으니 문서로 말했다. "우리 군사가 처음 함신진(평안북도 의주)에 이르렀을 때 맞이해 항복한 자는 모두 죽이지 않았다. 너희 나라가 항복하지 않으면 우리는 끝내 돌아가지 않을 것이지만 항복하면 동진(포선만노의 나라)으로 방향을 돌릴 것이다." 임신일(20일) 낭장 지의심이 평주에서 가둬둔 몽골인 2명을 압송해 개경에 도착했는데, 한 사람은 몽골인이고 한 사람은 여진인이었다. 이때부터 나라에서는 비로소 몽골군이라는 것을 믿었다. 冬十月癸丑朔, 蒙古二人持牒, 至平州, 州卽囚之以聞. 朝議紛紜, 或云可殺, 或云當問其由. 乃遣殿中侍御史金孝印往問, 其牒云, 我兵初至咸新鎭, 迎降者, 皆不殺. 汝國若不下, 我終不返, 降則當向東眞去矣. 壬申, 郞將池義深押平州所囚蒙古二人到京, 一是蒙古人, 一是女眞人. 自此國家始信蒙古兵也.

살리타이의 문서를 갖고 평주에 온 두 사신 가운데 한 사람은 아토라고 고종의 표문에 나온다.[3]

또 아토 등을 체포한 일(몽골에서 힐책한 사항 가운데 하나)은 처음에는 친선을 맺은 큰 나라에서 까닭 없이 작은 나라를 침략할 것이라고 생각하지 않았기 때문에(강동성 전투 뒤 저고여가 살해될 때까지 몽골과 고려는 이른바 형제의 나라로 친선을 맺은 관계였기 때문에 몽골을 가리켜 "친선을 맺은 대국"이라고 한 것이다) 도적이 습격한 것으로 생각해 군대를 보내 싸우게 했던 것입니다. 갑자기 두 사람이 우리 군으로 들어왔기 때문에 어리석은 군사들은 자세히 조사하지 않고 체포해 평주로 압송했고, 평주에서는 그들이 달아날까 걱정해 간단히 형구를 채워 조정에 보고한 것입니다. 조정에서 역관을 보내 살펴보니 그들의 말이 상국과 매우 비슷해 그 뒤 형구를 풀어주고 위로한 뒤 의복을 선물로 주고 떠나보내면서 역관도 따라가게 했습니다. 又阿土等縛紐事, 初不意結親之大國, 乃無故加暴於小邦, 擬寇賊之來侵, 出軍師而方戰. 忽有二人, 突入我軍, 癡軍士不甚考問, 捕送平州, 平州人恐其逋逸, 略加鑵柹, 申覆朝廷. 朝廷遣譯察視, 以其語頗類上國, 然後解械慰訊, 兼贐衣物, 隨譯前去.

아토가 석방된 날짜는 알 수 없지만 그가 다시 고려의 항복을 요구하려고 살리타이가 보낸 세 사신 가운데 한 사람으로 안북부에서 개경으로 온 것은 그들이 가져온 문서(항복 권유서) 끝부분에 "사신 아토使臣是阿土"라고 한 데서 증명된다. 곧 아토는 10월 1일 이전 여진인 한 사람과 함께 권항사로 평주에 도착했다가 12월 5일 회안공 정이 살리타이 진영에 사신으로 가기 전 다시 살리타이의 문서를 갖고 다른 두 사신과 함께 개경에 온 것이다.

또 『원사』(권154)「홍복원열전」을 보면 살리타이의 고려 침략을 다음과 같이 서술했다.

신묘년(1231) 9월 태종이 장수 살리타이撒里荅에게 고려를 토벌케 했다. 홍복원은 남들보다 먼저 주·현의 백성을 이끌고 귀의해 살리타이와 힘을 합쳐 아직 귀의하지 않은 자들을 공격하고 또 아르도 등과 함께 고려의 도성으로 진격해 이르렀다. 그러자 고려 국왕 왕철은 동생 회안공을 보내 항복을 요청했다. 마침내 도성과 주·현에 다루가치 72명을 뒤

지키게 하고 군사를 돌렸다. 辛卯秋九月, 太宗命將撒里荅討之. 福源率先附
州縣之民, 與撒禮塔併力攻未附者, 又與阿兒禿等進至王京. 高麗王皞乃遣其
弟懷安公請降. 遂置王京及州縣達魯花赤七十二人以鎮之, 師還.

앞서 인용한 「원·고려기사」 A의 앞부분과 B는 이 「홍복원열전」 ─
정확히 말하면 그 바탕이 된 자료 ─ 을 옮겨 실은 것으로 조금 글자
를 보충하고 "항복을 요청했다請降"를 "화친을 요청했다請和"로 고쳤을
뿐인데, 홍복원과 함께 고려의 도성에 왔다고 한 아르도는 앞의 아토
로 생각된다. 그런데 앞서 인용한 『고려사』 기사에서 알 수 있는 것처
럼 아토가 평주에 왔다가 체포됐을 때 동행한 사람은 여진인이었으므
로 아토(아르도)가 고려인 홍복원과 함께 사신으로 간 것은 그 무렵이
아니라 고려의 국왕과 신하들이 몽골의 세 원수 포도 등을 영접해 항
복의 논의를 진행한 12월 초가 분명하다. 「홍복원열전」에서 아르도가
도성에 왔다고 기록한 뒤 곧바로 그것을 이어 "그러자 고려 국왕 왕철
은 동생 회안공을 보내 항복을 요청했다"고 한 것도 그 증거로 생각된
다.

그러나 「홍복원열전」에서 아르도와 관련해 세 원수의 군대가 개경
을 압박한 뒤 안북부의 살리타이가 개경으로 사신을 보냈을 때의 사
실을 기록해 "도성으로 진격해 이르렀다進至王京"고 한 것은 타당하지
않다. 오히려 그 말은 몽골 선봉군이 처음 황주와 봉주를 침략했을 때
고려의 항복을 촉구하려고 개경으로 가다가 평주에 도착한 경우에 적
합하다. 「홍복원열전」에서 "또 아르도 등과 함께 고려의 도성으로 진
격해 이르렀다"고 한 것은 두 기사를 뒤섞어 하나로 만든 것으로 생각
된다.

그렇다면 「고려기사」의 B에서 "다시 아르도를 보내 홍복원과 함께 고려의 도성에 가서 그 국왕 왕철을 설득했다"는 것은 홍복원의 이름을 삭제하고 아토(아르도)가 처음 남쪽으로 내려간 것에 해당시킬 수 있다고 판단된다. 또 그것과 함께 "왕철은 동생 회안공을 보내 화친을 요청했다(「홍복원열전」에서 "항복을 요청했다"는 것이 맞다). 계속해서 도성과 여러 주·군에 다루가치 72명을 둬 진무케 하고 곧 군사를 돌렸다"면서 그것을 세 원수의 남하(C) 앞에 기록한 것은 큰 잘못이다. 그것은 아래로 옮겨 D와 합쳐야 한다고 본다.

홍복원은 인주麟州의 도령都領 홍대선洪大宣의 아들인데, 원 세조의 일본 정벌에 장수로 참여해 고려에 널리 알려진 홍차구洪茶丘의 아버지다. 인주는 의주 남쪽에서 멀지 않은 지금의 서린동西麟洞으로 홍대선 부자가 모두 이곳에서 거주한 것은 다음 자료에 보인다.

- 『원사』「홍복원열전」: 아버지 홍대선은 도령으로 인주를 지켰는데, 홍복원이 신기도령이 된 것은 집안 덕분이었다. 父大宣以都領鎭麟州, 福源爲神騎都領, 因家焉.

- 『고려사』(권130)「홍복원열전」: 홍복원은 첫 이름이 홍복량으로 본래 당성(지금의 경기도 남양) 사람이다. 그 선조가 인주로 옮겨 거주했다. 아버지 홍대순('순'과 '선'은 발음이 통한다)은 인주 도령이었다. 洪福源, 初名福良, 本唐城人. 其先徙居麟州. 父大純, 爲麟州都領.

그리고 홍대선 부자와 몽골의 관계는 『원사』「홍복원열전」에 보인다.

병자년(태조 11년, 1216) 금원과 거란의 무리 9만여 명이 고려로 달아났다. 정축년(태조 12년, 1217) 9월 강동성을 빼앗아 웅거했다. 무인년(태조 13년, 1218) 겨울 12월 태조가 합적길(카치운哈眞이라고 한 기록도 있다)과 차라(차랄箚刺이라고 한 기록도 있다)에게 군사를 이끌고 추격해 토벌케 하니 홍대선은 맞이해 항복하고 합적길 등과 함께 공격해 그 원수 조충을 항복시켰다. 歲丙子, 金源·契丹九萬餘衆竄入高麗. 丁丑九月, 奪江東城池據之. 戊寅冬十二月, 太祖命哈赤吉·扎剌將兵追討, 大宣迎降, 與哈赤吉等共擊之, 降其元帥趙沖.

홍대선이 몽골군에 항복한 것을 몽골 태조 때 카치운과 차라가 원정한 무렵이라고 했으며, 그 다음 홍복원과 관련해서는 앞서 든 대로 몽골 태종 3년(1231) 그가 살리타이와 힘을 합쳐 고려의 주·현을 격파한 일을 기록했다. 곧 『원사』「홍복원열전」의 기사에 따르면 홍대선과 함께 거처한 홍복원은 카치운 등이 강동성에 왔을 때 함께 몽골군에 투항한 것 같다. 그런데 「원·고려기사」는 아버지와 아들이 투항한 경우를 각각 구별해 기록했다. 곧 태조 때의 거란 정벌 기사는 여기 인용한 「홍복원열전」의 기록과 똑같지만 살리타이의 고려 침략 기사 A에는 「홍복원열전」에 명기되지 않은 사실을 실었다.

[고려]국 사람 홍복원이 군사를 맞이해 투항했고, 부근의 주·군에서도 귀의하는 사람이 있었다. 國人洪福源迎軍投降, 附近州郡亦有來歸者.

그리고 홍복원의 투항을 태종 때의 정벌에 있던 일이라고 했다. 한편 『고려사』「홍복원열전」에서도 부자의 투항 사실을 구별했다.

고종 5년(몽골 태조 13년, 1218) 원이 카치운과 차라를 보내 강동성에서 거란군을 공격하자 홍대순은 그들을 맞이해 항복했다. 고종 18년(몽골 태종 3년, 1231) 살리타이가 대군을 이끌고 침입하자 홍복원은 다시 그들을 맞이해 항복했다. 高宗五年, 元遣哈眞·扎剌, 攻契丹兵于江東城, 大純迎降. 十八年, 撒禮塔大擧入侵, 福源又迎降于軍.

이 때문에 「원·고려기사」의 기록은 곧바로 채택할 수 없다고 판단된다. 그러나 물러나 홍대선의 투항을 몽골 태조 때의 일로 본 『원사』「홍복원열전」의 기사를 검토하면 거란인이 강동성에 들어온 것을 태조 12년(정축년, 1217)이라고 한 것과 고려의 원수 조충을 거란 수령 이름으로 본 것은 모두 잘못이며, 실제로는 태조 13년(무인년) 12월 1일 카치운과 차라가 이끈 몽골의 원정군은 지난 10~11월 거란인이 입거한 강동성 부근으로 와 그곳에 주둔한 고려의 원수 조충 등과 힘을 합쳐 이듬해(기묘년) 정월 적의 우두머리 함사喊舍를 항복시켰다. 그리고 카치운과 차라는 의주를 지나는 도로를 거치지 않고 고려의 동북면에서 곧바로 강동성으로 왔다고 했으므로 그동안 몽골과 관계가 없던 홍대선이 전혀 다른 방면인 인주에서 와 그들을 맞이해 항복했다는 것은 도저히 믿기 어려워 이것도 잘못된 기록이라고 하지 않을 수 없다.

정말 그렇다면 문제의 사항에 관련된 「원·고려기사」의 기록 가운데 채택할 수 있는 것은 『원사』「홍복원열전」 외의 어떤 자료에 의거해 홍복원의 투항을 살리타이가 정벌했을 때의 일이라고 한 부분이며(A) 홍대선의 투항도 같은 때로 여겨진다. 요컨대 홍대선 부자는 인주에 거주했고, 살리타이 군이 함신진(의주)에서 철주로 왔을 때 그들을 맞이해 항복한 것으로 판단된다. 다만 『고려사』「홍복원열전」에서 홍대

선과 홍복원의 투항을 앞뒤의 전쟁에 각각 연결시켜 구별해 기록한 것
은 계통이 다른 고려 쪽 기록으로 나의 이 논지를 방해하는 것 같지
만 그렇지 않다. 고려 말의 대학자 이제현은 홍대선의 투항을 다음과
같이 평가했다.[4]

원의 『경세대전』은 규장각 학사 우집 등이 편찬한 책인데, 우리나라의
일과 관련해 다음과 같이 서술했다. "태조황제 13년(1218) 천병이 거란
의 반란자를 토벌해 고려에 이르자 고려 사람 홍대선은 항복해 길잡이
가 돼 함께 자신의 나라를 공격하니 그 국왕이 항복했다." 여기서 말한
반란자는 금산왕자다. 元朝經世大典, 奎章閣學士虞集等撰, 書我國事云, 太
祖皇帝之十三年, 天兵討契丹, 叛人至高麗, 國人洪大宣降, 爲向導, 共攻其國,
其王降. 所謂叛人者, 金山王子也.

자국의 기록을 사용하지 않고 특별히 『경세대전』을 인용한 것을 보
면 「홍복원열전」과 「원·고려기사」(『경세대전』)의 기록이 일치하는 것은
「홍복원열전」의 찬자가 「원·고려기사」를 참고했기 때문이 분명하다.
"맞이해 항복했다迎降"는 표현을 사용한 것도 그 증거로 생각된다.
　다음으로 다루가치에 대해 연구해야 한다. 앞서 서술한 대로『원사』
「홍복원열전」의 기사와 그것을 참고한 「원·고려기사」에 따르면 살리타
이는 고려가 항복을 요청하자 도성과 주·현에 다루가치 72명을 두고
군사를 돌렸다. 다루가치는 지방 행정을 감찰하는 관원이다.[5]

『원사』(권59) 「지리지」 심양로瀋陽路: 원 초기 요동을 평정하고, 고려국 인
주 신기도령 홍복원이 서경·도호·구주의 40여 성을 이끌고 와 항복하

자 각각 진수사를 세우고 관직을 설치해 백성을 다스리게 했다. 元初平
遼東, 高麗國麟州神騎都領洪福源率西京·都護·龜州四十餘城來降, 各立鎭守
司, 設官以撫其民.

살리타이의 정벌 결과 이런 조처가 시행된 것이다. 고려의 이제현은
그것과 관련해 다음과 같이 말했다.[6]

원의 『경세대전』에서는 (…) 다음과 같이 말했다. "태종 3년(1231) 살리
타이 등을 보내 토벌하니 다시 그 국왕이 항복했다. 도성과 부·현에 다
루가치 72명을 두고 군사를 돌렸다. 태종 4년 반란을 일으켜 다루가치
를 모두 죽이고 섬으로 입보했다." 여기서 말한 다루가치는 [원] 조정이
명령한 것인가, 장수가 제도를 계승해 직접 설치한 것인가? 작은 부·현
은 논의할 것이 없지만 2경(서경과 개경)의 다루가치는 보잘것없는 존재
가 아닌데, 이름을 기록하지 않은 것은 어째서인가? 또 다루가치가 이
렇게 많으니 그들을 그대로 둔 것과 죽인 것은 작은 일이 아니다. 국사
에 관련된 기록이 없어 살아있는 노인들에게 물었지만 아는 사람이 없
으니 이것은 더욱 의혹스럽다. 그 까닭을 생각해보면 이때 천자(태종)은
북쪽의 조정에 있어 우리와 만리나 멀리 떨어져 있기 때문에 일의 허실
을 알 수 없었다. 살리타이는 요동에서 군사를 거느리고 홍대선과 노략
을 일삼으면서 우리의 공로는 가리고 우리의 죄악은 거짓으로 꾸며 조
정(몽골)을 분노하게 만들어 마음대로 침략했다. 우공(『경세대전』의 찬자
우집虞集)은 그것을 상고했지만 자세하지 않은 부분이 있다. 元朝經世大
典 (…) 又言, 太宗三年, 遣撒塔等討之, 其王又降. 置京·府·縣七十二達魯花赤
而班師. 四年, 盡殺達魯花赤, 叛保海島云. 其所謂達魯花赤, 朝廷之所命耶, 將

帥承制自置者耶. 府縣之小卽不論, 二京達魯花赤必非微者, 亦不書名何也. 其
置之與殺之, 非細事也. 國史旣無其文, 問之遺老亦莫之知, 此尤可惑者也. 竊
求其所以然. 是時天子在北庭, 去我有萬里之遠, 事之虛實, 有不及知. 撒塔擁
兵遼左, 與洪大宣貪其擄掠, 掩我之功, 誣我以罪, 激怒朝廷, 以肆侵伐耳. 虞公
考之, 有不詳也.

충목왕 때 민지의 『편년강목』을 증수하거나 충렬왕·충선왕·충목
왕 3대의 실록을 편찬한 이제현은[7] 허망해 믿기 어려운 원 초기의 사
서를 이렇게 비판했으므로 그 주장은 경청해야 할 것 같다. 그러나 『고
려사』의 기록은 그것과 어긋난다.

살리타이가 군사를 돌린 뒤의 『고려사』 「고종세가」 기사를 살펴보면
다음과 같다.

- **고종 19년(몽골 태종 4년, 1232) 5월**: 북계의 용강과 선주에 몽골의 다
  루가치 4명이 왔다. 北界龍岡·宣州, 蒙古達魯花赤四人來.

- **7월**: 내시 윤복창을 북계 여러 성에 보내 다루가치의 활과 화살을 빼
  앗게 했다. 윤복창이 선주에 도착하자 다루가치가 그를 쏴 죽였다. 遣
  內侍尹復昌, 往北界諸城, 奪達魯花赤弓矢. 復昌到宣州, 達魯花赤射殺之.

- **8월**: 서경순무사 대장군 민희와 사록 최자온이 몰래 장교들을 시켜
  다루가치를 죽이려고 모의했다. 서경 사람들은 그 소식을 듣고 "그렇
  게 하면 우리 서경은 반드시 평주처럼 몽골군에게 멸망할 것"이라고
  말하고 마침내 반란을 일으켰다. 西京巡撫使大將軍閔曦與司錄崔滋溫,
  密使將校等, 謀殺達魯花赤. 西京人聞之曰, 如是則我京必如平州, 爲蒙兵所
  滅, 遂叛.

서경과 북계의 여러 성에 몽골의 다루가치가 주재했다는 증거는 뚜렷하다. 그리고 「고종세가」 19년(1232) 9월 조에 실린 「몽골 관원에게 보낸 답서答蒙古官人書」에서는 다음과 같이 말했다.

또 "다루가치를 죽이려거든 죽여봐라. 지금 너희는 다루가치를 잡아두고 있다"고 한 일에 대해 말씀드립니다. 앞서 말한 다루가치 가운데 도성에 있는 사람은 극진하게 대접해 조금도 거스르려는 뜻이 없는데, 대국은 어찌 듣지 못했습니까? 또 여러 성에도 후히 대접하라고 명령했는데, 그들 가운데 나라의 명령을 따르지 않은 자가 있는지 모르겠지만 저도 모두 알 수는 없으니 상국에서 밝게 살펴주시기 바랍니다. 상국의 사신을 체포할 리는 없으니 나중에 조사하면 알 수 있을 것입니다. 又稱達魯花赤, 交死則死, 留下來如今, 爾每拿縛者事. 右達魯花赤, 其在京邑者, 接遇甚謹, 略不忤意, 大國豈不聞之耶. 又於列城, 委令厚對, 其間容或有不如國敎者, 予亦不能一一知之, 惟上國明考焉. 其拿縛上朝使人, 無有是理, 後可憑勘知之.

이것은 다루가치에 관련된 몽골 관원의 힐책을 받은 고려 조정이 자국의 태도를 해명한 것인데, 이것에 따라 북계의 여러 성뿐 아니라 개경에도 다루가치가 주재했음을 알 수 있다. 계속해서 세가의 기사를 검토하면 놓쳐서는 안 되는 사실이 실려 있다.

고종 19년(1232) 2월 무진일(17일) 회안공 정이 몽골 사신 도단·상하절 24명과 함께 왔다. 戊辰, 淮安公侹與蒙古使都旦·上下節二十四人來.

정월 11일 살리타이를 배웅하러 북쪽으로 간 회안공은 이날 몽골의 사신 도단 일행과 개경으로 돌아온 것이다.

고종 19년 2월 정축일(26일): 국왕이 양제방의 별궁으로 거처를 옮기려 하자 도단이 그 소식을 듣고 말했다. "나는 고려의 국사國事를 모두 통솔하기 위해 여기 파견됐으니 궁궐에 들어가 거처하겠다." 조정에서는 곤란하다고 판단해 광화문을 닫고 우승선 유경현을 보내 설득해 그만두게 했다. 마침내 잔치에 초대하자 도단은 국왕과 나란히 앉으려고 하고 또 그대로 대궐 안에 머무르려고 했다. 저녁까지 이 문제로 다툰 뒤 잔치에 참석했다가 객관으로 돌아갔다. 丁丑, 王欲移御楊堤坊別宮, 都旦聞之曰, 我因都統高麗國事, 差使到此, 將入處大內. 朝議難之, 閉廣化門, 命右承宣庾敬玄, 往諭止之. 遂邀宴, 都旦欲與王連坐, 又欲仍處于內. 詰之至夕, 然後乃赴宴, 還館.

이 도단은 고려의 국왕과 신하들을 억제하려고 도성에 온 교만한 다루가치인데, 객관客館의 영송판관迎送判官이 자신의 뜻에 맞춰 접대하지 못한다면서 분노해 그를 죽였으며, 관사가 적적하다면서 민가로 옮겨 머물려고 하자 금 술잔 1벌과 저포紵布 80필을 주니 그만뒀다고 한다. "극진하게 대접해 조금도 거스르려는 뜻이 없다"고 한 것은 이런 사실을 말한 것이다. 다만 도단이 몽골 본국에서 왔다고는 생각되지 않는다. 회안공 정의 환송을 받고 고려를 떠난 살리타이는 요동에 이르러 도단 등의 일행을 개경으로 보내면서 정을 함께 돌려보낸 것으로 여겨진다. 정이 출발했다가 돌아가는 데 37일이 걸린 데서 그렇게 추측된다. 또 도단은 몽골인이 아니었다. 아래 기록을 보면 그는 앞서 야율유가의 부하로 강동성을 함락시킬 때 참여한 거란인이었다.

「고종세가」: 도단은 본래 거란인으로 성격이 매우 간사하고 교활했다. 앞서 몽골군에게 강동성으로 오도록 요청해 자기 나라의 군대를 전멸시킨 자였다. 都旦本契丹人, 性甚姦黠. 往者請蒙兵到江東城, 滅其國兵者也.

살리타이의 정벌로 다루가치가 배치된 주·현의 수는 몽골 쪽 기록인 『원사』에 따르면 40여 곳이었다.

- **「태종본기」**: 고려가 사신을 살해한 것을 이유로 살리타이에게 군사를 거느리고 토벌케 해 40여 성을 차지했다. 고려 국왕 왕철은 그 아우 회안공을 보내 항복을 요청했다. 살리타이는 제도에 따라 관직을 설치해 그 땅을 나눠 지키게 하고 돌아왔다. 以高麗殺使者, 命撒禮塔率師討之, 取四十餘城. 高麗王皞遣其弟懷安公請降. 撒禮塔承制設官分鎭其地, 乃還.
- **「지리지」**(앞서 인용): 홍복원이 서경(평양)·도호(안북도호부. 지금의 안주)·구주(구성)의 40여 성을 이끌고 와 항복하자 각각 진수사를 세우고 관직을 설치해 백성을 다스리게 했다. 洪福源率西京·都護·龜州四十餘城來降, 各立鎭守司, 設官以撫其民.
- **「홍복원열전」**: (다루가치 72명의 주재를 서술한 뒤) 임진년(태종 4년, 1232) 여름 6월 고려가 다시 배반해 앞서 둔 다루가치를 죽이고 나라 사람들을 모두 강화도로 들여보내 웅거했다. 홍복원은 북계 40여 성의 남은 백성을 모아 [몽골군이 오기를] 기다렸다. 壬辰夏六月, 高麗復叛, 殺所置達魯花赤, 悉驅國人入據江華島. 福源招集北界四十餘城遺民以

待.

「원·고려기사」와 『원사』 「고려열전」은 「홍복원열전」과 동일하다. 그러나 『고려사』에 따르면 몽골군이 차지했다고 인정할 수 있는 성읍은 이렇게 많지 않다. 함신진과 인주는 저항하지 않고 항복했고 철주는 도륙됐으며, 황주·봉주의 수령은 성을 버린 채 철도鐵島(대동강 하류가 꺾어지는 곳)로 도망쳤고 용주·선주·곽주는 수비를 포기했으며, 안북부는 고려군이 대패한 뒤 살리타이의 진지가 됐고 평주는 아르도(아토) 등을 가뒀다는 이유로 불태워졌다. 이런 10성 외에 삭주(영산시)·영덕진(의주 동남쪽 관동館洞 근처의 정녕리丁寧里)·서창현瑞昌縣·정주靜州(정주동正州洞) 등의 주·진도 몽골군에게 함락됐다.

- **「조숙창열전」**(『고려사』, 권130): 조숙창(함신진에서 항복한 장수)은 삭주 선덕진(영덕진?)에 글을 보내 설득해 나와 항복하게 했다. 叔昌爲書, 諭朔州宣(寧?)德鎭, 使迎降.**8**
- **「문대열전」**(같은 책, 121권): [문대는] 고종 18년(1231) 서창현 낭장으로 있다가 몽골군의 포로가 됐다. 몽골군이 철주성 아래 이르렀다. 高宗十八年, 以郎將在瑞昌縣, 爲蒙古兵所虜. 蒙古兵至鐵州城下.
- **「김경손열전」**(같은 책, 권103): [김경손은] 고종 18년 정주 분도장군이 됐는데 몽골군이 압록강을 건너 철주를 도륙하고 정주까지 침략했다. 高宗十八年, 爲靜州分道將軍, 蒙古兵渡鴨綠江, 屠鐵州, 侵及靜州.

또 구주(구성)에는 박서朴犀, 자주(자산)에는 최춘명崔椿命이라는 용맹한 장수들이 성을 굳게 지켜 몽골군의 공격에 굽히지 않다가 도성에서 강화가 성립된 뒤 국왕의 사신이 가서 설득하자 비로소 수비를 풀었다.9 서경에서는 처음에 몽골의 선봉군을 물리쳤지만 그 뒤는 어떻게 됐는지 정확히 알 수 없다. 『고려사』에 따라 몽골군에게 함락된 것을 증명할 수 있는 것은 20개가 되지 않는 이런 성들로 이 가운데 황주·봉주·평주는 서해도에, 다른 10여 성은 북계로 불린 지방에 있다. 서해도와 북계는 대체로 지금의 황해도와 평안남·북도에 해당한다. 아래 기사들을 보면 서해도에는 다루가치가 배치되지 않은 것이 거의 분명하다.

- **「홍복원열전」**: 북계의 40여 성.
- **「고종세가」**(앞서 인용): 북계의 용강과 선주로 몽골의 다루가치 4명이 왔다. (…) 북계 여러 성에 보내 다루가치의 활과 화살을 빼앗게 했다.

따라서 북계에서 그 성은 40여 개나 됐다고는 생각되지 않는다. 그리고 아래 제시한 몽골 쪽 기록에서도 몽골군이 함락시킨 성을 10여 개라고 한 것을 보면 앞의 기록은 오류가 분명하다고 생각된다.

- **『원사』**(권120) **「오야이㖏也而열전」**: 태종 3년(1231) 살리타이와 고려를 정벌해 수주·개주·용주·선주·태주·가주 등 10여 성을 함락시키니 고려가 두려워 화친을 요청했다. 太宗三年, 又與撒里答征高麗, 下受·開·龍·宣·泰·葭等十餘城, 高麗懼請和.
- **「이랄매노移剌買奴열전」**: 용주·선주·운주·태주 등 14성을 함락시켰다. 下龍·宣·雲·泰等十四城.

몽골군의 침입과 관련해 『고려사』에 기록된 북계의 성 이름은 함신진·영덕진·서창현·안주·철주·용주·선주·곽주·삭주·정주·구주·자주·안북부와 서경으로 여기에 「이랄매노열전」의 운주(운산)·태주(태천)를 더하면 16곳이 된다. 그러나 이 가운데는 영덕진과 서창현처럼 작은 성도 들어 있기 때문에 「이랄매노열전」에서 14성을 함락시켰다고 한 것은 큰 성의 숫자를 든 것으로 생각할 수 있고 이것은 결국 다루가치 72명이 배치된 성의 실제 숫자로 생각된다. 정말 그렇다면 「홍복원열전」의 '40여 성四十餘城'은 '14성十四城'의 오기로 「태종본기」와 「지리지」는 모두 그 오류를 그대로 따른 것이다(「오야이열전」에 보이는 '개주'라는 성은 금의 개주, 곧 지금의 봉황성이므로 이것은 고려를 침략하기 전 살리타이가 함락시킨 성을 혼동해 기록한 것으로 생각된다. '수受'는 '의義'와 발음이 통용되는 '애愛'의 오기며 '의주義州'인 함신진으로 여겨진다. '가葭'는 정확히 알 수 없다. '운雲'의 오기가 아닐까?).

3. 살리타이의 2차 원정

앞 장에서 서술한 대로 고려 고종 19년(몽골 태종 4년, 1232) 2월 몽골 사신 도단 등 24명이 요동에서 개경으로 왔는데, 「고종세가」 3월 조에서 "몽골 사신 6명이 먼저 돌아갔다蒙使六人先還"고 한 뒤 도단의 이름은 보이지 않는다. 그는 이 사신 6명이 돌아갈 때 그 가운데 한 사람이었거나 따로 조금 뒤 요동으로 돌아간 것으로 생각된다. 앞서 『고려사』에서 본 대로 도단은 개경에 체류하면서 폭력적이고 거만한 언행을 일삼았는데, 이른바 고려의 국정을 모두 통솔하기 위한 다루가치로 왔으므로 아무 일도 하지 않고 그냥 갔다고는 생각되지 않는다.

고려는 여섯 사신이 돌아갈 때 선물을 주려고 사신 지의심 등을 살리타이에게 보냈으며, 그 뒤 4월 다시 조숙창과 시어사 설신薛愼을 몽골로 보내 태종에게 표문을 올려 신하라고 칭하고 따로 살리타이에게도 서신을 보냈다. 그리고 살리타이에게 보낸 서신에서는 수달피 1천령領을 바치라는 명령에 따라 모든 노력을 기울여 977령을 모아 앞서 황제에게 보냈다고 밝혔으며, 국왕·제왕諸王·공주·군주郡主·고위 관원들이 소년과 소녀 500명씩과 기술자들을 보내라고 명령했지만 그 요구는 따르기 어렵다고 서술했다. 수달피 977령은 이번에 조숙창이 파견되기 전 이미 지의심이 갖고 간 선물이 분명하다.

세가 고종 19년(1232) 6월: 교위 송득창이 지의심 일행에서 도망쳐 와 말했다. "지의심이 살리타이의 진영에 이르자 살리타이는 '전에 보낸 서신에서 말한 물건을 어째서 준비해오지 않았는가?'라고 화를 내면서 황제가 있는 곳으로 지의심을 잡아 보내고 나머지는 모두 가뒀습니다." 校尉宋得昌自池義深行亡逃來云, 義深到撒禮塔所, 撒禮塔怒曰前送文牒內事件, 何不辦來, 執送義深于帝所, 餘皆拘囚.

이것은 주목할 만한 기사인데, 살리타이는 서쪽으로 돌아간 뒤 서신 ─ 『고려사』에는 실려 있지 않다 ─ 을 고려에 보내 수달피 외에 소년·소녀와 기술자들을 보내라고 명령했는데 지의심이 와서 바친 것은 수달피뿐이므로 요구 사항을 모두 준비하지 않았다면서 지의심을 막북漠北으로 압송한 것이다. 그렇다면 살리타이의 명령을 담은 이 서신을 고려에 가져온 사람은 누구였을까? 그것은 도단이 분명한데, 그는 서신에서 말한 요구 사항을 고려의 국왕과 신하들에게 압박했을 것이다. 달리 말하면 살리타이가 군사를 이끌고 요동으로 돌아간 뒤 도단은 고려가 항복의 의무를 이행케 하려는 특별한 임무를 띠고 개경에 온 것이다. 따라서 그가 요동으로 돌아간 것은 고려가 요구 조건을 이행하는 데 어느 정도 순종의 뜻을 밝혔기 때문으로 추측된다.

그러나 고려의 국왕과 신하들은 몽골을 섬겨 그들의 엄청난 억압을 받지 않으려고 마침내 배반을 결심했다.

- 세가 고종 19년(1232) 5월 21일(신축일): 재추가 선경전에 모여 몽골을 막을 방법을 의논했다. 宰樞會宣慶殿, 議禦蒙古.
- 23일(계묘일): 4품 이상 관원들이 다시 회의를 했는데, 모두 성을 지켜 적을 막자고 했지만 재추 정무와 태집성 등만은 도성을 옮겨 피란해야 한다고 했다. 四品以上又會議, 皆曰城守拒敵, 唯宰樞鄭畝·太集成等曰, 宜徙都避亂.

몽골을 막는다는 것은 그들의 공격을 받을 것을 예상한 말인데, 주로 도성의 수비에 관련된 것이었다. 그 때문에 23일 회의에서 성을 지켜 적을 막는 것과 도성을 옮겨 피란하는 두 의견이 나온 것인데, 천도하자는 주장은 개경 가까이에 있되 적이 침입하기 어려운 강화도를 새 도성으로 삼자는 것이었다. 천도 주장은 개경이 개국 이래 300여 년 동안 도성이었기 때문에 비판하는 의견이 많았고 국왕도 주저하며 결정하지 못했지만, 당시 국정을 장악한 권신 최우崔瑀(뒤에 최이崔怡로 이름을 고침)는 그 주장을 관철시켜 6월 16일 ― 송득창이 지의심 일행에서 도망쳐 돌아온 다음 날 ― 국왕을 위협해 천도를 결정한 뒤 곧바로 강화에 궁궐을 짓기 시작했다. 그리고 한편으로는 관원을 각도에 보내 산성과 섬으로 백성을 이주시켰다.[10]

그러나 7월 1일 몽골에서 사신이 왔을 때 국왕은 아무 일 없는 듯 그를 개경 선의문 밖에서 맞이했다. 이 사신은 앞서 조숙창이 사신으로 파견됐기 때문에 답방한 것으로 생각되는데, 「세가」에는 실려 있지 않은 조서의 내용은 11월 고려 고종이 몽골 태종에게 올린 표문에서 포선만노를 정벌하기 위해 군사를 내는 것과 직접 몽골 조정에 입조하는 것 모두 명령에 따르기 어렵다면서 그 사정을 밝힌 것에 따라 추측할 수 있다. 곧 태종은 조숙창이 와 신하로서 섬기겠다는 뜻을 밝히자 실제의 행동을 요구하면서 이 두 일을 고려에 지시한 것이다.

몽골 사신이 돌아가자 국왕은 7월 6일 개경을 떠나 이튿날 강화도로 들어갔다. 그리고 앞서 서술한 대로 그 앞뒤로 북계 성들에 사람을 보내 몽골 다루가치의 무기를 빼앗거나 그들을 해쳤다. 아래 『원사』의 기록들은 고려가 배반한 사실을 서술했지만 과장한 측면이 있다.

- 「홍복원열전」: 여름 6월 고려가 다시 배반해 앞서 둔 다루가치를 죽이고 나라 사람들을 모두 강화도로 들여보내 웅거했다.
- 「고려열전」: 6월 왕철(고종)이 조정에서 둔 다루가치 72명을 모두 죽이고 배반한 뒤 마침내 도성과 여러 주·현의 백성을 이끌고 섬으로 도망쳤다. 六月, 瞰盡殺朝廷所置達魯花赤七十二人以叛, 遂率王京及諸州縣民竄海島.

그러자 몽골 태종은 다시 살리타이에게 고려를 공격하라고 명령했다. 이 침략에 관련된 몽골 쪽 기록은 다음과 같다.

• 『원사』 「홍복원열전」: 가을 8월 태종이 다시 살리타이를 보내 군사를
  이끌고 토벌케 하자 홍복원은 자신의 부를 모두 이끌고 함께 공격했
  다. 왕경 처인성에 이르러 살리타이가 화살에 맞아 죽자 그 부장 첩가
  는 군사를 이끌고 돌아가고 홍복원만 남아 주둔했다. 秋八月, 太宗復
  遣撒禮塔將兵來討, 福源盡率所部合攻之. 至王京處仁城, 撒禮塔中流矢卒,
  其副帖哥引兵還, 唯福源留屯.

• 「원·고려기사」(같은 자료에 의거함): [태종 4년, 1232] 8월 다시 살리타
  이 코르치를 보내 군사를 이끌고 토벌케 했다. 왕경 남쪽 처인성에 이
  르러 공격하다가 살리타이가 화살에 맞아 죽자 별장이던 철가 코르
  치는 군사를 이끌고 돌아갔다. 이미 항복한 곳은 다시 홍복원에게 관
  할케 하니 여러 곳에 군사를 주둔시켰다. 八月, 降旨復遣撒里塔火里赤
  領兵討之. 至王京南處仁城攻擊, 撒里塔火里赤中流矢卒, 別將鐵哥火里赤
  領兵回. 其已招降之地, 復令福源管領, 屯於各處.

다음으로 『고려사』를 보면 그 기록은 뜻밖에 소략해 고려에서 살리
타이가 어떻게 행동했는지 잘 알 수 없다.

• 「세가」 고종 19년(1232) 12월: 살리타이가 처인성을 공격했는데 전란
  을 피해 성안에 있던 한 승려가 활을 쏴 그를 죽였다. 撒禮塔攻處仁城,
  有一僧避兵在城中, 射殺之.

• 「김윤후열전」(『고려사』 권103): 김윤후는 고종 때 사람이다. 일찍이 승
  려가 돼 백현원에 있었다. 몽골군이 오자 김윤후는 처인성으로 피난
  했다. 몽골 원수 살리타이가 성을 공격하니 김윤후는 활을 쏴 그를 죽
  였다. 金允侯, 高宗時人. 嘗爲僧, 住白峴院. 蒙古兵至, 允侯避亂于處仁城. 蒙

古元帥撒禮塔來攻城, 允侯射殺之.

그러나 『고려사』에는 9월부터 12월까지 고려에서 몽골 관원에게 보
낸 문서 몇 통이 실려 있다. 이것들을 검토하면 첫 번째 문서인 「몽골
관원에게 보낸 답신答蒙古官人書」은 섬으로 피란하고 다루가치를 체포한
일 등을 비난한 데 회답한 것이다.

장군께서 천리의 먼 길을 지나 저희 나라에 오셔서 먼저 가르침을 주시
니 기쁘고 감사합니다. 伏蒙幕府, 遠涉千里, 辱臨弊境, 首貽誨音, 欣感欣感.

첫머리에서 이렇게 말한 것은 살리타이의 침입을 완곡하게 서술한
것이다. 이 문서는 9월에 보낸 것이니 그것에서 추측하면 몽골 태종이
고려 재침 명령을 8월에 내렸다고 한 『원사』 「홍복원열전」의 날짜는
믿을 만하다고 생각된다. 다만 살리타이가 그 명령을 받은 곳은 막북
이 아니라 요동으로 생각된다.

- 「홍복원열전」(앞서 인용): 여름 6월 고려가 다시 배반해 앞서 둔 다루
  가치를 죽이고 나라 사람들을 모두 강화도로 들여보내 웅거했다. 홍
  복원은 북계 40여 성의 남은 백성을 모아 [몽골군이 오기를] 기다렸
  다.
- 「원·고려기사」: 홍복원은 국경 지역 40여 주·현의 흩어진 백성을 모
  아 천병이 와 구원하기를 기다렸다. 洪福源集地界四十餘州縣失散人民
  保聚, 俟天兵來援.

이 기사들은 북계 성들의 다루가치가 모두 살해되고 고려 백성은 일제히 섬으로 피란했다는 잘못된 견해 아래 몽골에 대한 홍복원의 충성을 과장해 서술한 것이며, 대체적인 사실은 북계의 10여 성이 몽골의 다루가치 치하에 있었고 다시 출정한 살리타이는 그 지방을 군사적으로 침략할 필요가 거의 없었기 때문에 곧바로 전진해 안북부나 서경에 주둔한 것으로 여겨진다.

다음으로 11월 살리타이에게 보낸 서신 —「몽골 관원 사타에게 보낸 답신答蒙古沙打官人書」— 에서는 다음과 같이 말했다.

앞서 대국에서 "국왕이 [육지로] 나오지 않는다면 고위 관원이 나와 맞이하라"고 하셨습니다. 소국은 앞의 서신에 쓴 대로 대국을 두려워해 여기 들어와 있지만 우러르는 마음은 더욱 커지고 있습니다. 그 때문에 엄한 명령을 감히 어기지 못하고 이미 대신을 장군께 보내 따뜻한 회신을 기다리고 있습니다. 그런데 다시 "국왕이 [육지로] 나오지 않는다면 최영공(최우)이 나와 맞이하라"는 지시가 이렇게 잇따라 내려오니 저희는 어떻게 해야 하겠습니까? 엎드려 바라건대 장군께서는 곤궁한 사정을 헤아리셔서 조금이라도 관대함을 보여 사모하는 기대에 부응해주시면 매우 다행이겠습니다. 前者大國以王不出交, 大官人出來, 爲諭小國. 如前書所載, 雖畏懼大國, 入處于此, 以勤仰之心, 有加無已. 故不敢違忤嚴命, 已遣大官人某, 詣幕下, 方候寵答. 而復以國王不出交, 崔令公出來事及之, 所諭踵至如此, 弊邑將若之何. 伏望幕下諒窮迫之情, 小示以寬, 以副傾企之望幸甚.

이 서신에 따르면 살리타이는 이보다 먼저 국왕의 출륙出陸을 촉구했지만 효과가 없자 다시 권신 최우에게 나오라고 명령한 것이다. 이

「관원 사타에게 보낸 답신」에서는 조숙창과 송입장을 보내라는 명령을 따르기 어려운 까닭을 서술했다. 송입장은 다음에 말하는 고종의 진정서陳情書 — 「두 번째 서신又狀」 — 에서 "송입장이라는 자는 지의심 일행을 따라 상국에 갔다가 도망쳐 와서 말했습니다有宋立章者, 從池義深 行李, 詣在上國, 逃來言"라고 한 인물로 앞서 말한 「세가」 6월 조의 송득창과 같은 인물인데, 살리타이가 송입장과 함께 몽골에 사신으로 왔던 조숙창을 보내라고 한 것은 지난 7월 태종의 조서에 회답하는 사신의 파견을 독촉한 것이다.

이것은 포선만노를 정벌하고 국왕이 친조하라는 황제의 요구를 거절한 표문 — 앞서 말한 「황제에게 올린 진정표上皇帝陳情表」 — 이 「관원 사타에게 보낸 답신」의 다음에 실린 데서 알 수 있다. 또 국왕은 이 표문에 첨부한 진정서 — 「두 번째 서신又狀」 — 를 올려 저고여 피살 사건을 자세히 설명하면서 그 죄를 금의 장수 우가하于加下와 포선만노에게 돌리고, 도읍을 강화도로 옮긴 것은 송입장이 돌아와 대군이 침공할 것이라는 뜬소문을 전달해 놀랐기 때문이라고 거짓 해명한 뒤 마지막 희망으로 살리타이에게 칙명을 내려 군대를 돌려달라고 요청했다.[11]

다음으로 살리타이가 죽은 정확한 날짜와 장소에 관련해서는 12월 「동진(포선만노)에 보낸 답신答東眞書」에서 다음과 같이 말했다.

올해 12월 16일 수주(지금의 수원)의 속읍인 처인부곡의 작은 성에서 맞서 싸우다가 화살이 우두머리 살리타이를 맞춰 죽였다. 至今年十二月 十六日, 水州屬邑處仁部曲之小城, 方與對戰, 射中魁帥撒禮塔殺之.

『동국여지승람』(권10)에 따르면 처인성은 용인현 남쪽 25리(9.8킬로미터)에 있다(수원 동남쪽). 또 그 책에서는 『고려사』에 누락된 사실을 기록했다.

고려 고종 때 강화로 천도하자 원 황제가 분노해 군사를 보내 그 일을 문책했다. 원의 장수 살알撒歹(살리타이)이 어사잡단 설신을 군대 안에 붙잡아 두고 개경에 이르러 강(임진강)을 건너 남하하려고 했다. 설신이 살알에게 말했다. "우리나라에는 '남강을 건너는 다른 나라의 높은 관원은 길하지 못하다'는 속담이 있습니다." 살알은 듣지 않고 한양산성(동경, 곧 지금의 경성[서울])에 이르러 함락시킨 뒤 처인성에 이르렀는데 날아온 화살에 맞아 죽었다. 원군은 개경으로 돌아갔으며, 설신이 식견이 있다고 여겨 강화로 파견했다. 高麗高宗時, 遷都江華, 元帝怒, 遣兵問狀. 元帥撒歹縶御史雜端薛慎於軍中, 到松京, 將渡江南下. 慎謂撒歹曰, 國諺有之, 異國大官渡南江者不吉. 撒歹不聽, 抵漢陽山城拔之, 次至處仁城, 爲流矢所中而死. 元兵回到松京, 謂慎有知識, 遣入江華.

곧 고려의 어사 설신 ─ 지난 4월 조숙창과 함께 몽골에 사신으로 갔다 ─ 을 따라 안북부나 서경에서 남하한 살리타이는 개경에 왔지만 그곳을 침략하지 않았고 강화도 또한 압박하지 않았으며 한양산성을 함락시킨 뒤 나아가 처인성에 이른 것이다.

이처럼 살리타이는 몽골 태종 4년(1232) 8월 이후 두 번째 고려 침략에 나섰다. 그리고 연말 한양산성에 이르러 함락시키기까지 사실상 군사를 사용하지 않았으며, 그 사이 몇 달 동안 북계에 주둔하면서 자주 사신을 새 수도인 강화(강도江都)로 보내 고려 국왕과 신하들의 복종을 강요한 것 같다.

이것은 회군 명령을 내리게 하려는 과장된 말로 생각된다. 고려는 일단 몽골에 항복한 뒤 그들의 지나친 요구와 억압을 견디지 못해 갑자기 복종의 태도를 뒤집었지만, 적극 저항하려는 용기와 실력은 없었으므로 몽골이 명목상의 복속관계에 만족하면 요·금에게 그랬던 것처럼 신하의 예를 올리고 해마다 조공을 보내는 것은 거부하지 않았다. 섬에 입보한 것을 살리타이가 힐책하자 고려 조정은 회신했다.[12]

요즘 송입장이라는 자가 와서 "상국이 앞으로 대군을 일으켜 우리나라를 정벌할 것"이라고 했는데, 그 말을 믿지 않을 수 없었습니다. 백성은 그 소식을 듣고 놀라 절반 넘게 도망치니 성읍이 거의 비었습니다. 천둥이 한번 치면 천하가 모두 놀라기 때문에 저 또한 두려워하지 않을 수 없습니다. 또 조금 남은 백성이 하루아침에 땅을 버리고 모두 도망치면 해마다 조공을 바치면서 영원히 대국을 섬기지 못할까 걱정됩니다. 그 때문에 남아 있는 많지 않은 사람과 낮고 습한 나쁜 땅(강화도)으로 들어가 구차하게 살려고 했을 뿐 어찌 다른 마음이 있었겠습니까? 이것은 하늘과 땅의 신이 모두 알고 계십니다. 頃有宋立章者來言, 上國將擧大兵,

來征弊邑, 其言有不可不信者. 百姓聞之, 驚駭褫氣, 過半逃閃, 城邑爲之幾空. 蓋雷霆一振, 天下同驚, 以是予亦不能無懼. 又慮些小遺民, 若一朝掃地皆邁, 則恐不得歲輸貢賦, 以永事大國. 因與不多殘口, 入瘴毒卑濕之地, 以求苟活耳, 寧有他心耶. 皇天后土實監之矣.

이것도 속으로는 위와 같은 뜻을 품고 천도를 변명한 것이다. 또 고려는 고종 11년(몽골 태조 19년, 1224) 금이 이미 쇠망해졌기 때문에 그 연호를 중지하고 그 뒤 원종 원년(원 세조 중통中統 원년, 1260)까지 37년 동안 간지만으로 해를 기록했는데, 이것은 몽골에서 사용한 연호가 아직 없었기 때문으로 태조·태종 때 연호가 있었다면 고려는 요·금대처럼 기꺼이 그것을 사용했을 것이다. 그렇다면 고려가 배반했다는 것은 그 국왕과 신하들이 강화도로 피란한 것을 가리키는 것으로 금 선종이 칭기즈칸에게 화친을 요청하면서 공주와 금·비단을 바친 뒤 수도를 중도中都(연경燕京)에서 변경汴京으로 옮긴 것과 같은 일이었다. 그리고 태종이 고려를 두 번째 침략한 것은 금 선종이 남쪽으로 천도했다는 것을 알게 되자 칭기즈칸은 화친한 뒤 천도한 것은 자신을 의심하는 것이라고 판단해 군사를 보낸 것과 같은 일이었다.

다만 고려의 경우는 그 죄를 묻기 위해 침략한 살리타이가 곧바로 군사를 사용하기 어려운 사정이 있었다. 그것은 다름 아니라 강화도가 육군이 건너기 어려운 천험이었기 때문에 1차 침략 때처럼 공격과 포위의 전술을 사용해 쉽게 고려의 국왕과 신하들을 굴복시킬 수 없었다는 것이다. 그리고 다른 방면의 주·현을 공략하면 고려는 몽골군이 두렵다는 이유를 대면서 강화도를 포기하지 않았다. 살리타이가 몇 달 동안 서신만으로 그들의 복종을 촉구한 것은 이 때문이었으며, 마침내 남경(한양) 이남 지방을 침략하게 된 것은 이같은 외교적 방법으로는 효과를 볼 수 없었기 때문이었다. 그러나 그는 침략을 더 진행하지 못하고 겨우 성 하나를 함락시킨 뒤 처인성에서 최후를 마쳤다.

다음으로 살리타이가 죽은 뒤 몽골군의 행동을 살펴보면 「고종세가」 19년(1232) 12월 조에는 두 문서가 실려 있다. 모두 강화도의 조정에서 몽골의 '고위 관원'에게 보낸 것이다. 그리고 살리타이의 전사는 이런 문서 다음에 기록돼 있다. 그러나 첫 번째 문서는 살리타이가 전사하기 전의 것은 아니고 그가 죽은 뒤 대신 군사를 이끈 첩가에게 보낸 것이 분명하다.

이달 몇 일 우리나라의 사신이 도착했는데, 원수께서 새로 대군을 치휘해 비로소 진지를 설치했는데 한 달도 안 돼 예전부터 알려진 명성이 크게 떨쳤다고 들었습니다. 今月某日, 我國使介至, 伏聞帥府新統大軍, 始開蓮幕, 未及旬朔, 先聲大震.

또 아래서는 '원수帥府'와 구별되는 '옛 원수舊帥府'라는 말이 있어 '옛 원수'와 '원수'는 각각 이미 전사한 살리타이와 새로 군사를 통솔케 된 첩가를 가리키는 것이 틀림없다. 두 번째 문서(살리타이가 전사하기 전)에서는 다음과 같이 말했다.

지금 들으니 지난 번 황제께 보낸 두 사신이 황제의 은혜로운 명령을 받고 돌아오다가 우리나라에 막 도착한 대군을 만났는데, 도리어 억류돼 돌아오지 못하고 있다고 합니다. 今聞前所遣皇帝處, 兩番使人, 被寵命將還, 適値大軍之方戾弊境, 反見勒留未還.

이것은 몽골에 보낸 고려의 사신이 귀국하다가 살리타이 진영에 억류된 것을 말한 것인데, 첫 번째 문서는 이 사신과 관련해 이렇게 서술했다.

오래 억류돼 있던 우리나라의 두 사신을 지금 모두 풀어주셨으니 이것 또한 말할 수 없이 감사합니다. 我國兩□行李之久淹者, 今悉放遣, 此亦銘感罔極.

첨가는 살리타이가 죽은 뒤 고려의 사신을 석방해 돌려보낸 것이다. 그리고 그 사신 가운데 한 사람은 지난 4월 조숙창과 함께 몽골에 간 설신이라는 것은 앞서 인용한 『동국여지승람』에 따라 분명하다. 또 첫 번째 문서를 보면 설신 등을 돌려보낸 첨가가 강화도의 국왕과 신하들의 출륙을 재촉했음을 알 수 있다.

나(고종)와 최 영공(최우)에게 육지로 나오라고 한 일은 앞서 옛 원수(살리타이)에게 서신을 보내 말씀드린 바와 같습니다. 우리는 이미 대국을 두려워해 이렇게 산과 바다 사이(강화도)로 들어와 있으니 [육지로] 나와 만나보는 것이 날로 더욱 두려워져 어렵게 여길 뿐입니다. 그러나 우러르는 마음은 하나일 뿐 어찌 다른 마음이 있겠습니까? 엎드려 바라건대 각하께서는 사정을 헤아려 너그럽게 처리해주십시오. 所諭予及崔令公之出來事, 如前上舊帥府書所陳. 我等既畏懼大國, 入此山海之間, 則其於出覲, 日益滋怯, 所以難之耳. 傾仰之心一也, 寧有他哉. 伏惟閣下諒情而寬之.

첨가는 살리타이의 뒤를 이어 계속 침략하지 않은 채 군사를 이끌고 서쪽으로 돌아갔다. 그가 후퇴한 상황은 처인성의 승리를 포선만노에게 알린 고려의 서신 —「동진에 보낸 답신答東眞書」— 에 보인다.

화살이 우두머리인 살리타이를 명중해 죽이고 사로잡은 포로도 많았으며 나머지 무리는 무너져 흩어졌다. 이때부터 적군은 사기가 떨어져 편안히 머물지 못하고 군대를 돌렸는데, 같은 때 함께 모여 돌아가지 않고 앞서가기도 하고 뒤에 처지기도 하면서 동쪽이나 북쪽으로 가려고 한다. 그 때문에 떠나는 날짜를 지정할 수 없고 어디로 갈지도 알 수 없다. 射中魁帥撒禮塔殺之, 俘虜亦多, 餘衆潰散. 自是褫氣不得安止, 似已回軍前去, 然不以一時鳩集而歸, 或先行或落後, 欲東欲北. 故不可指定日期, 又莫知向甚處去也,

요컨대 살리타이의 2차 침입은 고려의 국왕과 신하들을 굴복시키려는 본래의 목적을 조금도 이루지 못한 것이다.[13]

4. 고려의 홍복원 축출

살리타이가 전사하고 두 달 뒤인 재위 5년(고종 20년, 1233) 2월 태종은 제왕諸王들과 함께 포선만노 정벌을 의논했다. 포선만노의 죄를 묻는 군사를 보내는 것은 즉위 초부터 태종이 생각한 일이었다. 다만 먼저 고려를 정벌해 그 목적을 이룬 뒤 시행할 계획이었다.[14] 고려 침략의 경과는 앞서 서술한 것과 같았고 마침내 칼끝을 포선만노에게 돌렸다. 곧 황자 귀위크(뒤의 정종定宗)와 제왕 안치대 등이 명령을 받고 출정해[15] 9월 남경성南京城(지금의 국자가 부근)을 함락시켜 포선만노를 생포하고 그 나라를 멸망시켰다. 그리고 이듬해인 태종 6년(고종 21년, 1234) 봄 군사를 서쪽으로 돌렸다.[16]

몽골 태종은 고려 고종의 진정표에 회답하는 조서를 내려 그 내용이 대부분 거짓과 핑계로 채워져 있다고 지적하면서 다섯 가지 죄를 열거했다.

거란적을 평정하고 차라(저고여의 오기)를 죽인 뒤 한 명의 사신도 궁궐로 보내오지 않은 것이 첫 번째 죄다. 사신에게 훈계하는 말을 갖고 가 반성케 하고 타일렀는데도 그때마다 활을 쏴 대응한 두 번째 죄다(저고여가 피살된 뒤 몽골은 사실을 보내 그 사실을 힐책했지만 고려에서는 활을 쏴 쫓아버렸다). 너희는 저고여를 모해하고 포선만노의 백성이 그를 죽였다고 한 것이 세 번째 죄다. 너에게 군대를 보내게 하고(포선만노를 정벌하는 데 도우라고 했다) 직접 입조하라고 명령했지만 감히 항거하면서 섬으로 도망친 것이 네 번째 죄다. 네 백성의 실제 숫자를 알리지 않고 번번이 거짓으로 보고한 것이 다섯 번째 죄다. 自平契丹賊, 殺刴刺之後, 未嘗遣一介赴闕, 罪一也. 命使齎訓言省諭, 輒敢射回, 罪二也. 爾等謀害著古與, 乃稱萬奴民戶殺之, 罪三也. 命汝進軍, 仍令汝弼入朝, 爾敢抗拒, 竄諸海島, 罪四也. 汝等民戶, 不拘執見數, 輒敢妄奏, 罪五也.

특히 섬으로 피란해 입조하지 않은 것과 포선만노 정벌에 지원군을 보내지 않은 것은 스스로 죄를 깊게 해 사지로 빠진 것이라고 했다.[17] 그러나 강화도로 피란한 고려의 국왕과 신하들은 이 말에 귀 기울이지 않았을 뿐 아니라 첩가가 떠난 뒤 몽골군이 오지 않은 틈을 타 반적叛賊 홍복원 부자를 단호히 처리했다.

앞서 서술한 대로 살리타이의 1차 침략 결과 북계의 10여 성에 민정을 감찰하는 다루가치가 배치됐으며 위의 조서에서도 그 일을 언급했다.

> 너희 영토인 서경에서 김신효 등이 관할하는 10여 성의 백성은 조정의 명령에 따라 그 숫자를 세어 모두 편안히 생업에 종사하고 거주하게 했다. 爾之境內西京金信孝等所管十數城, 應有人民依奉朝命, 計點見數, 悉令安業住坐(이 기사는 다루가치가 배치된 성을 40여 곳이라고 한 기록을 부정하는 가장 유력한 증거다).

살리타이의 2차 침략이 실패로 끝나 군사를 돌렸을 때는 다루가치도 철수한 것 같다.

- •『원사』「홍복원열전」: 첩가는 군사를 이끌고 돌아가고 홍복원만 남아 주둔했다.
- •「원·고려기사」: 별장이던 철가 코르치는 군사를 이끌고 돌아갔다. 이미 항복한 곳은 다시 홍복원에게 관할케 하니 여러 곳에 군사를 주둔시켰다.

이런 기사들은 그런 추측을 뒷받침한다(홍복원이 북계의 중심지인 서경에 주둔한 것은 아래 인용한 기사에 따라 분명하지만 그가 인주에서 그곳으로 옮겨 주둔한 시기는 명확하지 않다). 그 결과 홍복원 무리는 몽골 세력의 유일한 대표자가 됐기 때문에 고려 조정은 먼저 홍복원 등을 부르려고 선유사를 서경으로 보냈지만 그들이 명령에 따르지 않고 사신을 죽이자 마침내 마지막 수단을 쓰게 됐다.

『고려사』 「홍복원열전」: 고종 20년(태종 5년, 1233) 홍복원은 서경 낭장이 됐는데, 필현보와 함께 선유사인 대장군 정의와 박녹전을 죽이고 서경을 거점으로 반란을 일으켰다. 최이(최우)는 가병 3000명을 보내 북계병마사 민희와 함께 그들을 토벌하고 필현보를 체포해 강화도로 압송하니 저잣거리에서 요참형腰斬刑에 처했다. 홍복원은 원으로 도망쳤고 그의 아버지 홍대순(홍대선)과 처자, 동생 홍백수를 체포했으며 나머지 백성은 모두 섬으로 이주시켰다. 서경은 마침내 폐허가 됐다. 高宗二十年, 福源爲西京郞將, 與畢賢甫, 殺宣諭使大將軍鄭毅·朴祿全, 據城反. 崔怡遣家兵三千, 與北界兵馬使閔曦討之, 獲賢甫送京, 腰斬于市. 福源逃入元, 於是擒其父大純及女子弟百壽, 悉徙餘民于海島. 西京遂爲丘墟.

「고종세가」는 이 「홍복원열전」의 이어진 기사를 둘로 나눠 홍복원 등이 선유사를 죽인 것을 5월 끝에, 최우의 가병이 서경으로 출정한 것을 12월에 연결해 서술했다. 그러나 두 사건이 반년 넘게 떨어졌다고는 생각하기 어렵고 그 사이에 다른 기사가 없는 것도 주목해야 한다. 다만 서경을 함락시킨 뒤의 처리에 관련된 이듬해(고종 21년, 1234) 정월의 기사는 날짜의 간지를 명기했다는 점에서 시기의 정확성을 보증할 수 있다.

경술일(11일) 서경을 토벌한 군사들에게 차등 있게 상을 줬다. 임술일(23일) 병부시랑 홍균을 보내 서경을 안무했다. 庚戌, 賞西京征討軍士, 有

差. 壬戌, 遣兵部侍郞洪鈞, 安撫西京.

『고려사』 편자는 「홍복원열전」 외에 홍복원 등을 선유宣諭하고 서경을 함락시킨 사실을 담은 기록이 없고 5월 이후에 실을 만한 다른 기사도 없기 때문에 첫 번째 사건을 엄밀한 근거 없이 5월 말에 두고 두 번째 사건은 날짜가 정확한 정벌군에게 포상한 일에서 미뤄 12월에 연결시킨 것으로 생각된다. 따라서 이런 날짜는 모두 정확한 것은 아니지만 추정의 근거가 있는 뒤쪽의 날짜(12월)는 대체로 타당한 것 같다. 「원·고려기사」(와 『원사』 「고려열전」)에서는 그것을 10월의 일로 봤지만 그 책의 날짜는 오류가 많아 쉽게 믿을 수 없다.

왕철(고종)은 다시 군사를 보내 이미 복속된 서경 등지의 투항한 백성을 공격했으며 또한 홍복원의 집을 약탈했다. 暾復遣兵攻陷已附西京等處降民, 亦劫洪福源家.

서경에서 도망친 홍복원은 고려 변경의 한 곳으로 들어갔지만 여진·거란 등의 무리가 와서 공격하면서 거기서도 살기 어려워지자 요동으로 옮겨갈 수 있도록 몽골에 요청했다. 몽골 태종 6년(고종 21년, 1234) 봄의 일로 생각된다. 태종은 그의 충성을 칭찬하면서 동경(요양)에 거주하도록 명령하면서 이끌고 온 북계의 백성 1500호를 동경과 심주瀋州(봉천) 사이에 살게 했다. 그리고 5월 홍복원에게 금패金牌를 하사하고 관령귀부 고려군민만호管領歸附高麗軍民萬戶에 임명했다. 그리고 아직 항복하지 않은 백성을 다시 회유하고 칙서를 지닌 사신을 보내 고려인들에게 알렸다.

고려 국왕 왕철과 처음 전쟁을 모의해 일으킨 자들을 잡아와 조회하는 자는 앞서 투항한 홍복원과 마찬가지로 은혜를 넉넉히 더해 임용할 것이다. 천병이 포위해 지킨 뒤 우리에게 저항하는 자들은 죽을 것이고 항복하는 자들은 살 것이다. 항복한 백성은 모두 홍복원에게 다스리게 할 것이다. 若將高麗國王王曔及元謀構起戰爭人員執縛來朝者, 與先降洪福源一同, 優加恩恤任用. 若天兵圍守之後, 拒我者死, 降我者生, 其降民, 悉令福源統攝.

그 직접적 효과가 어땠는지는 정확히 알 수 없지만 몇 년 뒤(태종 10년, 1238) 고려인 조현습趙玄習 등 2000여 명이 탕고트 군을 맞이해 항복하자 동경에 거주시키고 홍복원의 통제를 받게 했으며, 얼마 뒤 항복한 이군식李君式 등 12명도 조현습의 사례에 따라 조처했다.[18]

5. 탕고트와 아무간의 침략

태종 6년(1234) 5월 포선만노의 나라를 평정한 귀위크 등의 군사가 서쪽으로 돌아올 무렵 몽골은 마침내 금 제국을 멸망시켰다. 그 결과 가을에 카라코룸 북쪽 달란 다바스Talan Dabas*에서 앞으로의 정벌에 관련된 쿠릴타이를 열어 그 결과 이듬해 7월(고종 22년, 1235) 바투拔都(주치尤赤의 아들)·귀위크·뭉케(툴루이拖雷의 아들로 뒤의 헌종) 등이 이끈 대군은 멀리 떨어진 서쪽의 여러 나라를, 황자 쿠텐闊端과 취추曲

---

* 카라코룸은 몽골 제국의 두 번째 수도로 울란바토르 서쪽 400킬로미터에 있다. 달란 다바스는 카라코룸 북쪽 39.3킬로미터인 차간 노르Chagan Nor 북쪽이다.

出가 이끈 다른 군대는 송을 정벌하러 출발하고 탕고트가 이끈 군대
는 고려로 갔다. 탕고트는 살리타이의 1차 침략 때 그를 따라온 세 원
수 가운데 한 사람이었다.

탕고트의 침략에 관련된 몽골 쪽 기록은 이번에도 적어 다음 기사
만 남아 있다.

- 「원·고려기사」: [태종] 7년(1235) 을미일 장수 탕고트바토르唐古拔都魯
  (바토르는 '용사勇士'라는 뜻)에게 홍복원과 함께 군사를 이끌고 고려를
  정벌케 하니 용강현·봉주·해주·동주·구월산성·자주 등을 공격해
  함락시켰다. 8년(1236)부터 9년(1237)까지 귀신성·금산성·금동성을
  공격해 함락시켰다. 七年乙未, 命將唐古拔都魯與福源同領兵征高麗, 攻拔
  龍崗縣·鳳州·海州·洞州·九月山城·慈州等處. 八年至九年, 攻拔歸信城·金
  山城·金洞城.
- 『원사』「홍복원열전」: 을미년(1235) 황제가 탕고트바토르에게 홍복원
  과 함께 나아가 토벌케 하니 용강현·함종현과 봉주·해주·동주의 산
  성과 자주를 공격해 함락시키고 금산·귀신·창주·삭주를 함락시켰
  다. 乙未, 帝命唐古拔都兒與福源進討, 攻拔龍崗·咸從二縣, 鳳·海·洞三州
  山城及慈州, 又拔金山·歸信·昌·朔州.

『고려사』에 따르면 이 침략은 몽골 태종 7년(을미년, 고려 고종 22년,
1235)부터 11년(기해년, 고종 26년, 1239)까지 5년 동안 이어졌다. 첫 해
윤7월 몽골군은 먼저 안북도호부를 침략하고[19] 8월 용강현·함종현·
삼등현 등의 성을 함락시켜 그 수령들을 체포했으며, 10월 동주성洞州
城(서흥)을 점령하고[20] 따로 포선만노 나라의 옛 땅에서 여진군을 이끌

고 동북쪽 경계로도 와서 지금의 문천과 덕원의 동해안인 용진성龍津城과 진명성鎭溟城을 함락시켰다.

몽골군은 다음 해(고종 23년, 1236) 6월 몽골군은 다시 압록강을 건너왔다. 병력은 전보다 훨씬 많아진 것 같은데, 이번에는 의주 이남, 안북부 이북의 북계 성들에 나눠 주둔하고 그 선봉은 대동강을 건너 황주·신주(신천)·안주(재령) 등을 침략했다. 탕고트는 지난해 초가을 요동에 와 홍복원 등이 이끄는 군사를 고려의 서북면으로 진격케 한 뒤 멀리 동해안을 우회해 동북면으로 들어가는 군사도 보냈으며, 자신은 그해 대군을 이끌고 서북면을 침략한 것으로 생각된다. 이렇게 그 군사는 남쪽으로 내려왔다. 그러나 강화도를 공격하려는 태도는 보이지 않았고 아무 교섭도 시도하지 않았으며, 가을부터 겨울까지 지금의 경기·충청·전라 지방을 횡행했다. 고려군은 여러 곳에서 그들을 저지했고, 몽골군은 항복하지 않는 성들을 공격했다.

침략한 지 3~4년째는 당시의 기록이 없어졌기 때문인지 『고려사』의 내용이 매우 소략하다. 몽골군의 움직임과 관련해 침략 4년째(고려 고종 25년, 몽골 태종 15년, 1238) 윤4월 이후 12월 이전 그들이 동경(경주)의 황룡사 탑을 불태운 사실 정도만 기록돼 있지만 앞의 경과에 따라 추측하면 이 기간동안 경상도와 강원도에도 비슷한 피해가 있었을 것으로 여겨진다.[21] 그렇다면 이번 탕고트의 침략은 남경의 산성을 함락시킨 뒤 처인성에서 전사한 살리타이가 남긴 계획을 고려 전역에 확산하려는 것이었다고 생각된다.

이런 동안에도 강화도의 국왕과 신하들은 연회를 중단하지 않아 2월의 연등회와 11월의 팔관회를 정지하지 않았으며, 전란에 대해서는 불사를 열어 기도하는 것밖에 거의 아무 일도 하지 않았다. 백성은 살아갈 수 없었고 농사를 지을 수도 없었으며 국토는 날로 황폐해졌다. 그것을 그대로 앉아서 볼 수 없었기에 고려 조정은 마침내 침략 4년째 12월 장군 김보정과 어사 송언기 등을 몽골에 보내 표문을 올렸다.

엎드려 바라건대 더 침략하지 말아 대대로 지켜온 풍속을 보전하게 해주시면 토산물이 풍부하지 않지만 어찌 바치지 않는 해가 있겠습니까? 이번에 그치지 않고 영원히 그렇게 하겠습니다. 伏望但勿加兵革之威, 俾全遺俗, 雖不腆海山之賦, 安有曠年. 非止于今, 期以爲永.

이듬해(고려 고종 26년, 몽골 태종 11년, 1239) 4월 몽골의 사신 보가甫可·아질阿叱 등 28명이 강화도에 와 태종의 조서를 전달했다. 몽골 태종은 고려의 두 사신이 왔을 때 억류해 돌려보내지 않고 이 사신을 보낸 것이다. 주서의 대체적인 내용은 다음과 같았다.

앞서 내린 조서에 따라 국왕이 직접 입조하지 않았기 때문에 몽골의 법규를 보인 뒤 군사를 돌릴 것이다. 명령을 어겨 조회하지 않고 표문만 올려 침략을 모면하려는 것은 이치에 맞지 않는다.

그러나 같은 때 탕고트에게 철수 명령을 내려 그달 몽골군은 고려를 떠났다.²² 몽골로서는 이미 5년 동안 침략했기 때문에 고려에서 사신을 보내게 할 기회를 잡은 뒤 일단 공격을 멈춘 것으로 생각된다.

친조하라는 명령에 대해 6월 고종은 몽골에 사신을 보내 지난 달 모후 유씨柳氏가 세상을 떠났기 때문에 그 상을 치러야 한다는 이유를 댔다. 그러자 태종은 앞서 억류한 김보정과 송언기를 조사詔使와 함께 돌려보내면서 이듬해 반드시 입조해야 한다는 조항을 이행하라고 고종에게 알렸지만[23] 고종은 해가 바뀌기에 앞서 신안공 전(회안공 정의 재종형이자 현종의 8대손)을 친동생으로 삼아 자기 대신 보냈다. 고려의 왕족이 몽골 본국에 입조한 것은 이것이 처음이다.

그러자 몽골 태종은 이듬해인 재위 12년(고종 27년, 1240) 봄 다시 사신을 보내 섬으로 피란한 백성을 내륙으로 돌아오게 해 호구 수를 점검하고 툴루게禿魯花(인질이라는 뜻)를 보내라고 명령했다.[24] 앞서 고종의 입조를 기다려 태종이 직접 선유宣諭하겠다고 한 조항이 이것으로 생각된다. 고종은 사신이 온 다음 달(4월) 회답사를 보냈는데[25] 어떤 답변을 갖고 갖는지는 명확한 기록이 없지만 앞서처럼 명령에 따르기 어려운 이유를 밝혔을 것은 거의 분명하다.

그 결과 그해 9월 신안공 전이 몽골에서 돌아왔고 태종의 조서를 지닌 사신도 와서 고종의 입조를 다시 재촉하자 이듬해인 몽골 태종 13년(고종 28년, 1241) 4월 고종은 전의 사촌형 영녕공 준永寧公綧을 자신의 아들로 들인 뒤 귀족의 자제 10명과 함께 툴루게로 몽골에 보냈다.[26] 준은 태종을 알현한 뒤[27] 요양으로 와 헌종 뭉케 8년(고종 45년, 1258) 홍복원을 황제에게 고발해 죽이기까지 오랫동안 그곳에 거처했으며 자주 홍복원과 함께 군사를 이끌고 고려에 왔는데, 세조 쿠빌라이가 즉위하자 홍복원의 아들 홍차구와 함께 안무고려군민총관에 임명돼 따로 2000여 호를 거느리고 심주(봉천)에서 다스리다가 지원 20년(고려 충렬왕 9년, 1283) 61세로 세상을 떠났다.[28]

몽골군이 철수한 뒤 고려 고종은 직접 입조하지 않았지만 인질을 보내 복종의 뜻을 표시했기 때문에 태종이 즉위한 뒤 전개한 고려 침략은 하나의 단계를 매듭지었다. 그리고 태종이 그해(재위 13년, 1241) 11월 갑자기 병사하면서 쿠릴타이의 의논에 따라 다음 황제가 결정될 때까지 황후 퇴레게네脫列哥那(내마진씨乃馬眞氏)가 다스렸는데, 그 5년 동안 고려는 자주 조공 사신을 보냈고 몽골의 사신도 고려에 옴으로써 두 나라의 관계는 매우 평온했다.

그런데 귀위크(정종)가 새 황제가 된 병오년(고종 33년, 1246) 겨울(정종의 즉위는 7월) 몽골군이 고려를 침략한 것은 다음 기록에 따라 알 수 있다.

「고종세가」 34년(정미년, 몽골 정종 2년, 1247): 지난해 겨울 몽골인 400명이 북쪽 변경의 여러 성으로 들어와 수안현(황해도 수안)까지 이르러 수달을 잡는다는 핑계로 산천의 구석진 깊숙한 곳까지 엿보지 않은 곳이 없었다. 나라에서는 우호 관계를 맺었으므로 특별히 주의를 기울이지 않는데, 이때 와서 전란을 피해 숨어 있던 백성이 모두 잡혀가고 약탈당해 피해를 입지 않은 사람이 드물었다. 去年冬, 蒙古四百人入北塞諸城, 至于遂安縣, 托言捕獵, 凡山川隱僻無不覘知. 國家以和好, 殊不爲意, 至是百姓避匿者, 並被驅掠, 鮮有脫者.

그리고 고종 34년(정미년) 7월 몽골 원수 아무간이 이끈 군사가[29] 서해도 남쪽 끝에 나타나 그 방면의 요지인 염주鹽州(연안延安)에 주둔하자 강화도의 조정은 다음 달인 8월 사신을 보내 아무간을 접대했다. 「세가」에서는 지난해의 사실을 이 부분에 병합해 서술했는데, 그 끝부분에서 "이때 와서 전란을 피해 숨어 있던 백성이 모두 잡혀가고 약탈당해 피해를 입지 않은 사람이 드물었다"고 한 것은 바로 아무간이 염주에 왔을 때의 침략 상황을 서술한 것이다. 그렇다면 몽골군 400명이 수달을 잡는다는 핑계로 서해도 수안현에 왔다는 병오년의 사실은 이 아무간의 침략에 대해 어떤 일을 뜻하는 것일까?

「원·고려기사」: 정종황제 2년(정미년, 1247) 아무간에게 홍복원과 함께 정벌케 하니 위추와 평로성을 공격해 함락시켰다. 定宗皇帝二年丁未, 命將阿母侃, 與洪福源一同征討, 攻拔威州·平虜城.

이 기록에서는 아무간이 함락시킨 성으로 염주 외의 지명을 들었다. 위주는 그 뒤 희주熙州로 이름이 바뀐 지금의 희천(고종 4년[1217] 이전의 청새진)이고[30] 평로성(진)은 그 동남쪽에 있는 대동강의 좌안에 맞닿은 성(영원군寧遠郡 덕화면德化面)인데[31] 여진과 고려의 경계를 나눈 장성은 이런 성들을 중심축으로 삼아 그 근처를 지나갔다. 곧 위주와 평로진은 고려 북쪽 변경의 성으로 아무간은 서해도의 염주에 와서 먼저 이런 성들을 함락시킨 것이다.

그런데 앞서 서술한 대로 「세가」에서는 지난해 겨울 수안 지방을 약탈한 몽골군이 "북쪽 변경의 여러 성"을 거쳐 왔다고 했는데, 거기서 말한 "북쪽 변경의 여러 성"은 위주·평로진 등에 해당하므로 이 몽골군은 아무간 자신이 이끌고 온 군대의 선발대임이 거의 분명하다. 정말 그렇다면 정종이 아무간에게 고려를 토벌하라고 명령한 것은 재위 2년인 정미년이 아니라 첫해인 병오년이 분명하고[32] 명령을 받은 아무간은 먼저 부하나 홍복원의 군사를 보내 그동안 아직 공략하지 않은 고려의 북쪽 변경 지방으로 들어가게 하고 자신은 이듬해 대군을 이끌고 그 지방의 성들을 함락시킨 뒤 서해도를 침입한 것이다.

염주에 와서 주둔한 뒤 아무간 군이 어떻게 행동했는지는 관련 기사가 전혀 없어 알 방법이 없다. 다음 해(몽골 정종 3년, 고려 고종 35년, 1248) 3월 강화도의 조정은 북계의 병마사에게 명령해 관내 성들의 백성을 모두 섬으로 들여보냈는데, 아무간이 군사를 돌리지 않고 침략을 계속했기 때문일까? 그보다는 새로 몽골군이 침략했기 때문으로 생각된다. 그리고 몽골에서는 같은 달 정종이 붕어했다.

요컨대 아무간은 서해도 백성을 약탈해 강화도의 국왕과 신하들을 한때 놀라게 했고 이미 몇 차례 전란을 겪은 북계 지방을 동요시켰지만 특별히 주목할 만한 결과를 남기지는 않은 것 같다. 『원사』「정종본기」끝부분에서는 태종이 붕어한 뒤의 정치를 다음과 같이 평가했다.

임인년(태종이 붕어한 이듬해[1242]) 이후 법도가 통일되지 않고 나라 안팎이 이반해 태종의 정치가 쇠퇴했다. 自壬寅以來, 法度不一, 內外離心, 而太宗之政衰矣.

태종의 황후 퇴레게네가 섭정하고 정종이 짧게 재위한 7년 동안 몽골이 태종의 치세처럼 고려에 큰 영향력을 행사하지 못한 것은 이런 내부 사정 때문이었다고 판단된다.

6. 예쿠의 침략

정종이 붕어하자 황후 오굴 카미시斡兀立海迷失가 섭정해 다음 칸을 선출했다. 그때 서방의 번왕으로 몽골 황족 가운데 가장 영향력 있던 바투拔都는 툴루이의 맏아들 뭉케를 세우려고 했지만 황후와 그녀에게 협력한 일부 황족은 태종의 자손을 추대하려고 했기 때문에 논의가 갈라져 결정하지 못하다가 4년 만에 뭉케칸(헌종)이 즉위하게 됐다(고종 38년[1251] 6월). 그동안 몽골은 서쪽과 남쪽에 정벌군을 보내지 않고 고려에도 침략하지 않았다.

그러나 오굴 카미시가 섭정하는 동안 몽골이 고려를 전혀 억압하지 않은 것은 아니다. 헌종이 즉위하기 전 해(고종 37년, 1250) 정월 고려는 한강 입구 좌안의 승천부昇天府 임해원臨海院 옛 터에 새 궁궐을 건설하기 시작했다.[33] 이것은 그전부터 황후가 여러 번 출륙을 압박했기 때문으로 생각되는데,[34] 6월에는 출륙 상황을 점검하는 사신도 왔다. 그런데 강화도의 고려 조정은 다시 갑자기 그것과 반대되는 행동을 해서 도성 주위에 중성中城을 쌓아 방어를 견고히 했다. 그 때문에 연말에 다시 몽골 사신이 왔을 때는 그의 분노를 살까 두려워 어려운 상황만 부각해 호소한 것 같다. 환영연에서 몽골 사신은 고려 국왕에게 말했다.

나라의 북쪽 변방이 이미 심하게 파괴돼 집에 울타리가 없는 것과 같으니 어떻게 옛 도성을 다시 수도로 삼을 수 있겠습니까? 강에 의지해 스스로 굳게 지키는 것이 마땅할 것입니다. 제가 돌아가 황후께 아래 동쪽을 침략하지 않도록 하겠습니다. 國之北鄙, 殘破已甚, 如家無藩籬, 何可

復都舊京. 宜據江以自固. 我當歸奏皇后, 無令東擾.

국왕은 기뻐하며 몽골 사신을 더욱 후하게 대접했다. 그러나 며칠 뒤 몽골 사신은 자신을 접대하는 고려 관원에게 물었다. "당신 나라는 이미 항복해 육지로 나가려고 하면서 왜 성을 쌓는 것입니까?爾國旣降, 欲就陸, 何以城爲" 고려 관원은 강력히 변명했다. "송의 해적선이 왕래하기 때문에 성을 쌓아 대비하려는 것이며 다른 뜻은 없습니다宋賊船往來, 故築城以備, 實無他也." 그리고 몽골 사신이 돌아가자 권신 최항(최우의 아들로 당시 국정을 맡았다)는 국왕에게 술을 바쳤고, 국왕은 왕족과 고위 관원들을 불러 "몽골 사신이 화친하고 돌아간 것을 축하하는" 잔치를 열었다. 곧 출륙하지 않으려던 강화도의 국왕과 신하들은 몽골 사신을 어느 정도 속여 일시적으로 문제를 덮을 수 있던 것을 축하한 것이다.

몽골에서는 이 사신이 돌아온 해(고종 38년, 1251) 6월 헌종이 즉위 했는데, 10월 같은 사신을 강화도로 보내 즉위를 알리면서 국왕이 친조하고 옛 수도로 돌아오라고 명령했다. 입조 명령에 대해 고종은 조정에서 논의한 결과 자신은 늙고 병들었다는 이유로 거절했다.[35] 환도 명령에 대해 최항은 이듬해(고종 39년, 헌종 2년, 1252) 정월 조공사 이현李峴을 보내 "저들이 언제 육지로 나올지 물으면 금년 6월에 나온다고 대답하라彼若問出陸, 宜答以今年六月乃出"고 지시했고, 5월이 되자 앞서 궁궐을 조성한 승천부의 백마산 아래 성곽을 건설해 출륙할 것처럼 꾸몄다. 이현은 몽골에 가서 헌종을 알현했는데, 출륙의 일을 묻자 최항의 말대로 대답했다. 헌종은 그를 억류하고 따로 사신을 보내 그 상황을 조사하게 하면서 밀칙을 내렸다.

네가 저 나라에 도착했을 때 국왕이 육지에서 맞이하면 백성은 아직 출
륙하지 않았어도 괜찮다. 그렇지 않으면 신속히 돌아오라. 네가 오기를
기다려 군사를 동원해 토벌하겠다. 汝到彼國, 王迎于陸, 則雖百姓未出, 猶
可也. 不然則速回. 待汝來, 當發兵致討.

가을 7월 이현의 서장관書狀官이 몽골 사신을 따라 와서 이 밀칙을
강화도의 조정에 누설했지만 국왕은 최항 등의 반대 때문에 강화도
밖으로 나갈 수 없었고 신안공 전에게 대신 나가 맞이하게 하자 몽골
사신은 화를 내고 돌아갔다.[36] 그러자 몽골 헌종은 마침내 출정을 명
령했다.

『원사』「헌종본기」: 겨울 10월 제왕 예쿠에게 고려를 정벌케 했다. 冬十
月, 命諸王也古, 征高麗.

고종 40년(헌종 3년, 1253) 4월 강화도의 조정은 몽골에 포로로 잡혀
갔다가 도망쳐 돌아온 사람들의 보고로 다음과 같은 정보를 얻었다.

황제가 동생 송주[37]에게 군사 1만 명을 이끌고 동진국을 거쳐 동계(동북
면)로 들어가게 하고 아무간[38]과 홍복원은 휘하의 군사를 이끌고 북계
(서북면)를 넘게 하니 모두 대이주(위치는 미상)에 주둔했다. 帝命皇弟松
柱, 率兵一萬, 道東眞國入東界, 阿母侃·洪福源領麾下兵越北界, 皆屯大伊州.

그 뒤 예쿠대왕也窟大王이 사신을 보내오자[39] 국왕은 강화도 안의 제
포궁梯浦宮(지금의 승천포昇天浦 부근으로 생각된다. 그러나 고려 때의 승천부

는 아니다)에서 맞이해 많은 선물을 줬다. 예쿠는 요동에서 와 정벌 준비를 마친 뒤 예전처럼 출륙해 영접하도록 다시 고려의 국왕과 신하들에게 요구한 것으로 생각된다. 그리고 마침내 7월 압록강을 넘어 침입했다.[40]

서해도에는 천험을 이용해 지은 양산성椋山城(정확한 위치는 알 수 없다)이 있었고 방호별감 권세후權世侯가 지켰다. 방호별감은 지난해 7월 몽골 사신이 화를 내고 돌아가자 침략이 있을 것을 예상한 고려 조정에서 백성을 입보시킨 산성들에 파견한 관원이다. 북계의 여러 주는 이미 여러 번 전란을 겪어 그 백성은 기내畿內와 서해도로 이주했고[41] 자연히 성을 지키지 않게 됐으므로 예쿠는 곧장 서해도로 들어와 8월 양산성을 함락시켜 성안에 있던 4700여 명을 죽이고 부녀자와 어린아이를 포로로 잡아 군사들에게 나눠줬다.[42] 또한 몽골군 3000명이 다시 동계로 와 화주(영흥)·고주(고원) 경계에 주둔했다. 이것은 동진국의 옛 땅을 지나온 송주 군으로 생각되는데, 철령을 넘어 동주도東州道로 들어와 방호별감 백돈명白敦明이 백성을 입보시킨 동주산성東州山城을 함락시켰다.[43]

예쿠는 한편으로는 무력을 사용하고 다른 한편으로는 헌종의 조서를 보내 국왕이 육지로 나와 영접할 것을 촉구했다. 고려는 예쿠가 주둔한 토산土山(지금의 상원祥原)으로 사람을 보내 자비를 빌면서 대군이 돌아가면 명령을 따르겠다고 했지만, 예쿠는 조서처럼 육지로 나와 항복하면 군사를 돌리겠다고 대답했다. 양쪽은 한 달 넘게 교섭했지만 결론을 맺지 못했다. 또 예쿠를 따라 온 영흥공 준과 이현은 함께 최항에게 서신을 보내 침략을 모면하기 위해 적어도 태자(전倎)나 동생 안경공安慶公(창淐)에게 육지로 나가 강화를 요청하는 것이 적절한 조처

라고 건의했지만 최항은 받아들이지 않았다.[44]

그러자 위의 두 성을 함락시킨 몽골군은 침략을 속행해 9월 춘주성 (춘천)을 도륙하고 10월 양근성楊根城(지금도 같은 이름)과 천룡성天龍城 (여주驪州 부근?)을 함락시킨 뒤 나아가 충주를 포위했다. 이렇게 되자 고려의 국왕과 신하들도 마침내 화친을 요청할 수밖에 없다고 판단해 11월 영안백永安伯 희僖(신종의 손자) 등을 사신으로 삼아 예쿠·아무간 등의 충주 진영으로 보냈는데, 마침 예쿠는 헌종의 소환 명령을 받았 다.

『원사』에 따르면 예쿠에게 고려 원정을 중단하게 한 까닭은 그가 개 인적 원한 때문에 제왕諸王 타차르塔剌兒 진영을 습격한 데 있었다. 그 러나 그 상세한 내용은 알 수 없다.[45]

『고려사』「고종세가」 40년(1253) 11년: 예쿠가 충주에서 병이 들었는데, 점쟁이가 "여기 오래 머물면 돌아가기 어려울 것"이라고 했다. 예쿠는 아무간과 홍복원을 남겨 지키게 한 뒤 정예 기병 1000명을 이끌고 북쪽 으로 돌아갔다. 也窟在忠州得病, 卜者曰久留則難返. 也窟留阿母侃·洪福源, 守之, 率精騎一千北還.

병 때문이라고 한 것은 사실을 말하려고 하지 않은 몽골인의 허구 를 기록한 것으로 생각된다. 예쿠는 아무간·홍복원 등을 남기고 충 주를 떠나 북쪽으로 올라갔는데, 영안백 희는 그를 개경 보정문 밖에 서 만나 예물을 주면서 군사를 돌릴 것을 요청했다. 예쿠는 "국왕이 강화도 밖으로 나와서 내 사신을 맞이하면 군사를 물릴 수 있다國王出 江外, 迎吾使价, 則兵可退也"고 대답했다. 그리고는 뭉구다이蒙古大 등 10명을 보내자 국왕은 강을 건너 승천부의 궁궐에서 그들을 맞이했다. 뭉구다이는 국왕에게 다음과 같이 말하고 잔치를 즐긴 뒤 돌아갔다.[46]

대군이 고려 땅에 들어온 뒤 하루에 죽는 이가 몇 천, 몇 만에 가까운데, 국왕은 어찌 자기 한 몸만 아껴 만백성의 목숨을 돌아보지 않습니까? 국왕이 일찍 육지로 나와 맞이했다면 어찌 무고한 백성이 간과 내장을 땅에 쏟아내며 죽었겠습니까? 예쿠대왕의 말은 곧 황제의 말씀이고, 내 말은 곧 예쿠대왕의 말입니다. 지금부터 만세토록 화친을 맺는다면 어찌 좋지 않겠습니까? 自大軍入境以來, 一日死亡者, 幾千萬人, 王何惜一身, 不顧萬民之命乎. 王若早出迎, 安有無辜之民, 肝腦塗地者乎. 也窟大王之言卽皇帝之言, 吾之言卽也窟大王之言也. 自今以往, 萬世和好, 豈不樂哉.

이때 아무간과 홍복원 등은 충주의 산성을 포위해 공격하다가 한 달쯤 뒤인 12월 중순 철수해 북상했다. 방호별감 김윤후 ─ 앞서 살리타이를 사살한 ─ 는 군사를 지휘해 막아내고 끝내 항복하지 않았다.[47] 여기서 고려 고종과 신하들은 둘째 왕자 안경공 창을 몽골로 보내 항복의 뜻을 표시했다. 이듬해(고종 41년, 몽골 헌종 4년, 1254) 정월 3일 창이 아무간을 주둔지로 방문하자 아무간은 그를 믿고 군사를 돌렸다.

7. 잘라이르다이의 1차 침략

아무간이 군사를 돌리자 강화도의 고려 조정은 방어 태세를 풀고 사람을 보내 천룡성과 양근성을 안무했으며, 이현을 체포해 처형하고 천룡성 방호별감 조방언과 황려현령黃驪縣令 정신단鄭臣旦을 섬으로 유배 보냈다. 이현은 몽골군을 이끌고 두 성을 함락시켜 그곳의 다루가치가 된 뒤 항복한 백성을 이끌고 충주성 공격에 참여했으며[48] 조방언과 정신단은 몽골군에 항복했기 때문이었다.

그 결과 반년 정도 몽골과 고려의 관계는 겉으로 보기에 매우 평온했는데, 고종 41년(몽골 헌종 4년, 1254) 7월 몽골에서 돌아온 안경공의 관원은 헌종이 자릴타이車羅大에게 고려를 다스리게 했다고 보고했다.

- 『원사』「헌종본기」: 예쿠의 고려 원정군을 해산하고 잘라이르다이札剌兒帶를 정동원수로 삼았다. 罷也古征高麗兵, 以札剌兒帶爲征東元帥.
- 「원·고려기사」: 헌종 4년(갑인년) 자릴타이와 홍복원에게 함께 고려를 정벌하라고 고쳐 명령했다. 四年甲寅, 改命劄剌觧與洪福源同征高麗.

이것은 그런 조처를 보여주는 기사로 곧 예쿠를 소환한 헌종은 다시 고려 침략 명령을 잘라이르다이(자릴타이)에게 내린 것이다.[49] 안경공의 관원과 함께 온 몽골 사신은 다시 국왕에게 물었다(국왕은 몽골 사신이 온다는 것을 듣고 미리 강화도에서 승천부의 궁궐로 이어해 그를 접견했다).

비록 국왕은 이미 육지로 나왔지만 시중 최항과 상서 이응렬·주영규·유경 등은 나오지 않았으니 이것이 정말 항복한 것입니까? 國王雖已出陸, 侍中崔沆·尙書李應烈·周永珪·柳璥等不出, 是爲眞降耶.

또 몽골에 항복한 성들의 관리를 죽인 것을 힐책하자 국왕은 일단 조방언과 정신단을 유배지에서 불러 몽골 사신에게 보여줌으로써 그의 말이 잘못됐음을 밝혔다. 그런데 갑자기 서북면 병마사가 "자릴타이가 군사 5천을 이끌고 압록강을 건넜다"고 급보했다. 몽골 사신은 "내가 돌아가면 대군을 돌릴 수 있을 것吾歸則大兵可回"이라고 말하고 갔지만 1~2일 만에 몽골군 척후 기병이 서해도에 나타났다. 이 사신은 요동에서 홍복원 등과 함께 원정에 오른 잘라이르다이가 보낸 것으로 고려가 얼마나 굴복했는지 점검하고 이번 정벌에 어떤 구실을 붙이려는 데 목적이 있었다고 생각된다. 안타깝게도 고려는 개경으로 환도했고 국왕이 직접 입조하지 않는 한 몽골군을 피할 방법이 없었다.

잘라이르다이의 침략은 헌종 마지막 해인 재위 9년까지 6년 동안 계속됐으며, 살리타이의 두 차례 침략에 이어진 탕고트의 그것(태종 7~11년, 1235~1239)과 비슷했다. 몽골 쪽 기록은 다른 것과 마찬가지로 소략하고 다음 것만 보인다.

「원·고려기사」: 헌종 4년(갑인년, 1254) 자릴타이와 홍복원에게 함께 고려를 정벌하라고 고쳐 명령했다. 헌종 5~7년(1255~1257)에 걸쳐 계속 광주·안성·충주·현봉(현풍?)·진원·갑향·왕과(옥과?) 등의 성을 공격해 함락시켰다. 헌종 8년(무오년) 3월 홍차구에게 군사를 이끌고 자릴타이를 따라 고려를 정벌하라고 명령했다. 五年·六年·七年連歲攻拔光州·安城·忠州·玄鳳(風?)·珍原·甲向·王(玉?)果等城. 八年戊午三月, 命洪茶丘領兵從箚剌觺, 同征高麗.

．

『원사』의 편자는 이것을 「헌종본기」에 수록하면서 첫 번째 기사를 근거 없이 5년에 연결시키고**50** 다음 기사의 "5~7년에 걸쳐 계속五年·六年·七年連歲"을 "그 뒤 3년 동안 계속後此又連三歲"으로 고쳤다. 이제부터는 모두 『고려사』에 따라 이 정벌의 결과를 서술하겠다.

잘라이르다이는 안경공 창과 함께 와서 옛 도성 부근에 주둔한 뒤 창을 강화도로 돌려보냈다. 이것은 몽골의 본래 요구가 왕자의 입조가 아니라 국왕의 친조였음을 보여주는 것으로 고려에서 선물을 보내 그와 원수 예쉬데르余速禿·영녕공 준·홍복원 등을 접대하자 그는 그 사신에게 말했다.

국왕과 신하·백성이 육지로 나오면 그 머리를 모두 깎을 것이고, 그렇지 않으면 국왕을 데리고 돌아갈 것이다. 하나라도 따르지 않으면 군사는 돌아갈 기약이 없을 것이다. 君臣百姓出陸, 則盡剃其髮, 否則以國王還. 如一不從, 兵無回期.

머리를 깎게 한다는 것은 몽골의 변발辮髮 풍습을 따르게 한다는 것이다. 그 뒤 잘라이르다이는 직접 군사를 이끌고 남하해 9월 충주의 산성을 공격했지만 함락시키지 못했고 10월 상주의 산성을 포위했지만 역시 무너뜨리지 못했다. 그러나 그가 풀어놓은 군사들은 여러 방향으로 흩어져 방화와 약탈 등을 자행했다. 『고려사』에는 이해의 참혹한 피해가 적혀 있다.**51**

몽골군에게 포로가 된 남녀는 무려 20만6800여 명이었고, 살육된 사람은 이루 셀 수 없었다. [몽골군이] 지나간 주·군은 모두 잿더미가 됐다. 몽골의 침략이 시작된 뒤 이때보다 피해가 심한 적이 없었다. 蒙兵所

虜男女無慮二十萬六千八百餘人, 殺戮者不可勝計. 所經州郡皆爲煨燼, 自有蒙兵之亂, 未有甚於此時也.

강화도의 국왕과 신하들은 앉아서 볼 수 없어 잘라이르다이에게 군사를 돌릴 것을 간청했다. 앞서 안경공을 따라 몽골에 입조한 최린崔璘이[52] 그 임무를 띠고 섬주陝州 단계현丹溪縣(지금의 산청군 단양)에 이르러 잘라이르다이를 만났지만 전혀 효과가 없었고 "최항이 국왕을 모시고 육지로 나오면 군사를 돌릴 것崔沆奉王出陸, 則兵可罷"이라는 대답을 얻어 돌아왔다(12월 16일).

잘라이르다이의 침략 첫해는 이렇게 저물었고 다음 해(고종 42년, 헌종 5년, 1255) 정월 초 몽골에서 도망쳐 온 고려의 포로는 몽골 헌종이 회군 명령을 잘라이르다이에게 내렸지만 북계에 주둔한 몽골군은 이미 압록강을 건넜다고 강화도에 보고했다. 마침내 잘라이르다이가 개경의 보정문 밖에 와서 주둔하자 고려는 최린을 몽골에 보내 표문을 올려 침략을 중단해달라고 요청했다. 그리고 2월 강화도는 방어를 풀었고 3월 각도의 군·현에 "산성과 섬으로 입보한 사람들은 모두 육지로 나오라入保山城·海島者, 悉令出陸"고 명령했다. 4월 북계 병마사는 "몽골군이 의주와 정주 지역에 주둔했는데, 형제산부터 대부성까지 벌판에 가득 찼다蒙兵屯義·靜州之境, 自兄弟山至大府城, 彌滿原野"고 보고했다. 이것을 보면 잘라이르다이가 이끈 군사는 모두 고려의 국경 밖으로 물러가지는 않았지만 적어도 국경까지는 후퇴한 것이다.

그러나 9월 최린이 몽골에서 돌아온 것과 함께 잘라이르다이와 영녕공 준 등은 다시 대군을 이끌고 서경에 도착했고, 그 선봉은 지난달 이미 승천부에 와서 강화도를 놀라게 했다. 이것으로 생각하면 헌종은 잘라이르다이에게 군사를 돌리게 한 뒤 고려의 국왕과 신하들이 육지로 나와 입조하라는 명령을 이행하려는 태도를 보이는지 살펴보려고 했지만, 그들은 몽골군이 떠나자 시어사 김수강金守剛을 사신으로 삼아 특산물을 바치면서 예전과 마찬가지로 명령에 따르지 않았기 때문에 다시 잘라이르다이에게 출동 명령을 내린 것으로 생각된다.

그 뒤 잘라이르다이는 영녕공·홍복원 등과 함께 남하해 이번에는 영광·담양·해양海陽(지금의 광주)·나주 등 주로 전라남도 지방을 공략했으며, 강화도에서 사신을 보내 침략을 멈춰달라고 요청하자 앞서처럼 국왕이 친조하라고 대답했다. 이렇게 1년 정도 지난 뒤 침략 3년째인 헌종 6년(고종 43년, 1256) 세 장수는 각자 군사를 이끌고 강화도 맞은편 통진에 와서 깃발을 크게 펼치거나 산 위에 올라가 강화도를 바라봤으며 수안현(통진 남쪽 15리[5.9킬로미터])에 주둔했다. 갑곶강甲串江을 사이에 두고 강화도를 위협해 그 국왕과 신하들을 굴복시키려고 한 것이다.

그런데 그때 서지徐趾라는 몽골 사신이 헌종의 회군 명령을 갖고 왔다.『고려사』(권102)「김수강열전」에 따르면 헌종의 이 명령은 지난해 진헌사로 몽골에 간 김수강의 진언에 따른 것이었다. 그는 카라코룸에서 황제를 알현해 침략을 멈춰달라고 주청했는데, 육지로 나오라는 명령을 따르지 않았다는 이유로 황제가 거절하자 다시 아뢰었다.

비유하면 사냥꾼에게 쫓긴 짐승이 굴로 들어갔는데 활과 화살을 갖고 그 앞을 지키고 있으면 곤경에 빠진 짐승이 어떻게 나오겠습니까? 또 눈보라가 참혹하고 맹렬해 땅이 얼어붙었는데 초목이 살 수 있겠습니까?

譬如獵人逐獸入窟穴, 持弓矢當其前, 困獸何從而出. 又如冰雪慘烈, 地脉閉塞,草木其能生乎.

　그러자 황제는 김수강을 돌려보내고 서지에게 회군 명령을 내려 그 것을 잘라이르다이에게 전달케 했다. 마침내 잘라이르다이는 군사를 거둬 북쪽으로 돌아갔고 강화도는 방어를 풀 수 있었다.

　몽골은 힘을 다해 고려를 굴복시키려고 했지만 고려는 그 명령을 따르지 않고 전란만 피하려고 했기 때문에 같은 형태의 침략과 교섭이 몇 번씩 반복될 수밖에 없었다. 몽골군이 떠난 뒤 강화도의 국왕과 신하들은 몽골의 요구를 아무것도 따르지 않았을 뿐 아니라 침략 4년째인 7년(고종 44년, 1257) 정월에는 몽골이 해마다 침입하니 힘을 다 해 섬겨도 이익이 없으므로 봄마다 정기적으로 보내던 공물을 중단하기로 결정했으며, 5월에는 다시 김수강을 막북으로 보내 침략을 멈춰달라고 요청했다.53 다만 몽골군의 침략이 중지된 동안 그런 사신을 파견한 것이 조금 이상해 보이지만, 다음 사실에 따라 살펴보면 지난해 9월 갑곶강 바깥 지역에서 군사를 거둬 북쪽으로 돌아갔다고 한 잘라이르다이는 요동으로 물러가지 않고 앞서 철군했을 때처럼 압록강 안쪽이나 그 가까운 곳에 머물러 주둔하면서 고려를 압박한 것으로 생각된다.

　5월 초 김수강을 파견한 강화도의 조정은 얼마 지나지 않아 몽골군 30여 기가 청천강을 건너 용강과 함종으로 들어왔다는 급보를 받았다. 다음 달 잘라이르다이의 비장 푸보타이甫波大가 이끈 근대가 근기近畿에 나타나 개경과 남경을 침략하니 고려 조정은 사신을 보내 군사를 물려달라고 요청했지만 그는 "철수할지 남아 있을지는 잘라이르다이의 명령에 달려있다"고 거부하고 직산稷山으로 진격했다. 잘라이르다이는 고려가 오래 약속을 이행하지 않자 다시 군사를 내려보낸 것인데, 그가 압록강을 건너 온 흔적이 없는 것을 볼 때 이보다 앞서 압록강 안에 머물러 주둔한 것으로 여겨진다. 그리고 그는 강화도에서 자신이 있는 안북부로 사신을 보내자 이렇게 대답했다

국왕이 직접 온다면 나는 즉시 군대를 돌릴 것이다. 또 왕자에게 입조케 하면 영원히 후환이 없을 것이다. 王若親來, 我卽回兵. 又令王子入朝, 永無後患.

이제 강화도의 국왕과 신하들은 왕자를 입조시켜 화친을 맺기로 결정하고 먼저 종친 영안공 희(신종의 손자)에게 잘라이르다이의 태도를 살피게 했다. 그때 잘라이르다이는 강화도를 위협하려고 이미 그 가까이까지 왔지만 태자가 직접 오면 봉주(봉산)로 물러나 주둔하겠다고 알렸다. 다시 강화도에서 군사를 물리기를 기다려 태자를 입조시키겠다고 통보하자 그는 일단 그것을 받아들여 승천부와 갑곶강 바깥 지역의 침략을 멈추고 자신은 염주(연안)로 물러나 주둔했으며 앞서 남하한 푸보타이 군을 불러들였다. 이런 과정을 거쳐 그해 12월 강화도의 조정은 몽골의 요구를 일부나마 만족시키려고 태자의 동생 안경공 창을 그들에게 보냈다.

8. 잘라이르다이의 2차 침략

앞서 서술한 대로 헌종의 치세 초 예쿠의 침략은 그가 소환되고 안

경공 창이 입조하면서 일단 마무리됐다. 그리고 그 뒤 4년 동안(헌종 4~7년, 1254~1257) 다시 잘라이르다이에게 침략을 속행하게 한 헌종의 의도는 태종 이후 칸의 유책을 이어 고종의 친조와 환도를 강압하려는 것이었다. 그러나 강화도의 지리적 이점을 이용한 고려 조정은 계속 따르지 않았고, 이번에도 다시 창을 보냈다. 또 이보다 앞서(9월) 김수강은 헌종이 보내온 몽골 사신과 함께 막북으로 돌아갔는데, 황제는 그의 간청에 따라 침략을 멈추겠다는 뜻을 알렸지만[54] 그냥 허락한 것은 아니며 친조와 출륙을 조건으로 삼은 것이 거의 분명하다. 그렇다면 잘라이르다이는 강화도를 굴복시키려는 하나의 방책으로 일단 침략을 늦췄지만 창의 입조에 큰 가치를 두고 완전히 군사를 돌린 것은 아니었다.

- 「고종세가」 이듬해(고종 45년, 헌종 8년, 1258) 2월: 이달 몽골군이 의주에 성을 쌓았다. 是月蒙兵城義州.

- 4월 신축일(22일): 몽골의 척후 기병 1000기가 수안 경계로 들어왔다 蒙兵候騎一千, 入遂安界.

- 같은 달 기유일(30일): 국왕은 자릴타이가 사신을 보내 육지로 나오는 상황을 점검한다는 말을 듣고 이날 문무백관을 승천부로 나가게 했으며 저자를 옮기고 [승천부의] 궁궐과 관원들의 집을 수리하게 했다. 王聞車羅大遣使來, 覘出陸之狀, 是日出文武百官于昇天府, 移市肆, 修宮闕·官僚家戶.

- 5월 갑인일(5일): 국왕은 군사의 호위를 받으며 바다를 건너 승천부의 궁궐에 거둥해 자릴타이가 보낸 사신 파양 등 9명을 접견했다. 王以兵衛涉海, 御昇天府闕, 引見車羅大客使波養等九人.

이 기사들은 그런 사정을 알려주는 것으로 잘라이르다이는 김수강이 몽골에서 돌아오고 창이 자신을 방문한 동안(지난해 9~12월) 염주에서 군사를 돌려 북계로 물러나 주둔했다가 그해 여름 다시 육지로 나오라는 명령으로 강화도의 국왕과 신하들을 압박한 것이다.

그 결과 6월 잘라이르다이는 비장 야수다余愁達 군을 남하시키는 것과 함께 사신을 강화도로 보내 국왕을 설득했다.

황제께서는 "고려국이 정말 육지로 나와 항복하려고 하면 닭이나 개 한 마리도 죽이지 말라. 그렇지 않다면 섬을 공격해 파괴하라"고 하셨습니다. 지금 국왕과 태자가 서경으로 나와 항복하면 곧바로 군대를 돌릴 것입니다. 皇帝勅云, 高麗國如實出降, 雖雞犬一無所殺. 否則攻破水內. 今國王及太子出降西京, 則便可回兵.

그러나 국왕이 늙고 병들어 멀리 갈 수 없다는 핑계로 그것을 거절하자 야수다는 평주의 보산역寶山驛(지금의 평산군 보산면 남천점南川店)에 주둔하고 태자가 진영 앞으로 와서 항복하라고 거듭 촉구했다. 마침내 잘라이르다이도 직접 개경에 주둔한 뒤 앞서처럼 군사를 풀어 승천부와 갑곶강 바깥 지역을 약탈하고 사신을 보내 설득했지만 태자도 병을 이유로 나오지 않았다. 몽골군은 다시 전국을 횡행하면서 추수 때 곡식을 모두 베어갔다. 산성으로 피란한 백성은 방호별감을 죽이거나 체포해 몽골군에 항복했다. 갑곶강 밖에 주둔한 군사는 물러가지 않고 각지를 약탈했다. 뿐만 아니라 몽골 장수 산지散吉와 부지르普只 등이 이끈 대군이 여진 지역에서 동북면으로 침입했고 정주(정평)·장주長州(정평 서쪽 금진천 가의 풍양리)·화주(영흥)·고주(고원)·문주

(문천)·의주宜州(덕원) 등 15주의 백성은 섬으로 피란했다. 그들은 용진현 사람 조휘와 정주 사람 탁청의 권유로 방화와 약탈을 자행하고 정주의 장성 안쪽 화주 이북 지역을 점령했다.[55]

여기서 강화도의 국왕과 신하들은 마침내 항복의 뜻을 결정하고 12월 그믐 장군 박희실朴希實 등을 몽골과 잘라이르다이의 진영으로 보내 그런 뜻을 전달했다.

우리나라가 사대의 정성을 다하지 못했던 것은 권신이 국정을 농단해 귀의하려고 하지 않았기 때문일 뿐입니다. 지금 최의가 이미 죽었으니 즉시 섬에서 육지로 나가 상국의 명령을 듣고 싶지만 천병이 경계를 압박하고 있습니다. 비유하면 구멍 안에 들어간 쥐를 고양이가 지키고 있는 것과 같아 감히 육지로 나가지 못할 뿐입니다. 本國所以未盡事大之誠, 徒以權臣擅政, 不樂內屬故爾. 今崔竩已死, 卽欲出水就陸, 以聽上國之命, 而天兵壓境. 譬之穴鼠, 爲猫所守, 不敢出耳.

최의는 최이(최우) 대신 정권을 장악한 최항의 아들인데, 최항은 지난해(고종 44년, 1257) 윤4월 병사했고 최의는 무능해 올해 3월 암살됐다. 그 결과 고종은 즉위 45년 만에 비로소 친정할 수 있게 됐지만 이번에는 그 대가로 몽골에 굴복하게 됐다.

이렇게 침략 6년째인 헌종 9년(고종 46년, 1259) 봄 몽골군은 북계로 물러났고 잘라이르다이가 보낸 사신은 국왕과 태자를 만나 태자의 입조 날짜를 4월 27일로 정했다. 그러나 태자는 조금 날짜를 앞당겨 21일 항복 표문을 받들고 출발했다. 연로한 부왕이 병에 걸려 이미 매우 위독했기 때문에 특별히 일정을 앞당긴 것으로 생각된다. 이보다 앞서 잘라이르다이는 북계에서 갑자기 죽었으며[56], 태자가 요동에 이르렀을 때는 야수다와 송길松吉이 동경(요양)에 주재하면서 고려의 국왕과 신하들이 이미 강화도를 떠났는지 물었다.[57] 태자는 "주·현의 백성은 이미 섬에서 나갔고 왕경은 황제의 처분을 기다려 도성을 옮기려고 한다州縣民已出島矣, 王京則待皇帝區處, 以徙都耳"고 대답했다. 몽골은 성곽을 파괴하게 하고 주자周者라는 사신을 강화도로 보냈다. 6월 중순 주자의 감독 아래 강화도의 내성을 먼저 허물고 외성도 무너뜨렸다. 고종은 병이 깊어져 같은 달 30일 마침내 붕어했다.

몽골 헌종은 지난해(재위 8년, 1258) 봄부터 직접 군사를 이끌고 촉蜀으로 들어가 따로 악주鄂州(호북성 강한도江漢道 무창武昌) 방면으로 간 동생 쿠빌라이와 함께 송을 정벌했는데, 올해 합주合州(사천성 동천도東川道 합천현合川縣)를 포위하는 병에 걸려 고려 태자 일행이 도착하기 전인 7월 21일 조어산釣魚山 행재소에서 붕어했다. 그러나 태자보다 먼저 사신으로 온 박희실 등은 3월 15일 섬주陝州(하남성 낙도洛道 섬현陝縣)에 도착해 요동부터 동행한 시레문尸羅門이라는 몽골 사신과 함께 황제를 알현하고 표문을 올려 항복의 뜻을 알리면서 서경과 의주에 주둔한 군사를 물려달라고 요청했다.

• 「고종세가」 45년(1258) 2월: 몽골군이 의주에 성을 쌓았다.
• 46년 2월: 이응(고려의 사신)이 서경에서 돌아왔다. (⋯) 그때 왕만호(몽골의 장수)는 군대 10영領을 이끌고 서경의 옛 성을 수축했으며 전함을 만들고 둔전을 개간해 오래 머물 계획을 세웠다. 李凝還自西京. (⋯) 時王萬戶率軍十領, 修築西京古城, 又造戰艦, 開屯田, 爲久留計.

이런 요청과 기사들에 따라 알 수 있는 것처럼 몽골군은 북계의 이 두 요지를 본거지로 삼아 고려가 항복한 뒤에도 계속 주둔하고 있었다. 황제는 박희실 등의 요청에 대답했다.

너희는 이미 나와 마음을 합치기를 바란다고 하면서도 내 군대가 너희 땅에 주둔하는 것을 어째서 꺼리는가? 또 서경 이외의 지역은 일찍이 내 군대의 주둔지가 됐으니 너희 나라가 신속히 섬에서 나온다면 침략하지 않게 하겠다. 태자의 행차가 너희 나라를 벗어나지 않았으면 너희와 함께 돌아가고 우리 땅에 들어왔으면 홀로 입조하라. 爾等旣欲與我同心, 何憚我兵駐爾境. 且西京以外, 嘗爲我兵駐處, 爾國若速出島, 第勿令侵擾耳. 太子之行, 不出爾國, 則可與俱還, 如入吾地, 其以單騎來朝.

출륙에 대해서도 지시했다.

너희 나라는 반드시 나무와 돌을 운반해 궁궐과 집을 지어라. 3년을 기한으로 해 철군할 것이니 공사를 마친 뒤 곧바로 섬에서 나와 거주하라. 爾國必運木石, 以爲宮室. 限三載罷兵, 待營構畢, 即令出居.

그리고 시례문을 사신으로 삼아 박희실과 함께 돌아가게 했다. 그러나 그 조서에서 다음과 같이 말한 것을 보면 고려는 북계의 주둔군이 철수한 것 외에 살리타이의 1차 침략 이후 몽골에 항복한 백성의 반환을 요구했지만 모두 이루지 못했다.

지금 그대가 아뢴 대로 왕경으로 나와 거처하면 그대가 아직 항복하지 않았던 때, 곧 태종 황제가 재위하던 때부터 짐이 즉위할 때까지 항복한 고려인을 그대가 관할케 하겠다. 만약 그대가 관할하지 않으면 내가 임시로 다스리겠다. 今若依汝奏, 出居王京時, 汝之未降時, 太宗合罕皇帝在日後, 及朕卽位時, 凡所降高麗人, 令汝管領. 或不管領, 臨時朕自裁焉.

그해 8월 시레문은 강화도로 와서 고종의 손자 심諶 ─ 태자가 돌아가지 않은 동안 임시로 국정을 맡았다 ─ 을 알현하고 예쉬데르也速達의 서신을 전달하고 떠났다. 예쉬데르는 앞의 야수다余愁達와 같은 인물로 잘라이르다이가 갑자기 죽은 뒤 동경에 주재하면서 그 대신 요동과 고려 관련 사무를 맡은 것으로 보인다. 그 서신은 다음과 같다.

황제가 계신 곳(카라코룸)에서 오가는 사신과 내가 있는 곳(동경)에서 왕래하는 사신이 이용하는 길에는 역참이 부족합니다. 서경 이남은 그대 나라에서 역참을 두루 설치하고 인원과 말馬 등 필요한 모든 사항은 이전에 설치했던 사례에 따라 조금도 빠짐없이 갖추고, 서경 이북에도 역참(몽골과 고려가 모두 사용할 수 있는)을 어느 정도 설치하고 역시 설비를 잘 갖춰야 합니다. 帝所往來宣使及本處使佐沿路, 站赤闕少. 西京以南, 汝國列置站赤, 人戶·鋪馬, 一切所須諸物, 照依已前設置, 無得少闕, 西京以北, 合用站驛, 亦宜准備安置.

몽골에는 매우 발달한 역전驛傳 제도가 있어 일정한 도로에 역참을 설치하고 연도의 백성에게 세금을 부과해 역마·식료·차량 등을 갖추고 공무를 띤 사신이 사용하도록 했다. 이것을 참치站赤라고 했다. 예쉬데르의 서신에서 말한 것은 이 제도를 요동과 고려의 수도 사이에 시행한 것으로 특히 서경 이남을 고려에 맡긴 것은 몽골군이 주둔하지 않은 지방이기 때문이다. 9월 예쉬데르의 사신이 다시 강화도에 와서 섬 안과 육지의 상황을 살펴봤는데, 그 가운데 한 사람은 교동도喬桐島를, 다른 한 사람은 안남安南(부평富平)을 조사했다.

11월 다시 출륙 상황을 점검하는 사신이 오자[58] 고려는 옛 도성에 궁궐을 조성하기 시작했다. 그리고 이 사신이 출륙이 늦어지는 것을 질책하자 박희실은 헌종이 칙서에서 3년 동안 유예를 인정했다고 대답하니 그는 아무 말도 못했다고 한다. 그러나 이 무렵 서해도의 출배별감出排別監(백성의 출륙을 관장한 관원)의 보고에 따르면 출륙한 백성은 모두 몽골군의 포로가 됐다. 몽골군은 파평역(파주 동북쪽 30리 [11.8킬로미터])과 개경에서 사람과 물자를 약탈하는 등 그들이 북계에 주둔하는 한 잘라이르다이가 침략한 흔적은 아직 사라지지 않았다. 또 서해도 배주白州(배천白川)의 소복별감蘇復別監 김수제金守磾 등은 변발을 하고 예쉬데르의 진영에 투항해 고려는 개경으로 돌아올 뜻이 없다고 참소했으며, 예쉬데르도 그것을 믿었다.[59]

이처럼 고려가 항복한 효과는 매우 의심스러워 보였다. 태종 3년(1231)부터 29년 동안 거의 끊임없이 이어진 몽골의 고려 침략을 다시 예쉬데르가 수행할지도 알 수 없었다. 그러나 아직 항복 표문을 올리지 않았는데 헌종의 붕어를 맞게 된 태자는 곧바로 발길을 돌리지 않고 남쪽을 정벌하고 있던 쿠빌라이를 알현해 자신이 온 뜻을 아뢰었다. 그 결과 고려의 항복이 어떤 효과를 가져올지는 그들의 회견에 따라 결정될 문제가 됐다.

9. 원 세조의 침략 중지

몽골 헌종이 합주의 조어산에서 붕어했다는 사실을 쿠빌라이는 악주에서, 고려의 태자는 육반산六盤山(감숙성甘肅省 경원도涇原道 융덕현隆德縣)에서 알게 됐다. 카라코룸에 머물러 지키던 동생 아릭부케阿里不哥가 장수들에 의해 황제로 옹립될 것이라는 소식을 들은 쿠빌라이는 급히 악주를 포위하고 윤11월 송의 장수가 화친을 요청하는 것을 허락한 뒤 북쪽으로 돌아갔는데, 도중에 고려 태자의 영접을 받고 그가 온 뜻을 알게 됐다. 쿠빌라이는 크게 기뻐하며 포상하고 이듬해(경신년) 초 함께 개평부開平府*에 이르러 쉬리다이束里大를 고려의 다루가치로 삼아 함께 귀국하게 했다.

• 『고려사』「원종세가」: 강회선무사 조양필이 황제의 동생(쿠빌라이)에게 아뢰었다. "고려는 작은 나라지만 산과 바다에 의지해 나라에서 20여 년 동안 군사를 동원했어도 아직 신하가 되지 않았습니다. 전 해에 태자 전이 내조했지만 마침 황제께서 직접 서쪽을 정벌하셔서 2년 동안 체류했는데, 대우가 소홀해 마음에 들지 않았을 것이니 한번 돌아가면 다시 오지 않을 것입니다. 관사와 음식을 후하게 해 번왕의 예의로 대우해야 합니다. 지금 그의 아버지가 죽었다고 하니 전을 국왕으로 세워 본국으로 돌려보내면, 세자는 반드시 은덕에 감격해 신하의 직분을 수행하려고 할 것입니다. 이것은 병사 하나도 수고롭게 하지 않고 한 나라를 얻는 방법입니다." 섬서선무사 염희헌도 그렇게 말했다.

---

* 중국 내몽골 자치구의 시린궈러 맹盟 안의 정란기正藍旗에 소속된 곳. 베이징 북쪽 끝에서 200킬로미터 떨어져 있다.

  만선사 연구 3권

황제의 동생은 옳다고 여겨 그날로 관사를 바꾸고 더욱 후하게 대우했다. 江淮宣撫使趙良弼言, 高麗雖小國, 依阻山海, 國家用兵二十餘年, 尙未臣附. 前歲太子倎來朝, 適鑾輿西征, 留滯者二年, 供張疏薄, 無以懷輯, 一旦得歸, 將不復來. 宜厚其館穀, 待以藩王之禮. 今聞其父已死, 誠能立倎爲王, 遣送還國, 世子必感恩戴德, 願修臣職. 是不勞一卒而得一國也. 陝西宣撫使廉希憲亦言之, 皇弟然之. 卽日改館, 顧遇有加.

• 『원사』 「세조본기」: 섬서선무사 염희헌이 말했다. "고려 국왕이 일찍이 그 세자 전을 보내 입조하게 했는데, 마침 헌종께서 군대를 이끌고 송을 공격했으므로 전은 3년 동안 머무르고 돌아가지 못했습니다(헌종은 전이 입조한 것과 같은 해에 붕어했다). 지금 그 아버지가 죽었다고 하니 전을 국왕으로 세워 귀국시키면 그는 반드시 우리에게 감사하는 마음을 품을 것입니다. 이것은 군대를 번거롭게 하지 않고 한 나라를 얻는 방법입니다." 황제는 그 말을 옳게 여겨 전의 객사를 바꿔주고 군사로 그를 호위해 보냈다. 陝西宣撫使廉希憲言, 高麗國王嘗遣其世子倎入覲, 會憲宗將兵攻宋, 倎留三年不遣. 今聞其父已死, 若立倎, 遣歸國, 彼必懷德於我. 是不煩兵而得一國也. 帝是其言, 改館倎, 以兵衛送之.

이 기록은 이때 쿠빌라이의 태도를 알려준다. 곧 그는 태자가 온 뜻을 알고 매우 너그러운 태도로 고려를 대하게 된 것이다. 쿠빌라이는 고려의 태자가 개평부를 떠난 뒤 3월 하순 그곳에서 열린 쿠릴타이에 따라 칸이 됐고 태자도 같은 달 본국으로 돌아가 한 달 뒤 즉위했다. 고려의 새 국왕 원종은 새 황제 세조의 조서를 받았다. 선제 헌종이 박희실에게 준 조서는 고려의 요청을 대부분 받아들이지 않았지만, 이 조서는 고려의 주요한 바람을 거의 모두 수용했다.

짐은 삼가 천명을 받들어 조종의 위대한 업적을 이었으니 하늘과 땅을 우러러 모든 백성을 똑같이 사랑해 멀고 가까운 나라와 크고 작은 나라를 구별하지 않는다. 그대는 귀의했기 때문에 이미 국왕으로 책봉해 귀국케 했는데, 이제 그대와 변방 장수들의 글을 보고 여러 상황을 알게 됐으니 짐은 매우 안타깝다. 간절히 바라는 바를 다음과 같이 처리하라.

1. 섬에서 육지로 나와서 백성을 편하게 하는 일. 이것은 짐이 본래 기뻐하는 것이다. 지금은 한참 곡물이 자라는 시기이므로 머뭇거리다가 농사를 그르치지 말고, 다시 농업과 양잠을 장려해 피폐해진 백성을 넉넉하게 하라. 1. 군대를 철수시켜달라고 요청한 일. 군대를 잔류시켜 고려의 국경을 압박하면 소동이 없지 않을 것이니 이미 장수들에게 명령해 즉시 군대를 돌리게 했다. 짐이 모든 백성을 사랑하는 마음을 잘 알아 의심하거나 두려워하지 마라. 1. 지난해 봄 포로로 잡히거나 도망해 온 백성을 돌려보내달라고 한 일. 이미 담당 관원에게 두루 조사하게 했고, [우리와 고려가] 약속한 뒤 도망하거나 포로로 잡힌 사람들은 석방해 귀국하게 했으니 고려에 도착하면 거둬서 잘 보살피도록 하라. 1. 너희 나라에서 잘못을 저지르거나 죄를 지은 자들이 있겠지만 지난번 내린 사면령에 따라 시행하라. 우리 군사가 조금이라도 사람이나 물품을 약탈했을 경우 사실대로 모두 보고하면 조문에 의거해 처벌할 것이다.

朕祗若天命, 獲承祖宗丕烈, 仰惟覆燾, 一視同仁, 無遐邇大小之間也. 以爾歸款, 旣冊爲王, 今得爾與邊將之書, 因知上下之情, 朕所憫焉. 凡所啓稟, 區處于後. 一, 出水就陸, 以便民居事. 此朕所喜也. 今時方長育, 不可因循, 自誤歲計, 更當勸課農桑, 以阜殘民. 一, 請罷軍士事. 若留軍壓境, 不無騷動, 已勅將帥, 卽日班師. 其體朕兼愛之心, 毋自疑懼. 一, 前年春被虜逃來人民, 乞放還事. 已下有司, 遍行刷會, 自言約之後, 逃虜人等放令還國, 到可收係存恤. 一, 凡爾國中, 應有作過犯罪, 欽依前來已降赦文施行. 軍人擅掠人物一絲者, 具以實聞, 依條斷罪.

참으로 이 조서는 세조의 너그러운 태도를 보여준 것으로 고려가 몽골의 칸에게서 위협과 억압의 내용을 담지 않은 조서를 받은 것은 이번이 처음이었다.

고려는 곧바로 영안공 왕희를 보내 세조의 즉위를 축하하고 전에 없던 이 조서에 진정표를 올려 아름다운 문장으로 감사의 뜻을 표시했다.

넓은 바다와 같은 은혜에 자나 깨나 감사하고 기뻐하니 인자한 어머니가 막내아들을 사랑한다고 해도 어찌 이보다 클 수 있겠습니까? 저부터 후손에 이르기까지 죽음으로 보답하겠습니다. 恩靈汪洋, 寤寐感悅, 雖慈母鍾憐於季子, 過此何能. 自小臣綿及於後孫, 以死爲報.

세조는 다시 조서 세 통을 왕희에게 내렸는데, 그 하나는 다음과 같았다.

의관은 본국의 풍속을 따르고 하나도 고치지 말라. 사신은 조정에서만 파견할 것이고 나머지는 짐이 모두 금지시킬 것이다. 옛 도성(개경)으로 옮기는 것은 빠르든지 늦든지 헤아려서 하라. 고려에 주둔하고 있는 몽골군은 가을을 기한으로 철수할 것이다. 원래 배치한 다루가치 보르카바르바투르孛魯合反兒拔覩魯 일행은 모두 서쪽으로 돌아오라고 명령했다.

(…) 짐은 천하를 기준으로 삼아 모든 일을 정성으로 처리하고 있으니 짐의 뜻을 잘 이해하고 의심해 두려워하지 말라. 衣冠從本國之俗, 皆不改易. 行人, 惟朝廷所遣, 予悉禁絶. 古京之遷, 遲速量力. 屯戍之撤, 秋以爲期, 元設達魯花赤孛魯合反兒·拔覩魯一行人等, 俱勑西還. (…) 朕以天下爲度, 事在推誠, 其體朕懷, 毌自疑懼.

그리고 8월 왕회가 고려로 돌아가자 지난 3월부터 남아 있던 몽골의 다루가치 쉬리다이는 본국으로 떠났다. 쉬리다이와 보드카바르바투르는 같은 인물로 생각되는데, 이듬해 고려의 사신이 세조에게 다음과 같이 말한 것을 보면 서경 등에서 몽골군이 철수한 것도 쉬리다이가 서쪽으로 돌아간 것과 같은 때 이뤄진 것 같다.

쉬리다이는 작년에 폐하께서 주둔군을 철수시킨 일을 우리나라가 참소했기 때문으로 생각해 화를 내면서 돌아갔습니다. 束里大以前年勑還屯兵事, 意小邦所讒, 憤悩而還.

또 세조가 앞의 조서를 내린 뒤 거기서 말한 포로의 방환을 곧바로 실행한 것은 다음 기사에서 알 수 있다.

「원종세가」 원년(1260) 5월: 몽골이 우리나라에서 도망하거나 포로로 잡혀갔던 440여 호를 돌려보냈다. 蒙古歸我逃虜人四百四十餘戶.

아래 사건은 몽골군이 돌아갈 무렵 일어난 것으로 생각된다.

원종 원년 9월: 몽골의 필畢 천호와 김 천호가 도망쳤거나 포로로 잡혀갔다가 몽골 황제가 돌려보낸 190여 명을 납치해 갔다. 蒙古畢千戶·金千戶驅掠帝所放還逃虜人一百九十餘人而去.

쉬리다이는 천도하는 일도 고려에 압박하고 개경에서 궁궐과 민가의 건설을 감독했다.

너희 국왕은 귀국하면서 황제께 "돌아가는 대로 개경으로 천도하겠다"고 했지만 지금 이미 몇 달이 지났는데 어찌 그리 태평스럽게 있는가? 너희는 머리가 몇 개라도 되는가? 나는 머리가 한 개뿐이어서 겁이 난다. 머무르려고 해도 아무 기대할 것이 없으니 나는 돌아갈 것이다. 爾王之東還也, 奏帝曰, 臣之國, 卽還都松京. 今已踰數月, 何其恬不爲慮. 爾等有幾頭乎. 吾惟一頭, 是以爲恐. 留欲何待, 吾其還矣.

그러나 세조는 "빨리 하든지 늦게 하든지 헤아려서 하라遲速量力"면서 매우 온건한 태도를 보였다. 이런 쉬리다이도 떠나자 이제 고려는 몽골의 압제에서 거의 모두 해방됐다.

1922년 6월 탈고(『만선지리역사연구보고』 10책)

13편
고려 원종대의 폐립 사건과 몽골의 고려 서북면 점령

고려 원종 때 임연의 폐립은 서북면 병마사의 하급 관원 최탄崔坦 등에게 반역의 기회를 줬으며, 몽골의 고려 서북면 점령, 이른바 동녕부의 설치로 귀결된 것은 분명한 역사적 사실이다. 그러나 그 과정이 어땠는지는 아직 연구되지 않았다. 이제 부족하나마 내 견해를 밝혀 그 문제를 해석하는 데 참고가 되길 바란다.

1. 임연의 폐립과 몽골의 간섭

고려 고종 마지막 해(1258) 당시의 권신 최의를 살해한 김준金俊(첫 이름은 김인준金仁俊)은 원종이 즉위한 뒤 최씨를 대신해 권력을 휘둘렀다. 원종은 그를 싫어해 재위 9년(원 세조 지원 5년, 1268) 12월 추밀부사 임연에게 김준과 그 일족을 죽이게 했다. 그러나 임연도 권력을 마음대로 휘둘러 국왕은 그를 싫어하게 됐으며 신변은 점차 위험해졌다.

마침내 임연은 원종을 재위 10년(지원 6년, 1269) 6월 섬으로 유배 보내려고 재추의 의견을 물었다. 아무도 대답하지 않았는데 시중 이장용이 양위가 어떻겠냐는 의견을 내자 좋은 계책으로 생각해 원종의 동생 안경공 창을 옹립하고 국왕은 별궁으로 옮기게 했다. 이 폐립은 지난 4월 몽골에 입조한 국왕의 세자 심이 아직 귀국하지 않은 동안 이뤄졌다.

이렇게 원종을 폐위시킨 임연은 몽골에는 병 때문에 양위하고 즉위했다는 전 국왕과 새 국왕의 표문을 작성한 뒤 7월 8일 중서사인 곽여필을 사신으로 보냈다. 그런데 심은 마침 귀국하고 있었는데, 압록강 밖의 파사부(구련성)에 도착했을 때 압록강 동쪽 정주성靜州城의 관노가 폐립 사건을 밀고했다. 그때 곽여필은 압록강 입구에서 가까운 영주靈州에 와 있었기 때문에 그에게서도 그 사실을 확인했다.

심은 곧바로 다시 연경으로 돌아가 그 일을 세조에게 아뢰었다. 세조는 사신을 고려에 보내 아직 잘못을 저질렀다고 듣지 못한 식植(원종)을 상국의 허락 없이 신하가 마음대로 폐립한 것을 참람한 행동이니 그 사정을 자세히 조사해 보고하라고 명령했다. 9월 임연은 김방경 등을 사신으로 파견해 표문을 보냈지만 그 내용은 앞서 곽여필이 가져간 것과 마찬가지로 사실을 왜곡한 것이었다.

전 국왕이 병에 걸려 매우 위독해졌기 때문에 일을 줄여 생명을 연장하려고 간절히 요청해 왕위를 물려준 것입니다. 前王遘疾, 大漸惟幾, 庶將護分以延期, 因切辭榮而遜位.

그러자 세조는 다시 병부시랑 흑적黑的 등을 고려로 보내 원종 형제와 임연 등의 입조를 재촉했다. 12월 10일까지 모두 대궐로 와 모든 사정을 아뢰면 자신이 직접 듣고 옳고 그름을 판단하겠다는 것이었다.[1] 그리고 다시 조서를 내려 출병도 통보했다.

이미 튀렝게 국왕 등을 보내 군사를 이끌고 고려의 국경으로 가게 했으니 기한이 지나도 오지 않으면 즉시 악당의 우두머리를 끝까지 추궁하고 진군해 남김없이 소탕할 것이다. 已遣頭輦哥國王, 率兵壓境, 如逾期不至, 卽當窮詰首惡, 進兵勦絶無遺.

11월 11일 임연은 흑적 등이 도착한 뒤 이 조서를 보고 두려워 어쩔 줄 몰라 하다가 흑적 등의 조언에 따라 같은 달 23일 원종을 복위시켰다. 임연과 왕창은 몽골에 가지 않았지만 12월 중순 원종은 세자의 동생 순안후順安侯 종悰에게 국정을 감독케 하고 스스로 입조길에 올랐다.[2]

2. 몽골의 출병 계획

세조는 원종 형제와 임연 등을 오도록 하는 앞의 조서를 내리는 동시에 따로 고려의 관원과 백성에게도 말했다.

너희 나라의 권신이 멋대로 국왕을 폐위하고 세웠으므로 특별히 국왕 튀렝게 등을 행중서성사로 보내 군사를 이끌고 동쪽으로 내려가 너희 나라를 안정시키게 했다. 우두머리만 문책할 것이고 나머지 관원과 백성은 한 사람도 피해를 주지 않을 것이니 너희는 모두 예전처럼 편안히 살라. 以爾國權臣擅行廢立, 特遣國王頭輦哥等行中書省事, 率兵東下, 撫定汝國. 惟首是問, 自餘吏民一無所及, 惟爾有衆, 咸當安堵如故.

이 조서는 『고려사』에 보이지 않지만 「원·고려기사」에 앞의 조서와 함께 실려 있다.[3]

- •『원사』(권166) 「왕준열전」: 지원 7년(6년?) 고려의 신하 임연이 반란을 일으키자 세조가 튀렝게 국왕을 보내 토벌했다. 준은 부민部民[4] 1300호를 뽑아 거느리고 국왕과 함께 갔다. 至元七年, 高麗臣林衍叛, 世祖遣頭輦哥國王討之. 綧簽領部民一千三百戶, 與國王同行.
- •『원사』(권154) 「홍차구열전」: 지원 6년(1269) 고려의 권신 임연이 반란을 일으켰다. 겨울 11월 조서를 내려 군사 3000명에게 국왕 튀렝게를 따라 토벌해 평정케 했다. 至元六年, 高麗權臣林衍叛. 冬十一月, 詔以其軍三千從國王頭輦哥討平之.[5]
- •『원사』(권159) 「조벽열전」: 고려 국왕 식이 그 신하 임연에게 쫓겨나자 황제는 조벽을 중서좌승에 임명해 국왕 튀렝게와 함께 동경등로중서성의 사무를 처리케 하고 평양에서 군사를 모으게 했다. 高麗王植爲其臣林衍所逐, 帝召璧還, 改中書左丞, 同國王頭輦哥行東京等路中書省事, 聚兵平壤.

이것들은 모두 이 조서에 대응하는 기사로 튀렝게가 이끈 몽골군은 임연의 죄를 묻고자 고려를 침략한 것으로 보인다. 그러나 복위한 뒤 입조하러 떠난 원종이 이듬해(지원 7년, 원종 11년, 1270) 정월 동경(요양)을 지날 때 튀렝게와 조벽 등은 그곳에 주둔하고 있었다.

『고려사』「고종세가」 같은 달 신해일(11일): 국왕이 동경에 도착하자 국왕 튀렝게와 조 평장 등은 사람을 물리치고 종이와 붓을 준비해 국왕에게 폐립의 사유를 몰래 쓰라고 요청했다. 王至東京, 國王頭輦哥·趙平章等辟人具紙筆, 請王密書廢立之由.

그리고 이보다 먼저 몽골군이 고려에 들어간 증거는 『고려사』에 보이지 않는다.

본래 몽골의 출병은 파사부에서 연경으로 돌아온 심의 요청에 따른 것이다.

『원사』「고려열전」: 지원 6년(1269) 9월. 추밀원과 어사대에서 아뢰자 세자 심이 말했다. "조정에서 출정하면 군사 3000명에 군량 5개월분이면 될 것입니다. 관군이 [고려의] 국경 안으로 들어가면 신이 함께 가서 [백성이] 놀라 동요하지 않게 하겠습니다." 황제가 옳게 여겼다. 조서를 내려 세자 심에게 특진상주국을 수여하고 군사 3000명을 이끌고 그 나라의 혼란을 안정시키게 했다. 초불화에게 고려를 정벌케 했는데, 병으로 가지 못하자 뭉케투를 대신 보냈다. 樞密院·御史臺奏, 世子愖(諶)言, 朝廷若出征, 能辦軍三千, 備糧五月. 如官軍入境, 臣宜同往, 庶不驚擾. 帝然之. 詔授世子愖(諶)特進上柱國, 勅愖(諶)率兵三千, 赴其國難. 命抄不花往征其國, 以病不果行, 詔遣蒙哥都代之.

「고려열전」의 전거인 「원·고려기사」를 살펴보면 심의 요청에 관련된 추밀원과 어사대의 상주는 9월 22일에, 심에게 특진상주국을 제수한 세조의 조서는 같은 달 25일에 실려 있다. 그에게 출정을 명령한 것은 그 책에 보이지 않지만 「고려열전」의 그 기사는 「세조본기」의 같은 달 무진일(25일) 기사에 의거한 것으로 작위를 내린 것과 같은 날 군사 3000명을 보내라는 칙명을 내렸음을 알 수 있다.

고려의 세자 심에게 칙서를 내려 군사 3000명을 이끌고 가서 그 나라의 혼란을 안정시키게 했다. 심이 동안공에 책봉되는 것을 사양하자[6] 특진 상주국을 제수했다. 勅高麗世子愖率兵三千赴其國難. 愖辭東安公, 乃授特 進上柱國.

또 「고려열전」에서 "초불화에게 그 나라를 가서 정벌케 했다"고 한 초불화는 출병의 칙명에 따라 군사를 징발할 수 있는 임무를 지닌 장 수였다.

「원·고려기사」: 이달(지원 6년[1269] 9월) 초불화가 명령을 받들어 왕준 과 홍차구가 관할하는 가호에서 군사를 뽑았다. 是月抄不花奉旨于王綧· 洪茶邱所管戶內, 僉起軍士.

다음 기록의 송중의는 그와 같은 인물이 아닐까 추정된다.

「세조본기」 같은 달 신미일(28일): 관군만호 송중의에게 고려를 정벌케 했다. 勅管軍萬戶宋仲義征高麗.

그리고 왕순과 홍차구는 동경(요양)과 심주(봉천) 사이에 거주하면서 함께 고려군민총관의 관직을 지니고 몽골에 귀의한 고려인 가호를 다스렸다. 또 「원·고려기사」에서는 초불화의 군사 징발 기사에 이어 다음과 같이 서술했다.

단사관 별동와를 왕준과 홍차구의 관할 지역으로 급파해 지원 6년(1269) 실제로 가호 안에서 징발해 백호패자를 임명하고 준비가 충분히 갖춰졌는지 10월까지 점검을 마치게 했다. 동경으로 모아 정비하는 일은 추밀원에서 관할하도록 했는데, 실제로 3300명을 얻었다. 差斷事官別同瓦馳驛於緯·茶邱所管, 至元六年實科差戶內, 僉起立百戶牌子, 整點足備, 限十月終. 東京取齊, 交付樞密院收管, 實得三千三百人.

이것은 동일한 징병 관련 기사로 별동와는 초불화와 함께 그 임무를 수행하도록 동경에 파견된 관원으로 생각된다. 「고려열전」에서는 「원·고려기사」의 이 기사를 축약해 실었다.

단사관 별동와를 왕준과 홍차구의 관할 지역으로 파견해 가호 안에서 군사를 징발해 동경으로 보내 추밀원에서 관리하게 했는데 3300명을 얻었다. 遣斷事官別同瓦馳驛於緯·茶邱所管實科差戶內, 僉軍至東京, 交付樞密院, 得三千三百人.

「고려열전」은 이 사실을 11월에 연결시켰지만 「원·고려기사」에서 "10월까지 점검을 마치게 했다"고 한 것을 볼 때 「고려열전」의 날짜는 잘못된 것으로 판단된다. 그리고 「세조본기」와 「고려열전」에서 10월 원종 형제 등을 초치하기 위해 흑적 등을 고려로 보냈다고 기록하고, 같은 때의 조처로 "조벽을 동경의 행중서성으로 임명하고 고려의 백성에게 조서를 내렸다命趙璧, 行中書省于東京, 仍詔諭高麗國軍民"고 한 것은 「원·고려기사」에 따라 앞서 실은 튀렝게 파견의 조서와 따로 인용한 「조벽열전」에 대응하는 것이 틀림없다.7

이 출병은 『고려사』(권104) 「김방경열전」에도 보인다. 김방경은 앞서 서술한 대로 9월 상순 임연의 사신으로 몽골에 갔다.

세자 왕심이 군사를 요청하자 뭉케투가 군사를 거느리고 출발하려고 했다. 중서성에서 세자에게 말했다. "지금 뭉케투가 오랫동안 서경(평양)에 주둔하면서 대군(후속 부대)을 기다리면 임연은 이미 명령을 거역했으므로 반드시 군량을 보급하지 않을 터인데 어떻게 하겠습니까? 세자는 임연과 결탁하지 않은 사람에게 함께 가도록 해야 합니다." 세자가 합당한 사람을 찾지 못하자 시중 이장용 등이 말했다.8 "김방경은 두 번이나 북계(대체로 지금의 평안남·북도에 해당하는 지방으로 서경이 그 중심지다)를 지키면서 잘 다스렸으니 이 사람이 아니면 안됩니다." 세자는 "내 뜻과 매우 합치한다"고 하고 곧 김방경에게 가도록 명령했다. (…) 동경에 이르렀을 때 국왕이 이미 복위해 입조한다는 소식을 듣고 머물러 기다렸다. 世子諶請兵, 蒙哥篤領軍將發. 中書省謂世子曰, 今蒙哥篤若久駐西京, 以待大軍, 林衍旣背命, 必不給軍食奈何. 世子宜令不與衍者偕行. 世子難其人, 侍中李藏用等曰, 方慶再鎭北界, 有遺愛, 非此人不可. 世子曰, 甚合吾意, 乃命方慶行. (…) 行至東京, 聞王已復位入朝, 因留待之.

뭉케투蒙哥篤는 초불화가 위독했기 때문에 그를 대신했다고 한 『원사』「고려열전」의 蒙哥都로 생각되고, 원종이 동경에 도착하기 이틀 전인 지원 7년(원종 11년, 1270) 정월 9일(기유일) 이장용과 김방경 등이 동경에서 출발해 국왕을 맞이한 것은 『고려사』「원종세가」 같은 날 "이장용·김방경·곽여필이 동경에서 행궁으로 와서 국왕을 알현했다李藏用·金方慶·郭汝弼自東京來謁行宮"고 한 것에 따라 분명하므로 그때 동경에는 앞서 서술한 행중서성사 튀렝게와 조벽 외에 뭉케투도 주재하고 있던 것이다.

다시 『원사』를 살펴보면 「세조본기」 지원 7년(1270) 정월 정사일(17일) "뭉케를 안무 고려사로 삼아 호부를 차고 군사를 이끌어 그 서쪽 경계를 지키게 했다以蒙哥爲安撫高麗使, 佩虎符, 率兵戍其西境"고 보인다. 이것과 상응하는 「고려열전」의 기사에서는 뭉케를 뭉케투忙哥都라고 썼으며 출병하는 까닭을 고려에 알린 세조의 조서를 실었다.

고려의 관원과 백성에게 임연을 처벌하려는 대략적인 까닭을 조서로 알렸다. "짐은 즉위한 뒤 너희 나라가 오랫동안 전란을 겪는 것을 가엾게 여겨 너희 국왕을 책봉하고 군사를 철수해 10년 동안 안전하게 보호하는 모든 방법을 시행했다. 그러나 뜻하지 않게 난신 임연이 반란을 일으켜 멋대로 국왕 식(원종)을 폐위하고 안경공 창을 위협해 옹립했다. 조서를 내려 대궐로 오라고 명령했지만 거듭 미루고 나오지 않으니 어찌 용서해 죽이지 않을 수 있겠는가? 이미 행성行省을 보내 군사를 이끌고 동쪽으로 가게 했지만 임연 한 사람만 토벌할 것이고 안경공 창은 본래 어쩔 수 없던 것이니 너그러이 용서할 것이다. 그 나머지 위협 때문에 따랐거나 속아서 잘못한 자들은 하나도 문책하지 않을 것이다. 詔諭高麗國僚屬·軍民以討林衍之故. 其略曰, 朕卽位以來, 憫爾國久罹兵亂, 冊定爾王, 撤還

兵戍, 十年之間, 其所以撫護安全, 靡所不至. 不圖亂臣林衍自作弗靖, 擅將國
王植廢易, 脅立安慶公淐. 詔令赴闕, 復稽延不出, 豈可釋而不誅. 已遣行省率
兵東下, 惟林衍一身是討, 其安慶公淐, 本非得已, 在所寬宥. 自餘脅從詿誤, 一
無所問.

忙哥都(蒙哥)가 蒙哥都(蒙哥篤)와 같은 인물임은 말할 것도 없다. 또
「원·고려기사」에는 이 조서를 정월 15일에 실어9 「세조본기」의 날짜보
다 이틀 앞선다. 그리고 원종이 동경에 들어간 것은 4~6일 전인 그 달
11일이었다. 따라서 연경에서 세조가 내린 이번 조처는 원종 일행이
동경에 가까이 왔거나 이미 도착했다는 급보를 받은 뒤 비로소 뭉케
투가 이끄는 동경의 군사를 출동시키라고 명령한 것으로 이해된다.

그러나 이런 서술과 정월 17일(또는 15일) 조서에 따라 세조가 뭉케
투를 고려로 보낸 목적이 임연을 처벌하는 데 있었다고 결론짓는 것
은 이르다.

- 「세조본기」 지원 6년(1269) 11월 계묘일(2일): 고려의 도통령 최탄 등은
  임연이 반란을 일으키자 서경의 50여 성을 이끌고 귀의했다. 高麗都統
  領崔坦等以林衍作亂, 挈西京五十餘城來附.
- 정미일(6일): 고려 서경도통 이연령(최탄의 당여)이 군사의 증원을 요청
  하자 뭉케투에게 군사 2000명을 이끌고 가게 했다. 高麗西京都統李延
  齡乞益兵, 遣忙哥都率兵二千赴之.

이것은 날짜로 보면 뭉케투가 초불화를 대신하고 튀렝게와 조벽 등
이 동경행중서성사에 임명된 뒤지만 이때 이미 최탄이 귀의하고 이연

령이 군사를 요청함에 따라 고려를 정벌하라는 명령이 뭉케투에게 내려졌음을 알 수 있다. 그리고 원종이 동경에 도착한 사흘 뒤인 그해 정월 갑인일(14일) "고려의 서경이 귀의하니 동녕부로 고치고 자비령을 경계로 삼게 했다詔高麗西京內屬, 改東寧府, 畫慈悲嶺爲界"고 했으므로 그 다음 날이나 17일 뭉케투를 안무 고려사로 삼아 고려로 보낸 세조의 조처는 서경 등의 성들이 귀의한 것과 직접 관계된 것 같다. 이제 최탄 등의 귀의로 이야기를 옮겨야 한다.

3. 최탄의 몽골 귀의(세조의 조처)

임연이 원종을 폐위시킬 무렵 서북면 병마사의 영리營吏로 최탄이 라는 인물이 있었다. 당시 병마사영은 서경 유수사와 함께 서경이 아 니라 삼화현 서남쪽, 대동강 입구의 가도椵島에 있었는데,**10** 폐립 몇 달 뒤인 10월 초 최탄은 동료 한신韓愼, 삼화현 사람 이연령 등과 함께 임 연을 주살하겠다는 명분으로 반란을 일으켰다. 곧 용강·함종·삼화 백성을 모아 함종현령을 죽인 다음 가도를 공격해 유수사留守司 관원 을 살해했다. 당시 새 국왕 창은 북쪽에서 반란이 일어날 것을 걱정해 적임자를 골라 새 병마사로 보냈다. 그러나 그는 임지에 도착한 10일 만에 이 반란을 만나 겨우 죽음을 모면하고 도성으로 도망쳐왔다. 도 성의 장수가 군사를 이끌고 그곳으로 갔지만 역시 적을 두려워해 헛되 이 돌아왔다.

최탄 등은 군사를 이끌고 용강현 경계에 주둔한 뒤 도성을 공격하 겠다고 큰소리쳤지만 진심은 아니었던 것 같고, 마침내 서경유수와 용주龍州·영주靈州·철주鐵州·선주宣州·자주慈州 등 서북면 주들의 수령을 죽이고 몽골에 투항했다. 압록강의 섬에 대부성大富城이라는 성이 있는데 강 안쪽에서 파사부(구련성)으로 가는 길에 해당한다. 최탄과 한신 등은 마침 그 성에서 고려로 들어가는 몽골 사신 톡토르를 만났는데, 몽골로 가는 까닭을 묻자 대답했다.

고려는 장차 온 나라가 섬으로 깊이 들어가려고 하기 때문에 상국에 들어가 알리려고 하는 것일 뿐입니다. 高麗卷土, 將欲深入海島, 故殺諸城守, 欲入告于上國耳.

톡토르는 최탄 등에게 그들이 아직 죽이지 않은 의주·인주·정주의 수령을 잡아오게 했다. 최탄 등은 압록강 가의 여러 성의 관원 22명을 붙잡아 몽골에 투항했다.[11] 이 사건의 과정을 서술한 『고려사』 「최탄열전」에 따르면 최탄이 세 주의 수령을 죽이지 않은 것은 우연이 아니고 그런 주·진의 관원들은 몽골 관원과 접촉할 기회가 많아 자연히 서로 친한 경향이 있음을 고려했기 때문인 것 같다.[12] 톡토르가 대부성을 떠나기 전 최탄 등과 어떤 상의를 했는지는 「최탄열전」에 전혀 나오지 않는다. 그리고 최탄 등이 몽골에 간 흔적은 없다. 그러나 그들이 톡토르에게 귀의를 요청한 것은 앞서 본 대로 『원사』 「세조본기」 지원 6년(1269) 11월 계묘일(2일) "고려 도통령 최탄 등은 임연이 반란을 일으키자 서경의 50여 성을 이끌고 귀의했다"고 한 것에 따라 분명하다. 「세조본기」의 이 기사는 대부성에서 톡토르가 돌아가 보고한 내용을 요약한 것으로 여겨진다.

『원사』(권59) 「지리지」 동녕로: 지원 6년(1269) 이연령·최탄·현원렬 등이 부·주·현·진의 60성을 이끌고 귀의했다. 至元六年, 李延齡·崔坦·玄元烈 等以府·州·縣·鎭六十城來歸.

이것도 성의 숫자는 서로 다르지만 최탄 등이 귀의한 사실을 알려 주는 기사다.

그렇다면 이렇게 고려에서 반란을 일으킨 신하가 귀의를 요청했을 때 세조는 어떻게 조처했는가?

「세조본기」 지원 6년(1269) 11월 정미일(6일. 앞의 기사 나흘 뒤): 왕준과 홍차구의 군사 3000명을 선발해 고려를 평정하게 했다. 고려 서경도통 이연령이 군사의 증원을 요청하자 뭉케투에게 군사 2000명을 이끌고 가게 했다. 簽王綧·洪茶丘軍三千人, 往定高麗. 高麗西京都統李延齡乞益兵, 遣忙哥都率兵二千赴之.

날짜와 이연령의 이름이 나온다는 점에서 당연히 주목해야 하는 기사다. 다만 그 앞부분은 일단 미뤄둘 수밖에 없다. 지난 9월 25일 세조는 고려의 세자 심을 특진상주국에 제수하고 그의 요청을 받아들여 군사 3000명을 보내라고 명령했으며, 다시 초불화에게 왕준과 홍차구가 관할한 군사를 징집하라고 지시했다. 그렇다면 이 앞부분의 내용은 바로 아래의 기사에 해당한다.

『원사』「고려열전」: 심에게 군사 3000명을 이끌고 가서 그 나라의 혼란 을 안정시키게 했다. 초불화에게 고려를 정벌케 했다.

곧 「세조본기」 9월 신미일(28일) "관군만호 송중의에게 고려를 정벌케 했다"고 한 송중의를 초불화에 비정하면(앞서 서술한 것처럼) 앞의 기사는 이 9월 조에 둬야 할 기사가 잘못 뒤섞여 들어온 것으로 생각된다. 여기서 11월 6일(정미일) 기사로 인정되는 뒷부분에 대해 생각해 보면 최탄 등은 대부성에서 귀의할 것을 톡토르에게 알리면서 몽골의 출병도 요청한 것으로 생각된다.

그러나 그 보고가 처음 몽골 조정에 전달된 11월 초 다시 귀의자 한 사람으로부터 군사를 더 보내달라는 요청이 겨우 며칠 뒤 온 것은 납득하기 어려우므로 "이연령이 군사의 증원을 요청했다"고 한 것은 이연령이 최탄 등과 함께 대부성에서 군사를 요청한 사실을 전한 것으로 볼 수 있다. 곧 이 구절은 다시 11월 2일 톡토르가 갖고 돌아간 보고의 일부일 뿐이다. 그리고 "증원을 요청"했다는 것은 앞 기사의 "왕준과 홍차구의 군사 3000명을 선발해 고려를 평정하게 했다"는 것을 이때의 사실로 오인한 『원사』의 편자가 뒷 기사의 2000명 출병과 조화시키기 위해 근거 없이 덧붙인 사족인 것 같다. 정말 그렇다면 나머지 부분인 "뭉케투에게 군사 2000명을 이끌고 가게 했다"는 것은 최탄 등이 귀의를 요청한 것에 대해 세조의 조처를 서술한 것이 분명하다.

이미 서술한 대로 「세조본기」의 뭉케투忙哥都는 「고려열전」의 蒙哥都로 앞서 초불화를 대신해 고려로 출정하라는 명령을 받았다. 당시 출병 목적은 임연의 죄를 묻는 것이고 10월에도 같은 취지 아래 튀렝게와 조벽 등이 동경 등로의 행중서성사에 임명됐다. 그런데 지금 임연을 처벌한다는 명분으로 고려를 배반한 인물들이 서경 이하 여러 성을 들어 귀의하고 아울러 출병을 요청하자 세조는 다시 뭉케투에게 출정 명령을 내렸다. 달리 말하면 세조는 최탄 등의 요청에 따라 조처

하면서 심의 희망에 따라 임연을 처벌하기 위한 출병을 그것으로 대체
한 것이다.

『원사』「고려열전」 세조 지원 6년(1269) 11월 조에는 고려 침략에 관
련된 추밀원의 논의가 실려 있다. 그것은 「원·고려기사」에서 "11월 2일
추밀원에서 고려 침략을 논의해 아뢰었다十一月二日, 樞密院奏議征高麗事"고
한 추밀원의 논의를 축약한 것이다.

전 추밀원 경력 마희기도 말했다. "지금의 고려는 옛날의 신라·백제·고
구려 삼국이 하나로 합쳐진 것입니다. 대체로 번진의 권력이 나눠지면
쉽게 제어할 수 있고 제후가 강성하면 신하로 삼기 어렵습니다. 저들 주
성州城 군사와 백성의 많고 적음을 조사해 둘로 나눠 그 나라를 다스리
게 해 권력과 세력을 비슷하게 만들어 서로 견제시키면 천천히 좋은 계
책을 의논해도 쉽게 처리할 수 있을 것입니다." 前樞密院經歷馬希驥亦言,
今之高麗, 乃古新羅·百濟·高句麗三國併而爲一. 大抵藩鎭權分則易制, 諸侯
强盛則難臣. 驗彼州城軍民多寡, 離而爲二, 分治其國, 使權倅勢等, 自相維制,
則徐議良圖, 亦易爲區處耳.

이 논의가 최탄 등의 귀의 요청에 대한 조처를 주제로 한 것임은 날
짜와 내용으로 볼 때 분명하다.

4. 몽골의 고려 서북면 점령

고려 원종은 11월 23일 복위해 27일 몽골에 사신을 보내 곧 입조하

겠다고 밝히고 12월 19일 몽골 사신 흑적 등과 함께 길에 올랐다. 그런데 다음 날인 20일 정주靜州별장 강원좌康元佐 등이 가져온 세조의 조서를 받았다.[13]

고려국 구주도령 최탄 등과 서경 54성, 서해 6성의 군사와 백성에게 알린다. 요즘 최탄이 보고했다. "고려의 역신 임연이 사람을 보내 사람들과 자신의 처자를 회유하고 협박해 동쪽으로 가게 했습니다. 또 '만약 따르지 않으면 참혹하게 죽일 것'이라고 했습니다." 너희는 어느 쪽이 순종이고 반역인지 잘 판단해 핍박과 위협을 따르지 않고 반역의 무리를 소탕해 두 마음이 아님을 밝혔으니 그 의가 칭찬할 만하다. 이제 최탄에게 이미 칙명을 내렸고, 나머지 관원과 백성에게는 행중서성에 따로 칙명을 내려 잘 돌보고 보호하게 했다. 너희 관원과 백성은 짐의 뜻을 잘 받들어 더욱 충절을 다하라. 諭高麗國龜州都領崔坦等·洎西京五十四城·西海六城軍民等. 近崔坦奏高麗逆臣林衍遣人, 誘脅衆庶及其妻子, 俱令東往. 且曰若不從令, 當加戕害. 爾等審其順逆, 不從逼脅, 勦誅逆黨, 以明不貳, 其義可尚. 今坦已加勅命, 自餘吏民, 別勅行中書省, 重爲撫護. 惟爾臣庶, 仰體朕懷, 益殫忠節.

세조는 최탄 등의 귀의 요청을 받아들여 그들과 강화도의 왕실·조정에게 조서를 내린 것이다. 그 조서를 가져온 정주별장 강원좌 등은 앞서 대부성에서 톡토르와 함께 몽골로 간 고려의 변방 관원으로 생각된다. 조서에서 말한 "서경의 54성"은 서경을 수부首府로 한 북계의 54성을, "서해 6성"은 서해도의 6성을 뜻하고 북계와 서해도는 대체로 지금의 평안남·북도와 황해도에 해당하는 당시의 행정구역이다. 앞

장에서 인용한 『원사』 「지리지」에서 "부·주·현 60성"은 이런 성의 전체 숫자를 보인 것으로 「세조본기」의 "서경 54여 성"은 북계에 소속된 주·현의 대체적인 숫자를 든 것으로 생각된다.

또 귀의한 고려의 관원과 백성을 위무하는 임무를 맡겼다고 한 행중서성은 튀렝게를 장관으로 한 동경의 행성行省을 가리키는 것이 분명하다. 그러나 이것은 본래 임연을 처벌하려는 출병 기관으로 설치한 것이므로 세조의 이 조처는 두 번째 출정 명령을 뭉케투에게 내린 것과 동일한 서술 방식이다. 또 이 조서에서 귀의한 세력을 평가해 "너희는 어느 쪽이 순종이고 반역인지 잘 판단해 핍박과 위협을 따르지 않고 반역의 무리를 소탕해 두 마음이 아님을 밝혔으니 그 의가 칭찬할 만하다"고 한 것은 처음 최탄 등이 임연을 죽이겠다는 명분으로 반란을 일으켰기 때문이다. 그러나 고려가 보면 그들은 큰 역도로 임연을 죽이지 않았을 뿐 아니라 무고한 수령을 멋대로 죽이고 스스로 세력을 갖기 위해 앞서 서술한 60성을 갖고 몽골에 귀의했다. 그런데도 세조는 그의 귀의 요청을 받아들여 60성 지역을 몽골의 소유로 삼는다는 이 조서를 내렸다. 이것은 나라와 관련된 큰 문제로 원종은 잠자코 있을 수 없었다. 그래서 원종은 조서가 도착한 이튿날(21일) 사신을 흑적과 함께 먼저 보내 몽골의 중서성에 서한을 제출했다.

저는 큰 은혜를 온전히 입어 황제를 알현하기 위해 이미 이번 달 19일에 길을 떠나 서둘러 가고 있습니다. 요즘 우리나라의 변방 백성이 서경에 모여 수령을 많이 죽인 뒤 그 죄를 벗어나려고 거짓말을 꾸며 상국에 아뢨습니다. 먼저 간 사신의 설명을 들어 그 정황을 살펴 옳고 그름을 판단해 황제께 상세히 아뢰어 주십시오. 더욱 잘 보살펴 우리나라가 백

성을 잃지 않고 영원히 직분을 다할 수 있기를 바랄 뿐입니다. 予全蒙大
造, 竚觀天庭, 已於今月十九日上途, 猖蹶奔走. 近者小邦邊民, 嘯聚西都, 多殺
守令, 欲逃其罪, 至以貝錦之辭, 昌黷上朝. 凡其情狀, 驗取節次先行使介言說,
辨其曲直, 縷達天聰. 益加護恤, 永使殘邦, 無失其民, 萬世供職, 是所望也.

이런 청원을 할 때 표문의 형식을 갖추지 않은 것은 위의 조서가 원
종에게 내린 것이 아니기 때문이다.

원종은 입조의 행차를 계속했다. 서경에 가까워졌을 때 최탄 등 6명
이 와서 술을 어가 앞에 바쳤지만 물리치고 받지 않았다. 가는 길에
한 해가 저물어 정월 초하루에 청천강을 건너 박주에 도착했는데, 그
날 다시 사신을 파견해 몽골의 중서성에 서한을 보냈다.

지금 들으니 우리나라의 반역자 최탄 등이 상국에 급보해 고려의 중앙
군이 쳐들어올 것이라고 거짓으로 아뢰면서 천병天兵 2000여 명을 보내
막아달라고 요청하니 황제의 결정이 이미 행성行省에 도착했다고 합니
다. 이 일은 해명하기 어렵지 않습니다. 제가 그들의 반역을 일찍 알고도
그 죄를 전혀 묻지 않은 것은 그들이 상국에 투항했기 때문입니다. 지금
제가 이미 길을 떠나 나라를 비웠는데 누가 군대를 이끌고 쳐들어오겠
습니까? 제가 황제를 가까이서 직접 뵙고 한 말씀을 아뢴 뒤 군대를 보
내도 늦지 않습니다. 황제가 계신 곳으로 제가 가고 있는데, 천병이 우
리 영토로 들어와 백성을 놀라게 하면 어떻게 되겠습니까? 여러 재상께
서는 이런 사정을 자세히 황제께 아뢰고, 우리 부자가 상국에 충성하는
정성을 어여삐 여겨 늘 보호해주기를 엎드려 바랍니다. 今聞小邦叛民崔
坦等, 馳告上朝, 托以京兵欲侵, 請送天兵二千許遮護, 而帝決已到行省矣.

是事不難別白. 予早知其叛, 而不一問罪者, 以其投附上朝也. 今旣上途空國, 而誰肯以兵來侵. 待臣近覿龍顏, 仰奏一言然後遣兵未晩也. 安有國君, 躬進帝所, 而兵入其境, 百姓驚動者乎. 伏望, 諸相國閣下, 以此情狀具奏天聰, 憫予父子勤王之懇, 扶護始終.

박주에서 원종이 특별히 이 서신을 보낸 사정은 "천병 2000여 명"과 "황제의 결정이 이미 행성에 도착했다"는 표현에 따라 살펴볼 수 있다. 이런 구절들은 지난 11월 6일 세조가 뭉케투에게 내린 명령, 곧 「세조본기」에서 "뭉케투에게 군사 2000명을 이끌고 가게 했다"고 한 두 번째 출정 명령이 동경의 행성에 도착했음을 뜻한다. 그리고 그 급보는 다시 박주의 행궁에 알려짐으로써 원종은 이렇게 애원하지 않을 수 없던 것으로 생각된다.

연경에 있던 뭉케투는 고려의 재신 이장용·김방경 등과 함께 동경으로 갔다. 연경을 떠난 정확한 시점은 알 수 없지만 두 번째 출정 명령이 아직 내려지지 않은 10월 안으로 여겨진다. 그리고 그 명령은 동경에서 접수된 것으로 생각된다. 그러나 그는 곧바로 정벌에 나서지 않았다. 지금 그 사정을 살펴보면 이미 서술한 대로 『고려사』 「김방경열전」에서 "동경에 이르렀을 때 국왕이 이미 복위해 입조한다는 소식을 듣고 머물러 기다렸다"고 한 것은 매우 주목해야 할 부분이다.

그러나 원종 스스로 입조를 알린 사신을 보낸 것은 연경에서 두 번째 출정 명령이 내려지고 21일 뒤인 11월 27일로 원종이 입조한다는 사실은 다시 어느 정도 시차를 두고 동경과 연경에 알려졌을 것이므로[14] 조금 오랫동안 출병이 지연된 어떤 사정이 따로 있지 않았을까? 생각해보면 고려 세자 심은 임연을 주살하기 위해 군사를 요청했지만 그것이 다른 역당 최탄 등이 불의를 저지르는 도구가 된 것은 그가 생각하지 못한 것이며 그대로 두고 볼 수 없는 일이었을 것이다. 그래서 그는 세조에게 요청해 최탄 등이 귀의하기 전 고려에 사신으로 온 흑적이 돌아가 모든 사정이 판명될 때까지 뭉케투의 출정을 늦췄다. 그리고 마침내 원종의 입조 소식이 도착하자 다시 그날까지 연기한다는 칙명을 얻은 것으로 생각된다.

원종은 최탄 등의 귀의에 관련된 세조의 조처를 억제하고 북쪽으로 올라가 정월 9일 동경에서 와 맞이한 이장용과 김방경 등을 만난 뒤 11일 동경에 들어갔다. 원종의 이런 행동과 관련해 특히 주목해야 하는 기사가 『원사』「세조본기」에 있다. 원종이 동경에 도착한 날부터 사흘 뒤인 갑인일(14일) 기사다.

고려 국왕 왕식이 사신을 보내 말했다. "얼마 전 신은 조서를 받들어 복위했으며 이제 700명을 이끌고 입조하겠습니다." 조서를 내려 400명만 데리고 오고 나머지는 서경에 머무르게 했다. 고려의 서경이 귀의하자 동녕부로 고치고 자비령을 경계로 삼게 했다. 高麗國王王植遣使來言, 比奉詔臣已復位, 今從七百人入覲. 詔令從四百人來, 餘留之西京. 詔高麗西京內屬, 改東寧府, 畫慈悲嶺爲界.

또 앞서 서술한 대로 정사일(17일)에는 "뭉케(뭉케투의 약칭)를 안무고려사로 삼아 호부를 차고 군사를 이끌어 그 서쪽 경계를 지키게 했다." 첫 번째 기사의 앞부분은 말할 것도 없이 원종의 입조에 관련된 확실한 보고가 연경에 도착했음을 뜻하는 것이지만 국왕이 동경에 도착한 것과 직접 관련된 사실일까? 날짜로 보면 국왕은 동경에 가까이 왔을 무렵 자신의 입조를 알린 사신을 보냈고 그 사신은 정월 14일 연경에 들어간 것 같다.

그러나 실제로는 그렇지 않았고 고려의 영토 안에서 사신을 보낸 것은 세조가 회답한 조서에서 국왕을 따라온 인원의 일부를 서경(평양)에 머무르게 했다는 것을 볼 때 분명하다. 그리고 『원사』의 기사에는 착오가 여러 곳에 있으므로 이것도 뒷부분이 정월 14일에 해당하는 기사고 앞부분은 그전 어느 날짜에 연결해야 하는 기사가 잘못 나온 것으로 볼 수 있다.[15] 따라서 원종 자신이 보낸 입조 보고에는 내가 특히 문제로 삼은 것 같은 사항은 없다. 그러나 원종 일행이 동경 가까이 왔을 때 동경의 행성에서 보낸 그의 보고가 연경에 도착한 것은 충분히 알 수 있으므로 「세조본기」 정월 14일에 실린 세조의 조서는 그 급보가 도착한 때 내려진 것으로 봐도 안 될 것이 없다.

정월 14일 조서에서 "고려의 서경이 귀의하자 동녕부로 고치고 자비령을 경계로 삼게 했다"는 뜻은 다음 기사를 보면 분명히 알 수 있다.

『원사』(권59) 「지리지」: 동녕로는 본래 고구려의 평양성인데 장안성이라고도 한다. 한漢이 조선을 멸망시키고 낙랑군과 현도군을 설치했는데, 이것이 낙랑 지역이다. 진晉 의회 후반 그 국왕 고련이 처음으로 평양성에 도읍했다. 당이 고구려를 정벌해 평양을 함락시키니 그 나라는 동쪽으로 압록수 동남쪽 1000여 리 되는 곳으로 옮겼는데, 옛 평양은 아니다. 왕건 때 평양을 서경으로 삼았다. 원 지원 6년(1269) 이연령·최탄·현원렬 등이 부·주·현·진의 60성을 이끌고 귀의했다. 지원 8년(1271) 서경을 동녕부로 고쳤으며 지원 13년(1276) 동녕로 총관부로 승격시켰다. 東寧路, 本高句驪平壤城, 亦曰長安城. 漢滅朝鮮, 置樂浪·玄菟郡, 此樂浪

地也. 晉義熙後, 其王高璉始居平壤城. 唐征高麗, 拔平壤, 其國東徙, 在鴨綠水之東南千餘里, 非平壤之舊. 至王建, 以平壤爲西京. 元至元六年, 李延齡·崔坦·玄元烈等以府州縣鎭六十城來歸. 八年, 改西京爲東寧府. 十三年, 升東寧路總管府,

따라서 17일 조에서 말한 안무 고려사로 뭉케투가 파견된 것은 지난해 11월 초 최탄 등이 귀의한 뒤 문제된 출병의 단행, 달리 말하면 한편으로는 귀의한 사람들의 바람을 충족시키고 다른 한편으로는 서경 이하 60성의 점령을 확실히 한 조처를 뜻한다.

『고려사』「원종세가」 11년(1270) 2월 7일(정축일): 최탄이 몽골군 3000명을 서경에 주둔시켜달라고 요청했다. 황제는 최탄·이연령에게 금패를, 현효철·한신에게 은패를 각각 하사했다. 조서를 내려 서경을 내속시켜 동녕부로 이름을 고치고 자비령을 국경으로 삼았다. 崔坦請蒙古兵三千來鎭西京. 帝賜崔坦·李延齡金牌, 玄孝哲·韓愼銀牌有差. 詔令內屬, 改號東寧府, 畫慈悲嶺爲界.

이것은 뭉케투가 서경에 와서 주둔한 날짜에 연결시킨 기사로 생각된다. 자비령은 절령岊嶺이라고도 하고 지금의 황해도 황주와 서흥을 잇는 고갯길인데, 그것을 넓은 의미로 해석하면 대동강 유역의 남쪽 끝에서 지금의 황주군과 봉산군의 경계를 지나 서쪽으로 재령강 가에 이르는 모든 산맥을 말한다. 그리고 산맥과 대동강의 중간 지방은 고려시대 서해도의 일부로 대동강 북쪽은 북계에 소속됐다.

『원사』「지리지」 동녕로 조의 기록을 살펴보면 지원 13년(고려 충렬왕 2년, 1276) 동녕부를 동녕로 총관부로 승격시켰을 때 압록강 북쪽의 파사부로 옮겨 소속된 정주·의주·인주·위원진의 네 성과 동녕로 관할 아래 있던 49성의 이름을 모두 들었지만 그 전체 숫자는 60곳이 되지 않는다. 그러나 부족한 7성은 『원일통지』의 기록을 옮겨 실은 청 고염무顧炎武의 『천하군국이병서天下郡國利病書』(권12)의 동녕로 조에 열거된 것으로 보충할 수 있다.[16] 그리고 이런 60성은 지금의 평안북도 동북부를 제외하고 서북쪽은 압록강, 동쪽은 중앙산맥, 남쪽은 자비령에 국한된 지역 안에 있게 된다.[17]

이미 서술한 대로 세조는 뭉케투를 출정시킨 동시에 임연을 주살하라고 고려에 조서를 내렸다. 「원·고려기사」에는 정월 15일 자에 이 조서가 실려 있으므로 14일 서경의 이름을 고치고 점령지의 경계를 획정한 조서에 대해 동경의 뭉케투에게 동쪽으로 내려가라는 명령을 내린 것은 그 이튿날임도 알 수 있다. 요컨대 세조의 이 조처는 입조하고 있던 원종이 힘써 막으려고 한 것을 그가 동경에 도착해 아직 입조하지 않은 사이에 매우 신속하게 수행한 것으로 반발할 수 있는 기회를 주지 않으려는 의도로 보이며, 세조의 면모를 생생히 알려준다.

이렇게 해서 임연의 제거를 목적으로 한 몽골의 출병 계획은 완전히 바뀌어 60성을 점령하는 데 이용됐다. 고려의 세자는 우롱당했으며, 원종이 복위하는 데 치른 값은 매우 비쌌다. 그러나 세조는 겉으로는 노골적인 태도를 보이지 않고 그 출병에 임연을 제거한다는 명분을 달았다. 뭉케투를 동쪽으로 보낼 때 특히 고려의 관원과 백성에게 내린 앞서 인용한 조서는 그런 이유로 내린 것이다.

1924년 6월 22일(『시라토리 박사 환력기념 동양사논총』)

14편
고려의 삼별초에 대해

1.

인연의 폐립과 최탄의 반란 같은 중대한 사건을 해결하기 위해 고심하며 직접 몽골 조정에 간 고려 원종은 동경행성사 퉈렝게 군의 호위를 받으며 본국으로 돌아온 뒤 세조의 명령을 받들어 오랫동안 문제였던 환도(수도를 강화도에서 개경으로 다시 옮기는 것)을 결행했다. 그러나 강화도의 삼별초는 따르지 않고 폭동을 일으켜 반대했기 때문에 원종은 단호하게 삼별초 폐지를 명령했다. 원종 11년(원 세조 지원 7년, 1270) 5월 마지막 날의 일이다.

그러자 삼별초는 반란을 일으켰다. 그들은 고려의 왕족 승화후承化侯 온溫을 옹립해 섬을 나와 전라남도 진도로 들어가 그곳을 본거지로 삼고 남해의 주·현을 침략했다. 고려는 몽골의 군사력을 빌려 토벌해 이듬해인 원종 12년(지원 8년, 1271) 그 본거지를 무너뜨려 난을 평정했다. 그러나 살아남은 무리는 제주(탐라도)로 도망쳐 다시 3년 동안 바다를 횡행하며 해안의 주·현을 괴롭혔다. 몽골·고려군은 다시 바다를 건너 원종 14년(지원 10년, 1273) 4월 반란 세력을 멸망시켰다. 고려의 삼별초는 4년에 걸친 이 난으로 널리 알려져 있다.

『고려사』(권81) 「병지」 병제兵制 조에는 원종의 삼별초 폐지와 관련해 그 성립의 유래를 설명한 기사가 있다.

원종 11년(1270) 5월 삼별초를 혁파했다. 앞서 최우가 나라 안에 도적이 많은 것을 걱정해 용사들을 모아 매일 밤 순찰하면서 범법 행위를 금지했기 때문에 야별초라고 불렀다. 도적들이 여러 도에서 일어나자 별초를 나눠 보내 잡았다. 그 군사가 매우 많아 마침내 좌·우로 나눴다. 또 몽골에서 도망쳐 돌아온 우리나라 사람들을 한 부대로 삼아 신의군이라고 부르니 이들이 삼별초다. 권신들은 권력을 잡은 뒤 이들을 측근으로 삼고 녹봉을 후하게 줬으며 사사로운 은혜를 베풀거나 죄인들의 재산을 몰수해 주기도 했다. 그 때문에 권신들은 그들을 마음대로 부렸고 그들은 앞다퉈 힘을 다했다. 김준이 최의를 죽이고 임연이 김준을 죽이며 송송례가 임유무를 죽일 때 모두 그들의 힘을 빌렸다. 국왕(원종)이 옛 도성으로 돌아가려고 하자 삼별초가 반심을 품었기 때문에 혁파했다. 元宗十一年五月, 罷三別抄. 初崔瑀憂國中多盜, 聚勇士, 每夜巡行禁暴, 因名夜別抄. 及盜起諸道, 分遣別抄以捕之. 其軍甚衆, 遂分爲左右. 又以國人, 自蒙古逃還者, 爲一部, 號神義, 是爲三別抄. 權臣執柄, 以爲爪牙, 厚其俸祿, 或施私惠, 又籍罪人之財而給之. 故權臣頤指氣使, 爭先効力. 金浚之誅崔竩, 林衍之誅金浚, 松禮之誅惟茂, 皆籍其力. 及王復都舊京, 三別抄反懷疑二, 故罷之.

「원·고려기사」에 실린 원종의 세자 왕심의 표문(지원 9년, 원종 13년 정월. 1272)에서도 다음과 같이 말했다.[1]

특진상주국 고려 왕세자 왕심이 상소를 올렸다. "임연이 마음대로 권력을 휘두르면서 굽히지 않을 수 있던 까닭은 오직 좌·우별초와 신의군 등의 삼별초 때문입니다." 特進上柱國·高麗世子王愖狀言, 林衍之能擅權倔強者, 專以左邊·右邊及神義軍等三別抄故也.

이른바 삼별초는 최우 이후 고려의 권신이 위세를 자유롭게 행사할 수 있게 한 특별한 군대였다.

「원·고려기사」: 지원 7년(1270) 6월 1일 식(원종)이 사람을 보내 "앞서 천조(원)에서 도망쳐 온 한 익군이 고려의 두 익군과 함께 반란을 일으켰다"고 아뢰었다. 식의 일족인 승화공이 삼별초 군을 이끌고 반란을 일으킨 것이었다. 六月一日, 植遣人報, 有先自天朝逃來一翼軍與高麗兩翼軍叛, 蓋植族承化公以三別抄軍叛也.

이것은 원종 11년(1270) 삼별초의 반란을 서술한 기사인데, 삼별초의 유래를 언급한 서술이기도 하다는 것은 앞의 「병지」에 비춰 명확하다.

「병지」에 따르면 삼별초의 기원은 최우가 창설한 야별초였다. 그러나 '별초군'이라는 이름은 최우가 그 아버지 최충헌을 이어 국정을 장악하기 전부터 역사에 보이고 둘 사이에 어떤 관계가 있음을 상상할 수 있지만, 정말 그럴지 판단하려면 둘의 성격이 같고 다른지 살펴봐야 한다. 뿐만 아니라 삼별초 — 좌·우별초와 신의군 — 에 관련된 기사는『고려사』「병지」외에도 많이 보이고 —「병지」처럼 자세하지는 않지만 — 삼별초와는 다른 별초군도 병존한 것 같으므로 별초군으로서 삼별초의 성격을 분명히 파악하려면 반드시 이런 기사를 참고해야 한다. 원종의 환도 결행에 반대한 반란군이 돼 반란군으로 멸망한 삼별초는 어떤 종류의 군대였는가 하는 것은 이런 여러 측면을 고찰해야 비로소 알 수 있다.

2.

별초라는 이름은 조위총의 난 때 최충헌과 관련해 역사에 처음 나타난다. 고려 18대 국왕 의종은 퇴폐적 분위기로 가득한 문학적 유희에 빠져 주위의 문신에게서 "태평호문의 국왕太平好文之主"으로 찬미된 국왕이었지만 재위 24년(금 대정 10년[경인년]. 1170)에는 경인의 난으로 널리 알려진 반란이 일어났다. 의종 때 내내 국왕과 주위의 문신에게 멸시돼 그들에게 불만을 가득 품은 대장군 정중부鄭仲夫 등은 무인을 대표해 반란을 일으켜 도성 안의 문신 50여 명을 죽인 뒤 의종을 남해안의 거제도로 추방하고 그 동생 명종을 옹립했다.

다시 명종 3년(금 대정 13년[계사년]. 1173) 9월 "모든 문신을 죽였다. (…) 모두 죽이거나 강에 던져버리니 열흘 사이에 문신들이 거의 다 학살됐다凡文臣一切誅戮. (…) 於是一切誅戮, 或投江水, 旬日間, 文士戮且盡"고 기록된 두 번째의 무서운 살육 — 이것은 다음에 서술할 김보당의 거병과 관련됐다 — 이 중앙과 지방에 걸쳐 일어났다. 이른바 계사의 난이다. 이런 두 난(이른바 경계庚癸의 난)을 겪은 뒤 문신의 세력은 완전히 땅에 떨어졌고, 고려의 역사는 한 시기를 구획해 무신이 발호하는 새 시대가 됐다. 명종의 아래 명령이 내려진 것은 두 번째의 살육이 자행된 다음 달이다.

3경(서경·남경·동경)·4도호(안남·안서·안북·안변)·8목(광주廣州·충주·청주·진주·상주·나주·공주·황주)부터 군·현·관·역의 관직까지 모두 무인을 등용하라고 명령했다. 制自三京·四都護·八牧, 以至郡縣館驛之任, 並用武人.

폭력으로 문신들을 축출하고 그들의 지위와 관직을 빼앗은 무인들은 우유부단한 명종을 옹립해 극도로 전횡했다. 그들이 펼친 정치는 중앙과 지방에서 모두 극도의 문제를 드러냈기 때문에 그렇지 않아도 착취의 대상이 됐던 백성은 더욱 살기 어려워질 수밖에 없었다. 그 결과 도적들이 잇따라 일어나 30여 년이라는 오랜 시간 동안 전란이 끊이지 않았다.

경인의 난 이후 인심의 동요를 틈타 먼저 동계에서 군사를 일으킨 것은 동북면 병마사 김보당이었다. 김보당은 반란의 주요 인물인 정중부 등을 토벌하고 전왕 의종을 복위시키려고 했지만 목적을 이루지 못하고 체포돼 처형됐으며, 도리어 두 번째 문신의 살육, 이른바 계사의 난을 불러왔다. 다음으로 서경유수 조위총이 다시 군사를 일으켜 북계(평안도 방면)와 동계(함경도 방면)의 40여 성에 격문을 돌려 무인 정부에 반항했다. 이 난은 앞뒤 30여 년의 전란 가운데 가장 큰 것으로 명종 4년(1174) 9월에 시작돼 3년 만인 명종 6년 6월 진압됐다.

명종 때 무인의 전횡은 그들 사이에 충돌이 일어난 결과 마침내 한 사람이 권력을 장악하면서 국왕은 허수아비에 가깝게 됐고 사실상의 군주라고 할 수 있는 권신이 나타나게 됐다. 그 첫 인물은 명종을 폐위하고 신종을 옹립한 뒤 마음대로 국왕을 폐립해 희종·강종·고종대를 거치면서 권력을 독점한 최충헌이다. 그가 출세하게 된 것은 조위총의 난 때였는데, 그때 그와 연결돼 별초의 이름이 처음 역사에 보인다.

『고려사』(권129) 「최충헌열전」: 최충헌은 첫 이름이 최란으로 우봉 사람이다. 아버지 최원호가 상장군이어서 최충헌은 음서로 양온령에 임명됐다. 명종 4년(1174) 원수 기탁성은 조위총을 공격하면서 최충헌이 용감하다는 말을 듣고 별초도령으로 선발했다. 崔忠獻, 初名鸞, 牛峯人. 父元浩上將軍, 忠獻蔭補良醞令. 明宗四年, 元帥奇卓誠擊趙位寵, 聞忠獻勇敢, 選補別抄都令.

또 현재 도쿄 황실박물관에 소장된 최충헌의 묘지명에 이것과 상응하는 기사가 있는데 열전보다 좀더 상세하다.[2]

처음에 문음으로 산직인 양온령에 임명됐다가 얼마 뒤 성릉직成陵直에 제수되고 산직인 위위주부가 더해졌다. 스스로 공을 세워 이름을 드날리려고 다짐했지만 서리인 것을 부끄럽게 여겼다. 흥위위 보승산원으로 고쳐 임명됐다. 대정 갑오년(명종 4년, 1174) 서경에서 도적(조위총을 가리킨다)이 일어나자 원수를 뽑아 부월을 주고 정벌케 하면서 목숨을 돌아보지 않는 용맹한 사람들을 뽑아 전봉별초를 구성했는데, 공을 도령에 임명했다. 한쪽 측면을 맡아 진영을 함락시키고 적을 물리쳐 앞장서 성에 들어가 마침내 평정했다. 개선한 뒤 공로를 기록하고 본위 별장으로 옮겼다. 始以門蔭, 散補良醞令, 旋拜成陵直, 散加衛尉注簿. 自許以功名顯, 耻爲刀筆吏, 改點興威衛保勝散員. 大定甲午, 盜起西都, 推轂元帥, 授鉞徂征, 選勇□奮不顧生者, 結爲戰鋒別抄, 擧公爲都領. 以當一面, 陷陣却敵, 登陴先入, 遂克戡定. 師還錄功, 轉本衛別將.

이 묘지명에 따르면 조위총의 난을 진압하러 출병할 때 군중에서 특히 용맹한 사람을 뽑아 선발 부대로 삼아 '별초'라고 했으며 당시 지위가 낮은 무인이던 최충헌은 그 별초의 도령에 임명됐음을 알 수 있다. 한편 열전에서는 원수 기탁성이 최충헌을 별초도령으로 발탁했다고 했는데, 기탁성에 대해서는 『고려사』(권96) 「윤인첨열전」에 다음과 같이 나와 있다.[3]

조위총이 군사를 일으키자 국왕은 윤인첨을 원수로 삼아 3군을 이끌고 공격하게 했다. 절령역에 이르렀을 때 심한 눈보라를 만났는데, 서경의 군사가 고개(절령, 곧 자비령)를 내려와 급습하자 관군은 혼란에 빠져 마침내 무너져 달아났다. 윤인첨은 포위되자 적과 싸우다 죽으려고 했다. 도지병마사 정균(정중부의 아들)은 "지휘관이 가볍게 행동해서는 안됩니다"라고 만류하고 윤인첨의 말에 채찍질해 포위를 무너뜨리고 겨우 빠져나와 남은 군사를 거둬 돌아왔다. 얼마 뒤 다시 윤인첨을 원수로 삼고 추밀원부사 기탁성을 부원수로 삼아 (…) 다시 서경을 공격했다. 趙位寵起兵, 王命鱗瞻爲元帥, 率三軍擊之. 至岊嶺驛, 會大風雪, 西兵從嶺而下, 急擊之, 官軍亂, 遂奔潰. 鱗瞻被圍, 欲與敵戰死. 都知兵馬使鄭筠止之曰, 主將不宜自輕, 遂撾鱗瞻馬, 潰圍突出, 僅免, 收兵而還. 尋又以鱗瞻爲元帥, 樞密院副使

奇卓誠副之, (…) 復攻西京.

기탁성은 절령역 전투에서 패배해 돌아온 원수 윤인첨이 다시 원수가 돼 출정할 때 부원수였다. 그리고 「명종세가」에 따르면 윤인첨이 처음 출정한 것은 명종 4년(1174) 10월 5일이고 두 번째 출정한 것은 같은 해 11월 27일이었으므로 별초군이 조직된 시기도 명확하다. 또 이 별초는 조위총의 난을 평정한 3군이 개선한 것과 동시에 해체된 것으로 생각된다. 묘지명에서 최충헌은 도성으로 돌아와 종군의 공을 녹훈해 '본위 별장'으로 옮겼다고 했는데, 본위는 6위(좌우위·신호위神虎衛·흥위위興威衛·금오위金吾衛·천우위千牛衛·감문위監門衛)의 하나인 흥위위를 뜻한다는 것은 별초도령에 임명되기 전 최충헌의 관직이 흥위위의 보승군 산원 — 그 무관 가운데 7위[4] — 이었다고 한 데서 분명히 알 수 있다. 따라서 그가 귀환한 뒤 그 흥위위의 별장 — 무관 가운데 6위 — 이 된 것은 별초의 해산을 뜻하는 것으로 여겨진다. '전봉별초'라는 이름에서 생각해도 일시적인 것으로 보인다.

조위총의 난에서 별초와 함께 특히 주목되는 것은 그때 만들어진 초맹반이라는 특별한 부대다.

『고려사』(권82) 「병지」 숙위宿衛: 명종 5년(1175) 11월 서경 정벌 때문에 호위하는 군사가 부족해지자 400명을 더 징발해 위국초맹반이라고 했다. 모두 칼과 창을 지니고 격구장을 둘러싸 호위했다. 明宗五年十一月, 時因西征, 衛卒乏少, 加發四百人, 號衛國抄猛班. 皆持劍戟, 環衛毬庭.

'서경 정벌'은 말할 것도 없이 조위총 정벌이다. 곧 그 전투 때문에 6위 군사가 출정해 왕궁 수비가 허술해졌기 때문에 그것을 보충하기 위해 군사 400명을 징발해 위국초맹반이라는 금위병을 조직한 것이다. 시기는 앞서 서술한 별초 편성 꼭 1년 뒤였고, 그 성격에서 말하면 일종의 별초였지만 주로 왕궁 수비에 충당됐다는 점에서 그들과는 구별됐다.

「명종세가」 6년(1276) 정월: 금에서 대감 아전부 등을 보내 국왕의 생일을 축하했다. 그때 군대가 서경 정벌에 동원됐는데(조위총의 난이 평정된 것은 이해 6월이다) 금의 사신이 우리의 허실을 엿볼까 염려해 신기초맹반을 동원해 도로에서 맞이했다. 金遣大監阿典溥等來, 賀生辰. 時軍旅西征, 慮客使覘我虛實, 發神騎抄猛班, 迎于道路.

명종 7년(1277) 5월에는 조위총의 무리 500여 명이 난을 일으켰다.

• 「명종세가」 7년 6월: 금의 횡선사로 대부감 도단양신이 왔다. 금 사신이 오자 나라에서는 서경의 남은 무리가 길을 막을까 염려해 전란이 일어난 뒤 도로 부근에 전염병이 크게 돈다는 핑계를 대고 다른 길로 영접했으며, 호부낭중 박소와 중랑장 아응시를 보내 관군과 신기군 80명을 이끌고 가서 뜻밖의 일에 대비하게 했다. 일행이 통덕역에 도착했을 때 과연 적이 갑자기 나타나 습격해 10명 가운데 8~9명이 죽고 박소도 피살됐다. 金橫宣使大府監徒單良臣來. 金使之來也, 國家疑西京餘孽梗道路, 託言軍旅之後, 沿路大疫, 從他路迎候, 仍遣戶部郎中朴紹·中郎將牙應時率官軍及神騎軍八十人往, 備不虞. 行至通德驛, 賊果猝出掩擊,

死者十八九, 紹亦遇害.

- 7월 초맹반 행수(25명의 지휘관) 이돈작과 김입성을 보내 서경의 반군을 토벌했다. 遣抄猛班行首李頓綽·金立成, 討西賊.

이런 기사들에 따르면 위국초맹반은 기병騎兵으로 신기초맹반으로도 불렸으며 신기군·초맹반으로 줄여 불리기도 했다.

『고려사』(권100) 「백임지白任至열전」: 명종 때 (…) 대장군 병마부사로 옮겼다. (…) 주부동정 조영인이라는 인물이 있었는데, 말안장과 의복이 매우 화려했으며 신기반에 소속시켜달라고 요청했다. 明宗朝 (…) 轉大將軍·兵馬副使. (…) 有注簿同正趙英仁者, 鞍馬服飾極鮮華, 求籍神騎班.

이왕가李王家박물관에 있는 백임지의 묘지명을 참고하면[5] 백임지가 대장군이 된 것은 조위총의 난 때였으므로 이 신기반도 초맹반이라는 것은 분명하다. 이 특수한 금위군에 대해서는 뒷장에서 다시 서술하겠다.[6]

3.

조위총의 난을 평정한 26년 뒤인 신종 5년(금 태화 2년, 1202) 별초에 관련된 기사가 다시 나온다.

『고려사』 세가: 겨울 10월 경주 별초군은 영주 별초군과 본래 사이가 좋지 않았는데, 이달 운문사의 반란 세력과 부인사·동화사(모두 팔공산八 公山에 있는 절)의 승려를 이끌고 영주를 공격했다. 영주 사람 이극인과 견수 등이 정예군을 이끌고 갑자기 성을 나와 싸우자 경주 사람들이 패주했다. 최충헌은 이 소식을 듣고 재상과 장군들을 대관전에 모아 의논했다. "경주 사람들이 불의한 일을 차행했는데, 지금 다시 무리를 모아 이웃 고을(영주)을 공격하고 있으니 군사를 내 토벌해야 합니다." 慶州別抄軍與永州素有隙. 是月乃引雲門賊及符仁·桐華兩寺僧徒, 攻永州. 永州人李克仁·堅守等率精銳, 突出城與戰, 慶州人敗走. 忠獻聞之, 會宰相·諸將於大觀殿, 議曰, 慶州人忝行不義, 今又聚黨攻伐隣邑, 宜發兵討之.

이 별초군은 조위총 정벌 때의 '전봉별초'와 같은 것일까, 아니면 전혀 다른 것일까? 같은 이름이 20여 년 뒤 나타났지만 「신종세가」밖에 그 성격을 밝힐 수 있는 자료가 없기 때문에 주위의 상황을 좀 살펴봐야 한다.

경주(동경) 지방에서는 10여 년 전부터 동란이 끊이지 않았다. 「명종세가」 20년(금 명창明昌 원년, 1190) 초적 봉기 기사가 처음 보이고 명종 23년(1193)에 일어난 적도 — 우두머리는 김사미金沙彌 — 는 경주와 청도 사이에 있는 운문산雲門山을 본거지로 삼아 주·현을 약탈했는데, 도성에서 두세 번 출정한 뒤 24년 말에 이르러서야 평정됐다. 명종 26년(금 승안承安 원년, 1196) 여름 최충헌은 이의민李義旼과 그 일족을 주륙했는데, 그것에 관련해 다시 경주 지방에서 전란이 일어났다.

이의민은 의종 말년 정변 때 정중부에게 협력해 살육을 자행했는데, 명종 9년(1179) 정중부가 경대승에게 살해되고 4년 뒤(명종 13년, 1183) 경대승이 병사하자 권력을 장악해 극도의 폭력을 행사한 무인이다.[7] 최충헌은 그를 제거한 뒤 이듬해 명종을 폐위하고 신종을 세움으로써 유일한 권신이 됐다. 이의민의 고향이 경주였기 때문에 도성에서 이의민의 3족을 처형한 최충헌은 경주의 이의민 친족도 체포하라고 명령했다. 그러나 그곳 관원이 적절히 조처하지 못했기 때문에 그곳 사람들이 반란을 일으켰고[8] 신종 5년(1202) 겨울 이의민의 친족으로 생각되는 의비義庇라는 인물이 우두머리가 되면서 세력이 더욱 커졌다. 마침내 중앙에서 대군이 파견됐고 신종 7년(1204)에야 평정됐다.[9]

신종 5년(1202) 10월 경주 별초군과 영주의 전쟁은 이의민 일족의 반란과 직접 관련되지는 않은 것 같다. 최충헌은 "군사를 내 토벌해야 한다"고 했지만 군사를 동원하는데 이르지 않고 평정된 데서 그렇게 판단된다.

『고려사』(권103) 「채정열전」: 신종 때 외관으로 나가 진양을 다스렸다. 동도와 영주에서 난이 일어나자 안무사를 파견하기로 의견이 모아졌지만 적합한 사람을 찾기 어려웠는데, 동도 사람들이 채정을 아직도 생각하고 있다는 말을 듣고[10] 그를 유수부사에 임명했다. 채정은 홀로 부임했는데, 동도 사람들은 그가 왔다는 소식을 듣고 마음을 돌려 모두 안정됐다. 神宗朝, 出牧晉陽. 東都與永州作亂. 議遣安撫使而難其人, 聞東都人思靖不已, 乃拜留守副使. 靖單騎之任, 東都人聞其至, 反側悉安.

다만 경주 별초군이 왜 영주와 싸웠는지는 명확하지 않다. 그러나 이 무렵 이런 종류의 전란은 다른 지방에서도 자주 일어났다. 신종 2년(1199)에는 명주(강릉)에서 도적이 봉기해 삼천현과 울진현을 함락시켰으며, 그 소식을 듣고 동경에서도 도적이 일어나 서로 힘을 합쳐

주·군을 침략했다. 신종 3년(1200)에는 진주의 서리 정방의鄭方義가 불온한 무리를 모아 폭동을 일으켜 평소 원한이 있던 사람들을 죽이고 그들과 관련된 사람들도 많이 살해해 6400명의 사망자가 났지만, 그곳 태수는 그 일을 조정에 알리지 않았기 때문에 사태를 수습하러 온 중앙의 장수도 손 쓸 수 없었다.[11]

같은 해 밀성(밀양)의 관노 50여 명은 관청의 은그릇을 훔쳐 운문의 도적에게 투항했다. 그 뒤 금주金州(김해)의 잡족인雜族人들이 포악하고 탐오한 무리를 없애 자기 읍을 깨끗하게 한다면서 주州 부사副使의 관아를 습격했다. 이처럼 어지러운 상황이었기 때문에 경주 별초군과 영주의 충돌은 그런 상황에서 일어난 하나의 사건으로 그 원인은 깊이 파악할 필요가 없을 것이다. 요컨대 한때의 폭거에 지나지 않는 것이었다.

그렇다면 별초군과는 어떤 관계였다고 할 수 있을까? 그 행동은 앞서 인용한 기사에서 "경주 사람들이 패주했다. (…) 경주 사람들이 불의한 일을 자행했는데, 지금 다시 무리를 모아 이웃 고을(영주)을 공격하고 있다"고 기록된 것은 그들이 경주에서 그곳 백성으로 조직된 특별한 군대였고 조위총을 정벌할 때 최충헌을 도령으로 삼았던 전봉별초와는 상당히 다른 집단이었음을 말하는 것으로 생각된다. 고려의 군사제도에 따르면 중앙의 6위에 대해 지방에는 주현군州縣軍이 있었기 때문에 이것은 경주 주군州軍의 특별 부대였다고 생각된다. 그리고 그런 부대가 경주에 있던 것은 앞서 서술한 대로 그 지방에 전란이 끊이지 않았기 때문이 아니었을까?

『고려사』(권57) 「지리지」: 신종 5년(1202) 동경의 야별초가 반란을 일으켜 주·군을 공격하자 군사를 보내 평정했다. 神宗五年, 東京夜別抄作亂, 攻劫州郡, 遣師討平之.

『세종실록』「지리지」의 기사도 동일하지만 야별초라는 이름이나 군사를 보내 평정했다는 것은 모두 정확한 서술은 아니라고 생각된다.

4.

신종 마지막 해(7년, 1204) 경주의 반란이 평정됐다. 그 뒤 희종과 강종 2대를 거쳐 고종 초에 이르기까지 10여 년 동안 지방의 상태는 대체로 평온했던 것 같다. 도성에서도 최충헌이 자신을 제거하려고 모의한 희종을 폐위시키고 강종(명종의 맏아들)을 세운 것을 빼면 특별히 말할만한 사건은 없었다.

그 뒤 고종 3년(금 정우貞祐 4년, 1216) 요동의 거란인이 압록강 안을 침략해 그해부터 3년 동안 고려의 모든 국토가 그들에게 짓밟혔는데, 그것과 관련해 별초와 신기군의 이름이 다시 역사에 보인다.

『고려사』(권103) 「김취려열전」: (거란의 북계[평안도 방면] 침입을 서술한 뒤) 상장군 노원순을 중군병마사로, (…) 상장군 오응부를 우군병마사로, (…) 김취려를 후군병마사로 (…) 삼고 13령領의 군사와 신기군을 소속시켰다. 3군이 출발해 조양진(평안남도 개천 부근)에 이르렀는데, 적이 이미 가까이 있다고 조양 사람들이 알렸다. 3군은 각각 별초 100명과 신기군 40명을 보내 아이천 가에 이르러 적과 싸웠다. 관군이 약간 밀리자 신기낭장 정순우가 적진으로 돌격했다. 於是以上將軍盧元純爲中軍兵馬使, (…) 上將軍吳應夫爲右軍兵馬使, (…) 就礪爲後軍兵馬使, (…) 十三領軍及神騎屬焉. 三軍啓行, 至朝陽鎭, 朝陽人報賊已近. 三軍各遣別抄一百·神騎四十八, 至阿爾川邊, 與賊戰. 官軍稍却, 神騎郎將丁純祐突入賊中.

3군의 장수가 이끈 군사는 13령의 군사(1령은 1000명)와 신기군이었다고 했는데, 그 군사는 북진해 적과 청천강 가의 조양진 부근에서 전투를 벌였고 선봉대로 별초와 신기군이 파견됐는데, 그 별초는 3군에서 100명씩 냈다고 했으므로 교전하기에 앞서 13령군 가운데 용맹한 군사를 선발한 것이 분명하다. 이것으로 보면 이 별초는 앞서 조위총 정벌 때의 별초와 마찬가지로 본군의 선봉으로 임시로 조직된 것이다.

다음으로 신기군은 위의 기사에 따르면 거란인이 침입했을 때 갑자기 조직된 것으로는 생각되지 않는다. 그리고 그 전체 수는 13령군보다 훨씬 적었던 것 같다.

「고종세가」 4년(1217) 정월: 병오일(28일) 장군 기윤위를 보내 본령의 군사와 신기군 2반을 이끌고 충청 안찰사와 함께 남부의 도적을 추격해 체포하게 했다. 丙午, 遣將軍奇允偉, 率本領軍卒及神騎二班, 與忠淸按察使, 追捕南賊.

이 기사는 주목되는데, 남부의 도적은 이보다 앞서 전주 백성이 전라도 징병관의 명령에 따르지 않고 폭동을 일으킨 것을 말한다.

같은 달 경인일(12일): 전라 초군별감 홍부가 급보했다. "전주의 군사가 작년(고종 3년, 1216) 12월 26일 재촉해 출발했는데, 닷새 만에 전주로 돌아와 반란을 일으켜 장리長吏를 죽이고 축출한 뒤 계속 주둔하고 있기 때문에 나주 지역의 군사도 출발하지 못하고 있습니다." 全羅抄軍別監洪溥馳報, 全州軍馬, 年前十二月二十六日催發, 行五日, 而還州作亂, 殺逐長吏, 因留住, 由是羅界軍亦不發.

곧 조양진 전투 뒤 고려 조정은 거란이 도성을 침략해온 것을 방어하기 위해 남쪽 주·군의 군사를 징발했는데, 이런 사건이 일어난 것이다. 그런데 이 정벌에서 장군 기윤위가 인솔한 군사는 본령의 군사와 신기군 2반이라고 했으며, 이 신기군은 「김취려열전」의 신기군과 함께 6위 이외의 중앙군이었음이 거의 분명하다고 생각된다. 이렇게 보면 고종 초의 신기군 ― 몇 반으로 나뉜 ― 은 이름과 성격에서 볼 때 명종 5년(1175) 조위총의 난 때 창설된 신기초맹반과 동일한 것이 틀림없다.

또 「최충헌열전」을 보면 "신기지유 이적중有神騎指諭李勣中者"에 관련된 부분이 있다. 전체를 들기는 번거로워 줄였지만 그것을 읽어보면 이적중은 중앙군의 장교로 그가 소속된 신기는 이때 조직된 것이 아님을 금방 알 수 있다. 따라서 이것도 앞뒤의 신기반을 연결하는 좋은 자료다. 요컨대 명종 때 임시의 필요에 따라 설치된 신기초맹반은 그 뒤에도 존속해 고종 초에 이른 것이다.

5.

고종 18년(몽골 태종 3년, 1231)부터 몽골의 고려 침략이 시작됐다. 거란이 몽골·동진국(포선만노)·고려의 연합군에게 멸망되고 12년 뒤의 일이다. 신종이 즉위한 뒤 사실상 고려의 주인으로 군림하던 최충헌은 고종 6년(1219) 거란을 평정한 것과 같은 해에 죽었고, 그 뒤 고종 36년(1249)까지 그의 뒤를 이어 권력을 장악한 인물은 그의 아들 최우(그 뒤 최이로 개명)였다. 고종 때 내내 고려를 지극히 괴롭힌 몽골의 침략은 최우가 전권을 장악한 12년째부터 시작됐다.

강화도에서 삼별초가 시작됐음을 설명한 앞서의 「병지」 기사에 따르면 처음 최우는 나라 안에 도적이 많은 것을 걱정해 용감한 군사를 모아 밤마다 순찰해 폭행을 금지하고 그들을 야별초라고 불렀다. 그리고 도적이 각도에서 일어나자 그들을 나눠보내 체포하도록 했는데, 별초의 숫자가 많아지자 좌·우별초로 나누고 그 뒤 다시 신의군을 더해 삼별초라고 했다. 이것은 삼별초의 기원을 설명한 유일하며 상당히 자세한 기사다. 그러나 최우가 집권한 시대는 30년에 걸쳤기 때문에 연대로 보면 조금 막연한 느낌이 없지 않다. 뿐만 아니라 앞서 서술한 명종 이후 별초와의 관계도 알 수 없다. 그리고 한편으로는 『고려사』「병지」 외에도 삼별초에 관련된 기사는 매우 많다. 여기서 다시 그런 기사들을 참조해 삼별초가 어떤 것이었는지 연구해볼 필요가 있다.

『고려사』(권129) 「최우열전」: (고종 19년, 1232) 최이는 강화로 천도하려고 재추들을 자기 집에 모아 의논했는데, 모두 두려워하고 위축돼 감히 말하지 못했다. 야별초 지휘 김세충이 문을 밀고 들어가 힐난했다. "개경은 태조부터 200년 동안 대대로 지켜온 곳입니다. 성이 견고하고 군량도 충분하니 죽기를 각오하고 힘을 다해 사직을 지켜야 합니다. 이곳을 버리고 어디에 도읍하겠습니까?” 최이가 성을 지킬 대책을 묻자 김세충은 대답하지 못했다. 怡欲遷都江華, 會宰樞其第議之, 皆畏縮不敢言. 夜別抄指揮金世冲排門入詰曰, 松京自太祖以來, 歷代持守, 凡二百餘年. 城堅而兵食足, 固當戮力, 死守社稷. 捨此, 將安都乎. 怡問守城策, 世冲不能對.

고려의 국왕과 신하들은 몽골의 1차 침입 2년째에 해당하는 이해 5월 강화도 천도를 의논해 다음 달 결행했는데, 「최우열전」에 기록된 야별초는 이것이 처음이다. 또 천도 직후 개경에서는 어사대의 조예隸 이통李通 등이 기현畿縣의 초적과 성안의 노비를 규합해 난을 일으키자 강화도의 조정은 이자성李子晟 등이 이끈 3군을 출동시켰다. 3군의 선봉대로 개경 성문 밖을 압박한 것은 별장 이보 등이 이끈 야별초였다.

『고려사』(권103) 「이자성열전」: 적은 3군이 강화에서 온다는 소식을 듣고 강에서 저항했다. 3군은 그들과 승천부 동쪽 교외에서 싸워 크게 무찔렀다. 별장 이보와 정복수가 야별초를 이끌고 먼저 개성에 이르니 적은 성문을 닫고 성을 지켰다. 賊聞三軍自江華來, 拒于江. 三軍與戰于昇天府東郊, 大敗之. 別將李甫·鄭福綏率夜別抄, 先至開城, 賊閉門城守.

다시 『고려사』 세가를 보면 고종 22년(1235) 이후 다음 원종 때까지 야별초에 관련된 기사가 매우 많다.

•**고종 22년 8월**: 최우의 도방에 소속된 야별초 도령 이유정이 적을 치
겠다고 자청하니 군사 160명을 주어 보냈다. 崔瑀都房夜別抄都領李裕
貞自請擊賊, 授兵百六十人遣之(도방은 7장 참조).

•**같은 해 10월**: 야별초가 지평현 사람들과 함께 밤에 몽골군을 공격해
매우 많이 죽이고 사로잡았으며 말과 나귀를 노획해 바쳤다. 夜別抄與
砥平縣人, 夜擊蒙兵, 殺獲甚多, 取馬驢來獻.

•**고종 23년(1236) 8월**: 야별초 지유 이임수와 박인걸이 각각 100여 명
을 이끌고 몽골군 진영으로 나눠 향했다. 夜別抄指諭李林壽·朴仁傑各
率一百餘人, 分向蒙兵屯所.

•**같은 해 12월**: 야별초 박인걸 등이 공주 효가동에서 몽골군을 만나
싸워 16명이 전사했다. 夜別抄朴仁傑等遇蒙兵於公州孝加洞與戰, 死者
十六人.

이런 사실들은 야별초가 강화도의 수비군이었고 그들은 몽골군이
침략한 기외畿外의 주·현에 출동해 교전했음을 알려준다.

고종 40년(1253) 11월: 국왕이 강화도에서 나와 승천부의 새 궁궐에서
몽골 사신을 영접했는데, 야별초 80명이 갑옷을 입고 따랐다. 뭉구다이
가 국왕에게 말했다. 王渡江, 迎于昇天新闕, 夜別抄八十人衷甲以從. 蒙古大
謂王曰.

몽골 장수 예쿠의 강요로 고종은 강화도를 나와 육지로 건너왔는
데, 예쿠가 보낸 사신 뭉구다이를 승천궁에서 맞이했을 때 국왕의 호
위를 맡은 것은 80명의 야별초였다. 최우의 뒤를 이은 그의 아들 최항

은 고종 44년(1257) 윤4월 병사했으며, 이듬해 45년 3월 유경과 김인준 등은 최항의 아들 최의를 죽이고 60여 년 동안 권신이 쥐고 있던 권력을 국왕에게 다시 넘겼다.

『고려사』(권129) 「최항열전」: 최항이 죽자 전전 최양백은 그의 죽음을 비밀에 부치고 발표하지 않았다. (…) 야별초·신의군과 서방 3번, 도방 36번을 모아 최의를 옹위한 뒤에야 최항의 죽음을 발표했다. 沆死, 殿前 崔良白秘不發喪. (…) 會夜別抄·神義軍·書房三番·都房三十六番, 擁衛乃發 喪.

신의군의 이름은 이 기사에서 처음 보인다.

「고종세가」 45년(1258) 3월: 국왕이 강안전에 거둥해 백관의 하례를 받 으니 처음 즉위하는 것 같았다. 의례가 끝나고 백관이 나가자 박송비와 김인준은 관복을 입고 공신들과 좌·우별초·신의군·도방 등을 이끌고 강안전 뜰로 들어와 늘어서서 절하고 만세를 불렀다. 최의의 재산을 몰 수해 차등 있게 나눠줬다. 王御康安殿, 百官陳賀如新卽位. 禮畢出, 朴松庇· 金仁俊以時服, 率諸功臣·左右別抄·神義軍·都房等, 入殿庭羅拜, 呼萬歲. 發 崔竩家貲, 分給有差.

이 기사에서는 좌·우별초와 신의군, 곧 삼별초의 이름이 모두 보인다.

• 같은 해 4월 신묘일: 국왕이 왕륜사에 행차했는데, 각번 도방과 야별 초·신의군·서방·전전이 어가를 호위해 가자 보는 사람들이 감격해

눈물을 흘렸다. 정유일 야별초와 신의군의 군사들에게 쌀 3곡斛, 은 1근, 포 3필을 따로 하사했다. 辛卯, 幸王輪寺, 各番都房·夜別抄·神義 軍·書房·殿前擁駕而行, 觀者感泣. 丁酉, 別賜夜別抄·神義軍人, 米三斛· 銀一斤·布三匹.

- 「원종세가」 원년(1260) 3월: 태손(고종의 손자 심. 고종이 붕어한 뒤 원종 이 몽골에서 돌아올 때까지 나라를 다스렸다)이 제왕諸王·문무백관과 함 께 삼별초의 정예병을 이끌고 제포로 나가 [몽골에서 돌아온 원종의] 어가를 맞이했다. 壬午, 太孫與諸王·文武百僚, 率三別抄精銳, 出梯浦, 迎 駕.

이런 기사들을 참조하면 강화도의 수비군이던 삼별초는 금위병禁衛 兵이기도 했음을 알 수 있다. 그리고 몽골의 침략이 완전히 끝난 원종 때도 강화도의 별초는 지방의 동란을 진압하거나 변경의 수비를 위해 출동했다.

- 「원종세가」 5년(1264) 12월: 추밀원부사 한취 등 6명이 야별초를 이끌 고 [몽골에서 돌아온 원종의] 어가를 의주에서 맞이했다. 樞密院副使 韓就等六人率夜別抄, 迎駕于義州.

- 6년(1265) 7월: 왜구가 남쪽 바닷가의 주·군을 침략하자 장군 안홍민 등에게 삼별초 군을 이끌고 막게 했다. 倭寇南道沿海州郡, 命將軍安洪 敏等率三別抄軍禦之.

- 10년(1269) 5월: 경상도 안찰사가 급보했다. "제주 사람이 표류해 일본 에 갔다가 돌아와 '일본이 병선을 준비해 우리나라를 침략하려고 한 다'고 했습니다." 삼별초와 대각반을 보내 해변을 순찰하며 지키게 했

다. 慶尙道按察使馳報, 濟州人漂風, 至日本還言, 日本具兵船, 將寇我. 於是
遣三別抄及大角班, 巡戍海邊.

　강화도 별초의 성격은 이런 여러 자료에 따라 대체로 분명해졌다고
생각된다. 그러나 강화도 외의 지방 주·현에서도 별초가 있었다는 사
실을 간과해서는 안 된다. 다음에는 그것에 대해 서술하겠다.

6.

　『고려사』의 기사들을 살펴보면 몽골의 침략이 이어진 고종 때 지방
의 주·현에도 별초가 있었음을 알 수 있다. 고종 18년(1231) 8월 살리
타이가 이끈 몽골군은 압록강 안으로 침입해 함신진(의주)을 포위하고
그곳을 지키던 장수를 항복시킨 뒤 남하해 철주(철산 북쪽의 서림西林)
을 도륙한 다음 동쪽으로 구주(구성)를 압박했다. 구주에서는 정주(의
주 서남쪽 정주동)·삭주(의주 동쪽 천마강 가의 영산시)·위주(영원군 고성
면 고성동)·태주(태천) 등 북계의 여러 성의 장수와 수령들이 각각 군
사를 이끌고 만나 20여 일 동안 방어하다가 항복했다. 이 전투 때 서
북면 병마사 박서 등은 다음과 같이 행동했다.

　『고려사』(권103)「박서열전」: 박서는 삭주 분도장군 김중온, 정주 분도장
군 김경손, 정주·삭주·위주·태주의 수령들과 각자 군사를 이끌고 구
주에 모였다. 박서는 김중온의 군사에게 성의 동서쪽을, 김경손의 군
사에게 성의 남쪽을, 도호별초(안북도호부)와 위주·태주 별초 250여 명

　　　　　　　　　　　　　　　　　　　　

에게는 3면을 나눠 지키게 했다. 몽골군은 성을 여러 겹으로 포위했다.
犀與朔州分道將軍金仲溫·靜州分道將軍金慶孫, 靜·朔·渭·泰州守令等, 各
率兵, 會龜州. 犀以仲溫軍守城東西, 慶孫軍守城南, 都護別抄及渭·泰州別抄
二百五十餘人, 分守三面. 蒙古兵圍城數重.

구주에 와서 모인 안북도호부사와 위주·태주 등의 수령이 이끈 군
사는 각각 소속된 별초가 있었음을 알 수 있다. 또 「김경손열전」(『고
려사』 권103)에 따르면 정주의 분도장군 김경손은 몽골군이 정주를 침
략했을 때 관아에 소속된 '결사대 12명'을 이끌고 성문을 열고 나가
싸웠지만 백성이 모두 성을 비우고 도망쳤기 때문에 어쩔 수 없이 그
'12명'과 함께 구주로 갔다. 그리고 김경손은 구주에서 다음과 같이
방어전을 수행했다.

병마사 박서는 김중온(삭주 분도장군)에게 성의 동서쪽을, 김경손에게 성
의 남쪽을 지키게 했다. 몽골의 대군이 남문에 이르자 김경손은 결사대
12명과 여러 성의 별초를 이끌고 성을 나가려고 하면서 군사들에게 명
령했다. "너희는 목숨을 돌아보지 말고 죽더라도 물러나서는 안 된다."
우별초가 모두 땅에 엎드려 따르지 않자 김경손은 그들을 모두 성으로
돌려보내고 홀로 결사대 12명과 나아가 싸웠다. 兵馬使朴犀令仲溫守成東
西, 慶孫守成南. 蒙古大至南門, 慶孫率十二士及諸城別抄, 將出城, 令士卒曰,
爾等不顧身命, 死而不退者. 右別抄皆伏地不應, 慶孫悉令還入城, 獨與十二士
進戰.

이것으로 보면 정주 관아의 결사대 12명은 정주의 별초가 분명하고

그들과 함께 "목숨을 돌아보지 말고 죽더라도 물러나서는 안 된다"고 한 "여러 성의 별초"는 위의 「박서열전」에서 말한 안북도호부의 별초와 위주·태주 등의 별초와 동일한 것이 틀림없다. 몽골의 1차 침입을 막은 고려군에 이런 별초가 있었다는 것은 주목할 만하다.

또 「고종세가」 19년(1232) 정월 충주의 관노가 난을 일으켜 조정에서 출병을 논의할 때 충주 판관 유홍익이 사신을 보내 반란군을 설득하자고 요청하니 안무별감安撫別監을 파견했다고 기록돼 있다. 『고려사』(권103) 「이자성열전」에는 그것에 상응하는 기사가 있다.

앞서 충주부사 우종주는 장부를 기재할 때마다 판관 유홍익과 사이가 좋지 않았다. 그들은 몽골군이 올 것이라는 소식을 듣고 성을 지킬 방법을 논의했지만 의견이 달랐다. 우종주는 양반별초를, 유홍익은 노군·잡류별초를 이끌었는데 서로 시기했다. 몽골군이 오자 우종주·유홍익과 양반 등은 모두 성을 버리고 달아났고 노군·잡류만이 힘을 합쳐 공격해 물리치니 몽골군이 물러갔다. 初忠州副使于宗柱, 每簿書間, 與判官庾洪翼有隙. 聞蒙古兵將至, 議城守, 有異同. 宗柱領兩班別抄, 洪翼領奴軍·雜類別抄, 相猜忌. 及蒙古兵至, 宗柱·洪翼與兩班等, 皆棄城走, 唯奴軍·雜類, 合力擊逐之, 蒙古兵退.

곧 충주의 부사와 판관은 몽골군이 침략했을 때 각각 양반 신분의 별초와 노비 신분의 별초를 이끌고 대항한 것으로 이런 별초는 양반과 관노 모두 그 주의 백성에서 조직된 것이 분명하다. 그리고 「고종세가」의 별초 관련 기록을 살펴보면 별초 앞에 주·현 이름이 붙여진 것들이 있다.

- **고종 23년**(1236) **10월**: 부령(전라북도 고부의 속현) 별초로 의업에 합격한 전공렬은 고란사 산길에 병사를 매복시켜 몽골군 20기를 기다렸다가 공격해 2명을 죽이고 무기와 말 20여 필을 노획했다. 전공렬에게 상을 주고 의업으로 관직에 나오게 했다. 扶寧別抄醫業擧人全公烈伏兵於高闌寺山路, 邀擊蒙兵二十騎, 殺二人, 取兵仗及馬二十餘匹. 賞公烈, 聽本業入仕.

- **고종 40년**(1253) **8월**: 교위 대금취는 우봉 별초 30여 명을 이끌고 몽골군과 금교·흥의 사이에서 싸워 여러 명을 죽이고 말, 활과 화살, 가죽옷 등의 물건을 노획했다. 校尉大金就率牛峯別抄三十餘人, 與蒙古兵, 戰于金郊·興義間, 斬首數級, 獲馬·弓矢·氈裘等物.

- **고종 40년 11월**: 교동 별초가 평주(황해도 평산)성 밖에 군사를 매복시켰다가 밤에 오랑캐의 진영으로 들어가 매우 많이 죽였다. 喬桐別抄伏兵平州城外, 夜入虜營, 擊殺甚衆.

- **고종 42년**(1255) **2월**: 몽골군이 철령에 진을 치고 묵었는데 등주(함경남도 안변) 별초가 협공해 섬멸했다. 蒙兵屯宿鐵嶺, 登州別抄挾擊殲之.

- **고종 43년**(1256) **4월**: 대부도(인천만 대부도大部島) 별초가 밤에 인주(인천) 경계의 소래산으로 가서 몽골군 100여 명을 격퇴했다. 大府島別抄夜出仁州境蘇來山下, 擊走蒙兵百餘人.

- **고종 45년**(1258) **10월**: 충주 별초가 박달현에 매복했다가 몽골군을 습격해 포로로 잡혔던 사람들과 소·말·무기를 탈취했다. 忠州別抄設伏朴達峴, 狙擊蒙兵, 奪所攎人物牛馬兵仗.

이런 주·현의 별초가 있는 것과 함께 강화도의 별초가 지방으로 출동한 경우는 '보냈다遣'는 표현이 있어 그것이 출동임을 알 수 있다.

- 고종 36년(1249) 9월: 동진(포선만노)의 군대가 동주(강원도 철원) 지역으로 들어오자 별초군을 보내 막았다. 신묘일 지유 박천부가 별초군을 이끌고 고성과 간성에서 동진과 싸워 모두 무찔렀다. 東眞兵入東州境, 遣別抄兵禦之. 辛卯, 指諭朴天府率別抄兵, 與東眞戰于高城·杆城, 皆破之.

- 고종 45년(1258) 4월: 몽골의 척후기병 1000명이 수안(황해도) 지역으로 들어오자 야별초를 보내 막았다. 蒙兵候騎一千入遂安界, 遣夜別抄禦之.

- 고종 45년 5월: 박주(평안북도 박천) 사람들이 전란을 피해 위도에 입보했다. 나라에서 도령낭장 최예 등을 보내 별초를 이끌고 그들을 안정시켰다. 博州人避兵, 入保葦島. 國家遣都領郎將崔乂等, 率別抄鎭撫之.

- 고종 46년(1259) 정월: 동진이 금강성을 공격하자 별초 3000명을 보내 구원했다. 東眞寇金剛城, 遣別抄三千人救之.

또 강화도의 별초가 어떤 지방에서 활동한 기사에는 그 별초에 '경별초京別抄'라는 표현을 사용했다.

- 고종 23년(1236) 7월: 몽골군이 개주(평안남도 개천)에 왔다. 경별초 교위 희경과 개주 중랑장 명준 등은 군사를 매복시켰다가 협공해 매우 많이 살상하고 안장 있는 말, 활과 화살, 옷 등을 노획했다. 蒙兵至价州. 京別抄校尉希景·价州中郎將明俊等伏兵夾擊, 殺傷頗多, 取鞍馬·弓矢·衣服等物.

- 고종 46년(1259) 3월: 북계의 애도와 갈도에 함께 입보했던 각 역 사람들이 경별초 7명을 죽이고 몽골에 투항했다. 北界艾·葛二島合入各驛人,

殺京別抄七人, 投蒙古.

아래 원종 때 기사도 이런 사례에 들어간다.

- 「원종세가」 10년(1269) 10월: 서북면 병마사영의 기관 최탄과 한신 (…)
  등은 임연을 죽인다는 명분으로 용강·함종·삼화 사람들을 불러 모
  은 뒤 함종현령 최원을 죽이고 밤에 가도로 들어가 분사어사 심원준
  과 감창 박수혁·경별초 등을 죽이고 반란을 일으켰다. 西北面兵馬使營
  記官崔坦·韓愼 (…) 等以誅衍爲名, 嘯聚龍岡·咸從·三和人, 殺咸從縣令崔
  元, 夜入椵島, 殺分司御史沈元濬·監倉朴守奕·京別抄等以叛.

이것으로 보면 앞서 기록한 주·현의 이름이 앞에 달린 별초는 모두
그 주·현에서 조직된 별초가 분명하다. 그리고 고종 41년(1254) 8월
"경상도와 전라도에서 각각 야별초 80명을 보내 도성을 수비하게 했다
慶尙·全羅二道, 各遣夜別抄八十人, 守衛京城"고 한 것은 지방의 별초가 강화도
로 들어와 수비한 사례다. 다음 몇 기사의 별초도 각 지방의 별초로
생각된다.

- 고종 41년(1254) 8월: 몽골의 척후 기병이 괴주성 아래 주둔했는데, 산
  원 장자방이 별초를 이끌고 격파했다. 蒙兵候騎屯槐州城下, 散員張子邦
  率別抄, 擊破之.
- 고종 43년(1256) 10월: 몽골군 60명이 예도를 침략하자 별초가 모두
  잡아 목을 벴다. 蒙兵六十人寇艾島, 別抄盡擒斬之.
- 고종 44년(1257) 9월: 서해도 안찰사가 보고했다. "몽골의 배 6척이 창

린도를 침략했지만 옹진현령 이수송이 별초를 이끌고 격퇴했습니다."

西海道按察使報, 蒙兵六船侵昌麟島, 瓮津縣令李壽松率別抄, 擊却之.

또 『고려사』(권103) 「조휘열전」에는 몽골군이 침입하자 섬으로 피란한 동북면 병마사 신집평愼執平이 양식을 운반하기 위해 별초를 나눠 보낸 것과 조휘가 몽골에 귀의하자 그 틈을 타 신집평 이하 여러 주의 장관들이 경별초를 죽인 것, 이듬해 조휘의 무리가 몽골군과 함께 한계성寒溪城을 공격하자 성의 방호별감 — 수비를 위해 중앙에서 파견된 관원 — 이 야별초를 이끌고 격파한 것, 그리고 조휘의 무리가 춘주에 와서 주둔하자 신의군 5명이 이끈 별초가 격파한 것 등이 실려 있다. 이런 별초 가운데 신집평이 보낸 것은 동북면에서 조직된 별초고 다른 것은 강화도의 별초로 생각된다.

고종 18년(1231)부터 같은 국왕 마지막 해(재위 46년, 1259)까지 이처럼 자주 역사에 보이는 이런 종류의 별초는 몽골의 침략이 끝난 원종 때가 되면서 일단 자취를 감췄다가 원종 11~14년(1270~1273) 삼별초의 반란 동안 다시 나타났다.

「원종세가」 12년(1271) 4월: 삼별초가 금주(경상남도 김해)를 약탈하자 방호장군 박보는 별초와 함께 모두 산성으로 도망해 들어갔다. 적은 불을 지르고 약탈한 뒤 떠났다. 三別抄寇金州, 防護將軍朴保與別抄, 皆奔入山城. 賊縱火剽掠而去.

또 관군을 따라 탐라도(제주)의 삼별초를 토벌한 군사로 '경외京外별초'라는 이름이 「원종세가」 12년(1272)과 14년 조에 보인다.[12] 탐라도

를 평정한 뒤의 조처를 서술한 다음 기록에 보이는 '외별초'는 이 경외
별초가 분명하다.

- 『고려사』(권104) 「김방경열전」: 힌두는 몽골군 500명을 잔류시켰으며
  김방경도 장군 송보인과 중랑장 강사신·윤형에게 경군 800명과 외별
  초 200명을 거느리고 주둔해 지키게 한 뒤 군사를 돌렸다. 於是忻都
  留蒙軍五百, 方慶亦使將軍宋甫演·中郎將康社臣·尹衡, 領京軍八百·外別抄
  二百留鎭. 班師.
- 같은 열전에 실린 원종의 교서: 그밖에 군사를 지휘하고 배를 관리한
  장수·사졸·장교·전군부터 외별초까지 등급을 나눠 포상하는 조건
  도 함께 시행하라. 其他領兵管船將士及將校典軍, 至於外別抄, 科賞條件,
  並宜擧行.

여기서 생각해봐야 하는 것은 도성의 별초, 곧 경별초에 대해 주·
현 별초 또는 경외별초라고 할 수 있는 이런 별초의 성격이다. 이것은
주현군인 각지의 민병에서 뽑아 조직한 것이 틀림없지만 도성의 별초
처럼 상비군의 성격을 띠었는가 하는 것이 문제다(경별초가 상비군이었
음은 분명하다).

고종 18년(1231) 몽골의 1차 침입 때 그들과 맞선 안북도호부·위
주·태주 등 서북면 성들의 별초는 언제 왜 조직된 것일까? 「박서열전」
에서 그것을 알 수 있는 방법은 없지만 정주 분도장군 김경손의 부하
로 이런 성들의 별초와 함께 행동한 12명의 결사대는 몽골군이 정주
를 침략했을 때 김경손이 모집한 별초로 생각된다. 그리고 지방에서
별초가 임시로 모집된 사례로는 「김경손열전」의 다음 기사를 들 수

있다.

    [김경손은] 고종 24년(1237) 전라도 지휘사가 됐다. 당시 초적 이연년 형제는 원율군·담양군 등의 무뢰배들을 모아 해양 등의 주·현을 공격해 함락시켰는데, 김경손이 나주에 들어왔다는 소식을 듣고 그 성을 포위했다. 적도들이 매우 많았는데 김경손은 (…) 즉시 별초로 삼을 만한 30명을 모집해 얻었다. (…) 김경손이 칼을 빼들고 싸움을 독려하자 별초들은 모두 죽기로 싸워 이연년을 벴다. 高宗二十四年, 爲全羅道指揮使. 時草賊李延年兄弟, 嘯聚原栗·潭陽諸郡無賴之徒, 擊下海陽等州縣, 聞慶孫入羅州, 圍州城. 賊徒甚盛, 慶孫 (…) 卽募得可爲別抄者三十餘人. (…) 慶孫拔劍督戰, 別抄皆殊死戰, 斬延年.

또 몽골이 침입하기 전 주·현의 별초가 역사에 보이는 것은 신종 5년(1202) 영주永州를 침략한 경주 별초 한 사례밖에 없기 때문에 정주를 제외한 북계의 별초도 전부터 있던 것이 아니라 몽골을 막기 위해 임시로 조직된 주현군의 특별부대로 봐도 문제는 없다. 「이자성열전」에서 말한 충주의 양반 및 노군 별초도 이렇게 해석할 수 있다고 생각된다. 이렇게 보면 몽골 침입 초기 주·현 별초는 명종 때 조위총을 정벌하고 고종 초 거란의 침입을 막는데 동원된 임시적 별초와 거의 같은 성격으로 생각된다.

    다만 그 뒤 주·현 별초에 관련된 세가의 기록은 매우 간단해 그들이 몽골군과 싸웠다고만 했을 뿐 자세한 사항은 전혀 알 수 없다. 그러나 몽골의 침략은 35년에 걸쳤기 때문에 그동안 처음에는 임시 조직이던 주·현 별초도 각 지방에서 부분적으로 상비적 성격을 갖게 된 것이 아니었을까? 고종 41년(1254) 경상도와 전라도에서 각각 야별초 80명을 보내 강화도의 수비에 충당했다는 기사를 봐도 이런 상상은 허용될 것이다. 이 야별초는 특별히 모집된 것이 아니라 전부터 있던 것으로 생각되기 때문이다.

그렇다면 지방에 어느 정도까지 고정된 것으로 보이는 주·현 별초가 몽골의 침략이 끝나면서 일단 사라졌다가 삼별초의 반란 때 다시 역사에 보이는 것을 어떻게 봐야 할까? 그 10년 동안은 나라 안이 무사했기 때문에 동원할 기회가 없었다고 볼 수도 있고, 실제로는 그동안 폐지됐다가 삼별초의 반란이 일어나자 관련된 지방에서 새로 모집됐다고 해석할 수도 있다고 생각된다. 뒤의 견해를 채택하면 몽골의 침략이 이어지는 기간 동안 주·현 별초는 필요에 따라 일시적으로 고정된 것인데, 대체로 그랬다고 판단된다. 그 근거는 원종 10년(1269) 10월 반역한 신하 임연을 주살한다는 명분으로 서북면에서 난을 일으킨 최탄 등이 당시 서북면 병마사영과 서경 유수사가 있던 대동강 입구의 가도를 공격해 유수사의 관원과 경별초를 죽인 사건과 「원종세가」·「최탄열전」(『고려사』 권130)에 보이는 도성의 별초가 그런 곳에 나눠 파견된 일은 그 무렵 상비적인 주·현 별초가 없었음을 암시하는 것으로 보인다는 데 있다.

삼별초의 반란을 평정한 뒤 10여 년 동안 고려에는 내란과 외침 모두 없었다. 그런데 충렬왕 16년(원 지원 27년, 1290) 봄부터 이듬해까지 카단 — 반란을 일으킨 원의 제왕諸王 나얀乃顏의 남은 세력 — 이 침략해 국내를 시끄럽게 했는데, 그것과 관련해 삼별초의 이름이 다시 역사에 나타나는 것은 주목된다.

- 「충렬왕세가」 17년(1291) 정월: 카단이 원주에 주둔하자 별초인 향공 진사 원충갑이 격퇴시켰다. 哈丹屯原州, 別抄·鄕貢進士元冲甲擊敗之.

- 「원충갑열전」(『고려사』 권104): 원충갑은 원주 사람으로 체구는 작았지만 날쌔고 용감했으며 눈이 빛났고 어려움을 만나면 목숨을 아끼지 않았다. 향공진사로 원주 별초에 소속됐다. 충렬왕 때 카단 무리가 철령을 넘어 쳐들어오자 주·현에서는 그 세력을 보고 무너져 달아나 맞서는 사람이 없었다. 적이 원주에 와서 주둔한 뒤 50여 기가 치악성 아래서 약탈하자 원충갑은 보병 6명을 이끌고 그들을 쫓아낸 뒤 적의 말 8필을 빼앗아 돌아왔다. 元冲甲, 原州人, 短小精悍, 眼有電光, 能臨難忘身. 以鄕貢進士, 隷本州別抄. 忠烈時, 哈丹賊逾鐵嶺闌入, 州縣望風奔潰, 莫有當者. 賊來屯原州, 有五十騎, 剽掠雉岳城下, 冲甲率步卒六人逐之, 奪賊馬八匹還.

- 『고려사』 「병지」 둔전 부분에 실린 충렬왕 16년(1290) 9월의 명령: 쌍성 진수군 별초의 말 250필의 먹이는 올해 10월부터 이듬해 2월까지 모두 1250석이니 쌍성 근처의 영덕·장기·덕원·흥해·청하·연일·안강·기계·신광 등의 주에서 올해 잡공으로 바치는 피곡皮穀에서 떼내 수송하라. 雙城鎭守別抄馬二百五十匹料, 自今年十月, 至明年二月, 計凡一千二百五十石, 以雙城旁近盈德·長鬐·德原·興海·淸河·延日·安康·杞溪·神光等州, 今年雜貢皮穀, 計折輸送.

세가에 따르면 카단의 침입을 막기 위해 쌍성(함경남도 영흥) 등의 요지에 군사를 나눠 주둔시킨 것은 그해 2월이었으므로 이 별초는 그 주둔군의 별초로 생각된다. 그러나 지난 10여 년 동안 별초의 이름은 역사에 전혀 나오지 않으므로 쌍성·원주 등의 이런 별초는 카단의 침입을 막기 위해 특별히 조직된 것이 거의 분명하다.[13] 따라서 이런 측면을 보면 삼별초가 반란을 일으킨 뒤 금주를 약탈했을 때 방호장군과 함께 산성으로 도망친 별초와 탐라도의 삼별초를 토벌한 '경외 별초'도 그것이 늘 설치된 것은 아니었음을 추측할 수 있다. 요컨대 본래 임시적이던 주·현 별초는 몽골의 침입이 이어진 동안 어느 정도 고정된 경우가 있었지만, 그것은 유지된 기간이 비교적 길었다고 할 수 있을 뿐이고 일반적으로는 상설의 조직이 아니라 필요할 때마다 간헐적으로 존재한 것이었다.

7.

강화도의 삼별초는 최우가 창설한 야별초에서 생겨난 것이라고 했다. 이것은 상비군의 성격을 지녔다는 점에서 주·현 별초와 다르며, 또 매우 강력한 군대였다. 그것을 삼별초라고 한 까닭은 앞서 서술한 대로 좌·우의 야별초에 신의군을 더했기 때문이었으므로 그것에 관련된 『고려사』 「병지」의 기록은 원종의 세자 심이 몽골에 올린 주문에서 말한 것과 일치한다. 익재 이제현은 삼별초의 하나로 마별초를 들었지만 정확한 기록은 아니다.

> 권신이 용감한 무사를 모아 양성해 자신을 호위한 것으로 신의군·마별초·야별초를 합쳐 삼별초라고 했다. 權臣募驍勇之士, 養以自衛, 曰神義軍, 曰馬別抄, 曰夜別抄, 所謂三別抄.[14]

그러나 도성의 별초 가운데 그 이름이 가장 일찍 역사에 나타난 것은 마별초다.

『고려사』「최우열전」 고종 16년(1229): 최이는 인근의 집 100여 채를 점탈해 격구장을 세웠는데, 동·서로 수백 보였고 바둑판처럼 평탄했다. 격구를 할 때마다 마을 사람들을 동원해 물을 뿌려 먼지가 생기지 않게 했다. 그 뒤 다시 인가를 허물어 넓혔는데, 그동안 점탈한 것이 수백 집이나 됐다. 최이는 날마다 도방과 마별초를 모아 격구를 시키거나 창을 다루면서 말을 타고 활을 쏘게 했다. 최이는 재추와 기로들을 불러 연회를 베풀면서 격구장으로 가서 그런 모습을 관람했는데, 5~6일 동안 이어지기도 했으며 뛰어난 사람에게는 그 자리에서 관작을 상으로 줬다. 그러자 도방과 별초는 안장 얹은 말과 의복, 활과 화살 등을 달단의 풍속을 모방해 경쟁적으로 아름답고 화려하게 꾸며 자랑했다. 怡占奪隣舍百餘區, 築毬場, 東西數百步, 平坦如碁局. 每擊毬, 必使里人, 灌水浥塵. 後又壞人家廣之, 前後占奪, 無慮數百家. 日聚都房·馬別抄, 令擊毬, 或弄槊騎射. 怡邀宴宰樞耆老, 臨毬庭觀之, 或至五六日, 能者立加爵賞. 於是都房·別抄, 鞍馬·衣服·弓矢, 效韃靼風俗, 競以美麗相誇.

「최우열전」의 이 기사는 마별초에 관련된 유일한 기사이기 때문에 그것을 파악하려면 이 기사에 의존할 수밖에 없다. 먼저 연대로 보면 고종 16년(1229)은 몽골의 침략이 시작되기 2년 전이지만 여기서 처음 나타난 이 별초는 그전부터 있었다고 생각된다. 그러나 달단의 풍속을 모방해 안장 얹은 말과 의복, 활과 화살 등을 사용했다고 한 것은 강화도 천도 이후의 일을 서술한 것으로 생각된다. 몽골의 침입 이전 두 나라의 관계는 고종 6년(거란의 침입을 물리친 해. 1219) 이후 해마다 조공을 걷는 몽골의 사신이 왔지만 고종 13년(1226) 이후는 완전히 끊어져 그 사이에 몽골의 풍속은 고려에 들어오지 않았다고 생각되기 때문이다. 그 뒤 도방이라고 말한 것은 무엇일까? 그것은 5장에서 인용한 삼별초에 관련된 기사에서 이미 주목했지만 여기서 문제의 마별초와 함께 나타나고 서로 비슷하게 보이기 때문에 특별히 살펴볼 필요가 있다.

명종 9년(1179) 가을 장군 경대승은 의종 말년 무신란의 주모자로 명종이 즉위한 뒤 폭정을 자행한 정중부와 그 사위 송유인宋有仁을 살해했다. 『고려사』(권100) 「경대승열전」에서는 그 전말을 서술한 뒤 다음과 같이 썼다.

일부 무신들이 드러내놓고 말했다. "정 시중(정중부)이 앞장서 대의를 부르짖고 문사들을 억눌러 여러 해 쌓인 우리들의 울분을 씻어줘 무신의 위세를 펼쳤으니 그 공로가 막대하다. 지금 경대승이 하루아침에 네 공公을 죽였으니 누가 그를 토벌할 것인가?" 경대승은 두려워 결사대 100여 명을 모아 자기 집에 머물게 해 대비하고 도방이라고 불렀다. 긴 베개와 큰 이불을 만들어 날을 바꿔가며 숙직하게 했으며, 가끔씩 그들과 같은 이불을 덮고 자면서 정성스런 마음을 보여줬다. (…) 당시 개경에 도적들이 많이 일어나 스스로를 경대승의 도방이라고 했다. 武官或宣言曰, 鄭侍中首唱大義, 沮抑文士, 雪吾曹累年之憤, 以張武威, 功莫大焉. 今大升一朝而尸四公, 孰討之耶. 大升懼, 招致死士百數十人, 留養門下, 以備之, 號都房. 爲長枕大被, 令輪日直宿, 或自共被, 以示誠款. (…) 時京城寇盜多起, 自稱大升都房.

도방의 기원과 그 군사의 성격은 이것으로 분명히 알 수 있는데, 무인이 세력을 떨치던 명종 때 유력한 무신의 한 사람인 경대승이 자신을 호위할 필요에서 특별히 설치한 사병이다. 그리고 그 도방은 명종 3년(1173) 경대승이 죽고 장례를 마쳤을 때 일단 흩어졌다가 다시 모여 술을 마셨는데 난을 꾸민다는 혐의를 받아 전부터 경대승을 싫어한 국왕의 명령에 따라 모두 먼 섬으로 유배됐다.[15] 경대승이 죽은 뒤 권력을 휘두른 무신은 이의민이었다. 명종 3년 김보당은 전왕 의종을 복위시키려고 동계에서 군사를 일으킨 뒤 자기 세력을 시켜 의종을 거제도에서 경주로 옮겼는데, 이의민은 그 무리를 토벌하기 위해 남쪽으로 내려와 경주에서 의종을 시해했다.

『고려사』(권128) 「이의민열전」: 명종 9년(1179) 경대승이 정중부를 죽이자 조정의 신하들이 대궐에 나아가 축하했다. 경대승은 말했다. "임금을 죽인 자가 아직 살아 있는데 무슨 축하인가?" 이의민을 그 말을 듣고 크게 두려워하며 용감한 군사를 자기 집에 모아 대비했다. 또 경대승의 도방 사람들이 싫어하는 사람을 죽이려고 모의한다는 말을 듣고 더욱 두려워해 자신이 사는 마을에 큰 문을 세우고 밤에 경계했는데, 그 문을 여문이라고 했다. 개경의 방리마다 그것을 본떠 세웠다. 九年, 慶大升誅仲夫, 朝士詣闕賀. 大升曰, 弑君者尙在焉, 用賀爲. 義旼聞之大懼, 聚勇士于家以備之. 又聞大升都房人謀害所忌, 益懼, 乃於里巷樹大門以警夜, 號爲閭門. 京城坊里, 皆效而樹之.

경대승이 도방을 창설했을 때 이의민도 그것에 맞서 자신의 사병을 둔 것이다.

이처럼 무인의 지도자들이 사병을 두는 풍조는 그들이 세력을 키워 서로 경쟁하고 반목한 시대에 생겨났으며, 명종을 폐위하고 권력을 장악한 최충헌에 의해 이어졌다.

『고려사』(권129) 「최충헌열전」 신종 3년(1200): 최충헌은 자신이 마음대로 한다는 것을 스스로 알고 예측하지 못한 때 변고가 생길까 두려워했다. 그래서 문·무관원과 한량·군졸 가운데 힘이 뛰어난 사람을 모두 불러 모아 6번으로 나눠 그 집에서 이틀마다 숙직케 하고 도방이라고 불렀다. 그가 출입할 때마다 여러 번이 함께 호위하니 전쟁에 나가는 것 같았다. 忠獻自知縱恣, 恐其變生不測. 凡文武官閑良軍卒, 強有力者, 皆招致, 分爲六番, 更日直宿其家, 號都房. 其出入, 合番擁衛, 如赴戰陣焉.

이 기사는 그것을 분명히 증명한다. 같은 열전에 따르면 희종은 재위 7년(1204) 내관과 모의해 궁궐에서 최충헌을 죽이려고 했지만 그때 변란을 듣고 궁성 문 밖에 모인 6번의 도방은 안으로 들어가 최충헌을 구했다.

「최충헌열전」 고종 3년(1216): 그때 장수를 파견해 거란을 막았는데, 날쌔고 용감한 군사는 모두 최충헌 부자의 문객이고 관군은 허약해 쓸모가 없었다. 최충헌이 가병을 사열할 때 좌경리부터 우경리까지 몇 겹으로 편성된 부대가 2~3리에 이어졌다. 時遣將禦契丹兵, 驍勇者皆忠獻父子門客, 官軍羸弱不可用. 忠獻閱家兵, 自左梗里至右梗里, 作隊數重, 連亘二三里.

이듬해 고종 4년(1217)에는 개경에 가까이 온 거란군을 막기 위해 출전한 여러 절의 승군이 최충헌을 죽이려고 모의했을 때 최충헌은 가병을 보내 공격했다고 했고 「최우열전」 고종 10년(1223) 조에서는 "최이가 나성의 해자를 수축하면서 가병을 동원했다怡修隍羅城, 以家兵爲役徒"고 했다. 도방은 사병이었으므로 최씨의 이런 가병은 도방밖에 될 수 없다고 여겨진다.

이렇게 생각하고 문제의 마별초에 관련된 「최우열전」의 기사를 보면 고종 16년(1229) 광대한 격구장을 만든 최우는 도방과 마별초를 모아 날마다 격구를 하거나 말 타고 활쏘기를 했다고 했으므로 마별초도 도방처럼 최우의 가병이었다고 봐도 문제는 없다. 이 별초는 도방의 특별부대로 최우의 문하에서 양성된 용감한 기병이었을 것이다.

여기서 다시 문제가 되는 것은 삼별초와 마별초의 관계다. 이제현은 삼별초를 "권신이 용감한 무사를 모아 양성해 자신을 호위한 것"이라고 설명하고 삼별초 안에 마별초를 들었다. 마별초를 삼별초의 하나라고 한 것은 오류로 생각되지만 야별초와 신의군도 마별초처럼 권신의 집에서 양성한 사병이었다고 생각할 수 있을까? 최우의 아들 최항이 죽자 그것을 비밀에 부친 동안 야별초·신의군과 도방 36번이 그 집을 호위했는데[16] 이것에 따르면 삼별초는 도방과 마찬가지로 권신의 사병인 것으로 보인다.

「병지」: 권신들은 권력을 잡은 뒤 이들을 측근으로 삼고 녹봉을 후하게 줬으며 사사로운 은혜를 베풀거나 죄인들의 재산을 몰수해 주기도 했다. 그 때문에 권신들은 그들을 마음대로 부렸고 그들은 앞다퉈 힘을 다했다.

그러나 삼별초와 관련해서는 앞서 든 「병지」를 볼 때 권신이 그들을 양성했다는 내용은 없으며, 본래 사병은 아니었지만 사적인 은혜를 베풀고 자신이 정권을 잡은 상황에서 측근으로 부린 것으로 돼 있다. 따라서 삼별초는 도방과 함께 최씨 집안을 호위했지만 곧바로 그것을 사병으로 볼 수는 없다.

그런데 야별초가 국가의 군사였던 것으로 보이는 증거는 최우가 강화도 천도를 논의했을 때 거기 참여한 재추가 그의 위세에 두려워 한 마디도 하지 못하자 야별초 지휘 김세충이 강력히 반대한 사실을 들 수 있다. 앞서 서술한 대로 「최우열전」에서 "김세충이 문을 밀고 들어가 힐난했다"고 한 그의 태도는 사병의 장교 같지는 않기 때문이다. 또 사병의 장교라면 지휘라는 관명을 가질 것도 없었을 것이다.

고종 45년(1258) 최의를 죽인 주모자는 신의군 도령낭장 박희실과 지유낭장 이연소李延紹인데, 부름을 받고 사청射廳에 모인 삼별초가 밤에 최의의 집을 습격했을 때는 [최씨의] '가병'이 그들 가운데 한 사람도 알아보지 못했으며 야별초 등은 동틀 무렵 집의 벽을 무너뜨리고 쳐들어갔다고 했으므로[17] 야별초와 함께 그렇게 한 삼별초는 최씨의 사병이 아니라 그것과 구별되는 것이었음은 거의 분명하다. 최씨가 몰락한 뒤에도 그대로 존재해 김준·임연 등의 권신이 그들을 호위 병력으로 삼은 것도 본래 국가의 군사였기 때문으로 해석할 수 있다.

이렇게 보면 이제현이 삼별초를 "권신이 용감한 무사를 모아 양성해 자신을 호위한 것"이라고 설명한 것은 본래 마별초에 관련된 기사였지만 — 그 전거는 알 수 없어도 — 마별초를 삼별초의 하나로 들면서 삼별초에 부회한 것은 아니었을까 생각된다. 다만 「고종세가」 20년(1233) "최우의 도방에 소속된 야별초 도령 이유정이 적을 치겠다고 자청하니 군사 160명을 주어 보냈다”고 한 것에 따르면 야별초의 장교였던 이유정은 최씨의 도방에도 소속된 것이다. 이것은 삼별초와 도방 사이에 공·사의 구별이 있었지만 사실상 그것이 무시된 사실의 한 측면을 말한 것으로 생각된다.

야별초는 고종 19년(1232) 강화도 천도 이전부터 있던 것이 분명하고 천도 논의에 반대한 김세충은 야별초 지휘였다. 그리고 최우가 수도에 도적이 많은 것을 걱정해 용사를 모아 야간 순찰을 맡긴 것이 이 별초의 기원이므로 주·현 별초처럼 온전히 몽골의 침입을 막기 위해 조직된 것은 아니며, 그전부터 상비적 성격을 지닌 수도의 군사로서 최우의 사병인 도방·마별초와 나란히 존재한 것으로 생각된다. 또 야별초의 기원을 설명한 「병지」의 기사를 이어 다음과 같이 서술한 것에 따르면 삼별초는 온전히 도적의 체포에 종사한 것 같다.

도적들이 여러 도에서 일어나자 별초를 나눠 보내 잡았다. 그 군사가 매우 많아 마침내 좌·우로 나눴다. 또 몽골에서 도망쳐 돌아온 우리나라 사람들을 한 부대로 삼아 신의군이라고 불렀다.

그 실례로는 「원종세가」 5년(1264) 5월 기사를 들 수 있다.

이달 횡천(강원도 횡성)에서 도적이 일어나 횡천현과 홍천현(지금도 이름이 같다)의 백성 30여 명을 죽였다. 앞서 횡천 백성 시가대는 아들 8명, 사위 1명과 산골짜기에서 물고기와 짐승을 잡으며 살았다. 홍천과 횡천 사람들은 그들을 싫어해 도를 순행하는 야별초 지휘에게 체포해달라고 호소했다. [야별초가] 그 집에 이르렀을 때 마침 9명은 사냥하러 나가 부모와 처자만 붙잡아 모두 죽였다. 그러자 9명이 복수하기 위해 마침내 일어나 도적이 됐다. 충청도에 이르러 밤에 강물이 얕은 곳을 건넜는데, 사람들은 오랑캐군(몽골군)인줄 알고 놀라고 동요했으며 야별초를 시켜 정탐케 하고서야 그들의 정체를 알았다. 是月盜起橫川, 殺橫及洪川二縣民三十餘人. 初橫川民屎加大, 有八子一壻, 居山谷間, 九人漁獵以生. 洪·橫人疾之, 訴於道內巡行夜別抄指揮請捕之. 至其家, 會九人出獵, 惟取父母妻子, 盡殺之. 於是九人謀報讎, 遂起爲盜. 至忠淸道, 夜涉簞淺, 疑爲狄兵, 朝野驚擾, 使夜別抄探之, 乃知.

그러나 이미 서술한 대로 삼별초는 강화도의 금위병이었고 몽골의 침입이 이어지는 동안 자주 지방으로 출동해 그들과 싸웠으므로 주로 도적의 체포에 종사한 것은 몽골의 침입이 시작되기 전과 그것이 끝난 뒤였던 것으로 보인다. 따라서 그 일반적 성격은 강화도의 수비군이었다고 생각된다. 몽골에서 도망쳐 온 사람들로 조직했다는 신의군의 이름은 고종 44년(1257)부터 보이지만 그 군대를 설치함에 따라 이별초二別抄가 삼별초로 된 확실한 연대는 알 수 없다.

그러나 별초라고 한 것은 삼별초와 그 밖의 별초 모두 특별히 용감한 사람들을 선발해 조직한 특수군이므로 삼별초가 강화도의 수비군으로 활동한 동안에도 그것에 대해 보통의 수비군이 있던 것이 틀림없다. 고려는 태조 때 당의 부위제府衛制를 본떠 좌우위·신호위·흥위위·금오위·천우위·감문위를 설치했고 목종 때 다시 응양군·용호군을 더해 모두 8위가 됐다. 8위는 각각 1~2령領이나 10여 령의 군사를 거느렸고 — 1령은 1000명 — 평시에는 주로 수도 방어를 맡았으며 주현군에 견줘 영부군領府軍이나 부병府兵으로 불렸다. 그리고 이 제도는 고려 병제의 기준이 됐다. 그렇다면 고려의 수도가 강화도에 있던 때는 어땠는가?

- 『고려사』「병지」 병제兵制: 고종 39년(1252) 8월 충실도감을 설치하고 한인·백정을 점검해 각 영領의 군대에 소속시켰다. 高宗三十九年八月, 設充實都監, 點閱閑人·白丁, 充補各領軍隊.

- 「최항열전」: [고종 44년(1257) 최의는] 여러 영부領府에 각각 곡식 30곡斛씩 지급하고 자기 창고에서 좌우위·신호위 교위 이하를 진휼했다.

- 「고종세가」 46년(1259): 몽골 사신 주자周者의 명령에 따라 여러 영부의 군사들이 강화도의 내성을 허물었는데, 일이 힘들어 고통스러워했다.

- 「원종세가」 즉위년(1259) 7월: 감문위 녹사 한경윤韓景胤 (…) 을 일본에 파견해 해적을 금지해달라고 요청했다.

- 같은 해 윤11월: 양부에서 강력히 요청했다. "우리나라는 전적으로 영부領府에 의지해 방어하고 있는데, 지금 교위와 대정이 절반이나 죽었으니 결원을 보충해야 합니다." 兩府固請曰, 我國專賴領府, 以爲藩垣, 今校尉隊正, 死者大半, 不可不塡闕.

- 원종 원년(1260) 3월: 문·무 양반과 여러 영부를 3번으로 나눠 개경을 왕래하게 해 천도하려는 뜻을 보였다. 分文武兩班及諸領府爲三番, 往來開京, 以示遷都之意.

이런 기록들을 볼 때 삼별초가 특별한 군대로 활동한 시기에도 그것과 함께 강화도에 8위의 군사가 있던 것은 분명하다.

그러나 삼별초가 활동했다는 것은 8위의 군사가 강력하지 않았다는 뜻이 될 수밖에 없다.

「병지」병제: 원종 12년(1271) 4월 사공 전분과 좌복야 윤군정 등이 부위병을 사열했는데, 그 인원이 차지 않아 문·무산직·백정·잡색·승도를 함께 사열해 보충했다. 元宗十二年四月, 司空田份·左僕射尹君正等閱府衛兵. 不滿其額, 乃幷閱文武散職·白丁·雜色及僧徒以充之.

이것은 삼별초가 혁파된 이듬해의 사실이지만 삼별초가 세력을 가진 결과 8위의 군사 수가 적어졌기 때문에 이렇게 조처할 수밖에 없었다고 생각된다. 이렇게 보면 강화도의 수비군으로서 삼별초는 기존 8위의 세력을 압도함으로써 뒤의 것은 앞의 것에 가려지게 됐다.

앞서 서술한 대로 명종 때 임시적 필요에 따라 개경에 설치된 신기초맹반(신기군)은 그대로 존속돼 고종 초에 이르렀는데, 이 특수군에 관련된 그 뒤의 소식은 「최우열전」 고종 14년(1227) 조에 남경 사람으로 신기군에 소속된 인걸仁傑이라는 용맹한 인물이 도적의 우두머리가 돼 위세를 떨친 사실이 실려 있고 「고종세가」 45년(1258) 조에 국왕이 최의를 죽이고 직접 정치를 하면서 5군과 신기군 등에게 은과 곡식을 하사했다고 했으므로 그들도 삼별초에게 가려진 존재였다고 여겨진다.

8.

지금까지 살펴본 것을 종합하면 별초는 용감한 무사로 조직한 선별된 군대였다. 특히 그런 이름의 군대를 설치한 것은 명종 4년(1174) 조위총의 난을 평정할 군대를 보낼 때가 처음인 것 같고, 그 별초는 신종 때 경주의 별초와 고종 때 처음 거란을 정벌하는 군대의 선봉으로 출동한 별초와 함께 모두 일시적인 것이었다. 최우는 이런 선별된 군대의 사례를 자신의 사병에 적용해 마별초라고 하고, 다시 도적의 폭행을 금지하기 위한 관군을 설치해 야별초라고 했다. 최우가 창설한 이런 별초는 상설적인 것이었는데, 특히 야별초는 몽골의 침략을 막기 위해 그 숫자와 세력을 늘려 삼별초로 불린 특별한 군대로서 원종 11년(1270)까지 존속했다. 그리고 몽골의 침략이 이어진 동안 지방의 주·현에도 별초군이 설치됐다.

명종 초 무신의 세력이 문신을 압도한 뒤 정치는 극도로 혼란해지고 세태는 불안에 빠졌으며, 그런 상황은 최씨가 집권한 때도 거의 같았다. 최우가 창설한 야별초는 일종의 선별된 군대였는데, 그런 사례는 전부터 있었지만 도적의 체포를 목적으로 한 야별초는 그런 세태의 소산이었다고 해도 좋다. 그런데 그 뒤 몽골의 침입에 따라 정예군을 갖출 필요가 생겼다. 그러나 8위의 군사는 그 조건에 적합하지 않았다. 야별초가 그 세력을 누르고 강화도의 주요한 수비군이 된 것은 자연스런 일이었다고 생각된다.

[부설] 삼별초의 반란[1]

재위 11년(1270) 5월 연경에서 고려로 돌아온 원종은 오랫동안 늦춰진 환도를 단행하기로 했다. 그러나 강화도의 삼별초는 그것을 따르지 않았다. 5월 23일 국왕과 몽골의 동경행성사 튀렝게의 협의 결과 환도 날짜가 발표되자 그들은 폭동을 일으켜 창고를 털었다. 그리고 원종이 여러 번 회유했지만 그들은 국왕과 신하들이 육지로 나가는 것을 막으려고 노력했다. 환도에 반대한 까닭은 강화도로 천도한 뒤 그들은 그 섬에서 특별한 세력을 떨친 군대였기 때문에 그 세력을 잃을 것을 염려해 그곳을 떠나지 않으려던 데 있다고 생각된다.

그 결과 5월 29일 원종은 단호한 조처를 내려 삼별초 폐지를 명령했다. 그러자 그들은 장군 배중손裵仲孫·지유 노영희盧永禧 등을 지도자로 삼고 반란을 일으켜 영녕공 준의 맏형 승화후 온을 국왕으로 추대하고 관서를 설치했다. 그러나 강화도에 머물지 않고 6월 3일 섬 안의 배를 모두 모아 공·사의 재화와 자녀를 싣고 남쪽으로 내려갔다. 이때 강화도의 신하들은 귀국한 원종을 맞이하기 위해 대부분 개경으로 나가 있었는데, 그 처자들은 모두 적에게 끌려가 통곡 소리가 천지를 울렸다고 한다. 삼별초는 강화도의 수비군이었지만 그 섬만 지킨 것이 아니라 몽골의 침입이 이어진 동안 지방의 주·현에 계속 출동했기 때문에 육군이면서도 배를 잘 조종했던 것이 틀림없다. 그 결과 그들은 바다를 이용해 남쪽으로 도망쳤으며 8월 전라남도 진도로 들어가 그곳을 근거로 삼아 부근의 주·군을 침략했다.[2]

이보다 앞서 참지정사 신사전申思佺은 반란세력을 토벌하라는 명령을 받고 전라도로 내려갔다.[3] 그러나 신사전은 그 임무를 수행하지 않고 나주에서 적이 육상에 나타났다는 것을 듣자 그대로 도성으로 도망쳐 돌아왔다. 그래서 추밀부사 김방경이 대신 전라도 추토사追討使로 임명돼 몽골 원수 아카이阿海와 함께 군사 1천을 거느리고 토벌에 나섰다. 아카이는 행성사 튀렝게가 북쪽으로 돌아간 뒤 개경에 주둔해 몽골군을 지휘한 인물이다.

그때 나주는 적에게 포위됐고 전주도 공격을 받았는데 나주가 전주에 권유해 함께 적에게 항복한 때였다. 김방경은 진군하면서 자신이 내려간다는 소식을 두 곳에 알리니 적은 포위를 풀고 떠났다. 김방경은 아카이와 함께 진도 맞은편 삼견원三堅院에 이르러 적과 여러 번 싸웠다. 그러나 어떤 사람이 아카이에게 참소했기 때문에 김방경은 도성으로 압송됐다. 김방경이 몰래 적과 내통한다는 참소였지만 도성의 몽골 다루가치 톡토르는 그것이 근거 없다는 것을 알고 그를 석방했다. 김방경은 다시 토벌의 명령을 받고 남쪽으로 내려갔다. 그는 진도 바다에서 적과 싸웠지만 이기지 못했고, 그렇게 그해(원종 11년, 원 지원 7년, 1270)가 저물었다.

이듬해 지원 8년(원종 12년) 초 원 세조는 아카이를 파직해 소환했으며, 그보다 먼저 일본 정벌 준비를 위해 둔전 경략사로 고려에 파견된 힌두와 사추史樞에게 고려의 몽골군을 통솔하게 했다. 지난해 말 전투에서 아카이가 유약한 모습을 보였다고 고려가 세조에게 보고했기 때문이었다. 힌두 등은 3월 고려에 와서 세조의 조서를 반란세력의 지도자 배중손에게 전달했다.

3월 기묘일 중서성의 신하가 아뢰었다. "고려의 반역한 신하 배중손은 '모든 군대가 물러가 주둔한 뒤 귀의하겠다'고 간청했는데 힌두가 그 요청을 들어주지 않자 지금은 전라도에 거주하면서 조정에 직접 예속되기를 바라고 있습니다." 그러나 그가 말을 꾸며 시간을 끌고 있다고 판단해 윤허하지 않았다. 三月己卯, 中書省臣言, 高麗叛臣裴仲孫乞, 諸軍退屯然後內附, 而忻都未從其請, 今願得全羅道以居, 直隷朝廷. 詔以其飾詞遷延歲月, 不允.

배중손이 전라도를 얻어 원에 직접 예속되고자 한 것은 최탄을 모방한 것으로 여겨진다. 그러자 힌두는 반적이 위험을 무릅쓰고 명령에 따르지 않는다고 세조에게 아뢰고 쿠차이忽林赤·왕국창王國昌과 함께 길을 나눠 토벌에 나섰다. 세조는 그것을 허락하는 동시에 영녕공 준의 두 아들 희熙와 옹雍 등이 거느린 고려군 400명을 요동에서 내려보냈다. 쿠차이와 왕국창은 그보다 먼저 일본국 신사日本國信使 조양필을 따라 홍차구 등과 함께 고려에 온 인물이다.

삼별초는 지난 정월 이후 서쪽은 전라남도 장흥부부터 동쪽은 경상남도 합포(마산포)·동래·금주(김해) 등에 이르기까지 남해의 주·현을 침략하고 30여 섬을 함락시켰지만 이때부터 그들에 대한 본격적 정벌이 이뤄졌다. 5월 초하루 홍차구는 군사를 이끌고 도성에서 진도로 떠났다. 홍차구가 몽골의 지휘관이 된 데는 어떤 사정이 있어 쿠차이와 왕국창을 대신한 것으로 생각된다. 같은 달 15일 힌두·김방경과 왕준의 두 아들이 3군을 이끌고 진도를 공격해 크게 이겼다. 남녀 1만여 명을 포로로 잡고 왕으로 추대된 승화후 온을 죽였으며, 배중손도 전사했고 김통정金通精이라는 인물이 나머지 무리를 이끌고 탐라도로 도망쳤다. 적도가 그 섬의 제주濟州를 함락시킨 것은 지난해 11월이었다.

진도를 평정한 장수와 군사들은 일단 개선했고 제주의 적도에게는 이듬해인 원종 13년(지원 9년, 1272) 윤3월 초유사가 파견됐다. 사신은 각문부사閣門副使 금훈琴熏이라는 인물이었는데, 바다에서 적선을 만나 진도와 제주 사이에 있는 추자도에 억류됐다. 적은 초유문을 탈취해 제주도로 가서 김통정에게 알린 뒤 그의 명령을 받아 돌아왔다. 그들은 초유사 일행 가운데 금훈을 낡고 작은 배에 태우고 항복하지 않겠다는 뜻을 보이기 위해 일부러 초유문을 되돌려 보냈다. 그동안 적은 제주에 내·외성을 쌓은 뒤 그 험준함을 믿고 해상을 횡행해 장흥부의 회령현會寧縣과 탐진현耽津縣, 영광군의 해제현海際縣, 영암군의 해남현 등 전라도 연안을 침략해 선박·미곡·사람 등을 탈취해 갔다. 그 때문에 고려는 금훈을 원에 보내 적도의 상황을 자세히 아뢴 뒤 진도에서 전공을 세운 장군 나유羅裕에게 전라도의 군사를 모아 적을 토벌케 했다.

8월에 이르러 세조는 사신을 고려에 보내 홍차구와 함께 탐라를 토벌할 방책을 의논케 했다. 홍차구는 적의 우두머리 일족 가운데 도성에 살고 있는 사람이 많으므로 군사를 동원하기 전 그들에게 김통정을 회유케 하는 것도 방책이라고 생각해 자신은 나주도羅州道로 가서 선박 제조를 감독하고 김통정의 조카 등 5명에게 교지를 갖고 제주로 가게 했다. 그러나 김통정은 명령을 따르지 않았다. 여름부터 겨울까지 적도의 세력은 크게 떨쳤다. 전라도의 조공미 800석을 약탈하거나 충청도 고란도孤瀾島의 조선소를 습격해 전함을 불태우고 배 만드는 장인을 죽이고 조선관造船官을 잡기도 했으며, 안남도호부(수주樹州에 치소를 둔 지금의 경기도 부평)를 습격해 부사府使를 잡아가고 합포·거제도 등의 전함을 불태웠으며 경기도 영흥도靈興島에 정박한 뒤 근처를 횡행해 수비가 허술한 도성을 놀라게 하기도 했다.

제주를 회유하는데 성공하지 못한 홍차구는 겨울 12월 상경해 곧바로 원으로 갔다. 「원·고려기사」에 따르면 홍차구가 귀국한 까닭은 탐라 정벌에 관련된 세조의 재가를 얻으려는 데 있었는데, 그는 이듬해인 원종 14년(원 지원 10년, 1273) 2월 돌아와 개경에 주재한 원의 다루가치 이익李益 — 톡토르가 병사한 뒤 그를 대신한 인물 — 과 함께 원종을 알현하고 출정을 결정했다. 각도의 전함은 수로감선사水路監船使의 지휘에 따라 남쪽으로 항해했고, 김방경은 행영중군 병마원수가 돼 힌두와 홍차구를 따라 나주 반남현으로 내려갔다. 서해도의 전함은 가야소도伽耶召島에서 큰 바람을 만나 침몰하고 경상도의 전함도 폭풍으로 부서졌지만 세 장수는 전라도의 병선 160척과 수군·육군 1만여 명 — 몽골군 2000명, 한군漢軍 2000명, 고려군 6000명 — 을 이끌고 바다를 건넜다.

1군은 제주 동쪽 30리(11.8킬로미터)쯤의 함덕포咸德浦(지금의 조천리朝天里), 다른 1군은 서쪽 80리(31.4킬로미터)에 있는 비양도飛揚島 맞은편의 묘지錨地에 상륙해 함께 제주성을 공격해 함락시켰다. 김통정은 산속으로 도망쳤다가 죽고 다른 지휘자도 전사했으며 휘하의 삼별초 1300여 명이 항복했다. 이렇게 해서 원종 11년(1270) 6월부터 4년에 걸쳐 해적으로 활동한 삼별초는 이 정벌로 원종 14년(1273) 4월 완전히 평정됐고 힌두는 몽골군 500명, 김방경은 장군 송보인 등이 이끈 경군 800명과 외별초(경외별초) 200명을 탐라도의 수비군으로 배치한 뒤 개선했다.

1926년 6월 탈고(『사학잡지』 37편 9호).

15편

원 세조와 탐라도

고려 원종 때 서남해의 진도에서 도망친 삼별초의 반란군은 다시 탐라도(제주도)를 본거지로 삼아 3년 정도 해적으로 활동하다가 원종 14년(원 세조 지원 10년, 1273) 4월 고려와 원의 연합군에게 토벌됐다.[1]

• 『원사』 「세조본기」: 지원 10년 6월 무신일(28일) 경략 힌두 등의 군사가 탐라에 도착해 그곳을 평정했다(지난 4월의 일). 조서를 내려 실리백을 탐라국 초토사로, 윤방보를 부관으로 삼았다. 戊申經略忻都等兵至耽羅, 撫定其地. 詔以失里伯爲耽羅國招討使, 尹邦寶副之.

• 『원사』 「고려열전」(권208)의 탐라 열전: 지원 10년 정월 경략사 힌두·사추·홍차구 등에게 크고 작은 전함 108척을 이끌고 탐라의 도적을 토벌하게 했다. 6월(4월의 오기)에 평정하고 그곳에 탐라국 초토사를 설치하고 진변군 1700명을 주둔시켰다. 그 공부貢賦로 해마다 모시포 100필을 바치게 했다.[2] 초토사는 그 뒤 군민도다루가치총관부로 고쳤다가 다시 군민안무사로 고쳤다. [至元]十年正月, 命經略使忻都·史樞及

洪茶丘等率兵船大小百有八艘, 討耽羅賊黨. 六月平之, 於其地立耽羅國招討
司, 屯鎭邊軍千七百人. 其貢賦歲進毛施布百匹. 招討司後改爲軍民都達魯
花赤總管府, 又改爲軍民安撫司.

이처럼 탐라도의 삼별초가 평정되자 원 세조는 탐라국 초토사招討
司를 설치하고 실리백이라는 인물을 그 장관(초토사招討使)에 임명했다.
곧 그 섬을 원의 직할령으로 만든 것이다. 다만 그 주둔군 1700명은
이때 특별히 보낸 것은 아니고 모두 몽골인이던 것도 아니다.

『고려사』(권104) 「김방경열전」: (삼별초를 평정한 뒤의 조처를 서술) 힌두
는 몽골군 500명을 잔류시켰으며 김방경도 장군 송보인과 중랑장 강사
신·윤형에게 경군 800명과 외별초(경외별초) 200명을 거느리고 주둔해
지키게 한 뒤 군사를 돌렸다.

몽골군 500명과 고려군 1000명, 모두 1500명이 탐라도를 지키기
위해 남은 것이다. 1700명이라고 한 주둔군의 대부분은 이들이고 실리
백이 직접 이끌고 온 군사는 100~200명에 지나지 않았던 것으로 생
각된다. 그리고 초토사를 설치했다는 것은 실리백이 전군을 통솔했다
는 뜻으로 여겨진다.[3] 또 탐라의 다루가치에 대해서는 다음 기사들이
있다.

- 『원사』 「세조본기」 지원 12년(1275) 6월: 손탄을 탐라국 다루가치로
  삼았다. 以遜攤爲耽羅國達魯花赤.
- 『고려사』 「충렬왕세가」 원년(1275) 8월: 제주 다루가치가 사신을 보내

수비군을 감독했다. 濟州達魯花赤遣使來, 督成卒.

- 『원사』(권133) 「실리백열전」: 지원 10년(1273) 소용대장군으로 옮겨 탐라국 초토사에 임명됐고 명령을 받들어 상도에서 황제를 알현한 뒤 관군만호로 고쳐 제수됐다. 遷昭勇大將軍, 爲耽羅國招討使, 奉旨入見上都, 改管軍萬戶.

이것들을 참조하면 실리백이 소환되고 그 대신 손탄이라는 인물이 다루가치에 임명됐을 때(지원 12년[1275] 6월) 탐라국 초토사가 군민도다루가치총관부로 개칭된 것으로 생각된다. 『고려사』 「원종세가」 14년 (지원 10년, 1273) 윤6월 "원에서 탐라에 다루가치를 뒀다元置達魯花赤于耽羅"고 한 것은 신설된 초토사에 대해 그 뒤의 명칭을 사용한 기사로 여겨진다. 그 뒤 다루가치총관부를 다시 군민안무사로 고친 것은 지원 21년(1284) 정월로 「세조본기」에 분명히 기록돼 있다.

또 탐라도와 관련해서는 『원사』 「탐라열전」의 전거가 된 「원·고려기사」 탐라 조에 다음과 같이 서술돼 있다.

세조황제 지원 6년(1269) 7월 5일 추밀관이 명령을 받들어 천호 톡토르·왕국창·유걸을 고려로 보내 탐라 등의 해로를 살피고 군사와 선박을 점검하며 고려 국왕에게 해로를 잘 아는 관원을 뽑아 인도하게 했다. 조서에서 말했다. "고려 국왕 왕식에게 알린다. 일찍이 어떤 사람이 '탐라에 이르러 남송과 일본으로 가려고 하면 해로가 매우 쉬울 것'이라고 했다. 지금 다시 명위장군 도통령 톡토르, 무덕장군 통령 왕국창, 무략장군 부통령 유걸을 그곳(고려)으로 보내 경이 준비한 군사와 선박을 점검하고 먼저 가서 탐라 등의 해로를 살피게 했다. 경은 큰 함선을 보내고 일을 잘 처리할 수 있는 관원을 임명해 인도해 도착케 해 짐의 뜻에 부응하라." 世祖皇帝至元六年七月五日, 樞密官奉旨, 差千戶脫脫兒·王國昌·劉傑赴高麗地界, 相視耽羅等處道路, 整點軍兵船艦, 令高麗王選差知識海道地面好官, 領引前去. 詔曰, 諭高麗國王王植. 以其曾有人云, 若至耽羅, 欲往南宋幷日本道路甚易. 今復遣明威將軍都統脫脫兒·武德將軍統領王國昌·武略將軍副統領劉傑, 就彼點整卿所備軍兵船隻, 幷先行相視耽羅等處道路. 卿當應副大船, 可選堪委見職正官, 務要引送道達, 以副朕懷.

한편 「원·고려기사」의 본편(고려 부분) 지원 6년 7월 조에는 이 기사 가운데 탐라도를 살펴보게 한 세조의 조서를 실었다. 이처럼 탐라도는 반란을 일으킨 삼별초가 그 섬을 근거지로 삼기 전부터 세조의 주의를 끌었고, 세조는 지원 6년 7월 그곳을 시찰하는 사신으로 톡토르·왕국창·유걸 등을 고려를 거쳐 파견했다. 『원사』「탐라열전」에서는 "탐라는 고려의 동맹국이다. 세조는 고려를 신하로 복속시킨 뒤 탐라가 남송·일본으로 가는 요충지였기 때문에 주의를 기울였다耽羅高麗與國也. 世祖旣臣服高麗, 以耽羅爲南宋·日本要衝亦注意焉"고 한 뒤 앞서 인용한 「원·고려기사」의 탐라 조 기사를 요약해 세 사신을 파견한 일을 서술했다.

그런데 이보다 1년 전인 지원 5년(1268) 7월에도 동일한 세 사신이 고려에 파견됐다.

「원·고려기사」: [지원 5년] 7월 20일 도통령 톡토르, 무덕장군 통령 왕국창, 무략장군 부통령 유첩(유걸?) 등이 고려에 사신으로 갔는데, 입조했던 대장군 최동수가 함께 갔다. 8월(『고려사』에는 10월로 돼 있다. 뒤에서 서술) 그 나라에 도착하자 왕식(원종)이 승천부로 나와 맞이하니 군대를 검열하고 선박을 만들라고 지시했다. 조서에서 말했다. "경은 최동수를 보내 병사 1만 명을 준비하고 선박 1000척 만드는 일을 아뢰었다. 지금 특별히 명위장군 도통령 톡토르, 무덕장군 통령 왕국창, 무략장군 부통령 유걸을 보내 그곳(고려)에 가서 병력과 선박의 수를 점검케 하니 선박을 만드는 일은 그들의 지시를 듣도록 하라. 탐라에서 이미 선박을 만드는 일에 참여했다면 다시 번거롭게 할 필요는 없지만, 참여하지 않았다면 즉시 따로 100척을 만들게 하라. 군사와 선박을 점검해 충분히 준비됐으면 남송을 정벌하거나 일본이 명령을 어겨 정벌할 때 적절히 사용할 것이다. 관원(세 사신)을 먼저 보내 흑산도와 일본으로 가는 길을 살펴보게 하니 경도 관원을 보내 호위하고 안내하라." 七月二十日, 詔都統領脱朶兒·武德將軍統領王國昌·武略將軍副統領劉捷(傑?)等使高麗, 與其來朝者, 大將軍崔東秀偕行. 八月, 至其國, 植出昇天府迎之, 蓋諭以閱軍造艦也. 詔曰, 卿遣東秀來奏, 備兵一萬, 造船一千隻事. 今特遣明威將軍都統領脱朶兒·武德將軍統領王國昌·武略將軍副統領劉傑詣彼整閱軍數, 點視船艦, 其所造船隻, 聽其指畫. 如耽羅已與造船之役, 不必重煩, 如其不與, 卽令別造百艘. 其軍兵船隻, 整點足備, 或往(征?)南宋, 或日本逆命征討, 臨時制宜. 仍仰差去官先行相視黑山·日本道路, 卿亦差官護送導達.

이것과 상응하는 『원사』 「고려열전」의 기사에는 조서가 생략돼 있다. 이것으로 보면 세조는 지원 5~6년 동일한 세 사신을 보내 고려가 준비한 군사와 선박을 점검케 하고 한편으로 흑산도(지원 5년)와 탐라도(지원 6년)를 시찰케 했다. 그리고 첫 번째 사신을 파견했을 때 특히 탐라도에서 만드는 선박 숫자를 지정한 것은 두 번째 사신이 파견되기 1년 전 이미 세조가 해로의 요충지인 그 섬을 주목하고 있었음을 말한다.

전라남도 무안군務安郡 서쪽 바다에 상태도上苔島·중中태도·하下태도를 사이에 끼고 비교적 큰 섬이 둘 있다. 남쪽에 있는 것이 소흑산도(둘레 5리 26정[22.4킬로미터]), 북쪽에 있는 것이 대흑산도(둘레 10리 32정[42.6킬로미터])다. 대흑산도는 목포 정서쪽에 있고 그 북쪽 해안은 안쪽으로 꺾여 들어와 앞쪽에 대둔도大苞島라는 섬도 있어 선박이 정박하기에 적합한 천연의 항구를 이룬다. 소흑산도 쪽에는 정박할 만한 곳이 없다.

『송사』(권487) 「고려열전」: 명주 정해현에서 순풍을 만나면 사흘 만에 큰 바다로 들어가고, 다시 닷새면 묵산도에 이르러 고려 경계에 들어간다. 묵산도에서 섬들을 지나 암초 사이를 헤치고 나아가면 배의 운행이 매우 빨라 7일 만에 예성강에 이른다. 自明州定海遇便風, 三日入洋, 又五日抵墨山, 入其境. 自墨山過島嶼, 詰曲礁石間, 舟行甚駛, 七日至禮成江.

묵산은 흑산의 오기로 대흑산도가 분명하고, 세조는 남중국과 고려의 해상교통에서 이 섬을 주목한 것이다.

이런 두 차례의 사신 파견에 관련된 고려 쪽의 기록은 어떤가? 『고려사』 세가에 따르면 톡토르·왕국창·유걸 등 14명의 일행이 고려에 온 것은 원종 9년(지원 5년, 1268) 10월로 그들이 가져온 조서는 「원·고려기사」에 실린 흑산도를 시찰하라는 것과 동일하다. 그리고 이런 사신들이 고려를 떠난 것은 같은 해 12월이었는데, 그동안 왕국창과 유걸 등은 고려 관원을 따라 흑산도를 순시했고 톡토르는 귀국하기에 앞서 고려의 병력을 점검했으며 유걸은 서해도의 선박 제조를 검열했다. 곧 지원 5년(1268) 7월 바닷길을 시찰하기 위해 고려에 파견된 몽골 사신은 세조의 명령대로 행동한 것이다. 그런데 이듬해(지원 6년) 7월 탐라도를 시찰했다는 사신과 관련된 기사는 『고려사』에 없다. 그런 사신이 온 흔적이 없고 「원·고려기사」에 실린 세조의 조서도 보이지 않는다.

『원사』(권167) 「왕국창열전」: 지원 5년(1268) 어떤 사람이 "고려 영토 안의 흑산에서 바다로 송의 영토로 가는 것이 가깝다"고 아뢰자 황제는 왕국창에게 가서 살펴보게 했다. 1000여 리를 항해하는데 바람과 파도가 매우 심하니 따라간 사람들은 두려워하며 돌아가자고 권유했다. 왕국창은 태연하게 천천히 말했다. "천자의 위엄 있는 명령을 받들었지만 아직 일을 마치지 못했는데 갑자기 돌아갈 수 있겠는가?" 마침내 흑산에 이르렀다가 돌아오니 황제가 맞이해 수고를 위로했다. 至元五年, 人有上書言高麗境內黑山海道至宋境爲近, 帝命國昌往視之. 泛海千餘里, 風濤洶湧, 從者恐, 勸還. 國昌神色自若, 徐曰, 奉天子威命, 未畢事而遽返, 可乎. 至黑山乃還, 帝延見慰勞.

그러나 따로 탐라도에 간 사실을 전하지 않았기 때문에 1년 뒤 같은 사신이 동일한 바닷길을 탐사했다고 한 「원·고려기사」의 기록에 대해 이것은 어떤 오류가 아닐까 하는 의문이 일지 않을 수 없다.

그러나 지원 6년(1269) 겨울 고려의 반신 최탄 등이 몽골에 귀의한 사건과 관련해 톡토르의 이름이 『고려사』에 보이는 것을 간과해서는 안 된다. 그해 10월 초 임연을 주살한다는 명분으로 서북면에서 반란을 일으킨 최탄 등은 마침내 서경유수와 서북면 여러 주의 수령들을 죽이고 몽골에 투항하기 위해 압록강을 건너다가 우연히 강 안의 섬에 있는 대부성에서 고려로 오던 몽골 사신 톡토르를 만났다. 톡토르는 최탄 등이 몽골로 가는 목적을 물은 뒤 그들이 아직 죽이지 못한 의주·인주·정주 등 압록강 가 성들의 수령을 이끌고 곧바로 몽골로 돌아갔다. 최탄의 반란과 관련된 이런 사실은 『고려사』 「원종세가」와 「최탄열전」에 보인다. 『원사』 「세조본기」 지원 6년(1269) 11월 계묘일(2일) "고려의 도통령 최탄 등은 임연이 반란을 일으키자 서경의 50여 성을 이끌고 귀의했다"고 한 것은 톡토르가 대부성에서 몽골 조정으로 돌아가 드린 보고로 생각된다.[4]

이처럼 지원 6년(1269) 겨울 어떤 임무를 지니고 고려 국경까지 온 톡토르는 서북면의 성들을 이끌고 몽골에 귀의한 최탄에게서 그 일을 듣고 곧바로 발길을 돌려 이 새로운 사실을 몽골 조정에 보고했다. 이것으로 보면 그는 처음의 임무를 수행하지 않은 것인데, 그 임무가 무엇이었는지는 의문이다. 여기서 그것을 문제의 「원·고려기사」의 내용과 연결해 생각하면 이 톡토르는 세조가 탐라도를 시찰하도록 고려에 보낸 사신의 한 사람이 분명하다고 생각된다. 그리고 고려 국경에서 최탄이 귀의하겠다는 생각을 들은 그가 곧바로 발길을 돌린 것은 몽골에 유리한 이 사건을 먼저 세조에게 보고하는 것이 탐라를 시찰하는 것보다 시급한 일이라고 생각했기 때문이 아니었을까 추측할 수 있다. 이렇게 해석하면 탐라도 시찰에 관련된 기사가 『고려사』에 보이지 않는 것은 결코 이상한 일이 아니다.

이처럼 세조는 탐라가 삼별초의 해적 활동의 근거지가 되기 전부터 그 섬을 — 흑산도와 함께 — 바닷길의 요충지로 특별히 주목했기 때문에 지원 10년(1273) 적의 소굴을 무너뜨린 것과 동시에 초토사를 설치해 서북면의 동녕부처럼 원의 직할령으로 만들었다. 그것을 남송과 일본 정벌에 동원하지는 않았지만 지원 13년(충렬왕 2년, 1276)에는 목장을 설치해 말 160필을 기르고 죄인의 유배지로 자주 사용했다.[5] 초토사를 설치한 뒤 관서의 연혁은 앞서 서술한 것과 같으며, 자연히 몽골인과 몽골 본국의 왕래 — 한반도를 경유해 — 도 빈번해진 것은 말할 것도 없다. 그리고 지원 31년(충렬왕 20년, 1294) 세조가 붕어하자 충렬왕은 그 기회를 타고 탐라도의 반환을 새 황제 성종에게 주청해 쉽게 윤허를 얻었으며, 이듬해 윤4월 제주목사가 새로 임명됐다.

「원·고려기사」: 고려 국왕이 상언해 탐라의 땅은 조종 이래로 그 나라에 신하로 복속됐는데, 임연의 역당을 평정한 뒤 윤방보가 초토부사에 임명돼 계책을 내 조정에 직접 예속되기를 구한 것이라고 예전처럼 해달라고 간청했다. 황제는 "이것은 작은 일이니 다시 고려에 소속되게 해도 괜찮다"고 했다. 이때부터 마침내 다시 고려에 예속됐다. 高麗王上言, 耽羅之地, 自祖宗以來臣屬其國, 林衍逆黨旣平之後, 尹邦寶充招討副使, 以計求徑隷朝廷, 乞仍舊. 帝曰, 此小事, 可使還屬高麗. 自是遂復隷高麗.

1926년 7월 탈고(『동양학보』 16권 1호)

<h1 style="text-align:center">16편
고려에 주재한 원의 다루가치</h1>

다루가치는 말할 것도 없이 원의 관직 이름이다. 그 글자는 총독·지사 등을 뜻하는 몽골어 darughachi의 대역어로 『원조비사元朝祕史』의 답로합신荅嚕合臣, 장춘진인長春眞人의 『서유기西遊記』에 나온 탑랄홀지塔剌忽只는[1]는 같은 발음을 다르게 표기한 것들이다. 청의 조익趙翼은 이 관직을 다음과 같이 설명했다.

다루가치는 인장을 관리하고 일을 처리하는 장관으로 관직의 문무와 고하 또는 노·부·주·현에 상관없이 모두 이 관직을 설치했다. 達魯花赤, 掌印辨事之長官, 不論職之文武·大小·或路·或府·或州·或縣皆設此官.

고 야나이 박사는 이 설명을 "간략하게 핵심을 얻었다"고 평가하고[2] 스스로 자세한 연구를 발표했는데,[3] 나는 이 짧은 논문에서 원 세조 때 고려의 도성에 주재한 다루가치를 살펴보려고 한다.

고려의 도성에 다루가치를 설치한 사정은 따로 설명하려고 하므로 여기서는 일단 생략한다.[4] 그것이 처음 설치된 해는 원종 11년(원 세조 지원 7년, 1270)이다.

- 『고려사』「원종세가」 11년 5월: 몽골이 톡토르를 우리나라의 다루가치로 임명했다. 蒙古以脫朶兒爲我國達魯花赤.
- 원종 12년 10월 기해일(14일): 다루가치 톡토르가 죽었다. 達魯花赤脫 朶兒卒.
- 같은 달 갑진일(19일): 부다루가치 초천익. 副達魯花赤焦天翼.
- 『원사』「세조본기」 지원 7년(1270) 2월: 다시 조서를 내려 톡토르와 초천익을 그 나라의 다루가치로 삼고 식(원종)을 호위해 본국으로 돌아가게 했다. 又詔, (…) 以脫脫朶兒·焦天翼爲其國達魯花赤, 護送植還國

이런 기사들을 참조하면 톡토르와 초천익은 정·부다루가치로 같은 때 임명된 것이 틀림없다.

편의상 부다루가치를 먼저 살펴보면 『고려사』「원종세가」에서 부다루가치 초천익은 원종 14년(지원 10년, 1273) 8월 임기가 만료돼 9월 2일(신사일) 고려의 도성을 떠나 원으로 돌아갔다. 「원·고려기사」에서도 "9월 3일 부다루가치 초천익이 임기가 만료돼 조정으로 돌아왔다 九月三日, 副達魯花赤焦天翼政滿還朝"고 했는데,[5] 원에 전해진 고려의 사료에 따라 그 날짜를 잘못 기재한 기사로 생각된다(그 책에는 이런 기사들이 적지 않다). 초천익의 뒤를 이은 부다루가치는 주세창이다.

- 「원·고려기사」의 이어진 기사: 12월 주세창을 부다루가치로 임명했다. 十二月, 以周世昌充副達魯花赤.

• 「원종세가」 12월 병자일(28일): 새 다루가치가 오자 국왕이 선의문 밖
  으로 나가 맞이했다. 新達魯花赤來, 王出迎于宣義門外.

여기서 '새 다루가치'는 새로 온 부다루가치 주세창으로 생각된다.
2년 뒤 주세창을 대신한 사람은 석말천구石抹天衢였다.

• 『고려사』 「충렬왕세가」 원년(지원 12년, 1275) 2월 기유일(8일): 부다루
  가치 주세창이 죽었다. 副達魯花赤周世昌卒.
• 같은 해 12월: 이달 원에서 중서원외랑 석말천구를 파견해 부다루가
  치로 삼았다. 是月元遣中書員外郎石抹天衢, 爲副達魯花赤(이 기사의 임명
  시기가 11월인 것은 「원·고려기사」에 따라 알 수 있다).

다시 3년 뒤인 충렬왕 4년(지원 15년, 1278) 봄 석말천구는 임기를 연
장했다.

「원·고려기사」: 지원 15년 2월 중서성에서 아뢰었다. "고려 국왕 춘(충렬
왕)이 다루가치 석말천구는 임기가 찼지만 아직 교체되지 않았으니 다
시 3년을 머물도록 해달라고 했습니다." 그것을 따랐다. 十五年二月, 中書
省奏, 高麗王睶言達魯花赤石抹天衢任滿未替, 乞復留三年. 從之.

이것은 김방경에 대한 두 번째 무고 사건이 전개될 때의 일인데, 『고
려사』에 이 유임 사실을 담은 기사가 보이지 않는 것은 누락이 틀림없
다.

다음으로 톡토르脫脫朶兒가 죽은 뒤 정正다루가치는 어떻게 됐는가?

이익과 흑적이 서로 그 임무를 맡았다.

- **「원종세가」** 13년(지원 9년, 1272) 4월 계묘일(16일): 원에서 이익을 다루가치로 임명해 파견하자 국왕이 성 밖으로 나가 맞이했다. 元遣李益爲達魯花赤, 王迎于城外.
- **「충렬왕세가」** 즉위년(지원 11년, 1274) 12월 갑인일(12일): 원에서 흑적을 다루가치로 임명해 파견했다. 元遣黑的來, 爲達魯花赤.
- **「원·고려기사」**: 지원 11년 12월 흑적을 고려국 다루가치로 삼았다. 21일 다루가치 이익이 교대해 조정으로 돌아왔다. 至元十一年十二月, 以黑的爲高麗國達魯花赤. 二十一日, 達魯花赤李益受代還朝(이것도 고려의 사료에 바탕한 기사로 생각된다).

그리고 「충렬왕세가」와 「원·고려기사」에 따르면 흑적은 충렬왕 원년(지원 12년, 1275) 7월 원으로 돌아갔다. 흑적의 후임은 분명한 기록이 없지만 장국강이던 것이 틀림없다.

「충렬왕세가」 2년(1276) 7월: 국왕이 중서성에 글을 올렸다. "첫째, 다루가치인 경력 장국강은 명민하고 청렴하며 공평해 백성이 그를 칭송하니 임기가 이미 찼지만 유임시켜 주십시오." 王上書中書省, 一曰, 達魯花赤經歷張國綱, 明敏淸平, 百姓德之, 瓜期已滿, 乞令留任.

이 기사에서 그렇게 추측할 수 있다. 장국강은 충렬왕 원년(1275) 7~8월 무렵부터 같은 왕 4년(지원 14년, 1277) 8월까지 정다루가치로 고려에 있었고, 앞서 서술한 대로 같은 해 12월 이후 부다루가치는 석말천구였다. 두 사람은 마지막 정·부다루가치였다. 이 관직이 혁파된 때는 충렬왕 4년 가을이었는데, 그 사정은 따로 서술하겠다.[6] 그해 9월 5일 귀국하던 장국강은 원에서 온 충렬왕을 알현하고 말했다.

지난번에 임기가 만료돼 돌아가야 했는데 국왕께서 상급 관서에 말해 머물게 한지 지금 7년이 됐습니다. 前者秩滿當還, 王報上司留之, 于今七年.

그러나 7년이라는 것은 처음 임명된 해부터 세도, 다시 임명된 해부터 세도 정확하지 않다.

지금까지 고찰한 것에 따르면 원종 11년(1270)~충렬왕 4년(1277) 정·부다루가치의 임명은 다음 표와 같다.

연월		다루가치	부다루가치
원종 11년(지원 7년, 1270)	5월	톡토르 부임	초천익 부임
원종 12년(지원 8년)	10월	톡토르 사망	
원종 13년(지원 9년)	4월	이익 부임	
원종 14년(지원 10년)	9월		초천익 귀환
같은 해	12월		주세창 부임
충렬왕 즉위년(지원 11년, 1274)	12월	이익 떠남	
같은 해	〃	흑적 부임	
충렬왕 원년(지원 12년)	2월		주세창 사망
같은 해	7월	흑적 떠남	
같은 해	〃(?)	장국강 부임	
같은 해	12월		석말천구 부임
충렬왕 4년(지원 15년)	8월	장국강 떠남	석말천구 떠남

고려의 도성에 주재한 정·부다루가치가 어떤 일을 처리했는지는
『고려사』 세가에 산견되는 다음 기사들을 살펴 그 대체적인 내용을
알 수 있다.

(1) 원종 12년(1271) 2월 톡토르가 국왕에게 아뢰었다. "남쪽 지방을 수
비하는 우리(고려) 군사가 주·군을 약탈해 백성이 편히 살지 못하니 사
신을 보내 안무하소서." 장일을 경상도로, 주열을 전라도로, 곽여필을
충청도로 파견했다. 脫朶兒告王曰, 我兵之戍南方者, 侵掠州郡, 民不聊生,
宜遣使安撫. 於是遣張鎰于慶尙道, 朱悅于全羅道, 郭汝弼于忠淸道.

(2) 같은 해 4월 톡토르가 원 황제의 명령에 따라 재추와 함께 당성 사
람 홍택을 참수했는데 (…) 착량방수군을 죽인 죄를 다스린 것이다. 脫
朶兒承帝旨, 與宰樞, 斬唐城人洪澤, (…) 治殺窄梁防戍軍之罪也(착량방수군
은 2월 조에서 "착량을 지키던 몽골군이 대부도에 들어와 주민을 침탈했다窄梁
防戍蒙古兵入大部島, 侵奪居民"고 한 것이다).

(3) 같은 해 9월 재추와 톡토르가 힌두의 주둔지인 오산에 가서 역적(삼
별초) 외의 사람들을 돌려보내라고 요청했다. 힌두가 고집을 부리며 허
락하지 않자 톡토르는 황제의 명령이라면서 강력히 힐책해 어느 정도만
추려서 데리고 나오게 했다. 宰樞與脫朶兒, 往忻都屯所烏山, 請還逆賊外人
民. 忻都堅執不許, 脫朶兒稱聖旨力詰, 稍令揀出.

(4) 같은 해 10월 부다루가치 초천익은 "개인의 집에 무기를 둘 수 없다"
고 하고 나라(고려) 사람들이 진도를 공격할 때 사용한 무기를 걷어 모
두 염주의 몽골군 주둔지로 보냈다. 副達魯花赤焦天翼曰, 兵器不可畜於私
家, 收國人攻珍島兵仗, 悉輸于鹽州屯所.

(5) 원종 14년(1273) 2월 이익이 좌창의 녹봉 지급을 금지시키자 국왕이

말했다. "좌창은 내 신하의 녹봉을 보관하는 곳이니 다른 나라의 관원 (이익)이 간섭할 수 있는 것이 아닙니다. 장차 황제게 아뢰겠습니다." 그러자 이익이 그만뒀다. 李益禁左倉頒祿, 王曰, 左倉陪臣俸祿所在, 非官人所知. 吾將奏于帝. 益乃止.

(6) 같은 해 3월 이익은 서해도의 전함(탐라 정벌에 사용할 것)이 많이 침몰하자 안찰사 우천석을 하옥했다. 李益以西海道戰艦多敗沒, 囚按察使禹天錫.

(7) 같은 해 11월 원의 중서성에서 다루가치에게 공문을 보내 우정을 죽이게 했다. 元中書省移文達魯花赤, 殺于琔(『고려사』[권130] 「우정열전」에 따르면 우정은 세조의 명령을 어긴 여인과 혼인했다).

(8) 충렬왕 원년(1275) 5월 다루가치 혹적은 사람들이 활과 화살을 휴대하는 것을 금지했다. 達魯花赤黑的禁人挾弓矢.

(9) 충렬왕 2년(1276) 3월 다루가치(석말천구?)가 국왕을 비판했다. "선지·짐朕·사敕라 부르니 어찌 이렇게 참람합니까?" 국왕은 첨의중찬 김방경과 좌승선 박항을 시켜 해명했다. "감히 참람하려는 것이 아니라 조종 때부터 전해오는 옛 관례를 따랐을 뿐입니다. 감히 고치지 않겠습니까?" 그리고는 선지를 왕지로, 짐을 고로, 사를 유로, 주를 정으로 고쳤다. 達魯花赤詰之曰, 稱宣旨·稱朕·稱敕, 何僭也. 王使僉議中贊金方慶·左承宣朴恒解之曰, 非敢僭也, 但循祖宗相傳之舊耳. 敢不改焉. 於是改宣旨曰王旨·朕曰孤·敕曰宥·奏曰呈.

(10) 같은 해 11월 다루가치가 방榜을 붙여 우리나라 사람은 군사 외에는 활·화살·무기 소지를 금지했다. 達魯花赤張榜, 國人軍士外, 禁持弓箭兵器.

(11) 충렬왕 3년(1277) 2월 다루가치 석말천구가 국왕에게 말했다. "어째

서 현명한 선비를 멀리하고 무뢰배를 가까이 하십니까?" 국왕은 아무 말도 하지 않았다. 達魯花赤石抹天衢言於王曰, 王何疎賢士而親無賴之人. 王黙然.

다루가치는 자신이 파악한 고려 민정의 한 부분에 대해 국왕의 주의를 촉구하거나(1) 국왕의 실정失政을 경계하기도 했지만(11) 내정에 깊이 간섭하지 않았고 그렇게 하려고 무리하지도 않았다(5). 고려인의 무기 소지를 금지한 것도(4·8·10) 원 본국에서 한인漢人(북부 중국인)에게 내린 같은 금지령을 고려에 적용한 것으로 다루가치 각자의 생각에서 나온 일시적 조처는 아니었다. 몽골 관원과 고려인 사이에 일어난 분쟁은 다루가치가 직접 결정했다(3). 몽골 원수 아카이는 진도 정벌에 참여한 고려 장군 김방경에 대한 참소가 있자 그를 개경으로 압송했는데, 그 사건을 판단해 김방경을 석방한 것은 다루가치였다.[7] 그 사안에서 톡토르의 조처가 공정했다는 것은 『고려사』 세가의 그가 사망한 기사(원종 12년 10월)에 서술돼 있다.

톡토르는 신중하고 너그러워 백성을 보살피고 구휼했으며 일처리가 명백해 법을 어긴 적이 없어 국왕도 매우 소중하게 여겼다. 脫朶兒沈重寬厚, 撫恤人民, 聽斷明白, 未嘗枉法, 王亦甚重之.

그러나 석말천구 같은 인물은 홍차구와 결탁해 무고한 김방경을 처벌하는 불법을 저질렀다.[8] 흑적도 평판이 나쁜 다루가치의 한 사람이었다.

『고려사』 「충렬왕세가」 원년(1275) 7월: [흑적이 귀국한 부분]. 원종이 복위할 때 흑적이 조서를 갖고 왔는데, 성격이 간사하고 거짓돼 믿기 어려웠다. 다루가치가 되자 매우 거만했는데, 국왕이 여러 번 억제해 마음대로 하지 못했다. 이때 귀국하겠다고 하자 국왕(충렬왕)과 공주(왕비 제국공주齊國公主)가 만류했지만 듣지 않았다. 공주는 흑적이 참소해 일을 만들까 염려해 식투르(공주의 측근)를 함께 보내 그의 행동을 살피게 했다.

元宗之復位也, 黑的奉詔而來, 性譎詐難信. 及爲達魯花赤甚倨, 王屢抑之, 不敢肆其志. 及是告歸, 王與公主留之, 不聽. 公主恐黑的讒構, 遣式篤兒偕往, 覘其所爲.

다루가치는 원에 범죄를 저지른 고려인을 처벌하기도 했다(2·7). 그러나 이것은 세조의 명령에 따른 것으로 다루가치 자신의 직권을 행사한 것은 아니다. 충렬왕 2년(1276) 3월 다루가치가 고려 국왕이 사용하는 선지·짐·사·주 등의 참칭을 고치라고 한 것도(9) 전 해(충렬왕 원년, 1275) 10월 원 사신이 가져온 세조의 조서를 참조하면 역시 세조의 명령에 바탕한 것이었다.

• 「충렬왕세가」: 국왕이 아직 즉위하지 않았을 때는 태자라고 하지 않고 세자라고 부르며, 국왕의 명령은 예전에 성지라고 했지만 지금은 선지라고 한다. 관직 이름이 조정과 같은 것도 이런 것들과 비슷하다.

王之未爲王也, 不稱太子而稱世子, 國王之命, 舊稱聖旨, 今稱宣旨. 官號之同於朝廷者, 亦其比也.

• 『원사』 「세조본기」의 같은 해(지원 12년, 1275) 11월: 고려국의 관제가 참람하므로 사신을 보내 성(중서성)·원(추밀원)·대(어사대)·부(중서성

의 6부)의 관명과 작호가 조정과 같은 것은 고치게 했다. 以高麗國官制
僭濫, 遣使諭旨, 凡省·院·臺·部官名·爵號, 與朝廷相類者改正之.

요컨대 고려의 도성에 주재한 다루가치는 그 나라의 내정에는 간섭
하지 않았고, 몽골 관원과 고려 관원 사이에 생긴 논란을 판단한 사례
외에는 대체로 본국 조정의 명령에 따라 사무를 처리했으며, 총독이나
총감總監에 견줄 정도의 권력을 지닌 주차관駐箚官은 아니었다. 원 본국
에서 크고 작은 여러 지방 관서에는 그 장관과 함께 반드시 다루가치
가 배치됐다. 그 다루가치는 원의 왕반王磐이 지은 「사천택 신도비史天
澤神道碑」에서 "우리나라의 제도에서는 주·부·사·현에 각각 감림관을
뒀는데 그를 다루가치라고 한다國朝之制, 州·府·司·縣, 各置監臨官, 謂之達魯花
赤"고 설명했는데,9 고려의 다루가치도 거기서 말한 감림관, 곧 일본의
메츠케야쿠目附役*와 같은 것이었다.

[부기附記]

몽골 태종 3년(고려 고종 18년, 1231) 살리타이를 주장으로 한 1차 고려 원정 때 살리타이는 자신이 공략한 서경(평양) 이하 북계(지금의 평안도)의 성들에 다루가치 72명을 뒀다. 그가 군사를 돌린 뒤 고려의 도성에는 따로 "국무를 총괄하는" 도단都旦이라는 다루가치가 왔다. 이 일은 지난해에 발표한 「몽골의 고려 침략」에서 자세히 설명했다.[1] 세조 때 고려의 도성에 주재한 다루가치는 이른바 국무를 총괄한 뒤의 것에 해당하고 송 이종 단평端平 초(몽골 태종 7~8년, 1235~1236) 몽골 조정에 사신으로 간 서정徐霆이 "백성을 관할하는 사람을 다루가치라고 한다管民則曰達魯花赤"고 한 것은[2] 앞의 것, 곧 여러 성의 다루가치를 설명한 것이다.

1929년 5월 탈고(『동양학보』 18권 2호)

17편
정동행성의 창설과 폐지

1.

원의 행중서성을 설명한 『원사』(권91) 「백관지」의 기사는 다음과 같다.

행중서성은 모두 10질이다. 종1품은 나라의 여러 일을 관장하고 군·현을 통치하며 변방을 지키는데, 도성都省(중서성)과 안팎을 이룬다. 건국 초 정벌이 있으면 군무와 민정을 나눠 맡고 모두 '행성'이라고 불렀는데, 일정한 제도는 없었다. 중통(1260~1264)·지원(1264~1294) 연간 처음 행중서성을 따로 설치해 일에 따라 관원을 뒀는데, 관원을 반드시 갖추지는 않고 모두 중서성의 관원이 그 일을 처리했다. 중서성의 승상은 모두 재상으로 '행모처성사行某處省事'라는 관직을 받았다. 그 뒤 지방을 너무 중시한다는 문제가 나타나 '모처행중서성'이라고 고쳤다. 화폐·곡식·무기·농사·조운 등 국방과 민정의 중요한 일을 모두 관장했다. 行中書省,

凡十秩. 從一品. 掌國庶務, 統郡縣, 鎭邊鄙, 與都省爲表裏. 國初有征伐之役, 分任軍民之事, 皆稱行省, 未有定制. 中統·至元間, 始分立行中書省, 因事設官, 官不必備, 皆以省官出領其事. 其丞相, 皆以宰執行某處省事繫銜. 其後嫌於外重, 改爲某處行中書省. 凡錢糧·兵甲·屯種·漕運, 軍國重事, 無不領之.

그 뒷부분에서는 세조 중통 이후 설치된 '하남·강북등처행중서성河南江北等處行中書省' 이하 11행성의 이름을 들고 각각 따로 간단히 설명했다. 보통 '정동행성'으로 줄여 부르는 '정동등처행중서성征東等處行中書省'은 이런 행성 가운데 하나로 세조 때부터 원이 멸망할 때까지 띄엄띄엄 존재했는데, 그 성격이 처음부터 끝까지 일관된 것은 아니었지만 아래서는 창설 당시의 행성에 대한 내 생각을 조금 서술하려고 한다. 그 뒤의 연혁은 다시 따로 많은 분의 가르침을 받을 기회가 있을 것으로 생각한다.

2.

지원 18년(1281) 2차 일본 정벌 — 고안弘安의 역役 — 은 1차와 마찬가지로 하룻밤의 태풍 때문에 실패로 끝났고 그 몇 달 뒤 원은 그 정벌을 위해 설치했던 행성을 혁파했다.

- 『원사』「세조본기」 지원 19년(1282) 정월 병인일(5일): 정동행중서성을 혁파했다. 罷征東行中書省.
- 『고려사』「충렬왕세가」 8년(1282) 1월: 이달 원이 정동행중서성을 혁파

했다. 是月元罷征東行中書省.

무엇보다 「세조본기」에는 따로 지원 18년 12월 기해일(8일)에 "일본 행중서성을 혁파했다罷日本行中書省"는 기사가 있어 앞의 기사만 따를 수는 없다. 뿐만 아니라 이런 기록들은 모두 확실한 것이므로 그전에 는 일본·정동 두 행성이 함께 있었음을 인정할 수밖에 없다. 곧 행성 의 이름과 그 폐지 시기는 특별히 고찰할 필요가 있다. 또 행성은 그 뒤에도 여러 번 다시 설치돼 폐지는 일시적인 것이었지만 처음 행성이 설치된 시기와 사정, 그리고 행성의 성격을 언급하지 않으면 폐지의 의 미도 자세히 파악할 수 없다.

행성의 설치와 관련해서는 다음 기록이 있지만 그 연도가 잘못됐다 는 것은 말할 필요도 없다.

『원사』(권91) 「백관지」: 정동등처행중서성은 지원 20년(1283) 일본국 정 벌을 위해 고려 국왕에게 설치하게 하고 군사를 일으키는 업무를 담당 하게 했으며 군사가 돌아오자 혁파했다. 征東等處行中書省, 至元二十年, 以征日本國, 命高麗王置省, 典軍興之務, 師還而罷.

또 『동국여지승람』(권32) 창원도호부 산천 조에서는 정동행성의 창 설을 지원 11년(1274)의 1차 일본 정벌(분에이文永의 역) 때로 서술했다.

합포는 창원부 서쪽 10리(3.9킬로미터)에 있다. 고려 원종 15년(지원 11년) 정월 원 세조는 일본을 정벌하고자 합포현에 정동행성을 설치하고 홍차 구에게 김방경 등과 함께 합포에서 전함 만드는 것을 감독하게 했다. 合

浦. 在府西十里. 高麗元宗十五年春, 元世祖欲征日本, 以合浦縣爲征東行省, 詔洪茶丘與金方慶等監造戰艦于合浦.

그러나 만약 그렇다면 이 정벌에 종사한 장수들은 당시 아무런 행성의 관직을 갖지 않은 것으로 힌두는 도원수, 홍차구는 우부원수, 유복형劉復亨은 좌부원수였다.[1]

「세조본기」 지원 12년(1275) 2월: 동정원수부의 일본 전공을 포상해 비단, 활과 화살, 안장과 채찍을 하사했다. 賞東征元帥府日本戰功, 錦絹·弓矢·鞍勒

이 기록의 동정원수부는 이런 장수들을 가리킨 것이다. 그리고 이 전쟁 동안 행성이 존재했음을 직·간접적으로 입증하는 기사는『원사』『고려사』『고려사절요』등에 보이지 않으므로『동국여지승람』의 기록은 잘못된 것이 될 수밖에 없다. 후대에 민간의 이야기에 따른 것으로 생각된다. 홍차구와 김방경이 병선 제조를 감독한 곳이 합포(지금의 마산포)라고 한 것도 받아들이기 어려운 내용으로 사실은 전라도 변산과 천관산天冠山에 있었다.[2] 안정복의『동사강목』(제11 하) 원종 15년(1274) 정월 조에서 "원은 합포현에 동정행성을 설치하고 사신을 보내 전함 제조를 감독케 했다元以合浦縣爲東征行省, 遣使督造戰艦"고 한 것은『동국여지승람』의 기사에 바탕한 것이며 다른 증거로 삼은 것은 없다. 이렇게 해서 일본 정벌의 기관으로 행성이 설치된 것은 그동안 일반적으로 생각한 것처럼 2차 정벌 때가 돼야 한다.

『원사』「세조본기」지원 17년(1280) 2월: 정일본행성의 아랄한·범문호 등에게 서금의·은사·폐백 등을 차등 있게 하사했다. 賜 (…) 征日本行省 阿剌罕·范文虎等西錦衣·銀鈔·幣帛各有差.

정일본행성이나 정동행성의 이름은 이 기사에 처음 보인다. 그렇다 면 아랄한·범문호 등은 지원 17년 2월 이전부터 행성의 관원이던 것 일까? 갑자기 그렇게 단정할 수는 없다. 다시 「세조본기」를 보면 같은 해 8월 29일(무술일)에 다음과 같은 기사가 있다.

고려 국왕 왕춘(충렬왕)이 내조해 앞으로 군사 3만 명을 더해 일본을 정 벌하겠다고 했다. 범문호·힌두·홍차구를 중서우승으로, 이정·장바아 투르(장희張禧)를3 참지정사로 삼고 아울러 행중서성사에 임명했다. 高麗 王王睶來朝, 且言將益兵三萬征日本. 以范文虎·忻都·洪茶丘爲中書右丞, 李 庭·張拔突爲參知政事, 並行中書省事.

이것에 따르면 아랄한의 이름은 보이지 않지만 강남군과 동로군東路 軍을 이끈 범문호·힌두·홍차구 등의 장수는 중서성의 우승이나 참지 정사로 각각 행성의 관원 ― 행중서성사 ― 에 임명한 날짜(8월 29일) 가 보여주는 것처럼 충렬왕이 입조한 때가 돼야 하기 때문이다.

충렬왕이 입조한 사실은 『고려사』 세가에 좀더 자세히 실려 있다.4 입조 목적은 일본 정벌에 관련된 세조의 명령을 받으려는 것이었는데, 당시 세조는 새로 조성한 도간나올闍干那兀(차간노르察罕腦兒)의 행궁*

에 있었기 때문에5 충렬왕은 상도上都를 거쳐 그곳으로 가 8월 26일(을미일) 황제를 알현했다. 그 자리에는 힌두·홍차구·범문호 등이 배석했고(아랄한은 없던 것 같다) 동정의 계획이 논의돼 정해졌다. 그리고 충렬왕이 귀국길에 오른 것은 같은 달 29일(무술일)이었다. 그렇다면 「세조본기」의 위 기사는 충렬왕의 입조를 그가 귀국한 날짜에 연결해 기록한 것으로 '무술일'은 '을미일'의 오기가 틀림없다. 곧 세조는 일본 정벌에 종사할 주요 장수들 ― 아랄한을 제외한 범문호·힌두·홍차구·이정·장희 등 ― 에게 행성의 관직을 준 것은 차간노르의 행궁에서 충렬왕의 알현을 받고 이런 장수들과 함께 동정의 계획을 의논해 결정한 그날이 돼야 한다.

또 충렬왕은 아래 기록처럼 연말에 행성의 고위 관원으로 임명됐는데, 8월 입조했을 때 그의 주청에 따른 것이었다.

조인규와 인후가 원에서 돌아오자 국왕이 도성 서문 밖에서 조서를 맞이했다. 황제는 국왕을 개부의동삼사·중서좌승상·행중서성사로 책봉하고 인신을 하사했다. 趙仁規·印侯還自元, 王迎詔于城西門外. 帝冊王爲開府儀同三司·中書左丞相·行中書省事, 賜印信.

이 주청은 동정에 관련된 충렬왕의 의견을 7항목으로 나눠 말한 것으로 3항은 다음과 같았다.

홍차구의 직임을 더 높이지 말고 그가 성공하기를 기다려 포상하며, 또 토리테무르에게 신과 함께 정동성의 일을 관장하게 할 것. 勿加洪茶丘職任, 待其成功賞之, 且令闍里帖木兒, 與臣管征東省事.

세조는 "아뢴 것을 이미 들었다"고 대답했고 충렬왕은 주요 지시를 얻어 귀국했다. 그 뒤 고려는 상당히 오랫동안 회답 조서를 받지 못했기 때문에 11월 11일(기유) 우승지 조인규 등을 원으로 보내 중서성에 서신을 전달했다. 그 일부는 다음과 같다.

제가 전에 조정에 입조했을 때(지난 8월의 일) 행성의 일을 맡겠다고 아뢨지만 아직 확실한 대답을 받지 못했습니다. 생각건대 제후가 조정에 들어가 재상이 되는 것은 예전부터의 도리입니다. 요·금 두 나라는 우리 선왕을 개부의동삼사로 책봉했고 저 또한 외람되게 황제의 은혜를 입어 일찍이 특진상주국에 임명됐습니다.[6] 이것으로 헤아려보면 제후로서 조정에 들어가 재상의 직책을 갖는 것은 예전과 지금 전례가 있으니 잘 아뢰어주시길 엎드려 바랍니다. 予昔在朝廷, 嘗以句當行省事, 聞于宸所, 未蒙明降. 竊念諸侯入相, 古之道也, 遼金兩國, 冊我祖先, 爲開府儀同三司, 予亦猥蒙聖眷, 曾拜特進上柱國. 以此忖得, 諸侯而帶上國宰輔之職, 古今有例, 伏望善奏.

이것은 정동행성의 장관에 임명해달라는 이전의 주청을 반복한 것이다. 그 결과 12월 24일 사신 조인규 등이 귀국하자 국왕은 앞서 서술한 대로 개부의동삼사·중서좌승상·행중서성사에 임명됐다. 그런데 「세조본기」를 보면 10월 계유일(5일) "고려국왕 왕춘에게 개부의동삼사·중서좌승상·행중서성사를 더했다"고 했고 또 12월 계유일(6일) "고려 국왕 왕춘을 중서우승상으로 삼았다"고 했다. 이것은 편찬자가 잘못해 동일한 사실을 간지가 한번 순환한 시기에 따라 앞뒤로 중복해 서술한 것으로 앞의 것은 뒤의 것에 합쳐야 하며 뒷 기사의 우승상은 좌승상의 오기가 틀림없다.

이렇게 고찰하면 문제의 행성은 지원 17년(1280) 8월 26일 차간노르의 행궁에서 일본 정벌에 참전할 범문호·힌두·홍차구 등 장수들이 중서성 우승 이하의 관직과 행중서성사에 임명됐으므로 그 창설로 볼 수 있는 것은 아닐까? 충렬왕이 먼 행궁에 간 1차적 목적은 일본 정벌에 관련된 세조의 명령을 받기 위한 것일 뿐 아니라 『고려사』 세가에서 "힌두·홍차구·범문호는 모두 먼저 명령을 받았다忻都·茶丘·范文虎, 皆先受命"고 기록한 것처럼 이런 장수들이 정식으로 일본 정벌의 명령을 받은 것도 충렬왕이 알현한 당일이었다는 점에서도 위의 견해는 뒷받침된다. 요컨대 정일본행성이나 정동행성은 일본 정벌에 관련된 주요 장수들이 차간노르의 행궁에 소집돼 그 방략을 의논하기 전부터 있던 것은 아니며, 그때 행중서성사가 임명된 것은 그때부터 행성이 설치됐다는 뜻으로 해석해도 될 것이다.

이런 견해는 그것을 뒷받침하는 사실이 있다. 『고려사』 세가에 따르면 차간노르에서 귀국하던 충렬왕은 9월 18일(병진일) 토리테무르의 영접을 받았는데, 그날 정동원수부의 진무鎭撫 예쉬데르가 가져온 두 문서 가운데 하나는 힌두·홍차구·범우승(범문호)·이좌승(이정) 등이 세조의 명령에 따라 정수일본행중서성사征收日本行中書省事에 임명됐으므로 고려는 자국이 부담해야 하는 모든 군사비를 차질 없이 마련해야 한다는 내용이었다.7 충렬왕은 9월 11일(기유일) 북경(노합하老哈河 상류에 있는 지금의 대명성大名城)에 도착해 7일 뒤 토리테무르의 영접을 받았으므로 그밖에는 요양 방면에 있었다고 생각된다. 진무 예쉬데르가 소속된 정동원수부의 장관은 홍차구로 여겨진다. 정동도원수 또는 정동원수는 지원 11년(1274) 1차 일본 정벌 때부터 힌두·홍차구 등이 지닌 관직이었고 지원 14년(1277) 정월 이후에는 홍차구도 도원수였다.

- 『원사』(권154) 「홍차구열전」: 지원 14년 정월 진국상장군 동정도원수에 임명해 고려를 지키게 했다. 十四年正月, 授鎭國上將軍·東征都元帥, 鎭高麗.[8]
- 「세조본기」 지원 14년 2월: 정동도원수 홍차구에게 군사 2000명을 이끌고 상도로 오게 했다. 命征東都元帥洪茶丘, 將兵二千赴上都.[9]
- 같은 해 9월: 정동원수부의 치소를 동경(요양)에 뒀다. 以征東元帥府治東京.[10]

『원사』(권91) 「백관지」에서 도원수부의 하나로 '정동征東'을 들고 그 원주에서 "부는 두 곳으로 도원수는 각 1명, 부원수는 1명이 있다二府, 都元帥各一員, 副一員"고 했는데 두 부는 힌두와 홍차구의 부로 생각된다(정동원수부는 동정東征원수부로 불리기도 했다).[11] 그런데 예쉬데르가 충렬왕 일행에게 보여준 문서에서 말한 것처럼 홍차구·힌두와 함께 범문호·이정 등이 정수일본행중서성사가 됐으므로 이것은 정동원수부의 조직을 확장해 새로 강남군江南軍의 장수를 충원한 것이 정수일본행중서성이라는 말이 분명하다. 그리고 이런 장수들은 차간노르의 행궁에서 행성 관원에 임명됐으므로 그 임명을 행성의 설치로 볼 수 있는 것은 거의 분명하다. 힌두와 홍차구가 행중서성사가 된 뒤에도 예쉬데르가 아직 정동원수부 진무였다고 한 것은 조금 이상하지만, 행성을 설치한 직후인 이 무렵 예쉬데르는 요양 방면에 있어 아직 새 직임을 추가로 받지 않은 것으로 판단된다.

이처럼 일본을 정벌하기 위한 행성의 설치는 지원 17년(1280) 8월에 이뤄졌으므로 그해 초 이미 '정일본행성'의 관직을 가진 것으로 아랄한과 범문호의 이름을 든 앞서 「세조본기」의 기록은 오류가 분명하다 (정동행성과 정일본행성이 같은 행성의 이름이라는 것은 뒤에서 서술). 아랄한에 대해 고찰해보면 앞서 "고려 국왕 왕춘이 내조했다"고 한 「세조본기」의 지원 17년 8월의 기사에서 그때 행중서성사에 임명된 장수로 범문호·힌두·홍차구·이정·장바아투르(장희)을 들고, 같은 때 충렬왕의 알현을 서술한 『고려사』 세가의 기사에서 "힌두·홍차구·범문호는 모두 먼저 명령을 받았다"고 했지만 아랄한의 이름이 보이지 않는 것은 주목해야 한다. 그리고 충렬왕이 귀국할 때 예쉬데르가 갖고 와 보여준 문서에도 정수일본행중서성사에 임명된 장수들로 힌두·홍차구·범문호·이정을 들었으므로 아랄한은 차간노르의 행궁에서 숙위하지 않았으며 그때 행성 관원에 임명되지 않았다는 것은 틀림없다.

이듬해 지원 18년(1281) 정월 세조는 연경의 궁궐로 장수들을 불러 이미 정해진 계획에 따라 출정하라는 명령을 내렸다.

「세조본기」: 아랄한·범문호·낭가대를 대궐로 불러 칙명을 받게 했다. 바투 장규(장희의 오기)는[12] 뒤에 남게 하고 힌두·홍차구 군에게 육지로 가서 [바다를 건너] 일본에 도착하도록 명령했다. 召阿剌罕·范文虎·囊加帶同赴闕受訓諭. 以拔都張珪·李庭留後, 命忻都·洪茶丘軍陸行抵日本.

아래는 이것에 상응하는 기사로 아랄한과 관련해서는 그가 이미 일본행성 우승상의 관직을 지녔음을 알 수 있다.

『원사』(권208) 「일본열전」: [지원] 18년(1281) 정월 일본행성 우승상 아랄한과 우승 범문호·힌두·홍차구 등에게 명령해 10만 명을 이끌고 일본을 정벌하게 했다. 十八年正月, 命日本行省右丞相阿剌罕·右丞范文虎及忻都·洪茶丘等率十萬人征日本.

『원사』(권129) 「아랄한열전」에서는 "불러서 광록대부 중서좌승상 행중서성사에 임명했다召拜光祿大夫·中書左丞相·行中書省事"고 했는데, 아랄한은 강남군의 지휘관이었고 그 위치는 충렬왕의 중서좌승상에 상대되는 것이었으므로 좌승상은 우승상의 오기로 생각된다. 다만 그 임명이 지원 18년(1281) 정월 이전의 어느 때였는지는 문헌에서 찾을 수 없다. 충렬왕에 대한 임명이 지원 17년 12월 초에 내려진 것으로 보면 그 무렵이 아니었을까 생각되기도 한다. 「세조본기」 17년 2월 아랄한과 범문호 앞에 붙여진 '정일본행성'은 행성 설치 뒤의 이름을 근거 없이 소급해 기록한 것으로 여겨진다.

3.

다음 문제는 행성의 이름이다. 「세조본기」의 행성 폐지 기사는 둘인데, 시기와 이름이 모두 서로 다르다. 하나는 지원 18년(1281) 12월 기해일(8일) "일본행중서성을 혁파했다"고 했고 다른 하나는 지원 19년 정월 병인일(5일) "정동행중서성을 혁파했다"고 했다. 그렇다면 2차 일본 정벌 동안 두 행성이 병존한 것 같지만 그렇게 생각해도 문제는 없을까? 이번 정벌에서 10여만 대군은 출항지를 달리 한 강남군과 동로군으로 나뉘었기 때문에 두 군에 각각 다른 이름을 지닌 행성이 있었다고 생각할 수도 있다. 그러나 이런 추정은 다음 사실에 따라 부정된다.

『원사』「일본열전」: 일본행성 참의 배국좌 등이 말했다. "본성의 우승상 아랄한·범우승(범문호)·이좌승(이정)이 먼저 힌두·홍차구와 입조했을 때 추밀원 관원과 의논해 결정했습니다." 日本行省參議裴國佐等言, 本省右丞相阿剌罕·范右丞·李左丞先與忻都·茶丘入朝時, 同院官議定.

이 일본행성은 앞서 인용한 같은 열전의 우승상 아랄한 앞에 붙여진 '일본행성'과 마찬가지로 강남군에 관련된 것이다.

「세조본기」 지원 18년(1281) 6월: 일본행성의 신하가 사신을 보내 "대군이 거제도에 주둔하면서 대마도에 가서 섬사람을 포로로 잡았다"고 말했다. 日本行省臣遣使來言, 大軍駐巨濟島, 至對馬島獲島人.

여기 보이는 '일본행성'은 동로군에 관련된 것이 분명하다. 곧 일본행성의 이름은 어디에나 적용된 것이다. 또 차간노르의 행궁에서 세조를 알현한 충렬왕이 "토리테무르에게 신과 함께 정동성의 일을 관장하게 해달라"고 주청한 것은 범문호·힌두·홍차구·이정 등이 행중서성사에 임명된 그날로 정동[행]성의 이름이 역사에 보이는 것은 이것이 처음이다. 그리고 그런 사실을 담은 『고려사』 세가의 그 뒤 기사를 살펴보면 정동행성은 일본행성의 다른 이름일 뿐임을 쉽게 알 수 있다. 곧 9월 11일(기유) 국왕 일행이 토리테무르의 영접을 받은 것을 기록한 부분에서 예쉬데르가 가져온 문서의 내용을 보면 다음과 같다.

- 황제의 명령을 받들어 힌두·홍차구·범우승(범문호)·이좌승(이정)을 정수일본행중서성사에 임명했다. 奉聖旨, 委忻都·茶丘·范右丞·李左丞 征收日本行中書省事.
- 10월 정유일(29일): 정동행성에서 자모아란을 보내 군량과 무기를 준비하고 군사를 징발하며 두목을 임명했다. 征東行省遣者毛兒闌, 備粮餉軍器, 僉發士卒, 差定頭目.
- 같은 달: 이달 원의 행중서성에서 정동 관련 군사 업무의 문서를 보내왔다. 문서에서는 "황제의 명령을 받들어 일본국을 정벌한다"고 했다. 是月元行中書省移牒征東軍事. 牒曰, 欽奉聖旨, 征收日本國.

그 뒤 「세조본기」 지원 20년(1283) 정월 "아탑해를 예전처럼 정동행중서성승상으로 삼았다以阿塔海依舊爲征東行中書省丞相"고 한 것은 3차 일본 정벌 계획을 시작해 행성의 복설을 뜻하는 기사지만 "예전처럼"이라고 한 것은 앞의 정벌에서 아탑해의 관직을 가리키는 것이므로 이것도 일본행성이 바로 정동행성이라는 하나의 증거로 생각된다.

『원사』「아탑해열전」: 지원 20년 정동행성 승상으로 옮겨 일본을 정벌했지만 태풍을 만나 배가 파괴되고 군사 10명 가운데 7~8명이 죽었다. 至元二十年, 遷征東行省丞相, 征日本, 遇風舟壞, 喪師十七八.

이것은 2차 일본 정벌과 지원 20년 정월 행성 복설을 혼동한 기사로 생각된다. 그런데 이 행성은 이미 서술한 대로 정동원수부(동정원수부)의 조직을 확장한 것이다. 그리고 당시 일본 정벌은 보통 '동정東征'이나 '정동征東'으로 불렸기 때문에 이처럼 두 명칭이 병존한 것은 결코 이상한 것이 아니다. 정말 그렇다면 이처럼 서로 다른 기사로 행정 폐지 사실을 이중으로 실은 「세조본기」의 기록은 잘못된 것이 될 수밖에 없다. 다만 동일한 사실이 2년의 간격을 두고 기록돼 양쪽의 날짜 간지에 한 달 정도 격차가 있는 것은 이해하기 어렵지만 이름이 서로 다른데 얽매인 편찬자의 두찬으로 어느 한쪽이 틀린 것으로 생각된다.

『고려사』 세가를 보면 앞서 말한 대로 충렬왕 8년(지원 19년, 1282) 정월 "이달 원이 정동행중서성을 혁파했다"고 해서 겉으로 보기에는 「세조본기」의 두 번째 기사와 일치한다. 그러나 '이달'이라고만 하고 날짜를 밝히지 않은 것은 『원사』의 기사를 전재했기 때문으로 보이고, 실제로 그런 사례는 『고려사』에 드물지 않다. 곧 그것을 「세조본기」의 문제의 기사를 채택할 것인지 버릴 것인지 판단하는 기준으로 삼을 수는 없다. 그 때문에 나는 행성 혁파의 정확한 날짜는 일단 의문으로 남겨두고 지원 18년(1281) 말이나 19년 초가 아닐까 생각한다.

4.

정동행성은 일본 정벌을 위해 설치된 행성으로 지원 17년(충렬왕 6년, 1280) 8월 동로군과 강남군을 통솔한 장수들이 차간노르(도간나올)의 행궁에서 행성사에 임명된 것은 그것이 설치됐음을 뜻한다. 그리고 충렬왕도 스스로의 요청에 따라 마침내 행성의 고위 관원이 됐다. 그 결과 지원 18년(1281) 정월이 되자 마침내 출정의 명령이 내려져 동로군은 5월 3일 합포를 출발해 쓰시마와 잇키壹岐를 침범한 뒤 시가도志賀島를 습격했고, 강남군은 6월 18일 경원慶元(지금의 영파寧波)를 출발해 히라도平戸*로 향했다.

그렇다면 이 전쟁이 진행되는 동안 정동행성은 어떤 상태로 있었을까? 충렬왕은 동로군의 출항에 앞서 합포에 행차해 직접 군사를 사열하고 6월 경주로 가서 7월 일단 도성으로 돌아왔지만 8월(일본 날짜로는 윤7월) 다시 경상도로 내려갔다가 안동부에서 동정군이 패배해 돌아왔다는 소식을 들었다. 아울러 그동안 출정군에게 명령을 내린 것은 없었으며 정동행성의 고위 관원이라는 지위는 그저 이름에 가까웠다. 좌승상이던 충렬왕과 함께 우승상이던 아랄한은 출정에 앞서 병에 걸려 끝내 경원의 진중에서 죽었다. 죽기 전 그를 대신한 사람은 아탑해였는데 강남군, 아니 오히려 전군의 총사령관 자격으로 출정했다.[13] 그렇다면 전쟁이 시작된 뒤의 행성은 고려에 없었다면 원의 본토에도 없었다고 봐야 한다. 이렇게 추측될 뿐 아니라 그것이 바다에 있었다는 확실한 증거가 있다.

「세조본기」 지원 18년(1281) 6월: 일본행성의 신하가 사신을 보내 "대군이 거제도에 주둔하면서 대마도에 가서 섬사람을 포로로 잡았다"고 했다.

또 최근 요동 반도에서 발견된 동로군의 장수였던 장성張成의 묘지명에서[14] 6월 8일과 9일 시가도 전투 기사를 이어 "행중서가 차등 있게 상을 내리고 군君에게 폐백 둘을 하사했다行中書賜賞有差, 賜君幣帛二"고 한 것을 들 수 있다. '일본행성신'이나 '행중서'라고 한 사람은 행성사

---

* 일본 나가사키현 북서부의 히라도섬과 그 주변을 행정구역으로 하는 시. 일본이 쇄국하기 전에는 중국이나 네덜란드 등과의 국제 무역항으로 옛 히라도 번의 주요 도시였다.

로서 동로군을 이끈 힌두·홍차구 등이므로 행성은 이런 장수들이 거처한 곳이었다고 봐야 한다. 이것과 동시에 행성은 강남군에도 있었다고 인정하지 않을 수 없다. 곧 아탑해·범문호 등이 거처한 곳에도 있던 것이다. 요컨대 정동행성은 일정한 장소에 설치된 것이 아니라 동로군·강남군과 함께 이곳저곳으로 이동했다. 그리고 그것은 차간노르에서 창설될 때부터 그랬다(동정원수부도 이것과 동일한 관계였다고 볼 수 있다).

『원사』「백관지」: 정동등처행중서성. 지원 20년(1283) 일본국 정벌을 위해 고려 국왕에게 설치하게 하고 군사를 일으키는 업무를 담당하게 했으며 군사가 돌아오자 혁파했다.

이것은 연대의 착오를 제외해도 받아들일 만한 것이 거의 없는 기사다. 정동행성은 일본행성의 다른 이름이지만 후자의 완전한 이름이 정수일본행중서성이라는 것은 차간노르의 행궁에서 새로운 행성 관원을 임명한 것 — 홍차구로 생각된다 — 을 예쉬데르가 충렬왕에게 보여준 문서에 따라 알 수 있다. 또 『고려사』 세가에서 새로 설치된 행성이 고려로 보낸 일본 정벌 관련 문서를 실으면서 그 첫머리에서 "황제의 명령을 받들어 일본국을 정벌한다欽奉聖旨, 征收日本國"고 한 것도 그것을 방증한다. 곧 세조는 1차 일본 정벌 때부터 존속한 동정원수부의 조직을 확장해 새로 행성을 설치하고 2차 정벌을 결행하면서 그 행성을 '정수일본행성'이라고 이름 붙인 것으로 보통 일본행성이나 정일본행성이라고 한 것은 그 약칭이 틀림없다. 이렇게 이름 붙인 것은 장수들이 출정할 때 세조가 특별히 그들에게 아래와 같이 훈계한 말과 함께 생각해야 하는 것으로 행성의 이름 자체에도 이번 정벌로 반드시 일본을 점령하려는 세조의 의지와 기대가 들어있다고 생각된다.

> 짐은 한인漢人들이 "남의 나라를 차지하는 것은 백성과 토지를 얻으려는 것인데 백성을 모두 죽이면 토지만 얻어 무슨 소용이 있겠는가?"라고 하는 것을 들었다. 朕聞漢人言, 取人家國, 欲得百姓·土地, 若盡殺百姓, 徒得地何用.[15]

달리 말하면 이 행성은 정벌의 목적을 달성한 경우 자연히 일본에서 군정軍政을 시행하는 기관의 선례가 될 수 있으며, 처음부터 그런 것을 예상하고 설치한 것으로 봐야 한다. 설치한 주요 취지가 이랬으므로 개전을 앞뒤로 내내 그 치소를 정하지 않고 강남군과 동로군의 본진과 함께 이동한 것은 결코 이상한 것이 아니다.

그러나 정동군은 다카시마鷹島*에서 참패해 정벌의 목적을 이루지 못했다. 패전한 장수들은 돌아왔고 몇 달 뒤 세조는 행성을 혁파했다. 행성의 혁파는 『원사』에 간단히 기록돼 있지만 동정에 종사할 장수들을 행성 관원에 임명한 조처가 그 설치였던 만큼 혁파는 해임과 마찬가지였던 것으로 봐야 한다. 그리고 세조는 1년쯤 뒤 다시 아탑해를 전처럼 정동행성 승상에 임명했으므로 행성의 혁파는 일시적이었다. 곧 일본 정벌에 대한 세조의 의도에서 말하면 그것은 정벌의 중지를 뜻하는 것이다.

1930년 7월 20일(『구와하라桑原 박사 환력기념 동양사논총』)

---

* 나가사키 앞의 섬.

18편
고려의 원 행성

1. 머리말

원의 제도에서 노路·부·주·현의 위에 있는 지방 행정관서를 행중서성이라고 한다. 행성은 그 약칭이다. 본래는 금의 제도를 이어 행중서성사라고 하고 중서성의 임시 출장소로 불린 것이었지만 발달해 그런 기관을 형성했다.

『원사』(권91) 「백관지」: 행중서성은 모두 10질이다. 종1품은 나라의 여러 일을 관장하고 군·현을 통치하며 변방을 지키는데, 도성都省(중서성)과 안팎을 이룬다. 건국 초 정벌이 있으면 군무와 민정을 나눠 맡고 모두 행성이라고 불렀는데, 일정한 제도는 없었다. 중통(1260~1264)·지원(1264~1294) 연간 처음 행중서성을 따로 설치해 일에 따라 관원을 됬는데, 관원을 반드시 갖추지는 않고 모두 중서성의 관원이 그 일을 처리했다. 중서성의 승상은 모두 재상으로 '행모처성사行某處省事'라는 관직을

받았다. 그 뒤 지방을 너무 중시한다는 문제가 나타나 '모처행중서성'이
라고 고쳤다. 화폐·곡식·무기·농사·조운 등 국방과 민정의 중요한 일
을 모두 관장했다.

그 다음 '하남강북등처 행중서성' 이하 11행성의 이름을 열거했다.
맨 끝에는 보통 정동행성이라고 부르는 '정동등처 행중서성'이 있는데
그것에만 설명이 덧붙여져 있다.

정동등처 행중서성은 지원 20년(1283) 일본 정벌을 위해 고려 국왕에게
설치하게 하고 군사를 일으키는 업무를 담당하게 했으며 군사가 돌아
오자 혁파했다. 대덕 3년(1299) 다시 행성을 설치하고 중국의 법으로 다
스렸다. 그 뒤 국왕(충렬왕)이 그 문제점을 말하자 황제는 조서를 내려
행성을 혁파하게 하고 그 나라의 습속을 따르게 했다. 지치 원년(1321)
다시 설치해 고려 국왕에게 승상을 겸임케 하고 스스로 소속 관원을 선
발해 아뢸 수 있게 했다. 치소는 심양에 있었고 2부·1사·5도를 통솔했
다. 大德三年, 復立行省, 以中國之法治之. 旣而王言其非便, 詔罷行省, 從其國
俗. 至治元年復置, 以高麗王兼領丞相, 得自奏選屬官, 治瀋陽, 統有二府·一
司·五道.

이 짧은 논문이 주제로 삼은 행성은 이것이다. 이 사료가 소략해 믿
기 어려운 것은 연구를 진행하는 과정에서 명확해질 것으로 생각한다.

2. 정일본행성과 그 치폐

　　고려에 설치된 원의 행성은 원이 일본을 침략하기 위한 기관으로
간헐적으로 존재했던 특수한 행성에서 연원한다. 모두 정동행성으로
불렸지만 그 성격은 같지 않다. 그 때문에 나는 둘의 혼동을 피하기
위해 정일본행성에는 특별히 본래 이름을 사용했다.

　　정일본행성의 본질과 동일한 행성이 여러 번 치폐된 것은 내 책『원
구의 새 연구元寇の新硏究』에서 간략히 설명했다. 그것은 고려에서 '정
동행성'이 어떤 성격을 지녔는지 고찰할 때 그 전제로 삼아야 하기 때
문에 여기서 내 견해를 간단히 서술하겠다. 조금 번거롭게 느껴질지도
모르겠다.

　　원 세조 지원 17년(1280)은 2차 일본 정벌(고안의 역)이 이뤄지기 전
해다. 그해 8월 세조는 이 정벌에 관련된 중요한 회의를 차간노르의
행궁에서 열었다. 회의에 참석한 인물들은 그 뒤 정벌에 종사한 범문
호·힌두·홍차구 등의 장수들과 고려 본국에서 직접 명령을 듣기 위해
온 충렬왕이었다. 거기서는 동정의 대체적인 방략을 의논해 결정했으
며, 충렬왕을 제외한 범문호 이하 참석한 장수들은 각각 행중서성사의
관직에 임명됐다. 다음은 그것에 관련된 기사다.

　　『원사』「세조본기」 지원 17년(1280) 8월: 고려 국왕 왕춘(충렬왕)이 내
　　조해 앞으로 군사 3만 명을 더해 일본을 정벌하겠다고 했다. 범문호·힌
　　두·홍차구를 중서우승으로, 이정·장바아투르(장희)를 참지정사로 삼
　　고 아울러 행중서성사에 임명했다.

6년 전인 지원 11년(1274) 몽골군·한군 2만을 이끌고 1차 일본 정벌(분에이의 역)에 참여한 원군元軍의 세 지휘관은 도원수 힌두·우부원수 홍차구·좌부원수 유복형이었다. 이 세 장수는 그 이전 둔전경략사로 고려에서 일본 정벌을 위한 둔전을 관리했는데, 그것은 각 원수에게 관직을 수여해 정벌에 종사케 한 것이었다. 널리 알 듯 정벌은 실패로 끝났다. 그리고 세 원수는 빈손으로 귀국했다. 그러나 그들은 그 뒤에도 동일한 관직을 가졌다. 특히 홍차구는 부원수에서 도원수로 승진해 힌두와 나란히 각각 도원수부都元帥府를 대표했으며, 고려에 주둔하기도 요양에 주둔하기도 했다.

『원사』(권91) 「백관지」에서 도원수부의 하나로 '정동'을 들고 그 원주에서 "부는 두 곳으로 도원수는 각 1명, 부원수는 1명이 있다"고 했는데, 이 정동도원수의 두 부는 힌두와 홍차구의 부다. 그런데 지원 17년(1280) 8월 앞서 서술한 대로 세조는 차간노르의 행궁에서 회의를 열고 거기 참석한 범문호·힌두·홍차구 등을 각각 중서우승상 행중서성사에 임명했다. 이것은 일본 정벌 기관으로서 행성의 설치를 뜻하는 것으로 회의 직후 귀국한 고려의 충렬왕도 12월 중서좌승상 행중서성사에 제수됐다.

행중서성사를 임명한 것은 곧 행성의 설치를 뜻한다. 그런데 2차 일본 정벌 전 해에 설치된 이 행성은 힌두·홍차구 등의 몽골 장수 외에 범문호와 그 밖의 옛 남송의 장수를 행성 관원으로 임명했다는 점에서 이전 정동원수부의 규모를 확대하고 승격시킨 것이었다. 이것이 바로 일본 정벌을 위해 창설된 정동행중서성이다. 『원사』「세조본기」와 「일본열전」에는 '정일본행성'이나 '일본행성'의 이름이 나오지만 정동행성 외에 그런 행성이 있던 것은 아니다. 일본 정벌은 당시 보통 '정동'

이나 '동정'으로 불렸기 때문에 그런 두 이름이 생겨난 것으로 정동행성은 정일본행성의 다른 이름일 뿐이다.

그리고 그 완전한 이름은 『고려사』 「충렬왕세가」에 확실한 증거가 있는 것처럼 '정수일본행중서성'이었다. 1차 정벌 뒤 6년을 지나고 다시 이듬해를 기점으로 2차 정벌에 나서기로 결정한 세조는 매우 강경한 의지를 보였으며 행성의 이름에도 그런 태도와 기대를 보여 '정수征收'라는 두 글자를 앞에 놓은 것으로 생각된다. 곧 이 행성은 2차 정벌의 목적을 어느 정도 달성한 경우 자연히 일본 ― 적어도 원군이 점령한 일부 지역 안 ― 에서 군정을 시행할 기관이었고 처음부터 그런 예상 아래 설치된 것으로 생각된다. 따라서 행성 자체는 그 창설 때부터 원정이 끝날 때까지 일정한 장소에 존재하지 않았고 강남군·동로군의 본진과 함께 여기저기 ― 육지와 바다 모두 ― 옮겨갔다. 그리고 충렬왕이 행성의 장관 가운데 한 사람이었다는 점에서 행성의 일부는 고려에 있었다(막연한 의미에서)고도 할 수 있다.

그런데 지원 18년(1281) 9월(일본은 윤7월) 원의 정동군은 히젠肥前의 다카시마에서 참패해 정벌의 목적을 이루지 못했다. 그리고 연말이나 이듬해 초 정일본행성은 혁파됐다.

- 『원사』 「세조본기」 지원 18년 12월 기해일(8일): 일본행중서성을 혁파했다.
- 같은 책, 지원 19년 정월 병인일(5일): 정동행중서성을 혁파했다.

이것은 같은 사실을 두 가지로 전달한 것이다. 다만 두 기사의 날짜 간지에 한 달 정도의 차이가 있고 해年도 다른 것은 아무래도 이상하지만 이름이 다른 것에 얽매인 편찬자의 두찬으로 어느 한쪽이 틀린 것으로 생각된다. 지금은 결정할 수 없다. 앞서 서술한 대로 동정에 참여한 장수들을 행중서성사에 임명한 것은 행성의 설치를 뜻했다. 따라서 행성의 혁파는 그 관원의 해임과 같은 것이다.

지원 20년(1283) 초는 앞서 서술한 정일본행성이 혁파된 지 거의 1년 뒤다. 그보다 앞서 지원 19년 2월부터 세조는 2차 일본 정벌을 준비해 선박 제조에 집중했고 이때 다시 행성을 설치했다.

『원사』「세조본기」 지원 20년 정월 을축일(10일): 일본을 정벌하기 위해 군량을 미리 준비하면서 고려에 20만 석을 준비하라고 명령했다. 아탑해를 예전처럼 정동행중서성승상으로 삼았다. 預備征日本軍糧, 令高麗國備二十萬石. 以阿塔海依舊爲征東行中書省丞相.

이것은 행성 설치를 뜻하는 기사로 "예전처럼"이라고 한 것은 지난 지원 18년의 정벌에서 아탑해가 강남군의 총사령관으로서 같은 관직을 가졌기 때문이다.

『원사』「일본열전」: [지원] 20년 아탑해를 일본행성 승상으로 삼고 우승 테리테무르·좌승 유이발도아(유국걸劉國傑)와 함께 군사를 모집하고 선박을 만들어 다시 일본을 정벌하려고 했다. 二十年, 命阿塔海爲日本行省丞相, 與徹里鐵木兒右丞·劉二拔都兒左丞, 募兵造舟, 欲復征日本.

이것은 같은 사실을 좀더 상세히 전달한 기사다. 그리고 4월이 되자 세조는 충렬왕을 정동행성 좌승상에 임명했다. 곧 충렬왕에게도 앞서 동정 때의 관직을 다시 준 것이다.

「세조본기」 지원 20년(1283) 4월 계묘일(19일): 고려 국왕 왕춘(충렬왕)을 정동행중서성 좌승상에 제수하고 부마·고려국왕에 임명했다. 授高麗國王王睶征東行中書省左丞相, 仍駙馬·高麗國王.

다음은 고려에 책명冊命이 도착했음을 알려주는 기사다.

『고려사』「충렬왕세가」 9년(1283) 6월 초하루: 조인규(고려의 사신)가 원에서 돌아왔다. 황제가 국왕을 정동중서성 좌승상에 책봉하고 이전처럼 부마·고려국왕에 임명하고 아탑해와 함께 [정동행성의] 업무를 처리하라고 명령했다. 趙仁規還自元. 帝冊王爲征東中書省左丞相, 依前駙馬高麗國王, 命與阿塔海共事.

앞서 서술한 것에 대해 「세조본기」에서는 따로 5월 갑자일(11일)에 이렇게 서술했다.

정동행중서성을 설치하고 고려 국왕에게 아탑해와 함께 업무를 처리하게 했다. 고려에 일본 정벌군의 의복과 갑옷을 지급했다. 立征東行中書省, 以高麗國王, 與阿塔海共事. 給高麗國征日本軍衣甲.

『원사』「고려열전」에도 같은 기사가 있다(그러나 날짜는 없고 "고려에 일본 정벌군의 의복과 갑옷을 지급했다"는 부분은 생략됐다). 그러나 행성을 설치했다는 기록이 있다고 해서 전체를 그대로 받아들여서는 안된다. 앞서 인용한 『고려사』 세가의 기사에서 알 수 있는 사실은 세조가 충렬왕을 정동행성 좌승상에 책봉했을 때 아탑해와 함께 업무를 처리하라고 명령했다는 것이다. 그리고 「세조본기」에 따르면 그날은 4월 19일이지만 문제의 기사에서 "고려 국왕에게 아탑해와 함께 업무를 처리하게 했다"고 한 이상 "고려에 일본 정벌군의 의복과 갑옷을 지급했다"는 것도 같은 때의 조처로 생각된다. 따라서 이 기사는 일단 "정동행중서성을 설치했다"고 한 구절을 생략하고 그것을 4월 계묘일(19일) 조에 합쳐야 한다. 그런데 정월 10일(을축일) 행성승상과 좌·우승상의 임명은 행성의 설치를 뜻하는 것이므로 5월 갑자일(11일)이라고 한 날짜는 『원사』 편자의 두찬을 드러내는 것으로 생각할 수밖에 없다.

행성의 설치와 함께 동정의 준비는 뚜렷이 진전됐지만 충렬왕에게 앞서 말한 책명이 내려졌을 무렵 어사중승 최욱崔彧은 상소를 올렸다.

강남에서 도적이 계속 일어나 모두 200여 곳이나 됩니다. 그것은 모두 수군으로 동원해 선박을 만들게 해 백성이 생계를 유지할 수 없기 때문입니다. 일본 정벌을 일단 중지해야 합니다. 江南盜賊, 相挺而起, 凡二百餘所. 皆由拘刷水手, 與造海船, 民不聊生, 澱而或變. 日本之役, 宜姑止之.

이런 동란이 일어났기 때문에 5월 초 선박 제조는 완전히 중단됐다. 8월이 되자 동정의 준비는 다시 시작돼 연말까지 이어졌다. 그러나 지원 21년(1284) 초에도 남부의 동란은 중단되지 않았다. 그 결과 마침내 행성의 혁파로 귀결됐다.

「세조본기」 지원 21년(1284) 5월 임자(5일): 정동성의 인장을 회수했다. 拘征東省印.

아래도 그것에 해당하는 기사지만 22년은 21년의 오기로 생각된다.

『원사』(권162) 「유국걸열전」: 지원 22년 정동성을 혁파하고 첨서(첨서추밀사)연강추밀원을 폐지했다. 二十二年, 罷征東省, 除僉書沿江樞密院.

세조가 새로 사용한 존호를 축하하기 위해 고려 충렬왕이 입조한 것은 바로 이때였다. 따라서 충렬왕의 정동행성 좌승상 인장은 그에게서 직접 회수한 것으로 생각된다.

정일본행성을 두 번째 혁파하고 반년쯤 뒤인 지원 21년(1284) 10월 무렵부터 세조는 매우 신중하고 천천히 동정 준비를 추진했다. 그리고 지원 22년 10월 세 번째 행성을 설치했다.

「세조본기」 같은 달 계축(15일): 정동행성을 설치해 아탑해를 좌승상, 유국걸과 진암을 좌승, 홍차구를 우승으로 삼아 일본을 정벌했다. 立征東行省, 以阿塔海爲左丞相, 劉國傑·陳巖並左丞, 洪茶丘右丞, 征日本.

『원사』(권154) 「홍차구열전」의 아래 기록은 지원 22년의 임명을 21년에 잘못 연결시킨 것으로 생각된다.

21년 11월 다시 정동행성 우승에 임명했다. 二十一年十一月, 復授征東行省右丞.

그러면서 오랫동안 중지된 상태였던 동정 계획은 갑자기 활기를 띠었다.

모든 군사는 내년 3월 차례로 출발해 8월에 합포에서 모이기로 했다. 諸軍期於明年三月, 以次而發, 八月會於合浦.

이런 계획 아래 모든 준비가 매우 빠르게 이뤄졌다. 그러나 행성을 설치하고 몇 달 뒤인 이듬해 봄 갑자기 동정을 중지하라는 명령이 내려졌다.

- 「세조본기」 지원 23년(1286) 정월 갑술(7일): 황제는 일본이 멀고 고립된 섬의 오랑캐로 백성을 매우 수고롭게 한다는 이유로 일본 정벌을 중단하고 아팔적을 궁궐로 불러들였으며 징발했던 백성의 배를 해산시켰다. 帝以日本孤遠島夷, 重困民力, 罷征日本. 召阿八赤赴闕, 仍散所顧民船.
- 『고려사』 「충렬왕세가」 12년(1286) 정월 병술(19일): 원이 사신을 보내 대사면령을 내리고 동정을 중지했다. 元遣使詔大赦, 寝東征(대사면령은 지난해 12월 세조의 황태자 친킴眞金의 사망에 관련된 것이다).

그렇다면 중지한 사정은 무엇이었는가? 『원사』(권168) 「유선劉宣열전」에는 동정이 불가한 이유를 역설한 유선의 상소가 실려 있는데, 그는 거기서 다음과 같이 말했다.

요즘 정동행성을 다시 설치해 일본 정벌군을 다시 일으키려고 논의하고

    만선사 연구 3권

있는데, 이 정벌을 중단하지 않으면 안위가 걸려 있습니다. 近議復置征東
行省, 再興日本之師, 此役不息, 安危繫焉.

세조는 세 번째 행성을 설치할 때까지 1년 동안 동정을 천천히 준
비해왔다. 이것은 국내의 형세를 두루 관망한 것이며 난적이 봉기했
기 때문은 아니었다고 생각된다(『원사』의 기사를 근거로 하는 한). 그러
나 행성을 설치한 뒤 엄청난 기세로 대외 정벌을 결행하기에 이른 것
은 겉으로는 잘 보이지 않지만 유선이 "이 정벌을 중단하지 않으면 안
위가 걸려 있다"고 말한 것처럼 불안한 정세를 고려하지 않을 수 없
던 것으로 생각된다. 갑자기 정벌을 중단한 까닭은 여기 있는 것 같다.
「유선열전」에서 유선이 교지交趾* 정벌을 상언하면서 이미 중단한 동
정에 대해 다음과 같이 말한 것도 이 추측을 뒷받침한다.

여러 해 이어진 일본 정벌로 백성은 피폐해지고 관청은 소란스러웠는데
이번 봄에 중지하자 강소성과 절강성의 군사와 백성이 우레같이 환호했
습니다. 連年日本之役, 百姓愁戚, 官廳擾攘, 今春停罷, 江浙軍民歡擊如雷.

세 번째 정일본행성은 『원사』에 그 폐지를 알려주는 명확한 기록이
없다. 그러나 이것은 기록의 누락으로 생각된다. 「유국걸열전」에 따르
면 그는 지원 23년(1286) 호광행성湖廣行省 좌승에 임명됐는데, 그것은
정동행성에서 호광행성으로 관직을 옮긴 것으로 곧 이해 초 정동행성
의 폐지에서 유래한 것으로 생각된다. 다만 고려에 대해 생각해보면

---

* 현재의 베트남.

충렬왕은 지원 21년(1284) 5월 2차 정일본행성이 혁파됨에 따라 좌승상의 관직에서 물러난 것으로 생각된다. 그런데 지원 22년 10월 세 번째 행성 설치 때 충렬왕을 행성사에 임명한 것은 『원사』에 보이지 않고 『고려사』에도 책명이 도착했다는 기사가 없다. 아마 그런 일이 이뤄지기 전 연말이 된 것으로 생각된다. 그런데 『고려사』 세가에는 다음 기록들이 있다.

- **충렬왕 12년(지원 23년, 1286) 정월 경오일(3일)**: 상장군 인후를 원으로 보내 친조하겠다고 요청했다. 遣上將軍印侯如元, 請親朝.
- **같은 달 정유일(30일)**: 원이 교위 주불대를 보내 국왕에게 입조하지 말라고 명령했다. 元遣校尉朱佛大來, 命王勿朝.

충렬왕의 입조 목적은 지난해 차간노르의 행궁에 갔을 때처럼 그해 결행하기로 한 동정의 명령을 직접 받기 위한 것으로 추측되는데, 갑자기 동정의 논의를 정지시킨 세조는 입조할 필요가 없다고 판단한 것으로 여겨진다. 이렇게 해서 충렬왕은 세 번째 행성사를 맡지 않게 된 것이다.

3. 고려의 정동행성

지원 23년(1286) 초 세 번째 정동행성(일본행성)을 혁파한 세조는 그 뒤에도 재위하는 동안 결코 일본 정벌 의도를 버리지 않았다. 지원 24년 세조는 그것과 직접 관계가 없는 독립적 행성을 고려에 설치했다.

『원사』「세조본기」 지원 24년 5월: 고려 국왕 춘(충렬왕)을 행상서성평장
정사에 제수했다. 授高麗王睶征尙書省平章政事.

이 기사를 그렇게 해석하는 까닭은 그보다 앞서 윤2월 세조는 신하
들의 의견을 따라 중서성 외에 상서성을 설치하고 셍게桑哥와 테무르鐵
木兒를 그 평장정사로 임명해 재정을 관리하는 전권을 맡겼다. 그리고
중서성의 6부를 상서 6부로, 행중서성을 행상서성으로 고쳤다. 그 결
과 5월 충렬왕에게 행상서성 평장정사라는 관직을 제수한 것은 상서
성의 설치와 함께 새 관제를 고려에 적용한 것이 틀림없으므로 그 행
성을 이전의 정일본행성(정동행성)과 같은 것으로 볼 수는 없다. 정일
본행성의 경우 충렬왕은 늘 좌승상이었지만 그 점도 같지 않다. 지난
해(지원 23년, 1286) 7월 새로 성省·원院·대臺·부部의 관원을 임명했을
때 세조의 조서는 다음과 같았다.

행중서성은 평장정사 2명, 좌·우승 각 1명, 참지정사·첨행성사 각 2명
을 둔다. 行中書省, 平章政事二員, 左·右丞竝一員, 參知政事·簽行省事竝二
員.

곧 이번 고려의 행성에는 이 규정이 적용된 것으로 충렬왕이 평장
정사에 임명된 것은 그 행성의 유일한 장관이다. 요컨대 「세조본기」
의 이 기사는 고려에 특별한 행성이 창설됐음을 의미한다. 그 뒤 지원
25년(1288) 2월 다시 충렬왕을 새 관직에 제수했다.

•「세조본기」: 기묘(24일) 고려 국왕 왕춘을 다시 정동행상서성 좌승상

에 임명했다. 以高麗國王王晧, 復爲征東行尙書省左丞相.

- 『고려사』 「충렬왕세가」 14년(1288) 4월 을묘일 초하루: 낭장 김정(고려의 사신)이 원에서 돌아왔다. 조서를 내려 국왕을 정동행상서성 좌승상에 임명했다. 郞將金精還自元. 詔以王爲征東行尙書省左丞相.

여기서 '다시' '정동행상서성' '좌승상'이라고 한 것을 보면 그 행성은 일본 정벌을 위한 행성이었다고 생각하게 된다. 그러나 사실은 그렇지 않다.

지원 24년(1287) 4월 — 충렬왕이 앞서 서술한 행성의 평장정사가 되기 전 달 — 원에서는 내란이 일어났다. 유명한 나얀의 반란이다. 나얀은 흥안령興安嶺 동쪽 지역을 차지한 태조의 막내동생 테무게 오치긴鐵木哥斡赤斤의 현손으로 그 본거지는 조아하 하류 유역이며, 동쪽의 제왕諸王을 회유해 반란을 일으켰다. 세조는 직접 정벌에 나서 6월 나얀을 사로잡고 7월 그 무리를 소탕한 뒤 8월 상도로 돌아왔다. 이 전쟁이 당시 '정동征東'이라고 불린 것은 — 표현으로만 보면 일본 정벌과 같다 — 「세조본기」 지원 25년(1288) 정월의 기사에서 알 수 있다.

정동의 공로를 포상해 어가를 호종한 장수와 이서는 산관 2계를, 군사와 초인은 3정을 높여줬다. 賞征東功, 從乘輿將吏, 陞散官二階, 軍士·鈔人三錠.

나얀의 반란에 이어 다시 큰 반란이 일어났다. 막북의 번왕 카이두海都(태종의 다섯째 아들 카시슴失의 아들)의 반란이다. 나얀이 반란을 일으킨 것도 사실 카이두의 후원에 따른 것이었는데, 카이두 군이 처음 변경을 침범한 것은 지원 25년 정월(앞서 말한 포상과 같은 달)이었다. 그런데 「세조본기」에서 다음 기사들을 주목할 필요가 있다.

- **2월**: 이정에게 한병 5천을 정돈해 동정을 명령했다. 命李庭, 整漢兵五千東征.
- **3월**: 요동성의 이길례스·오로올·잘라이르 탄마치에게 명령해 의주(신민新民 서북쪽 창무彰武 부근)에서 동정하게 했다. 이정은 멀리서 상서좌승에 임명돼 그 녹봉을 받고 한병을 이끌고 출정했다. 勅遼陽省亦乞列思·吾魯兀·札剌兒探馬赤, 自懿州東征, 李庭遙授尙書左丞, 食其祿, 將漢兵以行.
- **5월**: 좌·우 케시그怯薛*의 위사衛士와 한군 5300명을 이끌고 황손을 따라 북정에 나섰다. 以左右怯薛衛士及漢軍五千三百人, 從皇孫北征.
- **같은 달**: 5위의 한병 5000명을 보내 북정에 나섰다. 發五衛漢兵五千人北征.

앞 두 기사의 '동정'은 카이두의 반란에 호응해 일어난 동쪽의 카단(나얀의 남은 무리)에 대한 출정을 뜻하고 뒤 두 기사의 '북정'은 카이두의 본거지인 막북으로 출정한 것을 뜻한다. 그런데 "고려 국왕 왕춘을 다시 정동행상서성 좌승상에 임명했다"는 문제의 기사는 앞 두 기사의 중간에 있으므로 그것은 카이두의 반란에 따른 조처였음이 거의 분명하다.

세조가 직접 정벌에 나서 나얀의 반란을 평정한 뒤 민심을 안정시

---

* 황제를 호위하는 친위병을 뜻하는 몽골어.

키기 위한 조처로 요양등처 행상서성이라는 행성이 설치됐다.

「세조본기」 지원 24년(1287) 10월: 범문호가 말했다. "호주·의주·동경
(요양) 등지의 민심이 안정되지 않으니 행성을 세워 안무하십시오." 조서
를 내려 요양등처 행상서성을 설치하고 설도간과 토리테무르를 행상서
성 평장정사로, 홍차구를 우승으로, 일리사카를 좌승으로, 양인풍과 알
알딘을 참지성사로 삼았다. 范文虎言豪·懿·東京等處, 人心未安, 宜立省以
撫綏之. 詔立遼陽等處行尙書省, 以薛闍干·闍里帖木兒並行尙書省平章政事,
洪茶丘右丞, 亦兒撒合左丞, 楊仁風·阿老瓦丁並參知政事.

그러나 요양에 행성을 설치한 것은 이때가 처음은 아니다. 「세조본
기」 지원 23년(1286) 2월 동경등처 행중서성이라는 행성이 창설됐다.

조정의 논의에 따라 동북 제왕諸王이 거느린 부部가 그 사이에 섞여 거
주해 선위사를 무시하니 산북·요동도·개원등로 선위사를 혁파하고 동
경등처 행중서성을 설치해 쿠쿠이돈을 좌승상, 요동도선위사 타추를
우승, 동첨추밀원사 양인풍과 선위사 일리사카(앞에 나온 인물)을 참지정
사로 삼았다. 廷議以東北諸王所部雜居其間, 宣慰司望輕, 罷山北遼東道·開
元等路宣慰司, 立東京等處行中書省, 以闊闊爾敦爲左丞相, 遼東道宣慰使塔出
右丞, 同僉樞密院事楊仁風·宣慰使亦而撒合並參知政事.

3월 조에서는 그 이전을 기록했다.

동경행중서성을 함평부(개원)로 옮겼다. 徙東京行中書省于咸平府.

7월 조에서는 그 폐지를 기록했다.

요양등처 행충서성을 혁파하고 북경·함평 등 3도 선위사를 다시 설치했다. 罷遼陽等處行中書省, 復北京·咸平等三道宣慰司.

세 번째 기사의 요양행성이 첫 번째와 두 번째 기사의 동경행성임은 말할 것도 없다. 그러므로 나얀의 반란이 평정된 뒤 설치된 요양등처 행중서성은 전해 2월 창설돼 같은 해 7월 이후 일단 폐지된 행성을 복설해 반란을 평정한 뒤 민심을 안정시킨다는 특별한 임무를 부여한 것으로 봐도 문제는 없다.

그렇다면 지원 25년(1288) 2월 충렬왕을 좌승상으로 삼은 고려의 행성은 어떤가? 행성 자체는 지원 24년(1287) 5월 원에서 행성 제도를 적용해 충렬왕을 그 장관인 평장정사로 삼은 때의 행성이 이어진 것이다. 아울러 새로 '정동'이라는 단어를 앞에 두는 동시에 충렬왕을 평장정사에서 좌승상으로 승급하고 앞서 여러 번 설치된 정일본행성과 동일한 자격을 준 것은 고려에게 카이두 반란의 정벌을 돕게 하려는 의도에 따른 조처가 틀림없다. 곧 이때부터 고려의 행성은 나얀의 반란을 평정한 뒤 설치된 요양등처 행상서성과 비슷한 성격을 갖게 된 것이다. 그 결과 세조는 이듬해 지원 26년(1289) 초 사신 장수지張守智 등을 보내 고려에게 카이두와 나얀의 남은 무리가 반란의 근거지로 삼은 요동 지방의 궁핍한 상황을 구휼하기 위해 쌀 10만 석을 보내게 했다.

『고려사』「충렬왕세가」 15년(1289) 2월 병인(16일): 원에서 호광등로행상서성 참지정사 장수지와 한림직학사 이천영 등을 보내 조서를 내렸다. "상서성에서 다음과 같이 보고했다. '지난해(지원 25년, 1288) 요동은 군사와 말을 조달하느라 백성이 동원돼 곡식을 거두지 못해 모두 먹을 것이 없습니다. 강남은 험하고 멀어 배로 양곡을 운반해 와도 넉넉히 지급할 수 없습니다. 요동은 고려와 경계를 맞대고 있으니 고려에게 양곡 10만 석을 마련해 가져다가 구제하게 하십시오.' 이 보고를 받고 지금 장수지 등을 보내니 위에 기록한 양곡의 수량을 힘을 다해 마련하고 관원을 시켜 수송해 내년 봄 구제하는 데 쓸 수 있게 하라." 元遣湖廣等路行尙書省參知政事張守智·翰林直學士李天英等來, 詔曰, 據尙書省奏, 去歲遼東調遣軍馬, 人民被擾, 田禾未收, 例皆闕食. 江南險遠, 船運粮斛, 不敷給散. 遼東與高麗接境, 乞令本處, 措辦粮十萬石, 前來接濟. 得此, 今遣張守智等前去, 上件粮數, 儘力辦集, 差官報送, 趂迭來春, 接濟用度.

아래는 이것에 해당하는 기사지만 '정일본征日本'은 '정동征東'의 오기가 틀림없다. 원래 자료에는 '정동'이라고 돼 있는 것을 『원사』의 편자가 멋대로 자신의 뜻을 덧붙여 고친 것으로 생각된다.

「세조본기」 정월: 참지정사 장수지와 한림직학사 이천영을 고려에 사신으로 보내 일본 정벌을 위한 군량 원조를 감독하게 했다. 遣參知政事張守智·翰林直學士李天英使高麗, 督助征日本糧.

우리가 문제로 삼는 기사에서 "다시 정동행상서 좌승상에 임명했다"면서 '다시復'라고 한 것도 이 행성을 명칭에서 정일본행성으로 오인한 같은 편자의 사족으로 봐야 한다.

세조가 수행한 두 번의 일본 정벌과 그것에 연관된 출병 계획에 큰 역할을 한 것은 말할 것도 없이 고려였다. 지원 17년(1280) 이후 충렬왕이 여러 번 일본행성의 업무를 분담한 것은 참으로 그것 때문이었다. 그러나 지원 24년(1287) 5월 그가 새로 행상서성 평장정사에 임명된 것은 일본 정벌 계획과는 무관하고 원 본토의 행성 제도가 원의 속국인 고려에 적용됐음을 뜻하는 것이다. 곧 이때부터 국가로서 고려는 원의 한 행성이 된 것이다. 그러나 그것은 명목적이었을 뿐 고려의 내정에 특별한 영향을 주지는 않았으며, 핵심은 고려가 원의 속국이었다는 점에 있다.

그러므로 보기에 따라서는 그것을 정일본행성의 연장이라고 할 수도 있다. 다만 이때의 행성 이름은 관련 기사가 부족해 알 수 없다. 아마 '고려행상서성'으로 불렸을 것으로 추측된다. 지원 25년(1288) 2월부터는 나얀과 카이두의 반란에 대한 동북 방면의 정벌, 곧 이른바 '동정'과 관련해 '정동행상서성'이 됐지만 그것도 핵심은 이름의 변경에 지나지 않는다. 나얀의 반란 뒤 설치된 요양등처행상서성은 그 사태 이전의 동경등처행중서성을 복설한 것일 뿐이었다.

그 뒤 지원 28년(1291) 셍게 등이 실각한 결과 상서성의 권한은 중서성으로 다시 돌아갔고 자연히 행상서성은 행중서성이 돼 충렬왕의 관명은 정동행중서성 좌승상으로 고쳐졌다.

• 「세조본기」 지원 28년 5월 계축(17일): 상서성사를 혁파하고 모두 중서성에 소속시켰다. 상서우승상 우첨사 울제이를 중서우승상으로, (…) 정동행상서성·좌승상·부마·고려국왕 왕춘을 정동행중서성 좌승상으로 고쳐 임명했다. 罷尙書省事皆入中書. 改尙書右丞相·右詹事完澤爲

中書右丞相, (…) 征東行尙書省左丞相·駙馬·高麗國王王睶爲征東行中書省
左丞相.

- •『고려사』「충렬왕세가」 17년(1291) 7월 계축(18일): 원이 절서 영전사
  다이타 등을 보내 사면령을 반포하고, 상서성을 폐지해 중서성을 다시
  설치했으며, 초법*을 정리한 일 등을 알렸다. 元遣浙西營田使大塔等來,
  頒敕, 及罷尙書省, 復立中書省, 整理鈔法等事.
- •「충렬왕세가」 19년(1293) 9월 기해(5일): 원이 홍중경을 보내 국왕을
  정동행중서성 좌승상에 임명했다. 元遣洪重慶, 授王爲征東行中書省左
  丞相.

말할 것도 없이 단지 이름만 변경된 것이다. 그리고 이 행성 이름은
원이 망할 때까지 그대로 사용됐다.

『원사』「백관지」: 정동등처행중서성은 지원 20년(1283) 일본국 정벌을
위해 고려 국왕에게 설치하게 하고 군사를 일으키는 업무를 담당하게
했으며 군사가 돌아오자 혁파했다.

그 다음에 이어서 성종成宗 대덕(1297~1307) 연간 행성에 대해 서술
했지만 앞서 말한 지원 24년(1287) 이후의 행성은 전혀 언급하지 않
았다. 이것은 성글고 누락된 것이 분명하다. 뿐만 아니라 앞의 정동행
성, 곧 정일본행성은 고려 국왕에게 설치하도록 명령한 것이므로 지원
20년에 설치된 것도 아니다.

---

* 중국의 화폐법.

원 본토의 행성은 중서성에 직속된 지방행정관청이었다. 고려의 행성도 국왕이 그 장관으로 원의 한 관원이라는 점은 같다. 그러나 고려에는 독자적인 국정을 운영하는 국왕과 관서가 엄연히 있었기 때문에 정동행성은 거의 형식적 존재였다. 고려 국왕을 행성사로 삼아 그 국토가 원의 한 행정구역으로 보이게 했을 뿐이다. 그러나 정동행성은 고려 국왕의 관직명에만 의존하지는 않았다. 재위 14년(지원 25년, 1288) 충렬왕은 정동행상서성 좌승상에 임명됐는데, 고려 조정과 행성에서 각각 따로 원에 성절사를 보냈다.

『고려사』 「충렬왕세가」: 14년 7월 경자일(17일) 지밀직사사 안전을 원에 보내 황제의 생일을 축하했다. 임인일(19일) 행성에서 중랑장 송현을 원에 보내 황제의 생일을 축하했다. 庚子, 遣知密直司事安戩如元, 賀聖節. 壬寅, 行省遣中郎將宋玄如元, 賀聖節.

행성에서 성절사를 보낸 것은 이해뿐으로 이듬해부터는 세조 때 내내 없었고 ― 세조는 지원 31년(충렬왕 20년, 1294) 정월 붕어했다 ― 성종 원정元貞 원년에 해당하는 충렬왕 21년(1295)부터 다시 시작됐으며 하정사도 파견됐다.

- 『고려사』 「충렬왕세가」 21년(성종 원정 원년): 기해일(27일) 판삼사사 김지숙을 원에 파견해 황제의 생일을 축하했다. 己亥, 遣判三司事金之淑, 如元賀聖節.
- 8월 갑진일(2일): 정동행성에서 원외랑 우정신을 원에 보내 황제의 생일을 축하했다. 八月甲辰, 征東行省遣員外郎牛廷信, 如元賀聖節.

- **12월 임인일(3일):** 홍문계와 김광취를 원에 보내 새해를 하례했다. 행성에서 통례문 지후 조후를 보내 새해를 하례했다. 十二月壬寅, 遣洪文系·金光就, 如元賀正. 行省遣通禮門祗侯趙詡, 賀正.

- **충렬왕 22년(성종 원정 2년, 1296) 7월 을미일(28일):** 중찬 정가신을 원에 보내 황제의 생일을 축하했다. 七月乙未, 遣中贊鄭可臣, 如元賀聖節.

- **8월 기해일(3일):** 행성에서 중랑장 변신을 원에 보내 황제의 생일을 축하했다. 八月己亥, 行省遣中郎將邊信, 如元賀聖節.

- **11월 경오일(5일):** 행성에서 상장군 김연수를 원에 보내 새해를 하례했다. 十一月庚午, 行省遣上將軍金延壽, 如元賀正(이해 9월 충렬왕은 공주와 함께 원에 가서 이듬해 정월 직접 새해를 하례했다. 고려 조정에서 하정사를 파견하지 않은 것은 그 때문이다).

- **충렬왕 23년(성종 대덕 원년, 1297) 7월 병술일(25일):** 행성에서 좌우사 도사 장유를 원에 보내 황제의 생일과 연호 개정을 축하했다. 丙戌, 行省遣左右司都事張瑜, 如元賀聖節及改元.

- **12월 무오일(30일):** 대장군 송진을 원에 보내 새해를 하례했다. 윤12월 행성에서 아전 조진을 원에 보내 새해를 하례했다. 戊午, 遣大將軍宋瑨如元, 賀正. 閏月, 行省遣掾趙珍, 賀正.

- **충렬왕 24년(성종 대덕 2년, 1298) 8월 을묘일 초하루:** 지밀직사사 정해를 보내고 행성에서도 석말에센테무르를 원에 보내 황제의 생일을 축하했다. 八月乙卯朔, 遣知密直司事鄭瑎, 行省亦遣石抹也先帖木兒如元, 賀聖節(「충선왕세가」).

- **12월 병진일(3일):** 송분을 원에 보내 새해를 하례했다. 무오일(5일) 행성에서 장군 송방영을 원에 보내 새해를 하례했다. 十二月丙辰, 遣宋玢如元, 賀正. 行省遣將軍宋邦英如元, 賀正.

그런데 충렬왕 14년(지원 25년, 1288)부터 거슬러 올라가『고려사』세가를 검토하면 행성에서 성절사를 보낸 유일한 사례가 충렬왕 7년(지원 18년, 1281)에 있다.

- **7월 무오일(25일)**: 지밀직사사 한강을 원에 보내 황제의 생일을 축하했다. 戊午, 遣知密直司事韓康, 如元賀聖節.
- **8월 임신일(9일)**: 별장 강세를 보내 행중서성의 표문을 갖고 원에 가서 황제의 생일을 축하했다. 壬申, 遣別將康世, 齎行中書省表, 如元賀聖節.

이것은 결코 우연이 아니다. 이 무렵은 2차 일본 정벌이 한창 진행되던 때로 충렬왕은 전 해 말부터 이해 말까지 처음 설치된 정일본행성의 좌승상이었다. 고려 조정에서 해마다 축하 사신을 보낸 것은 이례적인 일이 아니라 번속국藩屬國의 일반적 의례며 여기서 주목할 사항도 아니지만, 그런 경우 따로 행성의 이름을 이용해 축하 사신을 보낸 사례가 있는 것을 보면 원 본국의 행성들과 동등한 사무를 처리한 것 같다. 그렇다면 충렬왕이 정동행상서성 좌승상에 임명된 재위 14년(1288)에 한번 그런 일이 있은 뒤 원에서 성종이 등극하기까지 6년 동안 중단된 것은 세조의 뜻에 따라 편의상 생략하도록 특별히 허락됐기 때문으로 생각된다. 요컨대 고려 조정과 행성이 각각 성절사·하정사 등을 보낸 것은 고려에 설치된 행성의 형식적 존재에 수반된 하나의 사실로 특별히 주의해야 한다고 여겨진다.

대덕 원년(충렬왕 23년, 1297) 11월 원 성종은 충렬왕이 퇴위를 요청하자 개부의동삼사·정동행중서성 좌승상·부마·상주국·고려국왕이라는 그의 작호를 세자 원諴에게 수여하고 이듬해 대덕 2년 8월 까닭이 있어 충렬왕에게 복위를 명령할 때까지 지니게 했다. 왕원에 대한 책명은 대덕 2년 정월 17일(갑진) 고려에 도착했고, 같은 달 19일(병오) 새 국왕이 즉위했다. 그가 충선왕이다.

『고려사』「충선왕세가」 즉위년(1298) 2월 초하루: 국왕이 처음으로 정동성의 일을 처리했다. 재추와 정동행성 좌·우사의 관원들이 알현했는데, 원 조정의 의례를 사용했다. 王始署征東省事, 宰樞及行省左右司官吏謁見, 用元朝禮.

정동성의 일을 처리했다고 한 것은 행성 좌승상에 취임하는 의식을 거행했다는 것으로 생각되고, 원 조정의 의례를 사용했다는 의식은 원 본토의 제왕성諸王省의 사례에 따른 것으로 여겨진다. 이 기사는 좌·우사로 나뉜 행성의 특별한 관서가 설치되고 약간의 관원이 있었음을 보여준다. 그러나 좌·우사라고 했지만 실제 양사로 나뉘어 일을 처리한 것은 아니다. 이것은 충렬왕 23년(1297) 행성의 성절사로 원에 간 장유의 관직이 '좌우사도사'였다는 것에서 살필 수 있다. 원 본토의 행성 장관은 한 사람이 아니었고 좌·우승상 각 1명이나 평장정사 2명이 있었으며, 이것을 형식화한 것이 정동행성의 좌우사로 생각된다. 또 정동행성의 관원은 원에서 임명됐지만 일종의 명예직에 지나지 않았던 것 같다. 그런 사례를 들면 다음과 같다.

•『고려사절요』(권21) 충렬왕 15년(1289) 4월: 황제(세조)가 국왕에게 금 항아리를 하사하고 정동성도사 안향을 본국의 유학제거에 임명했다. 帝賜王金甕, 以征東省都事安珦爲本國儒學提擧(『고려사』 세가에 따르면 금

항아리를 하사한 것은 4월이고 유학제거사를 설치한 것은 9월이다).

- 『고려사』(권105) 「안향열전」: 황제의 명령으로 정동행성 원외랑에 임명되고 곧 낭중과 본국의 유학제거가 더해졌다. 帝命爲征東行省員外郎, 尋加郎中, 本國儒學提擧.

첫 번째 기사의 도사는 두 번째 기사의 원외랑에 해당한다. 안향은 후대에 한국 주자학의 시조로 추앙된 유명한 학자다. 충렬왕 21년(1295) 행성의 성절사로 원에 간 '원외랑 우정신'도 행성의 관원으로 생각된다.

『고려사』(권109) 「박전지열전」: 충렬왕 5년(1279) 원 세조가 조칙을 내려 관원들의 자제를 선발해 입시케 했는데 박전지가 포함됐다. 그는 그것을 계기로 원에 머물면서 중원의 명사들과 교유하며 고금의 역사를 상고하고 산천과 풍토를 손바닥 보듯 알게 되니 국왕이 그를 소중하게 여겼다. 원에서 정동성 도사로 임명했다. 얼마 뒤 귀국했다. 忠烈五年, 元世祖詔選衣冠子弟入侍, 全之與焉. 因留元, 與中原名士遊, 商推古今·山川風土, 如指諸掌, 王重之. 元授征東省都事. 旣還.

여기의 정동행성 도사가 명예직이라는 것은 박전지의 경력을 볼 때 분명하다. 요컨대 고려의 정동행성은 모든 점에서 볼 때 형식적 존재라고 말할 수밖에 없다. 세조 지원 24년(1287)부터 성종 대덕 3년(1299)까지 고려의 행성은 이와 같았다.

4. 원 성종 초 고려의 내정

『원사』「백관지」정동등처중서성을 설명한 기사에는 다음과 같은 부분이 있다.

대덕 3년(1299) 다시 행성을 설치하고 중국의 법으로 다스렸다. 그 뒤 국왕(충렬왕)이 그 문제점을 말하자 황제는 조서를 내려 행성을 혁파하게 하고 그 나라의 습속을 따르게 했다.

이제 연구하려는 것은 대덕 3년 다시 설치해 중국의 법으로 다스렸다고 한 이 행성인데, 그 성격을 밝히려면 원 성종이 즉위한 때부터 대덕 3년까지 고려의 내정을 먼저 살펴봐야 한다.

충렬왕 21년(1295)은 성종 원정 원년에 해당한다. 이해 8월 원에서 돌아온 왕세자 원은 판도첨의 밀직감찰사사判都僉議密直監察司事에 임명돼 재상 가운데 수반으로 국정에 참여했다. 그런데 연말에 갑자기 원으로 떠났다. 세자는 젊고(21세) 자질이 뛰어나 자신의 정치적 포부가 있었을 것으로 생각된다. 그때 국왕은 60세의 노령일 뿐 아니라 일찍부터 정치에 싫증을 느끼고 오락에 빠졌으며 폐행이 주위에 가득했다. 따라서 세자는 여러 일을 뜻대로 처리할 수 없었고 그것에 불만이 있어 본국을 떠난 것 같다. 어렸을 때부터 계속 본국과 원을 오간 그에게 원은 두 번째 고향이었을 것이다.

이듬해(충렬왕 22년, 원정 2년, 1296) 원은 연경에서 성종의 큰형 진왕晉王 카말라甘麻剌의 딸(부다시린寶塔實憐공주)와 혼인했다. 이것은 부왕의 요청이 실현된 것으로 혼인은 11월에 이뤄져 국왕과 왕비 안평공주安

平公主(세조의 딸 쿠투루칼리미시忽都魯揭里迷失)도 본국에서 와 참석했다.
국왕과 왕비는 연경에서 해를 넘기고 대덕 원년(충렬왕 23년, 1297) 3월
떠나 5월 5일 개경으로 돌아왔는데, 안평공주는 사흘 뒤 병을 얻어
20일 세상을 떠났다. 공주의 친아들인 원은 연경에서 급히 와 장례에
참석했다(6월 15일). 그리고 공주의 장례를 치를 때까지 개경에 머무는
동안 부왕의 궁인과 내료內僚에게 매우 엄격한 처분을 단행했다.

「충렬왕세가」 23년(1297) 7월 무자(27일): 세자는 공주가 사망한 것이 무
비 때문이었다고 생각해 그를 죽였다. 또한 환관 도성기·최세연·전숙·
방종저와 중랑장 김근을 죽이고 그 무리 40여 명을 유배 보냈다. 世子以
爲公主之薨, 由無比, 殺之. 又殺閹人陶成器·崔世延·全淑·方宗氐·中郎將金
瑾, 流其黨四十餘人.

환관인 「최세연열전」(『고려사』 권122)에는 좀더 자세히 서술돼 있다.

궁인 무비는 태산군 사람 시씨柴氏의 딸이었는데, 선발돼 궁궐에 들어왔
다. 국왕이 도라산(유람하고 사냥하던 곳)에 오갈 때는 반드시 데리고 가
객지에 머무를 때의 즐거움으로 삼으니, 사람들이 그녀를 도라산이라고
불렀다. 국왕의 총애가 커지자 그녀와 결탁한 자들이 중앙과 지방을 마
구 어지럽혔기 때문에 세자가 매우 미워했다. 세자는 원에서 급히 돌아
와 공주의 장례에 참석해 국왕에게 아뢰었다. "전하께서는 공주가 병에
걸린 까닭을 아십니까? 총애 받는 후궁 가운데 투기하고 아양 떠는 자
의 소행이 분명하니 국문하소서." 국왕은 "일단 장례가 끝날 때까지 기
다리라"고 했다. 세자는 측근들에게 무비와 그 무리인 최세연·도성기,

장군 윤길손·이무, 소윤 유거, 지유 승시용·송신단, 내료 김인경·문완·장우, 중랑장 김근, 환관 전숙·방종저, 궁인 백야진을 체포해 가두게 하고, 무비가 무당을 시켜 저주한 사건을 국문했다. 무당과 술법 쓰는 승려들이 모두 자백하니 저주 사건의 정황이 조금씩 드러났다. 도성기·최세연·전숙·방종저·김근·무비·백야진을 참수하고 그 무리 40여 명을 유배 보내니, 나라 사람들이 두려워 떨었다. 宮人無比, 泰山郡人柴氏女, 選入宮. 王之往來都羅山, 必從之, 爲留連之樂, 人號爲都羅山. 寵幸方隆, 其附托者, 縱暴中外, 世子甚疾之. 自元來奔公主喪, 白王曰, 殿下知公主所以致疾乎. 必內寵妬媚者所爲, 請鞫之. 王曰, 且待服闋. 世子使左右, 捕無比及其黨世延·成器, 將軍尹吉孫·李茂, 少尹柳琚, 指諭承時用·宋臣旦, 內僚金仁鏡·文玩·張祐, 中郎將金瑾, 閹人全淑·方宗氏, 宮人伯也眞, 囚之, 鞫無比巫蠱事. 巫女術僧皆服, 稍得呪詛狀. 斬成器·世延·淑·宗氏·瑾·無比·伯也眞, 流其黨四十餘人, 國人震慴.

안평공주의 상중에 일어난 세자 원의 이런 조처는 매우 교만하고 과격하다. 이전부터 그는 궁인 무비와 그녀에게 결탁해 횡포를 자행한 무리를 미워했다고 했다. 앞서 서술한 대로 그는 전해에 판도첨의 밀직감찰사사에 임명돼 고려에 있는 동안 뜻을 펴지 못했고 그 결과 갑자기 나라를 떠났는데, 그것과 이것을 합쳐 생각하면 당시 그가 불만을 참지 못하게 만든 것은 이런 무리였다고 생각된다. 그 결과 젊고 명민한 그는 이때 무비와 그 세력에게 이런 저주의 죄목을 만들어 제거함으로써 퇴폐적 상태였던 부왕의 궁중을 깨끗이 하려던 것으로 생각된다. 그리고 그런 교만하고 과격한 행동의 뒷면에는 노령의 부왕에게서 왕위를 물려받으려는 욕망이 잠재했다는 것은 뒤이어 일어난 전위

傳位 사실에서 추측할 수 있다.

그해 8월 29일 안평공주는 고릉高陵에 안장됐다. 그리고 10월 4일 왕원은 원으로 갔는데, 사흘 뒤인 같은 달 7일 충렬왕은 따로 원에 사신을 보내 세자에게 전위하겠다고 아뢰고 허락을 요청했다.

왕비가 먼저 세상을 떠나 무척 슬프고 게다가 나이 들어 병과 근심이 번갈아 공격하니 하루아침에 쓰러져서 일어나지 못하면 수많은 국무의 처리는 누가 맡겠습니까? 생각건대 신의 세자 원은 일찍부터 능력이 있어 궁궐에 들어가 시위했고, 은혜를 입어 황실의 자손과 혼인했으며, 일을 알아 종사를 이을 수 있습니다. 신은 그에게 왕위를 잇게 하고 물러나 몸을 돌보려고 합니다. 乃因閨室之相離, 哀傷有甚. 加以春秋之方耄, 疾恙交攻, 如一朝僵仆以莫興, 其庶務剖裁之誰任. 竊見臣之世子謜, 夙成幹局, 入衛闕庭. 荷恩已配於皇支, 諳事堪承於宗祀. 而臣將俾之嗣位, 退以攝生.

전위의 이유를 최근의 흉사와 노령에서 기인한 건강 악화로 돌렸다. 이듬해인 대덕 2년(충렬왕 24년, 1298) 초 왕원이 새 왕비 부다시린공주와 함께 귀국하자 충렬왕은 곧 원에 보낸 표문과 같은 내용의 퇴위 교서를 내렸다. 한편 충렬왕의 요청을 수락해 왕원을 정동행중서성 좌승상 고려국왕으로 삼고 충렬왕에게 일수왕逸壽王의 칭호를 내린 원의 사신이 그 이튿날 도착한 것은 왕원이 연경에서 미리 원 성종의 허락을 받고 스스로 왕위를 이으려고 귀국한 것이 틀림없다. 다시 이틀 뒤(정월 19일) 정식으로 전위가 이뤄졌다. 새 국왕은 바로 충선왕이다. 요컨대 전위의 경과는 겉으로 보기에 매우 매끄러웠다. 그러나 그것은 충렬왕의 자발적인 생각에서 나온 것이 아니라 세자의 욕구에 압박된 결과가 틀림없다.

충선왕은 이전부터 품은 포부를 실행할 의지를 갖고 정치를 펼쳤다. 적폐 청산을 새 정치의 깃발로 내걸었다. 그것을 이루기 위해 태상왕의 명령을 거부하기도 했다. 그 결과 마침내 대규모의 관제 개혁을 단행해 다음과 같은 교서를 내렸다.

선왕께서 관직을 설치하고 직무를 나눈 것은 인재를 얻어 함께 여러 국무를 처리하려는 것이었다. 나는 어린 나이로 상국의 조정에 입시해 선제(세조)의 가르침을 몸소 따르면서 대도大都의 제도를 상세하게 살폈다. 외람되게 무거운 책임을 맡아 현재의 폐단을 모두 줄이고 혁파했지만, 재상의 숫자만은 옛 제도보다 두 배가 많다. 조정의 논의는 많기도 하고 적기도 하고 다르기도 하고 같기도 해 일마다 늦어지니 재상의 숫자를 줄여야 한다. 또 요즘 상국의 제도를 피해 일찍이 백관의 명칭을 개정했지만(충렬왕 원년[1275]의 개혁) 같은 데도 고치지 않은 것이 있고 같지 않은 데도 고친 것이 있으며 개정한 명칭이 옛 제도를 본받지 않아 적합하지 않은 명칭이 허용되기도 한다. 내가 즉위한 초기에 갑자기 규정을 고치면 여론과 다를까 두렵지만 때에 따라 그대로 유지하거나 고치는 것은 옛날에도 있던 일이다. 역대의 관직을 살펴서 상국의 관명과 간섭되지 않는 것은 바꾸고 또는 긴급하지 않은 관서를 혁파해 한 관청으로 합치면 관서는 줄이고 일은 쉽게 이치에 맞게 될 것이다. 先王設官分職, 蓋欲得人, 而共圖庶務. 孤於幼歲, 入侍天庭, 躬承先帝之訓, 目覩大都之制, 旣詳矣. 及叨重寄, 凡諸時弊, 一皆蠲罷, 惟宰執之數, 倍於古制. 公家議論, 多少異同, 事事稽滯, 宜當減省. 又頃者因避上朝之制, 百官名號, 早曾改之, 然或有同而不改者, 有不同而改之者, 所更之號, 亦不師古, 容有未稱. 孤當卽位之初,

遽革成規, 懼乖物議, 然隨時沿革, 古亦有之載. 按歷代官職, 不涉上朝官號者,
而易置之, 或罷不急之司, 合於一局, 庶幾官省, 而事易理也."

이 개혁은 『고려사』 「백관지」에 상세히 기록돼 있다.

그러나 우연히 일어난 불의의 변란은 새 국왕의 의지에 타격을 줬
다. 야심찬 관제 개혁은 일시적인 조처에 그쳤고, 충선왕은 왕위에서
물러나기에 이르렀다. 충선왕의 첫 왕비는 재상 조인규의 딸이었는데,
새 왕비 부다시린공주는 그녀를 질투해 "조비가 나를 저주해 주상이
나를 사랑하지 않게 만들었다趙妃詛呪公主, 使王不愛"는 서신을 위구르 문
자(원의 통용 문자)로 썼고, 국왕과 태상왕의 만류와 해명에도 자신을
수행해 온 몽골인들을 원에 보내 황태후에게 그 서신을 전달하게 했다.
관제 개혁이 발표되기 며칠 전인 5월 초하루의 일이었다. 공주의 사신
은 얼마 뒤 원에서 돌아와 황태후와 성종의 명령으로 조비를 하옥했
다. 그리고 6월 2일 다시 원에서 사신이 왔다.

「충선왕세가」: 원에서 [중서]우승 아릭쿠이와 홍중희, 중서좌승 양염룡
을 보냈는데 100여 명이 함께 왔다. 그들은 조인규를 국문하고 마침내
원경과 함께 감찰사로 가서 새로 정한 관제를 거둬들였다. 元遣右丞阿里
灰·洪重喜·中書左丞楊炎龍來, 凡乘傳者百餘. 鞫趙仁規, 遂與元卿, 往監察
司, 收新定官制.

그런데 원 사신이 조비의 아버지 조인규를 국문하고 원경과 함께
감찰사로 가서 새로 정한 관제를 거둬들였다 — 관제 개혁에 관련된
서류를 압수한 것으로 생각된다 — 고 한 것은 이상하지 않은가? 저

주 사건의 발단은 「충선왕세가」에서 "공주가 조비를 질투하니 공주의 유모가 무뢰배들과 몰래 모의했다公主妬趙妃, 公主之乳媼, 與無賴之徒潛謀"고 돼 있는데, 이것이 관제 개혁과 직접 관련됐다고는 생각되지 않기 때문이다. 그러나 서류의 압수에 관여한 원경은 태상왕의 폐행 가운데 한 사람으로 그 열전(『고려사』 권124)에서 "일 만들기를 좋아해 나라에 해가 됐다好生事, 爲國害"고 한 소인이므로 저주 사건과 관련해 원 사신이 와서 조인규를 국문하자 그는 그 기회를 이용해 충선왕의 개혁을 뒤엎으려는 음모를 꾸민 것 같고 서류 압수는 그런 음모가 나타난 것으로 추측된다.

6월 중순에는 원에서 라마승과 도사가 황태후의 명령으로 와서 공주에게 씌워진 저주를 풀었다. 또 그것과 비슷한 때 충선왕과 공주를 화해시키기 위해 태후의 사신 홍군상洪君祥도 왔다. 7월 충선왕과 공주는 함께 여러 번 태상왕의 덕자궁德慈宮을 찾았는데, 주로 홍군상의 권유에 따른 것이 분명하고 그렇게 만날 때 그는 연회를 베풀기도 했다. 그리고 같은 달 19일 홍군상은 돌아갔는데, 화해의 열매를 거둔 것은 그 뒤 충선왕이 공주와 함께 안국사에 행차해 물놀이를 관람하고 덕자궁을 찾아뵌 것으로 알 수 있다.

그리고 8월 10일 원에서 보로우孛魯兀라는 사신이 왔다. 이보다 먼저 충선왕과 공주는 그달에 입조하라는 명령을 받았는데, 보로우는 그것을 재촉하려고 온 것이었다. 7일 뒤인 17일 충선왕과 공주가 입조하러 떠나자 태상왕도 송별을 위해 함께 가서 이튿날 금교역에서 전별연을 열었다. 그런데 잔치가 무르익었을 때 보로우는 원 성종의 명령으로 충선왕에게서 옥새를 빼앗아 태상왕에게 주고 복위시켰다. 그리고 다음 날인 19일 도성으로 돌아온 충렬왕은 보로우가 가져온 성종의 조서를 받았다.

전 고려 국왕 왕거(충렬왕)에게 알린다. 전에 경이 표문을 올려 세자 원에게 전위하겠다고 요청했기 때문에 그에게 조서를 내려 고려로 가서 왕위를 계승하되 국무는 그대로 경의 가르침을 받게 했다. 지금 들으니 세자가 즉위한 뒤 권력을 마음대로 휘두르고 처결한 것도 옳지 않아 많은 사람이 의심하고 두려워한다고 한다. 나이가 아직 어려 경험이 적기 때문에 짐이 직접 임명한 뜻에 아직 부응하지 못하는 것으로 생각된다. 지금 사신을 보내 경에게 조서를 내리니 전과 같이 국정을 총괄하라. 또 원은 황궁에 입시해 국정을 잘 배우도록 지시한다. 諭前高麗國王王昛. 曩以卿表請, 授位于世子諶, 是用詔諶, 往嗣王爵, 國事仍命聽卿訓導. 今聞莅政以來, 頗涉專擅, 處決失宜, 衆心疑懼. 蓋以年未及壯, 少所經練, 故未能副朕親任之意. 今遣使詔卿, 依前統理國政. 且詔諶入侍闕庭, 使之明習于事.

「충렬왕세가」에서는 조서에 이어 "보로우가 온 지 10일이 됐지만 나라 사람들은 이런 조서가 있는지 알지 못했다孛魯兀之來十日, 而國人不知有此詔也"고 했을 정도로 성종의 이 조처는 고려의 국왕과 신하를 정말 놀라게 만들었다. 보로우는 이런 임무를 마치고 곧바로 돌아갔지만 9월 12일 다시 원에서 중서평장정사 코코추闊闊出와 좌승 카산哈散이 성종의 명령을 받들어 와서 말했다.

공주(안평공주)가 세상을 떠난 뒤 국왕이 홀로 쓸쓸히 지낼 것이라면서 황제께서 포도주를 하사하시고 우리에게 국정을 함께 논의하라고 하셨습니다. 自公主棄世, 王獨處無聊, 帝賜王蒲萄酒, 且令吾等件議國事.

그들은 복위한 충렬왕의 정치 고문으로 온 것이다. 11월 초 코코추는 카산을 남겨두고 떠났다. 그리고 연말에 이르러 충선왕이 바꾼 관제는 모두 복구됐다.

보로우가 가져온 앞의 조서에 따르면 성종이 충선왕을 폐위한 것은 그의 새 정치가 타당함을 잃어 성종이 직접 임명한 뜻에 부응하지 못했기 때문이었다. 그렇다면 폐위의 이유는 정말 이것이었고 조비 저주 사건과 관련된 것은 아니었을까?

- 『원사』 「고려열전」 대덕 2년(1298) 7월: 중서성에서 아뢰었다. "왕원에게 죄가 있으니 폐위하고 그 아버지 왕거를 다시 국왕으로 삼아야 합니다." 中書省奏, 謜有罪當廢, 復以其父昛爲王.
- 「성종본기」 같은 달: 고려 국왕 왕원이 멋대로 명령을 내려 마구 죽이니 중서우승 양염룡과 첨추밀원사 홍군상을 보내 그를 불러 입시하게 하고 그 아버지 왕거에게 국정을 다스리게 했다. 高麗王王謜擅命妄殺, 詔遣中書右丞楊炎龍·僉樞密院事洪君祥召其入侍, 以其父昛仍統國政.

앞 기사의 "죄가 있다"는 것은 뒷 기사의 "멋대로 명령을 내려 마구 죽인" 것에 해당한다. 그리고 "멋대로 명령을 내려 마구 죽인" 것은 충선왕이 성종의 책봉을 받기 전 부왕의 궁인과 군소 무리를 죽이고 유배 보낸 사건을 뜻하는 것으로 보이므로 조서에서 말한 이유와 취지가 다르다. 이것은 또 어떻게 해석해야 할까?

앞서 말한 대로 조비 저주 사건이 일어났을 때 아릭쿠이·홍중희·양염룡 등 100여 명의 관원이 6월 2일 고려에 와서 조인규를 국문했다. 그 결과는 다음과 같았다.

『고려사』(권105) 「조인규열전」: 앞서 조인규의 딸이 충선왕의 비가 됐는데, 이때에 이르러 어떤 사람이 다음과 같은 익명서를 궁문에 붙였다. "조인규의 처가 무당을 시켜 저주해 국왕이 공주를 사랑하지 않고 자기 딸만 사랑하게 했다." 공주는 조인규와 그 처를 하옥시켰으며, 원에서는 사신을 보내 조인규를 국문하고 조인규의 처를 매우 참혹하게 고문하니 그 처가 거짓으로 자백했다. 마침내 조인규와 그의 사위 최충소·박선을 붙잡아 돌아갔으며, 가산을 모두 적몰해 사신관으로 실어갔다. 初仁規女爲忠宣王妃, 至是有人貼匿名書于宮門云, 趙仁規妻, 敎巫呪咀, 使王不愛公主, 而鍾愛己女. 公主下仁規及其妻于獄, 元遣使鞫仁規, 又鞫仁規妻極慘酷, 妻誣服. 遂執仁規及女壻崔冲紹·朴瑄以歸, 皆籍其家, 輸使臣館.

그 뒤(이듬해 정월) 연경에서 내려진 처분은 다음과 같았다.

원에서 조인규에게 곤장을 치고 안서로 유배 보냈으며, 최충소는 공창으로 유배 보냈다. 元杖流仁規于安西, 冲紹于鞏昌.

그런데 조인규가 장형을 받고 유배됐을 무렵 그렇게 된 이유로 승상 울제이完澤가 아뢴 말을 「원·고려기사」에서 보면 의외로 저주 사건은 언급하지 않았을 뿐 아니라 조인규 자신의 죄상으로 지목해야 하는 것은 거의 들지 않았다.

대덕 3년(1299) 정월 10일 승상 울제이 등이 아뢰었다. "고려 국왕 원(충선왕)에게 죄가 있어 먼저 길정 등을 보내 그를 꾸짖게 했습니다. 지금 길정이 돌아와 말했습니다. '세조 때 어떤 사람이 고려에서 참람하게 성

省·원院·대臺를 설치했다고 말하자 그것을 혁파하도록 명령했는데, 그 나라에서는 마침내 첨의부·밀직사·감찰사를 설치했습니다(충렬왕 원년 [1275]의 일). 지금 왕원은 그 신하 조인규에게 사도·사공·시중의 관직을 더했습니다(관제 개혁 때의 사실로 이런 관직들을 제수한 것은 다른 때도 있다). 또 왕거(충렬왕)는 조인규에게 아홉 번 죽을 죄를 용서해주겠다는 격려의 문서를 내렸으며, 멋대로 황실의 계보를 베껴 스스로 역일曆日을 만들었습니다. 게다가 그 딸을 비로 삼고(이상은 어느 때의 일인지 명확하지 않다) 자정원을 세워 최충소를 흥록대부로 삼았습니다(관제 개혁 때). 또 일찍이 태후의 명령을 받들어 공주와 왕원 두 분 아래 있는 케식怯薛*들을 하나로 합치게 했지만 왕원은 명령을 받들지 않았습니다. 또 마음대로 천호 김려를 죽이고 그의 금부金符를 환관 목합아木合兒에게 줬습니다(이상은 시기가 명확치 않다). 또 조인규는 딸을 바쳐 왕원을 시중들게 하고 공주를 저주한 일이 있습니다(최근의 일).' 지금 바라건대 조인규와 최충소를 경조로京兆路와 공창로에 유배 보내 다른 곳으로 가지 못하게 하십시오. 왕거는 불법적인 일을 거행했고 왕원은 나이가 어려 무고한 자를 함부로 죽였으니 조서를 내려서 훈계하십시오." 황제(성종)가 처결했다. "조인규는 장 27대, 최충소는 37대를 쳐서 유배 보내고 더욱 엄격한 조서를 보내라." 大德三年正月十日, 丞相完澤等奏, 高麗王謜有罪, 先遣吉丁等往詰問之. 今吉丁回言, 世祖時, 或言高麗僭設省·院·臺, 有旨罷之, 其國遂改立僉議府·密直司·監察司. 今謜加其臣趙仁規司徒·司空·侍中之職. 又旺給仁規赦九死獎諭文書, 又擅寫皇朝帝系, 自造曆日. 加其女爲令妃, 又立資政院, 以崔沖紹爲興祿大夫. 又嘗奉太后懿旨, 公主與謜兩位下怯薛觯合倂

---

* 충렬왕이 몽골의 제도를 차용해 국왕을 숙위하고 궁궐을 관리하게 한 조직으로 고위 관원의 자제가 많았다.

爲一, 源不奉旨. 又擅殺千戶金呂, 而以其金符給宦者木合兒. 又仁規進女侍源, 有巫蠱之事. 今乞將仁規·沖紹發付京兆·鞏昌兩路羈管安置, 不得他適. 旺行事不法, 源年少妄殺無辜, 乞降詔戒飭. 上曰, 仁規杖二十七·沖紹三十七, 而遣之詔辭當加嚴厲.

이처럼 조인규를 처벌하라고 울제이가 주청한 것은 조인규의 죄상 자체가 아니라 오히려 충숙왕이 재위한 동안 참람하고 불법적인 행동이었다. 그리고 울제이는 그런 사실을 고려에 보낸 길정이라는 인물의 보고에서 알게 됐다고 했다. 그렇다면 동일한 사실은 충숙왕을 폐위한 이유가 된 것은 아니었을까? 앞의 「원·고려기사」 내용에 해당하는 『원사』 「성종본기」 대덕 3년(1299) 정월 임진일(10일) 조에서 불법의 본체가 충숙왕이라고 한 것을 봐도 그렇게 생각된다.

고려의 배신陪臣 조인규를 안서에, 최충소를 공창에 안치하고 모두 태형을 쳐 보냄으로써 왕원이 마음대로 명령하고 제멋대로 죽인 행동에 그들이 결탁한 죄를 바로잡았다. 安置高麗陪臣趙仁規於安西·崔沖紹於鞏昌, 並笞而遣之, 以正其附主源擅命妄殺之罪.

처음 저주 사건이 일어났을 때 그것을 원에 알리려고 부다시린공주가 보낸 종신從臣 가운데 한 사람은 테리徹里라는 인물이었다. 그 뒤 테리는 조인규를 국문한 원의 관원 일행보다 하루 전(6월 초하루)에 와서 며칠 뒤(6월 4일) 다시 원으로 갔지만 7월 3일 되돌아와 8월까지 충숙왕과 공주에게 입조하라는 성종의 명령을 갖고 왔다. 울제이에게 충숙왕의 참람한 불법행위에 관련된 보고를 한 길정은 이 테리와 같은 사람으로 생각된다. 그런데 앞서 지적한 대로 조인규를 국문한 원 관원들이 왔을 때 상왕 충렬왕의 폐행 원경은 그들을 감찰사로 안내해 관제 개혁의 서류를 압수케 했으므로 충숙왕의 새 정치와 함께 그가 왕위에 있는 것을 달가워하지 않았던 사람들이 충숙왕에게 불리한 사실들을 마침 도성에 있던 테리에게 알렸을 것은 충분히 살필 수 있다.

그렇다면 충렬왕을 폐위한 처분은 테리가 원 조정에 가져간 보고에 따른 것으로 저주 사건을 이용한 고려의 군소 무리가 음모를 꾸민 결과로 생각된다. 폐위 조서에서 "지금 들으니 세자가 즉위한 뒤 권력을 마음대로 휘두르고 처결한 것도 옳지 않아 많은 사람이 의심하고 두려워한다고 한다"고 하면서 그 이유로 『원사』에서 "왕원에게 죄가 있다源有罪""마음대로 명령하고 제멋대로 죽인 죄"라고 지적한 것은 그렇게 추측하면 설명된다. 그 결과 조인규는 저주 사건의 중심 인물인 조비의 아버지고 충숙왕의 특별한 대우를 받았기 때문에 폐위에 연루돼장형을 받고 유배된 것으로 생각된다.

이처럼 조비 저주 사건 뒤 충숙왕이 폐위된 것은 젊고 명민한 그의 정치를 달가워하지 않은 상왕 충렬왕의 측근들이 그 사건을 틈타 몰래 계획한 결과였다. 원 성종은 충숙왕을 폐위하고 충렬왕을 복위시켰지만 연로한 그는 정치에 관심이 없었다. 그 때문에 앞서 서술한 대로 정치고문으로 중서평장정사 코코추와 좌승 카산을 보냈다. 그리고 대덕 3년(1299) 2월 사신을 보내 국왕과 고려의 신하·백성에게 유시했다. 사신 공부상서 에센테무르와 한림대제翰林待制 가여주賈汝舟는 4월 초하루 고려에 도착했다(조서가 내려진 달은 「원·고려기사」와 『원사』 「고려열전」에 따랐다. 「성종본기」에서 정월 임진일 조인규 등을 장형·유배시킨 기사에 합병한 것은 따르기 어렵다).

조서에서 말했다. "얼마 전 고려에 간 사신이 돌아와 아뢰었다. '고려의 신하 조인규 등이 불법을 저지르고 황실의 제도를 따르지 않은 일이 있어 모두 바로잡아야 합니다.' 조인규 등의 죄에 따라 그 경중을 헤아려 판결해 보내라고 이미 중서성에 명령했다. 지금부터 경은 나라를 지키는 법규를 힘써 준수하고 하늘의 경계를 더욱 두려워하라. 관직에 있는 사람들은 자신의 일을 성실히 수행하고 힘을 합쳐 국왕을 도우며, 이전의 잘못을 되풀이해 처벌을 받지 말라. 승려·도사·사족·서인은 자신의 본업에 안주하라. 고쳐야 할 사항을 뒤에 조목별로 열거한다. 1. 선대에 이미 정한 관서와 황제가 임명한 관원은 변경할 수 없으니 중간에 함부로 바꾼 것이 있으면 즉시 개정하라. 1. 임명받은 관원이 죄를 지으면 사정의 본말을 갖춰 아뢰고 함부로 살육하지 말라. 1. 사신의 보고에 따르면 고려의 관원과 백성 가운데 일찍이 세자에 의해 섬으로 유배되거나 재산을 몰수당한 사람은 죄의 유무를 국왕이 분간해 심사한 기록에 따라 개정할 수 있는 경우는 즉시 개정하라." 詔曰, 比者奉使回奏, 本國陪臣 趙仁規等所行不法及事有不遵典制, 合行正釐者. 據仁規等罪, 已勅中書省, 量 輕重決遣. 自今以始, 卿其勉遵守國之規, 益勤畏天之戒. 凡在官者, 各勤乃事, 協力匡贊, 毋蹈前非, 自干刑憲. 緇黃士庶, 各安其業. 所釐事宜, 條列于後. 一, 先朝已定官府, 及受宣人員, 毋得變更, 中間有所擅自更易者, 卽行改正. 一, 命 官有罪, 須具事情本末聞奏, 毋得輒行殺戮. 一, 奉使奏說, 本國臣庶, 曾經世子 流竄海島, 及斷沒人數, 有無罪犯, 從國王分揀審錄, 合改正者, 卽與改正.

충렬왕이 복위한 뒤 정치 고문의 파견과 이 조서로 볼 때 성종의 이런 조처는 고려의 내정에 대한 간섭이 분명하다.

정치 고문의 한 사람인 코코추는 지난해(충렬왕 24년, 1298) 11월 고려를 떠났다. 앞서 든 조서 첫머리에서 "얼마 전 고려에 간 사신이 돌아와 아뢰었다"고 한 사신은 코코추로 생각된다. 다른 한 사람인 카산은 혼자 남았지만 새해 일찍 ― 연경에서 앞의 조서가 출발하기 전 ― 다른 소요가 일어나면서 그의 체류는 자연히 중요하게 됐다.

새로 일어난 사건은 그해(충렬왕 25년, 1299) 정월 15일 충렬왕의 폐신 인후·원경과 김방경의 아들 김흔 등이 독단적으로 군사를 출동시켜 만호 한희유·상장군 이영주 등을 체포하고 그의 모반을 거짓으로 아뢴 것이다. 자세한 내용은 「인후열전」(『고려사』 권123)에 보인다.

앞서 한희유가 합포(경상남도 마산포)를 지키고 있을 때 인후가 왕명을 받들어 사신으로 왔는데 누가 상석에 앉을지를 놓고 다퉜다. 한희유는 인후의 멱살을 잡고 그의 배 위에 한참 걸터앉았다가 놓아줬다. 인후가 돌아와 안평공주(인후는 그녀가 총애하는 신하였다)에게 한희유를 처벌해달라고 주청하자 공주가 말했다. "한희유는 공로가 있고 나이도 많으니 그가 아니면 누가 감히 당신을 모욕하겠습니까? 다시 말하지 마십시오." 인후는 김흔·원경과 함께 한희유를 처벌하려고 모의했는데, 공주가 죽고 국왕이 한희유를 재상으로 임명하자 두려워 감히 실행에 옮기지 못했다. 마침 승려 일영이 무고하는 말을 만들어 낭장 이승우에게 "한희유 등이 반란을 꾸미고 있다"고 하니 이승우는 인후와 김흔에게 알렸다(아래는 그해 정월 15일의 사실이다). 인후와 김흔 등은 군대를 내 한희유와 상장군 이영주 (…) 등 10여 명을 체포하고 행성좌승 카산에게 알렸다. "한희유 등이 인후와 김흔을 살해한 뒤 국왕을 모시고 섬으로 달아나려 했습니다. 사태가 급박해 먼저 손을 쓰지 않으면 어떤 재앙이

닥칠지 몰라 지금 먼저 체포했으니 좌승께서 처리해주십시오." 카산이 "국왕께서도 알고 계시는가?"라고 물으니 "국왕께서 어찌 모르시겠습니까?"라고 대답했다. 카산은 몰래 자기 아들에게 왕궁으로 가서 살펴보게 하고 말했다. "국왕이 이 사실을 알고 있다면 반드시 엄중히 경비할 것이다." (…) 그의 아들이 동틀 무렵 왕궁에 가보니 궁궐 안이 고요하고 지키는 군사들은 모두 잠들어 일어나지 않았다. 아들이 알현하자 국왕은 즉시 만나 활과 칼을 하사했다. 아들은 돌아와 카산에게 알렸다. "인후가 앞서 했던 말은 모두 거짓입니다. 하지만 이미 한희유 등을 체포해 왕궁에 왔으니 가서 심문하십시오." 국왕은 카산과 함께 한희유 등을 국문했지만 죄를 자복하지 않자 순마소에 가뒀다. 일영은 도망쳤다.

初韓希愈鎭合浦, 侯奉使至, 與爭席. 希愈扼其項跨其腹, 久之乃釋. 侯還白公主, 請加希愈罪, 公主曰, 希愈有功, 齒且長. 非希愈, 誰敢侮汝. 其勿復言. 侯與金忻·元卿, 謀傾軋之, 及公主薨, 王相希愈, 侯等畏莫敢發. 會僧日英構誣語, 謂郎將李承祐曰, 希愈等謀不軌, 承祐以告侯·忻. 侯·忻等發兵, 執希愈及上將軍李英柱 (…) 等十餘人, 告行省左丞哈散曰, 希愈等將殺侯·忻, 挾王竄海島. 事急不先圖, 禍且不測, 今已被執, 左丞其圖之. 哈散曰, 王亦知否. 曰王豈不知. 哈散密令其子, 往候王宮, 仍謂曰, 王若知之, 必嚴警備. (…) 其子黎明往王宮, 宮中闃然, 衛士皆臥不起. 及上謁, 王趣召見, 賜弓劍. 其子還告哈散曰, 前言乃妄也. 然業已執希愈等, 詣王宮請訊之. 王與哈散鞫之, 不服, 囚巡馬所. 日英逃.

무고 사건이 일어난 유래와 그 당일의 경과는 이랬다. 국왕과 카산은 이튿날인 16일부터 닷새 동안 흥국사에서 한희유 등을 신문했는데, 이영주는 사실이 아닌데도 죄를 인정했지만 한희유는 그러지 않았고 다시 사흘 뒤에도 끝내 자복하지 않았다. 그 결과 그 달 26일 인후·김흔·원경은 충렬왕의 만류를 듣지 않고 그것을 성종에게 알리기 위해 원으로 갔다. 사건의 전말을 모두 알게 된 카산도 2월 6일 본국으로 떠났는데, 판단력을 잃은 충렬왕은 한희유와 이영주가 무죄임이 거의 분명해졌음에도 그들을 섬으로 유배 보냈다.

한희유는 "성격이 강하지만 겸손性強且廉"하고 "활발하고 소박하고 곧았다性豁達質直"고 평가된 무인이었다. 그가 모반했다는 것은 인후 등이 개인적 원한으로 꾸며낸 거짓일 뿐이었음은 「인후열전」에서 알 수 있다.

카산은 원으로 돌아와 황제가 한희유 사건에 대해 묻자 대답했다. "한희유는 본래 다른 뜻이 없었고 쿠라다이(인후의 몽골 이름)가 이지르부카왕(충선왕)을 도우려고 했을 뿐입니다."哈散還, 帝問希愈事, 對曰, 希愈本無異謀, 但忽剌歹欲爲益知禮普化王地耳.

그러나 카산의 이 말에 따르면 인후가 한희유를 무고한 뒷면에는 왕원을 국왕으로 모시려는 의도가 들어있었고 그 의도를 위해서는 한희유를 모함할 필요가 있던 것 같다. 그 뒤 충렬왕이 붕어하고 충선왕이 다시 즉위했을 때 교서의 내용이다.

대덕 3년(1299) 본국의 무뢰배들이 난을 일으키려고 했지만 만호 쿠라다이와 김흔 등이 먼저 그 모의를 알아 반란을 진압할 수 있었다. 그 공로가 포상할 만하므로 특별히 서용한다. 大德三年, 本國無賴之徒, 將欲構亂, 萬戶忽剌歹·金忻等先知其謀, 有能整亂, 其功可賞, 宜別錄敍用.

「김흔열전」(『고려사』 권104)에도 같은 기사가 있다. "무뢰배無賴之徒"는 한희유 등을 가리키고 "난을 일으키려고 했다"는 것은 인후 등의 무고를 사실이라고 본 표현이지만 충선왕은 인후 등이 자신을 국왕으로 모시려고 했기 때문에 그들을 칭찬하는 교서를 내린 것으로 생각된다.

카산이 떠나고 52일 뒤인 4월 초하루 원에서 사신이 왔다. 앞서 서술한 대로 공부상서 에센테무르와 한림대제 가여주는 2월에 출발한 충렬왕과 함께 고려에 내리는 성종의 조서를 갖고 왔다. 그리고 국왕은 앞서 카산이 떠나면서 섬에 유배한 한희유와 이영주를 불러들였다. 같은 달 7월 판삼사사 정인경鄭仁卿을 원에 보내 인후의 거짓을 변호했다. 국왕의 이 조처를 생각해보면 성종의 조서는 조비 저주 사건과 관련해 충선왕을 폐위하고 충렬왕을 복위시킨 것에 따라 내려진 것으로 이번의 무고사건과는 무관했다.

그러나 카산은 2월 6일 고려를 떠났고 에센테무르 등은 4월 초하루에 도착했으므로 무고사건의 내용은 에센테무르가 연경을 출발하기 전 카산에 의해 원 조정에 보고된 것으로 생각된다. 그리고 카산이 한희유에게 모반의 혐의가 없다고 판단하고 성종에게 그렇게 보고한 것은 앞서 인용한 대로 「인후열전」에서 "카산은 원으로 돌아와 황제가 한희유 사건에 대해 묻자 대답했다. '한희유는 본래 다른 뜻이 없었습니다.'"고 한 데서 분명하다. 그렇다면 에센테무르 등은 연경을 떠나기 전 당연히 무고사건에 대해 성종이나 원 조정의 신하의 의향을 좌우했던 카산의 견해를 들어 알았고 고려에 왔을 때 그것을 충렬왕에게 알린 것은 아니었을까? 에센테무르 등이 도착한 이튿날 국왕은 갑자기 한희유와 이영주를 유배지에서 돌아오게 하고 다시 닷새 뒤 인후의 혐의를 변호할 사신(정인경)을 원에 보낸 것을 보면 그렇게 추측하지 않을 수 없다. 곧 원 사신이 도착한 뒤 충렬왕의 이런 조처는 원 조정의 의향을 알기 전의 조처를 뒤집은 것이 틀림없다. 따라서 그것을 제3자의 시각에서 보면 충렬왕은 그렇게 함으로써 자신이 판단력과 능력이 없음을 폭로했을 뿐이다.

인후의 혐의를 변호하기 위한 사신이 원에 파견되고 이틀 뒤(4월 9일) 마침 이 사건과 관련해 원의 사신이 왔다. 그는 한희유·이영주·원경과 판밀직 유비柳庇·도평의녹사 송지한宋之罕을 체포해 돌아갔다. 유비는 카산이 한희유를 국문할 때 통역이었고 송지한은 문안을 작성한 인물이었다. 그렇다면 이것은 어떤 결과로 생각할 수 있을까? 대덕 3년(1299) 확대된 규모로 다시 설치됐다고 기록된 문제의 정동행성은 이 의문에 대답하는 것이다.

5. 대덕 연간 정동행성의 변화와 복구

4월 9일 원 사신이 체포해 간 한희유·이영주·원경 등은 그 뒤 원 조정에서 어떻게 처리됐는가? 이것은 문헌에 나온 것이 없어 알 수 없다고 말할 수밖에 없다. 그러나 충렬왕에 대한 원의 조처로 간과할 수 없는 사실이 있다.

- 「원·고려기사」: [대덕 3년(1299)] 5월 19일 중서성에서 아뢰었다. "카산이 고려에 사신으로 갔다가 돌아와 '그 국왕이 그 무리를 제어하지 못하니 조정에서 관원을 보내 함께 다스리는 것이 좋겠습니다'라고 했습니다. 신 등은 의논한 결과 정동행성을 다시 세워야 한다고 생각합니다." 그 의견에 따라 고르기스를 고려행성평장정사로 삼았다. 五月十九日, 中書省奏, 哈散奉使高麗回言, 其國王不能彈壓其衆, 朝廷差官共理之可也. 臣等議, 宜復立征東行省. 從之, 命闊里吉思爲高麗行省平章政事.

- 『원사』「고려열전」: [대덕 3년] 5월 카산이 고려에 사신으로 갔다가 돌아와 말했다. "왕거가 그 무리를 복종시키지 못하니 조정에서 관원을 보내 함께 다스리게 해야 합니다." 마침내 정동행성을 다시 세우고 고르기스를 고려행성평장정사로 삼았다. 五月, 哈散使高麗還, 言昛不能服其衆, 朝廷宜遣官共理之. 遂復立征東行省, 命闊里吉思爲高麗行省平章政事.

- 『원사』「성종본기」: 5월 경자일(19일). 정동행중서성을 다시 두고 복건 평해성 평장정사 고르기스를 평장정사로 삼았다. 復立征東行中書省, 以福建平海省平章政事闊里吉思爲平章政事.

『고려사』의 아래 기록에 따라 고려행성의 관원으로 평장정사 고르기스 외에 좌승 야율희일(야율초재耶律楚材의 손자)이 임명된 것과 그 착임 날짜를 알 수 있다.

「충렬왕세가」 25년(1299) 10월 갑자(17일): 원에서 고르기스를 보내 정동행중서성평장사로, 야율희일을 좌승으로 삼았다. 元遣闊里吉思爲征東行中書省平章事, 耶律希逸爲左丞.

그러나 임명에서 착임까지 몇 달의 간격이 있는 까닭은 알 수 없다. 세가의 위 기사 바로 뒤에서 『고려사』 편자는 『원사』 「고려열전」의 기사를 가져와 고르기스 등이 온 사정을 설명했다.

이때 카산이 돌아와 아뢰었다. "국왕이 그 무리를 복종시키지 못하니 조정에서 관원을 파견해 함께 다스리게 해야 합니다." 황제가 따랐다. 時哈散還奏, 王不能服其衆, 朝廷宜遣官共理, 帝從之.

「원·고려기사」에서 특히 주목되는 것은 "그 국왕이 그 무리를 제어하지 못한다"면서 충렬왕의 정치적 무력함을 지적한 부분이다. 이것은 고려에 사신으로 갔다가 돌아온 카산의 말이다. 무고사건이 일어났을 때 충렬왕과 함께 한희유를 국문한 카산은 성종에게 억울함을 호소해 무죄를 밝히려고 인후 등이 연경으로 간 뒤 자신도 연경으로 돌아왔는데, 앞서 서술한 대로 한희유가 다른 모의를 꾸몄다는 것은 근거가 없다고 성종에게 보고했다. 그리고 그의 보고는 그 뒤 고려에 파견한 원의 사신이 한희유·이영주·원경 등을 체포해 돌아오자 아마 인후도 포함됐을 무고자와 피무고자의 대질 결과 더욱 확실해진 것으로 생각된다. 뿐만 아니라 원 조정의 의향을 들어 알고 있던 충렬왕은 앞서 유배 보낸 한희유 등을 불러들이고 그들을 위해 인후의 억울함을 변호했는데, 원 조정의 신하들은 이런 일들을 종합한 결과 이번 사건에 대처한 충렬왕이 정치적 판단력과 능력이 없다고 판단한 것이 틀림없다. 고려에 사신으로 갔다가 돌아온 카산이 "그 국왕은 그 무리를 제어하지 못한다"고 한 것은 앞뒤의 사정에서 해석할 때 그렇게 봐야 한다고 여겨진다.

이처럼 원 신하들은 충렬왕이 정치적으로 무능하다고 판단했고, 그 결과 5월 19일 중서성의 주청으로 특별한 관원을 고려로 파견해 국왕과 함께 국정에 관여케 하자는 의견이 결정됐다. 그에 따라 복건 행성의 평장정사였던 고르기스가 고려 행성의 관원으로 옮겨 임명됐다. 곧 무고 사건에서 연유해 이런 임명이 이뤄진 것은 앞의 저주 사건 뒤 "충렬왕과 함께 국정을 논의"하도록 코코추와 카산을 고려에 보낸 것과 같은 취지의 조처로 고려의 내정에 한층 강하게 간섭한 것이 틀림없다.

앞서 든 「원·고려기사」와 『원사』 「고려열전」과 「성종본기」에서 "정동행성을 다시 설치했다"는 것은 고려행성평장정사 고르기스가 새로 임명된 것을 뜻하는 기사다. 아울러 3장에서 자세히 서술한 대로 고려의 원 행성 — 정동행성 — 은 세조 지원 24년(1287) 이후 충렬왕을 장관으로 삼아 존재했고, 충렬왕의 지위는 고려 국왕이자 정동행성 좌승상으로 이 새로운 임명이 있던 때도 그랬으며 그런 관계는 중간에 끊어지지 않았으므로 "다시 설치했다"고 표현한 것은 적절치 않다. 『원사』 「백관지」에서 "대덕 3년(1299) 행성을 다시 설치했다"고 한 것도 그렇게 말해야 한다. 『고려사』 세가에서는 고르기스의 착임 이틀 뒤 (10월 병인일) "국왕이 정동성에서 국무를 처리했다王視事于征東省"고 했다. 이것은 고르기스가 착임했을 때 그 의식을 치른 것으로 생각되지만 '정동성'은 이전부터 있던 정동행성 관아가 분명하다(3장 참조). 곧 행성의 관아도 다시 설치된 것은 아니다.

『원사』「고려열전」: [대덕 3년(1299)] 9월 왕거가 사신을 보내 조공하고 조정에서 행성을 확대해 설치한 일로 표문을 올려 의견을 밝혔다. 대체적인 내용은 다음과 같다. "대대로 성실히 섬겨온 공로가 모두 80여 년이며 해마다 조공을 바쳤습니다. 일찍이 세자로 입시해 황실과 혼인해 마침내 사위와 장인이 됐으니 참으로 지극한 은혜에 감사드립니다. 소국이 초상의 유풍을 바꾸지 않고 영원히 제후의 직책을 수행하도록 해주시길 바랄 뿐입니다." 九月, 昛遣使入貢, 以朝廷增置行省, 上表陳情. 其略言, 累世有勤王之功, 凡八十餘年, 歲修職貢. 嘗以世子入侍, 得聯婚帝室, 遂爲甥舅, 實感至恩. 使小國不替祖風, 永修侯職, 是所望也.

충렬왕이 이렇게 말한 것은 고르기스와 야율희일이 착임한 뒤가 틀림없으므로 「원·고려기사」에서 "9월 왕거가 표문을 올려 의견을 밝혔다"고 한 것과 함께 그 날짜를 믿을 수 없다(「원·고려기사」에서는 이렇게만 말하고 표문은 생략했다). 『고려사』 세가에서는 고르기스와 야율희일이 착임한 달인 10월 다음과 같이 서술했다.

이달 정동행성을 확대해 설치하자 국왕이 표문을 올려 의견을 아뢰었다. 是月以增置行省, 上表陳情曰.

그 다음은 「원·고려기사」와 똑같다. 이것은 『고려사』 편자가 표문은 「고려열전」에서 가져오고 "9월 왕거가 사신을 보내 조공했다"는 것에 대해서는 그 날짜를 의심해 그것을 버린 뒤 표문 올린 시기를 10월로 추정한 것이다. 따를 만한 견해다. 그런데 "행성을 확대해 설치했다"는 것은 기존의 정동행성 외에 다시 다른 행성을 설치했다는 것은 아니다. 충렬왕은 정동행성의 장관이었고 당시 좌승상의 직임을 갖고 있었다. 그런데 고르기스와 야율희일이 착임하자 동일한 행성의 좌승상 아래 평장정사와 좌승이라는 새 관원이 더해진 것이다. 이것이 "행성을 확대해 설치했다"는 것으로 정동행성 관원을 늘린 것이다. 그 때문에 뒤에 인용한 문서에서는 "행성 관원을 더 설치했다添設省官"(대덕 4년[1300] 11월 충렬왕의 표문) "행성 관원을 확대해 설치했다增置省官"(대덕 5년 2월 원 중서성의 보고)고 한 것이다. 그리고 이 증원은 "그 국왕(충렬왕)이 그 무리를 제어하지 못하니 조정에서 관원을 보내 함께 다스리는 것이 좋겠다"는 취지에 따라 시행돼 조비 저주사건 뒤 코코추와 카산을 파견한 사실의 연장, 곧 고려의 내정에 대한 적극적 간섭이었기 때문에 그것에서 벗어나려고 한 충렬왕은 표문을 올려 "소국이 조상의 유풍을 바꾸지 않게 해달라"고 한 것이다.

요약하면 「원·고려기사」와 『원사』 「고려열전」 「성종본기」 「백관지」 등에서 대덕 3년(1299) 정동행성을 다시 설치했다고 한 것은 종주국인 원이 고려의 내정에 간섭해 그동안 거의 형식적 존재였던 정동행성에 특수한 내용을 부여했다는 뜻으로 "다시 설치"했다는 것은 정동행성의 그런 변혁을 말하는 것이다.

다음으로 살펴봐야 하는 것은 정동행성의 변혁, 행성 관원의 증설과 함께 이뤄진 원의 정치적 간섭이다. 『원사』「백관지」에서 대덕 3년 (1299) 다시 설치된 행성은 "중국의 법률에 따라 고려를 다스렸다"고 했고 『원사』(권134)「고르기스열전」에서는 다음과 같이 서술했지만 너무 간단해 구체적 내용을 알 수 없다.

정동성 평장정사로 승진했다. 고르기스는 고려의 형법과 정치에 절제가 없고 관직은 너무 많으며 백성은 적으니 모두 바로잡아야 한다고 아뢰었다. 황제는 입조하라고 명령한 뒤 백성을 편안케 할 수 있는 일들을 조목별로 작성하게 했다. 陞征東省平章政事. 高麗刑政無節, 官冗民稀. 闊里吉思因悉加裁正以聞. 有旨徵入見, 俾條析便民事宜.

고르기스는 고려에 관직이 너무 많은 폐단과 원에 대해 참람하다고 의심되는 의례와 제도를 고쳐야 한다고 지적했다.

『원사』「고려열전」: 대덕 4년(1300) 2월 정동행성평장 고르기스가 말했다. "고려국왕이 스스로 임명한 관서는 358곳이고 관원은 4055명인데, 그들이 입고 먹는 것은 모두 백성에게서 수취하는 것이어서 매우 가혹하게 징수합니다. 또 큰 모임에서 국왕은 햇빛을 가리는 일산과 용이 그려진 병풍을 사용하고 거둥할 때 백성의 통행을 금지하며 신하들은 춤추듯 뛰며 만세를 외치니 모두 조정의 의례와 같아 참람됨이 너무 심합니다." 大德四年二月, 征東行省平章闊里吉思言, 高麗國王自署官府三百五十八所·官四千五十五員, 衣食皆取之民, 復苛征之. 又其大會, 王曲蓋·龍扆·警蹕, 諸臣舞蹈山呼, 一如朝儀, 僭擬過甚.

동일하게 참람한 관제나 의례는 충선왕이 즉위했을 때 한번 개혁됐다가 폐위와 함께 무산됐다. 큰 모임은 뒤에서 인용하는 대덕 5년(1301) 2월의 조서에서 추측할 수 있듯 11월의 팔관회와 정월 보름의 연등회 — 고려의 2대 국가 의례 — 로 생각된다. 무도舞蹈와 산호山呼는 원의 의례 이름으로 정월 초하루, 황제의 생일, 교묘제郊廟帝, 황제 즉위 등에서 신하들을 접견할 때 찬관贊官의 선창에 따라 절하는 예절의 양식이다.

『원사』(권67) 「예악지」: 국궁(몸을 굽힘)·삼무도(세 번 손을 휘두르고 발을 구름)·궤좌슬(왼쪽 무릎을 꿇음)·삼고두(세 번 머리를 조아림)·산호(소리쳐 환호함)·산호·재산호라고 한다. 曰鞠躬, 曰三舞蹈, 曰跪左膝·三叩頭, 曰山呼, 曰山呼, 曰再山呼.

원주: 무릇 공학控鶴*이 '산호'라고 크게 소리 지르면 '만세'라고 화답하고 '재산호'라고 하면 '만만세'라고 화답한다. 凡傳山呼, 控鶴呼噪應和曰萬歲, 傳再山呼, 應曰萬萬歲.

아래도 고려의 폭정을 지적하면서 그 폐단을 고쳐야 한다는 것으로 내정에 더 깊이 개입해 개혁해야 한다는 의견이다.

「고려열전」: [대덕 4년(1300)] 3월 고르기스가 다시 상언했다. "첨의사 관원이 민호의 토지·호적 대장과 주·현의 지도를 제공하지 않고 있습니다. 이 나라(고려)에서는 세금을 마구 걷고, 백성은 적지만 관원은 많으며, 형

---

* 황제의 숙위군.

벌이 일관되지 않으니 그 나라의 제도에만 따라 일을 처리하면 참으로 다스리기 어렵습니다." 三月, 闊里吉思復上言, 僉議司官不肯供報民戶版籍·州縣疆界. 本國橫科暴斂, 民少官多, 刑罰不一, 若止依本俗行事, 實難撫治.

고르기스는 고려의 노비법도 고치려고 했다.

『고려사』(권108) 「김지숙열전」: 당시 고르기스가 정동행성 평장이었는데, 부모 가운데 한쪽이 양인인 노비는 양인이 되도록 허락하려고 했다. 재상 가운데 반대하는 사람이 없었는데, 김지숙이 말했다. "세조 황제가 일찍이 테테르帖帖兀를 파견해 나라를 감독하게 했을 때 조석기라는 사람이 양인이 되게 해달라고 호소했습니다. 테테르가 상국의 법을 사용하려고 했는데, 그 일을 들은 세조는 본국의 옛 풍속을 따르라고 명령하셨습니다. 이런 사례가 있으니 변경할 수 없습니다." 고르기스는 감히 다시 말하지 못했다. 時闊里吉思爲行省平章, 凡奴婢其父母一良者, 欲聽爲良. 宰相莫有止之者, 之淑謂曰, 世祖皇帝嘗遣帖帖兀來監國, 有趙石奇者訴良. 帖帖兀欲用上國法, 事聞, 世祖詔從本國舊俗. 此例具在, 不可變更. 闊里吉思不敢復言.

이 개혁도 앞서 말한 것과 마찬가지로 대덕 4년(충렬왕 26년, 1300) 봄, 곧 4월 충렬왕이 입조하기 전의 사실임은 앞서 서술한 것에 따라 알 수 있다(세조 지원 7년[고려 원종 11년, 1270] 중요한 임무를 띠고 원에서 고려로 온 동경행상서성사 튀렝게 일행에 제지두諸之豆라는 인물이 있었는데, 철철도徹徹都라고도 쓴다. 테테르는 그와 같은 인물로 생각된다. 튀렝게가 고려로 파견된 사정은 졸저, 『원구의 새 연구元寇の新研究』 5장 참조). 고르기스의 노비법 변혁은 자칫하면 고려의 사회 조직과 신분 조직의 한 측면을 무너뜨릴 수 있는 중대한 문제였다는 것은 충렬왕이 그해 10월(원에서 귀국한 뒤) 올린 다음 표문에서 알 수 있다.

엎드려 생각건대 무릇 우리나라의 제도는 참으로 남다른 풍속이 아닙니다. 양인과 천인을 구분하는 것이 어찌 치우쳐 미워하고 사랑하기 때문이겠습니까? 신중히 구분하고 바꾸기 어렵게 한 것은 거기에 나라의 안위가 걸려 있기 때문입니다. 예전 우리 시조가 뒤를 이을 자손들에게 훈계했습니다. "무릇 이런 천한 무리는 그 종자가 따로 있는 것이니 그들을 양인이 되게 하지 말라. 만약 양인이 되도록 허락한다면 뒤에 반드시 벼슬에 올라 점차 요직을 차지해 나라를 어지럽히려고 모의할 것이다. 이 훈계를 거스르면 사직이 위태로워질 것이다." 이 때문에 소국의 법에는 8대의 호적에서 천류賤類와 관련이 없어야만 관직에 나아갈 수 있습니다.

무릇 천류가 되는 것은 아비나 어미 한 쪽이 천인이면 본인도 천인이 되고, 본래의 주인이 그를 양인이 되도록 허락해도 그가 낳은 자손은 다시 천인으로 돌아가는 것입니다. 또한 본래의 주인이 후사가 끊어져도 [그 노비를] 같은 가문에 소속되게 한 까닭은 양인이 되는 것을 끝까지 막으려고 한 데 있습니다. 도망해 양인이 될까 염려해 작은 움직임도 막고 끊었지만, 그래도 틈을 타서 간계를 꾸미는 일이 점차 많아지고 있습니다. 권세가에 의탁하거나 공로를 빌미삼아 멋대로 세력을 휘둘러 나라를 어지럽히려고 모의하다가 멸망한 자도 있습니다. 조상의 교훈을 어기기 어려움을 더욱 깨닫게 되고, 오히려 간사한 마음을 막아내지 못할까 두렵습니다. 하물며 만약 이 법을 고치면 꼬인 실을 풀기 어려운 것 같을 뿐 아니라 옛 법제를 잃어버려 유업을 조금도 지킬 수 없게 됩니다.

그 때문에 지원 7년(1270) 소국이 강화도를 떠나 육지로 나올 때 선제(세조)께서 다루가치를 보내 이 문제를 다스리셨습니다. 그때 어떤 사람이 고소해 이 법을 바꾸려고 했지만, 저희가 확실한 논리로 아뢨고 조정에서 논의해 밝게 판단해 노비제는 우리나라의 제도를 따르게 하니 간사한 무리는 틈을 노리는 마음을 접고 지금에 이르렀습니다. 이번에 정동행성의 관원(고르기스)가 처음 우리나라에 와서 법률을 제정한 뜻을 살피지 못하고 반드시 바꾸려고 했기 때문에 신은 올 여름 입조했을 때 자세히 아뢰 윤허를 받았습니다. 지금 명령을 받들어보니 양천에 관련된 일은 [고려에서] 다시 사람을 파견해 결정을 받게 하셨습니다. 신은 이미 [허락의] 말씀을 받았는데 다시 이런 명령이 있으니 매우 황송하고 두렵습니다.

다시 생각건대 이미 조상의 풍속을 따르도록 허락하셨으니 옳고 그름을 묻지 말고 옛 제도를 시행하는 것이 마땅합니다. 어찌 천류에 대해서만 옳고 그름을 논의해 새로 바꿔야 하겠습니까? 비난하는 말이 여기저기서 일어나 작은 것이라도 모두 들춰내려고 하기 때문에 외람됨을 잊고 어리석은 생각을 아뢨습니다. 엎드려 바라건대 높이 솟은 해가 밝게 비추고 구름이 비를 흠뻑 내려주듯 은혜를 베푸시어 앞서 내린 명령을 따라 이후의 어려움이 없도록 해주십시오. 그러면 만물이 구분돼 옛 제도가 바뀌었다는 탄식이 사라지고 나라는 길이 보전돼 천지가 한결같은 은혜를 입을 것입니다. 伏念凡屬我疆, 實非他俗. 若良若賤, 有何憎愛之所偏. 其愼其難, 爲此安危之攸係. 昔我始祖垂誡于後嗣子孫云, 凡此賤類, 其種有別, 愼勿使斯類從良. 若許從良, 後必通仕, 漸求要職, 謀亂國家. 若違此

誠, 社稷危矣. 由是小邦之法, 於其八世戶籍, 不干賤類, 然後乃得筮仕. 凡爲賤類, 若父若母, 一賤則賤, 縱其本主, 放許爲良, 於其所生子孫, 却還爲賤. 又其本主絶其繼嗣, 亦屬同宗, 所以然者, 不欲使終良也. 恐或有逃脫而爲良, 雖切防微而杜漸, 亦多乘隙而發奸. 或有因勢托功, 擅作威福, 謀亂國家, 而就滅者. 益知祖訓之難違, 猶恐奸情之莫禦. 況又若更此法, 非徒如治亂絲, 因失舊章, 不得僅存遺緒. 故於至元七年, 小邦去水就陸之時, 先帝遣達魯花赤以治之. 于時因人告狀, 欲變此法, 確論聞奏, 廷議明斷, 俾從國俗. 衆姦絶窺覦之意, 得至于今. 兹者省官初莅此邦, 不察制法之意, 必欲變更. 故臣於今夏入覲之時, 具悉表奏, 伏蒙兪允. 今奉聖旨, 良賤事宜, 更遣人受決. 臣旣承若彼之言, 而還有如斯之旨, 雖深惶懼. 又竊思惟, 旣許祖風, 無問是非而仍舊, 焉當賤類, 必論臧否以更新. 應因毀說之紛紜, 聊欲究觀其纖悉, 故忘冒瀆, 備奏愚懷. 伏望回揭日之光明, 霈同雲之優渥, 俾從先命, 乃罔後艱. 則物以群分, 消風土變更之嘆, 邦其永保, 荷乾坤終始之恩.

고르기스가 추진한 노비법의 변혁은 고려의 제도를 무너뜨리는 중대한 문제였기 때문에 충렬왕은 자국의 지배층을 대표해 강력히 반대했다. 표문에서 말한 국왕의 입조는 그해 4월이다. 이것은 원 황태후의 상례를 조문하는 것으로 6~7월에는 상도에 머물다가 윤8월이 돼서 귀국했다.

•『고려사』「충렬왕세가」 26년(1300) 7월 초하루(갑술): 황제가 사람을 시켜 국왕에게 "말하고자 하는 것이 있으면 바로 아뢰라"고 했다. 帝使人勅王曰, 凡有所言, 卽聞奏.

•2일(을해): 국왕이 궁궐에 갔다. 王詣闕.

•8일(신사): 황제가 우승상 울제이에게 명령해 알렸다. "고려 국왕이 아뢴 풍속과 모든 일들은 예전의 제도를 그대로 따르도록 허락한다." 帝命右丞相完澤傳旨云, 高麗國王所奏風俗百事, 許令依舊.

충렬왕이 상도에서 고르기스의 법률 변경이 부당함을 아뢨음을 알 수 있다. 그리고 8일의 기록은 앞서 인용한 표문에서 "자세히 아래 윤허를 받았다"고 한 것과 호응하는 것이다. 곧 충렬왕은 법률을 변경하는 것이 불편하다고 아뢨고 옛 풍속을 유지하라는 황제의 허락을 얻은 것이다. 그런데 그 뒤 원 성종은 앞서 말한 것을 뒤집어 잠시 윤허를 보류했다. 표문에서 "지금 명령을 받들어보니 양천에 관련된 일은 [고려에서] 다시 사람을 파견해 결정을 받게 하셨습니다. 신은 이미 [허락의] 말씀을 받았는데 다시 이런 명령이 있으니 매우 황송하고 두렵습니다"고 한 것이 그것이다. 이 보류의 칙명이 도착한 것은 『고려사』 세가에 나오지 않지만 기록이 누락된 것으로 국왕이 귀국한 뒤 칙명을 전달한 사신이 왔음이 틀림없다. 그리고 위의 10월 표문은 그것에 대해 올린 것으로 추정된다.

11월 6일(정미) 고르기스는 고려를 떠났다.

『고려사』 세가: 고르기스가 원으로 돌아가자 국왕이 선의문 밖에서 전송했다. 闊里吉思還, 王餞于宣義門外.

앞서 인용한 「고르기스열전」에서 "입조하라고 명령했다"는 것을 참조하면 성종은 직접 사정을 듣고 결정하기 위해 고르기스를 부른 것으로 생각된다. 또 같은 달 19일(경신) 찬성사 최유엄崔有渰이 원에 갔는데, 그 결과는 다음과 같았다.

『고려사』(권110) 「최유엄열전」: 그때 정동행성평장인 고르기스가 고려의 노비법을 개혁하려고 했는데, 최유엄이 옛 제도를 그대로 시행하자고 주청하니 황제가 따랐다. 時行省平章闊里吉思欲革本國奴婢之法, 有渰奏請仍舊俗, 帝從之.

그렇다면 최유엄은 "양천에 관련된 일은 [고려에서] 다시 사람을 파견해 결정을 받게 하셨습니다"라고 한 성종의 조칙에 따라 파견된 사신으로 열전에서 "황제가 따랐다"고 한 것은 성종이 내린 판단이었다고 생각된다. 또 『고려사』 세가에서 "이달 국왕이 주청했다是月王上奏曰"고 밝힌 뒤 실은 아래의 표문(날짜는 밝혀져 있지 않음)은 고르기스와 최유엄이 원에 가서 올린 것이 틀림없다.

이해에 하성절사賀聖節使 배신陪臣 유욱이 돌아와서 말했습니다. "암도랄暗都剌 평장사 등이 대덕 3년(1299) 9월 26일 다음과 같은 성지聖旨를 받았습니다. '정동행성의 관원을 늘린 것은 고려의 풍속을 고치려는 것이 아니고 항상 설치하려는 것도 아니다. 다만 한두 악인 때문에 그런 것이니 백성이 소요를 일으키면 그에게 국왕과 함께 진정시키려고 한 것일 뿐이다. 국왕이 지금 짐의 뜻을 알지 못하니 사정을 모두 써서 아뢰면 회답해 짐의 뜻을 분명히 알게 하려고 한다.'
신이 공손히 이 말을 들으니 다시 살게 된 것처럼 기뻐 황제의 윤음이 때맞춰 올 것으로 생각하고 밤낮으로 그것이 오기를 기다렸습니다. 신 또한 입조(지난해 10월 무렵의 상표)한 지 오래돼 사모하는 마음을 이기지 못해 올봄에 입조하기를 간청해 자애로운 윤허를 받아 기뻐하며 길에 올랐습니다(올해 4월). 대궐(상도)에 나아가 작년 가을에 말씀드린 것과 같은 내용을 표문으로 아뢨지만, 폐하의 명령이 있다는 말만 듣고 아직 명확한 윤음의 뜻을 받들지 못했습니다. 대덕 4년(1300) 7월 초 8일 구두로 전달된 성지는 작년 가을의 명령과 같았습니다.

이때 신은 일찍이 푸른 하늘을 보기 어려운 것을 탄식하다가 밝은 빛을 볼 수 있게 돼 기뻐하며 은혜에 감사하는 노래를 오래 불렀고, 여러 번 폐하의 잔치에 참석할 수 있었습니다. 오랫동안 폐하 곁에서 은혜를 입다가 벌써 돌아갈 기일이 돼 칙서를 받으려고 했지만 오래 기다리기 어려워 간절한 염원을 이루지 못하고 좋은 꿈에서 깬 것처럼 헛되이 한숨만 쉬었습니다. 엎드려 바라건대 다시 명령을 내려 한 통의 윤음을 보내주시면 백세에 간직할 보물로 영원히 자손에게 전하겠습니다. 그동안 삼한이 세운 공로를 길이 무너지지 않게 해주십시오. 저희가 바라는 바는 폐하의 만수무강입니다. 是年, 賀聖節使陪臣柳栒廻還云, 暗都刺平章等, 大德三年九月二十六日, 奏奉聖旨, 添設省官者, 非爲改其國俗, 亦不欲恒置. 但以一二惡人故, 似聞百姓騷擾, 將使與王作伴, 鎭安之耳. 王今未知朕意, 可具悉爲文草奏, 然後降答, 使明知朕意. 臣恭聞是語, 喜若更生, 謂絲綸降不踰時, 於日夜望其來使. 臣亦朝天歲久, 不勝瞻戀, 乃於今春, 懇請入朝, 伏蒙聖慈俞允, 抃躍登途. 既赴闕庭, 表奏前秋所陳如上, 而但聞有命, 未奉明綸之意. 伏蒙大德四年七月初八日, 口傳聖旨, 亦若前秋之命. 臣於是時, 曾嘆靑天之難覩, 昵瞻白日以方欣, 長吟湛湛之歌, 屢忝厭厭之飮. 久貪恩於輦轂, 忽迫歸期, 素欲受者璽書, 亦難留待, 未遂卑情之切願, 如回好夢以空嗟. 伏望, 續垂再振之金聲, 遄降一封之綸音, 則爲百世雲來之寶, 永永相傳, 俾三韓草昧之功, 綿綿不墜. 群誠所祝, 萬壽無期.

성종이 고르기스를 접견하고 최유엄이 입조해 아뢨으며 국왕이 이 표문을 올리고 원 조정의 논의도 더해져 「최유엄열전」에서 말한 것처럼 고려의 노비법은 옛 제도를 따르기로 했다. 그러나 그것이 그때 내려진 조처의 전부는 아니다.

- 『원사』 「고려열전」: 대덕 5년(1301) 2월 왕거의 주청을 받아들여 행성 관원을 혁파하고 조서를 내려 왕거에게 알렸다. 五年二月, 爲旺罷行省官, 有詔諭旺.
- 「원·고려기사」: 대덕 5년 2월 행성 관원을 혁파하고 고려 국왕 왕거에게 조서를 내렸다. 罷行省官, 詔諭高麗國王王旺曰.

이런 조처들은 대덕 3년(1299) 이후 고르기스를 행성 관원 — 증설한 행성 관원 — 에서 파직한 것과 함께 결정된 것이 틀림없다.

『원사』 「성종본기」: 정동행성 평장 고르기스가 고려와 융화되지 못하므로 파직했다. 征東行省平章闊里吉思以不能和輯高麗罷.

이것을 그해 12월로 기록했지만 2월의 오기다. 이렇게 검토하면 다음 기사의 의미를 잘 알 수 있다. 아울러 기사 자체는 충분한 설명이 없고 매우 불완전한 내용이다.

『원사』 「백관지」: 대덕 3년(1299) 다시 행성을 설치하고 중국의 법으로 다스렸다. 그 뒤 국왕(충렬왕)이 그 문제점을 말하자 황제는 조서를 내려 행성을 혁파하게 하고 그 나라의 습속을 따르게 했다.

앞서 서술한 대로 성종은 대덕 5년(충렬왕 27년, 1301) 2월 노비법을 고치지 말라는 고려의 간청을 윤허한 것과 함께 증설한 행성의 관원을 혁파하고 고르기스를 파직했다. 이미 말한 대로 지난해 11월 고르기스는 원에 갔는데,『고려사』세가에는 그해 3월 2일(임인)에 다음 기사가 있다.

원이 정동행성 평장 고르기스가 사람들을 화합시키지 못한다고 파직하니 고르기스는 자신에게 소속된 관원들을 이끌고 돌아갔다. 중랑장 박홍은 통역관으로 고르기스의 심복이 돼 그 위세를 빌려 은혜를 베풀고 뇌물을 많이 받았는데, 고르기스를 따라 원으로 가서 고려의 습속을 바꾸려고 모의했지만 이루지 못하고 돌아왔다. 元以行省平章闊里吉思不能和輯人民罷之, 闊里吉思率官屬還. 中郎將朴洪以通事爲闊里吉思腹心, 借威市恩, 多受賄賂, 隨闊里吉思如元, 謀變國俗, 不遂而歸.

그렇다면 고르기스는 이보다 앞서 다시 고려에 왔다가 다시 떠난 것일까? 만약 그렇다면 그를 따라 원에 간 박홍이 노비법을 고치려는 뜻을 이루지 못하고 자국으로 돌아온 것은 3월 2일 보다 뒤의 일이 돼야 한다. 그러나 세가를 살펴보면 3월 2일 이전 고르기스가 고려에 다시 온 흔적은 없다. 또 이미 행성에서 파직된 고르기스는 고려를 떠났는데, 박홍은 다시 노비법을 고칠 목적으로 동행했다면 그것은 이상하다. 박홍이 고르기스와 함께 원에 간 것은 지난해 11월로 고르기스는 그해 2월 원에 있는 동안 해임돼 자연히 고려에 오지 않았고, 뜻을 이루지 못한 박홍은 3월 2일에 홀로 귀국한 것으로 생각된다. 또 기사 첫 부분은 앞서 든 『원사』「성종본기」의 기사를 가져와 고르기스가 고려를 떠난 사정을 설명한 것인데, 그 점에서도 거기서 말한 "고르기스는 자신에게 소속된 관원들을 이끌고 돌아갔다"는 것은 아래 문장의 박흥에 관련된 서술의 전제이므로 날짜와 직접 연계되지 않았다고 추측된다.

요컨대 고르기스는 고려 사람들을 화합시키지 못했다는 이유로 원에서 파직되고 다시 고려에 오지 않은 것이다. 그러나 또 다른 행성 관원인 좌승 야율희일은 고르기스와 함께 행동하지 않았다. 곧 야율희일은 고르기스가 떠난 뒤에도 혼자 고려에 주재했는데, 그것은 그가 법률 변경의 직접적 책임자가 아니었기 때문으로 생각된다. 그해 초 그의 행동과 관련해서는 국왕을 수녕궁에서 접대하고 문묘를 참배한 학생들에게 시를 짓게 한 것이 알려져 있다. 그리고 그는 5월 6일 돌아갔다.

『고려사』 세가 같은 날(갑진): 야율희일이 돌아갔다. 야율희일은 국왕에게 백성을 다스리는 방법을 알려주고 재상들에게 나라를 걱정하라고 요구했다. 耶律希逸還. 希逸喩國王理民之術, 責宰輔憂國之事.

그는 주재하는 동안 유학을 위해서도 힘을 기울였다.

그동안 국학의 건물이 좁고 누추해 반궁의 제도를 크게 잃었는데, 국왕에게 말해 마침내 새로 문묘를 지어 유학을 진흥시켰다. 嘗以國學殿宇隘陋, 甚失泮宮制度, 言於王, 遂新文廟, 以振儒風.

야율희일의 귀국이 해임의 결과임은 말할 것도 없다. 그의 해임에 대해서는 『원사』와 『고려사』에 분명한 기록이 없지만 고르기스의 파직과 같은 때였을 것이 분명하다.

성종은 증설한 행성 관원을 혁파하는 것과 동시에 고려에 조서를 내렸다. 앞서 서술한 대로 「원·고려기사」에서는 "대덕 5년(1301) 2월 행성 관원을 혁파하고 고려 국왕 왕거에게 조서를 내렸다"고 한 뒤 그 조서의 전문을 실었다. 조서는 4월 20일 고려에 도착했다.

『고려사』 세가 같은 날(기축): 원에서 산동동서도 선위사 타차르와 형부상서 왕태형을 보내 조서를 전달했다. 元遣山東東西道宣慰使塔察兒·刑部尙書王泰亨, 詔曰.

조서 내용은 「원·고려기사」와 동일하다. 『원사』 「고려열전」에서 지난해(대덕 4년, 1300) 2월 고르기스의 상언 다음에 아래와 같이 덧붙인 것은 큰 착오다.

산동선위사 타차르와 형부상서 왕태형을 보내 조서를 갖고 가서 그들에게 알려 잘못을 바로잡은 뒤 보고하게 했다. 遣山東宣慰使塔察兒·刑部尙書王泰亨齎詔諭之, 使釐正以聞.

조서의 내용은 다음과 같다.

앞서 너희 나라에서 스스로 분란을 일으키기에 평장정사 고르기스를 보내 임시로 국왕과 함께 정무를 처리해 사태를 진정시키려고 했다. 그러나 그에게 오래 맡기려고 한 것은 아니었으며 이제 모두 조정으로 돌아오게 했다. 그러나 고르기스 등의 말에 따르면 예법을 뛰어 넘고 형벌을 남용하며 쓸데없는 관원이 많고 백성에게 폐단이 되는 몇 가지 일이 있다고 하는데, 중서성에서 따로 공문을 보낼 것이다. 보내온 표문에서는 조종 이래의 옛 법을 변경하지 않게 해달라고 요청했다. 짐이 생각하건대 선조先朝 때 고려의 관명이 조정과 다르지 않은 것은 이미 고치게 하셨다. 국왕은 이때 마땅히 유추해 만약 대의를 해치는 일이라면 고치는 것이 어찌 어렵겠는가?

지금 타차르 등을 파견해 조서를 갖고 가게 했으니 국왕은 여러 황제께서 돌봐주신 은혜를 생각해 나라와 백성을 마음에 두기 바란다. 위엄과 복을 주거나 뺏는 것은 국왕에게서 나와야 하니 국정에 불편한 것이 있는지, 백성의 마음에 불안한 것이 있는지 잘 살펴서 처리하라. 너희 신하들은 마음을 다해 국왕을 바르게 받들며 각자의 직책을 충실히 수행하라. 감히 이전과 같이 잘못을 답습해 불법을 자행하면 국왕이 너희들을 용서하더라도 짐은 반드시 용서하지 않을 것이다. 중서성에서 보낸 공문에 따라 고쳐야 할 일들을 결정한 뒤 짐이 보낸 사신(타차르와 왕태형)과 함께 관원을 보내 보고하라. 詔曰, 向以爾國自作不靖, 遣平章政事闊里吉思等, 權令與王共事, 以鎭遏之. 非欲久任於彼, 今悉命赴朝, 然闊里吉思等所言, 爾國越禮濫罰, 官冗民弊數事, 中書省別有公移. 來表乞不變更祖宗舊法. 朕惟先朝以本國官號, 與朝廷不殊, 已嘗改正, 王於是時, 卽當以類推之, 事如害義, 改亦何難. 今遣塔察兒等, 齎詔往諭, 王其勉思累朝覆育之恩, 以宗國生靈爲念. 威福予奪, 當自己出, 事體有未便, 民情有未安者, 其審圖之. 緊爾群僚, 悉心奉正, 各修乃職. 敢有蹈襲前非, 專恣不法, 王雖爾容, 朕必不貸. 據省移, 事理釐革旣定, 差官偕去, 使以聞.

야율희일이 고려를 떠나면서 국왕에게 백성을 다스리는 방법을 알려주고 재상들에게 나라를 걱정하라고 요구한 것은 이 조서의 취지를 바탕으로 고려의 국왕과 신하를 경계한 것이었다. 또『고려사』세가에서는 원 중서성에서 보낸 공문을 함께 실었다. 위의 조서 첫 부분에서 "중서성에서 따로 공문을 보낼 것"이라고 하고 끝부분에서 "중서성에서 보낸 공문"이라고 한 것이다.

공문에서 말했다. "국왕께서 요즘 표문으로 정동행성의 관원을 늘려 백성이 불안해한다는 것과 조상 때부터 내려온 풍속을 고치지 말아달라고 요청한 일은 이미 조서를 내렸으니 담당 관원(타차르와 왕태형)이 갖고 고려에 도착하면 읽어보십시오. 고르기스 등의 관원이 고려의 불편한 몇 가지 일을 아뢴 것은 목차를 나눠 기록했습니다. 전에 도성都省에서 의논해 결정한 양천 관련 일(천민을 양인으로 만드는 것)은 고려의 옛 풍속을 들면서 반대했는데, 이것은 말할 만합니다. 그러나 왕국으로서 천자의 조정이 시행하는 의례를 사용한다면 고려가 신하로 섬기던 처음에 의논했어야 하며, 예전에 살피지 못한 것은 지금부터 즉시 고쳐야 합니다. 그 나머지 사안인 백성의 고통을 없애고 폐단을 고치는 일 같은 것은 조서에서 국왕에게 말한 뜻을 잘 헤아려 하나하나 정해 떠나는 사신(타차르와 왕태형)에게 모두 알리고, 국왕은 그 일을 시행한 뒤 자세히 문서를 갖춰 황제께 보고하십시오."

또 목차를 나눠 기록한 문서에서 말했다. "고르기스 등은 대덕 3년(1299) 10월 정동행성을 설치한 뒤 따로 돈과 양곡을 출납한 일은 없었고 노비와 양인에 관련한 일만 보고했는데, 모두 현재 통용되는 법규와 관례에 따라 판단해 처결했다고 말했습니다. 또한 그들은 대덕 3년

11월 15일과 대덕 4년(1300) 2월 15일 국왕이 두 차례의 큰 행사(앞의 것은 팔관회고 뒤의 것은 연등회)에서 세 번 정편淨鞭*을 들어 만세를 외친 것을 목격했는데, 이것은 천자의 의례와 똑같으니 참월한 것입니다. 또한 고려는 형벌이 공정하지 않아 어떤 사람이 고발하면 그것이 어떤 소송인지 증거도 조사하지 않은 채 원고의 고발에만 의거해 세 번 물어보고, 자백하지 않으면 죄의 경중을 따지지 않고 섬으로 유배 보내며 사면령이 내려도 석방하지 않습니다.

형옥이 바르지 않고 남용되는 것은 이 한 가지 일만 봐도 나머지는 같을 것입니다. 또 고려의 도성 안팎에 사司·아문·주현이 모두 358곳이고 배치된 높고 낮은 관원은 4355명인데, 백성을 가혹하게 착취하고 있습니다. 게다가 부역賦役도 빈번해 조금이라도 나가지 않으면 결박해 능멸하고 학대하니 고통과 원한이 가득 차도 호소해 해결할 길이 없습니다. 성곽과 주·현은 빈 이름만 있고, 인구는 적은데 관원은 많으며, 관민관管民官과 안렴관按廉官은 반년에 한 번씩 교대하면서 관할 지방의 백성에게 소·말과 여비 등을 준비하게 하니 옛 관원을 보내고 새 관원을 맞이하느라 도로는 직물을 짜듯 복잡해 농사를 방해하니 백성이 매우 고통스러워합니다.

또 원래 역참을 설치할 때 각 역참마다 30~40호씩 됐는데 요즘에는 공문서를 갖고 있는지, 증명 문서가 있는지 묻지 않고 모두 역마를 타고 다닙니다. 만약 국왕의 근시가 파견돼 나가면 20~30필의 역마를 사용하고, 나머지는 지위의 고하에 따라 차등이 있으며, 관리하는 관서가 온갖 명목으로 어지럽히니 역호들이 도망쳐 셋 가운데 하나만 남았지

---

* 부드러운 실로 만들어 조회 의식에서 사용한 채찍. 휘둘러 사람들을 정숙하게 했다.

만 빠진 호수를 보충하지 않고 심지어 거저 받아내기도 합니다. 또 고려에는 수십 년 동안 부역을 부과한 적이 없으니 다른 나라와 견주면 은혜가 매우 무겁지만 근래에 권신들이 불법을 저질러 백성이 곤궁하고 피폐해졌습니다. 나머지 일들은 자세히 말하기도 어렵습니다." 王近表奏, 增置省官, 百姓不安, 及乞不改祖風等事. 已有頒降詔書, 委官持詣本國, 開讀所有. 闊里吉思等官具言, 國中不便數事, 錄連事目. 在前都省, 議得驅良之事, 且以本國舊俗爲辭, 此猶可說. 至如王國而用天子殿庭之禮, 旣臣之初, 卽當論者, 昔或不審, 自今宜卽更之. 其餘如民瘼之可除, 事弊之應改者, 宜體詔旨, 諭王之意, 一一據定. 仍令去使悉知, 王就行訖, 備細答來, 以憑聞奏. 其錄連事目曰, 闊里吉思等言, 大德三年十月, 開省以來, 別無出納錢糧, 止告驅良公事, 合依通行體例歸斷. 又目覩大德三年十一月十五日, 大德四年二月十五日, 國王二次大會, 亦三擧淨鞭, 山呼萬歲, 一如天子儀制, 有此僭越. 又本國刑罰不中, 或人告, 是何公事, 不問證佐, 止憑元告, 三問不招, 無問輕重, 流配海島, 遇赦並不放還, 刑獄狂濫, 覩此一事, 餘皆槪見, 又本國王京裏外, 諸司·衙門·州縣, 摠三百五十八處, 設官大小四千三百五十五員, 刻削於民, 甚爲冗濫. 加之賦役頻倂, 少有不前, 綁縛凌虐, 忍痛銜寃, 無可伸理. 城郭州縣, 虛有其名, 民少官多, 管民官·按廉官, 半年一次交代, 令本處百姓, 自備牛馬路費等物, 迎送新舊官員, 道路如織, 防農害物, 民甚苦之. 又元立站赤, 每處三四十戶, 近年不問公移有無文憑, 皆乘馹馬. 若王近侍者差出, 卽起二三十匹, 餘驗高下, 各有等差, 兼所管官司, 百色科擾, 因此逃散, 三存其一, 厥數不補, 至甚生受. 又本國歷數十年, 未嘗加於賦役, 比之其他, 優恤甚重, 近因權臣所行不法, 百姓困弊. 其餘事理, 難以縷陳.

이 중서성의 공문에서 개혁해야 할 고려의 폐정으로 열거한 의례의 참월, 형벌의 남용, 관서의 과다와 관원의 횡포, 역참의 남용 등 몇 가지 항목, 곧 '목차를 나눠 기록한 항목'은 "고르기스 등의 관원이 고려의 불편한 몇 가지 일을 아뢴 것"으로 대덕 4년(1300) 초 고르기스가 상언한 것임은 앞서 인용한 『원사』 「고려열전」의 두 기사에 비춰 분명하다. 곧 노비법의 변경을 제외하면 이런 몇 가지 사항은 고르기스가 제기한 개혁 의견의 전체였다. 그러나 노비법의 변경은 고려가 도저히 받아들이기 어려운 것이었기 때문에 원은 옛 습속을 따르겠다는 고려의 요구를 받아들이는 동시에 고르기스가 고려의 백성을 화합시키지 못했다는 이유로 증설한 행성 관원인 그를 파직했다.

실제로 노비법의 변경은 고르기스 개혁안의 폐해였다. 그러나 그것은 원의 최종 조처를 얻었던 것일까? 만약 행성 관원을 파직해 소환한 그대로 끝났다면 고려의 내정에 간섭하려던 본래의 취지는 흐지부지되고 종주국의 면목은 무너졌을 것이다. 확대해 설치한 행성 관원을 파직한 것과 동시에 위의 조서와 중서성의 공문을 고려에 내려 노비법을 제외한 고르기스의 개혁안을 모두 제시해 그 실행을 압박한 것은 이렇게 살펴본 것에 따라 이해할 수 있는 사실이 틀림없다. 『원사』 「고르기스열전」에서 "입조하라고 명령한 뒤 백성을 편안케 할 수 있는 일들을 조목별로 작성하게 했다"고 한 것도 고르기스가 입조한 뒤 그의 파직을 결정했을 때 그렇게 조처했다는 기사로 생각된다.

고려는 곧바로 원이 명령한 개혁을 실행했다.

『고려사』 「충렬왕세가」 27년(1301) 5월 8일(병오일): 내·외직을 줄이고 상국과 같은 관명은 모두 고쳤다. 併省內外官, 其官名, 有同上國者, 悉改之.

야율희일이 고려의 국왕과 신하를 책망하고 떠난 이틀 뒤였다. 야율희일은 개혁을 독려하고 그 목적을 위해 체류했던 것으로 생각된다. 그런 사실은 『원사』「고려열전」의 다음 기사에 따라 한층 분명해진다.

[대덕 5년(1301)] 가을 7월 왕거가 표문을 올려 말했다. "앞서 섬(강화도)에 거처했을 때 산호山呼를 사용했는데 그 뒤 천추라고 고쳤습니다. 지금 이미 밝은 조서를 받들어 모두 혁파했습니다. 또 관서 90여 곳을 없애고 관원 270여 명을 줄였습니다. 그밖에 잡다한 요역이 백성을 괴롭히고 역마를 사용해 역참을 번거롭게 하는 것 등도 모두 개혁했습니다." 秋七月, 昛上表言, 昔居海島時, 嘗用山呼, 後改呼千秋. 今旣奉明詔, 一切皆罷. 又革官府九十餘所, 汰官吏二百七十餘員. 他如雜徭病民·馹騎煩擾驛傳者, 亦皆省之.

성종은 충렬왕의 이 표문에 회답하는 조서를 내렸다.

조서를 내렸다. "경은 짐의 뜻을 잘 알아 말한 바를 처음부터 끝까지 시행해야 할 것이다. 그렇지 않은 것이 있으면 어찌 부끄럽고 두려워하지 않겠는가?" 詔曰, 卿其諭朕意, 所言當始終行之. 或有不然, 寧不羞懼.

이것은 그 요약으로 행성 관원을 증원한 뒤 폐정 개혁 문제를 매듭지은 것이다.

『고려사』「충렬왕세가」를 보면 27년(1301) 5월 12일(경술) 지도첨의사知都僉議事 민훤閔萱을 원에 보내 충선왕비 부다시리공주의 개가를 요청하고 탐라총관부를 혁파해 고려에 예속시키며 쿠라다이(인후)가 빼앗아 차지한 토지와 노비를 모두 본래 주인에게 돌려줘 억울함을 풀어달라고 요청하기 위해 여러 표문을 올렸다고 서술했다. 날짜로 보면 중앙과 지방의 관서·관원을 모두 줄였다고 아뢴 것도 이것과 같은 때로 생각되지만, 『원사』「고려열전」충렬왕의 표문에 상응하는 기사는 표문 자체와 함께 세가에 보이지 않는다. 회답 조서가 왔다는 기사도 없다. 기록의 누락으로 생각된다.

고르기스는 행성 관원으로 고려에 재임하는 동안 노비에 관련된 옛 법을 고치려고 했을 뿐 아니라 실제 안건을 처결하는 데 원의 법률을 사용한 것으로 보인다.

『고려사』「충렬왕세가」28년(1302) 정월: 전민변정도감에 명령해 고르기스가 판결해 양인으로 만든 노비를 본래의 주인에게 되돌려주게 했다. 命田民辨正都監, 籍闊里吉思所斷奴婢爲良者, 歸之本主.

세가 충렬왕 26년(대덕 4년, 1300) 5월에는 그가 하옥을 명령한 일도 기록돼 있다.

천고라는 승려가 옹기로 만든 거북 등에 붉은 글씨로 괴이한 말을 써서 혜숙사 석탑 아래 묻었다가 얼마 뒤 파내 "이 거북이는 매우 신이하다"고 하면서 사람들을 현혹시켰다. 고르기스는 그를 체포해 장형을 내렸으며 동경유수 나윤이 그것을 금지시키지 못하고 도리어 요망한 술책을 믿었다는 이유로 행성에 수감했다. 有僧天固, 朱書怪語于瓦龜背, 埋惠宿寺 石塔下, 尋自堀曰, 此龜甚神異, 以眩惑衆人. 闊里吉思執而杖之, 又以東京留守

羅允, 不行禁理, 反信妖術, 囚于行省.

이것은 전 달 충렬왕이 원에 가고 그가 머물러 지킬 때의 일이다. 또 다른 사건에 관련된 『고려사』(권125) 「송분열전」의 기사도 주의를 끈다.

판밀직사사 유비는 일찍이 송분에게 묵은 감정이 있었는데, 행성 평장 고르기스에게 말했다. "요즘 장사 장한렬이 황태후가 돌아가신 것을 송분에게 알리니 송분은 '설비사薛比思'라고 했습니다. 이것은 중국어로 반가운 소식이란 뜻입니다. 송분은 어찌 사람으로서 감히 이렇게 할 수 있습니까? 제가 김심·김연수와 함께 듣고 감히 아뢰지 않을 수 없었습니다." 고르기스가 송분·유비·김심·김연수·장한렬 (…) 등을 정동행성의 감옥에 가두고 대질해 분별케 했다. (…) 원에서는 타차르와 왕태형 등을 보내 국왕이 참석한 가운데 정동행성에서 송분을 국문하니 장한렬은 무고였다고 자백했다. 判密直柳庇嘗有憾於玢, 告行省平章闊里吉思曰, 頃者長史張漢烈, 以皇太后崩告玢, 玢曰薛比思, 此華言, 報喜之辭. 玢何人敢如是耶. 我與金深·金延壽共聞, 不敢不告. 闊里吉思, 囚玢·庇·深·延壽·漢烈 (…) 等于行省獄, 令對辨. (…) 元遣塔察兒·王泰享等來, 與王鞫玢于行省, 漢烈服其誣.

형벌을 판결하는 것은 국왕의 일이지만 이런 사실은 고르기스가 그것에 관여했으며, 특히 국왕이 원에 머문 동안 그를 대신해 처결했음을 보여준다. 타차르와 왕태형은 고르기스가 해임된 뒤 사신으로 왔기 때문에 그런 자격을 지닌 것으로 생각된다.

증원된 행성 관원인 고르기스는 행성 좌승인 고려 국왕의 권력을 통제하는 감찰관이었다.

『익재난고』(제 6) 지치 3년(고려 충숙왕 10년, 1323) 정월 「대도에서 중서도당에 올린 글在大都上中書都堂書」: 대덕 연간 고르기스를 이목관으로 삼았는데, 그의 진언에 따라 도성(원의 중서성)에서 의논해 아뢨습니다. 大德中, 敎闊里吉思爲耳目官, 因其陳言, 都省商量上奏.

익재 이제현은 고르기스를 '이목관'이라고 불렀다. 그러나 고려에 원의 이목관이 주재한 것은 성종의 행성 관원 증원에서 시작된 것은 아니다. 세조 지원 7년(원종 11년, 1270)부터 15년(충렬왕 4년, 1278)까지 9년 동안 차례대로 고려의 도성에 주재한 톡토르·이익·흑적·장국강 등의 다루가치, 그리고 그들과 함께 근무한 초천익·주세창·석말천구 등의 부다루가치도 이목관으로 불렸다. 앞서 나는 그것을 주제로 한 논문을 『동양학보』(18권 2호)에 실었는데, 그 끝부분에서 다음과 같이 서술했다.

요컨대 고려의 도성에 주재한 다루가치는 그 나라의 내정에는 간섭하지 않았고, 몽골 관원과 고려 관원 사이에 생긴 논란을 판단한 사례 외에는 대체로 본국 조정의 명령에 따라 사무를 처리했으며, 총독이나 총감에 견줄 정도의 권력을 지닌 주차관駐箚官은 아니었다. 원 본국에서 크고 작은 여러 지방 관서에는 그 장관과 함께 반드시 다루가치가 배치됐다. 그 다루가치는 원의 왕반이 지은 「사천택 신도비」에서 "우리나라의 제도에서는 주·부·사·현에 각각 감림관을 뒀는데 그를 다루가치라고 한다"고 설명했는데, 고려의 다루가치도 거기서 말한 감림관, 곧 일본의 메츠케야쿠目附役와 같은 것이었다.

세조 때의 다루가치는 자신이 판단한 고려의 국정에 대해 국왕의 주의를 촉구하거나 국왕의 부덕을 훈계하기도 했지만 내정에 깊이 간섭하지는 않았다. 이 점에서 성종이 증원한 행성 관원은 어느 정도 권력이 강화된 것으로 보이지만 대체적인 성격은 같았다. 곧 그것을 기존의 정동행성과 연결시키면 세조 때의 다루가치를 다시 설치한 것으로 볼 수 있다. 이런 특수한 행성 관원은 대덕 5년(1301) 2월 혁파됐고, 자연히 충렬왕을 좌승상으로 임명한 정동행성은 3년 5월 이전의 옛 모습으로 돌아갔다.

나는 지난해 발표한 『원구의 새 연구』 끝부분에서 대덕 3년(1299)의 행성을 정확한 근거 없이 일본 정벌 계획에 관계된 것이라는 일반적 견해가 잘못됐다고 지적하면서 그 행성의 성격은 다시 논의하겠다고 했는데, 이제 그 연구를 마쳤다. 그러나 이 논문의 주제는 이것으로 끝난 것이 아니며 다시 원대 말까지 확대해야 한다. 그리고 『원사』 「백관지」에서 "지치 원년(1321) 다시 설치했다至治元年復立"고 기록한 행성은 특히 가장 주요한 것이다. 다만 집필을 시작한 지난 달 하순 안질에 걸려 20일이 넘었는데도 낫지 않았다. 억지로 작업을 진행하면 상태가 더 나빠질 것 같았다. 잠시 쉬면서 올해 안에 마무리하지 않고 훗날 다시 이어서 쓰겠다 (1932년 12월 16일 밤).

1932년 12월 탈고(『동양학보』 20권 3호)

19편
고려 공민왕의 반원 정책

1. 기씨와 원 황실의 관계

원 황실이 쇠퇴하면서 각지에서 반란이 일어났다. 지원 8년(1271) 방국진方國珍이 먼저 절동浙東에서 군사를 일으켰고 11년(1274) 한산동 韓山童과 유복통劉福通이 하남에서, 서수휘徐壽輝가 강서에서 일어났고, 12년 곽자흥郭子興이 회남에서, 13년 장사성張士誠이 절서浙西*에서 난 을 일으키면서 중국은 혼란에 빠졌다. 고려 공민왕은 연경에서 국왕 에 책봉돼 지원 11년(1274) 말 개경으로 돌아갔으므로 그의 치세는 원 말엽에 해당된다.

이때 고려의 신하로 원 황실과 인척 관계를 맺은 것은 기씨였다. 처 음 기자오奇子敖는 막내딸을 원으로 들여보냈다. 기자오는 기철奇轍의 아버지다. 막내딸 기씨는 영특해 순제의 총애를 받았다. 다나슈리答納

---

* 중국의 역사적 광역 지명. 저장성浙江省 북부를 흐르는 절강(전당강錢塘江)을 기준으로 동쪽을 절동, 서쪽을 절서라고 했으며 그 행정적 구분은 당 중기 절도사의 영역에서 시작됐다.

失里황후 킵차크씨欽察氏는 그녀를 매우 질투했지만 지원 원년(1264) 황후의 오빠 텡기스唐其勢는 역모를 시도하다가 처형됐고 황후 또한 승상 바얀의 모략을 받자 황제는 기씨를 황후로 삼았다. 그러나 바얀의 반대로 이뤄지지 못했다. 지원 6년(1269) 바얀이 축출되자 마침내 제2황후가 돼 울제이 쿠투完者忽都황후로 불렸다(지원 3년[1266] 콩기라트씨弘吉刺氏 바얀 쿠투伯顏忽都황후가 됐다. 이것이 정식 책봉이다). 충혜왕 후원년으로 공민왕이 처음 원에 입조하기 전 해의 일이다.[1]

기씨가 황후가 되면서 원은 기자오를 영안왕榮安王에 책봉하고 시호를 내렸으며 그의 부인 이씨를 영안왕 대부인大夫人에 책봉하고(충혜왕 후4년, 원 지정 3년, 1343) 많은 물품을 하사했다. 그리고 기철·기원奇轅 등 아들들은 원과 고려의 관직을 받고 황후의 위세에 기대 교만해졌다. 기철의 동생 기원은 폭행을 자행해 큰 문제를 일으켰고, 충목왕 때 기철과 같은 가문의 동생族弟 기삼만奇三萬도 마찬가지로 권세를 믿고 다른 사람의 토지를 빼앗았다. 충혜왕 때부터 국왕이 직접 이씨(영안왕 대부인)의 집에 행차했으며, 공민왕 때가 돼서는 더 성대해졌다. 그리고 원도 이씨에게 잔치를 내리고 공민왕 2년(지정 13년, 1353) 8월에는 보르차 잔치享兒札宴를 베풀어 줬다. 이 잔치의 이름은 『원사』에 보이지 않지만 그것에 관련된 공민왕의 표문에서 다음과 같이 말했다.[2]

삼가 듣건대 황조의 법에 이른바 보르차라는 것이 있다고 하는데, 인척이 모여 기뻐하며 자손에게 기쁜 일이 있기를 기원한다고 합니다. 예전에도 이미 이와 같았으니 지금 어찌 열지 않겠습니까? 폐하께서 대부인 이씨를 위해 성대한 의례를 거행해 특별한 은총을 보이시면 구족九族이 화목한 가족의 의리에 감격해 대대로 잊지 않을 것을 맹세하고 온 나라가 정성을 다해 찬미하며 길이 늙지 않으시길 축원할 것입니다. 竊聞皇朝之法, 有所謂字兒扎者, 合姻亞之懽, 爲子孫之慶. 古旣如是, 今胡不然. 若蒙陛下爲大夫人李氏, 擧盛禮之優優, 示殊恩之衍衍, 則九族感睦親之義, 誓永世而不忘, 一邦殫歸美之誠, 祝後天而難老.

곧 보르차 잔치는 친족이 함께 모여 자손의 번영을 축원하는 몽골의 옛 의식인 것 같고, 공민왕은 특별히 이씨를 위해 그 잔치를 주청한 것이다. 아마 기철 등의 요청에서 나왔을 것이다. 원은 먼저 사신을 보내 사용될 물품을 강릉교주도江陵交州道(지금의 강원도)에서 징발한 뒤 종실 만만태자蠻蠻太子 등을 보내 잔치를 열어줬다.

잔치는 연희궁延禧宮에서 열렸고 공민왕과 왕비 노국魯國공주(원의 종실 위왕魏王의 딸)도 참석했다. 공주와 만만태자는 남면하고 공민왕과 이씨는 서쪽과 동쪽에 앉았다. 공민왕이 먼저 술을 따라 태자에게 무릎 꿇고 바치자 태자는 서서 마셨다. 태자는 술을 따라 이씨에게 올렸다. 다음은 공민왕, 그 다음은 공주 순서로 진행됐고 잔치가 무르익자 사신의 하인들은 서쪽 계단에, 호위 무사는 동쪽 계단에 올라와 앉아 누가 빨리 고기를 먹는지 겨뤄 오락거리로 삼았다. 많이 먹어 먼저 끝내는 쪽이 이기는 것으로 했다. 잔치가 끝나자 모두 뜰로 내려가 각자 호가胡歌를 부르며 춤추며 돌았다. 기철 등도 그 안에 있었다. 이 잔치는 지극히 사치스러워 베를 잘라 꽃을 만드는데 5140필이 들었고 다른 물건도 비슷했다. 이 때문에 물가가 폭등해 국가와 개인이 기름·꿀·과일을 사용하는 것을 금지하기에 이르렀다.

이튿날 다시 만만태자의 숙소에서 이른바 방몰연防沒宴을 열었다. 원의 의례에서 보르차 잔치에 사용한 돼지고기와 말머리를 남겨뒀다가 이튿날 다시 잔치하는 것을 방몰이라고 한다. 이때부터 기씨가 몰락할 때까지 2~3년 동안 원은 자주 사신을 보내 이씨에게 잔치를 열어줬다.

기황후奇皇后는 영특해 순제의 총애를 받았다. 늘 『여효경女孝經』과 역사서를 읽어 역대 황후의 현명한 행동을 묻고 본받았으며, 전국에서 바친 진미가 있으면 먼저 태묘에 바친 뒤에 먹었다는 데서도 그의 평소 태도를 알 수 있다. 정궁 쿵크라트弘吉刺씨는 기씨의 총애를 질투하지 않고 공손하고 검소하게 행동했으며 황자 친킴을 낳았지만 두 살 때 요절했기 때문에 기씨가 낳은 아유시리다라愛猷識里達臘가 지정 13년(1353) 6월 황태자에 책봉됐다.3 이로써 원 황실에서 기황후의 위치는 더욱 중요해졌고 고려에서는 그 두 달 뒤 보르차 잔치가 열렸는데, 친족이 함께 모여 자손의 번영을 축원했다는 것을 보면 그 잔치를 이씨에게 내린 것도 태자의 책봉과 관련된 것으로 생각된다.

기씨와 원 황실의 관계가 이랬기 때문에 지정 15년(공민왕 4년, 1355) 기철은 요양행성의 좌승에서 평장정사로 승진했으며, 8월 황태자 아유시리다라가 우루테무르月魯帖木兒를 보내 이씨에게 잔치를 내려줬을 때 공민왕은 이씨와 함께 남면하고 황후의 동생 소희충道希冲의 부인은 동쪽에 앉았으며 기철과 우루테무르는 서쪽에 앉았다. 그리고 다음 달 공민왕에게 내려진 인사 명단은 모두 기씨와 원 사신의 요청에서 나온 것이었다. 앞서 원은 공민왕을 공신에 책봉했다. 기철은 시를 지어 그것을 축하했지만 자신을 신하라고 부르지 않았다. 기철의 방자함을 볼 수 있는 일이었다.

몇 달 뒤인 공민왕 5년(지정 16년, 1356) 5월 원은 다시 기울제이부카奇完者不花(기철의 조카)를 보내 기철의 아버지 기자오를 영안왕에서 경왕敬王으로 고쳐 책봉하고 3대를 왕으로 추증했다. 기철에게 대사도

大司徒를 더하는 칙명도 곧 도착할 예정이었지만(원에서 제수하라는 명령은 4월 16일에 내려졌다) 5월 18일 기철·권겸權謙·노책 등은 그보다 먼저 갑자기 주살됐다.

2. 기씨의 몰락과 그 진상

기철 등이 주살되기 전 기씨와 원의 관계는 앞서 서술한 것과 같다. 기철 외에 권겸은 그 딸을 원의 황태자에게 들여보내 대부감大府監 태감太監에 제수됐고(공민왕 원년[지정 12년, 1352] 8월) 노책은 그 딸을 순제에게 들여보내 집현전 학사에 임명됐으며(공민왕 3년[지정 14년] 5월) 두 사람 모두 원의 특별한 대우를 받았다. 공민왕이 그들을 한꺼번에 주살한 것은 재위 5년(1356) 5월 18일이었다. 국왕은 잔치를 연다면서 재추를 궁궐에 모은 뒤 특히 재신을 남게 하고 기철 등과 그의 아들·조카들을 불렀다. 기철과 권겸이 먼저 도착하고 다른 사람들은 아직 오지 않았지만 일이 누설돼 예상치 않은 변란이 일어날 것을 우려해 갑자기 두 사람을 격살했다. 노책은 자기 집에서 주살됐다. 기철의 아들 기유걸奇有傑과 조카 기울제이부카, 노책의 아들 노제盧濟 등도 모두 체포돼 처형됐다. 세 집의 노비는 국가에 몰수됐으며 그 무리로 매우 많은 사람이 유배됐다.[4]

공민왕이 이 주륙을 감행한 까닭은 다음 세 자료에 나와 있다.

•**거사 당일 국왕이 내린 교서**: 지금 기철·노책·권겸 등은 원 조정이 도와준 뜻과 선왕께서 만들어 내려준 법을 생각하지 않고, 권세를 믿어

임금을 능멸하며 방자하게 위세를 부려 백성에게 해악을 미쳐 그 끝이 없었다. 나는 원 황실의 인척이기 때문에 그들의 말은 모두 열심히 따랐지만, 그래도 부족하다고 여기고 몰래 반역을 도모해 사직을 무너뜨리려고 했다. 다행히 천지와 선왕들의 영령에 힘입어 기철 등은 모두 주살됐다. 今有奇轍·盧頙·權謙等, 不念元朝存恤之意, 先王創垂之法, 席勢以陵君, 肆威以毒民, 罔有紀極. 予以連姻帝室, 於其所言, 一皆勉從, 猶爲不足, 潛圖不軌, 欲危社稷. 幸賴天地祖宗之靈, 轍等俱已伏辜.

- **몇 년 뒤인 재위 8년(1359) 6월 앞의 거사에 참여한 공신을 책봉하면서 내린 교서**: 기철과 권겸은 원 황실의 인척으로 그 세력에 기대 위세를 부려 기강을 두려워하지 않고 백성과 토지를 탈점했으며 비리를 멋대로 저질렀다. 얼마 전부터 천하(원)가 어지러워지기 시작하자 그들은 자신이 악행을 쌓아 원한을 샀기 때문에 하루아침에 세력이 사라지면 목숨을 보전하기 어려울 것으로 생각했다. 미리 방비를 굳히려고 깊이 계획해 자신들의 친척과 심복 가운데 사납고 오만한 무리를 요직에 배치해 뒤를 받쳐 줄 세력을 은밀히 심었다. 반역을 도모해 사사로이 무기를 만들고 지방군의 무기도 점검했으며, 상국의 사신을 사칭해 뜬소문을 퍼뜨려 인심을 현혹시켰다. 모이는 시기를 몰래 알려 한꺼번에 일어나기로 약속하니 종사의 안위가 순간에 달려 있었다. 남양후 홍언박은 제 몸을 돌보지 않고 분연히 일어나 역도를 섬멸해 사직을 다시 안정시켰다. 奇轍·權謙連姻帝室, 依勢作威, 不畏紀綱, 奪占田民, 恣行非義. 頃年以來, 天下始亂, 自顧其身, 積惡斂怨, 度其一朝, 勢去難保. 預爲深計, 以固藩籬, 以其親戚腹心, 桀驁之輩, 布列權要, 陰樹黨援. 圖爲不軌, 私造兵仗, 外方軍人, 亦閱弓矢, 詐爲詔使, 兼扇訛言, 眩惑人心. 密諭會期, 約以同擧, 宗社安危, 只在須臾. 南陽侯洪彦博, 奮不顧身, 殄殲賊徒,

再安社稷.

• 「기철열전」: 기철은 권겸 등과 함께 권세를 부리며 서로 의지했지만 천하가 어지러운 것을 알고 스스로 생각하기에 악행을 쌓아 원한을 샀기 때문에 하루아침에 세력을 잃어 목숨을 보존하지 못할 것을 두려워했다. 미리 자신의 안위를 도모해 친척과 심복을 요직에 배치하고 도와줄 무리를 몰래 심었다. 장차 대역을 도모하려고 각도의 무기를 검열하고, 칙사를 사칭해 뜬소문을 퍼뜨리면서 모이는 시기를 몰래 알려 거사하기로 약속했다. 국왕(공민왕)은 그것을 먼저 알았다. 轍與謙等聲勢相倚, 知天下亂, 自念積惡斂怨, 恐一朝勢去難保. 預謀自安, 以親戚腹心, 布列權要, 陰樹黨援. 將圖大逆, 閱諸道兵器, 詐爲詔使, 扇動訛言, 密諭期會, 約以擧事. 王先知之.

「기철열전」의 기사는 두 번째 교서를 옮겨 실은 것에 지나지 않는다. 그것은 둘을 비교하면 금방 알 수 있다.

그렇다면 기철·노책·권겸 등은 이런 교서에 보이는 것처럼 제거되기 전 몰래 역모를 꾸민 것일까? 앞서 열거한 대로 기씨는 원 황실에 기대 계속 위세를 키워왔고 3대를 왕으로 추증하기까지 했지만 5월 18일 사태가 일어날 때까지도 그들이 역모를 꾸미고 있었다고 서술하지 않은 까닭은 「공민왕세가」의 기사에서 그것을 증명할 수 없었기 때문이다. 각도의 무기를 점검하고 원 사신을 사칭해 뜬소문을 퍼뜨렸다는 일 등도 세가에 전혀 보이지 않는다. 그리고 기철 등이 무기를 사사로이 만들었다면 그 세 가문이 적몰될 때 반드시 압수됐을 것인데 「기철열전」에는 노비와 재산에 관련된 기사는 있지만 무기에 관련한 일은 전혀 언급하지 않았다. 공민왕은 다시 그해 7월 원에 표문을 올려 그 세 가문을 주살한 사정을 설명했다.

역적 기철은 노책·권겸과 역모를 꾸며 나라의 화근을 만들었습니다. 기철 등은 황실의 인척으로 상국의 위엄을 빌려 권세를 떨치면서 국왕을 협박했고, 남이 소유한 노비와 토지를 끝없이 탈취했습니다. 신(공민왕)은 천조天朝가 두려워 감히 한 번도 문책하지 않았으니 수많은 백성의 원한이 어찌 밝게 드러날 수 있었겠습니까? 기철 등은 죄악이 가득 쌓여 사람들에게서 용납되지 못할 것을 스스로 알고 천하(원)가 어지러워져 전란이 치열하자 하루아침에 세력을 잃고 목숨을 보전하지 못할 것이라고 멋대로 생각해 자신의 안전을 꾀하고 권세를 굳게 유지하는 데 힘써 중앙과 지방의 관서에 모두 친척을 배치하고 요직마다 심복을 심어뒀습니다. 제멋대로 무기를 만들고, 한가한 때 조금도 숨기지 않고 공공연히 활쏘기와 말타기를 익혔으며, 뜬소문을 퍼뜨려 사람들을 현혹했습니다. 올해 5월 18일에는 무뢰배들을 불러 모아 한꺼번에 일어나 배에 무기를 싣고 이미 강어귀까지 들어왔으며, 또한 일당 몇 명을 시켜 상국의 사신을 사칭해 조서를 갖고 왔다고 속이고 궁문까지 와서 임금과 신하를 모두 죽여 제 욕심을 채우려 하니 국가의 안위와 저희의 생사가 머리카락 하나도 들어갈 수 없는 순간에 달려 있었습니다. 폐하의 성스러운 덕에 힘입어 겨우 임기응변의 조처를 해 역적들을 체포했지만 다른 변란이 일어날까 두려워 아뢸 겨를이 없었습니다. 賊臣奇轍, 與盧頣·權謙謀爲不軌, 生我禍階. 切詳轍等連姻掖庭, 假威大朝, 氣焰熏天, 脅制國主, 人有人民, 不奪不已, 人有土田, 不奪不饜. 臣畏天朝, 一不敢問, 群黎百姓, 怨豈在明. 轍等自知罪盈惡積, 人所不容, 而又妄意天下擾攘, 甲兵方熾, 一朝勢去, 身不能保, 乃謀自安, 務固其權, 中外官司, 皆置親戚, 凡曰要職, 無非

腹心. 擅造兵器, 閑習射御, 公然爲之, 不少隱匿, 扇動訛言, 惑亂衆聽. 今年五
月十八日, 召集無賴, 一時俱起, 舟載兵器, 已至江口, 又令數輩, 詐爲天使, 稱有
詔旨, 已至宮門, 將欲殲我君臣, 以逞己欲, 安危死生, 間不容髮. 尙賴聖德, 粗
能應變, 旣獲賊徒, 恐有他變, 不暇申聞.

기철 등이 주살된 당일의 전말에 대해 잔치를 베푼 일은 전혀 언급
하지 않고 "무뢰배들을 불러 모았다"는 것처럼 명백한 허위 사실을 진
술했다. 기철 등이 모반을 꾸민 증거가 뚜렷하다면 그 죄상을 지적하
는 것으로 충분하므로 일부러 사실을 왜곡해 원을 속일 필요는 없다.
게다가 기철 등이 국왕의 부름을 받고 곧 잔치에 간 것도 자신들이 안
전하다고 생각했음을 보여주는 것 같다. 이것으로 보면 그들이 주살된
것은 원 황실과 연결돼 위세를 부려 악행을 쌓고 원망이 모였기 때문
이지 역무를 꾸몄기 때문이라고는 하기 어렵다고 생각된다. 순제 때의
사실을 기록한 원 권형權衡의 『경신외사庚申外史』에서 기씨의 음모에 대
해 말하지 않은 것이 사건의 진상을 말한 것으로 생각된다.

기후(그 책에서는 '奇'를 '祁'로 표기했다)의 친족으로 고려에 있는 사람은
관작과 봉호를 많이 받아 권세를 믿고 교만해 다른 사람의 토지와 집과
자녀를 강제로 빼앗았다. 고려 국왕은 여러 번 그들에게 경고했지만 고
치지 않았다. 국왕은 노여움을 참지 못하고 기씨 일가를 모두 죽였다.
祁后宗族在高麗者, 多蒙官爵封號, 出則恃勢驕橫, 強奪人田舍·子女. 高麗王
屢戒之不改. 王不勝怒, 盡殺祁氏一家.

다시 살펴보면 이미 서술한 대로 기씨의 모반에 관련된 「기철열전」

의 기록은 그들을 주살한 공신을 책봉할 때(8년 6월)의 교서를 옮겨 실은 것에 지나지 않는다. 그리고 그 교서와 원에 올린 표문(5년 7월) 을 비교하면 5월 18일의 변란에 관련된 허구의 진술을 제외한 것은 기씨의 간악함을 지적한 기사와 거의 같음을 알 수 있다. 표문에서 "천하(원)가 어지러워져 전란이 치열하자 하루아침에 세력을 잃고 목숨을 보전하지 못할 것으로 멋대로 생각해 자신의 안전을 꾀하고 권세를 굳게 유지하는 데 힘썼다"고 한 것은 원의 쇠란에 대한 기철 등의 생각을 말한 것이지만 "멋대로 생각했다妄意"고 표현한 것은 원을 두려워했기 때문이다. 그러나 자국의 공신에게 내린 8년 6월의 교서에서는 그런 표현을 생략했다.

얼마 전부터 천하(원)가 어지러워지기 시작하자 그들은 자신이 악행을 쌓아 원한을 샀기 때문에 하루아침에 세력이 사라지면 목숨을 보전하기 어려울 것으로 생각했다. 미리 방비를 굳히려고 깊이 계획했다.

하지만 기철 등이 주살된 것은 역모 때문이 아니었다면 표문에서 "제멋대로 무기를 만들고, 한가한 때 조금도 숨기지 않고 공공연히 활쏘기와 말타기를 익혔으며, 뜬소문을 퍼뜨려 사람들을 현혹했다"고 한 것은 원에 변명하기 위해 만든 말이며, 교서에서 "사사로이 무기를 만들고 지방군의 무기도 검열했으며, 상국의 사신을 사칭해 뜬소문을 퍼뜨려 인심을 현혹시켰다"고 한 것은 이 말을 반복한 것에 지나지 않는다. 또 교서는 기철 등을 주살하는 데 참여한 공신이 받은 것이다. 교서는 사태가 일어나고 3년 뒤 내려졌는데, 잔치를 이용해 주살했다는 것은 공신들이 잘 알고 있는 사실이다. 그러므로 공민왕은 "당일 기철 등은 무뢰배들을 불러 모아 배에 무기를 싣고 강어귀까지 들어왔으며, 또한 상국의 사신을 사칭해 조서를 갖고 왔다고 속이고 궁문까지 와서 임금과 신하를 모두 죽이려고 했다"고 원을 속였지만 그것을 교서에 실을 수는 없었다. 그 사실이 교서에 보이지 않는 까닭은 여기 있다고 생각된다.

그렇다면 사태 당일(5월 18일)의 교서에서 매우 막연하고 추상적인 표현을 사용해 "몰래 반역을 도모해 사직을 무너뜨리려고 했다"고 한 것에 대해 특별한 필요 때문에 근거 없는 사실을 덧붙인 것은 원에 올린 표문이며, 몇 년 뒤 공신을 책봉할 때의 교서에서는 그 표문의 취지를 일부 반복했다. 그리고 기철 등이 주살된 사정을 설명한 「기철열전」의 기사는 그 교서에서 가져온 것이다. 그들이 역모를 꾸몄다는 「기철열전」의 기록을 믿을 수 없는 까닭은 여기에 이르러 더욱 분명해진다. 그렇다면 공민왕이 세 가문을 제거한 직접적인 동기는 무엇인가? 그것을 밝혀야 한다.

3. 기씨 제거의 동기

지정 8년(1348) 이후 원에서는 여러 세력이 각지에서 봉기했는데, 기수蘄水를 근거지로 한 서수휘의 세력이 가장 커서 호북·강서·호남의 주·현이 대부분 그에게 함락됐다. 그때 장사성도 태주泰州(강소성 회양도淮陽道 태현泰縣)에서 반란을 일으켜 고우高郵(같은 곳의 고우현)를 함락시켜 근거지로 삼았는데, 원군元軍은 세력을 얻어 호湖·강江의 성들을 수복하고 서수휘를 토벌해 패주시킨 뒤 그 기세를 타고 지정 14년(공민왕 3년, 1354) 승상 톡토脫脫는 직접 대군을 이끌고 장사성을 정벌했다. 그러면서 고려에도 돕도록 명령해 8월 10일 연경에 모이게 했다.

앞서 고려의 채하중蔡河中은 원에 있었는데 본국으로 돌아가 군사를 모아 돕겠다고 주청하고, 당시 정승 유탁柳濯과 염제신廉悌臣 등을 용기와 지략이 있는 인물로 톡토에게 천거한 뒤 귀국해 톡토의 말을 전했다.5 공민왕은 톡토의 위세에 몰려 채하중을 첨의정승에 임명하고 유탁과 염제신을 좌·우정승에서 파직했으며, 뒤이어 온 원 사신이 요청으로 유탁과 염제신 등 장수와 재상의 명망이 있는 40여 명을 출정시켰다. 정예군 2000명이 따라갔다. 그 때문에 숙위가 허술해지자 국왕은 두려워하며 서해도에서 궁수를 모집해 불의의 사태에 대비했다.

그 결과 톡토는 대군을 이끌고 11월 고우에 도착해 성 밖에서 싸워 적을 크게 무찔렀으며 다시 군사를 보내 육합六合(강소성 금릉도金陵道 육합현六合縣)을 평정했다. 그러나 그때 톡토에 대한 참소가 제기되자 순제는 즉시 조서를 내려 톡토의 병권을 빼앗고 회안淮安에 안치했다. 그 뒤 원군의 세력은 꺾였고 강·회의 반란은 다시 더욱 불타올랐다. 정벌에 참여한 고려의 장수와 재상들은 연이어 돌아와 천하가 어지럽다고 보고했다.

원은 이처럼 기울어 갔다. 그러나 기철·노책 등이 원 황실과 연결돼 더욱 기세를 부리던 때 공민왕은 자국과 원의 관계에서 어떤 태도를 보였는가? 고려인 예스부카埜思不花는 원에 들어가 순제의 총애를 받았다. 그의 형 서신계徐臣桂는 고려에서 동지밀직사사가 됐고 동생 서응려는 상호군이 돼 원의 세력을 빌려 권력을 휘둘렀다. 톡토가 중국 남부를 정벌할 때 예스부카는 강향사降香使로 고려에 왔는데, 전주에 갔다가 전라도 안렴사 정지상鄭之祥과 갈등을 빚어 그를 가두고 모욕했다. 정지상은 분노해 읍리邑吏를 불러 포박을 풀게 하고 예스부카 등을 하옥한 뒤 그가 차고 있던 금패金牌를 빼앗았다. 정지상은 곧바로 개경으로 돌아가다가 공주에서 서응려를 만나 철퇴로 죽이고 국왕에게 아뢰었다. 이것은 기씨를 주살하기 전 해 2월의 일인데, 공민왕은 정지상을 순군巡軍 감옥에 가두고 전주 목사와 읍리를 체포한 뒤 사신을 보내 예스부카를 위로하고 금패를 돌려줬다.[6] 그리고 기씨를 제거한 날 정지상을 석방해 순군제공巡軍提控으로 삼고 시위의 임무를 맡겼다(공민왕 5년[1356] 5월 18일).

이처럼 공민왕은 안렴사 정지상을 처벌해 강향사 예스부카의 위신을 보호하고 원에 순종의 의사를 보였지만, 그 뒤 정동행중서성이문소를 혁파하고 평리 인당을 서북면병마사로 삼아 압록강 서쪽 8참站을 공격했으며 밀직부사 유인우를 동북면병마사로 삼아 쌍성 등을 수복했다. 이것들은 모두 기씨들을 제거하고 정지상을 석방한 것과 동시에 명령한 것이다. 정동행성이문소는 원의 위력에 힘입어 존재한 관서로 압록강 서쪽의 8참은 요양으로 가는 도로에서 고려의 국경 밖에 있었고, 쌍성(함경남도 영흥)은 고려 동북쪽 경계의 원 총관부가 있던 곳이었으므로 평지에 파란을 일으킨 공민왕의 이런 행동은 원에 대한 반항의 태도를 뜻하는 것이었다.

정지상의 처벌부터 완전히 뒤바뀐 태도는 강·회 각지의 반란으로 원의 국운이 길지 않을 것을 예상한 데 따른 것이었다. 그러나 물러나 생각하면 그보다 앞서 원에 순종한 것도 진심에서 나온 것으로 보기는 어렵다. 즉위 초 공민왕은 원의 풍습에 따라 변발과 호복을 하고 생활했다. 감찰대부 이연종李衍宗은 좌우의 사람들을 물리치고 간언했다. "변발과 호복은 선왕의 제도가 아니니 본받지 마소서." 국왕은 기뼈하며 곧 변발을 풀고 옷과 이불을 그에게 하사했다.

「이연종열전」: 이연종은 간교하고 남의 마음을 잘 헤아려 국왕의 기분을 엿봐 당시의 일을 여러 번 말했다. (…) 국왕이 일찍이 밤에 이제현을 불러 국정을 물었는데 "이연종은 거짓말을 많이 하는 사람"이라고 간언했다. 衍宗奸巧, 善揣摩, 伺候屢言時事. (…) 王嘗夜召李齊賢, 咨訪國事, 因語之曰, 衍宗多詐人也.

이런 기록을 보면 이연종은 공민왕의 뜻에 영합해 말한 것으로 생각된다. 국왕은 즉위했을 때부터 원의 억압을 달가워하지 않았음을 알 수 있다. 간악한 조일신 등이 연경의 잠저에서 수행한 공로를 믿고 전횡을 일삼자 공민왕은 승려 보우에게 말했다.

누가 사악하고 올바른지 모르는 것이 아니지만 그들은 모두 원에서 나를 힘써 시종했기 때문에 가볍게 내치지 못할 뿐입니다. 予非不知邪正, 但念其從我于元, 皆效勤勞, 故不能輕去耳.

기씨에 대해서도 그들을 제거한 날의 교서에서 "나는 원 황실의 인척이기 때문에 그들의 말은 모두 열심히 따랐다"고 했다. 앞서 서술한 강향사 예스부카에 대해서도 같았을 것으로 생각되는데, 그의 횡포 때문에 그를 증오하지 않은 것은 아니지만 작은 이유 때문에 문제를 일으키지 않으려고 일단 정지상을 처벌해 겉으로 순종의 뜻을 보인 것으로 여겨진다. 그런데 톡토가 참소에 휘말려 남부 정벌이 갑자기 중단되고, 거기 참전했던 고려군이 돌아오면서 혼란은 더욱 커졌는

지도 모른다.

공민왕은 기씨들을 제거한 뒤 "천하(원)가 어지러워져 전란이 치열하자 하루아침에 세력을 잃고 목숨을 보전하지 못할 것으로 멋대로 생각해 자신의 안전을 꾀하고 권세를 굳게 유지하는데 힘썼다"고 원에 아뢨지만 원의 쇠망을 예기하고 고려에 대한 속박에서 벗어나려고 한 것인지도 모른다. 그런 상황을 알지 못한 기철은 시를 지으면서 자신을 신하라고 부르지 않았으며 3대를 추증하기도 했다. 공민왕은 과감히 행동했다. 기씨와 노책·권겸 등 원 황실과 인척이 된 세력을 숙청한 뒤 곧바로 원의 속박에서 벗어나는 조처를 시행했다. 정동행성이문소를 혁파하고 동북면과 서북면으로 군사를 보낸 것이다.

4. 원에 대한 반항과 사죄

원의 상황은 어려워졌지만 아직 멸망할 지경에 빠지지는 않았으므로 기씨를 제거한 공민왕은 원의 힐책에 대응할 각오가 있어야 했다. 아울러 쌍성총관부를 점령했으므로 요동의 원군이 침략할 가능성도 생각해야 했다. 평리 인당을 서북면 병마사로 삼아 압록강 서쪽의 8참을 공격케 한 것은 그 때문으로 생각되는데, 당시 남부의 전란 때문에 요양 방면의 수비는 허술했을 것이 분명했으므로 그런 허실을 파악한 공민왕은 선제적으로 압록강 밖의 원군을 축출한 것이었다. 그 결과 6월 상순 인당은 파사부(지금의 구련성) 등 3참을 격파했으며, 때마침 기철을 대사도에 임명한다는 사신이 왔는데 병마부사兵馬副使 신순申珣은 길에서 그를 체포해 칙명과 인장을 빼앗고 그 시종을 죽였다. 동북면으로 간 유인우는 곧바로 쌍성을 압박하지 않았는데, 총관 조소생이 백호 조도치趙都赤를 회유해 내조하게 하자 공민왕은 그에게 금패를 하사하고 고려쌍성지면 관군천호高麗雙城地面管軍千戶에 임명했다.

이때 전前호군 임중보林仲甫라는 인물이 충혜왕의 얼자孽子 석기釋器를 받들고 몰래 모반을 도모했다. 공민왕은 그 일을 듣고 순군에 가둬 치죄했는데 손수경 등도 가담했다는 진술이 나오자 임중보·손수경 등을 처형하고 석기를 제주로 유배 보냈다. 『고려사』 「공민왕세가」와 「종실열전」에는 관련 내용이 간단해 자세한 상황을 알기 어렵지만, 공민왕이 즉위 초 석기를 승려로 만든 것은 왕위를 넘보려는 싹을 없애려던 것 같고 석기는 상인商人 임신林信의 딸 은천옹주銀川翁主의 소생이므로 임중보는 그 일족으로 생각된다. 손수경은 충목왕이 붕어한 뒤 공민왕을 맞이하자고 의논할 때 노책·이군해李君侅 등과 함께 충정왕을 옹립한 인물이었다. 그리고 충정왕이 양위하기 전에는 정승으로 재직했지만 그 뒤에는 어떻게 됐는지 전혀 알 수 없다. 이것은 그가 공민왕이 즉위하면서 실각했음을 알려주는 증거다. 임중보가 석기를 받들어 모반을 꾸미고 손수경이 거기 가담한 데는 이런 사정이 깔려 있었다고 여겨진다.

원에 저항하는 태도를 보인 공민왕은 6월 26일 지정 연호를 중단하고 그 취지를 교서에서 말했다.

우리 태조께서 나라를 세우신 뒤 훌륭한 선왕들이 뒤를 이어 모든 제도가 찬란해 볼 만했다. 요즘 나라의 풍속이 크게 변해 권세만 추구하니, 기철 등은 상국의 위세에 기대 나라의 법도를 흔들었다. 제 기분에 따라 관원을 임명하니 명령이 그 때문에 들쭉날쭉해졌으며, 다른 사람의 토지와 노비를 빼앗아 차지했다. 이것은 과인이 부덕해 생긴 일인가? 아니면 기강이 서지 않아 제어하지 못해 생긴 일인가? 아니면 이치가 어지러워지면 순환해 끝에 이르면 변하는 것이 하늘의 도리이기 때문인가? 그 까닭을 깊이 생각해 늘 조심한다. 얼마 전 다행히 조종祖宗의 영령에 힘입어 기철 등을 처단했다. 석기는 서얼일 뿐 아니라 사비私婢의 소생인데7 헛된 바람에 따라 역모를 꾸몄으니 손수경 등도 형법에 따라 처단했다. 이제부터 더욱 정성을 다해 다스려 법령을 밝게 다듬고 기강을 정돈해 우리 조종의 법을 회복해 온 나라와 함께 다시 시작해 백성에게 참된 덕을 베풀고 큰 천명을 이으려고 한다. 洪惟我太祖創業, 列聖相承, 咸能繼述, 衣冠禮樂, 燦然可觀. 比來國俗一變, 惟勢是求, 奇轍等憑震主之威, 撓爲邦之法. 選調隨其喜怒, 政令由之伸縮, 人有土田則攘之, 人有人民則奪之. 斯豈寡人無德之所致歟. 抑紀綱不立, 無術以御之歟. 無乃理亂循環, 必極而變, 天道之然耶. 深惟玆故, 每用惕然. 日者幸賴祖宗之靈, 轍等伏辜. 釋器非止庶孽, 又係私婢所出, 而倚望謀逆, 若孫守卿等, 亦置典刑. 自今伊始, 勵精圖治, 修明法令, 整頓紀綱, 復我祖宗之法, 期與一國更始. 敷實德於民, 續大命于天.

관제 개혁도 이 교서의 취지에 따라 시행됐다. 『고려사』「백관지」를 살펴보면 관명은 주로 문종 때의 옛 제도로 돌아갔다. 충렬왕 때 원의 명령으로 혁파한 삼사三師(대사大師·대부大傅·대보大保)·삼공(대위大衛·사도司徒·사공司空)과 상서성을 다시 설치하고 도첨의사사를 중서문하성으로(영도첨의領都僉議를 중서령으로, 좌·우정승을 문하시중과 수시중守侍中으로 했다), 밀직사를 추밀원으로 고쳤으며, 전리사典理司·군부사軍簿司·판도사版圖司·전법사典法司의 4사 대신 이부·병부·호부·형부·예부·공부를 두고 감찰사를 어사대로 개편한 것 등이다. 그때 동북면에서는 병마사 유인우가 쌍성을 점령해 총관 조소생과 천호 탁도경卓都卿을 이판령伊板嶺(마천령) 바깥의 입석 지방으로 몰아내 고종 45년(1258) 이후 99년 동안 원에 빼앗겼던 지역을 회복했다(7월).

쌍성 점령의 전말은 『고려사』(권111) 「조돈열전」에 자세히 보인다. 그 기록에 따르면 조돈은 쌍성총관 조소생의 숙부인데, 유인우에게 내응해 등주登州(함경남도 안변) 진영으로 들어왔다. 그리고 자신의 아들 조인벽趙仁璧을 쌍성으로 보내 그 백성을 설득하니 맞이해 항복했기 때문에 유인우는 쉽게 쌍성을 점령할 수 있었다. 「조돈열전」에서는 조선 태조 이성계의 아버지 환조桓祖(이자춘李子春)과 관련해 다음과 같이 서술했다.

앞서 우리 환조께서 쌍성등처천호의 자격으로 내조하니 국왕(공민왕)이 영접해 말했다. "완고한 백성을 어루만져 편안하게 하느라 얼마나 노고가 많은가?" 그때 어떤 사람이 밀고했는데, 기철이 쌍성의 반민叛民과 몰래 내통해 한편이 돼 역모를 꾸민다는 것이었다. 국왕은 환조를 설득했다. "경은 [쌍성으로] 돌아가 우리 백성을 안정시키고 변란이 일어나면 내 명령대로 하라."(…) 이때 국왕은 유인우가 지체하고 있다는 소식을 듣고 환조를 소부윤小府尹에 임명한 뒤 병마판관 정신계를 보내 환조에게 내응하라고 지시했다. 환조는 명령을 듣고 곧 군사를 이끌고 나아가 유인우와 합세해 쌍성총관부를 격파했다. 初我桓祖以雙城等處千戶來朝, 王迎謂曰, 撫綏頑民, 不亦勞乎. 時有人密告奇轍潛通雙城叛民爲黨援謀逆. 王諭桓祖曰, 卿宜歸鎭吾民, 脫有變, 當如吾命. (…) 至是, 王聞仁雨逗遛, 授桓祖小府尹, 遣兵馬判官丁臣桂, 諭桓祖內應. 桓祖聞命, 卽銜枚就行, 與仁雨合兵,

攻破雙城摠管府.

    그리고 「공민왕세가」를 보면 앞부분은 기철이 주살되기 두 달 전 (3월)에 실려 있다. 요컨대 「조돈열전」은 환조의 공적에 관련된 사실을 기록했는데, 그 일부는 「공민왕세가」의 기록과 합치된다. 곧 이 기록과 같다면 기철이 주살된 것은 쌍성총관부의 관원·백성과 호응해 반역을 꾸몄기 때문이고, 유인우가 쌍성을 함락시킬 때 환조는 조돈과 공로를 나눠야 한다. 그러나 기씨가 쌍성과 내통했다는 것은 뒤에서 서술하듯 공민왕이 삼살(함경북도 북청) 이남의 점령을 원에 요청하기 위해 만든 핑계에 지나지 않았다. 그리고 환조의 공적에 관련된 사실도 그 핑계를 바탕으로 날조한 것이다. 조선 태조 이성계는 고려 말 세상을 떠난 아버지의 경력을 꾸미고자 저명한 학자 이색에게 그런 사실을 날조케 하고 그것을 신도비에 기록했으며, 『고려사』 편자는 그 기록을 채록해 「공민왕세가」와 「조돈열전」에 수록한 것으로 요컨대 환조에 관련된 「조돈열전」의 기록은 역사적 사실이 아니다.[8]

    다시 고려의 저항에 대한 원의 조처는 어땠는지 살펴보자. 서북면으로 간 고려군이 압록강을 건너 파사부(구련성) 등 3참을 격파하자 원은 고려의 하절일사賀節日使를 요양행성에 가두고 군사 80만 명을 보내 토벌하겠다고 호언했다. 그러자 병마사 인당은 군사를 늘려 대비할 것을 요청했지만, 그 뒤의 상황으로 미뤄보면 그것은 협박에 지나지 않았다. 그때 원이 보낸 종실 위왕魏王의 태자는 압록강에 도착했지만 공민왕의 명령으로 강을 건너지 못했고, 그 뒤 다시 온 중서성 단사관斷事官 사데이칸撒迪罕 등이 원 황제의 명령을 전달했다.

고려는 우리 세조께서 천하를 통일한 뒤부터 천명을 밝게 알아 온 나라가 신하로 섬기고 혼인 관계를 맺어 온 것이 지금까지 100년이다. 요즘 간사한 백성이 변경에서 소란을 일으켜 우리 영토로 넘어와 우리 백성을 침범해 집을 불태우고 오가는 사람들을 막고 있다. 우리나라의 법률을 적용하면 토벌해 도륙하는데 무슨 의심이 있겠는가? 너희 나라에서 죄를 짓고 도망친 무리가 모여 그런 것이 아니라면, 다른 나라 사람들이 너희 백성으로 속이고 전란을 일으켜 오랜 우호를 해치려는 것일 수도 있다. 사실인지 거짓인지 따지지 않고 대군이 한번 쳐들어가면 옥석이 한꺼번에 타버릴 것이니 차마 하지 못할 일이다. 특별히 사데이칸 등을 보냈으니 너희는 다른 마음을 먹지 말고 너희 군대를 보내 변란을 일으킨 무리를 투항시키거나 체포하라. 아니면 우리 군대와 약속해 힘을 합쳐 협공해 나라와 백성을 안정시키고 이전의 우호를 길이 도탑게 지키며 그런 과정을 상세히 보고하라. 高麗自我世祖混一之初, 灼知天命, 擧國臣服, 爰結婚親, 于今百年. 邇者姦民遽生邊釁, 越我封疆, 擾我黎庶, 焚我傳舍, 阻我行人. 揆諸天憲, 討戮何疑. 尙慮叢爾賊徒, 或得罪爾邦, 逋逃嘯聚, 或從他國, 妄稱汝民, 盜用兵戈, 以間世好. 若不詢問情僞, 大兵一臨, 玉石俱焚, 誠所不忍. 特遣撒迪罕等前去, 爾其毋生疑貳, 發爾士卒, 就便招捕, 或約我天兵, 倂力挾攻. 期於靖國安民, 永敦前好, 具悉奏聞.

처음 원이 고려에 위협의 말을 한 까닭은 압록강을 넘어 역참을 무너뜨린 것이 고려군임을 잘 알고 있었기 때문으로 생각된다. 그런데 지금 그 죄를 강력히 묻지 않고 "다른 나라 사람들이 너희 백성으로 속이고 전란을 일으켜 오랜 우호를 해치려는 것일 수도 있다"면서 매우 너그럽게 처리한 것은 부드러워진 태도가 겉으로 나타난 것이라고 해야 한다. 국내의 전란에 시달리던 원으로서는 변경에서 다시 문제가 생기지 않게 하려고 본뜻은 아니지만 그렇게 할 수밖에 없던 것이다.

그런데 원의 위력에 저항해 쌍성총관부를 함락시킨 공민왕은 다시 매우 뜻밖의 태도를 보여 서북면 병마사 인당을 처형하고 표문을 올려 사데이칸과 연합한 것을 사죄했다. 앞서 인용한 대로 표문의 일부는 기철·노책·권겸 등을 주살한 사정과 관련해 그들이 역모를 꾸몄기 때문이라는 허구의 진술을 한 것이다. 그 뒷부분은 다음과 같다.

적도(기철 등)를 제거한 뒤 다른 변란이 일어날 것을 우려해 아뢸 겨를도 없이 모두 법에 따라 처단했으니 참으로 황공해 몸 둘 곳이 없습니다. 또한 변방의 백성이 혼란스런 틈을 타 멋대로 행동하거나 간사한 자들이 오가며 우리나라의 상황을 어지럽힐 것을 우려했기 때문에 관방을 설치해 출입을 통제했습니다. 그러나 그 관원과 군사가 강을 건너 원의 백성을 약탈한 것은 참으로 본뜻이 아니었으니 그 죄인을 가려내 우리나라의 법률에 따라 처리하겠습니다. 엎드려 바라건대 하늘과 땅 같은 인의를 베푸시고 진노를 거두시어 바다처럼 넓은 은혜를 내려 불쌍하기 짝이 없는 미미한 목숨을 보전하게 해주시면 4000여 리가 영원히 바다의 울타리가 될 것입니다. 폐하의 만수무강을 기원합니다. 旣獲賊徒, 恐有他變, 不暇申聞, 俱致於法, 誠惶誠恐, 無地措躬. 又慮邊鄙之民, 乘釁妄動, 或有奸人往來, 亂我情實, 故置關防, 以謹出入. 而其吏士過江劫掠, 實非本意, 考其罪人, 以正邦典. 伏望弘天地之仁, 霽雷霆之怒, 垂蕩蕩之洪恩, 保哀哀之微喘. 則四千餘里, 永爲薄海之藩. 億萬斯年, 專祝如岡之壽.

곧 압록강 밖으로 진출한 책임을 인당 한 사람에게 돌린 것이다. 이것은 적극적으로 원의 속박에서 벗어나 인당 등에게 압록강 밖으로 출병케 한 국왕의 태도로는 매우 이상하지만 그런 까닭이 없지 않다. 생각건대 원은 세조 이후 고려에 엄청난 영향력을 행사하면서 여러 방면에 걸쳐 일찍이 견줄 수 없는 억압과 간섭을 가했으므로 그것에 불만을 품은 공민왕은 고려의 위상을 회복하고자 원에 저항했다. 그러나 오랜 역사부터 이어진 사대관계를 넘어 만족할 때까지 저항의 태도를 유지하는 것은 처음부터 본뜻이 아니었을 것이다. 예정한 목적은 기씨와 두세 권세가를 제거해 그들과 원의 관계를 끊고, 관제를 개혁해 예전으로 복구하며, 총관부를 함락시켜 쌍성 등의 옛 영토를 수복함으로써 거의 달성됐다고 할 수 있다.

앞서 서술한 대로 이때 원의 태도는 부드러워져 일단 죄를 용서해 이른바 예전의 우호를 회복하자고 했는데, 그것은 상황에 맞는 적절한 조처였다. 인당은 공로와 잘못이 절반씩인 것으로 봐야 한다. 처음 출정 명령이 내려졌을 때 그와 함께 동지밀직사 강중경姜仲卿은 서북면 병마사가 됐고 사윤司尹 신순辛珣 등은 그 부사副使가 됐는데, 「공민왕세가」에서는 인당 등이 출정할 때 일어난 사건을 다음과 같이 서술했다.

인당이 먼저 출발했는데 강중경은 술에 취해 뒤늦게 와서 성질을 부렸다. 인당은 말렸지만 듣지 않자 신순에게 눈짓해 그를 벤 뒤 국왕에게 보고했다. "강중경이 두 마음을 품었으므로 군법에 따라 처리했습니다." 나라에서는 그 까닭을 알지 못해 물의가 분분했다. 瑞先發, 仲卿被酒, 後至使氣. 瑞止之不聽, 瑞目辛珣, 斬之, 報王曰, 仲卿有二心, 處以軍法. 國家莫知其故, 物議紛紜.

출정하려고 할 때 부하 장수를 멋대로 죽인 것은 심각한 불법이지만 공민왕이 그것을 묵인한 것처럼 보이는 것은 작은 일 때문에 큰일을 그르칠까 두려웠기 때문으로 생각된다. 그러나 죄를 덮을 수는 없었다. 마침 원의 문책에 대답하면서 인당에게 책임을 돌려 갑자기 그를 처형하고 사과한 까닭은 거기 있었다고 판단된다. 그 뒤 이색이 지은 염제신의 신도비에서 다음과 같이 말한 것은 그런 사정을 알려준다고 여겨진다.[9]

병신년(공민왕 5년, 1356)에 기씨를 베고 공(염제신)에게 북쪽 변경에 군사를 주둔케 했는데,[10] 대장 인당이 멋대로 부장 강중경을 죽였다. 나라에서는 그가 도망칠 것을 우려해(인당이 원으로 도망칠 것을 우려했다는 뜻으로 보인다) 곧바로 치죄하지 않고 공에게 명령해 계략을 써서 죽이니 군사들이 변란을 일으키지 못했다. 歲丙申, 誅奇氏, 命公屯師北鄙, 大將印璫擅殺其副姜仲卿. 國家恐其奔也, 不卽討, 命公以計誅之, 軍不得亂.

그리고 인당을 처단한 죄를 용서하자는 의견은 염제신에게서 나온 것 같다.

5. 원에 대한 적극적 요구

사대의 속박을 끊지는 못했지만 공민왕은 원에 사죄하는 태도를 보인 뒤에도 일단 저항을 감행했기 때문에 계속 적극적이고 완강한 자세를 보였다. 사죄한 두 달 뒤(9월) 양광도와 전라도에 사신을 보내 제

주도의 백성과 화척·재인을 쇄환해 서북면의 수비군에 충원했으며, 염
제신을 서북면 도원수로 삼아 부월을 수여하면서 "경이 간 뒤 나는 북
쪽을 염려하지 않을 것卿行之後, 朕不北顧矣"이라고 했다. 뒤이어(10월) 원
의 사신 사데이칸이 순제의 조서를 갖고 다시 오자 공민왕은 군사를
성대히 배치하고 궁문 밖에서 맞이했다. 그 조서는 앞서 사데이칸에게
보낸 사죄의 표문에 대답한 것이었지만 기씨를 처단한 것은 크게 문제
삼지 않고 용서하는 뜻을 보였다.

관용을 베풀어 네 잘못을 특별히 용서하니 앞으로는 조심하고 공경해
법도를 지키고 우리 백성을 위무해 우리의 동쪽 변방을 잘 지키라. 짐의
명령을 어기지 말라. 玆示寬容, 特釋爾咎, 自今伊始, 小心敬愼, 率順彝章, 撫
我黎庶, 固我東圍. 勿替朕命,

그리고 쌍성 점령 사실은 공민왕이 말하지 않았어도 원에 알려진
것이 분명하지만 죄를 묻지 않았다. 묵인한 것으로 생각된다.
이제 공민왕은 정당문학 이인복을 보내 국내에서 원의 위력을 일소
하는 여러 사항을 요구했다. 정동행성이문소를 혁파한 것은 기씨를 주
살한 때지만 이인복이 가져간 표문에서는 그 혁파를 공개적으로 요구
했다.

소국에서는 감찰사(앞서 어사대로 고쳤다)와 전법사(앞서 형부로 고쳤다)를
설치해 형벌과 소송을 관장하고 비리를 바로잡고 있습니다. 행성 관원
들은 사람들의 거짓 소송을 듣고 각 관서에서 판결한 문건을 빼앗아 옳
은 것을 그른 것으로 바꾸고 있습니다. 그러나 아무도 어떻게 하지 못하

니 사람들은 그들을 이리나 호랑이처럼 미워하고 있습니다. 小邦有監察司·典法司, 掌刑聽訟, 糾正非理, 而省官聽人妄訴, 拘取諸司所斷文券, 以是爲非. 莫敢誰何, 人疾之如狼虎.

또 원이 임명한 제군諸軍의 만호·진무·천호·백호의 패면牌面을 몰수하도록 명령한 것은 기씨를 제거한 며칠 뒤인데, 지금 다시 그것과 관련해 세조가 설치한 중군·우군·좌군의 세 만호 외에 순군·합포·전라·탐라·서경 등의 만호부는 모두 거느리고 있던 군사가 없는데도 금패를 차고 원에서 임명됐다고 자랑할 뿐이니 일본의 침략에 대비할 세 만호를 제외하고 나머지 다섯 만호부는 모두 혁파할 것을 요청했다. 또 원 조정의 명령을 갖고 온 사신과 원의 부府·시寺·원院·감監·사司에서 파견한 관원은 대부분 고려 사람으로 원의 위세를 빌려 횡포를 자행하는 폐단이 있으니 중지할 것을 요구했다. 또 선휘원宣徽院·자정원資政院·장작원將作院·대부감大府監·이용감利用監·태복시太僕寺 등 원의 관서들에서 관원을 파견해 특산물을 징발하는 것을 금지하고 필요한 것은 명확한 수량을 정해 고려에서 스스로 바칠 수 있게 해달라고 요청했다.

다음으로 영토에 관련된 요구를 제시했다. 먼저 동북면에서는 북청 이남을 영유하겠다고 말했다.

쌍성(영흥)과 삼살(북청)은 본래 소국의 영토였는데, 앞서 충헌왕忠憲王(고종) 무오년(고종 45년, 원 헌종 8년, 1258) 조휘와 탁청 등이 범죄를 저지르고 처형될 것이 두려워 여진을 꾀어 우리가 생각지 못한 틈을 타서 관리들을 죽이고 남녀를 잡아가 모두 노비로 삼았습니다. 부로父老들은 지금도 그 일을 말할 때마다 눈물을 흘리면서 그들을 가족의 원수로 지목합니다. 요즘 역신 기철·노책·권겸은 여진의 추장들과 결탁해 도망친 자들을 불러 모아 역모를 일으킬 때 돕기로 약속했습니다. 기철 등이 죽은 뒤 잔당들은 대부분 저들에게 도망쳤기 때문에 수색을 명령했는데, 저들이 도리어 군사를 동원해 역적을 도우니 어쩔 수 없이 군대를 보내게 됐습니다. 지금 총관 조소생과 천호 탁도경은 도망쳤지만 틈을 만들어 일을 일으킬까 걱정됩니다. 공손히 생각건대 조정은 천하에 퍼져 있어 왕토가 아닌 곳이 없는데 작은 척박한 땅을 어찌 내것 네것 따지겠습니까? 엎드려 바라건대 우리의 옛 영토를 돌려주시어 쌍성과 삼살 이북에 관방을 두도록 허락해주십시오. 雙城·三撒, 元是小邦之境, 先臣忠憲王戊午, 趙暉·卓靑等犯罪懼誅, 誘致女眞, 乘我不虞, 殺戮官吏, 繫累男女, 皆爲奴婢. 父老至今言之流涕, 指爲血讎. 比來逆臣奇轍·盧頙·權謙, 交結酋長, 召集逋逃, 及其謀逆, 約爲聲援. 轍等旣死, 支黨多奔于彼, 故令搜索, 彼反用兵助逆, 勢不獲已, 以致行師. 其總管趙小生·千戶卓都卿, 今在逃竄, 竊恐構釁生事. 恭惟朝廷, 薄海內外, 莫非王土, 尺寸不毛之地, 豈計彼此哉. 伏乞歸我舊疆, 雙城·三撒以北, 許立關防.

쌍성 점령을 스스로 고백한 것이 이미 대담한데 삼살 이남의 영유까지 요구한 것은 원의 태도가 유약한 것을 틈타 그를 우롱한 데 가깝다고 말하지 않을 수 없다. 이런 지방들은 멀리 예종 2년(요 건통 7년, 1107) 윤관이 정복했지만 고종 45년(1258) 산지대왕散吉大王과 부지르普只 등이 이끈 몽골군이 침략했을 때 조휘·탁청 등이 반란을 일으키고 투항하면서 몽골에 편입된 땅으로 정주(정평)·화주(당시 쌍성총관부가 설치된 지금의 영흥) 사이에 지나지 않았다. 그러므로 그것을 삼살 이남이라고 한 것은 역사적 사실을 왜곡해 지나친 요구를 한 것이다.

쌍성 점령의 사정을 기씨 제거 앞뒤로 그들과 연합한 추종 세력의 행동에 따라 설명한 것은 매우 허탄하다. 기씨는 총관부와 연결해 역모를 꾸미지 않았을 뿐 아니라 기철이 주살됐을 때 도망친 일족과 추종 세력은 모두 체포해 처형하거나 유배 보냈으며 결코 쌍성으로 도망치지 않았다.[11] 아울러 그런 사실을 날조해 삼살 이남의 영유를 요구한 것은 쌍성을 함락시켰을 때 조소생과 탁도경 등이 이판령(마천령) 북쪽 입석으로 도망쳤기 때문이다. 앞서 말한 대로 환조의 입조에 관련된 「공민왕세가」 5년(1356) 3월(기씨를 주살하기 두 달 전)의 기사는 이 근거 없는 사실을 바탕으로 다시 후대에 지어낸 것이다.

동북면과 관련해 이런 요구를 제기한 공민왕은 다음으로 서북면과 관련해 다음과 같이 말했다.

니성 등 산간 지역의 여진인 등이 국경을 넘어와 거주하면서 백성을 침해하고 소와 말을 약탈하며 본국에서 죄를 저지른 사람들을 숨겨줘 추적할 수 없게 하니 쌍성·삼살과 마찬가지로 금지조항을 만들어 멋대로 들어와 이전처럼 침해하지 못하게 해주십시오. 女眞人等於泥城等處山谷之間, 越境來居, 擾百姓, 掠牛馬, 導本國犯罪之人, 逃閃莫追, 卽與雙城·三撒無異, 乞立禁約, 毋得擅入, 似前侵害.

니성의 이름은 이때 처음 역사에 보이고 나머지는 조선 초(태종 2년, 1402) 창성군昌城郡(지금도 이름이 같다)이 설치된 압록강 좌안인데,[12] 공민왕이 특별히 그곳을 영유할 의사를 보이지 않고 그 구실도 두지 않은 것으로 보면 그 이전부터 고려의 영역에 소속된 것으로 여겨진다.

그러나 원의 위력은 이곳의 여진인들에게 미쳤고 고려 조정은 상국을 꺼려 그들을 충분히 제어할 수 없었기 때문에 이때 이렇게 요구한 것으로 생각된다. 『고려사』(권58) 「지리지」 니성부 주석에서는 그 이듬해 일어난 사실을 기록했다.

> 임토와 벽단은 본래 모두 여진이 살던 곳이다. 공민왕 6년(1357) 니성만호 김진 등을 보내 공격해 쫓아내고 임토를 음동으로 고치고 벽단을 예속시켰으며 남부 지방의 가호를 뽑아 그곳을 채웠다. 林土·碧團, 本皆女眞所居. 恭愍王六年, 遣泥城萬戶金進等, 擊走之, 改林土爲陰潼, 以碧團隷焉, 抄南界人戶, 以實之.

니성은 지금의 창성, 임토(음동)는 지금의 벽동, 벽단은 벽동 서쪽 51리(20킬로미터)에 있는 지금도 같은 이름의 지역인데 이것은 니성을 근거로 한 개척이 그동안 여진의 거주지였던 지금의 벽동 지방까지 이뤄졌음을 의미하는 것으로 니성에 관련된 요구가 단순히 요구로 끝나지 않았음을 증명한다. 다시 살펴보면 니성만호부 설치 연도는 『고려사』「지리지」에서 "니성부는 공민왕 18년(1369) 니성만호부를 뒀다泥城府, 恭愍王十六年, 置泥城萬戶府"고 했지만 쓰다 씨가 지적한 대로 그것은 「지리지」 편자의 두찬으로 생각되며[13] 니성에 만호부를 두고 김진을 만호로 삼은 것은 공민왕 6년(1357) 이전의 일로 생각된다. 그리고 그동안 여진의 압박에 시달리던 니성이 임토(음동)·벽단 등을 경략하는 근거지가 된 것은 만호부 설치의 결과로 볼 수밖에 없다.

그렇다면 만호부 설치 시기는 니성에 관련된 요구가 원에 전달된 무렵(공민왕 5년 10월)이 아니었을까? 남부 지방의 백성을 뽑아 서북면의

수비군에 충원하고 염제신을 서북면 도원수로 삼아 군정을 다스리게
한 것은 모두 이인복이 원에 사신으로 가기 전달(9월)이므로 이미 서
술한 대로) 김진을 니성만호에 임명한 것도 그때로 여겨진다. 원에 대
한 공민왕의 태도는 여기서도 드러나며 니성에 관련된 그의 요구는 거
의 형식적인 것으로 일종의 통고일 뿐이었던 것 같다.

마지막 요구는 이때 원에 있던 덕흥군德興君 타스테무르塔思帖木兒를
송환해달라는 것이었다.

조종 이래 서얼의 자식을 반드시 승려로 만든 것은 적자와 서자의 구분
을 명확히 해 왕위를 넘보는 싹을 막으려는 것이었습니다. 지금 타스테
무르라는 자가 충선왕의 얼자라고 자칭하고 있는데, 그 또한 일찍이 머
리를 깎고 승려가 됐다가 커서 환속해 경사(연경)로 도망쳐 본국(고려)
의 불량한 무리를 꾀어 헛소문으로 선동하면서 사람들의 마음을 현혹
하고 있습니다. 이런 자가 어찌 조정(원)에 조금이라도 도움이 되겠습니
까? 이 자와 그 일당을 본국으로 돌려보내주시기를 부탁드립니다. 祖王
以來, 庶孼之子, 必令爲僧, 所以明嫡庶之分, 杜覬覦之萌. 今有塔思帖木兒, 自
謂忠宣王孼子, 亦嘗剃髮, 及長還俗, 奔于京師, 誘致本國群不逞之徒, 扇起訛
言, 眩惑人心. 若此人者, 其於朝廷, 豈有小益. 乞將此人及其黨與, 發還本國.

덕흥군은 공민왕이 즉위할 무렵 갑자기 원으로 도망쳤는데, 그 사
실에서 미뤄보면 왕위를 노린 것으로 생각된다. 그러나 공민왕이 말한
것처럼 노골적으로 행동했는지는 매우 의심스럽다. 국왕은 기씨를 주
살하면서 원 황실의 존엄을 크게 모독했으므로 덕흥군을 책봉해 자신
이 왕위를 잃을까 두려웠기 때문에 일부러 사실을 과장해 그의 송환

을 요청한 것으로 여겨진다.

사죄의 말은 하지도 않고 곧바로 앞서 서술한 요구를 한 것은 상국의 권위를 무시하는 것과 마찬가지였지만 원은 그것에 대답하지 않고 끝내 묵인했다. 그 결과 영토 관계에서도 쌍성을 점령하면서 원의 위세에 기댄 관원을 축출하고, 화주(영흥)·정주(정평)·함주(함흥) 등은 고종 이전의 옛 상태로 회복됐으며,[14] 함주에는 지함주사, 삼살(삼산三散. 북청)에는 안북천호방어소安北千戶防禦所가 설치됨으로써 북청 이남 지역은 확실히 고려의 소유가 됐다. 이듬해(공민왕 6년, 1357) 8월 고려 조정은 요양행성에 아뢰었다.[15]

쌍성·삼살 등은 원래 본국의 영토로 북쪽은 이판령(마천령)을 경계로 했습니다. (…) 이판령의 좁은 입구에 관방을 설치해 출입을 통제하면 후환이 없을 것입니다. 照得雙城·三撒等處, 元是本國地面, 北至伊板爲界. (…) 若於伊板隘口, 設置關防, 以謹出入, 庶無後患.

이것은 이판령을 국경으로 한다는 일종의 통고로 보이고 그 이듬해(공민왕 7년[1358] 5월) 이판령 밖의 해양(지금의 길주 지역)에서 그곳의 추장 울제이부카完者不花가 군사 1800명을 이끌고 귀의한 것은(이때 전 총관 조소생과 천호 탁도경 등도 해양에 거처했다) 고려의 위력이 그곳에 미쳤음을 증명한다.

이렇게 해서 고려의 국토는 원의 속박에서 벗어났다. 재위 6년(1357) 공민왕이 충렬왕·충선왕·충숙왕·충혜왕·충목왕의 존호를 더한 것은 그 결과로 볼 수 있는데, 고려는 원에 사대한 뒤 마음대로 시호를 올리는 자유를 갖지 못했기 때문이다. 아울러 위의 요구를 한 뒤에도 그동안처럼 하정사·절일사와 황후·황태자의 천추절을 축하하는 사신 파견을 중단하지 않은 것은 요·금대와 마찬가지로 그것으로만 사대의 형식을 나타낸 것일 뿐이었다. 다음 기사는 이런 관계를 종합해 말한 것이다.

「기철열전」: 기철 등이 주살되자 이씨(영안왕 대부인)가 근심으로 병이 났다. 당시 나라에서는 서북면에 장수를 보내 원에 대비하고, 봄·가을로 조공하며 견제할 뿐이었기 때문에 소식이 거의 막혀 있었다. 轍等誅, 李氏以憂病. 時國家遣將西北以備元, 春秋貢獻, 羈縻而已故, 音問頗阻.

원 제국 말 고려가 그동안의 복속 관계에서 벗어나려고 결행한 반원 운동은 지금까지 서술한 것과 같았다. 다만 그 전체를 계획한 주인공은 공민왕이었지만 구체적인 모의에도 참여한 것은 아니었을까? 이렇게 추측하고 『고려사』(권131) 「김용金鏞열전」을 보면 공민왕 원년(1352) 조일신 등은 원 사신에게 "반주 김용과 승지 유숙·김득배·등이 궁중에서 권세를 부리고 있다班主金鏞·承旨柳淑·金得培等居中用事"고 했으며 기씨가 주살되기 전 해(공민왕 4년, 1355)의 사실을 전하면서 "김용·정세운·홍의가 찬성사 김보와 권세와 총애를 다퉜다鏞·鄭世雲·洪義與贊成事金普爭權幸"고 했다. 김용 등 몇 사람이 국왕 옆에서 일을 처리했음을 알 수 있으며, 다음 기사는 특히 주목된다.

「공민왕세가」 4년 10월: 김용·홍의·정세운·유숙에게 매일 궁궐에 들어와 크고 작은 일을 가리지 말고 모두 보고하고 지시를 받게 했다. 命金鏞·洪義·鄭世雲·柳淑, 逐日入宮, 事無大小, 一切啓稟.

기씨가 주살된 것은 이듬해 5월이다. 이런 몇 사람 가운데 홍의는 기씨가 주살된 며칠 뒤 죽었고 김보는 기씨의 무리였기 때문에 가라산加羅山으로 유배됐지만 김용·정세운·유숙 같은 인물은 그 뒤에도 오래 국왕의 총애를 받았다.[16] 또 「유숙열전」(『고려사』 권112)을 보면 국왕은 모든 일을 그에게 자문했다고 기록돼 있다. 같은 열전에 따르면 유숙은 기씨 등을 주살한 공로로 안사공신安社功臣의 철권鐵券을 하사받았을 때 다른 공신들을 경계했다.

공신 녹권은 범죄 사실을 적은 기록罪案이니 서로 힘써 처음부터 끝까지 자신을 잘 보존하기 바랍니다. (…) 군자는 당파를 만들지 않으니 나는 결코 다른 사람들과 당여를 만들지 않을 것입니다. 여러분들도 마음을 같이해 왕실을 받들고 사사로이 당파를 만들지 않기 바랍니다.

이것은 유숙이 기씨를 주살하는 모의에 참여했음을 말하는 것이 아닐까? 그리고 그 뒤 안우는 "유숙은 대궐에서 늘 기이한 계책을 내니 두려워할 만하다柳淑居中, 每出奇謀可畏也"고 평가했으며 "국왕의 측근에서 총애받는 신하帷幄寵臣"로 불렸다.[17] 이런 사실들을 종합하면 공민왕이 신속하게 기씨를 제거하고 원에 저항했을 때 측근에서 그 모의에 참여한 인물은 김용·정세운·유숙 등의 총신이었다고 생각된다.

1916년 11월 탈고(『동양학보』 7권 1호)

20편
고려 공민왕대의 동녕부 정벌

1. 머리말

고려 공민왕 17년(원 지정 28년, 명 홍무 원년, 1368) 8월 중국에서는 명군이 원의 대도를 함락시키고 순제가 북쪽으로 도망침으로써 원 제국이 멸망했다. 그 뒤 몇 년 동안 원의 남은 장수들은 각 지역을 점거하고 명에 쉽게 항복하지 않았는데, 홍무 4년(공민왕 20년, 1371) 2월 그들 가운데 한 사람인 요양행성평장 유익劉益이 귀의하자 그가 차지하고 있던 득리영성得利嬴城(지금의 득리사得利寺[1])에 요동위 지휘사사遼東衛指揮使司를 설치하면서 명은 요동 경략에 착수했다.[2]

그동안 고려는 압록강 밖으로 군사를 한두 차례 출동시켰다. 『고려사』에 동녕부 정벌로 기록된 것이다. 그런데 이 정벌은 고려 말 매우 이해되지 않는 사건의 하나로 동녕부의 소재 자체가 분명하지 않을 뿐 아니라 정벌 목적도 의문스럽다. 외우畏友 야나이 씨는 일찍이 「원 말 명초의 이른바 동녕부에 대해元末明初の所謂東寧府に就きて」라는 논문에

서 『고려사』 기사를 검토해 "원말 명초 원의 남은 세력이 웅거해 고려의 공격을 받은 이른바 동녕부는 지금의 요양으로 비정된다"고 함으로써[3] 첫 번째 의문에 대답했지만, 두 번째 의문은 아직도 남아 있다. 고려 말의 사실을 명확히 파악하려면 참으로 이 문제를 다루지 않을 수 없다. 이 논문을 쓴 까닭은 바로 여기 있지만 그 문제의 전제가 되는 동녕부의 위치에 대해서는 야나이 씨와 조금 견해가 다르므로 먼저 그것을 서술하려고 한다.

2. 1차 동녕부 정벌 — 올랄산성 공격(「철령 문제」 삽입 지도 참조)

공민왕 18년(홍무 2년, 1369) 4월 건국을 알리는 명의 사신이 고려에 도착했다. 그 때문에 고려 조정은 다음 달 지정 연호를 정지했지만, 8월에는 서경(평양) 외에 의주·정주靜州(의주 서남쪽 정주동正州洞)[4]·니성(창성)·강계(지금의 만포진)[5] 등 압록강 좌안의 요충지에 만호·천호를 배치했다.

(A) 『고려사』(권41) 「공민왕세가」 18년 11월: 또 밀직부사 양바얀을 부원수로 삼았다. 가을 이후 동북면과 서북면의 요해처에 만호와 천호를 많이 배치했으며, 원수를 보내 동녕부를 공격해 북원과의 관계를 끊으려고 했다. 又以密直副使楊伯顏爲副元帥. 自秋以來, 東西北面要害, 多置萬戶·千戶, 又遣元帥, 將擊東寧府, 以絶北元.

(B) 공민왕 19년(홍무 3년, 1370) 정월: 갑오일 우리 태조(이성계)는 기병 5000명과 보병 1만 명을 거느리고 동북면에서 황초령을 넘어 600여 리

(약 236킬로미터)를 행군해 설한령에 이른 뒤 다시 700여 리(약 275킬로미터)를 행군해 갑진일에 압록강을 건넜다. 이날 저녁 서북쪽 하늘에 자줏빛 기운이 가득했는데, 그림자가 모두 남쪽으로 드리웠다. 서운관에서 "용맹한 장수의 기운"이라고 하자 국왕은 "내가 이성계를 보낸 반응이 틀림없다"면서 기뻐했다. 당시 동녕부 동지 이오로테무르는 태조가 온다는 소식을 듣고 우라산성으로 이동해 험한 지형에 의지해 막으려고 했다. 태조가 야돈촌에 이르렀을 때 이오로테무르가 와서 도전했지만 곧 무기를 버리고 두 번 절하며 말했다. "제 선조는 본래 고려 사람이니 신복臣僕이 되고 싶습니다." 그리고는 300여 호를 이끌고 투항했다. 이오로테무르는 그 뒤 이원경으로 이름을 바꿨다. 그 우두머리인 고안위가 휘하의 군대를 거느리고 성을 지키며 저항하니 우리 군이 포위했다. 태조는 마침 활과 화살을 갖고 있지 않았으므로 종자의 활을 가져다 편전片箭을 사용해 쏘았는데, 70여 발이 모두 적의 얼굴에 명중했다. 성안의 기세가 꺾이자 고안위는 처자를 버리고 밤에 밧줄을 타고 성을 내려가 도망쳤다. 다음 날 두목 20여 명이 무리를 이끌고 나와서 항복하자 여러 성이 상황을 보고 모두 항복해 1만여 호를 얻었다. 노획한 소 2000여 마리와 말 수백 필을 모두 본래 주인에게 돌려주니 북쪽 사람들이 크게 기뻐했으며, 귀순하는 사람으로 시장처럼 붐볐다. 동쪽은 황성, 북쪽은 동녕부, 서쪽은 바다, 남쪽은 압록강에 이르는 지역이 텅 비었다. 我太祖以騎兵五千·步兵一萬, 自東北面, 踰黃草嶺, 行六百餘里, 至雪寒嶺, 又行七百餘里, 甲辰, 渡鴨綠江. 是夕西北方, 紫氣漫空, 影皆南. 書雲觀言, 猛將之氣, 王喜曰, 予遣李(太祖舊諱), 必其應也. 時東寧府同知李吾魯帖木兒聞太祖來. 移保亐羅山城, 欲據險以拒. 太祖至也頓村, 吾魯帖木兒來挑戰, 俄而棄甲再拜曰, 吾先本高麗人, 願爲臣僕, 率三百餘戶降. 吾魯帖木兒, 後改名原

景. 其酋高安慰帥麾下, 嬰城拒守, 我師圍之. 太祖適不御弓矢, 取從者之弓, 用片箭射之, 凡七十餘發, 皆正中其面. 城中奪氣, 安慰棄妻孥, 縋城夜遁. 明日頭目二十餘人率其衆出降, 諸城望風皆降, 得戶凡萬餘. 以所獲牛二千餘頭·馬數百餘匹, 悉還其主, 北人大悅, 歸者如市. 東至皇城, 北至東寧府, 西至于海, 南至鴨綠, 爲之一空.

A와 B는 이른바 1차 동녕부 정벌이다. 『용비어천가』(39장)의 기사도 동일하지만 '우산亏山'이 아니라 '올랄산兀剌山'으로 돼 있다.

평안북도 초산에서 압록강을 건너면 곧바로 외찰구문外察溝門이 나오고 북쪽을 향해 계곡을 따라가면 동가강 좌안인 회인에 이른다. 회인 맞은편은 유석합달遺石哈達로 그 동쪽에 오녀산으로 불리는 큰 산성이 있는 것은 세키노 박사가 내게 보여준 이 방면의 어느 지도와 최근 도리이 류조鳥居龍藏 박사의 조사에 따라 분명해졌다.[6]

『용비어천가』(39장) 올랄산성 주석: 평안도 이산군 앙토리구자(지금의 초산군 치소)에서 북쪽으로 압록강과 파저강(동가강)을 건너면 올랄산성에 이른다. 산성은 큰 들판에 있는데 사면이 깎아지른 듯 높고 서쪽으로만 올라갈 수 있다. 이산군과 270리(106킬로미터) 떨어져 있다. 自平安道理山郡央土里口子, 北渡鴨綠婆猪二江, 至兀剌山城. 在大野之中, 四面壁立高絶, 唯西可上, 距理山郡二百七十里.

이 기록은 위의 지리와 부합하고 이천李蕆의 『서정록』에 보이는 조선 세종 때의 올랄산 공격과 관련해 쓰다 소키치 씨가 연구한 그 산성의 방위도 대체로 오녀산성의 소재지에 해당하므로[7] 올랄산성의 위치는 처음 야나이 씨가 『용비어천가』 주석에 따라 "지금의 회인현성이나 그 부근"이라고 한 뒤[8] 더욱 정밀해졌고 지금의 오녀산성밖에 될 수 없다는 사실은 더 이상 아무 의문이 없게 됐다. 이른바 동녕부 정벌이 이뤄졌을 때 동녕부 동지였던 이오로테무르가 지킨 것은 이 산성이다. 그리고 그는 야돈촌으로 나아가 이성계 군을 맞아 싸웠지만 도리어 그에게 항복한 것이다.

다음으로 야돈촌의 위치를 살펴보면 『용비어천가』에서는 이 지명의 주석에서 다음과 같이 서술했다.

평안도 위원군에서 서쪽으로 강을 건너 30리(11.8킬로미터)를 가면 평탄한 곳에 야돈촌이라는 마을이 있다. 북쪽으로 올랄성과 하루거리다. 平安道渭原郡, 西越江三十里, 有一洞, 洞內平衍, 名曰也頓村. 北距兀剌城一日程.

세키노 박사가 보여준 지도에 따르면 초산·위원의 압록강 바깥 지역은 산지로 그 사이에 평지라고 할만한 곳은 외찰구문과 유수림자楡樹林子 뿐이다. 그리고 유수림자는 외찰구문 동쪽으로 위원에서는 서쪽에 해당한다. 유수림자에서 역시 계곡을 거슬러 올라가 북쪽으로 이어지는 길이 하나 있다. 곧 노령老嶺을 넘어 부이강富爾江과 동가강이 만나는 곳인 부이강 입구로 나온 뒤 동가강을 따라 서쪽으로 내려가면 오녀산성에 이른다. 도리이 씨의 보고에 따르면 그가 답사한 것은 이 길로 부이강 입구 부근은 매우 평탄하고 넓으며 간만산干滿山으로 불리는 옛 산성이 있다고 했다.[9] 또 동녕부 정벌에 참여한 고려의 장수는 이성계만이 아니었다. 앞서 인용한 A와 B에 이어지는 『고려사』 「공민왕세가」에는 다음과 같은 기사가 있다.

(C) 2월 계유일 왜구가 선주(지금의 선천)를 침략하자 양백연이 맞아 싸워 50여 명을 죽였다. 二月癸酉, 倭寇宣州, 楊伯淵邀擊, 斬五十餘級.

(D) 무인일 우리 태조가 원의 추밀부사 바이주와 오로테무르·이백연·이장수·이천우·현다사·김아로정 등 300여 호를 데리고 와서 바쳤다. 戊寅, 我太祖以元樞密副使拜住及吾魯帖木兒·李伯淵·李長壽·李天祐·玄多士·金阿魯丁等三百餘戶來獻.

(E) 임오일 양백연도 동녕부의 두목 50여 명을 데리고 돌아왔다. 壬午, 楊伯淵亦以東寧府頭目五十餘人還.

양백연도 전공을 세웠다는 것은 E에 따라 명확하다.

• **「공민왕세가」** 18년(1369) 11월: 경오일 우리 태조를 동북면원수 지문하성사로, 지용수를 서북면원수 겸 평양윤으로 삼았다. 庚午, 以我太祖爲東北面元帥知門下省事, 池龍壽爲西北面元帥兼平壤尹.

• **같은 해 11월**: 또 밀직부사 양바얀을 부원수로 삼았다(A).

• **「양백연열전」**[10]: 곧 밀직부사로 옮겼다가 판밀직사사로 승진했다. 서북면원수로 나가 선주(C 참조)에서 왜적을 쳐서 50여 명을 죽였다. 또 우리 태조를 따라 동녕부를 공격했다. 驟遷密直副使, 陞判司事. 出爲西北面元帥, 擊倭于宣州, 斬五十餘級. 又從我太祖, 擊東寧府.

• **「지용수열전」**(뒤에서 전문 인용)[11]: 얼마 뒤 서북면 상원수 겸 평양윤이 돼 나갔다. (…) 국왕이 지용수와 서북면 부원수 양바얀을 보냈다. 尋出爲西北面上元帥兼平壤尹. (…) 王遣龍壽及西北面副元帥楊伯顔.

이런 기록들을 보면 양백연과 양바얀은 같은 인물로 지용수를 서북면 원수로 삼고 그 부원수에 임명된 것이다. 그런데 앞서 서술한 대로 압록강 안쪽에서 올랄산성에 이르는 두 가지 도로가 있고 이 산성은 "사면이 깎아지른 듯 높고 서쪽으로만 올라갈 수 있다"고 했으므로 고려의 서북면에서 나아간 양백연(양바얀)은 초산에서 외찰구문을 거쳐 성 앞쪽으로 갔을 것이며, 동북면에서 황초령(함경남도 함흥 서북쪽 110리[43.2킬로미터])과 설한령(황초령 북쪽 장진長津의 옛 진鎭에서 서쪽 12으로 꺾어져 독로강 상류로 나오는 고갯길)을 넘어온 이성계는 지금의 강계에서 위원으로 나와 유수림자로路를 따라 부이강 입구에서 올랄산성 뒤쪽으로 나아갔을 것으로 생각된다. 두 가지 도로가 있고 군대의 편성도 단독이 아닐 때 서로 길을 나눠 나아간 것은 전략상 자연스럽고 또 필요하다.

그렇다면 위원군 서쪽에서 압록강을 넘어 30리(11.8킬로미터)에 평탄한 마을이고 올랄산성과는 북쪽으로 하루거리라고 한 야돈촌은 어디에 비정할 수 있을까? 위원과 오녀산 사이에 이른바 평탄하다고 말할 만한 곳은 유수림자와 부이강 입구이므로 야돈촌은 이들 가운데 어느 곳에 해당될 것으로 생각되지만, 유수림자는 압록강 북안이므로 강을 넘어 30리라고 말할 수 없다. 그리고 그것을 부이강 입구라고 하면 거리가 크게 차이 나고 올랄산성 방향과도 맞지 않는다. 그런데 뒤에서 말하듯 『용비어천가』의 같은 장에는 다음과 같은 주석이 있다.

평안도 강계부 서쪽으로 압록강을 넘어 140리(50킬로미터) 되는 곳에 큰 들판이 있고 그 가운데 옛 성이 있다. 平安道江界府西越江古百四十里, 有大野, 中有古城.

이 옛 성은 지금의 통구성으로 '古'는 '一'의 오기로 생각되고[13] 140리라고 한 거리는 『용비어천가』 편찬 당시의 강계부(지금의 강계)에서의 거리로 볼 수 있어 결코 압록강을 넘은 뒤의 수치가 될 수 없다. "평안도 위원군 서쪽으로 압록강을 넘어 30리(11.8킬로미터)平安道渭原郡西越江三十里"도 같은 서술 방식은 아닐까? 그렇다면 위원군부터 이 거리는 대략 유수림자에 해당하고 올랄산성까지 하루거리라고 한 것은 너무 가깝다. 아울러 조선인이 든 거리는 먼 곳은 정확하지 않지만 가까운 곳은 정확하다고 봐야 하므로 나는 야돈촌을 유수림자 부근에 비정한다. 곧 이오로테무르가 올랄산성에서 나아가 이성계 군을 맞아 싸웠다고 한 것은 압록강 북안으로 생각된다.

올랄산성은 도리이 씨의 보고에 따라 알 수 있듯 높고 험준하지만 정상은 평평한 산을 이용해 그 둘레에 석벽을 쌓았다. 보통 때는 서남쪽에 펼쳐진 회인 평야에 거주하다가 사태가 발생하면 들어가 지키려고 건설한 것이 분명하다. 야돈촌에서 이오로테무르가 항복한 뒤 다른 추장 고안위가 농성하며 저항하다가 성에 밧줄을 내리고 도망치자 두목 20여 명이 무리와 함께 항복했다는 것은 앞뒤 관계에 따라 볼 때 이 산성에서 일어난 사건이 분명하다. 아울러 올랄산성 근처에는 다른 뚜렷한 옛 성이 있다는 것을 듣지 못했으므로 "여러 성이 상황을 보고 모두 항복했다"는 것은 꾸민 말일 뿐이며 회인 지방을 평정했다는 뜻으로 생각된다.

또 살펴보면 야돈촌에서 이성계에게 항복한 것은 이오로테무르가 이끈 300호였고(B) 다음 달 이성계가 데리고 와서 바친 것도 원의 추밀부사 바이주와 오로테무르 이하 300여 호라고 했으므로(D) 이들을 통틀어 야돈촌의 항복한 가호라고 한 것 같다. 아울러 바이주가 올랄산성에서 체포된 것은 『고려사』(권112) 「한복韓復열전」에서 분명히 증명된다.[14] 이것에 따라 미뤄보면 이성계가 바친 300여 호는 야돈촌과 올랄산성 두 곳에서 항복한 가호의 전체 숫자가 틀림없다.

그렇다면 그 300여 호는 모두 이성계가 귀순시킨 것일까? 양백연은 동녕부의 두목 50여 명을 이끌고 돌아왔지만(E) 그들의 이름은 전혀 남아 있지 않고 오직 이성계가 항복시킨 부류만 열거됐으며(D) 특히 이성계의 공적은 상세히 서술됐지만 양백연과 관련해서는 한마디도 언급하지 않은 것은(B) 매우 이상하지 않은가? 『고려사』는 조선 초에 편찬됐기 때문에 조선 창업에 관련된 기사에는 과장과 왜곡이 본래 많다. 이성계의 무공은 특별히 길게 서술하고 양백연이 서술되지 않은 것은 그 때문으로 생각되고, 그 300여 호 가운데는 양백연이 항복시킨 것도 포함되지 않았을까? 「지용수열전」에서는 2차 원정을 다음과 같이 서술했다.

국왕은 지용수와 서북면부원수 양바얀, 안주상만호 임견미와 우리 태조를 보내 가서 공격케 했다. (…) 군대가 의주에 이르렀다. (…) 태조와 임견미가 먼저 건너자 모든 군사가 순서대로 건넜다. 군사들은 앞다퉈 건너다가 빠져 죽기도 했다. 사흘 만에 모두 건넜다. 王遣龍壽及西北面副元帥楊伯顏·安州上萬戶林堅味, 與我太祖往擊之. (…) 師至義州, (…) 太祖與堅味先渡, 諸軍以次渡. 士卒爭橋, 有溺死者. 凡三日畢濟.

이성계가 상만호의 관직을 지닌 임견미와 나란히 선봉군을 이끈 것으로 보면 앞서 서술한 대로 「공민왕세가」에서 지용수를 서북면원수 겸 평양윤에 임명했을 때 그와 상대해 이성계를 동북면원수에 제수한 것은 의심스럽다. 이성계는 동북면에서 와서 올랄산 공격에 참여했지만 이 원정을 지휘한 장수는 서북면 부원수 양백연으로 그가 이끌고 돌아간 50여 명의 두목은 곧 이성계만 획득한 것처럼 기록한 300여 호의 두목에 포함된다고 생각된다. 요컨대 D와 E는 같은 사실을 가리킨다고 보인다.

이처럼 공민왕 19년(1370) 정월의 원정은 회인 평야와 거기 소속된 올랄산성 공격으로 끝났고 다른 지방에는 미치지 않았다고 생각된다. 그런데 이 원정은 "동녕부를 공격해 북원과의 관계를 끊으려고 했다"는 목표 아래 이뤄졌고(A) 올랄산성을 지키던 이오로테무르는 동녕부 동지의 관직을 갖고 있었으며 항복해온 두목들도 동녕부에 소속됐다고 했으므로 올랄산성 부근은 바로 동녕부의 소재지로 생각된다. 그리고 다시 그 원정의 효과와 관련해 "동쪽은 황성, 북쪽은 동녕부, 서쪽은 바다, 남쪽은 압록강에 이르는 지역이 텅 비었다"고 기록된 것은(B) 이 추측과 어긋나므로 이 기록을 옳다고 하면 동녕부의 소재는 올랄산성 북쪽에서 찾아야 한다.

황성이라는 지명은[15] 다음 기록들에 나오는데, 지금의 강계군 만포진 맞은편 지역임은 말할 것도 없다.

- 『동국여지승람』(권55) 강계도호부 산천: 황성평은 만포에서 30리 (11.8킬로미터) 떨어졌으며 금이 도읍한 곳이다. 皇城坪, 距滿浦三十里, 金國所都.
- 『세종실록』(권25) 6년(명 영락 22년, 1424) 7월: 평안도 감사가 보고했다. "건주위(당시의 건주위는 방주方州[봉주奉州·鳳州] 등으로도 불린 곳으로 휘발하 상류 산성자 부근이었다) 지휘 옥고지와 천호 동관음로 등 남녀 모

두 26명이 소와 말을 끌고 (지금의) 강계 만포구자(동녕부 정벌 당시의 강계)의 강 바깥 황성평에 와서 주둔한 뒤 '원래 회파강(휘발하)의 방주 등지에서 살았다'고 했습니다." 平安道監司報, 建州衛指揮玉古只·千戶童觀音老等男婦共二十六名持牛馬, 於江界滿浦口子江北皇城平來屯, 言曰原居回波江方州等處.

- **같은 책**(권31) **8년**(명 선덕 1년, 1426) **7월**: 병조에서 평안도 감사의 관문에 의거해 아뢰었다. "강계 만포구자 맞은편의 저쪽 지역인 황성에 거주하는 올량합 장삼보 (…)" 兵曹據平安道監司關啓, 江界滿浦口子相對彼土皇城住兀良哈張三甫.

만포진과 그 하류 벌등진伐登鎭의 압록강 바깥 지역은 통구평야로 벌등진과 마주한 통구성은 현재 중국 집안현 치소다. 세키노 박사 등은 지나 1913년 매우 정밀하게 이 지방의 유적을 조사해 대략적인 보고를 이듬해 11월과 12월 『고고학잡지』(5권 3호와 4호)에 실었는데, 그것을 보면 통구평야는 동서로 20리(7.9킬로미터), 남북으로 30정(3.2킬로미터)쯤이고 그 서쪽에 치우쳐 통구성이 있다. 동서 7정 반(818미터), 남북 5정 반(600미터)쯤의 지역에 높은 석벽이 둘려진 옛 성이다. 평야의 북쪽 끝에는 시냇가에 조금 높은 곳에 광개토왕비가 우뚝 서 있고 동북쪽으로 10정(1090미터)쯤 가면 장군총에 이른다. 돌로 사각형의 단을 쌓았고 그 뒤쪽에는 부속된 능묘로 보이는 작은 석총도 있으며, 태왕릉太王陵·임강총臨江塚 등 광개토왕비 근처에 있는 거대한 분묘 가운데 가장 잘 보존돼있다.[16] 통구성을 고구려의 국내성에 비정하는 것은 대부분의 학자가 인정하는 정설이 됐으며, 장군총이 고구려 때의 무덤임은 세키노 박사의 조사에 따라 분명해졌다.[17]

- 『동국여지승람』(권55) 강계도호부 산천: 황제묘는 황성평에 있는데, 세상에서는 금 황제의 묘라고 한다. 돌을 갈아 만들었는데, 높이는 10장이고 안에는 침상이 셋이 있다. 황후묘와 황자 등의 묘도 있다. 皇帝墓, 在皇城坪, 世傳金皇帝墓. 礱石爲之, 高可十丈, 內有三寢. 又有皇后墓·皇子等墓.

- 『용비어천가』(39장) 황성 주석: 평안도 강계부에서 서쪽으로 압록강을 넘어 140리(55킬로미터)에 큰 들판에 옛 성이 있는데 민간에서는 금 황제의 성이라고 한다. 성 북쪽 7리(2.7킬로미터)에 비석이 있고 그 북쪽에 석릉도 둘 있다. 平安道江界府西越江古(一?)百四十里, 有大野中有古城, 諺稱大金皇帝城. 城北七里有碑, 又其北有石陵二.

이 기록들은 이런 유적들을 금에 부회한 속설을 실은 것으로 고려인이 말한 황성은 황성평皇城坪(坪), 곧 통구평야('坪'은 평야라는 뜻)에 있는 국내성 터를 가리키는 것으로 생각된다.

황성은 이런 지점에 있었고, 그 서쪽에는 통구평야 남쪽 끝에서 압록강으로 흘러들어가는 마선구麻線溝가 있다. 그것을 따라 서북쪽으로 가면 역시 부이강 입구를 거쳐 올랄산성에 이를 수 있다. 그러나 고려군은 이 길을 따라 진격했다고 생각되지 않으므로 "동쪽으로 황성에 이른다"는 것은 과장된 표현일 뿐이고 "서쪽으로 바다에 이른다"는 것은 그 가운데서도 가장 심각한 것이다. 그리고 회인 이남은 일대의 산지로 백성이 모여살기에 적합한 곳이 아니므로 "남쪽으로 압록강에 이른다"고 한 것도 아무 의미 없다고 느껴진다. "그런 지역이 텅 비었다爲之一空"는 표현을 중시하면 이렇게 말하지 않을 수 없다.

아울러 그것을 올랄산 정벌의 효과가 미친 지역으로 보지 않고 단지 그 산성을 기점으로 삼아 방향을 제시한 것으로 보면 그 방향은 실제의 지리와 정확히 합치된다. 그렇다면 이 점에서 "북쪽으로 동녕부에 이르렀다"는 기록은 쉽게 버리기 어려우며, 동녕부를 올랄산 부근으로 보는 것은 크게 주저하지 않을 수 없다. 이오로테무르가 "우라산성으로 이동했다"고 해서 다른 지방에서 온 것처럼 서술한 것도 간과해서는 안 될 것 같다. 따라서 나는 이 문제와 관련해 일단 어떤 판단을 내리지 않고 올랄산 부근이나 그 북쪽인 것 같다는 정도로만 말한 뒤 2차 원정을 살펴보겠다.

3. 2차 동녕부 정벌 ― 요양성 공격

2차 원정은 같은 해(공민왕 19년, 홍무 3년, 1370) 겨울에 이뤄졌다.

(F) 「공민왕세가」 19년 8월 기사일: 우리 태조와 서북면 상원수 지용수, 부원수 양백연 등에게 동녕부를 공격케 했다. 八月己巳, 命我太祖及西北面上元帥池龍壽·副元帥楊伯淵等, 往擊東寧府.

(G) 11월 정해일 우리 태조와 지용수 등이 의주에 도착해 부교를 만들어 압록강을 건넜다. 기축일 요성으로 진군해 급히 공격해 함락시켰다. 十一月丁亥, 我太祖與池龍壽等至義州, 造浮橋, 渡鴨綠江. 己丑, 進襲遼城, 急攻拔之.

『용비어천가』(42장)에서는 요성을 "요양의 성遼陽之城也"이라고 주기했으므로 이 원정에서 동녕부는 요양인 것 같다. 그리고 다시 「지용수열전」을 보면 전쟁의 경과를 가장 자세히 서술했다.

(H) 여러 차례 관직을 옮겨 첨의평리가 됐고 지문하성사로 옮겼으며 얼마 뒤 서북면상원수 겸 평양윤이 돼 나갔다. 앞서 기사인테무르는 원에서 평장사가 됐는데, 원이 멸망하자 요(지금의 요양)·심(지금의 봉천)의 관원인 평장 김바얀 등과 동녕부에 웅거했다. 그는 아버지 기철이 주살된 것에 원한을 품고[18] 변경을 침략하려고 했다. 국왕은 지용수와 서북면부원수 양바얀·안주상만호 임견미와 우리 태조를 보내 가서 공격하게 했으며, 시중 이인임을 도통사로 삼아 안주에 주둔하게 했다. 군대가 의주에 이르자 만호 정원비·최혁성·김용진 등에게 압록강에 부교를 만들게 했는데, 말 3~4마리가 함께 갈 수 있었다. 태조와 임견미가 먼저 건너자 제군諸軍이 차례로 건넜다. 군사들은 앞다퉈 건너다가 빠져 죽기도 했다. 사흘 만에 모두 건넜다. (…) 군대가 나장탑에 이르니 요성까지 이틀 거리였는데[19] 군수품을 그대로 두고 7일치 군량만 갖고 떠났다. 요·심 사람들에게 알려 설득했다. "요·심은 우리나라의 경계이며 백성은 우리 백성이다. 지금 의병을 일으켜 안정시키려고 하는데, 산채로 도망쳐 숨는 자가 있으면 군마에게 피해를 입을까 걱정되니 즉시 군대 앞으로 와서 사정을 알려라." 비장 홍인계와 최공소 등에게 날랜 기병 3000명을 이끌고 공격하게 했다. 저들은 우리 군사가 적은 것을 보고 쉽게 여겨 싸웠지만 대군이 뒤이어 도착하자 성안에서 바라보고 낙담했다. (…) 성은 매우 높고 험준했다. 화살이 비 오듯 쏟아지고 나무와 돌이 섞여 날아왔다. 우리 보병은 화살과 돌을 무릅쓰고 성에 다가가 맹렬히 공격해 마침내 함락시켰다. 기사인테무르는 도망치고 김바얀은 사로잡았다. 累遷僉議評理, 改知門下省事, 尋出爲西北面上元帥兼平壤

尹. 初奇賽因帖木兒仕元爲平章, 元亡, 與遼瀋官吏平章金伯顔等, 據東寧府. 憾其父轍誅, 將欲寇邊. 王遣龍壽及西北面副元帥楊伯顔, 安州上萬戶林堅味, 與我太祖, 往擊之. 以侍中李仁任, 爲都統使, 屯安州. 師至義州, 令萬戶鄭元庇·崔奕成·金用珍等, 造浮橋於鴨綠江, 可並三四馬. 我太祖與堅味先渡, 諸軍以次渡. 士卒爭橋, 有溺死者, 凡三日畢濟. (…) 師至螺匠塔, 去遼城二日程, 留輜重, 齎七日糧以行. 告諭遼瀋人曰, 遼瀋是吾國界, 民是吾民. 今擧義兵撫安之, 如有逃隱山寨者, 恐爲各枝軍馬所害, 卽詣軍前告情. 使神將洪仁桂·崔公招等, 領輕騎三千進襲. 彼見我師少, 易之與戰, 大軍繼至, 城中望見落膽. (…) 城甚高峻, 矢下如雨, 又雜以木石. 我步兵冒矢石, 薄城急攻, 遂拔之. 賽因帖木兒遁, 虜金伯顔.

이 기사에 따라도 기사인테무르와 함께 김바얀 등이 웅거한 곳은 동녕부였으며, 그곳을 토벌한 군대는 요성을 함락시키고 특히 김바얀은 사로잡았으므로 동녕부는 역시 요양인 것 같다. 여기서 우리는 매우 의혹스럽지 않을 수 없다. 올랄산성과 요양은 전혀 다른 방면일 뿐 아니라 요양은 올랄산성의 정서쪽으로 앞 장에서 살펴본 대로 그 북쪽에 있는 것이 아니기 때문이다.

「지용수열전」에서는 앞서 든 요양성 함락 기사를 이어 다음과 같이 서술했다.

(I) 이날 저녁 군사를 성 동쪽으로 물리고 문서를 보내 나하추와 에센부카(당시 요·심 지방에 할거한 원의 옛 신하들) 등을 설득했다. "기사인테무르는 우리나라(고려)의 미천한 신하로 원 조정의 넘치는 총애를 받아 지위가 1품에 올랐으니 의리로 볼 때 원과 흥망을 함께 해야 합니다. 천자

(순제)가 밖으로 몽진했으니 죽음을 무릅쓰고 곁을 떠나지 말아야 하는데도, 그는 은혜와 의리를 저버리고 동녕부에 숨었으며, 아버지 기철이 주살된 것 때문에 우리나라에 원한을 품고 참람히 반역을 도모했습니다. 앞서 우리나라에서 군사를 보내 추격했지만 도망가 죽이지 못했으며, 황제가 계신 곳으로도 가지 않고 동녕부로 물러나 지키고 있습니다. 그는 평장 김바얀 등과 결탁해 심복이 돼 송보리·법독하·아상개 등지에서 군사와 말을 모아 우리나라를 침략하려고 했습니다. 그의 죄는 용서할 수 없어 지금 의로운 군사를 일으켜 죄를 묻는 것입니다. 또한 그는 김바얀 등과 함께 우리나라의 백성을 유인하고 협박해 성을 굳게 지키며 왕명에 저항하고 있습니다. 우리 군의 선봉은 김바얀 외에 카라바투·덕좌부카·고다루가치와 총관·두목을 모두 죽이거나 생포했습니다. 기사인테무르는 다시 도망쳐 죄를 자복하지 않고 있으니 그가 투항하는 산채에서는 즉시 사로잡고 알리십시오. 그를 숨겨주는 자는 동경(요양)에서 처벌할 것입니다." 是夕退師城東, 張榜諭納哈出·也先不花等曰, 奇賽因帖木兒, 本國微臣, 昵近天庭, 過蒙殊恩, 位至一品, 義同休戚. 天子蒙塵于外, 義當左右先後, 效死勿去爾. 乃背恩忘義, 竄身東寧府, 以其父轍伏誅, 挾讎本國, 潛圖不軌. 年前國家遣兵追襲, 逃不血刃, 又不赴行在, 退保東寧城. 與平章金伯顏等, 結爲心腹, 松甫里·法禿河·阿尙介等處, 團結軍馬, 又欲侵害本國. 罪在不原, 今擧義兵以問. 又與金伯顏等, 誘脅小民, 堅壁拒命. 哨馬前鋒生獲金伯顏外, 哈剌波豆·德左不花·高達魯花赤·摠管·頭目, 盡行勦捕. 賽因帖木兒又逃不首罪, 其所投各寨, 卽捕獲飛報. 如有隱匿者, 鑑在東京.

"앞서 우리나라에서 군사를 보내 추격했다"고 한 것은 지난해부터 계획해 올해 정월 올랄산 지방을 정벌한 1차 원정을 가리키고 "지금의로운 군사를 일으켜 죄를 묻는다"는 것은 다시 기사인테무르를 토벌하려고 요양으로 진군하고 있음을 말한다. 그런데 1차 원정 때 그들은 도망쳐 고려군의 공격에서 벗어난 뒤 물러나 동녕성을 지켰으므로 동녕부는 올랄산이 아니어야 하고, 곧 그 부를 정벌해 올라산성으로 나아갔지만 목표는 절반 밖에 이루지 못한 것이었으므로 다시 2차 정벌을 일으켜 마침내 요성을 함락시킨 것 같다. 처음의 목적에서 말한 동녕부 정벌은 이것이 아니었을까? 이렇게 보면 "북쪽으로 동녕부에 이르렀다"고 한 방향은 틀리며 요양은 곧 동녕부가 된다. 아래 기사에 따라도 그렇게 말할 수 있다.

(J) (앞의 「지용수열전」에 이어지는 기사) 또한 금주와 복주(지금도 같은 이름으로 역시 원의 옛 신하들이 웅거했다) 등에 방을 붙였다. "(…) 왕조 말에 덕을 잃고 천자가 밖으로 몽진했는데 요·심의 두목관 등은 그 소식을 듣지도 못하고 따라가지도 않았으며 우리나라에 예의를 지키지도 않았다. 곧 우리나라의 죄인 기사인테무르와 결탁해 심복이 돼 무리를 모아 백성을 학대했으니 불충한 죄는 피할 수 없다. 지금 의로운 군사를 일으켜 기사인테무르 등을 문죄하려고 하지만 동녕성에 웅거해 힘을 믿고 명령을 따르지 않고 있다. 대군이 이르면 옥과 돌이 모두 탈 것이니 일이 잘못된 뒤 후회해도 어쩔 수 없을 것이다. 무릇 요하 동쪽 우리나라 강역 안의 백성과 크고 작은 두목 등을 이끌고 조속히 스스로 내조하면 모두 벼슬과 녹봉을 누릴 수 있을 것이다. 그렇게 하지 않으면 동경에서 처벌할 것이다." 又榜金·復州等處曰, (…) 叔季失德, 天子蒙塵于外, 遼·瀋頭目官等, 罔聞不赴, 又不修禮於本國. 卽與本國罪人奇賽因帖木兒, 結爲腹心, 嘯聚虐民, 不忠之罪, 不可逭也. 今擧義兵以問, 賽因帖木兒等據東寧城, 恃

強方命. 大軍所至, 玉石俱焚, 噬臍何及. 凡遼河以東, 本國疆內之民, 大小頭目等, 速自來朝, 共享爵祿. 如有不庭, 鑑在東京.

4. 동녕부의 소재지

그러나 요양이 동녕부가 아니라는 것은 따로 증거가 있다. 위의 두 기사에 실린 방문榜文의 끝부분에 "동경에서 처벌할 것"이라고 하고 '동녕부'라고 하지 않은 것은 동녕부와 요양이 다른 곳임을 암시하지만 「공민왕세가」의 이 정벌 다음 달(재위 19년[1370] 12월) 도평의사사에서 동녕부에 보낸 문서를 주목할 필요가 있다.

(K) 기사인테무르는 제 아비가 반란을 꾸미다가가 주살된 뒤부터 복수심과 원한을 품고 늘 반심을 가졌습니다. 요즘 황제(순제)께서 북쪽으로 피란했는데도 호종하지 않고 동녕과 요양 등지로 도망쳐 분성分省과 분원分院 관원들과 결탁했는데, 그 뜻은 원의 위세를 빌리려는 데 있었습니다. 황제께서 돌아가셨는데도(지난 4월 순제는 응창應昌에서 붕어했다) 알리지 않고 자신의 사익만 추구했으며 공의를 생각하지 않았습니다. 奇賽因帖木兒自伊父謀亂伏誅之後, 挾讎懷怨, 常畜異謀. 近因車駕北遷, 不肯扈從, 竄身東寧·遼陽等處, 結構分省分院官, 志在假威. 大行訃音, 亦不通報, 專逞己私, 肯恤公義.

동녕부와 요양의 소재지가 다르지 않았다면 결코 이렇게 말하지 않았을 것이다. 우왕 2년(홍무 9년, 1376) 고려의 사신 김용金龍이 정료위

定遼衛(요양)에서 갖고 돌아온 고가노의 서신에서 "하물며 동녕 등지에서 귀의해온 백성으로 요양이 시장처럼 붐빈다況東寧等處來歸之民, 遼陽如市"고 한 것도 그 증거다.[20]

또 앞의 2차 출정 뒤에는 다음의 두 정벌이 기록돼 있다.[21]

- 「공민왕세가」 20년(홍무 4년, 1371) 9월: 신해일 서경도만호 안우경과 안주상만호 이순을 보내 오로산성을 정벌했다. 辛亥, 遣西京都萬戶安遇慶·安州上萬戶李珣, 往伐五老山城.
- 10월: 병술일 판사 황용성이 와서 보고했다. "우리 군이 오로산성을 함락시키고 원의 추밀원부사 카라부카를 포로로 잡았습니다." 丙戌, 判事黃用成來報, 我軍克五老山城, 虜元樞密院副使哈剌不花.
- 「안우경열전」: 서경도만호로 나갔다. 이순과 함께 오로산성을 공격해 이기고 원의 추밀원부사 카라부카를 포로로 잡아 돌아왔다. 出爲西京都萬戶. 與珣往擊五老山城克之, 虜元樞密院副使哈剌不花還.

야나이 씨가 말한 것처럼 오로산성과 올랄산성은 같은 곳으로 여겨진다.[22] 그런데 이 기사들에서 그곳을 동녕부라고 말하지 않은 것을 보면 올랄과 동녕도 같은 곳으로 볼 수 없다. 동녕부동지 이오로테무르가 이동해 올랄산성을 지켰다고 한 것도 참으로 까닭이 있음을 알 수 있다. 다시 주목해야 것은 공민왕 21년(홍무 5년, 1372) 3월 고려 조정이 명의 정료위(요양)[23]에 보낸 문서다.[24]

기철의 아들 평장 기사인테무르는 악행을 그치지 않고 요양로·동녕부 관官과 결탁해 여러 번 변경에서 문제를 일으켰습니다. 이 때문에 다시

군사를 징발해 두 성을 격파했지만 기사인테무르는 도망쳐 잡지 못하고
돌아왔습니다. (…) 가만히 생각건대 동녕과 요양은 아직 조정에 귀의하
지 않았으니 교화를 거부하는 사람들입니다. 奇轍子平章賽因帖木兒稔惡
不已, 結構遼陽路及東寧府官, 屢爲邊患. 以此再調兵馬, 攻破兩處城池, 其賽
因帖木兒挺身逃走, 不獲而還. (…) 竊詳東寧·遼陽, 未曾歸附朝廷, 卽是梗化
之人.

동녕과 요양이 같은 곳이 아님은 이것에 따라서도 분명하고 요양로
와 관련해 '동녕부 관'이 올랄산성을 가리킨다는 것은 "두 성을 격파했
다"고 한 데서 알 수 있다. 그리고 올랄산성을 그렇게 말한 것은 동녕
부동지 이오로테무르가 그곳에 웅거했기 때문이므로 동녕부는 역시
다른 지점으로 생각된다. 정말 그렇다면 진짜 동녕부는 결국 1차 원정
기사가 보여주는 방향을 따라 올랄산성 북쪽에서 찾을 수 있다고 여
겨진다.

- 「공민왕세가」 13년(지정 24년, 1364) 정월: 동녕로만호 박바이에타이가
  쳐들어와 연주를 약탈하자 최영이 공격해 물리쳤다. 東寧路萬戶朴伯也
  大, 入寇延州, 崔瑩擊却之.
- 「최영열전」[25]: 동녕로만호 박바이에타이가 연주를 약탈하자 최영이
  자신의 장수를 보내 공격해 물리쳤다. 東寧路萬戶朴伯也大入寇延州, 瑩
  遣其將擊却之(이때 최영은 원이 국왕으로 삼으려고 들여보낸 덕흥군이 오는
  것을 막으려고 군사를 이끌고 안주에 주둔했다).

연주는 『동국여지승람』(권54) 운산군 고적 조에서 "옛 연주는 군 동

쪽 40리(15.7킬로미터)에 있는데, 본래 고려의 연주古延州在郡東四十里, 本高
麗延州"라고 했고 「대동여지도」를 참조하면 지금의 운산 동북쪽 고장古
場에 해당한다.[26] 안주·운산에서 오는 도로는 이곳에서 둘로 갈라져
동북쪽으로 가면 초산과 위원에 이르고 서북쪽으로 가면 창성에 이른
다. 그렇다면 박바이에타이는 초산·위원 방면에서 와 연주를 침범한
것으로 생각되고, 그의 관직에 나오는 동녕로는 요양의 요양로, 심주의
심양로 등처럼 올랄산성 너머에서 동녕부라고 부른 곳을 중심으로 한
어떤 지방에 작용된 넓은 범위의 지명으로 여겨진다. 그리고 고려 조
정이 토벌하려던 사실과 박바이에타이가 침략한 사실에 비춰도 그것
을 올랄산에서 아주 먼 지역으로 보기는 어렵다고 판단된다.

　이상은 『고려사』 기사를 검토해 동녕부의 대체적 방위를 추측한 것
이지만 명초의 기사에 따라도 비슷한 결과를 얻는다. 먼저 홍무 초 동
녕이라고 불린 곳이 요양이 아니라는 증거다.

　『요동지』(권1) 요동 조에서 동녕위의 연혁을 서술한 부분: 홍무 13년(우
　왕 6년, 1380) 5천호소를 설치했는데 동녕·여진·남경·해양·초하로 각각
　그 부의 오랑캐를 거느리게 했다. 19년(우왕 12년, 1386) 동녕위를 설치하
　고 5소를 합병해 좌·우·전·후 4천호소로 만들었다. 洪武十三年, 置五千
　戶所, 曰東寧·女眞·南京·海洋·草河, 各領所部夷人. 十九年置衛, 並五所爲左·
　右·前·後四千戶所.[27]

　이 5천호소 앞에 붙은 지명에서 남경은 포이합도하 가의 국자가 부
근, 해양은 당시 고려의 소유로 돌아간 함경북도 길주 지역, 초하는 봉
황성 북쪽의 초하 상류인 지금의 초하성이다. 그리고 동녕 등 5천호소

는 처음부터 특별한 곳에 설치된 것은 아니다.

『명실록』(권178) 홍무 19년(1386) 7월: 동녕위를 설치했다. 앞서(홍무 13년, 1380) 요동도지휘사사에서는 요양·고려 여진이 귀의하자 관민官民 5명丁마다 1명을 군사로 편제하고 동녕·남경·해양·초하·여진 5천호소를 설치한 뒤 나눠 소속시켰다. 이때 이르러(홍무 19년) 좌군도독 경충의 주청에 따라 동녕위로 개편하고 좌·우·중·전·후 5소를 세워 한군漢軍은 중소中所에 소속시킨 뒤 정료전위 지휘첨사 예공이 지휘하게 했다. 置東寧衛. 初遼東都指揮使司以遼陽·高麗女眞來歸, 官民每五丁, 以一丁編爲軍, 立東寧·南京·海洋·草河女眞五千戶所, 分隸焉. 至是, 從左軍都督耿忠之請, 改置東寧衛, 立左·右·中·前·後五所, 以漢軍屬中所, 命定遼前衛指揮僉事芮恭領之.

앞서 동녕 등지의 여진은 요동도사 — 홍무 8년(1375) 9월 정료도위 定遼都衛(일반적으로 말하는 정료위)를 요동도지휘사사로 고치고 정료전위 지휘사사를 요양에 설치했다[28] — 에 귀의했기 때문에 이런 지명을 앞에 붙인 천호소를 도사 부근에 두고 그 뒤 그것을 동녕위로 고쳤다. 그렇다면 '여진'은 처음부터 도사 부근에 있던 여진을 위해 설치한 천호소로 생각되고, 동녕은 다른 지명의 사례에서 미뤄 반드시 요양과는 다른 지역이 돼야 한다.

다음으로 그런 동녕의 대체적 위치를 추측할 수 있는 기사 또한 『요동지』에 있다.

『요동지』(권5) 「주악周鶚열전」: 홍무 9년(1376) 나하추(동요하 북안 금산 지방에 웅거)가 금주를 침범했다. 섭왕은 주악에게 정예군을 이끌고 개주성(지금의 개평) 남쪽에서 맞아 싸우게 하니 그 무리를 크게 무찔렀다.[29] (…) 얼마 뒤 다시 제군을 모두 이끌고 동녕으로 가서 달적을 요격해 호실리길에 이르러 여러 번 싸우고 전진해 1900여 명을 죽였으며 우두머리 수십 명과 말·소 1300여 마리를 생포했다. 다시 지휘 서옥과 동녕안무사 등지를 토벌해 그 두목과 백성 1090여 명을 생포했다. 얼마 뒤 섭왕은 춘대 등지를 설득해 백성과 가축을 매우 많이 얻었다. 또 제군을 모두 이끌고 압록강과 동녕·황성 등의 지방을 정벌했는데 얻은 사람과 말·소를 셀 수 없었다. 계속해서 동녕·나단부·가주로 가서 앞뒤로 안무사 고활출·부사 유현과 두목·백성 4550명을 설득하고 말·소 270마리, 금은패·구리 도장·고문 등을 노획했다. 洪武九年, 納哈出犯金州. 葉旺以鄂率精兵, 逆戰蓋州城南, 大敗其衆. (…) 尋又總率諸軍, 往東寧, 邀擊達賊, 至胡失里吉, 轉戰而前, 斬獲千九百餘級, 生擒渠帥數十·馬牛千三百餘. 復與指揮徐玉, 招討東寧安撫司等處, 獲其頭目·人民千九十餘口. 未幾葉旺招撫春臺等處, 得人口孳畜甚衆. 又總率諸軍, 征鴨綠江與東寧·黃城等地方, 所獲人口馬牛無算. 繼往東寧·那丹府·嘉州, 前後招獲安撫使高闊出·副使劉顯, 並頭目·人民四千五百五十·馬牛二百七十及金銀牌·銅印·誥文.

이 경략의 사실은 『명실록』에서 증명할 수 없지만 『요동지』(권5) 「서옥열전」에는 다음과 같은 기사가 있다.

[홍무] 9년(1376) 정월 나하추가 금주와 개주를 침범하자 서옥은 자신의 부部를 이끌고 삼각산에서 기다렸다가 공격했다. 몽골군이 패주하자 압록강까지 추격해 몽골 관원 홀림복화와 장고 100여 명을 생포했으며

말·소도 그만큼 됐다. 그 뒤 그 북쪽 지방을 경략해 우두머리와 그 부락의 백성 1000여 명을 설득해 포로로 잡았으며 말·소와 물자도 매우 많았다. 九年正月, 納哈出犯金·蓋二州, 玉率所部, 邀擊於三角山. 達衆敗走, 追至鴨綠江, 擒達官忽林卜花, 及獲軍校百餘, 馬牛稱是. 後略地迤北, 招獲渠酋並其部落人民千餘, 馬牛輜重甚多.

특히 앞서 말한 고가노의 서신, 곧 우왕 2년(홍무 9년, 1376) 6월 고려의 사신이 정료위(요양)에서 갖고 돌아간 서신에서 "하물며 동녕부 등지에서 귀의해온 백성으로 요양이 시장처럼 붐빈다"고 했으므로 이 경략은 홍무 8년 말~9년 초 나하추의 남침에 이어져 이뤄진 것으로 생각된다.

위의 기사에 보이는 지명을 살펴보면 황성黃城은 앞서 말한 皇城과 같은 곳으로 압록강 가의 통구성임은 우왕 때 철령 문제를 다룬 졸고에서 자세히 설명했다.[30] 호실리길과 춘대는 어딘지 확실치 않다. 가주嘉州는 다음 기사의 家州와 같은 지명으로 생각되고, 특히 마지막 기사에 따르면 고려의 변경과 멀지 않은 곳으로 여겨진다.

- 『고려사』「공민왕세가」20년(홍무 4년, 1371) 10월: 가주 카라장 동지가 와서 알현했다. 家州哈剌匠同知來見.
- 21년 정월: 재추에게 명령해 카라장 동지에게 잔치를 베풀게 하고 대장군의 작위를 내렸다. 命宰樞宴哈剌匠同知, 賜爵大將軍.
- 같은 해 2월: 경자일 카라장 동지가 가주로 돌아오니 그곳 사람들이 호송관·시종·통사를 죽였다. 갑진일 판사 조인벽을 보내 가주를 토벌하고 도륙했다. 庚子, 哈剌匠同知還家州, 州人殺護送官及傔從人·通事.

甲辰, 遣判事趙仁璧, 討家州, 屠之.

　또 「공민왕세가」에서는 갑자기 카라장이 귀의한 사실을 들고 그 사정에 관련해 아무것도 말하지 않았다. 그러나 앞서 서술한 대로 카라장의 입조는 10월 무신일(29일)에 기록돼 있다.

- **공민왕 20년 9월 신해일(2일)**: 서경도만호 안우경과 안주상만호 이순을 보내 오로산성을 정벌했다.
- **10월 병술일(7일)**: 판사 황용성이 와서 보고했다. "우리 군이 오로산성을 함락시키고 원의 추밀원부사 카라부카를 포로로 잡았습니다."

　이것은 그의 귀의가 오로산 정벌의 결과임을 암시하는 것으로 여겨지므로 가주는 오로산(올랄산) 방면의 동가강 유역이라고 판단된다. 그리고 올랄산은 하나의 산성이었고, 평시에 거주하는데 적합한 지역은 회인 평야였다. 가주嘉州(家州)는 그곳의 이름이 아니었을까? 만약 그렇다면 도리이 류조 씨가 간만干滿산성이 있다고 한 부이강 입구를 그곳에 비정할 수 있지 않을까? 뒤의 연구를 기다린다.

　나단부는 『요동지』 끝부분(「개원 동쪽에서 조선 후문에 이르는 육로開原東陸路至朝鮮後門」는 항목)의 납단부納丹府로 대체적 위치는 그 책에 첨부된 지도(「개원에 걸쳐 있는 외이 산천지도開原控帶外夷山川之圖」)에도 보이며, 야나이 씨는 휘발하 하류에 있는 지금의 나단불륵那丹佛勒에 비정했다.[31] 곧 홍무 8년(1375) 말~9년 초 나하추의 남침 뒤 명 요동도사의 경략은 남쪽으로 압록강 가의 황성黃城(皇城)과 동가강 유역부터 북쪽으로 휘발하 유역에 이르렀다는 것은 「주악열전」의 이런 지명들에서 알 수 있다. 그리고 그것들과 함께 동녕이라는 지명이 자주 나오는 것은 특히 주목된다.

또 따로 주목해야 하는 것은 철령 문제와 관련된 연구에서 서술했듯 우왕 원년(홍무 8년, 1375)까지 강계(황성 맞은 편인 만포진)를 거쳐 고려를 오간 북원과 나하추의 사신은 우왕 5년(홍무 12년, 1379)에는 멀리 동쪽으로 우회해 이른바 합랄(함경남도 함흥)·쌍성(같은 도 영흥)을 거쳐 고려로 들어갔는데, 이것은 이런 경략의 결과 도로가 막혔음을 뜻하는 것이 틀림없다.[32] 따라서 명군이 도달한 지역과 나하추의 교통 관계에서 생각하면 문제의 동녕은 요양·봉천 지방이나 길림·돈화 지방이 아니라 그 중간인 휘발하나 그 이남 지방이 돼야 한다.

이처럼 원말 명초 동녕이라고 불린 곳은 『고려사』에 따르면 올랄산 북쪽, 「주악열전」에 따르면 휘발하나 그 이남이다. 그리고 같은 이름의 부府는 그 지방의 중심이던 것 같다. 그렇다면 그런 조건에 적합한 곳은 어디일가? 지금 산성자라고 불리는 옛 성이 있다는 것과 그 밖의 여러 관계에서 그곳은 휘발하 유역으로 볼 수밖에 없다. 산성자는 휘발하 상류에 있는데 서쪽으로 분수령을 넘어 청하를 따라가면 개원에, 혼하를 따라가면 봉천에 이른다. 남쪽은 부이강 계곡을 따라 동가강 유역으로 나오며, 동쪽은 휘발하 입구에서 북쪽으로 꺾어지면 길림에, 동쪽으로 나아가면 포이합도하 가의 연길에 이를 수 있다.

그곳이 매우 중요한 지점이라는 것은 지도를 살펴보면 분명하다. 그리고 도리이 씨가 보고한 대로 뚜렷한 옛 성이 있는 것 또한 그곳의 과거를 말하는 것이다.[33] 그 때문에 쓰다 씨는 발해 서쪽 변경의 중요한 진鎭인 장령부長嶺府를 산성자에 비정한 것인데, 『요사』의 회발성回跋城을 장령부의 토착 이름으로 본 그의 주장도 따를 만하다고 생각된다.[34] 요대에는 성종·흥종 연간 여러 번 거란과 교통한 회발이라는 이름의 여진이 있다. 마쓰이 씨가 지적한 대로 그들이 휘발하 유역에 거주한 부족이라면[35] 회발성은 그들의 우두머리가 거처한 곳으로 여겨진다. 고려 현종 때 귀의한 쾌발부噲拔部도 같은 부족으로 생각된다.[36]

그 뒤 명대에 들어와서는 『요동지』(권9)에 지금의 개원에서 동쪽으로 가서 한국의 동북쪽 경계에 이르는 역참의 첫머리에 방주성坊州城을 들었고, 같은 책에 첨부된 지도(「개원에 걸쳐 있는 외이 산천지도」와 「개원지리지도開原地理之圖」)에도 대략적 위치가 표시돼 있다. 그 지명은 房州로도 기록돼 있는데, 야나이 씨와 이나바 씨는 그곳을 산성자에 비정했다.[37] 『조선왕조실록』에 나오는 봉주鳳州·奉州·방주方州 등도 같은 발음을 다르게 표기한 것으로 영락 4년(태종 6년, 1406) 이전 포이합도하 유역에 거주하던 건주위 여진의 추장 아합출阿哈出은 같은 해 동파강同波江(지금의 휘발하) 지역으로 들어와 영락 21년(세종 5년, 1423) 그 손자 이만주가 다시 파저강(지금의 동가강) 유역으로 이주할 때까지 18년 동안 방주房州를 본거지로 삼았다. 이것은 내가 일찍이 연구한 바 있다.[38] 앞서 말한 대로 건주위지휘 옥고지 등이 황성평에 온 것은 파저강으로 이전한 이듬해의 일이다.

올랄산성 북쪽 휘발하 유역은 산성자를 중심으로 발해 때부터 명대까지 요동의 역사에서 이런 위치를 차지했다. 그 때문에 나는 원말 명초 동녕으로 불린 곳을 그 강 유역에, 그 부를 산성자에 비정한다. 다만 방주房州(坊州)도 원대부터 있던 이름으로 생각되지만 그것은 산성자나 그 부근의 한 지명이고 부 치소는 동녕부였으며, 동녕로라고 불린 휘발하 지방을 지배한 관청이었다고 생각된다. 그리고 그 부는 마침 평양에 있던 같은 이름의 부와 관계있다는 것은 이 논문 끝에서 언급하겠다. 또 명대에 방주坊州·방주성坊州城의 이름만 사용한 것은 홍무 13년(1380) 동녕이라는 이름이 붙여진 천호소가 요양에 설치됐기 때문으로 생각된다.

5. 기사인테무르는 요양에 있었는가?

동녕부의 위치에 관련된 이런 고찰에 잘못이 없다면 올랄산과 요양은 모두 동녕부가 아니다. 그런데 『고려사』에서 두 차례의 원정을 가리켜 "동녕부를 공격했다擊東寧府"고 한 것은(A·B) 무엇일까? 이것에 대한 즉각적인 답변은 "목표로 삼은 것은 동녕부였지만 끝내 그것을 이루지 못했을 뿐"이라고 생각된다. 그러나 작은 사건으로 간주하기 어려운 두 차례의 원정을 제목으로 삼아 그 의미를 연구하려는 데 이 답변은 너무 간단하다. 뿐만 아니라 진짜 동녕부는 어찌됐든 고려인이 말한 동녕부는 요양으로 생각된다는 의문도 어쩌면 여기서 생겨난다.

• 앞서 인용한 「지용수열전」(H): 앞서 기사인테무르는 원에서 평장사가 됐는데, 원이 멸망하자 요·심의 관원인 평장 김바얀 등과 동녕부에 웅거했다. 그는 아버지 기철이 주살된 것에 원한을 품고 변경을 침략하려고 했다.

• 같은 열전에 인용된 나하추 등에게 보낸 문서(I): 기사인테무르는 우리나라(고려)의 미천한 신하로 (…) 동녕부에 숨었으며, 아버지 기철이 주살된 것 때문에 우리나라에 원한을 품고 참람히 반역을 도모했습니다. 앞서 우리나라에서 군사를 보내 추격했지만(1차 원정) 도망가서

죽이지 못했으며, 황제가 계신 곳으로도 가지 않고 동녕부로 물러나 지키고 있습니다. 그는 평장 김바얀 등과 결탁해 심복이 돼 (…) 우리나라를 침략하려고 했습니다. 그의 죄는 용서할 수 없으니 지금 의로운 군사를 일으켜 죄를 묻는 것입니다(2차 원정). 또한 그는 김바얀 등과 함께 우리나라의 백성을 유인하고 협박해 성을 굳게 지키며 왕명에 저항하고 있습니다. 우리 군의 선봉은 김바얀을 (…) 생포했습니다. 기사인테무르는 다시 도망쳐 죄를 자복하지 않고 있으니 그가 투항하는 산채에서는 즉시 사로잡고 알리십시오. 그를 숨겨주는 자는 동경 (요양)에서 처벌할 것입니다.

이 기사들은 두 차례의 원정 목적을 설명한 것인데, 그 목적에서 말하면 당시 기사인테무르는 동녕부를 대표하는 어떤 관직을 갖고 요양에 있었으며 동녕부동지 이오로테무르 등은 그 부하로서 올랄산성을 지켰기 때문에 고려 조정은 두 곳으로 군사를 보낸 것 같으므로 요양은 동녕부의 장관이 있던 곳이라는 점에서 동녕부의 실제 소재지와는 무관하지만 편의상 동녕부로 불렸다고 볼 수도 있다. 만약 그렇다면 고려인이 말한 동녕부는 요양이 틀림없다. 여기서 기사인테무르는 정말 요양에 있었을까 하는 문제가 나타난다.

홍무 초 원의 남은 장수들은 각지에 웅거해 서로 전쟁을 일삼았다.

『요동지』(권8 잡지): 태조는 용처럼 날아 여러 세력을 소탕하고 천지를 깨끗하게 했다. 대군이 바야흐로 유주와 기주를 정벌하려고 하자 원의 승상 예쉬는 남은 군사를 이끌고 대령으로 도망쳐 지켰다. 요양행성 승상 에센부카는 개원開原(당시는 아직 開元으로 불렸다)에 주둔했고 홍보보는 요양에 웅거했다. 왕카라부카는 복주(지금도 같은 이름)에 백성과 군사를 모았고, 유익도 득리영성(지금의 득리사)에 군사를 주둔했으며, 고가노는 평정산(요양 동남쪽 초하 입구 북쪽)에 모여 각각 부민部民을 거주시켰는데 많은 곳은 1만여 명, 적은 곳도 수천 명 아래로 내려가지 않았다. 이때 에센부카와 고가노·나하추·유익 등은 군사를 합쳐 요양으로 갔는데, 홍보보는 저항하며 받아들이지 않았다. 제군이 공격해 무찔러 백성과 가축을 생포하고 약탈하니 성이 텅 비었다. 에센부카 등은 마침내 홍보보를 붙잡아 돌아왔지만 곧 풀어줬다. 太祖龍飛, 剪除群雄, 掃淸六合. 大兵方下幽·翼, 元丞相也速以餘兵遁棲大寧. 遼陽行省丞相也先不花駐兵開原, 洪保保據遼陽. 王哈剌不花團結民兵於復州, 劉益亦以兵屯得利嬴城, 高家奴聚平頂山, 各置部衆, 多至萬餘人, 少不下數千. 於是也先不花與高家奴·納哈出·劉益等, 合兵趣遼陽, 洪保保拒而不納. 諸軍攻破之, 虜掠男女·畜産, 城爲一空. 也先不花等遂執洪保保以歸, 旣而釋之.

이 기사는 그런 형세를 서술한 것으로 당시 요양에는 홍보보가 웅거했음을 알 수 있다.

• 『요동지』(앞 기사와 이어짐): 홍무 3년(1370) 봄 고려 국왕 전(공민왕)이 바닷길로 사신을 보내 번국을 칭하며 조공했다. 가을 조정에서는 단사관 황주에게 조서를 갖고 가서 요양 등지의 관원과 백성을 설득케 했다. 그해 겨울 원의 평장 유익 등이 표문을 받들고 와서 귀의했다. 洪武三年春, 高麗王顓由海道遣使, 稱藩修貢. 秋, 朝廷命斷事黃儔, 齎詔宣諭遼陽等處官民. 是年冬, 元平章劉益等奉表來歸.

• 『명실록』(권56) 홍무 3년 9월: 이달 요양 등지의 관원과 백성에게 조서

를 내려 설득했다. 앞서 원 황제가 북쪽으로 도망쳤는데 요양행성 평장 고가노는 그 소식을 듣고 노아산(앞의 평정산과 가깝다)에 군사를 모았으며, 평장 유익도 군사를 모아 개주(지금의 개평) 득리영성에 주둔했다. 두 군대는 서로 도와 금주와 복주 등을 지키면서 변방에서 소요를 일으키려고 했다. 이때 이르러 황상은 단사관 황주에게 조서를 갖고 가서 그들을 설득케 했다. 是月詔諭遼陽等處官民. 初元主之北走也, 遼陽行省平章高家奴聞之, 集兵老鴉山, 而平章劉益亦集兵, 屯蓋州之得利嬴城. 二兵相爲聲援, 以保金·復等州, 顧望欲爲邊患. 至是上遣斷事官黃儔, 齎詔諭之.

이 기사들을 보면 개원의 에센부카가 평정산의 고가노, 금산의 나하추, 득리영성의 유익 등과 함께 요양의 홍보보를 습격해 생포해 돌아온 것은 홍무 3년(공민왕 19년, 1370) 겨울 고려군의 요양 공격(2차 동녕부 정벌) 이전에 일어난 사건임이 분명하다.

그렇다면 그 뒤의 형세는 어땠는가? 황주를 파견한 결과 유익이 항복해 귀의한 일은 다음 기록에 보인다.

•『명실록』(권61) 홍무 4년(1371) 2월: 옛 원의 요양행성 평장 유익이 요동 주·군의 지도와 군사·말·화폐·곡식 장부를 우승 동준과 첨원 양현에게 주고 표문을 받들어 항복해왔다. (…) 황상은 표문을 읽어보고 그 성의를 가상히 여겨 요동위 지휘사사를 설치하고 유익을 지휘동지로 삼았다. 故元遼陽行省平章劉益以遼東州郡地圖并藉其兵馬錢粮之數, 遣右丞董遵·僉院楊賢奉表來降. (…) 上覽表, 嘉其誠, 詔置遼東衞指揮使司, 以益爲指揮同知(『요동지』에서 유익의 귀의를 지난해 겨울이라고 한 것은 잘

못으로 생각된다).

- 5월(권65): 옛 원의 평장 홍보보·마언휘·팔단 등이 반란을 일으켜 요동위 지휘동지 유익을 죽였다. 故元平章洪保保·馬彦翬·八丹等叛, 殺遼東衛指揮同知劉益.

앞뒤의 사정은 다음 기록들에 실려 있다.

- 『명실록』(권66) 홍무 4년(1371) 6월: 이보다 앞서 옛 원의 평장 유익이 요동 지역을 들어 항복해오자 조정에서는 단사관 오립을 보내 조서를 내린 뒤 득리영성에 요동위를 설치하고 유익을 지휘동지로 삼았다. 얼마 뒤 옛 원의 평장 홍보보와 마언휘가 공모해 유익을 죽였다. 장양좌(유익의 부하) 등은 부하들을 이끌고 마언휘를 체포해 죽이니 홍보보는 나하추의 진영으로 도망쳤다. 요동 사람들은 장양좌를 추대해 방고房暠와 함께 요동위의 일을 맡게 했다. 先是故元平章劉益以遼東之地來降. 朝廷遣斷事官吳立, 往宣詔, 置遼東衛於得利嬴城, 以益爲指揮同知. 未幾故元平章洪保保·馬彦翬共謀殺益. 良佐等率部下, 擒彦翬殺之, 保保走納哈出營. 遼東之衆因推良佐, 與暠權衛事.

- 『요동지』: 앞서 홍보보는 풀려난 뒤 다시 자신이 거느리던 군사를 모아 득리영성에 주둔했다. 이때 이르러 작상爵賞을 받지 못하자 유익이 자신을 판 것을 원망했다. 마침내 모의해 유익을 죽이고 개원으로 도망치니 유익 군은 놀라 어지러워졌다. 그 부하인 원의 전 시랑 방고와 우승상 장양좌는 홍보보를 토벌했지만 생포하지 못했는데, 그 무리인 마언휘 등을 모두 잡아 죽이니 무리가 마침내 평정됐다. 初洪保保旣得釋, 復收所部兵, 駐得利嬴城. 至是以爵賞不逮, 怨益賣己. 遂謀殺益而奔開

原, 益軍驚亂. 其部下前元侍郎房暠·右丞張良佐誅討洪保保不獲, 悉捕其黨
馬彥輝(暈)等斬之, 衆遂定.

요컨대 에센부카에게 잡혔다가 풀려난 요양의 홍보보는 고려군이
그 성을 공격한 뒤 세력을 회복하고 남쪽으로 득리영성을 침략해 요
동위 지휘동지 유익을 죽인 것이다. 그 때문에 장양좌와 방고는 6월
명에 사신을 보내 유익을 죽인 팔단·승아 등을 도성으로 압송했는데,
그때 그들이 중서성에 올린 서신은 다음과 같다.[39]

원의 평장 고가노는 요양의 산채(평정산과 노아산)를 굳게 지키고, 지원
카라장은 심양(봉천) 옛 성에 주둔하고 있습니다. 개원에는 승상 에센부
카의 군대가 있고 금산에는 대위 나하추의 무리가 있습니다. 이들은 서
로 의지하고 돕고 있습니다. 지금 홍보보가 그 진영으로 도망쳤는데, 반
드시 틈을 엿봐 전란을 일으킬 것으로 생각됩니다. 조정에서 보낸 단사
관 오립을 머무르게 해 군사와 백성을 다스리게 하십시오. 먼저 생포한
역당 평장 팔단과 지원 승아를 경사로 압송합니다. 아울러 전前 요양행
성·산동행추밀원의 은도장 하나씩과 군민·대소아문의 은도장 85개,
그리고 각 관서에 준 전前 원의 선칙 금패를 올립니다. 其元平章高家奴固
守遼陽山寨, 知院哈剌張屯駐瀋陽古城. 開元則有丞相也先不花之兵, 而金山
則有大尉納哈出之衆. 彼此相依, 互爲聲援. 今洪保保逃往其營, 必有構兵之
釁. 乞留朝廷所遣斷事吳立, 鎭撫軍民, 先將擒到逆黨平章八丹·知院僧兒, 械
送京師, 及前遼陽行省·山東行樞密院銀印各一, 軍民·大小衙門銅印八十五,
并各官所授前元宣勅金牌納上.

홍보보가 도주하면서 요양성은 요동위의 장수들이 차지하게 된 것 같고, 그것을 제외하면 고려군의 침략을 앞뒤로 주변의 형세는 똑같았다. 그리고 다음 달인 7월 명은 정료위 지휘사사를 설치해 마운馬雲과 섭왕葉旺을 도지휘사로 삼아 요동 여러 위衛의 군사를 총괄하고 성지를 수축해 변경을 지키게 했다.[40] 요양은 비로소 명의 소유가 됐다.

고려군의 침략은 명초의 기록에 빠져있지만 앞뒤의 형세는 이처럼 매우 명확하게 알 수 있다. 원말로 거슬러 올라가면 『원사』의 기록은 매우 소략해 거의 쓸모가 없다. 다만 『고려사』 「공민왕세가」를 살펴보면 다음과 같은 기사들이 있다.

- 11년(지정 22년, 1362) 여름 4월: 요양행성 동지 고가노가 홍건적의 남은 무리(정월 고려에서 축출된 무리)를 기다렸다가 공격해 4000여 명을 죽이고 그 우두머리 파두반을 생포한 뒤 사신을 보내 알렸다. 遼陽行省同知高家奴邀擊紅賊餘衆, 斬四千餘級, 擒其魁破頭潘, 遣使來報.

- 5월: 요양성 평장 고가노가 사신을 보내 군사를 요청했다. 遼陽省平章高家奴遣使來請兵.

- 12월: 고가노가 사신을 보내 양 4마리를 바치고 처녀를 요청하니 전 중랑장 김광철의 딸을 보냈다. 高家奴遣使來, 獻羊四頭, 且請處女, 以前中郎將金光徹女送之.

- 15년(지정 26년, 1366) 4월: 하정부사 임대광이 원에서 돌아왔다. 그는 요양에 이르렀을 때 도적떼에게 포위됐는데, 갖고 있던 원에서 공민왕에게 하사한 옷과 술, 그리고 황태자(아유시리다라)의 공문을 보여줬다. 도적들은 "이런 물건 때문이 아니라 고려의 국왕 때문에 풀어준다"고 했다. 賀正副使林大光還自元. 大光至遼陽, 爲群盜所圍, 以所齎賜王

衣酒及皇太子令旨示之. 盜曰, 無以此物爲也, 但爲高麗王釋之.

• 8월: 요양 평장 고가노가 새매를 바쳤는데 국왕이 풀어줬다. 遼陽平章 高家奴獻鷂, 王放之.

• 12월: 요양성 동지 고가노가 사신을 보내 사냥개를 바쳤다. 遼陽省同 知高家奴遣使來獻田犬.[41]

• 16년(지정 27년, 1367) 3월: 요양 평장 홍보보와 지요양연해 행추밀원사 에센테무르가 사신을 보내 조빙했다. 遼陽平章洪寶寶(洪保保)·知遼陽沿 海行樞密院事於山帖木兒, 遣使來聘.

• 10월: 나하추가 사신을 보내 말을 바쳤다. 納哈出遣使來獻馬.

• 17년(지정 28년, 홍무 원년, 1368) 정월: 요양성평장 홍보보와 왕카라부 카 등이 객성대사 바얀테무르를 보내 "명의 군세가 아주 대단하니 마 음을 다해 방어하기를 요청한다"고 했다. 遼陽省平章洪寶寶·哈剌不花 等遣客省大使卜顔帖木兒來諭, 大明兵勢甚盛, 請悉心備禦.

• 7월: 요양성의 에센테무르가 사신을 보내 조빙했다. 遼陽省於山帖木兒 遣使來聘.

• 9월: 요양성 평장 홍보보가 사신을 보내 조빙했다. 遼陽省平章洪寶寶遣 使來聘.

• 18년(홍무 2년, 1369) 정월: 요양성의 나하추와 평장 홍보보가 사신을 보내 조빙했다. 遼陽省納哈出及平章洪寶寶遣使來聘.

• 같은 해 11월: 나하추가 사신을 보내 말을 바쳤다. 納哈出遣使來獻馬.

이런 원말 요동의 형세는 홍무 초기와 거의 다르지 않음을 보여준 다. 그런데 요양을 공격한 다음 달 고려의 도평의사사에서 동녕부로 보낸 문서(H)에서는 기사인테무르와 관련해 다음과 같이 말했다.

기사인테무르는 제 아비가 반란을 꾸미다가가 주살된 뒤부터 복수심과 원한을 품고 늘 반심을 가졌습니다. 요즘 황제(순제)께서 북쪽으로 피란했는데도 호종하지 않고 동녕부와 요양 등지로 도망쳐 분성分省과 분원分院 관원들과 결탁했는데, 그 뜻은 원의 위세를 빌리려는 데 있었습니다.

그가 만약 동녕부를 대표해 요양에 있으면서 그곳을 중심으로 그런 세력을 떨쳤다면 그는 어떻게 해서 홍보보와 에센부카·고가노·나하추·유익 등의 분쟁에 휘말리지 않을 수 있었을까? 『요동지』와 『명실록』에서는 그의 세력을 기록하지 않은 것일까? 금방 대답할 수는 없다. 원말부터 홍무 초년까지 기사인테무르는 결코 요양에 있지 않았고, 따라서 그는 동녕부로 불린 다른 곳에 있었다고 판단할 뿐이다. 그리고 고려군의 요양 공격은 홍보보가 에센부카에게 잡혀 성이 그 때문에 텅 빈 사이에 이뤄진 것으로 볼 수밖에 없다.

동녕부의 위치에 관련된 모든 의문은 이렇게 해서 사라졌다. 이제 정벌의 목적은 무엇이었는지 살펴보겠다.

6. 이른바 동녕부 정벌의 목적

요양을 공격한 뒤 고려의 장수는 나하추와 에센부카에게 설득하는 문서를 보냈다.

기사인테무르는 우리나라(고려)의 미천한 신하로 (…) 동녕부에 숨었으

며, 아버지 기철이 주살된 것 때문에 우리나라에 원한을 품고 참람히
반역을 도모했습니다. 앞서 우리나라에서 군사를 보내 추격했지만(올랄
산 공격을 가리킨다) 도망가서 죽이지 못했습니다(I).

그러나 올랄산성이 공격받았을 때 그 산성을 지킨 것은 기사인테무
르가 아니었다. 그리고 그는 요양에도 웅거하지 않았으므로 방문榜文
에서 "기사인테무르가 도망갔다"고 한 것은 모두 허구로 「지용수열전」
(H)의 "기사인테무르가 도망갔다"는 기록은 그것을 옮겨 실은 것에 지
나지 않는다. 다시 방문에서는 다음과 같이 말했다.

기사인테무르는 (…) 동녕부로 물러나 지키고 있습니다. 그는 평장 김바
얀 등과 결탁해 심복이 돼 송보리·법독하·아상개 등지에서 군사와 말
을 모아 우리나라를 침략하려고 했습니다. 그의 죄는 용서할 수 없으니
지금 의로운 군사를 일으켜 죄를 묻는 것입니다.

그러나 동녕부 정벌 이전 기사인테무르와 관련해 알려진 사항은 공
민왕 5년(지정 16년, 1356) 아버지 기철 등이 주살됐을 때 "원에 있어
처벌을 모면했다在元得免"고 기록된 것(『고려사』 권131 「기철열전」) 밖에
없다. 또 송보리는 지금의 자성구慈城口(강계 북쪽인 자성강 입구) 부근인
소보리小甫里고[42] 법독하·하상개도 그 부근의 지명으로 생각되지만 올
랄산 공격 뒤 북적北賊이 침략한 기사는 『고려사』에 보이지 않는다. 그
렇다면 이렇게 기사인테무르의 죄를 성토한 것은 올랄산과 요양을 공
격한 원정의 구실에 지나지 않던 것일까 생각되기도 한다. 다음 자료
들은 이런 추정을 뒷받침한다.

- 원정군이 나장탑에 이르렀을 때 요·심 사람들을 설득한 발언(H): 요· 심은 우리나라의 경계이며 백성은 우리 백성이다. 지금 의병을 일으 켜 안정시키려고 한다.

- 요양을 함락시킨 뒤 금주·복주 등에 돌린 문서(J): 무릇 요하 동쪽 우 리나라 강역 안의 백성과 크고 작은 두목 등을 이끌고 조속히 스스로 내조하라.

- 도평의사사에서 동녕부에 보낸 문서: 요·심 지역은 본래 우리나라의 옛 경계인데, 사대한 뒤 사위와 장인의 관계가 돼 행성(요양)이 관할하 도록 맡겼다. 遼瀋元係本國舊界, 事大以來, 結親甥舅, 任爲行省管轄.

- 같은 때 강계만호부로 하여금 요·심 사람들에게 알리게 한 방문: 요 양은 본래 우리나라의 경계다. 遼陽元是國界.[43]

요·심 지방을 고려의 옛 경계라고 한 것은 본래 허망한 말이므로 원 제국의 멸망을 틈타 영토의 확장을 시도한 것이 이른바 동녕부 정 벌의 목적이던 것 같다. 공민왕 5년(1356) 쌍성총관부(함경남도 영흥)를 점령해 쉽게 마천령 이남을 영유한 뒤 길주 방면의 개척을 추진한 것 이 당시 이 정벌의 실상으로 생각된다.

그러나 동북면과 요·심지방은 그 방향이 크게 다르다. 동북면은 일 찍이 윤관이 정복한 것 같은 역사적 사정이 있지만 요·심지방에서는 그런 일이 없었고, 전자의 북쪽 경계는 자연적으로 구획되지 않지만 서북면의 그것은 압록강에 이른다. 그리고 두만강 방면은 알 수 없지 만 요·심지방에 명의 세력이 미친 것은 반드시 쉬웠을 것이라고 예상 할 수 있으므로 우연히 원의 멸망을 보고 요양 점령을 시도한 것 같은 행동은 매우 경솔한 행동이라고 하지 않을 수 없다. 실제로 『고려사』

기사를 살펴봐도 이른바 동녕부 정벌 뒤 고려 조정이 침략 지역을 유지했다는 어떤 증거도 찾을 수 없다. 그렇다면 영토 관계에 따라 원정 목적을 설명할 수는 없는 데도 기사인테무르에 대해 강경하게 말한 것도 그저 구실로 보는 것이 어떨까? 문제는 다른 방면에서 고찰해야 한다.

"가을 이후 동북면과 서북면의 요해처에 만호와 천호를 많이 배치했으며, 원수를 보내 동녕부를 공격해 북원과의 관계를 끊으려고 했다(A)"는 기록은 「공민왕세가」에서 19년(홍무 3년, 1370) 정월 올랄산 공격을 서술한 (B)에 앞서 전 해 끝머리에 실려 있다. "북원과의 관계를 끊으려고 했다"는 것은 막북의 원실에 사대 관계를 끊었다는 말이다. 지난 5월 지정 연호를 정지하고 사신을 금릉에 보내 태조의 등극을 축하했으며 8월에는 성절사와 천추사를 보냈지만, 같은 달 북원의 중서성과 태위 승상 기평장奇平章이 사신을 보내왔는데도 답방 사신을 파견하지 않았다. 그리고 앞서 서술한 대로 그 무렵 서경과 의주·정주·니성·강계 등 압록강 좌안의 요충지에 만호·천호를 설치했으며, 공민왕 18년(1369) 11월 서원군 노은이 원의 조서를 받들고 황주에 이르자 국왕은 대장군 송광미를 보내 그를 죽였다瑞原君盧䚷奉元詔至黃州고 한 것은 특히 주목된다. 이것은 어떤 일을 뜻할까?

공민왕은 이미 오래 전부터 원을 증오했다. 그는 즉위 초부터 원의 억압을 달가워하지 않았는데, 기철은 순제의 황후 울제이 쿠툭의 오빠였고 노책과 권겸도 딸들을 원 황실에 들여보냈다는 이유로 권력을 휘둘렀기 때문에 재위 5년(지정 16년, 1356) 원의 쇠퇴를 틈타 기씨 일족과 노책·권겸의 주륙을 감행하는 동시에 원에 대항해 쌍성총관부를 점령했다. 기씨 일족 가운데 주륙을 모면한 사람은 원에 있던 기철의 아들 기사인테무르 뿐이었다. 그 뒤 원은 날로 기울어갔지만, 순제는 정치에 관심을 두지 않아 환관 박부카朴不花 등이 그 틈을 타 국정을 농단했다. 박부카는 기황후와 같은 지역 출신으로 그녀의 총애를 받았다.

또 공민왕의 숙부인 덕흥군 타스테무르(충선왕의 얼자)는 공민왕이 즉위한 뒤 왕위를 엿보는 마음을 품으면서 원에 있었다. 공민왕은 그를 꺼려 기씨를 주살한 뒤 원에 여러 사항을 요구했을 때도 그의 송환을 그 가운데 하나로 포함시켰다. 그러나 기황후는 공민왕을 매우 증오했기 때문에 마침내 황태자 아유시리다라·박부카 등과 모의해 복수를 계획하고 공민왕을 폐위한 뒤 덕흥군을 세우려고 했다. 지정 23년(공민왕 12년, 1363) 먼저 국왕 교체의 조서를 공민왕에게 내린 뒤 고려인 최유崔儒에게 덕흥군을 모시고 요동의 군사 1만으로 고려를 침입케 했다. 그러나 고려군에 패배함으로써 그 계획은 실패로 끝났다.

얼마 뒤 원에서 정변이 일어나 순제는 공민왕에게 복위를 명령하고 최유를 압송했지만 공민왕은 원 황실을 계속 증오했고, 호오好惡의 감정에서 중용을 지키기 어려웠던 그의 성품을 생각하면 그 정도程度는 매우 깊었던 것 같다. 재위 17년(지정 28년, 홍무 원년, 1368) 고려인 김지수金之秀가 원에서 와서 대도가 함락돼 순제가 황후와 함께 상도上都로 도망쳤다고 보고하자 공민왕은 곧바로 백관에게 명령해 명과 교통할 것을 의논했다. 또 재위 22년(홍무 6년, 1373) 북원의 사신이 고려에 조력을 명령한 소종(아유시리다라)의 조서를 받들고 국경 안으로 들어오자 공민왕은 사람을 보내 그를 살해하려고 했다. 신하들은 모두 반대하면서 사신을 개경으로 오게 해야 한다고 하자 구류·방환과 명으로 압송하는 세 방안을 갖고 신하들에게 의견을 물었다. 공민왕이 얼마나 원을 증오했는지 알 수 있다.

앞서 주목한 북원의 사신 노은은 기철·권겸 등과 함께 주살된 노책의 아들로 공민왕이 그를 죽인 사정은 다음 기사에 나와 있다.

- 『고려사』(권131) 「노책열전」: 노은은 경원군에 책봉돼 원에서 벼슬해 병부상서가 됐다. 공민왕 18년(1369) 막북에서 원의 조서를 받들고 왔다. 황주에 이르렀을 때 국왕은 대장군 송광미를 보내 노은을 체포해 그가 온 까닭을 국문했다. 노은은 거짓으로 자복했다. "전 감찰대부 왕중귀·추밀원사 이수림·이명 등과 함께 첩자로 활동하려고 모의했습니다." 그러자 그의 일행 18명을 모두 죽였다. 국왕은 일찍이 용뇌龍腦*를 화의옹주 기씨에게 구했지만 얻지 못했는데, 이때에 이르러 북원과 모의했다는 구실로 순위부에 하옥했다. 또 왕중귀 등과 전 좌랑 방득주를 하옥하고 얼마 뒤 왕중귀·이수림·이명을 죽여 저자에 효수했으며, 기씨는 머리를 깎아 비구니 사원에 뒀다. 모두 기황후의 일족으로 그때 사람들은 그들이 죄가 없다고 불쌍히 여겼다. 방득주는 신돈에게 붙어 처형을 모면했다. 嘗封慶原君, 仕元爲兵部尙書. 恭愍十八年, 自漠北, 奉元詔來. 至黃州, 王遣大將軍宋光美, 執嘗鞫其來故. 嘗誣服, 與前監察大夫王重貴·樞密院使李壽林及李明等, 通謀行諜. 於是幷其一行十八人殺之. 王嘗求龍腦於和義翁主奇氏, 不得, 至是, 託以與北元通謀, 下巡衛府. 又囚重貴等及前佐郎方得珠獄, 未幾殺重貴·壽林·明, 梟于市, 髡奇氏置之尼院. 皆奇后之族, 時人憐其無辜. 得珠附辛旽免.

- 『고려사』(권110) 「왕중귀열전」: 왕중귀는 재상의 도량과 풍모가 있었

---

* 한약재의 하나.

다. 공민왕 초 좌부대언이 됐지만 기철이 주살되면서 그의 사위라는
이유로 지방에 유배됐다. 그 뒤 동지밀직사사에 임명됐는데, 신돈에게
거슬려서 파직됐다. 그때 원과 우리나라의 사이가 좋지 않았는데, 참
소하는 사람이 나라의 비밀을 왕중귀 등이 원에 누설했다고 무고해
유배됐다. 오래지 않아 부름을 받아 감찰대부에 임명됐다. 18년(1369)
서원군 노은이 북원의 조서를 받들고 황주에 도착하자 국왕은 대장
군 송광미를 보내 그를 체포한 뒤 온 까닭을 국문했다. 노은은 왕중
귀·이수림·이명 등과 함께 첩자로 활동하려는 음모를 꾸몄다고 거짓
자복했다. 마침내 왕중귀 등을 옥에 가뒀다가 죽이고 저자에 효수했
다. 사람들은 모두 그가 죄 없이 죽은 것을 애석하게 여겼다. 重貴有宰
相器度. 恭愍初爲左副代言, 奇轍伏誅, 以轍壻流外. 後拜同知密直司事, 忤
辛旽見罷. 時元與本國有釁, 讒者誣重貴等洩國陰事于元, 流之. 未幾召拜監
察大夫. 十八年, 瑞原君盧旹奉北元詔, 至黃州, 王遣大將軍宋光美, 執旹鞫其
由. 旹誣服與重貴·李壽林·李明等謀行諜. 遂囚重貴等獄殺之, 梟首于市. 人
皆惜其無辜.

공민왕 18년(홍무 2년, 1369) 11월 북원의 사신으로 온 노은 일행은
죄가 없었지만 원 황실의 인척인 노씨와 기씨의 일족이라는 이유만으
로 처형된 것이니 공민왕이 원 황실, 특히 기황후 모자를 증오한 나머
지 그렇게 했음을 알 수 있다. 그런데 당시 북원과 관계를 끊기 위해
동녕부 정벌을 기획한 것은 그곳에 기사인테무르가 웅거하고 있었기
때문임을 보면 이 계획도 공민왕의 동일한 의도에서 나온 것으로 볼
수밖에 없다. 동녕부가 어느 곳에 있었다고 해도 정벌의 목적이 기사
인테무르에게 있었다는 것은 의심할 수 없다.

국왕은 본래 정비正妃 노국공주와 매우 사이가 좋았다. 재위 14년(지정 25년, 1365) 2월 공주가 아이를 낳다가 죽자 그는 슬픔을 이기지 못했다. 그 뒤 공주의 초상화를 모시는 건물을 짓는 데만 힘을 쏟았으며, 요승 신돈을 믿고 정치를 돌보지 않았다. 또 후사가 없는 것을 자주 걱정해 언행이 점차 정상을 벗어났다.

「명덕태후(국왕의 생모)열전」: 공민왕 18년(1369) 여름 가뭄이 들었다. 국왕이 태후를 알현했는데, 이야기가 가뭄에 미치자 태후가 말했다. "주상은 하늘이 가뭄을 내리는 까닭을 아십니까? 지난해에도 비가 내리지 않아 백성이 굶어죽었고 이제 또 크게 가물어 백성이 살 수 없으니 주상은 누구와 함께 임금 노릇을 하시겠습니까? 어째서 신하에게 정사를 맡기고, 공은 있지만 죄가 없는 사람을 많이 죽이며, 토목공사를 크게 일으켜 화합하는 기운을 손상시키십니까? 주상이 원자였을 때 백성은 희망을 걸어 주상이 왕위에 오르지 못할까만 염려하고 충혜왕의 무도함을 원망했으며, 나도 그렇게 여겼습니다. 충혜왕 때는 해마다 풍년이 들고 사람을 적게 죽였는데, 지금은 어째서 도리어 거기에도 미치지 못하는 것입니까? 또 주상의 나이가 어리지도 않은데 어째서 권력을 다른 사람에게 빌려주는 것입니까?" 그리고는 눈물을 흘렸다. 十八年, 夏旱. 王謁后, 語及旱災, 后曰, 王知天之所以旱耶. 去年不雨, 百姓餓死, 今又大旱, 民不聊生, 王孰與爲君. 奈何委政臣下, 多殺有功無罪之人, 大興土木以傷和氣乎. 王爲元子時, 百姓屬望, 惟恐王不爲君, 怨忠惠無道, 我亦以爲. 然忠惠時, 歲屢豊而殺人少, 今何反不及耶. 且王年非幼, 何假國柄他人手乎. 因泣下[44]

공민왕이 원 황실과 기씨를 증오해 동녕부 정벌을 기획하고 마침 북원의 조서를 갖고 온 노은 일행을 죽인 것은 결코 이상한 일이 아니었다.

그러나 기사인테무르가 동녕부에 있었는가 하는 것은 연구해야 할 문제다. 그의 소식은 『원사』와 『고려사』에는 실려 있지 않지만 유길劉佶의 『북순사기北巡私記』에 다음과 같이 보인다.[45]

요동참정 사인테무르가 기병 5000명을 이끌고 입조했는데, 군대의 위용이 매우 엄정했다. 황제는 노고를 오랫동안 치하했다. 遼東參政賽因帖木兒率五千騎入覲, 軍容甚整, 帝慰勞良久始已.

지정 28년(공민왕 17년, 1368) 윤7월 28일 순제는 대도를 떠나 8월 상순 상도에 도착했다. 그렇다면 아래 기사들은 그저 공허한 말로 기사인테무르의 죄를 지어낸 것이다.

- **고려의 장수가 나하추와 에센부카 등에게 보낸 문서(I)**: 기사인테무르는 우리나라의 미천한 신하로 원 조정의 지나친 총애를 받아 지위가 1품에 올랐으니 의리상 흥망을 함께 해야 합니다. 천자(순제)께서 밖으로 몽진하시니 죽음을 무릅쓰고 곁을 떠나지 말아야 합니다. 그러나 그는 은혜와 의리를 저버리고 (…) 호종하지 않았습니다.
- **도평의사사의 문서(K)**: 기사인테무르는 제 아비가 반란을 꾸미다가가 주살된 뒤부터 복수심과 원한을 품고 늘 반심을 가졌습니다. 요즘 황제(순제)께서 북쪽으로 피란했는데도 호종하지 않았습니다.

아래 『명실록』(태조, 권40)의 사인테무르도 같은 인물로 생각된다.

홍무 2년(1369) 3월: 도독동지 강무재가 백호 주해를 보내 옛 원에서 항복해온 평장 주원규와 사인테무르를 대장군 진영으로 보냈다(며칠 전 대장군 서달徐達이 봉원로奉元路로 들어가 서안부西安府로 고쳤는데, 지금의 섬서성 서안이다). 사인테무르는 왕보보의 부장 지원 팔단의 동생이다. 都督同知康茂才遣百戶周海, 送故元來降平章周元珪及賽因帖木兒于大將軍營. 賽因帖木兒王保保部將知院八丹弟也.

그는 황제를 호종한 뒤 승상 예쉬 군에 소속돼 막남漠南에 거주하다가 마침내 명군에 투항했다(홍보보의 부장 팔단은 앞서 서술한 대로 홍무 4년[1371] 5월 득리영성의 유익을 습격해 죽인 인물이다. 사인테무르가 그 동생이라면 팔단도 기철의 아들일까?) 그렇다면 앞의 문서에서 말한 것은 "황제가 계신 곳으로도 가지 않았다"는 것뿐 아니라 다른 것도 모두 믿기 어렵다. 앞서 군사를 보내 추격했지만(올랄산 공격) 도망쳐 죽지 않았다고 한 것, 물러나 동녕성을 지키고 평장 김바얀 등과 결탁해 심복이 됐다고 한 것, 송보리 등지에서 군사를 모아 고려를 침략하려고 한 것, 지금 의로운 군사를 일으켜 죄를 묻자(요양 공격) 김바얀 등과 함께 고려의 백성을 유인하고 위협해 성을 굳게 지키며 왕명에 저항한 것, 김바얀 등은 생포됐지만(이것은 사실이다) 사인테무르는 다시 도망쳤다고 한 것, 그리고 도평의사사의 문서에서 동녕·요양 등지로 도망쳐 분성·분원 관원과 결탁했다고 한 것 등은 모두 허구의 말로 보인다.

기사인테무르와 관련된 『고려사』의 기사는 이처럼 믿기 어렵다. 확실해 의심할 수 없는 것은 순제가 북쪽으로 몽진하기 전 그는 '요동참정'이었다는 것이다. 그러나 고려인이 아무 근거 없이 그와 동녕부를

연결시켰다고도 여겨지지 않으므로 그가 원말 요동참정으로 동녕부
(휘발하 상류)에 거주했다는 것은 인정할 수 있다고 생각된다. 그리고
이른바 동녕부 정벌을 계획할 때 그는 이미 명에 항복해 요동에 있지
않았지만 공민왕은 아직 소식을 알지 못하고 북원의 남은 신하로 동
녕부에 있다고 생각했고, 앞서 서술한 것 같은 이유 아래 그를 정벌하
는 군사를 일으킨 것으로 판단된다.

7. 목적지와 토벌지의 불일치와 그 결과

이처럼 이른바 동녕부 정벌은 목적 없이 화살을 쏜 것과 같았으므로
군사가 그곳에 도착했더라도 예정한 결과를 얻을 수 없던 것이 분명했
다. 게다가 1차 정벌은 올랄산 공격에 그쳤고 2차 정벌은 요성 공격으
로 끝나 본래의 목적은 완전히 무시됐다. 그렇다면 양백연 등이 바이
주와 이오로테무르 등을 항복시키고 지용수 등이 김바얀 등을 생포해
돌아온 것은 기사인테무르·동녕부와 아무 관계없다. 전자는 원의 추
밀부사·동녕부동지 등의 관직을 지니고 올랄산 부근에 거주했고, 후
자는 홍보보가 에센부카 등을 체포해 간 뒤 요성에 있었다. 그리고 고
려군이 쉽게 요성을 함락시킬 수 있던 것도 마침 그곳이 전쟁의 결과
"성이 텅 비었다"고 한 것처럼 거의 주인 없는 상태에 있었기 때문이
틀림없다.

　이 정벌이 1차 정벌 다음의 2차 정벌이 된 것은 올랄산 공격으로
그친 1차 정벌이 공민왕의 뜻을 만족시키지 못했기 때문으로 생각된
다. 아울러 1·2차 모두 출정한 장수들이 목적지로 진격하지 않은 것

은 거리가 먼 것을 싫어했기 때문이며 다른 이유는 없었다고 판단된
다. 또 이 정벌은 기사인테무르를 증오한 공민왕으로서는 그럴만한 목
적이 있었지만 올랄산 공격에 그치고 요성 공격으로 끝나면서 완전히
무의미한 일이 됐다. 공민왕은 정벌의 목적을 무시한 것이었고, 정벌
지역과 그것을 목격한 사람의 입장에서는 명목 없는 군사였다.

이런 1차 정벌을 만회하기 위한 2차 정벌을 요성 공격으로 종결한
것은 한편으로는 공민왕에게 대답할 수 있는 변명의 구실을 만드는
것과 함께 다른 한편으로는 요·심지방에 있던 원의 남은 장수들로 하
여금 그것이 명분 없는 군사가 아님을 인정하게 만드는 적당한 수단이
없었기 때문이다. 이때쯤으로 생각되는데, 허망한 말로 가득 찬 문서
가 나왔다. 기사인테무르를 공격했지만 그가 도망쳤다고 변명하고, 그
가 그곳에서 고려군에 저항했기 때문에 처벌하는 군사를 일으킬 것이
라고 꾸민 것이다.

• **금산의 나하추와 개원의 에센부카 등을 설득한 문서:** 기사인테무르는
우리나라(고려)의 미천한 신하로 (…) 동녕부에 숨었습니다. (…) 앞서
우리나라에서 군사를 보내 추격했지만 도망가서 죽이지 못했으며, 황
제가 계신 곳으로도 가지 않고 동녕부로 물러나 지키고 있습니다. 그
는 평장 김바얀 등과 결탁해 심복이 됐습니다. (…) 지금 의로운 군사
를 일으켜 죄를 묻는 것입니다. 또한 그는 김바얀 등과 함께 우리나라
의 백성을 유인하고 협박해 성을 굳게 지키며 왕명에 저항하고 있습
니다. 우리 군의 선봉은 김바얀을 (…) 생포했습니다. 기사인테무르는
다시 도망쳤습니다. (…) 그를 숨겨주는 자는 동경(요양)에서 처벌할 것
입니다.

• 금주·복주 등(왕카라부카·유익 등)에 보낸 방문: 지금 의로운 군사를 일으켜 기사인테무르 등을 문죄하려고 하지만 동녕성에 웅거해 힘을 믿고 명령을 따르지 않고 있다. 대군이 이르면 옥과 돌이 모두 탈 것이니 일이 잘못된 뒤 후회해도 어쩔 수 없을 것이다. 무릇 요하 동쪽 우리나라 강역 안의 백성과 크고 작은 두목 등을 이끌고 조속히 스스로 내조하면 모두 벼슬과 녹봉을 누릴 수 있을 것이다. 그렇게 하지 않으면 동경에서 처벌할 것이다(출정한 장수들이 스스로 보낸 방문榜文을 베껴 갖고 돌아온 것은 국왕에게 변명했음을 뜻하며, 갖고 돌아왔기 때문에 그 방문은 역사에 전해지게 됐다).

그러나 사실은 도저히 감출 수 없다. 동녕부가 요양인 것 같기도 하고 그렇지 않은 것 같기도 해 의미가 명료하지 않은 것은 바로 이 때문이다.

그러나 요양이 동녕부가 아니고 기사인테무르가 요양에 웅거하지 않았다는 것은 요·심 사람들이 잘 알고 있었다. 출정한 장수들은 위와 같은 방문을 붙여 한때를 호도했지만 그 보고를 받은 고려 조정은 무의미한 정벌이 도리어 요·심 사람들의 침략을 도발할까 우려하지 않을 수 없었다.

「지용수열전」: 추격하는 군사가 있을까 우려해 야영할 때면 반드시 군사들에게 뒷간과 마구간을 만들게 했다. 나하추는 과연 이틀 동안 뒤를 밟다가 "뒷간과 마구간을 만들고 군대의 행렬이 정연하니 습격할 수 없다"고 하고 돌아갔다. 恐有追兵, 野宿必令士卒各作溷厠·馬廐. 納哈出果躡後行二日曰, 作厠與廐, 師行整齊, 不可襲也, 乃還.

군사를 돌릴 때 나하추는 이미 추격을 시도했다고 했다. 조정으로 서는 뒷일을 잘 처리하는데 신경 쓰지 않을 수 없었다. 요양을 공격한 다음 달 도평의사사는 동녕부에 공문을 보냈다.

전날의 일은 오직 기사인테무르 한 사람 때문에 일어난 것이며 몽골인과 한인漢人은 아무 관련이 없습니다. 그가 몰래 도망쳐 그곳에 있다면 즉시 체포해 보내주십시오. 前日之事, 唯爲賽因帖木兒一人而已, 蒙古漢人並無干涉. 本人如或透漏在彼, 卽便捕送.

아울러 요·심 사람들에게 방을 붙여 알리도록 강계만호부에도 지시했다.

요양은 본래 우리나라의 경계인데, 대군이 다시 출동했으니 선량한 사람들까지 피해를 입을가 우려된다. 압록강을 건너 우리나라의 백성이 되기를 원하는 자는 관청에서 양식과 종자를 지급해 편안히 살 수 있게 하겠다. 遼陽元是國界, 大軍又出, 恐害及良善. 其願渡江爲民者, 官給粮種, 各令安業.

이것은 얼핏 보기에 귀순하도록 설득하는 뜻인 것 같지만 실제로는 요·심 사람들의 의구심을 없애기 위한 해명이다. 이 문서가 동녕부에 보내진 것 같지는 않다. 그 문서에서 동녕부가 요양인 것처럼 서술한 것을 볼 때 동녕부에 보내는 것으로 하면서 실제로는 요양 방면의 옛 원의 장수들에게 보낸 것으로 여겨진다. 또 거기서 "동녕과 요양 등지로 도망쳤다"고 한 것은 동녕만 거론하면 정말 동녕인 것처럼 들려 요양 공격의 해명이 되지 않고, 요양만 거론하면 사실과 어긋나기 때문에 동녕부와 동경(요양)을 모두 든 것으로 생각된다. 아울러 제3자의 관점에서 보면 이것은 동녕과 요양을 서로 다른 곳으로 봤음을 보여 주는 증거다.

그러나 요·심 사람들의 침략은 끝내 피할 수 없었다.

- 「공민왕세가」 21년(홍무 5년, 1372) 정월: 에센부카·나하추·고가노·고제두·왕조승 등이 니성(창성)·강계(만포진) 등을 침략했다. 於山不花·納哈出·高家奴·古提豆·王曹丞等, 來侵泥城·江界等處.
- 2월: 쿠바투·장해마 등이 니성·강계 등을 침략하자 니성만호가 3명의 목을 베어 바쳤다. 胡拔都·張海馬等來侵泥城·江界等處. 泥城萬戶斬首三級以獻.

이 침략을 지난 공민왕 19년(1370) 요양 공격의 결과 — 직접 또는 간접 — 로 생각하는 까닭은 무엇인가? 에센부카는 에센테무르의 오기로 생각돼 지난 공민왕 16년(지정 28년, 1367) 3월 홍보보와 함께 내빙한 '지요양연해행추밀원사知遼陽沿海行樞密院事 에센테무르'와 그 이듬해(지정 28년, 홍무 원년) 7월 다시 내빙한 '요양성의 에센테무르'와 같은 인물로 판단된다(5장의 인용문 참조). 고가노는 고려군이 요성을 침략했을 때 그 한 부대의 공격을 받았다(「지용수열전」: "이때 만호 배언 등이 석성에서 고가노를 공격했다時萬戶裴彦等擊高家奴于石城." 석성은 노아산이나 평정산의 산채山寨로 생각된다). 나하추는 앞서 서술한 대로 이때 고려군을 추격했다. 고제두는 아래 자료에 보이는 고철두로 생각된다.

• 『요동지』(권5) 「진옥열전」: 홍무 8년(1375) 도지휘 섭왕이 개주성(개평)
남쪽에서 나하추를 격파했는데, 진옥의 공이 매우 컸다. 계속해서 그
무리를 추격해 저아곡에서 무찔렀다. 또 달군 고철두의 산채를 공격
해 이겨 그 우두머리를 사로잡고 여러 물건을 노획했다. 洪武八年, 都
指揮葉旺破納哈出於蓋州城南, 玉之功甚多. 仍追其衆, 至豬兒峪敗之. 又克
達軍高鐵頭山寨, 獲虜酋輜重.

• 『명실록』(권98) 홍무 8년 3월: 고려에서 판종부사 최원을 보내 부고를
전하면서 말했다. "지난 9월 국왕 왕전(공민왕)이 세상을 떠났는데, 이
미 사신을 보내 조정에 부고를 알렸지만 도적 고철두라는 자가 길에
서 기다리고 있어 오지 못했습니다." 高麗國遣判宗簿事崔原來告哀言, 去
年九月國王王顓卒, 已遣使訃聞于朝, 爲盜高鐵頭者邀于路, 因不得達.

그는 원의 남은 장수의 한 사람으로 의주에서 요양에 이르는 도로
부근에 웅거했음을 알 수 있다(고려 사신의 이 말은 거짓이지만).[46] 장해
마는 다음 자료에 나온다.

『명실록』(권76) 홍무 5년(1372) 9월: 정해후 오정이 요동에서 사람을 보
내 옛 원의 평장 고가노, 지추밀원 고대방, 동첨 고희고·장해마, 요양로
총관 고빈 등을 경사로 호송했다. 靖海侯吳禎自遼東遣人, 送故元平章高家
奴·知樞密院高大方·同僉高希古·張海馬·遼陽路總管高斌等, 至京師.

이것은 정해후 오정이 남해에서 수군을 이끌고 와 정료도위지휘사
마운 등과 힘을 합쳐 요양을 경략한 결과이므로[47] 장해마는 그 지방
에 웅거한 것이며 쿠바투도 마찬가지였다.

이처럼 니성·강계 등을 침략한 원의 남은 장수들은 모두 요·심지방에 웅거했고 특히 고가노 같은 인물은 고려군의 공격을 받았다. 그리고 침략 다음 달(3월) 고려 조정은 명의 정료위에 문서를 보냈다.

전前원 기황후의 형제는 그 세력을 믿고 온갖 해를 끼쳤습니다. 그의 오빠 기철은 반역을 꾸미다가 일이 발각돼 주살됐는데, 기씨들은 그 일에 원한을 품고 모든 방법으로 우리나라를 침탈했습니다. 기철의 아들 평장 기사인테무르는 악행을 그치지 않아 요양로와 동녕부 관과 결탁해 여러 번 변경에서 소요를 일으켰습니다. 그 때문에 다시 군사를 징발해 두 성을 격파했는데, 기사인테무르는 몸을 빼내 도망쳐 잡지 못하고 돌아왔습니다. 왜구가 국경 가까이에서 소란을 일으키면서 그 세력이 날로 커졌기 때문에 다시 토벌하지 못했습니다. 홍무 5년(1372) 정월 동녕부의 남은 무리 쿠바투 등이 파아구자(벽동 북쪽에 대·소파아의 두 구자가 있다)에 잠입해 수어관 김천기 등을 죽이고 사람들을 생포해 갔습니다. 2월 다시 산양회구자(초산 서쪽)를 갑자기 침입했는데, 수어관 장원려 등이 물리쳤습니다. 또 이번 달 첨원 조가아와 만호 고철두 등이 군사를 이끌고 음동구자(『세종실록』「지리지」벽동군 조에서 "군 북쪽 13리[5.1킬로미터]에 있다"고 한 군내구자郡內口子로 생각된다)에 잠입했는데, 다시 수어관 김광부 등이 격퇴해 강을 건널 때 거의 모두 물에 빠뜨려 죽였습니다. 생각건대 동녕과 요양은 아직 조정에 귀의하지 않았으니 교화를 거부하는 사람들입니다. 하물며 우리와 원한이 있으니 이치상 방비해야 마땅합니다. 이미 요지를 지켜 변란이 생기면 진압하도록 명령했습니다. 만약 기사인테무르를 잡으면 저희에게 보내주십시오. 移咨定遼衛曰, 前元奇后兄弟, 憑恃勢力, 爲害百端. 其兄奇轍因謀不軌, 事覺伏誅, 奇

氏挾讎, 侵陵本國, 靡所不爲. 奇轍子平章賽因帖木兒稔惡不已, 結構遼陽路及東寧府官, 屢爲邊患. 以此再調兵馬, 攻破兩處城池, 其賽因帖木兒, 挺身逃走, 不獲而還. 爲因倭賊, 近境作耗, 其勢益橫, 未能再行追捕. 至洪武五年正月, 有東寧府餘黨胡拔都等潛入波兒口子, 殺守禦官金天奇等, 虜掠人口以去. 至二月, 又突入山羊會口子, 守禦官張元呂等擊逐之. 又於本月, 有僉院曹家兒·萬戶高鐵頭等引軍潛入陰童口子, 守禦官金光富等又擊逐之, 過江陷沒幾盡. 竊詳東寧·遼陽, 未曾歸附朝廷, 卽是梗化之人. 況與我構隙, 理宜防備. 已令把守要害, 待變勦捕. 如獲奇賽因帖木兒, 起遣前來.

그러므로 위의 침략은 고려가 요양을 공격한 결과로 봐서 안 될 것이 없다고 생각된다. 만약 그렇지 않다면 이보다 앞서 여러 번 사신을 고려에 보낸 에센테무르·나하추·고가노 등이 이처럼 갑자기 태도를 갑자기 바꾼 까닭을 이해할 수 없게 된다(5장의 인용문 참조).

그렇다면 요·심지방 장수들의 침략은 요성 공격의 직접적인 결과였을까? 그렇지는 않다. 시간상 이미 1년 넘게 지났다. 뿐만 아니라 나하추는 요성 공격 다음 달(12월), 고가노는 이듬해인 20년(홍무 4년, 1371) 7월 왕우승(왕카라부카)과 함께 사신을 보냈다. 이런 사실에서 보면 쓰다 씨가 나하추와 고가노의 침략을 잘못된 보고 때문이라고 본 것은 이치가 있는 것 같다.[48] 그러나 4장에서 말한 것처럼 그해 9월 2차 올랄산(오로산) 정벌이 이뤄져 서경 도만호 안우경과 안주 상만호 이순 등이 출정해 원의 추밀원부사 카라부카 등을 생포해 돌아온 것을 주목해야 한다. 이 정벌의 이유는 역사에서 증거를 찾기 어렵다. 어쩌면 공민왕의 의지에 따라 3차 동녕부 정벌을 시도한 것인지도 모른다. 다만 1차 올랄산 공격 뒤 고려군이 다시 요양을 침략한 사실은 요·심 사람들이 듣지 못한 것이었다. 지난해 12월 고려가 보낸 문서를 보고 또 기사인테무르의 실제 소식을 알게 된 그들은 다시 고려군이 출동하지 않을 것으로 생각했는데, 이번에 다시 올랄산성이 침략받은 것을 알게 되자 자신들의 거주지도 그렇게 되지 않으리라고 상정하지 않을 수 없었을 것이다. 이것이 바로 이듬해 봄 그들이 함께 고려의 변경을 침략한 까닭으로 여겨진다. 요컨대 이 침략은 고려군이 요양을 공격한 간접적 결과로 판단된다.

고려 조정은 공문을 정료위에 보내면서 요양과 동녕을 명확히 구별했다. "요양로와 동녕부 관과 결탁했다"고 서술한 뒤 "두 성을 격파했다"고 했으며 — 두 곳은 요양과 동녕부 관, 곧 올랄산성 — 아래서 "동녕·요양"이라고 한 것이 그것이다(4장 참조). 요·심지방에 있던 원의 남은 장수들에 대해서는 앞서 서술한 것 같은 사정 아래 두 곳의 구별을 애매하게 할 필요가 있었지만, 명의 관원에게 보낸 문서에는 그럴 필요가 없기 때문으로 여겨진다. 또 이 문서에서 요·심지방을 침략한 장수들, 곧 일찍이 기사인테무르와 관계없는 사람들로 특히 문서를 보내 그 장수들을 "동녕부의 남은 무리"라고 한 것은 매우 이상하지만 명의 요양 관원에게 문서를 보내면서 "동녕과 요양은 아직 조정에 귀의하지 않았다"고 한 것은 더욱 이상하다.

그러나 이것 또한 까닭이 없는 것은 아니라고 생각된다. 이 문서는 먼저 기사인테무르의 죄악을 들어 두 차례 출정의 이유로 삼은 다음 요·심지방에 있던 원의 남은 장수들을 모두 그의 막하인 것처럼 말해 앞으로 그가 잡혔을 때 그를 압송해달라고 요청함으로써 전체적 취지에서 이미 진실성을 결여했다. 그런데 그 문서를 명 관원에게 보냈으므로 그것을 위한 조처였다는 것은 분명하다. 그것에 따라 생각하면 고려군이 요양을 침략한 뒤 명은 정료위를 그곳에 설치했으므로(지난 해 7월) 고려 조정은 이전의 출병에 대해 명의 질책을 받을 것을 우려해 요·심지방의 장수들이 침략한 기회를 이용해 일부러 공허한 말을 진술해 출병이 당연하다는 이유로 삼아 훗날의 질책을 면하려고 했던 것으로 여겨진다. 사리에 맞지 않는 말이지만 그것을 이상하게 여길 필요는 없다.

8. 맺음말 — 이 연구의 주제인 동녕부와 전前동녕부의 관계

원 제국이 말망할 무렵 기씨를 매우 증오한 공민왕이 기획한 동녕부 정벌은 기사인테무르가 동녕부에 거처하지 않았다는 점에서 의미 없이 끝날 것이 분명했지만, 진정한 문제는 출정한 장수들이 올란산과 요성을 공격하고 그 목적지로 진군하지 않음으로써 결국 의미 없는 일이 된 것이었다. 동가강 유역 일대에는 올란산성 부근을 제외하면 유력한 원의 남은 장수들이 웅거하지 않았기 때문에 산성을 함락시켜 많은 포로를 얻은 것은 다른 곳에 영향을 미치지 않았다. 그러나 광대한 요·심지방에는 큰 세력을 지닌 집단이 많았기 때문에 우연히 거의 주인 없는 상태에 있던 요양을 공격한 고려군의 행동은 주변의 장수들을 동요시켰다. 고려군은 방문을 보내 설득하고 조정에서는 적절한 후속 조처를 했지만 모두 효과는 일시적이었을 뿐이며, 끝내 그들이 침략하기에 이르렀다. 그러나 이 침략 앞뒤로 명은 요·심지방을 경략했고 그들은 반격하지 못했다 — 고가노·장해마 등은 명에 항복했고 나하추는 명의 세력에 맞서기 위해 고려에 사신을 보냈다. 고려로

서는 압록강 밖으로 군사를 보낼 기회와 자유가 모두 없었다. 나는 이 몇 마디를 이른바 동녕부 정벌의 결론으로 삼는다.

끝으로 동녕부에 대해 한 가지 말한다. 나는 동녕부에 대해 먼저 『고려사』의 관계 기록을 적절히 이용하고 그것을 명대에 작성된 한두 기사에 맞춰보면서 그 위치를 연구한 뒤 스스로 밝혀낸 역사적 사실에 비춰 다시 『고려사』의 관계 기사를 비판했다. 그러나 그 과정에서 앞뒤가 맞지 않는 것은 보지 못한 것 같으므로 동녕부가 요양에 있지 않았다는 것은 단정할 수 없다고 믿는다. 나는 수긍할 수 있는 반증을 얻지 못하는 한 그 부의 위치를 휘발하 유역, 특히 산성자 부근으로 보려고 한다.

이 동녕부는 정벌을 기획하기 6년 전(공민왕 13년, 지정 24년, 1364) 동녕로만호 박백야대라는 인물이 연주를 침략했다고 『고려사』에 보이는 것 외에(4장 참조) 역사에서 그 연혁을 증명할 수 없다. 다만 70여 년을 거슬러 올라가면 같은 이름의 치소가 고려의 서경(평양)에 있었다. 야나이 씨와 쓰다 씨의 정밀한 연구를 거쳐 설치된 연혁은 매우 분명해졌다.[49] 원 세조 지원 6년(고려 원종 10년, 1269) 겨울 고려의 서북면 관원 최탄 등이 60성을 갖고 항복하자 세조는 군사를 보내주둔시킨 뒤 이듬해 봄 서경을 동녕부로 고치고 자비령(절령이라고도 하며, 황주와 서흥을 나누는 험준한 요지)을 두 나라의 경계로 삼았다. 세조는 지원 12년(고려 충렬왕 원년, 1275) 동녕로 총관부로 승격시켰지만 마침내 지원 27년(충렬왕 16년, 1290) 고려 국왕의 요청을 받아들여 그것을 혁파하고 서북면의 성들을 돌려줬다. 곧 그 21년 동안 자비령 이북의 고려 영토는 원의 동녕부 치하에 있었다. 혁파 사실은 다음 기록에 분명히 기록돼 있다.

- 『고려사』 「충렬왕세가」 16년 3월: 황제가 조서를 내려 동녕부를 폐지하고 서북면의 성들을 우리에게 돌려줬다. 帝詔罷東寧府, 復歸我西北諸城.

- 『원사』(권16) 「세조본기」 27년 정월: 고려 국왕 왕춘(충렬왕)이 말했다. "(…) 대동에 거주하는 고려의 백성을 모두 호적에 올렸으니 신은 그들을 고려로 돌려보내 백성으로 삼게 해주시길 바랍니다." 그 말에 따랐다. 高麗國王王晴言, (…) 高麗民居大同者, 皆籍之, 臣願復以還高麗爲民, 從之.

『원사』 「지리지」에서는 설치와 함께 그 뒤의 연혁을 기록했지만 혁파는 언급하지 않았다. 이처럼 원말 동녕부와 원 세조 때의 동녕부는 이름만 같다고 했을 뿐 그 관계를 엿볼 수 있는 증거는 역사에서 찾을 수 없지만 나는 그것이 혁파될 때 휘발하 유역으로 옮겨졌다고 추측한다. 혁파를 명기하지 않은 『원사』는 처음부터 그런 사실을 누락했다고 판단된다.

지난해 6월 나는 이 원고를 쓰면서 세키노 박사를 공과대학으로 방문해 필요한 부분의 압록강 북안 지형에 대해 물었는데, 그날 박사는 바쁜데도 정확한 지도를 보여주며 열심히 설명해줘 내 연구에 적지 않은 도움을 줬다. 지금 그때의 원고를 수정해 앞으로 발표하려고 하면서 덧붙여 감사의 뜻을 표시한다(1917년 10월 23일).

1916년 6월 탈고

1917년 10월 수정(『동양학보』 8권 2호)

21편
고려 우왕대의 철령 문제

1. 철령에 관련된 명의 통고

명이 원을 무너뜨리자 공민왕은 기뻐하면서 성실히 사대했고 명 태조도 너그러운 태도로 그를 대우했다. 그런데 공민왕 마지막 해(23년, 명 홍무 7년, 1374) 고려의 김의金義는 명 사신이 돌아가는 것을 호위하다가 개주참開州站(지금의 봉황성)에 이르렀을 때 사신 가운데 한 명인 채빈蔡斌을 죽이고 북원으로 도망쳤다. 이런 사건이 일어나자 명 태조는 갑자기 이전의 태도를 버리고 우왕이 즉위한 뒤 10여 년 동안 다양한 방법으로 고려를 억압했다. 명 태조는 우왕이 즉위한 뒤 시호와 승습을 요청하러 여러 번 파견된 고려의 사신을 모두 억류하고 귀국을 허락하지 않았으며, 나아가 세공歲貢을 요구함으로써 어려움을 가중시켰다. 고려는 이런 문제들이 부당하다고 호소했지만 효과가 없었고, 여러 번 조공 사신을 보냈지만 모두 요동도사에게 막혀 국경 안으로 들어가지 못했다. 어쩔 수 없이 바닷길로 가서 절일節日을 축하하면 다시 난제는 요구되지 않았다.

이렇게 되자 고려 조정은 다시 어떻게 할 수 없어 오직 상국의 명령을 따르기로 결정하고 지난 5년 동안 밀린 막대한 세공을 모두 납부한 뒤에야 비로소 처음의 바람을 이룰 수 있었다. 곧 명은 전왕에게 시호를 내라고 우왕을 고려 국왕에 책봉했으며 세공 감액의 요청도 수락한 것이다(우왕 12년, 홍무 19년, 1386). 그 뒤 명은 다시 비단段子과 면포로 값을 치를 테니 말 5000필을 가져오라고 명령했다. 고려 조정은 어려움을 호소했지만 허락하지 않자 힘을 다해 마련해 바쳤다. 그리고 그 무렵 금산金山(동요하東遼河 북안)의 나하추가 명에 항복함으로써 요동이 완전히 평정됐기 때문에 고려는 특별히 사신(장방평張方平)을 보내 하례했지만 요동도사는 갑자기 사신을 거절한다는 칙명을 보여주며 사신이 경사京師로 가는 것을 막았다.

이보다 앞서 명 태조는 사은사 장자온張子溫 ─ 관복冠服 개정을 허락해준 것을 감사하러 갔다 ─ 이 바친 말이 발굽이 엉망이고 다리가 썩었다면서 그가 평양에서 팔아 다른 말로 바꿔온 것이 분명하다고 질책하는 칙유를 장자온과 앞뒤로 명에 들어간 하절일사 설장수에게 내렸고, 설장수는 그것을 갖고 본국으로 돌아왔다. 그때가 우왕 14년(홍무 21년, 1388) 2월이었다.

그런데 설장수가 명에서 돌아와 아뢴 것은 장자온이 간사하기 때문에 사신의 입조를 허락하지 않는다는 소식만이 아니었다. 그는 두 나라의 영토와 백성에 관할에 대한 태조의 칙명을 전달했다. 명 태조가 "철령 이북은 본래 원에 소속됐으니 모두 요동에 귀속시키라鐵嶺迤北, 元屬元朝, 並令歸之遼東"고 명령했다는 것이었다. 이보다 앞서 태조는 호부에 다음과 같이 지시했는데, 그것을 고려 국왕에게 알리게 한 것이다.

철령의 북쪽·동쪽·서쪽 땅은 예전 개원에 소속됐으니 거기서 계속 살아온 군사·백성·여진·달단·고려인 등은 요동에서 통할하고, 철령의 남쪽은 예전 고려에 소속됐으니 백성을 모두 본국(고려)에서 관할하도록 허락한다. 강역과 경계가 바르게 됐으니 각자 그 영역을 지키고 다시는 침범하거나 넘어오지 말라. 以鐵嶺北·東·西之地, 舊屬開元, 其土著軍民女眞·韃靼·高麗人等, 遼東統之, 鐵嶺之南, 舊屬高麗, 人民悉聽本國管屬. 疆境旣正, 各安其守, 不得復有所侵越.

이것은 지난해(홍무 20년, 1387) 12월의 일이었는데, 얼마 뒤 설장수는 석방돼 본국에 칙명을 전달한 것이다. 두 나라의 국경에 관련된 이른바 철령 문제는 여기서 일어났다. 그러므로 이 문제를 고찰하려면 자연히 그전의 강역이 어땠는가를 전제로 해야 한다.

2. 고려 말 동·서북면의 경략

원의 세력이 쇠퇴하던 무렵 공민왕이 자국의 영토를 확대한 것은 1917년 1월에 발간된 『동양학보』에 실은 졸고에서 서술했는데, 동북면에서는 재위 5년(원 지정 16년, 1356) 쌍성총관부(함경남도 영흥)를 함락시켜 삼살(함경남도 북청) 이남을 영유했으며 이듬해 이판령(마천령)을 국경으로 삼고자 하는 바람을 요양의 원 행성에 보낸 것은 그런 점유의 사실에 기반한 일종의 통고로 보인다.[1] 그 뒤의 형세는 어땠는가? 공민왕 7년(지정 18년, 1358) 이판령 밖의 해양(함경북도 길주 지역)에서 토착 지도자 울제이부카가 군사 1800명을 이끌고 투항한 것은 고려의 위력이 그곳에 미쳤음을 입증한다.

전 쌍성총관 조휘와 천호 탁도경은 해양에 웅거하면서 공민왕의 설득에 따르지 않다가 같은 왕 11년(지정 22년, 1362) 나하추를 꾀어 삼살·홀면忽面(함경남도 홍원) 등지를 침략했지만 이성계에게 격파돼 도주했다가 끝내 이판령 밖의 추장에게 살해됐다. 공민왕 13년(지정 24년)에는 여진의 삼선三善·삼개三介가 삼살·홀면을 침략해 함주(함경남도 함흥)·화주(같은 도 영흥)를 함락시켰지만 역시 이성계 등의 군대에 격파돼 북쪽으로 패주했으며, 그 뒤 우왕 때까지 해양 방면에서 매우 많은 여진 추장이 귀의했다. 우왕 8년(홍무 15년, 1382) 2월 이성계는 계획을 아뢰었다.

북계는 여진·달달·요심의 경계와 서로 이어져 있어 참으로 국가의 요지니 아무 일 없을 때라도 반드시 군량을 비축하고 군사를 길러 예기치 못한 사태에 대비해야 합니다. 지금 그곳 주민들은 늘 저들과 교역해 나날이 친해져 혼인까지 하고 있습니다. 그리고 그 족속은 저곳에 살면서 우리 백성을 유인해 데려가고 길잡이가 돼 끊임없이 침략하고 있습니다. 입술이 없어지면 이가 시리다는 말처럼 이것은 동북면만의 근심이 아닙니다. 또 군대의 승패는 지형이 유리한지 불리한지에 달려 있습니다. 저들의 군대가 주둔하고 있는 곳은 우리 서북면과 가까운데, 내버려 두고 대비하지 않자 이익을 노리고 멀리 있는 우리 오읍초·갑주·해양의 백성을 꾀어 불러들이고 있습니다. 지금 또 단주와 독로올(지금의 단천) 지역을 습격해 사람과 재물을 약탈했습니다. 이것으로 보면 저들은 우리 요충지의 지리적 형세를 잘 알고 있는 것입니다. 신은 이 지역을 지키는 임무를 맡았기 때문에 가만히 앉아 볼 수 없어 삼가 변경 대책을

계획해 아룁니다. 北界與女眞·達達·遼瀋之境相連, 實爲國家要害之地, 雖

於無事之時, 必當儲糧養兵, 以備不虞. 今其居民, 每與彼俗互市, 日相親狎, 至

結婚姻. 而其族屬在彼, 誘引而去, 又爲鄕導, 入寇不已. 唇亡齒寒, 非止東北一

面之虞也. 且兵之勝否, 在於地利之得失. 彼兵所據, 近我西北, 舍而不圖, 乃以

重利, 遠啗我吾邑草·甲州·海陽之民, 以誘致之. 今又突入端州·禿魯兀之地,

驅掠人物. 以此觀之, 我之要害, 地利形勢, 彼固知之矣. 臣受任方面, 不可坐視,

謹籌邊策以聞.

당시 해양에는 고려 사람이 많이 이주해 이민족과 섞여 살고 있었

으며 명의 위력은 본래 이 지역에 미치지 않았음을 알 수 있다.[2]

한편 서북면에서는 압록강 가에 있는 지금의 창성을 니성으로 부르

고 공민왕 5년(1356) 이전 이미 고려의 영토로 편입시켰지만 "니성 등

산간지역의 여진인 등이 국경을 넘어와 거주하면서 백성을 침해하고

소와 말을 약탈"하는 상태였으므로 원의 쇠퇴를 틈타 쌍성총관부를

함락시킨 공민왕은 역시 원에 통고하는 의미에서 니성에 대한 여진의

침략을 근절할 것을 요구했으며 영토의 확장을 이뤘다.

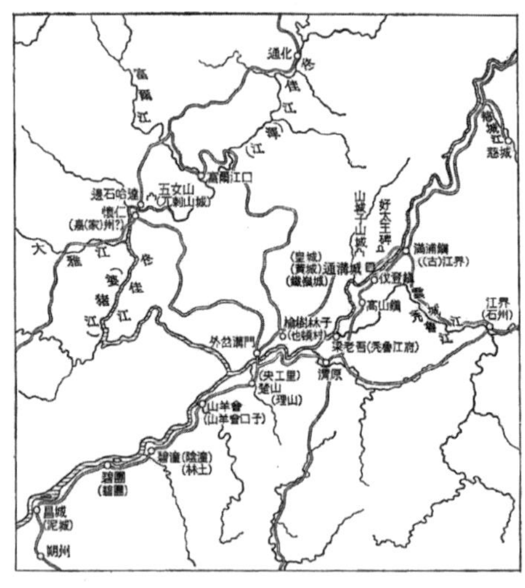

『고려사』「지리지」 니성부 주석: 임토와 벽단(지금도 이름이 같다)은 본래 모두 여진이 살던 곳이다. 공민왕 6년(1357) 니성만호 김진 등을 보내 공격해 쫓아내고 임토를 음동(지금의 벽동)으로 고치고 벽단을 예속시켰으며 남부 지방의 가호를 뽑아 그곳을 채웠다.

이처럼 벽동 지방은 고려의 영토가 됐다.[3] 그 뒤 공민왕 10년(지정 21년, 1361) 9월 독로강 만호 박의가 반란을 일으키고 강계로 도망친 일이 일어났다. 독로강과 강계라는 지명이 역사에 보이는 것은 이것이 처음이다. 그리고 공민왕 12년(지정 23년) 5월 덕흥군을 고려에 들여보내려는 원의 시도에 대한 방어책을 논의해 용주龍州(지금의 용천龍川 서쪽 20리[7.9킬로미터])·인주(지금의 신의주 부근)·정주(지금의 신의주 동쪽 정주동正州洞 부근)·의주·니성 등에 수비하는 장수를 배치했을 때도 우제禹磾와 박춘朴椿 두 장수에게 강계와 독로강에 나눠 주둔하게 한 것은[4] 그곳이 변경의 요충지였음을 보여준다.

『고려사』「지리지」: 강계부는 공민왕 10년(1361) 독로강 만호라고 불렀다. 18년(1369) 지금의 이름으로 고쳐 만호부로 삼았다. 江界府, 恭愍王十年, 稱禿魯江萬戶. 十八年, 改今名, 爲萬戶府.

그러나 쓰다 씨도 말한 것처럼 독로강과 강계는 본래 다른 곳이다.[5] 또 독로강이라는 만호부의 이름은 그 뒤 역사에 보이지 않지만 요동 방면의 세력에 대한 관방關防으로서 강계의 위치는 니성과 함께 더욱 중요해진 것 같다. 아래 기사들에서 그것을 알 수 있다.

- 「공민왕세가」 18년(1369) 8월: 서경(평양)·의주·정주·니성·강계 등에 만호·천호를 뒀다. 置萬戶·千戶于西京·義州·靜州·泥城·江界等處.

- 「병지」 병제: 공민왕 18년 11월 (…) 의주만호부의 좌정군·우정군·충신군·의용군 4군軍, 니성만호부의 진평군·진강군·진정군·진원군 4군, 강계도호부의 진변군·진성군·진안군·진녕군 4군에 모두 상만호와 부만호를 두게 했다. 十八年十一月令 (…) 義州萬戶府, 左精·右精·忠信·義勇四軍, 泥城萬戶府, 鎭平·鎭江·鎭靜·鎭遠四軍, 江界萬戶府, 鎭邊·鎭成·鎭安·鎭寧四軍, 皆置上副萬戶.

- 「공민왕세가」 19년(홍무 3년, 1370) 12월: 방문을 붙여 요·심 사람들을 설득하라고 강계만호부에 명령했다. 令江界萬戶府, 牓諭遼瀋人.

- 「공민왕세가」 21년(홍무 5년) 정월: 에센부카·나하추·고가노·고제두·왕조승 등이 니성·강계 등지를 침략했다. 於山不花·納哈出·高家奴·古提豆·王曹丞等來侵泥城·江界等處.

- 같은 해 2월: 쿠바투·장해마 등이 니성·강계 등을 침략하자 니성만호가 3명의 목을 베어 바쳤다. 胡拔都·張海馬等來侵泥城·江界等處. 泥城萬戶斬首三級以獻.

- 우왕 6년(홍무 13년, 1380) 2월: 홍인계를 강계원수로, 최원지를 니성안무사로 임명했다. 以洪仁桂爲江界元帥, 崔元沚爲泥城安撫使.

요컨대 독로강과 강계는 박의가 반란을 일으킨 공민왕 10년(1361) 이전 임토(지금의 벽당)에 이어 고려의 영토에 편입됐는데, 변방의 요지로서 위치는 후자가 점차 더욱 중요해진 것과 반대로 전자는 오래지 않아 그것을 잃은 것 같다.

위원 북쪽 오로량吾老梁에서 압록강과 합류하는 운성강雲城江은 옛 이름이 독로강이고 지금의 강계는 그 중류의 우안에 있다.[6] 아울러 고려 말의 강계는 지금의 강계가 아니라 압록강 가에 있던 것으로 생각되고, 독로강 만호부의 소재지도 마찬가지로 그것을 독로강 입구 부근으로 본 것은 이미 쓰다 씨가 논의한 것으로[7] 나는 그의 견해에 따른다. 앞서 든 두세 가지 사실은 이런 지점들이 압록강 가의 의주·니성과 함께 요동지방의 세력에 대비하는 변방의 요지라는 점에서 그렇게 추정할 수 있는 자료라고 생각된다. 그렇다면 독로강 입구인 오로량은 독로강 만호부의 소재지에 비정할 수 있으며, 조선시대에도 그곳에 진보鎭堡가 있었다는 것은 「대동여지도」를 보면 알 수 있다.

강계의 정확한 위치와 관련해 쓰다 씨는 정밀하게 연구해 지금의 초산 부근이라고 결론지었다.[8] 그러나 나는 조금 견해가 다르다. 초산은 조선 초 이산군으로 불렸는데, 치소는 앙토리였고 앙토령央土嶺과 앙토역이 있었으며 서북쪽의 올랄산(회인 맞은편 가 석합달石哈達 동쪽인 지금의 오녀산)으로 오가는 압록강의 나루를 앙토구자라고 한다.[9] 그런데 「공민왕세가」 12년(1363) 9월 "앙토만호 전경이 투항해왔다央土萬戶全景來投"고 해서 앙토에 만호부가 있었다는 것이 분명하므로 강계는 초산에 비정할 수 없다. 초산은 강계가 아니고 운성강 입구는 독로강 만호부의 소재지에 비정되므로 압록강 가의 요지인 강계는 오로량 서남쪽이 아니라는 것은 어렵지 않게 살필 수 있는데, 박의의 반란에 관련된 세가의 기록은 이 추측을 뒷받침한다.

• **공민왕 10년(1361) 9월**: 독로강 만호 박의가 반란을 일으켜 천호 임자부와 김천룡을 죽이니 형부상서 김진에게 토벌케 했다. 禿魯江萬戶朴儀叛, 殺千戶任自富·金天龍, 命刑部尙書金璡, 往討之.

• **같은 해 10월**: 김진이 지원군을 요청했다. 이때 우리 태조(이성계)는 금
오위 상장군으로 동북면 상만호였다. 국왕이 김진을 구원하라고 명령
하자 태조는 군사 1500명을 이끌고 갔다. 박의는 이미 그 무리를 이끌
고 강계로 도망쳤는데, 그들을 모두 잡아 처형했다. 禿魯江萬戸朴儀叛,
殺千戸任自富·金天龍, 命刑部尙書金瑈, 往討之. 十月, 金瑈請濟師. 時我太
祖以金吾衛上將軍爲東北面上萬戸. 王命往援瑈, 太祖以親兵一千五百人赴
之. 儀已率其黨, 逃入江界, 盡捕誅之.

김진은 지난해(1360) 2월 홍건적(1차 침입)이 압록강 바깥으로 도주
한 뒤 수비와 관련해 "니성만호 김진에게 여름철 압록강을 지키게 했
다命泥城萬戸金瑈, 守鴨綠夏防"고 기록돼 있으며, 지난 공민왕 6년(1357) 임
토를 경략한 '니성만호 김진'과 같은 인물로 생각된다. 박의가 반란을
일으켰을 때 그는 형부상서로 도성에 있었지만 니성을 지키는 장수로
많은 경력이 있었기 때문에 다시 출정의 명령을 받들었다. 정벌에 나
선 그가 원군을 요청하자 이성계는 지원의 명령을 받고 동북면에서
갔는데, 이미 그 무리를 이끌고 강계로 도망친 박의는 이성계에게 붙
잡혀 처형됐다. 특히 주목되는 것은 '이미'라는 표현인데, 박의가 강계
로 도망친 것은 김진에게 쫓겨났기 때문임을 이 표현에서 알 수 있다.
나는 문맥상 이렇게 이해하는 것이 지당하다고 믿지만, 만약 이성계
가 온다는 것을 듣고 박의가 두려워해 일찍 도주했다고 보면 어떨까?
김진은 니성에서 동북쪽인 독로강부府로 나아갔고 이성계는 공민왕
19년(1370) 우라산 공격 — 이른바 동녕부 정벌 — 때처럼 황초령(함경
남도 함흥 서북쪽 110리[43.2킬로미터]에 있다)과 설한령(황초령 북쪽인 지
금 장진長津의 옛 진舊鎭에서 서쪽으로 꺾어져 독로강 지류의 상류로 나오는

고갯길)을 넘어왔다고 생각되므로 박의는 김진에게 토벌된 것이지 이성계에게 체포돼 처형됐다고 볼 수는 없다. 그가 김진에게 축출돼 도망친 강계는 독로강 동북쪽에 있는 것이 거의 분명하다.

그렇다면 고려 말의 강계는 압록강 좌안에 있는 지금의 강계군 영역 안에서 찾아야 한다. 오로량에서 압록강을 따라 동북쪽으로 나아가면 고산진과 만포진이 있다.『세종실록』「지리지」강계도호부 조에서 "요해지가 두 곳인데 만포와 고산리要害二處, 滿浦·高山里"라고 해서 모두 강가의 요충지다. 특히 만포는 압록강 서쪽에서 통구 평야와 맞닿았는데, 평야 서쪽 끝에서 압록강과 합류하는 마선구麻線溝 계곡을 거슬러 올라가면 동가강 유역인 통화·회인 지방에 이른다.[10] 고산과 만포의 중간에 벌등진伐登鎭이 있는데, 통구 평야의 통구성(지금 중국 집안현 치소로 옛 국내성 터)과 마주보고 있지만 압록강을 건너는 곳일 뿐 강가의 요지로서 가치는 만포와 견줄 수 없다. 조선 세종 때 축조된 만포진의 석성은 둘레가 3172척(961미터)이지만 벌등진의 그것은 둘레가 655척(199미터)인 데서도 그러함을 알 수 있다.[11]

이런 이유에서 나는 임토에 이어 경략된 뒤 니성과 함께 서북면 변경의 요지였던 고려 말의 강계를 지금의 만포진에 비정한다. 독로강 만호의 소재지인 오로량은 압록강 안쪽에 있던 여진을 경략할 때는 당연히 잠깐 근거지로 삼을 수 있는 곳이지만 그 맞은편에 평지가 없기 때문에 만포처럼 압록강 밖의 세력에 대해 중요한 지점은 아니다. 앞서 서술한 대로 독로강과 강계가 고려의 영토가 된 뒤 변방의 요지로서 후자의 위치는 점차 중요해진 것과 반대로 전자는 오래지 않아 그런 위상을 잃은 것은 이 때문으로 여겨진다. 독로강이 고려 말 경략 지역의 끝에 있었다는 것은 이렇게 해서 알 수 있다. 이것 또한 독로강

부 저편에 강계가 있었다는 증거가 아닐 수 없다.

『고려사』「지리지」에서 "강계부는 공민왕 10년(1361) 독로강 만호라고 불렀다. 18년(1369) 지금의 이름으로 고쳐 만호부로 삼았다"고 잘못 서술한 것도 강계가 독로강보다 중요하다는 사실을 부분적으로 전달한 것이 아닐까? 공민왕 18년 서경·안주·의주·니성·강계 등 만호부의 제군諸軍에 상부만호上副萬戶를 설치한 것은 『고려사』「병지」에 보이지만(이 기사의 일부는 앞서 인용했다) 『세종실록』「지리지」에서는 "상부천호를 (…) 설치했다置 (…) 上副千戶"고 했다.[12] 이것을 따라야 한다고 생각된다. 강계를 만호부로 만든 것은 공민왕 18년 이전으로 여겨진다.

고려 말의 강계를 지금의 만포진으로 보면 그 지명은 어떻게 해서 지금의 위치로 옮겨진 것일까?

『세종실록』「지리지」 강계도호부: 우리 조정 태종 원년(신사년, 1401) 입석·고합괴·등이언을 합쳐 한 주로 만들고 석주라고 불렀다가 3년(계미년) 강계부로 고쳤다. 本朝太宗元年辛巳, 以立石·古哈怪·等伊彦, 合爲一州, 稱石州, 三年癸未, 改爲江界府.

입석은 독로강 주석에서 다음과 같이 말했으니, 지금의 군 치소 부근이다.

부(강계도호부) 남쪽에 있다. 발원지가 둘인데, 하나는 희천 경계의 적여령 아래서 나오고 다른 하나는 함길도 경계의 화을헌참령 아래서 나온다. 부 남쪽 입석에 이르러 합쳐져 독로강이 돼 부 성 아래를 돌아 서쪽으로 흘러 이산 경계를 지나 압록강으로 들어간다. 在府南. 其源流有二,

一出自熙川境狄餘嶺下, 一出咸吉道境呋乙軒站嶺下. 至府南立石合流, 爲禿魯江, 繞府城底西流, 歷理山境, 入于鴨綠江.

고려 말 압록강을 따라 개척하면서 조선 초에 이르러 점차 내륙으로 들어갔고 태종 원년 입석 지역에 석주를 설치했다가 3년 강계의 이름을 그곳으로 옮기고 부로 만든 것으로 여겨진다.

- 「공민왕세가」 21년(홍무 5년, 1372) 정월: 에센부카·나하추·고가노·고제두·왕조승 등이 니성·강계 등을 침략했다.
- 2월: 쿠바투·장해마 등이 니성·강계 등을 침략했다.

이 사실은 3월 고려에서 명의 정료위에 보낸 문서에 다음과 같이 보인다.

홍무 5년(1372) 정월 동녕부의 남은 무리 쿠바투 등이 파아구자에 잠입해 수어관 김천기 등을 죽이고 사람들을 생포해 갔습니다. 2월 다시 산양회구자를 갑자기 침입했는데 수어관 장원려 등이 물리쳤습니다. 또 이번 달(3월) 첨원 조가아와 만호 고철두 등이 군사를 이끌고 음동구자에 잠입했는데, 다시 수어관 김광부 등이 격퇴해 강을 건널 때 거의 모두 물에 빠뜨려 죽였습니다.

파아구자는 벽동 북쪽에 대·소파아의 두 구자가 있고 산양회구자는 초산 서쪽에 있으며,[13] 음동구자는 『세종실록』「지리지」 벽동군 조에서 "군 북쪽 13리(5.1킬로미터)에 있다"고 한 군내구자郡內口子로 생각된다. 곧 이런 구자들은 벽동과 초산 사이에서 압록강을 건너는 곳이기 때문에 「공민왕세가」의 기사는 적이 침략한 정보를 고려 조정에 알리면서 당시의 두 요진에 연결시켜 "니성과 강계 등지"라고 말한 것으로 여겨진다.

3. 강계와 황성의 관계

다음으로 고찰할 사항은 고려 말 강계와 황성의 관계다.

『고려사』 우왕 3년(홍무 10년, 1377) 3월: 요동에서 문서를 보내 동지 이우루스테무르 등 33명을 보내라고 독촉하고 또 황성 등지로 이주해온 백성을 돌려보내게 했다. 遼東移咨, 督令發還同知李兀魯思帖木兒等三十三人, 又令刷還黃城等處移來人民.

이것은 황성이라는 지명이 『고려사』에 보이는 유일한 기사다. 그리고 요동도사가 고려에 보낸 이 문서가 어떤 일을 의미하는지 밝히려면 먼저 황성의 위치를 연구해야 한다. 황성은 『요동지』(권5) 「주악열전」에 다음과 같이 나온다.

제군을 모두 이끌고 압록강과 동녕·황성 등지를 정벌했는데, 노획한 사람과 말·소를 셀 수 없었다. [홍무] 21년(1388) 군사를 이끌고 철령에 위참을 창설했다. 황성에 이르러 강계만호 김완기 등 2700여 명을 오게 했다. 又總率諸軍, 征哨鴨綠江與東寧·黃城等地方, 所獲人口·馬牛無算. (…)

二十一年領軍, 鐵嶺創立衛站. 至黃城, 招致江界萬戶金完奇等二千七百餘口.

뒷 부분의 사실은 아래 「신우열전」을 볼 때 황성과 강계가 인접했음이 분명하다.

『고려사』 우왕 14년(1388) 3월: 서북면 도안무사 최원지가 보고했다. "요동도사가 지휘 두 사람을 보내 군사 1000여 명을 이끌고 강계에 와서 철령위를 설치하려고 합니다." 西北面都安撫使崔元沚報. 遼東都司遣指揮二人, 以兵千餘來至江界, 將立鐵嶺衛.

황성黃城은 여기 인용한 두 책 외에 다른 데서는 보이지 않지만 황성皇城이라는 지명은 고려 말 조선 초의 여러 기록에서 보인다. 「공민왕세가」 19년(1370) 우라산성(지금의 회인 동북쪽 오녀산) 공격 사실을 서술하고 그 산성 동쪽을 황성이라고 했으며, 아래 기록에서 만포 맞은편이었음을 알 수 있다.

- 『동국여지승람』 강계: 황성평皇城坪은 만포에서 30리(11.8킬로미터) 떨어졌으며 금이 도읍한 곳이다.
- 『세종실록』 6년(1424) 7월: 평안도 감사가 보고했다. "건주위(당시의 건주위는 방주方州[봉주奉州·鳳州] 등으로도 불렸고 휘발하 상류 산성자 부근이었다) 지휘 옥고지와 천호 동관음로 등 남녀 모두 26명이 소와 말을 끌고 (지금의) 강계 만포구자의 강 바깥 황성평에 와서 주둔한 뒤 '원래 회파강(휘발하)의 방주 등지에서 살았다'고 했습니다."

앞서도 말한 대로 만포진과 그 하류인 벌등진의 압록강 밖은 이른 바 통구 평야로 벌등진과 마주한 통구성은 중국 집안현 치소다. 세키노 박사 등은 지난 1913년 이 지방의 유적을 조사한 뒤 그 대체적인 보고를 이듬해 11월과 12월 『고고학잡지』에 실었는데,[14] 그 논문을 보면 통구 평야는 동서로 20리(7.9킬로미터), 남북으로 30정(3.2킬로미터)쯤이고 그 서쪽에 치우쳐 통구성이 있다. 동서 7정 반(818미터), 남북 5정 반(600미터)쯤의 지역에 높은 석벽으로 둘러진 옛 성이다. 평야 북쪽 끝에는 계곡과 맞닿은 조금 높은 곳에 광개토왕비가 우뚝 서 있고 동북쪽으로 10정(1090미터)쯤 가면 장군총이 있다. 돌로 7층의 사각형 단을 쌓았고 뒤쪽에는 부속된 능묘로 보이는 작은 석총도 있으며, 태왕릉·임강총 등 광개토왕비 근처에 있는 거대한 분묘 가운데 가장 잘 보존돼 있다.[15] 통구성을 고구려의 국내성에 비정하는 것은 여러 선학이 인정한 것으로 거의 정설이 됐고, 장군총이 고구려 때의 유적이라는 것은 세키노 박사의 조사에 따라 밝혀졌다.

- **『동국여지승람』 강계도호부 산천**: 황제묘는 황성평에 있는데, 세상에서는 금 황제의 묘라고 한다. 돌을 갈아 만들었는데, 높이가 10장이고 안에는 침상이 셋이 있다. 황후묘와 황자 등의 묘도 있다.
- **『용비어천가』(39장) 황성 주석**: 평안도 강계부에서 서쪽으로 압록강을 넘어 140리(55킬로미터)에 큰 들판에 옛 성이 있는데 민간에서는 금 황제의 성이라고 한다. 성 북쪽 7리(2.7킬로미터)에 비석이 있고 그 북쪽에 석릉도 둘 있다.

이 기록들은 이런 유적을 금국에 부회한 속설을 실은 것으로 고려 말 조선 초의 이른바 황성皇城은 황성평皇城坪(平), 곧 통구 평야에 있는 국내성 터를 가리키는 것이 된다.[16] 그런데 앞서 서술한 대로 고려 말의 강계는 조선 초 이후의 만포진에 비정할 수 있으며 황성黃城이 강계에 근접했다는 것도 증거가 있으므로 黃城은 곧 皇城이며 모두 지금의 통구성을 가리키는 것이 돼야 한다. 황성皇城은 '황제의 수도'라는 뜻이기 때문에 중국인은 그런 글자를 피해 음이 같은 '黃'자를 사용한 것으로 생각된다.

그렇다면 앞서 인용한 우왕 5년(홍무 12년, 1379) 3월 요동도사에서 보낸 문서에서 "황성 등지로 이주해온 백성을 돌려보내게 했다令刷還黃城等處移來人民"고 한 것은 어떤 일을 뜻하는 것일까? 원문에 사용된 '쇄환'이라는 표현은 다른 곳으로 이주한 인구를 다시 돌아오게 한다는 뜻으로 황성黃城(皇城)은 고려의 영토가 아니었으므로 요동도사가 쇄환한 백성은 고려의 백성이 돼야 한다. 따라서 이 문서는 우왕 5년 이전 고려인이 압록강을 건너 통구 평야로 이주한 일이 있음을 증명하는 것이다. 통구 평야는 압록강 우안에서 특히 뚜렷한 평지를 끼고 있기 때문에 독로강과 강계가 고려의 영토가 되면서 그곳의 고려인이 황성黃城(皇城) 부근으로 흘러들어온 것도 결코 이상하지 않다.

문서 앞부분은 황성과는 무관하지만 일의 첫머리에서 설명한 것으로 생각된다. 공민왕 19년(1370) 이성계 등이 우라산성을 정벌할 때 동녕부 동지 이오로테무르 등이 항복한 것은 「공민왕세가」 같은 해 기사에 보인다.

• **정월**: 당시 동녕부 동지 이오로테무르는 태조가 온다는 소식을 듣고 우라산성으로 이동해 험한 지형에 의지해 막으려고 했다. 태조가 야

돈촌에 이르렀을 때 이오로테무르가 와서 도전했지만 곧 무기를 버리고 두 번 절하며 말했다. "제 선조는 본래 고려 사람이니 신복臣僕이 되고 싶습니다." 그리고는 300여 호를 이끌고 투항했다. 이오로테무르는 그 뒤 이원경으로 이름을 바꿨다.

- **2월**: 우리 태조가 원의 추밀부사 바이주와 오로테무르·이백연·이장수·이천우·현다사·김아로정 등 300여 호를 데리고 와서 바쳤다.

또 아래 기사를 보면 우라산을 공격한 해 11월 이성계와 지용수 등이 요양성을 공격해 함락시키고 그 백성을 포로로 잡아 돌아갔기 때문에[17] 요동도사는 그들을 송환하게 했다.

우왕 5년(1379) 정월: 요동도지휘사가 진무 임성을 보내 포로와 도망친 군사를 색출하고 자문을 보냈다. "홍무 3년(공민왕 19년, 1370) 11월 고려군이 사로잡은 요양 지역의 관원과 남녀 백성 1000여 명과 그곳(고려)으로 도망친 각위의 군인을 모두 돌려보내라." 遼東都指揮司遣鎭撫任誠來, 索被虜人及逃軍, 咨曰, 洪武三年十一月, 高麗軍所虜, 遼陽官民男婦千餘人及各衛軍人逃往彼處者, 悉發解送.

그렇다면 같은 해 3월 앞의 자문에서 "동지 이우루스테무르 등 33명을 보내라고 독촉했다"고 한 이우르스테무르는 '동녕부 동지 이오로테무르'와 같은 인물로 생각되고, 곧 자문의 이 부분은 우라산 공격 때 잡혀간 포로의 송환을 요구한 것이 틀림없다. 도사는 그런 요구를 고려에 제출하면서 황성黃城(皇城)으로 이주한 백성도 돌려보내라고 한 것이다.

4. 고려의 철령과 황성에서 철령의 이름

앞서 언급한 대로 이른바 철령 문제는 명과 고려의 국경에 관련된 문제였다. 우왕 14년(홍무 21년, 1388) 2월 고려의 사신 설장수가 명에서 돌아와 태조의 유지諭旨를 전달했다. 유지에서 이 문제에 관련된 부분은 매우 간단했다. "철령 이북은 본래 원에 속했던 것이니 모두 요동에 귀속시켜라." 『명실록』(태조, 권187) 지난해 12월 조에서 다음과 같이 서술한 것을 보면 명 태조가 설장수에게 준 유지는 이것밖에 없었음을 알 수 있다.

호부에 명령해 고려 국왕에게 자문咨文을 보내게 했다. "철령의 북쪽·동쪽·서쪽 땅은 예전 개원에 소속됐으니 거기서 계속 살아온 군사·백성·여진·달단·고려인 등은 요동에서 통할하고, 철령의 남쪽은 예전 고려에 소속됐으니 백성을 모두 본국(고려)에서 관할하도록 허락한다. 강역과 경계가 바르게 됐으니 각자 그 영역을 지키고 다시는 침범하거나 넘어오지 말라."

고려에는 지금의 강원도와 함경도의 경계에 철령이 있다.

『고려사』 「조돈열전」: 유인우가 군사를 거느리고 철령을 지나 등주(지금의 안변)에 이르렀는데, 쌍성과의 거리가 200여 리(79킬로미터)였다. 仁雨率兵, 過鐵嶺, 次登州, 去雙城二百餘里.

여기 보이듯 철령은 공민왕 5년(1356) 동북면 병마사 유인우가 쌍성

(지금의 영흥)으로 진격할 때 군사를 이끌고 지난 곳이다. 그리고 유인우가 쌍성총관부를 함락시킨 뒤 해양(길주 지역) 이남 일대가 고려의 소유가 된 것은 앞서 서술한 것과 같다. 설장수가 명에서 돌아와 태조의 유지를 전하자 고려 조정은 밀직제학 박의중을 명에 보내 요청했다. 이것은 태조의 유지에 따라 해양 이남 지방을 명에 귀속시킨다고 생각했기 때문으로 박의중이 가져간 표문에서는 다음과 같이 말했다.

철령 이북은 문주(지금의 문천文川)·고주(지금의 고원)·화주(지금의 영흥)·정주(지금의 정평)·함주(지금의 함흥) 등을 거쳐 공험진(쓰다 씨에 따르면 예종 때의 공험진은 지금의 북청 부근이다)에 이르기까지 본래 우리나라의 땅이었습니다. 요 건통 7년(고려 예종 2년, 1107) 동여진 등이 난을 일으켜 함주 이북 땅을 차지하자 예종은 요에 토벌할 것을 요청하고 군사를 보내 수복한 뒤 함주와 공험진 등에 성을 쌓았습니다. 원대 초 무오년(고려 고종 45년, 1258)에 이르러 몽골의 산지대왕과 부지르노얀 등이 군사를 거느리고 여진을 복속시킬 때 우리나라 정주의 반란민 탁청과 용진현 출신 조휘가 화주 이북 지방을 갖고 항복했습니다. (…) 마침내 화주를 마음대로 쌍성이라고 부르고 조휘를 쌍성 총관으로, 탁청을 천호로 삼아 백성을 다스렸습니다. 지정 16년(공민왕 5년, 1356) 원 조정에 아뢰 위의 총관과 천호 등의 관직을 혁파하고 화주 이북을 다시 우리나라에 소속시켜 지금까지 주·현의 관원을 임명하고 백성을 다스렸으며, 반란 세력에게 침탈됐다가 상국에 아뢰 되찾은 것입니다. 지금 폐하의 서신을 보니 철령 이북·이동·이서는 본래대로 개원에 소속시키고 관할하던 군민은 계속 요동에 소속시키라고 했습니다. 철령의 산은 개경에서 겨우 300리(117.8킬로미터) 떨어져 있고 공험진을 변방의 경계로 삼은 것은 한두 해가 아닙니다. (…) 폐하께서 넓은 도량으로 포용하시고 두터운 덕으로 어루만져 몇 주의 땅을 아래 나라의 강역으로 삼아 주시길 바랍니다. 鐵嶺迆北, 歷文·高·和·定·咸等諸州, 以至公嶮鎭, 自來係是本國之地. 至遼乾統七年, 有東女眞等作亂, 奪據咸州迆北之地, 睿王告遼請討, 遣兵克復, 就築咸州及公嶮鎭等城. 及至元初戊午年間, 蒙古散吉大王·普只官人等領兵, 收附女眞之時, 有本國定州叛民卓靑·龍津縣人趙暉, 以和州迆北之地迎降. (…) 遂將和州冒稱雙城, 以趙暉爲雙城摠管, 卓靑爲千戶, 管轄人民. 至至正十六年間, 申達元朝, 將上項摠管·千戶等職革罷, 以和州迆北, 還屬本國, 至今除授州縣官員, 管轄人民, 由叛賊而侵削, 控大邦以復歸. 今欽見奉, 鐵嶺迆北·迆東·迆西, 元屬開元, 所管軍民, 仍屬遼東. 欽此鐵嶺之山, 距王京僅三百里, 公嶮之鎭, 限邊界, 非一二年. (…) 伏望陛下度擴包容, 德敦撫綏, 遂使數州之地, 仍爲下國之疆.

그러나 명이 말한 철령은 결코 함경도 남쪽의 고갯길을 가리킨 것이 아니다.

『고려사』 「최영열전」: 서북면 도안무사 최원지가 아뢰었다. "요동도사가 승차 이사경 등을 보내 압록강에 이르러 다음과 같은 방을 붙였습니다. '호부는 황제의 뜻을 받들어 철령 이북·이동·이서를 본래대로 개원에 소속시키고 관할하던 군사와 백성인 한인·여진인·달달인·고려인은 계속 요동에 소속시킨다.'" (…) 최영이 관원들을 모아 철령 이북을 [명에] 바치는 문제를 논의하니 바쳐서는 안 된다고 모두 반대했다. (…) 최원지가 다시 보고했다. "요동도사가 지휘 두 사람을 보내 군사 1000여 명을 이끌고 강계에 와서 철령위를 설치하려고 하며, 황제는 이미 관서와 역

참을 설치했습니다." 是年二月, 西北面都安撫使崔元沚馳報. 遼東都司遣承
差李思敬等, 到鴨綠江, 張榜曰, 戶部奉聖旨, 鐵嶺迤北·迤東·迤西, 元屬開原,
所管軍民漢人·女眞·達達·高麗, 仍屬遼東. (…) 瑩集百官, 議獻鐵嶺迤北可否,
百官皆曰不可. (…) 元沚又報, 遼東都司遣指揮二人, 以兵千餘, 來至江界, 將立
鐵嶺衛, 帝已設官置站.

최영이 관원들을 모아 철령 이북을 바치는 문제를 논의한 것은 압
록강 가에 붙여진 방문의 철령을 강원도와 함경도의 경계의 철령이라
고 봤기 때문이지만 앞의 최원지의 두 번째 보고에 대해서는 다음과
같이 말했다.

『고려사』 우왕 14년(1388) 3월: 서북면 도안무사 최원지가 보고했다. "요
동도사가 지휘 두 사람을 보내 군사 1000여 명을 이끌고 강계에 와서
철령위를 설치하려고 하며, 황제는 미리 철령위에 진무 등의 관직을 설
치해 모두 요동에 왔습니다. 요동부터 철령까지 70참을 설치하고 참마
다 100호를 둔다고 합니다." 西北面都安撫使崔元沚報. 遼東都司遣指揮二
人, 以兵千餘來至江界, 將立鐵嶺衛, 帝豫設本衛鎭撫等官, 皆至遼東. 自遼東
至鐵嶺, 置七十站, 站置百戶.

또 이 사실은 앞서 인용한 『요동지』 「주악열전」에서 "[홍무] 21년
(1388) 군사를 이끌고 철령에 위참을 창설했다. 황성에 이르러 강계만
호 김완기 등 2700여 명을 오게 했다"고 한 것이므로 명이 철령이라
고 부른 곳은 반드시 강계(만포) 맞은편 황성黃城(皇城) 부근이 돼야 한
다. 『명실록』(권189)의 다음 기사도 그것을 증명한다.

홍무 21년(1388) 3월: 삼만위를 개원으로 옮겼다. 이보다 앞서 지휘첨사 유현 등에게 조서를 내려 철령에 역참을 세우고 압록강 동쪽의 백성을 불러 다스리게 했다. 徙置三萬衛于開元. 先是詔指揮僉事劉顯等, 至鐵嶺立站, 招撫鴨綠江以東夷民.

이처럼 명 태조는 철령 북·동·서쪽의 토지와 백성을 모두 요동에 소속시키고 그 남쪽을 고려가 관할하게 했다. 그것에 따라 요동도사가 보낸 이사경 등이 압록강 가에 와서 철령위를 창설한 것은 여기 인용한 여러 기사가 보여준다. 철령위의 설치는 『명실록』(권189) 홍무 21년(1388) 3월 조에 보인다.

철령위 지휘사사를 설치했다. 이보다 먼저 원의 장교 김완가가 그 휘하의 김천길 등을 이끌고 귀의했다. 이때 이르러 지휘첨사 이문·고옹과 지휘 두석을 보내 봉집현에 철령위를 설치하고 그 무리를 다스리게 했다. 置鐵嶺衛指揮使司. 先是元將校金完哥率其部屬金千吉等來附. 至是遣指揮僉事李文·高顒·鎭撫杜錫置衛扵奉集縣, 以撫安其衆.

이것을 위의 「주악열전」 기사에 비춰보면 강계만호 김완기(김완가) 등은 이사경 등의 초유招諭에 호응해 명에 귀의했고, 그 결과 황성黃城(皇城) 부근에 철령위 — 정확히 말하면 철령위 지휘사사 — 가 설치됐음을 알 수 있다. 그리고 그 철령위가 철령성으로도 불린 것은 분명한 증거가 있다.

『요동지』(권1 개원): 철령위는 요양성 북쪽 240리(120킬로미터)에 있는데

(봉천 북쪽인 지금의 철령) 예전에는 지금의 위衞 치소(지금의 철령) 동남쪽 500리(250킬로미터)에 철령성이 있었다. 고려의 경계를 살펴보면 홍무 21년(1388) 저쪽에 위를 설치했다가 26년 지금의 치소(지금의 철령)로 옮겼으니 곧 요·금대의 은주다. 鐵嶺衞在遼陽城北二百四十里, 古有鐵嶺城, 在今衞治東南五百里. 接高麗界洪武二十一年置衞於彼, 二十六年徙今治, 卽遼·金時嚚州.

그런데 황성黃城(皇城)에 비정되는 지금의 통구성 부근에서 달리 또 그런 성터가 있음을 듣지 못했으므로 철령위의 치소인 철령성은 황성이 틀림없다(통구성 서쪽을 흐르는 통구하를 따라 30정[3.2킬로미터]쯤 계곡을 올라가면 산성자로 불리는 산성이 있는데, 고구려의 환도성에 비정된다).[18] 세키노 박사 등의 조사에 따르면 지형이 험하고 좁아 자연적으로 성을 이루는데 거기에 인공을 더해 봉우리에 견고한 성벽을 쌓았으며 성벽의 둘레는 1리쯤 된다.[19] 통구성 부근에는 이처럼 뚜렷한 산성이 있지만, 통구성은 비교적 넓은 평야 가운데 있는데도 그것을 버려두고 일부러 산간의 성에 위衞 치소를 설치했다고는 생각되지 않는다. 또 봉집현은 아래 기사를 볼 때 봉천 남쪽에 있는 지금의 봉집보奉集堡로 여겨진다.

『요동지』(권1 고적): 폐지된 봉집현은 요양성 동북쪽 80리(40킬로미터)에 있다. (…) 금이 귀덕주에 소속시켰고 지금 보를 만들었다. 奉集廢縣在遼陽城東北八十里. (…) 金屬貴德州, 今爲堡.

따라서 위의 『명실록』 기사는 그곳에 철령위를 설치됐음을 뜻하는 것 같다. 그러나 『요동지』에서는 봉집현의 연혁과 관련해 그런 사실을 들지 않았을 뿐 아니라 철령위가 황성에 설치됐을 때 같은 이름의 위소가 봉집현에 설치됐다고 하면 그것 또한 매우 이상하다. 원의 만호였던 김완기는 이사경 등이 압록강 가에 이르러 이족夷族의 백성을 위무했을 때 자신이 거느린 백성을 이끌고 강계에서 와 귀의했으므로 명은 봉집현에 거주지를 주고 그들을 안무한 것으로 생각된다. 그리고 그때 철령위가 황성에 설치됐기 때문에 위의 기사가 나온 것으로 여겨진다.

명 태조는 홍무 20년(1387) 말 철령을 요동과 고려의 영토를 구획한다고 고려에 통고했는데, 그 철령은 다음 기록에 보인다.

- 『요동지』「주악열전」: [홍무] 21년 군사를 이끌고 철령에 위참衛站을 세우고 황성에 이르렀다.
- 『명실록』: 지휘첨사 유현 등에게 조서를 내려 철령에 역참을 세우고 압록강 동쪽의 백성을 불러 다스리게 했다(유현은 철령위가 설치됐을 때 그 지휘첨사였던 것으로 생각된다).

그리고 위衛는 철령이라는 이름을 붙여 황성에 설치한 것이므로 황성, 곧 지금의 통구성 부근에 철령으로 불린 산이 있었다는 것은 누구라도 상상할 수 있다. 아울러 『요동지』와 그 밖의 지리지들에서는 그런 산 이름이 오직 이 방면뿐 아니라 요동지방 전체에 걸쳐 있다고 말하지 않았다. 지금의 철령 또한 앞서 서술한 『요동지』 기사와 『명실록』(권227) 홍무 26년(1393) 4월 "요동 철령위 치소를 심양과 개원의 경계에 있는 옛 은주 지역으로 옮겼다徙遼東鐵嶺衛治於瀋陽·開元兩界古嚚州之地"

고 한 데서 알 수 있는 것처럼 홍무 26년 철령위 치소를 옮기면서 생겨난 지명이며 산 이름은 아니다.

다만 통구평야 북쪽은 산지로 유산楡山·토구자산土口子山·산성자산성 등이 있기 때문에[20] 이런 산들 가운데 하나를 철령에 비정하는 가설이 나오기도 한다. 그런 가정을 인정하면 철령 북·동·서쪽은 요동에 소속됐다는 명의 주장에 따라 남쪽의 통구평야는 당연히 고려의 소유로 돌아가므로 황성에 위소를 설치한 것은 아무 의미 없는 행동이 아닐 수 없다. 그리고 이른바 철령은 황성 맞은편인 강계(만포) 부근에 있는 것도 아니었다. 태조의 유지를 받은 고려 조정이 철령을 함경도 남쪽의 철령으로 생각한 것은 바로 그 증거다. 고려가 자국의 변방 지명을 모를 리는 없다. 이처럼 명이 황성 지역을 철령으로 부른 것은 거의 의심할 바 없는 사실이지만 고개의 이름으로는 그것을 설명할 수 없다. 설명의 열쇠는 다른데 있다고 여겨진다.

5. 나하추 항복 이전 요동의 형세 — 황성에서 철령이라는 이름의 유래

문제를 해결하는데 도움이 되도록 나하추가 명에 항복하기 전 요동의 형세를 살펴보자. 원이 멸망하고 명이 대체하던 때 원의 남은 장수들은 요동 각지에 웅거해 서로 전쟁을 일삼았다.

• 『요동지』(권8 잡지): 태조는 용처럼 날아 여러 세력을 소탕하고 천지를 깨끗하게 했다. 대군이 바야흐로 유주와 기주를 정벌하려고 하자 원의 승상 예쉬는 남은 군사를 이끌고 대령으로 도망쳐 지켰다. 요양행

성 승상 에센부카는 개원開原(당시는 아직 開元으로 불렸다)에 주둔했고 홍보보는 요양에 웅거했다. 왕카라부카는 복주(지금도 같은 이름)에 백성과 군사를 모았고, 유익도 득리영성(지금의 득리사)에 군사를 주둔했으며, 고가노는 평정산(요양 동남쪽 초하 입구 북쪽)에 모여 각각 부민部民을 거주시켰는데 많은 곳은 1만여 명, 적은 곳도 수천 명 아래로 내려가지 않았다. 이때 에센부카와 고가노·나하추·유익 등은 군사를 합쳐 요양으로 갔는데, 홍보보는 거부하고 받아들이지 않았다. 제군이 공격해 무찔러 백성과 가축을 생포하고 약탈하니 성이 텅 비었다. 에센부카 등은 마침내 홍보보를 붙잡아 돌아왔지만 곧 풀어줬다.

• 『명실록』(권56): 홍무 3년(1370) 9월. 이달 요양 등지의 관원과 백성에게 조서를 내려 설득했다. 앞서 원 황제가 북쪽으로 도망쳤는데, 요양 행성 평장 고가노는 그 소식을 듣고 노아산(평정산과 가깝다)에 군사를 모았으며 평장 유익도 군사를 모아 개주(지금의 개평) 득리영성에 주둔했다. 두 군대는 서로 도와 금주(지금의 금주)와 복주(지금의 복주) 등을 지키면서 변방에서 소요를 일으키려고 했다.

홍무 초기의 형세는 이랬다. 그 때문에 명 태조는 홍무 3년(공민왕 19년, 1370) 9월 단사관 황주黃儔를 보내 조서를 갖고 요양 등지의 관원과 백성을 설득케 하니 그해 겨울 유익이 표를 받들어 금주·복주·개주·해주(지금의 해성海城) 등지를 갖고 귀의했다. 이듬해 홍무 4년(공민왕 20년) 2월 명은 득리영성에 요동위 지휘사사를 설치하고 유익을 그 장관에 임명했다. 그러나 얼마 뒤 유익은 요양의 홍보보에게 살해됐고, 홍보보는 유익의 부하 장양좌와 방고 등의 공격을 받아 금산(동요하 북안)에 있는 나하추의 진영으로 도망쳤다. 장양좌와 방고는 일단 유익을 대신해 요동위의 사무를 처리했지만 홍보보의 도주가 요양 이북의 장수들의 남침을 불러올 것을 두려워해 명의 중서성에 서신을 올렸다.

원의 평장 고가노는 요양의 산채(평정산과 노아산)을 굳게 지키고, 지원 카라장은 심양(지금의 봉천) 옛 성에 주둔하고 있습니다. 개원(지금의 개원)에는 승상 에센부카의 군대가 있고 금산에는 대위 나하추의 무리가 있습니다. 이들은 서로 의지하고 돕고 있습니다. 지금 홍보보가 그 진영으로 도망쳤는데, 반드시 틈을 엿봐 전란을 일으킬 것입니다. 조정에서 보낸 단사관 오립(유익의 항복을 받아들이려고 파견됐다)을 머무르게 해 군사와 백성을 진무케 하십시오.

또 사람을 보내 아뢰었다. "원의 장수 나하추가 금산을 근거로 변경을 어지럽혀 요양의 근심이 되고 있으니 군사를 증원해 대비하십시오 元將納哈出據金山擾邊, 爲遼陽患, 乞益兵以備." 홍보보가 도망친 뒤 요양성은 요동위 장수들의 소유가 된 것으로 생각된다.

여기서 명은 장양좌와 방고를 요동위 지휘첨사로 삼고, 나하추에게는 행인行人 황주를 보내 교류를 요청했으며(6월), 얼마 뒤 정료도위 지휘사사를 요양에 설치해 마운과 섭왕을 장군으로 삼아 요동 여러 위의 군사를 총괄케 했다. 마운 등은 산동에서 바다를 건너 요동으로 들어가 평정산으로 진군했으며 노아산의 산채를 격파해 고가노를 패주시켰다.[21] 그리고 그 뒤 오정이 오자 힘을 합쳐 요양 이북을 정벌한 것 같다. 수군을 이끈 오정은 그해 12월 요동의 군사에게 공급할 군량을 수송하라는 명령을 받았으며 이듬해(홍무 5년, 1372) 11월 도성으로 돌아왔다. 그는 군량을 공급했을 뿐 아니라 스스로 요동 경략에도 종사했다.

『명실록』: 정해후 오정이 경사로 돌아왔다. 이보다 앞서 오정은 정료위에 군량을 수송했는데, 그러면서 성을 완비하고 군사를 훈련시켜 요동에서 복속되지 않은 지역을 모두 수복한 뒤 이때 돌아왔다. 靖海侯吳禎還京師. 先是禎督餉定遼, 因完城練卒, 盡收遼東未附之地, 至是乃還.

그리고 우왕 2년(홍무 9년, 1376) 고려의 사신이 정료위에서 갖고 돌아온 고가노의 서신은 심양·개원 등지를 경략했음을 뜻하는 것이었다.

지금 총병관 정해후·여 도독·이 평장 등 세 고위 관원이 우가장(지금의 우장牛莊)에 정박한 뒤 대군을 거느리고 많은 군량을 실어 요양·해주(해성)·심양·개원 등에 이르러 성을 굳게 지키고 있습니다. 卽自摠兵官靖海侯·余都督·李平章三箇大官人到牛家莊下岸, 總統大軍, 轉運大糧, 至遼陽·海州·瀋陽·開原等處, 堅守城池.

그러므로 "요동에서 복속되지 않은 지역을 모두 수복했다"는 것은 심양·개원 등지를 경략했음을 의미한다.

•『명실록』(권78) 홍무 6년(1373) 정월: 개원·금산 등지를 정벌하고 돌아온 태창위 군사에게 수놓은 비단·백금·쌀 등을 차등 있게 하사했다. 賞太倉衛征進開元·金山等處回還軍士文綺·白金·食米有差.

• **같은 해 11월**(권86): 개원 등지를 정벌하다가 전사한 태창위 등의 장교 양춘 등 18호에게 마포 10필씩을 하사했다. 賜太倉等衛征進開元等處戰沒軍校楊春等十八戶, 麻布各十匹.

태창위(지금의 강소성 호해도滬海道 태창현太倉縣)의 군사는 오정이 이끈 수군으로 생각되므로 이것도 이 경략에 관련된 기사로 심양·개원을 공격한 명군이 금산, 곧 나하추의 근거지를 압박했음을 알 수 있다(근거지를 직접 침략한 것은 아니지만). 앞서 노아산에서 도망친 고가노가 스스로 정료위로 가서 항복을 요청한 것도 오정이 요동에 있던 사이의 일이며, 오정은 그를 경사로 송치했다. 그렇다면 심양의 카라장과 개원의 에센부카는 각각 그 근거지를 버리고 도망친 것으로 생각된다. 나하추는 태조의 유서諭書를 갖고 온 사신을 구금하고 돌려보내지 않았으며, 홍무 5년(1372) 11월 요동을 침략해 우가장을 약탈하고 식량 1만여 석을 불태웠으며 명군 5000여 명을 죽였다. 오정이 배로 수송해온 양식은 대부분 우가장에 보관됐는데, 나하추가 침략한 목적은 그것을 불태워 명군에게 타격을 주려는 데 있었다고 생각된다. 그리고 홍무 7년(공민왕 23년, 1374) 11월 다시 요양을 침략하고 이듬해(우왕 원년) 12월에는 개주·복주를 넘어 금주를 공격했지만 개주 부근에서 명군에게 요격돼 대패하고 돌아왔다.[22]

이처럼 나하추는 쉽게 명에 항복하지 않다가 홍무 20년(우왕 13년, 1387) 대규모 토벌에 나선 명군에게 일독하—禿河(지금의 이통하) 가에서 항복할 때까지 오랫동안 금산 지방에 웅거했다. 그리고 고려에는 원이 북쪽으로 옮겨가기 전 해인 공민왕 16년(원 지정 27년, 1367)부터 시작해 명에 항복하기 4년 전인 우왕 9년(홍무 16년, 1383)까지 여러 번 사신을 보냈는데, 그동안 북원과 고려의 교섭도 지속됐다. 나하추는 요동에서 명의 경략을 저지하기 위해 고려의 도움을 요청했고 그것을 위해 스스로 사신 파견을 게을리하지 않았으며, 북원과 고려 사이에서 그 관계를 주도하면서 북원 조정으로 하여금 고려에 명령을 내리게 한 것 같다. 공민왕 22년(홍무 6년, 1373) 북원의 사신 바투테무르波都帖木兒 등이 갖고 온 소종昭宗(아유시리다라)의 조서에서는 다음과 같이 말했다.

> 요즘 병란 때문에 북쪽으로 이주했지만 지금 코코테무르를 재상으로 삼아 나라를 거의 다시 일으켰다. 국왕도 원 세조의 손자니 힘을 보태 천하를 다시 바로잡으라. 頃因兵亂, 播遷于北, 今以廓擴帖木兒爲相, 幾於中興. 王亦世祖之孫也, 宜助力復正天下.

아울러 우왕 3년(홍무 10년, 1377) 우왕을 정동성 좌승상 고려국왕에 책봉한 뒤 선휘원사宣徽院使 테리테무르徹里帖木兒를 보내 정료위를 협공하자고 요구한 것은 나하추가 자신의 이익을 위해 북원 조정에 가탁해 명령한 것으로 생각된다.[23]

그렇다면 이런 관계에서 서로 오간 길은 어디였을까? 홍무 4년(공민왕 20년, 1371) 명이 정료위를 요양에 설치했으므로 그 뒤 나하추에 대해 동남쪽에 있는 의주로 가는 도로가 막힌 것은 말할 필요도 없다. 그리고 공민왕 22년(홍무 6년, 1373) 강계만호 강영康永이 앞서 말한 바투테무르 등과 함께 온 나하추의 사신 문카라부카의 종자를 죽이고 그 재물을 약탈한 것, 우왕 원년(홍무 8년, 1375) 5월 고려 조정이 북원의 사신을 영접하기 어려운 사정 때문에 강계에서 그를 위로해 돌려

보낸 것 등은 정료위가 설치된 뒤 나하추와 북원의 사신이 강계(만포)를 거쳐 고려에 왔음을 보여준다. 또 우왕 5년(홍무 12년, 1379) 6월 북원에서 첨원僉院 보비甫非가 고려에 와 교사郊祀를 지내고 천원天元으로 연호를 바꿨음을 알렸다. 이것은 지난해 소종이 붕어하고 아들 토구스테무르脫古思帖木兒가 계승했기 때문이었는데, 나하추도 문카라부카를 보냈지만 8월 요동도사(홍무 8년 명은 정료도위를 요동 도지휘사사로 개편했다)는 고려에 공문을 보냈다.

요즘 들으니 나하추가 사람을 보내 합랄(함경남도 함흥)·쌍성(함경남도 영흥)을 거쳐 몰래 고려로 가 의례를 거행했으며, 북원의 임금 테구스타이테무르(토구스테무르)도 역마를 이용해 사신을 급히 고려로 보내 공무를 자세히 회의하게 했다고 합니다. 고려는 이미 여러 차례 사신을 보내 우리 조정에 조공하면서 신하의 의례를 거행했으니 다른 마음을 가져서는 안 됩니다. 나하추 등이 몰래 사람을 보냈지만 고려가 어찌 그들과 다시 교류할 뜻이 있겠습니까? 북원의 사신을 우리에게 압송해 충성을 보여야 할 것입니다. 그러지 않으면 간계가 스스로 드러날 것이니 후회해도 어쩔 수 것입니다. 近聞納哈出遣人, 經由哈剌·雙城, 潛往高麗行禮, 胡主帖古思台帖木兒, 亦遣使馳驛前, 往高麗會議, 公務切詳. 本國累嘗遣使, 賓貢我朝, 臣禮旣施, 異謀難畜. 納哈出等雖差人, 潛往本國, 豈意復與交通. 可將胡使差人押送, 以表忠誠. 不然則姦宄自昭, 後悔無及.

이 기사를 읽으면 보비와 문카라부카 일행은 강계로 오지 않고 멀리 함경도(동북면)를 우회해 고려로 왔음을 알 수 있으며, 앞서 서술한 대로 지난 3월 요동도사에서 고려로 공문을 보내 동지 이우르사테무르 등을 파견한 것과 함께 황성 등지로 이주한 고려 백성의 쇄환을 명령한 것을 보면 명의 요동 경략은 이때 이미 강계 맞은편인 황성 지방까지 이르렀고 나하추와 북원이 이용하던 이런 길도 막힌 것이 아니었을까?

이런 사실은 『명실록』에서 증명할 수 없지만 『요동지』(권5) 「주악열전」에는 다음과 같은 기록이 있다.

홍무 9년(1376) 나하추가 금주를 침범했다. 섭왕은 주악에게 정예군을 이끌고 개주성 남쪽에서 맞아 싸우게 해 그 무리를 크게 무찔렀다(나하추의 이 침략 사실은 『명실록』 홍무 8년 12월 조에 자세히 기록돼 있다. 앞서 말했다). (…) 얼마 뒤 다시 제군을 모두 이끌고 동녕으로 가서 달적을 요격해 호실리길에 이르러 여러 번 싸우고 전진해 1900여 명을 죽였으며 우두머리 수십 명과 말·소 1300여 마리를 생포했다. 다시 지휘 서옥과 함께 동녕안무사 등지를 토벌해 그 두목과 백성 1090여 명을 생포했다. 얼마 뒤 섭왕은 춘대 등지를 설득해 귀의시켜 백성과 가축을 매우 많이 얻었다. 또 제군을 모두 이끌고 압록강과 동녕·황성 등의 지방을 정벌했는데, 얻은 사람과 말·소를 셀 수 없었다. 계속해서 동녕·나단부·가주로 가서 안무사 고활출·부사 유현과 두목·백성 4550명을 설득해 귀의시키고 말·소 270마리, 금은패·구리 도장·고문誥文 등을 노획했다. 홍무 21년(1388) 군사를 이끌고 철령에 위참을 창설했다. 황성에 이르러 강계만호 김완기 등 2700여 명을 오게 했다.

이 기사에서 동녕 등지에 대한 경략은 홍무 9년(우왕 2년, 1376)부터 21년(우왕 14년, 1388)까지 이뤄졌음을 알 수 있다. 동녕은 휘발하 상류인 산성자성 부근을 중심으로 한 지방의 이름이라는 것은 앞으로 공민왕의 동녕부 정벌에 관련된 논문을 써 따로 설명하겠다. 나단부那丹府는 『요동지』 끝부분의 「외지外志」(「개원 동쪽에서 조선 후문에 이르는 육로開原東陸路至朝鮮後門」)에 나오는 납단부納丹府로 그 대체적인 위치는 그 책의 부록(「개원에 걸쳐 있는 외이 산천지도開原控帶外夷山川之圖」)에도 보이는데, 야나이 씨는 휘발하 하류의 지금의 나단불륵那丹佛勒에 비정했다.[24] 호실리길과 춘대는 어딘지 정확히 알 수 없다. 다만 앞뒤 지명의 위치에서 추측하면 휘발하 이남, 압록강 이북 지역으로 생각된다.

가주嘉州는 아래 기사의 家州와 동일한 곳으로 생각된다.

- 『고려사』 「공민왕세가」 20년(홍무 4년, 1371) 10월: 가주 카라장 동지가 와서 알현했다. 家州哈剌匠同知來見.
- 21년 정월: 재추에게 명령해 카라장 동지에게 잔치를 베풀게 하고 대장군의 작위를 내렸다. 命宰樞宴哈剌匠同知, 賜爵大將軍.
- 같은 해 2월: 경자일 카라장 동지가 가주로 돌아오니 그곳 사람들이 호송관·시종·통사를 죽였다. 갑진일 판사 조인벽을 보내 가주를 토벌하고 도륙했다. 庚子, 哈剌匠同知還家州, 州人殺護送官及傔從人·通事. 甲辰, 遣判事趙仁璧, 討家州, 屠之.

특히 마지막 기사에 따르면 고려의 변경과 멀지 않은 곳으로 추측된다. 북쪽은 부이강 유역을 거슬러 올라가 동녕 지방에 이르고 동남쪽은 황성·강계와 통하는 동가강 유역 지대로 생각된다. 이렇게 판단한 근거는 「동녕부 정벌고」에서 말했다. 그렇다면 섭왕과 주악 등이 경략한 곳은 휘발하 유역과 고려를 연결하는 지방으로 여겨진다.

『요동지』(권5) 「서옥열전」: [홍무] 9년(1376) 정월 나하추가 금주와 개주를 침범하자 서옥은 자신의 부部를 이끌고 삼각산에서 요격했다. 몽골군이 패주하자 압록강까지 추격해 몽골 관원 홀림불화忽林不花와 장교 100여 명을 생포했으며 말·소도 그만큼 됐다. 그 뒤 그 북쪽 지방을 경략해 우두머리와 그 부락의 백성 1000여 명을 설득해 포로로 잡았으며 말·소와 물자도 매우 많았다.

이것과 우왕 2년(홍무 9년, 1376) 6월 고려 사신 김용金龍이 정료위에서 가져온 고가노의 서신에서 "하물며 동녕부 등지에서 귀의해온 백성으로 요양이 시장처럼 붐빈다"고 한 것을 합쳐 생각하면 이 경략은 홍무 8년 말~9년 초 나하추의 남침에 이어 이뤄진 것으로 생각된다(우왕 2년[홍무 9년] 8월 "어떤 사람이 정료위에서 도망쳐 돌아와 '정료위가 앞으로 가을이 되면 침략해 올 것'이라고 했다有人自定遼衛逃還言, 定遼衛將乘秋來侵"고 한 것은 그 경략을 다시 속행하려는 준비를 목격했다는 오보로 생각된다). 따라서 홍무 8년(1375)까지 강계로 온 북원과 나하추의 사신이 홍무 12년(1379)에는 그 도로를 이용하지 않고 멀리 동쪽으로 우회해 합란과 쌍성에서 고려로 들어간 것은 섭왕과 주악 등이 경략한 결과 도로가 막혔기 때문이 분명하다.

또 『고려사』 「신우열전」을 보면 우왕 10년(홍무 17년, 1384) 10월에 다음과 같은 기사가 있다.

북원에서 사신을 파견해 화령부(지금의 영흥. 공민왕 5년[1356] 쌍성을 수복해 화주라고 했다가 18년[1369] 부로 승격시키고 화령으로 고쳤다)에 이르자 호군 임언충을 보내 위로한 뒤 돌려보냈지만, 길이 막혀 반년을 머물다가 돌아갔다. 北元遣使來, 至和寧府, 遣護軍任彦忠, 慰諭遣還, 以道梗, 留半歲而去.

그리고 다시 11월 조 — 고려 조정은 윤10월 세공을 바칠 사신으로 이원굉을 명에 보냈다 — 에 다음과 같은 기사가 있다.

요동도사가 여진 천호 백파파산을 보내 70여 기를 이끌고 북청주(지금의 북청)를 급습하게 했다. 만호 김득경은 군사를 이끌고 도망치는 것처럼 한 뒤 밤을 틈타 그 진영을 불태우고 40명을 죽이니 백파파산은 도망쳐 돌아갔다. 앞서 이원굉 등은 요동에 갔을 때 요동도사가 군사를 합랄과 쌍성으로 보내 오랑캐의 사신을 중간에서 막으려 하는 것을 알고 몰래 사람을 보내 보고했다. 도당에서는 즉시 첩문을 보내 김득경에게 대비케 했다. 遼東都司遣女眞千戶白把把山, 率七十餘騎, 奄至北靑州. 萬戶金得卿引兵陽避之, 乘夜焚其營, 擊斬四十人, 把把山遁歸. 初李元紘等至遼東, 知都司將遣兵, 至哈刺·雙城, 邀截胡使, 密遣人來報. 都堂卽移牒, 使得卿豫爲之備云.

화령부에 온 원 사신이 곧바로 돌아가지 못하고 반년을 머문 것은 요동도사에서 보낸 군사가 남하해 귀로를 막았기 때문이었다. 북원이 고려와 교통한 것은 이것이 마지막이었다. 이듬해 2월 요동도사에서는 사람을 보내 김득경이 명군을 공격해 죽인 까닭을 물었다. 고려 조정은 그 사신을 후대하고 마침내 김득경을 명으로 압송하면서 스스로 허물을 지고 나라에 누가 되지 말라고 설득했다. 김득경은 수긍하지 않았다. "나는 도당의 공문을 따랐을 뿐이니 상국에서 물으면 어찌 감히 숨겠습니까?” 권신 임견미 등은 걱정하고 두려워 어쩔 줄 몰라 하다가 일행이 철주(평안북도 철산 북쪽의 서림西林)에 이르렀을 때 한밤에 그를 몰래 죽이고 명에는 왜구를 만나 죽었다고 아뢰었다.[25]

나하추가 개주와 금주 등을 침략한 뒤 요동의 명군이 압록강과 휘발하 사이의 지방을 경략해 몽골인 두목과 백성·소·말 등을 매우 많이 노획한 것은 앞서 인용한 「주악열전」 등의 기사가 보여준다. 이것을 볼 때 그 경략의 목적은 그들을 회유하고 영토를 확장하려는 데 있던 것이 아니라 몽골인의 세력을 소탕해 나하추의 왼팔을 끊으려는 데 있었다고 생각된다. 그 때문에 이 경략과 함께 특별한 행정기관이 설치된 흔적은 조금도 보이지 않는다.

『요동지』(권1) 요동 조에서 동녕위의 연혁을 서술한 부분: 홍무 13년(우왕 6년, 1380) 5천호소를 설치했는데 동녕·여진·남경·해양·초하로 각각 그 부의 오랑캐를 거느리게 했다. 홍무 19년(우왕 12년, 1386) 동녕위를 설치하고 5소를 합병해 좌·우·전·후 4천호소로 만들었다.[26]

동녕은 앞서 말한 대로 산성자 부근, 남경은 포이합도하 가의 국자가 부근, 해양은 당시 고려의 소유로 돌아간 길주 지역, 초하는 봉황성 북쪽의 초하 상류인 지금의 초하성이다. 그러나 동녕 등의 5천호소는 이런 지방들에 설치되지 않았다.

『명실록』(권178) 홍무 19년(1386) 7월: 동녕위를 설치했다. 앞서(홍무 13년, 1380) 요동도지휘사사는 요양·고려 여진이 귀의하자 관민官民 5명 丁마다 1명을 군사로 편제하고 동녕·남경·해양·초하·여진 5천호소를 설치한 뒤 나눠 소속시켰다. 이때 이르러(홍무 19년) 좌군도독 경충의 주청에 따라 동녕위로 개편하고 좌·우·중·전·후 5소를 세워 한군漢軍은 중소中所에 소속시키고 정료전위 지휘첨사 예공이 지휘하게 했다.

이 기록처럼 동녕 등의 여진이 요동도사에 귀의했기 때문에 이런 지명을 앞에 붙인 천호소를 도사 부근에 설치하고 그 뒤 그것을 동녕위로 개편한 것이다('여진'은 처음부터 도사 부근에 있던 여진을 위해 설치한 천호소로 생각된다). 또 앞서 서술한 대로 우왕 5년(홍무 12년, 1379) 교사를 지내고 연호를 바꿨다고 알린 북원의 첨원 보비와 함께 나하추의 사신 문카라부카가 합랄과 쌍성을 거쳐 고려에 왔을 때 요동도사에서는 고려의 도평의사사에 공문을 보내 약속을 어긴 것을 힐책했지만 사신의 왕래가 그것 때문에 끊어지지는 않았다. 12월 나하추는 매와 양을 고려에 보냈고, 북원에서 보비가 온 것에 대해 영녕군 왕빈王彬은 교사와 개원을 축하한 뒤 이듬해인 우왕 6년(홍무 13년, 1380) 정월 토구스테무르의 조서를 갖고 북원에서 돌아왔다. 2월에는 북원의 사신이 다시 와 우왕을 대위大尉에 책봉했고 3월에는 그 책봉에 감사하러 문천식이 북원에 파견됐으며, 7월에는 북원의 사신과 함께 나하추의 사신도 왔고 우왕 9년(홍무 16년, 1383) 정월 나하추는 문카라부카를 보내 옛 우호를 지키자고 요청했다.

다만 이런 사신들은 모두 이른바 합랄과 쌍성을 우회해 북원 ─ 금산의 나하추도 ─ 과 고려를 오갔는지, 아니면 황성과 강계를 거쳤는지는 역사에서 증명할 수 없지만 적어도 그 우회로를 따랐다면 자유롭게 교통할 수 있었음을 알 수 있다. 그 결과 우왕 10년(홍무 17년, 1384) 북원의 사신이 화령부에 왔을 때 요동도사에서는 특별히 여진군을 보내 귀로를 요격했지만 — 이 여진군은 도사가 있던 곳인 요양에서 출발해 그 동쪽의 어느 지방에서 온 것이 아님은 고려의 사신 이원굉이 요동에 도착했을 때 도사에서 앞으로 출병할 것이라고 말한 것에 따라 분명하다 — 이런 사실 또한 명의 요동 경략은 원의 사신이 이용한 도로에 있는 두만강 방면에 미치지 않았음을 보여주는 하나의 증거다. 그리고 명이 보낸 군사가 고려의 동북면에 온 것은 홍무 연간에 걸쳐 이것뿐인 것 같다. 요컨대 남쪽은 압록강 가의 황성 부근에서 북쪽은 휘발하 유역에 이르기까지 동가강과 부이강을 따라 연락한 이런 지방들은 한때 명군의 공격을 받았지만 특별한 행정기관이 설치되지 않았으며, 그 동쪽 일대 지방은 경략의 영향을 전혀 받지 않았다.

홍무 20년(1387) 6월 명의 대군은 금산을 넘어 마침내 나하추를 항복시켰다. 명은 그곳에 위를 두 곳 설치했다. 하나는 바로 철령위고 다른 하나는 삼만위다. 삼만위의 기원과 그 이전移轉은 지난해 『사학잡지』에 발표한 졸고에서 자세히 서술했으므로[27] 여기서 다시 많이 언급할 필요는 없다. 조선의 『태종실록』(권13)에 실린 명 예부의 자문에서 "홍무 19년(1386) 이곳의 양합랄이 경사에 가서 삼만위 백호에 제수됐다洪武十九年間, 有本處楊哈剌赴京, 蒙除三萬衛百戶職事"고 했는데, 나하추가 항복하기 전 해 명에 입조한 양합랄은 원의 세 만호부(알타련斡朶憐·호리개胡里改·도온桃溫), 곧 이른바 이란두만移闌豆漫(이란은 셋, 두만은 만호라는 뜻)이 있던 곳인 지금의 의란부依蘭府(삼성三姓) 부근의 여진 추장이므로 명은 그에게 삼만위 백호의 관직을 수여한 것이다. 이것이 삼만위와 그 이름의 기원으로 본래 위衛로서는 이름만 있고 실제는 없던 것이다. 그리고 그것이 이름과 실제가 부합하는 위소가 된 것은 철령위 설치를 기획한 것과 같은 때였다.

『명실록』(권187) 홍무 20년(1387) 12월: 경오일(24일) 요동삼만위 지휘사사를 설치하고 천호후 사가노를 지휘첨사로 삼았다. 조서를 내려 홍무 4년(1371)부터 요동을 지키는 데 공로가 있는 장교 가운데 천호는 지휘로, 백호 이하는 차등 있게 승진시켰는데 모두 275명이었다. 庚午, 置遼東三萬衞指揮使司, 以千戶侯史家奴爲指揮僉事. 詔凡將校自洪武四年守遼有功者, 千戶陞爲指揮, 百戶以下遞陞有差, 凡二百七十五人.

이틀 뒤인 임신일(26일) 태조는 호부에 명령해 철령 북·동·서쪽 지역이 예부터 개원에 소속됐기 때문에 고려의 관할을 철령 이남에 한정해야 한다는 문서를 고려 국왕에게 보내게 했다. 천호후 사가노는 『명실록』(권118) 홍무 11년(1378) 5월 "옛 원의 추밀부사 사가노 등 41명이 요동에서 와 항복했다故元樞密副使史家奴等四十一人自遼東來降"고 보이는데, 그에게 삼만위 지휘첨사를 수여한 것은 명이 요동 경략에 착수한 뒤 공로를 세운 한 사람에게 포상했음을 뜻한다. 아울러 그를 장관으로 한 삼만위의 설치는 양합랄이 백호에 임명된 것처럼 유명무실한 것이 아니었음은 이듬해 홍무 21년(1388) 3월 조에서[28] 철령위 지휘사사 설치와 함께 다음과 같이 서술한 데서 알 수 있다.

삼만위를 개원開元(봉천 북쪽인 지금의 개원開原)으로 옮겼다. 이보다 앞서 지휘첨사 유현 등에게 조서를 내려 철령에 역참을 세우고 압록강 동쪽의 백성을 초무케 했다. 그때 지휘첨사후 사가노가 보병과 기병 2000명을 거느리고 알타리(이란부 부근, 곧 이름뿐이던 양합랄의 삼만위가 있던 곳)에 와서 위衞를 세웠는데, 양식을 계속 공급하기 어렵자 군사를 돌리겠다고 주청해 개원(위와 같은 지금의 개원)으로 돌아왔다. (…) 마침내 개원에 위를 설치했다. 徙置三萬衛于開元. 先是詔指揮僉事劉顯等, 至鐵嶺立站, 招撫鴨綠江以東夷民. 會指揮僉事侯史家奴領步騎二千, 抵幹朶里立衛, 以糧餉難繼, 奏請退師, 還至開元. (…) 遂置衛于開元.

다만 이 시도는 실패로 끝나 위衛는 지금의 개원에 설치됐다.

지금까지 많은 지면을 들여 요동의 형세를 살펴본 것은 철령이라는 이름의 유래를 연구하는데 사용하려는 것이지만, 그 주요한 문제에 대한 명확한 판단으로 지금 내가 말하고자 하는 것은 매우 간단하다. 명은 위를 설치할 무렵 그동안 황성이라고 불러온 곳을 철령이라고 부르고 그것을 위의 이름으로 삼았는데, 이것은 양합랄을 장관으로 삼아 삼만위를 설치한 사례처럼 어떤 근거가 있다고 생각된다. 그리고 이런 추측 아래 특히 주의할 것은 명의 제안에서 "철령의 북쪽·동쪽·서쪽 땅은 예전 개원에 소속됐다"고 한 것은 지금 획정된 강역에 관련됐을 뿐 아니라 원대의 강역도 그런 제안의 이유로 삼은 것이다. 요동도사에서 수행한 경략 — 섭왕과 주악 등의 — 은 황성 등지까지 이르러 그곳의 고려 이주민을 쇄환하도록 고려 조정에 명령하기도 했으며, 두 나라의 경계는 실제로 황성 부근이던 것이다.

아울러 그 경략은 멀리 동쪽까지 이르지는 않았으며, 도사에서 보낸 군사가 고려의 동북면에 나타난 것은 앞뒤로 한 번뿐이었다. 쌍성총관부가 몰락하기 전 원이 철령(고려의) 북쪽인 이곳에서 고려와 경계를 맞댄 것 등이 그것이다. 명대 초의 요동 경략은 두만강 방면에 미치지 않았지만 요동도사는 많은 몽골인과 여진인을 수용해 늘 그들과 접촉했으므로 아직 귀의하지 않은 지역에 대해서도 막연한 지리적 지식을 가진 것은 아니었다고 판단된다.

아울러 정치적으로 아직 멀리 떨어진 곳은 명 조정의 주의를 끄는 것이 적지 않았고, 자연히 정부는 도사가 지닌 지식도 갖지 못해 전문傳聞이나 기록에 따라서만 원과 고려가 철령 부근에서 경계를 맞댔음을 알았던 것 같다. 나하추가 항복한 결과 멀리 의란부 부근에 삼만위를 설치한 것과 함께 황성에도 위를 설치해 고려와의 강역을 획정하려고 할 때 그곳을 철령으로 부르고 그것을 위의 이름으로 삼은 것은 여기서 유래한 것으로 생각된다. 곧 무심코 저지른 오류에 따라 원의 강역의 한계였던 — 사실 한계는 아니지만 명 조정이 그렇게 생각한 — 함경도 남쪽 끝 철령의 이름을 당시의 한계인 황성에 적용한 것일 뿐이다. 또 봉천 북쪽인 지금의 철령은 홍무 26년(1393) 황성의 철령위를 이전하면서 생겨난 지명이므로 앞의 견해가 틀리지 않다면 이것도 간접적으로는 고려 철령의 이름을 붙인 것이라고 할 수 있다.

6. 명의 통고에 대한 고려의 태도

고려의 철령과 명이 말한 철령은 전혀 다른 곳이었다. 우왕 14년(홍무 21년, 1388) 2월 설장수가 귀국하면서 명의 통고를 받아본 고려 조정은 그것을 알 수 있었다. 두려운 것은 공민왕 5년(1356) 이후 확장된 영토를 잃는 것이었다. 곧 박의중을 명에 보내 "철령 이북은 문주·고주·화주·정주·함주 등을 거쳐 공험진에 이르기까지 본래 우리나라의 땅이었다"면서 이런 지역을 자국이 통치하도록 요청한 것은 그 때문이었다. 그리고 명 태조가 그 표문에 대해 예부상서 이원명李原名에게 다음과 같이 지시한 것 또한 지리적 지식이 매우 불확실함을 보여

준다.**29**

몇몇 주는 고려의 말대로라면 그들에게 예속돼야 할 것 같지만 이치와 형세로 말하면 예전에 이미 원에 통솔됐으니 이제는 요遼에 소속시켜야 한다. 하물며 지금 철령에 이미 위를 설치하고 군사를 주둔시켜 그 백성을 지키고 있으니 각기 그 소속이 있다. 고려의 말은 믿기에 부족하다. 또 고려의 영토는 예전에 압록강을 경계로 삼아 스스로 다스려 왔다. 그러나 중국의 여러 왕조에게 자주 정벌된 것은 그들이 스스로 문제를 일으켰기 때문이다. 지금 다시 철령을 말하는 것은 문제를 일으키려는 것이다. 고려는 먼 곳의 작은 오랑캐와는 참으로 비교할 수 없지만, 그들의 거짓된 정황은 살피지 않을 수 없다. 예부에서는 짐의 말을 그 국왕에게 알려 분수에 안주하고 문제를 일으키지 말게 하라. 數州之地, 如高麗所言, 似合隷之, 以理勢言之, 舊旣爲元所統, 今當屬於遼. 況今鐵嶺已置衛, 自屯兵馬守其民, 各有統屬. 高麗之言, 未足爲信. 且高麗地壤, 舊以鴨綠江爲界, 從古自爲聲敎. 然數被中國累朝征伐者, 爲其自生釁端也. 今復以鐵嶺爲辭, 是欲生釁矣, 遠邦小夷, 固宜不與之較. 但其詐僞之情, 不可不察. 禮部宜以朕所言, 咨其國王, 俾各安分, 毋生釁端.

「신우열전」을 보면 설장수가 귀국한 기사에 다음과 같은 내용이 이어지는데, 모두 박의중이 명에 파견되기 전의 일로 돼 있다.

우왕이 5도의 성을 수리하게 하고 원수들을 서북 변경으로 보내 뜻밖의 사태에 대비하게 했다. (…) 우왕과 최영은 요동을 공격할 것을 은밀히 의논하고 개경의 방리군을 징발해 한양의 중흥성(북한산에 있는 산성)을 수리했다. 禑命修五道城, 遣諸元帥于西北鄙, 以備不虞. (…) 禑與崔瑩 密議攻遼, 發京城坊里軍, 修漢陽重興城.

그리고 「최영열전」에서는 다음과 같이 말했다.

서북면 도안무사 최원지가 아뢰었다. "요동도사가 승차 이사경 등을 보내 압록강에 이르러 다음과 같은 방을 붙였습니다. '호부는 황제의 뜻을 받들어 철령 이북·이동·이서를 본래대로 개원에 소속시키고 관할하던 군사와 백성인 한인·여진인·달달인·고려인은 계속 요동에 소속시킨다.'" 최영은 정료위를 공격할 것인지, 화친을 요청할 것인지 재상들과 함께 의논했는데 재상들은 모두 화친을 요청하자고 했다. 조림(정월 명에 파견됐다)은 다시 요동까지 갔지만 들어가지 못하고 돌아왔다. 최영은 백관을 모아 철령 이북을 [명에] 바치는 문제를 논의하니 바쳐서는 안 된다고 모두 반대했다. 우왕은 최영과만 요동 공격을 은밀히 의논했는데, 최영은 공격을 권유했다. 西北面都安撫使崔元沚馳報. 遼東都司遣承差李思敬等, 到鴨綠江, 張榜曰, 戶部奉聖旨, 鐵嶺迆北·迆東·迆西, 元屬開原, 所管軍民漢人·女眞·達達·高麗, 仍屬遼東. 瑩與諸相議攻定遼衛及請和, 諸相皆欲請和. 趙琳又至遼東, 不得入而還. 瑩集百官, 議獻鐵嶺迆北可否, 百官皆曰不可. 禑獨與瑩密議攻遼, 瑩勸之(앞뒤의 기사로 추측하면 2월의 일로 생각된다).

다음 기록을 보면 우왕과 최영은 명의 철령위 설치를 그대로 두고 볼 수 없어 박의중을 명에 보내 주청한 것과 함께 정료위를 공격할 군사를 일으킨 것 같다.

『고려사』 우왕 14년(1388) 3월: 서북면 도안무사 최원지가 보고했다(「최영열전」에서는 "최원지가 다시 보고했다"고 하면서 이 내용을 실었으니 두 번째 보고가 된다). "요동도사가 지휘 두 사람을 보내 군사 1000여 명을 이끌고 강계에 와서 철령위를 설치하려고 하며, 황제는 미리 철령위에 진무 등의 관직을 둬 모두 요동에 왔습니다. 요동부터 철령위까지 70참을 설치하고 참마다 100호를 둔다고 합니다." 우왕은 동강에서 돌아오다가 말 위에서 울면서 말했다. "신하들이 요동을 공격하려는 내 계획을 듣지 않아 이렇게 됐다." 마침내 8도의 정예병을 뽑아 명령했다. "내일 서쪽으로 가려고 하니 신하들은 모두 대원大元의 관복을 입으라." 禑自東江還, 馬上泣曰, 群臣不聽吾攻遼之計, 使至於此. 遂徵八道精兵, 下令曰, 明日欲西幸, 臣僚宜皆著大元冠服.

최영은 당시의 수상으로 지난 정월 이인임을 축출하고 그 심복 임견미와 염흥방 등을 주살함으로써 우왕이 즉위한 뒤 권력을 휘두르던 권신의 세력을 모두 소탕했다.

그러나 거슬러 올라가 「신우열전」을 살펴보면 다음과 같은 기사가 있다.

우왕 13년(홍무 20년, 1387) 11월: 기로회에서 한양산성을 쌓는 문제와 전함을 수리하는 문제를 의논한 뒤 문하평리상의 우인렬과 판밀직 홍징을 한양부로 파견해 중흥산성의 형세를 살피게 했다. 耆老會議築漢陽山城, 修戰艦, 遣門下評理商議禹仁烈, 判密直洪徵于漢陽府, 審視重興山城形勢.

곧 지난 9월 명에 사신으로 간 — 나하추의 항복을 축하하기 위해 — 장방평이 요동에 이르러 더 가지 못하고 사신을 거절한다는 칙유를 갖고 돌아온 때의 일이다(1장 참조). 그리고 이듬해 2월 설장수가 귀국한 뒤 우왕이 최영과 함께 요동 공격을 은밀히 의논하고 개경의 방리군을 징발해 한양의 중흥산성을 수축했다고 한 것은 서로 무관한 사실이 아니므로 요동 공격 계획은 철령위 설치 문제에서 기원한 것이 틀림없다고 보인다.

또 이 계획은 그 뒤 어떻게 추진됐는가? 우왕이 전국의 군사를 징발해 출정을 명령했을 때 마침 요동의 백호 왕득명王得明이 명 태조의 조서를 갖고 와 철령위 설치를 알렸다. 그러나 우왕은 병을 핑계로 만나지 않고 백관에게 교외에서 영접케 하고 왕득명이 돌아가기를 기다려 최영과 서해도(지금의 황해도)로 갔다. 서쪽 지방으로 사냥을 간다고 했지만 사실은 요동을 동격하려는 것으로 문하찬성사 우현보에게 개경에 남아서 지키게 하고 세자 창昌과 정비定妃(공민왕의 비 안씨)·근비謹妃 이하의 비들을 한양산성으로 옮겼다(3월 26일).

그보다 앞서 우왕은 최영과만 은밀히 논의해 요동 공격을 결정했지만 발표하지는 않다가 4월 초하루 봉주(지금의 봉산)에 이르렀을 때 비로소 공표했다. 그런 뒤 평양에 행차해 최영을 팔도도통사로 임명하고 제군을 출발시켰으며 홍무 연호를 중지했다. 5월 군사가 압록강의 위화도威化島에 주둔했을 때 도망친 군사가 길에 이어졌는데, 그것은 정권을 얻으려는 야심을 품은 이성계가 일어나는데 절호의 기회가 됐으므로 이렇게 진행된 요동 공격은 유명한 위화도 회군으로 귀결됐다.

최원지의 첫 번째 보고를 받은 최영이 백관을 모아 철령 이북을 바치는 문제의 가부를 논의한 것은 이사경 등이 압록강에 도착해 붙인 방문의 철령을 함경도 안변의 철령으로 생각했기 때문으로 볼 수 있지만 "요동도사가 지휘 두 사람을 보내 군사 1000여 명을 이끌고 강계에 와서 철령위를 설치하려고 한다"는 두 번째 보고가 도착하면서 그 철령위는 고려인이 잘 알던 황성黃城(皇城)이라는 것은 이미 판명됐다고 생각된다. 그러나 그때까지도 그렇지 않았다고 해도 괜찮다. 다만 왕득명이 강계를 거쳐 개경에 왔을 때도 명확하지 않던 것은 결코 아니었다. 철령위 설치 사실을 알리려고 온 왕득명이 그 위치를 말하지 않았을 리 없고 고려 조정도 그것을 묻지 않았다고는 생각할 수 없다. 그런데 우왕과 최영은 요동 공격 계획을 뒤집지 않고 계속 그것을 밀어붙였으므로 그 계획은 철령 문제에서 연유한 것이 아님이 매우 분명해진다고 말할 수 있다. 우왕은 서쪽으로 출정하기 전 세자와 비妃들을 한양의 산성으로 이주시켰는데, 그 산성의 수축을 설장수가 귀국하기 전 원로 신하들의 회의에서 논의한 것도 그것을 증명한다.

논의가 여기에 이르면 우왕 말년 요동 공격을 시도한 주요 원인 또한 한번 생각해야 봐야 할 문제다. 그러나 이미 철령 문제와 관계없다고 했으므로 그것은 이 논문의 범위를 벗어난다. 따라서 다만 나는 앞서 인용한 기사들에 따라 명의 철령위 설치는 요동 공격 계획을 수행하는 데 힘을 더한 것이 분명함을 덧붙여 말하고, 그것을 이 논문의 결말로 삼고자 한다.

1917년 9월 탈고(『동양학보』 8권 1호)

22편
고려 말 명과 북원의 관계

1. 명 태조와 공민왕

고려 공민왕 17년(원 지정 28년, 명 홍무 원년, 1368) 8월 명군은 원의 대도大都를 함락시켰고 순제는 상도上都로 피란했다. 11월 명 태조는 부보랑符寶郞 설사偰斯를 고려에 보내 건국을 알렸다. 설사는 홍건적이 대령大寧을 공격했을 때 그들을 피해 고려로 귀화한 위구르인回鶻人 설손偰遜의 아들이다. 그보다 앞서 공민왕은 원에 사대의 예를 잃지 않고 이듬해(공민왕 18년, 명 홍무 2년, 1369) 3월까지 사신 파견을 중단하지 않았지만 4월 설사가 새서璽書를 갖고 개경에 오자 백관을 이끌고 그를 맞이했으며 5월 설사가 돌아갈 때 곧바로 지정 연호를 정지하고 사은사를 금릉으로 보내 태조의 등극을 축하했다. 그러자 명은 다시 설사에게 금도장과 고문誥文을 갖고 고려로 보내 공민왕을 고려국왕에 책봉했으며 의례와 복식을 모두 고려의 풍속에 따르도록 허락했다. 그리고 조천궁朝天宮 도사道士 서사호徐師昊도 명 태조의 문서를 받들고

만선사 연구 3권

이듬해(공민왕 19년, 명 홍무 3년, 1370) 5월 설사와 앞뒤로 개경에 와 고려의 산천이 이미 명의 관할 안으로 귀속됐다면서 고려 영토 안의 가장 중요한 산首山과 여러 산諸山, 가장 중요한 강首水과 여러 강諸水의 신에게 제사를 드리고 비석을 성 남쪽에 세운 뒤 돌아갔다. 그러자 고려는 그해 7월부터 홍무 연호를 사용하고 책봉에 감사했으며, 앞서 원이 하사한 금도장을 바치고 9월 북원의 승상 코코테무르가 사신을 보내 왔지만 회답하지 않았다. 북원은 순제가 북쪽으로 피란한 뒤 원의 이름인데, 황제는 지난 4월 응창부應昌府에서 병으로 붕어하고 국새國璽는 황태자 아유시리다라(소종)에게 전해졌다.[1]

앞서 순제가 상도로 도망친 다음 달 고려인이 원에서 고려로 와 그 소식을 전하자 공민왕은 즉시 백관에게 명에 서신을 보낼 것을 의논케 했다. 이것은 자신의 왕위를 덕흥군에게 주려고 한 원이 마침내 예정된 운명에 맞닥뜨린 것을 기뻐했기 때문이며, 아울러 명이 스스로 거국을 알릴 때까지 먼저 사신을 보내지 않은 것은 신하들이 그것을 성급하다고 만류한 데 따른 것으로 생각된다. 그러므로 순제가 북쪽으로 피란하고 두 달 뒤 판종부시사 문천식文天式을 북원에 보내 천추절을 축하한 것은 상황을 탐지하려는 데 주요 목적이 있던 것이 아니었을까? 문천식은 요양까지 갔다가 길이 막혀 돌아오자 장형을 치고 다시 그를 보낸 데서도 그렇다고 추측할 수 있을 것 같다. 그리고 이듬해 4월 명의 사신이 온 뒤는 다시 북원과 교류하지 않았으며, 11월에는 그 조서를 받들고 온 노은을 체포해 처형하고 다른 일에 가탁해 기황후의 친족도 제거했다. 그 뒤 공민왕 22년(홍무 6년, 1373) 다시 북원의 사신이 와서 소종의 명령을 전달했다.

요즘 병란 때문에 북쪽으로 이주했지만 지금 코코테무르를 재상으로 삼아 나라를 거의 다시 일으켰다. 국왕도 원 세조의 손자니 힘을 보태 천하를 다시 바로잡으라.

앞서 사신이 국경에 들어왔을 때 공민왕은 사람을 보내 죽이려고 하자 모든 신하가 반대했다. 이때 사신이 도성에 오자 다시 억류 또는 방환하거나 명에 압송하는 세 가지 방법을 신하들에게 물었는데, 방환하는 데 모두 찬성했다. 그리고 국왕은 마침내 원의 사신을 만났지만 그것이 명에 알려질까 걱정해 눈병 때문에 해를 볼 수 없다는 핑계로 밤에 접견했다. 곧 이런 사실은 공민왕이 원을 매우 싫어했음을 보여주는 것으로 순제가 북쪽으로 피란한 사실이 보고되자 곧바로 북원에 등을 돌리고 명에 귀의한 까닭이 분명하다.[2]

고려에 대한 명 태조의 태도는 매우 관대해 조금도 위압하지 않았는데, 건국을 알려 종주권을 행사한 처음부터 이미 그런 모습을 보였으며 특히 환관 김여연金麗淵을 호송사로 삼아 유연幽燕 지방에 흘러와 살던 고려인 165명을 돌려보냈다. 김여연도 고려인으로 태조의 측근에 있었기 때문에 집에 계신 노모를 오랫동안 뵐 수 없었다.

원을 증오해 사대 관계를 명으로 옮긴 공민왕은 자주 조공 사신을 보내 정성을 표시하는 것을 빠뜨리지 않았다. 그리고 치세 말년에는 명에서 말을 바치라는 명령이 있었는데, 그것에 대처한 국왕의 태도는 그가 공순한 정도를 가늠할 수 있는 자료이므로 아래서는 그 사실을 서술하겠다.

공민왕 23년(명 홍무 7년, 1374) 4월 명의 예부주사禮部主事 임밀林密과 자목대사孳牧大使 채빈이 와서 중서성의 자문을 전달했다.

삼가 성지를 전달합니다. "앞서 사막(북원을 가리킨다)을 정벌할 때 길이 험하고 멀어 말을 많이 잃었다. 지금 대군이 다시 원정에 나아가는데, 내 생각에 고려국은 이미 원대부터 말 2~3만 필을 탐라에서 사육했으니 지금은 분명히 많이 번식했을 것이다. 중서성에서는 사람을 보내 문서를 갖고 가서 고려 국왕을 설득해 좋은 말 2000필을 골라 보내게 하라." 欽奉聖旨, 已前征進沙漠, 爲因路途竄遠, 馬匹多有損壞. 如今大軍又征進, 我想高麗國, 已先元朝, 曾有馬二三萬, 留在耽羅牧養, 孳生儘多. 中書省差人, 將文書去與高麗國王, 說得知道, 教他將好馬揀選二千匹送來.

공민왕은 문하평리 한방언을 탐라로 보내 말을 실어오게 하고 임밀과 채빈은 도성에 머무르게 했다. 하루는 도당에서 두 사신에게 잔치를 베풀었다. 기녀가 채빈의 모자에 꽃을 꽂았는데 가지런하지 않자 채빈은 크게 화를 냈다. 국왕은 그 소식을 듣고 시중 염제신을 광주廣州로 유배 보냈다. 또 채빈은 기녀가 자신의 뜻을 거스른다고 화를 내며 말을 달려 급히 돌아갔는데, 국왕은 근신에게 그를 쫓아가 달래서 돌아오게 했다. 숙소에서도 매우 융숭하게 대접했는데, 창고가 비자 각 관서에서 돌아가며 잔치를 열도록 하기에 이르렀다.

채빈은 횡포해 걸핏하면 사람을 때리고 욕하니 시중 이하 모든 재상이 모욕을 당했지만 국왕은 그의 뜻을 맞추는 데만 힘써 두 사신의 말에 따라 그들을 접대하던 조민수曹敏修 등을 밀직에 임명하고 채빈을 모신 기녀의 아버지를 낭장에 제수했다. 한방언이 탐라에 도착하자 목호牧胡* 시데리石迭里 등은 쉽게 명령을 듣지 않으면서 "우리가 어

---

* 제주에서 말을 기르던 원元 사람.

찌 감히 세조황제가 기른 말을 명에 바치겠습니까?"라고 하고 300필만 보냈다. 그러자 두 사신은 국왕에게 말했다. "탐라의 말이 2000필이 차지 않으면 황제는 반드시 우리를 죽일 것이니 오늘의 죄를 국왕이 받아주십시오." 국왕이 어떻게 대답했는지는 알 수 없지만 마침내 탐라 정벌을 의논해 전선 314척, 정예병 2만5600여 명을 보내 문하찬성사 최영을 지휘관으로 삼아 그 죄를 묻게 했다. 또 종친·재추·대언 이상에게 말 1필씩 바치게 해 진헌에 보충하게 했지만, 두 사신이 탐라에서 바친 말의 숫자가 모자란다는 이유로 한방언을 처형할 것을 요청하자 그를 장형과 유배에 처했다.[3]

국왕은 그보다 앞서 대호군 김갑우金甲雨와 역어譯語 오극충吳克忠을 처형했는데, 지난해 김갑우 등은 명에 사신으로 가서 탐라 말 50필을 바치면서 개인적으로 말을 가져가 동궁에게 선물했다. 태조는 공민왕에게 이런 사신의 행동은 처벌해야 마땅하며 앞으로는 반드시 성실한 사람을 선택해 사신으로 보내라고 명령했기 때문이었다. 그동안 최영 등은 군사를 이끌고 탐라를 공격해 크게 무찌르고 적의 우두머리 3명을 죽여 그 머리를 도성으로 보냈다. 그러나 말은 얻지 못해 9월 2일 임밀과 채빈 등이 개경을 떠나 정료위(요양)로 갈 때 고려의 호송관 김의가 이끈 말은 300필이었다. 하루 전 국왕은 사신과 궁중에서 연회를 열었다. 임밀 등은 작별을 아쉬워하면서 "우리들은 여기 와서 국왕의 따뜻한 대우를 받고 지금 헤어지니 아쉽습니다"라면서 눈물을 흘렸고 국왕도 좌우의 신하들과 함께 눈물을 흘렸다. 그리고 국왕은 20일 뒤 갑자기 시해됐다.

말을 바치는 데 반대했기 때문에 탐라를 정벌한 것은 『고려사』 세가에 분명히 기록돼 있지만 이 정벌의 사정은 다시 언급할 필요가 있다. 앞서 공민왕은 명의 정삭正朔을 받들 때 탐라의 소속과 관련해 주청한 일이 있는데, 원이 기른 말을 자국의 소유로 하고 그것을 절기마다 진헌하기로 했다. 그러나 공민왕 21년(명 홍무 5년, 1372) 유경원劉景元을 간선어마사揀選御馬使로 삼아 탐라에 보내 진헌할 말을 가져오게 하자 그곳 백성은 거기 저항해 유경원과 그 섬의 목사牧使 이용장李用藏을 죽였다. 그러자 공민왕은 그곳을 정벌하기로 하고 사정을 명에 아뢨으며, 명은 그대로 있다가 모욕을 당해서는 안 된다면서 출병을 재촉했다.

그런데 조서가 아직 도착하지 않았는데 탐라에서는 스스로 반적叛賊을 죽이고 앞서 반란에서 죽음을 모면한 고려의 관원을 권지목사로 추대한 뒤 사람을 보내 명령을 요청하고 말을 바쳤다. 그해 고려를 출발한 김갑우가 이듬해 명에 도착해 탐라 말 50필을 바친 것은 이 항복의 결과였다. 그리고 임밀과 채빈 등이 오자 마침내 앞서 말한 출정이 이뤄졌다. 그리고 공민왕은 다음과 같은 교서를 내렸다.

탐라국은 바다 가운데에 있으면서 500년 동안 대대로 공물을 바쳐왔다. 요즘 목호 시데리비스·샤오쿠투부카·관음보 등이 우리 사신을 죽이고 우리 백성을 노비로 삼는 등 그 죄악이 가득 찼다. 이제 그대(최영)에게 부절符節과 부월斧鉞을 주니 가서 제군을 독려해 신속히 섬멸하라. 耽羅國於海中, 世修職貢, 垂五百載. 近牧胡石迭里必思·肖古禿不花·觀音保等殺戮我使臣, 奴婢我百姓, 罪惡貫盈. 今授爾節鉞, 往督諸軍, 剋期盡殲.

이것은 앞서 섬 주민이 유경원을 죽인 과오를 말한 것으로 그들은 곧 항복한 뒤 다시 사신을 죽이지는 않았다. 그렇다면 국왕이 탐라에 출병한 것은 2년 전인 섬 주민의 배반과 관계된 것으로 생각되며, 이 정벌의 바탕에는 그들을 징벌하려는 뜻이 있음을 알 수 있다. 그러나 그것과 이것 사이에 끼어있는 항복과 조공 사실은 어느 정도 둘의 관계를 멀게 했으므로 요컨대 이 정벌은 대체로 말 조공에 관련된 명의 요구를 존중하는 취지에서 이뤄진 것으로 보인다. 오만한 명 사신의 언동에 증오의 빛을 보이지 않고 오직 그 뜻을 따르는 데 힘써 몇 달 동안 극진히 대접하고 지성으로 명에 사대해 오직 그 명령을 어기지 않으려는 국왕의 뜻이 표현된 것이다. 김갑우가 뇌물을 바친 죄를 극형으로 다스린 것도 그 때문으로 생각된다. 그리고 북원의 사신을 죽이려고 한 것에 견줘 명에 이토록 공순한 것은 음흉한 김용을 총애하고 간악한 신돈을 믿은 것처럼 한번 호오의 감정을 품어 그 흐름이 지속될 때는 이성적 판단을 하기 어려운 국왕의 기질 때문이라고 하지 않을 수 없다.

2. 우왕 즉위 초 명·북원의 관계와 이인임

(1) 우왕의 즉위

공민왕은 신돈의 아들 우를 키워 궁인 한씨의 소생이라고 하고 후사로 삼았지만, 공민왕이 승하했을 때 공민왕의 생모 명덕태후와 시중 경복흥은 종친을 세우려고 했고 수시중 이인임은 우를 세우려고 했다. 우를 세우면 왕씨의 계통이 끊어지고 그를 세우지 않으면 선왕이 남긴 뜻에 반대되는 것이었다. 의견의 차이는 여기에 바탕했지만 안타깝게도 태후와 경복흥은 종실에서 가까운 혈통을 찾을 수 없었으며,

종친을 세우려고 했다면 그 뒤 이성계가 우왕의 아들 창을 폐위할 때처럼 신종의 7대손으로 우유부단한 자질의 공양왕을 선택할 수밖에 없었을 것이다. 이처럼 결정하지 못하고 도당에서 서로 바라보기만 하고 말을 꺼내지 못할 때 판삼사사 이수산李壽山은 종실을 세우자고 주장했지만 영녕군永寧君 유瑜와 밀직 왕안덕王安德 등은 이인임의 뜻에 맞춰 말했다. "선왕께서 우를 후사로 삼았으니 그를 버리고 누구를 찾겠습니까?" 이인임은 마침내 백관을 이끌고 우를 옹립했다.

앞서 신돈이 국정을 장악했을 때 도당의 최고직에서 국무를 맡아본 인물은 유탁과 이인임이었다. 유탁은 영전影殿* 공사를 중단해야 한다고 공민왕에게 간언했다가 파직되고 신돈의 심복 이춘부李春富가 그를 대신해 시중이 됐지만, 이인임은 남들의 뜻을 잘 맞췄기 때문에 신돈과 함께 국왕의 뜻에 영합했으며 신돈과 이춘부 등이 주살되고 유탁도 살해된 뒤에는 국정을 장악하게 됐다. 그가 명덕태후 등의 논의를 물리치고 우를 옹립할 수 있던 것도 그 때문이었다. 그리고 우는 겨우 10세였으므로 이인임의 세력은 이때부터 더욱 커졌다.

(2) 명과 북원 관계의 개관

우왕은 즉위(9월 25일)한 다음 달 전왕을 현릉玄陵에 안장한 뒤 11월 장자온과 민백훤閔伯萱을 보내 명에 부고를 알리고 시호와 승습을 요청했다. 그리고 같은 달 두 사신이 돌아온 것은 그들이 명의 도성에 들어가지 않았음을 보여준다. 또 12월에는 김서金湑를 사신으로 삼아 북원에 부고를 알렸는데, 이것은 전왕의 유지와 반대로 북원과 관계를

---

* 임금의 초상을 모신 전각.

다시 연 것처럼 보인다. 그 결과 이듬해(우왕 원년, 명 홍무 8년, 1375) 정월 다시 최원崔源을 명에 보내 지난번 장자온 등에게 지시한 것처럼 부고를 상국에 알리고 시호와 승습을 요청했으며, 3월 다시 사신(손천용孫天用)을 보내 말 100필을 세공으로 바쳤다. 5월에는 북원에서 사신을 보냈고, 같은 달 다시 세공으로 명에 말을 바쳤다.⁴ 우왕 즉위년부터 그 이듬해(원년) 전반까지 이런 사실들은 공민왕이 붕어한 뒤 고려가 계속 명에 사대하면서도 북원과도 교류했음을 뜻하는 것으로 보이지만 그런 대체적인 고찰은 아직 만족스럽지 않다. 자세히 연구해야 할 사항과 반드시 해결해야 할 의문이 그 안에 많이 있다. 그리고 이런 문제들을 건드리지 않으면 새 국왕을 옹립해 명과 북원 사이에 있던 이인임의 태도도 전혀 명확하지 않은 채로 끝난다.

아래는 앞으로 서술할 사실 가운데 핵심을 적은 것이다. 미리 제시해 참조하는데 편리하게 했다.

공민왕 23년 (1374)	9월	·[2일] 명 사신 임밀과 채빈이 김의를 따라 정료위로 출발했다. 장자온은 조공하는 육로가 열린 것을 감사하기 위해 명으로 갔다.
		·[22일] 환관 최만생 등이 공민왕을 시해했다.
		·[25일] 이인임이 우를 옹립했다.
	10월	·[28일] 공민왕을 현릉에 안장했다.
	11월	·장자온과 민백훤을 명에 보내 부고를 알리고 시호와 승습을 요청했다.
		·나하추의 사신 문카라부카가 와서 선물을 바쳤다. 김의가 채빈 부자를 개주참에서 살해하고 나하추의 진영으로 도망쳤다.
		·장자온과 민백훤이 돌아왔다.
	12월	·김서를 북원에 보내 부고를 알렸다.

우왕 원년 (1375)	정월	·최원을 명에 보내 부고를 알리고 시호와 승습을 요청했다.
		·나하추가 사신을 보내 전왕은 아들이 없는데 누가 왕위를 이었는지 물었다.
	3월	·손천용을 명에 보내 말 100필을 바쳤다.
	4~5월	·톡타부카篤朶不花가 온다는 변방의 보고를 받고 각도의 군사를 징발해 북원에 대비했다.
		·이인임이 백관을 이끌고 효사관孝思館에 가서 태조의 진영眞影에 맹세했다.
		·김의의 종자가 왔다.
		·박상충이 상소해 안사기安師琦를 처벌하라고 주청했다.
		·박사경이 나하추의 진영에서 돌아와 나하추의 말을 명덕태후에게 알렸다.
		·이인임이 원로 신하를 포함한 백관과 함께 연명으로 글을 지어 북원의 중서성에 보냈다.
		·[5월] 북원의 사신이 강계에 오자 위로하고 돌려보냈다.
		·이인임 등이 반대 세력을 축출했다.
		·전보全甫를 명에 보내 세공으로 말을 바쳤다.

(3) 명 사신 살해 사건의 진상 — 톡타부카 옹립 음모

앞서 말한 대로 공민왕이 붕어하기 전(9월 2일) 고려의 호송관 김의를 따라 명 사신 임밀과 채빈 일행은 말을 이끌고 정료위로 떠났다. 그런데 부고를 알리고 시호를 요청하려고 장자온 등이 명으로 출발한 뒤 그동안의 사대관계를 흔드는 뜻밖의 사건이 멀리 국경 밖에서 일어났다. 명 사신 일행이 정료위에 들어가 당시 개주참으로 불린 지금의 봉황성에 이르렀을 때 김의가 채빈 부자를 죽이고 북원으로 도망친 것이다.[5] 이것은 무슨 일인가?

• 『고려사』(권131) 「김의열전」: 김의는 호인胡人으로 본명은 예레케也列哥다. 공민왕 말 밀직부사에 임명됐고 동지사사로 승진했다. 조정(명)의 사신 임밀과 채빈 등은 돌아가면서 김의에게 호송하도록 명령했다. 채빈이 술에 취할 때마다 자신을 죽이려고 하자 김의는 참을 수 없어 그를 해치려고 했다. 이인임도 조정(명)에서 공민왕의 일(붕어한 사정)을 물을까 두려워 안사기를 보내 김의에게 채빈 등을 죽여 입을 막으라고 몰래 지시했다. 개주참에 도착하자 김의는 마침내 채빈과 그 아들을 죽이고 임밀을 체포해 갑사 300명과 진헌하려던 말 200필을 갖고 나하추에게 달아났다. 金義, 胡人, 本名也列哥. 恭愍末, 拜密直副使, 陞同知司事. 朝庭使臣林密·蔡斌等還, 命義護行. 斌酗酒, 每欲殺義, 義不能堪, 欲害之. 李仁任亦恐朝庭問恭愍之故, 遣安師琦, 密諭義, 殺斌等以滅口. 至開州站, 義遂殺斌及其子, 執密以甲士三百人·進獻馬二百匹, 奔于納哈出.

• 『고려사』(권126) 「이인임열전」: 어떤 사람이 이인임에게 말했다. "예부터 국왕이 시해되면 재상이 먼저 처벌됩니다. 황제(명 태조)가 선왕(공민왕)의 변고를 듣고 군사를 일으켜 죄를 물으면 공은 반드시 모면하지 못할 것이니 원과 화친하는 것이 낫습니다." 이인임은 옳다고 생각했다. 명 사신 채빈 등이 귀국하자 이인임은 찬성사 안사기를 보내 겉으로는 전송한다고 말하고 은밀히 김의에게 지시해 도중에서 채빈 등을 죽여 입을 막게 했다. 김의는 마침내 채빈을 죽이고 북원으로 도망쳤다. 或謂仁任曰, 自古國君見弑, 爲宰相者, 先受其罪. 帝若聞先王之故, 興師問罪, 公必不免, 莫若與元和親. 仁任然之. 及帝使蔡斌等還, 仁任遣贊成事安師琦, 陽言餞行, 密諭金義, 中路殺斌等, 以滅口. 義遂殺斌, 奔北元,

이런 기사들에 따르면 이인임이 명 사신을 살해한 주모자인 것 같지만 그것이 사실이라고 곧바로 믿을 수 있을까? 선왕이 갑자기 시해되자 이인임은 어린 임금을 끼고 권력을 장악했다. 명이 그 까닭을 묻자 이인임은 자신이 시해하지 않았지만 그래도 변명하지 않을 수 없었다. 그런데 일이 상국에 알려질 것을 꺼려 사신을 죽여 한때나마 흐지부지 덮어버리려고 했다면 너무나 어리석은 행동이다. 하물며 명의 문책을 두려워해 다시 사신을 죽이는 죄를 저지르는 행동 같은 것은 바로 불에 기름을 붓는 것이고, 북원의 남은 세력과 결탁하려고 했다는 부분에 이르러서는 참으로 무모한 일이다. 뿐만 아니라 장자온 등을 명에 보내 시호와 승습을 요청한 사실도 이 기록과 서로 맞지 않는 것으로 앞서 서술한 것처럼 장자온 등이달을 넘기지 않고 돌아온 것은 사신의 임무를 완수하지 못하고 도중에 발길을 돌렸기 때문으로 생각되는데, 그것은 개주참에서 명 사신이 살해됐다는 소식을 듣고 명이 두려워 곧바로 돌아온 것밖에 될 수 없다. 그렇다면 이런 사신의 파견은 이인임이 관여하지 않은 것인가? 그렇게 볼 수는 없다. 우왕을 옹립한 인물은 이인임이므로 그 승습을 요청한 사람도 반드시 그였을 것이다. 따라서 명 사신을 살해하라고 지시한 인물이 이인임이라는 것은 도저히 믿을 수 없다.

앞서 김의가 임밀과 채빈을 호송해 정료위로 떠났을 때(9월) 따로 파견된 장자온은 요동에서 조빙하는 도로를 열어준 것을 명에 감사하는 임무를 띠고 있었다.[6] 그런데 그 뒤 11월에 이르러 장자온은 다시 민백훤과 함께 명에 부고를 알리는 임무를 받았는데, 이것은 공민왕의 변고 때 일시적으로 귀국한 것일까? 아니면 길이 지체됐기 때문으로 생각된다. 이처럼 장자온은 공민왕의 붕어 때문에 사신의 임무를 새로 받고 다시 그 임무를 완수하지 못했지만 이듬해(우왕 원년, 1375)

5월 북원의 사신이 왔을 때 정몽주가 "장자온 등은 김의의 일행인데 정료위까지 가지 않고 공개적으로 귀국했지만 그대로 두고 문책하지 않았다張子溫等, 金義一行之人也, 不達定遼衛, 公然還國, 又置而不問"[7]고 상소한 것은[8] 부고를 알리는 새 임무를 갖게 된 중간의 사실을 생략하고 장자온의 행동을 말한 것인데, 그가 특히 중간의 사실을 생략한 것은 상소의 취지가 이인임을 공격하는 데만 맞춰졌기 때문이었다(이 상소는 5장에서 자세히 서술). 같은 때 박상충도 "선왕의 명령으로 사신을 호송했던 사람은 김의만이 아니지만 대신 가운데 선왕의 명령을 받아 안주까지 갔다가 스스로 돌아온 사람은 누구입니까?先王所命護送使臣者, 不惟金義, 而大臣受先王命, 至安州自還者何人"라고 상소한 것도[9] 마찬가지로 대신은 장자온을 가리키는 것으로 생각되지만 공민왕은 명 사신을 환송하라는 명령을 장자온에게 내리지 않았다.

그러나 앞서 인용한 두 기사에 따르면 김의가 명 사신을 죽인 것은 찬성사 안사기가 은밀히 지시했기 때문이었다.

『고려사』(권112) 「박상충열전」: 우왕 초 김의가 명 사신을 죽이고 북원으로 달아났는데, 김의의 종자들이 돌아오자 이인임과 안사기는 그들을 후하게 대우했다. 박상충이 상소했다. "김의가 사신을 죽인 죄는 처벌해야 마땅하지만 재상들은 그 종자들을 매우 후하게 대우하고 있습니다. 이것은 안사기가 김의를 사주해 사신을 죽인 행적이 이미 드러난 것입니다. 지금 그 죄를 바로잡지 않으면 사직의 화란이 여기서 시작될 것입니다." 태후(명덕태후)는 그 상소를 도당에 내리고 안사기를 참수해 저자에 머리를 내걸었다. 辛禑初, 金義殺朝廷使臣, 奔北元, 及義從者來, 李仁任·安師琦待之厚. 尙衷上疏曰, 金義殺使之罪, 在所當問, 宰相待其從者甚

厚. 是師琦嗾義殺使, 其迹已見. 今若不正其罪, 社稷之禍, 自此始矣. 太后下
其疏都堂, 斬師琦, 梟首于市.

안사기가 그 살해 사건에 관계했다는 것은 분명해 보인다. 그러나
그런 사실을 인정하면 의문은 거기서 다시 일어나 명 사신을 살해한
안사기의 목적은 무엇이었는지 구명하지 않으면 안 된다.

「이인임열전」에서는 안사기가 처형된 사정을 다음과 같이 서술했다.

김의의 종자가 오자 이인임과 안사기는 그를 후하게 대우했다. 박상충
이 상소했다. "재상들은 김의가 사신을 죽인 죄를 묻지 않고 그 종자를
후하게 대우하고 있습니다. 이것은 안사기가 김의를 사주해 사신을 죽
였다는 명백한 증거니 그 죄를 밝게 다스리소서." (…) 태후가 이인임을
불러 말했다. "재상이 김의를 원에 보낸 지 오래됐다고 들었는데, 경들
만 어찌 모르시오?" 마침내 박상충의 상소를 도당에 내려보내니 우왕
은 안사기를 순위부에 하옥시켰다. 안사기는 도망쳐 남의 집에 숨었지
만 급박하게 추격해오자 벗어나지 못할 것을 알고 차고 있던 칼을 뽑아
자결했다. 그의 목을 베 저자에 매달았다. 義從者來, 仁任·師琦待之厚. 尚
衷上疏言, 宰相不問金義殺使之罪, 而待其從者厚. 是師琦嗾義殺使, 其跡已
具, 乞明正其罪. 太后召仁任曰, 予聞宰相遣金義如元久矣, 卿等獨不知乎. 遂下
尚衷疏于都堂, 禑下師琦巡衛府. 師琦亡入人家, 追者急, 師琦知不免, 拔佩刀自
刎. 仍斬之, 梟首于市.

「박상충열전」보다 조금 상세하지만 아직 의문을 풀기에는 부족하
다. 그러나 박상충의 상소와 명덕태후의 말 사이에는 — 위에서 생략

한 부분 — 다음과 같은 내용이 있어 특히 주목된다.

그때 판사 박사경이 북원에서 돌아와 태후에게 아뢰었다. "나하추가 신에게 다음과 같이 말했습니다. '너희 나라의 재상이 김의를 보내 국왕이 훙거했는데 후사가 없으니 심왕(충렬왕의 현손 톡타부카로 뒤에서 말하겠다)을 국왕으로 추대하고 싶다고 요청했기 때문에 황제(소종 아유시리다라)가 그를 국왕으로 삼으려고 한 것이다. 전왕에게 아들이 있다면 조정(북원)에서는 반드시 심왕을 보내지 않을 것이다.'" 會判事朴思敬自北元還, 白太后曰, 納哈出謂臣言, 爾國宰相遣金義請云, 王薨無嗣, 願奉瀋王爲主, 故帝封爲爾主. 若前王有子, 朝廷必不遣瀋王也.

박사경의 이 말을 들은 태후가 이인임을 불러 "재상이 김의를 원에 보낸 지 오래됐다고 들었는데, 경들만 어찌 모르시오?"라고 말한 것은 김의가 북원에 사신으로 가서 심왕을 맞이하겠다고 요청한 일을 가리킨 것이 틀림없다. 그런데 「이인임열전」에서는 안사기를 효수한 위의 기사를 이어 다시 다음과 같이 서술했다.

이인임은 김의를 원으로 파견한 것은 찬성사 강순룡·지밀직 조희고·동지밀직 성대용 등이 한 일이라고 생각해 모두 먼 곳으로 유배 보냈는데, 강순룡 등이 일찍이 원 조정에서 벼슬했기 때문이었다. 仁任以爲遣義如元者, 乃贊成康舜龍·知密直趙希古·同知密直成大庸等所爲, 並流遠地, 蓋以舜龍等嘗仕元朝故也.

그렇다면 김의를 사주해 명 사신을 살해하게 한 것은 안사기고 그를 북원에 보낸 것은 강순룡·조희고 등인 것 같지만 서로의 관계는 전혀 알 수 없다. 이것은 다시 새로 생겨난 의문이다.

먼저 심왕 톡타부카(톡토부카脫脫不花라고도 한다)에 대해 말하면 충선왕의 이복형 강양공江陽公 자滋의 아들로 심왕 호(몽골 이름 울제이독完澤禿)가 있다. 톡타부카는 그 손자다. 조부의 칭호를 이어받아 심왕이라고 하고 늘 원에 거주하면서 고려에 온 적이 없는 것 같다. 기황후 모자가 공민왕을 증오해 폐위를 시도했을 때 먼저 왕위를 잇게 하려던 인물은 톡타부카였지만 그가 고사하자 덕흥군을 책봉했다. 그 뒤 이공수가 원에서 돌아와(공민왕 13년, 1364) 그 사실을 아뢰자 공민왕은 그의 마음씀을 기뻐하고 재위 14년 사신을 보내 톡타부카에게 후히 사례했으며 이듬해 답방한 사신이 오자 역시 후대했다.[10] 앞서 「이인임열전」에서 '심왕'이라고 하고 아래서 인용한 「공민왕세가」의 기사에서 '심왕의 손자瀋王孫'라고 한 것은 모두 톡타부카를 가리킨 것이다.

앞서 서술한 대로 이인임은 명덕태후의 명령을 받들어 안사기를 처벌하고 강순룡·조희고 등을 멀리 유배 보냈다. 그리고 강순룡·조희고 등의 죄상은 김의를 북원에 보낸 것이라고 했지만 「이인임열전」의 그 부분에서는 특히 "이인임이 생각한仁任以爲" 죄상을 들고 "강순룡 등이 일찍이 원 조정에서 벼슬했기 때문이었다"고 덧붙인 것을 보면 실제로는 억울한 죄를 뒤집어썼다고 생각된다. 그런데 안사기와 관련해서는 순위부의 처벌을 기다리지 않고 도망쳐 자살했고 목을 베 저자에 효수했으므로 큰 죄를 저지른 흔적이 매우 뚜렷하다. 이것은 곧 김의를 북원으로 보내 톡타부카를 맞이하려던 인물이 안사기 밖에 없었음을 보여주는 것이 아닐까?

태후가 이인임을 불러 "나는 재상이 김의를 원에 보냈다는 것을 들은 지 오래됐는데 경들만 모르는가?"라고 말한 것은 태후가 박사경에 게서 들어 안 톡타부카를 맞이해 옹립하려는 음모를 의미한다. 그리고 태후가 이렇게 말하자 곧 안사기를 순위부에 가둔 것도 그가 옹립의 주모자였음을 의심할 수 없게 한다. 달리 말하면 나하추가 박사경에게 "귀국의 재상이 김의를 보내 요청했다"고 말한 '재상'도, 태후가 박사경의 말을 듣고 "나는 재상이 김의를 원에 보냈다는 것을 들은 지 오래됐다"고 말한 '재상'도 모두 찬성사 안사기를 가리키는 것이 될 수밖에 없다.

우리는 명 사신 살해 사건의 진상을 연구하면서 사건의 배후에 톡타부카 옹립 계획이 숨어 있음을 알 수 있었다. 이것도 가볍게 지나치기 어려운 중대한 사건이므로 다시 조금 언급한 뒤 처음의 문제로 돌아가려고 한다.

「공민왕세가」 23년(1374) 조 끝부분에는 다음과 같은 기사가 있다.

어떤 호승胡僧이 북원에서 와서 강순룡에게 "원이 심왕의 손자를 고려의 국왕으로 삼으려고 한다"고 했다. 왕은 그 말을 듣고 호승과 강순룡을 가두고 문초했다. 승려가 "아무개에게 들었다"고 하니 그 지목된 사람을 체포해 국문했다. 그는 "전 찬성사 우제의 가노가 북원에 장사하러 갔을 때 들은 것"이라고 했다. 그 가노를 신문하려고 했지만 가노는 도망쳤고, 호승과 강순룡은 석방됐다. 임오일 우제를 순위부에 가뒀다. 有胡僧自北元來謂康舜龍曰, 元以瀋王孫, 爲高麗國王. 王聞之, 囚僧及舜龍, 按治. 僧曰, 聞諸某甲. 執其人鞫之曰, 此前贊成事禹磾家奴行販北元時所聞也. 欲訊其奴, 奴逃, 釋僧與舜龍. 壬午, 囚磾于巡衛府.

임오일은 공민왕이 훙거하기 이틀 전(9월 20일)이다.[11] 이 사건은 결말이 명확하지 않다는 점에서 얼핏 보기에 요령을 얻지 못한 느낌이 있지만 북원 조정이 톡타부카를 세우려던 것은 사실로 생각된다. 앞서 서술한 대로 공민왕은 명을 섬기면서부터 북원에 강경한 태도를 보였고, 고려에 도움을 명령하러 북원의 사신이 왔을 때 그를 국경에서 죽이려고 했지만 신하들의 간언에 따라 그 시도는 접고 다시 억류 또는 석방하거나 명에 압송하는 세 가지 방안을 논의했는데 모두 석방하는 데 찬성하자 밤에 사신을 접견했다.[12] 이것은 지난해 2월의 일이므로 북원이 톡타부카를 옹립하려던 것은 우연이 아니고, 관련된 사실이 알려지면서 북원의 황제와 신하들이 분노한 결과 계획된 것으로 생각된다. 그리고 왕위 교체 시도를 안 공민왕은 자국과 북원 사이를 오간 인물, 그리고 그와 직접 관계된 사람을 국문한 것은 북원 사신의 처분에 관련된 지난날 조정의 논의를 북원에 누설한 사람이 있다고 생각해 그를 처벌한 것으로 여겨진다.

아무튼 국왕은 갑자기 세상을 떠났고 우왕은 정당한 계승자가 아니었다. 그때 명 사신 일행은 김의의 호위를 받으며 돌아가고 있었지만 한 달쯤 뒤인 11월 김의는 사신을 죽이는 죄를 저지르고 북원으로 도망쳤다. 그런데 김의를 북원으로 보내 톡타부카를 맞이하려던 인물은 안사기였으므로 안사기의 그 음모는 공민왕이 훙거했을 때 국왕을 교체하려던 북원의 시도에 영합한 것이 틀림없다. 그리고 방금 특별히 "공민왕이 훙거했을 때"라고 한 것은 위에서 서술한 앞뒤의 사정에 따라 추측할 수 있고, 북원에서 김의가 나하추에게 "국왕이 훙거했는데 후사가 없으니 심왕을 국왕으로 추대하고 싶다"고 말한 것도 그것을 증명한다. 이인임이 우왕을 옹립하자 안사기는 톡타부카를 맞이하려고 했으며 그런 생각을 북원에 알리는 데는 명 사신을 호송하고 있던 김의를 이용하는 것이 좋겠다고 생각해 전송한다는 핑계를 대고 스스로 그곳에 가서 몰래 김의에게 지시한 것으로 생각된다. 그렇다면 김의가 북원으로 가기 전 명 사신을 살해한 것도 안사기의 사주에서 나온 것일까?

김의가 채빈 부자를 개주참에서 살해하고 임밀을 체포한 것은 「신우열전」과 「김의열전」에 서술돼 있다. 그는 명 사신 가운데 한 사람은 죽였지만 다른 한 사람은 해치지 않은 것이다. 그리고 두 사신에 관련된 「공민왕세가」의 기사를 살펴보면 그들이 개경에 머무는 동안 매우 오만하게 위아래 사람들을 능욕한 인물은 임밀이 아니라 채빈이었다. 그렇다면 앞서 인용한 「김의열전」에서 "채빈이 술에 취할 때마다 자신을 죽이려고 하자 김의는 참을 수 없어 그를 해치려고 했다"는 것은 김의가 채빈을 죽인 동기를 설명하는 것으로 쉽게 수긍할 수 있으며, 임밀을 죽이지 않은 것은 그가 흉포하지 않았기 때문으로 생각된다. 그런데 이렇게 해서 김의는 진헌한 말 200필을 탈취해 북원으로 달아났으므로 그것은 그에게 준 대가가 아니었을까? 만약 그렇지 않고 명 사신을 살해하는 것이 그의 주요한 목적이었다면 임밀을 죽이지 않은 이유를 이해할 수 없다.

그렇다면 김의를 사주해 채빈 등을 죽이게 한 사람을 안사기라고 한 기록은 어떤가? 김의의 종자가 왔을 때 박상충이 상소해 "김의가 사신을 죽인 죄는 처벌해야 마땅하지만 재상들은 그 종자들을 매우 후하게 대우하고 있습니다. 이것은 안사기가 김의를 사주해 사신을 죽인 행적이 이미 드러난 것"이라고 한 것은 사료의 성질상 곧바로 믿을 수 있을 것 같다. 그러나 안사기는 김의에게 톡타부카를 맞이하게 하려고 했지만 그것에 앞서 명 사신을 죽여 스스로 화를 초래한 것은 그 계획에 조금도 도움이 되지 않았다. 안사기는 그런 행동을 하지 않았을 것이 틀림없다고 생각되므로 박상충의 상소는 그를 무고한 것으로 볼 수 있다. 김의의 종자가 왔을 때 안사기가 그를 후대하자 박상충은 김의와 안사기 사이에 불순한 관계가 있음을 간파했지만 톡타부카를 옹립하려는 음모라고는 알지 못했으므로 사신 살해의 죄를 곧바로 안사기에게 씌운 것으로 생각된다.

다음으로 「이인임열전」과 「김의열전」에서는 이인임을 사신 살해 주모자로 생각해 안사기를 보내 몰래 김의를 사주한 인물을 이인임으로 봤지만, 이미 서술한 대로 사신 살해의 책임을 이인임에게 돌리기는 어렵다. 생각건대 이 기록은 박상충의 상소를 기초로 삼아 그것에 한 단계의 구조를 더한 것으로 생각되고, 그 구조의 재료가 된 것은 이인임의 죄를 무고해 "수시중 이인임은 몰래 김의와 함께 모의해 명 사신을 죽였지만 요행히 처벌을 모면했다"고 한 이첨李詹과 전백영全伯英의 상소로 여겨진다(이 상소는 5절에서 서술). 이렇게 생각하면 명 사신 살해 사건에 관련된 「김의열전」의 기사 가운데 「이인임열전」과 공통되는 부분은 거의 믿기 어렵고, 김의가 명 사신을 죽인 이유로 채빈의 포악한 사실을 든 몇 구절만 사실의 진상을 전했다고 봐야 한다.

요컨대 이인임은 명 사신 살해사건과 무관했다. 안사기는 김의에게 톡타부카를 맞이하게 했지만 사신 살해는 그의 본뜻이 아니었다. 혼자 그 책임을 진 것은 김의였다. 그런데 이런 간단한 사실이 모호해져 진상을 포착하기가 매우 어렵게 된 주요한 까닭은 관계 사료가 부족한 데 있다. 김의는 북원으로 도망간 뒤 다시 고려에 오지 않았고(그 뒤 명으로 돌아갔다) 안사기는 순군 옥을 탈출해 자결했으므로 모두 심문한 결과가 기록될 기회가 없었고 안사기의 음모에 관련된 사실은 자연히 모호해질 수밖에 없었다. 그 때문에 박상충의 상소는 관련 없는 사람을 죄인으로 지목했고 다시 이첨·전백영의 상소가 남아 「김의열전」과 「이인임열전」의 기사가 만들어진 것이다. 아무튼 지금까지 논의한 것에 따라 사건의 진상은 대략 밝힐 수 있었으므로 그 사이에 있던 이인임의 태도를 다시 살펴봐야 한다.

(4) 북원에 대한 이인임의 태도

이 장 2절에서 서술한 대로 우왕은 즉위한 뒤 명과 북원에 각각 사신을 파견했는데, 명에는 11월 장자온을 사신으로 삼아 부고를 알리고 시호와 승습을 요청했으며 북원에는 12월 김서를 보내 국상을 알렸다. 그러나 김서를 보내 북원과의 관계를 연 인물은 이인임이었다. 그는 스스로 의논을 주창해 기로백관과 함께 북원의 중서성에 서신을 보낸 데서 분명히 알 수 있다. "삼가 판밀직 김서를 보내 부음을 전달하고 조정에 나아가도록 했다謹遣判密直金㵩, 申達訃音, 前赴朝廷."(뒤에서 전문을 실었다). 아울러 앞 절에서 서술한 대로 이인임은 명에도 장자온을 보냈으므로 명에 대한 복속 관계를 무시하고 북원만 가까이한 것은 아니었다. 따라서 부고를 알리러 김서를 북원에 보낸 것은 따로 그 까닭이 없을 수 없다. 앞서 우리는 「이인임열전」을 인용해 그것을 근거로 북원에 보낸 인물은 안사기라고 판단했다.

그때 판사 박사경이 북원에서 돌아와 태후에게 아뢰었다. "나하추가 신에게 다음과 같이 말했습니다. '너희 나라의 재상이 김의를 보내 국왕이 홍거했는데 후사가 없으니 심왕을 국왕으로 추대하고 싶다고 요청했기 때문에 황제(소종 아유시리다라)가 그를 국왕으로 삼으려고 한 것이다. 전왕에게 아들이 있다면 조정(북원)에서는 반드시 심왕을 보내지 않을 것이다.'"

이제 위에서 말한 의문에 대답하기 위해 다시 이 기사를 살펴보면 『고려사』 편자는 관련된 사실을 「신우열전」에 수록하지 않았기 때문에 박사경이 북원에서 돌아온 정확한 날짜는 알 수 없다. 그러나 「이인임열전」에서 "그때 변방에서 북원이 장차 무력으로 심왕 왕고의 손자 톡토부카를 [고려 국왕으로] 세우려고 한다고 보고했다時有邊報, 北元將以兵, 納瀋王暠孫脫脫不花"고 한 것은 우왕 원년(1375) 4월의 일로 생각되고 (뒤에서 말하겠다) "얼마 뒤 북원에서 보낸 사신이 왔다旣而北元遣使來"고 한 것은 5월의 일로 여겨지는데(역시 다음 절에서 말하겠다) 위의 기사는 그 사이에 보이므로 박사경이 와서 안사기의 음모가 발각된 것은 4월에서 5월로 넘어가는 무렵으로 생각된다.

또 김의가 북원으로 도망친 때를 앞뒤로 북원에 간 고려 사신은 김서뿐이므로 박사경은 부사副使로 함께 간 것으로 추측된다. 아울러 박사경은 북원에서 돌아왔다고 했지만 그 북원은 막북의 조정을 의미하는 것은 아니라고 생각된다. 막북에서 왔다면 그는 톡타부카에 관련된 북원 조정의 명령을 갖고 왔을 것이며 나하추의 말만 전달하지는 않았을 것으로 판단되기 때문이다. 그리고 「신우열전」과 「이인임열전」에서는 김의가 북원으로 도망쳤다고 했지만 「김의열전」에서는 "나하추에게 도망쳤다奔于納哈出"고 한 것도 생각하면(앞 절의 인용문 참조) 박사경은 동요하東遼河 북안 금산金山 지방에 자리 잡은 나하추의 진영에서 온 것으로 봐도 안 될 것이 없다. 또 원의 남은 신하들이 웅거해 명의 세력이 미치지 못한 곳은 북원으로 부를 수 있으므로 그 표현을 나하추의 거주지에 적용해도 반드시 이상하지는 않다.

이렇게 생각하면 지난해 11월 명 사신을 죽이고 나하추의 진영으로 도망친 것은 김의고, 올해 4월 이전 다시 그 진영으로 들어간 것은 정월 고려를 출발한 김서·박사경 일행으로 생각된다. 그런데 나하추는 박사경에게 이렇게 말했다.

너희 나라의 재상이 김의를 보내 국왕이 훙거했는데 후사가 없으니 심왕을 국왕으로 추대하고 싶다고 요청했기 때문에 황제가 그를 국왕으로 삼으려고 한 것이다. 전왕에게 아들이 있다면 조정에서는 반드시 심왕을 보내지 않을 것이다.

그렇다면 김의는 "국왕이 훙거했는데 후사가 없어" 톡타부카를 옹립하려고 했지만, 그와는 반대로 "전왕에게 아들이 있는데" 그를 세우려고 하지 않은 것은 반드시 김서와 박사경이 돼야 한다. 여기서 이인임이 김서 등을 북원에 보낸 이유를 생각해보면 그는 전왕이 남긴 뜻에 따라 우왕을 옹립했지만 우왕은 정당한 후사가 아니었다. 그런데 북원에서는 공민왕이 훙거하기 전 톡타부카를 책봉하려고 했으므로 우왕의 계승은 다시 그 기회와 구실을 원에 준 것으로 이인임은 개인적으로 우려하지 않을 수 없었을 것이다. 이때 갑자기 기괴한 사건이 일어났다. 김의가 명 사신을 죽이고 북원으로 도망친 것이다. 그리고 이인임은 그것이 안사기의 음모에서 나왔다는 것은 아직 몰랐지만 그런 반란을 일으킨 인물이 도주한 것은 다시 톡타부카에 관련된 우려를 깊게 했을 것이다. 그가 김서 등을 북원에 보낸 까닭은 여기 있다고 생각되는데, 곧 선왕에게 후사가 있다는 것을 알려 톡타부카를 책봉하지 않게 하려던 것으로 여겨진다. 나하추가 "전왕에게 아들이 있다면 조정에서는 반드시 심왕을 보내지 않을 것"이라고 말한 까닭은 바로 이것이라고 판단된다. 이인임은 멋대로 선왕의 유지를 깨고 명에 대한 사대관계를 무시한 채 북원과만 연합하려던 것은 분명히 아니었다.

덧붙이면 앞 절에서 박사경이 북원에서 왔을 때 그의 말에 따라 안사기의 음모가 발각됐다고 말했지만, 논지가 샛길로 빠질까 싶어 왜 박사경이 나하추의 말을 전했는지 논의하지 않았다. 그러나 이제 그 사정을 밝힐 수 있다. 곧 김의가 나하추의 진영으로 도망친 뒤 김서와 박사경도 그 진영에 갔으므로 나하추의 말에 따라 김의를 북원에 보낸 인물이 안사기였음을 알게 됐다. 그리고 김서는 이듬해인 우왕 2년(1376) 7월까지 나하추의 진영에 머물렀지만(다음 장 2절에서 서술) 박사경은 곧 본국으로 돌아와 안사기의 음모를 태후에게 아뢨을 것이다. 또 박사경이 돌아오기 전 김의의 종자가 고려에 왔다. 이것은 박사경이 귀국함에 따라 안사기의 음모가 발각될 것을 안사기 자신에게 알리기 위해 김의가 보낸 것은 아니었을까? 그런데 안사기는 김의의 종자를 후대했으므로 — 이인임도 그를 잘 대우했다는 것은[13] 그와 안사기를 명 사신 살해 사건의 공모자로 만든 것에 따른 허구적 서술로 생각된다 — 박상충은 김의와 안사기의 관계를 간파했으며 태후도 박사경의 말에 따라 김의를 북원에 보낸 것이 안사기였음을 알게 됐다. 그 때문에 태후는 이인임을 불러 "나는 재상(안사기)이 김의를 원에 보냈다는 것을 들은 지 오래됐는데 경들만 모르는가?"라고 말했고 마침내 안사기는 순위부에 하옥된 것이다.

김서가 북원에 사신으로 간 뒤 나하추의 사신이 고려에 왔다.

우왕 원년(1375) **정월**: 나하추가 사신을 보내 물었다. "전왕에게 아들이 없는데 지금 누가 왕위를 이었는가?" 당시 북원은 공민왕에게 후사가 없어 심왕 호의 손자 톡토부카를 국왕으로 책봉했기 때문에 이렇게 물은 것이다. 納哈出遣使來問曰, 前王無子, 今誰嗣位耶. 時北元以恭愍無嗣, 乃封瀋王暠孫脫脫不花爲王, 故有是問.

이것은 김의가 나하추 진영으로 도망친 결과가 분명하며 나하추가 보낸 사신의 말은 김의가 전왕에게 친아들이 없다는 이유로 톡타부카를 옹립하려고 했음을 보여주지만 그 사신이 왔을 때 고려의 권신이 어떤 태도로 그를 맞이했는지는 기록이 없다.

「신우열전」: 우왕 원년(1375) 4월. 판밀직 이자송을 서북면 도순문사 겸 평양윤으로, 찬성사 지윤을 서북면 도원수로, 문하평리 유연을 동북면 도원수로 임명하고 각도의 군사를 징발해 북원의 침입에 대비했다. 얼마 뒤 변방에서 평안해졌다고 보고하자 [그런 대비를] 멈췄다. 以判密直李子松爲西北面都巡問使兼平壤尹, 贊成事池奫爲西北面都元帥, 門下評理柳淵爲東北面都元帥, 徵諸道兵, 以備北元. 尋得邊報平安乃止.

무엇 때문에 북원의 침략에 대비했는지는 말하지 않았지만 「이인임열전」에서 "그때 변방에서 북원이 장차 무력으로 심왕 왕고의 손자 톡토부카를 [고려 국왕으로] 세우려고 한다고 보고했다"고 한 것은 「신우열전」의 이 기사와 짝지어 그 사정을 설명하는 것으로 생각된다. 그렇다면 변방 보고가 사실인지 거짓인지는 따지지 않더라도 그런 보고를 전한 것은 김의가 톡타부카를 맞이하려던 사실을 반영한 것이 틀림없다. 그리고 안사기의 음모가 발각되지 않은 동안 고려 조정은 그것을 김의 한 사람의 소행으로 돌렸으며, 이때 이인임은 백관을 이끌고 효사관孝思館에 와서 태조의 진영眞影에 맹세했다.

우리나라의 악한 무리(김의를 가리키는 것으로 여겨진다)가 심왕의 손자를 끼고 북쪽 변경에 와 살면서 왕위를 엿보고 있습니다. 저희는 죽을 힘으로 굳게 맞서고 새 임금(우왕)을 추대해 보좌함으로써 위로는 선왕의 덕에 보답하고 아래로는 부모와 처자를 보호할 것을 함께 맹세합니다. 이 맹약을 어기면 국가가 그 죄를 밝게 다스릴 뿐 아니라 천지와 종사와 산천의 신령이 반드시 죽음을 내릴 것입니다. 本國無賴之徒, 挾瀋王之孫, 來寓北鄙, 窺覦王位. 凡我同盟, 戮力固拒, 翊戴嗣王, 上報先王之德, 下保父母妻子. 有渝此盟, 非惟國家明正其罪, 天地宗社山川之神, 必降陰誅.[14]

이인임이 우왕을 추대한 것은 어린 임금을 끼고 국정을 장악하려는 야심에서 나온 것이므로 우왕과 맞서 왕위 경쟁자가 나타나는 것은 용납할 수 없었다. 톡타부카가 입국할 것이라는 보고를 받자 온힘을 다해 그것을 막은 것은 바로 그런 뜻을 분명히 보여주는 것이며, 그가 백관을 이끌고 맹약한 것은 그들의 내응을 미리 방지하려는 조치로 생각된다. 그리고 이른바 "죽을 힘으로 굳게 맞선다"는 것은 각도에서 군사를 징발해 북원에 대비한 까닭이 틀림없다.

얼마 뒤 박사경이 나하추 진영에서 돌아와 "전왕에게 아들이 있다면 조정(북원)에서는 반드시 심왕을 보내지 않을 것"이라는 나하추의 말을 전하자 다시 이인임은 톡타부카가 옹립될 수 있는 자격이 없는 이유를 널리 알리고 종친·기로·백관과 함께 연명서를 작성해 북원의 중서성에 보냈다.

우리나라는 세조 황제가 즉위한 뒤 우리 충경왕忠敬王(원종)은 가장 먼저 황제를 뵙고 성은을 입었으며, 원의 제왕諸王과 부마가 세습하는 관례에 따라 왕의 작위를 받았습니다. 공주(충렬왕비 제국대장공주)를 내려줘 충렬왕은 부마가 돼 충선왕을 낳았으며, 충선왕은 충숙왕을 낳아 모두 왕위를 이었습니다. 영종 황제 때 강양군 자滋의 아들 울제이투完澤禿 심왕 왕고라는 자가 있었는데, 우리 종실의 지파支派로서 [적통과는] 서로 구별됐지만 망령되게 왕위를 다퉜습니다. 그러나 원 조정이 판별해 줘 [심왕은 왕위를] 뺏지 못했습니다. 선왕 바얀테무르伯顔帖木兒(공민왕)는 충숙왕의 친아들로 왕위를 이은 지 24년 만에 친아들인 원자 우에게 왕위를 계승하도록 유언했습니다. 삼가 판밀직 김서를 보내 원 조정에 부음을 알렸는데, 지금 그가 돌아와 심왕 울제이투의 손자 톡토부카는 사실 우리나라로 시집온 공주(제국대장공주)의 가문이 아닌데도 망령되게 다른 마음을 품고 왕위를 이으려고 한다는 것을 알게 됐습니다. 이것은 세조 황제께서 정한 제도를 크게 어긴 것이니 금지한다는 약속을 내려주시기 바랍니다. 本國自世祖皇帝龍興之時, 我忠敬王首先朝觀, 欽蒙聖恩, 得比聖朝諸王駙馬世襲之例, 授以王爵. 釐降公主, 忠烈王爲駙馬, 生忠宣王, 忠宣王生忠肅王, 皆襲王位. 自英宗皇帝時, 有江陽君滋子完澤禿瀋王暠, 本國支派相別, 妄爭王位, 蒙朝廷區別, 不能爭奪. 先王伯顔帖木兒, 是忠肅王親子, 襲位二十四年, 遺旨令親男元子禑襲位. 謹遣判密直金湑, 申達訃音, 前赴朝廷, 今來乃知, 完澤禿瀋王孫脫脫不花, 實非釐降公主流派, 妄生異心, 欲要爭襲. 甚違

世祖皇帝定制, 乞賜禁約(이 서신을 갖고 사신으로 간 사람이 문천식이라는 것
은 다음 장에서 서술).

나는 앞서 이인임이 김서를 북원에 보낸 이유를 김의가 북원으로
도망친 결과 톡타부카가 책봉될 것을 우려해 그것을 막으려는 것이었
다고 추측했는데, 지금 톡타부카가 입국한다는 소문에 대한 이인임의
태도를 살펴 그가 어째서 톡타부카의 왕위 계승을 두려워했는지 밝히
게 되니 그 추측이 부당하지 않았다고 생각하지 않을 수 없다.

(5) 북원의 사신에 관련된 논란

이처럼 이인임이 북원에 사신을 보내거나 서신을 그 중서성에 보낸
것은 결코 까닭 없는 조처가 아니었다. 그러나 다른 쪽에서는 마음을
다해 명을 섬겨야 한다는 주장이 있어 이인임이 북원과 가까워지는
것을 달가워하지 않았으며, 마침 북원의 사신이 오자 큰 비난이 일어
나게 됐다.

앞서 말한 대로 장자온은 명에 가서 부고를 전하고 시호와 승습을
요청하려고 했지만 명 사신이 살해되면서 임무를 완수하지 못했다.
그 결과 같은 임무를 지닌 최원崔源이 이듬해(우왕 원년, 1375) 정월 다
시 명에 파견됐다.

- 「이인임열전」: 김의가 마침내 채빈을 죽이고 북원으로 도망치자 사람
  들이 두려워해 감히 명에 사신을 보내지 못했다. 우왕 원년 전교령 박
  상충과 사예 정도전 등은 재상에게 "어서 사신을 보내 부고를 알려야
  한다"고 했지만 이인임은 "사람들이 모두 두려워하고 꺼리는데 누구

를 보낼 수 있겠는가?"라고 했다. 박상충 등이 판종부사 최원에게 말했다. "국왕이 시해됐는데도 부고를 알리지 않으면 황제(명 태조)는 반드시 의심할 것이며, 만약 죄를 물으면 온 나라가 그 화를 입을 것입니다. 재상은 그렇게 생각하지 않고 있습니다. 경이 사직을 위해 갈 수 있겠습니까?" 최원이 말했다. "사직이 정말 안정된다면 어찌 한번 죽는 것을 아끼겠습니까?" 박상충 등이 알리자 이인임은 어쩔 수 없이 따랐다. 義邃殺斌, 奔北元, 由是人心疑懼, 未敢通使朝廷. 辛禑元年, 典校令朴尙衷·司藝鄭道傳等謂宰相曰, 宜速遣使告喪. 仁任曰, 人皆畏憚, 誰可行者. 尙衷等謂判宗簿事崔源曰, 王被弑而不告喪, 帝必疑之, 如或問罪, 一國皆受其禍. 宰相莫以爲意. 卿能爲社稷行乎. 源曰, 社稷苟安, 何惜一死. 尙衷等以告, 仁任不得已從之.

- **「정몽주열전」**: 김의가 명 사신을 살해하니 사람들이 두려워해 감히 명 조정에 사신을 보내지 못했다. 정몽주가 다시 큰 의리를 말했다. "요즘의 변고는 어서 자세히 아뢔 상국이 깨끗하게 의혹이 없도록 해야 합니다. 어찌 우리가 먼저 두려워하고 의심해 백성에게 화를 끼치겠습니까?" 그 말에 따라 비로소 사신을 보내 부고를 알리고 김의의 일을 해명했다. 金義殺使, 國人恟恟, 不敢通使朝廷. 夢周又陳大義以謂, 邇來變故, 當早詳奏, 使上國釋然無惑. 豈可先自疑貳, 構禍生靈. 於是始遣使告哀, 且辨釋金義事.

그리고 이보다 앞서 이인임이 김서를 보내 북원에 부고를 알린 것은 내면적 이유는 어떻든 표면적 사실로 보면 전심으로 명을 섬겨야 한다는 선왕의 유지를 어긴 것이므로 박상충·정도전·정몽주 등이 명에 사신 파견을 이처럼 시급한 일로 주장한 것은 한편으로 이인임의 친원적 태도를 비난하는 뜻을 가진 것이었다. 그 결과 정몽주는 그 뒤 북원의 사신이 왔을 때 상소를 올려 그런 뜻을 서술했다.

지금의 주상(우왕)께서 즉위하신 초기에 적신賊臣 김의가 천자의 사신을 예의에 맞게 전송한다고 하다가 도중에 제멋대로 살해한 뒤 모반해 북원으로 들어가 원의 남은 신하들과 함께 심왕(톡타부카)을 옹립하려는 음모를 꾸몄습니다. 천자의 사신을 살해하고 또 자신의 임금(우왕)을 배반한 것은 지극한 악행과 역모니 참으로 그 죄를 엄정히 다스려 위로는 천자께 아뢰고 아래로는 제후들에게 알려 토벌을 요청해 그를 죽인 뒤에야 그칠 수 있습니다. 그러나 나라에서는 김의의 죄를 묻지 않았을 뿐 아니라 도리어 재상 김서를 시켜 북방에 조공을 바치게 했습니다. 今上卽位之初, 賊臣金義因禮送天使, 中路擅殺, 叛入北元, 與元氏遺孽, 謀納瀋王. 旣殺天使, 又背其君, 惡逆甚矣, 誠宜正名其罪, 上告天子, 下告方伯, 請討而殺之, 然後已也. 國家不唯不問金義之罪, 反使宰相金湑, 奉貢北方.

또 앞서 서술한 대로 이인임이 백관과 함께 문서를 만들어 북원의 중서성에 보내자 박상충·정도전·임박 등은 "선왕께서 이미 명을 섬기기로 정책을 결정했으니 지금 북원을 섬기는 것은 부당하다先王旣決策事南, 今不當事北"고 반대하면서 그 문서에 서명하지 않았다.[15] 얼마 뒤 북원은 사신을 보내 말했다. "바얀테무르왕(공민왕)이 우리를 배반하고 명에 귀의했으므로 너희가 왕을 시해한 죄를 사면하겠다伯顏帖木兒王, 背我歸明, 故赦爾國弒王之罪."[16] 이른바 북원의 사신이 막북의 조정에서 보낸 사신임은 「정몽주열전」에서 "이때 북원에서 사신을 보내 조서를 내리자 권신 이인임·지윤은 다시 원을 섬기고자 해 그 사신을 맞이할 것을 논의했다時北元遣使賜詔, 權臣李仁任·池奫欲復事元, 議迎其使"고 한 데서 알 수 있다. 그 사신은 아래 기록처럼 고려의 국경까지 왔다.

우왕 원년(1375) 5월: 북원에서 사신을 보내자 찬성사 황상을 서북면 도체찰사로, 좌부대언 성석린을 체찰사로 삼아 강계(지금의 만포진滿浦鎭)에 가서 사신을 위로하고 돌려보내게 했다. 北元遣使來, 以贊成事黃裳爲西北面都體察使·左副代言成石璘爲體察使, 如江界慰遣之.

그리고 북원 소종이 그런 사신을 고려에 보낸 것은 지난해 11월 나하추의 사신 문카라부카가 고려에 왔고 김의가 나하추의 진영에 간 간 결과 나하추를 거쳐 공민왕의 훙거에 관련된 사실이 북원 조정에 알려졌기 때문으로 생각된다.

이 사신이 왔을 때 이인임과 지윤은 그를 맞이하려고 했지만 삼사좌윤 김구용·전리총랑 이숭인·전의부령 정도전·삼사판관 권근 등은 도당에 글을 올렸다. "이 사신을 맞이하면 나라의 모든 신민이 난적亂賊의 죄에 빠질 것이니 훗날 무슨 면목으로 지하에서 현릉(공민왕)을 뵙겠습니까?" 박상충과 정몽주도 상소해 맞이해서는 안 되는 까닭을 역설했다. 이인임과 경복흥은 그 상소를 받아들이지 않고 정도전에게 원 사신 영접 임무를 맡겼다. 정도전은 경복흥의 집에 가서 영접의 이해관계를 말했는데, 말이 매우 거칠었다. 또 태후에게 영접해서는 안 된다고 아뢰었다. 경복흥은 크게 분노했고 이인임과 함께 집무를 거부하자 우왕과 태후는 그를 위로하고 정도전을 회진會津(전남 나주의 속현)으로 유배 보냈다.[17] 그러나 앞서 서술한 대로 찬성사 황상 등이 강계로 가서 원 사신을 접대하고 돌려보낸 것은 그를 영접하자는 이인임 등의 주장이 끝내 관철되지 않았음을 보여주는데, 반대하는 부류의 주장을 받아들여 태후가 이인임 등을 설득했기 때문으로 생각된다.

그러나 일은 여기서 끝나지 않고 우헌납 이첨과 좌정언 전백영은 상소를 올려 이인임과 지윤의 죄를 지적하면서 그들을 처형해야 한다고 주청했다. 그러자 응양군 상호군 우인열과 친종군親從軍 한리韓理는 이인임의 뜻에 아부해 글을 올렸다. "간관이 재상을 논죄한 것은 작은 일이 아닙니다. 간관이 옳다면 재상에게 죄가 있는 것이고, 재상이 죄가 없다면 간관이 잘못된 것이니 시비를 가리지 않을 수 없습니다."

앞서 상소를 올려 외관으로 좌천된 이첨과 전백영은 마침내 하옥됐다. 최영과 지윤 등이 그를 국문하니 박상충과 전녹생田祿生도 연루됐다. 그러자 박상충과 전녹생을 국문해 유배 보내고 이첨과 전백영 등도 곤장을 친 뒤 유배 보냈다. 박상충과 전녹생은 유배 가다가 죽었다. 이첨과 전백영 등에게 이인임과 지윤 등을 탄핵하게 한 사람은 박상충과 전녹생이고, 그들이 유배 가다가 죽었다고 한 것도 사실은 도중에 살해된 것으로 여겨진다. 김구용·이숭인·정몽주 등처럼 북원의 사신을 맞이하는 데 반대했던 사람들도 이인임 등을 모해하려는 음모를 꾸몄다는 이유로 모두 유배됐다.[18] 요컨대 이인임과 지윤에게 반대한 세력은 북원 사신을 영접하는 데 반대한 결과 모두 축출된 것이다.

이첨과 전백영은 이인임과 지윤을 처형해야 한다는 상소를 올렸다.

수시중 이인임은 몰래 김의와 모의해 명 사신을 죽였지만 요행히 처형을 모면했기 때문에 나라 사람들이 이를 갈며 분통해하고 있습니다. 오계남은 제멋대로 정료위 사람을 죽였고 장자온은 김의가 사신을 살해한 사실을 정료위에 알리지 않았으니 그 죄를 추국해야 하지만 이인임은 내버려 두고 묻지 않았으니, 이것이 첫 번째 죄입니다. 최근 찬성사 지윤은 나가서 서북면을 지키다가 김의의 편지를 받았지만 위에 알리지 않고 몰래 이인임에게 부쳤다가 전하(우왕)께서 거듭 찾으신 뒤에야 아뢰면서 백성을 어지럽히지 않으려고 그랬다는 핑계를 댔으니, 이것이 두 번째 죄입니다. 북원의 문서가 도착하자 지윤은 그 문서를 베끼면서 중요한 부분을 삭제해 전하께 바치고 그 원본은 이인임에게 줬지만 이인임은 즉시 위에 아뢰지 않았으니, 이것이 세 번째 죄입니다. 백관과 함께 맹세해 전하만 섬기겠다는 뜻을 보이고도 북원과 내통해 심왕에게 공을 세워 훗날의 화를 모면하려고 간사한 행동을 거듭 저질렀으니, 이것이 네 번째 죄입니다. 이인임과 지윤은 입술과 이의 관계로 변란을 선동하니 앞으로 닥칠 화를 예측할 수 없습니다. 이인임과 지윤을 처형하고 오계남과 장자온을 처벌하며, 사신을 보내 천자께 아뢰소서. 守侍中李仁任陰與金義, 謀殺天使, 幸而獲免, 此國人所以切齒痛心者也. 吳季南擅殺定遼衛之人, 張子溫不以金義之殺使告定遼衛, 罪當推鞫, 仁任置而不問, 罪一也. 近贊成事池奫出鎭西北, 得金義書, 不以上達, 密附仁任, 及殿下累索, 然後乃聞, 托以不惑民聽, 罪二也. 胡書之來, 池奫寫其書, 削其言之要者, 以獻殿下, 付其書仁任, 仁任不卽上聞, 罪三也. 與百官同盟, 以示專事殿下之意, 與胡通, 欲樹功藩王, 以免他日之禍, 反復姦詐, 罪四也. 仁任·奫, 唇齒煽變, 將然之禍不可測. 請誅仁任與奫, 又正季南·子溫之罪, 又遣使聞于天子.

지금 이 상소의 내용을 생각해보면 이인임이 몰래 김의와 모의해 명 사신을 살해하고 북원과 공모해 심왕을 옹립하려고 했다는 것은 본래 사실이 아니라고 생각되므로 이 조항들은 이인임의 죄를 지적한 것이 아니라 오히려 그를 무고한 것이라고 봐야 한다. 다음으로 오계남과 장자온에 대해서는 정몽주도 상소를 올린 바 있다.

오계남은 [명의 제후국인 고려의] 변경을 지키는 신하인데도 정료위에 소속된 3명을 제멋대로 죽였습니다. 장자온 등은 김의의 일행인데 정료위까지 가지 않고 공개적으로 귀국했지만 그대로 두고 문책하지 않았습니다. 吳季南, 封疆之臣也, 擅殺定遼衛三人. 張子溫等金義一行之人也, 不達定遼衛, 公然還國, 又置而不問.

오계남의 일은 이인임을 공격한 이런 상소 외에는 보이지 않지만 정몽주가 장자온과 함께 그의 죄를 거론하고 장자온을 "김의의 일행"이라고 한 것으로 보면 오계남은 명 사신을 환송하기 위해 김의와 함께 간 인물이 분명하다(장자온은 처음에 특별한 임무를 띠고 김의와 함께 명으로 갔지만 그 뒤 공민왕이 훙거하자 부음 전달을 새로운 임무로 받았다가 명 사신이 살해되자 도중에 돌아왔다. 그 일은 이 장 3절에서 서술했다). 그런데 정몽주는 다시 상소에서 오계남·장자온 등 김의와 함께 간 사람들을 명에 압송해야 한다고 했으며, 앞의 이첨의 상소에서도 "오계남과 장자온을 처벌하고 사신을 보내 천자께 아뢰야 한다"고 했다. 이것은 명 사신이 살해됐다는 소식을 듣고 장자온이 돌아온 것처럼 오계남도 그 사건이 일어났을 때 귀국했음을 암시하는 것이 아닐까?

정말 그렇다면 오계남이 정료위 사람을 죽였다고 한 것은 김의가 채빈 부자를 살해한 죄를 오계남에게도 씌운 것으로 김의가 사신을 살해한 것 외에 따로 그 일이 있던 것은 아니라고 생각된다(박상충의 상소에서 "정료위에서 보낸 사람을 제멋대로 죽인 자는 누구입니까擅殺定遼衛所遣人者何人?"라고 한 것은 김의가 채빈 부자를 죽인 죄를 지목한 것으로 생각되고 "정료위에서 보낸 사람"은 채빈 부자를 가리키는 것밖에 될 수 없다).
이인임을 공격한 상소를 제외하면 오계남의 흉포한 행동에 관련된 사
실을 말한 것이 없지만 그렇게 추측하지 않을 수 없다. 또 그런 흉포한
행동을 감행한 오계남이 공개적으로 귀국했고, 귀국한 뒤에도 그 죄
를 묻지 않고 반년 가까이 지났다고 한 것은 아마 그럴 수밖에 없었기
때문일 것이다.

다음으로 지윤이 서북면을 지킬 때 그가 김의의 서신을 얻었다고
한 것은 김의의 종자가 왔을 때의 일로 생각된다. 앞서 서술한 대로 톡
타부카가 입국하려고 한다는 변방의 보고가 들어왔을 때 이인임은 백
관을 이끌고 태조의 진영 앞에서 맹세했고, 지윤은 서북면 도원수로
나가 북원에 대비했지만 얼마 뒤 김의의 종자가 온 것은 「이인임열전」
에 분명히 기록돼 있다. 그리고 지윤이 김의의 서신을 국왕에게 올리
지 않고 이인임에게 보냈으며, 그 뒤 북원의 사신이 갖고 온 조서詔書
도 그랬다는 것은 지윤과 이인임이 어린 우왕을 끼고 권력을 휘둘렀
음을 뜻하는 것이다. 전횡이라는 비난을 피할 수는 없지만 그렇다고
해서 곧바로 죄악이라고 말할 수는 없다.

이처럼 이인임과 지윤 등을 죽여야 한다는 이첨과 전백영의 상소는
거짓으로 지어낸 사실과 비방을 진술해 그들의 죄로 삼았다. 박상충의
상소에서 다음과 같이 말한 것도 사실을 매우 왜곡한 것이다(공민왕을
현릉에 안장한 것은 10월이고 김서가 북원에 사신으로 간 것은 12월이다. 서
북면으로 군사를 보낸 것은 명에 반항하려는 것이 아니고 톡타부카의 입국을
막으려는 것이었다).

앞서 선왕께서 돌아가셨지만 장례를 치르지 못했고 명 사신이 아직 국

경에 있을 때 갑자기 북원을 섬기자는 의논을 일으켜 사람들의 마음을 현혹시킨 자가 누구입니까? (…) 서북쪽으로 군대를 보내 정료위를 치려고 한 자가 누구입니까? 先王初薨未葬, 大明使臣猶在境, 而遽興事北之議, 使人心眩惑者何人. (…) 欲以西北軍擊定遼衛者何人.

곧 이런 상소들은 이인임과 지윤 등이 북원의 사신을 영접하려고 할 때 그들을 공격하려는 목적에서 그들이 선왕의 정책을 일부러 버려 북원을 가까이하고 명을 섬기지 않았다는 등의 말을 지어낸 것이므로 글에서 말한 하나하나의 조항은 결코 그대로 믿어서는 안 된다. 그렇다면 이인임과 지윤 등은 어째서 북원의 사신을 맞이하려고 했는가? 그것은 아래 정몽주의 상소에서 말한 것처럼 북원이 톡타부카를 들여보내지 않게 하려면 그와 화친 관계를 맺을 필요가 있었기 때문이다

지금 북원의 사신이 오자 대신을 보내 국경에서 예의를 갖춰 맞이하자고 논의하면서 "북방을 격노시키지 않아 침략을 늦추려는 것"이라고 말합니다. 원이 나라를 잃고 멀리 와서 음식을 구하는 것은 한번 배를 채워 얼마 남지 않은 목숨을 연장하려는 것이니 겉으로는 임금(톡타부카)을 들여보내려는 것이라고 하지만 실제로는 자신의 이롭게 하려는 것입니다. 今北使之來, 議遣大臣, 禮接境上, 乃曰不欲激怒北方, 以緩師也. 夫元氏失國, 遠來求食, 冀得一飽, 以延須臾之命, 名爲納君, 實自利也.

그리고 한편으로는 지난 3월 판사 손천용을 명의 도성에 보내 말 100필을 바치고 5월 북원의 사신이 올 무렵 다시 판전의사사 전보全甫

를 보내 세공歲貢의 말을 바친 것도 명에 대해 사대의 예를 잃지 않았음을 보여준다. 요컨대 우왕을 옹립한 고려의 권신은 명을 종주국으로 하면서 북원과도 친하려는 모습을 보였다. 그가 북원의 사신을 맞이했을 때 정몽주는 그것을 비난했다.

그 조서에는 우리에게 대역죄를 덧씌운 뒤 용서한다고 들었습니다. 우리는 본래 죄가 없으니 무엇을 용서한다는 것입니까? 국가에서 그 사신을 예우해 보낸다면 온 나라의 신민은 실체도 없이 스스로 대역의 오명을 뒤집어쓰게 되니 그런 일이 천하에 알려져서는 안됩니다. 신하된 자로서 그런 일을 참을 수 있겠습니까? 竊聞其詔, 加我以大逆之罪, 因以赦之. 我本無罪, 又何赦焉. 國家若禮待其使而送之, 則是擧國臣民, 無其實而自蒙大逆之名, 不可使聞於四方. 爲臣子者, 其可忍乎.

이런 명분상의 문제는 톡타부카가 오는 것을 우려한 이인임 등이 가장 먼저 고려한 사항은 아니었던 것으로 생각된다.

3. 북원과의 관계 접근과 나하추

우왕	원년(1375)	5월	○ 북원의 사신이 강계에 오자 접견하고 돌려보냈다.
	2년	2월	○ 이원실李原實을 나하추에게 보냈다. ○ 북원의 오초아지吳抄兒志가 왔다. ○ 김서가 나하추의 진영에서 도망쳐왔다. ○ 북원의 병부상서 보케테무르孛哥帖木兒가 중서우승상 코코테무르의 서신을 갖고 왔다. 나하추의 사신 구주九住도 함께 왔고 고려의 행인行人 문천식을 돌려보냈다. ○ 손언孫彦을 북원에 보내 백관이 연명으로 서명한 문서를 중서성에 바쳤다. 황숙경黃淑卿을 나하추의 진영에 보냈다. ○ 나하추의 사신이 와서 백금과 양을 줬다.
	3년	1월	○ 나하추의 사신이 와서 양과 말을 줬다.
		2월	○ 북원의 책명사冊命使 보라데이孛剌的가 왔다. 나하추의 사신 문카라부카가 왔다.
		3월	○ 이자송을 북원에 보내 책명에 감사했다. 문천식을 보내 나하추에게 답례했다.
		6월	○ 이자송이 북원에서 돌아왔다.
		7월	○ 북원의 선휘원사 테리테무르가 와서 정료위를 협공하자고 요청했다.
		8월	○ 강인유姜仁裕가 계품사啟稟使로 북원에 갔다.
		9월	○ 강인유가 보낸 사신이 와서 나하추가 정료위 협공을 독촉한다고 알렸다.

(1) 북원과의 교섭

고려 조정이 북원의 사신을 위로하고 돌려보낸 꼭 1년 뒤인 우왕 3년(1377) 5월 북원에서 오초아지가 왔다. 우왕은 그를 후대했는데, 다시 10월 북원에서 보낸 병부상서 보케테무르가 중서우승상 코코테무르의 서신을 갖고 왔다.

이제 보낸 초아지가 이르러 그쪽(고려)의 실정을 자세히 진술하니 진실로 도리에 어긋나는 행동을 하지 않았음을 알았다. 玆者所遣抄兒志至, 深陳彼情, 以爲寔不悖德("도리에 어긋나는 행동을 하지 않았다"는 것은 북원에 공순했다는 뜻이다).

우왕이 오초아지를 후대한 것은 지난해 반대파 — 명에게만 사대해야 한다는 — 을 축출해 그 세력을 꺾은 이인임 등의 뜻에서 나온 것으로 생각되는데, 오초아지에게 북원과 친하려는 뜻을 보였기 때문에 북원 조정은 다시 보케테무르를 보낸 것이다. 코코테무르의 서신에서는 먼저 원과 고려의 지난 관계를 서술했다.

고려는 우리 조정을 섬겼는데, 세조 때부터 공주(충렬왕비 제국대장공주)를 시집보내 동쪽의 제후국으로 삼으니 지금은 장인과 사위의 관계가 아니라 인척이 됐다. 每惟高麗事我朝, 自世祖爰降貴主, 建爲東藩. 今所存者, 非舅甥, 卽姻亞也.

그런 뒤 다음과 같이 서술했다.

지난해 어떤 사람이 선왕(공민왕)에게 후사가 없다고 전하니 조정(북원)에서는 너희 나라에 오랫동안 임금이 없으면 반드시 위태로운 난리가 일어날 것으로 생각해 너희 왕실의 친족(톡타부카)을 보내 왕위를 잇게 했다. 그러나 조서를 지닌 사신이 갔는데 너희는 가로막았다. 그때 조정에서 세울 수 있는 정책이 없지 않았고 너희의 잘못에 책임을 물을 수도 있었지만 우리가 한번 정벌하면 남김없이 도륙될 것을 우려했을 뿐이다. 그 때문에 톡토부카에게 잠시 요서에 머물면서 군사 한 명, 말 한 필도 강을 건너지 못하게 하고 너희가 잘못을 깨닫기를 기다린 것이다. 去歲或傳令先君無嗣, 朝廷以爾邦久未有君, 必致危亂, 是以遴爾族, 世往承其祀. 詔使旣行, 彼則有梗. 當此之時, 朝廷非乏樹立之策, 失問罪之擧也, 特念天戈一臨, 不無玉石俱焚. 是以脫脫不花暫館遼西, 不令一卒一馬渡江, 以俟彼之覺悟.

톡타부카를 세우려는 결의가 남아 있음을 보인 뒤(톡타부카가 요서에 머물러 있다는 것은 사실이 아닌 것으로 생각된다) 고려의 태도에 따라 톡타부카를 책봉할 수도 있음을 암시했다.

이제 초아지가 이르러 너희의 실정을 자세히 진술하니, 참으로 도리에 어긋나는 행동을 하지 않았음을 알았고 바얀테무르(공민왕)에게 아들 모니노(우왕)가 있어 나라 사람들의 추대를 받아 나라를 다스리고 있음을 알게 됐다. 조정은 너희 나라에 의리로는 임금과 신하지만 은혜로는 친척이니 국왕을 임명한 뜻도 바로 네 집안을 안전하게 하려는 것이니 어찌 이쪽과 저쪽(톡타부카와 우왕)에 치우침이 있겠는가? 그러나 선왕이 세상을 떠난 지 지금 이미 2년이 됐는데, 톡토부카가 국경 가까이 있으면서 북쪽으로는 큰 조정(북원)과 가깝고 남쪽으로는 주씨 도적朱寇(명)과 이웃하고 있다. 선왕의 아들이 많은 사람의 복종을 받고 있지만 아직 조정의 책봉을 받지 못했으니 너희 인심의 향배 또한 절반씩일 것이다. 그런데도 어둡게 깨닫지 못하니 일을 계획하는 사람이 아직 좋은 계책을 세우지 못했다고 할 수 있다. 玆者所遣抄兒志至, 深陳彼情, 以爲寔不悖德. 又知伯顔帖木兒王有子牟尼奴在, 國人見推領務. 夫朝廷之於爾國, 義

則君臣, 恩則婚媾, 當其命王之意, 正欲安全爾家, 豈有偏於彼此. 然令先君去世, 今已二年, 脫脫不花近在境上, 北邇大朝, 南隣朱寇. 王子雖爲衆所服從, 未有朝廷之命, 竊料彼中人心向背, 亦各有半. 而乃冥然莫醒, 則謀事者, 可謂未爲得計矣.

마지막으로 명에 사대하는 것은 나라를 멸망시키는 행동이므로 군사를 기르고 말을 먹여 원의 중흥의 일을 돕고 "서신이 도착하면 이해와 경중을 잘 살펴 조속히 조정에 사신을 보내라書到, 可善審利害輕重, 速令使來朝廷"면서 끝맺었다.

앞서 북원의 사신이 강계에서 돌아간 뒤(우왕 원년[1375] 8월) 니성(지금의 창성) 만호는 심왕 모자가 김의와 진봉사進奉使 김서를 이끌고 이미 신주信州에 도착했다고 급보했다.[19] 고려 조정은 크게 놀라 장수들에게 가서 대비하라고 명령하고 다시 각도의 군사를 징발했지만, 그것은 요심遼瀋(지금의 요양과 봉천) 지방의 초적이 빈틈을 타고 북쪽 경계를 침입한 것을 잘못 보고한 것으로 그 무리 100여 명이 압록강을 건너오자 안주 상원수로 파견된 양백연은 40여 명을 죽이고 1명을 사로잡아 바쳤다.[20] 또 2년 전 북원에 사신으로 간 김서는 초아지가 온 뒤(우왕 2년[1376] 7월) 나하추의 진영에서 도망쳐 돌아왔다. 이보다 앞서 소영小英이라는 고려의 승려는 포교를 핑계로 그 무리 몇 명을 북방으로 보내 몰래 심왕에게 서신을 전달했다.

지금 고려에서는 신하가 국왕을 시해하고 국왕은 신하들의 아첨에 미혹돼 권력이 모두 권신에게 있으니 군사를 이끌고 오면 큰일을 이룰 수 있을 것입니다. 今國家, 臣弑其君, 主諛臣諂, 國柄專在權臣, 若引兵來, 大事

可成.

　김서는 이 서신을 보고 와서 아뢴 것이다. 그 결과 소영을 하옥하고 국문하자 자백하니 벽란도(예성강 입구의 나루)에서 물에 빠뜨려 죽였다. 이처럼 니성만호가 잘못 보고하자 고려 조정이 놀란 것은 온 나라가 톡타부카의 입국을 두려워했기 때문으로 생각되고, 거기에 소영이 간교한 계책을 부린 것이 드러나자 두려움은 더욱 깊어졌으며, 보케테무르가 갖고 온 북원의 서신 또한 앞서 서술한 것과 같자 그 서신을 받은 고려 조정은 밀직부사 손언을 파견해 북원의 중서성에 공문을 보냈다. 그 공문은 톡타부카의 계승에 강력히 반대하는 내용이었다.

　본국은 대대로 이어가며 동쪽 땅을 보존해 충경왕(원종)에 이르러 가장 먼저 세조 황제께 귀순해 국왕의 관작을 받았습니다. 그 아들 충렬왕은 세조 황제의 친딸인 쿠투루칼리미시 공주와 혼인해 충선왕을 낳고 충선왕은 충숙왕을 낳았으며, 충숙왕은 바얀테무르왕(공민왕)을 낳고 바얀테무르왕은 모니노(우왕)를 낳았습니다. 그는 지금 왕위를 이어 밝은 처분이 내려오길 기다리고 있음을 지난해에 올린 글에서 갖춰 알렸습니다(지난해 4~5월 무렵 중서성에 올린 백관의 연명서). 그런데 뜻밖에도 김에르케(김의)가 본국 왕실과 관련 없는 심왕 울제이투의 손자 톡토부카와 흉당을 결성해 위로 조정을 속여 국가의 정통을 어지럽히려고 합니다. 지금 자세히 생각해보면 국가의 정통은 아버지와 아들이 서로 잇는 것이 예나 지금이나 천하의 일정한 이치니 어지럽힐 수 없습니다. 우리의 이런 건의를 받아들여 국가의 정통을 어지럽히는 무리를 본국으로 돌려보내 처벌케 하면 참으로 공도에 부합할 것입니다. 本國世世相承, 保

有東土, 至忠敬王, 首先歸順世祖皇帝, 仍襲王爵. 其子忠烈王尙世祖皇帝親女忽篤怯烈迷思公主, 生子忠宣王, 忠宣王生子忠肅王, 忠肅王生子伯顏帖木兒王, 伯顏帖木兒王生子车尼奴. 見今襲位, 以俟明降, 具載往歲申達之文. 不期金也烈哥附托不干本國王派潘王完澤禿之孫脫脫不花, 結構兇黨, 上誑朝廷, 欲亂國統. 今來參詳國家之統, 父子相傳, 古今天下, 一定之理, 不可紊亂. 如蒙准呈, 將亂統生事之徒, 發還本國究理, 允合公道.

그리고 이때 명덕태후도 같은 취지로 북원에 요청한 것은 다음에 말하듯 원 황제의 조서에 따라 알 수 있다.

보케테무르가 왔을 때 나하추도 우승 구주를 보내 고려의 행인 문천식을 돌려보냈다. 그러자 고려에서는 손언을 북원 조정에 파견한 것과 함께 개성윤 황숙경을 나하추 진영으로 보내 구주가 온 것에 답례했다. 문천식은 지난해 안사기의 음모를 폭로한 뒤 북원의 중서성에 보내는 문서를 갖고 파견한 사신이었다.

이처럼 우왕이 오초아지를 후대하면서 북원과 고려의 관계는 상당히 가까워졌고, 그 결과 우왕 3년(1377) 2월 북원의 한림승지 보라데이가 책명冊命과 어주御酒·해동청을 갖고 왔다. 조서에서는 다음과 같이 말했다.

몇 년 전 바얀테무르(공민왕)가 별세하고 귀국에서 왕위 계승을 승인해 달라는 글을 해당 관청에 올리면서 그에게 아들이 있다는 말을 하지 않았다. 우리나라는 귀국의 왕통이 끊기는 것을 안타깝게 여겨 귀국 왕실의 족친 가운데 훌륭한 이를 간택해 왕위를 이어주려고 톡토부카에게 명령한 것이었다. 지금 사람이 와서 바얀테무르에게 대를 이을 아들 모니노(우왕)가 있다고 했기 때문에 사신(보케테무르)을 보내 물어보게 하니 조모 홍씨(명덕태후)가 책봉을 요청하는 글도 함께 보내왔다. 무릇 아버지가 죽으면 아들이 그 뒤를 잇는 것은 고금의 통례니 이치에 합당하다면 다시 고치는 것이 어찌 어렵겠는가? 이제 모니노를 정동성좌승상 고려국왕으로 삼는다. 前歲伯顔帖木兒沒, 爾衆以繼襲之典, 上章有司, 而不言有子. 國家恤彼宗祀廢殞, 乃簡爾族之良, 用承厥世, 是以有脫脫不花之命. 今者來言伯顔帖木兒有嗣牟尼奴在故, 遣使往問, 而祖母洪氏請章偕至. 夫父死子繼, 古今之通誼也, 在理苟安, 何難改作. 今以牟尼奴, 爲征東省左丞相高麗國王.

그리고 함께 보낸 사신 두마달豆兮達이 전왕 경효대왕敬孝大王(공민왕의 시호)에게 제사를 드리자 고려는 비로소 북원의 연호인 선광宣光을 시행하고(선광 7년, 명 홍무 10년, 1377) 다음 달 삼사좌사 이자송을 보내 책봉에 감사했다. 이자송이 입조하자 북원의 신하들은 그가 조복朝服을 입고 의례를 거행하는 것을 보고 모두 울면서 "우리가 파천한 뒤 곤궁한 처지에 있어 지금 다시 의례를 볼 수 있을 것이라고 생각하지 못했다自我播遷, 困於行間, 不圖今日復見禮儀"고 하면서 그를 매우 후대했다고 한다. 그리고 이자송이 귀국한 다음달(7월) 선휘원사 테리테무르를 보내 함께 정료위를 협공할 것을 요청했다. 한 달 뒤에는 진천군晉川君 강인유가 계품사로 북원에 갔다(8월). 얼마 뒤(9월) 강인유는 사람을 보내 "평장 문전성文典成과 대참정大參政 장해마張海馬가 승상 나하추와 함께 군사를 훈련시키고 말을 먹이면서 고려군이 오기를 기다려 정료위를 공격하려 한다"고 알렸다. 그리고 「신우열전」의 해당 기사에서는 다음과 같이 덧붙였다.

그때 우리가 정료위를 협공하자는 북원의 요청에 불응했기 때문에 다시 독촉한 것이다. 군부판서 문천식을 북원에 보내 날씨가 춥고 [군마를 먹일] 풀이 말랐기 때문에 군사를 보낼 수가 없다고 알렸다. 時我不應攻遼之請, 故又督之. 遣軍簿判書文天式, 告以天寒草枯, 不可出師.

그렇다면 계품사 강인유는 테리테무르가 갖고 온 정료위 협공 요구를 거절하기 위해 보낸 사신이 분명하고, 그가 특별히 사람을 보내 북원의 독촉 의사를 전달하자 다시 문천식을 보낸 것이다. 또 살펴보면 8월 고려를 떠난 강인유가 북원에서 사람을 고려로 보냈다고 했지만, 강인유가 도착한 곳을 먼 막북의 조정으로 보면 그가 보내 돌아온 사신이 9월에 도착했다는 것은 3월에 나라를 떠나 6월에 돌아온 이자송의 사례에서 미뤄 봐도 너무 이르다. 강인유는 고려군이 오기를 기다려 정료위를 협공하려던 나하추의 진영에 도착했고 거기서 출병을 독촉받아 그것을 고려에 알린 것으로 생각되며, 이른바 북원은 금산의 나하추 진영을 가리키는 것밖에 될 수 없다. 김의가 나하추 진영에 들어간 것을 북원으로 도망쳤다고 하고 박자경이 그 진영에서 온 것을 북원에서 돌아왔다고 한 것도 같은 사례다.[21]

요컨대 북원과 고려가 접근한 결과 고려는 북원의 정삭을 받들게 됐고 그러자 북원 조정은 정료위 협공 요구를 고려에 보냈는데, 이른바 협공은 고려가 출병하기를 기다려 나하추가 남하하는 것을 뜻하는 것이 틀림없다. 그렇다면 이렇게 전개된 북원과 고려의 관계에서 나하추가 차지한 위치는 어땠는가? 보케테무르가 북원에서 왔을 때 사신으로 구주가 함께 왔고, 보라데이가 책명을 갖고 왔을 때도 문카라부카를 보냈으며, 강인유가 도착한 곳도 그의 진영이었으므로 우리는 거기에 관련된 의문을 제기하지 않을 수 없다.

(2) 고려와 북원 사이에 선 나하추

눈을 돌려 요동의 형세를 잠깐 살펴보면 새로 일어난 명의 세력이 그곳에 처음 미친 것은 지금의 득리사得利寺인 득리영성得利巖城에 요동위 지휘사사를 설치한 것이었다. 홍무 4년(공민왕 20년, 1371) 원의 남은 신하인 요동행성평장 유익은 금金(지금의 금주金州)·복復(지금의 복주)·개蓋(지금의 개주)·해海(지금의 해성海城) 등지를 명에 귀의시킨 결과 요동위의 장관에 임명됐다. 그러나 얼마 뒤 유익은 요양의 홍보보 등에게 피살됐고, 홍보보는 유익의 부하인 장양좌·방고 등의 공격을 받아 나하추의 진영으로 도망쳤다. 당시 원의 남은 장수 고가노는 노아산(요양 동남쪽 연산관連山關 근처에 있다)의 산채山寨에 웅거했고 카라장은 심양(지금의 봉천)의 옛 성에 주둔했으며, 에센부카는 개원開元(지금의 개원開原)에 주둔해 금산(동요하의 북안)에 있던 나하추와 서로 의지했으므로 유익을 대신해 요동위의 장관을 임시로 맡은 장양좌와 방고는 홍보보의 도주가 이런 장수들의 남침을 유발할까 우려해 상황을 명의 중서성에 알렸으며 다시 사람을 보내 아뢰었다.

원의 장수 나하추가 금산에 웅거하면서 변방을 어지럽혀 요양의 근심이 되고 있으니 군사를 증원해 대비해야 합니다. 元將納哈出據金山擾邊, 爲遼陽患, 乞益兵以備.

그러자 명은 장양좌와 방고 등을 요동위 지휘첨사로 임명하고 나하추에게는 사신을 보내 교류하자고 설득했으며, 얼마 뒤 정료도위지휘

사사定遼都衛指揮使司(이른바 정료위)를 요양에 설치하고 마운과 섭왕을
장관으로 삼아 요동 여러 위衛의 군사를 총괄케 했다(7월). 마운 등은
산동에서 바다를 건너 요동으로 들어와 고가노를 노아산 산채에서 격
파해 쫓아냈으며, 그 뒤 정해후 오정이 오자 힘을 합쳐 요양 이북으로
진격했다. 수군을 이끈 오정이 요동의 군사에게 공급할 군량을 수송하
라는 명령을 받은 것은 그해 12월이고 그가 도성으로 돌아온 것은 이
듬해(홍무 5년, 1372) 11월이다. 『명실록』을 보면 그는 군량을 공급했을
뿐 아니라 스스로 요동 경략에 종사했음을 알 수 있다.

정해후 오정이 도성으로 돌아왔다. 이보다 앞서 오정은 정료위에 군량
수송을 감독하면서 성을 완비하고 군사를 훈련시켜 요동에서 복속되지
않은 지역을 모두 수복한 뒤 이때 돌아왔다. 靖海侯吳禎還京師. 先是禎督
餉定遼, 因完城練卒, 盡收遼東未附之地, 至是乃還.

그 뒤 고가노가 고려에 보낸 서신을 보면 오정이 경략한 "요동에서
복속되지 않은 지역"은 심양·개원 등임을 알 수 있다.

지금 총병관 정해후·여 도독·이 평장 등 세 고위 관원이 우가장(지금의
우장牛莊)에 정박한 뒤 대군을 거느리고 많은 군량을 실어 요양·해주(해
성)·심양·개원 등에 이르러 성을 굳게 지키고 있습니다.

앞서 노아산에서 도망친 고가노가 정료위에 와서 항복을 요청한 것
도 오정이 요동에 있던 기간의 일인데, 오정은 그를 도성으로 송치했
다. 그렇다면 심양의 카라장과 개원의 에센부카는 각각 그곳을 버리고

도망쳤다고 생각된다. 나하추의 태도를 살펴보면 그는 태조의 회유서를 갖고 온 행인을 구속하고 돌려보내지 않았는데, 그러자 홍무 5년(1372) 6월 태조는 정료위 도독첨사 구성仇成에게 다음과 같이 지시했다.

요즘 정해후 오정이 수군을 이끌고 군량을 매우 많이 싣고 동쪽으로 갔다. 어제 저녁 갑자기 들으니 나하추가 군사를 정비해 경계하려고 했지만 중도에서 지휘 섭왕에게 막혀 돌아갔다고 한다. 이것으로 그의 생각을 짐작해보면 몇 년 전 더운 날씨를 만나자 호인은 반드시 남쪽으로 군사를 움직이려고 하지 않았다. 지금 무더위가 곧 시작될 것이니 그의 이 행동에서 앞으로 어떻게 될지 알 수 있다. 군량이 이미 왔으니 방비를 엄중히 하면 걱정이 없을 것이다. 近者靖海侯吳禎率舟師, 重載東往, 所運甚大. 昨晚忽聞, 納哈出欲整兵來哨, 爲指揮葉旺中途阻歸. 因此而料彼, 前數年, 凡時値暑天, 胡人必不策馬南向. 今將盛暑, 彼有此擧, 情狀見矣. 糧運旣至, 宜嚴爲備禦, 庶可無虞.

이것은 11월의 일로 나하추는 요동을 침략해 우가장을 약탈하고 창고에 비축한 식량 10만여 석을 불태웠으며, 명군 5000여 명은 죽거나 포로가 됐다. 오정이 싣고 온 식량은 대부분 우가정에 보관된 것으로 생각되는데, 나하추가 공격한 목적은 그것을 불태워 명군을 곤경에 빠뜨리려는 것이었다고 여겨진다.[22]

나하추가 고려에 처음 사신을 보낸 것은 순제가 북쪽으로 도망치기 전 해인 공민왕 16년(원 지정 27년, 1367)인데, 그 뒤 여러 번 특산물이나 고려의 관직을 요구해 삼중대광사도三重大匡司徒를 수여한 일도 있었고(공민왕 19년, 홍무 3년, 1370) 공민왕 22년(홍무 6년, 1373)에는 문카라부카를 보내왔다. 공민왕 때 나하추의 사신 파견은 그것이 마지막이었다.

이 마지막 사신 파견을 살펴보면 「공민왕세가」에서는 다음과 같이 서술했다.

공민왕 22년 2월 3일(을해): 북원에서 바투테무르와 에센부카를 보내 조서를 전달했다. "얼마 전 병란 때문에 북쪽으로 옮겨왔지만, 이제 코코테무르를 재상으로 삼아 나라를 거의 다시 일으켰다. 국왕도 원 세조의 손자니 다시 천하를 바로 잡는 일을 힘써 돕도록 하라." 앞서 두 사람이 국경에 들어왔을 때 국왕은 사람을 보내 죽이려고 했지만 신하들이 모두 반대했다. 그러자 억류할 것인지, 돌려보낼 것인지, 체포해 명의 도성으로 보낼 것인지 세 방안을 묻자 모든 신하는 돌려보내는 것이 좋다고 했다. 北元遣波都帖木兒及於山不花來, 詔曰, 頃因兵亂, 播遷于北, 今以廓擴帖木兒爲相, 幾於中興. 王亦世祖之孫也, 宜助力復正天下. 初二人入境, 王欲遣人殺之, 群臣皆執不可. 於是訪以拘留·放還·執送京師三策, 群臣皆曰, 放還便.

곧 고려에 도움을 명령한 북원의 사신이 국경에 온 것은 2월 3일 이전으로 그때 국왕은 그들을 죽이려고 했지만 신하들의 간언에 따라 실행하지 못하고, 그날 사신이 도성에 들어오자 다시 억류할 것인지 돌려보낼 것인지 등의 방안을 의논했다. 그리고 같은 달 6일(무인) 국왕은 밤에 원 사신을 만났고, 13일 진헌하는 저포苧布를 줘 돌려보냈다.[23]

이처럼 「공민왕세가」에서는 2월 3일(을해)이나 13일(을유) 기사들에서 원 사신의 동정을 기록하고 같은 달 마지막 기사로는 앞서 서술한

918

나하추의 사신 문카라부카에 관련된 사실을 적었다.

나하추가 문카라부카를 보내왔는데 강계 만호 강영이 종자 10여 명을 죽이고 그 재물을 약탈하니 카라부카가 몇 기를 데리고 도망쳤다. 국왕이 그 일을 듣고 사람을 보내 강영을 소환해 순위부에 가두고 속장 107대에 처했다. 納哈出遣文哈剌不花來, 江界萬戶康永殺從者十餘人而掠其財, 哈剌不花以數騎逃去. 王聞之, 遣人招還, 繫永巡衛府, 贖杖百七.

이것은 연속된 사건 — 의 전체나 일부 — 이지만 2월에 일어났기 때문에 편의상 그달 끝에 연결한 것으로 문카라부카가 강계에 온 때가 2월 말이라고 한 것은 아니므로 북원의 사신 바투테무르 등과 문카라부카는 거의 같은 때 고려 국경에 왔다고 볼 수 있다. 그런데 나하추의 사신이 북원의 사신과 함께 온 사례는 상당히 많아 이미 서술한 보케테무르(코코테무르의 서신을 갖고 온)와 구주, 보라데이(책명을 갖고 온)과 문카라부카의 사례 외에 아래도 바투테무르 등과 문카라부카가 함께 왔다고 추측된다.

- **우왕 5년(1379) 6월**: 북원에서 첨원 보비를 보내 교사를 거행하고 연호를 천원으로 고친 사실을 알렸다. 나하추도 문카라부카를 보냈다. 北元遣僉院甫非, 告郊祀·改元天元. 納哈出亦遣文哈剌不花來.
- **6년 7월**: 북원에서 사신을 보내 사면령을 내렸다. 나하추가 보낸 사신도 왔다. 北元遣使頒赦, 納哈出使人亦來.

그리고 이런 추측이 허용된다면 강계 만호 강영이 문카라부카 일행을 해친 사정과 공민왕이 강영을 처벌한 까닭도 저절로 설명되는 것 같다. 강영은 공민왕이 원 사신을 죽이려고 한다는 소식을 듣고 그와 함께 온 문카라부카 등을 해쳐도 안 될 것이 없다고 생각해 그렇게 행동한 것으로 생각되며, 공민왕은 북원을 원수로 보고 그 사신을 죽였지만 그보다 앞서 여러 번 사신을 보낸 나하추에게는 증오의 감정을 갖지 않았으므로 강영에게 피해를 입고 도망친 문카라부카를 불러들이고 강영을 처벌한 것으로 생각된다. 또 국왕은 2월 13일 원 사신을 돌려보냈고 문카라부카에게는 다음달 11일(계축) 판전객시사判典客寺事를 제수했는데, 이것도 둘을 구별해 뒤쪽을 후대한 것으로 생각된다.

이처럼 홍무 4~5년 명은 요동을 경략해 나하추의 본거지를 압박했고 나하추는 거기에 맞서 자신의 세력을 지키기 위해 대규모로 남하해 우가장을 침범했는데, 얼마 뒤 고려에 도움을 명령한 북원의 사신이 고려에 도착했을 때 그도 문카라부카를 보내왔다. 그리고 공민왕이 훙거하고 두 달 뒤(홍무 7년[1374] 11월) 다시 문카라부카를 보내 낙타와 말 등을 선물했으며, 명에 대해서는 같은 달 요양을 침략하고 이듬해(홍무 8년, 우왕 원년) 12월 개주와 복주를 넘어 금주를 침범했지만 개주 부근에서 명군의 공격을 받아 대패하고 돌아왔다.[24] 요컨대 나하추는 요동에서 명의 경략을 저지하고 고려에게 도움을 요청하려고 사신과 선물을 보낸 것 같다.

그렇다면 명에 대한 나하추의 이런 태도 또한 그가 북원과 고려 사이에 처한 상황과 관련된 것은 아닐까? 이 문제를 다루기 위해 앞서 서술한 사실을 생각해보면 고려에서 북원에 간 사신이 막북의 조정까지 가지 않고 나하추의 진영에서 돌아온 것이 먼저 주목된다. 박사경은 북원에서 돌아왔다고 했지만 앞서 서술한 것처럼 실제로는 나하추

의 진영까지 갔다가 거기서 돌아왔다.[25] 김서는 북원에 가서 부고를
알린 사신인데 그의 귀국에 대해 「신우열전」에서는 "나하추의 진영에
서 도망쳐 돌아왔다自納哈出營逃還"고 했으며, 같은 열전에서 "나하추도
우승 구주를 보내 우리 행인 문천식을 돌려보냈다納哈出亦遣右丞九住來,
歸我行人文天式"고 한 문천식은 이인임 등의 상서를 북원의 중서성에 바
치려던 사신으로 추측된다.

그리고 이사종이 북원에 가서 보라데이가 갖고 온 책명에 감사하자
북원 신하들은 모두 울면서 "우리가 파천한 뒤 곤궁한 처지에 있어 지
금 다시 의례를 볼 수 있을 것이라고 생각하지 못했다"고 말한 것을 보
면 멀리 막북까지 간 고려의 사신은 이자송이 처음인 것으로 생각된
다. 이것에 따라 그동안 나하추의 언동을 살펴보면 그는 겉으로는 북
원 조정의 대표자인 것처럼 보였지만 그 뜻을 받들어 고려와 교섭하
지 않았으며, 앞 장 4절에서 서술한 것처럼 김의가 나하추의 진영으로
도망친 결과 우왕 원년(1375) 정월 나하추의 사신이 고려에 왔다.

「신우열전」: 나하추가 사신을 보내 물었다. "전왕에게 아들이 없는데 지
금 누가 왕위를 이었는가?" 당시 북원은 공민왕에게 후사가 없어 심왕
호의 손자 톡토부카를 국왕으로 책봉했기 때문에 이렇게 물은 것이다.

"당시 북원은"이라고 한 것은 서술 체재에서 편찬자가 덧붙인 문장
이지만 나하추가 보낸 사신의 말을 채록해 그 사신이 온 사정을 설명
한 것으로 생각된다. 그렇다면 북원에서는 나하추의 사신이 고려에 오
기 전 이미 공민왕의 부음을 듣고 그때 톡토부카를 책립한 것 같지만
그렇게 판단되지는 않는다. 김의가 명 사신을 죽인 것은 지난해 11월

로 공민왕의 부음은 그 무렵 고려에 온 문카라부카가 처음 나하추의 진영에 알린 것으로 보이고[26] 나하추는 다시 그것을 막북의 조정에 알렸으며 얼마 뒤 톡토부카가 책봉되면서 고려에 사신을 파견했으므로 그 사신이 정월에 고려에 도착한 것은 너무 이르다.

그렇다면 김의가 요동에서 도망쳐 온 뒤 나하추가 공민왕 훙거 뒤의 왕위 계승에 대해 고려 조정에 질의한 것은 그의 개인적 뜻에서 나온 것으로 생각되며, 북원 조정이 공민왕의 후사가 없다는 소식을 듣고 톡토부카를 책봉했다는 것은 가탁에서 나왔다고 여겨진다. 또 보케테무르가 갖고 온 북원 중서우승상 코코테무르의 서신에서는 다음과 같이 말했다(앞서 인용).

지난해 어떤 사람이 선왕(공민왕)에게 후사가 없다고 전하니 조정(북원)에서는 너희 나라에 오랫동안 임금이 없으면 반드시 위태로운 난리가 일어날 것으로 생각해 너희 왕실의 친족(톡토부카)을 보내 왕위를 잇게 했다. 그러나 조서를 지닌 사신이 갔는데 너희는 가로막았다. 그때 조정에서 세울 수 있는 정책이 없지 않았고 너희의 잘못에 책임을 물을 수도 있었지만 우리가 한번 정벌하면 남김없이 도륙될 것을 우려했을 뿐이다. 그 때문에 톡토부카에게 잠시 요서에 머물면서 군사 한 명, 말 한 필도 강을 건너지 못하게 하고 너희가 잘못을 깨닫기를 기다린 것이다.

"조서를 지닌 사신"은 그해 5월 고려 조정이 도성에서 맞이하지 않고 강계에서 접견하고 돌려보낸 사신이 분명하므로 북원 조정은 그 사신을 고려에 보냈을 때 톡토부카를 책봉한 것으로 생각되며, 적어도 겉으로는 그렇게 말한 것으로 생각된다. 그런데 나하추는 이 사신이 오기 전 이미 고려 사신에게 만약 공민왕에게 아들이 없으면 북원 조정은 반드시 톡토부카를 세울 것이라고 확언했다. 나하추는 박사경에게 다음과 같이 알렸다.

> 너희 나라의 재상(안사기)이 김의를 보내 국왕이 훙거했는데 후사가 없으니 심왕(톡토부카)을 국왕으로 추대하고 싶다고 요청했기 때문에 황제(북원 소종)가 그를 국왕으로 삼으려고 한 것이다. 전왕에게 아들이 있다면 조정(북원)에서는 반드시 심왕을 보내지 않을 것이다.

박사경의 파견과 귀국 시기에서 미뤄 보면 이것은 2~3월의 일 같다. 그렇다면 톡토부카에 대해 이렇게 확언한 나하추는 그보다 먼저 북원 조정의 뜻을 따른 것은 아니고 자신의 개인적 견해를 마음대로 말한 것으로 생각된다. 이것에 따라 생각하면 나하추가 사람을 고려에 보내 "전왕에게 아들이 없는데 지금 누가 왕위를 이었는가?"라고 물은 것은 김의가 가져간 톡토부카 옹립 계획이 고려 조정의 의도에서 나왔는지 아닌지를 알려주는 것으로 북원에서 톡토부카를 세웠다고 가탁했지만 이것에 따라 고려의 의향을 파악할 수 있을 것 같다.

박사경이 고려에서 오자 "전왕에게 아들이 있다면 조정에서는 반드시 심왕을 보내지 않을 것"이라고 말한 것도 그렇게 추측하지 않을 수 없다. 앞서 사람을 고려에 보냈을 때 김의가 와서 톡토부카를 맞이하려던 사실을 분명하게 알리지 않은 것도 고려의 의향을 탐지하려는 의도였다고 생각된다. 나하추는 고려의 의향이 어떤지에 따라 김의의 요청을 처리하려고 해 그 나라의 권력자가 우왕을 정당한 국왕으로 삼고 톡토부카가 오는 것을 바라지 않는 한 일부러 그의 뜻에 반대하면서 김의의 요청에 따르려고 하지는 않았다.

북원이 톡토부카에게 고려의 왕위를 주려던 것은 공민왕 마지막 해다. 그리고 앞 장 3절에서 서술한 대로 안사기의 음모는 그때 국왕이 시해됐기 때문에 그 계획에 영합하려던 것이다. 그런데 안사기가 보낸 김의가 와서 톡토부카를 맞이하려고 하자 나하추는 북원 조정과 호응해 그를 고려로 들여보내지 않았다. 그러지 않았을 뿐 아니라 특히 고려의 의향을 헤아리고 안사기의 음모도 누설했다. 여기까지 논의하고 물러나 나하추의 경우를 생각해보면 그렇게 된 것은 그리 이상하지 않다. 홍무 4년(공민왕 20년, 1371) 이후 나하추는 명의 요동 경략으로 자신의 본거지가 압박받으면서 거기에 맞섰기 때문에 스스로 사신을 고려에 보냈는데, 이때 고려의 신하들이 누구를 국왕으로 추대했더라도 그는 화친 관계를 계속 유지할 필요가 있었다고 생각되며, 고려의 반역한 신하와 어리석게 연합해 문제가 생기는 것을 바라지 않았다.

그 결과 우왕 즉위년(1374) 12월 북원에 파견된 김서는 우왕 2년 7월 나하추의 진영에서 도망쳐 돌아왔고, 이인임 등이 북원 중서성에 서신을 보낸 것은 우왕 원년 4월 무렵으로 사신은 문천식으로 생각된다. 그는 우왕 2년 10월 나하추의 사신을 따라 돌아왔고(보케테무르가 북원에서 왔을 때) 아무도 막북의 조정에 도착한 흔적은 없으며(보케테무르가 갖고 온 코코테무르의 서신에서도 고려의 사신이 왔다고 말하지 않았다) 그동안 나하추에게 억류된 것 같다.

아울러 우왕 원년 5월 북원의 사신이 왔고(강계까지만 왔고 도성에는 들어오지 못했다) 우왕 2년 5월 북원의 오초아지가 왔으며 10월 보케테무르는 코코테무르의 서신을, 우왕 3년 2월 보라데이는 책명을 갖고 오면서 마침내 고려와 북원은 접촉하게 됐으므로 그 관계를 좌우한 것은 나하추가 틀림없다. 북원에서 고려에 사신을 보낸 것은 공민왕이 훙거한 뒤 김의 등이 나하추 진영에 도착했고 그가 나하추를 거쳐 북원 조정에 전달한 결과로 생각된다. 그러나 고려 조정은 그 사신을 맞이하지 않고 강계에서 그대로 돌려보냈으므로 나하추는 그것에 보복하는 의미로 김서와 함께 문천식을 억류한 것 같다. 그 결과 나하추도 고려에 사신을 보내지 않았으며, 우왕 2년(1376) 2월 고려 조정은 이원실을 보내 나하추를 방문케 했다. 그리고 5월 오초아지가 왔다.

고려에서는 나하추가 두 사신을 오래 억류했기 때문에 어쩔 수 없이 방문하는 사신을 보냈고, 그러자 나하추는 북원에서 오초아지를 보내게 한 것으로 생각된다. 「신우열전」에서 "북원 사람 오초아지가 왔다"고 하고 그 관직이 기록되지 않은 것에서 미뤄보면 공식적인 사신은 아니며 고려의 태도를 살피려고 보낸 것 같다. 그러나 고려 조정에서 그를 후대했기 때문에 북원 조정은 마침내 보케테무르를 보냈고 나하추는 문천식을 돌려보냈다. 김서는 이보다 앞서 승려 소영의 간교한 계책을 본국에 보고하려고 나하추의 진영에서 도망쳐 돌아왔지만 만약 이때까지 억류돼 있었다면 문천식과 함께 송환됐을 것으로 여겨진다. 그 결과 이듬해(우왕 3년, 1377) 2월 보라데이는 책명을 갖고 왔지만 이미 문천식을 돌려보낸 나하추는 그동안 특별히 사신을 보내 백금·양·말을 두 차례 보냈다. 그리고 앞서 서술한 대로 7월 북원에서 온 테리테무르는 정료위 협공을 요구했고, 그 요구를 거절하려고 강인유가 북원에 사신으로 갔을 때 이미 고려군이 올 것을 기다리던 나하추는 다시 강인유에게 출병을 독촉했다.

이것으로 보면 고려와 북원의 관계를 좌우해 마침내 양자를 접촉하게 만든 것은 나하추로 그가 그런 노력을 기울인 까닭은 북원 왕실의 존엄을 이용해 고려가 정료위를 공격하도록 설득하고 그것에 따라 고려의 출병을 기대한 데 있다고 생각된다. 여기서 공민왕 22년(1373) 지원을 명령한 북원의 사신이 고려에 온 사실을 다시 떠올리고, 그때 나하추의 사신으로 문카라부카가 온 것은 큰 의미가 있다고 하지 않을 수 없다. 나하추는 북원의 명령을 가탁해 고려의 지원을 얻음으로써 명의 요동 경략을 물리치려고 했다고 여겨진다. 그리고 나하추가 김의의 요청에 따라 톡토부카를 받아들이지 않은 까닭은 이 견해에 따라 더욱 명확히 설명된다. 『명실록』(홍무 17년[1384] 11월)에는 원의 항복한 장수 호욱의 말이 실려 있다.

강서 포정사 참의 호욱이 말했다. "나하추가 금산을 차지해 세력을 믿고 걱정거리가 되고 있습니다. 원의 계승자 테구스테무르(소종의 아들)는 나약해 그를 제어하지 못합니다. 나하추는 이름은 원의 신하지만 실제로는 제멋대로 권력을 휘두르고 있습니다." (…) 태조가 말했다. (…) "나하추의 사람됨은 짐이 잘 알고 있으니 원의 세신이라는 이름을 빌려 무리를 위압할 뿐이다." 江西布政司參議胡昱言, 納哈出竊據金山, 恃强爲患. 元嗣君帖古思帖木兒, 孱弱不能制. 納哈出名雖元臣, 其實跋扈. (…) 上曰, (…) 納哈出之爲人, 朕素知之, 不過假元世臣之名, 以威其衆爾.

이것은 소종이 붕어한 뒤 아들 토구스테무르가 재위할 때의 일이므로 역시 앞서 논의한 것과 함께 고려와 북원 사이에 있던 나하추의 위치를 알 수 있다.

북원에서는 홍무 11년(북원 선광 7년, 고려 우왕 4년, 1378) 4월 소종이 붕어하고 아들 토구스테무르가 뒤를 이었다. 고려 조정이 북원의 연호인 선광을 사용한 것은 지난해 2월 보라데이가 책명을 갖고 왔을 때로 그 뒤 정료위 협공 요청에는 따르지 않았지만 하절일사賀節日使·하정사 등을 북원에 보내 번국으로서 복종의 의례를 다했다. 그러나 이 관계도 오래 가지는 않았다. 7월 북원의 사신이 와서 토구스테무르27의 즉위를 알리자 고려 조정은 9월 홍무 연호를 다시 사용했다. 그리고 이듬해인 우왕 5년(홍무 12년, 1379) 6월 북원에서 천원天元으로 연호를 고쳤다고 알려오자 영령군永寧君 왕빈王彬을 보내 하례했으며, 6년(홍무 13년, 1380) 2월 북원의 예부상서 시레문時剌問 등이 와서 우왕을 대위大尉에 책봉하자 문천식을 보내 감사했지만 그동안 고려에서 먼저 사신을 보내지는 않았다. 4월 북원에서 사신을 보내 사면령을 반포하고 같은 때 나하추의 사신도 온 뒤 고려와 북원의 관계는 완전히 끊어졌다. 그리고 나하추의 사신 파견도 끊어졌는데, 우왕 9년(홍무 16년, 1383) 정월 그의 사신 문카라부카가 와서 옛 우호를 되찾자고 요청하자 명의 요동도사는 그 소식을 알고 고려 조정에서 문카라부카를 예우한 것을 힐책했다.28

4. 우왕대에 전개된 명의 억압

김의가 개주참에서 명 사신을 죽인 것은 고려 조정이 관여한 일이 아니고 이인임과 안사기의 사주에서 나온 것도 아니라고 생각된다는 것은 앞서 서술한 바와 같다. 그러나 명 태조는 고려를 쉽게 용서하지 않았으며 우왕이 즉위한 뒤부터 그의 치세 내내 위압에 위압을 거듭했다.

(1) 세공의 부담

우왕이 즉위한 뒤 고려 조정은 여러 번 명에 사신을 보냈다. 「신우열전」의 기록들이다.

- 우왕 즉위년(홍무 7년, 1374) 11월 밀직사 장자온·전공판서 민백훤을 경사에 보내 부고를 알리면서 시호를 내려주고 왕위 계승을 승인해달라고 요청했다. 遣密直使張子溫·典工判書閔伯萱, 如京師告訃, 請賜諡承襲.

- 우왕 원년(홍무 8년, 1375) 정월 판종부시사 최원을 경사에 보내 부고를 알리고 시호와 왕위 계승의 인정을 요청했다. 遣判宗簿寺事崔源, 如京師告喪, 請諡及承襲.

- 같은 해 3월 판사 손천용을 경사에 보내 조공으로 말 100필을 바쳤다. 遣判事孫天用如京師, 獻貢馬一百匹.

- 같은 해 5월 판전의시사 전보를 경사에 보내 세공마를 바쳤다. 遣判典儀寺事全甫如京師, 獻歲貢馬.

- 같은 해 6월 명의 장래흥 등이 왜구에게 사로잡혔다가 도망쳐 돌아오니 손군우를 보내 경사로 압송했다. 大明人張來興等被俘于倭, 逃還, 遣孫君祐, 押送京師.

- 같은 해 12월 밀직부사 김보생을 경사에 보내 새해를 하례했는데 풍랑에 막혀 돌아와 교동에 정박했다. 遣密直副使金寶生如京師賀正, 阻風還泊喬桐.

- 우왕 2년(홍무 9년, 1376) 정월 김보생을 다시 경사로 보냈다. 復遣金寶生如京師.

다음은 『명실록』의 기록들이다.

- 홍무 9년(우왕 2년) 9월 고려왕 왕전(공민왕)의 아들 우가 사신을 보내 표문을 올려 천수성절을 축하하고 특산물을 바쳤다. 高麗王王顓子禑遣使, 奉表賀天壽聖節, 貢方物.
- 홍무 10년(우왕 3년, 1377) 정월 고려에서 사신을 경사로 보내 선왕 왕전의 시호를 요청했다. 高麗遣使至京師, 爲其故王王顓, 請諡號.
- 5월 고려 세자 왕우가 예의판서 주의 등을 보내 말 60필과 특산물을 바쳤지만 물리치고 받지 않았다. 高麗世子王禑遣其禮儀判書周誼等, 貢馬六十疋及方物, 卻不受.
- 12월 고려에서 사신을 보내 내년 새해를 축하했다. 高麗國遣使來賀明年正旦.

우연히도 손천용이나 김보생이 명에 사신으로 간 사실은 『명실록』에 기록돼 있지 않고 『명실록』에 보이는 사실은 「신우열전」에 빠져 있다.

공민왕의 부음을 알리고 승습을 요청한 장자온 등은 김의가 명 사신을 살해했기 때문에 사신의 임무를 이루지 못했다.[29] 얼마 뒤 다시 최원이 명에 간 것도 부고를 알리려는 것이었지만 그의 임무는 그것만이 아니었다.

『고려사』(권117) 「정몽주열전」: 김의가 명 사신을 살해하니 사람들이 두려워해 감히 명 조정에 사신을 보내지 못했다. 정몽주가 다시 큰 의리를 말했다. "요즘의 변고(공민왕이 시해된 일)는 어서 자세히 아뢰 상국이 깨끗하게 의혹이 없도록 해야 합니다. 어찌 우리가 먼저 두려워하고 의심해 백성에게 화를 끼치겠습니까?" 그 말에 따라 비로소 사신을 보내 부고를 알리고 김의의 일을 해명했다.

곧 김의가 명 사신을 살해한 일을 해명하는 것도 최원의 임무 가운데 하나였다. 그리고 『명실록』에 따르면 3월 명에 도착한 최원은 부고를 전하면서 "지난 9월 국왕 왕전이 세상을 떠났는데, 이미 사신을 보내 조정에 부고를 알렸지만 도적 고철두라는 자가 길에서 기다리고 있어 오지 못했다"고 말하고 또 김의의 일을 해명했다.

김의라는 자가 사신으로 말을 바치러 오다가 지현에 이르러 조정의 사신 채빈과 주사 임실주(임밀의 다른 이름으로 생각된다)를 만났는데, 마침내 채빈을 죽이고 임실주를 붙잡아 돌아왔습니다. 그 죄가 사형에 해당하므로 이미 김의는 처형하고 그 집안은 적몰했습니다. 其國有金義者, 奉使貢馬, 行至只縣, 遇朝使蔡斌·主事林實週, 遂殺斌, 而執實週以還. 罪當死, 已誅義而籍其家.

고철두는 공민왕 21년(홍무 5년, 1372) 3월 고려에서 명의 정료위에 보낸 자문에 나온다.

또 이번 달 첨원 조가아와 만호 고철두 등이 군사를 이끌고 음동구자(지금의 벽동)에 잠입했는데, 다시 수어관 김광부 등이 격퇴해 강을 건널 때 거의 모두 물에 빠뜨려 죽였습니다.

『요동지』(권5) 「진옥열전」에서는 다음과 같이 말했다.

홍무 8년(1375) 도지휘 섭왕이 개주성 남쪽에서 나하추를 격파했는데, 진옥의 공이 매우 컸다. 계속해서 그 무리를 추격해 저아곡에서 무찌르고 달군을 고철두의 산채에서 이겨 그 우두머리를 사로잡고 여러 물건을 노획했다.

이것에 따라 알 수 있는 것처럼 요동의 한 곳에 웅거한 원의 남은 장수인데, 최원보다 먼저 부고를 명에 알린 사신은 장자온으로 생각되므로 그가 고철두에게 막혔다고 한 것은 사실이 아니다. 또 김의의 범죄에 대한 처치로는 그의 어머니를 상주尚州의 관노로 만들고 그 재산을 몰수하고 그의 형을 하옥했지만[30] 김의를 처형했다는 것은 거짓이다. 또 김의가 임실주(임밀)를 잡아 돌아왔다고 한 것도 허위로 명이 그렇게 말했다면 최원이 왔을 때 임실주를 돌려보내지 않은 것은 바로 고려의 거짓됨을 뜻한다. 그 결과 명 태조는 이 변명이 거짓이라고 의심해 최원을 가두라고 명령했으며 그 뒤 고려에서 온 사신을 모두 억류했다. 그리고 홍무 10년(우왕 3년, 1377) 정월 앞서 서술한 대로 공민왕의 시호를 요청하러 고려의 사신(이름은 나오지 않음)이 왔을 때 중서성의 재신에게 명령했다.

짐은 한미한 데서 일어나 참으로 천명에 부응해 중국의 군주가 됐다. 즉위 초 사이四夷의 우두머리에게 사신을 보내 중국에 군주가 있음을 알렸는데, 고려국왕 왕전은 그 소식을 듣고 곧바로 신하가 돼 조공했으니 이것은 힘을 두려워해서가 아니라 마음으로 기뻐했기 때문이다. 그가 여러 해 동안 성의를 바쳤지만 신하에게 시해된 것도 몇 년이 됐다. 지금 비로소 와서 시호를 요청하는데, 이것은 장차 우리 조정의 명령에 가탁해 그 백성을 진무하고 시역의 흔적을 덮으려는 것일 뿐이다. 요청하는 바가 진실되지 않으니 줄 수 없다. 전에 억류했던 사신은 돌려보내라. 朕起寒微, 實膺天命, 君主中國. 當卽位之初, 遣報四夷酋長, 使知中國之有君, 而高麗國王王顓聞命, 卽稱臣入貢, 斯非畏力也, 心悅故也. 其王輸誠數年, 乃爲臣下所弑, 又幾年矣. 今始來請諡, 將以假吾朝命, 鎭撫其民, 且以揜其弑逆之跡耳. 所請非誠, 不可與也. 前所留使者則歸之.

고려가 명에 저지른 죄는 사신을 살해한 일 한 가지다. 그리고 공민왕을 위한 시호를 하사하는 것은 이미 최원이 요청한 것으로 생각된다. 태조가 고려의 사신들을 억류해 사신 살해의 죄를 공개적으로 묻지 않은 것은 이때까지 2년이 흘렀는데, 이제 다시 시호를 요청하는 사신이 왔을 때 공민왕이 시해된 사실을 특별히 거론하면서 "지금 비로소 와서 시호를 요청"한다고 하고 그것을 진실되지 않다고 한 것은 어째서일까? 이것은 다른 것이 아니라 사실 살해의 죄는 마음에 감춰두고 말하지 않으면서 오직 왕위를 허락할 수도 허락하지 않을 수 있는 종주국의 권위를 세워 고려를 압박하려는 것으로 생각된다.

그렇다면 앞서 서술한 대로 그해 5월 주의가 와서 말 60필을 바친 것을 물리쳤으며, 12월 하정사가 오자 태조는 중서성의 재신들에게 칙유했다.

고려 국왕 왕전은 스스로 조공하고 표문을 받들어 신하가 되겠다고 하면서 대대로 자손들은 신첩臣妾이 되고자 했지만 몇 년 뒤 간신에게 시해됐다. 고려는 표문을 받들어 조공하면서 모두 그의 뒤를 이은 국왕이 보냈다고 했지만 진실을 밝히지 않았기 때문에 그 사신들을 구금하고 신문했지만 끝내 자세한 사항을 알 수 없었다. 구금한 지 이미 오래돼 짐은 그들의 부모와 처자의 마음을 차마 생각하지 않을 수 없어 특별히 돌려보냈다(10년 정월). 얼마 지나지 않아 다시 사신을 보냈지만 받아들이지 않았고(5월) 몇 달이 넘지 않아 다시 사신을 보내 새해를 하례한다는 명분으로 표문을 받들어 말을 바쳤다(12월). 모두 계승한 국왕이 보냈다고 했는데, 그런 것이 다섯 번이었다.[31] 짐이 보건대 고려의 임금과 신하들은 중국에 대해 한대부터 지금까지 은혜를 기억하지 않고 거짓을 품어 화를 일으킨 적이 많았다. (…)

지금 왕전이 시해돼 간신이 나라를 훔쳤다. 춘추의 의리에 따르면 난신적자는 모든 사람이 죽일 수 있다고 했으니 또 무슨 말을 하겠는가? 그리고 앞뒤로 다섯 번 온 사신들은 모두 계승한 국왕이 보냈다고 하니 중서성에서는 사람을 보내 계승한 국왕이 어떤 인물인지, 권력이 어디 있는지 살펴보라. 권력이 이전과 같다면 계승한 국왕이 억압받는 것이 아니니 전왕의 말에 따라 해마다 말 1000필을 바치고 주요 신하의 절반을 보내 내년에 금 100근, 은 1만 냥, 좋은 말 100필, 세포 1만을 바치게 하며 구금된 요동 백성을 모두 돌려보내라. 이제 왕위가 제대로 계승되고 정치가 잘 시행되는 것을 보면 짐은 의혹이 없을 것이다. 그렇지 않다면 임금을 시해한 난적의 소행은 앞으로 간사한 행위가 돼 우리 변방을 어지럽히고 고려의 백성에게 큰 화를 입힐 것이다. 高麗國王王顓, 自入朝貢, 奉表稱臣云. 世世子孫願爲臣妾, 數年之後, 被姦臣所弑. 及奉表來貢, 皆云嗣王所遣, 莫明其實, 故拘其使詢之, 終不得其詳. 拘之旣久, 朕不忍其有父母妻子之情, 特勑歸之. 未幾復遣使至, 卻而弗納, 不逾數月又遣使, 以朝正爲名,

奉表貢馬皆稱嗣王, 如此者五. 朕觀高麗之於中國, 自漢至今, 其君臣多不懷恩, 惟挾詐以構禍. 今王顓被弑, 姦臣竊命, 春秋之義, 亂臣賊子, 人人得而誅之, 又何言哉. 而其前後使者五至, 皆云嗣王遣之. 中書宜遣人, 往問嗣王如何, 政令安在. 若政令如前, 嗣王不爲羈囚, 則當依前王所言, 歲貢馬千匹, 差其執政, 以半來朝. 明年貢金一百斤·銀一萬兩·良馬百匹·細布一萬, 仍以所拘遼東之民悉送來還. 方見王位眞而政令行. 朕無惑也. 否則弑君之賊之所爲, 將來姦詐並生, 肆侮於我邊陲, 將構大禍於高麗之民也.

이것은 채빈이 살해된 것은 말하지 않고 그것을 그때 일어난 공민왕 시해에 가탁해 어려운 문제를 제시한 것이 아닐 수 없다.

앞의 12월 칙유가 내려졌을 때 고려에서는 정언丁彦 등 358명이 명에서 돌아왔다. 이것은 앞서 서술한 정월의 칙유에 따라 명이 돌려보낸 것이며, 이듬해 우왕 4년(홍무 11년, 1378) 6월에는 최원·전보·이지부李之富 등도 풀려나 돌아왔다.[32] 정언 등이 돌아오자 고려는 유번柳藩을 사은사로 명에 보냈으며, 주의에게 시호와 승습을 요청하는 표문을 갖고 가 말 60필을 바치게 했지만 명은 그 조공을 받지 않았다. 그리고 고려의 거짓을 이유로 시호를 내리지 않겠다고 한 지난해 정월의 칙유는 이때 두 사신에게 보여준 것이므로 두 사신이 돌아왔을 때 고려 조정은 홍무 연호를 다시 시행했다.[33] 최원 등이 풀려나 돌아온 것에 대해서는 김보생을 사은사로 삼아 하정사 심덕부와 함께 명에 보냈는데, 그들이 돌아올 무렵 태조는 칙유했다.

너는 간신의 거짓을 받들어 어쩔 수 없이 와서 나를 속였지만 이제 돌아가 변란의 주모자에게 짐의 뜻을 말하라. "네가 중국의 무고한 사신을 죽인 죄는 크니 너희 나라의 가장 중요한 대신이 와서 알현하고 약속대로 세공을 바치지 않으면 죄를 묻는 군사를 피할 수 없을 것이다."
汝承姦臣之詐, 不得已而來誑我, 今命爾歸, 當以朕意言於首禍之人曰, 爾殺中國無罪之使, 其罪深矣, 非爾國執政大臣來朝及歲貢如約, 則不能免問罪之師.

예부상서 주몽염朱夢炎은 따로 태조의 유지諭旨를 적어 두 사신에게 줬다. 주몽염이 준 것은 지난해 12월의 칙유로 세공이 어떤가에 따라 왕위의 진위를 검토하겠다는 것이었다. 그때 명은 주차奏差 소루邵壘·조진趙振을 보내 심덕부 등을 따라가게 했다. 두 사람은 첨수참甜水站(요양 동남쪽)에 이르러 고려가 사신을 북원에 보냈다는 소식을 듣고 말했다.

전에는 우리 사신을 죽였고 지금은 두 마음을 품고 있다. 우리는 고려에서 죽느니 우리 땅에 죽겠다. 昔殺行人, 今又懷二心. 吾與其死於高麗, 寧死於我土.

그리고는 마침내 고려에 가지 않고 돌아갔다.

안타깝게 된 것은 작은 나라다. 김의가 명 사신을 죽인 것은 고려 조정과 무관한 일이었지만 심덕부가 돌아와 알린 명의 어려운 요구에 대해서는 세공을 어느 정도 바치고 간곡히 선처를 요청할 수밖에 없었다. 우왕 5년(홍무 12년, 1379) 겨울 문하평리 이무방李茂芳·판밀직 배언裴彦은 그런 임무를 띠고 우왕과 조모 명덕태후의 표문을 갖고 명에 갔다. 우왕의 표문은 다음과 같았다.

배신 심덕부가 경사에서 돌아오니 삼가 성지를 받들어 엎드려 읽었는데 진땀이 나 몸 둘 바를 몰랐습니다. 조모 홍씨(명덕태후)는 신하들에게 말했습니다. "내 손자(우왕)는 나이가 어려 아뢸 일이 마땅한지 분별하지 못할 것이며 신하들도 스스로 건의하기 어려울 것이니 내가 표문을 올려 아뢰겠다." 그 결과 배신 이무방과 배언 등이 조모의 표문과 함께 금 31근 4냥, 은 1000냥, 흰 세포 500필, 검은 세포 500필, 잡색마 200필을 갖고 경사에 가게 됐습니다. 엎드려 바라건대 폐하께서는 선신先臣(공민왕)이 귀의했던 공로를 생각하고 조모의 간곡한 정성을 살펴 선신의 시호를 내려주시고 제가 왕위를 계승하도록 해주십시오. 세공의 물품 또한 정해진 수량에 구애되지 않고 저희가 힘껏 마련해 바치도록 허용하시면 선신도 지하에서 웃음을 머금을 것이며 제 자손들도 대대로 성조聖朝의 충실한 제후가 될 것입니다. 이것이 신의 간절한 소망이며 지극한 행복입니다. 폐하께서는 밝게 살펴 받아들여주십시오. 陪臣德符, 回自京師, 欽奉聖旨, 伏讀流汗, 踢天蹐地, 若無所容. 祖母洪謂群臣曰, 吾孫年幼, 必不能別白事宜, 群臣又難自達, 妾當上表敷奏. 是用差陪臣李茂方·裴彦等, 齎擎祖母表文, 并管領金三十一斤四兩·銀一千兩·白細布五百匹·黑細布五百匹·雜色馬二百匹赴京. 伏望陛下錄先臣歸附之功, 察祖母窮迫之情, 賜先臣諡, 命臣襲爵. 歲貢之物, 亦容小邦不拘定數, 隨力所辦以獻, 則先臣含笑地下, 迪我子孫, 世爲聖朝藩輔. 臣之至願也, 臣之至幸也. 伏惟聖鑑採納.

명덕태후의 표문은 다음과 같았다.

소국(고려)은 바닷가에 있어 왜국과 이웃해 날마다 싸우고 있습니다. 그 때문에 주요 대신들은 모두 장수로 나가 중앙에 있는 사람은 적습니다.

그 절반이 입조하면 국방이 소홀해질 우려가 있습니다. 만약 왜구가 뜻을 얻는다면 어찌 저희만의 불행이 아니라 조정의 걱정이 되지 않겠습니까? 소국은 땅이 척박해 금은이 나지 않는다는 것은 중국에서 알고 있습니다. 말은 두 종류가 있는데, 호마는 북방에서 온 것이고 향마는 우리나라에서 나는 것입니다. 토종말은 당나귀와 같아서 좋은 것을 구하기가 어렵고 호마는 백에 한두 마리니, 이 또한 중국에서 아는 것입니다. [그마저도] 요즘 근래 왜구의 침입 때문에 거의 다 없어졌습니다. 포는 우리나라에서 생산되기는 하지만 1만 필을 마련하기는 정말 어렵습니다. 요동에서 이주해온 민호는 방문榜文을 걸어 모으고 있습니다.

첩은 젊은 시절부터 거짓말을 해본 적이 없으니 하물며 천자를 속이겠습니까? 첩은 대덕 무술년(2년. 고려 충렬왕 24년, 1298)에 태어나 올해 82세니 폐하께서 다스리시는 이 태평성대를 오래지 않아 떠날 것입니다. 진실로 참을 수 없는 일은 죽은 아들 왕전(공민왕)이 한마음으로 폐하를 섬기던 그 아름다운 행동이 사라져 드러나지 못하게 되는 것과 홀로 남은 손자(우왕)가 세상에 서지 못하는 것입니다. 이 때문에 예법을 어기면서 제 마음을 털어놓아 폐하께서 한번 알아주시기를 바라는 것입니다. 폐하께서 불쌍히 여겨 선왕의 시호를 내려주고 왕위 계승을 허락해주시며, 세공에 대한 조서를 거둬 소방이 적절히 시기에 따라 토산물을 바치는 것을 영원히 따르게 해주시면 첩은 안심하고 죽음을 기다릴 수 있을 것이며, 죽은 아들 왕전도 저승에서 폐하의 은혜에 보답할 것입니다. 小國濱海, 隣於倭國, 日與爲敵. 故其執政皆爲將帥, 居中者少, 以半入朝, 恐致疎虞. 儻或倭賊得志, 豈非小邦之不幸, 朝廷之所慮哉. 小國地薄, 不産金銀, 中國之所知也. 馬有二種, 曰胡馬者, 從北方來者也, 曰鄕馬者, 國中之所出也. 國馬如驢, 無從而得良焉, 胡馬居百之一二, 亦中國之所知也. 近因倭寇,

損傷殆盡. 布匹雖出於國中, 然數至於萬, 誠難充辦. 遼東流移民戶, 見行出榜
招集. 妾自少未嘗妄言, 況敢欺天乎. 妾生於大德戊戌, 行年八十又二, 朝暮當辭
盛代. 誠不忍亡兒顗一心向化之美, 泯而不彰, 煢煢孤孫, 無以立於世. 是以犯
禮法, 披心腹, 以冀陛下一悟. 陛下哀之恕之, 賜先臣之諡, 降世爵之命, 收歲貢
之詔, 使小邦, 私圖其宜, 時節獻土物, 永永遵守, 則妾當安心待盡, 而亡兒顗亦
當圖所以報恩於冥冥之間矣.

그러나 이무방과 배언 두 사신은 조공한 물건이 약속한 것과 다르
고 주요 신하들도 오지 않았다는 이유로 입경을 거부당하고 빈손으로
등주에서 돌아왔다.

그러자 이듬해인 우왕 6년(홍무 13년, 1380) 여름 숭경윤崇敬尹 주의
周誼가 계품사로 요양에 가서 요동도사에게 신하의 입조를 허용해달라
고 요청했다. 도사가 이 요청을 아뢰자 황제는 주의를 경사로 압송케
했다. 그리고 알현한 날 그를 포박해 천계사天界寺에 가두고 며칠 뒤
불러 책망했다.

너희 동이는 거짓말을 잘해 왕래하면서 해독만 끼치니 정말 안정을 구
하는 것인가? 아니면 반드시 앞으로 화근을 만들려는 것인가? 彼東夷,
易施輕詐, 往來肆毒, 果是求安者耶, 必欲根禍於將來者歟.

주의가 대답했다.

작은 나라가 어찌 감히 해독을 끼치겠습니까? 공물을 약속대로 바치지
못한 것은 충성이 지극하지 않아서가 아니라 참으로 백성이 가난하고

물품이 마련되지 않았기 때문입니다. 小邦豈敢肆毒. 其貢不如約者, 非忠誠不至, 實民貧而物不備也.

그러나 황제는 듣지 않았다. 주의를 억류한 뒤 그 통사通事를 먼저 돌려보내면서 명령했다.

앞서 요구한 말 1000필은 이미 약간 바쳤으니, 이제 더 보내 1000필을 채워라. 내년부터 매년 바치는 공물의 액수를 금 100근, 은 5000냥, 포 500필, 말 100마리로 하면 너희 동이의 죄를 용서하겠다.

그 결과 그 뒤 주의가 석방돼 돌아오자 고려는 그해 12월 문하찬성사 권중화 등을 보내 금 300냥, 은 1000냥, 말 450필, 포 4500필을 바치면서 시호와 승습을 요청했지만 정해진 조공액을 채우지 못하자 요동도사는 그것을 거부했으며, 다시 우왕 7년(홍무 14년) 10월 하정사로 간 김유金庾와 얼마 뒤 말 933필을 바친 이해李海 모두 요동까지 갔지만 바치지 못했다. 그 결과 우왕 8년(홍무 15년, 1382) 여름 다시 문하찬성사 김유·문하평리 홍상재洪尙載 이하 대신 몇 사람을 경사로 보내 금 100근, 은 1만 냥, 포 1만 필, 말 1000필을 바쳤다. 이로써 명의 요구를 거의 채웠지만 태조는 그래도 트집을 잡았다.

고려는 세공을 부담스러워해 그만 둘 줄 알았는데, 계속 사신을 보내고 있다. 이미 그들을 여러 차례 돌려보냈다. 지금 다시 와 간곡히 요청하는데 몇 년 전의 자잘한 물품들을 합쳐 1년의 조공액으로 한 것은 몰래 우리를 어리석게 여긴 것이다.

그리고는 요동도사에게 김유 등의 입국을 허락하지 말라고 명령했다. 그 결과 앞서처럼 막혀 돌아갈 수밖에 없었다. 그리고 다시 "요동을 지키는 장수들은 우리 국경을 굳게 지켜 고려와 작은 일이라도 다투지 말고 그들이 스스로 알아서 하도록 하라"고 칙유했으므로 그해(8년) 겨울 운남 평정을 축하하기 위해 파견된 유번柳藩과 이듬해 정월을 축하하고 시호와 승습을 요청하려던 정몽주 모두 요동도사에게 가로막혔다.

이듬해 우왕 9년(홍무 16년, 1383) 정월 정몽주는 앞서 말한 칙유를 본국에 전달하지 못했다. 도사가 그것을 정몽주에게 보이면서 그의 입국을 막았기 때문이었다. 얼마 뒤 도사에서 공문을 고려에 전달했다. 앞서 말한 대로 나하추가 문카라부카를 고려에 보내 옛 우호를 회복할 것을 요청했기 때문이었다.

고려는 대명을 신하로 섬기면서 나하추와 우호를 유지하는 것은 옳지 않다. 나하추가 문카라부카를 보내 우호를 요청하자 고려는 예의로 후하게 접대했다고 하는데, 이것이 신하로서 대명을 섬기는 뜻인가? 죄를 피하고 싶으면 문카라부카를 붙잡아 보내 진심을 보여야 할 것이다. 그렇지 않으면 나중에 근심이 생겨 후회해도 무슨 소용이 있겠는가? 高麗臣事大明, 不宜與納哈出通好. 今聞納哈出遣文哈剌不花請好, 高麗厚禮以慰之, 其於臣事大明之意如何. 如欲免罪, 莫若檻送文哈剌不花, 以効其誠. 不然, 雖有後患, 悔之何及.

그 결과 고려 조정은 요동군의 침략을 걱정하지 않을 수 없어 8월 장수들을 동·서북면으로 보냈다. 「신우열전」의 해당 기사에서 "그때 명은 사대가 진실하지 못하다고 책망하면서 변경을 여러 번 침략했기 때문에 대비했다時大明責事大不誠, 屢侵邊境, 故備之"고 했지만 명군이 침략한 흔적은 찾기 어렵다. 요동을 지키던 장수가 태조의 명령에 따라 군세를 확장하자 그런 소문이 자연히 전해지면서 고려 조정은 두려움을 품고 대비한 것으로 생각된다. 니성 만호 조민수는 병마사 박바얀에게 요동의 형세를 염탐케 했는데, 그는 돌아와 안산鞍山(요양 서남쪽에 있는 지금의 안산참鞍山站) 백호 정송鄭松의 말을 전했다.

요동 총병관이 황제에게 "달달(나하추)이 문카라부카를 고려로 보내 함께 요동을 공격하려고 하니 군사를 보내 구원해주십시오"라고 요청하자 황제는 손 도독 등에게 전함 8900척을 이끌고 가서 고려를 정벌하라고 명령했습니다. 손 도독은 요동에 도착해 요동군을 셋으로 나눠 배를 타고 고려로 출발했습니다. 마침 달달은 혼하구자를 공격해 관군을 모두 죽이고 군사를 혼하에 주둔시켰는데, 손 도독의 군대는 그와 싸웠지만 이기지 못하고 돌아갔습니다. 韃韃遣文哈剌不花於高麗, 欲與攻遼, 請遣兵救之. 帝命孫都督等, 領戰艦八千九百艘, 征高麗. 孫都督到遼東, 又三分遼東軍, 發船向高麗. 會韃韃擊渾河口子, 盡殺官軍, 屯兵渾河, 都督兵與戰, 不克還.

그러자 우왕은 도당에 명령에 변방 방어를 의논하게 했다. 다만 홍무 16년(1383) 손씨 성을 가진 명의 도독이 요동으로 갔다가 나하추의 남침에 따라 대패한 것은 『명실록』에 보이지 않는다. 태조의 칙유와 요동도사의 보고 모두 그런 사실을 언급한 것은 없어 기사의 탈루로는 생각되지 않는다. 정송의 이 말은 홍무 5년(1372) 정해후 오정이 수군을 이끌고 요동에 갔다가 경사로 돌아갈 무렵 나하추가 우가장을 약탈해 명군 5000여 명을 격파한 사실과 비슷한 것으로 보면 지난 사실을 빌려와 허구의 말을 지어 요동의 형세를 탐지한 고려의 첩자를 속이려던 것으로 생각된다. 우왕이 그것을 듣고 변방 방어를 논의한 것은 오히려 우습게 됐다.

이처럼 고려 조정이 명군의 침략에 대해 우려를 품었을 때 다시 세공의 난제가 제출됐다. 육로의 조빙은 여러 번 요동도사에게 막혀 희망이 끊어졌으므로 이해(홍무 16년, 1383) 8월 김유를 보내 천수성절天壽聖節을 축하하고 이자용李子庸에게 황태자의 천추절을 하례하려고 할 때는 바다로 갔다. 그들이 갖고 간 표문에서는 거듭 사신이 막힌 사실을 들고 이번의 사신 파견도 그렇게 될까 걱정했다.

이제 성절과 천추절이 다가오니 관례대로 표문을 드려야 하지만 이전처럼 입국이 막혀 돌아올까 진실로 두렵습니다. 저(우왕)와 온 나라의 신민은 나아가고 물러나는데 기댈 곳이 없어 놀라고 두려워 어떻게 해야 할지 모르겠습니다. 작은 정성이 반드시 전달되기를 바랄 뿐이니 엄하게 꾸짖으셔도 어찌 사양하겠습니까? 即日欽遇聖節·千秋節, 例合進呈表箋. 誠恐仍前阻回. 臣與一國臣民, 進退無憑, 驚惶失措. 所願微誠之必達, 雖加嚴譴而何辭.

그러나 두 사신은 9월 5일 천추절과 같은 달 18일 천수성절이 모두 지난 뒤인 10월 경사에 도착했기 때문에 태조는 그것을 문제 삼아 두 사신을 법사法司에 내려 보낸 뒤 고려에 공문을 보내라고 예부에 명령했다.

성지聖旨를 받듭니다. 지난번 고려는 멀리 동쪽 변방으로부터 와서 약속(명을 섬기겠다는 것)을 지키고 싶다고 말했다. 그러나 속으로는 여러 거짓을 품고 많은 문제를 일으킬 것으로 보였기 때문에 짐은 그 요청을 받아들이지 않고 자기 나라나 잘 다스리라고 했다. 그 뒤에도 여러 차례 와서 허락해달라고 요청하기에 짐은 성의가 지극하다고 생각해 세공을 정해주고 그들의 정성을 보이게 했지만 그 뒤 약속대로 세공을 바치지 않은 것이 5년이나 됐다. 지금 다시 경사에 하례를 하겠다고 오니 정성이 지극하다. 하지만 기한이 지나 도착했으니 어찌 심한 모욕이 아니겠는가? 그러나 사신을 보낸 일로 말하면 고려국왕과 그 신하들의 잘못은 아니며, 사신이 일부러 무시하고 게을러 기한을 넘겨 온 것이다. 지금 고려가 완전히 신하가 됐으니 영원히 사대의 정성을 지킬 것으로 생각한다. 방문한 사신은 이미 조회하는 예법을 어겼으니 법사에 보내 율령에 따라 처리하라. 그들이 바친 예물은 기한을 넘겨 도착했으니 받지 말고 다시 고려에 다음과 같은 내용의 문서를 보내라. 반드시 약속을 지키겠다고 하면 지난 5년 동안 바치지 않은 세공으로 말 5000필, 금 500근, 은 5만 냥, 포 5만 필을 한꺼번에 바쳐라. 이런 정성을 보이면 앞으로 사신을 찾으러 보낼 군사(사신을 살해한 죄를 묻는 군사를 말함)가 가는 것을 모면할 수 있을 것이다. 奉聖旨. 高麗遠自東鄙, 曩者來奏, 願聽約束. 其中懷詐多端, 視生隙如尋常, 朕所不納, 止許自爲聲敎. 向後數來請命, 朕將以爲誠意至極, 所以限定歲貢, 用表彼誠, 去後貢不如約五年矣. 今又以慶禮來, 誠則誠矣. 然非期節而至, 豈不侮之甚歟. 雖然以發使之事論之, 則非高麗國王·陪臣之非, 乃使者故爲侮慢, 過期而至. 今高麗旣全臣妾, 永守事大之誠. 來使旣非朝禮, 當送法司如律令. 其所進禮物, 旣不依節而至, 勿納, 更與高麗文書. 必然願聽約束, 前五年未進歲貢, 馬五千匹·金五百斤·銀五萬兩·布五萬匹, 一發

將來. 乃爲誠意, 方免他日取使者之兵至彼.

곧 태조는 하례사가 기한에 늦게 온 것을 이유로 지적했지만 책임을 사신에게만 돌리고 축하의 뜻을 표시한 고려의 국왕과 신하들에게는 일단 사대의 정성을 인정하면서 그것을 확인한다는 구실로 세공의 난제를 다시 제출한 것이다. 그리고 이 예부의 공문은 하례사를 따라 명에 들어갔던 최연崔涓·장백張伯 등이 갖고 고려로 돌아왔다(11월).

이처럼 거듭 하례했지만 세공이 감면될 가능성이 생긴 것은 아니었다. 일부러 지연시켰다는 의심이 풀리지 않아 틈은 더욱 깊어졌고 문책하는 군사가 올지도 몰랐다. 그 때문에 우왕은 신하들을 모아 세공 문제를 의논했는데 황제의 뜻을 따라야 한다고 모두 대답했다(12월). 그 결과 세공을 마련하기 위해 진헌반전색進獻盤纏色을 설치하고 이듬해(우왕 10년, 홍무 17년) 5월부터 8월까지 말 4000필을 바쳤다. 그리고 처음 조공하면서 따로 사신을 보내 금·은은 고려에서 나지 않으니 말을 대신 보내고 나머지는 모두 약속대로 하겠다고 요청하자 태조는 허락하고 은은 300냥, 금은 50냥을 말 한 필로 매겼다. 그러나 걷을 수 있는 만큼은 걷어 양부兩府의 6품까지 금·은을 내게 하고 각도에서도 걸었으며 노국공주 진전眞殿의 금·은그릇도 걷어 모자라는 부분을 충당했다.[34] 그 결과 윤10월 연산군連山君 이원굉을 사신으로 경사에 보내 세공을 바쳤다. 금 500근과 은 5만 냥에서 부족한 부분은 말로 대신하고 포는 백저포·흑마포·백마관포白麻官布를 합쳐 5만 필, 말은 앞서 4000필에 다시 1000필을 더했다. 이것으로 5년의 세공을 모두 바쳤다.

세공을 모두 내자 태조는 고려에 너그러운 태도를 보여 진헌하는
사신이 오자 예부에 지시했다.

고려왕 왕전은 짐이 즉위한 뒤 자신을 신하라고 부르며 조공해 짐은 늘
성의를 다해 그를 대우했으니, 큰 뜻은 삼한의 사람들이 모두 편안하게
지내도록 하려는 것이었다. 왕전이 시해돼 세상을 떠나고 그 신하가 제
악행을 덮으려고 와서 섬기겠다고 요청할 것을 어찌 생각이나 했겠는
가? 짐은 여러 번 윤허하지 않으며 저들에게 스스로 다스리도록 허락했
지만 그들의 요청이 그치지 않았기 때문에 세공을 요구한 것이다. 그러
나 중국이 그것에 힘입어 부유해지겠는가? 그들이 진심인지 거짓인지
시험한 것에 지나지 않는다. 지금 이미 명령을 들었고 그 마음이 이미
나타났으니 다시 그들과 약속해 세공을 삭감하고 3년에 한 번 말 50필
을 조공케 하니 [홍무] 21년(1388) 정월 초하루에 조공하게 하겠다. 너
는 이 뜻을 알려주도록 하라. 高麗王王顓, 自朕卽位以來, 稱臣入貢, 朕常推
誠待之, 大要欲使三韓之人, 擧得其安. 豈意王顓被弑而殂, 其臣欲掩己惡, 來
請約束. 朕數不允, 聽彼自爲聲敎, 而其請不已, 是以索其歲貢. 然中國豈倚此爲
富. 不過以試其誠僞耳. 今旣聽命, 其心已見, 宜再與之約, 削其歲貢, 令三年一
朝貢馬五十匹, 至二十一年正旦乃貢. 汝宜以此意諭之.

이 칙유는 곧바로 고려에 보내지 않았으며, 축하할 명절이 지난 뒤
에 온 김유와 이자용의 죄를 용서해 본국으로 돌려보내면서 조빙을
허락하는 명령을 전달케 했다. 그리고 고려에서 사은사(윤호와 조반趙
胖)가 와 시호와 승습을 요청하자 그 요청을 바로 받아들여 국자감 학
록學錄 장부張溥와 국자감 전부典簿 주탁周倬 등에게 조서와 고명을 갖고

고려로 보내 우왕을 고려 국왕으로 책봉하고 선왕에게 공민이라는 시호를 내렸다(두 사신은 홍무 18년[우왕 11년, 1385] 7월 그런 명령을 갖고 출발해 9월 고려에 도착했다). 우왕은 '고려권서국사高麗權署國事'로 왕위 계승을 인정받지 못한 지 12년 만에 비로소 책봉을 받았다.

그에 따라 조민수를 사은사로 삼아 책력曆日과 수륙 통행증船馬符驗을 요청하고 원에서 발급한 몽골 문자로 작성된 포마성지鋪馬聖旨(역원驛傳에게 발급한 새서璽書) 8통을 거둬들였으며, 얼마 뒤 품계에 따라 말을 징발해 그해의 세공으로 말 1000필, 포 1만 필, 금·은의 값에 따라 말 66필을 바쳤다. 그리고 이듬해(우왕 12년, 홍무 19년, 1386) 2월 정몽주를 보내 의관 제도를 요청하면서 따로 표문을 올려 세공의 감면을 요청했다.

해마다 왜구의 침략으로 백성의 생활이 매우 어려우며 생산되는 물품도 모두 바닥났습니다. 금과 은은 본디 우리나라에서 나지 않으며 말과 포도 앞으로 그 수를 채우기 어려울 것 같아 참으로 황송하니 어떻게 해야 할지 모르겠습니다. 比年海寇侵陵, 民生孔艱, 物産悉耗. 金銀固已非土之所出, 馬布恐難充數於將來, 兢惶實深, 進退惟谷.

그러자 예부에서는 지난해 정월의 칙유를 정몽주에게 보여줬다.

짐이 다시 저들과 약속해 세공을 깎아 3년에 한번 조회하고 좋은 말 50필을 바치게 했으니 종산 남쪽 목야 지방에서 자산으로 삼고(종마種馬로 쓰겠다는 뜻) 영원히 서로 칙유를 지키라. 올해 말부터 이 약속은 발효될 것이며, 앞으로 홍무 24년(1391) 정월 초하루에 다시 조공하라. 짐은 말을 바꾸지 않겠지만 저들(고려)이 따를지는 모르겠다. 朕再與之約, 削去歲貢, 三年一朝, 貢良驥五十匹, 以資鍾山之陽牧野之郡, 永相保守諭. 今歲歲終, 以此約爲驗, 後至洪武二十四年正旦, 方進如始. 朕言不二, 未審彼中從乎.

정몽주는 7월 고려로 돌아왔고 9월 밀직부사 장방평이 하정사와 함께 명에 가서 세공마 수컷 15필과 암컷 35필을 바쳤는데, "올해 말부터 이 약속은 발효될 것"이라는 명령을 따른 것으로 생각된다. 오랫동안 고려를 괴롭힌 세공 문제는 이로써 해결됐다.

(2) 말 구입과 진상에 관련된 견책

장방평이 진헌사로 명에 간 뒤 하성절사 안익 등이 명에서 돌아와 (우왕 12년[1386] 11월) 태조의 조서를 전달했다.

내가 말 5000필을 사려고 하니 너희는 고려로 돌아가면 먼저 재상들에게 말하고 모든 절차를 마친 뒤 국왕(우왕)에게 말해 그렇게 할 것인지 아닌지를 안 뒤 바로 문서를 갖고 오라. 그러면 여기서 비단 1만 필과 면포 4만 필을 보내겠다. 재상들의 말은 1필당 비단 2필과 면포 4필로 살 것이며, 관청과 백성의 말은 1필당 비단 1필과 면포 2필로 사겠다. 너희는 잊지 말라. 我要和買馬五千匹, 儞回到高麗, 先對衆宰相說, 都商量定了之後, 却對國王說, 知肯不肯, 時便動將文書來. 我這裏運將一萬匹段子·四萬匹縣布去. 宰相的馬一匹, 價錢段子二匹·縣布四匹, 官馬幷百姓的馬一匹, 段子一匹·縣布二匹和買. 儞休忘了.

얼마 뒤 지휘첨사 고가노와 서질徐質도 태조의 조서를 갖고 와 말 1필당 비단 2필과 면포 8필을 줄 테니 고려에서는 관원을 보내 말을 요양으로 운송하고 그 대가를 가져가라고 말했다. 비단 1만 필과 면포 4만 필은 말 5000필의 총액이고 비단 2필과 면포 8필은 말 1필의 표준 가격으로 "재상의 말"이라고 한 것은 말의 소유자와 품계에 따라 값을 줄인 것으로 생각된다. 명이 이처럼 말을 고려에서 요구한 것은 태조의 아래 발언에서 보이듯 이듬해 봄(홍무 20년, 1387) 군사를 일으켜 나하추를 토벌하려고 계획했기 때문에 거기 쓰려고 한 것이며, 세공 문제와는 무관했다.

홍무 20년(1387) 봄 짐은 비단을 요동으로 보내 고려와 말을 바꿔 오랑캐(나하추)를 정벌하려고 했는데 고려의 신하들은 모두 노둔한 말을 가져와 교역했다. 洪武二十年春, 朕以匹帛, 置遼左, 與高麗易馬, 伐胡. 彼陪臣等, 皆以駑來易.**35**

고려 조정은 말을 팔라는 명령을 받자 전객령典客令 곽해룡郭海龍을 명에 보내 "저희 나라는 말이 많이 나지 않고 크기도 작아 값을 받을 수 없지만 명령을 받들어 힘을 다해 마련하겠다"고 아뢰었다. 사신 고가노가 명에 돌아가 보고한 것도 같은 내용으로 태조는 그 말을 듣고 말했다. "짐은 번국들을 성실과 믿음으로 대하려고 노력한다. 고려가 말을 바치면서 값을 받을 수 없다고 말한 것이 어찌 본심이겠는가? 짐의 지극한 뜻을 이해하지 못하고 세력을 두려워하는 것일 뿐이다. 짐은 세력으로 사람을 핍박하지 않는다. 앞의 명령대로 물건을 서로 교역하라." 그리고 곽해룡에게 그 뜻을 고려에 전하게 하고 요동의 장수들에게 지시했다. "고려에서 말을 보내오면 쓸 만한 것을 가려 값을 지불하고 둔하고 약해 쓸 수 없는 것은 적절히 값을 깎으라."

고려 조정은 말 5000필을 내려고 한 것은 아니며 일단 어느 정도를 바쳐 팔라는 명령을 회피하려고 했지만, 태조는 그것도 고려의 관용적 수법이라고 판단해 거부한 것으로 생각된다. 그 결과 홍무 20년(우왕 13년, 1387) 3월부터 6월까지 말 5000필을 다섯 차례로 나눠 요동으로 보냈다. 요동도사는 첫 번째 차례의 말이 도착하자 늙고 병들고 작은 말은 모두 물리쳤으며, 다섯 번째의 1000필은 모두 물리치고 바꿔오게 했다. 또한 압마관押馬官과 함께 말을 점검해 3등으로 나눠 상등은 비단 2필과 포 8필, 중등은 비단 1필과 포 6필, 하등은 비단 1필과 포 4필을 지급했다. 그리고 비단은 모두 2670필, 포는 3만186필이라고 한 것을 보면 표준 가격에 해당하는 상등의 말은 적게 잡고 대부분 하등의 말로 평가했음을 알 수 있다.

고려 조정은 말을 다 실어보낸 뒤 윤6월 장자온을 명에 보내 앞서 명의 제도에 따라 관복冠服을 개정하도록 허락해준 데 감사했으며, 같은 달 다시 설장수를 보내 성절과 천추절을 축하했다. 그때 나하추가 일독하(지금의 이통하) 가에서 명군에 항복하자 9월 장방평은 축하하는 표문을 갖고 명으로 갔는데, 요양 동남쪽 100리(39.3킬로미터)의 첨수참에 이르렀을 때 요동도사는 태조의 칙서를 전달했다. 칙서는 그보다 앞서 고려 사신을 거부하기 위해 요동도사에게 내려진 것이었다.

앞으로 오는 고려 사신은 100리 밖에서 멈춰 돌아가게 하고 입국을 허락하지 말아 경사로 들어가는 것을 허락하지 않는다는 뜻을 보여라. 여러 절기나 의례 등을 가리지 말고 올 필요가 없다. 고려의 집정 대신들은 경박하고 간사한 무리여서 믿기 어렵다. 왕래를 허락한 때부터 지금까지 모든 약속을 기한을 넘기지 않으면 지키지 않아 성실한 태도를 보인 적이 없으니 교류를 끊고 그들과 왕래하지 않겠다. 만약 오겠다고 하면 이 칙명을 보여주고 돌려보내라. 今後高麗國使臣來者, 於一百里外止回, 不許入境, 亦不許送赴京師. 不揀指以諸等時節行禮等項, 不必教來. 其國執政之臣, 輕薄譎詐之徒, 難以信憑. 自許往來, 至今凡百期約, 非過則不及, 未嘗誠意相孚, 可以絕交, 不可與之往來. 若欲求進, 示勅使錄而還.

장방평은 이 칙유를 보고 헛되이 고려로 돌아왔으며(11월) 12월 영원군永原君 정몽주와 이듬해 우왕 14년(홍무 21년, 1388) 정월 밀직사 조림은 조빙을 요청하는 임무를 띠고 명에 갔지만 모두 요동에서 막혔다.

그렇다면 태조가 이처럼 고려의 대신들을 경박하고 간사한 무리라고 하면서 요동도사에게 고려와의 교빙을 막게 한 사정은 무엇인가? 장방평이 요동에서 돌아오자 좌시중 반익순潘益淳은 최영에게 말했다. "공은 선왕께서 두터이 믿으셨고 삼한의 희망입니다. 지금 나라가 위태로운 데 어찌 힘써 대책을 세우지 않으십니까?" 최영은 탄식했다. "정권을 잡은 자가 이익만 좋아하고 악행을 쌓아서 스스로 패망을 재촉하니 늙은이가 어떻게 하겠습니까?"**36**

태조가 '집정 대신'이라고 말한 인물은 우왕이 즉위한 뒤 권력을 장악한 이인임과 임견미 등을 가리키는데 그들을 경박하고 간사하다고 한 까닭은 무엇인가? 앞서 말한 대로 지난해 윤6월 장자온과 앞뒤로 명의 수도에 간 설장수는 다음해 2월 돌아와 태조의 칙명을 전달했다.

고려가 짐에게 조공하기를 요청하기에 해마다 말을 바치게 했지만, 보낸 말이 모두 쓰기에 적합하지 않았다. 그리고 또 어려움을 호소하기에(세 공을 줄여달라고 요청한 것) 바치지 말라고 해 3년 동안 겨우 종마 50필을 바쳤을 뿐이며 그 말들도 쓸 만하지 않았다. 그 뒤 5000필을 샀지만 모두 약하고 작아 우리의 말 1필 값이면 저것 두세 마리를 살 수 있었다. 지금 또 의관을 고치고 은혜에 감사한다고 말을 바쳤는데 발굽도 상하고 다리도 부었으니 와서 바친 것이 어찌 이런 지경에 이르렀는가?(장자온은 관복 개정을 허락해준 것에 감사해 말 16필을 바쳤다). 이것은 사신이 서경(평양)을 지나면서 팔아 바꿔 온 것이 분명하다. 그 때문에 이미 장자온을 금의위에 가둬 해가 지나도록 처벌했다. 너는 돌아가서 집정대신에게 알려라. 짐이 통상을 이미 허락했지만 도리어 저들은 분명히 문서를 보내 무역하려고 하지 않고 뒤로 사람을 시켜 대창大倉(지금의 강소성 호해도滬海道 태창현太倉縣)에 와서 내가 군대를 일으키고 배를 건조하는지 몰래 엿보고, 소식을 누설하는 우리나라 사람들에게 큰 상을 주고 있다. 이것은 거리의 어린 아이들도 봤으니 이제부터는 그런 행동을 중단하고 사신을 보내지도 말라. 高麗願聽朕約束, 朕令歲貢馬, 所進馬不中用. 而又訴難, 我令勿進, 只令三年, 進種馬五十匹, 所進馬又不中用. 後買五千匹, 又皆弱小, 以我一匹價, 可買彼兩三馬. 今又以改衣冠, 謝恩進馬, 粗蹄腫腿, 旣是來獻, 何至於此. 是必使臣, 行至西京, 賣換而來耳. 已囚張子溫于錦衣衛, 使經年罪之. 爾歸以告執政大臣. 朕旣許通商矣, 彼反不肯明白通牒使來貿易, 乃陰令人來大倉, 窺覘我興師造艦與否, 重賞我人之去洩消息者. 是街中小兒之見也, 自今愼勿如此, 又毋得遣使來.

이것은 고려의 집정을 경박하고 간사하다고 본 태조가 구체적으로 그 사실을 들고 잠시 억류했던 설장수를 석방해 고려에 돌아가 알리게 한 것이 틀림없다. 지금 그 사실을 검토하면 태조는 세공으로 바친 말이 쓸 수 없는 상태라고 했지만 5년치 세공을 모두 바쳤을 때 "지금 이미 명령을 들었고 그 마음이 이미 나타났으니 다시 그들과 약속해 세공을 삭감하겠다"면서 고려의 성의를 분명히 인정하지 않았는가? 3년에 한번 조공하면 된다는 명령에 따라 암·수말 50필을 바쳤을 때도 사용하는 데 적합하지 않다고 하면서도 물리치지는 않았다. 구매한 5000필이 좋지 않았던 것은 사실이지만 그런 말은 값을 깎았고 구매가 끝나자 우왕에게 관대冠帶를 하사했으므로 지금이 돼서 그 잘못을 책망한 것은 아니었다. 그렇다면 장자온이 바친 말이 발굽도 상하고 다리도 부은 것을 볼 때 역시 서경에서 바꿔 구입해온 것이 틀림없다고 폭로한 일은 태조가 사신을 거부한 근본적 이유가 틀림없다.

우왕 12년(홍무 9년, 1376) 6월: 문하평리 안익을 경사로 보내 성절을 축하했다. (…) 그때 사신이 돌아오면 집정 대신들은 뇌물의 많고 적음을 보고 그 관직을 높이거나 낮췄으며, 마음에 들지 않으면 반드시 헐뜯었기 때문에 사신들은 그런 곤경을 피하기 위해 장사하지 않을 수 없었다. 안익은 눈물을 흘리며 크게 탄식했다. "내가 전에는 재상을 보내 입조하는 것을 나라를 위한 것이라고 생각했는데, 오늘에야 권세가들의 재산을 늘리기 위한 것임을 알았다." 遣門下評理安翊如京師, 賀聖節. (…) 時每奉使人還, 執政視賂多少, 高下其官, 或不如欲, 必中傷之, 以故奉使者, 規免其禍, 不得不貨市. 翊流涕太息曰, 吾嘗以爲, 遣宰相朝聘者, 爲國家耳, 今日乃知爲權門營産也.

'집정'은 권력을 휘두르고 탐욕을 부리던 이인임과 임견미 등을 가리킨다. 사신으로 가면서 말을 팔아 바꿔 명에 좋지 않은 것을 바친 사례는 장자온만이 아니었음을 알 수 있다. 그런데 그런 부정한 사실이 우연히 장자온이 사신으로 가서 말을 바칠 때 드러나자 태조는 그를 금의위에 가두고 일부러 일을 과장해 앞서 바친 말도 모두 좋지 않았다고 하면서 고려의 집정에게 책임을 물은 것이다.

지난해(우왕 13년, 홍무 20년, 1387) 2월 곽해룡은 명에서 돌아와 말 구매에 관련된 태조의 명령을 전달했는데, 그가 갖고 온 예부의 자문에서는 다음과 같이 말했다.

지난해 김 통사가 바다를 건너 절강의 민간에 잠입했고 올해는 임 통사가 경사의 맹인과 밀통해 우리의 사정을 정탐했다. 아, 이런 계략과 이런 행동이 어찌 서로를 평안하게 하는 길이겠는가? 去歲, 金通事泛海, 潛入浙民間, 今年, 任通事密通京師瞽者, 探聽事情. 噫, 此計此量, 豈是彼此相安之道.

고려인이 대창에 와서 명에 출병 계획이 있는지 정탐했다는 것은 이 사실을 거듭 말해 힐책한 것으로 생각된다.

우왕 13년(홍무 20년, 1387) 11월: 원로 신하들이 모여 한양에 산성을 쌓는 문제와 전함을 수리하는 문제를 의논하고 문하평리상의 우인렬과 판밀직 홍징을 한양부로 보내 중흥산성(삼각산에 있다)의 형세를 살펴보게 했다. 耆老會議築漢陽山城, 修戰艦, 遣門下評理商議禹仁烈·判密直洪徵 于漢陽府, 審視重興山城形勢.

이것은 요동에서 길이 막힌 장방평이 사신을 거절하는 칙명을 갖고 돌아왔을 때의 일이다.

「최영열전」: 장방평 등이 요동에 이르렀지만 [명으로] 들어갈 수 없어 돌아왔다. 좌시중 반익순이 최영에게 말했다. "공은 선왕께서 두터이 믿으셨고 삼한의 희망입니다. 지금 나라가 위태로운데 어찌 힘써 대책을 세우지 않으십니까?" 최영이 탄식했다. "정권을 잡은 자가 이익만 좋아하고 악행을 쌓아서 스스로 패망을 재촉하니 늙은이가 어떻게 하겠습니까?" 그때 어떤 사람이 요동에서 도망쳐 와 도당에 알렸다. "황제가 장차 처녀·수재·환관 각 1000명과 소·말 각 1000필을 요구할 것입니다." 도당에서 걱정하자 최영이 말했다. "이와 같다면 군사를 일으켜 치는 것이 옳습니다." 時有人自遼東逃來, 告都堂曰, 帝將求處女·秀才及宦者各一千, 牛馬各一千. 都堂憂之, 瑩曰, 如此則興兵擊之可也.

그리고 이듬해 14년(홍무 21년, 1388) 정월 우왕은 최영과 모의해 임견미와 그 세력을 주살하고 이인임을 경산부京山府(경상북도 성주)로 유배 보냈으며, 2월 설장수가 명에서 돌아와 앞서 말한 대로 태조의 칙명을 전달하자 최영과 요동 공격을 은밀히 논의해 한양에 중흥산성을 수축했다. 그렇다면 장방평이 돌아왔을 때 원로 신하들이 한양에 산성 쌓는 것을 논의하고 얼마 뒤 이임인과 임견미 등을 탐욕스런 집정으로 처형하거나 유배 보냈으며 마침내 설장수가 돌아오자 요동 공격의 논의를 시작한 것은 장자온의 간사함에서 유래한 명의 견책과 관계된 것은 아닐까? 우리는 여기 열거한 사실을 기억하고, 다음 장에서 우왕의 치세 14년 동안의 내정을 살펴본 뒤 이 문제를 언급하려고 한다.

5. 우왕 말년의 정변

(1) 우왕 때의 내정

이인임은 우왕을 옹립해 정권을 장악하고 지윤·경복흥·임견미 등과 결탁해 권력을 휘둘렀다. 북원의 사신을 영접할 것인지 논란이 일어났을 때 자기에게 반대하는 세력은 모두 축출하니 사람들이 모두 그를 추종했다. 그는 얼마나 자주 찾아오고 뇌물을 바치는지에 따라 관직을 높이거나 낮췄고, 관직이 모자라면 마음대로 첨설직을 두거나 수십 일 동안 관직을 임명하지 않으면서 뇌물이 오기를 기다렸으며, 하루에 임명한 재추가 59명에 이르기도 했다. 대간·장수·수령은 모두 그의 인척이었고 저자市井의 공장工匠까지 연줄에 따라 임명하니 사람들이 연호정烟戶政이라고 불렀다고 했다.

이때 삼사 우사三司右使 김속명金續命은 명덕태후의 인척이었기 때문에 궁중의 일을 모두 총괄했는데, 강직해 꺾이지 않아 사람들이 모두 그를 두려워했다. 그가 병으로 집에 있을 때 경복흥·이인임·지윤 등이 찾아왔다. 김속명이 말했다. "지금 하루에 재추를 임명한 것이 50명에 이르렀는데, 사람들의 논란을 어떻게 할 것입니까?" 경복흥이 대답했다. "어쩔 수 없는 일입니다." 김속명이 말했다. "지금 재추로 나처럼 녹봉을 훔치고 자리만 차지하며 마음도 바르지 않은 사람은 없을 것입니다." 이인임이 말했다. "공이 바르지 않으면 누가 바르겠습니까?" 김속명이 말했다. "내가 도당에서 일을 처리하면서 마음으로는 틀리다고 하면서도 입으로는 옳다고 하니 누가 나처럼 마음이 바르지 않은 사람이 있겠습니까?" 김속명의 이 말은 권력을 장악해 탐욕을 자행하던 당시 재추들의 행태를 지목한 것이어서 이인임과 지윤 등은 깊은 원한을 품었다.

그때 반야般若 사건이 일어났다. 반야는 신돈의 비첩婢妾으로 우왕의 생모였다. 우왕 2년(1376) 3월 그녀는 밤에 몰래 태후의 궁에 들어가 울면서 호소했다. "제가 주상의 생모인데 어째서 한씨를 어머니라고 합니까?" 그러나 태후는 그녀를 쫓아냈다. 재추는 모여 의논해 반야를 하옥하고 마침내 임진강에 빠뜨려 죽였다. 의논이 아직 정해지지 않았을 때 김속명은 탄식했다. "세상에서 아버지가 누구인지 판별하지 못하는 일은 있을 수 있지만 어머니를 판별하지 못한다는 말은 듣지 못했다." 그러자 이인임과 지윤 등은 간관을 시켜 김속명을 탄핵하고, 해서는 안 될 말을 해 불경이 심각하니 국문을 거듭 요청했다. 그러나 태후가 힘써 구원했기 때문에 그는 사형을 모면하고 문의현(충청북도)에 유배됐다.**37**

지윤은 군사 출신으로 공민왕 때 여러 번 군공을 세워 재상에 이르렀다. 우왕이 즉위한 뒤 유모 장씨를 후대하자 지윤은 그녀와 간통했고 그의 부인도 장씨와 친해 궁궐에 드나들었다. 또 이인임과 결탁해 큰 권력을 휘두르면서 관직을 팔고 옥사를 돈으로 조종했으며 다른 사람들의 노비를 빼앗은 것이 셀 수 없을 만큼 많았다. 첩이 30명에 이를 정도였는데, 부유한지만 보고 미모는 가리지 않았으며, 관직을 주고 대신 녹봉을 받는 등 탐욕이 끝을 몰랐지만 마침내 이인임과 사이가 나빠졌다.

우왕 2년(1376) 9월 왜구가 고부·태산泰山(지금의 태인) 등을 약탈하고 마침내 전주를 함락시켰다. 도당에서 원수元帥의 선발을 논의했는데 마땅한 사람을 찾기 어렵자 지윤의 아들 지익겸池益謙을 보내기로 했다. 지윤은 불만을 품었고 요동 공격을 핑계로 그 논의를 꺾어버리려고 했다. "왜구는 변방만 어지럽힐 뿐이니 걱정하지 않아도 됩니다. 명의 대군이 정료위에 주둔하면 그 뒤에는 도모하기 어려울 것입니다. 군사를 돌려 요동을 공격하는 것이 났습니다." 이인임은 화를 내며 말했다. "전주는 나라의 목줄 같은 곳이니 구하지 않으면 안 된다고 생각해 정성을 다하고 있소. 여기에 반대하면 내가 무엇을 할 수 있겠소?" 그리고는 마침내 나가버렸다. 경복흥이 달려나가 그의 소매를 잡고 말렸고 지윤도 머리를 조아리며 사과했다. 그러나 그 뒤 이인임이 병 때문에 집에 있을 때 지윤은 그 집 앞을 지나면서도 찾아보지 않았다. 사람들은 비로소 둘 사이에 틈이 생겼음을 알게 됐다.

지윤은 집에서 일을 처리해 문객을 많이 뒀으며, 자기에게 붙는 사람은 쓰고 그렇지 않은 사람은 배척했다. 지신사 김윤승金允升 등은 그에게 붙어 승진과 발탁을 바라면서 집의 김승득金承得·판전교시사 이열李悅·좌상시 화지원華之元과 함께 스스로를 '지문 4걸池門四傑'이라고 일컬었다. 지윤과 이인임이 사이가 벌어지자 김윤승은 앞장서 계책을 세워 이인임을 제거하고 지윤을 수상으로 만들려고 시도했다. 이인임은 익명서를 받아 그것을 알고 몰래 그 문서를 지윤에게 보이면서 이것은 두 사람 사이를 이간하려는 간책이 틀림없다고 했다.

그러나 다른 마음을 품고 하는 말일 뿐이었다. 그는 갑자기 어떤 사건을 핑계로 이열·화지원·김승득을 유배 보내 지윤의 측근을 제거하고 얼마 뒤 김윤승을 탄핵했다. 그러자 지윤은 마침내 김윤승과 모의해 이인임과 경복흥·최영 등을 제거하려고 했다. 계획이 누설돼 지윤·김윤승 이하 그 무리 20여 명은 처형됐다. 이열·화지원·김승득은 유배지(청주)에서 처형됐다. 우왕 3년(1377) 3월의 일이었다.[38]

경복흥은 명덕태후의 인척이다. 성품이 맑고 곧아 지윤과 이인임이 권력을 휘둘러 사람들이 모두 그들에게 붙었을 때 경복흥은 깨끗함을 지켰다. 사람을 임명할 때 현량한 사람을 추천하고 뇌물을 바치는 무리를 배제했지만 두 사람에게 막혀 뜻을 펴지 못했으며, 먼저 자리를 떠나 의논에 참여하지 않기도 했다. 경복흥은 술을 매우 좋아해 북원의 중서성에 서신을 보내는 문제를 논의할 때 술에 취해 오지 않았다.

우왕 6년(1380) 봄 요동에서 군사를 일으켜 나하추를 정벌했는데, 그 군사가 고려의 국경을 침략할까 우려했다. 도당에서는 신속히 모여 일을 의논했지만 경복흥은 또 술에 취해 오지 않았다. 그러자 이인임과 임견미는 경복흥이 술을 좋아해 일을 돌보지 않는다면서 청주로 유배 보냈다. 두 사람은 본래 경복흥의 맑고 곧음을 싫어했다. 다만 명덕태후가 경복흥을 깊이 신뢰했기 때문에 감히 일을 벌이지 못했는데, 정월 태후가 승하하자 마침내 그를 축출한 것이다.[39]

우왕은 10세 때 즉위했고 16세 때 명덕태후가 세상을 떠났다. 태후는 승하하기 전날 밤 우왕의 손을 잡고 당부했다.

우리나라는 대대로 오래 이어져 곧 500년이 됩니다. 대체로 국왕은 신하들의 말을 듣지 않습니다. 주상께서는 크게 의심스런 일을 살피거나 큰일을 결단해야 할 때는 반드시 시중 경복흥·이인임·판삼사사 최영과 여러 재상에게 자문하고 마음대로 곧장 행동해서는 안 됩니다. 또한 국왕의 행동은 반드시 기록되니 자주 놀러 나가서는 안 됩니다.

그러나 경복흥은 갑자기 유배됐고 이인임은 임견미를 심복으로 삼아 지극히 탐욕을 부렸으며, 청백한 최영은 어정쩡한 태도를 고수했고 우왕은 난행을 자행했으므로 국정은 극도로 어지러워졌다.

명덕태후가 승하하기 전 환관 김실金實은 우왕에게 활쏘기·말타기·
격구를 배우지 말라고 간언했다. 우왕은 자주 화원에 나가 꽃과 나무
를 관람했다. 내재추는 선왕이 쓰던 수레를 갖춰 탈 것을 권유했지만
우왕은 "말타기를 배운다는 말은 들었지만 수레타기를 배운다는 듣지
못했다"면서 끝내 거부했다. 태후가 우왕에게 자주 놀라나가지 말라고
경계하며 유언한 것은 그동안 그의 방만을 억제하려고 노력해왔으며
이제 그 앞날을 걱정한 것으로 실제로 태후가 승하하자 우왕은 유람
과 사냥에 빠졌고 폭행과 악행을 자행했다. 좌사간 백군령白君寧이 상
소했다.

전하께서는 어린 나이에 태후의 가르침을 따라 삼가 법도를 준수하고
스승을 따라 배우기를 좋아하셨습니다. (…) 올해 정월 이후 전하께서
아이들과 함께 매와 개에 마음을 쏟고 후원에서 말을 달린다는 소문이
거리에 돌고 있습니다. 신들은 처음 이 말을 듣고 (…) 모두 아이들의 소
행일 뿐이라고 생각했습니다. 요즘 전하께서 날마다 나쁜 아이들과 어
울려 의장과 경호를 버리고 민가에 나가 노시니 숙위하는 군사들은 그
저 빈 궁궐만 지킬 뿐입니다. 거리의 사람들은 용안을 뵙고도 누구인지
모르고 불량한 소년으로 생각해 무례한 행동을 하는 사람까지 있습니
다. 삼한 사람은 귀천과 노소를 가리지 않고 모두 실망하고 있습니다. 殿
下能以幼沖之年, 遵奉太后之訓, 謹守法度, 尊師好問. (…) 自今年正月以來, 道
路流言, 殿下頗與兒輩, 留心鷹犬, 馳馬後苑. 臣等始聞之, 以爲 (…) 皆兒輩所
爲耳. 近者, 殿下日與頑童, 捨儀衛, 出遊閭巷, 宿衛之士, 但守空闕而已. 路人見
龍顏不知, 以爲無賴少年, 至有犯淸塵者. 三韓之人, 無貴賤老少, 莫不觖望.

이처럼 우왕의 행동은 악소惡少한 무리와 다를 바 없어 평복 차림으로 대장장이 집에 가서 그 도구를 훔쳐 궁궐에 놓은 뒤 그 주인이 돌려달라고 호소하자 근신에게 구타하라고 명령하거나 거리에서 말을 달리며 닭과 개를 쏴 죽이고 꿩을 잡아 담장 아래서 구워먹기도 했으며, 후원에 구덩이를 파 근신을 빠뜨리거나 신하의 갓을 빼앗아 표적으로 삼아 활쏘기 연습을 하기도 했다. 이보다 앞서 궁궐 경비를 갖췄는데[40] 재위 6년(1380) 8월 아들 창을 얻었지만 궁궐 전각의 지붕에 올라가고 궁궐 담장을 뛰어넘은 난행은 그치지 않았다.

재추와 언관이 거듭 간언했지만 광란의 행동은 날로 심해져 나가서 놀다가 미녀를 보면 민가에 데리고 들어가 음행하고, 어떤 사람에게 예쁜 딸이 있다는 것을 들으면 갑자기 들어가 빼앗았다. 밤부터 새벽까지 연회를 벌였고 낮에는 환관과 기녀를 데리고 거리를 쏘다녔다. 거리의 사람을 구타하면서 즐기기도 했고 닭과 개를 쏘아 죽이는 것을 좋아했는데, 노비와 악소한 무리가 그것을 본받아 거짓으로 국왕이라고 하면서 거리를 쏘다니며 약탈하기까지 했다. 총애하는 비빈과 궁녀도 자주 말을 타고 따라갔다. 궁녀를 데리고 강에 가서 뗏목을 띄워 직접 끌거나 옷을 벗고 물고기를 잡기도 했으며, 궁녀와 함께 목욕하면서 음행하기도 했다.

앞뒤로 책봉한 비는 근비 이씨 이후 9명에 이르렀는데, 덕비德妃 봉가이鳳加伊를 가장 총애했다. 봉가이는 이인임의 노비와 결혼한 조영길趙英吉이 낳은 딸이고, 안비安妃 강씨는 강인유의 딸이 약혼했다는 소식을 듣고 빼앗은 여인이다. 비들의 전각을 짓는 데 많은 비용이 들어 창고들이 모두 비었으며, 미리 3년치 공물을 걷었어도 부족해 더욱 징수하기에 이르렀다.

(2) 이인임의 몰락과 요동 공격 계획

광기와 황음에 빠진 우왕은 국무를 직접 처리하지 않았고 대부분 이인임이 담당했다. 우왕은 봉가이를 총애해 자주 이인임의 집에 가서 묵었는데, 이인임은 우왕을 피해 다른 집에 거처했다. 우왕은 이인임을 아버지로, 그의 부인 박씨를 어머니로 불렀다. 이인임은 우왕을 데릴사위처럼 대우했고 나라의 모든 권력을 장악했지만 우왕 14년(홍무 21년, 1388) 정월 임견미·염흥방이 주살되면서 유배됐다.

이인임은 오랫동안 정권을 잡아 그 세력이 뿌리를 내렸는데, 임견미는 그 심복이었다. 염흥방은 염제신의 아들로 오랜 명문이었는데, 북원 사신을 영접하는 문제를 논의할 때 이인임의 뜻을 거슬러 지방에 유배됐지만 그 뒤 이인임·임견미에게 붙어 그들의 명령을 충실히 따랐고 서로 의지하며 권력을 휘둘렀다. 관작을 팔고 다른 사람의 노비를 빼앗았으며, 능침·궁고宮庫·주현州縣·진역津驛의 토지에 이르기까지 곳곳에서 점유하지 않은 곳이 없고 주인을 배반한 노비와 세금을 피해 도망친 백성이 떼지어 몰려드니 안렴사와 수령도 그들을 감히 징발하지 못했다.

우왕은 일찍이 화원에서 말을 조련하면서 곁에 있는 사람들에게 말했다. "수정목水精木 공문을 가져오면 내가 이 말을 제압하겠다." 또 근신 임치林檥를 희롱하며 "네 아비가 수정목 공문을 즐겨 사용하느냐?"고 말했다. 임치는 임견미의 아들이다. 그때 임견미·이인임·염흥방이 자기 집 노비들을 풀어 좋은 토지를 가진 사람은 모두 수정목으로 때려 빼앗았다. 그 주인은 관청에서 발행한 증서가 있어도 항의하지 못했다. 그때 사람들은 그것을 수정목 공문이라고 불렀다. 우왕은 그 말을 듣고 싫어해 말할 때마다 그것을 언급했다.

우왕 13년(홍무 20년, 1387) 말 염흥방의 가노 이광李光은 전 밀직부사 조반이 배주白州(황해도 배천)에 가진 토지를 빼앗았다. 조반은 염흥방에게 애청해 토지를 돌려받았지만, 이광은 다시 그 토지를 빼앗고 조반을 능욕했다. 조반은 분노를 이기지 못해 수십 기騎를 이끌고 포위해 이광을 죽이고 그 집을 불태웠다. 염흥방은 그 소식을 듣고 크게 분노해 조반이 모반한다고 무고한 뒤 그를 체포해 순군에 하옥했다. 조반이 말했다. "탐욕스런 재상 6~7명이 종들을 사방에 풀어 사람들의 토지와 노비를 탈점하고 백성을 학대하니 이들이 큰 도적이다. 내가 지금 이광을 죽인 것은 나라를 위해 백성의 도적을 없앴을 뿐인데, 어찌 모반이라고 하는가?" 하루 종일 고문했지만 자복하지 않았다.

며칠 뒤 우왕은 최영의 집에 가서 오랫동안 조반의 옥사를 의논했다. 그날 염흥방은 다시 조반을 국문하려고 순군에 가서 옥관獄官과 대간을 오라고 요청했지만 모두 따르지 않았다. 우왕이 의원을 보내 조반에게 약을 내리고 얼마 뒤 그를 석방했으며 염흥방을 순군에 하옥했다. 우왕은 최영과 이성계에게 군사를 배치해 궁중을 경호하게 한 뒤 임견미 등을 하옥하고 염흥방과 함께 처형했다. 그들의 친족과 당여 가운데 많은 사람이 처형됐다. 전민변정도감을 설치해 임견미 등이 빼앗은 노비와 토지를 조사하고 안무사를 각도에 보내 그들의 가신과 노비를 체포했다. 이인임은 경산부(경상북도 성주)에 안치하고 특별히 용서해 처형하지 않았다. 우왕 14년 정월의 일이었다.[41]

자신의 가노가 조반에게 살해되자 염흥방이 조반을 체포해 모반죄를 씌우려고 했을 때 우왕을 이끌어 그를 석방한 사람은 최영이었다. 그리고 염흥방과 임견미를 처형하고 이인임을 유배 보낸 것으로 보면 최영의 전체적 목적은 탐욕을 자행하던 권신의 세력을 소탕하는 것이었음은 말할 것도 없지만, 그는 옥에 갇힌 조반이 염흥방에게 굴복하지 않는 것을 보고 그 기회를 포착해 이런 행동을 한 것이 분명하다. 다만 염흥방과 임견미는 처형했지만 이인임은 특별히 용서해준 데는 따로 이유가 있었다.

「이인임열전」: 임견미와 염흥방이 처형될 때 이인임은 말할 것이 있어 최영의 집을 찾아갔지만 최영은 거절하고 만나지 않았다. 그러나 최영은 이인임이 자기를 도와 준 것을 고맙게 여겨 우왕에게 아뢰었다. "이인임은 사대와 관련된 문제를 결정해 국가를 안정시켰으니 공로가 허물을 덮을 만합니다." 마침내 그 자제까지 모두 사면되니 사람들은 "임견미와 염흥방 일당 가운데 우두머리는 그물을 벗어났다"고 탄식했다. 또 "정직한 최공이 사사로이 늙은 도적을 살려줬다"고 했다. 林·廉之誅, 仁任將有所言, 詣瑩第, 瑩辭不見. 然瑩德仁任右己, 白禑曰, 仁任決謀事大, 鎭定國家, 功可掩過. 遂幷其子弟, 皆宥之, 國人嘆曰, 林·廉之黨, 渠魁漏網. 又曰, 正直崔公, 私活老賊.

이것은 당연히 처형돼야 하는 이인임을 최영이 용서해준 까닭을 설명하는 것으로 이인임이 최영을 도와줬다는 것은 임견미가 하옥됐을 때의 상황에 나온다.

「임견미열전」: 임견미의 집은 남산(개성 동쪽) 북쪽에 있었는데 조금 뒤 남산을 올려다보니 무장한 기병이 늘어서 있으므로 포기하고 체포되면서 탄식했다. "광평군(이인임)이 나를 망쳤구나." 이보다 앞서 임견미와 염흥방은 최영의 청렴하고 곧은 성격과 그가 많은 병력을 장악하고 있음을 꺼려 늘 해치려고 했으나 이인임이 굳이 말렸기 때문에 이렇게 말한 것이다. 堅味家在男山北, 旣而仰見男山, 甲騎成列, 膽落就擒, 歎曰, "廣平君誤我矣." 先是堅味·興邦忌瑩淸直且握重兵, 常欲加害, 仁任固止之故云.

그런데 「임견미열전」의 이 기사를 보면 자연히 의문이 하나 생긴다. 최영이 염흥방·임견미를 주살한 것은 일찍이 그들이 자신을 해치려고 한 것에 그 원한을 보복한 것이 아니었을까 하는 것이다. 그러나 단지 개인적 원한을 갚으려고 했다면 일족과 당여까지 모두 제거하지는 않았을 것이며 자신을 도와준 이인임도 유배 보내지 않았을 것이다.

「최영열전」: 집이 매우 좁고 누추했지만 기쁘게 살았다. 옷과 음식이 검소했고 자주 생계가 모자랐지만 살진 말을 타고 좋은 옷을 입은 자를 보면 개나 돼지만도 여기지 않았다. (…) 일찍이 이인임에게 말했다. "나라에 어려움이 많은데 공은 수상이 돼 어찌 걱정하지 않고 집안의 재산만 생각합니까?" 이인임은 잠자코 있었다. 도당에 나갈 때마다 바른 모습으로 직언하고 조금도 숨김이 없었지만 좌우에서 호응하는 사람이 없으니 혼자 탄식할 뿐이었다. 일찍이 어떤 사람에게 말했다. "내가 나라 일을 밤에 생각했다가 이튿날 아침에 동료들에게 말하면 재상들 가운데 나와 마음을 같이 하는 사람이 없으니 사직하고 한가롭게 지내는 것이 낫겠다." 居第甚隘陋, 處之怡然. 服食儉素, 屢至空匱, 見乘肥衣輕者, 不啻如犬豕. (…) 嘗謂仁任曰, 國家多難, 公爲首相, 何不憂慮, 但以家産爲念. 仁任默然. 每赴都堂, 正色直言, 不少隱, 左右無應者, 獨自歔欷而已. 嘗語人曰, 吾於國事, 中夜思之, 詰朝語同列, 則諸相無與我同心者, 不如致仕閑居.

이 기사가 보여주듯 최영은 청백하고 충직한 인물이었다. 그가 이인 임과 임견미의 유배와 처형을 감행한 것은 폐단을 없애려는 것이 틀림 없었다. 그래서 지난해 11월 장방평이 요동에서 돌아와 고려의 집정들 이 경박·간사해 교빙을 거절한다는 칙유를 갖고 왔을 때 최영은 당시 의 정치를 개탄했다. "정권을 잡은 자가 이익만 좋아하고 악행을 쌓아 스스로 패망을 재촉하니 늙은이가 장차 어떻게 하겠는가執政嗜利積惡, 自速禍敗, 老夫將若之何?" 최영이 임견미·염흥방 등을 제거한 동기는 이것 으로 설명할 수 있을 것 같다. 다음에 말하는 것처럼 최영은 명의 위 압을 그대로 받아들이기에는 너무 강경했고 그 위압은 자국의 집정이 경박·간사함을 구실로 삼아 더해졌기 때문에 그는 더욱 권신의 전횡 을 증오했고 그것을 그대로 두고 볼 수 없게 된 것으로 생각된다. 우연 히 조반의 사건이 일어났을 때 그가 우왕을 설득해 이인임과 임견미 를 축출한 까닭은 여기 있었다고 판단된다.

앞 장 끝에서 서술한 것처럼 장방평이 요동에서 돌아온 뒤 다시 어 떤 사람이 요동에서 도망쳐 와 명 황제가 처녀·수재·환관 각 1000명 과 소·말 각 1000필을 요구할 것이라는 소문을 전하자 최영은 "이렇 다면 군사를 일으켜 치는 것이 옳다"고 말했다. 마침내 이인임과 임견 미는 제거되고 다음 달(2월) 설장수가 명에서 돌아와 사신을 거절한 구체적 이유를 적은 태조의 칙명을 전달하자 — 다음에 서술하듯 거 기에는 그런 이유와 함께 철령 이북을 명에 반환하라는 국경 문제도 담겨 있었다 — 우왕은 곧 5도의 성을 수축하도록 명령하고 원수元帥 들을 서북면 경계로 보내 돌발적 상황에 대비하게 했으며, 최영과 함 께 요동 공격을 은밀히 의논하고 개경의 방리군을 징발해 한양에 중흥산성을 수축케 했다.

그때 공산부원군公山府院君 이자송은 최영의 집으로 찾아가 요동을 공격해서는 안 된다는 의견을 역설했는데, 최영은 임견미의 당여라면서 그를 유배 보내고 마침내 전국에서 군사를 징발했다. 마침 요동 백호 왕득명이 명 황제의 칙명을 갖고 와 철령위 설치 문제 ― 다음에 말하는 국경 문제 ― 를 알렸지만 우왕은 병을 핑계로 만나지 않았다. 우왕은 왕득명이 돌아가기를 기다려 최영과 함께 서해도(지금의 황해도)로 갔다. 사냥이라고 했지만 사실은 요동을 공격하려는 준비였는데, 문하찬성사 우현보에게 개경에 남도록 명령하고 세자 창·정비定妃(공민왕비 안씨)·근비 이하의 비들을 한양산성으로 이주시켰다(3월 26일). 이보다 앞서 우왕은 최영과만 몰래 의논해 요동 공격을 결정했지만 밝히지는 않다가 4월 1일 봉주鳳州(지금의 봉산鳳山)에 도착한 뒤 비로소 공표했다.

요동 공격은 「이자송열전」에서 "최영이 우왕에게 요동 공격을 권유했다崔瑩勸禑攻遼"고 한 것처럼 본래 최영의 뜻에서 나온 것이었는데, 그가 공격을 감행하게 된 까닭은 무엇일까? 또 요동을 공격하면서 중흥산성의 수축도 함께 이뤄졌지만 앞 장에서 서술한 대로 축성 논의는 그전부터 있어 지난해 11월 장방평이 요동에서 돌아온 뒤 원로 신하들이 모여 한양에 산성을 쌓고 전함을 수리하는 것을 의논했으며 우인열 등을 한양부에 보내 중흥산성의 형세를 살피게 했다. 이런 축성 논의들은 최영의 요동 공격과 어떤 관계가 있는 것일까?

앞의 축성 논의가 있기 몇 달 전(8월) 이인임은 노환으로 사직했다. 그러나 원로로서 반드시 회의에 참여했을 것이므로 축성과 전함 수리 논의는 뒤의 경우처럼 요동 공격을 전제로 한 것이라고는 생각되지 않는다. 이인임은 본래 유약한 성격이어서 명이 위압하더라도 거기에 맞서려는 행동은 하지 않으려고 했을 것이다. 요동에서 길이 막힌 장방평이 사신을 거절한다는 칙유를 갖고 돌아왔을 때 죄를 묻는 군사가 침략할 것이라는 소문도 전해졌고 — 요동도사가 공언했을 것으로 생각된다 — 이인임 등 원로의 회의에서는 그것에 대비하기 위해 산성 축조와 전함 수리 등을 결정한 것으로 여겨진다.

그런데 또 요동에서 사신이 와서 황제가 처녀·수재·소·말 등을 요구한다고 말하자 최영은 "이렇다면 군사를 일으켜 치는 것이 옳다"고 했다. 그는 공민왕이 즉위한 뒤 조일신의 난, 고우高郵의 원정, 압록강 밖의 역참 공격, 두 차례에 걸친 홍건적의 난, 흥왕사의 변란, 덕흥군 사건, 탐라도 정벌에서 모두 전공을 세웠고 우왕 때도 여러 번 왜구를 격파했다.

「최영열전」: 최영은 강직하고 충성스러우며 청렴했다. 전장에서 적을 만나도 정신이 평안해 화살과 돌이 좌우에서 빗발쳐도 두려워하는 기색이 거의 없었다. 군사를 맡아서는 준엄했고 반드시 승리할 것을 약속했으며, 군사들이 한 걸음이라도 물러나면 곧 처형했기 때문에 크고 작은 모든 전투에서 가는 곳마다 공로를 세웠고 한 번도 지지 않았다. 瑩, 剛直忠淸, 臨陣對敵, 神氣安閑, 矢石交於左右, 略無懼色. 莅軍嚴峻, 期以必勝, 戰士却一步, 便斬之, 以故大小百戰, 所向有功, 未嘗一敗.

참으로 한 시대의 용장이었다. 그러나 강직하고 용맹한 무장은 지혜가 부족한 경우가 드물지 않다. 같은 열전에서 "성품이 조금 고지식하고 학문이 없어 일을 모두 자기 뜻에 따라 결정했다性少戇, 且無學術, 事皆

斷以己意"고 한 데서 그런 측면을 알 수 있다. 그리고 늘 나라 일을 걱정해 안에서는 권신이 전횡을 일삼고 밖에서는 명이 억압하는 것에 통분을 참을 수 없어 먼저 이인임·임견미 일당을 제거해 나라 안을 깨끗하게 했지만 얼마 뒤 설장수가 갖고 돌아온 명의 칙서를 보고 더욱 격분해 곧바로 우왕에게 권유해 요동 공격을 결정한 것으로 여겨진다. 다만 그 계획을 실행하면서 특별히 한양의 중흥산성을 수축한 것은 조금 이상하게 보이지만, 그것은 패전했을 경우 명군의 침략에 미리 대비하려는 것으로 생각된다. 우왕이 사냥을 핑계로 서쪽으로 갔을 때도 개경에 유수를 두고 세자와 비들을 한양의 산성으로 옮긴 데서 그것을 알 수 있다.

그러나 최영의 요동 공격에서 다시 한 번 생각해봐야 할 사항이 있다. 그것은 철령 문제와의 관계다. 설장수는 명에서 돌아와 태조가 칙명으로 사신을 거절한 이유를 전하면서 아울러 두 나라 군민軍民의 관할과 관련해 "철령 이북은 본래 원에 소속됐으니 모두 요동에 귀속"시키라고 했다. 지난해 12월 태조는 호부에 칙명을 내리고 그것을 고려 국왕에게 전달케 했다.

철령의 북쪽·동쪽·서쪽 땅은 예전 개원에 소속됐으니 거기서 계속 살아온 군사·백성·여진·달단·고려인 등은 요동에서 통할하고, 철령의 남쪽은 예전 고려에 소속됐으니 백성을 모두 본국(고려)에서 관할하도록 허락한다. 강역과 경계가 바르게 됐으니 각자 그 영역을 지키고 다시는 침범하거나 넘어오지 말라.

얼마 뒤 설장수는 석방돼 돌아와 그 명령을 고려에 알렸다. 고려 조정은 크게 놀라 밀직제학 박의중을 명에 보내주청했다.

철령 이북은 문주(지금의 문천文川)·고주(고원)·화주(영흥)·정주(정평)·
함주(함흥) 등을 거쳐 공험진에 이르기까지 본래 우리나라의 땅이었습
니다. 요 건통 7년(고려 예종 2년, 1107) 동여진 등이 난을 일으켜 함주 이
북 땅을 차지하니 예종은 요에 토벌할 것을 요청하고 군사를 보내 수복
한 뒤 함주와 공험진 등에 성을 쌓았습니다. 원 초기 무오년(고려 고종
45년, 1258)에 이르러 몽골의 산지대왕과 부지르노얀 등이 군사를 거느
리고 여진을 복속시킬 때 우리나라 정주의 반란민 탁청과 용진현 출신
조휘가 화주 이북 지방을 갖고 항복했습니다. (…) 마침내 화주를 마음
대로 쌍성이라고 부르고 조휘를 쌍성 총관으로, 탁청을 천호로 삼아 백
성을 다스렸습니다. 지정 16년(공민왕 5년, 1356) 원 조정에 아래 위의 총
관과 천호 등의 관직을 혁파하고 화주 이북을 다시 우리나라에 소속시
켜 지금까지 주·현의 관원을 임명하고 백성을 다스렸으니 반란세력에
게 침탈됐다가 상국에 아뢰 되찾았습니다. 지금 폐하의 서신을 보니 철
령 이북·이동·이서는 본래대로 개원에 소속시키고 관할하던 군민은 계
속 요동에 소속시키라고 했습니다. 철령의 산은 개경에서 겨우 300리
떨어져 있고 공험진을 변방의 경계로 삼은 것은 한두 해가 아닙니다.
(…) 폐하께서 넓은 도량으로 포용하시고 두터운 덕으로 어루만져 주셔
서 몇 주의 땅을 아래 나라의 땅으로 삼아주십시오.

철령 바깥 지방의 먼 시대의 연혁은 생각하지 않더라도 오랫동안
원에 소속된 화주(쌍성총관부가 있던 곳으로 지금의 영흥) 이북 지역은
이 문서에서 말한 것처럼 공민왕 5년(1356)부터 새로 고려의 소유가

됐기 때문에 그것을 명에 맡기는 것은 도저히 참을 수 없는 일이었다. 그리고 설장수가 명에서 돌아오고 얼마 뒤 박의중이 파견되는 동안(모두 2월의 일) 고려 조정의 조처를 보면 앞서 서술한 대로 우왕은 5도의 성을 수리하라고 명령하고 원수들을 서북 변경으로 보내 불의의 사태에 대비했으며, 최영과 요동 공격을 은밀히 의논해 개경의 방리군을 징발해 중흥산성을 쌓았다.

- 「최영열전」: 서북면 도안무사 최원지가 아뢰었다. "요동도사가 승차 이사경 등을 보내 압록강에 이르러 다음과 같은 방을 붙였습니다. '호부는 황제의 뜻을 받들어 철령 이북·이동·이서를 본래대로 개원에 소속시키고 관할하던 군민인 한인·여진인·달달인·고려인은 계속 요동에 소속시킨다.'" 최영은 재상들과 함께 정료위를 공격할 것인지, 화친을 요청할 것인지 의논했다. 재상들은 모두 화친을 요청하자고 했다. 조림(정월에 명으로 파견됐다)은 다시 요동까지 갔지만 들어가지 못하고 돌아왔다. 최영은 백관을 모아 철령 이북을 [명에] 바치는 문제를 논의하니 바쳐서는 안 된다고 모두 반대했다. 우왕은 최영과만 요동 공격을 은밀히 의논했는데, 최영은 공격을 권유했다(앞뒤의 기사에서 미뤄보면 이것은 2월의 일로 생각된다).

- 「신우열전」 우왕 14년(1388) 3월: 서북면 도안무사 최원지가 보고했다(「최영열전」에서는 "최원지가 다시 보고했다元沚又報"면서 이 보고를 서술한 것으로 볼 때 두 번째 보고다). "요동도사가 지휘 두 사람을 보내 군사 1000여 명을 이끌고 강계에 와서 철령위를 설치하려고 하며, 황제는 미리 철령위에 진무 등의 관직을 둬 모두 요동에 왔습니다. 요동부터 철령위까지 70참을 설치하고 참마다 100호를 둔다고 합니다." 우왕은

만선사 연구 3권

동강에서 돌아오다가 말 위에서 울면서 말했다. "신하들이 요동을 공격하려는 내 계획을 듣지 않아 이렇게 됐다." 마침내 8도의 정예병을 뽑아 명령했다. "내일 서쪽으로 가려고 하니 신하들은 모두 대원大元의 관복을 입으라."

그러므로 최영의 요동 공격 또한 철령 문제와 관계없다고 말할 수 없다.

그러나 고려의 철령과 명이 말한 철령은 전혀 다른 곳이었다. 명은 지난해(홍무 20년, 1387) 6월 나하추의 항복을 받아 요동을 완전히 평정했으므로 동류 송화강 중류의 삼성 지역에 삼만위를 설치하려고 시도하면서 압록강 북안인 지금의 통구성에도 위를 설치했다. 12월 강역을 획정하는 칙유가 호부에 내려져 철령 북·동·서쪽 지역을 요동에, 그 남쪽 지역을 고려에 소속시킨 것은 바로 이 때문으로 거기서 말한 철령은 그동안 황성黃城(皇城)으로 불린(명에서는 黃城, 고려에서는 皇城) 지금의 통구성을 가리키는 것일 뿐이었다. 그리고 이 강역 획정은 당시 고려의 서북면 경략이 그 동북쪽에서는 통구성의 맞은편인 만포진(당시 강계부의 소재지) 지방에 국한됐고, 명의 세력도 같은 곳(黃城)의 북쪽과 서쪽을 제외하고 동쪽으로는 멀리 미치지 않은 실제의 상태를 바탕으로 한 것이었다.

그렇다면 그것에 관련된 명의 통고는 고려 조정을 놀라게 하려는 것은 아니었다고 생각된다. 어떻게 알 수 있는가? 그들이 말한 철령은 이 통고를 할 무렵 원대 강역의 한계였던 쌍성(화주)에 가까운 철령의 이름을 당시의 한계인 황성黃城 지역에 무심코 잘못 적용한 것이었다. 명이 위를 설치한 참된 의도는 고려에 알리지 않았기 때문에 설장수가 명에서 돌아온 뒤 고려 조정은 박의중을 보내 표문을 올려 요청하고 철령 이북을 바치는 문제의 가부를 논의한 것이다.[42]

그러나 최영의 요동 공격 계획은 그동안 일반적으로 믿은 것처럼 — 앞서 열거한 두세 기사 때문에 — 철령 문제에서 촉발된 것이 아니었다. 그는 이인임·임견미 세력을 제거하기 전 명의 압력에 대해 군사를 일으켜 요동을 공격해야 한다고 공개적으로 말했다. 철령 문제는 요동 공격의 실마리를 열지 않았을 뿐 아니라 그 계획을 단행한 주요 원인으로 볼 수도 없다. 앞서 서술한 대로 우왕이 전국의 군사를 징발해 서쪽으로 진군하라고 명령했을 때 — 최원지의 두 번째 보고가 온 뒤 — 마침 요동 백호 왕득명이 태조의 교서를 갖고 와 철령위 설치를 알렸지만 그가 돌아간 뒤 우왕은 최영과 함께 요동 공격 계획을 적극 추진했다.

명이 위를 설치하려는 곳이 황성黃城(皇城)이라는 사실은 최원지의 보고에서 "요동도사가 지휘 두 사람을 보내 군사 1000여 명을 이끌고 강계(지금의 만포진)에 와서 철령위를 설치하려고 한다"고 한 것에 따라 이미 분명해졌으며, 아직 명확하지 않았다고 해도 왕득명이 개경에 왔을 때는 더 이상 조금의 의심도 없게 됐다고 생각된다. 그런데 그때 요동 공격 계획이 중지되지 않은 것은 둘 사이에 직접적인 인과관계가 없음을 보여주는 것이 아닐까? 요동을 공격하려는 최영의 생각은 장방평이 요동에서 막혀 돌아오고 명군에 대비한 방어계획이 원로 회의에서 논의될 무렵 이미 시작됐으며, 명의 압력을 불러온 이인임·임견미 세력을 제거해 점차 안정되고 얼마 뒤 설장수 등이 사신 거절과 함께 철령에 관련된 명 태조의 칙명을 갖고 돌아오자 마침내 실행에 옮겨진 것이다.

요동 공격 계획의 유래는 이랬다. 우왕은 4월 1일 봉주에서 그것을 공표하고 평양으로 진군했다. 최영은 팔도도통사로 전군을 지휘하고 이성계와 조민수는 좌·우군도통사가 됐다. 전군이 출정하면서 홍무 연호는 중단됐다. 5월 고려군은 압록강의 위화도에 주둔했는데 도망친 군사가 길에 이어졌지만, 그것은 정권장악의 야심을 품고 있던 이성계가 도약할 수 있는 절호의 기회였다. 그는 큰 나라를 침범할 수 없다는 명분을 내세워 장수들을 설득해 군사를 돌려 개경을 포위한 뒤 우왕 측근의 간신들을 제거하고 최영을 체포했다. 이른바 위화도 회군이다. 그리고 그 결과는 널리 알려진 것과 같다.

1917년 12월(『사학잡지』 29편 1~4호)

23편
공험진과 소하강

1.

나는 지난해(1917년) 나올 예정이던 『만선지리역사연구보고』 제4책에 실린 「조선 초기 동북 경계와 여진의 관계」(제2)에서 백두산 북쪽에 있는 지명들의 위치를 연구하면서 그 하나인 소하강所何江의 이름에서 자연히 蘇下江도 언급했는데, 뒤쪽에 대해서는 공험진과 함께 논의하겠다고 약속했다. 지금 보고가 발표될 때 이 논문을 쓴다. 지난날의 약속을 지키기 위해서다.

공험진은 고려 예종 3년(1108) 그 전 해 윤관의 여진 정벌 결과 점령지의 북쪽 경계에 설치한 진성이다.

- **「예종세가」**: 윤관은 여진을 평정하고 6성을 새로 쌓은 뒤 글을 올려 하례하고 공험진에 비를 세워 경계로 삼았다.
- **「윤관열전」**: 또 윤관은 영주·복주·웅주·길주·함주에 성을 쌓고 마

침내 공험진에 비를 세워 경계로 삼았다.

쓰다 소키치 씨의 연구에 따르면 그 위치는 함경남도 북청지방인 것 같다.[1] 그러나 윤관이 경략한 공로는 여진의 반항과 완안씨(뒤의 금)의 압박으로 금방 사라져 이듬해인 예종 4년(1109) 정주(정평) 이북의 주·진을 철폐하고 예전처럼 여진에게 돌려줬다.

그 뒤 고려의 동북 경계는 금대 내내 정평 북쪽의 관방(장성)으로 한정됐지만 고종 45년(1258) 몽골군이 화주(영흥)에 주둔했을 때 용진현(문천 동쪽 30리[11.8킬로미터]) 출신의 조휘와 정주 출신의 탁청이 화주 이북 지방을 갖고 몽골에 투항하면서 고려의 동북쪽 경계는 다시 조금 물러났고 화주에는 조휘를 장관으로 하는 쌍성총관부가 설치됐다. 그 뒤 공민왕은 재위 5년(1356) 원의 쇠퇴를 틈타 반항을 전개해 쌍성을 탈취하고 총관 조소생을 이판령(마천령) 밖으로 축출했다. 그 결과 삼살(북청)을 넘어 이판령 이남을 소유하게 됐고 이듬해 요구의 형식으로 그것을 원에 통고했다. 예종 때 윤관이 정략했던 지역은 250년 뒤 다시 고려의 소유로 돌아온 것이다.

공민왕 17년(1368) 원이 멸망하고 명이 건국됐지만 원의 남은 장수들은 요동에 할거했고 그 가운데 금산金山(동東요하 북안의 산지)의 나하추는 명에 쉽게 항복하지 않았기 때문에 명의 위력은 동쪽의 먼 변경에는 미치지 못했고, 두만강 안팎은 정치적으로 주인이 없는 상태였으며 고려의 내부 사정이 허용하는 한 영토의 확장은 자유롭게 추진할 수 있었다. 그런데 우왕 13년(홍무 20년, 1387) 명은 나하추를 항복시킨 뒤 압록강 중류의 황성(지금의 통구성)에 위소를 설치하고 고려에 통보했다.

철령의 북쪽·동쪽·서쪽 땅은 예전 개원에 소속됐으니 거기서 계속 살아온 군사·백성·여진·달단·고려인 등은 요동에서 통할하고, 철령의 남쪽은 예전 고려에 소속됐으니 백성을 모두 본국(고려)에서 관할하도록 허락한다. 강역과 경계가 바르게 됐으니 각자 그 영역을 지키고 다시는 침범하거나 넘어오지 말라.

이른바 철령은 명이 세운 위소, 곧 황성에 붙인 이름으로 황성 맞은편인 당시의 강계(지금의 만포진)은 원말부터 고려에 소속돼 각각 두 나라의 경계를 이룬 지점이었으므로 명이 위소를 설치할 때 그런 통고를 고려에 보낸 것이다. 그리고 명이 황성에 철령이라는 이름을 붙인 것은 원대에 고려의 후문後門이던 철령(함경도 남쪽 변경의 고갯길)의 이름을 그때의 강역의 한계에 무심코 잘못 적용한 것이었다. 그것을 알지 못한 고려 조정은 이듬해 명의 통고를 받고 크게 놀라 항의했다.

철령 이북은 문주(지금의 문천)·고주(지금의 고원)·화주(지금의 영흥)·정주(지금의 정평)·함주(지금의 함흥) 등을 거쳐 공험진에 이르기까지 본래 우리나라의 땅이었습니다. 요 건통 7년(고려 예종 2년, 1107) 동여진 등이 난을 일으켜 함주 이북 땅을 차지하자 예종은 요에 토벌할 것을 요청하고 군사를 보내 수복한 뒤 함주와 공험진 등에 성을 쌓았습니다. 원대 초 무오년(고려 고종 45년, 1258)에 이르러 몽골의 산지대왕과 부지르노얀 등이 군사를 거느리고 여진을 복속시킬 때 우리나라 정주의 반란민 탁청과 용진현 출신 조휘가 화주 이북 지방을 갖고 항복했습니다. (…) 마침내 화주를 마음대로 쌍성이라고 부르고 조휘를 쌍성 총관으로, 탁청을 천호로 삼아 백성을 다스렸습니다. 지정 16년(공민왕 5년, 1356) 원 조정에 아래 위의 총관과 천호 등의 관직을 혁파하고 화주 이북을 다시 우리나라에 소속시켜 지금까지 주·현의 관원을 임명하고 백성을 다스렸으니 반란세력에게 침탈됐다가 상국에 아래 되찾은 것입니다. 지금 폐하의 서신을 보니 철령 이북·이동·이서는 본래대로 개원에 소속시키고 관할하던 군민은 계속 요동에 소속시키라고 했습니다. 철령의 산은 개경에서 겨우 300리 떨어져 있고 공험진을 변방의 경계로 삼은 것은 한두 해가 아닙니다. (…) 폐하께서 넓은 도량으로 포용하시고 두터운 덕으로 어루만져 몇 주의 땅을 아래 나라의 강역으로 삼아주시길 바랍니다.[2]

멀리 예종 때 공험진의 이름을 영토 문제와 관련해 제기한 것은 이것이 처음으로 생각된다.

쌍성총관부가 무너진 결과 이판령 이남 지역이 고려의 소유가 된 뒤 전前총관 조소생과 천호 탁도경은 이판령 밖의 해양(지금의 길주지방)에 웅거하면서 귀의하라는 고려의 설득에 따르지 않다가 공민왕 11년(1362) 나하추를 회유해 삼살(북청)·홀면(홍원)을 공격했지만 이성계에게 격파돼 도망쳤다가 끝내는 여진 추장에게 살해됐다. 그 뒤 고려의 위력은 이판령 동쪽까지 미쳐 공민왕 후반에 걸쳐 해양의 토착 추장은 매우 많이 귀의했다. 그리고 우왕 때는 실제 영토도 많이 개척돼 마침내 공양왕 2년(홍무 23년, 1390) 길주 만호부가 지금의 임명역臨溟驛인 서지위참西之委站에 설치됐다.[3] 예종 때 윤관이 정략한 지역의 북쪽 경계는 궁한이령에 이르렀고 그곳에 성을 쌓아 길주라고 부른 것이 「윤관열전」에 보인다. 그리고 쓰다 씨의 연구에 따르면 이 길주는 지금의 북청 지방이다.[4] 그렇다면 서지위의 길주는 2년 전(우왕 14년,

홍무 21년, 1388) 예종 때의 역사적 사실을 빌려 명의 통고에 항의한 고려 조정이 윤관 정복지의 북쪽 경계 이름을 당시 경략의 한계인 해양에 적용한 것으로 생각된다.

고려가 명에 항의한 것과 같은 해 동류 송화강의 중류인 삼성 부근의 여진 부족은 올적합의 추장 달을마적의 침략을 받았다. 그 결과 아합출이 이끈 화아아 부족은 포이합도하 가의 남경 부근(지금의 국자가)으로, 멍거테무르猛哥帖木兒가 이끈 알도리 부족은 오음회吾音會(알목하斡木河·아목하阿木河라고도 쓴다. 지금의 회령)로 도망쳤으며 알도리의 최교납崔咬納(쇄의교납鎖矣交納·최야오내崔也吾乃라고도 쓴다)은 길주의 북촌아한北村阿罕(아한阿漢·아간阿看·阿干으로도 쓴다)에게 투항하기도 했다. 그리고 당시 올량합으로 불린 부족은 종성鍾城·온성穩城·경원慶源 등 두만강 안팎에 흩어져 거주하고 있었다.[5]

『고려사』를 살펴보면 이성계가 이른바 두만豆萬 등지의 동여진 부락들을 초유한 것은 공양왕 3년(홍무 24년, 1391)으로 길주 만호부가 설치된 이듬해인데, 최교납의 귀의에 따라 두만강 방면의 정세를 밝힐 수 있다고 여겨진다(최교납이 귀의했을 때 길주라는 지명은 아직 존재하지 않았지만, 그 이주지는 늘 길주와 연결돼 역사에 기록됐다. 모두 후대의 기사에 연결돼 있다). 곧 그 초유의 결과 알도리와 올량합이 내조했음을 볼 수 있다.[6] 그 결과 이성계는 이듬해(공양왕 4년, 홍무 25년) 내조한 두 부족의 추장을 사저에서 맞이해 만호·천호·백호 등의 관직을 줬으며, 다시 다른 부족들에게 방문榜文을 돌려 회유했다.

홍무 24년(공양왕 3년) 7월 이필 등에게 방문을 갖고 여진 지역인 두만 등지에 가서 초유케 했다. 그해 알도리와 올량합의 만호·천호·두목 등이 바로 귀의하니 상과 이름을 내려주고 모두 본업으로 돌아가게 했다. 소유한 속빈·실적멱·몽골·개양·실련·팔린·안둔·압란·희랄올·올리인·고리한·노별·올적개 지역은 본래 우리나라의 공험진 경내여서 이미 초유했지만 지금까지도 귀의하지 않으니 도리에 어긋난다. 이 때문에 다시 이필을 보내 방문을 갖고 가서 초유하게 하니, 방문이 이르는 날에 각각 귀의하면 상과 이름을 모두 바라는 대로 하사할 것이며, 먼저 귀의한 알도리·올량합의 사례와 같게 할 것이다. 洪武二十四年七月, 差李必等齎牓文, 前去女眞地面豆萬等處招諭. 當年幹都里·兀良哈萬戶·千戶·頭目等卽便歸附, 已行賞賜名分, 俱各復業. 所有速頻·失的覓·蒙骨·改陽·實憐·八隣·安頓·押蘭·喜剌兀·兀里因·古里罕·魯別·兀的改地面, 原係本國公嶮鎭境內, 旣已曾經招諭, 至今未見歸附, 於理不順. 爲此再差李必等齎牓文, 前去招諭, 牓文到日, 各各來歸, 賞賜名分, 及凡所欲, 一如先附幹都里·兀良哈例.

이 방문에 열거된 지명 가운데 그 위치를 알 수 있는 것은 많지 않다. 마쓰이 히토시 씨는 조정걸曹廷杰의 『동삼성 여지도설東三省輿地圖說』을 참고해 발해부터 요·금을 거쳐 원에 이르기까지 솔빈率賓·휼품恤品·속빈速頻·소빈蘇濱(蘇瀕)·휼빈恤瀕 등의 이름으로 알려진 곳을 지금의 수분하 가의 쌍성자雙城子(Nikolsk) 방면으로 봤다.7 위의 방문에 나오는 속빈도 같은 곳으로 생각된다. 실적멱은 아래 기록의 사지·사지무와 같은 곳으로 무산·회령 사이의 두만강 가 지역인 지금의 사지射地로 생각된다.

•『용비어천가』(4장) 주석: 강(두만강)은 동량북에서 나와 사지·아목하(회령)·수주(종성)·동건(동관潼關)·다온(온성)·미장(미점美占) 등을 거

친다. 江自東良北, 歷斜地·阿木河·隨州·童巾·多溫·迷障等處.

- •『세종실록』 5년(1423) 4월 병조의 보고: 일찍이 아산·부회환 등지를 어지럽힌 두문(지금 경원의 두만강 바깥 지역)·아치랑이(국자가 방면)·아목하(회령)·알동(동성용東盛勇 부근)·벌을인(회령의 두만강 밖)·사지무·다온(온성)·수주(종성) 등지의 도적이 지금 모두 귀의했다. 曾於牙山· 釜回還等處作耗豆門·阿赤郞耳·阿木河·斡東·伐乙引·舍知無·多溫·愁州 等各處賊人, 今皆歸服.[8]

희랄올은 영락 5년(1407) 명이 희랄오위喜刺烏衛를 설치한 지역으로 생각되지만[9] 그 위치는 아직 연구되지 않았다. 올적개는 지명이 아니라 부족명인 올적합으로 생각되는데, 포시에트Possiet만 연안에 거주한 골을간骨乙看 올적합이나 영고탑 방면의 혐진嫌進 올적합을 가리키는 것으로 여겨진다.[10] 이것과 함께 위치를 알 수 없는 그 밖의 지방은 대부분 두만강 밖에 있어 일찍이 고려와 직접 교섭하지 않은 것은 물론 그 지명도 알도리와 올량합이 내조하면서 비로소 알려진 것으로 생각된다. "이미 초유했다旣已曾經招諭"고 한 것은 본래 공허한 표현이 아닐 수 없다. 그러나 고려 조정은 그런 지방을 자국의 옛 영토라고 가탁하면서 공험진을 들었다. 예종 때의 이 진 이름이 영토 문제와 관련해 역사에 나타난 것은 이것이 두 번째다.

『고려사』에서는 이성계가 알도리와 올량합의 추장을 사저에서 접대하기(3월 무자일) 전에 일어난 사건을 다음과 같이 서술했다.

공양왕 4년(1392) 2월 정축일. 올량합과 알도리 등이 내조했는데 어느 숙소에서 묵을지를 놓고 다퉜다(『용비어천가』 75장에서는 "어느 숙소에서 묵을지를 놓고 다퉜다爭舍館"를 "윗자리를 다퉜다爭長"고 썼다. 그 뒤는 동일하다). 알도리가 말했다. "우리는 윗자리를 다투려고 온 것이 아니다. 예전 시중 윤관이 우리 땅을 평정하고 비를 세워 '高麗地境'이라고 새겼다. 지금 그 지역의 백성은 모두 제군사(이성계)의 위엄과 신망을 사모해온 것일 뿐이다. [제군사의 집 마구간에서 거처하라고 해도 후한 대우라고 감격할 것인데 화려한 집에서 무슨 동쪽과 서쪽의 차이가 있겠는가? 주상과 제군사를 빨리 뵙고 싶을 뿐이다.](『용비어천가』에는 괄호 안의 부분이 없다)" 마침내 서로 싸우지 않았다.

무인일. 알도리와 올량합이 궁궐을 방문해 토산물을 바쳤다. 왕은 그들이 평소 서열을 다퉜다는 말을 들었기 때문에 사신을 보내 말했다. "옛말에 '산에 나무가 있으면 공인이 치수를 재고 손님이 예의가 있으면 주인이 접대한다'고 했다. 귀화한 사람은 먼저 복종한 사람이 존장이다." 마침내 올량합은 알도리를 존장으로 추대했다. 우리 태조(이성계)가 물러가기를 요청하니 왕은 잔치를 베풀어주고 머무르게 했다. 兀良哈及斡都里等來朝, 爭舍館. 斡都里曰, 吾等之來, 非爭長也. 昔侍中尹瓘平吾土, 立碑曰高麗地境. 今境內人民, 皆慕諸軍事威信而來耳. 雖處以諸軍事之第馬廐之側, 猶感其厚, 況華屋, 何有東西之異哉. 第願利見主上, 與諸軍事耳. 遂不與爭. 戊寅, 斡都里·兀良哈詣闕, 獻土物. 王素聞爭長故, 使謂之曰, 古語云, 山有木, 工則度之, 賓有禮, 主則辨之. 凡向化來者, 先服者爲長. 兀良哈遂推斡都里爲長. 我太祖乞退, 王爲設宴留之.

『태조실록』에서는 전해(공양왕 3년, 1391) 12월 다음과 같이 서술했다.

올량합과 알타리가 와서 조회하면서 윗자리를 서로 다퉜다. 알타리가 말했다. "우리는 윗자리를 다투려고 온 것이 아니다. 예전 시중 윤관이 우리 땅을 평정하고 비를 세워 '高麗地境'이라고 새겼다. 지금 그 지역의 백성은 모두 제군사의 위엄과 신망을 사모해온 것일 뿐이다." 마침내 서로 싸우지 않았다. 태조는 올량합과 알타리를 사저에서 접대했는데, 그들이 진심으로 복종했기 때문이다. 兀良哈及斡朶里來朝爭長. 斡朶里曰, 吾等之來, 非爭長也. 昔侍中尹瓘平吾土立碑曰高麗地境. 今境內人民, 皆慕諸軍事威信而來耳. 遂不與爭. 太祖享兀良哈·斡朶里於邸, 以其誠服也.

내조한 올량합과 알도리가 윗자리를 다툰 것은 사실로 생각되며 이성계가 그들을 사저에서 접대했다고 한 것도 그의 지위에 비춰 의심되지 않는다. 이성계는 당시 사실상의 고려 국왕으로 고려 말의 새 영토인 동북면은 일찍이 그가 "동북면 사람은 모두 내 형제東北面之人, 皆予兄弟也"라고 한 것처럼 그 세력의 본거지였다.[11] 그러나 멀리 예종 때 정벌해 비를 세운 사실이 고려 말에 이르기까지 야인의 지식에 남아 있을 리는 없으므로 『태조실록』『용비어천가』『고려사』에서 그들의 말이라고 기록한 것은 믿기 어렵다. 이성계와 동북면의 관계에서 윤관의 공적을 연상한 실록의 편찬자가 이성계의 명성을 과장하기 위해 야인의 말을 지어냈고 『용비어천가』에서는 그것을 수록했지만, 『고려사』에서는 그것을 다시 한번 더 구성해 야인이 입조한 사실 앞에 놓았다고 생각된다(『고려사』는 문종 원년[명 경태 2년, 1451] 하륜 등이, 『용비어천가』는 세종 29년[명 정통 12년, 1447] 박팽년 등이, 『고려사』는 문종 원년[명 경태 2년, 1451] 정인지 등이 편찬했다).

이해(고려 공양왕 4년. 명 홍무 25년, 1392) 7월 이성계는 마침내 왕위에 올랐고, 다음 달 아들 이방원(뒤의 태종)을 동북면으로 보내 공상의 인물인 목조와 그 비를 위해 덕릉德陵과 안릉安陵을 공주孔州(지금의 경흥)에 조성했으며 이듬해인 재위 2년(홍무 26년, 1393) 동북면 도안무사 이지란에게 공주에 성을 쌓게 했다.[12] 이렇게 해서 이성계는 즉위한 초기 두만강 하류에 조선의 세력을 형성했고, 알도리·올량합은 그 앞뒤로 여러 번 특산물을 바쳤으며 재위 4년(홍무 28년, 1395)에는 포시에트 만 연안에 있던 골을간 올적합(수오적개水吾狄介라고도 한다)이 내조했다. 태조 7년(홍무 31년)에는 공주를 경원부로 고치고 길주와의 사이에 경성군鏡城郡을 새로 설치했다.[13] 우왕 말년(홍무 21년, 1388) 명의 위소 설치에 대한 항의는 처음에는 우왕이 계획한 요동 공격으로 이어졌다가 다음에는 이성계의 압록강 회군으로 변했고, 처음의 문제는 사건의 성질상 자연히 흐지부지됐지만 명이 황성에 설치한 위(철령위)도 이성계가 즉위한 이듬해(홍무 26년, 1393)에는 봉천 북쪽인 지금의 철령鐵嶺으로 옮겨졌다.[14]

그런데 성조 영락제는 즉위하자마자 두만강 방면의 여진에 대한 대규모 정벌 계획을 세워 오도리·올량합·올적합 등에게 칙서를 보내 귀의를 설득했다. 가장 먼저 그 칙서에 따른 인물은 남경 지방의 화아아 부족의 추장 아합출로 명에 입조해 건주위 지휘사에 임명됐다. 조선 태종 3년(명 영락 원년, 1403)이었다. 조선 조정은 명의 이 조처를 알고 은밀히 경계했는데, 이듬해(태종 4년, 영락 2년) 명 사신 왕가인王可仁은 삼살·독로올 이하 11곳의 여진을 초유한 뒤 칙서를 갖고 한양에 왔다. 왕가인은 본래 고려의 동북면에서 명에 들어가 태조를 섬긴 인물로 영락제가 그를 파견한 것도 함주(함흥) 이북은 일찍이 중국의 영토였다고 그가 황제에게 아뢨기 때문이었다. 왕가인이 가져온 칙서는 다음과 같았다.

삼산(북청)·독로올(단천) 등지의 여진 지역 관인·백성에게 칙유한다. 지금 짐이 즉위해 천하가 태평하고 사해의 안팎이 모두 한집이 됐지만, 너희가 이것을 알지 못해 서로 통제되지 않을까 염려스럽다. 강자가 약자를 능멸하고 많은 무리가 적은 무리에게 포악하게 하면 어찌 편안히 쉴 때가 있겠는가? 지금 짐의 말을 들어 인신印信을 지급하니 스스로 서로 통제하고, 사냥과 방목으로 생업을 편안히 영위하며, 편의에 따라 오가며 장사해 함께 태평한 복을 누려라. 지금 삼산·독로올 등 11곳의 계관(지금의 혼춘 근처) 만호 영마합·삼산 천호 이역리불화(이지란의 아들 이화영李和英)·독로올 천호 왕올난·합란 천호 주번실마·대신 천호 고난·도부실리 천호 김화실첩목·해동 천호 동귀동[15]·아사 천호 주인홀·알합[16] 천호 유설렬·아도가 천호 최고납[17]·최완자[18]를 초유한다. 勅諭參散·禿魯兀等處女眞地面官民人等知道. 今朕卽大位, 天下太平, 四海內外, 皆同一家, 恐爾等不知, 不相統屬. 强凌弱, 衆暴寡, 何有寧息之時. 今聽朕言, 給與印信, 自相統屬, 打圍牧放, 各安生業, 經商買賣, 從便往來, 共享太平之福. 今招諭參散·禿魯兀等一十一處溪關萬戶審馬哈·參散千戶李亦里不花·禿魯兀千戶王兀難·哈蘭千戶朱蹄失馬·大伸千戶高難·都夫失里千戶金火失帖木·海童千戶董貴洞·阿沙千戶朱引忽·斡合千戶劉薛列·阿都歌千戶崔咬納·崔完者.

조선에서는 왕가인이 도성으로 오기 전 동북면에 사신을 보내 올량합 추장에게 선물을 주면서 명 사신에게 적절히 응대하는 방법을 알려줬지만 왕가인이 칙서를 갖고 여진 지역으로 가자 사관史官에게 명에 항의할 내용의 근거를 살펴보게 했다.

『태종실록』: 지춘추관사 권근에게 사고史庫를 열어 고려의 『예종실록』에서 예종 때 시중 윤관이 동여진을 공격하고 국경에 비를 세운 것을 조사하게 했다. 황제가 왕가인을 여진에 보내 건주위를 설치하려고 했기 때문에 이것에 의거해 대답하려는 것이었다. 知春秋館事權近開史庫, 考前朝睿宗實錄, 睿宗朝侍中尹瓘擊東女眞, 立碑于境上. 帝遣王可仁于女眞, 欲設建州衛, 故欲據此對之也.

왕가인은 동북면의 여진을 초유했지만 효과는 없었고 5월 다시 한양으로 와서 조선 사신 김첨과 함께 명의 도성으로 갔다. 김첨은 항의를 제출하려는 사신이었다. 그가 가져간 문서는 다음과 같았다.

본국의 동북지방은 공험진부터 공주(경흥)·길주(고려 공양왕 2년[1390] 설치)·단주(조선 태조 7년[1398] 설치. 지금의 단천)·영주(윤관의 정복지 안에 설치한 주 이름)·웅주(같음)·함주(함흥) 등의 주는 모두 본국 영토에 소속돼 있었습니다. 요 건통 7년(고려 예종 2년, 1107) 동여진이 난을 일으켜 함주 이북의 땅을 빼앗아 웅거하자 고려 예종 왕우는 요에 토벌을 알리고 군사를 보내 회복했습니다. 원 초기 무오년(고려 고종 45년, 1258) 몽골의 산지·부지르普只 등의 관원이 여진을 복속시킬 때 본국을 배반한 관원 조휘와 탁청 등이 그 땅을 갖고 항복하자 조휘를 총관으로, 탁청을 천호로 삼아 군민을 관할케 했습니다. 이 때문에 여진인이 그 사이에 섞여 살면서 각각 방언으로 자신들이 사는 곳에 이름을 붙여 길주를 해양으로, 단주를 독로올로, 영주를 삼산으로,[19] 웅주를 홍긍으로,[20] 함주를 합란이라고 불렀습니다. 지정 16년(공민왕 5년, 1356) 공민왕 왕전이 원 조정에 아뢰 모두 혁파하고 공험진 이남을 본국에 다시 소속시키고 관리를 보내 다스렸습니다.

명 홍무 21년(우왕 14년, 1388) 2월 호부의 자문을 받으니 호부시랑 양정 등의 관원이 태조 고황제의 성지를 알렸습니다. "철령 이북·이동·이서 는 본래 개원의 관할이었으니 군사와 백성을 계속 요동이 관할케 하라." 본국에서는 곧 위의 일 때문에 밀직제학 박의중을 보내 표문을 받들고 조정에 가서 공험진 이북은 요동에 다시 소속시키고 공험진 이남에서 철령(함경도 남쪽 끝의 철령)까지는 본국에 환속시켜 주기를 요청했습니다. 올해 6월 12일 박의중이 경사에서 가져온 예부의 자문을 보니 예부 상서 이원명 등은 올해 4월 18일 "철령의 일로 고려에서 아뢰었다"[21]고 하고 예전처럼 관리를 배정해 다스리게 했습니다. 지금 파견하신 동녕 위 천호 왕수(왕가인)가 가져온 칙유를 보니 "삼산·독로올 등 여진 지역 의 관원과 백성을 초유한다"고 하셨습니다.

살펴보건대 삼산천호 이역리불화 등 10곳의 사람들은 여진 백성에 소 속돼 있지만 본국 영토에 와서 산 지 오래됐는데, 호인 나하추 등의 군 사와 왜구의 침략을 여러 번 겪어 거의 다 없어지고 얼마 남지 않았으며 본국의 백성과 혼인해 자손을 낳아 세금을 내고 있습니다. 또 신의 조상 은 일찍이 동북면에 살아 현조玄祖 이안사(목조)의 묘가 공주에 있고(덕 릉) 고조 이행리(익조)와 조 이자춘(환조)의 묘는 함주(함흥)에 있습니다. 소방小邦이 성조聖朝를 만난 뒤 여러 번 고황제의 조서를 받았는데 중국 과 외국을 구분하지 않고 하나로 어질게 대하셨으며, 성조의 호율戶律 의 한 조목에 따르면 "홍무 7년(1374) 10월 전에 다른 고을로 옮겨가 그 곳의 호적에 등재돼 조세를 내고 있는 사람은 논하지 말라"고 했습니다. 소방은 이미 상국의 어진 통치 안에 있고 공험진 이남은 또 고황제가 "[철령의 일로] 고려에서 아뢰었다"고 말씀하셨으니 그곳에 살고 있는 여진의 남은 백성을 저희가 예전처럼 관할하게 해주시면 정말 다행스럽겠습니다. 이 때문에 지금 배신 예문관 제학 김첨에게 공문과 지형도 본을 갖고 경사에 가서 아뢰게 합니다. 照得, 本國東北地方, 自公嶮鎭歷孔州·吉州·端州·英州·雄州·咸州等州, 俱係本國之地. 至遼乾統七年, 東女眞作亂, 奪據咸州迆北之地. 高麗睿王王俁告遼請討, 遣兵克復. 及至元初戊午年間, 蒙古散吉·普只等官, 收付女眞之時, 本國叛民趙暉·卓靑等以其地迎降, 以趙暉爲摠管, 卓靑爲千戶, 管轄軍民. 由是女眞人民雜處其間, 各以方言, 名其所居, 吉州稱海陽, 端州稱禿魯兀, 英州稱三散, 雄州稱洪肯, 咸州稱哈蘭. 至至正十六年間, 恭愍王王顓申達元朝, 竝行革罷, 仍以公嶮鎭迆南還屬本國, 委定官吏管治. 聖朝洪武二十一年二月, 承準戶部咨, 該侍郞楊靖等官, 欽奉太祖高皇帝聖旨, 節該鐵嶺迆北·迆東·迆西, 原屬開原, 所管軍民, 仍屬遼東所管, 欽此. 本國卽將上項事, 因差陪臣密直提學朴宜中, 齎擎表文, 前赴朝廷控訴, 乞將公嶮鎭迆北還屬遼東, 公嶮鎭迆南至鐵嶺, 還屬本國. 至當年六月十二日, 朴宜中回自京師, 承準禮部咨, 該本部尙書李原明等官, 於當年四月十八日, 欽奉聖旨, 節該鐵嶺之故, 王國有辭, 欽此, 仍舊委定官吏管治. 今奉欽差東寧衛千戶王脩齎來勑諭內, 招諭參散·禿魯兀等處女眞地面官民人等, 欽此. 切詳, 參散千戶李亦里不花等一十處人員, 雖係女眞人民, 來居本國地面, 年代已久, 累經胡人納哈出等兵及倭寇侵掠, 凋瘁殆盡, 其遺種存者無幾. 且與本國人民交相婚嫁, 生長子孫, 以供賦役. 又臣祖上曾居東北地面, 玄祖先臣安社墳墓見在孔州, 高祖先臣行里·祖先臣子春墳墓, 皆在咸州. 竊念小邦遭遇聖朝以來, 累蒙高皇帝詔旨, 不分化外, 一視同仁. 又欽準聖朝戶律內一款, 其在洪武七年十月以前, 流移他郡, 曾經附籍當差者勿論, 欽此. 小邦旣在同仁之內, 公嶮鎭迆南又蒙高皇帝王國有辭之旨, 所據女眞遺種人民, 乞令本國管轄如舊, 一國幸甚. 爲此今差陪臣藝文館提學金瞻, 齎擎奏本及地形圖本, 赴京奏達.[22]

조선 조정은 삼산·독로올 이하 11곳의 여진을 명에 귀속시키지 않고 이처럼 역사적 사실을 크게 왜곡해 항의했는데, 그 가운데서도 재위 5년(1356) 공민왕이 공험진 이남을 고려에 환속시킨 것을 원에 알렸다는 것은 완전한 허구로 삼살 이남을 요구한 5년 10월의 상주에도, 이판령에 관방을 설치하고 6년 8월 요양행성에 보낸 서신에도 그런 내용은 없다. 영토 문제와 관련해 공험진을 든 것은 이것이 세 번째다.

김첨이 이런 공문을 갖고 명의 도성에 오자 성조는 그의 주청을 받아들여 "조선의 땅도 짐의 통치 안에 있는데, 짐이 무엇을 다투겠는가朝鮮之地, 亦朕度內, 朕何爭焉?"라면서 공주 이남의 여진을 귀의시키려는 생각을 접었다. 그러나 이미 아합출 부족을 귀복시킨 명은 오도리와 올량합도 통제해 연이어 사신을 보냈으므로 조선은 거기에 경쟁적 태도를 보여 오음회의 알도리 추장 멍거테무르와 벌시온伐時溫(종성鍾城의 두만강 바깥)의 올량합 추장 파아손把兒遜(팔을속八乙速·파을소波乙所라고도 쓴다)에게 명 황제의 칙유를 받아들이지 않도록 하려고 노력했다. 그리고 명에는 사신을 보내 요청했다. 태종 5년(명 영락 3년, 1405) 5월이었다. 그 문서는 다음과 같다.

멍거테무르 등은 처음 올적합의 침략을 피해 본국 동북면의 경원·경성으로 옮겨 거주했는데, 왜적 방어에 공로를 세웠기 때문에[23] 경성 등지의 만호에 임명해 지금 몇 해가 지났습니다.[24] 영락 2년(태종 4년, 1404) 5월 흠차사신 동녕위 천호 왕수(왕가인)가 칙서를 받들고 와 삼산·독로올 등 10곳의 여진 백성을 초유했습니다. 홍무 21년(우왕 14년, 1388) 태조 고황제의 성지를 받고 "공험진 이북은 다시 요동에 소속시키고 공험진 이남부터 철령까지는 그대로 본국에 소속시켜달라"고 요청하면서 배신 김첨에게 문서를 갖고 가서 아뢰게 했습니다. 그해(태종 4년) 10월 11일 경사에서 돌아와 칙서를 받으니 "삼산 천호 이역리불화 등 열 곳의 백성을 요청대로 허락한다"고 하셨습니다. 신과 온 나라의 신민은 감격해 마지않습니다.

소방이 성조를 섬긴 이래 여러 번 고황제의 조서를 받았는데 중국과 외국을 구분하지 않고 하나로 어질게 대하셨습니다. 요즘 다시 칙명을 받으니 "삼산 등 10곳의 사람들을 요청대로 허락한다"고 하셨습니다. 멍거 테무르와 답실 등은 그들이 거느린 180여 호와 함께 현재 공험진 이남 경성鏡城 지방에 살고[25] 파아손과 착화 등은 그들이 거느린 50여 호와 함께 현재 공험진 이남 경원慶源(지금의 경흥) 지방에 사는데[26] 각각 호적에 등록시켜 조세를 걷으니 모두 허락해주신 10곳에 거주하면서 성조의 어진 통치 안에 있습니다. 성상께서 이런 백성을 예전대로 편안히 생업에 종사하게 해 길이 성조의 은택을 입게 해주시길 엎드려 바랍니다.

猛哥帖木兒等始緣兀狄哈侵擾, 避地到來本國東北面慶源·鏡城地面居住. 當差役因防倭有功, 就委鏡城等處萬戶職, 經今有年. 永樂二年五月間, 奉欽差東寧衛千戶王脩齎勅, 招諭三散·禿魯兀等十處女眞人民. 欽此竊照, 洪武二十一年間, 欽蒙太祖高皇帝聖旨準請, 公嶮鎭迤北, 還屬遼東, 公嶮迤南至鐵嶺, 仍屬本國, 因差陪臣金瞻, 齎文奏達. 當年十月十一日, 回自京師, 欽奉勅書, 三散千戶李亦里不花等十處人員準請欽此. 臣與一國臣民感激不已. 竊念小邦臣事聖朝以來, 累蒙高皇帝詔旨, 不分化外, 一視同仁. 近又欽蒙勅旨, 三散等十處人員準請. 竊詳猛哥帖木兒·答失等幷管下一百八十餘戶, 見居公嶮鎭迤南鏡城地面, 把兒孫·着和等幷管下五十餘戶, 見居公嶮鎭迤南慶源地面, 各各附籍當差, 俱係欽蒙準請十處地面, 皆在聖朝同仁之內. 伏望聖慈許令上項人等, 仍舊安業, 永霑聖澤.

이 요구에 대해 성조는 다음과 같이 대답했다.

지난날 동북면 11곳의 백성 2000여 명을 이미 모두 요청대로 허락했는데, 어찌 멍거테무르 한 사람을 아끼겠는가? 멍거테무르는 황후의 친족이다. 사람을 보내서 불러오게 하는 것도 황후께서 바라는 것이다. 골육이 서로 만나는 것은 사람의 큰 도리다. 짐이 네 토지를 빼앗았다면 요청하는 것이 옳지만 황실의 친족인 테무르는 너와 무슨 관계가 있는가? 昔日東北面十一處人民二千餘口, 已皆准請, 何惜一猛哥帖木兒乎. 猛哥帖木兒, 皇后之親也. 遣人招來者, 皇后之願欲也. 骨肉相見, 人之大倫也. 朕奪汝土地, 則請之可也, 皇親帖木兒, 何關於汝乎.

허망하지만 지고한 권위의 말을 사용해 조선에게 다시 말하지 못하게 했다.[27] 고려 말부터 제기된 공험진이 나타난 것은 위의 주청이 네 번째다. 그리고 이 관용적 수법은 그 뒤 반복되지 않았다.

2.

윤관의 정복이 이뤄지고 280년 뒤 다시 역사에 나타나 늘 국경 문제에 관계된 고려 말 조선 초의 공험진이 어떤 성격의 것인지는 앞서의 서술에 따라 대략 살펴볼 수 있다. 우왕 말년 고려 조정은 철령 이북의 영토와 백성을 명에 빼앗길 것을 우려해 그 진의 이름을 들면서 위를 설치하겠다는 통고에 항의했는데(첫 번째) 그때 고려 동북면의 한계는 길주지방이었다. 공양왕 때 알도리·올량합 등이 귀의했을 무렵도 마찬가지였지만 그때는 두만강 밖 일대의 여진 거주지가 모두 공험진의 영역이라고 주장했다(두 번째). 그리고 조선 태종이 다시 그 진 이름을 들어 공주孔州 이남 지역을 멀리 예종 때의 옛 영토라고 속이고 삼산 등 11곳의 여진을 명에 귀속시키지 않았을 때나(세 번째) 알도리·올량합에 대한 명의 초유를 거부했을 때(네 번째) 모두 동북쪽 경계는 공주, 곧 당시의 경원이었다. 고려 말 조선 초의 공험진은 윤관이 건설한 진성의 자취가 모두 불확실해진 것을 기회로 삼아 그것을 빌려와 새 영토를 개척하고 유지하는 데 하나의 구실로 삼은 것으로 당시 국경의 북쪽에 존재한다고 말한 것 외에 그것으로 확정할 수 있는 땅이 있어야 한다.

그런데 『고려사』 「지리지」 동계 조에서는 공험진에 대해 다음과 같이 서술했다.

공험진은 예종 3년(1108) 성을 쌓고 진을 둬 방어사로 삼았다. 예종 6년(1111) 산성을 쌓았다(공주·광주라고도 한다. 선춘령 동남쪽, 백두산 동북쪽에 있다고도 하고 소하강 가에 있다고도 한다). 公嶮鎭, 睿宗三年築城置鎭, 爲防禦使. 六年築山城(一云孔州, 一云匡州. 一云在先春嶺東南·白頭山東北, 一云, 在蘇下江邊).

이 기사에 따르면 진의 소재에 관련된 여러 견해가 있는데, 그런 견해들이 있었다는 것을 보면 반드시 완전히 막연한 것은 아니었던 것 같다. 정말 그럴까?

『세종실록』(권155) 「지리지」 경원도호부(이 경원은 지금의 부령 동쪽인 부거에 있다) 조에서는 그 부의 네 경계를 설명하면서 공험진과 선춘령을 북쪽 또는 동북쪽의 경계라고 했다.

동쪽으로 20리(7.9킬로미터)를 가면 바다, 서쪽으로 40리(15.7킬로미터)를 가면 경성 두롱이현(부거 서남쪽 이방령梨方嶺),**28** 남쪽으로 12리(4.7킬로미터)를 가면 연해 굴포(부거 남쪽의 동호東湖),**29** (A) 북쪽으로 700리를 가면 공험진, 동북쪽으로 700여 리를 가면 선춘현, 서북쪽으로 150리를 가면 오음회(회령) 석성터다. 東距海二十里, 西距鏡城豆籠耳峴四十里, 南距連海堀浦十二里, (A) 北距公險(嶮)鎭七百里, 東北距先春峴七百餘里, 西北距吾音會石城基一百五十里.

또 경원도호부에서 그 경계인 선춘현과 공험진까지의 경로를 다음과 같이 서술했다.

① 동림성(지금 경원 동남쪽의 동림리東林里)에서 북쪽으로 5리(2킬로미터)쯤 가면 소다로영의 터가 있고(동림성 북쪽 5리)**30** 그 북쪽 30리(11.8킬로미터)에 회질가탄(지금의 경원 남쪽을 흘러 두만강과 만나는 하천을 회질가천會叱家川이라고 한다)이 있는데, 바로 두만강 하류다. 강을 건너 10리(3.9킬로미터) 가면 넓은 들 가운데 큰 성이 있는데 곧 현성(해관성이라고도 한다. 혼춘 남쪽, 두만강과 혼춘하의 중간 지역이다)**31**으로 안에 우물이 6개 있다. 그 북쪽으로 90리(35.3킬로미터) 되는 곳의 산 위에 옛 석성이 있는데, 이름이 어라손참이다. 그 북쪽 30리에 허을손참이 있고, 그 북쪽 60리(23.6킬로미터)에 유선참이 있으며, 그 동북쪽 70리(27.5킬로미터)에 토성 터가 있으니 곧 거양성이다. 안에 돌기둥 둘이 있는데, 예전에 종을 단 곳이다. 종의 높이는 3척(0.9미터), 지름은 4척(1.2미터)이 넘었

다. 일찍이 경원 사람 유성이 그 성에 가서 그 종을 부숴 말 9마리에 싣고 왔는데, 겨우 10분의 1에 지나지 않았다. 따라갔던 30여 명은 모두 죽었다. 나머지 쇠붙이는 풀숲 가운데 버려져 있었지만 아무도 감히 거두지 못했다. 그 성은 본래 고려의 대장 윤관이 쌓은 것이다. 自東林城北去五里許, 有所多老營基, 其北三十里有會叱家灘, 乃豆滿江之下流也. 越江十里大野中, 有大城, 卽縣城, 內有六井. 其北九十里, 山上有古石城, 名曰於羅孫站. 其北三十里有盧乙孫站, 其北六十里有留善站, 其東北七十里有土城基, 卽巨陽城. 內有兩石柱, 古縣鍾處. 鍾高三尺, 圓徑四尺有奇. 嘗有慶源人庚誠者至其城, 碎其鍾, 用九馬馱來, 纔十分之一. 從者三十餘人皆死, 其遺鐵實草芒中, 人不敢收. 城本高麗大將尹瓘所築.

(B) 거양에서 서쪽으로 60리(23.6킬로미터) 가면 선춘현이니, 곧 윤관이 비를 세운 곳이다. 그 비의 4면에 글이 새겨져 있었지만 오랑캐에게 훼손됐다. 그 뒤 사람들이 뿌리를 캐보니 '高麗之境'이라는 네 글자가 있었다. 선춘현에서 수빈강을 건너면 옛 성터가 있다. 自巨陽西距六十里先春峴, 卽尹瓘立碑處. 其碑四面有書, 爲胡人剝去其字. 後有人堀其根, 有高麗之境四字. 自先春峴越愁濱江, 有古城基.

② 소다로에서 북쪽으로 30리(11.8킬로미터) 가면 어두하현이 있고 그 북쪽 60리(23.6킬로미터)에 동건리(동관진)가 있으며, 그 북쪽으로 3리쯤 가서 두만강탄을 건너 북쪽으로 90리(35.3킬로미터) 가면 自所多老北去三十里, 有於豆下峴, 其北六十里有童巾里, 其北三里許越豆滿江灘, 北去九十里,

(C) 오동사오리참(동성용東盛勇 부근)32이 있다. 그 북쪽 60리에 하이두은이 있고, 그 북쪽 100리(39.3킬로미터)에 영가사오리참이 있으며, 그 북쪽으로 소하강 가에 공험진이 있으니 곧 윤관이 설치한 진이다. 남쪽으

로 구주(영고탑 부근)[33]·탐주(필이등호 서쪽)[34]와 인접했고, 북쪽으로 견주(길림 부근)[35]와 맞닿았다. 有吾童沙吾里站, 其北六十里有河伊豆隱, 其北一百里有英哥沙吾里站, 其北蘇下江邊有公險鎭, 卽尹瓘所置鎭. 南隣具州·探州, 北接堅州.

(D) 영가사오리에서 서쪽으로 60리(23.6킬로미터)를 가면 백두산이 있다. 산은 3층으로 이뤄졌는데 정상에 큰 못이 있다. 동쪽으로 흘러 두만강이 되고 북쪽으로 흘러 소하강이 되며, 남쪽으로 흘러 압록이 되고 서쪽으로 흘러 흑룡강이 된다. 그 산에 사는 짐승은 모두 흰빛이다. 산 허리 이상은 모두 수포석水泡石이다. 自英哥沙吾里西去六十里, 有白頭山. 山凡三層, 頂有大澤, 東流爲豆滿江, 北流爲蘇下江, 南流爲鴨綠, 西流爲黑龍江. 其山禽獸, 皆白色. 山腰以上, 皆水泡石也.

『세종실록』「지리지」의 이 부분은 세종 14년(명 선덕 7년, 1432) 작성된 것으로[36] 공험진의 방위를 가장 자세히 서술한 기사다. 이것을 다른 책들의 기록과 비교하면 다음과 같다.

·『용비어천가』 75장 주석.
(a) 경원부 동북쪽 700여 리에 선춘령이 있다. 慶源府東北七百餘里, 有先春嶺.
(b) 윤관이 비를 세운 곳으로 그 비의 4면에는 글씨가 있었는데 오랑캐에게 훼손됐다. 그 뒤 어떤 사람이 그 뿌리를 캐보니 '高麗之境'이라는 네 글자가 있었다. 卽瓘立碑處. 其碑四面有書, 爲胡人剝去其字. 後有人堀其根, 有高麗之境四字.

·『동국여지승람』(권50) 회령도호부 고적.

(a′) 선춘령은 두만강 북쪽 700리에 있다. 先春嶺, 在豆滿江北七百里.

(b′) 윤관은 이곳까지 영토를 개척하고 공험진에 성을 쌓은 뒤 마침내 선춘령 위에 비석을 세우고 '高麗之境'이라고 새겼다. 비 4면에 글씨가 있는데 모두 오랑캐에게 훼손됐다. 尹瓘拓地至此, 城公險鎭, 遂立碑於嶺上, 刻曰高麗之境. 碑之四面有書, 皆爲胡人剝去.

·같은 책, 같은 조.

(c) 공험진. 고령진에서 두만강을 건너 고라이를 넘어 오동참·영가참을 지나면 소하강에 이른다. 강가에 공험진 옛 터가 있다. 남쪽으로 구주·탐주와 인접했고 북쪽으로 견주와 맞닿았다. 公險鎭. 自高嶺鎭, 渡豆滿江, 踰古羅耳, 歷五童站·英哥站, 至蘇下江. 江濱有公險鎭古基, 南隣具州·探州, 北接堅州.

·『용비어천가』 4장 주석.

(d) 경원부 서쪽에 장백산이 있는데 일명 백두산이다. 산은 3층으로 이뤄졌고, 그 정상에 큰 못이 있다. 남쪽으로 흘러 압록강, 북쪽으로 흘러 소하강, 동쪽으로 흘러 두만강이 된다. 慶源府西有長白山, 一名白頭山, 山凡三層, 其頂有大澤. 南流鶯鴨綠江, 北流爲蘇下江, 東流爲豆漫江.

이것들은 모두 『세종실록』「지리지」의 기사를 베낀 것으로 독립적 가치가 있는 것은 아니다. 그렇다면 공험진에 관련된 위의 의문은 모두 「지리지」의 기사에 따라 생각해야 한다.

『세종실록』「지리지」에 따르면 지금의 경원 동남쪽 소다로에서 시작되는 도로는 둘이다. 하나는 북쪽의 혼춘에 가까운 현성을 거쳐 거양성에 이르고(①) 다른 하나는 서쪽 종성에 가까운 동건리(동관진)과 해란하 가의 오동사오음참(동성용 부근)을 거쳐 영가사오리참에 이른다(②). 그리고 거양성 서쪽 60리(23.6킬로미터)에 있는 선춘현은 윤관이 비를 세운 곳으로(B) 영가사오리참 북쪽의 소하강 가는 공험진이 있는 곳이라고 했다(C).

먼저 살펴봐야 할 것은 첫 번째 도로의 거양성의 위치다. 현성에서 거양성에 이르려면 북쪽 90리(35.3킬로미터)에 있는 어라손참을 지나야 한다고 했다. 어라손참은 다음 기록의 아라손참과 같은 곳으로 생각된다.

『용비어천가』 53장 주석: 아목라는 지명이다. 경원(지금의 경원)에서 북쪽으로 하루 가서 아라손참을 지나 다시 닷새 가면 도착한다. 阿木剌, 地名. 自慶源北行一日, 經阿剌孫站, 又行五日而至.

이 아라손참에서 닷새 가면 닿는다고 한 아목라는 야나이 와타리 씨가 길림의 동나목와집東那木窩集에 비정한 『요동지』(권9)의 나목라참 那木剌站과 같은 곳이 틀림없다.[37] 그런데 경원·혼춘에서 북쪽으로 가서 나목와집에 이르려면 갈합리하를 따라가는 도로를 거치는 것밖에 없으므로 갈합리하 하류 부근으로 보이는 어라손참에서 허을손참·유선참 등을 거쳐 이르는 거양성은 영고탑·길림 방면으로 생각된다. 『태종실록』(권9) 5년(영락 3년) 4월에 이런 판단을 뒷받침하는 기사가 있다.

명 사신 왕가인이 거양 사람 20여 명과 함께 겸진·골간 올적합의 거주
지에 이르러 그들을 설득해 명으로 돌아가려고 했다. 탐주·이주耳(具?)
州·아적랑이(국자가 방면)38·오음회(회령) 등지의 사람 가운데 지난해
왕교화적(여진을 초유한 명 사신)과 함께 명에 들어간 사람이 여섯이었는
데, 황제가 옷을 내려줬다. 그들은 이번에 왕가인과 함께 왔다. 朝廷使臣
王可仁與巨陽人二十餘, 到兼進·骨看兀狄哈居處, 欲招諭與之還朝也. 耽州·
耳州·阿赤郎耳·吾音會等處人, 往年與王教化的入朝者六人, 帝賜衣. 今與王
可仁俱來.

겸진兼進은 혐진嫌眞 올적합으로 돈화와 영고탑에 비정되는 탐주耽州
(探州·潭州라고도 쓴다)와 구주具州(古州·谷州라고도 쓴다. 그러나 耳는 具
의 오기다)는 그들의 거주지이기 때문에39 거양도 그 방면으로 생각된
다.

『태종실록』(권27) 14년(영락 12년, 1414) 2월 조에도 거양성에 관련된
기사가 있다.

영길도 도안무사 이종무가 보고했다. "경성40에서 25일 거리에 있는 나
모라에 사는 올량합 지휘 아로가 관할하는 천호 모하야가 다음과 같
이 아뢨습니다. '여진 도사 야라개가 중원의 많은 군인을 이끌고 전해
정월 운둔은으로 나와 정월부터 4월까지 대선大船과 급수 소선汲水小船
을 230척씩 만들어 군인들을 태우고 송갈강(송화강)에서 수하강을 거
쳐 수빈강(수분하)으로 가서 거양성과 경원의 훈춘성(혼춘)을 쌓아 오도
리와 올량합을 살게 할 것입니다'" 임금이 말했다. "이들은 늘 이런 일을
말한다. 상국의 군사가 와도 어찌 배를 타고 철령을 넘겠는가? 이것은

반드시 빈말이거나 아니면 중원의 변장邊將이 그곳에서 배를 만들고 있
는 것일 뿐이다." 永吉道都安撫使李從茂報, 自鏡城二十五日程, 羅毛羅住兀
良哈指揮阿老管下千戶毛下也進言曰, 女眞都事也羅介率中原數多軍人, 於前年
正月, 云屯隱出來, 自正月至四月, 造大船及汲水小船各二百三十艘, 載軍人泛
自松渴江, 歷愁下江, 向愁濱江, 將築巨陽城·慶源薰春城, 實之以吾都里·兀良
哈. 上曰, 此人等每以如此事來告. 上國之兵雖來, 豈以船過鐵嶺乎. 此必虛語
也, 抑或中原邊將造船於此地耳.

나모라는 앞서 말한 길림에 가까운 나목라那木剌로 생각된다. 또 송
갈강이 송화강임은 말할 것도 없는데, 그 강가에서 일어난 사건이 나
목라 지방의 여진인에 따라 조선 조정에 알려진 까닭이다. 아울러 송
화강과 수빈강(수분하)는 물길이 전혀 달라 앞의 것에 배를 띄워 뒤의
것으로 갈 수 없기 때문에 태종은 여진인의 말을 전혀 믿지 않은 것이
다. 그러나 명이 배를 만들고 있다는 것은 의심할 수 없다. 『명실록』을
살펴보면 영락제가 노아간 지방(흑룡강 입구)의 경략을 시작한 것은 영
락 7년(1409) 그곳 두목이 내조했을 때 노아간 도지휘사사를 설치하
고 동녕위 지휘사사 강왕康旺(동녕위는 요양성 안에 있다)을 그 도지휘동
지로 삼아 부족을 이끌게 한 것으로 영락 10년(1412)에는 흑룡강 입구
에 가까운 만경참滿涇站과 요동을 연결하는 45참을 설치했다.[41] 그리고
『명실록』에 누락된 사실은 「칙수 노아간 영녕사비기勅修奴兒干永寧寺碑記」
에 보인다.[42]

영락 9년(1411) 봄 내관 역실합 등을 특별히 보내 관군 1000여 명과 큰
배 25척을 이끌고 다시 그 나라에 가서 노아간 도사를 개설했다. (…) 옛

부의 백성을 모아 서로 통솔케 했다. 영락 10년 겨울 내관 역실합 등에게 그 나라에 물건을 싣고 가 해서에서 노아간과 바다 밖의 고이(화태도 樺太島의 주민) 등 여러 백성에게 가서 남녀에게 옷과 필요한 물품과 곡식을 주고 술과 음식으로 잔치를 베풀어 주니 모두 즐기고 한 사람도 교화에 따르지 않는 사람이 없었다. (…) 영락 11년 가을 복노아간이 만경참 왼쪽에 있었는데 산이 높고 아름다웠다. 이보다 앞서 산 위에 관음당을 지었는데 지금 절을 만들고 부처를 모셨다. 永樂九年春, 特遣內官亦失哈等率官軍一千餘人·巨船二十五艘, 復至其國, 開設奴兒干都司. □遼□時□故業□□□□□□, 今日復見□□矣. □□□朝□□□, 都□□餘人, □□□印信, 賜以衣□□□布鈔□, 而□依土立□□□, 收集舊部人民, 使之自相統屬. 十年冬, □命內官亦失哈等, 載至其國. 自海西抵奴兒干及海外苦夷諸民, 賜男婦以衣服器用, 給以穀米, 宴以酒食, 皆□□歡忻, 無一人梗化不率者□□□□□□□地而建□, 柔化斯民, 使知敬順, □□□相□之□. 十一年秋, 卜奴兒干□有□滿涇站之左, 山高而秀麗. 先是已建觀音堂於其上, 今造寺塑佛.

실제로 나목라의 여진인이 송화강에서 배를 만든 사실을 조선 조정에 알린 것은 내관 역실합 등이 군사들에게 줄 물건을 배에 싣고 여러 번 노아간에게 가고 마침내 만경참에 영녕사를 건설한 이듬해다. 그리고 영락 7년(1409) 이후 이렇게 전개된 노아간 경략에서 지금의 길림 부근이 그런 전함을 제작한 곳이었음은 『요동지』(권9)에서 알 수 있다.

건주는 동쪽으로 송화강과 맞닿았다. (…) 강가에 온독이라는 하천이 있다(길림 남쪽에서 송화강으로 흘러들어가는 온덕형하溫德亨河를 말한다). (…) 나라에서 노아간을 정벌하면서 이곳에서 배를 만들어 강을 타고 해서에 이른 뒤 상으로 줄 물건을 싣고 강을 타고 내려오면 곧바로 그곳에 도착했다. 建州, 東瀕松花江. (…) 江上有河曰穩禿. (…) 國朝征奴兒干, 於此造船, 乘流至海西, 裝載賞齎, 浮江而下, 直抵其地.

야나이 씨와 이나바 씨는 명대 초 건주가 원대의 이름을 그대로 이어받은 것으로 보고 길림 부근에 비정했다(당시의 건주위는 휘발하 상류의 산성자 부근으로 건주와는 전혀 다른 곳이었다).[43]

이렇게 생각하면 명의 전함이 송갈강에서 수하강(뒤에서 서술)을 거쳐 수반강으로 가서 거양성과 경원의 훈춘성[44]을 쌓을 것이라고 조선에 온 나목라의 여진인이 말한 것은 몇 년 동안 직접 보거나 들은 노아간 경략 사실을 일부러 축성에 부회해 명군이 조선의 동북쪽 경계 가까이 나타났다고 말함으로써 조정을 놀라게 하려던 것일 뿐이다. 따라서 거양성도 이런 추측과 서로 맞물려 길림에서 두만강 하류에 이르는 중간인 영고탑 방면에 있던 것으로 여겨진다.

그런데 당시 이 방면에 있던 것이 분명한 성터는 발해의 수도 홀한성(상경 용천부. 요대의 올야성) 터 밖에 없다. 그 성은 그 뒤 금의 상경 회령부 터로 오인됐다.

· 대청일통지』(권45 길림, 고적): 고사기의 『호종록』(『호종동순일록扈從東巡日錄』)에서 말했다. "사림 동남쪽 15리에 화즙성이 있는데 금의 상경 회령부다. 넓이는 40여 리다. 중간에 금성禁城이 있는데 1리쯤 된다. 세 전각 터가 모두 남아 있고, 부서진 푸른 기와가 그 위에 흩어져 있다. 금성 밖에는 큰 석불이 있는데 높이가 3장쯤 되고 연꽃으로 장식했다. 앞에는 석탑이 있는데 동쪽을 향해 조금 기울었다. (…) 사림에서 동쪽 80리

가 영고탑이다." 통지』(『성경통지』)에서는 다음과 같이 서술했다. "영고탑 서남쪽 60리 호이합하 남쪽에 큰 옛 성이 있는데 둘레는 30리이고 서남쪽에 문이 7곳 있다. 내성의 둘레는 5리고 동·서·남쪽에 문이 1곳씩 있다. 안에 궁전 터가 있는데 회령부 터다. 高士奇扈從錄, 沙林東南十五里, 曰火茸城, 金之上京會寧府也. 廣四十餘里, 中間禁城可里餘. 三殿基址皆在, 碎碧瓦碁布其上. 禁城外有大石佛, 高可三丈許, 蓮花承之. 前有石塔, 向東小欹. (…) 自沙林而東八十里, 爲寧古塔. 通志, 寧古塔西南六十里, 瑚爾哈河之南, 有古大城, 周三十里, 西南七門. 內城周五里, 東西南各一門. 內有宮殿舊基, 卽會寧府之遺址也.

지금의 동경성이 그곳이다. 그러므로 나는 요·금·원 3대 동안 황폐하게 버려진 발해의 도성터를 거양성에 비정한다. 『세종실록』「지리지」에 보이는 쇠종鐵鐘에 관련된 이야기도 성 남쪽의 절터에서 생겨난 것으로 생각된다.[45]

덧붙인다. 거양성에 대해서는 『동국여지승람』(권50, 경원도호부, 산천)에서 다음과 같이 서술했지만, 지금은 일단 다루지 않는다. 그 까닭은 뒤에서 설명하겠다.

수빈강은 백두산에서 나와 북쪽으로 흘러 소하강이 되는데, 속평강이라고도 한다. 공험진과 선춘령을 거쳐 거양에 이르러 동쪽으로 120리(47.1킬로미터)를 흘러 아민에 이르러 바다로 들어간다. 愁濱江, 源出白頭山, 北流爲蘇下江, 一作速平江. 歷公嶮鎭先春嶺, 至巨陽, 東流百二十里, 至阿敏入于海.

다음으로 두 번째 도로에서 오동사오리참 북쪽 60리(23.6킬로미터)는 하이두은이고 그 북쪽 100리(39.3킬로미터)는 영가사오리참이라고 했다. 사오리의 뜻은 『태조실록』에서 "여진말로 참女眞語, 站也"이라고 했다. 다만 이 방향에 따르면 소다로에서 동건리를 거쳐 오는 도로는 동성용 부근의 오동참에서 북쪽으로 꺾어져 첫 번째 도로와 마찬가지로 갈합리하를 따라 나아가는 것 같다. 그러나 소다로에서 어두하현[46]을 넘어 동건리를 지나 두만강을 건너 오동참에 이르기까지의 방향을 통틀어 북쪽이라고 한 것은 서쪽의 오류가 분명하므로 오동참을 지난 뒤에도 대략 앞의 방향을 따르는 것으로 봐도 괜찮다고 생각된다.

동성용에서 서쪽으로 해란하를 따라 나아가 와집령窩集嶺에서 노령산맥(영액英額산맥)을 넘는 한 도로는 송화강의 동쪽 발원지 북쪽에서 서쪽으로 나아가 휘발하와 만나는 지점에 이른다. 또 동성용이나 거기에 가까운 용정촌龍井村에서 해란하를 건너 포이합도하를 따라 서북쪽으로 가는 도로가 있다. 강이 끝나는 곳에서 영액산맥의 포이파령을 넘어 서북쪽으로 돈화로 들어간 뒤 액목색에서 영고탑과 길림을 연결하는 도로와 만난다. 그리고 이런 두 도로 가운데 어떤 것을 영가참로로 선택할 것인가는 하이두은河伊豆隱이라는 지명의 위치에 따라 결정된다. 당빌의 「중국 지도」를 보면 푸하토우 피라Pourhatou Pira 좌안에서 그곳으로 흘러들어가는 타호아 홀로Tarhoa-holo와 투멘 피라Toumen Pira 두 하천 사이에 아이탄 호툰Aytan Hotun이라는 성城 이름이 있다.

『수도제강水道提綱』(권26): 복아합토하는 활혼산 서북쪽의 상련대산에서 발원한다. (…) 북쪽에서 내려온 부아합화라와 달아화천 두 하천과 합쳐져 다시 동쪽으로 수십 리를 가서 애단성 남쪽을 거쳐 동쪽으로 가

면 토문하가 있고, 서북쪽으로 활혼산 남쪽 기슭에서 동남쪽으로 흘러
와 만났다. 다시 동남쪽으로 흘러 해란하가 서남쪽에서 흘러와 만난다.
卜兒哈兎河, 源出活渾山西北相連大山. (…) 合北來之付兒哈火羅及達兒花川二
水, 又東數十里, 經艾丹城南而東, 有土門河, 西北自活渾山南麓, 東南流來會.
又東南流, 而海蘭河自西南來會.

애단성(아이탄 호툰)은 바로 하이두은으로 생각되므로 — 달아화천
(타호아 홀로)과 토문하(투멘 피라)는 지금의 조양하와 대연길하大延吉河
로 생각된다 — 영가참로는 포이합도하를 따라 서북쪽으로 나아가는
것으로 여겨진다. 그렇다면 쓰다 소키치 씨가 『세종실록』「지리지」의 C
에 해당하는 『동국여지승람』 c의 영가참을 이 도로에서 찾아 포이합
도하의 발원지인 영액산 부근이라고 한 것은[47] 따를 만하다.

3.

공험진과 함께 문제가 되는 것은 그 성이 맞닿았다는 소하강이다.
앞서 말한 대로 거양성은 지금의 동경성이고 영가참은 포이파령 부근
이므로 영가참 북쪽에 있다고 한 소하강은 호이객하의 원류 가운데
하나인 늑복성하에 비정할 수 있을 것 같고, 그것을 윤관이 비석을 세
운 곳이 거양성 서쪽 60리(23.6킬로미터)의 선춘령이라고 한 것과 결합
하면 소하강 가의 공험진은 늑복성하 가의 돈화 부근으로 봐야할 것
같다. 그러나 소하강이라는 이름은 공상의 공험진을 떠나서는 역사에
절대 기록되지 않은 것을 주목해야 하고, 『세종실록』「지리지」에서는

영가참 서쪽 60리의 백두산 — 이 거리에 대해서는 다른 경우와 마찬 가지로 무게를 두지 않아도 된다 — 에서 발원해 북쪽으로 흐르는 강 을 소하강이라고 했지만 늑복성하는 백두산에서 발원하지 않을 뿐 아 니라 그 산에서 나와 북쪽으로 흐르는 강은 없다. 여기서 소하강도 그 강가에 있다는 공험진과 함께 공상의 산물이라고 생각하게 된다.

다만 물러나 생각할 것이 있다. 거양성 서쪽 60리에 선춘현이 있다 고 한『세종실록』「지리지」는 그 다음에 "선춘현에서 수빈강을 건너면 옛 성터가 있다"고 하고 그 옛 성터가 어떤 것인지 말하지 않았지만 그 아래의 ②에서 "소하강 가에 공험진이 있다"고 공험진의 위치를 설 명한 것을 갖고 그것을 보면 수빈강 가의 옛 성터는 암묵적으로 공험 진의 옛터를 가리킨 것 같고, 따라서 수빈강과 소하강은 모두 공험진 의 위치와 밀접한 관계가 있는 것 같다.

그런데 지금의 수분하에 해당하는 수빈강은 영고탑 동쪽 장령자산 맥에서 발원해 동남쪽으로 흘러 바다로 들어가므로 지금의 동경성에 비정되는 거양성의 서쪽에서 이 강을 넘었다고 한 것은 실제의 지리에 비춰 매우 이해하기 어려우므로『세종실록』「지리지」의 편자는 수빈강 (수분하)과 백두산에서 발원한다고 한 또 다른 강인 소하강을 같은 것 으로 본 것은 아닐까 생각되지 않을 수 없다. 다시『동국여지승람』을 보면『세종실록』「지리지」를 따르지 않은 두 기사가 있다.

(a) **경원도호부 산천**: 수빈강은 백두산에서 나와 북쪽으로 흘러 소하강 이 되는데 속평강이라고도 한다. 공험진과 선춘령을 거쳐 거양에 이르 러 동쪽으로 120리(47.1킬로미터)를 흘러 아민에 이르러 바다로 들어간 다.

(*β*) **회령도호부 산천**: 백두산은 장백산이다. 부 서쪽으로 7~8일 거리에 있다. 산은 3층으로 돼 있는데, 높이가 200리고 가로는 1000리에 걸쳐 있다. 그 꼭대기에 못이 있는데, 둘레가 80리다. 남쪽으로 흐르는 것은 압록강, 북쪽으로 흐르는 것은 송화강과 혼동강, 동북쪽으로 흐르는 것은 소하강과 속평강, 동쪽으로 흐르는 것은 두만강이다. 『대명일통지』에서 "동쪽으로 흐르는 것은 아야고하"라고 했는데, 속평강을 가리키는 것 같다. 白頭山, 即長白山也. 在府西七八日程. 山凡三層, 高二百里, 橫亘千里. 其顚有潭, 周八十里. 南流爲鴨綠江, 北流爲松花江, 爲混同江, 東北流爲蘇下江, 爲速平江, 東流爲豆滿江. 大明一統志, 東流爲阿也苦河, 疑指速平江也.

『세종실록』「지리지」는 세종 14년(1432)에 이뤄졌고 『동국여지승람』은 성종 때 편찬됐지만 일단 시대의 앞뒤 관계를 생각하지 않으면 이런 기사들은 위의 추측이 부당하지 않음을 증명하는 것으로 여겨진다. 그렇다면 『세종실록』「지리지」에서 소하강을 백두산에서 발원한다고 한 것은 당시 조선인의 지리적 지식이 부족해 수빈강(속평강) 상류를 소하강으로 보고 그 발원지를 백두산에 결합시킨 것으로 그것을 공상의 강으로 볼 수는 없는 것 같다.

그러나 『세종실록』「지리지」는 연속된 ①과 ②에서 수빈강과 소하강을 나란히 들어 암묵적으로 그 수맥이 다르다는 것을 보여주지 않았는가? 만약 둘을 같은 것으로 봤다면 이미 ①에서 선춘현의 위치를 보여준 뒤 다시 ②에서 소다로를 기점으로 삼아 소하강의 위치를 설명하는 것으로 옮겨가면서 수빈강의 이름을 들어 "선춘현에서 수빈강을 건너면 옛 성터가 있다"는 구절을 삽입한 것은 아무 의미 없는 것이 아닐까(이 구절을 삽입한 까닭은 뒤에서 말하겠다)?

재위 14년(1414) 명의 전함이 송갈강에서 출발해 수하강을 거쳐 수빈강으로 갔다고 나목라의 여진인이 아뢰자 태종은 냉소하며 "상국의 군사가 와도 어찌 배를 타고 철령을 넘겠는가?"라고 말한 것을 봐도 당시의 조선인은 이 방면의 수맥에 대해 크게 잘못된 견해를 갖지 않았다고 생각된다. 하물며 그 뒤 『세종실록』「지리지」가 편찬되기에 이르기까지 18년 동안 조선인의 지리적 지식은 여진인의 빈번한 내조에 따라 당연히 더욱 정확해졌으며 퇴보했을 리는 없다. 『세종실록』「지리지」가 편찬되고 15년 뒤인 세종 29년(명 정통 12년)에 완성된 『용비어천가』 52장 주석에서는 다음과 같이 서술했다.

- 고주(구주具州와 마찬가지로 영고탑 부근)는 지명으로 속평강 옆에 있다. 회령부에서 북쪽으로 이틀 가면 아치랑귀에 이르고 다시 하루 가면 상가하에 이르며, 다시 나흘 가면 고주에 이른다. 서쪽으로 선춘령과 나흘거리다. 古州, 地名, 在速平江之傍. 自會寧府北行二日, 至阿赤郎貴, 又行一日, 至常家下, 又行四日, 至古州. 西距先春嶺四日程也.
- 속평강은 고주 경계에서 나와 동쪽으로 흘러 바다로 들어간다. 速平江源出古州界, 東流入于海.

적어도 『용비어천가』를 편찬할 당시의 조선인은 속평강(수빈강)의 발원지에 대해 크게 틀리지 않는 지식을 갖고 있었다(첫 번째 기사에서 고주를 속평강 옆에 있다고 한 것은 두 번째 기사를 바탕으로 책상 위에서 지어낸 것일까? 아니면 고주가 호이객하에 맞닿아 있는 사실을 그렇게 잘못 기록한 것으로 속평강과 호이객하를 혼동한 것은 아니라고 생각된다). 그리고 한편 그 책의 소하강에 관련된 기록(d)은 앞서 서술한 대로 『세종실록』「지리지」를 그대로 이어받았을 뿐 속평강과 소하강의 관계가 어떤 지는 언급하지 않았다. 다만 수빈과 속평이 같은 발음을 다르게 표기 한 것이고, 수빈 대신 속평이라는 글자를 채택한 것은[48] 그 책이 처음 이다.

그렇다면 지금 임시로 이『용비어천가』의 기사를『세종실록』「지리 지」의 기사에 맞춰보면 어떨까?「지리지」의 기사에서 공험진과 직접 관련되지 않은 수빈강(B)은 고주 경계에서 발원해 동쪽으로 흘러 속 평강이 된다. 그리고 시험삼아 다시 개인적 의견을 덧붙여 이 강의 발 원지를 백두산으로 생각해보면 속평강(수빈강)은 곧 소하강이 되고 영 가참 북쪽에서 공험진과 선춘현을 거쳐 동쪽으로 흘러 고주(구주) 가 까이에 있는 거양성에 이르며 그 하류는 동해로 들어간다. 앞서 인용 한『동국여지승람』의 첫 번째 기사(α)는 이렇게 해서 이뤄진 것이 틀림 없다. 이것은 말할 것도 없이 마음대로 만들어 낸 것이다. 아울러『동 국여지승람』의 편자가 그것을 감행한 것은 두 번째 기사(β)에서도 느 낄 수 있다.『대명일통지』(권89 여직, 산천)에서는 장백산에서 발원한 세 강에 대해 다음과 같이 말했다.

장백산은 옛 회령부 남쪽 60리에 있는데 1000리에 걸쳐 있고 높이는 200리다. 정상에는 못이 있는데 둘레가 80리다. 남쪽으로 흐르는 것은 압록강, 북쪽으로 흐르는 것은 혼동강, 동쪽으로 흐르는 것은 아야고하 (두만강 상류)가 된다. 長白山, 在故會寧府南六十里, 橫亘千里, 高二百里. 其 顚有潭, 周八十里. 南流爲鴨綠江, 北流爲爲混同江, 東流爲阿也苦河.

소하강과 속평강을 같은 강으로 본『동국여지승람』의 두 번째 기사는 분명히 이 기사를 『세종실록』 「지리지」의 D와 『용비어천가』의 위 기사에 맞춰 작성한 것이다. 정말 그렇다면 『동국여지승람』의 편자가 수빈강(속평강)을 백두산에서 발원한다고 한 것은(ⓐ) 완전히 책상에서 만들어 낸 것으로 당시 조선인의 지리적 지식과는 무관하므로 그것을 근거로 『세종실록』 「지리지」의 편자가 수빈강과 소하강을 같은 강으로 봤다는 증거로 삼을 수는 없다. 여기서 소하강은 공상의 강이 분명하다고 하지 않을 수 없다. 덧붙인다. 『동국여지승람』의 첫 번째 기사는 앞서 서술한 것처럼 작성됐으며, 『세종실록』 「지리지」에서 유래했다고 보면 그것을 근거로 거양성의 위치를 논의할 수는 없다.

공험진과 연결된 소하강을 공상의 강으로 봤지만, 그것 또한 완전히 근거 없이 지어낸 것은 아닌 것 같다. 앞서 주목한 나목라 여진인의 수하강은 수빈과 속평, 수주와 소주蘇州[49]의 사례에서 미뤄봐도 문제의 소하강과 발음이 비슷함을 부정할 수 없다. 그리고 송갈강(송화강)과 수빈강(수분하) 사이에 거론됐기 때문에 그것을 호이객하의 상류로 추정하는 견해도 나왔다. 그러나 다음 자료를 볼 때 명초 호이객하는 상류·하류 모두 같은 이름을 적용한 것이 분명하므로 그런 주장은 성립하기 어렵다.[50]

- 『요동지』(권1 산천, 개원開原): 홀아해하는 성 동북쪽 1000리에 있는 담주성[51] 동쪽의 산들에서 발원해 북쪽으로 곡주성(구주) 동쪽을 흘러 알타리성(삼성 지역)을 거쳐 북쪽으로 흘러 송화강으로 들어간다. 忽兒海河, 城東北一千里, 源出潭州城東諸山, 北流谷州城東, 經斡朶里城, 北流入松花江.

    만선사 연구 3권

• 『대명일통지』(권89 여직, 산천): 호리개강은 건주위 동남쪽 산 아래서 발원해 동북쪽에서 모여 경박호(필이등호)를 이루고 다시 북쪽으로 흘러 혼동강으로 들어간다. 胡里改江, 源出建州衛東南山下, 東北匯爲鏡泊, 又北入混同江.

그런데 수하강과 발음이 비슷한 소하강所何江이라는 강도 따로 있다. 노아간 영녕사를 세우고 4년 뒤(영락 15년, 1417) 영락제는 휘발하 상류 산성자 부근의 건주위에 승강사僧綱司를 설치하고 백두산 아래에도 사찰을 하나 건립하면서 내관 장신張信에게 요동의 군사 1500명을 그 일에 투입하게 했는데, 그 군사는 나연羅延이라는 곳에서 와 목책을 설치하고 창고를 만들어 거점으로 삼고 사찰을 세우는데 착수했다. 이것은 수렵·무역 등의 목적으로 그 주둔지를 떠난 군사들이 두만강 방면으로 왔을 때 조선에 알려진 사실로 그들의 말에 따르면 사찰을 건립한 지점은 남라이南羅耳라는 곳으로 나연과 함께 백두산 북쪽이라고 했다. 그리고 나연이 소하강으로 불린 강가에 있었다는 것도 그들의 말에 따라 알 수 있다.

그 때문에 나는 조선 초의 동북쪽 경계를 고찰한 논고에서 남라이 Nam na kui를 발음에 따라 송화강의 원류인 낭랑고하娘娘庫河 우안右岸의 낭랑고에, 나연을 지세와 도로 관계에 따라 부이하와 송화강이 만나는 위의 두 강 입구에 비정했으며 그 결과 소하강을 부이하나 그 부근을 흐르는 송화강 본류의 일부를 가리키는 이름으로 봤다.[52] 꾸며낸 말로 조선을 놀라게 한 나목라 여진인의 수하강은 이 소하강으로 생각되고, 그것이 백두산 북쪽의 강이라는 것은 명이 사찰을 건립한 뒤 조선인의 지식에 남게 됐다. 그런데 『세종실록』「지리지」의 편자는 백두산에서 발원해 북쪽으로 흐르는 강을 소하강이라고 했으므로 그 공상의 강은 실제의 소하강에서 생각해 낸 것으로 봐도 안 될 것이 없다고 여겨진다.

4.

소하강이 공상의 강이라면 윤관이 비를 세운 곳인 거양성 서쪽 60리의 선춘현도 가상의 지명은 아닐까? 선춘현이 소하강처럼 공험진에서 분리돼 역사에 기록된 경우가 없다면 이 추측은 거의 움직이기 어렵다고 생각된다. 아울러 앞서 인용한 『용비어천가』 주석에서는 고주의 위치를 "서쪽으로 선춘령과 나흘거리"라고 설명했으며 공험진과 관련된 사항은 없다. 그 때문에 나는 선춘현을 실재의 지명으로 보지 않고, 그것을 호이객하와 송화강을 나누는 산맥인 숭령嵩嶺(장광재령張廣才嶺) 부근에 비정한 쓰다 소키치 씨의 학설에 동의한다(거양성에 대해서는 그와 견해가 다르다).[53]

그렇다면 윤관이 비를 세운 곳은 이 선춘현에 따라 고정되므로 따라서 공험진도 그 부근에 비정해야 할 것 같다. 그러나 『세종실록』「지리지」에서는 앞서 주목한 대로 "선춘현에서 수빈강(수분하)을 건너면 옛 성터가 있다"고 했는데(B) 이것은 이 견해를 정면으로 부정한다. 곧 이처럼 가져와 덧붙인 것 같은 한 구절을 남겨두기 위해 오랑캐가 글자를 깎아버린 옛 비가 있는 곳이라고 한 선춘현은 그 앞 문장에서 설명한 실제의 지리에 따라 갑자기 위치가 혼미해져 아래 문장(②)에서 그것과 관계없이 서술된 공험진에 대해 공상의 소하강과 거의 다를 것이 없게 된다. 그리고 수빈강 가의 이름 없는 '옛 성터'가 암묵적으로 소하강 가의 공험진을 가리키는 것처럼 된 것으로 보면 위의 한 구절은 일부러 사실을 흐리게 할 목적으로 삽입한 것이 틀림없다.

또 『세종실록』「지리지」에서는 미리 부거의 경원부(그 책이 편찬될 때의 경원부)의 네 경계를 설명한 부분(A)에서 공험진과 선춘현에 대해 "북쪽으로 700리를 가면 공험진, 동북쪽으로 700여 리를 가면 선춘현"이라고 했지만, 그것은 영가참 북쪽에 공험진이 있고(②와 C) 거양성 서쪽 60리에 선춘현이 있다(①)고 한 뒤의 기사를 염두에 두고 지어낸 기사로 양쪽에 700리의 거리를 든 것과는 상관없이 그 방향이 서로 다른 점에서 선춘현과 같은 방면이 돼야 하는 공험진의 위치를 모호하게 만든 결과를 가져왔다. 나는 일찍이 공상의 인물인 조선의 시조 이안사(목조)의 거주지라고 한 알동에 대해 연구한 바 있다.

『태조실록』: 알동은 남경(국자가 부근) 동남쪽 90리(35.3킬로미터)쯤에 있으며 지금의 경흥부에서 동쪽으로 30리(11.8킬로미터) 떨어져 있다. 斡東在南京東南九十餘里, 距今慶興府東三十里.

이 알동은 지금의 동성용 부근에 비정되는 실재의 알동과 무관하며, 특수한 필요에 따라 이안사의 거주지를 남경과 경흥 모두에 가깝도록 꾸민 ─ 남경과 경흥은 방향이 다르다 ─ 책상 위의 제작이다. 공험진에 관련된 『세종실록』「지리지」의 기록은 참으로 방법은 같지만 내용은 다르다고 하지 않을 수 없다. 결국 공상의 공험진은 막연히 거양성이나 영가참 방면에 있다고 했을 뿐 그곳으로 확정된 곳은 없다.

그렇다면 『고려사』「지리지」에서 공험진에 대해 "[예종] 6년(1111) 산성을 쌓았다"고 하고 주석에서 "공주·광주라고도 한다. 선춘령 동남쪽, 백두산 동북쪽에 있다고도 하고 소하강 가에 있다고도 한다"고 한 것은 얼핏 보기에 공험진의 옛터에 비정되는 곳들을 열거한 것 같지만 사실은 그렇지 않다. 공주와 광주는 같은 곳으로(지금의 경흥 북쪽) 그 다음 문장에서 말한 것은 『세종실록』「지리지」를 요약한 것일 뿐이다. 그리고 공주에 관련된 부분은 고려의 경략이 두만강 하류에 이르지 못한 우왕 때의 공험진을 공주에 비정할 수 있다고 생각한 『고려사』 편찬자의 개인적 견해일 뿐이라고 여겨진다.

다만 『고려사』「지리지」에서는 "예종 2년(1107) 평장사 윤관을 원수로, 지추밀원사 오연총을 부원수로 삼아 군사를 이끌고 여진을 공격해 쫓아버리고 9성을 쌓은 뒤 공험진의 선춘령에 비를 세워 경계로 삼았다"고 했지만 선춘령이라는 이름은 『고려사』「예종세가」와 「윤관열전」 모두 보이지 않는다. 『고려사』 편찬자가 『세종실록』「지리지」에 따라 조작해 두찬한 기사가 틀림없다. 예종 6년(1111) 공험진에 산성을 쌓았다고 한 것도 사실이 아니다.

1918년 4월 탈고(『동양학보』 9권 1호), 1941년 3월 수정

주

1편 발해의 건국자에 대해

1. 『신·구당서』 본기.

2. 『신·구당서』 본기.

3. 『구당서』 「발해열전」; 『책부원귀』, 권967.

4. 『신당서』 「발해열전」.

5. 『발해사고渤海史考』를 쓴 도리야마 기이치鳥山喜一 씨는 걸걸중상은 영주에 있을 때의 이름이고 대조영은 발해 건국 뒤의 이름이라고 본 내 주장에 대해 "너무 논리에만 입각"했기 때문에 수긍하기 어렵다고 했다(『발해사고』, 33쪽). 문제는 남아 있는 사료를 어떻게 해석할 것인가 하는 데 있으므로 결국 견해의 차이라고 하는 수밖에 없다. 그러나 학술 연구의 과정이 비논리적이라고 하면 모르지만 "너무 논리에만 입각"했다고 하는 것은 납득하기 어렵다. 지나친 것은 미치지 못한 것과 같다는 역설일까?

2편 고려 태조의 경략

1. 『동문선』, 권33.

2. 궁예가 송악에서 천도한 곳은 『삼국사기』에 철원성鐵圓城이나 철원鐵圓으로 나온다. 이곳은 지금의 철원鐵原이지만 새 도성이 거기에 건설된 것은 아니었다.

『동국여지승람』 철원도호부 고적. 풍천원은 궁예가 도읍한 곳으로 부 북쪽 27리(10.6킬로미터)에 있다. 외성의 둘레는 1만4421척(4370미터)이고 내성의 둘레는 1905척(577미터)으로 모두 흙으로 쌓았다. 지금은 절반이 무너졌다. 궁전의 옛터가 아직도 뚜렷이 남아 있다. 楓川原, 弓裔所都, 在府北二十七里. 外城周一萬四千四百二十一尺, 內城周一千九百五尺, 皆土築. 今半頹落. 宮殿遺址宛然猶存.

이 도성터는 지금의 평강과 철원 중간인 월정리月井里 서쪽이다. 그리고 평강은 신라시대의 부양현斧壤縣이다.

고려 태조 원년 조서: 전왕[궁예]은 백성을 지푸라기처럼 여기고 자기 욕심만 따랐다. 그리고 참위설을 믿어 갑자기 송악을 버리고 부양으로 되돌아가 머물며 궁궐을 세웠다. 前主視民如草芥, 而惟欲之從. 乃信讖緯, 遽棄松嶽, 還居斧壤, 營立宮室.

천도의 사정도 이 조서에서 알 수 있다.

3. 궁예와 견훤이 점유한 지역은 쓰다 소키치 씨의 『朝鮮歷史地理』 1권에 상세히 고증돼 있다. 이 장의 서술은 거기에 많은 도움을 받았다. 참고하기 바란다.

4. 『고려사』, 「고려세계」; 『익재집』, 「역옹패설」 전집 1.

5. 다음은 요 성종이 개경을 함락시킨 2년 뒤의 일이다.

『고려사』, 「현종세가」 4년(1013) 9월: 이부상서吏部尙書 참지정사 參知政事 최항崔沆을 감수국사監修國史로, 예부상서 김심언金審言을 수국사修國史로, 예부시랑 주저周佇·내사사인內史舍人 윤징고尹徵古·시어사侍御史 황주량黃周亮·우습유右拾遺 최충崔沖을 모두 수찬관修撰官으로 임명했다.

또 황주량은 덕종 원년(1032) 3월 수국사, 3년 정월 정당문학 판한림원사에 임명되고 같은 해 7월 이부상서로 옮겼는데 『고려사』 찬자는 "『태조실록』은 정당문학 수국사 황주량이 편찬한 것"이라고 했다(『고려사』「고려세계」, 안문按文). 따라서 거란군 침입의 결과로 추진된 국사의 편찬은 현종 때는 이뤄지지 않았고(현종은 22년 동안 재위) 다음 국왕인 목종 3년(1000) 비로소 완성된 것으로 보이며, 그 7대 36권 가운데 태조부분은 곧 『고려사』 편자가 말한 『태조실록』이 분명하다.

　　「황주량열전」: 앞서 거란군이 개경을 함락시키고 궁궐에 불을 지르니 서적이 모두
　　타서 잿더미가 됐다(현종 2년, 1011). 황주량은 조서를 받들어 자료를 두루 모아 태
　　조부터 목종까지 7대의 사적을 36권으로 편찬해 바쳤다. 初契丹兵陷京城, 燒宮闕,
　　書籍盡爲煨燼. 周亮奉詔訪問採掇, 撰集太祖至穆宗七代事跡, 共三十六卷以進.

6. 즉위 원년 8월 조서.

7. 『朝鮮歷史地理』권1 343~346쪽.

8. 『고려사』(권127), 「환선길열전」; 같은 책(권92), 「견금·배현경·유금필열전」

9. 『고려사』(권127), 「이흔암열전」.

10. 『고려사』(권92), 「홍유열전」.

11. 『고려사』(권127), 「환선길열전」.

12. 청도와 밀양 중간인 유천楡川 동북쪽에 부산성䲧山城이라는 옛 산성이 있다. 『동국
　　여지승람』(청도군, 고적)에서 "오혜산성은 돌로 쌓았으며 둘레가 9980척(3024미터), 높
　　이가 7척(2.1미터)이었는데, 지금은 없어졌다. 안에 시내 3개, 연못 5개, 샘 3개가 있다
　　烏惠山城, 石築, 周九千九百八十尺, 高七尺, 今廢. 中有三溪·五池·三泉"고 했다. 이 산성
　　은 신라 때 처음 대성군大城郡 치소였고 그 뒤에는 밀성군密城郡의 현이 된 오야산
　　烏也山에 비정된다. '오야'는 오례烏禮라고도 하고 구도仇刀·구도仇道·오도烏刀라고
　　도 한다. 진례는 오례가 변형된 것으로 지금의 부산성으로 생각된다(池內宏, 「新羅末
　　の進禮城に就いて」, 이 책 수록).

13. 池內宏, 「鐵利考」, 『滿鮮地理歷史硏究報告』3책, 146~7쪽(『滿鮮史硏究』中世 1책,
　　172~174쪽).

14. 『삼국유사』는 『삼국사기』 「견훤열전」을 바탕으로 위의 기사를 들었지만 아자개가 사
　　불성에 웅거했다는 것은 『삼국사기』 「견훤열전」에 보이지 않는다. 『삼국사기』에 이본
　　이 있어 『삼국유사』의 찬자 일연은 관련된 기사가 있는 것을 봤는지, 아니면 일연 스
　　스로 옛 기록을 근거로 가필한 것인지, 어느 쪽이라고 해도 『삼국유사』의 이 문장은
　　『삼국사기』의 누락을 보완하는데 충분하다. 또 『동사강목』의 편자 안정복은 고려에
　　귀의한 아자개와 관련해 "이때 견훤의 세력은 매우 강해 그 아버지가 항복할 리 없으
　　니 두 사람이 있던 것이 아닐까 싶다此時萱勢强甚, 其父無來降之理, 疑有二人"라고 했
　　다. 『동국여지승람』에서 병풍산屛風山 아래 사벌국 옛 성을 들고 "신라 말 견훤의 아

버지 아자개가 이 성에 웅거했다新羅末甄萱之父阿慈介據此城"고 주석한 것을 받아들이지 않더라도(『동사강목』, 부권附卷, 상) 나는 안정복의 견해에 찬성할 수 없다. 병풍산은 상주 동쪽 10리(3.9킬로미터)에 있다.

15. 배현경 등과 함께 태조를 추대한 홍유는 의성부 사람으로 처음 이름은 홍술이었다(「홍유열전」). 호족 홍술과 동족이던 것 같다. 홍유는 홍술이 죽은 7년 뒤인 태조 19년(936) 후백제 토멸 전쟁에도 종군했으므로 서로 다른 사람임은 변별할 것도 없다.

16. 『고려사』(권92), 「유금필열전」.

17. 신라 때는 지금의 문의文義를 연산군燕山郡이라고 하고 연기현燕岐縣(지금도 이름이 같다)과 매곡현昧谷縣(지금의 회인) 사이에 소속시켰지만 군 치소 가까이 일모一牟산성이 있기 때문에 군 이름과 성 이름을 통용했다. 그런데 태조가 일모산성을 함락시킨 것은 9년 뒤인 재위 17년(934)이므로(4장 참조) 연산군과 연산진鎭은 다른 곳으로 생각되고 연기현과 매곡현 가운데 매곡현에는 같은 이름의 산성이 있어 후백제 장군 공직龔直이 웅거했다(『고려사』, 「공직열전」). 그렇다면 『동국여지승람』에서 연기 동쪽 1리에 있다고 한 성산성城山城(석축으로 둘레는 2671척[809미터])을 연산진에 비정할 수 있다. 『동국여지승람』의 편자가 문의현(연산군) 고적 조에서 이 진을 든 것은 이름에 얽매인 오류로 생각된다.

18. 문경군은 본래 신라의 관문현(관현 또는 고사갈이성이라고도 한다)으로 경덕왕 때 관산으로 이름을 고치고 고령군의 영현이 됐다. 고려 초 문희군으로 고쳤다. 현종 9년(1018) [상주목에] 소속됐고 그 뒤 지금의 이름으로 고쳤다. 聞慶郡, 本新羅冠文縣(一云冠縣, 一云高思曷伊城) 景德王改名冠山, 爲古寧郡領縣. 高麗初, 改爲聞喜郡. 顯宗九年, 來屬, 後更今名.

19. 「태조세가」에서는 병산에서 전투를 벌이다가 저녁이 됐다는 서술에 이어 "이날 고창군에서 견훤이 장수를 보내 순주를 공격해 함락시켰다"고 했지만 '이날'은 전투 당일이 아니라는 것은 「견훤열전」에서 "[전투] 다음 날 견훤은 남은 군사를 모아 순주성을 습격했다"고 한 데서 알 수 있다.

20. 『삼국사기』, 「지리지」: 직녕현은 본래 일직현인데 경덕왕 때 이름을 고쳤다. 지금(고려) 옛 이름으로 돌아왔다. 直寧縣, 本一直縣, 景德王改名. 今復故.

　『고려사』, 「지리지」: 일직현은 본래 신라의 일직현인데, 경덕왕 때 직녕으로 이름을 고치고 고창군의 영현으로 삼았다. 고려 초 옛 이름을 복원했다. 一直縣, 本新羅一直縣, 景德王改名直寧, 爲古昌郡領縣. 高麗初, 復舊號.

21. 『동국여지승람』, 흥해군 고적.

22. 池內宏, 「新羅末の進禮城に就いて」(이 책 수록).

23. 매곡산성은 회인 동쪽 1리에 있다. 『동국여지승람』에서 "돌로 쌓았는데 둘레가 1152척 (349미터)이고 높이가 8척(2.4미터)石築, 周一千一百五十二尺, 高八尺"이라고 했다.

24. 『고려사』(권92), 「공직열전」.

25. 문의 서쪽 4리(1.6킬로미터)에 양성산壤城山이 있다. 『동국여지승람』에서 다음과 같이 말했다. "돌로 쌓았으며, 둘레가 3754척(1138미터), 높이가 한 길이다. 안에 둥근 못이 있는데 큰 못大池이라고 부르며, 둘레가 192척 8치(약 60미터)다. 4면에 모두 돌을 쌓아 계단을 만들었다. 그 깊이를 헤아릴 수 없으며, 장마나 가뭄에도 물이 마르거나 넘치는 일이 없다石築, 周三千七百五十四尺, 高一丈. 中有圓池, 號大池, 周一百九十二尺八寸. 四面皆側石成砌. 其深不測, 水旱無涸溢." 이것이 일모산성으로 생각된다.

26. 두 번째 정벌은 「태조세가」에서 "이해에 (…) 일모산성을 다시 공격해 격파했다是歲 (…) 復攻一牟山城破之"고 했는데, 어느 달인지는 나오지 않는다. 그러나 『고려사』(권 92) 「최응열전」에서 "태조 15년(932) 35세로 세상을 떠났다. 그때 태조는 연산군에 있었는데 부음을 듣고 매우 슬퍼했다十五年卒, 年三十五. 時太祖在燕山郡, 聞訃痛悼"고 해서 최응의 죽음은 11월 기축일(11일)이므로 당시 태조가 이 정벌에 종사했음을 알 수 있다.

27. 『고려사』, 「유금필열전」; 『삼국사기』, 「견훤열전」.

28. 『동사강목』, 제6 상.

29. 『동국여지승람』; 『고려사』, 「지리지」.

30. 『고려사』(권92), 「왕식렴열전」; 『고려사』, 「지리지」, 북계.

31. 『고려사』(권74), 「선거지」, 학교.

32. 「병지」에서는 "태조 2년(919) 용강현에 성을 쌓았다. (…) 3년 함종현에 성을 쌓았다 太祖二年, 城龍岡縣. (…) 三年, 城咸從縣"고 했지만 「지리지」에서는 "용강현은 본래 고려 황룡성인데 그 뒤 지금의 이름으로 고쳐 현령관을 뒀다龍岡縣, 本高麗黃龍城, 後改今名, 爲縣令官" "함종현은 본래 고려 아선성인데 그 뒤 지금의 이름으로 고쳐 현령관을 뒀다咸從縣, 本高麗牙善城, 後改今名, 爲縣令官"고 했다. 그리고 「태조세가」 5년(922) "직접 아선성 백성의 거주지를 정했다親定牙善城民居"고 했으므로 용강과 함종은 진성을 설치할 당시의 이름이 아니다. 「병지」에는 그런 사례가 많다.

33. 『고려사』, 「병지」, 진수 및 성보 부분. 진성의 위치는 『조선역사지리』 권2 15편 참조.

34. 『고려사』(권92), 「최웅열전」.

35. 『고려사』, 「지리지」.

36. 정용을 '군'이라고 한 것은 오류다. 은주 조에서 "본래 고려 흥덕군('진鎭'의 오기)으로 동창군이라고도 한다. 성종 2년(983) 은주 방어사로 불렀다殷州, 本高麗興德郡, 一名 同昌郡. 成宗二年, 稱殷州防禦使"고 한 것이 그 증거로 생각된다.

37. 『동국여지승람』과 「대동여지도」 참조.

38. 池內宏, 「鶻巖城の所在について」(이 책 수록).

39. 같은 글.

40. 이 부분에 서술된 내용은 「철리고」에서 '고려 초의 위僞철리'라는 제목의 한 장을 참고하기 바란다. 『滿鮮地理歷史硏究報告』 제3 142~147쪽(『滿鮮史硏究』 중세 제1책, 168~177쪽).

41. 『동국여지승람』과 「대동여지도」 참조.

42. 『朝鮮歷史地理』 권2 82쪽.

43. 신라의 정천군이 고려의 용주(덕원)라고 한 것은 『삼국사기』 「지리지」의 기록이다. 그러나 용주는 화주(영흥)의 오기로 생각된다. 그 까닭은 池內宏, 「眞興王の戊子巡境碑と新羅の東北境」, 5장에서 자세히 서술했다(『만선사연구』2권 수록).

[부설附說]

1. 池內宏, 「大花宮と所謂倭城」, 『東洋學報』 9권 2호, 1919 270~273쪽(이 책 수록).

2. 『동문선』, 권78.

3. 『증보문헌비고』, 권246. 「김구용열전」은 『고려사』(권104)에 있다.

4. 『조선고적도보』 5권 도판 2255호와 2256호.

5. 같은 책, 도판 2719호.

6. J. Gale, *A Korean-English Dictionary*.

7. 이 예증은 내가 조선에 출장 갔을 때 가토 간가쿠加藤灌覺 씨가 보여준 것이다.

8. 『삼국사기』, 「신라본기」, 소지마립간 10년(488) 왕이 월성으로 옮겨 거처했다王移居月城. ; 효성왕 3년(739) 여우가 월성의 궁 안에서 울었다狐鳴月城宮中.

9. 한국의 학우 이병도李丙燾 씨는 1931년 2월 「평양의 재성과 나성平壤の在城及び羅城」이라는 논문을 『청구학총』 3호에 실어 재성의 의미와 "'재在'는 우리말로 '견畎'"이라는 구절에 대한 새로운 해석을 내놓았다. 그에 따르면 재성은 '국왕이 거처하

고 있는 성'이라는 뜻으로 '견성'으로 읽어야 하며, 따라서 '재'의 뜻은 '畎'의 한국어 발음인 '견'과 통한다. 그리고 또 경성제국대학 교수 오구라 신페이小倉進平 박사는 1932년 4월에 발행된 잡지 『조선』 203호에 실린 「재성과 거세간 명의고在城及び居世干名義考」에서 이병도 씨의 견해에 찬성하는 동시에 '재'의 뜻인 '견'의 본뜻이 어떤 상태가 있거나 거처하는 것이 아니라 존경의 의미를 지닌 '계시다'에 해당하는 것임을 언어학적 측면에서 강력히 주장했다. 모두 경청할 만한 탁견이므로 이 원고를 썼을 때의 옛 견해를 포기한다(1932년 9월).

10. 池內宏, 「鐵利考」.

11. 「견훤열전」에서 거란 사신의 방문을 천성 2년(927)이라고 한 것은 오류로 생각된다. 사신이 탄 배는 등주 해안에서 잡힌 것이 4년 초라고 했으므로 그들이 후백제에 온 것은 3년으로 생각된다.

3편 골암성의 위치에 대해

1. 池內宏, 「高麗太祖の經略」, 5쪽 주 2(이 책 수록).

2. 1923년 9월 대지진과 화재 때 모두 없어졌다.

3. 池內宏, 「鐵利考」 및 「高麗太祖の經略」 6장(이 책 수록).

5편 고려 태조 붕어 이후 왕위 계승의 한 비극

1. 『고려사』(권92), 「박술희열전」; 같은 책(권88), 「장화왕후열전」

2. 『고려사』(권93), 「최승로열전」.

3. 『고려사』(권93), 「최승로열전」.

4. 『고려사』(권92), 「박술희열전」.

5. 『고려사』, 「태조세가」.

6. 『고려사』(권92).

7. 같은 부분.

6편 고려 성종대 여진·거란과의 관계

1. 『고려사』 태조 6년(923) 6월 복부경福府卿 윤질尹質이 양에 사신으로 갔다가 돌아오면서 오백나한의 화상畫像을 바쳤다고 했는데, 그것은 중국과 처음 교류한 일이었다. 태조 16년(933)에는 당의 책명을 받아 그 연호를 시행하고 건국 이후 사용하던 독자적 연호인 천수天授를 중단했다.

2. 이 책에 수록된 「고려 태조의 경략」, 부설 2 참조.

3. 정안국은 와다 세이和田淸 씨의 연구가 있다(『동양학보』 6권 1호). 나도 「철리고」(이 책 수록)에서 이 나라에 대해 서술했다. 두 연구를 참조하기 바란다.

4. 송성은 가주와 같은 때 축조됐는데 쓰다 씨의 설명처럼 성종 때 지금의 곽산 부근에 곽주를 설치하면서 그것과 대응되는 성으로 생각되므로 오늘날 고읍古邑으로 불리는 옛 정주定州(정주 동남쪽)에 비정할 수 있다고 여겨진다.

5. 덕성 이하 여러 진성의 위치는 쓰다 씨의 『朝鮮歷史地理』의 내용에 따르고 개인적 견해를 조금 덧붙였다.

6. 『고려사』, 「병지」, 역참 ; 『동국여지승람』.

7. 이 책에 수록된 「거란 성종의 고려 침략」 3장 4절 참조.

8. 『朝鮮歷史地理』 권2 21쪽.

9. 『고려사』(권93), 「최승로열전」.

10. 池內宏, 『滿鮮史硏究』, 中世 1冊, 182쪽.

11. 같은 기사는 『고려사』 「성종세가」 4년 조에도 보이지만 『송사』 「고려열전」을 옮겨 실은 것으로 독자적 가치는 없다.

12. 『고려사』 「성종세가」에서 한국화의 방문에 관련된 기사는 『송사』 본기와 「고려열전」을 바탕으로 자국 사료의 누락을 보충한 것이지만 성종 4년(옹희 2년, 985)에 연결시킨 것은 잘못이다(『滿鮮史硏究』, 中世 1冊, 182~183쪽).

13. 와다 씨의 논문(「定安國について」, 『東洋學報』 6권 1호)에 따랐다. 처음에 나는 「요 성종의 여진 정벌遼の聖宗の女直征伐」이라는 논문에서 『송사』 「고려열전」의 '지난해前歲'를 성종 4년으로 해석했지만 와다 씨의 논문이 나온 뒤 이전의 오류를 깨닫고 곧바로 수정했다(『滿鮮史硏究』, 中世 1冊).

14. 池內宏), 「遼の遼東經略」, 『滿鮮地理歷史硏究報告』 3책, 288~289쪽.

15. 『滿鮮史硏究』, 中世 1冊, 195~198쪽.

16. 『滿洲歷史地理』 권1, 394~395쪽.

17. 정종定宗 3년(948) 동여진의 소무개蘇無蓋 등의 조공, 목종 8년(1005) 동여진의 등주 침략 사실이 전해질 뿐이다.

18. 『문헌통고』(권327), 「여진고」: 옹희 4년(987) 거란이 서신을 보내 초유招諭하자 수령이 그 나라 사람 아나를 보내 그 서신을 갖고 등주에 가서 아뢰게 하니 조서를 내려 칭찬했다. 雍熙四年, 契丹以書招之, 首領遣國人阿那, 乃持其書, 至登州以聞, 詔嘉答之.

19. 『滿鮮史研究』, 中世 2冊, 107쪽 주 2.

20. 원본에는 이륵금伊勒錦으로 돼 있지만 그것은 건륭제 때 근거 없이 고친 것이기 때문에 『문헌통고』에 따라 되돌렸다.

21. 『朝鮮歷史地理』 권2 49~50쪽.

22. 『속자치통감 장편』 권22; 『송사』, 「정안국열전」.

23. 지금까지 서술한 것은 『고려사』 「서희열전」에 주로 의거했다.

24. 『속자치통감 장편』(권36) 순화 5년(성종 13년, 994) 6월 경술. 고려국왕 치가 사신 원욱을 보내 군사를 요청했는데, 거란이 그 영토를 침범했기 때문이었다. 황제는 오랑캐들이 서로 공격하는 것은 늘 있는 일이므로 북쪽 변경이 겨우 조용해졌는데 가볍게 군사를 움직일 수는 없다고 했다. 가을 7월 임자일 그 사신을 후히 예우하고 돌려보내고 우호적인 조서로 회답했다. 고려는 이때부터 외교 관계를 끊고 다시 조공하지 않았다. 高麗國王治遣使元郁來, 乞師言契丹侵掠其境故也. 上以蠻戎相攻蓋常事, 而北邊甫寧, 不可輕動干戈. 秋七月壬子, 厚禮其使而歸之, 仍優詔答之. 高麗自是絶不復朝貢矣.

25. 『송서』, 「고려열전」.

[부설 1] 봉산군의 위치

1. 『朝鮮歷史地理』 권2, 24쪽.

[부설 2] 『요사』 기록의 오류 등

1. 「대동여지도」에서는 고진강 상류의 희역천喜驛川 좌안에 안의진을, 그 남쪽에 안창을 표시했는데 희역천은 지금의 천창강, 안창은 안창강(천창강과 함께 고진강 상류의 지류) 가의 안창동이다. 그러므로 안의진은 안창동 서북쪽 약 1리의 신성리에 해당한다.

2. 기록에 바탕한 이 추정은 이 논문의 옛 원고를 발표했을 때(1918년 가을) 우연히 조선에 가 있는 동안 현지답사에 따라 더욱 확실해 졌다. 그 결과는 池內宏, 「朝鮮平安北

道義州郡の西部に於ける高麗時代の古城址」(『東京帝國大學文學部紀要』 3)에서 자세히 서술했다.

3. 『동국여지승람』;「대동여지도」.

4. 『고려사』,「병지」에서는 철옹진이 정종 2년(947)에 축조됐다고 했으며 「지리지」에서는 "맹주는 본래 고려의 철분현이다. 현종 10년(1019) 맹주 방어사라고 불렀다孟州, 本高麗鐵瓮縣. 顯宗十年, 稱孟州防禦使"고 했다.「지리지」의 '현'은 '진'의 오기로 다른 곳에도 그런 사례가 많다. 위치는『동국여지승람』과 「대동여지도」를 보면 알 수 있다.

[부설 3] 용주와 철주에 대해

1. 『동국여지승람』;「대동여지도」.

2. 권74 대중상부大中祥符 3년(1010) 11월.

7편 고려 목종대의 화란

1. 池內宏,「高麗太祖の薨後に於ける王位繼承上の一悲劇」,『史林』3권 2호(이 책 수록).

2. 『고려사』,「후비열전」「종실열전」.

3. 『고려사』,「후비열전」「김치양열전」「현종세가」.

4. 「목종세가」에서는 "임신일 상정전에 거둥해 관등했다壬申御詳政殿觀燈"고 했다. 임신일은 정월 16일이다. 날짜로 보면 '관등'은 그날 궁중에서 열린 연등회에 참석한 것으로 보인다. 연등회는 고려가 개국한 뒤 연중행사의 하나로 그 시기는『고려사』「예지」에 다음과 같이 보인다.

> 현종 원년(1010) 윤2월 연등회를 다시 시행했다. 나라의 풍속에 왕궁과 도성부터 향읍까지 정월 보름에 이틀 밤에 걸쳐 연등을 했는데, 성종이 번거롭고 유교에 맞지 않는다고 해서 폐지한 것을 이때 다시 시행했다. 顯宗元年閏二月, 復燃燈會. 國俗自王宮國都, 以及鄉邑, 以正月望燃燈二夜, 成宗以煩擾不經罷之, 至是復之.

아울러 연등회를 다시 시행한 것이 현종 원년임은 「현종세가」에 명기돼 있어 의심할 수 없으므로 그 전 해인 목종 12년(1010)의 '관등'을 연등회로 해석하는 것은 이런 사실과 어긋나는 것 같다. 연등과 함께 팔관회도 국초 이래의 성대한 행사로 백성의 힘을 매우 많이 소비했기 때문에(「최승로열전」에 실린 그의 상소 참조) 성종은 즉위하자 개경과 서경의 팔관회를 중단시켰다. 그런데 그것이 현종 원년에 이르러 다시 시행된 것은 세가에 보인다.

> 11월 경인일 팔관회를 다시 열어 왕이 위봉루에 거등해 연주를 관람했다. 十一月 庚寅, 復八關會, 王御威鳳樓, 觀樂.

성종이 연등회를 폐지한 것은 「성종세가」에 명확한 서술이 없지만 그것은 기록의 탈루로 앞서 인용한 「예지」의 기사처럼 실제로 폐지됐기 때문에 「현종세가」에 팔관회와 함께 다시 시행된 기사가 있다고 생각된다.

그렇다면 목종 때의 '관등'은 어떻게 생각하면 좋을까? 사찰의 건립을 살펴보면 성종 때는 한번도 없다가 목종의 계승과 함께 다시 시작돼 2년(999) 진관사眞觀寺를 지어 태후의 원찰로 삼고 3년 숭교사를 창건했으며 10년(1007) 진관사에 9층탑을 건립했다. 곧 성종이 훙거하면서 불교를 깊이 믿는 풍조가 다시 일어나 마침내 현종 원년(1010) 연등회와 팔관회가 다시 치러졌으므로 궁중에서 작은 규모의 연등은 목종 때 이미 시행됐을 것으로 생각된다. 이른바 '관등'이 그것으로 생각된다. 재위 2년(1011) 정월 현종은 거란군을 피해 남쪽으로 몽진해 정월에 연등회를 치를 수 없었기 때문에 다음 달 15일(기미일) 도성으로 돌아오면서 청주의 행궁에서 거행하고 그 뒤부터는 2월 보름에 여는 것을 규칙으로 삼았다. 국난을 겪을 때도 이랬으므로 현종이 다시 거행한 것은 궁중에서만 치르는 작은 규모가 아니었다고 추측할 수 있다.

5. 「김치양열전」에서는 "왕이 병석에 있는 것을 틈타 변란을 꾸미려고 했는데 유충정이 글을 올려 알렸다乘王寢疾, 欲謀變, 劉忠正上書告變"고 했는데, 목종이 병으로 누웠을 때 음모가 발각된 유래를 잘못 기록한 것이다. 「강조열전」에서 "목종은 병석에 누웠을 때 김치양이 변란을 꾸미는 것을 알았다穆宗寢疾, 知金致陽謀變"고 한 것이 옳다고 봐야 한다.

6. 「채충순열전」.

7. 「채충순열전」.

8. 「목종세가」.

9. 「강조열전」.

10. 「채충순열전」, 「황보유의열전」.

11. 「황보유의열전」.

8편 거란 성종의 고려 침략

1. 이 폐립 사건의 전말은 池內宏, 「高麗穆宗朝の禍亂」 참조(이 책 수록).

2. 『고려사』(권4) 「현종세가」; 같은 책(권37) 「강조열전」.

3. 池內宏, 「高麗成宗朝に於ける女眞及び契丹との關係」(이 책 수록).

4. 池內宏, 「大花宮と所謂倭城」, 252쪽(이 책 수록).

5. 「김치양열전」에서는 "왕이 병석에 있는 것을 틈타 변란을 꾸미려고 했는데 유충정이 글을 올려 알렸다乘王寢疾, 欲謀變, 劉忠正上書告變"고 했는데, 목종이 병으로 누웠을 때 음모가 발각된 유래를 잘못 기록한 것이다. 「강조열전」에서 "목종은 병석에 누웠을 때 김치양이 변란을 꾸미는 것을 알았다穆宗寢疾, 知金致陽謀變"고 한 것이 옳다고 봐야 한다.

6. 池內宏, 「高麗成宗朝に於ける女眞及び契丹との關係」(이 책 수록).

7. 『속자치통감 장편』(권74), 대중상부 3년(1010) 11월 조.『문헌통고』(권325) 「고구려고高句麗考」에도 거의 같은 기사가 있다.

8. 『고려사』, 「현종세가」

9. 대중상부 3년 11월 조.

10. 『속자치통감 장편』(권72 대중상부 2년 12월). 소씨는 지략이 있었다. (…) 비로소 거란 임금에게 권력을 돌려줬는데, 한 달이 못 돼 별세했다. 蕭氏有機略. (…) 始歸政于契丹主, 未踰月而卒. ; 『거란국지』(권7 성종 본기, 태평 10년[1030]). 친정한 뒤 한 달 만에 태후가 갑자기 붕어했다. 親征後方一月, 太后暴崩.

11. 권7 태평 7년(1027) 조.

12. 통화 22년(1004) 전연澶淵의 화약和約을 맺은 뒤 두 나라는 4년 동안 그것을 지켰다.

13. 권73 대중상부 3년(1010) 정월.

14. 같은 부분, 2월.

15. 『속자치통감 장편』(권74), 대중상부 3년 12월.

16. 「성종본기」의 다음 기사를 보면 그것이 개태 2년(1013) 10월의 일이었음을 알 수 있다.

상은詳隱 장마류張馬留가 고려의 일을 알고 있는 여진인을 바쳤는데 황제가 묻자 대답했다. "신은 3년 전 고려에 포로로 잡혔다가 낭관이 됐기 때문에 알고 있습니다. 개경 동쪽에서 말을 타고 7일을 가면 큰 목책이 있는데 개경만큼 넓고 인근 주에서 바친 진귀한 물건이 모두 그곳에 쌓여 있습니다. 승추와 나주 등의 남쪽에도 큰 목책이 둘 있는데 쌓아놓은 것이 이것과 같습니다. 만약 대군이 앞의 길로 가면 갈소관의 여진의 북부를 차지해 곧바로 압록강을 건너 큰 강을 따라 올라가 곽주에 이르면 대로와 만나니 고려를 점령할 수 있습니다." 황제가 그 의견을 받아들였다. 詳隱張馬留獻女眞人知高麗事者, 上問之, 曰臣三年前爲高麗所虜, 爲郎官, 故知之. 自開京東, 馬行七日, 有大砦, 廣如開京, 旁州所貢珍異, 皆積於此. 勝·羅等州之南, 亦有二大砦, 所積如之. 若大軍行由前路, 取曷蘇館女眞北, 直渡鴨綠江, 並大河而上, 至郭州與大路會, 高麗可取而有也. 上納之.

이 기사를 읽으면 뜻이 분명치 않은 부분이 있기 때문에 여기서 설명해 둔다. 개경 동쪽 7일 거리로 인근 주에서 바친 진귀한 물건이 쌓여 있다는 큰 목책이 있다고 한 것은 당시 고려 동북 경계의 중요한 진이던 안주 안변도호부(함경남도 영흥)을 가리킨 것으로 생각된다. 다음으로 승주勝州와 나주는 승주昇州(전라남도 순천)과 나주(지금도 같은 이름)이므로 그 남쪽에 있다고 한 두 개의 큰 목책은 동일한 방면의 두 주 치소인 낭주朗州 안남도호부(영암)와 패주貝州(보성寶城)로 생각된다. 그 뒤 요군이 나아간 도로라고 한 "앞의 길"은 문맥상 개경에서 동쪽의 큰 목책에 이르는 길로 봐야 하지만 그것은 실제의 지리상 뒷 문장에서 말한 것과 어긋난다. 갈소관 여진은 요동반도의 여진으로 곽주는 지금의 평안북도 곽산 부근이다. 이것은 분명히 요양 방면에서 압록강 하류를 건너 곽주를 거쳐 개경으로 공격해 들어오는 대로를 든 것으로 앞의 큰 목책과는 완전히 다른 방면이다. "압록강을 건넌 뒤 대하를 따라 올라간다"고 한 것은 이해하기 어렵다. 오류가 분명하다.

일단 이 문제를 떠나 생각해보면 거란 성종의 질문에 대답한 여진인의 말은 고려를 공격해 점령할 것을 전제로 그 지리를 설명한 것이다. 그리고 특히 승주·나주 남쪽에 있는 두 개의 큰 목책을 언급한 것은 2년 전 거란 성종의 친정 때 현종이 멀리 나주까지 피란한 사실을 생각한 것이고 한편 나라 동쪽의 큰 목책을 든 것은 그때 고려의 도성을 도륙하면서 함께 점령한 요지의 하나이기 때문으로 생각된다. 그런데 구주·곽주 방면에서 위주(영변)·연주漣州(개천) 등을 거쳐 맹주(산성창동山城蒼洞) 서쪽에 있는 지금의 맹산령孟山嶺을 넘으면 곧장 화주에 이르므로 고려를 공격한 군사는 개경을 함락시킨 뒤 화주로 가기보다 오히려 처음부터 길을 나눠 전진하는 계획을 세운 것으로 생각된다.

이렇게 보면 특히 중요한 지점으로 동쪽의 큰 목책을 든 여진인은 먼저 개경을 기준점으로 큰 목책의 위치를 설명한 다음 승주·나주를 추가로 말하고 물러나 "앞의 길"과 곽주, 곧 화주와 곽주의 지리적 관계를 보인 것으로 생각된다. "곽주에 이르면 대로와 만난다"는 말은 이 관계에서 나온 것 같다. 달리 말하면 곽주에서 길을 나눠 화주를 공격했다고 한 것이 본래의 취지였다고 생각된다. 고려의 일을 안다고 한 여진인의 말은 이렇게 해석하면 의미가 통한다. 그런데 기사를 쉽게 이해하기 어려운 까닭은 『요사』의 편자가 어떤 기록에 의거해 이 기사를 들었을 때 실제의 지리를 모르고 자의적으로 원문을 축약했기 때문으로 생각된다.

17. 『滿鮮地理歷史硏究報告』 5책, 28쪽.

18. 『朝鮮歷史地理』 권2 49~50쪽.

19. 6주의 반환을 거부한 고려가 1차 침입을 받기 전 이미 거란과 교류가 단절된 기간의 사실로는 다음이 있다.

> 이달 진적과 이예균을 문하시랑평장사, 왕동영을 내사시랑평장사, 윤여를 사재경, 왕좌섬을 장작소감으로 관직을 더했는데, 거란에 사신으로 갔다가 억류돼 돌아오지 못했기 때문이다. 是月加陳頔·李禮均爲門下侍郎平章事, 王同穎爲內史侍郎平章事, 尹餘爲司宰卿, 王佐暹爲將作少監, 以奉使契丹, 被留未還也.

이런 진적·이예균 이하 몇 명의 사신은 현종 원년(1010) 7월 거란에서 전왕의 변고를 물은 것에 대해 8~9월 사이에 파견된 것이다.

20. 『滿鮮地理歷史硏究報告』 5책, 41쪽.

21. 『고려사』(권10) 「선종세가」 5년(1088) 7월.

22. 『滿洲歷史地理』 권2 326쪽.

23. 『滿洲歷史地理』 권2 296~322쪽.

24. 『滿鮮地理歷史硏究報告』 5책, 32쪽.

25. 『요사』(권88) 「소항덕열전」.

26. 『고려사』, 「현종세가」; 같은 책(권94), 「강감찬열전」.

27. 『고려사』, 「강감찬열전」.

9편 고려시대 동여진의 해상 침략

1. 진명은 현과 포구의 이름으로『동국여지승람』(덕원부, 고적 조)에 다음과 같이 나온다.

   - [현] 폐지된 진명현은 부 남쪽 24리(9.4킬로미터)에 있다. 원산현이라고도 하고 수강이라고도 한다. 鎭溟廢縣在府南二十四里. 或稱圓山縣, 又名水江.
   - [포구] 진명포는 진명현 동쪽 4리(1.6킬로미터)에 있다. 고려 말 왜구가 진명성에 침입해 창고를 불사르고 백성을 죽이고 약탈했다. 그 뒤에 비로소 병선을 만들어 진명포에 정박시키니 왜구가 다시 오지 않았다. 鎭溟浦在鎭溟縣東四里. 高麗末倭寇鎭溟城, 焚燒倉廩, 殺掠人民. 其後始設兵船, 泊于鎭溟浦, 倭不復至.

   『조선철도여행안내』(남만주철도주식회사 경성관리국 발행)에는 함경선 덕원역 동쪽 5리(2킬로미터) 진명현 성라리星羅里에 있는 옛 성터를 진명현 터에 비정한 것은 정확하다고 생각된다(4판, 163쪽).

2. 『공임집公任集』에 실린 “신라의 우루마うるま섬 사람”에 대한 기록은 절긍열지 등이 표착한 때 지어진 것이 분명하다. ‘우루마’는 ‘우릉迂陵’의 발음이 변형된 것으로 생각된다.

3. 옥저에는 남·북의 구별이 있다. 남옥저의 중심은 함흥 지방이고 북옥저의 중심은 포이합도하 가의 국자가 부근으로 생각된다. 그리고 읍루는 남쪽은 북옥저와 맞닿았고 그 나라 사람들은 배를 타고 북옥저를 침략했다고 했으므로 읍루의 중심은 니콜리스크 지방인 것 같다.

4. 『朝鮮歷史地理』권1.

5. 羽陵·亐陵울릉·芋陵우릉·鬱陵 등 여러 표현이 사용된 것은 토착어의 음역임을 보여준다. 그 섬의 본래 이름은 이랬던 것으로 생각된다. 또 우산국이라고 부른 것은 섬사람들이 따로 나라 이름으로 사용한 이름이며, 그곳은 산이 솟아 있는 섬이기 때문에 그런 이름을 붙인 것으로 생각된다.『삼국사기』에서 “우산국이 항복했다”고 했지만 정복 당시의 이름은 아닐 것이다.

6. 『조야군재朝野群載』(권20)에 실린「다자이후의 보고서太宰府解 ― 도이국의 적도를 무찔러 포로로 잡거나 쫓아버린 상황의 보고言上刀伊國賊徒或擊取或逃却狀」

7. 『소우기』간닌 3년(1019) 9월 19일 조. 밤에 유원이 지휘관의 상소를 갖고 왔다. 그 문서에서는 “고려에서 포로를 송환하는 사신이 쓰시마에 온 까닭은 그 섬의 보고서에서 아뢰었다”고 한 뒤 그 사유를 말했다. 入夜, 惟圓師持來帥納言書, 其狀云, 從高麗

國, 虜人送使來對馬之由, 申彼島解文. 仍言上其由.

- 같은 22일 조. 어제 아뢴 일의 주요 내용은 도이국의 도적으로 포로가 된 사람은 270여 명(남자 60명, 여자 200여 명)이고 송환한 사람은 100여 명이라는 것이었다. 件事昨日入道殿有被示事. 其趣者爲刀伊國賊被虜者二百七十人許云云(男六十人, 女二百餘人). 相送者百餘人云云.

- 같은 23일 조. 여러 경이 아뢰었다. "고려국의 사신을 다자이후로 불러 잠시 편한 곳에 머물게 하고 필요한 물건과 음식을 넉넉히 주면 그동안 의심스러웠던 일을 물어볼 수 있을 것입니다. 그리고 앞서 다자이후의 보고서에 도이국이라고 주기하고 고려에서 보낸 첩문에서는 여진국이라고 주석한 일도 다자이후에서 물어볼 수 있을 것입니다." 諸卿定申云, 高麗國使召上大宰府, 暫安置便所, 厚賜資粮, 可被問此間持疑事等. 又先日大宰解文注刀伊國, 高麗國牒注女眞國, 此事可被問大宰府.

8. 「オランカイ及び刀伊の名義について」, 『歷史地理』 11권 1호.

9. 간닌 3년(1019) 4월 조.

10. 같은 해 6월 조.

11. 『소우기』, 간닌 3년 8월 조.

12. 「이주좌열전」은 『고려사』(권80) 「식화지」 3(진휼·재면災免 제도)의 다음 기록에 해당한다. 현종 20년(1029) 7월 삭방도의 등주와 명주 관내 삼척현·상음현·학포현·파천현·흡곡현·금양현·벽산현·임도현·운암현·환가현·고성현·안창현·열산현·간성현·익령현·동산현·연곡현·우계현 등 19현이 모두 번적蕃賊의 침략을 받았으므로 특별히 조부를 감면해줬다. 顯宗二十年七月, 以朔方道登·溟州管內三陟·霜陰·鶴浦·派川·歙谷·金壤·碧山·臨道·雲岩·豢猳·高城·安昌·列山·杆城·翼嶺·洞山·連谷·羽溪等十九縣, 並被蕃賊侵擾, 特蠲租賦. 「이주좌열전」에서는 19현 가운데 6현을 들었지만 여기서는 18현의 이름을 들었다. 흡곡은 지금도 이름이 같고 금양은 지금의 통천, 벽산은 통천 남쪽 10리(3.9킬로미터)에 있다. 임도는 통천 남쪽 30리(11.8킬로미터), 운암은 통천 남쪽 50리(19.6킬로미터), 환가는 고성 북쪽 27리(10.6킬로미터)에 있다. 고성은 지금도 이름이 같고 안창은 고성 남쪽 27리, 열산은 간성 북쪽 35리(13.7킬로미터)에 있다. 간성은 지금도 이름이 같고 익령은 지금의 양양, 동산은 양양 남쪽 45리(18킬로미터)에 있다.

13. 『藝文』 6년 1호(1915년 1월), 71쪽 이하.

14. 塙保己一 編, 『改定 史籍集覽』 제23책 수록.

15. 「南蠻襲來につきて」, 『藝文』 8년 6호(1917년 6월).

16. 조선 태종이 왜구에게 타격을 주기 위해 쓰시마를 수군으로 공격한 것은 이해 6월이다. 『간문일기』에 기록된 이 사건은 조선의 의도가 미리 무로마치 막부에 통보되면서 생겨난 것으로 생각된다. 태종의 쓰시마 정벌은 三浦周行, 「應永の外寇」, 『史林』 1권 1호(1916년 1월) 참조.

17. 『삼대실록三代實錄』(권23), 조간貞觀 15년(873) 5월 27일; 같은 책(권24), 같은 해 7월 8일.

18. 1장 참조.

19. 池內宏, 「高麗太祖の經略」, 6장(64~74쪽) 및 보론(92~96쪽 참조). 이 책 수록.

20. 발해의 멸망과 그 뒤의 형세는 池內宏, 「鐵利考」, 3장(53쪽 이하) 참조.

21. 나는 아직 이 장성을 실제로 조사하지 못했기 때문에 그것이 통과하는 지점에 관련된 정확한 지식이 없다. 여기서 서술한 것은 다음 자료에 따른 것이다.

- 『함남지 자료咸南誌資料』(함흥 헌병대 본부 발행. 1915년 재판再版) 영흥군 장성(122쪽): 평안남도 맹산군 경계에서 시작돼 본군 호도면虎島面 해안에서 끝나며 성벽이 끊어졌다가 이어졌다가 하면서 남아 있어 영흥군과 정평군의 경계를 이루는 고개와 선흥면과 요덕면의 각 고개 동남쪽에 성을 쌓은 흔적이 있다. 대체로 석벽이지만 자갈과 진흙을 섞어 쌓은 부분도 있고 대체적인 모습은 매우 조잡하고 지금은 석벽이 무너져 겨우 예전의 흔적만 남아 있다.
- 『조선 철도여행 안내』(남만주 철도주식회사 경성관리국 발행. 1918년, 4판) 영흥역(168쪽): 장성은 고려 때 여진의 남침에 대비했던 성터로 지금은 성벽이 무너져 그 자취만 남아 있지만 영흥만 입구의 호도부터 시작돼 정평군 경계인 금파령金坡嶺 일대의 봉우리들을 거쳐 중앙의 태백산맥에 이르러 구불거리며 끝난다.

22. 『함남지 자료』, 「화주부성禾州府城」과 「요덕성지」의 설명 참조.

23. 池內宏, 「朝鮮平安北道義州郡の西部に於ける高麗時代の古城址」, 『東京帝國大學文學部紀要』 3 4장 4절 3항.

24. 1919년 11월 내가 직접 조사사한 결과에 따랐다. 그것에 관련된 보고는 그 뒤 조선총독부에서 간행했다(「朝鮮平安北道義州郡の西部に於ける高麗時代の古城址」).

25. 정평읍에서 한국인 서기에게 직접 들어 알게 됐다.

26. 위와 같음.

27. 아래 서술한 장성 터에 관련된 지식은 직접 조사해 얻은 것이다. 자세한 내용은 「朝鮮平安北道義州郡の西部に於ける高麗時代の古城址」 참조.

28. 같은 글, 4장 4절 3항 참조.

29. 선덕면 장성을 조사할 때 정평군 서기를 통해 선덕면 사무소에서 얻은 보고.

30. 『동국여지승람』(권49), 북청도호부 건치연혁.

31. 『세종실록』「지리지」, 북청도호부 ; 『요동지』, 권9.

32. 『朝鮮歷史地理』권2 110~112쪽.

33. 을미일 동여진의 귀순주 도령 대상 고도화, 부도령 고사, 익창주 도령 귀덕장군 고사, 도령 검부, 천성주 도령 봉국장군 야호, 귀덕장군 오사불, 공주 도령 봉국장군 다로, 번장 파가불, 은복주 도령 원보 아홀, 도령 나거수, 온주 도령 삼빈·아로대, 성주 도령 이다불 등이 무리를 이끌고 귀의해 군·현으로 편입되기를 간청했다. 고도화에게 손보새, 고사에게 장서충이라는 이름을 내리고 각각 회화대장군에 제수했다. 야호에게는 변최, 다로에게는 유함빈이라는 이름을 내리고 각각 봉국대장군에 제수했다. 오사불에게는 위번이라는 이름을 내리고 회화장군에 제수했으며, 아홀에게는 양동무라는 이름을 내리고 귀덕장군에 제수했다. 고사에게는 문격민, 검부에게는 강적, 파아불에게는 노수, 나거수에게는 장대원, 삼빈에게는 한방진, 아로대에게는 고종화, 이다불에게는 조장위라는 이름을 내리고 각각 대상에 제수했으며 물품을 차등 있게 하사했다. 乙未, 東女眞歸順州都領大常古刀化, 副都領古舍, 益昌州都領歸德將軍高舍, 都領黔夫, 氈城州都領奉國將軍耶好·歸德將軍吳沙弗, 恭州都領奉國將軍多老, 番長巴訶弗, 恩服州都領元甫阿忽, 都領那居首, 溫州都領三彬·阿老大, 誠州都領尼多弗等, 率衆內附, 乞爲郡縣. 賜古刀化名孫保塞·高舍名張誓忠, 各授懷化大將軍. 耶好名邊最·多老名劉咸賓, 各授奉國大將軍. 吳沙弗名魏蕃, 授懷化將軍, 阿忽名揚東茂, 授歸德將軍. 古舍名文格民·黔夫名康績·巴阿弗名盧守·那居首名張帶垣·三彬名韓方鎭·阿老大名高從化·尼多弗名趙長衛, 各授大常, 仍賜物有差.

34. 『朝鮮歷史地理』권2 135쪽.

35. 이것은 윤관 9성의 유적을 고찰한 池內宏, 「朝鮮平安北道義州郡の西部に於ける高麗時代の古城址」에서 서술했다.

36. 위와 같음.

37. 『고려사』, 「지리지」, 동계, 복주 ; 『세종실록』「지리지」, 함길도, 단천군.

38. 『아방강역고』권6 북로연혁고.

39. 「朝鮮平安北道義州郡の西部に於ける高麗時代の古城址」, 4장 4절 3항 참조.

40. 조선 5만분의 1 지도, 영원 10호, 덕천.

41. 같은 자료, 1호, 신읍新邑.

42. 앞으로 발표할 『고적조사보고』(앞서 말한 『大正八年度古蹟調査報告』).

43. 같은 자료.

44. 웅주성 터와 함께 내가 실사했다.

45. 池內宏, 「鮮初の東北境と女眞との關係」, 『滿鮮地理歷史硏究報告』 2책, 303쪽.

46. 『滿洲歷史地理』 권2 220쪽.

47. 앞으로 발표할 『고적조사보고』(앞서 말한 『大正八年度古蹟調査報告』).

48. 池內宏, 「高麗太祖の經略」, 67~69쪽 및 92~96쪽(이 책 수록).

49. 이 문제는 따로 논문을 쓸 생각이다(「完顏氏の曷懶甸經略と尹瓘の九城の役」: 이 책 수록).

10편 완안씨의 갈라전 경략과 윤관의 9성 축조

1. 『금사』(권1) 세기: 소해리는 반란을 일으켜 계안여진 아전부로 들어가 자신의 족인 알
   달라를 보내 화친을 맺으며 말했다. "태사와 벗이 돼 함께 요를 정벌하고 싶습니다."
   목종은 알달리를 억류했다. 蕭海里叛, 入于係案女眞阿典部, 遣其族人斡達剌來結和
   曰, 願與太師爲友, 同往伐遼. 穆宗執斡達剌.

   아래 기사에 따르면 요의 명령을 받아 소해리를 정벌한 완안영가 군은 혼동강(다음
   주석 참조)에 이르렀을 때 소해리가 요군에게 쫓겨오자 그를 공격해 사로잡았다. 아전
   부가 혼동강 남쪽 지역이라는 것은 이것에 따라 추측할 수 있다. 또 '계안여진'이라는
   이름은 다른 데서는 보이지 않지만, 태조 아골타가 처음 군사를 일으켰을 때 귀의한
   여진으로 『금사』(권2) 「태조본기」와 같은 책 「알로고斡魯古열전」(권71)·「누실婁室열
   전」(권72)·「협곡오리보夾谷吾里補열전」(권81) 등에 보이는 '계요적여진係遼籍女眞'이
   다. 이 여진은 지금의 농안과 송화강의 나루(혼동강) 사이의 지방, 달리 말하면 대체
   로 강을 경계로 삼아 거란 본토의 동북 경계에 살았는데 다음 기록의 숙여진이 분명
   하다.

   『송막기문松漠紀聞』. 혼동강 남쪽에 있는 부족을 숙여진이라고 하는데 거란에게

복속됐기 때문에 그렇게 부른다. 강 북쪽에 있는 부족은 생여진인데 역시 거란을 섬겼다. 居混同江之南者, 謂之熟女眞, 以其服屬契丹也. 江之北爲生女眞, 亦臣于契丹(「遼代混同江考」, 『東洋學報』 6권 1호, 주 34 참조. 『만선사 연구』 중세 1 수록).

이른바 '계안여진'은 바로 이것으로 생각된다('계요적여진'은 '계요여진'으로도 불렸으므로 '안案'은 '요遼'의 오기인지도 모른다). 그렇다면 아전부는 아래 『금사』(권46) 「식화지」 호구 조에 보이는 이전부와 같은 것으로 혼동강을 서남쪽에 두고 멀리 떨어지지 않은 곳이 이 부족의 거주지로 생각된다.

대정 17년(1177) 5월 상서성에서 아뢰었다. "함평부로의 1600여 호는 자신들이 모두 장백산 성현·선춘하의 여진인인데, 요대에 강제로 징발돼 사냥꾼이 돼 이곳으로 옮겨와 살게 되면서 이전부라고 불렸으며 마침내 거란의 호적에 오르게 됐다고 말합니다. 우리 조정이 의로운 군사를 일으키자 가장 먼저 그 군대로 와서 항복해 함평부에 계속 살고 있으니, 이제 호적을 다시 정리해 바로잡으십시오." 조서를 내려 따랐다. 大定十七年五月, 省奏咸平府路一千六百餘戶, 自陳皆長白山星顯·禪春河女眞人, 遼時簽爲獵戶, 移居於此, 號移典部, 遂附契丹籍. 本朝義兵之興, 首詣軍降, 仍居本部, 今乞釐正. 詔從之.

2. 혼동강은 거란의 본토와 송화강 바깥의 생여진이 교통하는 주요 도로에 있는 강의 나루渡津 이름이다. 요의 군주는 봄마다 이곳에 와서 물고기를 잡고 잔치를 베풀어 생여진의 추장을 접견했다(「遼代混同江考」).

3. 『금사』 권65 「알새斡賽열전」; 권71 「알로斡魯열전」; 권80 「사묘아리열전」; 권81 「아도한열전」.

4. 『滿洲歷史地理』 권2 175~183쪽 ;『滿鮮地理歷史硏究報告』 4책, 182~183쪽.

5. '갈라'와 '합라'는 같은 발음을 다르게 표기한 것이다. 『금사』에서 그곳을 '합라로'라고 표기한 사례는 「지리지」, 「의위지儀衛志」(권42)와 「선거지」(권51)에 하나씩 보이고 나머지는 모두 '갈라'로 표기했다.

6. 『滿洲歷史地理』 권2 179~180쪽.

7. 『朝鮮歷史地理』 권2 116~119쪽.

8. 『아방강역고』(권6) 「북로 연혁고」: 갈라와 합라를 같은 발음의 다른 표기로 본 것은 옳지만 '야라耶懶·압라押懶·이라移懶' 등으로 표기된 다른 지명과도 혼동해 "이민족

의 발음은 변화가 많다番音多變”고 한 것은 큰 잘못이다.

9. 『朝鮮歷史地理』 권2 153쪽.

10. 고리전에 대해서는 『금사』(권67) 「오춘열전」에서 “덕린석 북쪽에 있는 고리전 백성은 통제할 수 없다德隣石之北, 姑里甸之民, 所管不及此”고 했다. 이것은 아발사수阿跋斯水의 온도부溫都部 추장인 오춘이 고리전 지방의 백성을 다스릴 세력을 갖지 못한 것을 스스로 말한 것이다. 온도부는 지금의 돈화 부근이고(이 논문 4장에서 서술) 덕린석은 필이등호 가의 커다란 반석磐石의 이름이므로(池內宏, 「鐵利考」, 32~34쪽) 고리전은 필이등호 북쪽 지역으로 생각된다.

또 『금사』(권1) 세기에는 금 소조昭祖가 고리전에서 병을 얻어 세상을 떠난 전설을 서술한 기사가 있다.

소조는 (…) 소빈과 야라 지역까지 들어갔는데, 가는 곳마다 이겼다. 복연수를 지나 돌아왔다. (…) 고리전에 이르렀을 때 병이 났다. 마을의 민가에서 묵었는데 도둑이 들었기 때문에 마침내 한밤에 길을 떠나 핍랄기촌에 이르러 멈췄다. 그날 밤 별세했다. 昭祖 (…) 入于蘇濱·耶懶之地, 所至克捷. 還經僕燕水. (…) 行至姑里甸, 得疾. 迨夜寢於村舍, 有盜至, 遂中夜啓行, 至逼剌紀村止焉. 是夕卒.

그리고 같은 책(권67) 「석현열전」에서는 다음과 같이 서술했다.

석현은 해라수 오림답부 사람이다. 소조는 부락들을 교화하고 약속을 맺었지만 석현은 제멋대로 날뛰어 통제할 수 없었다. 소조가 핍랄기촌에서 별세하자 부락 사람들은 관에 모시고 돌아갔다. 해라수에 이르렀을 때 석현은 완안부의 와홀와와 함께 길에서 기다렸다가 공격해 관을 탈취했다. 石顯, 孩懶水烏林答部人. 昭祖以條教約束諸部, 石顯陸梁不可制. 及昭祖沒于逼剌紀村, 部人以柩歸, 至孩懶水, 石顯與完顏部窩忽窩, 出邀于路, 攻而奪之柩.

해라수는 영고탑 북쪽에서 호이객하로 흘러들어가는 지금의 해란하에 비정되므로(『滿洲歷史地理』 권2 182쪽) 이 전설의 지리적 기억도 고리전이 필이등호 북쪽 지방임을 증명하는 자료로 충분하다.

금대에는 호리개로胡里改路라는 행정구역이 있었고 그 치소는 호이객하 입구의 요지인 지금의 삼성 부근이었으므로 호리개로라는 이름은 그 하천에서 따온 것이 분명하며, 호이객하는 당대唐代의 홀한수忽汗水다. 그리고 호리개의 이름이 호이객하의 상류인 돈화 지방에도 적용됐다는 것은 그 지방에 웅거한 오춘이 금 세조가 청혼하자 "개와 돼지의 자식이 함께 살면 어떻게 자손을 낳고 기를 수 있겠는가? 호리개와 여진이 어떻게 친척이 될 수 있겠는가?狗彘之子同處, 豈能生育. 胡里改與女眞, 豈可爲親也"라고 대답한 데서 분명히 알 수 있다. 그런데 이른바 덕린석 북쪽은 호이객하 유역으로 고리전과 호리개는 발음이 비슷하다. 따라서 고리전은 행정구역으로서 호리개로의 이전 이름, 곧 호이객하의 전체 유역을 포괄하는 지방의 이름으로 봐야 한다. 그러나 고리전이라는 지명은 세기와 「오춘열전」 외에 「환도歡都열전」(『금사』, 권68)에도 보이고, 호리전胡里甸이나 호리개전胡里改甸이라고 한 사례도 없다. 또 앞서 인용한 세기에는 그것과 나란히 핍라기촌이라는 이름이 나온다. 그렇다면 고리전은 호리개와는 무관하며, 필이등호 북쪽의 작은 지방 이름으로 생각된다.

다음으로 북애전은 금 세조가 환난桓赧·산달散達 형제를 크게 무찌른 곳이다.

• 세기: 환난과 산달이 부족들을 많이 모아 공격해왔다. (…) 세조가 가서 환난의 무리를 막았는데 출발하려고 할 때 어떤 사람이 보고했다. "발흑식이 애첩 아버지의 집에서 고기를 먹다가 목이 막혀 죽었습니다." 그러자 숙종을 요에 보내 지원을 요청하고 마침내 군사를 이끌고 출정했으며, 사불실에게 해고 형제의 군사를 빼앗게 했다. (…) 해고의 첩자가 "적이 이미 도착했다"고 보고했다. 세조는 출전하면서 사불실에게 경계했다. "너는 탈활개원에 먼저 진을 친 뒤 내가 세 번 깃발을 들고 세 번 북을 울리면 즉시 깃발을 버리고 결전하라." (…) 그때 환난과 산달이 강성해 세조 군은 싸우기도 전에 두려워하며 모두 낯빛을 잃고 땅에 심긴 듯 서 있었다. 세조가 (…) 직접 선봉에 서서 적진으로 돌격하니 군사들이 뒤따랐다. 사불실은 뒤를 따라 분격해 크게 무찌른 뒤 승세를 타고 아불만부터 북애전까지 추격했는데 죽은 사람이 삼麻처럼 널렸다. 다토수에서 적을 격파하니 물이 피로 붉어졌다. 桓赧·散達大會諸部來攻. (…) 世祖往禦桓赧之衆, 將行, 有報者曰, 跋黑食於愛妾之父家, 肉張咽死矣. 乃遣肅宗求援於遼, 遂率衆出. 使辭不失取海姑兄弟兵. (…) 海姑偵者報曰, 敵已至. 將戰, 世祖戒辭不失曰, 汝先陣於脫豁改原, 待吾三揚旗, 三鳴鼓, 卽棄旗決戰. (…) 時桓赧·散達盛强, 世祖軍吏未戰而懼, 皆植立無人色. 世祖 (…) 身爲軍鋒, 突入敵陣, 衆從之. 辭不失從後奮擊, 大敗之, 乘勝逐之, 自阿不彎至于北隘甸, 死者如仆麻. 破多

吐水, 水爲之赤.

- 「환난열전」(『금사』, 권67): 환난이 북애전에 도착했다. 세조는 출정하려고 할 때 발흑식이 치만촌에서 죽었다는 소식을 듣고 안출호수를 따라 진군했다. 또 해고의 출열속 발근의 군사와 합세한 뒤 싸우려고 했다. 척후병이 와서 "적이 도착했다"고 보고했다. 세조는 사불실에게 군사를 정비해 신속히 진군해 탈활개원에서 기다리게 했다. 이때 환난의 군사는 많고 세조의 군사는 적어 맞설 수 없었다. 세조가 진영에 도착하자 군사들의 기세는 매우 가라앉아 있었다. (…) 환난의 보병은 질서 있게 진군했는데 세조 군이 긴 창으로 공격하니 보병은 대패했다. 사불실이 뒤에서 공격하니 환난의 기병도 패배했다. 세조는 승세를 타고 추격해 다퇴수에서 무찌르니 물이 피로 붉어졌다. 桓赧至北隘甸. 世祖將出兵, 聞跋黑食于馳滿村死矣, 乃沿安尤虎水行. 且欲並取海故尤烈速勃堇之衆而後戰. 覘者來報曰, 敵至矣. 世祖戒辭不失整軍速進, 使待於脫豁改原. 當是時桓赧兵衆, 世祖兵少, 衆寡不敵. 比世祖至軍, 士氣恤甚. (…) 桓赧步軍以幹盾進, 世祖之衆以長槍擊之, 步軍大敗. 辭不失從後奮擊之, 桓赧之騎兵亦敗. 世祖乘勝逐北, 破多退水, 水爲之赤.

여기 보이는 이 전투에 관련된 지명 가운데 안출호수는 지금의 아륵초객하이며 해고海姑(海故)는 아륵초객과 멀지 않은 해구하海溝河 가로 생각되므로(『滿洲歷史地理』 권2 214쪽) 다른 것들도 북애전과 함께 같은 방면의 작은 지명으로 생각된다.

다음으로 소소해전은 「오춘열전」에 다음과 같이 보인다.

세조는 배내를 사로잡은 뒤 그 죄를 용서했지만 배내는 끝내 스스로 뉘우치지 않고 토굴촌으로 옮겨가 오춘·와모한과 결탁했다. 오춘이 군사를 일으켜 고개를 넘자 세조는 옥벽촌에 주둔해 그를 기다리다가 소소해전으로 나아갔다. 양군이 모두 진을 친 뒤 싸우려고 했는데, 세조는 직접 출전하지 않고 숙종에게 좌군을 이끌고 싸우게 했다. (…) 오춘은 대패했다. 다시 배내를 포로로 잡아 요에 바치고 소소해전에 성을 쌓아 웅거했다. 世祖獲盃乃, 釋其罪, 盃乃終不自安, 徙居吐窟村, 與烏春·窩謀罕結約. 烏春擧兵度嶺, 世祖駐軍屋闢村以待之, 進至蘇素海甸. 兩軍皆陣, 將戰, 世祖不親戰, 命肅宗以左軍戰. (…) 烏春大敗. 復獲盃乃, 獻於遼, 而城蘇素海甸以據之.

「도단합희徒單合喜열전」(『금사』, 권87)의 "상경 속소해수上京速蘇海水"는 그것과 같은 지명으로 앞의 것은 뒤의 것에서 나온 이름으로 생각된다. 그리고 상경, 곧 아륵초객 부근에는 큰 하천이 없으므로 소소해전은 하나의 작은 지방 이름이 분명하다.

11. 『고려사』(권58) 「지리지」.

12. 『고려사』에 기록된 사신의 이름은 고주솔부古酒率夫와 아로阿老여서 「고려열전」과 다르다. 아로는 알로한이 와전된 것일까?

13. 『요사』, 「천조제본기」, 천경 4년(태조 아골타가 군사를 일으킨 해. 1114). 봄 정월 춘주에 갔다. 앞서 여진이 군사를 일으켰는데, 홀석렬부 사람인 아소가 따르지 않자 그 부족의 살개를 보내 토벌했다. 아소의 동생 적고보가 와서 그 사실을 알리자 여진에 조서를 내려 토벌하 말라고 했지만 듣지 않으니 아소가 도망쳐왔다. 이때 이르러 여진이 사신을 보내 아소를 찾았지만 내주지 않았다. 春正月, 如春州. 初女眞起兵, 以紇石烈部人阿疏不從, 遣其部撒改討之. 阿疏弟狄故保來告, 詔諭使勿討, 不聽, 阿疏來奔. 至是女眞遣使來索, 不發.

14. 『滿洲歷史地理』 권2 166~167쪽.

15. 『滿洲地理歷史硏究報告』 8책, 269~271쪽.

16. 『위지』 「동옥저열전」에서 "북옥저는 치구루라고도 한다"고 했지만, 시라토리 박사는 치구루는 성 이름으로 '치'는 '매買'의 오기라고 지적했다(『滿洲歷史地理』 권1 19~20쪽).

17. 『고려사』 「예종세가」 4년(1109) 6월.

18. 『금사』 「고려열전」: "6월 고려군이 침략하자 알새가 무찌르고 나아가 그 성을 포위했다. 7월 고려가 다시 강화를 요청하자 강종은 '조건이 맞으면 강화하라'고 지시했다." 6월의 사건은 오연총을 공험진 부근에서 무찌른 것을 말하고 7월의 기사는 고려와 강화를 논의하기에 앞서 공형·요불·사현 등이 아지고촌에 온 때의 일로 생각된다. 그러나 시점은 모두 올바르지 않다. 고려에서 강화를 요청했다고 한 것도 사실이 아니다.

[부설] 포로모타부에 대해

1. 이 책 수록.

2. 『史學界』.

3. 『地學雜誌』 205~6호.

4. 鳥山喜一, 『渤海史考』, 262~266쪽.

11편 대화궁과 이른바 왜성

1. 나는 「대화궁과 이른바 왜성」이라는 이 짧은 논문을 『동양학보』에 실은 것은 1919년
    5월인데, 몇 년 뒤 한국에서 두 학우學友가 서로 각각 묘청의 천도 운동과 반란의 유
    래를 연구한 논문을 발표했다. 하나는 『사학잡지』 38편 9호(1927년 9월)에 실린 이병
    도李丙燾 씨의 「묘청의 천도운동에 대한 일고찰妙淸の遷都運動に就いての一考察」이
    고 다른 하나는 『동양학보』 18권 2호(1929년 12월)와 4호(1930년 10월)에 연재된 세토
    마쿠마瀨野馬熊 씨의 「고려 묘청의 난에 대해高麗妙淸亂の就いて」다. 그러나 연구의
    태도는 세 사람이 모두 달라 나는 관계된 유적을 설명하는 데 초점을 맞췄고, 이병도
    씨와 세토 씨는 각각 당시의 음양지리설과 조정 신하들의 항쟁에 무게를 뒀다. 그 때
    문에 나는 졸고의 독자들이 두 사람의 논문을 참고하기를 바란다.

2. 『고려사』 「인종세가」.

3. 『고려사』(권127).

4. 예종 때 서경의 관제를 고쳐 각루원刻漏院을 분사 대사국分司大史局으로 만들었다.
    대사국은 태복감太卜監과 함께 천문·역법·각루刻漏 등을 관장하는 중앙 관서다.

5. 『고려사』(권127) 「묘청열전」.

6. 『고려사』(권106) 「윤택열전」.

7. 『고려사』 「인종세가」.

8. 대화궁산성 터 동북쪽 10정(1090미터)쯤에 미륵불 석상이 있다. 그 때문에 그곳을 입
    불동立佛洞이라고 한다(부산면 남궁리 부근도 참조). 합장강은 입불동 남쪽에서 흘러
    와 산성 터와 남궁리 동쪽을 흘러 화성리 관동 서북쪽에서 좌불坐佛이라는 마을 옆
    을 지난다. 좌불은 입불과 상대되는 말로 그곳에도 미륵불이 있었음은 2장에서 말했
    다. 그런데 「대동여지도」에는 합장강 상류에 '와미륵臥彌勒', 하류에 '입立미륵'이라는
    지명이 적혀 있다. '와미륵'은 좌불로 볼 수 있으므로 이것은 지명이 다르게 붙여진 것
    이 분명하다. 이런 오류를 고치면 「대동여지도」의 임원역 위치는 대략 지금의 화성리
    관동에 해당한다. 또 「대동여지도」에서는 대성리 남쪽에 산성을 하나 표시하고 대화
    궁이라고 적었다. 이것도 큰 오류로 대성산성 남쪽에는 산성이 없고, 그 평지에 남아
    있는 것은 고구려 때의 왕궁터가 분명한 안학궁이다.

9. 첫째 호국 백두악 태백선인 실덕문수사리보살護國 白頭嶽 太白仙人 實德文殊師利菩
    薩, 둘째 용위악 육통존자 실덕석가불龍圍嶽 六通尊者 實德釋迦佛, 셋째 월성악 천
    선 실덕대변천신月城嶽 天仙 實德大辨天神, 넷째 구려 평양선인 실덕연등불駒麗 平

壞仙人 實德燃燈佛, 다섯째 구려 목멱선인 실덕비파시불駒麗 木覓仙人 實德毗婆尸佛, 여섯째 송악 진주거사 실덕금강색보살松嶽 震主居士 實德金剛索菩薩, 일곱째 증성악 신인 실덕능차천왕甑城嶽 神人 實德勒叉天王, 여덟째 두악천녀 실덕불동우파이頭嶽 天女 實德不動優婆夷.

10. 그 뒤 풍수지리설의 시조로 숭앙된 신라 말의 승려.

11. 옛 임원역 땅에 건설된 대화궁이 '임원궁'으로도 불린 것은 그 산성을 임원궁성이라고 부른 것에 따라 분명하며 『고려사』(권53) 「오행지」에도 보인다.

인종 9년(1131) 4월 을미일 서경 임원궐 안 뜰에서부터 모래를 제거했는데, 궁궐 안 깊이 먼지가 쌓인 곳까지 모두 새 발자국이 남아 있었다. 그것을 보고 사람들은 "궁궐이 장차 폐허가 돼 새와 짐승이 모여들 징조"라고 했다. 九年四月乙未, 西京林原闕內, 自庭除沙土, 至宮內幽深塵埃之處, 皆有鳥雀之跡. 人以謂將爲丘墟, 鳥獸聚集之兆.

12. 인종 8년(1130) 10월 서경에서 돌아왔을 때의 사면령이다(「인종세가」).

13. 인종 10년(1132) 11월의 조서(「인종세가」).

14. 「묘청열전」.

15. 「묘청열전」.

16. 「인종세가」.

17. 『고려사』(권47) 「천문지」.

18. 『고려사』(권98) 「임완열전」.

19. 『고려사』(권98).

20. 「인종세가」.

21. 「인종세가」; 「묘청열전」; 「김부식열전」.

22. 「김부식열전」.

23. 앞서 『동양학보』에 실은 「병풍 평양도」의 도판은 조금 선명하지 않기 때문에 새로운 것으로 교체했다. 이 책에 실은 것은 1932년 10월 만주 출장에서 돌아오면서 그 목적을 위해 조선총독부 박물관 평양분관에서 특별히 촬영한 것이다.

24. 「김부식열전」.

25. 두 지주의 전체 길이는 16척(4.8미터)쯤이다. 그 사이에 끼여진 직사각형의 석판이 있고, 당간을 이어준다. 길이는 8척 6촌(3미터), 폭은 3척 7촌(1.1미터), 두께는 1척 3촌(0.4미터)이다. 가운데는 당간이 놓인 자리를 표시했는데 지름 1척 3촌이다. 지주는

이 석판에서 꼭대기까지 13척 5촌(4.1미터)이다.

26. 『동국여지승람』에서 "능라도는 둘레가 12리(4.7킬로미터)로 백은탄 북쪽에 있다綾羅島, 周十二里, 在白銀灘北"고 했으며 「병풍 지도」에서도 백은탄의 위치를 섬 남쪽 모서리에 기록했다.

27. 『고려사』(권94) 「지채문열전」.

28. 『고려사』(권94) 「강감찬열전」.

29. 『고려사』(권58) 「지리지」.

30. 『용강군 읍지』.

31. 『동문선』(권2).

32. 그림 7의 사진은 올해(1919년) 1월 처음 시노다 지사쿠 씨가 찍은 것으로 얼음이 언 보통강을 사이에 두고 문제의 둑을 바라본 풍경이다.

12편 몽골의 고려 침략

1. 『고려사』, 「고종세가」 권130, 「조숙창열전」 권121, 「문대文大열전」 권103, 「김경손열전」, 「박서열전」.

2. 강화가 이루진 뒤 세 원수의 침략은 『고려사』 「고종세가」 38년(1251) 9월 "현종 때의 [대장경] 판본은 임진년(고종 19년, 1232) 몽골군에 의해 불탔다顯宗時板本, 燼於壬辰蒙兵"고 한 대장경판의 소실과 연결해 생각해야 하는 사실이다. 관련 사항은 곧 따로 발표할 논문에서 다룰 것이므로 여기서는 생략한다(『滿鮮史硏究』, 中世 2冊 수록 「高麗朝の大藏經」 5장 1절 참조).

3. 앞서 인용한 『고려사』의 기록(10월 임신일)에 따르면 고려 조정은 평주에서 체포한 두 사신이 개경에 보내질 때까지 이번의 침략자가 몽골군임을 몰랐다고 했다. 그러나 몽골군이 처음 함신진(의주)를 포위한 것은 그 50여 일 전이므로 고려 조정이 아무리 사정에 어둡다고 해도 그런 일은 결코 있을 수 없다. "이때부터 나라에서는 비로소 몽골군이라는 것을 믿었다"는 것은 이 표문에 따라 『고려사』 편자가 덧붙인 부분으로 생각된다. 그러나 몽골군의 침입을 다른 세력으로 생각했다는 것은 변명하기 위한 허망한 말이 분명하다.

4. 『익재집』, 「역옹패설」 전집前集 1 조선고서간행회.

5. 다루가치에 대해서는 야나이 와타리 씨의 자세한 연구가 있다. 『滿鮮地理歷史硏究

報告』3책, 451쪽 이하 참조. 箭內亘, 『蒙古史研究』, 306쪽 이하.

6. 「역옹패설」 전집, 제1.

7. 『고려사』(권37), 「충목왕세가」 2년(1346) 10월 ; 같은 책(권110), 「이제현열전」

8. 선덕은 동북면의 정주定州(함경남도 정평定平) 동쪽에 있는 진 이름이므로 영덕의 오기임이 분명하다.

9. 『고려사』(권103), 「박서열전」 「최춘명열전」.

10. 『고려사』(권129), 「최이열전」.

11. 이 표문과 진정서 다음에 실린 「다시 살리타이에게 보내는 답서又答撒禮塔書」에서는 화복과 생사는 모두 장군의 손 안에 있고 살리타이의 도움에 따라 안전히 전달되기를 바란다는 내용을 담아 사신에게 전달케 했다. 다만 『고려사』에는 사신을 파견했다는 기록이 없고 자연히 사신의 이름도 나오지 않지만 「원·고려기사」의 아래 기사로 그 누락을 보충할 수 있다.

> [태종 4년(1232)] 10월 국왕 철이 장군 김보정과 낭중 조서장을 보내 표문을 올리고 사정을 진술했다. 十月, 國王皞遣將軍金寶鼎·郎中趙瑞璋上表陳情.

그러나 10월이라는 날짜는 잘못이다. 사신이 몽골에 들어간 것은 일러도 연말이 분명하다.

12. 9월 「몽골 관원에게 보낸 답서」.

13. 살리타이의 2차 침략과 관련해서는 이 논문을 쓴 뒤 부인사符仁寺 대장경판 소실 문제와 함께 다시 검토하면서 처음의 견해를 많이 고쳤다. 池內宏, 「高麗朝の大藏經に關する一二の補正」, 『滿鮮史研究』, 中世 2冊 참조.

14. 1차 침략 때 살리타이가 고려에 보낸 서신에서 "너희 나라가 항복하지 않으면 우리는 끝내 돌아가지 않을 것이지만 항복하면 동진(포선만노의 나라)으로 방향을 돌릴 것"이라고 했다.

15. 『원사』 「태종본기」: 2월 철열도 지방으로 행차해 제왕諸王들에게 조서를 내려 포선만노 정벌의 논의케 한 뒤 마침내 황자 귀위크와 제왕 안적대에게 좌익군을 거느리고 토벌케 했다. 二月, 幸鐵列都之地. 詔諸王議伐萬奴, 遂命皇子貴由及諸王按赤帶將左翼軍討之.

태종이 포선만노 정벌을 논의한 것과 귀위크 등에게 출정을 명령한 것은 거의 같은 때로 보이지만 '마침내遂'라는 표현이 있는 것을 보면 반드시 그렇지는 않다. 『원사』「태종본기」에는 긴 시간에 걸친 사실을 어떤 달에 합쳐 서술한 기사가 많다. 다음 기사들이 그렇다.

- 태종 3년(1231) 8월: 고려가 사신을 살해한 것을 이유로 살리타이에게 군사를 거느리고 토벌케 해 40여 성을 차지했다. 고려 국왕 왕철은 그 아우 회안공을 보내 항복을 요청했다. 살리타이는 제도에 따라 관직을 설치해 그 땅을 나눠 지키게 하고 돌아왔다(살리타이의 1차 침략).
- 4년 8월: 살리타이가 다시 고려를 침략했다가 화살에 맞아 죽었다. 撒禮塔復征高麗, 中矢卒.

16. 「고종세가」 21년(1234) 2월 임신일. 이날 변경에서 "몽골군이 기병 100여 명을 동진에 남겨두고 나머지는 모두 이끌고 돌아갔다"고 보고했다. 是日邊報, 蒙兵留百餘騎於東眞, 餘皆引還.

17. 이 조서의 전문은 「원·고려기사」에 보인다. 『원사』「고려열전」과 『고려사』「고종세가」에서는 그것을 축약해 실었지만 내용은 같다. 「고종세가」가 『원사』「고려열전」에 의거한 것으로 생각된다.

18. 「원·고려기사」; 『원사』「홍복원열전」; 『원사』(권59)「지리지」, 심양로.

19. 『고려사』에서는 "[고종 22년(1235)] 윤7월 병자일 몽골군이 안변도호부를 침략했다고 서북면 병마사가 보고했다閏七月丙子; 西北面兵馬使報蒙兵侵安邊都護府"고 했지만 안변도호부는 함경남도 남쪽 경계인 지금의 안변으로 동북면 지역이므로 '안변'은 '안북安北'의 오기로 생각된다.

20. 9월 신미일. 안동(경상북도) 사람이 몽골군을 끌어들여 동경(경상남도 경주)으로 가려고 계획하니 상장군 김이생을 동남도지휘사로, 충청주도안찰사 유석을 부장으로 삼았다. 辛未, 以安東人謀引蒙古兵向東京, 命上將軍金利生爲東南道指揮使, 忠淸州道按察使庾碩副之.

그러나 용강성 등 세 성이 함락되고 동주성이 무너지기 전의 사건으로 보기는 의심스럽기 때문에 채택하지 않는다.

21. 탕고트 정벌의 첫 해의 사실로 보기 어렵다는 앞 주석의 기사는 이런 결함을 보완

할 수 있는 것들 가운데 하나로 생각된다. 그리고 침략 4년째(고려 고종 25년 무술년, 1238)에는 9월에 신미일이 없으므로 침략 3년째 9월의 일로 보인다.

22. 다음 기사들에 따른 것이다.

- 「원·고려기사」: [태종] 11년(1239. 기해년) 4월 황제의 명령을 받들어 김보정의 부하인 교위 황정윤과 의주별장 박희실에게 조사詔使를 따라 먼저 돌아가게 했다. 5월 1일 조서를 내려 왕철을 입조케 했다. "(…) 만약 원래 내렸던 조서의 명령을 삼가 따라 직접 대궐에 온다면 모든 법제에 대한 가르침을 마친 뒤 마땅히 군사를 돌릴 것이다. 너희가 조서를 어기면서 그때마다 와서 변명하고 군사를 거둬달라고 간청하는 것은 이치에 맞지 않는다. (…)" 9월 김보정과 송언기가 조사를 따라 돌아왔다. 十一年己亥四月, 奉旨遣寶鼎僚屬校尉黃貞允·義州別將朴希實從詔使先還. 五月一日, 降詔徵曒入朝曰, (…) 若能欽依元降詔旨, 躬親赴闕, 所有一切法制宣諭了畢, 卽當班師. 爾等違背詔書, 輒來奏告, 乞令軍馬回程, 于理未應. (…) 九月, 寶鼎·彦琦從詔使還國.

- 「고종세가」: 26년(1239) 여름 4월 몽골에서 보가와 아질 등 20명을 보내 조서를 갖고 와서 국왕의 입조를 요구했다. 국왕은 제포관에서 조서를 맞이했다. 이달 몽골군이 돌아갔다. 二十六年夏四月, 蒙古遣甫可·阿叱等二十人齎詔, 來諭親朝. 王迎詔于梯浦館. 是月蒙兵還.

다만 몽골의 사신이 파견된 달과 그가 고려에 도착한 달을 같게 본 것은 이상하지만 「원·고려기사」(『경세대전』)의 편자가 자국에 전달하지 않은 이 사실을 고려의 기록에 따라 서술했기 때문으로 생각된다. 그 책에는 그런 기사가 많기 때문에 그 날짜를 그대로 믿어서는 안 된다. 전 해 말 "12월 24일 왕철이 그 장군 김보정과 어사 송언기 등을 보내 표문을 받들고 입조케 했다十二月二十四日, 曒遣其將軍金寶鼎·御史宋彦琦等奉表入朝"고 한 것도 고려 쪽 기사를 근거로 한 것이다. 또 태종의 조서를 5월 1일에 기록한 것은 오류가 분명하다.

23. 다음 기사들에 근거한 것이다. 그러나 「원·고려기사」의 날짜는 채택하지 않았다.

- 『고려사』「고종세가」 26년 8월: 보가와 파하 등 137명을 보내 다시 국왕의 친조를 요구했다. 遣甫加·波下等一百三十七人來, 更徵王親朝.

- 「원·고려기사」: [태종 11년(1239)] 9월 김보정과 송언기가 조사를 따라 돌아왔다. 10월 13일 교지를 내려 왕철에게 말했다. 九月, 寶鼎·彦琦從詔使還國. 十月十三日,

降旨宣諭瞰.

24. 조서는 「원·고려기사」에 실려 있다. 그러나 그 책에서 그것을 5월에 둔 것은 오류다 (조사가 고려에 온 것은 3월이다).

25. 「원·고려기사」에서 이 회답사(조수趙脩·김성보金成寶 등)가 3월에 왔다고 한 것은 따르지 않는다.

26. 『원사』「태종본기」에서 순이 인질로 간 것을 이해 가을이라고 기록한 것은 잘못이다.

27. 『원사』(권120), 「오야이열전」

28. 『고려사』(권130) 「홍복원열전」; 『원사』(권154) 「홍복원열전」; 같은 책 「홍준기洪俊奇(홍차구)열전」; 같은 책(권590) 「지리지」, 심양로; 같은 책(권166) 「왕준열전」

29. 아무간은 요동의 관원이다(주 38 참조).

30. 『고려사』「지리지」: 청새진은 고종 4년(1217) 거란군을 막는 데 공을 세워 위주 방어사로 승격시켰다. 그 뒤 오랑캐(몽골)에 투항해 나라를 배반하니 희주로 이름을 바꾸고 개주의 겸관으로 삼았다. 清塞鎭, 高宗四年, 以禦丹兵有功, 陞威州防禦使. 後投狄背國, 改稱熙州, 爲价州兼官.

31. 『滿鮮地理歷史研究報告』8책, 273쪽(『滿鮮史研究』, 中世 第2冊)

32. 『원사』「홍복원열전」: 을사년(1245) 정종이 아무간에게 군사를 거느리고 홍복원과 함께 위수·평로성을 함락시키게 했다. 乙巳, 定宗命阿母罕將兵與福源共拔威州·平虜城. 여기서 이 사건을 정종 즉위 전 해인 을사년에 연결시킨 것은 오류다.

33. 개성에서 풍덕을 거쳐 강화도로 가는 지금의 해창포海倉浦 부근, 곧 강화도 안의 승천포 맞은편으로 생각된다. 고려 때의 승천부는 지금의 풍덕이다(『동국여지승람』[권13], 풍덕군 부분 참조).

34. 「원·고려기사」에 실린 기유년(고려 고종 36년, 1249) 8월 15일자 황후와 황태자의 지시는 그런 추측을 뒷받침한다.

35. 「고종세가」 38년(1251) 10월. 국왕이 재추와 4품 이상 문무 관원에게 몽골의 조서에 어떻게 회답할지 의논하게 했다. 태자가 친조하자는 의견도 있었고, 국왕이 연로하고 병들어 친조할 수 없다고 말했다가 다시 힐책하면 태자를 보내 친조하게 해도 늦지 않을 것이라는 의견도 있었다. 王命宰樞及文武四品以上, 議答詔. 或言太子親朝, 或言王老病未得親朝爲辭, 待更詰, 遣太子親朝, 未晩.

그 뒤의 논의에서 어떤 의견이 채택됐는지는 이듬해 고려를 침략한 몽골 원수 예쿠가 고려 사신에게 말한 것에 따라 분명히 알 수 있다.

> 「고종세가」 40년(1253) 8월: 황제께서는 국왕이 연로하고 병들었다는 평계로 입조
> 하지 않는다고 생각해 사실인지 아닌지 확인하고 싶어 하십니다. 국왕이 올 것인
> 지 아닌지를 6일 안에 다시 와서 알려 주기 바랍니다. 帝慮國王稱老病不朝, 欲驗
> 眞否. 王之來否, 限六日, 更來報.

36. 이현이 몽골에 간 뒤의 상황은 「최항열전」에 자세하다.

37. 툴루이의 한 아들로 생각되지만 『원사』(권107) 「종실 세계표」의 아들 11명에는 보이지 않
는다. 다만 셋째와 다섯째 아들은 이름을 알 수 없는데, 그 가운데 한 사람이 아닐까?

38. 아무간은 정종 때 고려를 침략한 장수인데, 앞의 정벌 때부터 홍복원과 함께 요동에
거처했다.

> • 「고종세가」: 아무간과 홍복원은 황제가 있는 곳으로 가서 "고려가 겹성重城을 쌓은
> 것은 육지로 나와 항복할 뜻이 없는 것"이라고 말했다. 阿母侃·洪福源詣帝所言高
> 麗築重城, 無出陸歸款意.
> • 「최항열전」: [고종] 39년(1252) 이현이 몽골에 사신으로 갔다. (…) 이현이 몽골에
> 도착하기 전 동경관인 아무간과 통사 홍복원이 군사를 보내 정벌하자고 요청했다.
> 三十九年, 李峴奉使如蒙古. (…) 峴未至蒙古, 東京官人阿母侃·通事洪福源等請發兵
> 伐之.

39. 예쿠는 「원·고려기사」와 『원사』 「헌종본기」, 「홍복원열전」, 「왕준열전」에 '야호耶虎'로
씌어 있다. 「왕영조王榮祖열전」에는 '야홀也忽'로 돼 있다.

40. 4월 이전 출병 준비를 마친 예쿠가 여름이 끝나기를 기다려 침략한 것은 이현의 말
에 따라 추수 때를 선택했기 때문으로 생각된다.

> 『고려사』(권130) 「이현열전」: 몽골에 사신으로 갔다가 2년 동안 억류됐는데, 예쿠
> 를 설득했다. "우리나라의 도성은 섬에 있지만 공부貢賦는 모두 주·군에서 나오니,
> 가을 이전에 주·군을 습격하면 도성 사람들은 반드시 곤궁해질 것입니다." 마침내
> 금패를 받고 예쿠를 인도해 [고려에] 와 몽골군을 따라다니면서 여러 성을 회유해
> 항복시켰다. 使于蒙古, 被留二年, 說也窟曰, 我國都介于海島, 貢賦皆出州郡, 若於
> 秋前, 奄襲州郡, 都人必窘. 遂受金牌, 導也窟而來, 隨蒙古兵, 諭降諸城.

41. 「고종세가」 37년(1250) 3월. 북계의 창주가 [개경] 가까운 곳으로 들어올 것을 요청하

자 허락하고 안악현(서해도 소속)으로 옮겼다. 이보다 먼저 위주도 은율현(역시 서해도 소속)으로 옮겼는데, 이때부터 북계의 백성이 모두 서경의 기내와 서해도로 옮겨와 살게 됐다. 北界昌州請入近地, 許之, 移于安岳縣. 先是威州亦遷于殷栗縣, 自此北界州民, 皆內徙西京畿內及西海道.

42. 『고려사』(권101) 「권세후열전」.

43. 『고려사』(권101) 「백돈명열전」.

44. 「최항열전」과 세가 8월 경오일 참조.

45. 「헌종본기」: 헌종 3년(1253) 정월. 제왕 예쿠는 원한 때문에 제왕 타차르의 진영을 습격했다. (…) 예쿠의 고려 원정군을 해체하고 잘라이르다이를 정동원수로 삼았다. 諸王也古以怨襲諸王塔刺兒營. (…) 罷也古征高麗兵, 以札剌兒帶爲征東元帥.

이 기사의 '헌종 3년 정월'이라는 날짜는 믿기 어렵다. 잘라이르다이가 정동원수에 임명된 것은 그 뒤의 일로 생각된다. 타차르는 예쿠를 따라온 몽골 황족으로 여겨진다.

「헌종본기」 3년(1253) 12월: 종왕 야호에게 홍복원과 함께 군사를 이끌고 고려를 정벌하게 하니, 화산성·동주성·춘주성·삼각산성·양근성·천룡성 등을 공격해 함락시켰다. 命宗王耶虎與洪福源同領軍征高麗, 攻拔禾山·東州·春州·三角山·楊根·天龍等城.

이것은 해(3년 계축년)만 들고 달을 밝히지 않은 『경세대전』(「원·고려기사」)의 기록을 옮겨 싣고 근거 없이 12월에 연결시킨 것이다.

46. 뭉구다이가 승천궁을 떠난 것과 함께 국왕은 강화도로 돌아왔지만 며칠 뒤 예쿠는 사람을 보내 도성에 다루가치를 배치했음을 알리고 강화도의 성을 허물라고 통고했다. 고려는 서신을 보내 회답했다.

지금 서신을 받아보니 "군대 1만 명을 남겨두고 다루가치를 배치하려고 한다"는 말이 있습니다. 정말 이렇게 한다면 어찌 후환이 없을 것을 보장해 다시 옛 수도로 돌아갈 수 있겠습니까? 이 일을 중지해 우리 백성에게 은혜를 베풀어 주십시오. 성을 허무는 일과 관련해 우리나라는 원래 풍습이 [성 밖에] 노출된 상태로 거주하지 않습니다. 또 해적도 아무 때나 노략질하기 때문에 즉시 허물지는 못하지만 나중에는 명령대로 하겠습니다. 今承明敎, 欲留兵一萬, 置達魯花赤之語. 若果如此, 安得保其無患, 復都舊京耶. 請寢其事, 以惠東民. 若乃坼城子事, 小邦元來, 俗不露居. 又海賊無時虜掠, 是用未卽壞去, 後當依命.

그러나 예쿠는 그대로 북쪽으로 돌아간 것으로 보이며 이 문제는 흐지부지됐다.

47. 『고려사』(권103), 「김윤후열전」.

48. 『고려사』, 「이현열전」.

49. 『원사』 「헌종본기」는 두찬이 매우 심각하다.

- 헌종 3년(1253) 정월: 예쿠가 파직됐다. 잘라이르다이를 정동원수로 삼았다. 以札剌兒帶爲征東元帥.

- 4년 봄: 잘라이르 부 사람인 코르치를 보내 고려를 침략케 했다. 遣札剌亦兒部人火兒赤征高麗.

- 5년: 이해 자릴타이에게 다시 명령해 홍복원과 함께 고려를 침략케 했다. 是歲, 改命剳剌觲與洪福源同征高麗.

곧 세 가지 자료에 의거한 것으로 생각되는 동일한 사실을 세 곳에 나눠 실은 것이다. 이 기사들 가운데 첫 번째 기사의 날짜는 전혀 믿기 어렵고, 두 번째 기사의 '봄'은 맞을지도 모르지만 전통사箭筒士(활 쏘는 군사)라는 뜻의 관직 이름인 코르치를 인명에 비정한 것은 잘못이다. 세 번째 기사는 헌종 4년의 사실로 기록한『경세대전』(「원·고려기사」)의 기사를 옮겨 실으면서 근거 없이 5년으로 연결시켰다.

50. 주 49 참조.

51. 남경부터 충주까지의 피해는 특히 심각해 이듬해 2월 ― 몽골군이 철수한 뒤 ― 황려黃驪(여주)·이천·천녕(여주 서쪽 25리. 9.8킬로미터)·양근(양평)·죽주(죽산)·음죽 등지의 백성을 위무하기 위해 소복별감을 임명했다. 그러나 그 명령을 받은 인물은 주색에 빠져 백성을 착취해 자신의 배를 불렸다고 한다.

52. 『고려사』(권99), 「최린열전」.

53. 『고려사』(권102), 「김수강열전」.

54. 『고려사』(권102), 「김수강열전」.

55. 『고려사』(권130), 「조휘열전」. 몽골의 이 침략 결과 화주에 쌍성총관부가 설치돼 조휘趙暉를 총관, 탁청卓靑을 천호로 임명했다.

56. 「고종세가」 46년(1259) 5월 병오일(3일): 북계병마사가 보고했다. "자릴타이가 갑자기

죽자 황제가 사신을 보내 아두·잉부·삼미 등 3명을 잡아갔습니다." 北界兵馬使報,

車羅大暴死, 帝遣人來, 執阿豆·仍夫·三彌等三人而去.

아두 등에게 살해된 것으로 생각된다.

57. 지난해 12월 부지르普只와 함께 고려의 동북면을 침입한 산지는 대왕의 칭호를 지녔으며 이 송길도 그렇다. 둘은 같은 인물로 생각된다.

58. 예쉬데르가 이 사신(에센於散)을 보낸 사정은 『고려사』 「원종세가」 참조.

처음에 이세재가 연경에 있을 때 홍복원의 아들이 사람을 시켜 황제에게 "고려가 육지로 나와 항복하겠다는 것은 사실이 아닙니다"라고 참소했다. 이세재는 그것을 알고 먼저 예쉬데르에게 "참소하는 자가 있다고 하는데 듣지 마십시오"라고 알렸다. 예쉬데르는 곧 홍복원의 아들을 가두고 에센을 보내 이세재와 함께 와서 육지로 나오는 상황을 살펴보게 했다. 初世材在燕朝, 洪福源子使人訴於帝曰, 高麗出降非眞也. 世材知之, 先告也速達曰, 聞有讒者, 願勿聽. 也速達卽收福源子, 遣於散, 偕世材來, 審出陸之狀.

이세재는 태자를 따라 몽골에 간 사신의 한 사람이고, 홍복원의 아들로는 홍차구·웅군상洪君祥 등이 있었다(홍복원은 전 해 영녕공 준 등의 참소에 따라 헌종의 명령으로 처형됐다). 태자는 연경에서 홍복원의 아들이 참소하는 것을 듣고 놀라 이세재를 돌려보내 예쉬데르에게 해명한 것으로 생각된다.

59. 『고려사』(권130), 「우정于琔열전」.

13편 고려 원종대의 폐립 사건과 몽골의 고려 서북면 점령

1. 이 조서는 원의 『경세대전』의 한 편으로 『원사』 「고려열전」의 전거인 「원·고려기사」(倉聖明智大學出版學術叢編, 14권)에 실려 있다. 『고려사』 「원종세가」(11월 임자일)에 실린 같은 조서에는 "12월 10일을 기한으로"라는 구절이 빠져 있다.

2. 이상은 주로 『고려사』 「원종세가」에 의거했다.

3. 그러나 9월로 연결해 기록한 것은 정확하지 않다. 뒤에서 말하겠다(주 7 참조).

4. 영녕공 준은 고종 28년(몽골 태종 13년, 1241) 인질로 몽골에 간 고려의 왕족이다. 이끌고 간 부민은 몽골에 귀의한 고려인으로 『원사』(권59) 「지리지」에서 "[중통] 4년

(1263) 다시 질자 준을 안무고려군민총관으로 삼아 2000여 호를 나눠 통솔하고 심주를 다스리게 했다四年, 又以質子綧爲安撫高麗軍民總管, 分領二千餘戶, 理瀋州"고 했다. "나눠 통솔했다"는 말은 홍차구와 그렇게 했다는 뜻이다.

5. 홍차구의 아버지 홍복원은 고종 21년(몽골 태종 6년, 1234) 고려에서 요동으로 투항해 태종의 명령으로 동경(요양)에서 거주하게 됐으며 그 뒤 관령귀부고려군민만호에 임명돼 몽골에 귀의한 고려인을 다스렸다. 헌종 말 홍복원은 준의 참소로 처형됐다. 세조가 즉위하자 홍차구는 아버지의 관직을 이어받아 준과 함께 귀부고려군민총관이 됐다.

6. 10일 전인 9월 기미일(16일): 고려의 세자 심에게 특진상주국 동안공을 제수했다. 授高麗世子王愖特進上柱國·東安公.

7. 「원·고려기사」에서 9월에 연결해 "이달 국왕 튀렝게를 보내 군사를 이끌고 고려를 평정케 한 뒤 고려국 관원과 백성에게 조서를 내렸다是月遣國王頭輦哥率兵撫定高麗, 詔諭高麗國官吏·軍民曰"고 한 것은 10월로 옮겨야 한다는 것은 이것에 따라 분명하다.

8. 이장용은 고려의 수상으로 8월 초하루 하절일사賀節日使로 몽골에 갔다.

9. 이 날짜 앞에 적힌 '중통 7년'은 말할 것도 없이 '지원 7년'의 오기다.

10. 『고려사』(권130) 「최탄열전」: 최탄은 서북면 병마사의 영리營吏였다. 원종 10년(1269) 임연이 국왕을 폐위시키고 안경공 창을 옹립하자 최탄은 영리 한신, 삼화현 사람인 교위 이연령 (…) 등과 함께 임연을 죽인다는 명분으로 용강·함종·삼화 사람들을 불러 모은 뒤 함종현령 최원을 죽이고 밤에 가도의 군영으로 들어가 분사어사 심원준·감창 박수혁과 경별초 등을 죽였다. 崔坦, 西北面兵馬使營吏也. 元宗十年, 林衍廢王, 立安慶公淐, 坦與營吏韓愼·三和縣人校尉李延齡 (…) 等, 以誅衍爲名, 嘯聚龍岡·咸從·三和人, 殺咸從縣令崔元, 夜入椵島營, 殺分司御史沈元濬·監倉朴守奕·京別抄等.

또 병마사 홍녹주는 다음 기사에 따라 알 수 있다. "홍녹주가 군영에 도착한 지 10일 만에 난리가 일어났다. 홍녹주는 담을 넘어 달아나 바다에 빠져 죽으려고 했다祿遒至營, 十日而亂作. 祿遒踰垣走, 欲投海死."

11. 『고려사』「원종세가」「최탄열전」.

12. 「최탄열전」: 의주부사副使 김효거가 들로 사냥을 나갔는데, 정주 호장 윤은보가 변란이 일어났다는 소식을 듣고 급보했다. "서경 사람들이 여러 성의 수령을 죽이고 몽

골에 투항하려고 합니다." 김효거가 낭장 강용규에게 조사케 하니 강용규는 영주 경계까지 갔다가 급히 돌아와 "최탄과 한신 등이 한 일"이라고 보고했다. 얼마 뒤 최탄 등은 30여 명을 인솔하고 대부성으로 왔다. 그때 몽골 사신 톡토르가 그 성에 와 있었는데, [그들이 온] 까닭을 묻자 최탄 등은 거짓으로 말했다. "고려가 온 나라를 들어 장차 섬으로 깊이 들어가려고 하면서 북계 여러 성 사람을 모두 죽이려고 했기 때문에 우리는 여러 성의 수령들을 죽이고 상국에 들어가 알리려고 하는 것입니다." 톡토르가 물었다. "근처에 있는 여러 성에는 관리가 많이 있는데, 어째서 그들을 죽이지 않았는가?" 최탄이 대답했다. "공께 아뢴 뒤에 죽이려고 합니다." 톡토르가 말했다. "의주성·인주성·정주성의 수령들은 잡아 오고, 나머지는 모두 죽여라." 이때 김효거와 인주 수령 정신보·정주 수령 한분韓奮 등이 왔는데, 톡토르가 말했다. "내가 부른 것이 아니라 사실은 최탄이 부른 것이니 가서 만나 보라." 김효거가 말했다. "관인官人께서 전에 여러 번 우리 고을에서 사냥하실 때 제가 매번 도움을 받았으니 감사함을 어찌 말로 다하겠습니까? 다만 국법에 국경을 넘을 수 없기 때문에 감히 뵙지 못했을 뿐입니다. 지금 다행히 부름을 받고 서둘러 왔으니, 먼저 관인을 뵙기를 요청합니다." [톡토르가] 허락하자 김효거는 술을 올리면서 간곡히 말했다. "지금 세 성의 수령들이 대관을 뵙게 됐으니 죽어도 한이 없습니다. 그러나 다른 성들의 수령들은 죄가 없는데도 죽게 됐으니 참으로 가엾습니다. 사람을 보내 중지시켜 주십시오." 이에 톡토르가 부하 2명을 보내 중지시키니 죽음을 모면한 사람이 매우 많았다. 이때 김효거 등 22명은 체포돼 몽골로 보내졌다. 義州副使金孝巨出獵于野, 靜州戶長尹殷甫聞變馳告曰, 西京人殺諸城守, 欲投蒙古. 孝巨使郎將康用圭跡之, 用圭至靈州界, 奔還曰, 崔坦·韓愼等所爲也. 俄而坦等率三十餘人, 至大富城. 時蒙古使脫朶兒來在此城, 問其故. 坦等詭言曰, 高麗卷土, 將深入海島, 盡殺北界諸城人故, 吾等殺諸城守, 欲入告上國. 脫朶兒曰, 近處諸城官吏多在, 何不殺之. 坦曰, 欲禀於公, 殺之. 脫朶兒曰, 可執義·麟·靜三城守以來, 餘皆殺之. 於是孝巨及麟州守鄭臣保·靜州守韓奮等至, 脫朶兒曰, 非我召之, 實坦也, 可往見之. 孝巨曰, 官人前日累獵弊境, 予每蒙護恤, 感戴何言. 第國法不得越境故, 不敢謁耳. 今幸承喚, 顚倒而來, 請先謁官人. 乃許之. 孝巨因進酒, 從容言曰, 今三城守, 獲謁大官, 雖死無恨. 彼諸城守, 無辜見殺, 誠可憐憫. 請遣使止之. 脫朶兒乃遣麾下二人止之, 獲免者頗多. 於是孝巨等二十二人被執, 歸于蒙古.

13. 『고려사』「원종세가」

14. 『원사』「세조본기」에서 원종의 입조를 보고하러 고려 사신 박휴朴烋가 온 것을 11월 말로 한 것은 정확하지 않다. 그가 출발한 날(11월 27일)에서 미뤄보면 연말이나 이듬해 초로 생각된다(주 15 참조).

15. 원종의 입조 소식을 지닌 사신은 지난해 11월 27일 고려의 도성을 출발한 박휴로 곧 이 앞부분의 기사는 지난해 11월 말에 연결해 기록된 다음 기사에 해당하는 것으로 생각된다(주 14 참조).

고려 국왕 왕식이 상서예부시랑 박휴를 보내 흑적을 따라 입조케 하고 표문에서 조서를 받아 이미 복위했으니 곧 자신도 입조할 것이라고 말했다. 高麗國王王植遣其尙書禮部侍郞朴烋從黑的入朝, 表稱受詔已復立, 尋當入覲.

16. 箭內亘, 「滿洲に於ける元の疆域」, 『滿洲歷史地理』 2권, 340쪽.

17. 동녕로의 강역은 야나이 씨와 쓰다 씨의 연구가 있다(『滿洲歷史地理』 2권, 338쪽 이하 및 『滿洲歷史地理』 2권, 180쪽 이하).

14편 고려의 삼별초에 대해

1. 이 책은 원의 『경세대전』의 한 편으로 『원사』「고려열전」에 의거한 것이다. 민국의 왕국유王國維는 가소민柯邵忞 『영락대전』에서 추려낸 것을 창성명지대학倉聖明智大學 학술총편學術叢編에 수록해 간행했다.

2. 『조선금석총람』에 실려 있다.

3. 윤인첨은 유명한 윤관의 손자다.

4. 『고려사』(권77) 「백관지」 서반西班. 감문위. 1령이다. 위衛에는 정3품 상장군 1명, 종3품 대장군 1명을 뒀다. 영에는 정4품 장군 1명, 정5품 중랑장 2명, 정6품 낭장 5명, 정7품 별장 각5명, 정8품 산원 5명, 정9품 위 20명, 대정 40명을 뒀다. 監門衛, 一領. 衛置上將軍一人正三品, 大將軍一人從三品, 領置將軍一人正四品, 中郞將二人正五品, 郞將五人正六品, 別將五人正七品, 散員五人正八品, 尉二十人正九品, 隊正四十人.

5. 『조선금석총람』 수록.

6. 4장 참조.

7. 『고려사』(권128) 「이의민열전」

8. 「신종세가」 3년(1200) 12월.

9. 이 난에 관련된 기사들은 너무 간략해 주요 내용을 파악할 수 없다. 의비의 이름도 거기는 보이지 않는다.

   - 「신종세가」 5년(1202) 12월: 경주의 반적 패좌 등이 난을 일으키자 김척후·최광의· 강순의 등을 보내 길을 나눠 토벌했다. 慶州賊孛佐等起, 遺金陟侯·崔匡義·康純義 等分道討之.
   - 「최충헌열전」: 경주에서 반란이 일어났다. 慶州叛.

   『고려사』(권100)「정언진丁彦眞열전」; 『조선금석총람』「박인석朴仁碩 묘지」; 같은 책 「최보순崔甫淳 묘지」; 『동국이상국집』(권35)「전원균田元均 묘지명」; 같은 책(권38)「동경서악제문東京西岳祭文」「동악제문東岳祭文」「동서양악합제문東西兩岳合祭文」; 같은 책(권1) 연보 등을 참조해 전말을 고찰할 수 있다.

10. 열전 앞부분: 채정은 본래 음성현의 향리였는데, 학문에 힘써 경서를 통달했다. 과거에 급제해 동도의 서기를 맡았다. 蔡靖, 本陰城縣吏, 力學通經. 登第, 掌東都書記.

   그러나 채정과 동경의 관계는 이것만이 아니다. 그가 지은 「신라 효자 손시양孫時揚 정려비」(『조선금석총람』)에서는 "대정 22년(명종 12년, 1182) 임인년 12월 일 동경유수 채정時大定二十二年壬寅十二月日東京留守蔡靖"이라고 해서 일찍이 동경유수로 재임한 일이 있었다.

11. 『고려사』(권128)「정방의鄭方義열전」

12. 「원종세가」 12년(1271) 10월: 교서를 내렸다. (…) "제주를 지키다가 전사한 장군 고여림과 영광부사 김수, 그리고 역적 토벌에 종사한 경외별초의 아들은 자급을 넘어 관직을 상으로 주고 아들이 없는 사람은 부모와 처의 세금을 면제해준다." 敎曰, (…) 戌濟州戰死將軍高汝霖·靈光副使金須及從討逆賊京外別抄之子, 超資賞職, 無子者復其父母及妻.
   원종 14년(1273) 10월: 교지를 내렸다. "지난번 탐라를 토벌할 때 도망친 경외별초가 매우 많았으니 처벌하지 않을 수 없다." 傳旨曰, 向者討耽羅, 京外別抄亡命者甚多, 不可不懲.

13. 「원충갑열전」을 끝까지 읽어보면 원주에는 카단이 고려를 침입하기 전부터 별초가 갖춰진 것처럼 보이지만 그렇지는 않다. 카단은 고려가 변경의 수비를 갖추고 1년쯤

뒤 철령을 넘어 원주를 침입했기 때문에 원주의 별초는 그 사이에 조직된 것으로 생각된다.

14. 『익재집』,「역옹패설」 전집 1.

15. 「명종세가」 및 「경대승열전」 참조.

16. 5장 참조.

17. 『고려사』「최항열전」.

[부설] 삼별초의 반란

1. 이 반란에 관련된 주요 사료는 『고려사』「원종세가」와 「김방경열전」(권104)이다. 이 논문의 서술은 주로 이것에 따랐다. 그밖에 『고려사』에서는 「배중손열전」(권130)과 「김응덕金應德열전」(권103), 『원사』에서는 「세조본기」「고려열전」「홍차구열전」(권154) 등의 관련 기사를 참고했다.

2. 진도에서 삼별초의 근거지는 『동국여지승람』(권37) 진도군 고적 조에 다음과 같이 나와 있다.

> 용장성은 지금의 치소 동쪽 25리(9.8킬로미터)에 있다. 돌로 쌓았고 둘레 3만 8741자(11.7킬로미터), 높이 5자(1.5미터)다. 고려 원종 때 삼별초가 모반해 강화부에서 이 섬으로 들어와 웅거하고 궁전을 크게 지었다. 김방경이 토벌해 평정했는데, 이것이 그 옛터다. 龍藏城. 在今治東二十五里. 石築. 周三萬八千七百四十一尺, 高五尺. 高麗元宗時, 三別抄叛, 自江華府入據此島, 大營宮殿. 金方慶討平之, 此其舊基.

3. 『고려사』 세가에는 원종 11년(1270) 6월 신사일(13일) "김방경을 역적 추토사로 삼았다以金方慶爲逆賊追討使"고 했지만 「김방경열전」을 참조하면 이 김방경은 신사전의 오기로 생각된다.

15편 원 세조와 탐라도

1. 삼별초의 반란과 그들을 토벌해 평정한 전말은 池內宏,「高麗の三別抄について」,「附說 三別抄の反亂」 참조(이 책 수록).

2. 한국어로 '저포苧布'를 '모시'라고 한다. '毛施'는 그 음역으로 생각된다. 다음 자료를

참조하라.

- •『원사』「세조본기」 지원 14년(1277) 5월: 탐라국에서 올해 바쳐야 할 백저를 감면해줬다. 免耽羅國今歲入貢白紵.
- •지원 28년(1291) 11월: 탐라에서 사신을 보내 동저 100필을 바쳤다. 耽羅遣使, 貢東紵百匹.

3. 탐라에 주둔한 군사가 대부분 고려군이었음은 다음 기록으로도 알 수 있다.

『원사』「세조본기」 지원 21년(고려 충렬왕 10년, 1284) 7월: 타라치가 말했다. "튀렝게 국왕이 고려에 나가 지켰을 때 왕속 등이 소속된 부部의 군사 400명을 선발해 갔습니다. 이제 튀렝게는 이미 돌아왔지만 군사는 탐라에 남겨둬 그 처자와 헤어진 지가 오래됐으니 다른 군사로 교대해 지키게 해야 합니다." 바얀 등이 의논해 고려군 1000명을 탐라에 주둔시키고 남아서 지키던 400명은 집으로 돌아가게 하니 그 의견에 따랐다. 塔剌赤言, 頭輦哥國王出戍高麗, 調旺速等所部軍四百以往. 今頭輦哥已回, 留軍耽羅, 去其妻子已久, 宜令他軍更戍. 伯顏等議, 以高麗軍千人屯耽羅, 其留戍四百人縱之還家, 從之.

4. 池內宏,「高麗元宗朝の廢立事件と蒙古の高麗西北面占領」 3장 참조(이 책 수록).

5. 『고려사』「충렬왕세가」

16편 고려에 주재한 원의 다루가치

1. Bretschneider, Mediaeval Researches, vol.1 70쪽, 주 174.

2. 『이십이사차기二十二史箚記』 권29 몽골 관명.

3. 『滿鮮地理歷史硏究報告』 3책 「元代社會三階級」, 451~467쪽 ; 箭內亘, 『蒙古史硏究』.

4. 池內宏, 『元寇の新硏究』, 5장.

5. 이 책은 지금 망실돼 전하지 않은 『원경세대전』의 한 편으로 『원사』「고려열전」의 자료가 됐다.

6. 池內宏, 『元寇の新硏究』, 8장.

7. 『고려사』(권104), 「김방경열전」

8. 위와 같음.

9. 『원문류元文類』(권58) 「중서우승상 사공 신도비中書右丞相史公神道碑」.

[부기附記]

1. 『滿鮮地理歷史硏究報告』 10책, 131~137쪽(이 책 수록).

2. 『흑달사략黑韃事略』.

17편 정동행성의 창설과 폐지

1. 다음 기사 참조.

- 『원사』(권154) 「홍차구열전」: [지원] 11년(1274) (…) 8월 동정우부도원수로 임명해 도원수 쿠둔(힌두) 등과 함께 수군 2만을 거느리고 바다를 건너 일본을 정벌케 했다. 十一年 (…) 八月, 授東征右副都元帥, 與都元帥忽敦等, 領舟師二萬, 渡海征日本.
- 『고려사』「충렬왕세가」 즉위년(1274) 10월: 도독사 김방경은 중군을 이끌고 (…) 원의 도원수 쿠둔·우부원수 홍차구·좌부원수 유복형과 함께 (…) 일본을 정벌했다. 都督使金方慶將中軍, (…) 與元都元帥忽敦·右副元帥洪茶丘·左副元帥劉復亨, (…) 征日本.

2. 『고려사』「원종세가」 15년(1274) 6월 조에 실린 「중서성에 올린 상소」: 변산은 부안 서남쪽에 있으며 그 남쪽에는 줄포항苗浦港이 있는 산이다. 천관산은 지금의 장흥읍 고읍면古邑面의 해변에 있는 산이다.

3. 장바아투르는 다음 기록의 바투 장규에 해당한다.

「세조본기」 지원 18년(1281) 정월: 바투 장규와 이정을 뒤에 남게 하고 힌두·홍차구 군에게 육지로 가서 [바다를 건너] 일본에 도착하도록 명령했다. 以拔都張珪· 李庭留後, 命忻都·洪茶丘軍, 陸行抵日本.

拔突발돌(拔都발도)는 용감·용사 등을 뜻하는 몽골어 '바투'의 대역어다.

『원사』(권99) 「병지」 숙위: 용감해 대적할 수 없는 사람을 바투라고 한다勇敢無敵之士, 日拔突.

그러나 바투 장규는 장희張禧의 오류며 장홍범張弘範의 아들 장규가 아니다. 왜냐하면 장희는 그 열전(『원사』 권165)에서 아래와 같이 서술했고, 장규는 그의 열전(『원사』

권175)에 따르면 지원 16년(1279) 아버지 장홍범이 죽었을 때 16세의 소년이었을 뿐
아니라 일본 정벌과는 전혀 무관한 것으로 보이기 때문이다.

> 지원 17년(1280) 진국상장군 도원수를 더했다. 그때 조정에서는 일본 정벌을 논의
> 했는데 장희가 가겠다고 요청하자 그날로 행중서성 평장정사(참지정사?)에 임명해
> 우승 범문호·좌승 이정과 함께 수군을 이끌고 바다를 건너 일본을 정벌케 했다.
> 十七年, 加鎭國上將軍都元帥. 時朝廷議征日本, 禧請行, 卽日拜行中書省平章政事,
> 與右丞范文虎·左丞李庭, 同率舟師, 泛海東征日本.

4. 「충렬왕세가」 6년(1280) 8월.

5. 차간노르는 몽골어로 '흰 호수白湖'라는 뜻이다. 그 때문에 '흰 바다白海'라고도 한
   다. 호수의 정확한 위치를 책상 위에서 파악하기는 어렵지만 고 야나이 박사의 연구
   에 따르면 대체로 일본의 육지측량부가 작성한 「동아지도」에 보이는 소함호小鹹湖
   (동·서오란락이東·西烏蘭諾爾) 부근의 한 호수로 생각된다(「元朝斡耳朶考」 부록 「察罕腦
   兒考」, 『東洋學報』 10권 3호).

6. 아래 기사는 고려의 권신 임연이 멋대로 원종을 폐위하자 심이 연경에서 그를 응징하
   기 위해 세조에게 군사를 요청한 때의 일이다.

> 『원사』 「세조본기」 지원 6년(1269) 9월: 고려의 세자 심(원종의 세자였던 당시의 충렬
> 왕)에게 칙서를 내려 군사 3000명을 이끌고 가서 그 나라의 혼란을 안정시키게 했
> 다. 심이 동안공에 책봉되는 것을 사양하자 특진상주국을 제수했다.

7. 다른 한 문서의 내용은 다음과 같았다.

> 군대가 지나가는 곳에 법을 무서워하지 않는 군사가 불을 질러 풀을 태울까 걱정
> 된다. 이런 일은 이해가 얽힌 일이니 잘 살펴 휘하에 지시해 방을 붙여 금지하고
> 만약 어기면 처벌하라. 經行去處, 竊恐不畏公法之人, 放火燒草, 事係利害, 請照驗
> 行下合屬, 出牓禁約, 如違, 罪有所歸.

둘을 합쳐 생각하면 이런 문서들은 정수일본행중서성사가 돼 고려로 간 홍차구 등이
이 일을 고려에 미리 알리기 위해 작성됐고 예쉬데르는 그 전달을 맡은 것으로 생각
된다.

8. 이것은 고려의 재상 김방경이 난을 일으켰다는 거짓 소문이 원에 전해졌을 때의 조처로 「세조본기」에서는 "힌두와 홍차구에게 군사를 갖춰 대비케 했다命忻都·洪茶丘, 飾兵禦備"고 했다.

9. 원의 왕족 시례기失列吉·탈탈목脫脫木 등이 막북에서 반란을 일으켰기 때문이다.

10. 충렬왕의 요구에 따른 세조의 조처로 홍차구와 함께 그 부하의 군사를 고려에 주둔시키지 않게 됐다.

11. 「세조본기」지원 13년(1276) 6월; 「원·고려기사」지원 15년(그리고 『원사』 「고려열전」의 해당 기사). 『고려사』 「충렬왕세가」에 실린 4년(지원 15년) 7월 중서성에 올린 상소 등을 참조하라.

12. 주 3 참조.

13. 『원사』 「세조본기」지원 19년(1282) 6월 경인일 ; 『원사』(권129), 「아랄한열전」; 『원사』(권129), 「아탑해열전」

14. 1925년 이와마 도쿠야岩間德也 씨가 금주성 밖에서 발견한 것으로 그 과정은 그의 『원 장백호 묘비고元張百戶墓碑考』라는 작은 책에 실려 있다. 비문에 따르면 장백호의 이름은 장성으로 송의 기주蘄州 사람이다. 지원 12년(1275) 원에 항복했고 그 뒤 여러 번 전공을 세웠고 지원 31년(1284) 식읍으로 하사받은 금주 관내 지역에서 사망했다. 묘비는 지정至正 8년(@@@) 그의 자손이 세웠다(동양문고에 소장된 「황원 고돈무교위 관군상백호 장군 묘비명 탁본皇元故敦武校尉管軍上百戶張君墓碑銘拓本」).

15. 『원사』(권208), 「일본열전」

19편 고려 공민왕의 반원 정책

1. 『원사』(권114) 「후비열전」.

2. 『고려사』(권131) 「기철열전」.

3. 『원사』(권114) 「후비열전」 및 「순제본기」.

4. 『고려사』(권131) 「기철열전」.

5. 『고려사』(권125) 「채하중열전」; (권111) 「염제신열전」.

6. 『고려사』(권114) 「정지상열전」 「공민왕세가」.

7. 석기의 생모 은천옹주 임씨는 본래 충선왕의 손자 단양대군丹陽大君의 손녀였다. 그 때문에 이렇게 말한 것이다.

8. 池內宏,「李朝の四祖の傳說と其の構成」上,『東洋學報』5권 2호.

9. 『목은문고牧隱文藁』권15.

10. 이것은 그해 5월의 사실이다. 다음 절에서 말하겠다.

11. 『고려사』(권131)「기철열전」.

12. 『용비어천가』9장 주석.

13. 『朝鮮歷史地理』권2 218쪽.

14. 『고려사』「지리지」.

15. 문서의 형식은 고려의 행성에서 원의 요양행성으로 보낸 것이지만 이것은 원에 대해 정동행성의 존재를 꾸민 것에 지나지 않는 것으로 생각된다.

16. 김용은 김보와 총애를 다퉜는데, 김보가 모친상을 당하자 교지를 위조해 3년상을 치르게 했다. 위조한 사실이 발각돼 (1355) 12월 제주도로 유배됐지만 기씨가 주살될 때는 이미 복직돼 첨의평리에 임명됐으며 예전처럼 총애를 받았다.

17. 『고려사』(권111)「홍언박열전」

20편 고려 공민왕대의 동녕부 정벌

1. 『滿洲歷史地理』2권, 323쪽.

2. 『명실록』(태조, 권61) 홍무 4년(1371) 2월 임오일 ; (권66) 같은 해 6월 임인일.

3. 『滿洲歷史地理』2권, 363~369쪽.

4. 같은 책, 359쪽.

5. 이 강계는 지금의 강계가 아니고 지금의 만포진에 비정된다. 池內宏,「高麗辛禑朝に於ける鐵嶺問題」,『東洋學報』8권 1호, 1918년 1월, 87~90쪽에서 자세히 설명했다 (이 책 수록).

6. 『東洋時報』, 180호(1913년 9월), 19쪽.

7. 『朝鮮歷史地理』권2 229~235쪽 및 251쪽.

8. 『滿洲歷史地理』권2 365쪽.

9. 『東洋時報』180호, 20~21쪽.

10. 『고려사』권114.

11. 같은 부분.

12. 『朝鮮歷史地理』권2 236쪽.

13. 이 일은 야나이 씨가 이미 말했다. 『滿洲歷史地理』 권2 367쪽 주 5 참조.

14. 한복은 원 사람으로 본명은 바이주다. 순제 지정 원년(1341) 진사시에 장원으로 급제했고 벼슬이 추밀원부사에 이르렀다. 공민왕 19년(1370) 우리 태조가 올랄산성을 공격해 항복시켰는데, 무너진 담 안에서 우는 소리가 들려왔다. 사람을 시켜 살펴보니 어떤 사람이 알몸으로 서서 얼굴을 가린 채 울고 있었다. 잡아서 물어보니 "나는 원에서 장원한 바이주인데 귀국의 이인복이 나와 동갑"이라고 했다. 태조가 그 말을 듣고 바로 옷을 벗어 입히고 말을 줘 태운 뒤 마침내 함께 돌아왔다. 국왕이 후하게 대우해 판사농시사에 임명하고 한복이라는 이름을 하사했다. 韓復, 元朝人, 本名拜住. 順帝至正元年, 擢進士第一名, 官至樞密院副使. 恭愍十九年, 我太祖擊兀剌山城, 城降, 聞壞垣中有哭聲. 使人視之, 有人裸立掩泣. 執以問, 乃曰, 我元朝壯元拜住也, 貴國李仁復, 吾同年也. 太祖聞其語, 卽解衣衣之, 與馬騎之, 遂與俱來. 王厚加待遇, 拜判司農寺事, 賜姓名韓復.

15. 황성에 관련된 아래의 서술은 池內宏, 「高麗辛禑朝に於ける鐵嶺問題」에 실려 있다 (이 책 수록). 서로 중복되지만 이 글이 먼저 씌어졌기 때문에 고치지 않고 그대로 뒀다. 독자의 양해를 부탁드린다.

16. 『조선고적도보』 1책과 거기 실린 부도附圖 2 참조.

17. 세키노 박사의 견해에 따르면 광개토왕릉이라고 했다(『考古學雜誌』 5권 4호, 2~5쪽).

18. 기철은 고려의 권신이다. 딸이 원 순제의 황후가 되자 그 위세를 끼고 권력을 휘둘렀다. 공민왕 5년(1356) 주살됐다. 池內宏, 「高麗恭愍王の元に對する反抗の運動」, 『東洋學報』 7권 1호, 1917년 1월에서 자세히 서술했다(이 책 수록).

19. 『용비어천가』(42장) 주석에서 "나장탑은 요동성 200리(78.5킬로미터)에 있는데 지금도 길가에 탑이 있다螺匠塔在遼東城東二百里, 至今路傍有塔"고 했다. 요동성은 요양이다.

20. 『고려사』 권133.

21. 『고려사』 권113.

22. 『滿洲歷史地理』 권2 367쪽.

23. 홍무 4년(공민왕 20년, 1371) 7월 명은 정료도위지휘사사를 요양에 설치했다. 자세한 사항은 5장 참조.

24. 『고려사』(권43) 「공민왕세가」

25. 『고려사』(권113).

26. 「조선 5만분의 1 약도」참조.

27. 『대명일통지』(권25)도 같다.

28. 『명실록』(권101) 태조.

29. 나하추의 이 침략은 『명실록』에는 홍무 8년(1375) 12월에 자세히 기록돼 있다. 12월
부터 이듬해 정월까지 이어진 사건이었다.

30. 『東洋學報』8권 1호, 91~93쪽(이 책 수록).

31. 『滿洲歷史地理』권2 435쪽.

32. 『東洋學報』8권 1호, 103~106쪽(이 책 수록).

33. 『東洋時報』179호, 27쪽.

34. 『滿鮮地理歷史研究報告』2 128~130쪽.

35. 『滿洲歷史地理』권2 107쪽.

36. 아래 기사에서 말한 '발해의 옛 성'이 어딘지는 분명하지 않지만 쾌발이 회발이라는
방증이 되기에는 충분하다. '대상 쾌발'은 그 우두머리의 이름을 누락한 것으로 생각
된다.

- 『고려사』(권5) 「현종세가」19년(요 성종 태평 8년, 1028) 7월: 동여진의 쾌발부락
  300여 호가 귀의했다. 東女眞噲拔部落三百餘戶來附.
- 현종 20년(태평 9년) 8월: 동여진의 대상 쾌발이 자기의 부족 300여 호를 이끌고 귀
  의하자 발해의 옛 성을 하사하고 그곳에 살게 했다. 東女眞大相噲拔率其族三百餘
  戶來投, 賜渤海古城地處之.

37. 『滿洲歷史地理』권2, 434~435쪽 및 576쪽.

38. 『滿洲地理歷史研究報告』2, 295~302쪽.

39. 『명실록』태조, 권66.

40. 같은 책, 권67.

41. 고가노가 사신을 보내고 홍보보도 처음 사신을 보낸 것은 앞뒤의 기사에 나오며, 그
사정은 『요동지』(권8)에 따라 알 수 있다.

이보다 앞서 고가노는 향민을 모아 노아산에 산채를 만들었다. 이때 이르러 그 무
리를 이끌고 파두반을 습격해 그를 생포해 경사로 보내니(공민왕 11년[1362] 3~4월
의 일) 고가노를 요양행중서성평장사로 삼았다. 얼마 뒤 입조케 해 한림승지에 제

수하고 홍보보를 후임으로 임명했다. 先是高家奴團結鄕民, 結寨於老鴉山. 至是以
其衆襲破頭潘, 擒送京師, 以高家奴爲遼陽行中書省平章事. 尋徵入朝授翰林承旨以
洪保保代之.

그리고 홍무 초 고가노가 노아산과 평정산에 웅거한 것은 앞서 인용한『요동지』와
『명실록』에서 분명하다. 그는 지정 27년(공민왕 16년, 1367) 봄 부름을 받고 대도로 들
어갔고 원이 멸망하자 다시 요동으로 온 것으로 여겨진다.

42. 소보리는『동국여지승람』(권55) 강계도호부 산천 조에서 자성 지역에 있다고 했다.
『세종실록』(권24) 6년(1424) 4월 조에서 "이번 4월 17일 소보리구자 건너편에 올량합
심 지휘가 군사 13명을 데리고 소·말 13마리를 끌고 와 말했다今四月十七日, 小甫里
口子對望越邊兀良哈沈指揮率軍人十三名, 將牛馬幷十三頭匹來說"고 해서 당시 심 지
휘 등은 파저강(동가강) 유역에 거주했다고 했으므로 이것에 따라 소보리의 위치를
추측할 수 있다.

43.「공민왕세가」19년(1370) 12월.

44.『고려사』권89.

45. 유길은 순제가 북쪽으로 피란했을 때 호종한 인물로『북순사기』는 그때의 일기다.

46. 池內宏,「高麗末に於ける明及び北元との關係」3『사학잡지』29편 2호(1918년 3월),
253~254쪽(이 책 수록).

47. 池內宏,「高麗辛禑朝に於ける鐵嶺問題」, 101쪽(이 책 수록).

48.『朝鮮歷史地理』권2 222~225쪽.

49.『滿洲歷史地理』권2 338~362쪽 ;『朝鮮歷史地理』권2 180~192쪽.

21편 고려 우왕대의 철령 문제

1. 池內宏,「高麗恭愍王の元に對する反抗の運動」, 132~135쪽(이 책 수록 논문, 5장).

2. 池內宏,「李朝の四祖の傳說と其の構成」, 256~258쪽.

3. 주1과 같음.

4.『고려사』(권40)「공민왕세가」

5.『朝鮮歷史地理』2권, 220쪽.

6. 조선 5만분의 1 약도와『동국여지승람』참조.

7. 『朝鮮歷史地理』 2권, 220~222쪽 및 246~247쪽.

8. 같은 책, 222~246쪽.

9. 『동국여지승람』 이산군 항목과 「대동여지도」 참조.

10. 조선총독부 편, 『조선고적도보』 1책, 부도 2 참조.

11. 『동국여지승람』.

12. 『세종실록』 「지리지」 평양부·안주목·의주목·창성군·강계도호부 등 참조.

13. 『동국여지승람』과 「대동여지도」

14. 『考古學雜誌』 5권, 3~4호.

15. 『조선고적도보』 1책, 부도 2 참조.

16. 통구 평야의 고구려 유적을 금에 부회한 속설이 오랜 뒤까지 이어진 것은 조선 선조 때 이수광의 『지봉유설』(권19 능묘)에서도 알 수 있다.

> 만포에서 변경을 넘으면 큰 묘가 있는데 황제묘라고 전한다. 그 아래에는 큰 연못이 있는데 연꽃이 매우 많다. 심언광은 만포로 가다가 황제묘를 바라보고 "완안씨 옛 나라에 황폐한 성이 남았고 황제의 남은 묘에는 큰 비가 있네"라는 시를 지었다. 滿浦越邊, 有大墳, 相傳爲皇帝墓. 其下有大池, 荷花甚盛. 沈彦光滿浦道中望皇帝墓詩曰, 完顔古國荒城在, 皇帝遺墳巨碣存, 是也.
>
> '황폐한 성'은 지금의 통구성을, '황제의 남은 묘'는 장군총을 가리키며 '큰 비'는 말할 것도 없이 광개토왕비다.

17. 『고려사』 「공민왕세가」와 「지용수열전」 참조.

18. 白鳥庫吉, 「丸都城及び國內城考」, 『史學雜誌』 25편 5호.

19. 『考古學雜誌』 5권 3호, 161쪽.

20. 같은 책, 147쪽. 『朝鮮古蹟圖譜』 2책, 부도 2 참조.

21. 『요동지』(권8) 「잡지」; (권5) 「섭왕열전」 「마운열전」.

22. 『명실록』; 『명사』(권134) 「섭왕열전」; 『요동지』(권5) 「섭왕열전」 참조.

23. 고려·북원과 나하추의 관계는 앞으로 발표할 「高麗末に於ける明及び北元との關係」에서 자세히 서술하겠다(이 책 수록).

24. 『滿洲歷史地理』 2권, 435쪽.

25. 『고려사』(권126) 「임견미열전」.

26. 『대명일통지』(권25)의 기록도 같다.

27. 池內宏, 「三萬衛についての考」, 『史學雜誌』 26편 5호, 1915(『滿鮮史研究』 中世 1책 수
　　록).

28. 『명실록』(권189), 태조.

29. 『명실록』(권190), 태조.

22편 고려 말 명과 북원의 관계

1. 『고려사』 「공민왕세가」; 『명실록』: 이 논문에서는 주로 「공민왕세가」와 「신우열전」에
　　바탕했기 때문에 그 부분에 대해서는 아래서 하나하나 전거를 밝히지 않았다.

2. 앞으로 『동양학보』에 실을 「동녕부 정벌고」 참조.

3. 탐라가 바친 말의 숫자라고 한 것은 명이 명령한 2000필은 아니고 한방언이 탐라에
　　내게 한 300필로 생각된다.

4. 『고려사』 「신우열전」.

5. 『고려사』 「신우열전」.

6. 『고려사』 「공민왕세가」.

7. 마지막 구절은 이인임 등이 그를 처벌하지 않은 것을 비난한 것이다.

8. 『고려사』(권117) 「정몽주열전」.

9. 『고려사』(권112) 「박상충열전」.

10. 『고려사』(권91) 「종실열전」 및 「공민왕세가」.

11. 이 기사는 우제가 순위부에 갇힌 것을 기준으로 삼아 앞서의 관계를 거슬러 올라간
　　것이므로 북원의 승려가 온 정확한 시일은 알 수 없지만 오래 걸리지는 않았을 것이
　　다.

12. 1장 참조.

13. 「이인임열전」 및 「박상충열전」.

14. 「이인임열전」.

15. 『고려사』(권112) 「박상충열전」 및 (권111) 「임박열전」.

16. 『고려사』(권126) 「이인임열전」 및 (권104) 「김구용열전」.

17. 「이인임열전」 「정도전열전」 「김구용열전」 「박상충열전」 「정몽주열전」.

18. 「이인임열전」.

19. 당시 장춘 서쪽인 지금의 회인 부근을 신주라고 불렀지만 그곳은 압록강 가의 니성

에서 매우 멀었다. 압록강 밖에 따로 같은 지명이 있던 것 같다.

20. 「신우열전」과 『고려사』(권114) 「양백연열전」.

21. 2장 4절 참조.

22. 『명실록』과 『요동지』.

23. 1장 참조.

24. 『명실록』과 『요동지』.

25. 2장 4절 참조.

26. 2장 2절의 연월 표 참조.

27. 『고려사』 「신우열전」에는 '두질구테무르豆叱仇帖木兒'라고 돼 있다. '질구叱仇'는 '구질仇叱'이 뒤바뀐 것으로 생각된다.

28. 홍무 8년(1375) 명은 정료도위를 요동도지휘사사로 고쳤다.

29. 2장 3절 참조.

30. 『고려사』(권131) 「김의열전」.

31. 손천용·전보·김보생 등이 온 것을 합쳐서 센 것 같다.

32. 이지부는 우왕 2년(1376) 2월 정료위에 가서 우호를 전했다.

33. 지난해 2월 이후 북원의 연호인 선공을 시행했기 때문이다.

34. 『고려사』(권79) 「식화지」 과렴科斂.

35. 『고려사』 「신창辛昌열전」.

36. 『고려사』(권113) 「최영열전」.

37. 『고려사』(권126) 「이인임열전」; (권111) 「김속명열전」; (권113) 「최영열전」; (권125) 「지윤열전」; 「신우열전」.

38. 『고려사』 「지윤열전」; (권112) 「유실열전」; 「신우열전」. 국서간행회 본 『고려사』는 「지윤열전」의 일부를 「김굉열전」에 포함시켰다. 『동국통감』을 참조해야 한다.

39. 『고려사』(권111) 「경복흥열전」; 「신우열전」.

40. 지난해 5월 판개성부사 이림李琳의 딸을 근비로 맞아들였다.

41. 『고려사』(권126) 「염흥방열전」; 「임견미열전」.

42. 이상 철령에 관련된 문제는 『동양학보』 8권호에 실린 졸고 참조. 이 책 수록(「고려 우왕대의 철령 문제」).

23편 공험진과 소하강

1. 『朝鮮歷史地理』 2권 17장 「尹瓘征略地域考」: (보주) 1919년 가을 나는 함경남도의 옛 성을 조사해 윤관이 쌓은 성들의 터를 발견해 그 점령지역이 넓은 의미의 함흥평야 밖으로 나가지 않았음을 밝히고 함흥군 덕산면 대덕리의 옛 성을 공험진에 비정했다(『朝鮮總督府大正八年度古蹟調査報告』 1책 「咸鏡南道咸興郡に於ける高麗時代の古城址」).

2. 池內宏, 「高麗辛禑朝に於ける鐵嶺問題」, 『東洋學報』 8권 1호, 1918년 1월(이 책 수록).

3. 池內宏, 「李朝の四祖の傳說と其の構成」, 『東洋學報』 5권 2호, 256~258쪽, 266쪽 주 33 참조.

4. (보주) 나는 이 논문을 발표한 뒤(1919년 가을) 조선에 가서 윤관이 쌓은 성들의 위치를 현존하는 유적에 따라 연구해 궁한이촌에 쌓았다고 한 길주성을 함흥군 덕산면 상대리의 옛 성(함관령 서쪽 20리[7.9킬로미터]쯤)에 비정했다(「咸鏡南道咸興郡に於ける高麗時代の古城址」).

5. 「鮮初の東北境と女眞との關係」, 『滿鮮地理歷史硏究報告』 2책, 214~236쪽. 같은 책 4책, 310쪽.

6. 『滿鮮地理歷史硏究報告』 2책, 214~215쪽.

7. 『滿洲歷史地理』 권2 184쪽.

8. 『세종실록』 20권, 5년(1423) 4월. 『滿鮮地理歷史硏究報告』 4책에 수록된 졸고, 338쪽 참조.

9. 『명실록』 권54 영락 5년(1407) 12월: 희랄오 지역의 야인 적승가 등이 내조하니 희랄오위를 설치하고 적승가 등을 지휘·천호·백호로 삼았다. 喜剌烏之地野人的升哥等來朝, 置喜剌烏衛, 命的升哥等爲指揮·千·百戶.

10. 池內宏, 「鮮初の東北境と女眞との關係」, 270~272쪽, 277~280쪽 참조.

11. 池內宏, 「李朝の四祖の傳說と其の構成」, 253~260쪽.

12. 본명은 이두란테무르李豆蘭帖木兒로 공민왕 20년(1371) 길주 방면에서 투항해 북청에 거주하면서 이성계의 부하가 됐다.

13. 池內宏, 「鮮初の東北境と女眞との關係」, 207~210쪽, 269~273쪽.

14. 池內宏, 「高麗辛禑朝に於ける鐵嶺問題」, 98~99쪽(이 책 수록).

15. 『용비어천가』 53장에서는 주호귀동의 거주지를 해통海通이라고 했다. 주호귀동은 동귀동이고 해통은 해동海童으로 생각된다. 다만 그 주석에서 해통은 실안춘實眼春에

서 서북쪽으로 사흘거리에 있다고 하고 실안춘은 "경원부에서 북쪽으로 이틀 걸린다. 동쪽으로 해관성까지 하루, 남쪽으로 두만강까지 이틀거리自慶源府北行二日而至. 東距奚關城一日程, 南距豆漫江二日程"라고 했지만 동귀동의 거주지가 그렇게 먼 지방이라는 것은 다른 사례에서 미뤄볼 때 의심스럽다.

16. 『용비어천가』 주석에 따르면 경성 남쪽 120리(47.1킬로미터)에 둥근 돌이 우뚝 서 있는 곳이라고 했다. 명천明川 동쪽의 입석立石으로 생각된다.

17. 아도가는 『용비어천가』 주석에서 "이란두만(삼성 지역)에서 동쪽으로 나흘 가면 도착한다自移闌豆漫東行四日而至"고 했지만 최교눌의 거주지는 길주 아한阿漢(阿罕)이므로 아도가는 바로 아한일지도 모른다. 이란두만에서 동쪽으로 나흘거리라고 한 것은 믿기 어렵다.

18. 여기서 열거한 지명은 8곳으로 11곳이라고 한 것과는 맞지 않는데, 『태종실록』 편찬자가 칙유의 전문을 수록하지 않았기 때문으로 생각된다.

19. 삼산은 지금의 북청이다. 아울러 원대의 삼산이 예종 때의 영주라는 것은 역사에 증거가 없다. 항의서를 조사한 사관이 임의로 비정한 것으로 생각된다.

20. 홍긍은 지금 홍원의 원대 이름이다. 그것이 웅주로 비정되는 것은 영주英州의 경우와 마찬가지로 생각된다.

21. 『명실록』(권190) 홍무 21년(1388) 4월 임술일(18일): 이때 고려왕 우가 표문을 올려 말했다. "문주·고주·화주·정주 등은 본래 고려의 옛 땅이었고 철령 지역은 사실상 대대로 지켜왔으니 그대로 다스리게 해주십시오." 황제가 예부상서 이원명에게 지시했다. "몇몇 주는 고려의 말대로라면 그들에게 예속돼야 할 것 같지만 이치와 형세로 말하면 예전에 이미 원에 통솔됐으니 이제는 요遼에 소속시켜야 한다. 하물며 지금 철령(황성)에 이미 위를 설치하고 군사를 주둔시켜 그 백성을 지키고 있으니 각기 그 소속이 있다. 고려의 말은 믿기에 부족하다. 또 고려의 영토는 예전에 압록강을 경계로 삼아 스스로 다스려 왔다. 그러나 중국의 여러 왕조에게 자주 정벌된 것은 그들이 스스로 문제를 일으켰기 때문이다. 지금 다시 철령을 말하는 것은 문제를 일으키려는 것이다. 고려는 먼 곳의 작은 오랑캐와는 참으로 비교할 수 없지만, 그들의 거짓된 정황은 살피지 않을 수 없다. 예부에서는 짐의 말을 그 국왕에게 알려 분수에 안주하고 문제를 일으키지 말게 하라."

   • 『고려사』 「신우열전」 14년(1388) 6월: 박의중이 경사에서 돌아와 예부의 자문을 전달했다. "우리 부는 칙명을 받들어 알린다. 고려의 표문에서 '철령의 백성에 관련

된 일에서 문주·화주·고주·정주 등은 예전부터 본래 고려에 예속됐다'고 했다. 왕의 말대로라면 그 땅은 고려에 합쳐 예속돼야 하지만 이치와 형세로 말하면 그 주들은 예전 원에 통합돼 있었고 지금은 요동에 합쳐 예속돼 있다. 고려의 말은 가볍게 믿을 수 없으니 반드시 상세히 살펴봐야 한다. 또 고려는 큰 바다를 사이에 두고 압록강을 경계로 삼아 처음부터 스스로 다스려왔다. 그러나 중국의 여러 왕조에게 자주 정벌당한 것은 문제를 일으켰기 때문이다(아래서는 고려가 명을 속인 사실을 들고 한대漢代 이후 여러 번 중국의 침략을 받은 일을 서술). (…) 그 문제들을 살펴보면 모두 고려가 스스로 일으킨 것이지 중국의 황제들이 병탄을 좋아하고 영토를 바라서 그런 것이 아니었다. 지금 철령 문제는 고려에서 아뢴 것이 있다(이하는 탐라도의 일을 언급)." 朴宜中還自京師, 禮部咨曰, 本部欽奉聖旨. 高麗表云, 鐵嶺人戶事, 祖宗以來, 其文·和·高·定等州, 本隸高麗. 以王所言, 其地合隸高麗, 以理勢言之, 其數州之地, 曩爲元統, 今合隸遼東. 高麗所言, 未可輕信, 必待詳察然後已. 且高麗隔大海, 限鴨綠, 始古自爲聲敎. 然數被中國累朝征伐者, 蓋爲能生釁端. (…) 原其釁端, 皆高麗自取之也, 非中國帝王好吞幷而欲土地者也. 今鐵嶺之地, 王國有辭.

명은 처음 고려의 철령과 황성 지역을 혼동해 황성에 철령이라는 이름을 붙였기 때문에 태조가 예부에 내린 칙명의 의미는 매우 애매하다. 그리고 예부의 자문에서 "고려의 말은 가볍게 믿을 수 없으니 반드시 상세히 살펴봐야 한다"고 했으므로 명은 고려의 말을 반드시 들어주지 않았을 것이다. 내가 앞서 철령 문제의 귀결을 흐지부지 사라졌다고 한 까닭은 여기 있다. 예부의 자문에서 "지금 철령 문제는 고려에서 아뢴 것이 있다"고 한 것은 고려의 항의에 대해 "또다시 그런 말을 해서 문제를 일으키려고 하는가"라고 힐책한 것으로 들어주려는 뜻은 전혀 없었다. 그런데 조선 조정은 이 구절을 갖고 우왕 때의 그 요구는 받아들여졌다고 했다.

22. 池內宏, 「鮮初の東北境と女眞との關係」, 240~244쪽.

23. 멍거테무르가 온 곳은 오음회다. 왜구를 막았다고 한 것도 사실이 아니다.

24. 명의 초유에 따르지 않아 '경원등처관군만호慶源等處管軍萬戶'의 인신을 준 것은 지난 2월이다.

25. 오음회는 경성 지역이라고 할 수 없다.

26. 착화의 거주지는 수주愁州(지금의 종성)고 파아손의 거주지는 두만강 밖의 벌시온이다.

27. 池內宏, 「鮮初の東北境と女眞との關係」, 244~248쪽.

28. 같은 글, 303쪽.

29. 위와 같음.

30. 같은 글, 210~211쪽.

31. 같은 글, 271쪽.

32. 池內宏,「李朝の四祖の傳說と其の構成」, 340~341쪽.

33. 『滿洲歷史地理』 권2, 440~441쪽.

34. 같은 부분. 지금은 그곳을 돈화에 비정한다(같은 글, 553쪽 주 2 참조).

35. 『朝鮮歷史地理』 권2, 302쪽.

36. 池內宏,「鮮初の東北境と女眞との關係」, 354~355쪽.

37. 『滿洲歷史地理』 권2, 439쪽.

38. 「鮮初の東北境と女眞との關係」, 273~274쪽.

39. 같은 글, 277~280쪽. 탐주를 돈화에 비정한 까닭은 이 글, 주 50 참조.

40. 태종 10년(1410) 공주의 경원이 철폐된 뒤 경성은 동북면의 북쪽 경계가 됐다.

41. 「鮮初の東北境と女眞との關係」, 356~357쪽.

42. 같은 글, 320~321쪽.

43. 『滿洲歷史地理』 권2, 424~426쪽 및 558~599쪽.

44. 혼춘은 옛 경원, 곧 공주에 가깝기 때문에 그렇게 말한 것으로 생각된다.

45. 동경성의 상태는 『금사상교金史詳校』 권3의 상에 인용된 청淸 장분張賁의 『백운집白雲集』에 자세히 서술돼 있다.

46. 경원과 종성의 경계를 이루는 운무령雲霧嶺으로 생각된다.

47. 『朝鮮歷史地理』 권2, 298~299쪽.

48. 명이 속평강위를 설치한 것은 영락 4년(1406)이므로(『명실록』 권40, 태종) 속평이라는 이름을 사용한 것은 명이 처음이다. 『용비어천가』의 편자는 그 이름을 받아들여 사용한 것이다.

49. 수주愁州·소주蘇州·수주隨州는 모두 종성의 다른 이름이다. 「鮮初の東北境と女眞との關係」, 356~357쪽.

50. 발해 초 당은 당시 발해의 수도였던 현덕부(돈화)를 홀한주로 삼았다. 이것도 지금의 호이객하인 홀한하의 이름이 그 상류에 적용됐음을 증명한다(池內宏,「鐵利考」, 101쪽). 필이등호는 화산 작용에 따라 호이객하의 일부가 팽창한 가늘고 긴 호수로(H. James, *The Long White Mountain*, 367쪽) 앞뒤의 강 이름을 구별하는 조건은 결여돼 있다.

51. 탐주는 『요동지』(권9)에서 "납단부 동북쪽의 육로納丹府東北陸路"로 든 지명의 하나

로 "나목라참那木剌站 선출善出 아속납합阿速納合 담주潭州 고주古州"라고 보인다. 다른 지명들 가운데 나목라참을 나목와집那木窩集(액흑목참厄黑木站 동쪽 10리[5킬로 미터])에, 선출을 색출와집色出窩集(납발참拉發站 서쪽 80리[40킬로미터])에, 고주(곡주· 구주)를 영고탑 부근에 비정한 것은 야나이 와타리 씨의 논증을 거쳤다. 그리고 아속 납합과 담주의 위치는 앞뒤의 지명에 따라 그 대체를 추측할 뿐이다(『滿洲歷史地理』 권2 439~442쪽). 이 교통로는 납단부(휘발하 가의 납단불륵納丹佛勒)에서 호이객하 입 구에 이르는 것으로 적어도 선출 서쪽은 길림과 영고탑을 연결하는 지금의 대로를 경유함을 알 수 있다.

선출 동쪽은 지금의 액목색(악목화색라참)에서 호이객하 북쪽으로 나아가는가, 아니 면 돈화 부근에서 필이등호 남쪽으로 나오는가? 발해 때는 어땠는가? 지금의 돈화 부근에 중경 현덕부가 있고(쓰다 씨의 견해에 따름) 필이등호 동쪽의 동경성에 상경 용 천부(홀한성)이 있던 그 시대에 두 부를 연결하는 직접적인 교통로는 호이객하 남쪽 을 지난다는 것은 대체로 추정할 수 있다. 그리고 나는 또 육군 소장 다케우치 히데 키竹內榮喜 씨의 가르침에 따라 현재 그런 도로가 있음을 알게 됐다. 그렇다면 이 도 로를 따른 교통은 원·명대에도 이뤄졌을 것이고, 그것을 선출·나목라참에 연결시켜 "납단부 동북쪽의 육로"라고 한 것은 근거 없는 억측은 아니라고 생각된다. 또 담주 는 『대명일통지』에 성 이름으로 기록돼 있는데, 호이객하 상류 지방에서 청초 이전부 터 있던 것이 분명한 성터는 돈화의 악다리성鄂多哩城뿐이다. 그 때문에 나는 아속 납합이 액목색 부근이라고 생각하는 것과 함께 담주를 돈화에 비정한다. 그리고 그 렇게 보면 홀아해하가 담주성 동쪽의 산들에서 발원했다고 한 것은 실제의 지리와 잘 부합된다.

52. 「鮮初の東北境と女眞との關係」, 309쪽 이하.
53. 『朝鮮歷史地理』 권2, 303쪽.

옮긴이의 글

오래전부터 그 내용이 궁금했던 책을 번역해 기쁘다. 역사학을 공부하면서 놀랐던 일 가운데 하나는 이른바 '식민사학자'들의 면모를 알았을 때였다. 그 용어가 주는 음습한 느낌에서 그들은 악의적인 왜곡을 일삼는 수준 낮은 학자들일 것이라고 생각했다. 그런데 아니었다. 그들은 대부분 적어도 일본을 대표하는 주요 학자들이었다. 그때 얼핏 들었던 이름 가운데 하나가 저자였다.

저자와 관련해 내게 깊은 인상을 준 이야기가 둘 있다. 하나는 대학 때 읽었던 책의 한 부분이다. 그 글을 쓴 분이 한국과 가까운 일본인 역사학자였기 때문에 방금 말한 의외라는 느낌을 크게 받았고 기억에 오래 남았다.

"이케우치 선생은 한국·'만주'의 고대 역사를 강의하셨다. 부여·숙신·물길·한사군·원구元寇(13세기 원 제국의 일본 침략을 가리키는 일본사의 표현) 등의 강의를 들었다고 생각한다. 선생은 개설은 일체 하시지 않고 오로지 개별 연구만 하셨다. 또 연구의 초보적인 것은 강의하시지 않고, 학생들이 이해하건 말건 간에 그런 데에 개의치 않고 강의하셨다. 강의 초고는 깔끔한 문장체의 원고로 되어 있어서, 그대로 논문으로서 발표할 수 있는 것이었다. (…) 선생의 연구에는 독특한 명석함이 있었다. 그것은 사료 비판에 기초를 둔 역사의 재구성이다. 선생은 사료를 그냥 받아들이지 않고 사료의 착오를 항상 적출摘出하여 사료 배후에 있는 사실을 추구했다. 또한 사료에 남아 있지 않은 사실의 존재에도 배려를 했다. 예를 들면 A·B·C·D 네 사료의 기재가 서로 모순되어 사료에 없는 X를 가정한다면 전체가 모순 없이 설명될 수 있는 경우에는 그 X는 사료에 없는 가정이더라도 사실이라고 하는 의미의 말씀을 하셨다. 이것은 합리주의·논리주의라고도 할 수 있는 것으로, 사료주의의 한계를 초월한 것이다. 본디 사료 수집에는 노력을 아끼지 않았거니와, 어느 쪽인가 하면 풍부한 사료가 있는 것보다도 사료가 적은 것에 대해서 논리적 유추를 하는 바에 선생의 장기가 발휘되었다고 생각한다."

_ 하타다 다카시旗田巍, 이기동 옮김, 「한국사 연구를 돌이켜보며」,
『일본인의 한국관』, 일조각, 1983, 278~279쪽.

다른 하나는 최근 읽은 책의 한 부분이다. 일본에서 광개토왕비 연구에 큰 공헌을 한 것으로 평가되는 인물 가운데 미즈타니 데이지로水谷悌二郎(1893~1984)라는 분이 있다. 그는 역사학을 전공하지 않은 재야의 학자였다. 도쿄대학 법학부를 졸업하고 조선은행 경성 본점에서 근무한 은행원이던 그는 본래 동양 고전·금석문 등에 관심이 많아 도쿄대학 문학부 청강생으로 다시 입학해 동양사를 공부했다. 그러면서 우연히 광개토왕비에 관심을 갖게 됐고 그 탁본들을 널리 수집한 끝에 마침내 비에서 직접 뜬 '원석 탁본'을 입수함으로써 그때까지 '석회 탁본'을 중심으로 이뤄지던 비 연구의 흐름을 크게 전환시켰다. 그의 오랜 연구는 1959년 논문 「호태왕비고考」(『서품書品』 100)와 1977년 저서

『호태왕비고』(가이메이쇼인開明書院)로 발표됐다. 지금 우리가 알고 있는 판독문의 정확성이 높아지는 데는 그의 노력이 크게 기여했다고 한다.

"그 뒤까지 미즈타니 씨의 마음에 남아 있던 사람은 한국사의 이케우치 교수였던 것 같다. 이케우치 교수의 독특한 사료 비판과 무단적武斷的으로도 보인 날카로운 추론은 그때는 순순히 따라갈 수 없을 것 같았지만 강의를 들을 때마다 열심히 필기했고, 그 노트를 평생 소중히 간직해 지금도 남아 있다. 특히 광개토왕비를 깊이 연구하게 되면서 자주 이케우치 노트를 다시 읽거나 선생의 관련 논문을 다시 읽었으며 강연회 등에 참석하기도 했다. 일기장에 신문의 부고 기사를 붙인 것은 1952년에 별세한 이케우치 선생의 경우뿐이며, 같은 사례는 달리 없다."

_ 다케다 유키오武田幸男, 『廣開土王碑との對話』, 白帝社, 2007, 225쪽.

대부분의 일처럼 학문도 교류와 소통, 비판과 조정을 거치면서 조금씩 앞으로 나아간다. 비판하려면(또는 인정하려면) 전체를 더 충실하고 더 정확히 알아야 한다. 그런 생각에서 이 번역을 시도해봤다.

처음 하는 일본어 번역이고, 한 세기 전의 글이라 문체나 내용이 모두 어려웠다. 나름대로 최선을 다했지만 내용을 잘못 전달한 것은 없을지 걱정된다. 발견되는 오류는 계속 고쳐가겠다. 쉽지 않은 여건에도 큰 책을 내준 출판사에 감사드린다. 우리 식구들이 각자의 자리에서 열심히 노력하며 행복하게 살아가기를 바란다.

2026년 2월

김범

찾아보기

기자오奇子敖 735~736, 738

기철奇轍 735~746, 749~753, 755, 760~
761, 765, 780, 782, 785, 794, 803,
805, 807~808, 811, 818

기황후奇皇后(올제이 쿠투完者忽都. 원 순제
황후) 736, 738, 806~808, 818, 885

길주吉州 352~353, 355~356, 359, 381,
397~398, 400, 404, 407, 412, 414~
419, 421, 764, 787, 804, 826, 842,
859, 974, 977~978, 983, 985, 1064

김경손金慶孫 500, 598~599, 605~606

김바얀金伯顔 780~782, 794~795, 811~
813

김방경金方慶 555, 561~562, 572~573,
605, 622~623, 625, 627, 637, 642,
648~649, 1052, 1054~1055

김보당金甫當 580~581, 612

김보생金寶生 928~929, 934, 1063

김부식金富軾 444, 447~450, 455, 457~
459, 461, 464~466, 468, 472~473,
475~477, 479~480

김서金湑 877~878, 890, 892~894,
896~899, 904, 907, 910~911, 921,
924~925

김속명金續命 955~956

김수강金守剛 538~539

김숙흥金叔興 207

김영기金令器 299, 302, 305~306, 309,
311, 316

김완기金完奇(김완가金完哥) 836, 844~
845, 847, 855

김윤후金允侯 506, 533

김의金義(예레케也列哥) 824, 878~895,
897~904, 910~911, 914, 921~927,
929~931, 935

김준金俊(김인준金仁俊) 408, 554, 578,
596, 615

김첨金瞻 985, 987~989

김치양金致陽 185~202, 1023~1024

김통정金通精 623~625

ㄴ

나가미네노 모로치카長峯諸近 274

나하추納哈出 303, 318, 781, 788~792,
794, 796, 798~799, 801~802, 810,
813~817, 819, 821, 825, 827, 830, 835,
848~850, 852~855, 857, 859~861,
864, 867, 878~880, 884, 886~887,
890~895, 900, 907, 910, 912~915,
917~927, 931, 940~942, 948~949,
958, 971, 975, 977, 986, 1058, 1061

내원성來遠城 161, 171, 209, 240~241,
243, 245~246, 338

노아간奴兒干 998~999, 1009

노아산老鴉山 797, 799, 816, 849~850,
852, 916, 1059

노책盧頙 739, 741~742, 746, 749~750,
755, 760, 805, 807

니성泥城 172, 761~763, 768, 805, 816,
818, 828~836, 910, 941, 1062

ㄷ

다자이후太宰府 107~108, 271~272, 274,
277, 280~284, 287~288, 1027~1028

담주潭州 1067~1068

대내파지촌大乃巴只村 396~397, 401,
403

대무예大武藝 23

ㅇ

(*)는 번역에서 제외.

만선사 연구 3

ⓒ 김범

초판인쇄 2026년　2월 27일
초판발행 2026년　3월 27일

지은이 이케우치 히로시
옮긴이 김범
펴낸이 강성민 이은혜
책임편집 강성민
편집 양나래 심예진 최유진
관리 및 편집보조 김유나 김지우
마케팅 정민호 한민아 이민경 한경화 박진희 황승현 김경언 양지연
브랜딩 함유지 이송이 박민재 김하연 신은서 이준희 조다현

펴낸곳 (주)글항아리 | 출판등록 2009년 1월 19일 제406-2009-000002호

주소 경기도 파주시 문발로 214-12 4층
전자우편 bookpot@hanmail.net
전화번호 031-955-2690(마케팅) 031-941-5161(편집부)

ISBN 979-11-6909-516-7 93910

잘못된 책은 구입하신 서점에서 교환해드립니다.
기타 교환 문의 031-955-2661, 3580
www.geulhangari.com